当代中国改革开放史

DANGDAI ZHONGGUO
GAIGE KAIFANG SHI

| 上 卷 |

曹 普 / 著

人民出版社

目 录

· 上 卷 ·

第 一 章

"文革"结束后的中国向何处去

1976 年是新中国历史上极不寻常的一年。这一年,周恩来、朱德、毛泽东等党和国家主要领导人相继辞世。毛泽东逝世后,面对复杂紧迫的形势,党中央决定,对由王洪文、张春桥、江青、姚文元组成的"四人帮"实行隔离审查。这一事件,标志着历时 10 年的"文化大革命"走至尽头。"文化大革命"给党和国家带来了沉重灾难:中外本已存在的经济科技发展差距进一步拉大,思想上政治上的混乱更是积重难返,各项事业百废待兴。为了改变这一状况,"文化大革命"结束后两年里,党中央首先部署开展了揭批"四人帮"运动,同时着手重建党和国家的正常秩序,推动一些领域开始了初步拨乱反正。但是,由于"文化大革命"和长时期"左"倾错误造成的政治上、思想上的混乱难以在短期内消除,特别是"两个凡是"的推行,又进一步强化了这种"左"倾错误理论和实践的惯性延续,使得党和国家的许多工作虽有所进展但又遇到严重阻碍,总体上呈现在徘徊中踯躅前进的局面,中国发展仍然面临究竟向何处去的严峻历史抉择。

一、"文化大革命"结束时的中国与世界

（一）"文化大革命"结束时的中国政治经济图景

从政治上看，10 年"文化大革命"使国家政治生活遭到巨大的破坏。"文化大革命"期间，各项政治制度与规则或残缺虚置或极度变形，党和政府各级机构、各级人民代表大会和政协组织，长期陷于瘫痪和不正常状态。作为我国根本政治制度的人民代表大会制遭到严重破坏，中国人民政治协商会议 10 年没有召开。10 年"文化大革命"严重混淆敌我，严重损害国家政权，严重践踏社会主义民主法制，造成的冤假错案堆积如山。在这场所谓的"大革命"中，林彪、江青反革命集团为了篡党夺权，利用毛泽东晚年的错误，煽动"怀疑一切、打倒一切"，包括党和国家领导人在内的大批中央党政军领导干部、民主党派负责人、各界知名人士和群众受到残酷迫害，制造了大批冤假错案。据对林彪、江青两个反革命集团起诉书列举的受诬陷名单统计，"文化大革命"中，党和国家领导人受诬陷的有 38 人，其他中央党政军领导干部、民主党派负责人、各界知名人士受诬陷的有 382 人。另据中央组织部统计，"文化大革命"中全国被立案"审查"的干部共 230 万人，占"文化大革命"前 1200 万干部的 19.2%。其中，中央、国家机关副部长和地方副省长以上的干部，被立案"审查"的约占同级干部总数的 75%；有六万多名干部被迫害致死；集团性的冤假错案近两万件，涉及干部达几十万人。因大量冤假错案受到诬陷、迫害和株连的难以计数。[①] 在长时期的动乱中，作为人民民主专政柱石的人民解放军受到严重冲击，公安、检察、法院等机关被"彻底砸烂"。一些地方私设公堂、蛮横批斗、刑讯逼供、随意逮捕、派仗不停、打砸抢成风、任意抄家乃至草菅人命的现象极为普遍，人民生命财产

---

① 中共中央党史研究室：《中国共产党历史》第二卷（下），中共党史出版社 2011 年版，第 967 页。

失去保障,整个社会生活陷入持续动荡之中。

从经济上看,"文化大革命"推行极左政策,违背客观经济规律,严重阻碍了工农业生产,使我国的经济总量和人均水平在世界的位次上不断后移,而且与许多国家发展的差距也越来越大。在"左"倾错误思想指导下,社会主义建设的许多正确原则,如发展生产力、发展商品经济、实行按劳分配、引进外国先进技术等等,一概被当作修正主义和资本主义加以批判,鼓吹"宁要社会主义的草,不要资本主义的苗",批判"唯生产力论"。在生产关系上,不允许个体经济存在和发展,热衷于"割资本主义尾巴";在分配制度上,轻视物质利益,平均主义泛滥;在对外经济关系上,批判所谓"洋奴哲学"、"爬行主义",对外引进工作承受巨大压力。按照正常年份百元投资的应增效益推算,"文化大革命"10年内乱使我国国民收入损失了5000亿元,这相当于新中国成立后30年全部基本建设投资的80%,相当于全国40万个工交企业的全部固定资产的总和。从统计数字看,"文化大革命"10年中,有5年经济增长不超过4%,其中3年负增长:1967年增长-5.7%,1968年增长-4.1%,1976年增长-1.6%。[①] 1978年2月,华国锋在五届人大一次会议上作的《政府工作报告》披露,由于"文化大革命"的破坏,仅1974年到1976年,全国就"损失工业总产值1000亿元,钢产量2800万吨,财政收入400亿元,整个国民经济几乎到了崩溃的边缘"[②]。GDP总量是衡量一个国家发展的最核心指标,代表着一国生产力的发展水平,是一个国家一切社会、政治、文化、国防等事业的物质基础,没有GDP的持续和有效增长,其他方面的发展就无从谈起。从GDP总量看,1978年中国GDP占世界GDP总量的比重仅为1.8%。据专家研究计算,1952年到1978年中国GDP的实际平均增长率只有4.7%。整个国家发展和人民生活水平,大多数指标排

---

① 中央财经领导小组办公室编:《中国经济发展五十年大事记》,人民出版社1999年版,第222、228、282页。
② 华国锋:《团结起来,为建设社会主义的现代化强国而奋斗——1978年2月26日在第五届全国人民代表大会第一次会议上的政府工作报告》,《人民日报》1978年3月7日。

在世界国家和地区 170 位以外,处于联合国有关部门和世界银行等组织划定的贫困线之下。

从科技文化发展上看,这场由文化领域发端的"大革命"大革"文化"的命,实行文化专制,对科学文化教育事业的摧残尤为严重,使中华民族优秀的文化遗产遭受浩劫,一大批学有专长的知识分子受到残酷迫害,百花凋零,学校停课,教育倒退,科学落后,文盲增多,文化园地荒芜,许多科研机构被撤销,在一个时期内造成了"文化断层"、"科技断层"、"人才断层"。"文化大革命"10 年中,中等高等教育搞"革命",中高等教育的考试被废除,一般的知识课程设置被打乱,中高等基础和专业知识被大量删减和简单化,正规的知识教育受到冲击,耽误了一代人知识的教育培养。很大一部分教育、科学、文化等领域的知识分子被打成"牛鬼蛇神",许多有造诣的专家、学者受到人身侮辱,被关进"牛棚"或下放"改造",被称为"臭老九",知识分子斯文扫地。10 年间,高等教育和中专学校少培养几百万专业人才,我国知识分子队伍建设出现了长期空白,科学技术水平同世界先进国家的差距拉得更大。据 1982 年的人口普查统计,全国文盲和半文盲达 2.3 亿多,占全国总人口数的近四分之一。① 科技人员受到歧视,没有应有的社会地位。许多学有所成、留洋回国的知识分子,在"文化大革命"中受到严重迫害。"文化大革命"期间,中国科学院仅在北京的 171 位高级研究人员中,就有 131 位先后被列为打倒和审查对象。全院被迫害致死的达 229 名。上海在科技界制造的"两线一会"特务案,株连了 14 个研究单位,1000 多人。受逼供、拷打等残酷迫害的科技人员和干部达 607 人,有的被迫自杀。②

新中国成立后一段时间,我国取得过一些引人注目的重大科技成就,但到"文化大革命"结束时,与世界科学技术突飞猛进的形势相比,中国除了

---

① 中共中央党史研究室:《中国共产党历史》第二卷(下),中共党史出版社 2011 年版,第 968 页。

② 《惊回眸,那个春天——记 1978 年全国科学大会召开的前前后后》,《科技日报》2008 年 3 月 17 日。

某些军事工业技术外,其他各方面自主的科学技术与世界发达国家,包括一些新兴发展中国家科学技术水平的差距进一步扩大,落后于发达国家40年左右,落后于韩国、巴西等发展中国家20年左右。20世纪50年代到70年代,各发达国家科学技术进步对经济增长的贡献率,分别从20世纪初的10%提升到了50%—70%。而中国科学技术进步对经济增长的贡献率,则从1952—1957年的27.78%下降至1965—1976年间的4.12%。与世界科学技术进展相比,"文化大革命"期间我国的科学技术进步非常缓慢,对国民经济增长和社会发展的推动作用十分有限。①

由于"左"倾错误理论的影响,"文化大革命"还造成全民族空前的思想混乱,党风社会风气被破坏,人们的道德水准下降,极左思潮、无政府主义、极端个人主义、个人迷信以及各种错误思想行为泛滥,内伤所及,无形损失更大。在"左"倾思潮指导下,许多符合马克思主义和社会主义基本原则的做法被当作修正主义加以批判,发展生产力被批作"唯生产力论",重视物质利益原则被批作"物质刺激","宁要社会主义的草,不要资本主义的苗",黑白不明,是非混淆,使唯心主义和形而上学四处泛滥,在一系列理论、政策上造成严重混乱。"文化大革命"号召"踢开党委闹革命",全面破坏了党的组织建设,一些投机分子、野心分子、阴谋分子和打砸抢分子乘机混到党内并窃取一部分权力,党的组织原则和纪律遭到破坏,由此造成派别林立,以帮代党,以帮代政,严重地分裂了党政军组织和人民群众,对中国社会发展产生了极大的负面作用。

实行社会主义的根本目的是为了让人民过上更加幸福美好的生活。但"文化大革命"结束时,中国老百姓的生活状况堪虞。

先看市民生活。城市市民基本上靠工资生活。在"文化大革命"10年中,全民所有制各部门职工仅在1971年调整过一次工资,全民所有制单位职工平均实际工资的年均增长速度均为负增长,其中"三五"时期为

---

① 《三十年前我们为什么要选择改革开放》,《学习时报》2008年9月1日。

−1.2%,"四五"时期为−0.1%。从 1966 年到 1976 年,全民所有制单位职工历年的平均货币工资和实际工资指数均低于"一五"期末的 1957 年和"二五"期末的 1965 年。① 1957 年全国职工平均货币工资 624 元,1976 年下降至 575 元,不进反退,还少了 49 元。② 1978 年,失业的城镇青年 2000 万人,实际城镇失业率高达 19%左右,城市居民食品消费占总其支出的比重即恩格尔系数高达 56.66%。很多日常生活消费品需要凭票购买。粮票流行了 40 年。服装从颜色到样式,单调划一。"三转一响"(缝纫机、自行车、手表、收音机)是人人向往的"四大件"。直至 1980 年时,这"四大件"每百户的拥有率也只有 5.5%、11.2%、15.7%、14.9%。黑白电视机的每百户拥有率也仅为 1.6%;家庭电话非常少,即使按当时的公用电话计算,每百户普及率只有 0.64 部;而洗衣机还很少有,家庭轿车普及率几乎为零。市民住房相当困难。第一个五年计划期间住宅建设投资占非生产性投资的 9.1%,而在"文化大革命"头五年的第三个五年计划期间仅占 4%,后五年的第四个五年计划期间也只占 5.7%。人口的过快增长,加上住宅建设投资比重的下降,造成城市居民住房十分拥挤的状况。据 1978 年建设部对全国 182 个大中城市统计显示:全国城市人均居住面积是 3.6 平方米,182 个城市中共有缺房户 689 万户,占这些城市总户数的 35.8%。改革开放初期,上海 180 万住户中,按国家标准,有 89.98 万户为住房困难户,占了总户数的一半左右,其中三代同室的 119499 户;父母与 12 周岁以上子女同室的 316079 户;12 周岁以上兄妹同室的 85603 户;两户同居一室的 44332 户;人均居住 2 平方米以下的 268650 户。③ 住房大多没有客厅,进门就是卧室,厨房、卫生间很多是几家合用。

农村的情况也很严重。安徽农村最有代表性。"1977 年 6 月,中央政

---

① 中共中央党史研究室:《中国共产党历史》第二卷(下),中共党史出版社 2011 年版,第 969 页。

② 曾培炎主编:《新中国经济 50 年》,中国计划出版社 1999 年版,第 897—898 页。

③ 《中国改革开放的历史由来》(上),《学习时报》2008 年 9 月 29 日。

治局会议上放映了一部只有 10 分钟的内部参考片,片中反映的是安徽农村的贫困状况。这个片子我们今天已经看不到了。当时,中央政治局迅速作出决定,要尽快派一名得力的干部去主持安徽工作。"①随后,中央任命万里担任安徽省委第一书记。到任以后,万里先后来到芜湖、徽州、肥东、定远、凤阳等地调研,万里后来回忆说:"我这个长期在城市工作的干部,虽然不能说对农村的贫困毫无所闻,但是到农村一具体接触,还是非常受刺激。原来农民的生活水平这么低啊,吃不饱,穿不暖,住的房子不像个房子的样子。淮北、皖东有些穷村,门、窗都是泥土坯的,连桌子、凳子也是泥土坯的,找不到一件木器家具,真是家徒四壁呀。我真没料到,解放几十年了,不少农村还这么穷!"②安徽凤阳县前王生产队,有 10 户人家 68 口人,其中 4 户没有门,3 户没水缸,5 户没有桌子。队长史成德是个复员军人,一家 10 口人只有一床被子、7 个饭碗,筷子全是树条或秸秆做的。

　　安徽农村的情况并非个别现象。改革开放初期,新华社国内部农村组派出几位记者到中西部农村调查。结果,1979 年全年农民的人均收入,最高的是山西吕梁地区,为 70 元;陇东庆阳第二,为 64.86 元;陕西的延安地区第三,为 57.2 元;榆林地区第四,为 52 元;甘肃平凉地区第五,为 47.6元;固原和定西最低,同为 36.8 元。而按照当时的消费水平,农民年均收入只有达到 100 元才能解决温饱问题,满足最低生活需要。吕梁地区总共有 13 个县,1976 年,吕梁地区粮食总产不到 12 亿斤,人均占有粮食只有 400多斤,口粮仅 200 来斤,人均分配收入 43 元。最穷的临县,从 1958 年到1979 年的 22 年中,每个农民平均每年从集体分得的收入,达到和超过 40元的,仅有 3 年,其余 19 年都在 40 元以下,最低的 1976 年仅 21.8 元,平均一天才 6 分钱。1976 年,固原地区天灾人祸交加,全地区每人从集体分得口粮仅 176 斤;1977 年,是中等年景,人均口粮 223 斤;1978 年,是新中国成立以来第二大丰收年,人均口粮也只有 329 斤。有 2/3 至 4/5 的农民,常

---

①　大型电视文献纪录片《〈新中国〉解说词》,中央文献出版社 1999 年版,第 306 页。
②　田纪云:《万里:改革开放的大功臣》,《炎黄春秋》2006 年第 5 期。

年挣扎在饥饿线上。①

在地处西南的贵州省,1977 年是 1949 年以来全省粮食总产最高的一年,也只比 1957 年增长 21.4%,而同期人口却增加了 57.1%,全省每人平均占有粮食比 20 年前下降了 22.8%,社员口粮水平下降了约 1/5,只有 370 斤左右;收入不足 40 元的生产队高达 40%以上。许多生产队无粮无钱,有的连种子也要国家支援,维持简单再生产也有困难。据统计,该省镇宁县1977 年全县社员分配收入人均 39 元;1978 年有 48%的生产队人均口粮不足 300 斤,扣除口粮折款后,很多农户分不到现金,零花钱只能要靠变卖粮食,实际吃粮水平更低。②

在广东省,虽然临近港澳,发展条件优越,但由于政策上的问题,农村也相当贫穷落后。1978 年,深圳农民的人均收入 134 元,而一河之隔的香港新界农民的年收入却是 13000 港元,如此大的差距,引诱不少人铤而走险偷渡港澳,从 1954 年至 1978 年,全省共有 56.5 万人次偷渡外逃。1979 年再次发生了逃港事件,据统计,这年 1 月至 5 月,广东全省共有 11.9 万多人偷渡外逃,外逃 2.9 万多人,发生人数超过历史上最高的 1962 年。仅 4 月 5 日一天,樟木头收容站收容人数就达到 3900 多人,深圳收容站收容人数达2500 多人。③

有一组全国性的数据:1976 年全国农村人均口粮比 1957 年减少 4 斤;1977 年全国有 1.4 亿人平均口粮在 300 斤以下,处于半饥饿状态;1978 年全国受灾,农民生活更为艰难,年人均只能吃到原粮 248 斤,每天人均只有6 两 7 钱。1978 年农村居民恩格尔系数为 67.71%;全国有 2.5 亿绝对贫困人口。另据原农业部人民公社管理局统计:1978 年,全国农民每人年均从

---

① 陈大斌:《饥饿引发的变革——一个资深记者的亲身经历与思考》,中共党史出版社1998 年版,第 17、19 页。

② 陈大斌:《饥饿引发的变革——一个资深记者的亲身经历与思考》,中共党史出版社1998 年版,第 28 页。

③ 《反外逃情况汇报提纲》(1979 年 6 月 8 日),转引自《习仲勋主政广东》,中共党史出版社 2007 年版,第 78—79 页。

集体分配到的收入仅有 74.67 元,其中两亿农民的年均收入低于 50 元;有 1.12 亿人每天只能挣到 1 角 1 分钱,1.9 亿人每天能挣 1 角 3 分钱,有 2.7 亿人每天能挣 1 角 4 分钱。[1] 就全国城乡居民粮油消费看,1976 年全国人均粮食消费量为 380.56 斤,比 1966 年的 379.14 斤仅多 1.42 斤,比此前最高的 1956 年的 408.58 斤减少 28.02 斤;全国食用植物油人均消费量为 3.19 斤,低于 1966 年的 3.52 斤,比此前最高的 1956 年的 5.13 斤减少 1.94 斤。[2]

(二) 西方资本主义国家经济科技大发展

从 20 世纪 50 年代中期到 70 年代中期,在中国相继经历"大跃进"、人民公社化运动、"文化大革命"之时,美国、欧洲等西方资本主义国家,日本、韩国等中国周边的一些国家和地区,却在新科技革命浪潮的推动下实现了经济科技的迅速发展,社会面貌发生了意义深远的重大变化。

新科技革命,也称作第三次科技革命,首先兴起于 20 世纪四五十年代的美国,到七八十年代以后出现高潮。这次科技革命的一个重要特点,是将二战期间积累的本来服从于战争需要的军事技术转移到民用上来,使得原子能技术、信息技术、生物技术、空间技术等尖端技术得到快速发展和广泛利用。

在原子能技术方面,1942 年 12 月,费米在芝加哥大学领导建成了世界上第一座核反应堆,首次实现了人工控制的核链式反应。1945 年 7 月,美国成功试爆第一颗原子弹,标志着利用原子能时代的开始。1949 年苏联也试爆原子弹成功。1953—1964 年间,英、法等国相继试制核武器成功。原子能技术首先被应用于军事领域,但很快在商业运用上取得重要进展。

---

[1] 陈大斌:《饥饿引发的变革——一个资深记者的亲身经历与思考》,中共党史出版社 1998 年版,第 19 页。

[2] 中共中央党史研究室:《中国共产党历史》第二卷(下),中共党史出版社 2011 年版,第 969 页。

1954 年 6 月,苏联建成第一个原子能电站。1957 年,苏联第一艘核动力破冰船下水。1957 年,美国西屋公司建成了世界上第一个压水堆型商用核电站。核电作为一种新能源,燃料消耗少、能值高,具有经济、安全、干净等长处,一进入实用阶段,就显露出了突出的经济与科技价值。1961 年至 1968 年,德、日、加、意、比、瑞士、瑞典等国也相继建成核电站。1969 年后,核电进入大发展时期。到 1977 年,世界上已有 22 个国家和地区拥有核电站反应堆 229 座。

在信息技术方面,1946 年 2 月,世界上第一台电脑 ENIAC 在美国宾夕法尼亚大学诞生,目的是用来计算炮弹弹道的轨迹。这部机器使用了 18800 个真空管,占地 170 平方米,重达 30 吨。它的计算速度很快,每秒可以从事 5000 次加法运算,是人工计算速度的 20 万倍。不过,耗电量也很大,每次一开机,整个费城西区的电灯都为之黯然失色。此后,计算机技术以惊人的速度发展。1958 年出现了晶体管计算机。20 世纪 60 年代中期以后出现了每秒运算千万次的集成电路,即第三代计算机。1971 年,世界上第一台以大规模集成电路做芯片的微型计算机在美国制成。此后,大体上每隔 5—8 年计算机的运算速度提高 1000%,体积缩小 1000%,成本降低 10 倍。计算机的出现,为人类开辟了一个崭新的信息时代。

在空间技术方面,空间技术又称航天技术,是一项研究和实现如何进入太空和利用太空的技术,火箭、人造地球卫星、宇宙飞船、航天飞机等的制造和发射,是它的主要研究对象,它是人类向近地球空间、太阳和行星空间、恒星空间和更遥远天体的重要扩展,是现代技术高度发达的体现。1926 年 3 月,在马萨诸塞州的奥伯恩,美国技术专家成功发射了世界上第一枚液体推进火箭,标志着人类已有能力借助于航天飞行的运载工具而去探索茫茫宇宙。1957 年 10 月 4 日、11 月 3 日,苏联相继成功发射了两颗人造地球卫星,开创了空间技术发展的新纪元。此后,美、苏两国开始了激烈的太空竞争。1961 年 4 月 12 日,苏联发射载人宇宙飞船成功,人类首次涉足太空。1969 年 7 月 16 日,美国"阿波罗 11 号"飞船将两名宇航员送上月球,是人类历史上第一次在月球上留下自己的脚印。到 1981 年 4 月,美国"哥伦比亚号"航天飞机又成功发射。

此外,生物技术、新材料技术、海洋技术等也迅速发展。

新科技革命的蓬勃兴起,特别是电子计算机的普及,极大地改变了世界的面貌和人们的生活方式,成为劳动生产率提高和整个经济增长的源泉。西方国家工业生产的年平均增长率,在两次世界大战之间为 1.7%,1950—1972 年增至 6.1%;在促进增长的各因素中,科技进步的因素在 20 世纪 70 年代约占 60%。

在新科技革命的推动下,美国经济高速发展,从 1961 年 1 月到 1969 年 10 月,美国经济连续上升了 106 个月,20 世纪 60 年代被称为美国的"繁荣的十年"①。第二次世界大战后,欧洲经济濒于崩溃。为了帮助欧洲经济摆脱困境,1947 年 6 月,美国国务卿马歇尔在哈佛大学发表演说,提出了著名的"马歇尔计划",为期 5 年。到 1951 年底,"马歇尔计划"提前结束。美国对欧拨款共 131.5 亿美元,其中赠款占 88%。"马歇尔计划"实施期间,西欧国家 GDP 增长了 25%。此后,欧洲经济逐步走出困境。以联邦德国(西德)为例,从 1951 年到 1971 年,20 年间,西德 GDP 增加了 5 倍多,是除日本之外发展最快的国家。法国 1951—1970 年的工业年均增长率为 5.9%。1970 年国民生产总值达 1409 亿美元,居资本主义世界第四位。② 日本的发展更令人瞩目。1955 年 12 月,日本编制并实施《经济自立五年计划》(1956—1960 年),1960 年,又实施为期 10 年的"国民收入倍增计划"。1955—1960 年,日本经济的年均增长率为 8.5%,1960—1965 年为 9.8%,1965—1970 年为 11.8%。1955—1970 年,日本的 GDP 增长了 7.2 倍。1960 年,日本 GDP 超过加拿大,1967 年超过英国和法国,1968 年超过西德,成为位居美国之后的资本主义世界第二经济大国。③ 1973 年,日本的船舶、

①　宋则行、樊亢主编:《世界经济史》(下卷),经济科学出版社 1994 年版,第 48 页。
②　宋则行、樊亢主编:《世界经济史》(下卷),经济科学出版社 1994 年版,第 50 页。
③　宋则行、樊亢主编:《世界经济史》(下卷),经济科学出版社 1994 年版,第 52 页。

收音机、电视机等产品产量已居世界第一位,水泥、橡胶、汽车等产品产量居世界第二位。

日本、美国、欧洲经济的高速发展一直持续到1973年石油危机爆发,前后近20年,这个时期被称为发达资本主义国家经济发展的第二个"黄金时代"。而正是在这20年间,中国与这些国家本来就已经很大的经济科技差距进一步拉大了。1965年,中国GDP(国内生产总值)总额为1387亿元,按人民币兑美元的固定汇率2.46∶1计算,约合563.8亿美元;1965年,美国GDP总额为6291亿美元,日本为821亿美元,西德为984亿美元,法国为845亿美元,英国为865亿美元,意大利为522亿美元,巴西为167亿美元,分别是中国的11.15倍、1.45倍、1.74倍、1.49倍、1.53倍、0.92倍、0.29倍。1970年,中国GDP总额为1926亿元,按人民币兑美元的固定汇率2.46∶1计算,约合783亿美元;1970年,美国GDP总额为9812亿美元,日本为2046亿美元,西德为1855亿美元,法国为1409亿美元,英国为1219亿美元,意大利为927亿美元,巴西为464亿美元,分别是中国的12.53倍、2.61倍、2.36倍、1.79倍、1.57倍、1.18倍、0.59倍;到了1978年,中国GDP总额为3010亿元,按人民币兑美元的固定汇率1.57∶1计算,约合1917亿美元;1978年,美国GDP总额为21124亿美元,日本为9739亿美元,西德为6388亿美元,法国为4716亿美元,英国为3095亿美元,意大利为2601亿美元,巴西为1887亿美元,分别是中国的11.01倍、5.08倍、3.33倍、2.46倍、1.61倍、1.36倍、0.98倍。在这期间,美国、日本、欧洲等发达国家及巴西的GDP增长速度都超过中国。从人民生活来说,20世纪70年代末,当中国人还在为"三转一响一咔嚓"奋斗时,日本早在五六十年代黑白电视机、电冰箱、洗衣机这"三大件"就已经进入了"寻常百姓家"。日本的第一台电视机,是1952年生产的,中国的第一台电视机是1958年由天津712厂生产的,都是黑白电视机,中日电视机技术基本处在同一起跑线。但到了1977年,日本电视机年产量达到1500万台,成为世界第一电视机生产大国,且主要是彩电;而同年中国生产的电视机总量只有28万台。

除了西方国家之外,在这期间,中国周边原来一些比较落后的国家和地区,如韩国、新加坡等,也抓住机遇快速发展,实现了经济起飞。新中国成立初期,韩国经济总量和中国的山东省差不多。但韩国从 20 世纪 60 年代开始,大力发展国民经济,创造了著名的"汉江奇迹"。到 80 年代,韩国一改贫穷与落后的面貌,经济总量是山东的几倍。香港,只是一个弹丸之地,1977 年,进出口总额达到 196 亿美元,而当年整个中国内地的对外贸易总额仅有 148 亿美元。[①]

(三)"旧的那一套"实践证明不成功,"不改革就没有出路"

"文化大革命"结束后的中国,是一个贫穷落后的中国,是一个与发达资本主义国家存在巨大发展差距的中国,也是亟须振作,奋起直追的中国。

中国共产党从成立的第一天起,就把社会主义、共产主义作为奋斗目标。但是,如上所述,"文化大革命"时期搞的这种社会主义,难道就是我们千百万共产党人流血牺牲所要追求的那个社会主义吗? 社会主义的优越性就是如此体现的吗? 按照这样的社会主义继续发展下去,社会主义还有吸引力、号召力、凝聚力吗? 中国的老百姓能够答应吗? 中国还有希望吗? 每一个关心党和国家前途命运的人都会提出这样的问题。邓小平更是如此。从第三次复出伊始,他就对"文化大革命"所呈现的社会主义、对社会主义的这种"优越性"打出了沉重问号。

1977 年 12 月 26 日,在会见澳大利亚共产党(马列)主席希尔和夫人乔伊斯时,邓小平说:"林彪和'四人帮'反对马克思主义,他们不讲生产,谁讲发展生产就说谁是修正主义,那马克思写《资本论》是干什么的?"按照马克思列宁主义的学说,社会主义是一种比资本主义更加优越的社会制度。"怎样才能体现列宁讲的社会主义的优越性,什么叫优越性? 不劳动、不读书叫优越性吗? 人民生活水平不是改善而是后退叫优越性吗? 如果这叫社

---

① 国务院办公室〔1978〕12 号参阅文件:《港澳经济考察报告》(汇报提纲),1978 年 5 月 31 日。

会主义优越性,这样的社会主义我们也可以不要。"①1978 年 2 月 26 日,在出席第五届全国人民代表大会第一次会议解放军代表团第一小组会议时,邓小平指出:"社会主义不是比资本主义优越吗?不优越叫什么社会主义。'四人帮'不讲生产。过渡到共产主义不讲生产能行吗?共产主义是什么?是各尽所能,按需分配。按需分配就要物质极大丰富。所以要实现四个现代化,才能更好地体现社会主义的优越性,不然,就始终处于挨打的地位。光喊口号没有用。"②1978 年 3 月 10 日,在国务院第一次全体会议时,他又说:"什么叫社会主义?它比资本主义好在哪里?每个人平均六百几十斤粮食,好多人饭都不够吃,28 年只搞了 2300 万吨钢,能叫社会主义优越性吗?干社会主义,要有具体体现,生产要真正发展起来,相应的全国人民的生活水平能够逐步提高,这才能表现社会主义制度的优越性。"③1978 年 9 月,在东北三省视察期间,他说:"外国人议论中国人究竟能够忍耐多久,我们要注意这个话。我们要想一想,我们给人民究竟做了多少事情呢?我们一定要根据现在的有利条件加速发展生产力,使人民的物质生活好一些,使人民的文化生活、精神面貌好一些。""我们太穷了,太落后了,老实说对不起人民。""社会主义要表现出它的优越性,搞了 20 多年还这么穷,那要社会主义干什么?"④

这一连串的问号,实际上是发出了重新思考和探索"什么是社会主义、在中国怎样建设社会主义"的强有力的信号。中国共产党的领导和社会主义的基本制度还要坚持,但是,类似"文化大革命"这样未能体现优越性的

① 中共中央文献研究室编:《邓小平年谱(1975—1997)》(上),中央文献出版社 2004 年版,第 250 页。

② 中共中央文献研究室编:《邓小平年谱(1975—1997)》(上),中央文献出版社 2004 年版,第 271 页。

③ 中共中央文献研究室编:《邓小平年谱(1975—1997)》(上),中央文献出版社 2004 年版,第 277 页。

④ 中共中央文献研究室编:《邓小平年谱(1975—1997)》(上),中央文献出版社 2004 年版,第 380、384 页。

社会主义再也不能搞下去了,中国再也不能像"文化大革命"这样发展下去了。

关于长期"左"倾错误特别是"文化大革命"极左错误造成的严重危害与改革开放的关系,邓小平后来曾多次指出:"我是主张改革的,不改革就没有出路,旧的那一套经过几十年的实践证明是不成功的。""从1957年开始我们的主要错误是'左','文化大革命'是极左。中国社会从1958年到1978年20年时间,实际上处于停滞和徘徊的状态,国家的经济和人民的生活没有得到多大的发展和提高。这种情况不改革行吗?"①"中国不仅领导层支持改革,而且全国人民上上下下都要求改革。这要归功于'文化大革命'。'文化大革命'变成了全国人民的大课堂。中国有'文化大革命'和没有'文化大革命'不同","文化大革命"的"作用就是教育我们要改革开放"②。

二、揭批"四人帮"与国民经济"新跃进"

(一) 揭批"四人帮"与"两个凡是"的提出

"四人帮"是"文化大革命"期间党内结成的"左"倾帮派,其在党内经营多年,帮派势力盘根错节。"四人帮"被粉碎后,一部分党组织和国家机关的权力仍掌握在其帮派分子手中。为了迅速摧毁"四人帮"残余势力,1976年10月12日,中央政治局决定:派中央工作组赴帮派势力严重、"四人帮"根基较深的上海,改组上海市的领导班子,对追随"四人帮"的骨干分子实行监护审查,对由"四人帮"势力把持的公安机关和民兵组织进行整顿。与此同时,中央军委也采取措施,在上海等地部署军队,有效防范了

① 《邓小平文选》第三卷,人民出版社1993年版,第237页。
② 中共中央文献研究室编:《邓小平年谱(1975—1997)》(下),中央文献出版社2004年版,第1242页。

"四人帮"余党进行破坏活动的企图。这使上海的社会秩序迅速稳定。中央还专门派出工作组前往长期以来武斗不止的河北保定地区,中共中央、国务院、中央军委并于1976年11月9日联合发出布告,要求保定各派群众组织立即无条件停止武斗。随后,在中央工作组领导下,党政军民配合行动,192个武斗据点被拆除,一些民愤极大的打砸抢首恶分子受到逮捕,使长期武斗不休的保定恢复了正常社会秩序。对其他处于动乱中的地区,党中央也通过派工作组等措施,加强领导,制止"派仗",恢复正常的生产和社会秩序。各地还按照中央的部署,对"四人帮"的帮派体系以及与他们篡党夺权阴谋活动有牵连的人和事开展了普遍的清查处理;对证据确凿的"四人帮"余党和有严重罪行的帮派骨干分子由公安部门逮捕归案。从1977年1月起,中央陆续对受"四人帮"影响较深、问题较多的云南、辽宁、甘肃、安徽等省和郑州、兰州铁路局等部门的领导班子加以改组,先后调整和加强了十多个省、自治区、直辖市党委的领导班子。截至1978年8月,在全国29个省、市、自治区主要负责人中,查出同"四人帮"篡党夺权阴谋有牵连而被撤职的有9人,占这些地区主要负责人总数的1/3左右。

党中央采取的这一系列措施,摧毁了"四人帮"在各地的帮派势力,使许多地区长期武斗动乱的局面得以扭转。而党政军机构领导班子的调整和配备,则一定程度上加强了中共中央、国务院各部、委、局和各省、市、自治区的领导力量,对进一步稳定局面,开展揭发批判"四人帮"斗争起到了保证作用。①

粉碎"四人帮"后,中央政治局立即部署了揭发批判"四人帮"的斗争。1976年10月18日,中共中央向党内发出《关于王洪文、张春桥、江青、姚文元反党集团事件的通知》,通知列举了"四人帮"篡党夺权的种种罪行和毛泽东1974年2月以来对他们的多次批评,号召全党对"四人帮"进行揭发批判。同年10月20日,中共中央决定成立专案组,审查王洪文、张春桥、江

---

① 中共中央党史研究室:《中国共产党历史》第二卷下册,中共党史出版社2011年版,第987页。

青、姚文元的反党罪行。11月15至19日，全国宣传工作座谈会召开，通报经中央批准的"当前宣传工作要点"，部署彻底揭批"四人帮"的斗争。12月10日，中共中央下发《王洪文、张春桥、江青、姚文元反党集团罪证（材料之一）》，以大量事实揭露他们结成"四人帮"、企图篡党夺权、危害人民的罪行。此后，罪行材料之二、之三相继下发。12月25日，华国锋在第二次全国农业学大寨会议上发表讲话，进一步提出要"从政治上、思想上、组织上深入地彻底地揭发批判'四人帮'，大打一场人民战争。当前的战役是集中揭发批判'四人帮'篡党夺权的阴谋。接着要揭发批判'四人帮'的反革命面目和罪恶历史；要揭发批判'四人帮'反革命的修正主义路线的极右实质及其在各方面的表现；还要从哲学、政治经济学、科学社会主义理论上进行批判。通过揭发和批判，彻底肃清'四人帮'在全国各条战线的流毒和影响"①。按照这一部署，中央和地方的报刊登载了大量声讨和控诉"四人帮"罪行的文章，一场声势浩大的揭批"四人帮"运动迅速掀起。

但是，随着揭批"四人帮"运动的逐步深入，一个难以回避的重大而敏感的问题也随之提出来了：就是必须对"四人帮"赖以存在和活动的条件——"文化大革命"的"左"倾错误进行全面彻底的清理，而这就不能不涉及亲自发动和领导"文化大革命"的毛泽东及其晚年错误的问题。

粉碎"四人帮"后的一段时间里，华国锋一再要求人们"对文化大革命要肯定"②，并要求"继续批邓、反击右倾翻案风"，强调这是"毛主席亲自发动的"。1976年10月26日，就宣传工作问题，华国锋指示："当前，一、要集中力量批'四人帮'，连带批邓；二、'四人帮'的路线是极右路线；三、凡是毛主席讲过的，点过头的，都不要批评；四、'天安门事件'要避开不说。"③此

① 《中国共产党中央委员会主席华国锋同志在第二次全国农业学大寨会议上的讲话》（1976年12月25日），《人民日报》1976年12月28日。
② 华国锋：《在中国共产党第十一次全国代表大会上的政治报告》，《人民日报》1977年8月23日。
③ 中共中央党史研究室：《中国共产党历史大事记（1919.5—2005.12）》，中共党史出版社2006年版，第288页。

后,他一再重申这些规定。1977年1月,在由汪东兴布置、为华国锋准备的一份会议讲话提纲中写道:"凡是毛主席作出的决策,我们都必须维护,不能违反;凡是损害毛主席的言行,都必须坚决制止,不能容忍。"这段话里明确出现了"两个凡是"的表述。此后,在汪东兴直接指导下,长期担任康生秘书、粉碎"四人帮"后被任命为中央办公厅副主任、理论组组长的李鑫组织起草了《学好文件抓住纲》一文,写进了上述意思。文章经华国锋批准,以"两报一刊"社论的形式于1977年2月7日在《人民日报》、《红旗》杂志、《解放军报》同时发表。社论正式提出了"两个凡是"方针,即"凡是毛主席作出的决策,我们都坚决维护,凡是毛主席的指示,我们都始终不渝地遵循"。

"两个凡是"是"文化大革命"极左路线和长期个人崇拜的产物,违背了马克思主义认识论和真理观。对"两个凡是"的危害和实质,邓小平后来曾一针见血地指出:"'两个凡是'的观点就是想原封不动地把毛泽东同志晚年的错误思想坚持下去。所谓按既定方针办,就是按毛泽东同志晚年的错误方针办。"①

(二) 整顿生产秩序与国民经济的初步恢复

"文化大革命"对中国经济的破坏是十分严重的。1976年,中国经济形势非常严峻:粮食、棉花都减产,原材料、燃料、动力和交通严重滑坡。1978年2月26日,华国锋在五届人大一次会议上作的《政府工作报告》中对"文化大革命"后期我国的经济状况作了总结。他说:"'四人帮'这个反革命的阴谋集团……疯狂破坏国民经济,摧残各项社会主义建设事业,造成了极其严重的恶果。从1974年到1976年,由于'四人帮'的干扰破坏,全国大约损失工业总产值1000亿元,钢产量2800万吨,财政收入400亿元,整个国民经济几乎到了崩溃的边缘。"②粉碎"四人帮","文化大革命"结束,人们终

---

① 《邓小平文选》第二卷,人民出版社1994年版,第298页。
② 华国锋:《团结起来,为建设社会主义的现代化强国而奋斗——1978年2月26日在第五届全国人民代表大会第一次会议上的政府工作报告》,《人民日报》1978年3月7日。

于从十年噩梦中苏醒了。全党全国人民的共同心愿是:"把被'四人帮'耽误的时间夺回来,把他们破坏生产的损失补上去"①,加快发展国民经济,把伟大的祖国建成社会主义的现代化强国。

1976 年 12 月 10 日至 27 日,中共中央在北京召开第二次全国农业学大寨会议。会议提出:"革命就是解放生产力。粉碎'四人帮'这场大革命,清除了破坏生产力、阻碍生产力发展的大祸害,被'四人帮'长期压抑的广大工农群众的革命积极性正在迸发出来,我国国民经济的迅速发展大有希望了",会议号召全国人民在深入揭批"四人帮"的同时,"掀起一个抓革命、促生产的高潮","努力把国民经济搞上去"②。结合学习公开发表的毛泽东《论十大关系》一文,《人民日报》发表署名文章,批判"四人帮"一伙"从不研究和解决经济建设中的任何一个实际问题,还反对别人去研究,去解决。谁要谈一下经济,抓一下生产,他们就火冒三丈,抡起'唯生产力论'的大斧向你砍来。甚至开计划会议不让谈计划,研究生产的会议不准谈生产。难道搞社会主义建设可以不要研究经济规律吗?难道不解决经济工作中各种具体矛盾,粮食和钢铁会从天上掉下来吗?"③

恢复和发展国民经济,这时最紧迫的工作是整顿"文化大革命"中受到严重破坏的经济秩序,首当其冲的则是对全局具有重要影响的铁路和煤炭运输行业。"文化大革命"后期,由于派性斗争不断,铁路堵塞严重,铁路事故惊人,"生产部署统统打乱"④。经过 1975 年整顿后,情况一度明显好转,但"反击右倾翻案风"开始后又急剧恶化。铁路是国民经济的大动脉,事关大局。为了把铁路运输搞上去,1977 年 2 月 2 日至 15 日,经中共中央批准,国务院在北京召开全国铁路工作会议。出席这次会议的有 28 个省、市、

---

① 中共北京化工厂委员会:《彻底清算"四人帮"祸国殃民的罪行》,《人民日报》1976 年 11 月 16 日。

② 华国锋:《在第二次全国农业学大寨会议上的讲话》,《人民日报》1976 年 12 月 28 日。

③ 任竹:《把一切积极因素调动起来——热烈欢呼毛主席的光辉著作〈论十大关系〉公开发表》,《人民日报》1976 年 12 月 29 日。

④ 《邓小平文选》第二卷,人民出版社 1994 年版,第 5 页。

自治区党委的负责人,20个铁路局和16个铁路分局党委的负责人,中共中央、国务院、中国人民解放军有关部门的负责人共两百多人。会议认真研究了动员全党管好铁路,讨论和制定了铁路运输大干快上的奋斗目标等问题。会议指出,全国要大治,工农业要大上,铁路必须做到畅通无阻,当好先行。铁路运输上去了,整个国民经济就活了,发展就快了。为此,必须全党动手,党政军民一齐努力,千方百计地把铁路运输迅速搞上去。会议提出,铁路运输由铁道部集中统一指挥,各省、市、自治区党委要进一步加强对铁路工作的领导,要有一名书记亲自抓铁路工作,及时发现问题,解决问题。经过这次会议,铁路运输出现了新局面。4月份,全国铁路平均日装车达到55100车,超过历史最高水平,6月份达到57000车。与此同时,对民航、邮电部门也加强集中统一领导,迅速改变混乱局面。

1977年3月3日至16日,全国计划会议在北京召开。会议讨论了1977年的国民经济计划,通过了国家计委向中央政治局提出的《关于1977年国民经济计划几个问题的汇报提纲》。会议回顾了"文化大革命"中党同"四人帮"在经济领域进行的重大斗争,针对当时经济领域存在的思想混乱,提出了要不要坚持党的领导、要不要搞好生产、要不要规章制度、要不要社会主义积累、要不要实行各尽所能按劳分配、要不要引进新技术、要不要坚持计划经济等十个要不要的问题并展开讨论,这对于澄清是非,把在经济战线上被"四人帮"搞颠倒了的是非问题重新纠正过来,起了积极作用。

为了克服"文化大革命"中盲目下放企业和否定按劳分配原则所造成的经济混乱,中共中央和国务院还在经济体制和经济政策上进行了局部调整和整顿,恢复了一些过去行之有效的做法,同时开始新的探索。一是上收了部分税收、财政和物资的管理权。1977年11月13日,国务院批转财政部《关于税收管理体制的请示报告》和《关于税收管理体制的规定》,进一步明确划分税收管理体制,提出税收政策的改变,税法的颁布和实施,税种的开征和停征,税目的增减和税率的调整,都属于中央管理权限,一律由国务院统一规定。1978年1月30日,国务院批转国家计委、财政部《关于改进固定资产更新改造资金管理的报告》,改变了基本折旧基金全部留给企业和主管部门的办法,决定所有国营企业提取的基本折旧基金,50%留给企业,30%上缴中央财政,20%由地方掌握安排。2月17日,经国务院批准,财政部决定试行"增收分成、收支挂钩"的财政体制。在物资管理方面,取消"地区平衡、差额调拨"的办法,扩大统一调配部管物资的范围,1978年达到689种。二是对企业进行整顿,恢复了奖励、计件工资和企业基金等制度。1978年4月20日,中共中央下发《关于加快工业发展若干问题的决定(草案)》(简称"工业30条"),在各工业管理机关、各工业交通企业试行。"工业30条"对整顿企业提出了明确的要求和具体的标准,对工业企业的任务、基本制度和工作方法作出了明确规定,是当时指导工业交通战线拨乱反正的重要文件。1978年5月7日,国务院下发《关于实行奖励和计件工资制度的通知》,规定在经过整顿,领导班子坚强,供、产、销正常,管理制度比较健全,各项经济技术指标比较先进的企业,可以实行奖励和计件工资。奖金总额一般不超过实行奖励制度的职工标准工资总额的10%;对于少数任务重、各项经济技术指标先进,又全面超额完成国家计划较多的企业,奖金总额可以适当提高,但最高不得超过12%。为了鼓励企业加强经济核算,改善经营管理,国务院还批转了财政部《关于国营企业试行企业基金的规定》,凡是全面完成国家下达的产量,品种,质量,原材料、燃料、动力消耗,劳动生产率,成本,利润(包括实现利润和上缴利润),流动资金占用八项年度计划指标以及供货合同的工业企业,可按职工全年工资总额的5%提取企业基金,没有全面完成计划指标,但完成产量、品种、质量、利润四项指标和供货合同的工业企业,可按工资总额的3%提取企业基金;在完成产量、品种、质量、利润四项指标和供货合同的前提下,其他指标每多完成一项,按工资总额增提0.5%的企业基金。企业基金主要用于举办职工集体福利设施和发给职工的劳动竞赛奖金等。三是调整部分工业企业的隶属关系,关系国民经济全局的重点企业,实行由中央和地方双重领导,以中央部门为主管理;其余大中型企业则由地方管理,或实行双重领导,以地方为主管理。

由于采取了上述一系列措施,企业生产和经济秩序混乱的情况开始改善,国民经济出现了较好发展势头。从 1977 年 3 月起,全国工业总产值逐月增加,80 种主要工业产品 5、6 月份的产量,绝大多数高于上年同期水平,其中 26 种创造了历史最高月产水平。29 个省、市、自治区的工业总产值,有 24 个上半年超过了上年同期水平。6 月份,有 23 个省、市、自治区的工业生产达到和超过了历史最高月产水平。1—9 月,全国工业总产值累计比上年同期增长 12%。1977 年全国工业总产值 3728 亿元,比上年增长 14.3%,财政收入也扭转了了连续三年完不成国家计划和支大于收的状况,总收入 874.5 亿元,总支出 843.5 亿元,结余 31 亿元。由于国民经济和财政状况逐步好转,1977 年 8 月 10 日,国务院发出《关于调整部分职工工资的通知》,决定从 1977 年 10 月 1 日开始,调整职工工资。"调整工资的重点,是工作多年、工资偏低的职工。调整工资的人数大约占职工总数的 46%。另外还有百分之十几的职工,也能适当增加一些工资。"①"到 1978 年底,通过调整工资,全国职工约增加收入 27.5 亿元。"②

1978 年上半年,经济形势继续好转。与 1977 年同期相比,工业生产增长 24%,其中,钢产量增长 67%,石油产量增长 11%,煤炭产量增长 19%,发电量增长 17%。棉纱、纸张、食糖等 16 种主要轻工业产品也都大幅增产。铁路货运量比上年同期增长 22%。农业在遇到严重自然灾害的情况下,夏粮比上年增产 100 亿斤以上。城乡市场购销两旺,库存增加。1978 年一季度全国消费品的零售总额超过了以往任何一年的旺季水平,二季度继续增长。财政收入上半年也较大幅度超过原订计划。对此,1978 年 7 月 7 日,华国锋在全国财贸学大庆学大寨会议上评论说:"粉碎'四人帮'以来的一年多中间,我们挽救了濒于崩溃边缘的国民经济,使它开始转上持续增长、健康发展的轨道。国民经济的这种恢复和发展,不是表现在一个或几个部

---

① 余秋里:《我国国民经济的发展情况》,《人民日报》1977 年 10 月 25 日。
② 张劲夫:《关于一九七八年国家决算和一九七九年国家预算草案的报告——1979 年 6 月 21 日在第五届全国人民代表大会第二次会议上》,《人民日报》1979 年 6 月 30 日。

门和地区,而是表现在所有的部门和地区。"①

(三) 急于求成的"新的大跃进"计划的形成

"文化大革命"结束后,面对百废待兴的局面,全党全国人民都迫切要求恢复生产,改善生活,加快发展,"怎么样能够把国民经济的增长速度搞得更快一些,这是全国上上下下普遍关心的一个大问题。"②在这一点上,党和国家最高领导层的认识也是一致的。1977年5月1日,华国锋在《人民日报》发表长篇署名文章,文中引用了毛泽东1956年所说的"搞了五六十年还不能超过美国,那就要从地球上开除你的球籍"那一段话,然后评论:面对这些话,"有哪一个中国人会无动于衷呢? 有哪一个中国人还不奋发起来呢?"③这种认识和想法本身无可厚非。但是,必须看到,经济发展有其自身规律,粉碎"四人帮"后这个时期的经济增长带有明显的恢复性质,是多年停滞后的反弹式回升。实际上,国民经济中还存在着很多亟待解决的问题,这些问题本来应该通过进一步的调整、整顿来逐步解决,使社会经济得以更好地恢复和休养生息,从而为国民经济的健康持续发展打好扎实基础。但是,随着国内政治局面的安定和经济形势的快速好转,由于此时来不及也不可能对新中国成立以来经济工作中的"左"的错误进行深刻反思、系统清理和纠正,由于对经济复苏和发展的艰巨性、长期性估计不足,党内在经济建设中长期存在的急于求成的冒进倾向再度出现,以为可以继续沿用已被事实证明不能成功的"大跃进"的那一套办法来领导和组织经济工作,使得这个时期党在经济建设的指导思想上出现了新的失误。

粉碎"四人帮"后,在农业发展方面,中共中央继续肯定"农业学大寨、

① 华国锋:《在全国财贸学大庆学大寨会议上的讲话》,《人民日报》1978年7月12日。

② 《我国国民经济的发展情况——余秋里副总理受国务院委托在四届人大常委会第四次会议上的讲话》(摘要),《人民日报》1977年10月25日。

③ 华国锋:《把无产阶级专政下的继续革命进行到底——学习〈毛泽东选集〉第五卷》,《人民日报》1977年5月1日。

普及大寨县"的口号;不顾当时的客观条件,继续坚持到 1980 年基本实现全国农业机械化的目标。1976 年 12 月召开的第二次全国农业学大寨会议提出到 1980 年,要将全国 1/3 的县建成为大寨县,全国农林牧副渔主要作业的机械化水平要达到 70%左右,全国大中型拖拉机拥有量要由 40 万台增加到 80 万台。当时全国拖拉机的年生产能力只有 7 万多台,这个计划显然是不可能实现的。

进入 1977 年,急于求成的冒进倾向进一步发展。4 月 11 日,《人民日报》在头版发表题为《全面落实抓纲治国的战略决策》的社论,宣称:"国民经济的各个部门在揭批'四人帮'的斗争的带动下,逐渐纳入健康发展的轨道,一个新的跃进形势正在形成"①。4 月 19 日,《人民日报》在头版发表社论,再次肯定"革命和生产的形势越来越好,其进展速度,超出人们的预料。一个新的跃进形势正在形成。"②还有一些省市则公开发出要"组织新的大跃进"的号召③。

在盲目乐观情绪的驱动下,工业上的"新跃进"表现得尤为激进。4 月 18 日,在全国工业学大庆会议预备会议上,华国锋在缺少可靠资料论证的情况下向石油部负责人提出:"石油光有一个大庆不行,要有十来个大庆"④,必须在 2000 年以前搞出来。1977 年四五月间,全国工业学大庆会议召开。这次会议 4 月 20 日先在大庆油田开幕,4 月 27 日后转到北京继续开会,5 月 13 日闭幕,历时 24 天,先后有七千多人与会。5 月 9 日,华国锋在会上讲话,明确肯定了社会上已经出现的"跃进"提法,提出"我国国民经济必将出现一个全面跃进的新局面",要求"所有企业都要认真地学大庆,在第五个五年计划期间,全国至少要有三分之一的企业办成大庆式企业"。⑤ 会上,华

① 《全面落实抓纲治国的战略决策》,《人民日报》1977 年 4 月 11 日。
② 《抓纲治国推动国民经济新跃进》,《人民日报》1977 年 4 月 19 日。
③ 《用大庆精神领导学大庆群众运动》,《人民日报》1977 年 6 月 25 日。
④ 房维中主编:《中华人民共和国经济大事记》,中国社会科学出版社 1984 年版,第 586 页。
⑤ 《国务院总理华国锋同志在全国工业学大庆会议上的讲话》,《人民日报》1977 年 5 月 13 日。

国锋为出席会议的湖南代表团题词："先进更先进,后进赶先进;革命加拼命,无往而不胜。"7 月 30 日,中共中央转发国务院《关于 1977 年上半年工业生产情况的报告》。报告说,上半年,我国工业生产改变了过去那种长期停滞不前甚至下降的局面,正在以较快的速度回升,并且在生产总量上有了新的发展。报告据此认为这标志着"国民经济的新的跃进局面正在出现"。随后,党的十一大政治报告进一步指出:"一个国民经济新跃进的局面正在出现",号召全党全国人民"要认真贯彻执行鼓足干劲,力争上游,多快好省地建设社会主义的总路线……全面跃进"。① 9 月 11 日,在中央政治局讨论电力问题时,华国锋批评国家计委汇报的全年工业增长 10% 的速度"太保守",有自满情绪,提出不能满足于今年工业增长 10%,应当达到 12%,要"挽起袖子大干"。并说:假如工业今年只增长 10%,不要向政治局汇报;12% 也不要满足,认为打倒"四人帮",天下大治,速度可以快,国家计委要研究怎样把速度搞上去。② 10 月 26 日,《人民日报》发表评论员文章:《速度问题是一个政治问题》,号召"我们一定要把速度问题牢牢记在心坎上,落实在行动上。……要时时计算三年、八年、二十三年这个时间表。时间就是速度。我们要做时间的主人,用革命加拼命的精神,争时间,抢速度,大大加快我国国民经济发展的步伐"③。1977 年 11 月,在听取和讨论国家计委关于经济计划的汇报要点时,华国锋又说:"加快国民经济的发展速度,这是全国人民的希望。总要把自己搞得强大起来。如果经济发展速度不如日本、朝鲜、越南,与苏修的距离拉大,说我们马列主义怎么好,怎么能说服人呢?"国民经济"搞不上去,就显示不出社会主义制度的优越性"。这可看作是当时强调高速度问题的一个重要考虑和心态。

根据以上精神,在此前后,从中央到地方的各级报刊、广播电台、电视台

---

① 华国锋:《在中国共产党第十一次全国代表大会上的政治报告》,《人民日报》1977 年 8 月 23 日。

② 国家计委:《粉碎"四人帮"以后经济指导工作中的问题》,1980 年 11 月 15 日。

③ 《速度问题是一个政治问题》,《人民日报》1977 年 10 月 26 日。

等新闻媒体,在中共中央、国务院的各种重要文件里,在各级领导人的讲话和报告中,不断出现关于各行各业都要组织、推动"新跃进"的要求和报道。《人民日报》、《红旗》杂志、《解放军报》等也接连发表社论,欢呼"国民经济新的跃进局面确实到来了"。"争时间、抢速度","全党大办","大干快上"之声弥漫全国。

1977年7月17日,国家计委首先向国务院呈报了《关于引进新技术和进口成套设备规划的请示报告》,即"八年引进规划"。"规划"提出,为加快实现四个现代化的进程,在"五五"计划后三年和"六五"计划期间,除抓紧把1973年批准的43亿美元进口方案中的在建项目尽快建成投产外,还要围绕长远规划的目标任务,再重点引进一批新技术和成套设备,包括:2套大型化肥装置,2套化肥关键设备,4套中间体原料装置;3套大型石油化肥成套设备,一套30万吨乙烯综合利用工程,4套化纤成套和关键设备,2套年产量200万—300万平方米的合成革装置,3套合成洗涤用品原料生产装置;大批石油勘探设备,一套年产1000万吨露天煤矿成套设备,一套60万千瓦或90万千瓦原子能电站,一套年产1200万吨采矿设备等,以上各项目,8年内共需外汇65亿美元,国内配套工程基建投资需要400亿元人民币。1977年7月26日,中央政治局听取并原则批准了这个规划。邓小平并提议:"引进还可以加一点,譬如搞100亿美元也可以。"[1]叶剑英、华国锋、李先念也都表示赞成。会后,国家计委修订引进方案,提出在65亿美元的基础上,再增加一些引进项目,规模扩大到150亿美元。1977年11月18日、23日、25日,中央政治局在听取国家计委汇报时,肯定了150亿美元的引进计划,邓小平说:"没有什么危险,再过两三年,也许可以再多些"。[2]

1977年10月29日,煤炭工业部向中央政治局汇报发展设想时提出,要在"拿下前所未有的高速度"总的指导思想下,1978年、1979年煤炭每年

---

① 《李先念传(1949—1992)》(下),中央文献出版社2009年版,第1041页。
② 房维中:《在风浪中前进——中国发展与改革编年纪事》第一分册,2004年11月初稿,未刊,第56页。

增产 4000 万吨,争取到 1980 年煤炭总产量达到 6.3 亿吨,1985 年达到 8.8 亿吨;1987 年突破 10 亿吨,赶上美国;20 世纪最后 13 年实现更大的"跃进",2000 年达到 20 亿吨。11 月 9 日,冶金工业部在向中央政治局汇报时提出,要高速度、高质量、高水平地实现全面大"跃进",1980 年产钢 3500 万吨,力争达到 3800 万吨;1990 年达到 1 亿吨;20 世纪末,要拿下二十几个鞍钢,使钢产量达到 1.6 亿吨以上,超过美国。这个计划得到了中央政治局的肯定。

1977 年 11 月 18 日、23 日、25 日,中央政治局听取并讨论了国家计委关于今后 23 年国民经济发展的设想和"六五"计划轮廓的汇报。华国锋、邓小平、李先念、汪东兴等出席。11 月 24 日至 12 月 11 日,国务院第二次召开全国计划会议,研究经济长远规划问题。会议经过讨论形成《关于经济计划的汇报要点》。《汇报要点》提出:今后 23 年,我国经济发展要分三个阶段,打几个大战役。第一阶段,在"五五"计划后三年,即 1978—1980 年,重点是打好农业和燃料、动力、原材料工业这两仗,农业要以每年 4%—5% 的速度,工业要以每年以 10% 以上的速度持续地大步前进,为"六五"计划做准备。第二阶段,在"六五"期间,即 1981—1985 年,各项生产建设事业都要有较大的展开,提高到一个新水平。粮食达到 8000 亿斤,钢产量达到 6000 万吨,原油达到 2.5 亿吨,煤炭达到 9 亿吨,发电量达到 5000 亿度。为了实现上述两个阶段的高指标,《汇报要点》还相应地拟订了一个庞大的基本建设计划,在这 8 年中,即到 1985 年以前,全国要新建和续建 120 个大型项目。主要包括:30 个大电站,8 个大型煤炭基地,10 个大油气田,10 个大钢铁基地,9 个大有色金属基地,10 个大化纤厂,10 个大石油化工厂,十几个大化肥厂,以及新建续建 6 条铁路干线和 5 个重点港口等,这 120 个项目建成后,加上原有的工业基础,全国可以形成 14 个实力比较雄厚、布局比较合理的工业基地,而全部基建投资规模则接近过去 28 年的总和。第三阶段,在 2000 年以前,全面实现农业、工业、国防和科学技术的现代化,粮食总产量要达到 1.3 万亿—1.5 万亿斤,钢产量要达到 1.3 亿—1.5 亿吨;各个

27

生产领域、各项经济技术指标,都要分别接近、赶上或超过当时的世界先进水平;农业生产的主要部分要自动化,中国将成为世界上第一个农业高产国家;许多省的工业水平将赶上和超过欧洲的某些工业发达国家,我国国民经济将走在世界的前列。

对以上计划和有关设想,中央政治局讨论同意:"赞成把这个计划定下来。有的事一时看不准,不要紧,可以在执行中调整。"华国锋表示:"这个计划是积极的,经过努力是可以实现的。"①1978 年 2 月 5 日,中央政治局正式批转了国家计委《关于经济计划的汇报要点》。2 月 18 日至 23 日,党的十一届二中全会又一致通过了根据《汇报要点》修订的《一九七六至一九八五年发展国民经济十年规划纲要(草案)》,并提交 2 月 26 日开幕的五届全国人大一次会议批准通过。按照这个《十年规划纲要(草案)》,20 世纪的最后 23 年中国要实现"四个现代化",头 8 年要有一个相当大的发展,为后 15 年的发展奠定一个相当好的基础。

为了完成《十年规划纲要(草案)》确定的高指标,国务院主要采取了两个方面的措施:一是进一步扩大对外引进技术和设备的规模,1978 年 3 月,国家计委提出,今后 8 年(1978—1985)的引进规模由 65 亿美元增加到 180 亿美元,其中 1978 年内拟签约 60 亿美元。中央原则批准了这个方案。当年 4 月 19 日,在中央政治局听取国家计委关于《今后八年发展对外贸易、增加外汇收入的规划要点》的汇报时,华国锋认为:"西德、日本战败后,十多年就上去了,要研究他们的经验。""要真正动脑筋,想办法,争速度",引进问题"太急了不行,慢吞吞也不行","思想要解放一点,胆子再大一点,放手一点。"②此后,各方面又相继提出一批引进项目。到当年 9 月,中央提出的 10 年内引进的总规模增加 800 亿美元。另一个方面是不断追加基本建设投资。1978 年,基建投资总规模由年初计划的 332 亿元追加到 500.99 亿

---

① 华国锋在全国计划会议上的讲话,1977 年 12 月 11 日。

② 房维中:《在风浪中前进——中国发展与改革编年纪事》第一分册,2004 年 11 月初稿,未刊,第 93 页。

元,比 1977 年增长 31%;积累率由 1977 年的 32.3% 提高到 36.5%,成为 1958 年"大跃进"后 20 年中积累率最高的一年。

历经 4 年时间酝酿、制定、修改,最终由五届全国人大一次会议通过的这个《十年规划纲要(草案)》,一定程度上反映了"文化大革命"结束后全党全国奋力追赶发达国家、急迫实现国家现代化的"雄心壮志",也一定意义上成为全党从"多年来以阶级斗争为纲,开始向以经济建设为中心转变的一个起点","起到了动员全党全民理直气壮地抓经济,向四个现代化进军的作用。"[1]但必须指出的是,如此宏大的建设规模和增长速度,无论从国家资源、财力、技术力量还是建设周期来说,都是不可能实现的。特别是在国民经济刚刚经历 10 年内乱严重破坏,亟须休养生息之时,却要求大干快上,发动新的"跃进","无异于要一个大病初愈的人急速快跑,结果只能事与愿违"[2]。五届人大一次会议通过的《十年规划纲要(草案)》尽管只是提交人大会议讨论,最终没有公布和下达,但是政府工作报告公布了主要指标,又通过新闻机构广为宣传,仍然在实际工作中产生了很大的消极作用,助长了脱离实际、急于求成倾向,也加剧了业已存在的国民经济比例失调的状况,在实际经济生活中造成了严重后果。

三、邓小平复出与党和国家政治生活重入正轨

(一) 党的十届三中全会与邓小平复出

鉴于党的十大以来国内形势和人事发生了重大变化,1977 年 3 月召开的中央工作会议通过了关于提前召开党的十一大的决定。为了给党的十一大召开做必要准备,在全国局势逐步趋于稳定的基础上,1977 年 7 月 16 日

---

[1] 《李先念传(1949—1992)》(下),中央文献出版社 2009 年版,第 1047 页。

[2] 中共中央党史研究室:《中国共产党历史》第 2 卷下册,中共党史出版社 2011 年版,第 987 页。

至 21 日,中国共产党第十届中央委员会第三次全体会议在北京召开。全会首先一致通过了关于追认中央政治局 1976 年 10 月 7 日作出的关于华国锋任中共中央主席、中央军委主席的决议;通过关于恢复邓小平职务的决议,决定恢复邓小平中共中央委员、中央政治局委员、常委、中共中央副主席、中共中央军委副主席,国务院副总理,中国人民解放军总参谋长的职务;通过《关于王洪文、张春桥、江青、姚文元反党集团的决议》,决定开除王、张、江、姚的党籍,撤销他们的党内外一切职务。党的十届三中全会还一致通过了党的第十一次全国代表大会议程,讨论并基本通过第十届中央委员会的政治报告、关于修改党的章程的报告以及党章修改草案,决定在 1977 年下半年的适当时间召开党的第十一次全国代表大会。

邓小平再次"凤凰涅槃"式复出,是党的十届三中全会最重要的成果。

1976 年 10 月 10 日,"四人帮"被粉碎的消息证实后,邓小平就致信中共中央和华国锋,表达了自己的激动心情。揭批"四人帮"运动开展后,广大干部群众的一个普遍要求就是,澄清"批邓、反击右倾翻案风"的是非,尽快让邓小平出来工作。10 月 12 日,胡耀邦托人给叶剑英和华国锋带去口信:现在我们的事业面临着中兴,中兴伟业,人心为上。什么是人心? 停止批邓,人心大顺;冤案一理,人心大喜;生产狠狠抓,人心乐开花。叶剑英安排改善邓小平的处境,向他及时通报中央的决策,并在中央政治局会议提出尽快让邓小平出来工作的建议,得到李先念的支持。12 月 14 日,中共中央决定,恢复邓小平看中央文件的权利。12 月 16 日,华国锋、汪东兴批示,同意对邓小平所患前列腺炎进行手术治疗。动手术之前,经华国锋安排,邓小平被接到玉泉山,听华国锋、叶剑英、李先念和汪东兴介绍粉碎"四人帮"的经过。到 1977 年 2 月 3 日康复出院后,在叶剑英安排下,邓小平和全家住进北京西山中央军委 25 号楼。期间叶剑英派人将此时仍处于"软禁"中的邓小平接到他的住处,两人进行了一次长时间的交谈。在 1977 年 3 月 10 日至 20 日召开的中央工作会议上,陈云在向上海代表团提交的书面发言中进一步提出:我认为当时绝大多数群众到天安门去是为悼念周恩来总理。

需要查一查"四人帮"在天安门事件上是否插手,是否有诡计。"邓小平同志与天安门事件是无关的。为了中国革命和党的事业的需要……让邓小平同志重新参加党中央的领导工作,是完全正确、完全必要的,我完全拥护。"①王震也说:"邓小平政治思想强,人才难得,这是毛主席讲的、周总理传达的。1975年他主持中共中央和国务院的工作,取得了巨大成绩。他是同'四人帮'作斗争的先锋。'四人帮'千方百计地、卑鄙地陷害他。'天安门事件'是广大人民群众反对'四人帮'的强大抗议活动,是我们民族的骄傲,谁不承认'天安门事件'的本质和主流,实际上就是替'四人帮'辩护。"陈云、王震的发言得到了耿飚、姚依林等人的明确支持。发言内容在会内外传开后,产生了重要影响。

1977年3月14日,华国锋在中央工作会议全体会议上讲话,讲到邓小平问题时,一方面,坚持认为确有极少数反革命分子,制造了天安门广场反革命事件,认为"批邓、反击右倾翻案风",是毛主席定的,批是必要的。另一方面又说:群众到天安门悼念周总理,是合乎情理的。还表示:经过调查,邓小平根本没有插手天安门事件。邓小平的问题应当解决,但是要有步骤,要有一个过程,只能在适当的时机让邓小平出来工作。中央政治局的意见是,经过党的十届三中全会和党的第十一次全国代表大会正式作出决定,让邓小平出来工作,这样做比较适当,问题正在解决,要做到瓜熟蒂落,水到渠成。② 华国锋的这个讲话稿曾先送叶剑英看。叶剑英看后,提出两条意见:一是天安门事件是冤案,要平反;二是对邓小平的估价,应把提法改变一下,为邓小平重新出来工作创造有利条件。这样,经过努力,特别是党内老同志的不断呼吁和推动,到1977年初,恢复邓小平工作问题已经基本得到解决,中央工作会议则明确表达了这个态度。1977年4月10日,邓小平致信华国锋、叶剑英和中共中央,表明了自己对于重新出来工作的想法。在再次复出大局已定的情况下,汪东兴、李鑫专程登门看望邓小平,商谈有关事宜。5

---

① 《陈云文选》第三卷,人民出版社1995年版,第230页。
② 华国锋在中央工作会议上的讲话,1977年3月14日。

月 3 日,中共中央将邓小平 4 月 10 日的信连同他 1976 年 10 月 10 日的信一同转发至县团级干部,这是为邓小平复出所采取的一个重要步骤。

1977 年 7 月 21 日,在十届三中全会闭幕会上,邓小平发表了正式复出后的第一次讲话,指出:"我现在 73 岁了,想再活 20 年到 30 年,但自然规律不以人们的意志为转移。""坦率地说,我自己也考虑了一下,出来工作,可以有两种态度,一个是做官,一个是做点工作。我想,谁叫你当共产党人呢,既然当了,就不能够做官,不能够有私心杂念,不能够有别的选择,应该老老实实地履行党员的责任,听从党的安排。"①邓小平在讲话中特别强调了用"完整的准确的"毛泽东思想科学体系指导各项工作的重要性。9 天后,1977 年 7 月 30 日,邓小平出席在北京工人体育场举行的北京国际足球友好邀请赛闭幕式,观看香港足球队同中国青年足球队的比赛。这是邓小平复出后第一次公开在群众场合露面。

邓小平再次复出,是党的历史上一个影响深远的重大事件,它得到了全党全国各族人民的热烈拥护,也有力地推动了各个领域亟待展开的拨乱反正工作。

(二) 党的十一大宣布"文化大革命"结束

1977 年 8 月 12 日至 18 日,中国共产党第十一次全国代表大会在北京举行。实际出席会议的代表 1502 人,代表全国三千五百多万党员。华国锋代表中央委员会作政治报告,叶剑英作《关于修改党的章程的报告》,邓小平致闭幕词。

党的十一大政治报告的主要内容是:第一,初步总结了揭批"四人帮"的斗争,批判了"四人帮"宣扬的"老干部是'民主派','民主派'就是走资派"等谬论,揭发了他们篡党夺权、策动反革命武装叛乱的阴谋,宣告"文化大革命"以粉碎"四人帮"为标志而结束。第二,继续强调"以阶级斗争为

---

① 邓小平在十届三中全会上的讲话,1977 年 7 月 21 日,参见中共中央文献研究室编:《邓小平年谱(1975—1997)》(上),中央文献出版社 2004 年版,第 162 页。

纲",认为"第一次无产阶级文化大革命的胜利结束,决不是阶级斗争的结束,决不是无产阶级专政下继续革命的结束"。因此,今后依然要以两个阶级、两条道路斗争为纲。第三,重申在20世纪内把我国建设成为社会主义现代化强国是新时期党的根本任务。为此,报告提出了当前和今后一个时期党的八项主要任务,要求党中央抓纲治国的战略决策在本年内初见成效,三年内大见成效。在讨论党的十一大政治报告时,有人对报告中某些"左"倾的观点提出批评,认为报告对"文化大革命"继续全盘肯定是不合适的,但这方面意见没有被接受。叶剑英在修改党章的报告中着重指出,全党要保持和发扬党的优良传统和优良作风,特别要恢复党的民主集中制的组织原则,并使之不断健全。邓小平在大会闭幕词中也号召全党一定要恢复和发扬毛泽东为我们党树立的群众路线、实事求是、批评和自我批评、谦虚谨慎、戒骄戒躁、艰苦奋斗和民主集中制的优良传统和作风,"在全党、全军、全国努力造成一个又有集中又有民主,又有纪律又有自由,又有统一意志、又有个人心情舒畅、生动活泼,那样一种政治局面。"总的来看,党的十一大对"四人帮"的批判,顺应了党心民心。但是,这次大会在重大历史转折关头,没有能够认识并彻底纠正"文化大革命"的"左"倾错误理论、政策和口号,仍然充分肯定"文化大革命",仍然认为"以阶级斗争为纲和无产阶级专政下继续革命的理论"是"当代马克思主义最重要的成果",提出"文化大革命""这种政治性质的大革命今后还要进行多次",等等。这是大会的严重局限和缺点。

党的十一大通过了经修改的《中国共产党章程》和《关于政治报告的决议》《关于修改党的章程报告的决议》,以无记名投票方式选出了由201名委员和132名候补委员组成的第十一届中央委员会。8月19日,党的十一届一中全会选举产生了新一届中央领导机构。全会选举华国锋为中央委员会主席,叶剑英、邓小平、李先念、汪东兴为副主席,并由以上五人组成政治局常委会。选举华国锋、韦国清、乌兰夫、方毅、邓小平、叶剑英、刘伯承、许世友、纪登奎、苏振华、李先念、李德生、吴德、余秋里、汪东兴、张廷发、陈永贵、陈锡联、耿飚、聂荣臻、倪志福、徐向前、彭冲为中央政治局委员,陈慕华、赵紫阳、赛福鼎为中央政治局候补委员。

根据党的十一大通过的新党章,各省、市、自治区从 1977 年 10 月起相继召开新一届党的代表大会,选举产生新的党委领导班子。10 月 12 日至 18 日,中共湖南省第四次代表大会在长沙举行,毛致用当选为省委第一书记;10 月 24 日至 27 日,中共西藏自治区第二次代表大会在拉萨举行,任荣当选为区党委第一书记;11 月 16 日至 21 日,中共广西壮族自治区第四次代表大会在南宁举行,乔晓光当选为区党委第一书记。12 月 1 日至 5 日,中共江苏省第六次代表大会在南京举行,许家屯当选为省委第一书记。与此同时,1977 年 9 月 24 日,中共中央决定,中央和地方各级国家机关和人民团体的领导小组或党的核心小组改称党组,中共中央各部委和相当于部委一级的单位,建立党委。10 月 5 日,中共中央作出《关于办好各级党校的决定》,要求各省、市、自治区一级的党校,都应从速恢复。根据《决定》精神,在"文化大革命"中停办多年的中共中央党校于当年 10 月 9 日举行开学典礼,宣告正式复校。10 月 31 日,中共中央决定恢复"文化大革命"中被取消的中央宣传部,任命张平化为中宣部部长。1978 年 4 月 7 日,经中共中央批准,中央爱国卫生运动委员会重新成立,李先念任主任委员。同年 4 月 8 日,经中共中央和国务院批准,国家组成新的计划生育领导小组,陈慕华任组长。8 月 10 日,停办了 12 年之久的中央团校举行复学开学典礼。

(三) 五届全国人大和五届全国政协召开

鉴于国家形势发生的重大变化,提前召开第五届全国人民代表大会,重建"文化大革命"期间受到严重破坏的各级政权组织也势在必行。根据中共中央的部署,1977 年 10 月,四届全国人大第四次会议决定,第五届全国人民代表大会第一次会议提前至 1978 年春召开。中共中央还提出,在召开五届人大的同时,召开中国人民政治协商会议第五届全国委员会。为了给五届全国人大召开做准备,从 1977 年 11 月起,湖南、贵州、河北、西藏、天津、北京、河南等省、市、自治区先后召开了新一届人民代表大会和政协会议,选举产生了新一届人大和政协领导人。在新建立的各级领导班子中,大批在"文化大革命"中被打倒的老干部重新回到领导岗位,而追随"四人帮"的帮派分子则被清除出去。

1978年2月26日到3月5日,第五届全国人民代表大会第一次会议在北京举行。这次会议是在前四次人大会议(1960年二届人大三次会议,1962年二届人大四次会议,1964年三届人大一次会议,1975年四届人大一次会议)不公开举行后,第一次公开举行的会议。出席大会开幕式的代表共3456人。华国锋代表国务院作了题为《团结起来,为建设社会主义的现代化强国而奋斗》的政府工作报告。叶剑英受中共中央委托,向大会作了关于修改宪法的报告。会议通过了《中华人民共和国宪法》和关于政府工作报告的决议,审议批准了《一九七六至一九八五年发展国民经济十年规划纲要(草案)》,通过了中华人民共和国国歌歌词。大会选举叶剑英为全国人民代表大会常务委员会委员长,宋庆龄等20人为副委员长;任命华国锋为国务院总理,邓小平、李先念等13人为副总理;确定了国务院其他组成人选。大会重新修订的《中华人民共和国宪法》,基本恢复和坚持了1954年宪法中的一些好的原则和制度,并用根本大法的形式规定了全国人民在历史新时期的总目标就是实现农业、工业、国防和科学技术四个现代化,建设社会主义的现代化强国。但由于历史的局限,新修订的宪法未能彻底纠正1975年宪法中的错误,仍然把"坚持无产阶级专政下的继续革命"列在历史新时期的总任务中,仍然保留了将"革命委员会"作为国家行政机关等错误条款。这次大会还决定恢复四届全国人大时被撤销的最高人民检察院。会后,各地也很快恢复建立了地方检察机关。1978年12月16日至27日,第七次全国检察工作会议在北京举行。最高人民检察院检察长黄火青在会上作报告指出,当前和今后一段时间检察工作的主要任务,是要坚决同各种违法乱纪作斗争,"给严重违法乱纪分子以沉重打击,切实保护人民的合法权益。同时,结合反对违法乱纪的斗争,要平反冤狱,纠正错案。要坚决打击现行破坏活动,扫除社会主义现代化建设道路上的政治障碍。……
对那些严重失职渎职,弄虚作假,搞瞎指挥,造成严重恶果的人员,要追究经
济责任和法律责任,以保证责任制的严格执行。"①

在五届人大一次会议召开的同时,1978 年 2 月 24 日到 3 月 8 日,中国
人民政治协商会议第五届全国委员会第一次会议也在北京举行。出席会议
开幕式的政协委员有 1862 人。政协第四届全国委员会副主席许德珩在会
上作了《中国人民政治协商会议第四届全国委员会常务委员会工作报告》。
政协副主席韦国清作了《关于修改中国人民政治协商会议章程的说明》。
会议指出,在新的历史条件下,全国政协的基本任务是要加强全国各族人民
的大团结,发展工人阶级领导的,以工农联盟为基础的,团结广大知识分子
和其他劳动群众,团结爱国民主党派、爱国人士、台湾同胞、港澳同胞和海外
侨胞的革命统一战线,把一切可以团结的力量都团结起来,把一切积极因素
都调动起来,并且尽量地把消极因素转化为积极因素,反对国内外敌人,进
一步巩固无产阶级专政,为在本世纪内把我国建设成为社会主义现代化强
国而奋斗。会议选举产生了新一届政协领导成员,邓小平当选为第五届全
国政协主席;乌兰夫等 22 人当选为副主席。政协是中国人民爱国统一战线
组织,是中国共产党领导的多党合作和政治协商的重要机构。但政协组织
在"文化大革命"期间受到严重破坏,自 1965 年后停止活动达 13 年之久。
政协活动的重新恢复,对于加强中国共产党和各民主党派间的合作,有着重
要意义。

粉碎"四人帮"特别是五届政协会议的召开,极大地推动了"文化大革
命"中受到严重破坏的统一战线工作的恢复。第一,各民主党派和工商联
陆续调整或重建组织机构,逐渐恢复正常工作。1977 年 10 月 15 日,中共
中央批转中央统战部《关于爱国民主党派问题的请示报告》,确认中共对民
主党派工作的方针是"长期共存、互相监督",加强对各民主党派爱国人士

---

　　　① 《第七次全国检察工作会议在京举行》,《人民日报》1978 年 12 月 31 日。

的领导,发展统一战线,有利于调动积极因素,为建设社会主义现代化强国服务。五届人大一次会议召开时,各民主党派都有代表参加。党的十一届三中全会后,中共中央把统战工作列入重要议事日程,作出了一系列重要决定。第二,在民族工作中,落实民族政策,加强民族团结,积极、稳妥地解决遗留问题。1978 年 4 月 20 日,中共中央同意内蒙古自治区党委呈交的《关于进一步解决好挖"新内人党"问题的意见的报告》,对在少数民族地区影响重大的"新内人党"案彻底平反。第三,在侨务工作中,开始纠正因所谓"海外关系"而歧视、迫害归国华侨和侨眷的现象。1977 年 10 月 2 日,邓小平在会见参加国庆活动港澳同胞代表团时说:"说什么'海外关系'复杂不能信任,这种说法是反动的。我们现在不是海外关系太多,而是太少。海外关系是个好东西,可以打开各方面的关系。'四人帮'胡说'地、富、反、坏、侨',把华侨同地、富、反、坏并列起来。这种错误政策一定要纠正过来。"①为了推动侨务工作的开展,1977 年 11 月 28 日至 12 月 20 日,全国侨务会议预备会议在北京召开,参加会议的有广东、福建、广西、云南、北京、上海、天津七个省、市、自治区及中央、国务院 16 个部委的代表共 61 人,会议着重讨论了如何正确对待"海外关系"等问题,并形成《关于全国侨务会议预备会议的情况报告》上报中央。1978 年 1 月,中华人民共和国华侨事务办公室成立,廖承志任主任。第四,在对台湾和港澳工作上,1978 年 1 月 31 日,中共中央批转中央对台工作领导小组关于对台工作的建议,提出力争用和平方式解决台湾问题。同年 8 月 13 日,中共中央批转《关于港澳工作会议预备会情况的报告》,提出:"港澳工作必须深入调查研究,实事求是,一切工作都要从当地实际情况出发,不能照搬照套国内的做法。"中央决定成立中央港澳小组,协助中央掌管港澳工作。第五,在宗教工作上,针对"文化大革命"中强行制止信教群众正常宗教生活、把宗教界人士以至一般信教群众当作"专政对象"等问题,提出要继续贯彻执行宗教信仰自由的政策,巩

---

① 中共中央文献研究室编:《邓小平年谱(1975—1997)》(上),中央文献出版社 2004 年版,第 214 页。

固和扩大各民族宗教界的爱国政治联盟。按照这一新政策,各寺观等宗教活动场所逐步修复和重新开放,信教群众恢复了正常的宗教活动。

此外,工会、共青团、妇联等群众团体及其领导机构也先后恢复正常工作。1978 年 9 月 8 日至 17 日,中国妇女联合会第四次全国代表大会在北京召开。会议通过新的妇联章程,并选举产生了全国妇联第四届执行委员会。康克清当选全国妇联主席。同年 10 月 11 日至 21 日,中国工会第九次全国代表大会在北京召开。这是在 10 年动乱中全国总工会停止活动后召开的第一次执委会和代表大会。到会代表 1967 人,代表全国五千多万会员。邓小平代表中共中央、国务院向大会致祝词。大会选举倪志福为全国总工会主席,朱学范等 10 人当选副主席。10 月 16 日至 26 日,共青团第十次全国代表大会在北京举行。出席大会的代表 2000 人,代表全国 4800 万团员。华国锋、叶剑英、邓小平、李先念等出席大会开幕式。大会通过了新修订的《中国共产主义青年团章程》。共青团十届一中全会选举韩英为团中央书记处第一书记,并通过了《共青团十届一中全会关于恢复中国少年先锋队名称的决议》等文件。随着各地少先队组织陆续恢复,"文化大革命"中成立的"红卫兵"和"红小兵"组织也随之撤销。

党的十一大和上述一系列会议的召开,以及政治领域一系列重要方针政策的调整和组织机构的重建,标志着"文化大革命"中被打乱以至毁弃的党和国家政治生活的正常秩序逐步得到恢复,开始重新步入正轨。

四、平反冤假错案与教科文领域的拨乱反正

(一) 平反冤假错案在冲破阻力中艰难推动

"文化大革命" 10 年间,林彪、江青反革命集团制造了大批冤假错案。"文化大革命"前,由于党在指导思想上的"左"倾错误,政治运动持续不断,也造成了一大批冤假错案。这些冤假错案不仅使党和人民在政治上长期受到

压抑,而且造成了非常严重的后果。对新中国成立以来特别是"文化大革命"中的冤假错案给予平反,为大批无辜受迫害者恢复名誉,落实政策,就成为粉碎"四人帮"以后党和政府面临的一项重要而又极为紧迫的政治任务。

粉碎"四人帮"后不到两个月,1976 年 12 月 5 日,中共中央即发出通知宣布:"凡纯属反对'四人帮'的人,已拘捕的,应予释放;已立案的,应予销案;正在审查的,解除审查;已判刑的,取消刑期予以释放;给予党籍团籍处分的,应予撤销。"但通知又同时规定:"凡不是纯属反对'四人帮',而有反对伟大领袖毛主席、反对党中央、反对无产阶级文化大革命或其他反革命罪行的人,绝不允许翻案。"按照这个通知精神,一方面使得一些冤假错案获得了平反,为一些干部落实了政策;但另一方面,平反冤假错案又被限制在一个狭小的范围,一遇到被认为是"反对无产阶级文化大革命"或经毛泽东批准或圈阅过的案子,不管事实如何清楚,是非如何被颠倒,都迟迟得不到平反。平反冤假错案、落实干部政策受到严重阻碍,进展十分缓慢。到 1977 年底,中央直属机关和中央国家机关的 53 个部门仍有 6241 名干部等待落实政策,分配工作,其中包括 116 名省部级干部和 537 名司局级干部。全国则有十几万名"右派"尚未摘帽。①

这种情况引起党内外很多人的强烈不满。1977 年 8 月,党的十一大期间,有老同志在会上提出:有些干部被审查的时间拖得太久了,长期不分配工作,得不到组织的关怀,建议中央抓紧检查一下。党的十一大虽然未能从根本上纠正"文化大革命"的错误理论,反而予以肯定,但会议强调了在全党恢复实事求是优良传统的重要性,大会通过的政治报告提出,"干部是我们党的宝贵财富","'四人帮'强加于人的一切诬蔑不实之词,应予推倒。"1977 年 10 月 7 日,在粉碎"四人帮"一周年之际,《人民日报》发表胡耀邦在中央党校主持撰写的《把"四人帮"颠倒了的干部路线是非纠正过来》一文,批评"有的做干部工作的同志,由于受'四人帮'流毒的影响,在落实党的干

---

① 中共中央党史研究室:《中国共产党历史》第 2 卷下册,中共党史出版社 2011 年版,第 987 页。

部政策这个大是大非的问题面前,工作很不得力",强调"落实党的干部政策仍然是一项严重的战斗任务",呼吁各级组织部门"要敢字当头,敢于冲破阻力","一切强加给干部的诬蔑不实之词一定要推倒,颠倒的干部路线是非一定要纠正。"文章发表后,立即引起强烈反响。一个月内,《人民日报》就收到一万多封读者来信和电报,对文章表示坚决支持与拥护。不久,胡耀邦又组织起草并定稿了另一篇文章:《毛主席的干部政策必须认真落实》。这篇文章用"本报评论员"的名义于同年 11 月 27 日在《人民日报》头版头条位置用通栏大标题发表。文章进一步指出:"实事求是是共产党人的根本原则。在落实党的干部政策过程中,凡是符合事实的结论和材料,都应当保留,决不能'一风吹';一切不符合事实的结论和材料,即使是一个'尾巴'也不能保留。""无产阶级的原则是有错必纠,敢于承认和改正工作中的缺点和错误,部分错了,部分纠正,全部错了,全部纠正。只有这样,才算是严肃认真、对党负责,才能取得群众的谅解,真正建立起威信。"与这篇文章同时发表的还有从众多来信中精选出来的 5 封读者来信,来信既赞扬了《把"四人帮"颠倒了的干部路线是非纠正过来》那篇文章,又揭露了写信者本人所在地区或所在系统的组织部门抗拒或拖延落实干部政策的行为。由胡耀邦主持起草的这两篇文章顺应了党内外广大干部群众的愿望和呼声,为进一步推动冤假错案平反、落实干部政策做了重要的舆论准备。邓小平也时刻关注着平反冤假错案和落实干部政策工作并给予大力支持。1977 年 12 月 6 日,他在原五机部副部长吴皓的妻子要求落实政策的来信上批示:"请中组部对这类事要关心,实事求是地对每件事作出恰如其分的结论,这不只是对本人,对家属亲友都是关系很大的,拖不是办法。"12 月 25 日,他又在原西藏自治区党委副书记王其梅的妻子要求落实政策的来信上批示:"王其梅从抗日战争起做了不少好事。他的历史问题不应影响其子女家属。建议组织部拿这件事做个样子,体现毛主席多次指示过的党的政策。"①邓小平的这两个批

---

　　① 《邓小平思想年谱(1975—1997)》,中央文献出版社 1998 年版,第 50 页。

示,为推动干部政策落实起到了重要指导作用。

1977年12月10日,党中央对中央组织部的领导成员作出调整,任命胡耀邦为中央组织部部长。胡耀邦到任后,在邓小平等人的有力支持下,遵照实事求是、有错必纠的原则,以高度的政治责任感和历史责任感,以"我们不下油锅,谁下油锅"①的气魄立即大刀阔斧地开展平反冤假错案和落实干部政策工作。12月15日,在中央组织部全体干部会议上,胡耀邦提出两个明确要求:第一,恢复党的优良传统,把党的组织部门办成"党员之家"和"干部之家",扫除这些年来"门难进、脸难看、话难听、事难办"的官衙恶习;使每一位来访的党员、干部,不论党龄长短、资历深浅、职务高低,都能感到一视同仁的亲切温暖,无话不可谈、无事不可求;第二,今后如有受冤挨整的老同志来找他,任何人都不要阻拦;凡是信封上写有"胡耀邦"三个字的来信,都请及时送给他,任何同志不要主动代劳处理,更不能扣压。为了尽快解放老干部,胡耀邦还在中央组织部组建了"老干部接谈组",专门负责接待受迫害干部的来访和申诉;成立"安排待分配干部工作组",负责中央国家机关待分配的六千多名干部的安置工作。

1978年2月21日至4月24日,在胡耀邦主持下,中央组织部先后分6批同28个省、自治区、直辖市和22个中央、国家机关部委主管干部工作的负责人举行"疑难案例座谈会",研究讨论案例近200件。胡耀邦在讨论中提出了落实干部政策工作的四项要求和标准:一是没有结论的,应该尽快作出结论,结论不正确的,要实事求是地改正过来;二是没有分配工作的要适当分配工作,年老体弱不能坚持正常工作的,要妥善安排;三是已经去世的,要作出实事求是的结论,把善后工作做好;四是受株连的家属、子女问题要解决好。总的方针是实事求是,方法是群众路线。1978年春夏,中组部、中宣部、统战部、公安部、民政部等5部门先后在烟台和北京两次开会,专门研究如何妥善处理"反右派"斗争的历史遗留问题。会后,由统战部、公安部

---

① 戴煌:《胡耀邦与平反冤假错案》,中国文联出版公司、新华出版社1998年版,第65页。

起草了给中央的《关于全部摘掉右派分子帽子的请示报告》。4 月 5 日,中共中央批转了这个请示报告,决定全部摘掉右派分子的帽子。9 月 17 日,中共中央批发《关于全部摘掉右派分子帽子决定的实施方案》,提出对过去错划成"右派"的人,要坚持有错必纠的原则,认真做好改正工作。9 月 20 日,胡耀邦在全国信访会议上提出,判断对干部的定性和处理是否正确,根本的依据是事实。"凡是不实之词,凡是不正确的结论和处理,不管是什么时候、什么情况下搞的,不管是哪一级、什么人定的、批的,都要实事求是地改正过来。""两个不管"与"两个凡是"形成尖锐对立,有力地推动了落实干部政策和平反冤假错案工作的开展。10 月 10 日至 11 月 4 日,中组部分批召开落实知识分子政策座谈会,胡耀邦在会上讲话指出,解放初期提出的对知识分子"团结、教育、改造"的方针已经不适用于目前的情况,要继续做好复查与平反昭雪知识分子中的冤假错案工作;对知识分子要充分信任,放手使用,做到有职有权有责。中组部还顶住来自中央专案领导小组的反对,在深入调查的基础上,于 11 月 20 日向中央报送了《关于"六十一人案件"的调查报告》,以大量档案事实为依据作出结论:"在'文化大革命'中提出的所谓薄一波等六十一人叛徒集团是不存在的,是一个大错案。"1978 年 12 月 16 日,中共中央发布了《中央同意中央组织部〈关于"六十一人案件"的调查报告〉的通知》,正式为此案平反。到 1978 年底,从中央到地方,一大批冤假错案得到平反昭雪,仅中组部就直接办理和复查平反了一百三十多名副省长、中央副部长以上干部的大案要案,这些工作为十一届三中全会后真正大规模平反冤假错案奠定了重要基础。

(二) 推翻教育战线"两个估计"和恢复高考

"文化大革命",一定意义上是"大革文化的命",教育科学文化领域是"文化大革命"的重灾区。邓小平在党的十届三中全会上复职后,自告奋勇抓科技教育,使得这个重灾区在拨乱反正中得风气之先。特别是高等学校招生考试制度的恢复,成为"文化大革命"后重建新的教育秩序的开端。这个决策的实施,"震动了全国,在我国各条战线,各行各业,引起了强烈的反响。"①

1977年5月12日,邓小平尚未正式复出时,在与中国科学院副院长方毅、李昌谈话时就谈道:"整个国家赶超世界先进水平,科学研究是先行官。""抓科研就要抓教育。"②5月24日,在同王震、邓力群谈话时,又说:"我们要实现现代化,关键是科学技术要能上去。发展科学技术,不抓教育不行。""抓科技必须同时抓教育。从小学抓起,一直到中学、大学。我希望从现在开始做起,五年小见成效,十年中见成效,十五年二十年大见成效。""要经过严格考试,把最优秀的人集中在重点中学和大学。"③7月23日,邓小平复出后第三天,在听取中共长沙工学院临时党委正、副书记张文峰、高勇汇报工作时,特别谈道:"我们国家六十年代和国际上差距还比较小,七十年代差距就比较大了"。"科学技术人员,这些年接不上茬,十年啦。"关于改革招生制度,邓小平说:"不管招多少大学生,一定要考试,考试不合格不能要。不管是谁的子女,就是大人物的也不能要。我算个大人物吧!我的子女考不合格也不能要,不能'走后门'。""大学要从工农兵中招生,重点学校可以从应届高中毕业生中招。基础是数、理、化、外语,从小就可以学ABC。"④恢复高考,是邓小平酝酿已久的重大举措。

为了更深入了解科学教育方面的情况,1977年7月29日,邓小平在听取中国科学院副院长方毅、教育部部长刘西尧等汇报工作时提出,近期要召开一个科教工作座谈会,要求中科院和教育部"找一些敢说话、有见解的,不是行政人员,在自然科学方面有才学的,与'四人帮'没有牵连的人参加"座谈会⑤。按照邓小平的要求,中科院和教育部在科学院系统和高等院校

---

① 《全国高等学校招生考试胜利结束》,《人民日报》1977年12月25日。

② 中共中央文献研究室编:《邓小平年谱(1975—1997)》(上),中央文献出版社2004年版,第158页。

③ 《邓小平文选》第二卷,人民出版社1994年版,第40页。

④ 《一九七七年邓小平关于恢复高考的讲话、谈话和批示选载》,《党的文献》2007年第4期。

⑤ 中共中央文献研究室编:《邓小平年谱(1975—1997)》(上),中央文献出版社2004年版,第167页。

邀请了33位专家学者与会。他们是：中国科学院吴文俊、马大猷、郝柏林、钱人元、严东生、张文佑、黄秉维、王守武、高庆狮、许孔时、邹承鲁、张文裕、童第周、叶笃正、汪猷、王大珩，中国农业科学院金善宝，北京大学周培源、沈克琦，清华大学何东昌、潘际銮，复旦大学苏步青，吉林大学唐敖庆，武汉大学查全性，中国医学科学院黄家驷，上海交大吴健中，南开大学杨石先，天津大学史绍熙，南京大学苗永宽，西安交大程迺晋，华北农大沈其益，中山医学院宗永生，中国科技大学温元凯。

8月4日至8日，由邓小平亲自主持的科学和教育工作座谈会在北京饭店举行。会议一开始，邓小平就开宗明义指出："邀集这次座谈会的目的，就是要请大家一起来研究和讨论，科学研究怎样才能搞得更快更好些，教育怎样才能适应我国四个现代化建设的要求、适应赶超世界先进水平的要求。"他还说："这几年'四人帮'对科学工作、教育工作，对各行各业破坏极大，对我们国家是一个大灾难。一定要花很大的力量，把损失的时间抢回来。"①

邓小平的真诚和信任，使与会者深受鼓舞。8月6日，武汉大学化学系副教授查全性发言，强烈要求必须立即改进大学招生办法，引发热烈讨论。查全性指出现行招生制度存在四个严重弊病：一是埋没了人才，大批热爱科学，有培养前途的青年选不上来；二是卡了工农子弟上大学；三是败坏了社会风气，助长了不正之风；四是严重影响了中小学生和教师的教与学的积极性。查全性说，招生是保证大学教育质量的第一关。大学新生质量没有保证，其原因之一是中小学生质量不高，二是招生制度有问题，主要矛盾还是招生制度。吴文俊、王大珩、邹承鲁、汪猷等发言赞同查全性的意见，建议党中央、国务院下大决心，对现行招生制度来一个大的改革，今年能办的就不要拖到明年去办。宁可今年招生晚两个月，也要恢复文化考试。在5天的

---

① 中共中央文献研究室编：《邓小平年谱(1975—1997)》(上)，中央文献出版社2004年版，第172页。

座谈中,大家还一致呼吁要推翻"四人帮"对教育战线的"两个估计"①;要在全民族重新树立尊重知识、尊重文明的风尚;要改善科技人员的生活和工作待遇,解决科技人员后继乏人的问题等。在充分听取与会者的意见后,8月8日,邓小平在座谈会结束时就科学和教育工作讲了六点意见。他明确肯定:新中国成立后17年的教育战线"主导方面是红线",17年中,"我国的知识分子绝大多数是自觉自愿地为社会主义服务的","如果对十七年不作这样的估计,就无法解释我们所取得的一切成就了。"他还指出:"要尊重劳动,尊重人才","无论是从事科研工作的,还是从事教育工作的,都是劳动者。知识分子的名誉要恢复。除了精神上的鼓励,还要改善他们的物质待遇。"②他再次明确宣布:"高等院校今年就要下决心恢复从高中毕业生中直接招考学生,不要再搞群众推荐。从高中直接招生,我看可能是早出人才、早出成果的一个好办法。"③根据邓小平的指示,教育部很快报送了《关于推迟招生和新生开学时间的请示报告》,决定将1977年高等学校和中专招生时间从原计划的8月推迟到第四季度,录取新生次年2月底前入学,推迟3个月。8月18日,邓小平在这个请示报告上批示:"这是经过考虑,为了保证重点大学学生质量而商定的。拟同意。"④华国锋、叶剑英、李先念、汪东兴等也圈阅同意。

在邓小平主持召开科学和教育工作座谈会前,1977年6月29日至7

---

① 1971年4月15日至7月31日,全国教育工作会议在北京举行。在会议通过并经毛泽东同意的,由姚文元修改、张春桥定稿的《全国教育工作会议纪要》中,提出了所谓"两个估计",即"文化大革命"前17年教育战线是"资产阶级专了无产阶级的政",是"黑线专政";知识分子的大多数"世界观基本上是资产阶级的","是资产阶级知识分子"。"两个估计"对新中国成立后17年的教育工作给予了全盘否定,像沉重枷锁一样,紧箍在全国数百万知识分子头上,使广大知识分子长期受到压抑和不公正对待。

② 中共中央文献研究室编:《邓小平年谱(1975—1997)》(上),中央文献出版社2004年版,第178页。

③ 中共中央文献研究室编:《邓小平年谱(1975—1997)》(上),中央文献出版社2004年版,第179页。

④ 中共中央文献研究室编:《邓小平年谱(1975—1997)》(上),中央文献出版社2004年版,第185页。

月 13 日,教育部在山西太原刚刚召开过全国高等院校招生工作会议,形成了 1977 年高校招生方案。这个方案较以往有一些突破,如规定普通高校招生一般要有高中毕业或相当于高中毕业的文化水平,要对考生进行文化考查等,但是在招生办法上仍然实行 1971 年《全国教育工作会议纪要》确定的"自愿报名,群众推荐,领导批准,学校复审"的十六字方针。科学和教育工作座谈会后,根据邓小平的意见,自 8 月 13 日起至 9 月 25 日,教育部在北京再次召开 1977 年全国高等学校招生工作会议。参加会议的代表近 90 人,分为东北、华北、华东、中南、西北、西南 6 个组进行讨论。此时,正值党的十一大召开,虽然邓小平关于招生工作已有明确指示,但由于党的十一大报告对"文化大革命"继续作了肯定的评价,这对会议相关讨论又发生了影响。会上,有不少人仍然对"两个估计"心有余悸,对究竟要不要废止群众推荐、要不要正式恢复高考招生制度等问题争论不休,议而不决,造成会议陷入胶着状态,会期一再拖延,招生方案迟迟定不下来。鉴于这一情况,《人民日报》记者穆扬在会上找了石油化学工业部教育组负责人于文达、吉林省招生办公室负责人王野平、陕西省教育局副局长文鉴白、河北省文教办公室高教组负责人刘龙祥、浙江省教育局负责人陈惠滋、福建省招生办公室负责人张惠中六位参加过 1971 年全国教育工作会议的同志座谈,写了一份材料,讲了《全国教育工作会议纪要》由张春桥、姚文元等插手而提出"两个估计"的经过。9 月 15 日,人民日报将座谈会记录《全教会纪要是怎么产生的?》以《情况汇编》(特刊第 626 期)的方式报送中央。

邓小平对这次招生工作会议十分关注,9 月 6 日,他就高校招生问题专门致信华国锋、叶剑英、李先念、汪东兴:"招生问题很复杂。据调查,现在北京最好中学的高中毕业生,只有过去初中一年级的水平(特别是数学),所以至少百分之八十的大学生,须在社会上招考,才能保证质量。"①在看了人民日报《情况汇编》(特刊)后,9 月 19 日,他找教育部的刘西尧等谈话,

---

① 中共中央文献研究室编:《邓小平年谱(1975—1997)》(上),中央文献出版社 2004 年版,第 195 页。

指出:"《纪要》是姚文元修改、张春桥定稿的……塞进了不少'四人帮'的东西。对这个《纪要》要进行批判";"'两个估计'是不符合实际的。我们怎么能把几百万、上千万知识分子一棍子打死呢?"他还严肃指出:"教育部要争取主动。你们还没有取得主动,至少说明你们胆子小,怕又跟着我犯'错误'。""不抓科学、教育,四个现代化就没有希望,就成为一句空话。抓,要有具体政策、具体措施,解决具体的思想问题和实际问题。你们要放手去抓,大胆去抓,要独立思考,不要东看看,西看看。把问题弄清楚,该怎么办就怎么办。该自己解决的问题,自己解决;解决不了的,报告中央……现在群众劲头起来了,教育部不要成为阻力。教育部首要的问题是要思想一致。赞成中央方针的,就干;不赞成的,就改行。"他还明确指示:招生会议要尽快结束。招生文件继续修改,尽可能简化,早点搞出来。"办事要快,不要拖"①。这次谈话几天后,第二次高等学校招生工作会议结束,会议通过了《关于1977年高等学校招生工作的意见》。经中央政治局讨论同意后,10月12日,国务院批转了这个意见,正式决定从1977年起,对高等学校招生制度进行改革,改变"文化大革命"期间高等学校招生不考试的做法,而采取德、智、体全面衡量,实行自愿报名,统一考试,择优录取的招生办法。决定公布后,立即受到社会各界热烈拥护和广泛欢迎。高考制度的恢复,为被"文化大革命"耽误的大批知识青年重新提供了通过考试、靠自己努力和公平竞争获得接受高等教育的机会,也在中华大地勃然引发了一场意义深远的学习科学文化知识、尊重知识尊重人才的热潮。1977年冬,全国有570万考生参加高考,录取新生27.8万人;1978年夏,全国共有610万名考生参加高考,录取新生40.2万人。在此同时,1977年11月18日,《人民日报》发表教育部大批判组题为《教育战线的一场大论战——批判"四人帮"炮制的"两个估计"》的文章,终于彻底推倒了多年来压在全国教育界、知识界头上的"两个估计"。

---

① 中共中央文献研究室编:《邓小平年谱(1975—1997)》(上),中央文献出版社2004年版,第204页。

在恢复高考的同时,已中止 12 年的研究生教育也恢复招生。1977 年 10 月 10 日,中国科学院向国务院报送《关于招收研究生的请示报告》。11 月 3 日,经国务院批准,中国科学院与教育部联合发出《关于 1977 年招收研究生具体办法的通知》。1978 年 1 月 10 日,教育部又发出《关于高等学校 1978 年研究生招生工作安排意见》,决定将 1977 年和 1978 年研究生招收工作合并进行,同时报考,一起入学,统称为 1978 届研究生。1978 年全国共有 6.35 万人报考研究生,10708 人被录取。1978 年 6 月 23 日,邓小平在听取清华大学校长刘达汇报工作时,提出了"增大派遣留学生数量"的问题,要求"成千上万地派,不是只派十个八个"①。同年 7 月 11 日,教育部向中央提出了《关于加大选派留学生的数量的报告》,将出国留学生的名额增至 3000 人以上,主要学习理工科(包括农医)的有关专业。12 月 26 日,中国向美国派出 52 名访问学者,这是改革开放后首批赴美访问学者。到 1978 年底,教育部和中国科学院共向 28 个国家派出了四百八十多名留学生。

高考制度的恢复和"两个估计"的被否定,使教育领域的拨乱反正迈出了关键一步,各学校的教学工作开始陆续走上正轨。1977 年 11 月 6 日,中共中央批转教育部党组《关于工宣队问题的请示报告》,决定从学校撤出工宣队,从而为各地大、中、小学校恢复正常的教学秩序创造了条件。根据邓小平"抓教育,关键在中学,中学又以小学教育为基础","要抓好重点小学、重点中学"的意见②,1978 年 1 月 11 日,教育部发出《关于办好一批重点中小学的试行方案的通知》,要求全国大中城市和各区县都要办重点学校。同年 1 月 18 日,教育部颁发《全日制十年制中小学教学计划试行草案》,规定全日制中小学学制为 10 年,其中小学 5 年,中学 5 年(初中 3 年、高中 2

---

① 中共中央文献研究室编:《邓小平年谱(1975—1997)》(上),中央文献出版社 2004 年版,第 331 页。
② 中共中央文献研究室编:《邓小平年谱(1975—1997)》(上),中央文献出版社 2004 年版,第 158 页。

年)。2 月 17 日,国务院批转教育部《关于恢复和办好全国重点高等学校的报告》,确定第一批全国重点高校 88 所。3 月 15 日,中国科技大学首次开办少年班。3 月 7 日,国务院批转教育部《关于高等学校恢复和提升职务问题的请示报告》。根据此报告,各高等学校都恢复了原有的教授、副教授、讲师和助教等职称,并分批分期进行了提升和确定教师职称的工作。此前,1978 年 1 月 3 日,中共广东省委、省革命委员会为 25 名提升为教授、副教授、副研究员的教学和科研人员,举行了授职仪式。① 4 月 22 日至 5 月 16 日,全国教育工作会议在北京举行。邓小平在开幕式上的讲话中着重强调了提高教育质量、加强学校纪律、尊重教师劳动、提高教师待遇等问题。根据邓小平讲话中关于"要采取适当的措施,鼓励人们终身从事教育事业","特别优秀的教师,可以定为特级教师"等要求,教育部于 4 月 28 日专门批准北京景山学校三名小学教师为中国首批"特级教师"。这一导向性的举措极大地激发了广大中小学教师献身教育事业的积极性和使命感。

(三) 科技领域的拨乱反正与全国科学大会的召开

科技领域的拨乱反正与教育领域的拨乱反正一样,都是在邓小平的指导和直接推动下展开的。1977 年 5 月 12 日,尚未正式复出的邓小平与中国科学院副院长方毅等谈科学和教育问题,指出:"我们同国外的科技水平比,在很多方面差距拉大了,要赶上很费劲。我们要努力赶,你不赶,距离就更大了,人家是一日千里。""一个时期,说科技人员是'臭老九',连发明权都没有。科学研究是不是劳动? 科研人员是不是劳动者? 三大革命运动有科学实验嘛。"他说,世界发达国家都注意最新的科学成果,"科学研究方面的先进东西是人类劳动的成果,为什么不接受? 接受这些东西有什么可耻的?"为此,他提出"要花高价把世界上最新的资料买到手";"要着手搞科学

---

① 《广东提升一批教授副教授副研究员》,《人民日报》1978 年 1 月 9 日。

技术发展的长远规划";要抓"重点科研院所、重点人才、重点项目",强调"整个国家赶超世界先进水平,科学技术是先行官"。① 5 月 24 日,在同王震等谈话时,邓小平进一步明确提出:"一定要在党内造成一种空气:尊重知识,尊重人才。要反对不尊重知识分子的错误思想。不论脑力劳动、体力劳动,都是劳动。从事脑力劳动的人也是劳动者。"②

粉碎"四人帮"后不久,为了加快工农业生产的恢复和发展,中共中央先后召开了全国第二次农业学大寨会议(1976 年 12 月 10—27 日)和全国工业学大庆会议(1977 年 4 月 20 日—5 月 14 日)。而工农业的发展必然要求科学技术做出更多更大的贡献,因此,党中央当时即考虑,在开了全国农业大会、工业大会之后,还应该开全国科学大会。1977 年 5 月 30 日,华国锋主持召开中央政治局会议,听取中国科学院党组负责人方毅、李昌和武衡关于如何恢复和开展科学技术工作的汇报。会议决定:在 1977 年冬季或 1978 年 1、2 月份召开一次全国科学大会,对"文化大革命"前 17 年的科学工作、知识分子工作及其对国家进步的贡献作一个正确估计,统一思想认识;对有贡献于人民的科学家给予奖励,把大家的积极性调动起来,"把劲鼓起来"③。全国科学大会的筹备工作由中国科学院和国防科委负责。6 月 6 日,中共中央批准了方毅任组长,由李昌、武衡、张爱萍、李耀文、方强、姚依林、刘西尧等 16 人组成的筹备工作领导小组。在舆论发动和筹备工作领导小组的指导下,全国各省、市、自治区和中央各有关部门都积极展开了迎接全国科学大会的筹备工作。

1977 年 6 月 20 日至 7 月 7 日,中国科学院召开粉碎"四人帮"后的第

---

① 中共中央文献研究室编:《邓小平年谱(1975—1997)》(上),中央文献出版社 2004 年版,第 158 页。

② 中共中央文献研究室编:《邓小平年谱(1975—1997)》(上),中央文献出版社 2004 年版,第 160 页。

③ 《华国锋同志关于科学工作的指示及国务院领导同志听取科学院汇报时的插话和讲话》(1977 年 5 月 30 日),见中国科学院档案:77—1—8。转引自袁振东:《1978 年全国科学大会:中国当代科技史上的里程碑》,《科学文化评论》2008 年第 2 期。

一次工作会议。参加会议的有中科院院属各单位负责人以及中央部门和各省、市、自治区科技局的负责人。由于当时国家科委还没有成立,这次会议实际上是一次全国科技工作会议。会议系统揭露了"四人帮"对科技工作的破坏,并就全国科学大会的筹备工作作了安排。为尽快恢复科研工作秩序,会议决定采取一系列重大措施:建立党委领导下的所长负责制,取消院、所两级革命委员会;重新建立研究所学术委员会;各单位设置一名专管后勤工作的副所长;科协和各专门学会要逐步恢复;加强各所的研究室,选择具有一定条件的科技人员任室主任和课题组长;建立各类人员的考核制度;通过试点招收和培养研究生;对学非所用、安排不当的科技人员,逐步予以调整;对受审查未作出结论的人员尽快作出结论,结论不当的予以复查改正;保证科技人员每周 5/6 的业务工作时间。7 月 27 日,正式复出不久的邓小平在同方毅谈话时,就科研工作相关问题明确表达了 9 点意见,强调:科研单位的任务就是要出成果、出人才;要肯定党委领导下的所长分工负责制;要对有作为的科技工作者给予适当照顾;招收研究生要允许学生挑老师、老师挑学生;要立即着手搞全国科研规划;国外专家要求回来的,可以接收;要从全国选拔人才,组织科研队伍;要逐步解决科研人员的房子问题、两地分居问题;科研经费要给予保障。① 8 月 8 日,邓小平在科学和教育工作座谈会上的讲话,则为全国科学大会的顺利召开做了思想上的重要准备。

1977 年 9 月 18 日,中央政治局会议审议通过《关于召开全国科学大会的通知》。《通知》指出:全国科学大会的主要任务是"交流经验,制定规划,表扬先进,特别要表扬有发明创造的科学技术工作者和工农兵群众,动员全党全军全国各族人民和全体科学技术工作者,向科学技术现代化进军"。同一天,根据邓小平的建议,中央决定成立由方毅任主任的国家科学技术委员会,恢复了这一统管科研工作的领导机构。中央的通知发出后,全国上下兴起了向科学技术现代化进军的热潮。各省、自治区、直辖市都抓紧制定科

① 中共中央文献研究室编:《邓小平年谱(1975—1997)》(上),中央文献出版社 2004 年版,第 169 页。

技工作发展规划;整顿和充实科研单位的领导班子,建立和健全党委领导下的所长分工负责制;落实党的知识分子政策,恢复技术职称,提拔了一批专家学者。以中国科学院为例,1977 年 8 月,数学所的杨乐、张广厚二人由研究实习员破格晋升为副研究员;9 月,数学所助理研究员陈景润破格晋升为研究员。全国许多省、市、自治区还召开了不同规模的科技工作会议或科技人员座谈会,揭发批判"四人帮"打击迫害科技人员、摧残科技队伍的罪行,表扬在科研工作中做出贡献的科技人员,鼓励他们努力钻研业务。这一系列举措,推动科技领域拨乱反正取得重要成果。

在认真筹备的基础上,1978 年 3 月 18 日至 31 日,全国科学大会在北京隆重举行。出席大会的代表共 5586 名,其中科技人员 3478 人,占代表总数的 62.3%。邓小平在开幕式上宣布:党中央决定召开这次大会的目的,就是动员全党全国重视科学技术,加速我国科学技术的发展。强调:"四个现代化,关键是科学技术的现代化。没有现代科学技术,就不可能建设现代农业、现代工业、现代国防。没有科学技术的高速度发展,也就不可能有国民经济的高速度发展。"①他针对长期没有弄清楚、在"反击右倾翻案风"中又被搞得混乱不堪的几个重要问题,明确指出,科学技术是生产力,而且正成为越来越重要的生产力;我国的知识分子绝大多数已经是工人阶级和劳动人民自己的知识分子,已经是工人阶级的一部分,是我们党的一支依靠力量。这就恢复了党在 1956 年和 1962 年对知识分子阶级属性的正确判断,扭转了把知识分子一概看成"资产阶级知识分子"的错误观念。他还深情地向与会的科技工作者表示:"我愿意当大家的后勤部长"。这篇讲话,犹如一股清新的春风吹进广大知识分子的心扉,引起强烈反响。华国锋在会上作了《提高整个中华民族的科学文化水平》的报告,指出为了实现新时期的总任务,"一定要极大地提高整个中华民族的科学文化水平",号召全国人民向科学技术现代化进军。大会讨论并制定了《1978—1985 年全国科学

---

　　① 《邓小平文选》第二卷,人民出版社 1994 年版,第 86 页。

技术发展规划纲要(草案)》,将108个项目确定为全国重点科研项目。大会还表彰了826个先进集体、1192名先进科技工作者和7657项优秀科技成果的完成单位和个人。

这次全国科学大会不但有力地推动了科技领域的拨乱反正,而且对社会主义现代化建设事业产生了深远影响。自此以后,广大科技工作者扬眉吐气,受到党和国家前所未有的重视,科学技术事业的发展受到全社会的关注,科学技术作为第一生产力在中国特色社会主义伟大事业中发挥了巨大威力。

五、中国向何处去:"两个凡是"的严重阻碍

粉碎"四人帮"后,中国向何处去?生死攸关的第一步是必须挣脱"文化大革命"笼罩在中国大地上的沉重阴影,开辟新的道路。

如前所述,通过深入揭批"四人帮",清查了"四人帮"的帮派体系,夺回了被他们篡夺的很大一部分权力;在这个过程中,党和国家的各级组织开始有序运转,冤假错案的平反部分地进行;工农业生产得到较快恢复;教育、科学、文化工作也逐步走向正常。但是,也应清醒、严肃地看到:主要由于"两个凡是"的钳制和阻碍,此时党和国家的整体政治形势仍未发生根本性改变。

对于担负国家领导责任的中国共产党来说,此时面临截然不同的两种选择:一是彻底否定"文化大革命",纠正毛泽东晚年"左"的错误,正本清源,拨乱反正,使全党全国的工作真正回到马列主义、毛泽东思想的正确轨道上来,并为中国的发展开辟一条新的道路。另一种选择,就是继续坚持"两个凡是"、坚持"文化大革命"的错误路线、维护对毛泽东的个人崇拜,继续在"左"的错误道路上走下去,"过去的一切不许动,今后的一切都照搬。"很显然,后一种选择是违背党心民意的错误选择。

面对这样的重大选择,当时担任党和国家主要领导职务、在粉碎"四人

帮"斗争中发挥了决定性作用的华国锋,虽然也曾试图结束"文化大革命"造成的混乱,使中国经济发展得更快一点。客观地说,中国社会在他当政的两年里整体形势没有倒退,在局部领域还有所前进,但是由于未能从根本上认清"文化大革命"的严重危害,由于仍然陷于对毛泽东的个人崇拜,华国锋未能处理好既要彻底否定"文化大革命"又要维护毛泽东历史地位和毛泽东思想指导地位这样重大而敏感的政治问题,未敢否弃"两个凡是",因而未能承担起推动历史转折的重任。

对"两个凡是"最早表示反对态度的,是邓小平。1977 年 2 月,"两个凡是"提出伊始,邓小平在同王震谈话时,就对"两个凡是"提出异议,认为这不是马克思主义,不是毛泽东思想。4 月 10 日,在致华国锋、叶剑英和中共中央的信中,邓小平针对"两个凡是"观点,进一步提出:"我们必须世世代代地用准确的完整的毛泽东思想来指导我们全党、全军和全国人民,把党和社会主义的事业,把国际共产主义运动的事业,胜利地推向前进。"①5 月 6 日,邓小平开始出来参加活动。在此之前,中央办公厅汪东兴、李鑫曾前去找他谈话,让他在正式出来工作以前最好做一点自我批评,邓小平没有接受,并明确表示:"两个凡是"不行。② 5 月 24 日,在同王震等谈话时,邓小平提到了汪东兴、李鑫来看他的事情,再次明确指出:"按照'两个凡是',就说不通为我平反的问题,也说不通肯定 1976 年广大群众在天安门广场的活动'合乎情理'的问题。把毛泽东同志在这个问题上讲的移到另外的问题上,在这个地点讲的移到另外的地点,在这个时间讲的移到另外的时间,在这个条件下讲的移到另外的条件下,这样做,不行嘛!""这是个重要的理论问题,是个是否坚持历史唯物主义的问题。彻底的唯物主义者,应该像毛泽东同志说的那样对待这个问题。马克思、恩格斯没有说过'凡是',列宁、斯

---

① 中共中央文献研究室编:《邓小平年谱(1975—1997)》(上),中央文献出版社 2004 年版,第 157 页。

② 中共中央文献研究室编:《邓小平年谱(1975—1997)》(上),中央文献出版社 2004 年版,第 157 页。

大林没有说过'凡是',毛泽东同志自己也没有说过'凡是'。我对那两位同志说,我给中央写信,提出'我们必须世世代代地用准确的完整的毛泽东思想来指导我们全党、全军和全国人民,把党和社会主义的事业,把国际共产主义运动的事业,胜利地推向前进',这是经过反复考虑的。毛泽东思想是个思想体系。……我们要高举旗帜,就是要学习和运用这个思想体系。"①

邓小平4月10日给中央写的信,以及于5月24日、7月21日两次反对"两个凡是",提出"准确的完整的毛泽东思想"的概念,提出"毛泽东思想是个思想体系",是对"两个凡是"的有力冲击和撼动,成为全党解放思想的先导。

但是,邓小平的上述意见,是在他在尚未正式复出时说的,大多没有公开披露,并不为更多的人所知。反而是"两个凡是"的主张成为指导各项工作的方针。在"两个凡是"的指导下,从中央到地方,各级报刊仍然连篇累牍地颂扬"文化大革命",粉碎"四人帮"也被说成是"无产阶级专政下继续革命理论的一次伟大实践,是无产阶级文化大革命的又一伟大胜利"②。1977年4月15日,《毛泽东选集》第五卷出版发行。中央在关于学习《毛泽东选集》第五卷的决定中提出:"在社会主义革命和社会主义建设时期,毛主席在马克思主义理论上最伟大的贡献,就是系统地总结了我国的和国际的无产阶级专政的历史经验,运用唯物辩证法的对立统一这个基本观点,分析了社会主义社会的矛盾、阶级和阶级斗争,从而揭示了社会主义社会的发展规律,创立了无产阶级专政下继续革命的伟大理论。学习《毛泽东选集》第五卷,一定要深刻理解和牢牢掌握这个基本思想,进一步用毛主席关于无产阶级专政下继续革命的伟大理论来武装我们的头脑"③。5月1日,华国锋为《毛泽东选集》第五卷出版发表文章,再次确认了这种说法,并把"无产

---

① 《邓小平文选》第二卷,人民出版社1994年版,第38页。
② 华国锋:《把无产阶级专政下的继续革命进行到底——学习〈毛泽东选集〉第五卷》,《人民日报》1977年5月1日。
③ 《中共中央关于学习〈毛泽东选集〉第五卷的决定》,《人民日报》1977年4月15日。

阶级专政下继续革命"的理论提升为贯穿《毛泽东选集》第五卷的根本指导思想,号召人们"把无产阶级专政下的继续革命进行到底"①。在平反冤假错案,一遇到毛泽东批准的、定了的案子,便不准触动。这样,就使许多重大错案迟迟不能得到平反昭雪,甚至连悼念朱德、陈毅、贺龙等的文章也不能发表。在教育科技领域进行拨乱反正时,一些人仍心有余悸,甚至一度有人拿出毛泽东批过的文件进行阻挠;在生产上,混乱状况有所好转,国民经济得到比较快的恢复,人民生活水平也有所提高,但又产生了急于求成的倾向,加剧了国民经济的比例失调;在对一些新探索的认识上,比如,"如何看待刚刚兴起的农村家庭联产承包责任制,如何看待农村集市贸易、自留地,如何看待利润、价值规律问题,在这一系列问题上,都存在分歧,存在截然相反的两种思想认识和对立观点。也就是说,有一系列的路线是非、思想是非、理论是非需要澄清。"②

也正是主要由于"两个凡是"的束缚和阻碍,党和国家在粉碎"四人帮"以后召开的两次重要会议,党的十一大和五届全国人大一次会议都没有能纠正、反而完全肯定了"文化大革命"的错误理论、政策和口号——党的十一大政治报告及修改通过的党章中仍包含着"左"的错误;五届全国人大一次会议修改通过的宪法,也未能彻底纠正1975年宪法中的错误。

"所以,总起来看,在粉碎江青反革命集团后两年间,虽然已经宣告'文化大革命'结束,各项工作也有所前进,但党的指导思想仍然没有根本改变,从而使党和国家的工作在总体上受到严重的阻挠。"③

根本性的问题就这样提出来了:"文化大革命"结束后的中国,究竟要向何处去呢?是继续沿着已经搞了几十年、事实证明不成功的社会主义"老路"、"套路"继续走下去呢?还是从新的实际出发,披荆斩棘,革新除

---

① 华国锋:《把无产阶级专政下的继续革命进行到底——学习〈毛泽东选集〉第五卷》,《人民日报》1977年5月1日。
② 沈宝祥:《真理标准问题讨论始末》,中国青年出版社1997年版,第13页。
③ 胡绳主编:《中国共产党的七十年》,中共党史出版社1991年版,第524页。

弊,把马克思列宁主义基本原理与中国社会主义建设的具体实际和时代特征结合起来,勇敢地探索新的有中国特色的社会主义建设道路呢? 这是不能回避也无法回避的重大历史问题。

第 二 章

改革开放的酝酿与高层决策

"文化大革命"结束后,人心思变、中国必变,已是沛然莫之能御之历史大势——人们所不能确定的只是这个变化的走向和结果何时最终明朗而已。进入 1978 年,预示中国即将发生决定性积极新变化的因素持续叠加。这年上半年,由大规模出国考察切身感知的中外经济科技之间的巨大差距已然造成了思想上的巨大冲击和震撼;几乎同时展开的真理标准问题大讨论又给长期以来人们精神上的枷锁"松绑","改革"的呼声渐起,"变化"的要求高涨。而到了 1978 年下半年,变革的节奏更为快速,变革的走向也越发清晰,特别是国务院务虚会、全国计划会议、中央工作会议等重要会议的相继召开,就涉及中国社会主义现代化建设的一系列重大政策和实际问题展开深入讨论,更是在党和国家最高决策层进一步累积和凝聚了变革的共识。这几次会议虽然内容、层级、规模、影响各不相同,但正是经由其接续酝酿和准备,党的十一届三中全会最终作出了实行改革开放的历史性决策,也由此打开了中国发生历史性巨变的战略通道。

一、打破思想"坚冰"：真理标准问题大讨论

（一）真理标准问题讨论的酝酿

粉碎"四人帮"以后，全国性的揭批"四人帮"运动方兴未艾，各条战线都开始了正本清源、拨乱反正，并取得一定成效。但当时对"四人帮"的揭批，主要对"四人帮"篡党夺权的罪行进行揭发批判，而几乎没有涉及对"四人帮"在"文化大革命"10 年间所推行的那一套完整的极左错误理论的清理。从历史和事实上揭批"四人帮"的罪行是必要的，但仅止于此又远远不够，只有在此基础上进一步发展到对导致这些罪行的极左理论及其实质的揭发批判，才是揭批运动本身合乎逻辑的发展，也是中国在经历 10 年浩劫后开辟新道路的前提。

从当时的情势看，要从理论上批判"四人帮"却并非易事。1957 年后，特别是"文化大革命"中，毛泽东在中国社会主义建设的一系列重大问题上，其认识和实践都发生了严重错误。"四人帮"利用了毛泽东的错误，并把这些错误理论发挥、实践到极端。因此，要深入揭批"四人帮"，就不可避免地要提出和正视毛泽东晚年错误的问题。而对这一点，作为党中央主要领导人华国锋显然并没有认识到。一方面，他积极主张批判"四人帮"，试图结束"文化大革命"的混乱；另一方面，他又对导致"文化大革命"的一系列"左"倾错误理论继续给予肯定和维护，尤其是维护毛泽东晚年的错误。而"两个凡是"的提出和贯彻，使得对"四人帮"的批判实际上处在了一种两难境地：既要深入批判"四人帮"，又不允许触动毛泽东晚年的那些与"四人帮"罪行关联的"左"倾错误理论。

一个例子是：1977 年 2 月，《红旗》杂志就批判张春桥的《论对资产阶级的全面专政》和姚文元的《论林彪反党集团的社会基础》两篇文章，向主管中央宣传工作的领导人汪东兴请示。汪东兴给出的答复是："这两篇文章

是经过中央和伟大领袖和导师毛主席看过",只能"不点名"地批判文内的错误观点。这个批示,印发给了中央各宣传单位,实际上是压制大家对"四人帮"的批判。这种凡是毛泽东点头、过目的都不能动的态度,使得在揭批"四人帮"时普遍遭遇到一道几乎是不可逾越的障碍,那就是在"拨"林彪、"四人帮"之"乱"时,有人借助"两个凡是",动辄声称这个是毛泽东的指示,那个是毛泽东决定或批准的,都不能动,不许动,从而使人们的思想和行动受到严重束缚。

总之,随着"两个凡是"与党和国家政治生活中面临的重大现实问题的冲突越来越尖锐,这种冲突集中到一点,就是提出了这样一个敏感而又亟须回答的根本性问题,即:究竟应当如何认识和对待毛泽东的指示和决策? 毛泽东的指示是不是不可移易、万古不变的真理? 对毛泽东说过的话、做过的事,无论正确不正确,是否都要无条件地遵照执行? 检验真理的标准究竟是什么?

事实证明,不澄清在这些问题上的认识混乱,不挣脱"两个凡是"的枷锁,各方面拨乱反正就很难深入,中国社会主义发展的新道路也就无从开创。

邓小平在正式复出之前提出的"准确的完整的毛泽东思想"的概念,以及他对这一概念的阐释,从马克思主义的世界观方法论上反对了"两个凡是"。1977 年 7 月正式复出后,他继续旗帜鲜明地表达对"两个凡是"的批评态度。

1977 年 7 月 21 日,在复出后的第一次讲话中,他说:"要对毛泽东思想有一个完整的准确的认识,要善于学习、掌握和运用毛泽东思想的体系来指导我们各项工作。只有这样,才不至于割裂、歪曲毛泽东思想,损害毛泽东思想。我们可以看到,毛泽东同志在这一个时间,这一个条件,对某一个问题所讲的话是正确的,在另外一个时间,另外一个条件,对同样的问题讲的话也是正确的;但是在不同的时间、条件对同样的问题讲的话,有时分寸不同,着重点不同,甚至一些提法也不同。所以我们不能够只从个别词句来理解毛泽东思想,而必须从毛泽东思想的整个体系去获得正确的理解。""要用毛泽东思想的体系来教育我们的党,来引导我们前进","毛泽东同志倡导的作风,群众路线和实事求是这两条是最根本的东西。"①8 月 3 日,在同胡乔木、于光远等谈话时,又说:"'两个凡是'不行","不能用毛主席的只言片语损害毛泽东思想体系。讲毛泽东思想,不在引用很多毛主席的话,而在发挥他的根本思想。只是把语录集中起来并不好"②。9 月 19 日,在同刘西尧等谈教育领域拨乱反正问题时,邓小平直截了当地说:"毛泽东同志画了圈,不等于说里面就没有是非问题了。我们不能简单地处理。""对马克思列宁主义,应该准确地完整地理解它的体系。对毛泽东思想就不这样?也应该如此嘛,否则非犯错误不可。毛泽东同志为延安中央党校的题词,就是'实事求是'四个大字,这是毛泽东哲学思想的精髓。"③

与此同时,聂荣臻、徐向前、张鼎丞、陈云等老一辈革命家在毛泽东逝世一周年之际,也分别撰写纪念文章,针对"两个凡是"方针,宣传毛泽东长期倡导的理论联系实际、一切从实际出发、实事求是的马克思主义的基本原理。

1977 年 3 月,中央政治局作出决定,正式恢复中央党校。华国锋兼任中央党校校长,汪东兴兼任中央党校第一副校长;胡耀邦任中央党校副校长,主持日常工作。胡耀邦到校后,首先组织全校教职员工认真清查"文化大革命"中的遗留问题,整顿学校管理秩序,筹备秋季开学的各项工作。4 月 7 日,胡耀邦主持召开中央党校党的骨干分子整风会议,提出中央党校"应当成为捍卫马克思列宁主义毛泽东思想的坚强堡垒,成为发扬光大我们党的优良传统的模范"。他还提出要把被林彪、"四人帮"颠倒的思想是非、理论是非、路线是非纠正过来,要一个一个问题地搞。为了给拨乱反正

---

① 《邓小平文选》第二卷,人民出版社 1994 年版,第 42—43 页。
② 中共中央文献研究室编:《邓小平年谱(1975—1997)》(上),中央文献出版社 2004 年版,第 171 页。
③ 《邓小平文选》第二卷,人民出版社 1994 年版,第 66 页。

提供一个舆论阵地,他于 1977 年 7 月提议创办了以领导干部为对象、每五天出版一期的思想理论内刊《理论动态》。在教学方法上,为了"准确、完整"地学习马克思主义,胡耀邦提出,党校教学实行"两个为主"的方针,即:学原著为主,自学为主;所开设的主要课程是哲学、政治经济学、科学社会主义、中共党史和党的建设。其中,相较其他课程,中共党史的教学和研究难度最大。因为在"文化大革命"中,中共党史被歪曲得面目全非,特别是对"文化大革命"本身的问题,许多东西没有定论,研究的政治风险大。但是,由于党内许多老同志对"文化大革命"中肆意篡改歪曲党史的做法反映强烈,因此华国锋在党的十一大政治报告中又提出:"要认真组织力量研究党史,学习和总结党的历史经验,特别是第九次、第十次、第十一次路线斗争的经验。"①所谓第九次、第十次、第十一次路线斗争,分别指的是刘少奇、林彪和"四人帮"的问题——这就是说,要重点研究的是"文化大革命"时期党的历史。

中央党校本来就设有中共党史教研室,中共党史课是中央党校的一门重要课程。1977 年 5 月,党中央又批准在中央党校建立党史研究室,承担中国共产党历史的研究和编写任务。② 同年 5 月 19 日,胡耀邦明确提出中央党校要争取在次年搞出一个研究党史的计划大纲,并讲了编写党史的原则要求,包括敞开思想、提倡争论、收集正反两方面资料等。10 月 9 日,中央党校举行复校开学典礼,华国锋、叶剑英等出席并讲话。叶剑英在讲话中特别提出:"希望在党校工作的同志,来党校学习的同志,都来用心研究我们党的历史,特别是第九次、第十次、第十一次路线斗争的历史。""我们要把被歪曲的历史重新纠正过来"。③

1977 年 12 月 2 日,胡耀邦主持召开中央党校党委扩大会议,专门讨论

---

① 华国锋:《在中国共产党第十一次全国代表大会上的政治报告》,《人民日报》1977 年 8 月 23 日。

② 后因中央另有安排,这个机构没有正式组建。

③ 《叶剑英副主席在中共中央党校开学典礼上的讲话》,《人民日报》1977 年 10 月 10 日。

中共党史教研问题。在胡耀邦的引导下,与会者敞开心扉,讨论中提出了许多尖锐问题。比如:"一月风暴"怎么看?"二月逆流"怎么看?揪"走资派"怎么看?有没有十七年"黑线"专政?"文化大革命"究竟"胜利"在什么地方?等等。经过讨论,与会者认为,应该否定过去以领导人讲话和中央文件为党史研究是非标准的传统做法,而要以实践作为检验党的历史上是非曲直的评价标准。胡耀邦在会上讲话明确表示,研究"这十几年的历史,不要根据哪个文件,哪个同志的讲话,光看文件不行,还要看实践";"要跳出框子。""评价'文化大革命'要看实际结果,要由实践检验,而不能依靠哪个文件、哪个人的讲话。""以哪个人的讲话、哪个文件为依据,不是科学态度,那就不是研究了。"①12 月 10 日,胡耀邦召集由吴江任组长,缪楚璜、周逸任副组长的党史编写小组成员开会,进一步讲到党史研究方法问题,强调"方法不对头研究党史也要迷失方向",要"历史唯物主义地研究,科学的态度,严肃的严密的科学的态度,从事实出发,尊重历史,尊重事实,严格的历史唯物主义","特别是因为主席不在了,我们毛主席的后代子孙、学生们不用毛主席的方法、科学态度,就是直接地反对了毛泽东思想,以毛主席片断的话为依据就是反马列主义。"②这里胡耀邦实际上提出了研究党史的两条原则,一是要完整准确地运用马列主义、毛泽东思想;二是用实践作为检验历史是非的标准。很显然,这个讲话精神同"两个凡是"方针尖锐对立。胡耀邦在会上还提出了一个发人深醒的重大问题:为什么 20 世纪 60 年代的社会主义中国,在共产党领导下发生了"文化大革命"这场政治运动?他要求大家要认真研究这个问题,搞清楚,努力写出有分析的有说服力的文章。

在指导思想和研究框架明确后,党史编研新方案的起草工作进行得很快。1978 年 1 月 18 日,吴江将提要初稿报送胡耀邦。中央党校春季学期开学后,3 月 6 日,由吴江主持,研究小组又邀请了部分省部级学员举行座谈会,听取对稿子的意见。应邀参加座谈会的共 6 人,其中有入学前曾担任

---

① 《胡耀邦在中央党校党委会上的讲话》,1977 年 12 月 2 日。

② 沈宝祥:《真理标准问题讨论始末》,中国青年出版社 1997 年版,第 26—27 页。

上海市革委会副主任、这次学习毕业后调光明日报任总编辑的三支部学员杨西光。1978年4月,铅印的《关于研究第九次、第十次、第十一次路线斗争的若干问题》的内部讨论稿正式形成,全稿4万多字。讨论稿明确提出了进行党史研究应遵循的三条原则,其中之一是:"应当以实践为检验真理、辨别路线是非的标准,实事求是地进行研究。""离开实践或者闭眼不看历史事实,来争论路线是否正确,除了徒劳无益或者受骗上当以外,是不可能得到任何结果的"。

1978年4月中旬,在为期10天的"党的学说"这门课程的学习阶段,这个内部讨论稿被正式下发第一期高级干部班、中级干部班、理论宣传干部班三个班次的全体学员(共807名)讨论,征求修改意见。讨论中,依照胡耀邦倡导的不抓辫子、不戴帽子、不打棍子、不装袋子(档案)的"四不主义",学员们开动脑筋,各抒己见,思想开放活跃。不少学员在讨论中开始用实践做标准,思考和评判"文化大革命"中一些重大历史问题的是非曲直。比如:对"第一张马列主义大字报"怎么看? 对武汉"七二〇事件"如何评价?对"杨、余、傅事件"怎么看? 把林彪写入党章是不是不可避免? 张春桥、江青为什么摆到那么高的位置? 九大、十大两届政治局委员中混进了那么多坏人,党的组织路线是不是正确的? 第九次路线斗争是否一定要采取从下到上搞"大民主"的方法? 如何理解"大民主"和党的领导的关系?"文化大革命"中还有没有党的领导? 这么大的党,被林彪、"四人帮"几个人搞到崩溃的边缘,是什么原因? "文化大革命"搞了10年之久,主要解决什么问题? 为什么控制不住? 有什么经验教训? 等等。

这次在中央党校进行的807名学员大讨论,影响很大。尽管讨论中在对一些重大问题的认识上还存在分歧,但对以实践为标准检验党内路线斗争的是非,已无人公开表达反对意见。通过研讨交流,越来越多的学员开始认真反思"文化大革命"中的是非问题,强烈要求搞清楚"文化大革命"中许多重大事件的来龙去脉,他们不是根据文件,而是以实践的结果为依据来观察和评判这些重大事件和历史是非。参加这次学习讨论的807名学员,大都是党的高中级干部,他们不久之后又回到了各自岗位,不少人在随即开展的全国范围的关于真理标准问题的大讨论中进一步发挥了积极的重要作用。在这个意义上,中央党校关于党内"三次路线斗争"问题的学习讨论,实际上成为真理标准问题大讨论的序曲。

在这同时,思想理论界也开始讨论并提出了实践标准问题。

1977 年 11 月 24 日,刚刚复刊的中国社会科学院《哲学研究》编辑部邀请北京的部分哲学专业工作者,就如何办好《哲学研究》举行座谈。与会者有中央党校的吴江、韩树英,军事科学院的范硕,解放军报社的邵华泽,北京师范大学的李秀林、郑杭生等。邵华泽着重谈了学风和文风问题。会后,应吴江之约,邵华泽将发言内容整理成文,以《文风和认识路线》为题发表在 1977 年 12 月 15 日《理论动态》第 31 期上。这篇不到4000 字的文章开篇即说:"文风问题,贯穿着两条认识路线的斗争,即辩证唯物论的认识论和唯心论的先验论的斗争。'四人帮'的帮八股,本质上是资产阶级实用主义,在认识论上,把客观和主观、实践和认识的关系完全颠倒了。"文章重申了毛泽东关于"真理的标准只能是社会实践"的论述,明确提出:"判断一个干部能力强不强看什么? 看实践,看他工作的实际效果,看他的行动是否给人民带来了好处以及这种好处的大小";"判断一个总结、一篇报道水平高不高看什么? 看实践,看它是否深刻地反映了群众的实践,是否经得起客观实践的检验。绝不能认为抄录马列词句多就是水平高。那种看上去句句有本本根据,可一点也不解决实际问题的文件、报告、文章,有什么水平? 应该丢到字纸篓里去!""判断一个单位工作好坏看什么? 也是看实践"。邵华泽的这篇文章较为充分地论述了认识路线和实践标准,并联系实际作了说明。这是在拨乱反正中明确提出和阐述实践标准的最早一篇文章。

《人民日报》也遇到并开始讨论实践标准问题。粉碎"四人帮"以后,《人民日报》理论版发表了一些文章,批判"文化大革命"中的错误观点。这些文章发表后,却不断接到读者来信,指责文章所批判的观点毛主席也讲过,认为不应当批判这些观点。针对这一情况,《人民日报》理论部组织撰写了一篇思想评论,题目是《标准只有一个》,1978年3月26日刊出。文章开宗明义地提出:"真理的标准,只有一个,就是社会实践。"文章分析:"认识、理论本身是不能自己证明自己的,它的真理性,最终只有通过社会实践的检验,才能加以确定。如果把理论也当作检验真理的标准,那就有两个标准了。这是不符合马克思主义的认识论的。"①这篇文章只有1055字,但发表之后一个月内,《人民日报》理论部收到了二十多件读者来信、来稿,对文章的观点发表看法。由于"文化大革命"的长期错误宣传和毒害,来信来稿中对社会实践是检验真理的唯一标准的观点"表示完全赞成"的竟只有一封信,其他均表示不能或不能完全接受这一观点②。

1977年下半年到1978年初,还有两个人也在着手撰写关于真理的标准问题的文章,一是南京大学哲学系教师胡福明;二是中央党校理论研究室的孙长江。

(二) 最初的突破:经济领域的拨乱反正和思想解放

在否定和批判"两个凡是"的过程中,针对"文化大革命"对我国经济建设造成的严重破坏,从1977年春天开始,经济理论工作者围绕我国社会主义经济中的一系列重大理论问题开展了热烈讨论,并对长期存在的"左"倾错误理论进行了批判。这个大讨论,率先在经济理论领域吹响了思想解放的号角。经济理论领域的拨乱反正和思想解放,主要集中于四个问题:

一是在商品经济问题上,纠正否定商品生产和商品交换的错误观点,重新肯定社会主义必须大力发展商品生产和商品交换,重视价值规律的作用。1976年12月31日,商业部大批判组发表文章,肯定"商品交换,是现阶段工业同农业、城市同乡村、社会主义全民所有制同集体所有制之间经济联结

① 张成:《标准只有一个》,《人民日报》1978年3月26日。
② 张德成:《关于真理标准问题的讨论始末》,《中共党史研究》1992年第3期。

的主要形式","是从生产到消费的必不可少的环节"。① 1977 年 12 月 21 日,《人民日报》发表题为《斥"四人帮"对社会主义商品制度的诬蔑》的文章,提出:"我国现行的商品制度,是社会主义经济制度的一个重要组成部分。我们应该理直气壮地坚持社会主义商品制度,努力发展社会主义商品生产,使它适应社会主义经济全面发展的需要。"②1978 年 5 月 22 日,《人民日报》发表国务院财贸小组理论组的文章:《驳斥"四人帮"诋毁社会主义商品生产的反动谬论》,进一步提出要"打碎'四人帮'加在从事社会主义商品生产和商品流通的广大群众和广大干部头上的精神枷锁",大力"发展社会主义的商品生产和商品流通"。文章驳斥了"四人帮"在关于价值规律总是"自发地向资本主义方向发展"的错误观点,强调要"自觉地利用商品生产的基本规律——价值规律,为社会主义建设服务"。③ 按照价值规律办事,就要允许企业追求合理的利润。1977 年 11 月 22 日,经济学家许涤新在《人民日报》发表文章,批判"四人帮"把社会主义企业盈利"诬蔑为'利润挂帅'"的谬论,提出:"在深入揭批'四人帮'的伟大斗争中,我们要大声疾呼地肯定社会主义企业利润的必要性和合理性,理直气壮地狠抓盈利,一抓到底!"④

　　二是在按劳分配问题上,清算对所谓"资产阶级法权"和按劳分配原则的错误批判,重新强调按劳分配和物质利益原则。"文化大革命"后期,"四人帮"抓住毛泽东关于无产阶级专政理论问题的谈话,以限制"资产阶级法权"做借口,实际上否定了按劳分配原则。粉碎"四人帮"后,关于按劳分配的讨论成为经济理论界的一个热点问题。1977 年 4 月、6 月、10 月,由国家

---

① 商业部大批判组:《安排好市场,安排好群众生活——批判"四人帮"破坏社会主义市场的罪行》,《人民日报》1976 年 12 月 31 日。

② 李岩石:《斥"四人帮"对社会主义商品制度的污蔑》,《人民日报》1977 年 12 月 21 日。

③ 国务院财贸小组理论组:《驳斥"四人帮"诋毁社会主义商品生产的反动谬论》,《人民日报》1978 年 5 月 22 日。

④ 许涤新:《关于社会主义利润的问题》,《人民日报》1977 年 11 月 22 日。

计委经济研究所同中国科学院经济研究所、国家劳动总局、北京大学、北京师范大学、北京师范学院、北京经济学院和北京市委党校等单位共同发起，先后召开了三次全国性的按劳分配理论讨论会。在第一次讨论会上，与会代表批判了"四人帮"在按劳分配问题上散布的种种谬论，澄清"四人帮"在理论上造成的混乱，同时对于按劳分配与物质刺激的界限、按劳分配是否产生资产阶级和资本主义的经济基础等问题，在"百家争鸣"方针的指导下，展开了争论。在第二次按劳分配理论讨论会发言稿的基础上，苏绍智和冯兰瑞等 1977 年 8 月 9 日在《人民日报》上发表了题为《驳姚文元按劳分配产生资产阶级的谬论》的文章，引起了邓小平的注意。参加第三次按劳分配理论讨论会的除了 135 个在京单位的五百多名理论工作者外，还有来自 23 个省、市、自治区 130 多个单位的三百余人。这次讨论会的主要议题有三个方面：一是如何完整地、准确地理解马克思主义关于按劳分配理论的问题；二是按劳分配与"资产阶级法权"的问题；三是按劳分配与劳动报酬形式问题。与前两次讨论会相比，这次讨论会上涉及的问题更为广泛深入。这次讨论会后，在邓小平的过问和指导下，国务院政治研究室起草了《贯彻执行按劳分配的社会主义原则》的长篇文章，于 1978 年 5 月 5 日以"特约评论员"名义在《人民日报》发表（比《光明日报》公开发表《实践是检验真理的唯一标准》一文还早 6 天）。文章以经济建设的实践否定了关于按劳分配是"资产阶级法权"的论点，鲜明地提出"按劳分配是社会主义公有制的产物，又是社会主义公有制的实现"[1]。这篇文章的发表，使经济理论界关于按劳分配问题的讨论首先冲破了"两个凡是"的禁区，标志着按劳分配的名誉得到了正式恢复。

三是在经济规律问题上，提出按经济规律办事，提高经济管理水平。新中国成立后，由于指导思想上的"左"，我国经济建设中的一个严重教训就是不按经济规律办事，而是按政治意志、长官意志办事，搞"瞎指挥"，以致

---

① 人民日报特约评论员：《贯彻执行按劳分配的社会主义原则》，《人民日报》1978 年 5 月 5 日。

造成有些同志对研究、掌握和运用经济规律的重要性"缺乏应有的认识,甚至以为政治挂帅可以不顾客观经济规律,承认经济规律就是否定政治挂帅"①。"文化大革命"结束后,人们反思这个教训,提出了按经济规律办事、提高经济管理水平的问题。1977年11月,邓小平在和华国锋、李先念、汪东兴等听取国家计委关于经济计划问题的汇报时,就提出:"搞经济建设,我们的弱点是管理水平和技术水平低。要重视经济管理,要有一批管理干部,要在实践中选拔管理干部。"②对于提高经济管理水平,前文提到的《贯彻执行按劳分配的社会主义原则》一文也作了深入分析,强调社会主义经济管理是一门新的科学,"必须有一套合乎经济发展规律的管理制度和管理方法。我们不能用管理小生产的方法来管理社会主义的大生产,也不能照搬管理政治、军事、文化的方法来管理经济。"③1978年10月6日,《人民日报》发表的胡乔木的长文《按照经济规律办事,加快实现四个现代化》,对经济规律问题做了进一步系统阐述,提出"为了加快实现四个现代化,我们必须按经济规律办事,大大提高我们的经济管理水平"④。

四是在生产力问题上,否定对"唯生产力论"的批判,强调发展社会生产的重要性,提出要"理直气壮地抓经济"。社会主义基本制度建立以后,要聚精会神、集中力量发展社会生产力,这本来是党和国家工作的题中应有之义。但是,自1957年以后,由于指导思想上出现了"左"的倾向,1956年中共八大关于党和国家的重点任务是经济建设这个论断和相关决策在实际工作中发生动摇,逐渐被否定和抛弃,"文化大革命"中更被批判为"唯生产力论"。粉碎"四人帮"当天,《人民日报》还发表文章,直批"唯生产力论是个大祸害"。面对这样一个长期理论"禁区",粉碎"四人帮"后,经济学界首先恢复了生产

---

① 华国锋:《在全国财贸学大庆学大寨会议上的讲话》,《人民日报》1978年7月12日。

② 中共中央文献研究室编:《邓小平年谱(1975—1997)》(上),中央文献出版社2004年版,第241页。

③ 《人民日报》特约评论员:《贯彻执行按劳分配的社会主义原则》,《人民日报》1978年5月5日。

④ 胡乔木:《按照经济规律办事,加快实现四个现代化》,《人民日报》1978年10月6日。

力问题上的马克思主义本来面目。1976 年 11 月 1 日《人民日报》发表文章提出:"多快好省地发展社会主义生产……决不是什么唯生产力论","抓生产就是唯生产力论吗? 否!"①1977 年 1 月,李先念对国家计委、财政部等部门发表讲话指出:"在当前的形势下,我们面临的任务是,一要深入揭批'四人帮',二要积极抓好发展国民经济的工作。这些年来'四人帮'在各方面的干扰和破坏极其严重。我们经济部门的同志,对他们把经济工作搞乱了的危害,体会得尤其深刻。过去,我们要抓生产,他们就说是'唯生产力论',是'用生产压革命';我们要扭亏增赢他们就说是搞资产阶级的'利润挂帅';我们为了发展生产,改善人民的吃穿问题,要进口几套化肥和化纤设备,引进外国的一些先进技术,他们就说是'崇洋媚外'、'洋奴哲学',是'把我国工业的命运系在外国资本家的裤腰带上'。总之,谁要抓经济工作,他们就给谁打棍子、戴帽子。这样一来,就搞得我们经济部门的同志提心吊胆,不敢抓工作,也无法抓工作。我们现在要通过批判'四人帮',放开手脚,理直气壮地抓经济。"②1977 年 6 月,《评"四人帮"对"唯生产力论"的批判》一书作为征求意见稿由广东人民出版社出版。邓小平看了此书后认为"基本上是写得好的,站得住"。③在理论界对这个问题的讨论中,"唯生产力论"不是被当作否定的对象,而是被当作马克思主义的基本原理来肯定的。有学者指出:"承认在社会生活中。在社会发展中,生产力的发展起决定作用,是第一性的,理所当然地可以称之为'唯生产力论'。'唯生产力论'是马克思主义的历史唯物主义中的一个重要观点,这本来就不错。"④

经济理论领域的思想解放对推动整个社会的思想解放产生了积极作

---

① 《把"四人帮"破坏生产的损失夺回来!》,《人民日报》1976 年 11 月 1 日。

② 中共中央文献编辑委员会编:《李先念文选(1935—1988)》,人民出版社 1989 年版,第 311—312 页。

③ 中共中央文献研究室编:《邓小平年谱(1975—1997)》(上),中央文献出版社 2004 年版,第 171 页。

④ 于光远:《我承认自己是"唯生产力论"者》(1977 年 8 月在哈尔滨一次报告会上的讲话摘录),载《1978:我亲历的那次历史大转折》,中央编译出版社 2008 年版,第 300—301 页。

用,讨论中形成的若干共识还被写进了当时中央发布的一些重要文件中。但是由于整个政治大环境尚未根本改变,因此这场讨论和由此引发的思想解放又是有限度的,思想解放的程度和深度还远远不够。

(三)《实践是检验真理的唯一标准》的发表及反响

真正揭开全党思想大解放帷幕的,是《实践是检验真理的唯一标准》一文的发表以及由此引发的关于真理标准问题的激烈争论。

1977年7月下旬,江苏省南京地区的理论工作者举行了以"经济与政治关系"为主题的理论研讨会,参加会议的有江苏省委党校、南京大学等40个单位的专业理论工作者和工人理论队伍的代表,共两百多人。南京大学政治系(后改为哲学系)青年教师胡福明在会上一次发言中认为,"文化大革命"期间曾被严加批判的"唯生产力论"不是修正主义,而是马克思主义,批判"唯生产力论"就是批判马克思主义。胡福明发言后,立刻有人起来反驳。胡福明仍然坚持自己的观点。应邀参会的《光明日报》理论部哲学组组长、"哲学"专刊编辑王强华感到胡福明思想比较解放,敢于突破框框,敢于坚持自己的意见,也有一定的理论素养,于是就邀请他给《光明日报》"哲学"专刊写稿。

1977年9月,胡福明应约将其撰写的《实践是检验真理的标准》一文寄给王强华。王强华当时正在华东、西北等地出差,同年12月下旬返京阅稿后,王强华认为胡文可用。此后至1978年4月10日,文章先后进行了5次修改,最后决定在1978年4月《光明日报》"哲学"专刊第77期上正式发表。1978年4月10日,王强华将登载了胡福明文章的"哲学"专刊第77期清样送请《光明日报》新任总编辑杨西光审阅签发。杨西光1977年秋到中央党校复校后第一期高级干部轮训班学习(学习期限从1977年9月至1978年4月),1978年3月调任光明日报总编辑。在中央党校学习期间,杨西光参加了关于研究党内第九次、第十次、第十一次路线斗争问题的讨论,赞同胡耀邦提出的以实践作为检验真理标准的观点。

杨西光在认真审阅了胡福明的文章后,结合在中央党校的学习领悟,敏锐地意识到了这个论题的重大现实意义,他要求把文章从"哲学"专刊上撤下来,认为"像这样重大主题的文章应放在第一版刊登,在专刊上发表影响小,太可惜了"。同时提出:"文章要作重大修改,主要是应针对当前理论和实践关系问题上的混乱思想,作比较充分的论证;要进一步触及当前理论上的拨乱反正、冲破禁区的一些现实问题,提到理论和思想路线上来批评、阐述。"①

1978 年 4 月 13 日,杨西光召集正在北京开会的胡福明与《光明日报》理论部主任马沛文、王强华以及中央党校教员孙长江开会,讨论文章的修改事宜。孙长江是中央党校理论研究室研究组组长,当时受中央党校理论研究室主任吴江之命也正在撰写一篇主题与胡福明的文章差不多的文章。杨西光知道此事,故特地把他请去参会。会议开始后,杨西光说明了意图:《实践是检验一切真理的标准》这篇文章,我把它从哲学版上拿下来,要作为重要文章放到第一版发表,因此,要进行修改,请大家提修改意见。这次讨论后,胡福明在 4 月 14 日、15 日对文章作了修改,但因急于离京,没有来得及把讨论的观点全部反映出来。参与文章定稿阶段修改工作的主要是中央党校的吴江。最后(1978 年 5 月 6 日)由中央党校主持工作的副校长胡耀邦审阅定稿。让胡耀邦最后审阅定稿,且定稿后在胡耀邦主持创办的中央党校《理论动态》上先一天发表,是杨西光的要求。在与胡福明讨论这篇文章的修改问题时,杨西光就明确提出:"这篇文章,要请胡耀邦同志审定。他站得高。他在中央党校成立了理论研究室,办了个内部刊物,叫《理论动态》。发表在《理论动态》的文章,都要经过胡耀邦同志审阅批准。所以,我们这篇文章要交给中央党校理论研究室修改,请胡耀邦同志审阅,先在《理论动态》发表,《光明日报》第二天就公开发表。《理论动态》是逢五逢十出版,他们五日刊出,我们六日见报。他们十日刊出,我们十一日发表。"②

1978 年 5 月 10 日中央党校《理论动态》第 60 期全文发表了经多次修

---

① 王强华:《杨西光与第一篇"真理标准"文章的发表》,《炎黄春秋》1995 年第 5 期。
② 胡福明:《真理标准大讨论的序曲——谈实践标准一文的写作、修改和发表过程》,《开放时代》1996 年第 1—2 期。

改的《实践是检验真理的唯一标准》一文。次日,5月11日,《光明日报》在第一版的下半部,以通栏标题公开发表《实践是检验真理的唯一标准》,署名"本报特约评论员"。新华社当天全文转发了这篇文章。

《实践是检验真理的唯一标准》一文,主题鲜明突出,题目就精确地概括了全文的基本观点。文章开门见山地提出:"检验真理的标准是什么?这是早被无产阶级的革命导师解决了的问题。但是这些年来,由于'四人帮'的破坏和他们控制下的舆论工具大量的歪曲宣传,把这个问题搞得混乱不堪。为了深入批判'四人帮',肃清其流毒和影响,在这个问题上拨乱反正,十分必要。"接着,文章分四个部分就此展开了深入论述,强调:"正是实践,也只有实践,才能够完成检验真理的任务。""凡是科学的理论,都不会怕实践的检验","客观世界是不断发展的,实践是不断发展的。新事物新问题层出不穷,这就需要在马克思主义一般原理指导下研究新事物、新问题,不断作出新的概括";"马克思主义的理论宝库并不是一堆僵死不变的教条,它要在实践中不断增加新的观点、新的结论,抛弃那些不再适合新情况的个别旧观点、旧结论。"文章针对当时国内党内的政治情势和思想动态,明确提出:"林彪、'四人帮'为了篡党夺权,胡诌什么'一句顶一万句''句句是真理'。实践证明,他们所说的绝不是毛泽东思想的真理,而是他们冒充毛泽东思想的谬论。现在,'四人帮'及其资产阶级帮派体系已被摧毁,但是,'四人帮'加在人们身上的精神枷锁,还远没有完全粉碎。""无论在理论上或实际工作中,'四人帮'都设置了不少禁锢人们思想的'禁区',对于这些'禁区',我们要敢于去触及,敢于去弄清是非。"文章最后指出:面对新的实践新的问题,"躺在马列主义毛泽东思想的现成条文上,甚至拿现成的公式去限制、宰割、裁剪无限丰富的飞速发展的革命实践,这种态度是错误的。我们要有共产党人的责任心和胆略,勇于研究生动的实际生活,研究现实的确切事实,研究新的实践中提出的新问题。"①这篇文章虽然自始

---

① 《实践是检验真理的唯一标准》,《光明日报》1978年5月11日。

至终没有点名"两个凡是",但其批判的锋芒却处处指向"两个凡是","击中了它的要害"。① 文章说出了广大干部和人民群众心中要说而又不敢说出的话,一下子就引起了强烈反响。5 月 12 日,《人民日报》、《解放军报》以及《解放日报》、《新华日报》、《福建日报》、《河南日报》4 家省报转载。5 月 13 日,又有《河北日报》、《山西日报》、《辽宁日报》、《安徽日报》、《甘肃日报》、《江西日报》、《贵州日报》、《云南日报》、《四川日报》等 15 家省报转载。但是,也正因为这篇文章的锋芒是指向"两个凡是"的,针对性极强,因此文章一发表,也立即遭到一些人的严厉指责。

1978 年 5 月 12 日,即《人民日报》转载这篇文章的当天晚上,曾长期担任《人民日报》总编辑并兼任新华社社长、中宣部副部长,时任中共中央毛泽东著作编辑出版委员会办公室副主任的吴冷西,打电话给《人民日报》,批评"这篇文章犯了方向性的错误。理论上是错误的,政治上问题更大,很坏很坏","作者的意思就是要提倡我们去怀疑毛主席的指示,去修改毛泽东思想,认为毛主席的指示有不正确的地方","很明显,作者的意图就是要砍旗"。胡耀邦了解情况后,于 1978 年 5 月 13 日召开中央党校理论动态组开会,要求理论动态组写一篇《历史潮流滚滚向前》的文章,从历史发展大趋势的高度批评"两个凡是"思潮。一场关系党和国家前途命运的大讨论由此拉开帷幕。

1978 年 5 月 17 日,中共中央宣传部召开首都各大报刊负责人会议。分管中央宣传工作的副主席汪东兴参加并讲话,要求"对理论问题一定要慎重。特别是《实践是检验真理的唯一标准》和《贯彻执行按劳分配的社会主义原则》两篇文章,我们都没有看。发表出来以后,影响很坏。党内外议论纷纷,实际上是把矛头指向主席思想,是向中央发难的。这是哪个中央的意见?"5 月 18 日晚,中宣部紧急召集参加全国教育工作会议的各省市文教书记和宣传部长举行座谈会,就宣传问题打招呼,提出:"不要认为《人民日

74　　① 沈宝祥:《真理标准问题讨论始末》,中国青年出版社 1997 年版,第 107 页。

报》登了,新华社发表了,就成了定论。""不论是从哪里来的东西,也包括中央来的,都要拿鼻子嗅一嗅,对不对,不要随风转。"①6月15日下午,汪东兴召集中宣部和中央直属新闻单位的负责人开会,直接点了"特约评论员"的名,几次点名批评了胡耀邦。他说:"特约评论员文章可要注意,有几篇不是那么恰当。""这些文章不经过宣传部,打着特约评论员的名义,在报上那样搞,要注意。""我对胡耀邦同志说,政治路线犯错误,我们负不起责任,第一是我,第二是乌兰夫同志,第三是张平化同志。组织路线犯了错误,第一是我负责,第二是你负责。"②

　　这些批评,使胡耀邦和参与这篇文章写作、修改的人面临压力。胡耀邦一度有将这场讨论"冷却一下"的打算。关键时刻,邓小平在全军政治工作会议上发表讲话,对这场讨论给予了明确而强有力的支持。

　　为了清理林彪、"四人帮"给军队政治工作造成的严重影响,恢复和发扬我党我军政治工作的优良传统,1978年4月27日至6月2日,中央军委主持召开了全军政治工作会议。会议期间,在讲到对于这次会议的宣传问题时,中央军委秘书长罗瑞卿指出:《实践是检验真理的唯一标准》是一篇坚持马列主义、毛泽东思想的好文章,它提出了一个牵一发而动全身的大问题;全军政治工作会议就是要宣传实事求是的思想路线,宣传一切从实际出发,宣传实践是检验真理的唯一标准。但是,会议期间,有人坚持维护"两个凡是",不同意实践是检验真理的唯一标准,反复强调凡是毛主席、华主席讲过的话,都不能改动。5月29日,当邓小平从总政治部主任韦国清那里得知上述情况时,感到震惊和气愤。5月30日,在同胡乔木等谈准备在这次会议上讲话的内容等问题时,邓小平提出要着重讲实事求是问题。他说:"只要你讲话和毛主席讲的不一样,和华主席讲的不一样,就不行。毛主席没有讲的,华主席没有讲的,你讲了,也不行。怎么样才行呢?照抄毛主席讲的,照抄华主席讲的,全

---

① 引自沈宝祥:《真理标准问题讨论始末》,中国青年出版社1997年版,第116页。
② 陶铠等:《走出现代迷信——真理标准讨论始末》,《钟山》1988年第3期;沈宝祥:《真理标准问题讨论始末》,中国青年出版社1997年版,第118页。

部照抄才行。这不是一个孤立的现象,这是当前一种思潮的反映。这些同志讲这些话的时候,讲毛泽东思想的时候,就是不讲要实事求是,就是不讲要从实际出发。"他指出:"毛泽东思想最根本的最重要的东西就是实事求是。现在发生了一个问题,连实践是检验真理的标准都成了问题,简直是莫名其妙!"邓小平还说:"我放了一炮,提出要完整地准确地理解毛泽东思想,后来又加了一句毛泽东思想的体系。有人说我这个提法是同华主席唱对台戏,结果华主席用了我这个话,这些人不吭气了。还有知识分子的问题,也有人说我的讲话背离了毛泽东思想。这些事都不是孤立的。"①

1978年6月2日,全军政治工作会议举行闭幕会,邓小平在讲话中尖锐地指出:"我们也有一些同志天天讲毛泽东思想,却往往忘记、抛弃甚至反对毛泽东同志的实事求是、一切从实际出发、理论与实践相结合的这样一个马克思主义的根本观点,根本方法。不但如此,有的人还认为谁要是坚持实事求是,从实际出发,理论和实践相结合,谁就是犯了弥天大罪。"他强调:"马列主义、毛泽东思想的基本原则,我们任何时候都不能违背,这是毫无疑义的。但是,一定要和实际相结合,要分析研究实际情况,解决实际问题。"他号召人们"一定要肃清林彪、'四人帮'的流毒,拨乱反正,打破精神枷锁,使我们的思想来个大解放"。② 邓小平的这个讲话,虽未直接批驳"两个凡是",但字里行间渗透着对《实践是检验真理的唯一标准》一文观点的赞成和对坚持"两个凡是"者的批评。由于邓小平的支持,关于真理标准问题的讨论迅速走向深入。

1978年6月24日,在罗瑞卿的支持下,《解放军报》以"本报特约评论员"的名义发表了由中央党校吴江执笔的《马克思主义的一个最基本的原则》一文。在指导这篇文章修改时,罗瑞卿亲自动手查阅毛泽东的有关著作,要求文章做到"立论要稳,无懈可击"。该文针对"两个凡是"论者对真理标准问题的指责,着重阐述了理论与实践的关系,文章毫不客气地指出:一些人之所以

---

① 中共中央文献研究室编:《邓小平年谱(1975—1997)》(上),中央文献出版社2004年版,第319—321页。

② 《邓小平文选》第二卷,人民出版社1994年版,第114—119页。

坚持"两个凡是",拘泥于一些旧口号,"除了人们的思想往往落后于实际这一点以外,还因为有一部分人的利益或多或少地同这些旧口号联系在一起的缘故。这些人,他们口头上说的是担心某些旧口号、旧提法的修改会导致整个革命和整个理论的否定,实际上是害怕自己某种个人的东西会因此受到损害。"文章说:"究竟应该怎样对待马列主义、毛泽东思想,这确实不是一个小问题。这里涉及一个是真捍卫毛泽东思想还是假捍卫毛泽东思想的问题。""有的人甚至不准别人坚持实事求是,只要求躺在马列主义、毛泽东思想的现成条文上,照抄照转照搬,而不顾实际情况如何。甚至不允许讲实践是检验真理的标准,不允许讲冲破林彪、'四人帮'设置的'思想禁区',仿佛一讲实践标准,一旦冲垮那些'禁区',马列主义、毛泽东思想就会站不住,就会大祸临头似的。真是怪事!世界上哪里有这样的马列主义、毛泽东思想?"文章针对"砍旗"之说,指出:"马列主义、毛泽东思想的旗帜是砍不倒的。一切曾经企图砍倒它的狂人,包括林彪、'四人帮'在内,一个一个都自己倒下去了。我们有些同志为什么那样没有信心呢?如果马列主义、毛泽东思想真像这些同志所设想的那样虚弱,那样害怕与新的历史条件相结合,害怕实践,害怕砍倒,那个马列主义、毛泽东思想就决不是真马列主义、真毛泽东思想"①。这篇文章是继《实践是检验真理的唯一标准》之后,又一篇阐述实践标准问题的重要文章,也是第一篇全面批驳"两个凡是"坚持者观点的文章,极大地推动了真理标准问题讨论的深入开展。文章的理论性、针对性极强,发表后引起轰动效应,几"令'凡是'论者不能应战"②。

邓小平则通过多种方式继续给予这场讨论以有力支持。1978 年 7 月21 日,邓小平同张平化谈话,就真理标准问题的讨论,郑重提出:"不要再下禁令、设禁区了,不要再把刚刚开始的生动活泼的政治局面向后拉。"③7 月

---

①　《马克思主义的一个最基本的原则》,《解放军报》1978 年 6 月 24 日。
②　李庄:《人民日报风雨四十年》,人民日报出版社 1993 年版,第 325 页。
③　中共中央文献研究室编:《邓小平年谱(1975—1997)》(上),中央文献出版社 2004 年版,第 345 页。

22日,邓小平找胡耀邦谈话,明确支持真理标准问题讨论,指出:"《实践是检验真理的唯一标准》这篇文章是马克思主义的。争论不可避免,争得好。"①8月13日,在同吴冷西谈话时,邓小平又说:"实践是检验真理的唯一标准,是马克思主义的。实践标准那篇文章是对的,现在的主要问题是要解放思想。""不要从'两个凡是'出发,不要设禁区,要鼓励破除框框。"②8月19日,在听取中央宣传部第一副部长黄镇等汇报工作时,邓小平再次指出:"《实践是检验真理的唯一标准》这篇文章是马克思主义的,是驳不倒的,我是同意这篇文章的观点的,但有人反对,说是反毛主席的,帽子可大啦。""我们做事一定要从实际出发,实事求是,理论联系实际,要认真思考问题,提出问题,解决问题。毛主席没有讲过的话多得很呢。我们不要下通知,划禁区。"③9月,在东北、天津等地视察工作时,邓小平说:"有一种议论,叫做'两个凡是',不是很出名吗? 凡是毛泽东同志圈阅的文件都不能动,凡是毛泽东同志做过的、说过的都不能动。这是不是叫高举毛泽东思想的旗帜呢? 不是! 这样搞下去,要损害毛泽东思想。"④"我们要根据现在的国际国内条件,敢于思考问题,提出问题,解决问题。千万不要搞'禁区'。'禁区'的害处是使人们思想僵化,不敢根据自己的条件考虑问题。"⑤他指出:"由于林彪、'四人帮'的干扰破坏,这些年把一些人养成懒汉,写文章是前边摘语录,后边写口号,中间说点事。过去不能碰'禁区',谁独立思考就好像是同毛主席对着干。实际上毛主席是真正讲实事求是的。"⑥

---

① 中共中央文献研究室编:《邓小平年谱(1975—1997)》(上),中央文献出版社 2004 年版,第346页。

② 中共中央文献研究室编:《邓小平年谱(1975—1997)》(上),中央文献出版社 2004 年版,第357页。

③ 中共中央文献研究室编:《邓小平年谱(1975—1997)》(上),中央文献出版社 2004 年版,第359—360页。

④ 《邓小平文选》第二卷,人民出版社 1994 年版,第126—128页。

⑤ 中共中央文献研究室编:《邓小平年谱(1975—1997)》(上),中央文献出版社 2004 年版,第381—382页。

⑥ 中共中央文献研究室编:《邓小平年谱(1975—1997)》(上),中央文献出版社 2004 年版,第387页。

（四）真理标准问题大讨论促进全党思想大解放

在邓小平、胡耀邦、罗瑞卿等的强有力支持下，从 1978 年 6 月到 11 月，关于真理标准问题的讨论高潮涌起，全党范围内的大讨论局面逐步形成。这场大讨论促进了人们的思想大解放，为酝酿和决策改革开放做了思想上的重要准备。

1978 年 6 月 20 日、21 日，中国社会科学院哲学研究所和《哲学研究》编辑部，邀请首都部分哲学工作者和一些部门的实际工作者举行真理标准问题座谈会。参加座谈会的有中央党校、中国社会科学院、中国科学院、全国科协、北京大学、中国人民大学、北京师范大学、新华社、人民日报社、光明日报社等单位的六十余位同志。座谈中，发言者指出，检验真理的标准只能是社会实践。实践标准问题，实践第一的观点，是辩证唯物主义的认识论的基本观点。坚持实践观点，就是坚持马克思主义的思想路线；背离实践观点，就是背离马克思主义思想路线。7 月 7 日，《人民日报》和《光明日报》公开报道了这个座谈会的情况。

1978 年 7 月 5 日，中国科学院理论组和中国自然辩证法研究会联合召开"理论与实践关系讨论会"。参会者包括自然科学工作者和哲学工作者计两百余人。与会者以科学史和当代科学技术发展的大量事例，说明了当原有的自然科学理论同新的科学实验事实发生冲突时，科学是如何突破旧理论而创立新理论，同时又在实验中得到证实的，借以论证实践是检验真理的唯一标准的观点。于光远在发言中说：真理标准问题，不是纯粹的学术问题，是完成新时期总任务的关键性问题，这个问题不解决，就会南其辕而北其辙。吴江在发言中说：实践是检验真理的唯一标准，是个常识问题[1]，为什么会有争论？这里涉及一种思潮，一种政治思潮的问题。真理标准讨论的文章出来，有人看了不舒服，提出指责。我看也不怪他们，他也不是别有

---

[1] 在 1978 年 5 月 11 日《光明日报》刊发《实践是检验真理的唯一标准》一文之前，历年《人民日报》中使用的"实践是检验真理的唯一标准"的表述就已达 30 多次。

用心,这不代表他个人,而是代表一种思潮。有的同志很激动,说讨论真理标准问题,对"高举"不利。这个帽子较大。我说:你"高举",我也高举。第一,我不跟着你糊里糊涂去"高举",不用你的指挥棒;第二,究竟是谁高举,还要用实践来检验。十多年来,理论被林彪、"四人帮"搞得面目全非,我们有一个恢复本来面目的任务。①

1978 年 7 月 17 日至 24 日,中国社会科学院哲学研究所和《哲学研究》编辑部又邀请了全国各省、市、自治区的部分哲学理论工作者和实际工作者,在北京朝阳区委党校开会,继续讨论理论和实践问题。出席会议者共一百六十多人。中国社会科学院副院长邓力群、中国社会科学院顾问周扬分别在会议的开幕式和闭幕式上讲话。邓力群在讲话中说:"《光明日报》发表《实践是检验真理的唯一标准》以后,引起了一些议论。后来《解放军报》又发表了长篇文章,对前一篇文章的观点,进行进一步的阐述,对不赞成这篇文章的看法,进行了商讨和批评。我个人是完全同意这两篇文章的。说实在话,第一篇文章见报后,在没有听到不同意见时,我认为是一篇很普通的文章,并没有觉得发表了什么谁也没有讲过的新意见,听到不同意见以后,我才觉得,这篇文章的确起了好作用。"周扬在闭幕会上作长篇讲话,深入阐述了真理标准问题讨论的意义,指出:这"不仅是一个理论问题,而且是关系到思想路线、政治路线的问题,也是关系到党和国家的前途和命运的问题"②。这个讨论会是真理标准问题讨论开始后召开的第一次全国性的大型讨论会,规模大、规格高,会后,不少省市的代表回去作了传达,对在全国范围进一步开展真理标准问题讨论起了有力的推动作用。

在地方上,1978 年 6 月 25 日,中共甘肃省委召开甘肃省理论工作座谈会。6 月 27 日,中共甘肃省委宣传部和《甘肃日报》编辑部联合召开座谈

---

① 《科学要接受实践的检验——中国科学院理论组和自然辩证法研究会在京联合召开第二次理论讨论会,澄清"四人帮"在理论和实践关系问题上制造的混乱》,《人民日报》1978 年 7 月 10 日。

② 《坚持实事求是　一切从实际出发——社会科学院哲学研究所、〈哲学研究〉编辑部召开理论和实践问题讨论会》,《人民日报》1978 年 7 月 31 日。

会,座谈《光明日报》、《人民日报》、《解放军报》发表的阐述真理标准问题的几篇重要文章,讨论关于检验真理的标准问题。参加座谈会的有兰州大专院校、省委党校、兰州市委党校、部分厂矿企事业单位、兰州市委宣传部的有关负责人。座谈中,大家一致赞成"实践是检验真理的唯一标准"的基本观点。在这之后,到党的十一届三中全会召开之前,湖北、浙江、黑龙江、广东、四川、新疆、青海、辽宁、云南、河南、吉林、安徽、山西、江苏、上海、福建、西藏、陕西、山东、江西、天津、内蒙古 22 个省、市、自治区或其所属地区的党委宣传部门和理论工作者也先后召开了六十多次理论研讨会和座谈会,开展真理标准问题讨论。

在这场真理标准大讨论中,中央机关刊物《红旗》遵照汪东兴的"不介入"、"不卷入"原则,一直持消极抵制态度。11 月,邓小平对谭震林应约撰写又遭《红旗》拒登的《井冈山斗争的实践与毛泽东思想的发展》一文作出批示:"我看这篇文章好,至少没有错误。我改了一下,如《红旗》不愿登,可以送《人民日报》登。为什么《红旗》不卷入? 应该卷入。可以发表不同观点的文章。看来不卷入本身可能就是卷入。"①在邓小平的干预下,《红旗》杂志 1978 年第 12 期刊登了这篇文章,"不卷入"的方针最终被终结。

随着真理标准讨论的日趋深入,从 1978 年 6 月开始,全国各省、市、自治区和各大军区各军兵种主要负责人也相继发表讲话或文章,公开表明支持实践是检验真理的唯一标准的观点,从而推动这场讨论更广泛地在全国范围开展起来。

在地方领导中,首先公开讲到真理标准问题的,是中共甘肃省委第一书记宋平。早在 1978 年 4 月初,宋平在兰州高等院校领导干部的一次理论讨论会上就提出:"检验真理的标准只能是实践"。6 月 25 日,中共甘肃省委组织召开理论工作座谈会,宋平出席会议并讲话指出:"现在,理论宣传战线有些同志不敢抓理论工作,有些同志不愿意搞理论工作。这是由于'四

---

① 中共中央文献研究室编:《邓小平年谱(1975—1997)》(上),中央文献出版社 2004 年版,第 444 页。

人帮'的流毒和影响还没有肃清,心有余悸,思想不解放。打倒了'四人帮',要砸碎'四人帮'强加在我们身上的精神枷锁,大胆工作。"他要求"从事理论工作的同志,要跳出框框",对于重大理论问题,要"敢于探索,要破除清规戒律,做思想上的前卫战士,不要这个是禁区,那个也是禁区,不敢去研究"。宋平说:"路线是非是可知的。实践是检验真理的唯一标准。……搞社会科学研究的同志,一定要坚持唯物主义,坚持真理,当老实人。要拿出勇气来,追求真理。"①

1978年7月22日,新华社《内部参考》刊登了该社黑龙江分社记者孙铭惠的报道,介绍了中共黑龙江省委常委扩大会议在中共黑龙江省委第一书记杨易辰主持下讨论真理标准问题的情况。报道说:中共黑龙江省委最近召开常委扩大会议,学习毛主席《在扩大的中央工作会议上的讲话》,学习华主席、叶副主席、邓副主席在全军政治工作会议上的讲话,学习《人民日报》、《光明日报》、《解放军报》相继发表的《实践是检验真理的唯一标准》、《关于真理的标准问题》、《马克思主义的一个最基本的原则》等文章,认真地讨论了真理的标准和民主集中制两大问题。省委第一书记杨易辰在会议开始时即宣布:要解放思想,畅所欲言,不抓辫子,不戴帽子,不打棍子,这为开好这次会议打下了良好基础。参加会议者一致认为,"在粉碎'四人帮'后一年多的今天,解放思想仍然是一个现实问题,心有余悸仍然是前进路上的一个大障碍。……为什么心有余悸直到今天还是个大问题呢?根本原因是林彪、'四人帮'搞乱了理论,搞乱了路线,搞乱了人们的思想,又在党内外搞法西斯专政,搞白色恐怖,把人们整怕了。"讨论中大家认为,"坚持实践是检验真理的唯一标准,就可以辨别真伪,分清是非",现在我国进入了新的发展时期,有许多新情况、新问题需要认真研究解决。"如果因为本本上没有,就不去研究解决,那我们的革命和建设不就停滞了吗?""真理

---

① 《拨乱反正　正本清源　肃清流毒　理论工作者要在揭批"四人帮"第三战役中发挥更大作用——中共甘肃省委召开理论工作座谈会　宋平同志针对目前思想理论战线情况发表讲话》,《人民日报》1978年6月28日。

是在实践中发展的,我们只有坚持实践第一的观点,在实践中检验真理、发展真理,才能使马列主义、毛泽东思想永葆革命之青春。"①8 月 3 日新华社将这篇内参稿改为公开电讯播发全国。8 月 4 日,《人民日报》在头版头条用《黑龙江省委召开常委扩大会议联系实际敞开思想畅所欲言,讨论真理标准和民主集中制问题》的标题刊载了这篇报道,在全国引起很大反响。

此后,至 1978 年 12 月中共十一届三中全会召开前夕,新华社和《人民日报》又先后报道了中共新疆、福建、广东、辽宁、浙江、江西、河北、青海、内蒙古、宁夏、四川、湖北、天津、江苏、广西、贵州、山东、山西、上海、甘肃、吉林、云南、西藏、河南、陕西、湖南 26 个省、市、自治区党委负责人发表讲话、发表文章或主持会议支持真理标准讨论的情况。《解放军报》则相继报道了沈阳部队、福州部队、北京部队、昆明部队、广州部队、武汉部队、国防科工委、第二炮兵、工程兵、成都部队、装甲兵、新疆部队、铁道兵、济南部队等军队党委及高级干部在讨论中支持实践标准,同"两个凡是"划清界限的情况。

1978 年 8 月以后的几个月中,全国绝大多数省、市、自治区党委主要负责人和解放军各大军区、大单位负责人相继表态支持真理标准讨论,不同意"两个凡是",这一情况清楚地表明,在以邓小平为代表的老一辈革命家的支持和推动下,在各级党组织、广大干部和具有强烈历史责任感的理论工作者的共同努力下,1978 年秋季中国的政治生态发生了引人注目的重大变化,这就是:通过持续半年多的真理标准大讨论,过去一个时期曾经牢牢束缚广大干部群众思想和手脚的个人崇拜、教条主义的精神枷锁逐步被打破,要求恢复并坚持党的实事求是作风,进行彻底的拨乱反正以完全否定和抛弃过去"左"的一套的党内积极力量迅速发展壮大,并取得了压倒性的明显优势;而迷恋"文化大革命"极左路线,极力维护毛泽东晚年错误,思想僵化,故步自封,落后于时代进步潮流,顽固坚持"两个凡是"的力量,则日渐

① 《黑龙江省委召开常委扩大会议联系实际敞开思想畅所欲言　讨论真理标准和民主集中制问题》,《人民日报》1978 年 8 月 4 日。

式微,日益不得人心,陷入了空前的孤立。

这一力量消长和情势转换,意义十分重大:从根本上说,它是中国人民意志和意愿的体现,也是中国历史发展的必然趋势和要求。这一变化也预示着:1976 年 10 月粉碎"四人帮"以后两年来,中国社会在徘徊中艰难前进的历史即将结束,实现伟大历史转折,通过改革开放开辟中国特色社会主义发展新道路、开创中华民族伟大复兴新征程的思想、政治和组织条件已基本具备。

二、大规模出国考察带来的冲击和震撼

(一) 打破闭关自守,"实行'拿来主义'"成为共识

鉴于"文化大革命"结束后中国经济异常严峻的形势,关于打破闭关自守状态,大胆学习借鉴外国先进技术和经验,利用外资外智,通过对外开放加快社会主义建设步伐的思想,还在揭批"四人帮"之时,就被重申并进一步提出来了,并成为包括邓小平、李先念、华国锋等在内的中央领导层的共识。

1976 年 11 月 16 日,轻工业部大批判组在《人民日报》发表文章,批判"四人帮"对独立自主、自力更生方针的歪曲,提出:"我们强调自力更生,把方针放在自己力量的基点上,并不是提倡闭关自守,而是对外国的好经验、先进的科学技术都要学习,都要吸收过来为我所用"。"各个国家、各个民族,都有它自己的长处和特点,相互之间总是有交流和补充,有借鉴和创新,有继承和发展,有肯定和否定。翻开世界的科学思想史和技术发展史,到现在还没有看到有哪个国家、哪个民族垄断过一切科学技术的发明权。那种认为凡是引进先进技术就是'洋奴哲学',就是'爬行主义',实际上是主张'闭关自守'。这是对人类文明史的愚妄无知,是对独立自主、自力更生方针的恶意歪曲。"

1977 年 3 月,在"文化大革命"结束后召开的第一次中央工作会议上,李先念提出,为了加快社会主义建设,必须破除"四人帮"对所谓"洋奴哲学"的批判,大胆引进一些新技术和新设备,进口一些我们短缺的原材料。同年 3 月 30 日,中央政治局批转的国家计委《关于 1977 年国民经济计划几个问题的汇报提纲》,针对当时经济领域存在的思想混乱,尖锐地提出了要不要坚持党的领导、要不要搞好生产、要不要规章制度、要不要社会主义积累、要不要实行各尽所能按劳分配的原则、要不要引进新技术、要不要坚持计划经济等"十个要不要"的问题。在关于要不要引进新技术问题中,《汇报提纲》非常肯定地回答:有计划有重点地引进先进技术,洋为中用,这样有利于增强我国的能力,加快社会主义建设的步伐。善于学习前人的好经验,吸取外国的长处,这是后来居上的一个重要因素。闭关自守,拒绝学习外国的好东西,什么都要从头摸索起,那就会放慢我们一些工业技术的发展,那也是爬行主义。[1] 华国锋也说:"我们搞四个现代化,要坚持独立自主、自力更生,同时学习外国的先进经验。"[2]1978 年 2 月,在五届人大一次会议《政府工作报告》中,华国锋指出:"要高速度发展国民经济,必须打破常规,尽量采用先进技术……各地区、各部门都要了解国内外的技术发展状况,制定采用和推广新技术的计划和措施,努力学习国内和世界上的先进科学技术,决不能因循守旧,故步自封。"当年 9 月召开的全国计划会议进一步要求经济战线必须实行"三个转变",其中之一就是要"从那种不同资本主义国家进行经济技术交流的闭关自守或半闭关自守状态,转到积极地引进国外先进技术,利用国外资金,大胆地进入国际市场"上来,在对外开放中搞经济建设。

邓小平也多次强调,中国发展的起点,应该建立在大量学习和吸收世界上最先进的科学技术成果的基础上。1977 年 7 月正式复出后不久,他在同

---

①　中共中央文献研究室编:《邓小平年谱(1975—1997)》(上),中央文献出版社 2004 年版,第 267 页。

②　房维中:《在风浪中前进——中国发展与改革编年纪事》第一分册,2004 年 11 月初稿,未刊,第 118 页。

中共长沙工学院临时委员会主要负责人谈话时说:"我们国家60年代和国际上差距还比较小,70年代差距就比较大了。要学习外国的先进技术。"他提出:"你们可以花钱把外国技术资料买来,编到教材中去,也可以派留学生去学,还可以请外国技术专家来教。只有学到手了才能发展,才能赶超世界先进水平。'四人帮'不准这样做,他们开'帽子公司'、'棍子公司'、'钢铁公司'。现在到20世纪末只有23年了,你们要大胆干,绝对不会打你们的棍子。"①1977年9月29日,在会见英籍华人作家韩素音时,邓小平说:"1975年我曾讲过,同日本相比我国落后了50年。那时我老想抓科研,结果不仅没有抓上去,反而我自己被抓下去了……中国人是聪明的,再加上不搞关门主义,不搞闭关自守,把世界上最先进的科研成果作为我们的起点,洋为中用,吸收外国好的东西,先学会它们,再在这个基础上创新,那末,我们就是有希望的。"②同日,在会见到北京参加中华人民共和国成立28周年庆祝活动的华侨、华人、台港澳同胞旅行团部分成员时,邓小平又说:我们要把因"四人帮"破坏而损失的时间抢回来,我们要承认落后,不要怕丑。"最近我跟外国人谈话都是讲这些话,有些外国朋友觉得惊奇。这有什么惊奇?承认落后就有希望,道理很简单,起码有个好的愿望,就是要干,想出好方针、政策和办法来干。世界上最先进的成果都要学习,引进来作为基础,不管那些'洋奴哲学'的帽子。我们实行'拿来主义'。搞建设,单有雄心壮志不够,没有具体政策、具体措施,就像氢气球一样,一吹就破了。"③具体政策和措施之一,就是抓紧时机引进消化外国先进的东西。1978年2月9日,在出席中央政治局讨论《政府工作报告(草稿)》经济部分会议时,邓小平指出:引进先进技术,我们要注重提高,"这是一项大的建设";"引进技术的谈

① 中共中央文献研究室编:《邓小平年谱(1975—1997)》(上),中央文献出版社2004年版,第164页。

② 中共中央文献研究室编:《邓小平年谱(1975—1997)》(上),中央文献出版社2004年版,第210页。

③ 中共中央文献研究室编:《邓小平年谱(1975—1997)》(上),中央文献出版社2004年版,第211页。

判,要抢时间,要加快速度"。对欧洲共同市场,"也要迅速派人去进行技术考察";"对于共同市场,对于日本、美国,要专门成立一个班子,不干别的事,集中力量,专门研究。要注意国际动态,现在是对我们最有利的时机。总之,要抓紧时间,多争取一年时间都合算。"4 月 19 日,在中央政治局会议讨论《今后八年发展对外贸易,增加外汇收入的规划要点》时,邓小平又插话强调:扩大进出口贸易,现在的问题是如何做得快一些好一些,"政策上大胆一点,抢时间进口设备,是划得来的,问题是要善于去做。目前的时机是有利的。粉碎'四人帮'以后,思想解放了,可以拿资本主义国家行之有效的办法为我们所用。要想一想,现在思想解放得够不够,到底还有什么障碍,看看上层建筑、生产技术方面存在什么问题。有些事情不能总在北京转圈子,一拖就一两年,要尽快研究解决。广东搞出口基地,要进口饲料,应该支持,试一试嘛。"①

（二）出国考察热的掀起及带来的巨大思想震撼

要学习外国首先要了解外国。1977 年 7 月 26 日国家计委在向中央政治局提交的关于引进的报告中,首次提出要"认真组织好出国考察工作"②。华国锋也表示:"要学习外国,就得出去考察了解……看看国外有什么好东西,看看资本主义的弱点,联系自己作为借鉴。"③华国锋还说,中央提出了十年规划、二十三年设想,但"现在有个问题,高干思想跟不上,怎么办? 多出国,多考察……我们是坐井观天,夜郎自大。中国不仅是毛泽东思想的故乡,也是夜郎自大的故乡"④。克服"坐井观天"、"夜郎自大,就要

---

①　中共中央文献研究室编:《邓小平年谱(1975—1997)》(上),中央文献出版社 2004 年版,第 298 页。

②　房维中:《在风浪中前进——中国发展与改革编年纪事》第一分册,2004 年 11 月初稿,未刊,第 33 页。

③　房维中:《在风浪中前进——中国发展与改革编年纪事》第一分册,2004 年 11 月初稿,未刊,第 118 页。

④　华国锋同胡耀邦、谭启龙的谈话(1978 年 7 月 4 日),引自韩钢:《关于华国锋的若干史实》,《炎黄春秋》2011 年第 2 期。

出去看看"①。从 1977 年下半年起,国务院即安排各部委派团出国访问考察:轻工部派人去美国、联邦德国(西德)、日本、英国考察;地质部派人去法国、西德考察;农业部派人去意大利、法国、英国、丹麦、日本考察;冶金部派人去日本、美国、加拿大和西欧考察;石油部派人去美国、日本考察;国家经委派人去英国、法国、日本考察等。1977 年 11 月全国计划会议期间,李先念让国家计委副主任袁宝华到英、法访问,说:"你做经济工作的,长期关在国内不行,你得出去看看,看看人家怎么干的。"袁宝华回国后向华国锋、李先念汇报了出访情况,李先念又让他带团到日本考察,"日本的竞争更快"。②

到了 1978 年,全国掀起了一股声势更大的出国考察热潮。

据国务院港澳办公室统计,仅从 1978 年 1 月至 11 月底,经香港出国和去港考察的人员就有 529 批,共 3213 人③。重要的考察团有:3—4 月,以林乎加为团长的中国赴日经济代表团,考察战后日本经济发展的经验;以李一氓为团长,于光远、乔石为副团长的中共中央代表团访问南斯拉夫;4—5 月,以段云为组长的港澳经贸考察组,实地调研香港、澳门经贸发展情况;5—6 月,谷牧带领中国经济代表团访问法国、瑞士、比利时、丹麦、西德等西欧五国。其他考察团还有:4—6 月,中国农业机械化代表团访问意大利、法国、英国和丹麦;5—6 月,中国农业代表团和中国基本建设代表团先后访问日本;7—9 月,中国农业代表团访问美国;8 月,中国林业代表团访问奥地利、罗马尼亚;8—9 月,中国农业代表团访问罗马尼亚、西德、法国、加拿大;9—10 月,中国财经代表团访问南斯拉夫、罗马尼亚,中国农业代表团访问日本;10—12 月,袁宝华率国家经委代表团赴日本考察企业管理;11 月,国

---

① 房维中:《在风浪中前进——中国发展与改革编年纪事》第一分册,2004 年 11 月初稿,未刊,第 128 页。

② 《李先念传(1949—1992)》(下),中央文献出版社 2009 年版,第 1048 页。

③ 《国务院批转港澳办公室关于加强去港澳考察工作计划性的请示》,见《国务院文件》,国发〔1979〕61 号。

家计委代表团访问南斯拉夫;等等。这些代表团中,以谷牧率领的西欧五国考察团规格最高,也最引人注目。代表团成员包括水电部部长钱正英、农业部副部长张根生、国家建委副主任彭敏、北京市副市长叶林、广东省副省长王全国、山东省副省长杨波等三十多人。

这些代表团在国外都看到了什么,有怎样的观察和感受呢?

第一个强烈印象是:没有想到当代世界现代化会发展到如此程度,中国与发达国家之间的发展差距会如此之大。以林乎加为团长的赴日经济代表团,1978 年 3 月 28 日出国,4 月 22 日回国,访问了东京、大阪等地。在日本他们看到:日本工厂的生产过程高度自动化,劳动生产率很高。如丰田汽车厂有职工 4.3 万人,加上直接协作的工厂,不过 15 万人,年产汽车却高达 270 万辆,而当时中国最先进的长春第一汽车制造厂年产汽车只有 6 万辆。丰田的内燃机工厂,实现完全自动化,生产 20 种发动机,年产 240 万台,工作实行两班制,每班工人只有 46 人。新日铁君津钢铁厂,职工不到 1 万人,年产粗钢 1000 万吨,一座 4000 立方米的大高炉,一班只有 4 人。自 1960 年到 1976 年,日本总的劳动生产率提高了 3 倍。[①] 西欧五国考察团 1978 年 5 月 2 日出发,6 月 6 日回国,历时 36 天,一共访问了西欧五国 25 个主要城市,参观了八十多个工厂、矿山、港口、农场、大学及科研单位。欧洲经济的自动化、现代化、高效率,给考察团留下了深刻印象。五国工业设备技术先进,不仅大型技术复杂的工厂,如原子能发电站、汽车制造厂、机场和地铁等,普遍使用电子计算机操作,劳动生产率比我国高得多。他们看到:西德一个年产 5000 万吨褐煤的露天煤矿只用 2000 工人,而中国生产相同数量的煤需要 16 万工人,相差 80 倍;瑞士伯尔尼公司一个低水头水力发电站,装机容量 2.5 万千瓦,职工只有 12 人。我国江西省江口水电站,当时装机 2.6 万千瓦,职工却有 298 人,高出二十多倍。法国马赛索尔梅尔钢厂年产 350 万吨钢只需 7000 工人,而中国武钢年产钢 230 万吨,却需要 67000 工

---

① 房维中:《在风浪中前进——中国发展与改革编年纪事》第一分册,2004 年 11 月初稿,未刊,第 104 页。

人,相差 14.5 倍。法国戴高乐机场,一分钟起落一架飞机,一小时起落 60 架;法国的地铁,那么复杂的系统,到它们的控制中心一看,地铁运行情况清清楚楚,每个站台,卖票都是自动化。高速公路纵横交错,整个欧洲连成一片。[①] 农业也是科技型、集约化的,从耕地、播种、施肥、除草,直到收割、加工,全部实现机械化;家畜、家禽饲养也逐步机械化、自动化,基本上消灭了手工劳动。法国农业人口只占全国总人口的 10.6%,生产的粮食除供应国内消费外,1976 年净出口谷物 1255 万吨。丹麦的农业劳动生产率最高,有耕地 4300 万亩,农业劳动力只有 13 万人,占全国总劳动力的 6%,生产的粮食、牛奶、猪肉、牛肉,可供 3 个丹麦人口的需要。西德 350 户农民有一个科技顾问,专门负责指导种什么,怎么个种法。瑞士政府则规定:农场主不能随便把自己的农场交给儿子经营,需受过高等教育,并拿到相关学科证书,还要在别的农场做工 3 年,才有资格继承父亲的农场。谷牧回国后,应邀到中央党校等单位作报告,大发感慨。他说:"过去,'四人帮'搞闭关锁国,夜郎自大,吹嘘什么都是'天下第一',什么都是我们的好,走出国门一看,完全不是那么回事!"广东省副省长王全国,是代表团成员之一,20 年后提及这次出访,仍然激动不已。他说:"那一个多月的考察,让我们大开眼界,思想豁然开朗,所见所闻震撼每一个人的心,可以说我们很受刺激!闭关自守,总以为自己是世界强国,动不动就支援第三世界,总认为资本主义腐朽没落,可走出国门一看,完全不是那么回事,你中国属于世界落后的那三分之二!"[②]

第二个强烈印象是,西欧、日本这些国家老百姓的生活水平比我们高出很多。西欧五国工人的工资都相当高,城市住房人均达 20—30 平方米,农民的生活水平同工人相差无几。访问日本的人介绍:1950 年前后,日本国民生

① 宋晓明、刘蔚主编:《追寻 1978——中国改革开放纪元访谈录》,福建教育出版社 1998 年版,第 543 页。
② 宋晓明、刘蔚主编:《追寻 1978——中国改革开放纪元访谈录》,福建教育出版社 1998 年版,第 558 页。

活非常困难,仅可满足温饱,有大米饭、咸菜、大酱汤,就很不错了。但从 1955 年到 1976 年,日本国民生产总值 22 年中增长了 4.8 倍,1978 年达到近 1 万亿美元,仅次于美国,居世界第二位。日本工人平均实际收入,1955 年到 1976 年增长 2.1 倍,扣除物价上涨的因素,平均每人每年增长 6%。随着经济的高速发展和工资收入的增加,国民生活有了很大改善。普通工人家庭一般都有四五十平方米的住宅,全国平均每两户有一辆汽车,95% 的家庭有电视机、电冰箱、洗衣机、电唱机、吸尘器、电器炊具等耐用消费品。农民的物质生活同城市工人没有多大差别,一般都穿毛料子,服装样式很多。访问中看到的一家属于日本当地中上等的农户,9 口人,4 个劳动力,33 亩地,全年收入 1150 万日元,合人民币约 10 万元,家中有 3 部小汽车、3 辆摩托车和全套的农业机械——这些农业机械,一年的收入即可买齐;有两套沙发,三代人各有一部电视机,还有一些其他耐用消费品。即使生活最差的农民一年也有 150 万日元收入。而当时的中国,农村还有 2.5 亿人食不果腹,没有解决温饱问题,城市职工二十多年没涨工资,城市人均住房面积只有 3.6 平方米,电视机、电冰箱等电器很多人连见都没有见过;大多数家庭苦苦追求的目标还停留在“三转一响”上。日本东京一些百货商店商品多达 50 万种,而北京王府井百货公司仅有 2.2 万种,“相比之下,实在觉得我们很寒碜”①。大家的一个共同感受是:比比人家,我们真是太落后了,我们党再不调整政策,另寻出路,奋起直追,真是愧对人民、愧对民族、愧对时代了!

第三个强烈印象是:欧洲、日本等国在发展经济上的很多理念先进,做法超前,值得中国学习。比如,重视环境保护。日本 20 世纪 60 年代大建工厂,造成的环境污染问题严重。在各方压力下,日本政府自 1967 年起陆续制定防治公害法律条例,采取严格措施,搞好环境保护,防止污染。经多年治理,赴日经济代表团看到的日本大钢铁厂,厂区都很干净,废气、废水都做了处理。东京、大阪等城市基本上解决了空气污染,街道上汽车噪声极少,从高楼上四

---

① 邓力群:《日本经济情况》,《经济研究参考资料》第 45 期,1979 年 3 月 21 日。

望,已看不到烟雾弥漫现象。联邦德国的一个露天煤矿,随开采随回填造林,整个矿区郁郁葱葱,除正在开采的工作面外,全有森林覆盖。比如,重视科学技术。西欧五国团考察中发现,欧洲国家所以能在一二十年时间内实现国民经济的现代化,科学技术起了关键作用。它们的做法是:政府和大企业都设立专门科研机构,投入大量研究经费;都积极从别的国家引进先进技术和专利;都非常注重职业教育和技术培训,提高管理技能。欧洲经济的现代化,实际上是一次新的科技工业革命,中国也必须进行这样的革命。① 日本经济高速度发展的原动力也在于重视科学技术。再如,重视产品质量。就日本而言,战前日本货质量并不好,战后日本大量派人出国考察,认识到靠生产大路货无法在国际市场上竞争。为提高产品质量,日本政府和企业花了很大功夫,制定了质量管理立法和一整套严格的规章制度。日本的每种工业产品都有质量保证书,在一定时期内对用户负责到底。又如,工作效率高,时间观念强,情报发达,消息灵通。日本企业生产流通环节紧密联系,一环扣一环,办事手续简便,说干就干。企业负责人精通业务,不论大厂小厂,不但了解本企业的生产、经营和技术情况,而且通晓国外同行的基本情况和动态。产品花色品种丰富多彩,工厂生产注意用户的需要和市场的变化,顾客需要什么式样、品质的商品,企业就生产什么,有随机应变的极大灵活性。②

各考察团回国后,都通过口头汇报或书面报告形式,把他们出访的观感和建议,向党中央和国务院领导吹风通气。1978 年 6 月 1 日、3 日、30 日,华国锋三次主持中央政治局会议,分别听取赴日经济代表团、港澳经贸考察组和西欧五国团的汇报。6 月 1 日,赴日经济代表团汇报,谈了日本经济"为什么能在一二十年间取得这样飞跃的进展"的 3 个关键"窍门":"第一,大胆引进新技术,把世界上的先进东西拿到自己手上"。自 1950 年至 1975年,日本共引进外国技术 2.6 万项,花费 58 亿美元。日本的原则是,谁先进

① 《谷牧回忆录》,中央文献出版社 2009 年版,第 301 页。
② 房维中:《在风浪中前进——中国发展与改革编年纪事》第一分册,2004 年 11 月初稿,未刊,第 105 页。

就引进谁的,兼采世界各国之长。引进技术后,迅速加以吸收、消化、革新、创造,广泛应用,并逐步出口。由于引进新技术,日本节省了大量的摸索时间和研究经费,使许多产品由落后状态一跃而达到了世界先进水平。"第二,充分利用国外资金"。日本企业的自有资金一般比重很小,资本家为了发展生产,不惜付出较高的利息从国外贷款。"第三,大力发展教育事业和科学研究,培养科技人才"。日本每个企业都有一个相当规模的产品设计和研究机构,人员一般占到全厂职工的 15%—20%,从事新技术的开发、新产品的试制和实验研究工作,从中取得新的技术成果。赴日代表团提出,"日本采取'拿来主义',后来居上,我们在技术上也采取'拿来主义',把世界最先进的技术拿过来,以七十年代的水平作为我们的起点。"①港澳经贸考察组汇报了香港、澳门经济发展情况,提出要"千方百计夺回我在港澳市场的优势地位,切实把宝安、珠海两个基地建设好",并提出了把宝安、珠海两县改为两个省辖市,"实行某些特殊管理办法",以及"利用港澳大力发展对外加工装配业务"等建议。听取以上两个汇报后,华国锋讲话说:"这次组织人出去,考察是认真的,考察以后起了一些好的作用。首先,同志们思想开阔了。接触到的一些问题,对我们有启发。这个方法,已经用了,今后还要用。省市委书记,管工业的、管农业的、管财贸的,也要有机会出去。还有一些工厂企业的领导,也可以出去。""总的意见,参观以后,看准了的东西,就要动手去干,不要议而不决、决而不行……不要参观回来热闹一气、汇报一气就过去了。要抓落实,切实见成效。""用外汇进口新技术,可以加一些;利用外资,胆子也要大一些"。邓小平说:要"下个大决心,不要怕欠账","林乎加同志说得对,只要有产品,就没有危险,就不怕还不上钱。抢回一年时间,就补偿有余。思想要解放。"②

---

① 房维中:《在风浪中前进——中国发展与改革编年纪事》第一分册,2004 年 11 月初稿,未刊,第 107 页。

② 房维中:《在风浪中前进——中国发展与改革编年纪事》第一分册,2004 年 11 月初稿,未刊,第 120 页。

西欧五国团汇报是 1978 年 6 月 30 日下午 3 点半开始的,一直进行到晚上 11 点结束,近 8 个小时。听取汇报的有华国锋、叶剑英、李先念、乌兰夫、纪登奎、苏振华、吴德、陈锡联、聂荣臻、陈慕华等政治局委员和王震、康世恩副总理。对这次汇报,谷牧回忆说:"我回来后,政治局召开扩大会议,所有的老同志都到了。特别几位老帅,听说我出国,谈欧洲的情况,都来了。我开口就讲:你们都说资本主义处于崩溃的边沿,没有多久就灭亡了。我看资本主义不但比封建主义生产力发展得快,而且现在也没有到达崩溃的边沿。资本主义所以能有今天的情况,有很多具体的经验值得我们参考。几位老帅讲,所有人回来都说资本主义腐朽没落,只有谷牧敢讲资本主义如何如何,我说我说老实话,欢迎批评。"①谷牧在汇报中着重讲了三点:一是第二次世界大战后,欧洲资本主义国家的经济确实得到了前所未有的大发展,尤其是科学技术日新月异,电子技术广泛应用,劳动生产率大大提高。和这些国家相比,我国大大落后了,形势咄咄逼人。这些国家的经济运行机制、政府对经济的调控和对社会矛盾的处理,有很多值得我们学习和借鉴的地方。二是这些国家大都对华友好,由于资金过剩,技术要找市场,商品要找销路,因此都非常重视与中国发展经济贸易交往。只要我们做好工作,许多事情可以办成。三是在发展对外经济交往中,有许多国际上通行的办法,如卖方信贷、买方信贷、补偿贸易、中外合作生产、吸收外国直接投资等等,我们都可以选择采用,以加速我国的现代化建设。

听了汇报,与会者纷纷发表意见。叶剑英说:"资本主义国家的现代化是一面镜子,可用来照照自己是什么情况,没有比较不行。出国考察,就是照镜子,解决我们自己的问题","我们同西欧几十年没打过仗,没债可还。我国引进技术,重点在西欧。"李先念说:"要利用西欧这个力量,把先进的东西搞过来"。聂荣臻也说:"这次调查比较全面,可以说都看了。引进什么,从哪个国家进,应该拍板了!"主持汇报会的华国锋说:"今年上半年,提

---

① 《南方的怀念:再道一声"小平您好"》,《南方日报》2004 年 8 月 9 日。

出了派人出去看看。去年年底、今年上半年出去了很多人。看来出外参观考察，是个很好的调查研究，开开眼界。""不抓七十年代的东西不行。我们太落后了，五亿吨煤，用二百六十万人。美国七亿吨煤用了多少人？十九万人。承认落后，不甘心落后。前一段我提出党内要克服骄傲自满情绪。我从朝鲜回来，路过本溪，感到这个问题很突出。本溪的同志净讲形势大好，说是大庆式企业了，自满得厉害。……知道落后，差得很，不然就自满了。""出去的同志回来后，自信心更强了。原来认为二十三年很快就过去了，一考察，日本搞现代化只有十三年，德国、丹麦也是几十年。今年我们起步是三千万吨钢，日本起步时只有两千二百万吨钢。我们有优越的社会主义制度，有九亿人口，资源丰富，有正反两个方面经验，只要路线、方针、政策正确，安定团结，调动各方面积极因素，可以赶上去。"①这次汇报后不久，邓小平约谷牧谈话，详细听取了关于出访欧洲五国的汇报，着重强调了三点："一、引进这件事要做；二、下决心向国外借点钱搞建设；三、要尽快争取时间。"②

1978 年 6 月 23 日，邓小平会见即将离任的罗马尼亚驻华大使格夫里列斯库，在谈到大规模出访考察时说："洋为中用是自力更生的一个重要内容"。"我们派了许多代表团到欧洲和日本去考察，发现我们可以利用的东西很多，许多国家都愿意向我们提供资金和技术，条件也不苛刻，从政治、经济角度对我们都有利，为什么不干呢？国际条件有利，国内条件也有利，只要下决心干，就可以加快建设速度。"③9 月 4 日，在会见张澈为团长的朝鲜国立交响乐团时，邓小平说："'四人帮'破坏带来的后果，要靠我们努力做工作去纠正……现在大量吸收国际先进技术，也利用它们的资金。这没有危险，本身不会损害我们的社会主义制度，只能为我们的社会主义制度服

---

①　房维中：《在风浪中前进——中国发展与改革编年纪事》第一分册，2004 年 11 月初稿，未刊，第 128 页。

②　中共中央文献研究室编：《回忆邓小平》（上），中央文献出版社 1998 年版，第 156 页。

③　中共中央文献研究室编：《邓小平年谱（1975—1997）》（上），中央文献出版社 2004 年版，第 329 页。

务。""到国外参观后,发现我们差得太远了。现在确实要学习,而且要善于学习。比如科研方面,有很多课题需要研究。关起门来不行。把世界上的先进成果作为我们发展的起点,这才不会把我们实现四个现代化的目标变成空话。"①9 月 12 日,在朝鲜同金日成会谈时,邓小平进一步讲到了由这些出访带来的巨大思想震撼,他说:"我们一定要以国际上先进的技术作为我们搞现代化的出发点。最近我们的同志出去看了一下,越看越感到我们落后。什么叫现代化? 50 年代一个样,60 年代不一样了,70 年代就更不一样了。"②10 月 10 日,在会见格奥尔格·内格韦尔为团长的德意志联邦共和国新闻代表团,邓小平再次指出:"中国在历史上对世界有过贡献,但是长期停滞,发展很慢。现在是我们向世界各国学习的时候了。我们过去有一段时间,向外国学习先进的科学技术被叫做'崇洋媚外'。现在大家明白了,这是一种蠢话。我们派了不少人出去看看,使更多的人知道世界是什么面貌。关起门来,固步自封,夜郎自大,是发达不起来的。……要实现四个现代化,就要善于学习,大量取得国际上的帮助。要引进国际上的先进技术、先进装备,作为我们发展的起点。"③

(三) 邓小平亲自出访所感:"我们现在很需要跑!"

粉碎"四人帮"以后,中国改变了"文化大革命"期间党政领导人很少出访的状况,高层出访活动迅速增加。仅 1978 年——以出访时间为序——就有邓颖超、邓小平、李先念、陈慕华、谷牧、华国锋、姬鹏飞、耿飚、方毅、汪东兴、王震、乌兰夫 12 位副总理和副委员长及以上级别的领导人二十多次出访,访问了包括发达国家、新兴发达国家和发展中国家在内的

---

① 中共中央文献研究室编:《邓小平年谱(1975—1997)》(上),中央文献出版社 2004 年版,第 368—369 页。

② 中共中央文献研究室编:《邓小平年谱(1975—1997)》(上),中央文献出版社 2004 年版,第 372—373 页。

③ 中共中央文献研究室编:《邓小平年谱(1975—1997)》(上),中央文献出版社 2004 年版,第 398—399 页。

五十多个国家。这些出访的目的,有的带有外交"还债"的性质;也有的主要是为了开阔眼界,了解西方资本主义国家第二次世界大战后的现代化状况;还有的是为了取长补短,学习借鉴其他社会主义国家发展经济的好经验和有益做法。

1978 年 8 月 15 日至 29 日,华国锋访问罗马尼亚、南斯拉夫。这是自 1957 年以来中国最高领导人第一次出国访问。访问中,华国锋了解到:罗马尼亚、南斯拉夫同中国的同类工厂、企业相比,其规模、设备都不如中国,但效率却比中国高很多,企业还挤出一部分产品出口换外汇,而中国的企业权力太小,自己关门搞建设,既不引进外国先进技术,又由国家垄断出口,企业产品不能进入国际市场去接受外国消费者对产品质量的裁判。印象最深的是南斯拉夫首都贝尔格莱德的农工联合企业(当时译为"背靠背"企业),不仅搞农、牧、畜业,还搞加工,还有自己的销售网点。华国锋要随同访问的中央政治局候补委员、四川省委第一书记赵紫阳在四川也搞一个这样的"背靠背"企业,北京搞它几个。南斯拉夫和罗马尼亚的对外经济合作完全开放,搞补偿贸易,吸收外国投资,进行合作经营、生产协作等等,并没有损害国家主权。南斯拉夫认为,吸收外国贷款有利,因为利率低,归还期限长。华国锋说:看来我们吸收外国贷款"似无不可"。华国锋认为,这次访问很大的成果,是开阔了眼界,有助于解放思想,找到了在经济建设方面的差距,我们要争取时间赶上去。还说:我赞成省委书记们出去多看看。此后,从中央到地方,国内又出现了一次访问南斯拉夫的高潮。①

1978 年 11 月 6 日至 17 日,国务院副总理王震出访英国,对英国经济和社会生活进行了较全面考察。出访之前,王震对于英国资本主义制度的认识大部分来自马克思的著作,一度以为自己会在伦敦看到贫民窟以及贫穷与剥削。然而出乎意料的是,他在英国了解到:英国大部分工人、职员、知识分子、小资产阶级、约占全国人口百分之七十的普通百姓,都拥有在中国人

①　朱良:《铁托与华国锋互访——对改革开放带来启迪的外事活动》,《炎黄春秋》2008 年第 8 期。

看来相当阔绰的私人住宅和家用轿车,每年都可以度假出国旅游;在一个失业工人家庭访问时,发现这位工人住着一栋一百多平方米的两层楼房,有餐厅、客厅,有沙发、电视机,装饰柜子里珍藏着银器,房后还有一个约 50 平方米的小花园。由于失业,他可以不纳税,享受免费医疗,子女免费接受义务教育。对此,王震大发感慨:"我看英国搞得不错,物质极大丰富,三大差别基本消灭,社会公正、社会福利也受重视,如果加上共产党执政,英国就是我们理想中的共产主义社会。"①

1978 年,邓小平也多次出访,到了 7 个国家。其中,在日本和新加坡的访问,给他留下了极为深刻的印象。

1978 年 10 月 22 日至 29 日,邓小平访问日本。这是新中国成立以来中国国家领导人第一次访问日本。访问期间,邓小平先后参观了日产汽车公司、君津钢铁厂、松下电器产业公司等大型现代化企业,通过比较,对中日之间经济和技术的巨大差距有了切身感受。当乘坐新干线"光—81号"超特快列车,以每小时 210 公里的速度从东京去京都访问途中,他应日本记者之请谈了对乘坐新干线的感受,说:"就像推着我们跑一样,我们现在很需要跑!"②在出席有四百多名日本记者和各国驻日本记者参加的记者招待会上,邓小平回答了关于中日关系问题的提问,指出:"中日双方在经济方面合作的余地很大。我们向日本学习的地方很多,也会借助于日本的科学技术甚至于资金。我们之间已经签订了一个长期贸易协议。但只有这一个还不够。那是 200 亿美元,还要加一倍至两倍。"③同年 11 月 14 日,在谈及这次访日情况时,邓小平说:"在日本访问时,我们到处讲穷……本来长得很丑,为什么要装美人呢?""北京在前门一带建了 30 栋房子,外面好看,里面就不行了。可派人出来看看,学人家是怎么

---

① 于日:《旅英十年——重新认识资本主义》,《陈独秀研究动态》2002 年第 3、4 期,转引自《吴江文稿》(上),中央编译出版社 2009 年版,第 291 页。
② 《邓副总理离东京抵京都友好访问》,《人民日报》1978 年 10 月 27 日。
③ 《邓副总理在东京记者招待会上答记者问》,《人民日报》1978 年 10 月 26 日。

搞的。大家要开动脑筋,有的人总认为自己好。要比就要跟国际上比,不要与国内的比。"①

1978 年 11 月 12 日至 14 日,邓小平访问新加坡。新加坡面积 587 平方公里,相当于上海的 1/10;当时人口 230 万,相当于上海的 1/5,几乎没有任何自然资源。但是新加坡自 1965 年独立建国后,利用自身独特的地理位置,大力发展对外贸易,尤其注重引进外国资本和先进技术,迅速实现了经济起飞。1977 年工业总产值达到 80 亿美元,是 1967 年的 7.2 倍。新加坡经济高速发展,成为"亚洲四小龙"之一,引起了世界瞩目。访问期间,邓小平与李光耀进行了两次会谈,邓小平表示:这次来访一个主要目的就是"想请你们介绍新加坡经济发展经验和方针政策"②。李光耀详细介绍了新加坡经济发展过程、对外开放政策以及吸引外资等各项措施。访问时,邓小平多次称赞新加坡的经济发展成就。在后来指导中国改革开放的过程中,他又多次以新加坡为例,提出要学习借鉴新加坡经验:"它们都能把经济发展得那么快,我们难道就不能吗?"③

访问新加坡后 3 个月,1979 年初,邓小平又到美国访问,先后参观了福特汽车厂、约翰逊航天中心、休斯公司、波音公司等大型现代化公司企业,美国社会高度现代化的"冲击力",再次给邓小平留下了深刻印象。在美期间,当有人询问他视察时的感受时,邓小平回答:"很有收获","不虚此行"④。

中国的改革开放,有很多特点,其中的一个重要特点,就是改革开放的"双核"动力源。动力源的一"核"在基层、下层;另一"核"在高层、上层,是"自下而上"和"自上而下"的结合。改革是从农村开始的,包产到户是农民

---

① 中共中央文献研究室编:《邓小平年谱(1975—1997)》(上),中央文献出版社 2004 年版,第 429 页。

② 张青:《吴庆瑞:邓小平请来的经济顾问》,《人民日报》2001 年 9 月 21 日。

③ 中共中央文献研究室编:《邓小平思想年谱》,中央文献出版社 1998 年版,第 67 页。

④ 中共中央文献研究室编:《邓小平年谱(1975—1997)》(上),中央文献出版社 2004 年版,第 485、486 页。

自发的创造,这叫"自下而上";但是搞对外开放,搞经济特区,这样的事情,则不是下层自发能够搞起来的,也难以自发,必须是上层、必须是决策层有意识地发动,才能搞起来,实际情况也是如此,这叫"自上而下"。20 世纪80 年代,中国的对外开放之所以越开越大,一发而不可收,是与邓小平等这些直接到访国外、对外部世界有了切身感受和深入了解的人"自上而下"大力推动分不开的。

三、国务院务虚会对改革开放的初步酝酿

(一) 国务院务虚会的由来和议题的设定

1978 年 7 月至 9 月,国务院举行为期两个月的务虚会议。会议是在华国锋提议下,经中央政治局常委同意召开的。会议的主题是"总结经验,发扬民主"①,研究如何改革经济管理体制,特别是研究如何学习国外成功经验,从国外引进先进技术,利用国外资金和技术设备,加快我国现代化建设速度的问题。

这次国务院务虚会,就渊源来说,是 1975 年国务院召开的"计划工作务虚会的继续和发展"②。1975 年 1 月,周恩来在四届全国人大一次会议上作的《政府工作报告》中重申了 1964 年三届全国人大《政府工作报告》中提出的我国国民经济发展的"两步设想":"第一步,用 15 年时间,即在 1980 年以前,建成一个独立的比较完整的工业体系和国民经济体系;第二步,在本世纪内,全面实现农业、工业、国防和科学技术的现代化,使我国国民经济走在世界的前列。"并指出:今后十年,是实现"两步设想的关键的十年。在这个时期内,我们不仅要建成一个独立的比较完整的工业体系和国民经济体系,而且要向实现第二步设想的宏伟目标前进"。他说,国务院将按这个目

---

① 《李先念传(1949—1992)》(下),中央文献出版社 2009 年版,第 1056 页。
② 《谷牧回忆录》,中央文献出版社 2009 年版,第 308 页。

标制订十年长远规划①、五年计划和年度计划,各地也应"制订自己的计划,争取提前实现我们的宏伟目标"②。

四届全国人大一次会议后不久,邓小平接替周恩来主持国务院日常工作。为加快恢复遭受"文化大革命"严重破坏的国民经济,邓小平依据以上要求并根据毛泽东"把国民经济搞上去"的指示,以铁路整顿作为扭转混乱局面的突破口,大刀阔斧地开展煤炭、钢铁、财经等领域的整顿,并迅即取得成效。不仅如此,邓小平还提出,不仅要通过全面整顿努力恢复生产秩序和财经秩序,而且要在整顿中对加快国民经济发展从指导思想到具体要求上提出一个具有纲领性的总遵循,同时制定好对实现"两步设想"具有关键指导作用的十年长远规划。1975年3月16日至4月25日,国家计委召开长远规划工作会议。会议着重讨论了各部委十年规划和进一步改善经济管理体制的意见;在国家计委统一组织下,国务院22个部委还先后派出五百多人分赴各地调研规划的制定工作。③ 1975年6月,邓小平进一步提议召开国务院计划工作务虚会,集中研究十年长远规划以及如何加快速度把国民经济搞上去的问题。他说,"前一阶段解决铁路问题、钢铁问题,都是一个一个地解决,光这样不行,要通盘地研究"。④

根据邓小平的意见,1975年6月16日至8月11日,国务院召开计划工作务虚会。会议由主管财政、贸易的国务院常务副总理李先念,主管建设和

---

① 早在1974年1月12日,国家计委就曾向国务院提出关于拟订长远计划的报告。报告说:为在本世纪内实现毛泽东提出的要用几个五年计划的时间赶上和超过世界水平的战略思想,国家计委设想拟定1976年至1985年十年远景规划,重点放在1976年至1980年第五个五年计划上。1974年8月,经中共中央、国务院批准,国家计委向各省、市、自治区和国务院各部委发出《关于拟定十年规划的通知》,具体步骤为:1974年提出十年规划的轮廓,包括任务、建设重点、布局、经济和技术政策以及工农业生产和各项事业发展的主要指标等;1975年再具体化。此后,国务院各部委及各省、市、自治区即着手进行十年规划的编制工作。

② 周恩来:《政府工作报告》(1975年1月13日在中华人民共和国第四届全国人民代表大会第一次会议上的报告),《人民日报》1975年1月21日。

③ 刘国光主编:《中国十个五年计划研究报告》,人民出版社2006年版,第380页。

④ 国务院政治研究室:《运动情况简报》第19期,第4页,1976年3月29日。引自《胡乔木传》编写组编:《邓小平的二十四次谈话》,人民出版社2004年版,第42页。

工业的国务院副总理谷牧主持,国务院副总理华国锋、陈锡联、纪登奎、吴桂贤、王震、孙健等参加了一部分或大部分会议。国务院各经济部门负责人参加会议。6月16日会议开始时,谷牧首先讲了会议的目的和任务。他说:"要把国民经济搞上去,速度快一些,关键是今后十年这一仗要打好。只是一个问题一个问题解决不行。要研究工作中的路线和方针、政策,把纲抓起来","为了能广泛交换意见,决定采取务虚的办法,请大家畅所欲言,各抒己见。"①务虚会分两个阶段进行,第一阶段从6月16日到月底,共开了12次会,国务院各部门负责人张劲夫(财政部部长)、姚依林(商业部部长)、康世恩(石油化工部部长)、周子健(第一机械工业部副部长)、杨殿奎(冶金部副部长)、徐今强(煤炭部部长)、曹鲁(轻工业部副部长)、郭鲁(铁道部副部长)、钱正英(水电部部长)、郑汉涛(国防工办副主任)、钟夫翔(邮电部部长)、林乎加(国家计委副主任)先后发言,比较集中地议论了当时经济工作中存在的突出问题及应对之策。从7月2日开始,会议转入第二阶段,分理论、体制、钢铁、工业和企业管理、基本建设、机械工业规划、改进计划工作、轻工农林商业8个小组,以后又增加了文教和科技规划两个小组,进行专题研究。在各小组研究有了较系统意见后,从7月底到8月初,国务院连续召开会议,分别听取钢铁、体制、轻工农林商业、基本建设、工业和企业管理、机械工业规划6个小组的汇报并进行了讨论。

这次计划工作务虚会长达近2个月,就做好经济工作的路线、方针、政策等一系列问题提出以下重要意见:1. 当前经济生活中主要的问题是乱和散,必须狠抓整顿,强调集中。2. 在计划体制上,实行自下而上,上下结合,块块为主,国家计划不能层层加码,也不能随意减少。3. 在企业管理体制上,跨省市的铁路、邮电、电网、长江航运、民航、远洋航运等以及少数关键企业、关键建设项目,要由中央各部委为主管理,其余的由地方管理,但不能层层下放。4. 在物资管理体制上,物资部门管通用物资,各部管专业物资,设

① 引自程中原、夏杏珍:《历史转折的前奏:邓小平在1975》,中国青年出版社2003年版,第234页。

备成套走向以地区成套为主。5. 在财政体制上,推行收支挂钩、总额分成的办法,大中型企业的折旧资金中央集中。6. 整顿软、懒、散的班子。7. 建立岗位责任制等各项生产管理制度,严格执行。会议还就如何发展钢铁工业,调整机械工业,缩短基建战线,发展科学技术等问题,提出了一些设想。这次务虚会是 1975 年邓小平领导纠"左"期间,为加快国民经济发展并对涉及经济发展的全局性问题进行总体筹划的一次重要会议,会议期间形成的阐述经济体制改革问题的《体制问题汇报提纲(草稿)》,国务院各部门关于"五五"计划和十年长远规划的设想,特别是务虚会提出、会后完成的《关于加快工业发展的若干问题》(即"工业二十条"),富有改革精神,是指导当时工业整顿乃至整个国民经济整顿的重要文件。

在务虚会讨论的基础上,1975 年 10 月 26 日至 1976 年 1 月 26 日,国务院召开全国计划会议,讨论拟定了十年长远规划和 1976 年年度计划。会议期间,中央政治局审议了国家计委草拟的《一九七六年至一九八五年发展国民经济十年规划纲要(草案)》,决定略加修订后试行一年,再作进一步修订。但是随着"批邓、反击右倾翻案风"的发动,这次全国计划会议被批为"复辟资本主义的高潮",十年规划未能再作修订;国务院计划工作务虚会上提出的许多意见也在"批邓"中被诬为"右倾翻案风的风源",未能得到贯彻执行。①

粉碎"四人帮"后,全党全国上下都迫切希望加紧经济建设,尽快把"文化大革命"耽误的时间和造成的损失夺回来,早日实现四个现代化。1975年计划工作务虚会上提出的曾被批为"大毒草"的一些重要意见被重新肯定;发展国民经济十年规划纲要的进一步修订也被重新提了出来,并在这个过程中提出了学习外国经验、引进外国先进技术设备的问题,这是国务院务虚会召开的现实背景。

1977 年 9 月,华国锋提出了"挽起袖子来干"的高速度发展国民经济的

---

① 房维中:《在风浪中前进——中国发展与改革编年纪事》第一分册,2004 年 11 月初稿,未刊,第 12 页。

要求。为加速实现四个现代化,党中央决定,由李先念、余秋里负责,重新修订十年规划纲要。11 月,全国计划会议形成供中央政治局讨论的《关于经济计划的汇报要点》。11 月 23 日、25 日,在听取国家计委关于经济问题的汇报时,邓小平说:"我看这个计划,是一个很积极的计划","我赞成把这个计划定下来。有的事一时看不准,不要紧,可以在执行中调整。"①根据汇报要点,国家计委制定了《一九七六年至一九八五年发展国民经济十年规划纲要》修订草案。新的十年规划纲要,是在 1975 年纲要的基础上形成的。1978 年 1 月 28 日、30 日,中央政治局讨论并原则上赞成新修订的十年规划纲要草案。1978 年 2 月,新纲要草案经党的十一届二中全会讨论通过,接着又提交五届全国人大一次会议讨论通过。

如何实现十年规划纲要部署的既定目标? 除了继续强调"自力更生,洋为中用"外,除了提出大规模引进国外先进技术设备等等措施以外,如前所述,大量派团出国考察学习——主要是到日本、欧洲、美国等发达国家和地区考察学习,得到了中共中央和国务院领导层前所未有的重视。通过考察和比较,至迟在 1978 年 5 月,邓小平、华国锋等主要领导人在实行对外开放、学习国外先进经验、引进国外先进技术和设备、发展对外经济合作上的"决心已经下定",他们所"思索和考虑的已不是'要不要开放',而是'怎么搞对外开放'"的问题。② 也正因为如此,1978 年 6 月 30 日,在中央政治局扩大会议听取谷牧汇报西欧五国考察情况后,主持会议的华国锋要求谷牧把出国考察人员"组织起来,共同研究,提出几条来。要有情况分析,有改进意见和采取的措施,提出来在国务院务虚会务虚,也务实,虚实结合,统一认识"。他还明确提出:"七月份就务起来。一面议,一面定了就办,看准了就要干。"③这是 1978 年国务院务虚会召开的直接缘由。

---

① 房维中:《在风浪中前进——中国发展与改革编年纪事》第一分册,2004 年 11 月初稿,未刊,第 56 页。
② 中共中央文献研究室编:《回忆邓小平》(上),中央文献出版社 1998 年版,第 156 页。
③ 房维中:《在风浪中前进——中国发展与改革编年纪事》第一分册,2004 年 11 月初稿,未刊,第 128 页。

　　在这次汇报会上，华国锋还具体提出并说明了国务院务虚会应重点讨论的四个议题：一是"怎样引进先进技术设备"。华国锋说，过去引进了13套化肥设备、4套化纤、1套一米七轧机、斯贝发动机等，要对这一段的引进工作加以总结，看看哪些是成功的，哪些有缺点毛病。要回顾一下，有什么经验，看出什么问题。这次考察，又有什么新的认识，提出个新的引进单子。现在有一些新的设想，步子可以再大一些。要研究一下支付方式。过去对延期付款没有搞清楚，今天才知道还有个补偿贸易，老是采取延期付款办法，吃了一些亏。引进大型项目，一开始就要组织起领导班子，参加谈判，参加引进，参加建设，直到生产，一竿子到底。① 从哪些国家引进？主要是第二世界，也可以从美国引进一点，东欧一些国家也搞一点，还可以利用香港、澳门。总之，引进中文章很多，要动脑筋。② 二是"企业管理包括工业管理问题"。华国锋说："考察了这些国家，对我们有启发。外国企业管理确实有些好经验值得借鉴。现在我们的上层建筑确实不适应，非改革不可。"他提出：企业领导干部要定期考核、训练、考试，办好办坏一个样，赚钱赔钱一个样，这样下去不行。前一个时候，干多干少一个样，干好干坏一个样，干的不如不干的，不干的不如捣乱的，这是吃社会主义。非生产人员要严格控制，科技人员要增加。一定要按劳动的数量、质量进行分配。三是"计划平衡问题"。华国锋说：十年规划有了，这是需要的，起了很大作用。这个规划是1975年国务院务虚会上提出的，先念同志主持作了修改，有一点气魄，对全国、全世界影响很大。但是要随着情况和我们认识的发展，不断修改、调整、充实，不是固定死了。引进要加快，思想要解放一点，再排排队。既要积极，又要考虑国内可能性。重点还是煤、油、电、运、电子，怎么再快一点。计划平衡中要集中力量打歼灭战，不然胡子工程多，速度就慢了。四是"出口贸易"。华国锋说：这是个大题目。除了扩大出口增加外汇以外，还要增

① 房维中：《在风浪中前进——中国发展与改革编年纪事》第一分册，2004年11月初稿，未刊，第129页。

② 朱玉：《李先念与一九七八年的国务院务虚会议》，《中共党史研究》2005年第1期。

加非贸易外汇收入。出口基地问题不简单,要专门讨论一次。来料加工也不简单,要一项一项真正搞好。要给地方一点机动。外汇分成,我赞成,明年就开始。定点新规矩,出口多的,多分外汇。这么大的引进计划,必须考虑外汇收入。出国考察也要简化手续。

华国锋最后说:对这四条,"国务院务虚会先务起来,先务虚,结合务实。统一一个就办一个。"①参加汇报会的李先念说:"组织人员出国考察回来汇报,这也是调查研究,是个很重要的调查研究。我们还比较落后,不要打肿脸充胖子,要利用西欧这个力量,把先进的东西搞过来。"②

(二)"敞开思想,充分议论":"怎么把速度搞快些?"

遵照华国锋的提议和要求,1978 年 6 月 30 日汇报会后,国务院立即紧张地进行务虚会议的准备工作。谷牧主持召开了 3 个半天的出国考察人员座谈会,拟定了 7 个文件,以供国务院务虚会进一步讨论。其中林乎加在 7 月 4 日的座谈会上作了长篇讲话,主要讲了 9 个问题:要抓技术、资金和人才;关键把钢铁搞上去;加快石化工业;积极发展加工贸易;机械工业要进行改造;进口项目要专人负责;扩大出口;加强还债能力;引进决心要大,行动要快。这个讲话后来以国务院务虚会简报的形式印发。③ 此时,关于真理标准问题的大讨论正在全国范围热烈展开。大讨论所营造的解放思想、实事求是的宽松氛围,对于开动脑筋、集思广益、发扬民主,开好国务院务虚会,产生了积极影响。

1978 年 7 月 6 日,国务院务虚会在北京西皇城根 9 号国务院临时办公地召开,9 月 11 日结束。会议由中共中央副主席、国务院副总理李先念主持,国务院副总理谷牧负责会议的日常工作,参加会议的有王震等副总理、

---

① 房维中:《在风浪中前进——中国发展与改革编年纪事》第一分册,2004 年 11 月初稿,未刊,第 130 页。

② 《李先念传》编写组:《李先念年谱》第 5 卷,中央文献出版社 2011 年版,第 621 页。

③ 武力主编:《中华人民共和国经济史》(上),中国时代经济出版社 2010 年版,第 639 页。

国务院各部委主要负责人以及国务院直属办公机构负责人,共44个单位。出席会议的人数不完全固定,从四十多人到60人不等。绝大多数会议每次只开半天,与会人员与平时上下班一样,不驻会。会议的主要进程是:7月6日至8月3日,为与会代表发言和研讨阶段,程序是先学习讨论华国锋、叶剑英、邓小平在听取出国人员汇报时的重要指示,然后进行专题讨论;专题讨论基本上是先由各部门谈本部门的情况,然后大家就所介绍的情况展开研讨。① 8月4日至9月8日,休会。9月9日,李先念作总结讲话;9月10日至11日,会议用两个半天分组讨论李先念的总结讲话。会议期间,共有36人发言或作书面发言。会议气氛热烈活泼,发言者不是一味地照本宣科,而是扼要地抓住重点,与会者可以自由提问、插话,各抒己见。会议简报发中央常委、在京政治局委员和与会人员。华国锋出席了大部分会议并十余次发言;李先念除了总结讲话外,在会上作了17次发言。②

7月6日下午,国务院务虚会正式开始时,李先念、余秋里、康世恩、耿飚、谷牧、王震、陈慕华等副总理以及国务院各经济部门负责人共47人出席了会议。李先念首先发言,总结了粉碎"四人帮"1年零9个月以来各方面取得的成绩,最后重点讲了这次国务院务虚会的内容和开法。他说:"这次会议,主要是总结正反两方面的经验。在此基础上,对十年规划纲要进行补充修订,使计划更加切合实际。从国外引进先进技术,利用国外的资金、技术、设备,来加快我们的建设,正如小平同志讲的,这是一个大政策。究竟怎么搞法,怎么搞得快一些好一些,这次会议要根据华主席的指示,很好地研究。向哪些国家引进,要服从整个外交路线。引进新技术,要搞好同国内工作的平衡,要同国内机械制造结合起来,提高我们整个机械工业的制造能力。"他"希望大家畅所欲言,认真总结经验,既务虚,又务实,统一了思想,

---

① 李正华:《中国改革开放的酝酿与起步》,当代中国出版社2002年版,第341页。

② 《李先念传》编写组:《李先念年谱》第5卷,中央文献出版社2011年版,第625—645页;李正华:《中国改革开放的酝酿与起步》,当代中国出版社2002年版,第330—340页。

就落实去干。大家要充分发言,统一思想把这次会议开好"。① 谷牧在会上传达了中央关于对外开放的原则意见,介绍了率团考察西欧五国的情况,他说:"我国要老老实实承认落后了,与世界先进水平拉开了很大的差距。我们怎么赶上国际先进水平,怎么搞现代化,怎么把速度搞快些? 很重要的一条就是狠抓先进技术的引进、消化、吸收。国际形势提供了可以利用资本主义世界的科技成果来发展我们自己的机会,一定要抓住它。1975 年小平同志就提出过加强技术引进、增加外贸出口的政策,现在应当认真组织实施,加强引进。"谷牧强调:"在发展对外经济关系上,必须解放思想,多想点子,开拓路子,绝不能自我封闭,自我禁锢,作茧自缚,贻误时机。"②

7 月 11 日,华国锋第一次出席务虚会。在听取了国家计委副主任李人俊的发言后,发表讲话,再次讲到了这次务虚会的内容和开法,他说:这次务虚会,大家要敞开思想。有国外考察的经验,有国内 28 年的经验,大家敞开思想讲就是了。1975 年开务虚会,当时思想受束缚很厉害。那次会上产生了十年计划。粉碎"四人帮"后,加以修改补充,形成《十年规划纲要》和《二十三年设想》,五届人大拿了出来,在国内起了很大作用,国际上的影响也很大。随着国内政治经济形势的好转,感到十年规划还不够,要在那个基础上发展。这次计委、经委、建委,各部门和一些省、市、自治区去了一些人考察,一个总的概念,和国外先进的比较,我国的科学技术、生产技术和管理水平是低的,有的低了 15、20 年,我们应当承认在这些方面落后。在全党,包括我们自己,要领导建设四个现代化,确实水平低。许多同志出国看了以后回来说,信心加强了。日本钢产量 1962 年是 2000 多万吨,同我们现在差不多,法国、德国战后也很穷。他们在那样一个水平上,日本用了 13 年,西欧用了 15 年,有的说 20 年,就搞上来了,我们再有 23 年,还搞不上去?! 只要我们领导得好,组织得好,及时总结经验,是可以加快发展速度的。③ "关于

① 《李先念传》编写组:《李先念年谱》第 5 卷,中央文献出版社 2011 年版,第 626 页。
② 《谷牧回忆录》,中央文献出版社 2009 年版,第 307—308 页。
③ 华国锋在国务院务虚会议上的讲话记录,1978 年 7 月 11 日。

引进国外新技术,原来我们提了一个 65 亿美元的引进方案,以后看到形势发展好,认为可以多搞一些,提高到 180 亿美元。现在提出'思想再解放一点,胆子再大一点,办法再多一点,步子再快一点',这也合乎认识规律的。"他要求与会人员"敞开思想,充分议论。说错了没有关系",并提出了"三不主义":"不戴帽子,不打棍子,不揪辫子","只有真正发扬民主,才有真正的高度集中。我们大家思想一致了,拧成一股劲,速度是可以大大加快的。"①

从 7 月 8 日到 8 月 3 日,以下各部门负责人发言:7 月 8 日,对外贸易部副部长、中国技术进口总公司副董事长崔群汇报成套设备的引进情况,总的意见是引进缓慢。李先念在议论这个问题时说:"引进的多了能否赶得上,要研究。引进项目的建设一定要搞好,搞不好会丢脸。""引进新技术,要买设备,还要买专利,把自己机械工业制造能力提高一步。我们不能买四个现代化,这是个路线问题。"②7 月 9 日,外交部部长黄华传达中共中央关于对外关系的指示。7 月 11 日,国家计委副主任李人俊汇报扩大新技术引进的初步设想,介绍了引进工作的安排。华国锋、李先念出席会议并讲话。7 月 12 日,国家基本建设委员会副主任宋养初就搞好引进项目建设工作提出十条具体意见。李先念在议论这个问题时提出,不要孤立地研究引进,"要同整个国民经济的发展情况联系起来考虑","要真正有计划按比例地搞,分清主次。万马奔腾不行,会踩死很多人的。一步一个脚印。"③7 月 13 日,国家经委副主任马仪谈加快发展我国农业和农业机械化问题。李先念主持会议。7 月 14 日、16 日,农林部部长杨立功专谈加快农业发展速度问题。华国锋、李先念出席会议并讲话。7 月 17 日,国家经委副主任袁宝华谈提高职工技术水平的方法与政策问题。7 月 18 日,第一机械工业部副部长孙友余汇报把引进新技术同提高国内机械制造水平结合的问题。7 月 19 日、

---

① 房维中:《在风浪中前进——中国发展与改革编年纪事》第一分册,2004 年 11 月初稿,未刊,第 139 页。

② 《李先念传》编写组:《李先念年谱》第 5 卷,中央文献出版社 2011 年版,第 627—628 页。

③ 《李先念传(1949—1992)》(下),中央文献出版社 2009 年版,第 1063 页。

20 日,国家建委副主任、国家建材总局局长白向银谈发展建材工业,提高施工装备水平的意见。7 月 20 日、21 日,国家劳动总局局长康永和汇报劳动工资和劳动力问题。7 月 23 日,国家计委副主任段云谈积极扩大出口增加对外支付能力问题。李先念在议论这个问题时说:"引进专利,必要。但要相信自己的力量,如果买一个四个现代化,这叫什么路线? 要考虑两笔账:一是引进一美元国内要负担多少人民币,一是 8 年中自己搞多少设备。不要说引进五百亿美元,就是四百亿美元,也不一定消化得了。用国外贷款四百亿美元,可不是简单的事,苏联也没有用到那么多吧! 什么都引进,我们自己的机械行业就要失业、停工了,看来,首要的一条,还得自己干。"①7 月24 日,第三机械工业部部长吕东和第五机械工业部部长张珍分别谈航空工业和加速发展兵器工业问题。7 月 26 日、27 日,冶金部部长唐克和财政部部长张劲夫分别谈发展冶金工业和加快积累建设资金问题。7 月 28 日,中国社会科学院院长胡乔木就按照经济规律办事,加快实现四个现代化问题发言。李先念主持会议并讲话。7 月 31 日,国家地质总局局长孙大光谈加快地质工作现代化问题。7 月 31 日、8 月 2 日,轻工业部部长梁灵光谈加快轻工业发展问题。8 月 2 日,国家物资总局局长李开信谈挖掘库存物资潜力问题。8 月 3 日,国务院财贸领导小组组长姚依林谈适当提高农产品价格问题,这是务虚会发言阶段的最后一次会议。除了以上发言外,另有煤炭工业部肖寒、纺织工业部胡明、第四机械工业部王子纲、第六机械工业部柴树藩、铁道部段君毅、中国人民银行李葆华、水利电力部杜星垣、国家林业总局罗玉川、全国供销合作总社陈国栋、教育部刘西尧、中国科学院郁文、国家科委蒋南翔、第二机械工业部刘伟等部门负责人向会议提交了书面发言。

华国锋、李先念、王震、谷牧等出席 8 月 3 日务虚会并讲话或插话,对 7月 6 日以来的会议进行了评论。王震认为会议开得很好,很成功。谷牧讲话说:这次务虚会后,"华主席提出要形成以下几个文件:一、技术引进,把

---

　　① 《李先念传(1949—1992)》(下),中央文献出版社 2009 年版,第 1064 页。

人俊、养初、孙友余三位同志发言综合成一个文件,其他各部发言中好的内容也吸收进去。(华国锋:引进问题的文件不仅送中央,还要发到各省,让地方知道,以避免重复引进,如水压机。)二、农业机械化,由马仪、项南、杨立功负责。三、农业,杨立功同志负责。四、军工企业实行军民结合生产民品,由国防工办搞。五、外贸,外贸部负责。六、职工培训,袁宝华同志负责。七、扩大出口,段云同志负责。这七个文件是务虚会的成果,要早点拿出来,让全国知道。要求八月中旬交卷。其中有的提交中央工作会议,有的经国务院印发下去。"①李先念在讲话中认为,"会议发言,写得都比较好","各部是作了调查研究、动了脑子的"。他重点讲了引进规模与国内平衡能力的问题,提出"要想一想自己的本领,一下子引进那么多新技术,能不能掌握和消化? 不要搞成'花子拾黄金'。……我怀疑能否借到 500 亿美元?借了 500 亿外债还不起,国际上对我们的观感就要变。500 亿美元也不是一下全部用,我想先借 200 亿美元,用点还点,还点用点,滚着用,大概就差不多了。"②他最后说,务虚会发言讨论阶段"就开到这里",总结阶段"我和秋里同志什么时候讲,看准备的情况再定"。③

国务院务虚会上各部门的发言和讨论,基本上都是围绕高速度发展经济的问题,总结历史经验教训,提出新的设想、见解和措施;研讨的内容覆盖了我国经济建设的各重大方面,触及了许多带有全局性的深层次问题——这是在历史大转折的酝酿期我国经济领域里的一次破除禁锢、探索求新的重要会议。在十余次出席会议的讲话和插话中,华国锋围绕会议主题,主要讲了引进技术、外贸出口、发展工农业、加强工业和企业管理等经济工作的方针政策问题,总的倾向就是"四个一点",即"思想再解放一点,胆子再大一点,办法再多一点,步子再快一点"。"四个一点"对务虚会所议所论和实

---

① 《李先念传》编写组:《李先念年谱》第 5 卷,中央文献出版社 2011 年版,第 646 页。

② 房维中:《在风浪中前进——中国发展与改革编年纪事》第一分册,2004 年 11 月初稿,未刊,第 140 页。

③ 《李先念传》编写组:《李先念年谱》第 5 卷,中央文献出版社 2011 年版,第 646 页。

际工作产生了很大影响。

（三）"改革开放"是务虚会所议和李先念总结发言主基调

这次国务院务虚会最大的"特点"是"务虚"，即只作讨论、出谋划策，不作决议、决策、决定。但会议所"务"、所"谋"的多为指导经济工作的"实策"，而绝非空洞玄虚的"泛泛之论"。其中有两个文件对后来的实际决策产生较大影响，一是 9 月 9 日李先念的总结讲话；一是 7 月 28 日胡乔木的发言。

胡乔木的发言是代表中国社会科学院、国务院研究室作的。发言强调了"经济规律的客观性"，阐述了"为什么资本主义国家的经济管理方法有值得我们学习的地方"的问题，提出"只有把社会主义制度的优越性同发达的资本主义国家的先进科学技术和先进管理经验结合起来，把外国经验中一切有用的东西和我们自己的具体情况、成功经验结合起来，我们才能够迅速提高按照客观经济规律办事的能力，才能够加快实现四个现代化的步伐"。关于"按照经济规律办事"的问题，发言指出："在社会主义条件下，商品生产和商品流通将继续长期存在，在我国还需要大大发展，价值规律在经济生活中仍然起不可缺少的作用。"发言提出"社会主义经济的根本目的就是要提高人民的物质文化生活水平"，强调了加强经济核算的重要性，指出："经济核算的制度在'四人帮'横行的那段时间里被破坏得很厉害。工人上班不上班一个样，干多干少一个样，干轻干重一个样，干好干坏一个样，这就是说对活劳动的消耗根本不计算、不监督。有些单位工人常年不劳动，照样拿工资；有些单位临时工做工，正式工不做工、干私活或者游荡。这种状况现在已经有了相当大的改变，但是改变得还很不彻底。……很多企业长期以来对物化劳动也不计算、不监督，原材料任意浪费，固定资金、流动资金占用不计多少。至于创造了多少价值，创造了多少利润，更是不讲。这种不计算、不监督的状态，是我们企业管理被搞乱了的一个根本原因。现在我们拨乱反正，就要运用价值规律，健全经济核算制度，通过各种实物指标和价值指标，通过严格实行按劳分配和把企业经营的好坏同每个职工的物质利益结合起来的办法,来改善经营管理,来为实现管理现代化创造一个必要的前提。"发言批判了"依靠纯粹行政的方法"进行经济管理的弊端,阐述了"扩大经济组织和经济手段的作用"问题,并为此提出了"推广合同制"、"发展专业公司"、"加强银行的作用"、"发展经济立法和经济司法"等4项建议。发言还提出了"缩小工农业产品交换价格的剪刀差"、"真正承认农民的集体所有制,承认生产队的自主权"等事关农村工作改革的问题。

　　胡乔木在发言中提出的上述思想,一定程度上代表了当时中央高层领导和许多经济学家的共识,文中的一些重要观点后来融入了党的十一届三中全会公报等重要文件中。这个发言由胡乔木、于光远、马洪3人合作写成,胡乔木斟酌定稿。① 胡乔木发言后,会议出了简报,邓小平、李先念看后都很赞赏,并提出让他署名发表。② 10月6日,在粉碎"四人帮"两周年之际,《人民日报》以《按照经济规律办事,加快实现四个现代化》为题公开发表了发言的整理修改稿,全文21000多字,仅注释就用了33个。文章一发表即引起广泛注意。从10月9日至25日,《人民日报》先后收到读者来信150多封,一致认为这是一篇酣畅淋漓的马克思主义政治经济学的好文章,不仅从理论上拨乱反正、正本清源,清算了林彪、"四人帮"十多年来对经济工作的破坏,而且找出了我国经济长期发展缓慢的根本原因,指明了加速实现四个现代化的根本途径,从此,"在国内,'按经济规律办事,不按违反经济规律的长官意志办事'这个口号随之广泛传开";国外学者则认为"它在经济理论方面为中国吹响了改革开放的号角"③。

　　李先念代表中共中央、国务院所作的务虚会总结讲话,共讲了六个问题:(一)抓紧大好时机,加快实现四个现代化的速度;(二)加强综合平衡,在统一计划下发挥中央、地方和企业的积极性;(三)搞好技术引进,努力扩大出口;(四)有关农业的几个问题;(五)有关工业的几个问题;(六)搞好

① 于光远:《我亲历的那次历史转折》,中央编译出版社1998年版,第70页。
② 朱佳木:《我所知道的十一届三中全会》,当代中国出版社2008年版,第38页。
③ 杨尚昆等:《我所知道的胡乔木》,当代中国出版社1997年版,第109页。

领导班子的整顿,改进领导作风。第一个问题是整个讲话的纲,其余是目,主要阐述如何实现高速度发展经济的问题。讲话综合了务虚会讨论的结果及各方面的意见,经中央政治局常委同意,比较系统地提出了一系列重要观点和举措,特别是着眼战略全局,全面、深入、紧迫地提出了改革开放的主张,实际上成为这次务虚会的主报告。

——关于改革的必要性和重大意义,讲话指出,实现四个现代化,是一场伟大的革命。"这场革命既要大幅度地改变目前落后的生产力,也就必然要多方面地改变生产关系,改变上层建筑,改变工农业企业的管理方式和国家对工农业企业的管理方式,改变人们的活动方式和思想方式,使之适应于现代化大经济的需要。这场革命,规模的巨大,变化的广泛、激烈、深刻,任务的繁重、紧迫,意义的深远,都不下于我们党过去领导的任何革命,某些方面还要超过。……目前的问题已经不是要不要在本世纪末实现这个任务,而是要比原来的设想更快的速度来实现这个任务,要在本世纪末实现更高程度的现代化。经济发展速度问题,是党内党外、上上下下、老老少少,人人关心的大问题。搬掉了'四人帮'这块绊脚石,充分地发挥社会主义的优越性,持久地高速度地发展国民经济的前提终于具备了。现代化速度必须加快,也完全有条件加快。"①

——关于经济体制改革的内容和原则,讲话提出,"无论中央各部门或是地方各级领导机关,都必须认真注意发挥工农业企业的积极性。只有充分尊重和充分发挥他们的积极性和主动精神,生产才能够高速度发展。把各企业当作任何行政主管机关的附属品,当作只能依靠上级从外部指挥推动的算盘珠,这种管理思想是同实现四个现代化的要求格格不入的。机器都要自动化,何况是人,何况是当家作主的工人农民和由他们组成的社会主义的企业?"因此,"一定要给予各企业以必要的独立地位"②,经济工作必

---

① 《李先念传(1949—1992)》(下),中央文献出版社2009年版,第1066页。
② 《加强综合平衡,在统一的计划下发挥中央、地方和企业的积极性——李先念副总理在国务院务虚会上的讲话(节录)》,引自湖南省商业学校编:《商业计划教学参考资料》第1辑(1979年6月),第24页。

须严格按照客观经济规律,而不是按照"长官意志"办事,要勇敢地改革一切不适应生产力发展的生产关系、不适应经济基础要求的上层建筑;要坚决摆脱墨守行政层次、行政区划、行政便利、行政方式而不讲经济核算、经济效果、经济效率、经济责任的老框框,打破小生产的狭隘眼界,改变手工业式、小农经济式甚至封建衙门式的管理方法,掌握领导和管理现代化工业大生产的本领,特别要坚决实现专业化、发展合同制和贯彻按劳分配原则①;"过去二十多年中,我们已经不止一次改革经济体制……但是在企业管理体制方面,往往从行政权力的转移着眼多,往往在放了收、收了放的老套中循环,因而难以符合经济发展的要求。为了适应四个现代化的需要,我们将改革计划体制、财政体制、物资体制、企业管理体制和内外贸易体制,建立起现代化的经济组织、科研组织、教育组织及有关管理制度。我们现在要进行的这次改革,一定要同时兼顾中央部门、地方和企业的积极性,一定要考虑大企业和大专业公司的经济利益和发展前途,努力用现代化的管理方法来管理现代化的经济,使我们的管理水平尽可能适应工农业高速度发展的需要。"②

——关于打破"爬行主义",在对外开放中"积极引进国外先进技术和设备"的问题,讲话说:"自力更生决不是闭关自守,不学习外国的先进事物。为了大大加快我们掌握世界先进技术的速度,必须积极从国外引进先进技术设备。这比关起门来,样样自己从头摸索的爬行主义,要快不知多少倍。……要抓紧时机搞好引进工作。最近中央决定,在这一工作中,胆子要更放大一些,步子要更加快一些,今后十年的引进规模可以考虑增加到800亿美元。这是一个伟大的战略决策,对于加快外国实现四个现代化的速度,具有极其重要的意义。"③讲话同时要求,"对于引进的东西,我们要努力去

① 《李先念传(1949—1992)》(下),中央文献出版社2009年版,第1067页。
② 《李先念论财政金融贸易(1950—1991年)》(下),中国财政经济出版社2010年版,第371页。
③ 房维中:《在风浪中前进——中国发展与改革编年纪事》第一分册,2004年11月初稿,未刊,第142页。

消化它,发展它,争取创造出新东西","摸着石头过河","如果只引进不创造,就会永远落在别人后面,永远不能赶上和超过,那我们就是笨蛋。应该懂得,四个现代化是买不来的。那种什么都想买、一直买下去的懒汉思想,是永远也实现不了四个现代化的。"①讲话对引进先进技术设备的目的、范围、原则、步骤、保证以及扩大出口贸易、增加外汇收入等问题作了系统阐述,全面深入阐述了对外开放的思想。

邓小平、陈云虽然没有出席这次务虚会,但通过看会议简报和一些人的发言,掌握会议动态情况。7月底,在各部委发言即将告一段落时,陈云向李先念、谷牧等表示,希望务虚会"多开几天,听听反对的意见"②。9月20日,邓小平在天津听取中共天津市委第一书记林乎加等汇报工作后,于当天就国务院务虚会总结讲话稿的修改一事,致信李先念:"林乎加同志说,他觉得报告强调集中统一多些,讲地方(包括一部分权力下放到企业)不足些,请参考。"③9月30日,中共中央转发了李先念的这个讲话。不久,中央政治局讨论将于11月召开的中央工作会议的议题时,又将这个讲话列为中央工作会议讨论的重要内容之一。

长达两个多月的国务院务虚会(实际开会和讨论24天),就加快我国现代化建设速度所发的议论、所提的办法、所拟定的措施,总基调是"改革开放"。虽然包括李先念的总结讲话在内,会议在一些方面表露出了急于求成的情绪,提出了一些不切实际的高指标,在一定程度上强化了国民经济"新跃进"的氛围,但会议的独特地位在于:它是我们党在"文化大革命"结束后、党的十一届三中全会召开前,唯一一次用如此长的时间,集中地、深入地探讨并明确提出通过进行经济体制改革和开放引进的办法加快我国现代化建设步伐的一次意义重大的会议,为党的十一届三中全会最终确定改革

---

① 《李先念论财政金融贸易(1950—1991年)》(下),中国财政经济出版社2010年版,第372—373、365页。

② 《陈云文选》第三卷,人民出版社1995年版,第252页。

③ 中共中央文献研究室编:《邓小平年谱(1975—1997)》(上),中央文献出版社2004年版,第388页。

开放的总方针、总政策"奠定了基础"①。可以说,"我们的党正视经济体制中的问题,重视改革,发轫于这次务虚会"②,"这个会议可以看作党的高级领导人开始重视改革的一个具有标志性的事件"③。

(四) 经济工作必须实行"三个转变"

国务院务虚会还没有结束,1978 年 9 月 5 日,又召开了全国计划会议(预备会议),会议一直开到 10 月 22 日。各省、自治区、直辖市主管经济工作的书记、计委主任和财政局长参加了这次会议。会议的中心议题是根据华国锋、李先念在国务院务虚会上的讲话精神,研究经济管理体制的改革问题。如果说国务院务虚会所重点关注和讨论的是"引进"问题,全国计划会议则重点讨论"改革"。会议明确提出:"必须多方面地改变不适应生产力发展的生产关系,改变不适应经济基础的上层建筑,改变工农业企业的管理方式和思想方式,使之适应现代化的大经济的需要。"要"放手发挥经济手段和经济组织的作用,按经济规律办事,改变那些不讲经济核算、不讲经济效果、不讲经济效率、不讲经济责任的老框框、老方法。各级领导干部要自觉地认识这些变革的必要性、复杂性、艰巨性,站在斗争的前列,依靠广大群众,大胆而又细致地去领导这些变革"④。

根据以上认识,由这次会议形成的《一九七九、一九八〇两年经济计划的安排》明确提出经济工作必须实行"三个转变":一是"从上到下都要把主要注意力转到生产斗争和技术革命上来"。会议提出,阶级斗争、生产斗争和科学实验必须一起抓,但是阶级斗争必须促进和保证生产斗争和科学实验任务的

---

① 刘国光主编:《中国十个五年计划研究报告》,人民出版社 2006 年版,第 394 页。

② 于光远:《1978:我亲历的那次历史大转折》,中央编译出版社 2008 年版,第 55—56 页。

③ 于光远、刘世定:《从"拨乱反正"到改革》,《经济理论 20 年——著名经济学家访谈录》,湖南人民出版社 1999 年版,第 9 页。

④ 国家计委档案:《全国计划会议简报》,1978 年 9 月 26 日。武力主编:《中华人民共和国经济史》(上),中国时代经济出版社 2010 年版,第 645 页。

完成;企业和各级经济管理机关的中心任务是搞好生产。党的工作,行政工作,群众团体工作,都要服从这个中心,而不能离开这个中心。二是"从那种不计经济效果、不讲工作效率的官僚主义的管理制度和管理方法,转到按照经济规律办事、把民主和集中很好地结合起来的科学管理的轨道上来"。会议提出,要消除经济管理中的无政府现象,加强综合平衡和全国的统一计划;要改变经济管理体制上集中过多的毛病,扩大地方和企业的权力,充分发挥地方和企业的主动性、积极性;要改变用单纯的行政办法管理经济的方式,自觉地运用价值规律,充分发挥经济手段和经济组织的作用,实行严格的经济核算制和经济责。三是"从那种不同资本主义国家进行经济技术交流的闭关自守或半闭关自守状态,转到积极地引进国外先进技术,利用国外资金,大胆地进入国际市场"①。会议提出,要在坚持独立自主、自力更生方针的基础上,采取各种国际上通行而又对我有利的方式,把世界上主要先进技术拿过来,缩短我们赶上世界先进水平的时间;要发挥我们自己的有利条件和特长,通过世界市场,同国外互通有无、取长补短,并且通过对外贸易检验和提高自己的技术水平和经济水平。② "三个转变"是这次全国计划会议取得的一项最重要成果。

与会的各省市经济领导干部还就改革经济管理涉及的九个方面的体制问题,进行了深入讨论,提出了重要意见。这九个方面的体制是:计划管理体制;工业管理体制;基本建设管理体制;物资管理体制;财政管理体制;劳动工资管理体制;商业管理体制;物价管理体制;外贸管理体制。讨论中大家普遍认为,现在的经济管理工作,用经济办法少,用行政办法多,既存在着分散和无政府现象,也存在着地方和企业权力过小的问题,束缚着生产力的发展,必须进行大的改革。改革的原则是:按照客观经济规律办事,发挥经济手段和经济组织的作用;在统一计划下,发挥中央、地方和企业的积极性等。关于计

---

① 中央财经领导小组办公室编:《中国经济发展五十年大事记(1949.10—1999.10)》,人民出版社、中共中央党校出版社1999年版,第299页。

② 《当代中国的计划工作》办公室编:《中华人民共和国国民经济和社会发展计划大事辑要(1949—1985)》,红旗出版社1987年版,第398页。

划管理体制改革,大家一致主张按照"统一计划,分级管理,条块结合,以块为主"的原则,实行中央和地方两级管理。中央一级的任务是,研究和提出发展国民经济的方针政策,制订全国统一计划;省市一级的任务是,根据中央的方针政策,结合本地区的实际情况,制订地方计划。关于工业管理体制改革,大家认为,要实行中央和地方两级管理,关系全局的、产供销由全国平衡的、跨省区的、产品性质特殊的企业由中央管,其余企业由地方管。不论由哪一级管,都要改变单纯用行政办法管理的现状,打破行业地区界限,组织各种类型的公司,按照经济办法进行管理。会上,江苏省革委会副主任汪海粟等讲了关于公司的具体主张,得到一致肯定,认为:公司的形式可以多样化,有专业公司、综合公司、服务公司,可以组织全国公司、大区公司、省公司,也可以组织省范围内的地区公司。公司直接承担国家的计划任务,受国家计划和法律的约束,又有独立从事经济活动的权力,包括同国外的经济往来。各级公司之间,可以是隶属关系,或者是业务指导关系,也可以是合同关系。公司之上,不再设行业的行政管理机构,统由各级经济委员会领导。随着各类公司的建立,各部的专业司局和省市区的专业厅局要适当合并,有的要撤销。[①] 会议还第一次提出了改革要采取"摸着石头过河"的试验办法。

国务院务虚会和全国计划会议上关于开放引进和体制改革的所进行的讨论和观点交流,表明实行改革开放的主张在党内的重要决策层次已经具有了扎实的思想基础,党中央在这方面作出重大决策的条件已经趋于成熟。

四、达成重大共识的 36 天中央工作会议

(一) 邓小平"东北谈话"进一步表明改革开放坚定决心

在真理标准问题讨论逐步深入,改革开放的呼声愈来愈强烈之时,1978

---

① 国家计委档案:《全国计划会议简报》,1978 年 10 月 14 日。武力主编:《中华人民共和国经济史》(上),中国时代经济出版社 2010 年版,第 646 页。

年9月13日至20日,结束对朝鲜访问的邓小平特地视察了东北三省,先后考察了本溪、鞍山等工业重镇以及大庆油田、鞍钢等大型企业;回京途中又视察了唐山市和天津市。在视察过程中,邓小平多次发表重要谈话,一方面继续批评"两个凡是",反复强调解放思想、实事求是,一方面提出要大胆改革管理体制,努力学习国外先进经验,对实行改革开放和把工作重点转移经济建设上来等问题作了进一步强调和思想发动。

在辽宁本溪,谈到本溪和本溪钢铁公司发展时,邓小平说:"现在就是要好好向世界先进经验学习,不然老是跟在人家后面爬行。你们在国内是比较好的,但是同发达国家比,还是落后的。要到发达国家去看看,应当看看人家是怎样搞的。"①在听取黑龙江省委书记李力安等汇报工作时,邓小平着重谈了企业管理和体制改革问题,指出:"从总的状况来说,我们国家的体制,包括机构体制等,基本上是从苏联来的,人浮于事,机构重叠,官僚主义发展。'文化大革命'以前就这样。""有好多体制问题要重新考虑。总的说来,我们的体制不适应现代化,上层建筑不适应新的要求。过去讲发挥两个积极性,无非中央和省市,现在不够了,现在要扩大到基层厂矿,要加强基层企业的权力。"他还说:"管理好的企业,工资待遇应该不同。企业管理得好,为国家贡献大的,应给予奖励,刺激技术水平、管理水平的提高。平均主义害处太大了。"②在听取吉林省委第一书记王恩茂等汇报工作后,邓小平说:"现在摆在我们面前的问题,关键还是实事求是、理论与实际相结合、一切从实际出发。这是政治问题,是思想问题,也是我们实现四个现代化的现实问题。""林彪、'四人帮'把我们的思想搞僵化了。思想僵化,就不可能实现四个现代化。实事求是很不简单,不是一个小问题,所有的人开动脑筋,就有希望。世界天天发生变化,新的事物不断出现,新的问题不断出现,我们关起门

---

① 中共中央文献研究室编:《邓小平年谱(1975—1997)》(上),中央文献出版社2004年版,第373页。

② 中共中央文献研究室编:《邓小平年谱(1975—1997)》(上),中央文献出版社2004年版,第376页。

来不行,不动脑筋永远陷于落后不行。""实事求是,开动脑筋,要来一个革命。怎么样高举毛泽东思想旗帜,是个大问题。'两个凡是'不是高举毛泽东思想的旗帜。这样搞下去,要损害毛泽东思想。毛泽东思想的基本点就是实事求是,就是把马列主义的普遍原理同中国革命的具体实践相结合,毛泽东思想的精髓就是这四个字。我们现在要实现四个现代化,有好多条件,毛泽东同志在世的时候没有,现在有了。中央如果不根据现在的条件思考问题,下决心,很多问题就提不出来,解决不了。""我们是社会主义国家,社会主义制度优越性的根本表现,就是能够允许社会生产力以旧社会所没有的速度迅速发展,使人民不断增长的物质文化生活需要能够逐步得到满足。按照历史唯物主义的观点来讲,正确的政治领导的成果,归根到底要表现在社会生产力的发展上,人民物质文化生活的改善上。"①邓小平还谈到了如何学习借鉴国外先进管理方法的问题,提出:"要引进人家的技术,就要学习人家的管理方法,完全按它的管理方式生产。从开始引进,就要组织一个班子,从头到尾负责……对这样的企业,不要搞改良主义,要彻底革命。所有的引进,必须坚持这一点"②。在与辽宁省委第一书记曾山、第二书记任仲夷等谈话时,邓小平又重点谈了实事求是和发展生产力问题,强调:"不恢复毛主席树立的实事求是的优良传统和作风,四个现代化没有希望。我们要根据现在的国际国内条件,敢于思考问题,提出问题,解决问题。千万不要搞'禁区'。'禁区'的害处是使人们思想僵化,不敢根据自己的条件考虑问题。""马克思主义认为,归根到底要发展生产力。我们太穷了,太落后了,老实说对不起人民。我们现在必须发展生产力,改善人民生活条件。""要提倡、要教育所有的干部独立思考,不合理的东西可以大胆改革"③。在视察鞍钢后,邓小平对发展生产力和

---

① 中共中央文献研究室编:《邓小平年谱(1975—1997)》(上),中央文献出版社 2004 年版,第 378—379 页。

② 中共中央文献研究室编:《邓小平年谱(1975—1997)》(上),中央文献出版社 2004 年版,第 377—378 页。

③ 中共中央文献研究室编:《邓小平年谱(1975—1997)》(上),中央文献出版社 2004 年版,第 378—379 页。

改革开放讲得更为迫切和坚决。他说："我们要在技术上、管理上都来个革命,发展生产,增加职工收入。要加大地方的权力,特别是企业的权力。大大小小的干部都要开动机器,不要当懒汉,头脑僵化。以后既要考虑给企业的干部权力,也要对他们进行考核,要讲责任制,迫使大家想问题。现在我们的上层建筑非改不行。""世界在发展,我们不在技术上前进,不要说超过,赶都赶不上去,那才真正是爬行主义。""引进先进技术设备后,一定要按照国际先进的管理方法、先进的经营方法、先进的定额来管理,也就是按照经济规律管理经济。一句话,就是要革命,不要改良,不要修修补补。"①

结束在东北的考察回到北京后,邓小平继续就改革开放问题进行阐述,1978 年 10 月 10 日,在会见格奥尔格·内格韦尔为团长的德意志联邦共和国新闻代表团时说:"中国在历史上对世界有过贡献,但是长期停滞,发展很慢。现在是我们向世界各国学习的时候了。""我们派了不少人出去看看,使更多的人知道世界是什么面貌。关起门来,固步自封,夜郎自大,是发达不起来的。"②10 月 11 日,在工会第九次全国代表大会的开幕致辞中,邓小平更加明确地指出:实现四个现代化,是一场根本改变我国经济和技术落后面貌的伟大革命,"这场革命既要大幅度地改变目前落后的生产力,就必然要多方面地改变生产关系,改变上层建筑,改变工农业企业的管理方式和国家对工农业企业的管理方式,使之适应于现代化大经济的需要。为了提高经济发展速度,就必须大大加强企业的专业化,大大提高全体职工的技术水平并且认真实行培训和考核,大大加强企业的经济核算,大大提高劳动生产率和资金利润率。因此,各个经济战线不仅需要进行技术上的重大改革,而且需要进行制度上、组织上的重大改革。"③

1977 年以来,特别是进入 1978 年下半年,在加快现代化建设速度的共同呼声中,在出国考察体验到的"咄咄逼人"的差距带来的"震撼"和"信

① 《邓小平文选》第二卷,人民出版社 1994 年版,第 129—130 页。
② 《邓小平文选》第二卷,人民出版社 1994 年版,第 132 页。
③ 邓小平:《在中国工会第九次全国代表大会上的致词》,《人民日报》1978 年 10 月 12 日。

心"面前,由国务院务虚会、全国计划会议集体议论,邓小平、华国锋、李先念等积极倡导、提出的关于改革开放的一系列思考和部署,对人们的思想观念和实际工作产生了重大而直接的影响:1978 年,改革已在安徽农村悄然萌动,封闭半封闭的心态、状态和政策也逐步打破。1977 年《国际贸易问题》杂志第 3 期发表文章还宣称,"我国是社会主义国家,根本不允许外国资本来开发资源,也不同外国资本搞什么联合经营。"①1978 年 4 月 22 日,外贸部部长李强还强调,"以下几种做法在'四人帮'干扰时我们不能做,现在可以做:补偿贸易;来料加工、来样加工;用外商商标牌号定牌;协作生产;寄售;分期付款、延期付款。"但有"两种做法,我们是坚决不干的:一是借款,二是不搞合资"。② 1978 年 5 月,由中国社会科学院经济研究所编写出版的《"四人帮"对马克思主义政治经济学的篡改》一书仍然表示:"我们既不允许外国资本家同我们办联合企业,更不允许把领土、领海的主权租让给外国"③。但是形势变化很快,到了 1978 年 12 月 15 日,外贸部部长李强在香港向世界公开宣布了中国利用外资政策的重大转变:"不久以前,我们在对外贸易上,还有两个禁区。第一,政府与政府之间的贷款,不干,只有银行与银行之间的商业贷款。现在不是了。第二,外商在中国投资不干。最近我们决定把这两个禁区取消了,基本上国际贸易上惯例的做法都可以干。"④

（二）36 天中央工作会议的由来和"中心问题"的确定

1978 年 11 月 10 日至 12 月 15 日,中共中央召开工作会议。这次会议

---

① 茅文:《宜将剩勇追穷寇——把外贸战线上被"四人帮"颠倒了的路线是非纠正过来》,《国际贸易问题》1977 年第 3 期。

② 《李强同志谈灵活的对外贸易做法》,新华通讯社《内部参考》第 59 期,1978 年 5 月 29 日。

③ 中国社会科学院经济研究所:《"四人帮"对马克思主义政治经济学的篡改》,山西人民出版社 1978 年版,第 313 页。

④ 《突破"禁区",为四个现代化大干贸易》,《经济导报》第 1600 期,1978 年 12 月 20 日。

是在真理标准问题讨论的大背景下、在国务院务虚会和全国计划会议的基础上召开的,是对这两次会议所讨论的议题和所提出的主要观点进一步讨论的继续,同时又为召开党的十一届三中全会做准备。关于这次会议的由来,最早在1978年6月30日,华国锋在听取谷牧汇报出访西欧五国情况时,就提到准备在1978年10月(后推迟至11月)召开一次有各省委书记参加的中央工作会议,会议的中心议题是农业,"技术引进"等问题"也要讲"①。国务院务虚会后,叶剑英又向中央提议,为了开好党的十一届三中全会,应先开一个预备会议。他说:"粉碎'四人帮'后到目前,中央政治局常委、政治局委员们意见一致。中央委员呢? 先开个预备会议,统一思想。中央全会不能开一个月,预备会议可长可短,准备好会议文件再开全会。"②这个"预备会议",也即这次中央工作会议。③

参加这次中央工作会议的包括所有中央政治局委员、候补委员,中央军委常委,全国人大常委会的党员副委员长和秘书长,国务院副总理,全国政协的党员副主席,最高人民法院院长,最高人民检察院检察长;各省、市、自治区党委第一书记和分管政府工作的书记;各大军区司令员和政委;中央直属机关各部委第一把手,中央国家机关各部委第一把手,中央军委各直属机关第一、二把手等,共219人。④ 会议按地区分成东北、华北、西北、华东、中南、西南六个大组,中央直属机关、中央国家机关和军委直属机关的与会者,都分到了六个大组,每组指定四个召集人。会议期间,开过四次全体大会。第一次是11月10日开幕会,华国锋在会上讲话;第二次是11月13日,由纪登奎对两个农业文件作说明;第三次是11月25日,华国锋讲话,主要谈

① 房维中:《在风浪中前进——中国发展与改革编年纪事》第一分册,2004年11月初稿,未刊,第130页。
② 叶向真:《叶剑英中央工作会议上讲话起草始末》,于光远、杜润生等:《改革忆事》,人民出版社2009年版,第78页。
③ 另可参见于光远:《我亲历的那次历史转折》,中央编译出版社1998年版,第12—13页。
④ 于光远:《我亲历的那次历史转折》,中央编译出版社1998年版,第23页。

分组讨论中提出的一些历史遗留问题;第四次是 12 月 13 日闭幕会,邓小平、叶剑英、华国锋先后讲话。其余时间都是分组讨论。13 日闭幕会后,14 日、15 日又进行了两天分组讨论。讨论期间,每个大组都编发会议简报,反映讨论情况,供其他组参阅。

这次中央工作会议开了 36 天,讨论了关系全局的若干重大问题。后来在党的十一届三中全会上作出的一系列重大决策以及此前在酝酿改革开放中提出的一些重要观点和思路,在这次会议上都进行了充分讨论,并达成共识。

1978 年 11 月 10 日下午,中央工作会议在京西宾馆第一会议室开幕。华国锋、叶剑英、李先念、汪东兴出席会议。邓小平因出访东南亚三国,11 月 14 日后才到会。华国锋在主持会议时,宣布了会议的三项议题:一是讨论如何进一步贯彻执行以农业为基础的方针,尽快把农业生产搞上去。这是会议的最主要议题。会上印发了两个文件供讨论,一个是《中共中央关于加快农业发展速度的决定》,一个是《农村人民公社工作条例(试行草案)》;二是商定 1979 年和 1980 年两年国民经济计划的安排,关于这个问题,此前的全国计划会议已进行了讨论,并形成《一九七九、一九八○两年经济计划的安排》;三是讨论李先念在国务院务虚会上的讲话。这三个议题,正是 6 月 30 日华国锋所讲到的这次会议的中心议题。在讲了这三个议题后,华国锋又宣布:"中央政治局决定,在讨论上面这些议题之前,先讨论一个问题",这就是,"从明年一月起,把全党工作的着重点转移到社会主义现代化建设上来,动员全党、全军和全国各族人民,同心同德,鼓足干劲,全力以赴,为加快我国社会主义现代化建设而奋斗"。华国锋强调:"这是一个关系全局的问题,是我们这次会议的中心思想。"这样,会议实际上要讨论四项议题。在讲话中,华国锋对新议题作了展开论述,他说:"我们把全党工作的着重点转移到社会主义现代化建设上来,这个时机已经到来了。机不可失,时不我待,我们现在面临的,正是一个极其难得的、至关重要的历史时机。这样的时机,一定要抓住。现在,既然我们已经具备了充分的条件能够这样干,我们就应当坚决地果断地干起来。从 1979 年 1 月起,各级党委都要实行工作着重点的转移,把自己的主要注意力集中到狠抓社会主义现代化建设上来。"他要求参会人员"出主意,想办法,畅所欲言,集思广益",认真思考讨论:"随着这个转移,1979 年要注意抓几件什么大事? 我们党的思想建设和组织建设,我们的农业、工业、财贸、科技、文教、军事、政法等各方面的工作,工、青、妇等群众团体的工作,怎样适应这个转移?"他特别提出,在讨论其他三项议题时,"也都要围绕着全党工作着重点转移到社会主义现代化建设上来这个中心问题。"①

新增加的这个"中心问题",是邓小平首先提出来的。

还在 1977 年 8 月 23 日,在中央军委座谈会上的讲话中,邓小平就指出:"某一个时期总有某一个时期的纲,某一个部门总有某一个部门的纲。就当前来说,揭批'四人帮'的斗争是我们的纲,一定要把这场斗争进行到底,但总要有一个时间限制。"②同年 11 月,在同解放军报社社长华楠等谈叶剑英在即将召开的中央军委全体会议上的主题报告的起草问题时,他又说:这个文件以什么为纲? 怎么叫个纲? 揭批林彪、"四人帮"可以叫纲,但这是暂时的,我们还有长远的考虑;以后要转到经济建设上来,再不能提"以阶级斗争为纲"了。③ 1978 年 3 月,在全国科学大会上的讲话中,邓小平说:"我们的国家进入了新的发展时期,我们党的工作重点、工作作风都应该有相应的转变。"④与此同时,随着党的十一大和五届全国人大一次会议重申在 20 世纪末实现四个现代化的目标,虽然整个工作部署上揭批"四人帮"仍被放在第一位,但各地区各部门已开始把更多精力投入经济建设上来,经济建设日益成为全党关注的重点。1977 年 11 月 15 日,安徽省委

① 华国锋在中央工作会议上的讲话,1978 年 11 月 10 日。
② 中共中央文献研究室编:《邓小平年谱(1975—1997)》(上),中央文献出版社 2004 年版,第 186—187 页。
③ 傅颐:《围绕"两个凡是"的交锋和"纲"的转移》,《百年潮》2001 年第 1 期。参见中共中央文献研究室编:《邓小平年谱(1975—1997)》(上),中央文献出版社 2004 年版,第 236 页。
④ 《邓小平文选》第二卷,人民出版社 1994 年版,第 96—97 页。

第一书记万里在全省农村工作会议上提出："农村中心问题是把农业生产搞好,各级领导、各个部门,都要着眼于发展农业生产","我们是一个方针——以生产为中心"①。1978 年 4 月 20 日,中央发出的《关于加快工业发展若干问题的决定(草案)》特别提到："企业是生产单位,必须以生产为中心。"

邓小平真正从指导方针上提出党的工作重点转移的问题,是在 1978 年9、10 月间。9 月 17 日,他针对军队揭批"四人帮"中的问题,在接见沈阳军区机关及军区师以上干部时指出："对搞运动,你们可以研究,什么叫底?永远没有彻底的事。……通过运动主要是把班子搞好,把作风搞好,有半年时间就可以了。运动不能搞得时间过长,过长就厌倦了。不痛不痒,没有目的,搞成形式主义,这也不行。""有的单位,搞得差不多了,就可以结束"②。9 月 20 日,在与天津市委第一书记林乎加等谈话时说:揭批"四人帮"运动,"有的单位没有什么问题,也跟有问题的一样搞,干部就产生厌烦情绪。你们可以考虑一下,如果有百分之十、百分之二十的单位运动搞好了,就可以转为搞业务,搞久了不行。"他还第一次点明："这是全国性的问题"③。10 月 3 日,在同胡乔木、邓力群、于光远等商议对中国工会第九次全国代表大会上讲话稿的修改问题时,邓小平更加明确地提出了工作重点转移问题,说:"现在到了这么个时候,'四人帮'当然要批,但不能老是说什么都是'四人帮'搞的。现在有些事将要考核我们自己的干部,批了'四人帮'还搞不好,总得整一下自己吧,总得问一问领导人、领导班子是不是可以吧。外国人有个议论说,你们什么都归罪于'四人帮'。归罪于'四人帮'还是可以的,但是不能以后一直都归罪于'四人帮'的干扰破坏。我想从这个讲话开始,讲一下这个道理。……揭批'四人帮'运动总有个底,总不能还搞三年

---

① 万里:《最重要的生产力是人》,《万里文选》,人民出版社 1995 年版,第 101、102 页。

② 中共中央文献研究室编:《邓小平年谱(1975—1997)》(上),中央文献出版社 2004 年版,第 383 页。

③ 中共中央文献研究室编:《邓小平年谱(1975—1997)》(上),中央文献出版社 2004 年版,第 388 页。

五年吧！要区别一下哪些单位可以结束，有百分之十就算百分之十，这个百分之十结束了，就转入正常工作，否则你搞到什么时候。我们要把揭批'四人帮'的斗争进行到底，那么就要问'底'在哪里？现在可以暂时不说。"①10月14日，在同总政治部主任韦国清谈话时，邓小平又说，揭批"四人帮"运动，"有几条杠杠作为验收运动的标准是很重要的，不然，要把运动进行到底，底在哪里，摸不着。运动搞久了，容易倦烦，还可能打击面宽了。运动不能老搞下去，到一定时候要转入正常。绝大多数转入正常，少数继续搞。"②

从已有材料看，邓小平关于结束揭批"四人帮"，将党的工作重点转移到社会主义现代化建设上来的意见，最迟在1978年10月就已得到了中央政治局常委的认同——明确体现这个意思的、由邓小平代表中共中央国务院在工会第九次全国代表大会开幕式上的致辞曾经过华国锋、叶剑英、李先念、汪东兴的核阅。致辞明确提出："很明显……我们一定要把揭批'四人帮'的斗争进行到底。但是同样很明显，这个斗争在全国广大范围内已经取得决定性的胜利，我们已经能够在这一胜利的基础上开始新的战斗任务"③。这里虽未使用"工作重点转移"这样的表述，但"开始新的战斗任务"实际上就是进行"工作重点转移"的意思。

作出将全党工作着重点转移到现代化建设上来的决策，意义重大。11月12日，胡乔木在华北组讨论中，从理论上阐述了工作重点转移的重要性、必要性。他说：把全党工作的着重点转移到社会主义现代化建设上来，"这个转变，非常重要。这不是党的具体工作的着重点的通常性质的转变，而是具有历史意义的根本性转变。"新中国成立以来，毛泽东"多次强调把建设社会主义作为中心任务"，"但是由于种种客观上和主观上的原因，由于种

---

① 引自朱佳木：《我所知道的十一届三中全会》，当代中国出版社2008年版，第21—22页。

② 中共中央文献研究室编：《邓小平年谱（1975—1997）》（上），中央文献出版社2004年版，第402页。

③ 《邓小平文选》第二卷，人民出版社1994年版，第135页。

种干扰破坏,特别是林彪、'四人帮'的十年破坏,一直没有能够稳定地有系统地贯彻始终地进行这个转变。因此,社会主义建设也没有能够实现持久的有计划的高速度的发展,并且发生了两次大的曲折和停滞。……现在我们克服了林彪、'四人帮'的破坏,具备了完成党的工作着重点的根本转变的条件,进入了新的发展时期,开始了新长征。所谓新就新在稳定地全面地完成党的工作中心的转变,并且用现代化的生产技术、现代化的管理方法,来保证国民经济持久的有计划的高速度发展。""除了发生战争,今后一定要把生产斗争和技术革命作为中心,不能有其他的中心。否则,四个现代化的任务,就不可能在本世纪内完成。"①胡耀邦在西北组的发言中也指出:"华主席代表中央政治局提出全党工作着重点的转移,是什么性质的问题?我理解,是工作方针的新部署,是领导方法的大问题。毛主席教导我们,要波浪式前进,一波未平,一波又起。……揭批'四人帮'的斗争,取得了伟大胜利,波峰已过。中央不失时机地提出工作着重点的转移,这就能动员全国人民,放开手脚,集中主要力量,为实现社会主义四个现代化这个总目标而奋斗了。从这个意义上说,又是一个根本的转折。它必将对全党、全国、全世界产生巨大的影响。"胡耀邦后来还明确点明了邓小平在其中的贡献,1980年11月,他在中央政治局会议上说:"1978年9月份,小平同志在东北提出了全党工作着重点的转移,为三中全会的方针,为今后党的工作方针,作出了决策。"②1983年7月13日,胡乔木在全国宣传工作会议上的讲话中,进一步阐述了邓小平提出这个决策的意义,指出:"把党的工作重点由清查转到经济建设,这看起来是很简单的事情,但在当时,就是三中全会以前中央工作会议,1978年年底,就很不容易。实际上,从1949年到1979年,我们党始终没有认真地、系统地和一贯地实行这个转变,这就是这30年中的最大错误。小平同志这时坚决提出要转到以发展社会主义经济建设为

---

① 《胡乔木同志谈全党工作着重点的转移问题》,红旗杂志社图书资料研究室编:《理论资料》(5),1978年12月22日。

② 引自朱佳木:《我所知道的十一届三中全会》,当代中国出版社2008年版,第23页。

党的中心任务,可以说是真正的开端,意义非常重大。"①

(三)围绕"中心"关于改革开放相关问题的讨论

把党的工作着重点转移到社会主义现代化建设上来,从"以阶级斗争为纲"转为"以经济建设为中心",势必要对长期以来妨碍现代化建设的僵化体制机制以及各种不合时宜的观念和做法进行调整和重大变革。这样,围绕会议议题,众多与会者还就进行上层建筑领域改革、调整农村和农业政策、改革计划管理体制、引进国外先进技术和借鉴国外先进经验等问题进行了深入讨论。

讨论中,与会者普遍认为,全党工作着重点转移是一个关系全局的大问题,要真正地、不动摇地实现全党工作重点的转移,必须在思想、政策、体制和工作方法上也来个大转变,对于上层建筑中那些不适应生产力发展的部分必须坚决改革。湖北省革命委员会第一副主任陈丕显说,全党工作着重点的转移,是战略的转移,胜利的转移,前进的转移,实现这个转移首先要把思想转移过来,思想认识提高了,才能真正地转移,要不断解决上层建筑不相适应的问题,要进行体制改革。中宣部副部长朱穆之在发言中说:实现全党工作着重点的转移,在思想上将引起又一场大革命;中国建设四个现代化,还应该再加上一个思想现代化。思想现代化就是要克服一切妨碍我们前进的思想,特别是林彪、"四人帮"流毒,还有苏联僵化模式的影响,小生产和旧的习惯势力的影响等。

在讨论《关于加快农业发展速度的决定》和《农村人民公社工作条例(试行草案)》两个农业问题文件时,与会代表对农村人民公社体制、农民生产自主权、农村个体经济等问题进行了反思和讨论,对两个文件回避严峻的现实问题,空讲"人民公社的优越性"和"连续十几年的大丰收"等表示强烈不满。有的与会者指出:现在全国有近两亿人每年口粮在300斤以下,吃不

---

　　① 《胡乔木文集》第二卷,人民出版社1993年版,第571页。

饱肚子。造成这种局面,主要是过去在政策上对农民卡得太死,动不动就割"资本主义尾巴",把农民挖得太苦了,农业上不去,主要是"左"倾错误作怪。西北组有代表发言指出:人民公社的"一大二公",究竟发挥了什么优越性?所谓"公",实际上搞的是"共产"、"平均主义"、"一平二调";人民公社政社合一这种组织形式究竟怎么样?公社实际上是党政社合一,反对了社长一长制,实际搞的是书记一长制,用行政命令来办农业。关于如何改革农村体制、促进农业发展的问题,与会者主张,应把人民公社真正当作企业来办,实行"政社分开",按经济规律和自然规律来搞农业经济。北京市革命委员会主任林乎加在会上提出,外国有农业现代化的经验,应该组织人认真研究一下。欧美一些国家实现农业现代化不是孤立搞农业而是在工业、科技发展的基础上,把现代化的工业、科技成果用在农业上。我们只就农业来谈农业的现代化是"化"不了的。农业现代化是大规模、专业化、社会化。要有个农业现代化设想,要有实现这个设想的规划,要有全国布局。中央要统一考虑,统筹规划。新华通讯社社长曾涛发言说:我主张重申农民的权利和生产队自主权,要给农民应该得到的物质利益,不能再搞"空头政治"。江西省革命委员会主任江渭清发言说,要加快农业发展,重要的是要调动广大农民的积极性,不少人总怕农民富起来后会走资本主义道路,想方设法加以限制,这些都必须破除。西南组代表在发言中指出,多年来,林彪、"四人帮"宣传"钱就是资本主义,富就是修正主义,穷才是社会主义",有的地方农民连鸡、兔都不能养。如果认为农民富了就会产生资本主义,那我们只有世世代代穷下去,那我们还干什么革命呢?老百姓养几只鸡、种几棵树,怎么就能搞出资本主义?个体农民靠自己劳动进行家庭副业,不剥削别人,这叫资本主义吗?让农民搞点家庭副业能出资本主义吗?会议还初步总结了"农业学大寨"的教训,指出全国情况千差万别,怎么能都搞成大寨一个模式?为了借鉴国外农业发展经验,会上还散发了1978年上半年以来各省市组成中国农业代表团分赴日本、美国、加拿大、欧洲等地访问所形成的考察报告,如《关于日本农业的考察报告》、《第二批赴日农业代表团考察报告》、

《美国农业情况报告》、《赴加拿大考察报告》、《西欧五国农业情况报告》、《关于赴欧考察农业和农业机械化的报告》、《关于罗马尼亚、西德、法国农业的考察报告》等①。这些报告较为系统地介绍了各国农业发展情况和做法,提出了可资中国借鉴的若干建议。但会议通过的《农村人民公社工作条例(试行草案)》在人民公社经营管理上规定了"两个不许"(即"不许包产到户,不许分田单干"),又表明此时关于农村改革的讨论有很大局限性。

在讨论 1979 年和 1980 年国民经济计划安排和总结经济工作经验教训时,不少人赞成全国计划会议提出的"三个转变"方针;同时,对粉碎"四人帮"后经济工作中的急于求成倾向和国民经济中的比例失调问题提出了批评,痛切地认识到经济工作必须采用经济手段,用政治运动方式搞经济是不可能成功的,希望今后两三年把比例失调的状况大体调整过来,要实事求是,脚踏实地,再不要重犯 1958 年一哄而起的错误。12 月 10 日,陈云在东北组发表了关于经济问题的五点意见,强调引进项目要循序而进,对生产和基本建设都不能有材料的缺口等,引起与会者的高度重视。根据各方面意见,国务院着手对国民经济计划进行修改,从而开始了对两年来经济工作中急躁冒进、急于求成倾向的纠正。

在讨论李先念在国务院务虚会上的讲话时,与会代表深入反思我国经济管理体制存在的严重弊端,强烈呼吁改革经济管理体制,打开国门学习借鉴国外有益经验。鉴于参加中央工作会议的很多老干部因"文化大革命"中断工作多年,对国外情况知之甚少,为了开阔与会者的视野,经邓颖超向李先念建议,并报华国锋同意,会议印发了《苏联在二三十年代是怎样利用外国资金和技术发展经济的?》、《香港、新加坡、南朝鲜、台湾的经济是怎样迅速发展起来的?》、《战后日本、西德、法国经济是怎样迅速发展起来的?》、《罗马尼亚、南斯拉夫的经济为什么能高速发展?》四份材料供与会代表参阅,同时,会议还印发了中央有关部门出国考察形成的考察报告,都引起了

---

① 这些考察报告以及《关于朝鲜农业的考察报告》后以"中国农业代表团"的名义编成《国外农业考察报告》之一、之二、之三、之四,于 1979 年、1980 年由农业出版社公开出版。

大家极大兴趣。这些材料揭示了一个共同的规律,即当今世界任何国家和地区的经济要获得迅速发展,都不可能封闭自己,都离不开利用外国的资金和技术。在这样的规律面前,如果中国再"陶醉"于"既无内债、又无外债"就显得太僵化了。在发展经济方面,应当解放思想,认真研究其他国家的做法,汲取别国成功经验,大胆改革、搞活。

这次中央工作会议关于改革开放的讨论,主要涉及以下几个方面。

第一,关于改革的必要性、原则和意义。还在中央工作会议开幕会上的讲话中,华国锋就批评各部门普遍存在的组织重叠、机构臃肿、人浮于事、官僚主义、办事效率低、企业管理水平差等问题,严重影响四个现代化的进程。他还举了上海申请进口一套设备要盖 18 个图章等例子具体说明当时的上层建筑实在不适应生产力发展的需要。为此,华国锋提出,实现四个现代化,必须大力改革上层建筑中那些不适应生产力发展的部分。[①] 12 月 4 日,国家计委也提出,要真正推进全国计划工作会议提出的经济战线上的三大转变,还要加上一个转变,就是上层建筑必须做重大改变,要精简机构,减少层次,改变按行政手段办经济的方法。如果上层建筑不改革,我们的章法不变,三大转变是不能实现的。在讨论李先念国务院务虚会总结讲话时,有代表进一步指出,我们的上层建筑有两个方面不合理,一是用行政的办法管理企业,不讲经济核算,不讲经济效果,吃"大锅饭";二是体制不合理,制度繁琐,不能调动各方面积极性,也提不高办事效率。黑龙江省革命委员会副主任侯捷说,体制问题是多年形成的一个老问题,根据国际上的经验,罗马尼亚是高度集中,南斯拉夫是高度分散,但都得到了高速度发展,体制改革是罗马尼亚式、南斯拉夫式,还是有新的中国式都可以,最重要的原则是,让人民群众都能搞富、搞活,都有主动性。有代表提出,体制改革,要有利于调动各方面的积极性,加快国民经济发展速度,要在中央的路线、方针、政策指导下,放手让各地方去干,不要怕地方富了,企业富了,老百姓富了。有代表

---

① 于光远:《我亲历的那次历史转折》,中央编译出版社 1998 年版,第 31 页。

说,在经济领导工作中坚决摆脱墨守行政层次、行政区划、行政便利、行政方式而不讲经济核算、经济效率、经济责任的老框框,放手发挥经济手段和经济组织的作用,是认真总结新中国成立 29 年来正反两个方面的经验,分析当前国际国内形势后提出的重大方针。这是一个极大的改革,也是我们必须走的路子。西南组在讨论中提出,怎样加快实现四个现代化,重要一条是要充分调动中央、地方和企业的积极性。现在企业那么多,体制怎么搞? 说权力下放,到底下放什么东西? 怎样把几千万人的积极性调动起来,这是个大问题。我们现在的经济管理体制,是小农经济、军事共产主义和苏联早期那一套的结合。这个体制一定要改。搞体制改革,权力下放,不要误认为只是集权与分权的问题,而是调动各方面积极性的问题,是如何分清各级经济责任的问题,是如何使计划更接近经济规律办事的问题。

第二,关于改革的入手处和途径。讨论中大家认为,改革应首先指向计划体制。因为计划体制是龙头,它不改革,别的体制就不好改。计划体制的主要弊病是集中过多,统得过死,用行政办法管理企业,不讲经济核算、经济效果,吃"大锅饭";管理体制也不合理,制度繁琐,不能调动各方面的积极性。改革计划体制,首要的是扩大企业自主权。现在的企业"婆婆"太多,负担太重,权力太小,尤其是经济权力太小,1 万元以上的建设项目都得经过上级管理部门批准,这怎么能有积极性呢? 应尽快下放经济管理权,减少层次,简化手续,以充分调动企业生产的积极性、主动性,这是体制改革的关键。通过扩大企业自主权,可让企业自行组织部分产品的生产,可以自己订合同解决一部分生产资料和自销部分产品,可以通过利润分成,获得一部分供自己支配的资金。由于企业开始具有了一定的各自的经济利益,这种利益促使他们经常保持勤勉、紧张的状态,推动着他们竞相向上,不断前进。[1] 第一机械工业部党组副书记孙友余在 12 月 8 日的发言中重点讲了工业管理体制改革中的

---

[1] 林子力:《经济体制改革的开端——四川、安徽、浙江扩大企业自主权试点调查报告》,中央书记处研究室理论组编:《调查和研究(1979—1980 年汇编本)》,中共中央党校出版社 1983 年版,第 105 页。

"政企分开"问题。他认为:"当前工业管理体制改革最主要的是把经济管理系统同政权管理采统分开,经济管理系统按经济要求管理企业的经济活动;政权管理系统则按国家和地方的法律、法令来管理企业,但不干涉企业的经济活动;所在地的党委负责抓好党的工作和思想政治工作。""这是一个非常大的变化,因为势必有几级党组织和政府要放弃对一部分生产企业的经济事务的管理权,同'企业在那里就由当地管'的传统概念有很大不同。""这么改革牵扯面很大,执行中要试点,要稳步前进,不能一下子就办成……也不能出了小毛病就否定这个方向。""'管理、管理',不要'管'而不'理'。现在只是行政官在想办法,出了毛病,就加强'管',结果愈管愈死。……要从'理'字上、从政策上、从经济规律上动脑筋来解决问题。"孙友余还提出,要"在严格社会主义所有制的基础上,把计划经济组织好","同时有组织地适当扩大市场经济,作为计划经济的补充",这"对发展生产有好处"。①

第三,关于改革的手段和方法。第四机械工业部副部长刘佩荣在12月5日的发言中说,近30年来,我们党及党的领导干部,对于全国性的群众运动的方法是比较熟悉的。但是,就当前工作任务、目标和要求来说,继续采取大规模的群众运动的方法是不可取的。历史证明大规模的群众运动,没有哪一次不搞扩大化,产生极左思潮的后遗症。我们要认真总结过去的经验教训,向一切内行人学习,按经济规律、经济组织、经济方法办事情,讲究经济效果。内蒙古自治区革委会副主任刘景平认为,当前发展中的主要障碍是思想上的、技术上的和管理水平上的,对思想上的障碍必须予以高度重视,必须打破因循守旧的观念,要通过这次会议,在党内外进行思想大动员,让群众都知道,什么要改,如何改。广东省委书记王全国在讨论中提出,把经济工作"从那种不计经济效果、不讲工作效率的官僚主义的管理制度和管理方法,转到按照经济规律办事、把民主和集中很好地结合起来的科学管理的轨道上来",从内容上讲,这种转变应包括三个方面的转变:一是从小

---

① 《孙友余同志在一次会议上的发言》(1978年12月8日),经济研究参考资料编辑部编:《经济研究参考资料》1980年第43期。

生产式的和行政的甚至衙门式的管理方式,转到用经济方法,符合社会化大生产要求的科学管理的轨道上来;二是从统收统支,统得过死,转到统一计划下实行分级管理,充分发挥中央、地方和企业的积极性的体制上来;三是从分散的半政府状态转到尊重经济规律,加强综合平衡,有计划按比例发展国民经济的轨道上来。谷牧在 12 月 15 日的发言中提出,我国经济管理体制改革,不能单纯从权力多放少放、多收少收上去考虑,应有一个大的改革。大改革的标志有两条:一是在中央集中统一领导下,在坚持社会主义道路,实行社会主义经济的前提下,放手让各地和基层企业去干。体制的好坏,主要看它是否有利于生产力的发展;社会主义制度的优越性,主要表现在上层建筑适应经济基础,生产关系适应生产力的发展。始终按照这个规律办事,既可以避免生产的盲目性以及由此引起的经济危机,又可以有比资本主义高得多的经济发展速度。第二个标志是,经济工作不能凭"长官意志"办事,而必须真正按照客观经济规律办事,价值、利润、税收、信贷、物质利益等,要真正在社会主义经济中起到杠杆作用。

第四,关于改变闭关自守状态,实行对外开放的紧迫性和可能性。对此,华国锋在会议开幕时的讲话中也讲了一段话。他说:由于林彪、"四人帮"干扰破坏,不敢进口,一进口就被诬为"卖国",诬为"崇洋媚外";"文革"中外国看到中国很乱,也不敢在资金上、技术上支持我们。粉碎"四人帮"后,先搞了中日长期贸易协定,200 亿美元。条约签订后,日本认为 200 亿太少,提出从 1980 年到 1990 年,增加到 1000 亿美元。中日长期贸易协定签字后,西欧着急,法国也要和我们签订这个协定,积极要求发展和我们的贸易。西德也是如此。现在我们同意与法国、英国、美国、西德、意大利签订长期贸易协定,国外也积极到我们这儿来投资。他们在广东搞了机械化养鸡厂、手表厂、电厂。国际形势现在是很好的。正因为这样,就给我们提出一个问题,要善于利用这种形势吸收外国的技术和资金,来大大加快我们的建设速度。[①] 与会代表

---

　　① 于光远:《我亲历的那次历史转折》,中央编译出版社 1998 年版,第 31 页。

在讨论中认为,中央决定扩大引进国外的先进技术和设备,利用国外的资金,这个决心下得好,是一个重大的决策;从长期闭关自守或半闭关自守状态转为积极引进国外先进技术,利用国外资金,大胆进入国际市场,这样做比我们关起门来,样样自己从头摸索地爬行,不知要快多少倍。在某种意义上,闭关自守等于慢性自杀。有的说,可以向外国借款。外国人可以到中国来合办工厂。我们赚外国资本家的钱,为人民服务,为什么不行? 要研究日本、西德、南斯拉夫等国经济发展的情况,很好地吸取它们的经验。一些在1978 年出国访问过西方发达国家的中央领导以及一些做外交工作的人士都谈到,他们的一个突出感受是:当前的国际形势对我们十分有利。资本主义国家生产过剩,资金过剩,开工不足,市场萧条。欧洲有 5000 亿美元的游资没有出路。世界上大多数国家都希望中国强大起来,支持中国的现代化建设,他们普遍地看好中国这个大市场,有向中国投资或同中国合作的愿望。我们应该充分利用这个时机,根据两利的原则,在充分调查研究的基础上,尽可能多的吸收外国资金,大量引进先进技术和设备,加快"四化"建设速度。福建省代表还提出:从福建的实际出发,应充分利用侨乡这一特殊条件,大量吸收外资、侨资,引进先进技术和设备,开矿办厂建电站,放手大搞出口贸易,通过外贸和轻工业积累资金,然后搞基础工业,搞农业机械化,以轻养重,以重促农,从而为发展福建经济闯出一条路子来。为实现这一目标,建议中央在具体政策上给予支持,外贸分成,应适当放宽,多给地方一点。开放港口和加强码头建设,如福州的马尾港和厦门港。有人提出,在利用外资方面,我们应采取多种方式、齐头并进的办法,能合资就合资,能和外国合作生产的就合作生产,能买专利就买专利,能请专家就请专家。参加西北组讨论的王震1978 年11 月初访问英国,并顺道访问了巴基斯坦、南斯拉夫等国。当他 11 月 27 日回到北京时,中央工作会议已召开半个多月了。他结合出访见闻,也谈到了对外开放问题:我在国外参观了一些工厂和科研单位,相比之下,痛感我国经济、技术落后了几十年,群众文化水平也比他们低得多。为了加速建设进程,就要大大使用外国的资金,引进先进技术。他建议:人大常委会应尽快制定有关接受外国贷款、借款、投资等方面的法律,对外商投资提供优惠,鼓励外商与我们合办企业,保证外国投资不受侵犯;要扩大各省、市、自治区的自主权,充分发挥地方的积极性,允许他们向外借款或与外资合办企业,以加速发展中国社会主义的四个现代化建设。还有人在会上提出:搞引进是必要的,但也不能什么都引进,不能有依赖思想,引进工作要突出重点,分轻重缓急。王全国在讨论时提出中央应考虑如何利用广东的优势,特别是利用发展外贸的有利条件,给其以必要的支持,使广东为社会主义现代化做出更大贡献;当前感到被捆得死死的,希望这个问题能解决。

上述关于改革开放的讨论和提出的意见建议,虽然在广度和深度上还有待进一步拓展,讨论也主要集中在经济领域,但讨论中与会者表现出来的忧患意识、变革决心、进取精神无疑是很强烈的,对实行改革开放的必要性、紧迫性的认识也是很充分的,这都进一步强化了国务院务虚会和全国计划会议所达到的认识——党中央顺应时代大势和现实要求正式作出改革开放决策的条件已然成熟。

(四) 围绕"中心"在其他一系列重大问题上达成共识

按照最初的设想,这次中央工作会议主要是讨论经济工作的。但是,从当时的政治情势和人们的内心愿望看,要真正把经济工作落实好,就必然在向前看的同时,发生向后看的问题,即正视和解决新中国成立以来特别是"文化大革命"中产生的各种历史遗留问题,包括当时最引人关注的"天安门事件"问题。华国锋所宣布的会议安排,是想在回避这些重大敏感问题的情况下讨论他所提出的议题的,结果未能如愿。从11月11日小组讨论一开始,谭震林在华北组就明确提出,进行工作着重点的转移,要先解决一些问题,如"天安门事件"、"二月逆流"、"百万雄师"等问题。华东组的陈再道最先提出了"天安门事件"问题,说:实践是检验真理的唯一标准,实践已经有了,真理也有了,就是不敢去检验,不敢说真话。如"天安门事件",

悼念周总理,实践证明是革命行动,是反对"四人帮"的革命行动。如果说"天安门事件"有反革命,这反革命就是"四人帮"。这个问题向全国人民说清楚,全国人民也就服了。华北组的傅崇碧、李昌,华东组的吕正操等在本组发言中也说:"天安门事件"是革命行动。11 月 12 日,陈云在东北组发言,一口气提出了包括为"天安门事件"平反在内的六个党内外关注的重大历史遗留问题,更是把讨论引向了高潮。① 面对绝大多数与会者的愿望,中央政治局常委讨论了上述意见,并作出决定。11 月 25 日,华国锋代表中央政治局在会上宣布:(一)"天安门事件"完全是革命的群众运动,应该为"天安门事件"公开彻底平反。(二)为因所谓"二月逆流"受到冤屈的所有同志一律恢复名誉,受到牵连和处分的所有同志一律平反。(三)现已查明"薄一波等六十一人案件"问题是一起重大错案,应为这一重大错案平反。(四)彭德怀曾担任过党政军的重要领导职务,对党和人民做出过重大贡献,怀疑彭德怀里通外国是没有根据的,应予否定。(五)陶铸在几十年的工作中对党对人民是有贡献的,经过复查,过去将他定为叛徒是不对的,应予平反。(六)将杨尚昆定为阴谋反党、里通外国是不对的,应予平反。(七)康生、谢富治有很大的民愤,对他们进行揭发批判是合情合理的。(八)一些地方性的重大事件,一律由各省、市、自治区党委根据情况实事求是地予以处理。② 这些决定,使两年来广大干部群众一直强烈呼吁的几项要求终于得到基本解决。与会人员十分振奋,更加畅所欲言。

关于真理标准问题的讨论,在中央工作会议之前已开展了半年之久。中央工作会议开始后,虽然华国锋宣布的会议议题中没有这方面的内容,但

---

① 陈云:《在中央工作会议东北组的发言》,《陈云文选》第三卷,人民出版社 1995 年版,第 232—234 页。

② 华国锋在 11 月 25 日全体会议的讲话中,只讲了以上 8 个问题。12 月 14 日,在由中央工作会议秘书组印发的定稿中,又新增了一个问题,变成了 9 个问题。新增的问题列为第二条,内容为:"实践证明,反击右倾翻案风是错误的。中央政治局决定:中央一九七五年发的二十三、二十四、二十六、二十七号文件,一九七六年发的二、三、四、五、六、八、十、十一号文件全部予以撤销。贯彻执行这些文件的党委和个人是没有责任的,责任由中央承担。"其余序号顺延。

仍然有不少人如胡绩伟、杨西光、耿飚、邓颖超、秦基伟等在小组发言中涉及了这场讨论,并对"两个凡是"的提法,对中宣部在这个问题上的做法、对《红旗》杂志"不表态"的态度,提出了批评。从 11 月 28 日开始,会议围绕真理标准问题展开了深入讨论,通过讨论,很多与会者更清楚地了解了"两个凡是"提出的经过和真理标准问题讨论的由来,对"两个凡是"的危害有了进一步的认识。提出和坚持"两个凡是"的人有的作了自我批评,有的还提交了书面检讨。华国锋在会议闭幕时也对讲了"两个凡是"观点作了自我批评,他说:"在去年 3 月中央工作会议上的讲话中,我讲了'凡是毛主席做出的决策,都必须维护;凡是损害毛主席形象的言行,都必须制止'。当时的意图,就是要把毛主席和'四人帮'严格切开。后来发现,第一句话,说得绝对了,第二句话,确实是必须注意的,但如何制止也没有讲清楚。当时对这两句话考虑得不够周全。现在看来,不提'两个凡是'就好了。在这之前,2 月 7 日中央两报一刊还发表过一篇题为《学好文件抓住纲》的社论。这篇社论中也讲了'两个凡是',即'凡是毛主席做出的决策,我们都坚决拥护,凡是毛主席的指示,我们都始终不渝地遵循'。这'两个凡是'的提法就更加绝对,更为不妥。我的讲话和那篇社论,虽然分别经过政治局讨论和传阅同意,但责任主要由我承担。在这个问题上,我应该作自我批评,也欢迎同志们批评。"经过这次中央工作会议的进一步交锋和争论,持续半年多的真理标准讨论终以华国锋等人所作的自我批评为标志而取得重大成果。

在华国锋宣布的这次会议的 4 项议题中,最初并没有中央人事调整问题。但是,随着与会者提出要解决历史遗留问题、要追究真理标准讨论中的是非和责任问题,很自然地就要提出一个问题:解决这些问题为什么会有阻力? 什么人构成了阻力? 对犯有错误的人应该怎样处理? 人事调整问题就这样提出来了。特别是在 11 月 25 日第三次全体会议后的讨论中,越来越多的与会者感觉到开展好今后的工作需要一个更有力的中央领导班子。在此情况下,一些与会者在讨论中提出了包括中央政治局常委、政治局委员和中央委员在内的人事问题;批评的意见则主要集中在汪东兴、陈锡联、吴德、纪登奎4个中央政治局委员身上。

中央工作会议开始后不久,11月12日,吕正操在谈到"天安门事件"时就说:少数人进了政治局,"一入局门深似海,从此群众是路人"。举旗不前进,把旗当幌子,实际上砍旗。此后,有越来越多的人给他们提意见。基建工程兵主任李人林说:政治局的同志不都是那么强,有的不令人信服。毛远新那么个毛孩子为什么成了东北的太上皇? 有的人插手河南,把河南搞乱了。新疆、北京搞成这个样子,能使人信得过吗? 有些有能力的同志进不了政治局,有的人既无功劳也无能力,为什么一定要搞成政治局委员? 现在要整顿领导班子,中央可不可以整顿一下,个别同志是否可以整顿一下? 能上能下嘛! 万里说:活着的个别高级领导人,在某个地区某些部门,某些问题上,跟林彪、"四人帮"干了不少错事、坏事,甚至是有罪的。揭批"四人帮"两年了,不作检查,还在那里装模作样,假正经,包庇帮派。我们党对犯错误的同志是坚持"惩前毖后,治病救人"的,但犯有严重错误的人必须作自我批评,不要欠账。段君毅说:群众反映河南问题在上边,上边就指纪登奎。"四人帮"倒台后,纪登奎给造反派通风,让他们表态,河南人说"心有余纪(悸)"。受到批评后,4位政治局委员都作了不同程度的检查,有的提出了辞职的请求。① 11月28日,王震在西北组的发言中首先向中央建议:"陈云同志过去是我们党中央的一位副主席。不少同志要我向中央反映,建议选陈云同志担任副主席。"②他还说:"有些干部力不胜任,应允许提出辞职或免职,自己也应主动辞职。"③王震的建议,得到西北组和其他各组的热烈响应。李强在中南组书面发言中也说:"陈云同志是我党一位有着丰富领导经验的老同志。他有白区工作的经验和苏区工作的经验。他既有党的工作的经验,也有经济工作的经验。陈云同志过去曾是我们党中央的一位副

---

① 朱佳木:《我所知道的十一届三中全会》,当代中国出版社2008年版,第98—101页。
② 《王震传》编写组:《王震传》(下),当代中国出版社2001年版,第184页。
③ 朱佳木:《我所知道的十一届三中全会》,当代中国出版社2008年版,第107页。

主席。我建议请党中央考虑,选陈云同志担任党中央政治局委员并担任副主席。"①

　　对于如何调整中央人事以及如何处理中央几个有错误的领导人的问题,邓小平有非常明确的态度。11 月 27 日晚,在和华国锋、叶剑英等听取会议各组召集人彭冲、王恩茂、秦基伟、段君毅、汪锋、安平生的汇报,谈到对中央几个有错误的领导人如何处理的问题时,邓小平说:"现在国际上就看我们有什么人事变动,加人可以,减人不行,管你多大问题都不动,硬着头皮也不动。这是大局。好多外国人要和我们做生意,也看这个大局。"②12 月 1 日晚上,在和李先念一起召集有许世友、李德生、杨易辰、王恩茂、任仲夷、万里、陈丕显、段君毅、胡立教等参加的中国人民解放军大军区司令员和省委第一书记打招呼会议上③,邓小平又提出了以下意见:1."历史问题只能搞粗,不能搞细",只有"和稀泥"是正确的。2."中央的人事问题,任何人都不能下,只能上。现有的中央委员,有的可以不履行职权,不参加会议活动,但不除名,不要给人印象是权力斗争。"3.关于上的问题。至少加 3 个政治局委员:"陈云,兼纪委书记;邓大姐,胡耀邦。够格的人有的是,如王胡子(指王震——引者注),也够格。"党章规定,中央委员会不能选中央委员,想开个例,补选一点,数目也不能太多。有几个第一书记还不是中央委员,如习仲勋、王任重、周惠,还有宋任穷、韩光、胡乔木、陈再道,补选为中央委员,将来追认就是了。④ 4."对'文化大革命'问题,现在也要回避"。⑤ 经过充分酝酿,12 月 10 日,中央政治局召开会议,对人事问题作出如下决定:拟增

---

① 中央工作会议简报,中南组第 34 期,1978 年 12 月 3 日。
② 中共中央文献研究室编:《邓小平年谱(1975—1997)》(上),中央文献出版社 2004 年版,第 441 页。
③ 于光远:《1978:我亲历的那次历史大转折》,中央编译出版社 2008 年版,第 233 页。另见中共中央文献研究室编:《邓小平年谱(1975—1997)》(上),中央文献出版社 2004 年版,第 445 页。
④ 金冲及、陈群主编:《陈云传》(下),中央文献出版社 2005 年版,第 1490 页。
⑤ 中共中央文献研究室编:《邓小平年谱(1975—1997)》(上),中央文献出版社 2004 年版,第 445 页。

补陈云为中央政治局委员、政治局常委、中央委员会副主席,增补邓颖超、胡耀邦、王震为政治局委员,增补黄克诚、宋任穷、胡乔木、习仲勋、王任重、黄火青、陈再道、韩光、周惠9人为中央委员。这样,中央人事安排基本确定了下来,直待提交中共十一届三中全会审议通过。

（五）"改革开放"是邓小平闭幕会讲话的主基调

由于中央工作会议所讨论的内容大大超出了原定议题,会期也因此超出原来设想的"二十天"时间[1]。1978年12月13日,中央工作会议举行闭幕会。叶剑英、邓小平、华国锋分别讲话。叶剑英在讲话中着重讲了民主和法制问题,讲话结束时,他郑重呼吁全党要以全新的风貌、昂扬的斗志迎接这场即将到来的伟大变革,指出:"我们进行社会主义现代化建设,不仅是大大提高社会生产力,而且是从经济基础到上层建筑的一场深刻的社会革命。我们的同志,对待这样一场革命,是不是有充分的思想准备呢?我看,许多人还是准备不足。有些同志还是前怕狼后怕虎,墨守成规,因循守旧,思想就是不解放,不敢往前迈出一步。怕什么?是不是怕人家说自己'复辟资本主义',怕抓辫子、扣帽子、打棍子,怕丢乌纱帽?如果是那样,那他们为什么不怕两千多年来遗留下来的手工业生产方式继续保存下去,不怕中国贫穷落后,不怕中国人民不答应这样的现状?"[2]

邓小平在会上发表了由他亲自拟定提纲、题为《解放思想,实事求是,团结一致向前看》的讲话。这个讲话,是一篇具有强烈危机意识、发展意识、开拓意识、进取精神,意在激发全党全国人民摆脱"因循守旧,安于现状,不求发展,不求进步,不愿接受新事物"的"僵化或半僵化的状态"而敢闯敢干、敢为人先,强力倡导改革创新精神的政治呼吁书、宣言书。它为即将召开的党的十一届三中全会提供了指导思想,实际上也是党的十一届三

---

[1]　于光远:《1978:我亲历的那次历史大转折》,中央编译出版社2008年版,第31页。

[2]　叶剑英:《在中央工作会议闭幕会上的讲话》,《叶剑英选集》,人民出版社1996年版,第501页。

中全会的主题报告。

讲话开宗明义点出"解放思想是当前的一个重大政治问题",重点列举了由"思想僵化"而产生的种种"怪现象",提出要破除"条条框框","独立思考,敢想、敢说、敢做",强调:"一个党,一个国家,一个民族,如果一切从本本出发,思想僵化,迷信盛行,那它就不能前进,它的生机就停止了,就要亡党亡国。"倡导:"干革命、搞建设,都要有一批勇于思考、勇于探索、勇于创新的闯将。没有这样一大批闯将,我们就无法摆脱贫穷落后的状况,就无法赶上更谈不到超过国际先进水平。"希望:"各级党委和每个党支部,都来鼓励、支持党员和群众勇于思考、勇于探索、勇于创新,都来做促进群众解放思想、开动脑筋的工作。"①

讲话强调"民主是解放思想的重要条件",要"使民主制度化、法律化,使这种制度和法律不因领导人的改变而改变,不因领导人的看法和注意力的改变而改变",并着重阐述了"发扬经济民主的问题"。发扬"经济民主",实际上就是要改革不合理的经济管理体制。讲话说:"现在我国的经济管理体制权力过于集中,应该有计划地大胆下放,否则不利于充分发挥国家、地方、企业和劳动者个人四个方面的积极性,也不利于实行现代化的经济管理和提高劳动生产率。应该让地方和企业、生产队有更多的经营管理的自主权。我国有这么多省、市、自治区,一个中等的省相当于欧洲的一个大国,有必要在统一认识、统一政策、统一计划、统一指挥、统一行动之下,在经济计划和财政、外贸等方面给予更多的自主权。"讲话认为:"当前最迫切的是扩大厂矿企业和生产队的自主权,使每一个工厂和生产队能够千方百计地发挥主动创造精神。……全国几十万个企业,几百万个生产队都开动脑筋,能够增加多少财富啊! 为国家创造财富多,个人的收入就应该多一些,集体福利就应该搞得好一些。""革命是在物质利益的基础上产生的,如果只讲牺牲精神,不讲物质利益,那就是唯心论。"②讲话阐明:"这次会议,解决了

---

① 《邓小平文选》第二卷,人民出版社 1994 年版,第 141—143 页。
② 《邓小平文选》第二卷,人民出版社 1994 年版,第 144—146 页。

一些过去遗留下来的问题,分清了一些人的功过,纠正了一批重大的冤案、错案、假案。这是解放思想的需要,也是安定团结的需要。目的正是为了向前看,正是为了顺利实现全党工作重心的转变。"①

讲话最后提出,要"研究新情况,解决新问题",当前"尤其要注意研究和解决管理方法、管理制度、经济政策这三方面的问题"。这部分讲话集中阐述了改革的必要性和重点任务,改革开放的思想、思路旗帜鲜明。在管理方法上,讲话郑重指出:"我们的经济管理工作,机构臃肿,层次重叠,手续繁杂,效率极低。政治的空谈往往淹没一切。这并不是哪一些同志的责任,责任在于我们过去没有及时提出改革。但是如果现在再不实行改革,我们的现代化事业和社会主义事业就会被葬送。"我们要学会用经济方法管理经济,"自己不懂就要向懂行的人学习,向外国的先进管理方法学习。不仅新引进的企业要按人家的先进方法去办,原有企业的改造也要采用先进的方法。在全国的统一方案拿出来以前,可以先从局部做起,从一个地区、一个行业做起,逐步推开。中央各部门要允许和鼓励它们进行这种试验。"讲话提出,今后,"看一个经济部门的党委善不善于领导,领导得好不好,应该主要看这个经济部门实行了先进的管理方法没有,技术革新进行得怎么样,劳动生产率提高了多少,利润增长了多少,劳动者的个人收入和集体福利增加了多少。各条战线的各级党委的领导,也都要用类似这样的标准来衡量。这就是今后主要的政治。"在管理制度上,讲话提出,"当前要特别注意加强责任制","任何一项任务、一个建设项目,都要实行定任务、定人员、定数量、定质量、定时间等几定制度";"要扩大管理人员的权限","要善于选用人员,量才授予职责","要严格考核,赏罚分明",并"同物质利益联系起来"。在经济政策上,讲话提出,"要允许一部分地区、一部分企业、一部分工人农民,由于辛勤努力成绩大而收入先多一些,生活先好起来。"这样"就必然产生极大的示范力量,影响左邻右舍,带动其他地区、其他单位","使

① 《邓小平文选》第二卷,人民出版社 1994 年版,第 147 页。

整个国民经济不断地波浪式地向前发展,使全国各族人民都能比较快地富裕起来。""这是一个大政策,一个能够影响和带动整个国民经济的政策"。①

邓小平在中央工作会议闭幕会上的讲话,是在党和国家历史大转折的关键时期,确定改革开放新道路、阐述改革开放新政策的开篇之作。

华国锋在闭幕会上最后一个讲话,总结了这次中央工作会议的成果,并对"两个凡是"方针作了自我批评,承担了责任。随后,他宣布:"这次中央工作会议结束之后,接着要召开党的十一届三中全会。全会的任务是:一、讨论通过从明年一月起,把全党工作的着重点转移到社会主义现代化建设上来的问题。二、审议通过关于农业问题的两个文件和一九七九、一九八〇年两年国民经济计划的安排。三、讨论人事问题和选举成立中央纪律检查委员会。"②讲话中他还特别讲道:"党中央是集体领导,希望今后各地区、各单位向中央作请示报告的时候,文件的抬头不要写华主席、党中央,只写党中央就可以了。中央党政军机关向下行文,也希望照此办理。也不要提英明领袖,称同志好。希望文艺作品多创作歌颂党、歌颂老一辈革命家与工农兵英雄事迹,不要宣传我个人。"③

弥漫、贯穿 36 天中央工作会议始终的是民主、求变、自励、务实、"科学"④、敢言奋行、突破陈规陋见"向前看"的"改革开放"精神。会议在思想路线、政治路线、组织路线和重大历史是非方面所达成的共识和取得的成果,无不是这一精神的具体体现。这些成果的取得,为随后召开的中共十一届三中全会正式确立改革开放决策和在全会之后强有力地贯彻实施这一决策做了各方面的重要准备。一定意义上,正是这次层次更高、讨论更充分、议题更广泛、为期长达 36 天的会议所进一步论证和凝结的几大共识,历史

---

① 《邓小平文选》第二卷,人民出版社 1994 年版,第 149—152 页。

② 华国锋在中央工作会议闭幕会上的讲话,1978 年 12 月 13 日。引自金冲及、陈群主编:《陈云传》(下),中央文献出版社 2005 年版,第 1503 页。

③ 《坚持党委的集体领导原则》,《人民日报》1979 年 2 月 1 日。

④ 于光远:《我亲历的那次历史大转折》,中央编译出版社 1998 年版,第 342 页。

地"设定"了党的十一届三中全会决策的框架、轨道和方向。对包括这段历史在内的粉碎"四人帮"以来的两年多历史,邓小平曾给予高度评价,他说:"粉碎'四人帮'以后三年的前两年,做了很多工作,没有那两年的准备,三中全会明确地确立我们党的思想路线、政治路线,是不可能的。"①1978 年12 月 31 日,胡耀邦在赴任中宣部部长第三天一次会议上的讲话中也说:"我个人的看法是:粉碎'四人帮'两年多来,是拨乱反正的两年,是扭转乾坤的两年。两年多,我们搞了一场政治上的大搏斗⋯⋯确实是一场政治大革命,出现了多少惊心动魄,雄伟壮观的场面。我建议在座的历史学家想一想我们两年多来的经历,以便几年之后好写这两年多来的历史,作出公正的评价。"胡耀邦还说:"这么一场大决斗,大革命,没有思想发动,没有思想领先,许多事情是扭不过来的,拨乱反正也是拨不好,反不好的。""两年多来,我们全党、全国人民的思想一天比一天活跃起来。两年多来,党中央用马列主义,毛泽东思想这个强大思想武器,澄清了一系列被林彪、'四人帮'颠倒、破坏,歪曲了的理论是非,思想是非,路线是非、政策是非。"②的确,没有这两年多的酝酿和推动,就不可能有党的十一届三中全会的决策及会后改革开放新局面的开创。

五、正式决策改革开放的十一届三中全会

中央工作会议结束后第三天,1978 年 12 月 18 日,党的十一届三中全会在京西宾馆召开。由于有了中央工作会议的充分准备,这次中央全会的议程就显得明确而相对简单,只开了 5 天就于 22 日结束了。全会实际上是履行程序性质的会议:确认中央工作会议达成的一系列共识并作出正式决策。

中央工作会议结束后,不是中央委员和候补中央委员的人离开京西宾

---

① 《邓小平文选》第二卷,人民出版社 1994 年版,第 242 页。

② 胡耀邦:《在地、县宣传工作座谈会上的讲话》,1979 年 12 月 13—14 日。

馆,中央委员和候补中央委员则留下来休息,等着 3 天后参加党的十一届三中全会。1977 年党的十一大选出的中央委员和候补中央委员共 333 人,到党的十一届三中全会召开时其中 6 人已去世。在余下的 327 人中,由于种种原因经中央决定未通知到会的有 25 人,他们是:河北的王国藩,黑龙江的于洪亮,福建的江礼银,河南的耿起昌、杜学然、杜昕,陕西的吴桂贤,辽宁的尉凤英,吉林的冯占武,云南的七林旺丹,新疆的贾那布尔,解放军的刘兴元、孔石泉、任思忠、刘光涛、黄荣海、江燮元、陈先瑞、吴忠、张积慧,中直机关的曹轶欧,中央另行分配工作的刘建勋、郭玉峰、解学恭、钟夫翔。除因事因病请假的 21 人外,实际应出席全会的中央委员 169 人,候补中央委员 112 人,加上列席会议的宋任穷、黄克诚、黄火青、胡乔木、韩光、周惠、陈再道、王任重、习仲勋 9 人,共 290 人。

和中央工作会议一样,这次中央全会仍按地区分成六个大组,原中央工作会议各组召集人不变。12 月 17 日,出席会议的代表陆续报到。党的十一届三中全会秘书组印发了出席全会的代表名单、全会分组名单和会议日程,印发了华国锋在中央工作会议上的三次讲话和叶剑英、邓小平在中央工作会议闭幕会上的讲话。17 日当天下午,中央政治局常委召集全会各组召集人开会,华国锋、叶剑英、邓小平、李先念、汪东兴出席会议。华国锋、叶剑英、邓小平、李先念就如何开好党的十一届三中全会以及会议的指导思想、开会办法和议程安排等问题讲话。对于中央工作会议上许多人要求有错误的几位同志在全会上作个像样检讨的问题,这次常委会决定:可以不再在会上检讨了。邓小平说:"对犯错误的同志不包庇,也不勉强。[汪]东兴同志提出不当副主席,不当常委,我们从大局出发,还是不动,以后如何,到时再说。纠缠久了对工作不利。河南如果把揭发纪[登奎]的材料带回去传达,一年也搞不完,就不要工作了。还是多搞点粮食吧。"①

按照全会日程安排,12 月 18 日白天,各组分别安排讨论或阅读文件。

---

① 朱佳木:《我所知道的十一届三中全会》,当代中国出版社 2008 年版,第 92 页。

全会秘书组印发了《一九七九、一九八〇两年经济计划的安排（草案）》（1978 年 12 月 18 日）和《农村人民公社工作条例（试行草案）》（1978 年 12 月 16 日修改稿）。华北组、西南组、西北组、东北组、华东组、中南组于当天分别召开会议，传达华国锋、叶剑英、邓小平、李先念在 12 月 17 日下午各组召集人会议上的讲话。

12 月 18 日晚，党的十一届三中全会在京西宾馆正式开幕。中共中央主席华国锋，副主席叶剑英、邓小平、李先念、汪东兴出席会议。华国锋主持会议时，首先向与会代表通报了中央工作会议的情况，他说：三中全会之前，中央开了 36 天有中央和地方党政军主要负责同志两百多人参加的工作会议。经过到会同志的充分讨论，一致赞同中央政治局关于从明年 1 月起，把全党工作着重点转移到社会主义现代化建设上来的重大决策；解决了为"天安门事件"彻底平反和过去运动中遗留的一批重大问题，重新评价了一些担任过党政军重要领导职务的同志的功过是非；修改了关于农业问题的两个文件，原则上确定了明后两年国民经济计划的安排；通过了中央政治局关于人事问题和中央纪律检查委员会人选的建议。这次会议开得很好、很成功，为开好三中全会做了充分准备，创造了有利条件。在接着宣布了三中全会的主要任务后，华国锋最后说：中央工作会议已经开了一个多月。所以，中央政治局的意见，这次三中全会只开 5 天，希望到会同志集中精力，把会议开好，完成这次全会预定的任务。开幕会后，鉴于会期较短，19 日，各组集中时间继续阅读文件，包括看印发的汪东兴、纪登奎、吴德、陈锡联四人的书面检讨材料。在阅读材料的基础上，20 日至 22 日这三天，各组进行讨论，讨论的内容，概括起来主要包括四个方面：一是原先参加中央工作会议的中央委员以发言的形式向未参加会议的中央委员介绍中央工作会议的情况；二是所有出席者都对中央工作会议闭幕会上中央领导人的讲话表态，对中央人事调整表态，对设立中央纪律检查委员会及其委员候选人名单表态；三是同中央工作会议一样，对"两个凡是"、"实践是检验真理的唯一标准"、平反冤假错案、康生问题等发表意见；四是对党的十一届三中全会公报的草

149

稿表态并提修改意见。

由于有了此前36天中央工作会议的充分讨论,因此会议代表在讨论中很快在一系列重大问题上取得共识。

第一,全会决定:"及时地、果断地结束全国范围的大规模的揭批林彪、'四人帮'的群众运动",1979年起,"把全党工作的着重点和全国人民的注意力转移到社会主义现代化建设上来"。这一决策的作出,成功地解决了此前20年我们党没有解决好的在无产阶级掌握政权,建立了社会主义的政治经济制度之后,究竟应当把党和国家主要精力放在什么上面的问题,意义重大。

第二,全会讨论并原则同意1979年和1980年两年的国民经济计划安排,建议国务院在修改后提交五届全国人大二次会议讨论通过。全会指出,由于林彪、"四人帮"的长期破坏,国民经济中还存在不少问题。一些重大的比例失调状况没有完全改变过来,生产、建设、流通、分配中的一些混乱现象没有完全消除,城乡人民生活中多年积累下来的一系列问题必须妥善解决。必须在这几年中认真地逐步地解决这些问题,切实做到综合平衡,以便为迅速发展奠定稳固的基础;基本建设必须积极地而又量力地循序进行,不可一拥而上,造成窝工和浪费。

第三,全会深入讨论了农业问题,原则通过《中共中央关于加快农业发展若干问题的决定(草案)》和《农村人民公社工作条例(试行草案)》,决定将这两个文件发到各省、市、自治区讨论和试行。全会提出了发展农业生产的一系列政策措施和经济措施。其中最重要的是:人民公社、生产大队和生产队的所有权和自主权必须受到国家法律的切实保护;不允许无偿调用和占有生产队的劳力、资金、产品和物资;公社各级经济组织必须认真执行按劳分配的社会主义原则,按照劳动的数量和质量计算报酬,克服平均主义;社员自留地、家庭副业和集市贸易是社会主义经济的必要补充部分,任何人不得乱加干涉;人民公社要坚决实行三级所有、队为基础的制度,稳定不变;人民公社各级组织都要坚决实行民主管理、干部选举、账目公开等。

　　第四,全会在深入总结新中国成立以来经济建设经验教训的基础上清醒地认识到,实行工作重点转移之后,决不能再沿用过去的管理体制、管理方法,而必须根据现代化建设的需要,对传统的僵化体制进行大胆改革,探索新的发展道路。全会提出:"实现四个现代化,要求大幅度地提高生产力,也就必然要求多方面地改变同生产力发展不适应的生产关系和上层建筑,改变一切不适应的管理方式、活动方式和思想方式,因而是一场广泛、深刻的革命。"为此,要"根据新的历史条件和实践经验,采取一系列新的重大的经济措施,对经济管理体制和经营管理方法着手认真的改革,在自力更生的基础上积极发展同世界各国平等互利的经济合作,努力采用世界先进技术和先进设备"。这就在实际上使此前酝酿的改革、开放方针正式成为中国社会主义建设的重大决策,改革开放由此成为加速中国经济社会发展的强大动力。关于改革的内容,全会指出:"我国经济管理体制的一个严重缺点是权力过于集中,应该有领导地大胆下放,让地方和工农业企业在国家统一计划的指导下有更多的经营管理自主权;应该着手大力精简各级经济行政机构,把它们的大部分职权转交给企业性的专业公司或联合公司;应该坚决实行按经济规律办事,重视价值规律的作用,注意把思想政治工作和经济手段结合起来,充分调动干部和劳动者的生产积极性;应该在党的一元化领导之下,认真解决党政企不分、以党代政、以政代企的现象,实行分级分工分人负责,加强管理机构和管理人员的权限和责任,减少会议公文,提高工作效率,认真实行考核、奖惩、升降等制度。采取这些措施,才能充分发挥中央部门、地方、企业和劳动者个人四个方面的主动性、积极性、创造性,使社会主义经济的各个部门各个环节普遍地蓬蓬勃勃地发展起来。"①

　　全会还认真讨论了"文化大革命"期间以及"文化大革命"前发生的一些重大政治事件,审查和纠正了过去对一些重要领导人所作的错误结论;讨

---

　　①　《中国共产党第十一届中央委员会第三次全体会议公报》,人民出版社 1978 年版,第7—8 页。

论了民主和法制问题,强调要"使民主制度化、法律化,使这种制度和法律具有稳定性、连续性和极大的权威,做到有法可依,有法必依,执法必严,违法必究";高度评价了关于实践是检验真理的唯一标准问题的讨论,认为这对于促进全党全国人民解放思想,端正思想路线,具有深远的历史意义;肯定了毛泽东的历史功绩和毛泽东思想,并提出在适当的时候对"文化大革命"的经验教训作出总结。①

全会经过讨论,决定增选陈云为中央政治局委员、中央政治局常委、中央委员会副主席;增选邓颖超、胡耀邦、王震为中央政治局委员;增补黄克诚、宋任穷、胡乔木、习仲勋、王任重、黄火青、陈再道、韩光、周惠为中央委员;决定成立中央纪律检查委员会,选举陈云为中纪委第一书记。中央政治局会议随后决定:设立中央秘书长和副秘书长,由胡耀邦担任中央秘书长兼中央宣传部部长;免去汪东兴兼任的中央办公厅主任等职务。对中央人事所做的上述调整,从组织上为工作重点转移的实现和改革开放政策的贯彻实施提供了保证。这个时候,虽然华国锋仍担任党中央主席,但就体现党的正确的指导思想、决定改革开放和现代化建设的重大方针政策来说,邓小平实际上已经成为党中央领导集体的核心。

党的十一届三中全会是中国共产党发展史、执政史上一座高耸的"界标",关于这次全会的意义,1981年党的十一届六中全会通过的《关于建国以来党的若干历史问题的决议》称其"是建国以来我党历史上具有深远意义的伟大转折"②。1998年12月,在党的十一届三中全会召开20周年之际,江泽民再次高度评价了这次全会,指出:"党在思想、政治、组织等领域的全面拨乱反正,是从这次全会开始的。伟大的社会主义改革开放,是由这次全会揭开序幕的。建设有中国特色社会主义的新道路,是以这次全会为

---

① 中共中央文献研究室编:《三中全会以来重要文献汇编》(上),中央文献出版社1982年版,第3—9页。

② 中共中央文献研究室编:《三中全会以来重要文献汇编》(下),中央文献出版社1982年版,第821页。

起点开辟的。""十一届三中全会是一个光辉的标志,它表明中国从此进入了社会主义事业发展的新时期"①。2008 年 12 月,胡锦涛在纪念十一届三中全会召开 30 周年大会上的讲话中又指出:"党的十一届三中全会标志着我们党重新确立了马克思主义的思想路线、政治路线、组织路线,标志着中国共产党人在新的时代条件下的伟大觉醒,显示了我们党顺应时代潮流和人民愿望、勇敢开辟建设社会主义新路的坚强决心。"②

　　在经历新中国成立以来 29 年曲折发展之后,在痛感封闭僵化不能发展中国而只会窒息中华民族生机的认知下,在粉碎"四人帮"、切身感知中外经济科技巨大差距、要把被"耽误的时间夺回来"并进行真理标准问题大讨论的基础上,经过国务院务虚会、36 天中央工作会议等的充分酝酿和先期准备,党的十一届三中全会最终作出了改革开放的伟大决策,这是一个扭转中国、中国共产党、中国社会主义和马克思主义发展命运的历史性重大决策,正是基于这个决策,中国共产党及其领导的社会主义事业挣脱了泥淖,转入康庄大道,走上了胜利之途。

---

① 江泽民:《在纪念党的十一届三中全会召开二十周年大会上的讲话》,《人民日报》1998 年 12 月 19 日。
② 胡锦涛:《在纪念党的十一届三中全会召开三十周年大会上的讲话》,《人民日报》2008 年 12 月 19 日。

第 三 章

改革开放在"大胆试验"中起步

　　党的十一届三中全会后,改革开放大政方针迅速付诸实施。改革首先在农村兴起并取得突破,改革的重点是解决农民的土地经营权问题。城市经济体制改革则围绕企业扩权、试行经济责任制等方面展开。对外开放通过兴办经济特区打开了突破口。政治体制改革也在反思党和国家领导制度现存弊端中启动,并形成总体思路。大潮涌起的改革开放给沉寂多年的中国社会带来蓬勃生机和旺盛活力。与此同时,针对粉碎"四人帮"后经济工作中出现的急于求成、急躁冒进倾向及其造成的国民经济重大比例关系失调加剧,党中央提出新"八字方针",对国民经济进行全面调整。为了把全党全国人民的精力集中到社会主义现代化建设上来,中国共产党还以巨大的政治决心和气魄,正本清源,清理重大理论是非,全面平反冤假错案,胜利完成党在指导思想上拨乱反正的任务。

一、安徽四川引领农村经济改革兴起

（一）安徽等地率先调整农村经济政策

新中国成立后,特别是农业合作化以后,伴随农村集体经济的建立,我国的农业生产力有了相当提高。但是,1958 年实行"政社合一"的人民公社化后,由于经营管理过于集中,分配上存在严重的平均主义倾向,损害了广大农民的生产积极性,使得我国农业生产的发展和农民生活的改善都比较缓慢。"文化大革命"期间推行极左路线,实行"以阶级斗争为纲",发动"农业学大寨"运动,在农村大"割资本主义的尾巴",排斥商品经济,收回自留地,取消家庭副业,关闭集市贸易,"宁要社会主义的草,不要资本主义的苗",更是把中国农村推倒了极其困难的境地。1978 年,全国农民人均年纯收入只有 133.57 元,其中90%以上为实物,货币收入不足 10%,全国没有解决温饱的农民多达 2.5 亿人。

面对农村的贫穷落后,"文化大革命"结束后,广大农村的基层干部群众无不希望尽快恢复和发展农业生产。但对于怎样发展农业,在党的高层中存在分歧。占主导地位的主张是继续开展"农业学大寨"运动,强调大批促大干,搞"穷过渡"。但从中央到地方,也有不少干部提出要调整农村政策。1977 年邓小平复出后,针对当时一系列"左"的错误做法,明确提出要恢复党的农村政策。当年 11 月 17 日,在广州听取中共广东省委负责人韦国清、王首道等汇报工作时,邓小平指出:"现在农村中好些东西是搞形式主义……民主评分不能普及,大队核算也不能搞早了。生产没有发展到那个程度,不能随便过渡。同工业一样,过去许多行之有效、多年证明是好的政策要恢复。……说什么养几只鸭子就是社会主义,多养几只就是资本主义,这样的规定要批评,要指出这是错误的。"[①]1978 年 9 月,在吉林视察工

---

① 中共中央文献研究室编:《邓小平年谱(1975—1997)》(上),中央文献出版社 2004 年版,第 238 页。

作时,邓小平进一步指出:"大寨有些东西不能学,也不可能学。比如评工记分,它一年搞一次,全国其他人民公社、大队就不可能这样做。取消集贸市场也不能学,自留地完全取消也不能学,小自由完全没有了也不能学。全国调整农业经济政策,好多地方要恢复小自由,这也是实事求是。"①

在邓小平正确主张的影响下,一些省份开始进行恢复党的农村经济政策的努力,中共安徽省委、四川省委大胆实行"放宽政策"、"休养生息"的方针,率先进行农村改革。

安徽是个农业大省,85%的人口在农村,"四人帮"在安徽的代理人推行"左"的东西特别积极,致使安徽农村经济严重落后,群众生活艰难,一些地区的农民甚至吃不饱肚子。1977年6月,万里出任10年动乱后新改组的中共安徽省委第一书记,当时"四人帮"已被粉碎,而10年动乱造成的政治、经济严重后果远未消除,"两个凡是"仍在盛行。万里上任后,一方面狠抓了揭批"四人帮"的斗争,另一方面直接深入基层、深入农户搞调查研究。在调研中,万里亲眼看到农村一些地方极其困难的生活状况。在大别山革命老区金寨县,他亲眼目睹了十六七岁的女孩没有裤子穿;在皖南泾县,农民告诉他现在的生活水平还不如当年新四军在皖南时期;在淮北、皖东,他看到有些穷村,农民家门、窗都是泥土坯的,连桌子、凳子也是泥土坯的,找不到一件木器家具。这样的情景,使他大为震惊。万里后来说:"(我)一到任就先下去看农业、看农民,用三四个月的时间把全省大部分地区都跑到了。我这个长期在城市工作的干部,虽然不能说对农村的贫困毫无所闻,但是到农村一具体接触,还是非常受刺激。原来农民的生活水平这么低啊,吃不饱,穿不暖,住的房子不像个房子的样子。淮北、皖东有些穷村,门、窗都是泥土坯的,连桌子、凳子也是泥土坯的,找不到一件木器家具,真是家徒四壁呀。我真没料到,解放几十年了,不少农村还这么穷! 我不能不问自己,

---

① 中共中央文献研究室编:《邓小平年谱(1975—1997)》(上),中央文献出版社2004年版,第378页。

这是什么原因？这能算是社会主义吗?"①

　　1977 年 8 月下旬，为了全面了解安徽农村情况，万里听取了熟悉农村工作的省农委政策研究室负责人的汇报。他明确表示自己要拿出 80% 的时间研究和解决农村问题，同时指示省农委要进一步调查研究，尽快拿出一个切实可行的政策性意见。根据万里的指示，安徽省农委派人奔赴全省各地进行调查研究，并于 9 月下旬共同拟写了《关于当前农村经济政策几个问题的规定》的草稿。10 月，万里等省委领导亲自拿着这份文稿到农村召开包括生产大队、生产队干部和群众参加的座谈会，征求基层干部群众的意见，并据此进行修改。1977 年 11 月 15 日至 21 日，省委召开全省农村工作会议，以省委名义正式通过了《关于当前农村经济政策几个问题的规定》（简称省委"六条"）。"六条"强调搞好经营管理，允许生产队根据农活建立不同的生产责任制，可以组成作业组，只许个别人完成的农活也可以责任到人；尊重生产队的自主权；减轻社员和社队的负担；落实按劳分配，兼顾三者利益；允许和鼓励社员经营自留地和家庭副业，开放集市贸易等。11 月28 日，"六条"下发全省各地贯彻执行。安徽"六条"是粉碎"四人帮"后全国出现的第一份关于农业生产责任制的文件，文件一经发出，立即得到广大农村干部群众的热烈欢迎。1978 年 2 月 3 日，《人民日报》发表题为《一份省委文件的诞生》的文章描述了群众欢迎"六条"的情况："最近，我们访问了安徽省滁县、六安地区的一些地、县负责同志，并同社、队干部和贫下中农代表促膝交谈。干部和社员一致称赞'省委《规定》好!'……一些同志向我们讲述了宣讲省委《规定》的盛况。有的大队通知一户派一个代表到会，社员听说是讲政策，都争着来了，屋里坐不下，到场院里开会。有的听了一遍不过瘾，让宣讲人再讲一遍、两遍。……来安县大英公社开始在干部会上宣讲《规定》时，附近的生产队有两千多名社员赶来听讲。社员们高兴地说：'毛主席的革命路线又回来了。省委就像到我们队里看过一样，条条讲到

---

① 田纪云：《万里：改革开放的大功臣》，《炎黄春秋》2006 年第 5 期。

我们心坎里。'省委《规定》也得到了广大干部的热情拥护。一个做过多年农村工作的老同志深有感触地说:'四人帮'搞乱了人们的思想,搞乱了政策,搞乱了人民公社的经营管理。省委《规定》旗帜鲜明地澄清了路线是非,划清了政策界限,工作抓到点子上了。我们干工作有准头了,能甩开膀子大干社会主义了。"①

不久,四川省委派人到安徽了解情况,仿效安徽于1978年2月颁布了《关于目前农村经济政策几个主要问题的规定》,简称"十二条",主要内容是:加强劳动管理;严格财务管理制度;搞好生产计划管理;兼顾国家、集体和个人的利益,坚决保证社员分配兑现;减轻生产队和社员的负担;以粮为纲,开展多种经营;奖励发展耕牛;大力发展养猪事业;大搞农业基本建设;积极兴办社队企业;积极而又慎重地对待基本核算单位由生产队向大队过渡的问题;允许和鼓励社员经营少量的自留地和家庭副业。这个规定强调要执行按劳分配的原则,认为"定额到组,评工到人"的办法简便易行(实际就是包产到组),应当认真搞好。包产到组的措施同样受到了四川农民的热烈欢迎。

1978年夏,安徽省发生了百年不遇的特大旱灾,旱象出现早,受灾面积大,持续时间长。从年初出现春旱,接着是夏旱,再接下来是秋旱,除长江、淮河流域外,全省绝大多数河川断流,造成四百多万人口的地区人畜用水极度困难。这场大旱,不仅破坏了春播,导致了夏季歉收,连秋天播种也难以正常进行,而如果没有秋播,来年的农民生产生活将出现更大的危机。在这样的情景下,人民公社集体集中经营、集体劳动的体制更加脆弱。为了种上麦子,一些地方突破生产队经营规模,将地包给农民分组耕种,甚至分户耕种,又被称为"借地种麦"或者"借地度荒"。这种在当时来说属于"资本主义"的生产经营方式,政治上犯了巨大禁忌。这个时候,是否敢于支持为了抵御旱灾而采取的生产组织方式,是对领导人的政治考验。万里在农村改

---

　　① 田文喜、姚力文:《一份省委文件的诞生》,《人民日报》1978年2月3日。

革中的卓越表现,首先就表现在决定支持这些"借地度荒"的新办法。1978
年9月1日,安徽省委常委召开紧急会议,研究如何度过这次百年不遇特大
灾害。经过讨论,省委作出了支持"借地度荒"的决定:凡是集体无法耕种
的土地,借给社员种麦种菜;鼓励多开荒,谁种谁收;国家不征统购粮,不分
配统购任务。这一大胆的决策,极大地调动了广大农民生产自救的积极性,
各地区出现了全家男女老幼齐下地的生动景象。他们采取点种、干埋麦种
等办法,终于完成了秋种任务。"借地度荒",当时只是一种临时性的变通
办法,但正是这一"借"字,直接诱发了农民"包产到户"和"包干到户"的大
胆尝试。

安徽凤阳县是"包干到户"的发源地。1978年秋,该县梨园公社小岗生
产队暗中搞起了"大包干到户",成为全国"包干到户"的典型。小岗生产
队,农业合作化时,全村共有34户人家,170多人,30多头牲畜,1100亩耕
地,平均年产粮食18万斤左右。实行人民公社化运动后,粮食产量逐年下
降,社员越来越穷,人口越来越少,1960年,全队只剩下10户39人。"文化
大革命"又给小岗队带来巨大灾难。1968年,全队只收了2万斤粮食,人均
口粮105斤,人均分配15元。全队几乎人人要过饭,户户外流过,成了远近
闻名的"讨饭队"。1978年10月,时值秋种之际,为了不使劳动力外流,把
麦子种下去,保证来年有饭吃,小岗生产队队长严俊昌、副队长严宏昌商量
后,将全队20户人家115人分成两个组,没见效果;又分成4个组,仍然合
不拢;接着分成8个组,每组只有两三户,多为父子组、兄弟组,结果还是矛
盾重重。在这种情况下,全队18户户主(2户单身汉外流)召开了一个秘密
会议,会上决定把田分到户干,即实行包干到户。1979年,小岗队获得大丰
收,粮食产量达13.2万斤,是1966年到1970年5年的总和;油料达到3.5
万斤,是过去二十多年的总和。此前23年,小岗生产队从未向国家缴纳过
一粒粮食,还年年吃供应;1979年,全队粮食征购任务为2800斤,实际向国
家交售2.5万斤,超过任务7倍多;油料统购任务300斤,实际向国家交售
花生、芝麻2.5万斤,超过任务八十多倍。小岗生产队由原来的"讨饭队"

一跃成为"冒尖队",大包干的名声迅速传开。

凤阳县还有个江山公社,过去也是年年吃返销粮,年年人口外流。因为生产难抓,1972年以来换了四任公社书记。"第一任书记刚到任,看到这里土地多,潜力大,满怀信心地说:'江山如此多娇'。干了一年,感到没法搞好,要求调走了。第二任书记记取教训,埋头苦干,生产还是上不去。群众说:'公社书记累断了腰,江山还是穷面貌。'第三任书记勉强受命到任,'来到江山试试瞧'。1978年冬,县委又派来第四任书记,他看到灾情严重,开始信心不足,实行联系产量责任制后,粮、油成倍增长,一举甩掉了落后帽子,他兴高采烈地说:'实行大包干,产量翻一番,再干三五年,请看新江山。'"①1979年,安徽凤阳县70%的生产队实行了"大包干"式的联系产量责任制,全年总产比历史最高水平增长19.9%,调出的粮食超过1953年以来26年调出的总和。

与此同时,四川省广汉县金鱼乡也在1978年秋实行包产到组。安徽、四川的农村改革,很快得到云南、广东、贵州、河南、山东等省的响应。

(二)"包产到户"引发的争论与邓小平的支持

包产到户过去多次出现过,20世纪50年代农业合作化高潮时出现过,60年代初期经济困难时期也出现过。大包干到户则是第一次在中国大地上出现。包产到户和大包干到户的主要区别在于:包产到户,是在农民承包土地后实行"承包产量,以产计工,增产奖励,减产赔偿"的办法,生产队实行"五统一"(即统一支配生产资料、统一调配劳动力、统一生产计划、统一重大生产措施、统一处理产品和收益分配),农户生产的粮食等要交生产队实行统一处置和分配,由生产队先上缴国家征购任务,留下集体提留,再按工分实行分配。这种办法手续繁琐,农民对产品没有支配权。大包干到户则不同,农户承包集体的土地后,由生产队与农户签订承包合同,农户按合

---

　　①　吴象、张广友:《联系产量责任制好处很多》,《人民日报》1980年4月9日。

同上缴国家征购任务,交足集体提留,剩下的都是自己的,盈亏奖赔就在其中了。农户只需按合同规定完成上缴任务,至于土地如何经营则完全由农户自主决定。因此,包干到户不是对生产队的生产承包,而是对土地的经营承包,农民真正成了土地的主人,而且掌握了包干上交后剩余产品的收益权。这也就是农民说的:"大包干、大包干,直来直去不拐弯,交够国家的,留足集体的,剩下都是自己的。"这种办法责任具体,利益直接,方法简单,得到农民热烈拥护。大包干承包制使农村土地实现了两权分离:土地所有权仍归集体所有,农民则通过承包取得了对土地的使用经营权,集体和农户的权利和义务通过承包合同来实现,农户成了相对独立的生产经营主体,自主权得到了充分保障,这是大包干到户之所以能够在全国很快普及开来的关键所在。

1979年1月1日、8日、14日、20日、21日,《人民日报》先后报道了四川省广汉县、贵州省开阳县、云南省元谋县、安徽省和广东省普遍实行农业生产责任制的情况。这些地区的基本做法是,把生产队划分为若干作业组,给作业组规定劳力、地段、产量、工分、成本等,超产给予奖励,即"五定一奖"。2月6日,鉴于肥西县山南公社以及凤阳县等地已经出现包产到户,安徽省委召开常委会专门讨论包产到户问题。省委第一书记万里说:过去批判过的东西,有的可能是正确的,有的也可能是错误的,必须在实践中加以检验。党的十一届三中全会制定的政策,也毫无例外地需要接受实践检验,我主张在山南公社进行包产到户试验。万里的意见得到省委的同意。与此同时,牧业地区也开始试行生产责任制。1979年2月8日,中共内蒙古自治区委、自治区革命委员会作出《关于农村牧区若干政策问题的决定》。《决定》共10条:(一)人民公社、生产大队和生产队的所有权和自主权必须受到国家法律的保护;(二)减轻农民负担,严禁"一平二调";(三)认真执行按劳分配、多劳多得的社会主义分配原则,克服平均主义,全面建立生产责任制,实行联产计酬;(四)正确执行粮食政策;(五)在巩固和发展集体经济的同时,鼓励社员发展家庭副业;(六)开放农村牧区集市贸易;

161

(七)严禁开荒,保护牧场;(八)积极发展社队企业;(九)努力办好国营农牧场;(十)充分调动广大农村基层干部的积极性。截至 1980 年底,全区 3673 个牧业生产队实行了各种形式的生产责任制,占牧区生产队总数的 96.7%。

1979 年 3 月 12 日至 24 日,国家农委邀请广东、湖南、四川、江苏、安徽、河北、吉林七省农村工作部门和安徽全椒、广东博罗、四川广汉三县负责人召开座谈会,讨论建立健全农业生产责任制问题。会上围绕联产计酬特别是包产到户问题进行了热烈争论,最后达成了折中意见:目前多数地方,还是实行包产到组、定额计酬;不许包产到户;深山、偏僻地区的孤门独户,可以包产到户;现在春耕已到,不论采用什么形式的责任制,都要很快定下来,以便全力投入春耕。

正当安徽凤阳县、肥西县等地包产到组、包干到户迅猛发展的时候,1979 年 3 月 15 日,《人民日报》头版头条发表了张浩《"三级所有,队为基础"应该稳定》的来信,信中说:"现在实行'三级所有,队为基础'符合农村的实际情况,应当稳定,不能随便变更。轻易从'队为基础'退回去,搞分田到组,是脱离群众、不得人心的。同样会搞乱'三级所有,队为基础'的体制,搞乱干部和群众的思想,挫伤群众积极性,给生产造成危害,对农业机械化也是很不利的。"《人民日报》发表的编者按则提出:"已经出现分田到组、包产到组的地方应该正确贯彻执行党的政策,坚决纠正错误做法。"这封来信对包产到组后正在忙春耕的安徽农民浇了一瓢冷水,引起一些干部群众惶恐不安。3 月 16 日,万里来到滁县地区,对当地干部说:作为报纸,发表个人不同意见都是可以的,别人写读者来信,你们也可以写读者来信。究竟什么意见符合人民的根本利益和长远利益,靠实践来检验,决不能读了一封读者来信和编者按,就打退堂鼓。挫伤了群众的积极性,生产上不去,农民饿肚子,是找你们县委还是找报社,报社也不能管你饭吃。三级半有什么不好?这是经济核算嘛,四级核算也可以,家庭也要核算,那不是五级吗?你们地委做得对,及时发了电话通知,已经实行的各种责任制一律不动,只要今年大丰收,增了产,社会财富多了,群众生活改善了,你们的办法明年可以干,后年还可以干,可以一直干下去。6月15日,万里专程来到凤阳县农村调研,再次肯定了"大包干"生产责任制。万里说:"只要能增产,什么也不要怕,争取在最短时间内,把凤阳讨饭花鼓扔掉,扔得远远的,扔到太平洋里去。无论怎么说,讨饭不是社会主义的优越性。"①8月8日,《安徽日报》发表《凤阳县在农村实行"大包干"》一文,介绍了凤阳的做法。

万里在安徽推动包产到户试验的过程中,曾多次向邓小平汇报有关情况,一开始邓小平没有表态。1979年6月,五届全国人大二次会议期间,当万里再次汇报安徽农村一些地方搞起包产到户但有人反对时,邓小平说:"不要争论,你就这么干下去就行了,就实事求是干下去。"②1979年6月18日,万里征求陈云的意见,陈云答复:"我双手赞成"。③ 邓小平、陈云的支持,对安徽等地包产到户的继续存在和后来的合法化起到了至关重要的作用。

1979年,凡是实行包产到户的地区都获得了大丰收。在这种情况下,这年9月召开的党的十一届四中全会通过的《关于加快农业发展的若干问题的决定》,虽然仍然只肯定包产到组和包工到组的农业生产责任制,规定"不许分田单干",但也留下了缺口:即允许"某些特殊需要和边远地区、交通不便的单家独户"实行包产到户。这个决定颁布后,生产责任制有了进一步的发展,但对包产到户、包干到户仍有不同意见。这年12月1日,万里在一次讲话中,明确肯定包产到户是一种社会主义的生产责任制。他说:包产到户不同于分田单干,如果说分田单干意味着集体经济瓦解,退到农民个体所有和个体经营的状况,那么,包产到户并不存在这个问题,它仍然是一

---

① 中共中央党史研究室编:《中国共产党新时期历史大事记(1978.12—1998.10)》,中共党史出版社1998年版,第20页。

② 中共中央文献研究室编:《邓小平年谱(1975—1997)》(上),中央文献出版社2004年版,第531页。

③ 中共中央文献研究室编:《陈云年谱(1905—1995)》(下),中央文献出版社2000年版,第248页。

种责任到户的生产责任制,是搞社会主义,不是搞资本主义。但是,很多人仍对包产到户怀有疑惑。1980年1月11日至2月2日,国家农委在北京召开全国农村人民公社经营管理会议。安徽省代表以《联系产量责任制的强大生命力》为题介绍了安徽农村实行包产到户的情况和好处,但多数与会代表表示还是要按现行的中央文件规定办,即"不许分田单干","也不要包产到户"。会上,主管农村工作的中央领导人讲话,也依然强调集体经济的巨大优越性,批评安徽省包产、包干到户是搞资本主义。1月31日,中共中央政治局听取了会议情况汇报。邓小平说:"到本世纪末达到小康目标,每人收入1000美元。我们要按照这个目标,考虑我国经济发展的速度,考虑农村经济的发展。"①这年春天,内部刊物《农村工作通讯》还发表了《分田单干必须纠正》和《包产到户是否坚持了公有制和按劳分配》的文章,指责包产到户是"分田单干",没有"坚持公有制,也没有坚持按劳分配",违背了党的政策。

正当包产到户的责任制遇到重重阻力时,经过一段时间的观察和思考,邓小平以极大勇气,明确表示支持安徽农民的这种创举。1980年4月2日,在同胡耀邦、万里、姚依林、邓力群等谈话时,邓小平指出:"对地广人稀、经济落后、生活穷困的地区,像贵州、云南、西北的甘肃等省份中的这类地区,我赞成政策要放宽,使它们真正做到因地制宜,发展自己的特点。西北就是要走发展畜牧业的道路,种草造林,不仅要发展现有的牧场,还要建设新牧场。农村要鼓励种树,要发展多种副业,发展渔业、养殖业。政策要放宽,要使每家每户都自己想办法,多找门路,增加生产,增加收入。有的可包给组,有的可包给个人,这个不用怕,这不会影响我们制度的社会主义性质。在这个问题上要解放思想,不要怕。在这些地区要靠政策,整个农业近几年也要靠政策。政策为农民欢迎了,即使没有多少农业投资,只要群众的积极性发挥了,各种形式的经济、副业发展了,农业增产的潜力大得很,发展

---

① 中共中央党史研究室编:《中国共产党新时期历史大事记(1978.12—1998.10)》,中共党史出版社1998年版,第36页。

余地大得很。"①4月9日,《人民日报》发表《联系产量责任制好处很多》的文章,从四个方面回答了对包产到户的批评:一、包产到户是集体生产责任制的一种形式,不是分田单干;二、包产到户是农户向生产队承包,实行联产计酬,有利于调动广大农民的积极性;三、实行联系产量责任制决不是倒退;四、要采取积极态度解决实行责任制过程中出现的问题。文章强调:我们的一切政策是否符合发展生产力的需要,就是要看这种政策能否调动劳动者的生产积极性。不论哪一种形式的生产责任制,只要有利于充分调动群众的生产积极性,有利于发展生产,符合群众的意愿,得到群众的拥护,都应当允许实行。

1980年5月31日,邓小平在同中央负责同志谈话时再次指出:"农村改革政策放宽以后,一些适宜搞包产到户的地方,搞了包产到户,效果很好,变化很快。安徽肥西县绝大多数生产队搞了包产到户,增产幅度很大。'凤阳花鼓'中唱的那个凤阳县,绝大多数生产队搞了大包干,也是一年翻身,改变面貌。有的同志担心,这样搞会不会影响集体经济。我看这种担心是不必要的。我们总的方向是发展集体经济。实行包产到户的地方,经济的主体现在也还是生产队。这些地方将来会怎么样呢?可以肯定,只要生产发展了,农村的社会分工和商品经济发展了,低水平的集体化就会发展到高水平的集体化。集体经济不巩固的也会巩固起来。关键是发展生产力,要在这方面为集体化的进一步发展创造条件。"邓小平还特别强调:"从各地的具体条件和群众的意愿出发,这一点很重要。""总的说来,现在农村工作中的主要问题还是思想不够解放。"②

邓小平对"包产到户"的支持,在关键时刻拨开了阻碍农村改革发展的迷雾。

---

① 中共中央文献研究室编:《邓小平思想年谱(1975—1997)》,中央文献出版社1998年版,第151页。

② 《邓小平文选》第二卷,人民出版社1994年版,第315页。

（三）家庭联产承包责任制的广泛推行

根据邓小平讲话精神,1980 年 7 月 15 日,中共贵州省委发出《关于放宽农业政策的指示》,允许在全省农村普遍推行以包干到户为主的家庭联产承包责任制。早在 20 世纪 60 年代初期,贵州农村一些社队就开始自发进行包干到户,群众称之为"包坨坨"。1978 年 3 月起,关岭县顶云公社 28个生产队中有 16 个队实行"定产到组;超产奖励"的生产责任制。同年 11月 11 日,《贵州日报》以《"定产到组"姓"社"不姓"资"》为题作了报道,由此引起了能否搞包干到户的争论。省委一度采取"纠偏"和禁止的措施,遭到许多地方和农民的抵制。1980 年 3 月省委停止"纠偏",6 月在全省地、州、市委书记会上宣布允许因队制宜,实行包产到户、包干到户等经营管理形式,7 月 15 日正式下发文件。1980 年 7 月 28 日至 8 月 7 日,中共内蒙古自治区委召开常委扩大会议,讨论如何进一步解放思想,尽快把内蒙古自治区经济搞活的问题。会议明确提出,要允许"包产到户"、"包产到劳"和"口粮田"等一切可以增产的生产责任制长期并存。凡是群众要求搞责任制的都应支持,而不应"顶牛",也不搞"一刀切"。

1980 年 9 月 14 日至 22 日,在深入调研的基础上,中共中央召开各省、市、自治区党委第一书记座谈会,讨论加强和完善农业生产责任制问题。会议经过反复讨论,形成了《关于进一步加强和完善农业生产责任制的几个问题》的座谈会纪要。9 月 27 日,中央下发了这个纪要。这个文件实现了党在农村政策上的重大突破,对能否实行包产到户问题作了"区别不同地区、不同社队,采取不同的方针"的规定,"包产到户"、"包干到户"第一次在中央文件中取得了一席之地。文件指出:"专业承包联产计酬责任制,就是在生产队统一经营的条件下,分工协作,擅长农业的劳动力,按能力大小分包耕地;擅长林、牧、副、渔、工、商各业的劳动力,按能力大小分包各业;各业的包产,根据方便生产、有利经营的原则,分别到组、到劳力、到户;生产过程的各项作业,生产队宜统则统,宜分则分;包产部分统一分配,超产或减产分别奖罚;以合同形式确定下来当年或几年不变。这种生产责任制,较之其他包产形式有许多优点:它可以满足社员联产计酬的要求,稳定生产队的经济主体地位,把调动社员个人的生产积极性和发挥统一经营、分工协作的优越性,具体地统一起来;有利于发展多种经营,有利于推广科学种田和促进商品生产;有利于人尽其才,物尽其用,地尽其力;有科于社员照顾家庭副业,对四属户和劳弱户的生产和生活便于做适当的安排。这种形式,既适用于现在的困难地区,也能随着生产力的提高和生产项目的增加,向更有社会化特点的更高级的专业分工责任制发展。"文件特别指出:"当前,在一部分省区,在干部和群众中,对于可否实行包产到户(包括包干到户)的问题引起了广泛的争论。为了有利于工作,有利于生产,从政策上做出相应的规定是必要的,对于包产到户应当区别不同地区、不同社队采取不同的方针。""在那些边远山区和贫困落后的地区,长期'吃粮靠返销,生产靠贷款,生活靠救济'的生产队,群众对集体丧失信心,因而要求包产到户的,应当支持群众的要求,可以包产到户,也可以包干到户,并在一个较长的时间内保持稳定。……在社会主义工业、社会主义商业和集体农业占绝对优势的情况下,在生产队领导下实行的包产到户是依存于社会主义经济,而不会脱离社会主义轨道的,没有什么复辟资本主义的危险,因而并不可怕。"[①]这个文件,打破了长期以来"包产到户"等于分田单干、等于资本主义的僵化观念。此后,各种形式的家庭联产承包责任制不断冲破阻力,迅猛向前发展。到1982年6月,全国实行家庭联产承包责任制的生产队已发展到农村生产队总数的86.7%。

在"文化大革命"中,山西省昔阳县的大寨大队曾成为农业生产上推行"左"倾路线的典型,给我国农村经济造成了严重危害。随着党的农村政策调整,为了进一步清理全国范围内由"农业学大寨"运动而实行的各种"左"的政策,澄清认识上的混乱,1980年11月23日,中共中央转发了山西省委

---

① 中共中央文献研究室编:《三中全会以来重要文献汇编》(上),人民出版社 1982 年版,第 667—668 页。

《关于农业学大寨运动中经验教训的检查报告》，要求在县委召开的农村干部会议上传达、讨论。中央在批语中指出：山西省委总结了大寨大队从农业战线的先进典型变成执行"左"倾路线的典型的经验教训。各地应认真总结学大寨和三中全会以来农业战线上的经验教训，以利于进一步肃清农业战线上"左"倾路线的影响，更好地贯彻执行三中全会以来中央制定的各项农村政策。中央批语指出："我国农村地域辽阔，各地自然条件、生产情况和耕作习惯千差万别，经济发展水平也很不相同。而且，为要全面地进行农村建设，不仅要发展农业建设，还要发展林、牧、副、渔各业，发展工业、交通运输业、商业以及文化、教育、卫生等等。……某一地区的实践证明确实是先进的、有效的经验，在其他地区推广，就不一定是或不一定完全是先进的、有效的。因此，在推广先进经验的时候，必须分析它是在什么情况下产生的，适合于哪些条件，哪些是带有普遍性的东西，哪些是不带普遍性的具体做法，绝对不能生搬硬套，强迫命令，重犯过去农业学大寨运动中的错误，不分东南西北，不分自然条件和耕作习惯，用大寨这样一个典型的经验硬性指导农村所有地区和不同行业的各项工作。"批语要求："任何先进技术经验或经营管理经验，都必须同当地农民的经济利益联系起来，重视经济效果，在农民自愿接受的基础上，经过试验逐步推广。切不可用一阵风的运动方式一哄而起，更不得乱扣政治帽子，采取行政压制等手段。"①中共山西省委在《检查报告》中分析，大寨和昔阳县"左"的错误的主要内容及其危害是：人为制造阶级斗争，使相当多的干部群众遭到迫害；搞"穷过渡"，阻碍和破坏生产力的发展；不断地"割资本主义的尾巴"，扼杀了集体经济的必要补充部分，阻碍了社会主义经济的全面发展；不断地鼓吹平均主义，破坏按劳分配。

---

① 中共中央文献研究室编：《三中全会以来重要文献汇编》（上），人民出版社 1982 年版，第 748—749 页。

二、城市经济体制改革"扩权"试点

城市经济体制改革从"试点"开始。最初的试点是扩大企业自主权。

"文化大革命"结束后,为了加强企业的经营管理,国家对企业进行了整顿。1978 年 4 月 20 日,中共中央颁布《关于加快工业发展若干问题的决定(草案)》(简称"工业三十条"),恢复对企业实行"五定"、提取企业基金的办法。1978 年,四川省委决定在全省 218 个企业试点进行奖励和计件工资制度的改革。这次改革试点的总体效果良好,参加试点的绝大部分企业,产量大幅度上升,产品质量也显著提高。在重庆市参加试点的 16 个工交企业中,有 15 个超额完成国家计划,其中 8 个企业的产量超过历史最好水平。参加试点的企业在取得显著成效后,迫切要求进一步改革现行管理体制,给企业更大的自主权。为此,四川省委省政府在充分调研的基础上,于 1978 年 10 月确定在宁江机床厂、重庆钢铁公司、成都无缝钢管厂、四川化工厂、新都县氮肥厂和南充丝绸厂 6 个具有行业代表性的工业企业中率先进行"扩大企业自主权试点"。试点改革的主要内容是:逐户核定企业的利润指标,规定当年的增产增收目标,允许在年终完成计划以后提留少量利润,作为企业发展基金并允许给职工发放少量奖金。扩权改革得到了企业和广大职工的热烈拥护,当年第四季度,这些试点企业就超额完成计划,企业利润普遍有了较大增长。

1978 年 11 月 10 日至 12 月 15 日,中共中央工作会议在北京召开。12 月 13 日,邓小平在会上作了题为《解放思想,实事求是,团结一致向前看》的讲话。讲话明确提出,"我国的经济管理体制权力过于集中,应该有计划地大胆下放","当前,最迫切的是扩大厂矿企业和生产自主权"。党的十一届三中全会进一步阐述了推进经济体制改革的重要性和必要性,指出"现在我国经济管理体制的一个严重缺点是权力过于集中,应该有领导地大胆下放,让地方和工农业企业在国家统一计划的指导下有更多的经营管理自主权",这一精神是对四川进行的以扩大企业自主权为主要内容的工业经济管理体制改革试点的有力支持和肯定。1979年2月12日,四川省在总结6个试点企业经验的基础上,经过反复酝酿和讨论,制定了《四川省关于扩大企业权利,加快生产建设步伐的试点意见》(简称"十四条")。"十四条"的核心内容是"放权让利"。按照"十四条"的规定,试点企业有了计划外生产权,即在全面完成国家下达的生产计划的前提下,企业可以根据市场供需情况自行组织生产和来料加工,增产增收;有了部分产品的自主销售权,企业可以自主销售商业、物资、供销等部门不收购的产品和试销新产品等。"十四条"的实施,进一步扩大了企业的自主权,更好地把企业的责权利结合起来,把国家、集体、个人三者利益结合起来,进一步调动了企业和职工的生产经营积极性。1979年1月,四川省委发出《关于地方工业扩大企业权力,加快生产建设步伐的试点意见》,把试点的工业企业由6家扩大到100家,同时在40家国营商业企业中也贯彻"十四条",进行扩大经营管理自主权的试点。其做法是:在计划管理上,允许企业在国家计划之外,可以根据市场需要自行制订补充计划,对于国家计划中不适合市场需要的品种规格也可以修改。在物资管理上,除少数关系国计民生的产品、短线产品及炸药等危险产品仍由国家统购统配外,大部分生产资料可以进入市场,企业与企业之间可以不经过物资部门直接订立供货合同,也可以在市场上采购来满足自己的需要,企业也可以自销一部分产品。在国家与企业的利润分配方面,在保证国家利益的前提下,企业可以根据自己经营的好坏分享一定的利润,并可用于企业的挖潜、革新改造、集体福利和职工奖金。在劳动人事管理上,企业有权选择中层干部,招工择优录取和辞退职工等。

"十四条"试行一年,试点企业的生产经营效益取得了超出预期的良好效果。到1979年底,全省100个工业试点企业中,有84个企业比1978年产值增长14.7%,利润增长33%,上缴利润增长24.2%。试点企业产品质量也有了显著提高。内江棉纺织厂棉布入库一等品率由上年的88.7%提高到99%,居全省第一。

四川省率先启动国有企业改革试点,从行政机构内部角度来看,改革是自下而上的,是由四川省先行改革,而不是由中央政府直接操作的,地方的改革冲动得到了充分释放;而从政企关系角度来看,改革又是自上而下的,是由四川省委一手推动,企业改革是按政府的要求来进行的,也就是说,这是官方的主动改革,而不是民间的自发行为。

继四川省企业扩权试点之后,国有企业改革试点在全国推开,是从1979年开始的。1979年4月,中央工作会议提出,为在全国范围内搞好国营企业改革试点,要扩大企业自主权,把企业经营好坏同职工的物质利益挂起钩来,要按照统一领导、分级管理的原则,明确中央和地方的管理权限。这次会议后,4月13日至20日,国家经委随即召集京、津、沪三市的首都钢铁公司、北京清河毛纺厂、天津自行车厂、上海柴油机厂、上海汽轮机厂等8家企业和有关部门负责人在北京召开座谈会,讨论企业管理体制改革问题,决定在这8家企业进行扩大经营管理自主权的改革试点,允许它们在完成国家计划的前提下,根据市场需要安排生产,实行利润留成,并在人、财、物方面拥有相应的自主权。5月25日,国务院转发了会议纪要。1980年,首都钢铁公司又试行以税代利。1981年,首钢在国务院和北京市的支持下,改变国家与企业之间分成的办法,实行承包制,即全年上缴利润2.7亿元定额包干,超过部分利润全部留给企业,并按照4∶3∶3(生产发展基金、集体福利基金、个人消费基金)的比例分配使用。实行定额包干后,极大地调动了企业和广大职工的积极性,当年就实现利润3.16亿元,不仅完成了上缴利润包干任务,企业还留利4000多万元。1982年,经国务院批准,首钢开始实行上缴利润递增包干办法,即以1981年上缴利润2.7亿元为基数,每年上缴利润递增6%。包死基数,确保上缴,超包全留,欠收自补,国家不再给首钢投资;留用利润的分配比例改为6∶2∶2;职工工资总额与实现利润按0.8∶1挂钩浮动;企业计划内产品自销15%,超产产品全部自销,承包期限15年。企业内部,实行全员承包,责权利到人。[①]

---

① 中共中央党史研究室编:《中国共产党新时期历史大事记(1978.12—1998.10)》,中共党史出版社1998年版,第19—20页。

在上述先行试点单位的带动和影响下,许多地方和部门也陆续开始进行不同内容的扩权试点。为规范并加快扩大企业自主权试点工作,1979年7月13日,国务院发出《关于扩大国营工业企业经营管理自主权的若干规定》、《关于国营企业实行利润留成的规定》、《关于开征国营工业企业固定资产税的暂行规定》、《关于提高国营工业企业固定资产折旧率和改进折旧费使用办法的规定》、《关于国营工业企业实行流动资金全额信贷的暂行规定》5个文件,以指导扩大企业自主权试点。《关于扩大国营工业企业经营管理自主权的若干规定》也称为"扩权十条",其主要内容是:完成国家计划的前提下,允许企业制订补充计划,并按照国家规定的价格政策自行销售;实行企业利润留成;逐步提高企业固定资产折旧率;实行固定资产有偿占用制度;实行流动资金全额信贷制度;企业有关新产品试制等费用,可以从实现的利润中留用;企业有权申请出口自己的产品,并取得外汇分成;企业有权按国家劳动计划指标择优录取职工;企业在定员、定额内,有权按照实际需要,决定机构设置,任免中层和中层以下干部;减轻企业额外负担。扩大企业自主权的改革措施,明显地提高了企业的经营效果。截至1980年6月,全国进行扩大自主权试点的工业企业已达六千六百多个,占全国全民所有制工业企业总数的16%,其产值、利润分别占60%、70%。通过扩权试点,企业有了部分自主计划权、产品销售权、资金使用权、干部任免权等等,初步改变了企业只按国家指令性计划生产,不考虑市场需要,不关心产品销路和盈利亏损的状况,增强了企业的经营观念和市场观念,使生产迅速发展,利润大幅增加。

在企业扩权试点和农村生产责任制的影响下,不少企业还围绕国家与企业、企业与职工之间的责、权、利关系,实行经济责任制,试行厂长负责制,克服企业吃国家"大锅饭"和企业内部吃"大锅饭"的现象。经济责任制很快在工业企业中得到推广。1981年春,山东省率先实行经济责任制。办法是,政府采取行业利润包干、亏损企业包干和地区包干等盈亏包干,在企业内部则实行多种形式的计件工资制度,使职工收入和劳动成果直接挂钩,这不仅解决了地方财政收入问题,而且进一步调动了企业和职工的积极性。同年4月,国务院在上海召开全国工业交通工作会议,提出工交企业也要像农村搞联产责任制那样实行经济责任制。8月,国务院召开的全国工业交通工作座谈会认为,工交战线实行经济责任制,是适合我国当前生产水平、管理水平和广大群众觉悟程度的一项重大改革,对于克服长期以来吃"大锅饭"和平均主义的弊病,调动企业和职工的积极性起着积极作用。10月,国务院批转国家经委、国家体制改革办公室《关于实行工业生产经济责任制若干问题的意见》,要求工业企业全面试行经济责任制。

1981年10月和11月,国务院相继发出《关于实行工业生产经济责任制若干问题的意见》和《关于实行工业生产经济责任制若干问题的暂行规定》两份文件,文件提出实行经济责任制要抓好两个环节:一个是国家对企业实行的经济责任制,处理好国家同企业之间的关系,解决企业经营好坏一个样的问题。这主要体现为分配上的三种类型:第一,利润留成。主要分为基数利润留成加增长利润留成、全额利润留成、超计划利润留成等。第二,盈亏包干。具体分为"基数包干,增长分成"、"基数包干,增长分档分成"、"基数递增包干,增长留成或分成"等不同办法。第三,以税代利,自负盈亏。另一个是建立企业内部的经济责任制,处理好企业内部的关系,解决职工干好干坏一个样的问题。主要是实行全面经济核算,把企业内部每个岗位的责任、考核标准、经济效果同职工收入挂钩。在分配上采取指标分解,计分计奖;计件工资,包括超额计件工资和小集体超额计件,超产奖、定包奖,浮动工资等。以上两个环节相辅相成,总的要求是通过经济责任制,把企业和职工的经济利益同他们所承担的责任和实现的经济效果联系起来,使广大职工以主人翁的态度,以最小的人力物力消耗取得最大的经济效益。

在实行经济责任制的具体实践中,绝大部分企业选择了"盈亏包干"的办法。到1981年底,实行这种经济责任制的企业已达到4.2万户。经济责任制的实行,调动了企业和广大职工的积极性,促进了增产增收。1981年的财政状况明显好转,财政赤字由1979年的170亿元、1980年的127亿元降到 25.4 亿元。① 到 1982 年底,全国推行经济责任制的全民所有制工业企业占 80%,商业企业占 35%。到 1983 年,绝大部分国有工业企业和商业企业实行了各种形式的经济责任制。与扩大企业自主权和推行经济责任制相适应,在企业领导制度方面则普遍推行了党委领导下的厂长负责制,并在少数企业试行厂长负责制。

这个阶段城市经济体制改革试点的又一重要内容,是进行商品流通体制的改革。我国的流通体制原来是与单一的计划经济体制相适应的,其主要特征是按照单一的渠道采取统购统销的形式进行产品购销活动,这在改革开放新形势下已不能适应发展的需要,因此需要加以改革。改革的重点是放开部分农副产品市场和对原国有商业企业进行扩权让利。具体而言,包括国有商业企业内部经营机制和所有制改革,非公有制商业企业的发展,调整和改革部分农副产品、日用工业品和生产资料流通体制和价格体系,改变国有独家经商和渠道单一的状况等。在农副产品流通体制改革方面,一是恢复、发展农村集市贸易,开放城市农副产品市场。农村集市贸易早在1979 年便得到了恢复和发展。同年,开放了城市农副产品市场,允许城市郊区社员进城出售自己的产品。二是调整和改革农副产品的购销体制。改革前,按照农副产品对国计民生的重要性,国家将其划分为一、二、三类,分别进行统购、派购和议购。党的十一届三中全会后,国家逐步放宽了农副产品购销政策,同时对农副产品的价格进行调整。1983 年 10 月,经国务院批准,将商业部管理的一、二类农副产品种类由 46 种减至 21 种。1984 年又调减为 12 种,一定程度上改变对农副产品统得过多、管得过死的状况。在日用工业品流通体制改革方面,1981 年起全面实行统购统销、计划收购、订购、选购四种购销形式并存的购销体制,1982 年,放开 160 种(类)小商品价格;1983 年 9 月,再放开 350 种(类);1984 年小商品的价格实行全部放开。与此同时,改革日用工业品批发体制,按经济合理的原则组织商品流通,打

---

　　① 许保利:《国有企业改革的历程(1978—2008)》,《国有资产管理》2008 年第 9 期。

破各种不合理的限制,建立各种类型的城市贸易中心。在生产资料流通体制改革方面,调整物资部门部分商品的供应,扩大市场调节商品范围。1979—1984 年,钢材统配比重由 77%降到 62%;煤炭由 58%降到 51%,木材由 85%降到 44%,水泥由 35%降到 24%,五种有色金属由 68%降到 56%。在梳理和搞活流通渠道方面,生产自销、贸易货栈、各种联营商店、小商品批发市场、农工商联合企业等多种经营形式相继出现,城乡农贸市场快速发展。到 1982 年底,工矿、林区、铁路、农场办商业和农工商联合企业、军人服务社等部门共有 5 万家,商业服务人员 208 万人。工业自销网点 2.2 万个,商业服务人员 18 万人。总计城市非商业部门办的国有和集体商业网点近 30 万个,283 万人,分别占城市社会零售网点、人数的 20%和 35.7%。城乡集市 4 万多个,1982 年成交额相当于社会零售总额的 12.76%。在商业企业改革方面,到 1981 年底,全国有 28 个省、自治区、直辖市的约 3.5 万个企业进行经营责任制试点,占国有商业企业总数的 30%以上。1983 年 3 月,中共中央、国务院发出《关于合作商业组织和个人贩运农副产品若干问题的规定》,允许贩运的农副产品价格由购销双方协商。

这一时期,就业制度的改革也成效显著。党的十一届三中全会以后,随着下乡知识青年大量返城,劳动就业问题十分突出。到 1979 年全国待业人员已达两千多万,其中回城青年 700 万,留城青年 320 万,而当时的部门和企业又无力满足这么多待业人员的要求。1980 年 8 月,中共中央专门召开全国劳动就业工作会议,确定了"解放思想,放宽政策,发展生产,广开就业门路,实行在政府统筹规划的指导下,劳动就业部门介绍就业、自愿组织起来就业和自谋职业相结合"的解决劳动就业问题的根本方针。1981 年 10 月 17 日,中共中央、国务院又作出《关于广开门路,搞活经济,解决城镇就业问题的若干决定》(中发〔1981〕42 号)。《决定》强调,广开就业门路,应该结合调整产业结构和所有制结构,在发展经济和各项建设事业的基础上来进行。今后在调整产业结构的同时,必须着重开辟在集体经济和个体经济中的就业渠道。在我国,国营经济和集体经济是社会主义经济的基本形式,一定范围的劳动者个体经济是社会主义公有制经济的必要补充。国营经济在各种经济形式中起着主导作用,为了适应生产力发展的状况,以及人民群众多方面的需要,还必须同时发挥集体、个体等多种经济形式的积极作用。在社会主义公有制经济占优势的根本前提下,实行多种经济形式和多种经营方式长期并存,是我党的一项战略决策,决不是一种权宜之计。《决定》提出,要按照国民经济的需要适当发展城镇劳动者个体经济,增加自谋职业的渠道。必须进一步调整政策,广泛深入地宣传党的方针,说明城镇劳动者个体经济对于发展生产、搞活经济、满足需要、扩大就业的重要作用,消除干部、群众和待业青年的思想顾虑,使城镇劳动者个体经济得到健康的发展。对个体工商户,应当允许经营者请两个以内的帮手;有特殊技艺的可以带五个以内的学徒。对于个体劳动者的税收,要规定合理的税率。只要不从事违法活动,就不要从收入水平上卡他们。个体劳动者可以在所在城镇成立个体劳动者协会或联合会,接受工商行政管理部门或当地人民政府指定的部门指导。个体劳动者,是我国社会主义的劳动者。他们的劳动,同国营、集体企业职工一样,都是建设社会主义所必需的,都是光荣的。对于他们的社会和政治地位,应与国营、集体企业职工一视同仁。其中的先进分子,符合党员、团员条件的,同样可以按照党章、团章规定,吸收入党入团。在从事集体经济和个体经济的人员中,要根据需要,逐步建立党、团组织。《决定》发布后,各地党委和政府纷纷解放思想,调整所有制结构和产业结构,扶持集体经济,允许个体经营,创办劳动服务公司,拓宽就业渠道,从而初步解决了多年积累的知识青年就业问题,也为进一步改善所有制结构、形成新的就业制度奠定了良好基础。从1978年到1982年,城镇集体企业安置就业人员1237.9万人,城镇个体经济安置就业人员147万人。①

---

　　① 吴国衡:《当代中国体制改革史》,法律出版社1994年版,第107页。

三、兴办经济特区,打开对外开放突破口

(一) 建立"经济特区"方案的最初筹划

中国兴办经济特区,是根据对外开放的要求,参照国外经验提出来的。而创立经济特区这一重大决策的最初谋划,大致可以追溯到 1978 年 5 月《港澳经济考察报告》提出的把广东省宝安、珠海两县划成外贸出口基地的建议以及 1979 年 1 月交通部所属香港招商局关于选址宝安蛇口公社建立工业区的报告。

广东省的宝安、珠海两地临近香港、澳门,在利用港澳资金、技术加快经济发展方面,具有得天独厚的优势。但是,由于长期"左"的错误的干扰破坏,两地的优势未能发挥,经济发展缓慢,人民生活与港澳地区差距巨大,偷渡、逃港事件频发。"文化大革命"结束之后,偷渡、逃港仍相当严重。仅 1977 年 7 月,宝安县所在的惠阳地区就有 1031 人偷渡外逃,逃出 318 人,比 1976 年同期分别上升了 120% 和 61%。[①] 宝安、珠海等地也因此成了中央有关部门调查研究的重点,两地干部群众要求调整"左"的政策、利用当地优势加快自身发展的民情呼声,也不断通过各种渠道反映到中共广东省委和党中央领导层。

1977 年春,财政部部长张劲夫到宝安县调查研究,实地了解边境经济政策在"文化大革命"前后的变化及其影响。同年 11 月,外贸部副部长、国务院财贸领导小组组长姚依林到深圳口岸调查研究,明确表示要向国务院反映宝安县干部群众迫切要求开放、搞活的愿望。在此期间,广东省有关方面负责人刘田夫、王首道、王全国、寇庆延、范希贤、曾定石、李建安,外贸部副部长郑拓彬、贾石等也曾到宝安县的边境农村进行考察调研,研究把宝

---

① 何焕昌主编:《中国共产党惠阳地区历史大事记(1919.5—1988.2)》,中共党史出版社 2008 年版,第 459 页。

安、珠海两地建设成供应香港、澳门鲜活农副产品的出口商品生产基地问题。① 1977 年 11 月 11 日至 19 日,邓小平到广州考察,在听取中共广东省委负责人韦国清、王首道等汇报工作时,就供应香港、赚取外汇、发展旅游以及深圳口岸工作等问题,要求广东"写个报告给中央,把问题分析一下,什么是自己要解决的,什么是需要外省和中央解决的",并说"看来中心的问题还是政策问题"。② 1978 年 3 月,国家计委、外贸部、中国人民银行和国家进出口总公司及其驻香港五丰行等单位和广东省外贸厅组成联合工作组,在广东对建立宝安县外贸基地问题进行调查研究,讨论制订了宝安出口商品基地生产和出口的年度计划、三至五年规划以及落实这些计划的政策、措施,并形成会议纪要,上报广东省政府和国务院审批。③

在此基础上,1978 年 4 月 10 日至 5 月 6 日,由国家计委副主任段云带领的港澳经贸考察组到香港、澳门进行了近一个月的考察调研。考察的目的很明确:探究弹丸之地的港澳经济飞速发展的奥秘所在,汲取可资借鉴的有益经验。考察组返回北京后,很快于 5 月 31 日写出《港澳经济考察报告》提交中央。报告说:"宝安、珠海紧邻港澳,顶多个把小时就可以到达,发展出口商品生产,条件十分有利,特别是鲜活商品,是任何国家和地区都比不上的",应努力在三至五年内"把这两个县建设成为具有相当水平的工农业结合的生产基地和对外加工基地,建设成为吸收港澳游客的游览区,使其成为新型的边防城市"。为了把两个县尽快建设好,报告提出有必要在两县"实行某些特殊管理办法":一是把宝安、珠海两县改为两个省辖市;二是两个县的商品收购、出口和所需材料、设备的进口,在统一计划安排下,直接同我驻港澳的贸易机构联系,不再事事经过上报审批;三是两个县生产建

① 方苞:《深圳经济特区初创时期的实践和认识》,深圳市政协文史资料委员会编:《深圳文史》第 1 辑,1999 年 8 月,第 38 页。
② 中共中央文献研究室编:《邓小平年谱(1975—1997)》(上),中央文献出版社 2004 年版,第 239 页。
③ 深圳市史志办公室编:《中国共产党深圳历史大事记:1924—1978 年》,中共党史出版社 2003 年版,第 352 页。

设所需原料、材料、燃料和设备,原则上由广东省供应,供应两县的上述物资,作为出口计算;四是3年以内,除了归还贷款之外,两个县所收的税收和利润暂不上交,留给当地,出口砖、瓦、砂、石的收入,包括外汇收入,也全部留给当地,用于扩大再生产;五是到两县游览的港澳同胞、华侨和外国人,可以凭港澳居民证和护照进出,并简化海关手续;六是为解决边境社队和渔民的实际需要,应恢复1967年取消的边境小额贸易办法和给渔民分一部分外汇购买渔需物资的办法。报告最后说:"这些年,各资本主义国家都在争夺和利用港澳市场,纷纷在那里设工厂,开商店,办银行,搞航运,房子越建越多,越建越高。……我们有许多有利条件,为什么不能干,为什么不去利用呢? 过去由于'四人帮'的破坏,束缚了人们的思想,什么'投机倒把','不务正业','资本主义经营'等等,帽子一大堆。现在,应该解放思想,放手干了。"这个报告在中央最高决策层产生了很大的影响。1978年6月3日,华国锋在听取考察组汇报时说:在宝安、珠海两县搞出口基地"总的精神我赞成";"看准了的东西,就要动手去干"①。会后,邓小平在一次谈话中进一步提出:不仅宝安、珠海可以这样搞,广东、福建的其他县也可以这样搞。②这是关于在广东等地实行特殊政策和灵活措施的主张首次在中央最高领导层讨论。

广东省对党中央、国务院的决策意向迅即作出反应。1978年6月20日,就任广东省委第一书记不久的习仲勋主持召开广东省委常委会议,学习华国锋、邓小平等在中央政治局讨论《今后八年发展对外贸易、增加外汇收入的规划要点》时的讲话以及中央政治局在听取赴日本经济代表团、赴港澳经贸考察组汇报时的指示精神,研究如何抓好宝安、珠海两个边防县建设和外贸出口工作的落实问题。7月初,习仲勋到宝安调研,支持破除过去"左"的思想形成的旧的条条框框,提出要抓好对外经济贸易,大力组织砂

---

① 房维中:《在风浪中前进——中国发展与改革编年纪事》第一分册,2004年11月初稿,未刊,第115—119页。

② 《李先念传(1949—1992)》(下),中央文献出版社2009年版,第1071页。

石和土特产、农副业产品出口,引进香港同胞和外商投资办厂,抓好外贸出口基地建设。① 10 月,广东省委向国务院上报《关于宝安、珠海两县外贸基地和市政建设规划设想》的报告。1979 年 2 月,国务院批复了这个报告,要求"从各方面充分利用两县的优越条件","凡是看准了的,说干就干,立即行动,把它办成、办好。""国务院深信,经过三五年的努力,实现中央领导同志的指示,把宝安、珠海两个县建设成为具有相当水平的工农业结合的出口商品基地,建设成为吸收港澳游客的游览区,建设成为新型的边防城市,是完全可能的。"②这是建立"特区"的最初构思。为了加强对宝安、珠海两地的领导,广东省革委会还于 1979 年 1 月 13 日向国务院请示:将宝安县改为深圳市,珠海县改为珠海市。3 月 5 日,国务院批复同意两县改设为市。

1978 年 11 月,习仲勋在中央工作会议中南组分组会议上作了题为《广东的建设如何大干快上》的发言,其中特别提到:"根据中央的指示,从港澳引进技术、设备、资金、原材料,搞加工装配业务的工作,现在初步展开。到 9 月底止,签订协议合同近一百种产品,金额 3350 万美元。积极开展这项工作,不仅有利于开辟劳动力的出路,而且对提高技术,促进外贸,发展工业,也大有好处。但是现在思想很不解放,条条框框太多,机构运转不灵,办事效率太低,这种状况必须迅速改变,否则就做不好生意。"为此,他"建议中央考虑:鉴于广东与港澳来往密切,希望能允许广东在香港设立一个办事处,加强调查研究,与港澳厂商建立直接的联系;凡是来料加工、补偿贸易等方面的经济业务,授权广东决断处理,以便减少不必要的层次和手续"。③会上,福建省也提出,要利用侨乡优势,吸收外资侨资,放手大搞出口贸易,建议中央在具体政策上给予支持,开放福州、厦门等港口,为发展福建经济闯出一条路子。这些意见引起了中央的重视。

---

① 深圳市史志办公室编:《中国共产党深圳历史大事记:1924—1978 年》,中共党史出版社 2003 年版,第 354—355 页。

② 钟坚、郭茂佳、钟若愚主编:《中国经济特区文献资料》第 1 辑,社会科学文献出版社 2010 年版,第 4 页。

③ 《习仲勋文选》,中央文献出版社 1995 年版,第 284—285 页。

正当广东紧锣密鼓酝酿在宝安、珠海两地实行"特殊管理办法",筹划建立外贸出口基地之时,交通部所属香港招商局为了自身经营和加快发展①,也在积极酝酿并向中央提出了在毗邻香港的广东沿海设立工业区,把国内廉价土地和劳动力与国外资金技术结合起来,经济上实行"特殊化"的构想。

1978年6月,交通部外事局副局长袁庚受交通部部长叶飞的委派,赴香港考察整顿该部所属香港招商局的工作。10月,交通部党组向党中央、国务院递交由袁庚起草的《关于充分利用香港招商局问题的请示》报告,提出今后香港招商局的经营方针应当是"立足港澳、背靠国内、面向海外、多种经营、买卖结合、工商结合",要"冲破束缚,放手大干","争取五至八年内,将招商局发展成为能控制香港航运业的综合性大企业"。经营企业的资金来源则"本着自力更生的精神,不向国家要投资","主要是就地筹集资金,依靠扩大发展业务,采取'滚雪球'的办法;或向银行贷款(包括向外资银行抵押贷款);也可试行发股票和有价证券,多方设法吸收港澳与海外的游资";企业管理上"实行独立核算,自负盈亏。经营形式应根据市场情况灵活多样",有"就地独立处理问题的机动权"等。② 10月12日,李先念批示:"拟同意这个报告。"③华国锋、叶剑英、邓小平、汪东兴也圈阅同意。1978年10月28日,交通部决定调袁庚任香港招商局常务副董事长。袁庚鉴于香港是弹丸之地,银行利息高、劳动工资高、地价高,难以扩大业务,在筹划香港招商局经营发展战略时,把目光投向了邻近香港的广东省宝安县境内,提出一项大胆举措:充分利用招商局在香港的便利地位,将国内廉价的土地、劳动力和香港的资金、技术结合起来,建立一个立足国内、面向海外

---

① 招商局成立于19世纪70年代,是中国创办最早、规模最大的航运企业。总部设在上海,香港招商局是分局之一。1950年1月该局及留港的13艘船舶和60多名员工宣布起义后,归交通部领导,仍沿用原有名称。

② 鞠天相:《争议与启示:袁庚在蛇口纪实》,中国青年出版社1998年版,第22—23页。

③ 《李先念传(1949—1992)》(下),中央文献出版社2009年版,第1073页。

的外向型工业区。① 这个构想同广东省委准备建立出口特区的想法不谋而合。

在前期准备的基础上，广东省革命委员会、交通部于 1979 年 1 月 6 日正式向李先念副总理并国务院报送了《关于我驻香港招商局在广东宝安建立工业区的报告》。报告说："招商局初步选定在宝安蛇口公社境内建立工业区，这样既能利用国内较廉价的土地和劳动力，又便于利用国外的资金、先进技术和原材料，把两者现有的有利条件充分利用并结合起来，对实现我国航运现代化和促进宝安边防城市工业建设，以及对广东省的建设都将起积极的作用。"②1 月 31 日，李先念批示："拟同意。"③2 月 2 日，为落实李先念批示，谷牧主持召开有国家计委、国家建委、外贸部、中国人民银行、交通部等部门负责人参加的国务院会议。谷牧说："香港招商局原来设想在香港设厂，受条件限制，他们已和广东省委商量好，要在我靠近香港一边蛇口地区开设工厂，在这里设厂当然要得到特殊待遇，除地方行政按国内一套办外，在经济上要闹点'特殊化'，就是要享受香港的待遇，进出自由。他们的分红办法是给广东省三成，给资本家三成，招商局得四成，就是我们合起来占七成。"④2 月 21 日，交通部派出由 34 人组成的工作组到蛇口进行实地勘察，拟订了工业区总体规划和"五通一平"工程方案⑤。5 月 30 日，广东省发布实施《关于香港招商局蛇口工业区海关边防管理试行办法》。蛇口工业区是我国对外开放的第一块微型"试验田"⑥，在经济特区建设史上扮演

---

① 彭德清：《春天的故事——开发建设蛇口重大决策的经历》，中国人民政治协商会议厦门市同安区委员会文史资料委员会编：《同安文史资料》第 19 辑（内部资料），1999 年 9 月，第 25 页。

② 钟坚、郭茂佳、钟若愚主编：《中国经济特区文献资料》第 1 辑，社会科学文献出版社 2010 年版，第 325 页。

③ 《李先念传（1949—1992）》（下），中央文献出版社 2009 年版，第 1076 页。

④ 广东省政协文史资料研究委员会编：《经济特区的由来》（《广东文史资料》第 85 辑），广东人民出版社 2002 年版，第 280、283 页。

⑤ "五通一平"，即：通水、通电、通航、通车、通信、平整土地。

⑥ 《李先念传》编写组编写：《李先念年谱》第二卷，中央文献出版社 2011 年版，第 7 页。

了先行者、探路者、多项特区纪录首创者的角色。

（二）正式决策兴办经济特区，杀出对外开放"血路"

党的十一届三中全会后，在贯彻落实全会精神的过程中，中共广东省委根据广东毗邻港澳、华侨众多、商品经济比较发达的特点，进一步大胆向中央提出了发挥广东优势，实行特殊政策，让广东在改革开放中"先走一步"的设想。试办经济特区成为"先走一步"总思路中的关键一招。

1979 年 1 月 8 日至 25 日，广东省委召开四届二次常委扩大会议，中心议题是研究如何贯彻党的十一届三中全会精神，实现工作重点转移问题。出席会议的有地、市、县委书记等。习仲勋在会议总结发言中说："我省毗邻港澳，对于搞四个现代化来说，这是很有利的条件。我们可以利用外资，引进先进技术设备，搞补偿贸易，搞加工装配，搞合作经营。中央领导同志对此已有明确指示，我们要坚决搞，大胆搞，放手搞，以此来加快我省工农业生产的发展。"①同月，叶剑英对广东省领导人说："我们家乡实在是太穷啊，你们快想想办法，把经济搞上去！"②也是在这时，一份关于香港厂商要求回广州开设工厂的来信摘报送到了邓小平那里，邓小平作了批示："这种事，我看广东可以放手干。"③

广东省委四届二次常委扩大会议之后，从 1979 年 2 月 3 日起，习仲勋、杨尚昆等省委领导带领工作组陆续分赴各地，传达党的十一届三中全会精神，并就地开展调查研究。省委书记吴南生按照省委的分工，率领工作组来到汕头市。汕头曾是中国南部一个对外开放历史悠久的港口城市，新中国成立初期商业很繁荣，同香港的差距并不大。但此时的汕头经济落后，群众

①　习仲勋：《在省委四届二次常委扩大会议上的总结发言》（1979 年 1 月 25 日），《习仲勋主政广东》编委会编：《习仲勋主政广东》，中共党史出版社 2007 年版，第 233 页。

②　《习仲勋主政广东》编委会编：《习仲勋主政广东》，中共党史出版社 2007 年版，第234 页。

③　《王全国同志在中央工作会议中南组的发言》（1979 年 4 月 10 日），中共广东省委四届三次常委扩大会议文件之一。

生活艰难。为了迅速改变汕头面貌,在2个月的调研中,吴南生与当地干部深入"研究了利用外资发展经济和扩大对外贸易的问题",并于2月21日给广东省委写了一份报告,提出:"汕头地区劳动力多,生产潜力很大,对外贸易、来料加工等条件很好,只要认真落实政策,调动内外积极因素,同时打破条条框框,下放一些权力,让他们放手大干,这个地区生产形势、生活困难、各方面工作长期被动的局面,三五年内就可以从根本上扭转。"①2月28日吴南生从汕头回到广州。3月3日,习仲勋主持召开省委常委会议。吴南生在汇报工作时说:"现在老百姓的生活很困难,国家的经济已到了崩溃的边缘了,我们应该怎么办? 三中全会决定改革开放,我提议广东先走一步。我是喜欢下象棋的人,懂得先走一步,叫做'先手',就先掌握主动权。"②先走一步那个"子"怎么走呢? 吴南生提出,在汕头划出一块地方搞试验,用各种优惠的政策来吸引外资,把国外先进的东西吸引到这块地方来。因为:第一,在全省来说,除广州外,汕头是对外贸易最多的地方,搞对外经济活动有经验;第二,潮汕地区海外的华侨、华人全国最多,约占我国海外华人的三分之一,其中许多是在海外有影响的人物,我们可以动员他们回来投资;第三,汕头地处粤东,偏于一隅,万一办不成,失败了,也不会影响太大。习仲勋当即表态:"要搞,全省都搞","先起草意见,4月中央工作会议时,我带去北京。"③

1979年4月5日至28日,中央召开工作会议,主要讨论国民经济调整问题。习仲勋、王全国代表广东出席会议。4月8日,在有华国锋、李先念、胡耀邦参加的中南组会议上,习仲勋发言说:"广东邻近港澳,华侨众多,应充分利用这个有利条件,积极开展对外经济技术交流。这方面,希望中央给点权,让广东先走一步,放手干。看来,在计划、财政、外贸、外汇、物资、对外

---

① 广东省政协文史资料研究委员会编:《经济特区的由来》(《广东文史资料》第85辑),广东人民出版社2002年版,第185页。

② 《习仲勋主政广东》编委会编:《习仲勋主政广东》,中共党史出版社2007年版,第236页。

③ 林亚杰主编:《经济特区的由来》,广东人民出版社2010年版,第121—122页。

经济技术交流等方面,都有正确处理中央和地方的关系问题。'麻雀虽小,五脏俱全',作为一个省,等于人家一个或几个国。但现在省的地方机动权力太小,国家和中央统得过死,不利于国民经济的发展。我们的要求是在全国的集中统一领导下,放手一点,搞活一点。这样做,对地方有利,对国家也有利,是一致的。"①此时也在积极探索对外开放、促进经济发展新路子的福建省委第一书记廖志高等听说广东提出"先走一步"的建议后,认为福建华侨也不少,又面对台湾,他们要求中央比照广东,对福建省也实行特殊政策和灵活措施。4月17日,中央政治局召集中央工作会议各组召集人开会,习仲勋在汇报时再次要求"中央给点权"②。邓小平在听取习仲勋汇报时插话:"新加坡吸收外资开厂,利润收入可以拿到50%,还有劳务收入、税收。广东、福建有这个条件。搞特殊省,利用华侨资金、技术,包括设厂。只要不出大杠杠,不几年就可以上去。美国人问我,你们这样搞会不会变资本主义?我说,我们赚的钱不会装到华国锋同志和我们这些人的口袋里,我们是全民所有制,社会主义变不了资本主义。如果广东这样搞,每人收入搞到1000至2000元,起码不用向中央要钱嘛! 广东、福建两省8000万人,等于一个国家,先富起来没有什么坏处。"③华国锋也在会上回应习仲勋的要求说:"要放给权,明确提出来。"又说:"珠(海)、宝(安)要研究搞加工区……要进行体制改革,广东可以搞一个新的体制,试验进行大的改革。"④

在这次历时二十多天、党的十一届三中全会后第一次召开的中央工作会议上,邓小平"对搞改革开放的决心很大"。会议期间,就广东省提出的设想,谷牧

---

① 《习仲勋同志在中央工作会议中南组的发言》(1979年4月8日),中共广东省委四届三次常委扩大会议文件之一。

② 《省委常委会议记录》(节选)(1979年5月3日),广东省政协文史资料研究委员会编:《经济特区的由来》(《广东文史资料》第85辑),广东人民出版社2002年版,第192页。

③ 张汉青:《习仲勋在广东改革开放中》,《习仲勋革命生涯》,中国文史出版社2002年版,第549—550页。另见中央文献研究室编:《邓小平年谱(1975—1997)》(上),中央文献出版社2004年版,第506页。

④ 《省委常委会议记录(节选)》(1979年5月3日),广东省政协文史资料研究委员会编:《经济特区的由来》(《广东文史资料》第85辑),广东人民出版社2002年版,第192页。

曾专门向邓小平作汇报,并说:广东省委要求在改革开放中"先行一步",划出深圳、珠海、汕头等地区,实行特殊的政策措施,以取得改革开放、发展经济的经验。但是,这些地方该叫什么名称才好? 原来有"贸易合作区"、"出口工业区"等等,都觉得不合适,定不下来。邓小平回应说:"就叫特区嘛! 陕甘宁就是特区。"① 在与广东省负责人谈到建设"特区"所需资金问题时,邓小平明确表示:"中央没有钱,可以给些政策,你们自己去搞。""杀出一条血路来"。②

中央工作会议结束后,习仲勋回到广东,在多次会议上传达中央工作会议精神和邓小平、华国锋的指示。5 月 3 日,在广东省委常委会议上,习仲勋说:经过这次中央工作会议,对于广东一直"希望中央给点权"的要求,"华主席和政治局同志都听进去了","中央对体制问题,特别是广东的体制改革非常关心","华(国锋)、邓(小平)都很坚决"。③ 5 月 14 日至 5 月 26 日,广东省委召开四届三次常委扩大会议,习仲勋又说:"党中央对我们广东的工作极为关心和支持,批准了广东省委关于在四个现代化中让广东先走一步的要求,同意广东搞一个新的体制……这个问题对我们广东来说,是关系重大的事。我的心情是一喜一惧。喜的是我们在中央的统一领导和大力支持下,能充分利用我省的有利条件,在实现'四化'中先走一步,为全国摸索一点经验,这个任务很光荣;惧的是,我们的担子很重,任务很艰巨,又没有经验,困难不少,怎样搞好,能否搞好,我是有些担心的。但是,党中央这样关心和支持我们,只要我们团结一致,兢兢业业,埋头苦干,千方百计把事情办好,就一定能够使广东在实现'四化'先走一步方面作出贡献。"④9

---

① 吴南生:《真实的历史"敢闯"的记录——读〈经济特区的由来〉想到一件重要的史实》,广东省政协文史资料研究委员会编:《经济特区的由来》(《广东文史资料》第 85 辑),广东人民出版社 2002 年版,第 556—557 页。

② 中共中央文献研究室编:《邓小平年谱(1975—1997)》(上),中央文献出版社 2004 年版,第 510 页。

③ 林亚杰主编:《经济特区的由来》,广东人民出版社 2010 年版,第 41—42 页。

④ 习仲勋:《在省委四届三次常委扩大会议上的讲话》(1979 年 5 月 26 日),广东省政协文史资料研究委员会编:《广东文史资料》第 85 辑之《经济特区的由来》,广东人民出版社 2002 年版,第 197 页。

月 21 日,在广东省委召开的地委书记会议上,习仲勋再次说:"中央决定对广东实行特殊政策,灵活措施,这一方面是省委向中央'要权'要来的;另一方面,也是更重要的一方面,是中央从搞好四个现代化建设出发,对体制改革所作出的一个具体的、又是重要的决策。""这件事情的实质,就是中国如何搞好体制改革,以适应'四化'的需要。如果我们广东不提,中央也会提出来。广东要从全国的大局出发,把这件事搞好。""我们要全力以赴,一定要在如何把对外经济活动搞活和办好特区等方面闯出一条路子来,作为全国的参考。"①

这次中央工作会议结束后,中共中央、国务院决定,由主管这方面工作的国务院副总理谷牧率中央工作组来广东、福建调研,帮助两省就试办特区做进一步的研究论证工作,并提出具体实施方案。

1979 年 5 月 11 日至 6 月 5 日,谷牧带领国务院进出口领导小组办公室副主任甘子玉、国家计委副主任段云、外贸部副部长贾石、财政部副部长谢明以及国家建委、物资部等部门的十余位负责干部组成的工作组,来到广东、福建做调研,在广东 18 天,同习仲勋、杨尚昆、刘田夫、吴南生、王全国、曾定石、梁湘等座谈讨论,先后看了广州、深圳、珠海和佛山、中山、新会、汕头等地;在福建 8 天,除在福州与福建省委第一书记廖志高、省长马兴元等讨论外,在从广东去福建途中看了漳州、厦门、泉州等地。5 月 16 日,在珠海市考察时,谷牧说:和港澳"对比之下,我们落后了"。"如果还在'睡觉',就看不见问题;如果'醒'了,就看到问题了。看到你们这里的形势,更加觉得中央下决心解决广东的体制问题十分必要","广东面临港澳,划深圳、珠海为特区,在国家统一的大政方针下,坚持社会主义道路,不能搞联邦,不能搞资本主义。但可以考虑你们特殊的一些做法,基本的做法可以比其他省更活一些。""我们想通过广东吸取经验,解决全国的问题,来考虑全国的体

---

① 习仲勋:《要把广东体制改革的试点搞好》,中共中央党史研究室编:《习仲勋文集》(上),中共党史出版社 2013 年版,第 555 页。

制改革。"①通过详细考察和与当地干部群众及有关专家深入讨论研究,考察组再一次确认深圳、珠海、汕头、厦门具有建立经济特区的优越条件:一是这些地方地处亚热带,气候温和,雨量充沛,物产丰富,风景秀丽,对吸引港澳资金、侨资、外资,发展房地产业、加工业、旅游业等具有较强的吸引力;二是四地位于东南沿海,港口优良,厦门有通商的基础,深圳、珠海毗邻港澳,对引进外资和先进技术,扩展对外贸易,获取国际经济信息,考察现代资本主义都非常便利;三是这些地区大都是华侨之乡,对吸引华侨回国办企业、投资,支援祖国建设影响深远。在如何举办特区问题上,考察组提出了以下思路:第一,要发挥这两省的经济优势,加快经济发展,必须进行体制改革,充分调动地方的积极性,要在中央统一领导下实行经济计划以省为主安排、实施,省内企业、事业单位除必须由中央直属的以外,全部下放给省管理。第二,在对外贸易、吸收外资、引进技术等方面,赋予这两省较多的机动权,以便增强对外经济联系,加快经济发展。第三,在财政上,一定年限内对两省实行大包干,划分收支,定额上交,把新增的收益较多地留给地方,增大地方自筹建设资金的能力。第四,在深圳、珠海、汕头、厦门各划出一定区域举办出口特区,参照国际经验和做法,实行优惠税率,吸收外商投资,发展出口商品的生产。

按照上述思路,谷牧帮助广东、福建两省起草了《关于发挥广东优越条件,扩大对外贸易,加快经济发展的报告》和《关于利用侨资、外资,发展对外贸易,加快福建社会主义建设的请示报告》,并分别于6月6日和9日报请中央和国务院审批。7月15日,中共中央、国务院以中发〔1979〕50号文件,批转了以上两个报告。文件指出,粤闽靠近港澳、海外华侨多,资源比较丰富,具有加快经济发展的许多有利条件。因此,中央决定在粤闽两省实行特殊政策和灵活措施,给地方以更多的自主权,使之发挥优越条件,抓紧当前有利的国际形势,先走一步,把经济尽快搞上去。文件批准先在深圳、珠

---

　　① 《刘田夫回忆录》,中共党史出版社1995年版,第440页。

海两市试办出口特区,待取得经验后,再考虑在汕头、厦门设置的问题。这标志着党中央、国务院正式批准试办特区,当时称"出口特区"。1980 年 5 月,党中央国务院批转广东、福建两省会议《纪要》,决定将"出口特区"改为涵盖面更宽的"经济特区"这个名称。

经济特区的"特",国务院副总理谷牧在六届全国人大常委会第九次会议上概括为 4 点:第一,特区的经济发展,主要是依靠利用外资。特区的经济,是在全国社会主义经济领导下,多种经济成分并存,以中外合资经营企业、中外合作经营企业及外商独资企业为主的综合体。这不同于内地以社会主义全民所有制经济为主。第二,特区的经济活动,是在社会主义计划经济指导下,充分发挥市场调节的作用,或者说以市场调节为主。这也不同于内地。第三,对前来投资的客商,在税收、土地使用费、入境出境管理方面,给予特殊的优惠和方便。比如对外商投资的企业,企业所得税减按 15% 征收。第四,国家给特区比较多的经济活动自主权。如重工业 5000 万元以下、轻工业 3000 万元以下,不需要国家平衡生产建设条件的建设项目,特区可以自行审批;基建指标可以在国家控制的指标之外另算;等等。这方面的自主权,一般说比现在省一级的权限还要大些。

为了给举办经济特区提供一个基本的章程,国务院早在 1979 年 8 月就委托广东省有关方面起草关于举办特区的法规性文件。经过一个多月的工作,经济特区《条例》初稿完成。党中央、国务院对《条例》的起草工作十分关注,多次就特区的发展方向、经营方针、管理体制和经济立法等问题提出指导性意见。1979 年 12 月 27 日,广东省五届人大二次会议原则通过了《广东省经济特区条例(草案)》。之后,广东省特区筹备组根据谷牧副总理和国务院工作组的意见,再次对《条例》作认真修改,前后草拟了 13 稿,于 1980 年 4 月 14 日提请广东省人大常委会审议。本来,《广东省经济特区条例》作为一个地方性法规,广东省的人大获得通过,就算是已经立法了。但是,社会主义国家举办经济特区是一件史无前例的事情,难免会遭到非议。《广东省经济特区条例》如由全国人大立法通过,则具有更高的权威性。广东省领导将这一想法向正在广东视察工作的叶剑英委员长汇报,陈述了《条例》由全国人大常委会立法的必要性,得到同意。

1980年8月,叶剑英主持召开五届全国人大常务委员会第十五次会议,国家外资委副主任江泽民受国务院委托于8月21日在会上作关于广东、福建两省设置经济特区和关于《广东省经济特区条例》的说明。8月26日,五届全国人大常务委员会第十五次会议批准了《广东省经济特区条例》,并于当天公布实施,宣告在广东省的深圳、珠海、汕头3个市分别划出一定的区域,成立经济特区,至此,广东省3个经济特区终于完成了立法程序。《广东省经济特区条例》共6章26条,《条例》集中反映了经济特区在经济上对外开放的程度和发展经济的特殊办法,概括起来主要有:(1)在维护中国主权和利益的前提下,鼓励外商投资,坚持平等互利的原则,保障投资者的合法权益;(2)对投资者给予特殊的优惠;(3)实行一套适应特区性质和要求的管理体制。《广东省经济特区条例》的通过标志着兴办特区有了法律上的依据,是特区建设的纲领性文件。

社会主义国家办经济特区没有先例,经济特区究竟应该怎样"特"?采取什么特殊政策措施才能办好经济特区?为了吸取借鉴国外不同类型经济特区的经验,1980年9月26日至11月7日,由时任国家进出口管理委员会副主任的江泽民任团长,厦门市委书记陆自奋等为副团长,由成员9人组成的经济特区考察组考察了斯里兰卡、马来西亚、新加坡、菲律宾、墨西哥、爱尔兰6国8个出口加工区(自由贸易区、边境工业区)。考察的主要内容是:1. 这些国家设立出口加工区或自由贸易区(以下简称特区)的现状,在特区建设中出现过什么问题?如何解决的?现在还存在什么问题?特别是在独立自主与吸收外资,维护主权与发挥外资作用方面采取些什么主要措施?2. 这些国家特区发展的规划及方向,采取了哪些优惠办法吸引外资和引进先进技术?3. 怎样利用特区,使之达到收汇多或者出口创汇高的目的?这些办法,在其本国和国际惯例上都有哪些区别?实际效果如何?4. 特区行政管理情况:(1)特区的行政机构的设置、职能、权限;(2)特区的法律、法令和有关规定;(3)特区的基础工程建设资金由谁负责？如何规划管理？(4)特区的治安管理等。5.特区的经济管理情况:(1)特区的外资企业、合资经营、补偿贸易、来料加工、产品销售等政策规定和实施办法;(2)特区的土地出租或使用、所得税的征收、劳动工资法等政策的实施情况;(3)特区的金融、市场等管理办法;(4)特区的海关设置和关税征收办法;(5)墨西哥与美国接壤地区建立加工特区的特点以及防止人员外流的情况和效果。这次考察是根据我国政府与联合国开发计划总署的协议,由联合国国际贸易中心安排的。

考察期间,考察组成员先后同各国主管出口加工区的部门和地方当局举行了 27 次会谈,访问了 22 家工厂,还接触了一些投资者和企业管理人员。在会谈、访问过程中,主要是听取他们建立出口加工区、自由贸易区的经验介绍,着重探讨了有关出口加工区的作用和性质问题。考察组回国途经日内瓦时,联合国贸发会议还邀请了十多位专家,就出口加工区的建立和发展问题,为考察组举行了两天学术讨论会。考察组回国后,向中央领导提交了考察报告,报告归纳了国外举办出口加工区的 5 条经验:一是设立出口加工区必须有完备的立法手续和明确的法律条令;二是出口加工区一般均直属中央政府,并都成立一个高效能的管理机构;三是必须搞好总体规划,搞好基础设施;四是必须大力培训工人,提高技术知识水平;五是各国都制定了一套吸引外资的优惠条件和办法,包括免除关税,减免所得税、劳动工资以及土地租金、年限等等。报告认为,这次考察的 6 个国家的出口加工区(自由贸易区),都是办得比较成功的。报告还就如何借鉴外国的经验,搞好广东、福建两省经济特区建设等问题,提出了 4 点建议:第一,要统一认识。报告认为,广东省经济特区条例虽经人大常委会批准公布了,但是对于为什么要设立特区,搞什么样的特区,它有什么好处,又有哪些弊病,等等,党内党外认识尚未一致。为此,报告建议中央、国务院组织经济界和理论界的同志,对特区问题作一番研究,从理论上澄清一些问题,回答一些问题。一方面统一党内外的思想认识,同时为做实际工作的同志提供理论武器,以坚定他们的信心。第二,要明确规定深圳、珠海、汕头、厦门4个经济特区的性质和经营方针。这个问题不明确,特区的建设就很难起步。根据4个特区的不同情况和所处的位置,报告建议深圳特区参照菲律宾的巴丹区和墨西哥的边境自由区的经验,作为自由贸易区性质的经济特区来建设;珠海、汕头、厦门3个特区以出口加工区为主,同时发展一些住宅、旅游等事业。深圳特区先开发罗湖区和上步工业区,原定的327平方公里作为远景规划,先小后大,逐步开放。第三,特区的领导关系和经济体制,应进一步明确。深圳特区规模大,必须给予特区管理机构以必要的充分权力。对特区的经济体制,报告建议:财政体制上,特区的财政可以单列户头。外汇体制上,特区可以不执行国家现行外汇管理办法,在深圳特区范围内允许外币流通。劳动工资体制上,特区企业所需的职工,原则上就地招聘,管理和工程技术人员可在全省、全国招聘,国家劳动总局及有关部门应予支持。特区外资企业职工的工资,按企业规定的标准全部发给职工本人,取消粮食、副食品、医疗、住房和边防补贴,外资企业的职工可采取缴纳个人所得税(税率另定)的办法。商业体制和物价管理上,深圳特区可以按海关规定,征税、减税、免税从香港进口消费品,在特区范围内供应,由国营商业或特区经营;深圳特区的物价,实行市场调节为主;特区内的国家干部和职工,基本工资照发,另加特区津贴费,原有的住房、医疗补贴和劳保福利暂时不变。第四,要抓紧经济立法。建议先请广东省经济特区管理委员会制定特区条例的实施细则,以及有关海关、外汇、出入境手续、土地使用费、劳动工资等管理条例的草案,报请国务院审批。① 这次考察活动及收集的大量资料,为制定符合中国实际的经济特区政策提供了有益借鉴,许多好的经验都被吸收到经济特区建设决策中。

1980年9月23日至24日,中共中央书记处听取中共广东省委负责人关于广东工作的汇报。9月28日,形成《中央书记处会议纪要》(第50号)。

---

① 出口加工区考察组:《出口加工区考察报告》(1980年11月),《党的文献》2010年第5期。

《纪要》指出：中央在广东、福建两省实行特殊政策和灵活措施，目的是要充分发挥广东、福建两省的优势，使广东、福建先行一步富裕起来，成为全国"四化"建设的先驱和排头兵，为全国社会主义经济建设和体制改革探索道路，积累经验，培养干部。中央要求广东充分利用和发挥本地优势，尽快把广东的经济搞活，闯出一条道路，使广东成为我国对外联系的枢纽。中央授权给广东省，对中央各部门的指令和要求采取灵活办法，适合的就执行，不适合的可以不执行或变通办理。

（三）经济特区发展总体政策框架初定

创办经济特区，是执行对外开放政策、吸收和利用外资加速我国现代化建设的一种特殊形式，需要不断研究新情况，解决新问题，周密部署，稳步前进。为了进一步推动经济特区健康发展，研究特区对外经济活动实行特殊政策和灵活措施等一系列问题，1981 年 5 月 27 日至 6 月 14 日，国务院在北京召开了广东、福建两省经济特区工作会议。参加这次会议的有广东、福建两省的主要领导人任仲夷、吴南生、项南，有中共中央、国务院的有关部门及特区的负责干部，还邀请了钱俊瑞、许涤新、薛暮桥、古念良等多位经济学家出席。

为开好这次会议，国家进出口委员会副主任周建南专程到深圳、珠海等地进行了为期 20 天的调研，掌握了大量第一手资料。这次会议开得很成功，初步统一了对经济特区的认识。根据会议讨论结果于 7 月 12 日报送中央的《广东、福建两省和经济特区工作会议纪要》，经党中央、国务院同意于1981 年 7 月 19 日以中发〔1981〕27 号文件批转下发。《会议纪要》指出：一年多来的实践证明，中央对两省实行特殊政策、灵活措施的设置经济特区的决策是正确的。进行这个试验的时间虽然还不长，但已经取得比较显著的成绩，积累了一些经验，使大家看到了希望，增强了信心。两省实行特殊政策、灵活措施和试办经济特区，是个新事物、新工作，各方面认识不够或不一致是难免的，要及时提高认识，统一思想。两省的改革和全国改革的方向是一致的。两省改革搞好了,不仅在发展经济上有重要意义,而且在政治上是关系到稳定港澳人心,争取台湾回归祖国的大事。因此,实现这个任务,要有高度责任感和紧迫感。会议指出,试办经济特区,是执行开放政策、吸收外资的一种特殊方式。特区是经济特区,不是政治特区。特区内全面行使我国家主权,这和由不平等条约产生的租界、殖民地在性质上根本不同。特区是我们学习与外国资本竞争、学习按经济规律办事、学习现代化经济管理的学校,是为两省甚至全国训练和造就人才的基地。

会议一致认为,在坚持以下几条大杠杠的情况下,要充分发挥两省发展经济的自主权,放手让两省去干:一是坚持四项基本原则;二是遵守党和国家统一的大政方针;三是服从国家统一计划的指导和全国综合平衡;四是完成国家下达的任务;五是坚持统一对外。本着这些"大杠杠",会议对计划、财政、金融、外贸等方面的体制问题,商定了如下几点:(一)计划体制,在中央的方针、政策和统一计划的指导下,实行条块结合,以省为主。(二)财政上继续实行大包干办法。广东每年上缴 10 亿元,福建每年补贴 1.5 亿元,从 1980 年起一定 5 年不变。(三)两省银行分行要起地方银行作用,银行的体制要相应改革。第一步,在现行体制和管理制度的基础上,扩大两省银行的经营自主权。人民银行两省分行的信贷资金,以 1980 年的信贷收支差额为基数,在 3 年内,每年增加一定资金,包干使用。在包干差额内,用于中短期设备贷款部分,由省分行统筹安排,利率可在 20% 的幅度内灵活掌握。第二步,在调查研究、总结经验的基础上,制定全面改革银行体制的方案。中国银行两省分行,应充分发挥其外汇专业银行的作用,管好外汇,积极为地方服务。两省地方留成外汇周转额度,广东增加到 2 亿美元,福建增加到 6000 万美元。(四)对外经济贸易要有较大的自主权。1. 对外贸易,出口计划以省为主制订,与外贸部衔接,纳入国家计划;地方外汇进口计划由省确定,报有关部门备案。2. 两省应充分利用各自的有条件开展对外经济技术合作活动,引进技术、合资经营、来料加工装配、补偿贸易、合作生产项目,凡不涉及国家综合平衡的,可由两省按照中央关于利用外资的方针、政策规定,自行审批。3. 海关管理,包括关税收入和减免,由中央集中统一管理。(五)市场安排和商品供应方面,广州市轻工商品中的紧缺品种,以1980年实际生产、调出为基数,从1982年起,实行生产增长部分留省七成、上调三成。福建省增产部分全留省内。(六)进一步明确地方管理物价的权限。

会议认为,要把经济特区建设好,必须在统一认识的基础上,制定一整套适合特区性质和要求的政策措施,使特区真正办起来。会议根据人大常委会批准的《广东省经济特区条例》,研究并制定了促进经济特区发展的10条具体政策措施。(一)特区的规划和建设要因地制宜,注意实效,各有侧重地发展。深圳、珠海的特区应建成兼营工、商、农、牧、住宅、旅游等多种行业的综合性特区。厦门、汕头的特区目前应建成以加工出口为主的、同时发展旅游等行业的特区。特区要抓紧拟订全面的社会经济发展规划,特区的建设首先要搞好基础设施,在划定的区域内由小到大,逐步发展,量力而行。(二)海关对特区进口的货物、物品,要给予特殊的关税优惠。(三)简化入出境手续,方便人员往来,特区的公务人员因公出国,由各特区政府或特区管委会审批。各特区都有权通知签证机关办理来该特区的外国人和华侨入境签证,其中需经常入出的,可发给有效期不超过一年的多次入境签证。(四)劳动工资制度要进行改革。特区企业职工一律实行合同制,企业有权自行招聘、试用、解雇。逐步改变低工资、多补贴的办法。企业工资可以分为基本工资和浮动工资两部分,并由特区统筹建立职工年老退休和社会保险制度。(五)特区市场需要的国内出口商品,可由特区向有关外贸公司提出订货,以外汇结算。商业应以国营为主,允许特区与外商合办某些商业企业,并允许进口必需的商品。特区的对外贸易在国家统一政策指导下,由特区自主经营。特区可接受各省、市、自治区的委托,代理外贸部不统一经营并经各省、市、自治区批准的进口业务。(六)特区的货币目前为人民币为主,外币限制在指定的范围内使用。允许我在港澳注册的银行到特区设立分支机构,并有步骤地有选拔地批准外资银行来特区设立分支机构。两省应结合特区的具体情况,制定特区外汇管理办法,国家外汇管理总局在特区设立国家外汇管理分局。(七)积极筹措特区建设资金。资金来源主要靠外资,尽量吸收侨资及港澳的资金。我驻港澳机构也可到特区内投资或与外商联合投资。特区建设所需的人民币资金,在国家财力允许的情况下,适当放宽对贷款的限制。深圳、珠海两市的财政收入原定 3 年不上缴,现决定延长到 1985 年。厦门、汕头两市的财政收入如何减免,由两省自行确定。4 个特区的外汇收入(包括外币兑换券在当地回笼部分)单列,超过 1978 年基数的增收部分,用于特区建设,5 年内不上缴。特区土地开发的收入,归特区发展公司使用。(八)特区的机场、海港、铁路、电信等企、事业,应允许特区引进外资,由特区自营或与外资合营,自负盈亏。(九)为了加速发展特区的各项建设事业,必须制定特区的各项单行法规。建议人大常委会通过议案,授权广东、福建两省人大常委会制定所属特区的单行法规,并向人大常委会及国务院备案。(十)特区的管理机构,应按照精简、高效的原则设置,并赋予充分的权力,使之能独立自主地处理问题,协调各方面的关系。

《会议纪要》对举办经济特区的具体方针和政策做了初步的集成工作,确立了特区发展的政策框架,对特区的建立和发展起了重要作用,此后十多年间,经济特区就是按照这个总体框架不断向前发展的。

(四) 积极利用外资,推进外贸体制改革

在酝酿兴办经济特区的同时,利用外资的问题也提出来了。1979 年 1 月 17 日,邓小平曾设宴款待胡厥文、胡子昂、荣毅仁、周叔弢、古耕虞 5 位工商界著名人士,提出了利用外资的设想。邓小平指出:"现在搞建设,门路要多一点,可以利用外国的资金和技术,华侨、华裔也可以回来办工厂。吸收外资可以采取补偿贸易的方法,也可以搞合营,先选择资金周转快的行业做起。"[1]3 月 19 日,邓小平在会见瑞士联邦委员、公共经济部部长弗里茨·霍纳格时,详尽阐述了中国在实行开放政策、发展对外经济方面的新观

---

　　① 《邓小平文选》第二卷,人民出版社 1994 年版,第 156 页。

点新办法,指出:"中国四个现代化的目标是要坚持下去的,我们将会一步一步地采取更加开放的政策。我们充分理解到不利用和引进先进国家的技术和经验,四个现代化是搞不好的。当然,实现四个现代化主要是靠自己,任何国家发展经济都要靠自己。对外开放的政策,我们要继续贯彻下去。现在国际上一是担心我们引进技术、资金的偿付能力问题,二是担心我们政策的连续性问题。关于偿付能力问题,我出访美国时就说过,这个问题好办,因为中国钢铁企业的发展,特别是有色金属、稀有金属的开发,本身就有相当的补偿能力。问题是合作的方式。国际上也有汽车公司愿意同我们搞合股经营,这种形式本身就有偿付能力。至于发电、交通设施等不具有偿付能力的项目,可以通过发展其他贸易来解决。按现行的政策,也许五年后会好一些,十年后会更好一些。"又指出:"我们还要制定同国外交往的一些法律,如投资法,把政策用法律形式肯定下来了……我们之间的合作是长期的,不要只看到眼前,做生意总是要赚钱的,但要合理一点,要对双方有利。对欧洲其他国家的朋友,我也提出这个要求。"①1979 年 9 月,为借用日本政府的"海外协力基金",国务院副总理谷牧受中央委派出访日本。经与日本首相大平正芳、外相园田直谈判,于同年 12 月达成了以年利率 3%,还款期30 年的条件,第一批借用日本政府贷款 500 亿日元(当时折合 2.3 亿美元)的协议。这是我国在实行改革开放中获得的第一笔外国政府长期低息贷款。它打破了长期以来以"既无内债,又无外债"为荣、坚持"不用西方国家贷款"的思想禁锢,为此后我国大规模利用国外贷款打开了通路。从 1979年到 1983 年,我国向日本政府贷款 3390 亿日元。1979 年到 1981 年,我国还先后与科威特、比利时等国签订了政府贷款协议,并争取恢复了我国在世界银行、国际货币基金组织中的合法席位,开始借用其贷款。

　　比使用外国政府贷款起步更早些的,是对于吸收外商直接投资的法律准备。吸收外商投资举办股权式的中外合资企业,双方共同出资、共同经

---

　　①　中共中央文献研究室编:《邓小平年谱(1975—1997)》(上),中央文献出版社 2004 年版,第 495 页。

营、共享权益,共担风险,不造成债务负担,比使用外国贷款对我们更为利多弊少。为了把吸收外商直接投资的工作纳入法制的轨道,1979 年 2 月,全国人大常委会法制工作委员会启动《中外合资经营企业法》起草工作。由于没有经验,为了起草好这部法律,全国人大常委会法工委曾给中国驻二十多个国家的大使馆发电报,请他们收集所在国家的合资法。参与起草工作的有商业界、法律界经验丰富的专家学者以及从香港请来的法律顾问,还有在第一线同外商谈判的实际工作者。邓小平十分关心这部法律的起草工作。1979 年 6 月 28 日,在与日本公明党委员长竹入义胜会面谈到这部即将由全国人大通过的法律时,邓小平说:"全国人大即将通过《中外合资经营企业法》。这个法是不完备的,因为我们还没有经验。与其说是法,不如说是我们政治意向的声明。以后会再搞一些具体的执行条例、规定来加以补充。"①经过几个月的起草和多次修改,1979 年 7 月 1 日五届全国人大第二次会议审议并正式通过了《中华人民共和国中外合资经营企业法》,同年7 月 8 日正式颁布施行。这为外国公司企业和其他经济组织或个人在平等互利原则基础上同中国的公司或企业或其他经济组织共同举办合营企业提供了法律保障。根据这部法律,从 1979 年 7 月到当年底,全国总共批准了6 个中外合资企业项目,其中有餐馆 2 个,养猪场、包装塑料制造厂、录音机装配厂和照相馆各 1 个,4 个在深圳,2 个在福州,协议外商投资金额 810 万美元。②

新中国成立后,我国学习苏联经验,实行国家统制对外贸易的政策。进出口贸易基本上由外贸部及其所属各专业进出口公司统一经营。这种高度集中的外贸体制,对于抗击帝国主义的经济封锁,发展独立自主的对外贸易,起了重要作用。但是,它也存在许多弊端。一是一年制订一次外贸计划,开两次"广交会",基本上是坐在家里做生意;二是先收购,后外销,产销

---

① 中共中央文献研究室编:《邓小平年谱(1975—1997)》(上),中央文献出版社 2004 年版,第 529 页。
② 《谷牧回忆录》,中央文献出版社 2009 年版,第 317 页。

不见面,工贸不结合,一家专营,统得过死;三是由国家统包盈亏,吃"大锅饭",不利于实行经济核算,不能调动各方面的积极性,效益差。因此,党的十一届三中全会后,在兴办经济特区和酝酿利用外资的同时,国务院有关部门对外贸体制也着手进行认真的改革。从 1979 年到 1981 年这三年间,国家进出口委协调有关部门,在改革外贸体制上进行了以下四项工作。一是初步改革外贸商品分工,赋予一些地区和部门部分商品的进出口经营权,开辟新的外贸渠道。除外贸部所属 11 个专业进出口公司以外,批准京、津、沪三个直辖市和广东、福建、辽宁三省成立地方领导为主的外贸进出口公司,授予冶金、机械、兵器、航空、船舶等部门以进出口权。除 16 种大宗进出口商品(原油、成品油、蚕丝、坯布等)外,其他商品逐步下放到地方或部门外贸公司经营,原来口岸专业分工比较生硬机械,例如地毯一律通过天津成交,茶叶一律通过上海成交,也按合理流向,作了调整,以便货物能够由产地就近出口。二是组织多种形式的工贸结合试点。在上海组建了工贸合一、以工为主的上海玩具公司,自营产品出口和原料进口;在北京市组织北京工艺美术品公司和北京特种工艺品出口公司实行联营,成立统一的董事会,统筹安排生产和外销。三是外贸出口收汇实行内部结算价格,提高地方出口外汇留成比例。为使外贸出口收汇结算价格比较符合实际情况,起到鼓励出口的作用,报经党中央、国务院批准,制定了 2.8 元人民币折合 1 美元的贸易出口收汇内部结算价格(当时中国人民银行公布的外汇牌价约 1 美元折 1.8 元人民币)。凡列入国家计划的,出口收汇按此价格结汇。地方出口收汇留用比例,一般省、市定为 10%,广东、福建为 25%。四是适应多渠道经营外贸的情况,制定了若干协调管理的办法。仅 1980 年到 1981 年两年,就下达过 15 个规定,包括"出口工业品生产专项贷款办法"、"出口许可证制度暂行规定"、"客户管理办法"、"外贸专业公司与省、市、自治区外贸公司出口商品经营分工规定"、"出口工业品专厂管理办法"、"农副产品出口生产基地管理办法"等。外贸体制的初步改革调动了各方面的积极性,有力促进了外贸出口的增长。1978 年全国外贸出口为 97.5 亿美元,到

1981 年增长为 220 亿美元,3 年增长了 1.25 倍。①

1982 年 9 月,邓小平在党的十二大开幕词中,总结新中国成立后党的历史经验,精辟地概括了我国对外开放的总体指导思想,这就是:"中国的事情要按照中国的情况来办,要依靠中国人自己的力量来办。独立自主,自力更生,无论过去、现在和将来,都是我们的立足点。中国人民珍惜同其他国家和人民的友谊和合作,更加珍惜自己经过长期奋斗而得来的独立自主权利。任何外国不要指望中国做它们的附庸,不要指望中国会吞下损害我国利益的苦果。我们坚定不移地实行对外开放政策,在平等互利的基础上积极扩大对外交流。同时,我们也保持清醒的头脑,坚决抵制外来腐朽思想的侵蚀,决不允许资产阶级生活方式在我国泛滥。中国人民有自己的民族自尊心和自豪感,以热爱祖国、贡献全部力量建设社会主义祖国为最大光荣,以损害社会主义祖国利益、尊严和荣誉为最大耻辱。"②这个指导思想是我国推进和扩大对外开放必须长期坚持的根本原则。

四、贯彻新"八字方针"调整国民经济

"文化大革命"结束后两年间,国民经济得到较快恢复和发展,职工工资有所增加,长期以来没有得到改善的人民生活逐步有所改善。但与此同时,由于经济工作中刮起了一股大干快上、急于求成的冒进之风,要求一年初见成效,三年大见成效,使得本已严重失调的国民经济比例非但没有得到缓解,一些方面还有所加剧,国民经济面临重蹈 1958 年"大跃进"大起大落覆辙的危险。

在觉察和深刻意识到问题的严重性后,从 1979 年上半年开始,根据 36 天中央工作会议和党的十一届三中全会的讨论和决定,国务院开始对 1979 年和 1980 年两年的国民经济计划安排进行调整和修改。邓小平、陈云就此

---

① 《谷牧回忆录》,中央文献出版社 2009 年版,第 319—321 页。
② 《邓小平文选》第三卷,人民出版社 1993 年版,第 3 页。

发表了重要意见。1979 年 1 月 1 日,陈云在李先念批请中央政治局常委审阅国务院关于传达《一九七九、一九八〇两年经济计划的安排(草案)》的通知稿的信上批示:"国务院通知中'一九七九年有些物资还有缺口',我认为不要留缺口,宁可降低指标。宁可减建某些项目。"1 月 5 日,陈云又在新华社一份简报上批示:"我认为有物资缺口的不是真正可靠的计划"①。陈云的意见得到邓小平的支持。1 月 6 日,邓小平在同余秋里等谈话时指出:"我们要从总方针来一个调整,减少一些钢铁厂和一些大项目。引进的重点要放在见效快、赚钱多的项目上。今年计划有些指标要压缩一下,不然不踏实,不可靠。"②1979 年 3 月 14 日,李先念、陈云就财经工作联名致信中共中央,首先建议"在国务院下设立财政经济委员会,作为研究制订财经工作的方针政策和决定财经工作中的大事的决策机关",并提出财政经济委员会组成的十二人名单:陈云、李先念、姚依林、余秋里、王震、谷牧、薄一波、王任重、陈国栋、康世恩、张劲夫、金明,以陈云为主任,李先念为副主任,姚依林为秘书长。其次就"目前和今后的财经工作",信中提出 6 点意见,包括"(一)前进的步子要稳。不要再折腾,必须避免反复和出现大的马鞍形。(二)从长期来看,国民经济能做到按比例发展就是最快的速度。(三)现在的国民经济是没有综合平衡的。比例失调的情况是相当严重的。(四)要有两三年的调整时期,才能把各方面的比例失调情况大体上调整过来。(五)钢的指标必须可靠。钢的发展方向,不仅要重数量,而且更要重质量。(六)借外债必须充分考虑还本付息的支付能力,考虑国内投资能力,做到基本上循序进行。"③信中关于对国民经济进行两三年调整的主张,引起中央其他领导人的高度重视。

　　1979 年 3 月 21 日至 23 日,中央政治局召开会议讨论经过修改的 1979 年计划和国民经济调整问题。陈云在 3 月 21 日会上发言,系统阐述了经济

---

① 金冲及、陈群主编:《陈云传》(下),中央文献出版社 2005 年版,第 1500 页。
② 朱佳木主编:《陈云年谱》(下),中央文献出版社 2000 年版,第 233 页。
③ 金冲及、陈群主编:《陈云传》(下),中央文献出版社 2005 年版,第 1556—1557 页。

建设指导方针和调整国民经济的 4 点意见:第一,"讲实事求是,先要把'实事'搞清楚。"中国最大的"实事"是"九亿多人口,百分之八十在农村,革命胜利三十年了还有要饭的,需要改善生活。我们是在这种情况下搞四个现代化的。""搞建设,必须把农业考虑进去","这是一个根本问题"。第二,"按比例发展是最快的速度。"陈云指出:"过去说,指标上去是马克思主义,指标下来是修正主义,这个说法不对。踏步也可能是马克思主义。六十年代初搞调整就是压低指标"。第三,"要有两三年调整时间,最好三年",才能把各方面比例失调的状况大体上调整过来。第四,钢产量"一九八五年搞六千万吨钢根本做不到","二○○○年搞到八千万吨钢……有点根据。"1979 年可以按 3200 万吨钢编计划。"冶金部要把重点放在质量、品种上,真正把质量、品种搞上去"①。中央政治局完全同意陈云的意见,决定用 3 年时间进行国民经济调整,同时决定成立国务院财政经济委员会,由陈云任主任。邓小平在会议最后一天讲话说:"中心任务是三年调整。这是个大方针、大政策。经过调整,会更快地形成新的生产能力。这次调整,首先要有决心,东照顾西照顾不行,决心很大才能干得成。"②华国锋也在会上讲了话。他说:这次确定计划的调整,目的是根据我们的实际情况不断总结经验,一步一个脚印,扎扎实实,稳步前进。不调整好国民经济各部门的比例关系,就谈不上实现四个现代化。要解决领导层的思想认识问题。把思想搞清楚了,事情就好办了。华国锋在讲话中还讲到了要重视"企业整顿"和"体制改革"等问题。

　　中央政治局会议后,由于国民经济调整的任务十分繁重,国务院财政经济委员会未待当年 7 月全国人大常委会正式批准即开始了实际工作。1979 年 3 月 25 日,陈云主持召开国务院财经委员会第一次会议并讲话。他说:"调整,就是步伐调整调整,该踏步的踏步,该下的下,该快马加鞭的快马加

---

① 《陈云文选》第三卷,人民出版社 1995 年版,第 250—254 页。

② 中共中央文献研究室编:《邓小平年谱(1975—1997)》(上),中央文献出版社 2004 年版,第 497 页。

鞭。目的是为了前进,为了搞四个现代化。"他特别提出:要找几个年轻一点的、有一点工作经验的 40 岁到 50 岁的干部,到财经委员会工作。"这些人不是当秘书,而是在我们这里当'后排议员'。""参与讨论问题,参与决定大政方针的事。培养这样的人,我看很有必要。"他说:"我们这些人都快要'告老还乡'了,解放时,我 45 岁。那时,可以三班倒、四班倒,上午、下午开会,晚上同周总理谈,午夜去找毛主席,安排得满满的。现在我一个星期只能工作两个半天,多了不行。"①

　　1979 年 4 月 5 日至 28 日,中共中央召开工作会议,重点讨论经济调整问题。李先念受中共中央和国务院委托,在会上作了《关于国民经济调整问题》的讲话。讲话列举了国民经济重大比例失调的表现,阐述了调整的必要性;确定今后一段时间经济工作的"方针是:调整,改革、整顿、提高。边调整边前进,在调整中改革,在调整中整顿,在调整中提高"。讲话还着重讲了中国现代化建设的指导思想和经济调整的主要任务,强调"我们搞现代化,一定要从中国的国情出发",要考虑到"我们是一个有九亿多人口的大国,其中百分之八十以上是农民",这是我们规划建设蓝图的"基本出发点";"只有按比例,才有高速度";"我们的资金有限,技术力量不足,人口又多,搞现代化,不能不考虑到先化什么后化什么的问题,一定要分清轻重缓急,有一个合理的安排";"基本建设规模必须同国家的财力物力相适应";"引进技术,要切实考虑我们的配套能力、消化能力。利用外资,要充分考虑我们还本付息的偿还能力。什么都想买,我们没有那么多钱,是买不起的。把希望完全寄托在借外债上,是靠不住的,也是很危险的。""总之,我们一定要从自己国家的实际出发,走出一条在社会主义制度下实现现代化的中国式的道路。"根据这个指导思想,讲话提出经济调整的主要任务是:"坚决地、逐步地把各方面严重失调的比例关系基本上调整过来,使整个国民经济真正纳入有计划、按比例健康发展的轨道;积极而又稳妥地改革

---

① 《陈云文选》第三卷,人民出版社 1995 年版,第 256—258 页。

工业管理和经济管理的体制,充分发挥中央、地方、企业和职工的积极性;继续整顿好现有企业,建立健全良好的生产秩序和工作秩序,通过调整、改革和整顿,大大提高管理水平和技术水平,更好地按客观经济规律办事。"为确保调整任务的完成,讲话还提出了"集中主要精力把农业搞上去"、"加快轻纺工业的发展"、"认真调整工业企业"、"坚决缩短基本建设战线"、"引进要循序渐进"等 12 项政策措施。会议对李先念的讲话进行了认真讨论,正式通过了对国民经济实行"调整、改革、整顿、提高"的新"八字方针",决定从 1979 年起,用 3 年时间完成调整任务。新"八字方针"的提出,标志着我国经济建设的指导思想开始从长期以来盲目追求高速度、脱离实际、急于求成、急躁冒进向实事求是、一切从中国国情出发、循序渐进、自觉按客观经济规律办事的根本性转变。推动国民经济调整的过程,实际上也成为探索适合中国情况的社会主义经济建设规律的过程。

中央工作会议后,国民经济调整方针开始付诸实施。1979 年 5 月 11 日,中共中央在批转李先念在中央工作会议上的讲话的通知中指出,贯彻"调整、改革、整顿、提高"八字方针"这是摆在我们面前的一个决定性战役,是全党全国的中心任务"。5 月 14 日,国务院下达经过调整的 1979 年国民经济计划,调整后的 1979 年国民经济计划,农业生产增长速度由原定的5%—6%调整为 4%;工业生产增长速度由原定的 10%—12%调整为 8%,其中轻工业增长 8.3%,重工业增长 6%;财政收入,比上年增加 120 亿元;国家预算内直接安排的基建投资 360 亿元,加上利用外汇贷款安排的基本建设,总数为 400 亿元,保持上年的实际水平。社会商品零售总额 1750 亿元,比上年增长 14.6%。进出口总额 440 亿元,比上年增长 24%。[①] 6 月 18 日至 7 月 1 日,五届全国人大二次会议在北京举行。华国锋在《政府工作报告》中宣布:"从今年起集中三年的时间,认真搞好国民经济的调整、改革、整顿、提高,把它逐步纳入持久的按比例的高速度发展的轨道。这是我们把

---

① 余秋里:《关于 1979 年国民经济计划草案的报告——1979 年 6 月 21 日在第五届全国人民代表大会第二次会议上》,《人民日报》1979 年 6 月 29 日。

工作着重点转移到社会主义现代化建设上来之后,实现四个现代化的第一个战役,必须努力打好。"①会议听取和审议了《政府工作报告》,审查批准了国务院提出的 1979 年国民经济计划。在此前后,各省、市、自治区党委先后召开会议,落实以调整为中心的八字方针,国民经济调整工作在全国正式展开。

国民经济调整的首要任务是加强农业和轻工业,理顺农业与工业的关系。为改变农业的落后状态,党的十一届三中全会后,党中央出台了恢复与发展农业生产的一系列政策措施。这些措施使广大农民的收入得到大幅度增加,得到实惠,极大地调动了农民的生产积极性,促进了农业的恢复和发展。然而,在其他方面,经济调整却遇到了相当大的困难和阻力。由于"左"的思想影响和急于求成的传统心理,许多部门和地方普遍对基建项目的下马持消极态度,对调整方针认识不统一,贯彻也不力,甚至进行抵制。这种情况致使从 1979 年到 1980 年 10 月的近两年时间内,调整虽有所进展,但总体收效不大,国民经济比例严重失调的情况仍未得到根本改变。基本建设总规模没有退下来,22 个大的引进项目该停的没有停,相反有的地方和企业又盲目上了一批重复建设项目,国防战备费、行政管理费和各项事业费不但没有收缩,反而又增加了。在分配上,积累和消费的总和超过了国民收入,国家安排的基本建设开支和各种消费开支超过了财政收入。结果造成了 1979 年和 1980 年两年出现了较高的财政赤字:1979 年财政赤字170.6 亿元;1980 年财政赤字 127.5 亿元,整个国民经济中潜在的危险日益显露。党中央、国务院对此的判断是:"如果不对经济进行大的调整……整个经济就要发生危机。那样,三中全会以来农民和职工在经济上得到的好处就会失掉,就会引起很大的不满。那就不仅是经济问题,政治局势也难以稳定。"②

---

① 华国锋:《政府工作报告——1979 年 6 月 18 日在第五届全国人民代表大会第二次会议上》,《人民日报》1979 年 6 月 26 日。

② 中共中央文献研究室编:《三中全会以来重要文献汇编》(上),中央文献出版社 1982 年版,第 808 页。

在此情况下,进入 1980 年第四季度后,党中央、国务院和有关部门连续召开会议,分析判断经济形势,研究进一步调整国民经济的对策措施。

1980 年 10 月 7 日至 9 日,于 1980 年 3 月 17 日成立、由五届全国人大三次会议任命担任国务院总理的赵紫阳任组长的中央财经领导小组(取代国务院财经委员会)开会,讨论经济形势。在 10 月 11 日召开的国务院全体会议上,赵紫阳说:过去一个时期,我们对调整的必要性和迫切性认识不够,抓得不够有力。应当认识到,进一步抓好调整,是我们的经济工作由被动转为主动的关键,也是今后经济上不出大问题的关键。这次会议决定:起草经济形势问题的文件,提请中央书记处讨论,然后召开全国省长会议讨论。

10 月 24 日,国务院向中央提交了《关于当前经济情况和切实抓好调整,保证 1981 年经济稳定增长的几项重要措施》的汇报材料。这个材料把当时面临的主要问题都摆出来了:第一,1980 年是个重灾年,全国粮食预计比上年减产 300 亿到 400 亿斤;第二,原油后备储量不足,明年产量要减少 400 万到 600 万吨;煤炭由于继续调整采掘关系,统配煤要比原计划减少 2000 万吨;第三,财政收入完成不好,1980 年赤字可能在 110 亿元左右;第四,由于财政赤字庞大,去今两年增发了一百多亿元票子,通货增加了 50%;第五,为了弥补国内供需的缺口,要求进口物资的数量越来越大,外贸逆差有可能多年不能解决,借用外债将越来越多,如何偿还,将成为一个大问题。汇报认为,1979 年中央确定的调整方针,是完全正确的。但是,1979 年、1980 年两年在执行上,特别是在调整基本建设方面,该退的没有退,或者没有退够。对 1978 年确定引进的大项目,在处理上犹豫徘徊。地方和企业扩权后,又盲目上了一批重复建设项目。这些说明,我们对"文化大革命" 10 年破坏所造成的困难认识得不够深刻,对打倒"四人帮"后的头两年经济工作中要求过急所产生的问题及其影响也认识得不够深刻。

1980 年 11 月 15 日至 12 月 21 日,国务院在北京召开全国省长、市长、自治区主席会议和全国计划会议,讨论经济形势,调整 1981 年计划。会议指出:当前经济形势是好的,但是有潜在的危险。一是财政出现大量赤字,二是基本建设规模大大超出国家经济的可能。必须下决心狠抓调整,关键是压缩基本建设,适当控制消费,搞好关停并转,根本改变比例失调的严重局面,为今后经济的发展打下坚实的基础。今后国民经济的发展,不能再走那种"高速度、高积累、低效率、低消费"的老路,而要走另一条速度不那么高,但国民收入、社会财富增加比较多的路子。这次会议期间,1980 年 11 月 28 日,国务院向中央政治局常委和中央书记处汇报有关 1981 年国民经济计划调整的设想。听取汇报后,陈云针对前几年基本建设规模过大、比例严重失调的情况说:"我脑子里有一条,基本建设搞'铁公鸡',一毛不拔。有人说耽误了时间,从鸦片战争以来耽误了多少时间,现在耽误三年时间有什么了不得。就是一毛不拔,置之死地而后生。历史上讲我是右倾机会主义,再机会主义一次。"①邓小平在发言中,赞成陈云对基本建设投资等问题的意见,指出:"要考虑国务院的调整方案退得够不够,不退够要延长时间。这次 3 年能缓过气来就算不错。想问题的方法要着眼于退得够不够,退得不够再退。真正大的调整是从明年开始,国务院要同各省市商量,要着眼于调整。通过这次调整把生产搞得扎扎实实的,质量搞得好一些。速度 5% 保持不住,4% 也行。调整期间权力要集中,历来克服困难都是讲集中。中央要加强对调整的集中统一领导,这样矛盾会多起来,要做好思想工作。建议再开一次中央工作会议,时间可以短一点,参加的人可以多一点,把调整的道理讲清楚。既然讲集中统一,就要一切听指挥,做到思想统一、行动统一。调整工作必然涉及军队,军队要坚决按照调整计划进行精简。"②邓小平、陈云的意见向正在召开的全国计划会议作了传达。根据邓小平、陈云、李先念的有关讲话精神,全国计划会议对 1981 年国民经济计划作了调整:工农业总产值的指标由 6955 亿元减为 6800 亿元。在工业产值中,轻工业

---

① 中共中央文献研究室编:《陈云传》(下),中央文献出版社 2005 年版,第 1599—1600 页。

② 中共中央文献研究室编:《邓小平年谱(1975—1997)》(上),中央文献出版社 2004 年版,第 695 页。

由 2890 亿元减为 2637 亿元,重工业由 2860 亿元减为 2637 亿元。财政收入由 1154.5 亿元减为 1058.6 亿元,收支平衡。基本建设投资总规模由 550 亿元减为 300 亿元,其中国家预算内基本建设投资由 241 亿元减为 170 亿元。国防战备费由 193 亿元减为 160 亿元。行政管理费用由 62 亿元减为 57 亿元。文教、科学、卫生、体育等事业费略有增加。

为了进一步贯彻落实"调整、改革、整顿、提高"的方针,加深人们对调整国民经济必要性的认识,统一思想,改变调整工作进展迟缓的局面,1980 年 12 月 16 日至 25 日,中共中央召开工作会议,着重讨论经济形势和经济调整工作。

会议开始时,陈云就利用外资引进新技术、经济形势、经济体制改革、经济建设要量力而行、按经济规律办事和必要的国家干预、商品价格、中央财政与地方财政、节省外汇、粮食生产、经济调整等一系列问题发表了 14 点意见,肯定了成绩,指出了存在的或需要注意的问题。他强调:"利用外资和引进新技术,这是我们当前的一项重要政策措施,不过要头脑清醒";"经济形势的不稳定,可以引起政治形势的不稳定";"我们要改革,但是步子要稳。……改革固然要靠一定的理论研究、经济统计和经济预测,更重要的还是要从试点着手,随时总结经验,也就是要'摸着石头过河'。开始时步子要小,缓缓而行。"陈云指出:"我们是 10 亿人口、8 亿农民的国家,我们是在这样一个国家中进行建设",对实现四个现代化"决不要再作不切实际的预言,超英赶美";"开国以来经济建设方面的主要错误是'左'的错误。1957 年以前一般情况比较好些,1958 年以后'左'的错误就严重起来了。这是主体方面的错误。代价是重大的。错误的主要来源是'左'的指导思想。在'左'的错误领导下,也不可能总结经验。"陈云同意中央财经领导小组提出的调整计划,并强调:"调整意味着某些方面的后退,而且要退够。不要害怕这个清醒的健康的调整。"①

---

① 《陈云文选》第三卷,人民出版社 1995 年版,第 282 页。

　　赵紫阳在会上作了《关于调整国民经济的几个问题》的讲话,根据中央常委的指示精神,提出 1981 年调整工作的总要求是:一、"基本上做到财政收支平衡,不出赤字,而且不给后年留下窟窿";二、"基本实现信贷收支平衡,不再搞财政性的货币发行";三、"把物价基本稳定下来,特别是把占居民消费总支出 70% 左右的基本生活必需品的销售价格稳住。"为了保证调整任务真正得到贯彻落实,讲话强调"在宏观经济方面,在扭转国民经济被动状况的重大调整措施上要高度集中统一",各地区各部门要服从中央统一指挥。讲话提出了八条具体要求:1. 对于中央决定的调整的方针、政策和重大措施要集中统一,不能三心二意,不能阳奉阴违,不能顶着不办。2. 各种渠道用于基本建设的资金,要由国家计划委员会统管起来,综合平衡。3. 财政税收制度和重大财政措施要集中统一。4. 任何地方、部门和企业都必须严格遵守信贷管理制度和现金管理制度。5. 国家规定的重要物资的调拨计划,包括重要的农副产品和原材料,各地方各部门各企业必须坚决完成,不能打折扣。6. 严格控制物价。7. 统一规定发放奖金的条件,严格检查监督制度,坚决制止滥发奖金。8. 加强外贸和外汇的管理。对违反八条者,"要追究责任"。①

　　12 月 25 日,在中央工作会议闭幕会上,邓小平发表《贯彻调整方针,保证安定团结》的讲话,表示"完全同意陈云同志的讲话",认为"讲话在一系列问题上正确地总结了我国 31 年来经济工作的经验教训,是我们今后长期的指导方针"。邓小平说:"1978 年 12 月党的十一届三中全会以后,陈云同志负责财经工作,提出了调整方针,去年 4 月中央工作会议对此作出了决定。但因全党认识很不一致,也很不深刻,所以执行得很不得力。直到现在,这种情况才有了变化。这次调整,就是进一步贯彻这一方针。"他说:"这次调整是三中全会以来的各项正确方针、政策的继续和发展,是三中全会实事求是、纠正'左'倾错误的指导思想的进一步贯彻。如果要说有什么改变的话,那就是改掉我们工作中还存在的不符合三中全会精神的毛病,那就是下决心去掉不切实际的

---

　　①　中共中央文献研究室编:《三中全会以来重要文献汇编》(上),中央文献出版社 1982 年版,第 812 页。

设想,去掉主观主义的高指标,而这正是三中全会的路线要求我们必须做到的。"邓小平强调:"为了保证这次调整的顺利进行,我们必须坚定不移地继续执行三中全会以来的一切行之有效的方针、政策、措施。"要改革党和国家领导制度,改善党的领导,加强思想政治工作;要继续发展社会主义民主法制,真正实行民主集中制和集体领导;要继续克服权力过分集中的弊端,有步骤地稳妥地实行干部离退休制度,使干部队伍年轻化、知识化、专业化;要继续实行搞活经济和对外开放的政策,但"今后一段时间内,重点是要抓调整,改革要服从于调整,有利于调整,不能妨碍调整。改革的步骤需要放慢一点",在广东、福建两省试办经济特区"步骤和办法要服从调整,步子可以走慢一点"。邓小平特别强调:"安定团结的政治局面是继续巩固还是遭到破坏,是这次调整成败的关键。安定团结的政治局面如果遭到破坏,调整工作就根本无法进行。"为了保证安定团结,国家机关要"通过适当的法律法令,规定罢工罢课事前要经过调处;游行示威事前要经过允许,指定时间地点;禁止不同单位之间、不同地区之间的串连;禁止非法组织的活动和非法刊物的印行"①。李先念在闭幕会上也讲了话,强调"计划工作要实事求是";"财政收支要做到真正平衡";要注意"增产节约";"农业生产,粮食是第一位的"。他还对几年来经济工作中出现的问题承担了责任,表示:"我在国务院主持经济方面的日常工作,对这几年的错误要负重要责任。"②

这次会议总结新中国三十多年经济建设的经验教训,比较彻底地清理了经济工作中的"左"倾错误,使全党对实行经济调整的紧迫性、必要性和现代化建设的长期性、艰巨性都有了更加清醒的认识。邓小平后来评价说:"经济工作,应该说,我们真正的转折是1980年那次调整会议,在那次会前,客观地说,我们还是那种'左'的东西,那次会议真正是一个拨乱反正。"③

---

① 《邓小平文选》第二卷,人民出版社 1994 年版,第 354—371 页。

② 《李先念文选》(1935—1988),人民出版社 1989 年版,第 419 页。

③ 邓小平在听取国家计委、经委党组关于当前经济工作中几个问题汇报时的讲话记录,1983 年 3 月 17 日。

"现在看起来,没有那次会议进一步明确八字方针,而且以调整为核心,就没有今天的形势。"①

中央工作会议后,从 1981 年初开始,中共中央国务院采取一系列强有力的政策措施推动新"八字方针"的贯彻落实。经过全党全国的努力,各项经济调整计划在 1981 年底基本完成。据国家统计局统计,1981 年,我国国民经济贯彻执行进一步调整的方针,取得了比较明显的成效,工农业生产稳步发展,农轻重比例关系有所改善。工农业总产值达到 7490 亿元(按 1980 年价格计算),比上年增长 4.5%。由于农业和轻工业有较快的增长,重工业由于进行调整而使发展速度有所下降,农轻重比例关系有所改善。农业总产值达到 2312 亿元,比上年增长 5.7%,其中粮食 32502 万吨,比上年增长 1.4%;棉花 296.8 万吨,比上年增长 9.6%。工业总产值达到 5178 亿元,比上年增长 4.1%(轻工业增长 14.1%,重工业下降 4.7%),基本建设规模有所压缩,投资构成有了调整,投资效果有所提高。全年完成基本建设投资总额 428 亿元,比上年减少 111 亿元,财政收支状况有了好转,基本上实现了财政收支平衡。全年财政总收入 1064.3 亿元,总支出 1089.7 亿元(包括国外借款收支),财政赤字由上年的 127.5 亿元减少为 25.4 亿元。全国进出口总额 735.3 亿元,比上年增长 29%。农民家庭全年人均收入 223 元,比上年增长 16.8%。全国职工平均货币工资 772 元,比上年增长 1.3%。全国安排城镇就业 820 万人。② 全年国民经济在稳定中向前发展,基本上实现了"两平一稳"(财政收支、信贷收支基本平衡,市场物价基本稳定)的目标。

从国民经济重大比例关系的变化看,1981 年与 1978 年比较,工农业产值中农、轻、重三者所占的比例为:农业由 1978 年的 27.8%上升到 1981 年的 31.5%;轻工业由 1978 年的 31.1%上升到 1981 年的 35.2%;重工业相应地由

---

① 中共中央文献研究室编:《邓小平年谱(1975—1997)》(下),中央文献出版社 2004 年版,第 895 页。

② 《中华人民共和国国家统计局关于 1981 年国民经济计划执行结果的公报》,《人民日报》1982 年 4 月 30 日。

41.1%下降到33.3%。在工业总产值中,轻工业的比重由1978年的43.1%上升到1981年的51.4%;重工业的比重相应地由56.9%下降到48.6%。积累与消费的比例关系也发生了重要变化:1979年积累比重占34.6%,消费比重占65.4%;1981年积累比重下降到28.3%,消费比重上升至71.7%。

上述比例关系的变化说明,经济调整工作取得了显著进展。但也要看到,在调整取得成绩的同时,也还存在一些需要冷静面对和解决的问题:一是财政收支基本平衡很大程度上是运用行政性强制手段乃至政治纪律,靠紧缩开支甚至压缩一些必要的开支来实现的,必然产生正负双重效应,是不巩固的;二是一部分消费品的增长还赶不上人民需要的增长,市场商品供应紧张的状况还没有根本改变,因而保持市场物价基本稳定仍然是一个艰巨的任务;三是能源供应和交通运输紧张;四是工业生产经济效益低下的情况没有多大改变,有的甚至还有下降。这些情况说明,国民经济中潜在的危险虽然有所缓和,但"还没有完全消除"①。

针对这种情况,为了从根本上消除国民经济发展中潜在的危险,达到经济全局的稳定,求得国民经济的稳步健康发展,在1981年11月30日至12月13日召开的五届全国人大四次会议上,国务院提出:要"切实改变长期以来在'左'的思想指导下的一套老的做法,真正从我国实际情况出发,走出一条速度比较实在、经济效益比较好、人民可以得到更多实惠的新路子"。围绕这一目标,国务院突出强调了"以提高经济效益为中心"的发展国民经济的指导方针以及与之相匹配的十条具体方针:1.依靠政策和科学,加快农业发展;2.把消费品工业的发展放到重要地位,进一步调整重工业的服务方向;3.提高能源的利用效率,加强能源工业和交通运输业的建设;4.有重点有步骤地进行技术改造,充分发挥现有企业的作用;5.分批进行企业的全面整顿和必要改组;6.讲究生财、聚财、用财之道,增加和节省建设资金;7.坚持对外开放政策,增强我国自力更生的能力;8.积极稳妥地改革经

---

① 赵紫阳:《当前的经济形势和今后经济建设的方针——1981年11月30日和12月1日在第五届全国人民代表大会第四次会议上的政府工作报告》,《人民日报》1981年12月14日。

济体制,充分有效地调动各方面的积极性;9. 提高全体劳动者的科学文化水平,大力组织科研攻关;10. 从一切为人民的思想出发,统筹安排生产建设和人民生活。这十条后来被作为编制"六五"计划(1981—1985)指导思想的重要方针,是对新中国成立 32 年来特别是近 3 年来经济发展经验的科学总结,体现了社会主义经济建设必须注重提高经济效益、把人民利益放在第一位,为改善人民的生活尽最大努力的根本要求和原则。

1981 年后,国民经济调整工作继续推进。经过这几年来贯彻执行"调整、改革、整顿、提高"的方针,到 1982 年底,国民经济扭转了重大比例严重失调所造成的不稳定状态,逐步走上健康发展的轨道。长期存在的积累率过高和农业、轻工业严重落后的状况,有了根本变化。到 1982 年,积累率由 1978 年的 36.5%调整到 29%,消费基金有了较大增长。在工农业总产值中,农业所占比重由 1978 年的 27.8%提高到 1982 年的 33.6%,轻工业所占比重由 31.1%提高到 33.4%。结合积累与消费和农轻重这两大比例关系的调整,曾经出现的较大财政赤字问题得到解决,实现财政收支和信贷收支的基本平衡。在调整时期,既保持了经济全局的稳定,又保持了不低的经济增长速度。1982 年全国工农业总产值达到 8291 亿元,比 1978 年增长 32.6%,平均每年增长 7.3%。[①] 这说明调整经济的方针是完全正确的,取得的成果是十分显著的。经济调整的任务大体完成,使我国社会主义改革开放和现代化建设有了一个更加坚实的立足点。

五、党和国家领导制度的初步改革

(一) 制定党内政治生活"十二条准则"

随着拨乱反正的不断深入和改革开放起步,在总结新中国成立以来正

---

① 赵紫阳:《政府工作报告——1983 年 6 月 6 日在第六届全国人民代表大会第一次会议上》,《人民日报》1983 年 6 月 24 日。

反经验教训的基础上,改革党和国家领导制度的问题也提上了日程。

1978 年 10 月,邓小平在中国工会九大的致辞中,就已指出"这场革命既要大幅度地改变目前落后的生产力,就必然要多方面地改变生产关系,改变上层建筑"。同年 12 月 13 日,在中央工作会议闭幕会上的讲话中,他进一步提出要"正确地改革同生产力迅速发展不相适应的生产关系和上层建筑"。党的十一届三中全会公报深入阐述了通过加强民主集中制以改革党的领导制度的重要性:"由于在过去一个时期内,民主集中制没有真正实行,离开民主讲集中,民主太少,当前这个时期特别需要强调民主,强调民主和集中的辩证统一关系,使党的统一领导和各个生产组织的有效指挥建立在群众路线的基础上。在人民内部的思想政治生活中,只能实行民主方法,不能采取压制、打击手段。要重申不抓辫子、不扣帽子、不打棍子的'三不主义'。各级领导要善于集中人民群众的正确意见,对不正确的意见进行适当的解释说服。宪法规定的公民权利,必须坚决保障,任何人不得侵犯。"大会公报同时要求:"为了保障人民民主,必须加强社会主义法制,使民主制度化、法律化,使这种制度和法律具有稳定性、连续性和极大的权威,做到有法可依,有法必依,执法必严,违法必究。从现在起,应当把立法工作摆到全国人民代表大会及其常务委员会的重要议程上来。"根据这一要求,为了加强党对政法工作的领导,1980 年 1 月 24 日,中共中央发出《关于成立中央政法委员会的通知》。中央政法委员会在中央领导下,研究处理全国政法工作中的重大问题。中央决定:彭真、黄火青、江华、赵苍璧、程子华、魏文伯、武新宇、黄玉昆、刘复之为中央政法委员会委员;彭真任书记,刘复之任秘书长。

中共中央纪律检查委员会是党的最高纪律检查机关,1949 年 11 月根据中共中央的决定设立。1955 年 3 月,中国共产党全国代表会议决定设立中央监察委员会,代替中央纪律检查委员会。"文化大革命"开始后,党的纪律检查机关被冲垮,党的九大正式取消纪律检查机关。1978 年 12 月,党的十一届三中全会决定重新设立中央纪律检查委员会,在中央委员会领导下工作,主要任务是:维护党的章程和其他党内法规,协助党的委员会加强党风建设,检查党的路线方针政策和决议的执行情况;对党员进行遵守纪律的教育,作出关于维护党纪的决定;检查和处理党的组织和党员违反党章和其他党内法规的比较重要或复杂的案件,决定或取消对这些案件中党员的处分;受理党员的控告和申诉等。中央纪律检查委员会成立后,各省、市、自治区党委也很快恢复了各自的纪律检查机构。根据中央纪律检查委员会的要求,各级纪委把维护党规党法,切实搞好党风作为根本任务。

经过10年"文化大革命"的冲击,党的组织、党员的党性观念、党的优良传统和作风,都遭到了严重破坏。粉碎"四人帮"后,为了医治"文化大革命"给党的建设造成的巨大创伤,恢复党的优良传统和作风,增强党的凝聚力和战斗力,党在恢复实事求是的思想路线和平反冤假错案的同时,为使党内政治生活逐步走上正轨,自1977年党的十一大后,根据中共中央的指示,中央组织部就根据党内存在的种种问题,组织起草了《关于党内政治生活的十二条准则》的草稿,中央纪律检查委员会成立时,胡耀邦建议将《十二条准则》草稿列为中央纪律检查委员会第一次会议的中心议题,得到与会者的赞成。

1979年1月4日至22日,中央纪律检查委员会举行第一次全体会议,围绕着如何维护党规党法、搞好党风,会议研究讨论了关于党内政治生活的一系列准则,指出:我们党经过长期革命斗争,逐步形成了一整套以民主集中制为中心的党内政治生活准则。这些准则,就是我们党内的法律,是搞好党风的依据。为了全面恢复和发扬党的优良传统,进一步增强党的团结,提高党的战斗力,全党必须重申这些党内政治生活准则。同年3月19日,中共中央向全党公布了《关于党内政治生活的若干准则》(草稿),要求全党学习讨论,提出修改意见。中央纪委还专门成立了《准则》修改组,在近一年的时间里,吸收全国各级党组织提出的一千八百多条意见,对《准则》作了七次讨论和修改。

在此基础上,1980年2月23日至29日,党的十一届五中全会讨论并一致通过了《关于党内政治生活的若干准则》。《准则》共十二条：一、坚持党的政治路线和思想路线；二、坚持集体领导，反对个人专断；三、维护党的集中统一，严格遵守党的纪律；四、坚持党性，根绝派性；五、要讲真话，言行一致；六、发扬党内民主，正确对待不同意见；七、保障党员的权利不受侵犯；八、选举要充分体现选举人的意志；九、同错误倾向和坏人坏事作斗争；十、正确对待犯错误的同志；十一、接受党和群众的监督，不准搞特权；十二、努力学习，做到又红又专。这个《准则》既总结了我们党几十年来处理党内关系的经验教训，特别是"文化大革命"10 年间同林彪、"四人帮"斗争的经验教训，又针对具体实际，提出了体现时代特征的党的建设的新的任务和要求，实际上是以党内立法的方式，进行民主集中制的制度建设，它把党的优良传统和作风、党内政治生活中的重要是非界限、处理党内关系的重要原则系统化、规范化了，是对党章的必不可少的具体补充。《准则》公布后，中央纪委从 1980 年 4 月到 11 月的半年时间里，先后在北京召开了三次座谈会，推动全党贯彻落实《准则》。在 1980 年 11 月 14 日至 29 日召开的第三次座谈会期间，陈云发表了"执政党的党风问题是有关党的生死存亡的问题。因此，党风问题必须抓紧搞，永远搞"的重要意见。①

党的十一届五中全会提出，为了加强党对社会主义现代化事业的领导，党的各级领导机构必须努力吸收能够坚定执行党的路线，具有独立工作能力而又年富力强的同志参加领导工作。全会经过讨论，决定增加中央政治局常委的人数，并增选胡耀邦、赵紫阳为中央政治局常委。全会还决定恢复设立中央书记处作为中央政治局和它的常务委员会领导下的经常工作机构，选举胡耀邦为中央书记处总书记，选举万里、王任重等 11 人为中央书记处书记。邓小平要求中央书记处"今后的工作重点是放在经济工作、放在四个现代化上"②。

---

① 《陈云文选》第三卷，人民出版社 1995 年版，第 273 页。
② 中共中央文献研究室编：《邓小平年谱（1975—1997）》（上），中央文献出版社 2004 年版，第 603—604 页。

党的十一届五中全会根据党内外广大群众的意见,还批准了汪东兴、纪登奎、吴德、陈锡联四人的辞职请求,免除或提请免除四人所担负的党和国家领导职务;作出了关于为刘少奇平反的决定;鉴于大鸣、大放、大辩论、大字报即所谓"四大"没有起过保障人民民主权利的积极作用,因此决定向全国人大建议,取消宪法第 45 条中关于公民"有运用大鸣、大放、大辩论、大字报的权利"的规定。

(二) 从改革党和国家领导制度入手开启政治体制改革

我国的社会主义政治体制,是在 20 世纪 50 年代形成和确立的。随着 1956 年我国社会主义制度的建立和进入和平建设时期,原有的高度集权的政治体制与现代化建设的不适应性越来越明显地暴露出来。1957 年的"反右派"斗争,特别是后来的"文化大革命",使我国的政治体制进一步趋向集权。最为突出的现象就是权力过分集中。在一元化领导的口号下,把一切权力集中于党委,特别是第一书记,这就必然造成官僚主义,必然要犯各种错误,必然要损害各级党和政府的民主生活、集体领导、民主集中制、个人分工负责制等等。适应"文化大革命"结束后的新形势,对现有政治体制,包括党和国家领导制度进行改革势在必行。

1979 年 9 月 29 日,叶剑英在庆祝中华人民共和国成立 30 周年大会上讲话指出:"我们要在改革和完善社会主义经济制度的同时,改革和完善社会主义政治制度,发展高度的社会主义民主和完备的社会主义法制。"讲话首次把改革社会主义政治制度作为党的主要任务和长远奋斗目标之一。

1980 年 8 月 18 日至 22 日,中共中央政治局召开扩大会议,专门讨论党和国家领导制度的改革及其相关问题。邓小平在会上作了《党和国家领导制度的改革》的重要讲话。讲话共 1.4 万字,阐述了五个方面的问题:

第一,关于国务院领导成员的变动。邓小平指出,这是"改善政府领导制度的第一步"。变动的内容包括华国锋不再兼任总理,由赵紫阳接替;李先念、陈云、徐向前、王震、邓小平本人不兼任副总理;王任重因任党内重要职务,也不再兼任副总理。陈永贵请求解除他的副总理职务,中央决定同意。人大常委会副委员长和政协副主席的人选,经过协商,也做一些变动。邓小平指出,国务院负责人人选之所以要做调整,中央考虑,主要有四个方面的原因。一是权力不宜过分集中。权力过分集中,妨碍社会主义民主制度和党的民主集中制的实行,妨碍社会主义建设的发展,妨碍集体智慧的发挥,容易造成个人专断,破坏集体领导,也是在新的条件下产生官僚主义的一个重要原因。二是兼职、副职不宜过多。一个人的知识、经验、精力有限,左右上下兼职过多,工作难以深入,特别是妨碍选拔更多更适当的同志来担任领导工作。副职过多,效率难以提高,容易助长官僚主义和形式主义。三是着手解决党政不分、以党代政的问题。中央一部分主要领导同志不兼任政府职务,可以集中精力管党,管路线、方针、政策。这样做,有利于加强和改善中央的统一领导,有利于建立各级政府自上而下的强有力的工作系统,管好政府职权范围的工作。四是从长远着想,解决好交接班的问题。中央的这些考虑,是为了对党和国家的领导制度进行必要的改革。

第二,关于改革党和国家领导制度及其他制度。邓小平指出,改革党和国家领导制度及其他制度,是为了充分发挥社会主义制度的优越性,加速现代化建设事业的发展。而“我们要充分发挥社会主义制度的优越性,当前和今后一个时期,主要应当努力实现以下三个方面的要求”。一是经济上,迅速发展社会生产力,逐步改善人民的物质文化生活;二是政治上,充分发扬人民民主,保证全体人民真正享有通过各种有效形式管理国家,特别是管理基层地方政权和各项企业事业的权力,享有各项公民权利,健全革命法制,正确处理人民内部矛盾,打击一切敌对力量和犯罪活动,调动人民群众的积极性,巩固和发展安定团结、生动活泼的政治局面;三是为了实现以上两方面的要求,组织上,迫切需要大量培养、发现、提拔和使用坚持四项基本原则的、比较年轻的和有专业知识的社会主义现代化建设人才。邓小平提出,各级党委和组织部门在选拔和使用年轻干部问题上要来个大转变,坚决解放思想,克服重重障碍,打破老框框,勇于改革不合时宜的组织制度、人事制度,大力培养、发现和破格使用优秀人才,坚决同一切压制和摧残人才的现象作斗争。邓小平指出:我们进行社会主义现代化建设,是要在经济上赶上发达的资本主义国家,在政治上创造比资本主义国家的民主更高更切实的民主,并且造就比这些国家更多更优秀的人才。党和国家的各种制度究竟好不好,完善不完善,必须用是否有利于实现这三条来检验。

第三,关于党和国家现行的具体制度中存在的弊端。邓小平指出,从党和国家的领导制度、干部制度方面来说,主要的弊端就是官僚主义现象,权力过分集中的现象,家长制现象,干部领导职务终身制现象和形形色色的特权现象。邓小平强调指出:我们过去发生的各种错误,固然与某些领导人的思想、作风有关,但是组织制度、工作制度方面的问题更重要。这些方面的制度好可以使坏人无法任意横行,制度不好可以使好人无法充分做好事,甚至会走向反面。即使像毛泽东同志这样伟大的人物,也受到一些不好的制度的严重影响,以至对党对国家对他个人都造成了很大的不幸。斯大林严重破坏社会主义法制,毛泽东同志就说过,这样的事件在英、法、美这样的西方国家不可能发生。他虽然认识到这一点,但是由于没有在实际上解决领导制度问题以及其他一些原因,仍然导致了"文化大革命"的十年浩劫。这个教训是极其深刻的。不是说个人没有责任,而是说领导制度、组织制度问题更带有根本性、全局性、稳定性和长期性。这种制度问题,关系到党和国家是否改变颜色,必须引起全党的高度重视。如果不坚决改革现行制度中的弊端,过去出现过的一些严重问题今后就有可能重新出现。只有对这些弊端进行有计划、有步骤而又坚决彻底的改革,人民才会信任我们的领导,才会信任党和社会主义,我们的事业才有无限的希望。

第四,关于肃清封建主义和资产阶级思想影响的问题。邓小平指出:我们进行了二十八年的新民主主义革命,推翻封建主义的反动统治和封建土地所有制,是成功的,彻底的。但是,肃清思想政治方面的封建主义残余影响这个任务,因为我们对它的重要性估计不足,以后很快转入社会主义革命,所以没有能够完成。现在应该明确提出继续肃清思想政治方面的封建主义残余影响的任务,并在制度上做一系列切实的改革,否则国家和人民还要遭受损失。就如何肃清封建主义残余影响的问题,邓小平提出:第一,要有实事求是的科学态度。第二,要进行自我教育和自我改造。第三,要重在改革制度。第四,不能使用群众运动的办法。

第五,关于党和国家领导制度改革的重大措施和原则方法。邓小平指出,中央经过多次酝酿,正考虑逐步进行以下重大改革:一是向五届人大三次会议提出修改宪法的建议,关于不允许权力过分集中的原则,将在宪法上表现出来。二是中央已经设立了纪律检查委员会,正在考虑再设立一个顾问委员会,连同中央委员会,都由党的全国代表大会选举产生。三是真正建立从国务院到地方各级政府从上到下的强有力的工作系统,今后凡属政府职权范围内的工作,都由国务院和地方各级政府讨论、决定和发布文件,不再由党中央和地方各级党委发指示、作决定。四是有准备有步骤地改变党委领导下的厂长负责制、经理负责制,经过试点,逐步推广、分别实行工厂管理委员会、公司董事会、经济联合体的联合委员会领导和监督下的厂长负责制、经理负责制。还有党委领导下的校长、院长、所长负责制等等,也考虑有准备有步骤地加以改革。五是各企业事业单位普遍成立职工代表大会或职工代表会议。六是各级党委要真正实行集体领导和个人分工负责相结合的制度。重大问题一定要由集体讨论和决定。决定时,要严格实行少数服从多数,一人一票,每个书记只有一票的权利。

邓小平关于《党和国家领导制度的改革》的重要讲话提出了我国政治体制改革的基本思想,为改革党和国家的领导制度,推进政治体制改革,指明了方向,是指导我国政治体制改革的纲领性文件。1980 年 9 月 11 日,中共中央发出《关于印发邓小平同志在中央政治局扩大会议上的讲话的通知》,指出:"党和国家领导制度的改革是一个很重大的问题,涉及的方面很宽,请认真组织讨论,积极提出意见或建议,由各省、市、自治区党委,各部委党组和总政治部将意见集中起来,于 10 月 15 日以前上报中央,以便中央、人大常委会、国务院就有关问题分别陆续作出决定,并逐步制定正式的法令、条例,付诸实行。"①在邓小平这篇讲话指导下,党和国家领导制度的改革迈出了重要步伐。1980 年 9 月,五届人大三次会议根据中共中央的建议,决定华国锋不再兼任国务院总理职务,由赵紫阳接任;同意邓小平、李先念、陈云、徐向前、王震、王任重辞去副总理职务;接受聂荣臻、刘伯承、张鼎丞、蔡畅、周建人辞去副委员长职务的请求。

　　1982 年 2 月 20 日,中共中央发布《关于建立老干部退休制度的决定》。《决定》深入阐述了建立老干部退休制度的紧迫性和重大意义,指出:"建国以前,在新民主主义革命的四个时期中,即在大革命时期、土地革命战争时期、抗日战争时期和解放战争时期中参加革命的老干部,至今健在的还有250 万人。其中已经离休退休的只是少部分人,大部分人还留在工作岗位上。现在的问题是,这些老干部,不少同志现在年事已高,不少同志即将进入老年,他们仍然担负着各种领导岗位上的繁重工作,这就使各级领导班子老化的状况,达到相当严重的地步。妥善地安排新老干部有秩序有步骤地实行适当的交替,已经成为当前摆在我们全党面前的一个重大课题。""建立老干部离休退休和退居二线的制度,妥善解决新老干部适当交替的问题,这是一场干部制度方面的深刻改革,是关系我们党兴旺发达,国家长治久安,社会主义现代化建设宏伟事业能够顺利实现的具有战略意义的重大决策。能否正确地对待这件大事,对于我们各级党委和每一个共产党员,都是一次严峻的党性考验。"《决定》从"我党我国的实际情况出发",考虑到当时干部的实际状况和接替条件,规定:"担任中央、国家机关部长、副部长,省、市、自治区党委第一书记、书记、省政府省长、副省长,以及省、市、自治区纪律检查委员会和法院、检察院主要负责干部的,正职一般不超过 65 岁,副职一般不超过 60 岁。担任司局长一级的干部,一般不超过 60 岁。"②随着干

---

① 引自中共中央文献研究室编:《邓小平年谱(1975—1997)》(上),中央文献出版社 2004 年版,第 664—665 页。

② 中共中央文献研究室编:《三中全会以来重要文献汇编》(下),人民出版社 1982 年版,第 1546 页。

部退休制度的实行,大批老干部离退休或者退居二线。到 1983 年 6 月,全国省区市领导班子,人数由原来的 698 人减少到 452 人,减少 35%;平均年龄由 62.2 岁降到 55.5 岁,其中 55 岁以下者由原来的 15% 提高到 48%;具有大专以上文化程度的由 20% 提高到 42%。新提拔省级干部 201 人,占新领导班子成员的 44%,其中大部分是中青年干部,具有大专以上文化程度者占 71%。

1982 年 9 月,党的十二大通过的新党章,进一步规定:"党的各级领导干部,无论是由民主选举产生的,或是由领导机关任命的,他们的职务都不是终身的,都可以变动或解除。年龄和健康状况不适宜于继续担任工作的干部,应当按照国家的规定,或者离职休养,或者退休。"①党的十二大通过的党章还对党的组织制度作了两项重要规定:第一,不设党中央主席、副主席,只设党的总书记,规定总书记是中央政治局常务委员会的成员之一,负责召集政治局会议和政治局常务委员会会议,重大决策均通过民主协商由集体讨论作出。总书记还负责主持中央书记处的工作。这就从组织上确立了党的集体领导原则和集体交接班制度。第二,设置中央和省一级顾问委员会和各级纪律检查委员会。

进一步发展中国共产党领导的多党合作制度。党的十一届三中全会后,中共中央加强了统一战线工作,明确宣布:现在,各民主党派和工商联已经成为各自所联系的一部分社会主义劳动者和一部分拥护社会主义爱国者的政治联盟和人民团体,成为进一步为社会主义服务的政治力量,强调要进一步发展中国共产党领导的多党合作制度。此后,各民主党派围绕着"四化"建设,积极参加国家政治生活,参加国家大政方针和重大问题的协商讨论;继续协助中国共产党和政府落实各项政策,推动成员认真学习党的路线方针和政策,为"四化"建设出谋献策。这些活动,使各民主党派的工作出现了空前活跃的局面,也大大推动了民主党派的组织发展。从 1979 年初到

---

① 《十一届三中全会以来重要文献选读》(上),人民出版社 1987 年版,第 548 页。

1982 年秋,八个民主党派共发展新成员 35000 人,建立了七百多个地方组织,四千多个基层支部。在中国共产党领导下,各民主党派与中国共产党通力合作,民主协商,作用日益加强。

精简党政机构工作也取得了重要进展。1981 年底,五届全国人大四次会议宣布,国务院决定采取果断措施进行机构改革。1982 年 1 月 11 日、13 日,中共中央政治局召开会议,讨论中央机构精简问题。邓小平在会上作题为《精简机构是一场革命》的讲话,指出:"精简机构是一场革命。精简这个事情可大啊! 如果不搞这场革命,让党和国家的组织继续目前这样机构臃肿重叠、职责不清,许多人员不称职、不负责,工作缺乏精力、知识和效率的状况,这是不可能得到人民赞同的,包括我们自己和我们下面的干部。这确是难以为继的状态,确实到了不能容忍的地步,人民不能容忍,我们党也不能容忍。……这场革命不搞,让老人、病人挡住比较年轻、有干劲、有能力的人的路,不只是四个现代化没有希望,甚至于要涉及到亡党亡国的问题,可能要亡党亡国。如果不进行这场革命,不论党和政府的整个方针、政策怎样正确,工作怎样有成绩,我们却只能眼睁睁地看着党和政府的机构这样地缺少朝气、缺少效率,正确的方针、政策不能充分贯彻,工作不能得到更大的成绩,我们怎么能得到人民的谅解,我们自己又怎样能安心?"①随后,中央和国务院机构改革工作开始进行,各省、地、县精简机构也逐级展开。这次改革主要围绕精简机构,调整领导班子进行。经过改革,机构臃肿的状况有所改变。党中央 13 个部委的正副部长、主任共减少 40%,正副局长共减少 13.8%,国务院所属 41 个部委的正副部长、主任共减少 65%,正副司局长共减少 40%。副总理由 13 名减为 2 名。国务院部委、直属机构和办公机构由 100 个合并为 61 个。省级领导班子成员的人数减少 35%,同时在党委和政府交叉兼职的减少 63.8%。地、州和省部委厅局一级的领导成员减少 36%。县委常委、正副县长比原来的总人数减少 18%。这次改革,对于实现

---

① 《邓小平文选》第二卷,人民出版社 1994 年版,第 396—397 页。

领导干部年轻化、知识化以及提高工作效率方面也起了一定的作用,领导班子的年龄结构和知识结构有所调整。国务院一级领导成员平均年龄由原来的 65.7 岁降到 59.5 岁,具有大专文化程度的由原来的 35.5% 提高到 52%。中央部委正副部长、主任的平均年龄由原来的 65.9 岁降到 62.8 岁,具有大专文化程度由原来的 43% 提高到 53.5%。省级领导班子的年龄由 62.2 岁降到 55.5 岁,具有大专文化程度的由原来的 20% 提高到 42%。地委一级和省部委厅局这一级的领导班子平均年龄由原来的 58 岁降到 50 岁,具有大专文化程度的由原来的 14% 提高到 44%。

通过这次机构改革,我们党正式确立了干部队伍建设的"四化"标准,党的十二大正式确立了干部队伍"革命化、年轻化、知识化、专业化"的"四化"准则,并写入新党章。此后,一大批年富力强的中青年干部走上领导岗位,1982—1984 年,全国共提拔了两百多万中青年干部,使后备干部危机的局面有所缓和。这次改革还下放了部分干部管理权限,缩小了由中央管理干部的范围,干部管理权限由原来下管二级改为只下管一级主要领导干部。

(三) 加强社会主义法制建设

1982 年 12 月 4 日,五届全国人大第五次会议审议通过由彭真主持修改的《中华人民共和国宪法》,这是新中国制定的第四部宪法。

新《宪法》的主要内容包括:(一)关于我国的人民民主专政制度:《宪法》第一条规定:"中华人民共和国是工人阶级领导的、以工农联盟为基础的人民民主专政的社会主义国家。"这是关于我们国家性质的规定,是我国的国体。人民民主专政的国家性质决定,在我国,人民,只有人民,才是国家和社会的主人。宪法修改草案明确规定:"中华人民共和国的一切权力属于人民。"这是我国国家制度的核心内容和根本准则。草案并具体规定:"人民行使国家权力的机关是全国人民代表大会和地方各级人民代表大会。""人民依照法律规定,通过各种途径和形式,管理国家事务,管理经济和文化事业,管理社会事务。"宪法修改草案关于公民的基本权利和义务的规定,是《总纲》关于人民民主专政的国家制度和社会主义的社会制度的原则规定的延伸。(二)关于我国的社会主义经济制度:《宪法》规定:"国营经济是社会主义全民所有制经济,是国民经济中的主导力量。"这是保证劳动群众集体所有制经济沿着社会主义方向前进,保证个体经济为社会主义服务,保证整个国民经济的发展符合于劳动人民的整体利益和长远利益的决定性条件。《宪法》规定,在自然资源中,矿藏、水流完全属于国家所有;森林、山岭、草原、荒地、滩涂等除由法律规定属于集体所有的以外,都属于国家所有。国家所有的某些资源,经国家允许,还可以划出一定范围由集体经济组织以至个人使用。(三)关于国家机构:《宪法》规定:"中华人民共和国的国家机构实行民主集中制的原则。"根据这一原则和我国三十多年来政权建设的经验,《宪法》对国家机构作了许多重要的新规定,一是加强人民代表大会制度;二是恢复设立国家主席和副主席;三是国家设立中央军事委员会,领导全国武装力量;四是国务院实行总理负责制;五是在中央的统一领导下,加强地方政权的建设。新宪法在建设社会主义精神文明、促进国家统一和民族团结、实行独立自主的对外政策等方面也作出了明确规定。

以新《宪法》的颁布为标志,我国社会主义法制建设加快了步伐。

在立法方面,六届全国人大及其常委会共审议通过了 63 件法律或有关法律问题的决定。这些法律对于促进有计划商品经济的发展,对于肯定改革的成功经验、巩固和发展改革的成果,对于吸引外资、发展对外经济技术交流与合作,促进对外开放提供了法律依据和保障。适应政治体制改革和建设民主政治的需要,立法工作在发展社会主义民主、健全社会主义法制方面也取得了重要进展,主要是:改进和完善选举制度,保证选民按照自己的意愿行使民主权利;加强地方各级人大的组织和工作,扩大较大的市制定地方性法规的权力;制定全国人大常委会议事规则,促进常委会民主决策的制度化、法律化;制定村民委员会组织法(试行),加强基层群众性自治组织的建设,发展基层直接民主;制定加强法制教育维护安定团结的决定和修改补充惩治犯罪的法律,维护宪法和法律的尊严,进一步保障公民的合法权益,以利于改革和现代化建设的顺利进行。特别是制定了民族区域自治法,用法律形式把我国民族区域自治制度固定下来,体现了充分尊重和保障各少数民族管理本民族内部事务的民主权利的精神,对发展平等、团结、互助的社会主义民族关系,加速少数民族地区的发展,促进各民族的共同繁荣,巩固国家的统一和独立,具有重大的作用。

在执法方面,全国人大常委会和各专门委员会对一些法律的实施情况进行了调查研究和检查。如组织有关人员会同国务院有关部门,就义务教育法、民族区域自治法、文物保护法、药品管理法、食品卫生法(试行)、环境保护法(试行)等法律的实施状况进行调查研究,并提出了进一步贯彻实施的建议。各级人民法院和人民检察院则通过审判工作和检察工作,严厉打击各类犯罪,维护了社会主义的法律尊严和社会经济秩序。1982 年 4 月 13 日《中共中央、国务院关于打击经济领域中严重犯罪活动的决定》公布后,中纪委派出 154 名司局级以上干部分赴各地,充实、加强办案力量,直接参与大案要案的调查处理工作。从 1982 年 1 月至 1983 年 4 月底,全国揭露并依据党纪国法立案审查的各类经济犯罪案件共 19.2 万多件,案件中涉及党员 7.1 万多人;已结案 13.1 万多件,依法判刑近 3 万人,在案件所涉及的党员中被开除党籍的八千五百多人;全国投案自首、坦白交代各种经济违法犯罪问题的共有 2.44 万人;追缴赃款赃物 4.1 亿多元。① 1983 年 8 月,根据中共中央的部署和全国人大常委会的决定,开展了严厉打击严重危害社会治安的犯罪活动的斗争,到 1987 年底,全国各级法院共审结刑事案件 1692955 件。这个时期,全国法院和检察院进一步加强了对经济犯罪的打击力度。1982 年后 5 年中,检察机关立案侦查贪污、贿赂、偷税抗税和假冒商标等犯罪案件 15.5 万多件,追回赃款、赃物折价共计 16.3 亿多元,其中包括原福建省海丰贸易公司职员林旭贪污 17 万美元、人民币 307 万元案;原江苏省武进县化肥厂财务科长蒋正国贪污 129 万元案;原广东省南海县

---

① 中共中央党史研究室编:《中国共产党新时期历史大事记(1978.12—1998.10)》,中共党史出版社 1998 年版,第 138 页。

毛纺厂副科长邱国杰受贿20万元、贪污8万元案；原福建省裕丰实业公司副董事长杜国桢投机倒把金额1.9亿余元案等。各地检察机关还冲破阻力，排除干扰，依法查处了一批领导干部犯罪的案件，其中县团级以上干部1500多人。如原海南行政区党委组织部长林桃森，原广州市东方宾馆总经理杨献庭，原上海市委办公厅副主任余铁民，原湖北省委办公厅副主任金辉，原黑龙江省军区参谋长赵志立，原安徽省委常委兼秘书长洪清源等，均因贪污或受贿罪被依法判刑。通过办案，维护了社会主义经济秩序，促进了改革开放顺利进行。

六、党在指导思想上拨乱反正任务的完成

（一）理论工作务虚会与《坚持四项基本原则》的发表

1979年1月18日至4月3日，党的理论工作务虚会在北京召开。

这次理论务虚会是在叶剑英的提议下召开的。1978年5月开始的真理标准问题大讨论，重新确立了党的实事求是的思想路线，这是党在思想理论上拨乱反正取得的一大成就。但在讨论和思想交锋过程中，也有人批评《实践是检验真理的唯一标准》一文以及支持这种观点的人"丢刀子"、"砍旗"，是"非毛化"。到了1978年9月，《红旗》杂志编辑部又写出《重温〈实践论〉——论实践标准是马克思主义认识论的基础》的两万多字长文，并于9月19日送给中央政治局常委。这篇文章虽然也讲"实践第一"的观点，但整篇文章更突出的基调却是借口"理论的指导作用"而排斥"实践第一"的观点，实际上仍然要维护"两个凡是"。在36天中央工作会议上，围绕"两个凡是"继续发生争论。这都表明党在思想理论上的是非仍有待进一步澄清。1978年7月至9月召开了国务院务虚会，务虚会上大家畅所欲言，开得很成功。中共中央副主席叶剑英认为思想理论战线上的问题，也可以采用务虚会这种方式来讨论解决，因此建议中央"召开一次理论工作务虚会，

大家把不同意见摆出来,在充分民主讨论的基础上,统一认识,把这个问题解决一下"①。中央政治局常委采纳了这个意见。10 月 14 日,邓小平在同韦国清谈话时也表示:"索性摆开来讲,免得背后讲,这样好。"②

1978 年 12 月 13 日,在中央工作会议闭幕会上,华国锋正式传达了中央政治局关于召开理论工作务虚会的决定。他说:"在这次会议上,同志们对'实践是检验真理的唯一标准'问题,摆出了许多情况,提出了不少问题,对一些同志提出了不少批评意见,为召开理论务虚会创造了有利条件。由于这次中央工作会议的议题多,时间有限,这方面的问题不可能花很多的时间来解决。中央政治局的意见,还是按照叶帅的提议,在党的十一届三中全会之后,专门召开一次理论务虚会,进一步把这个问题解决好。中央相信,有这一次中央工作会议和党的十一届三中全会的精神作指导,这个问题一定能够解决好。中央希望,理论战线和宣传战线的同志,在分清是非,统一思想的基础上,进一步团结起来,紧跟党中央的战略部署,为把党的工作着重点转移到社会主义现代化建设上来,努力做好宣传理论工作,发挥更大的作用。"③12 月 31 日,3 天前刚就任中宣部部长的胡耀邦在政协礼堂召开的中央宣传系统直属单位领导干部大会上同大家见面时宣布:中央政治局决定,1979 年 1 月召开理论工作务虚会。

1979 年 1 月 18 日,理论工作务虚会在北京召开。胡耀邦在会议开始时作了引导性发言,讲了这次务虚会所要达到的两个目的:第一,总结理论宣传战线的基本经验教训,把思想理论上的重大原则问题讨论清楚;第二,研究全党工作重心转移之后理论宣传工作的根本任务。胡耀邦还讲了会议的开法,提出要推广 36 天中央工作会议和党的十一届三中全会的会风,"解放思想,开动脑筋,畅所欲言,充分恢复和发扬党内民主和党的实事求

---

① 胡耀邦:《理论工作务虚会引言》,1979 年 1 月 18 日。

② 中共中央文献研究室编:《邓小平年谱(1975—1997)》(上),中央文献出版社 2004 年版,第 401 页。

③ 引自于光远:《1978:我亲历的那次历史大转折》,中央编译出版社 2008 年版,第 265 页。

是、群众路线、批评和自我批评的优良传统,达到弄清是非,增强整个理论宣传队伍的团结。"胡耀邦宣布:会议分两个阶段举行。第一个阶段,由中宣部和中国社会科学院联合召开,邀请中央和北京理论宣传单位的一百多人参加,各省市派来一位联络员。会议从 1 月 18 日开始,开到 26 日,然后过春节,春节休假后接着开,开到 2 月中旬。会议的第二个阶段,用中央名义召开,再开 10 天左右,邀请各省市同志参加,扩大到四五百人。第一段以小组会为主,第二段以大会为主。最后请党中央主席、副主席作报告。为了把这次会议开好,中央建立了由胡耀邦、胡乔木、黄镇、朱穆之、胡绩伟、于光远、周扬、童大林、吴冷西、吴江、胡绳 11 人组成的会议领导小组;并邀请了21 位长期在党内做思想理论工作的老前辈、老同志为会议作指导。①

　　从 1 月 19 日起,会议分五个小组进行讨论。第一组(33 人)召集人:胡绩伟(《人民日报》)、张光年(作家协会)、黎澍(社会科学院);第二组(34人)召集人:童大林(科委)、林涧青(国务院研究室)、贺敬之(文化部);第三组(33 人)召集人:周扬(社会科学院)、王惠德(中央编译局)、邢贲思(社会科学院);第四组(33 人)召集人:于光远(国务院研究室)、华楠(《解放军报》)、王若水(《人民日报》);第五组(33 人)召集人:吴江(中共中央党校)、杨西光(《光明日报》)。分组讨论从一开始就很热烈,与会者突破了许多理论禁区,提出了一些对拨乱反正和改革开放、对探索新问题颇有积极意义的理论观点。在讨论中,大家的注意力较多地集中在揭发批评提出和坚持"两个凡是"的同志的错误,进一步分清真理标准讨论过程中的是非上面。1 月 19 日,胡绩伟在第一小组会上宣读了他和杨西光、曾涛、华楠、王惠德、于光远 6 人作的题为《关于真理标准讨论的情况》的联合发言。联合发言列举了许多严重事实,评述了《实践是检验真理的唯一标准》一文发表后遭到压制、打击,围绕真理标准问题展开讨论的经过,邓小平对"两个凡是"的批评以及在刚刚开过的中央工作会议和党的十一届三中全会上对

---

　　①　胡耀邦:《理论工作务虚会引言》(1979 年 1 月 18 日),中共中央文献研究室编:《三中全会以来重要文献选编》(上),中央文献出版社 2011 年版,第 46 页。

"两个凡是"的批评和对真理标准讨论的肯定的情况；对双方的主要论点，也作了简要介绍。联合发言最后指明：为什么说这场关于实践是检验真理的唯一标准问题的争论，是个政治问题，是个关系到党和国家前途和命运的问题呢？"这就要从面临的形势和实际情况来说。'文化大革命'中，林彪、'四人帮'打着'高举'、'句句是真理'的旗子干了不少坏事。林彪、'四人帮'被打倒以后，一些同志仍然坚持本本主义的思想路线，他们给坚持实事求是思想路线的同志扣大帽子，什么'砍旗子'、'丢刀子'、'非毛化'等等。在一系列路线、方针、政策上发生的分歧，根子都在于思想路线上的分歧。他们的许多言论和行动，都是阻碍揭批'四人帮'，阻碍拨乱反正，阻碍实现四个现代化，是有害于党和国家的前途的。"①联合发言陈述了"两个凡是"争论的由来，指出了真理标准问题讨论的政治实质，使与会者更多了解了争论情况，从而为后来的进一步深入讨论打开了缺口。1月22日，《红旗》杂志总编辑熊复在第一组会议上发言，作了自我批评。吴冷西、李鑫等人也就真理标准讨论问题作了自我批评，检讨了自己的错误。

既然是"理论"工作务虚会，会议就不可避免地要对一些重大理论问题展开讨论，这包括："文化大革命"的理论和实践问题；"无产阶级专政下继续革命"问题；社会主义时期的主要矛盾和阶级斗争问题；党内路线斗争问题；社会主义民主法制问题；对毛泽东和毛泽东思想的评价问题；等等。一些过去不敢想、不敢说的问题都被提出来讨论。其中讨论得比较深入的问题，是"文化大革命"以及作为其指导思想的"无产阶级专政下继续革命的理论"问题。会议第三组召集人周扬在发言中说："'文化大革命'究竟是林彪、'四人帮'几个野心家阴谋家造成的，还是在路线上、理论上有问题？'无产阶级专政下继续革命的理论'是否存在问题？这个问题不搞清楚，'两个凡是'的问题也就搞不清楚。'无产阶级专政下继续革命的理论'是个根本问题"。会上印发了胡乔木1979年1月3日在中央宣传部会议上的

---

① 胡绩伟：《同"两个凡是"论争的来龙去脉——1979年1月在理论务虚会上的六人联合发言》，《炎黄春秋》1998年第9期。

一个题为《关于社会主义时期阶级斗争的一些提法问题》的讲话要点。胡乔木在讲话中提出:"'无产阶级专政下继续革命'这个口号,究竟是什么含义,它的科学根据是什么","值得重新研究",他认为这个口号"含义不清",不应再使用。关于社会主义时期的主要矛盾和阶级斗争,胡乔木在讲话中也认为,由在社会主义社会"这个历史阶段中,始终存在着阶级、阶级矛盾和阶级斗争"的判断而提出"以阶级斗争为纲",这样做"势必造成阶级斗争的人为的扩大化","逻辑上也讲不通";党内斗争,并不都是社会阶级斗争的反映,并不都是路线斗争。"如果任何斗争都是路线斗争,那末,党内就几乎天天存在路线斗争。"胡乔木批评"很长时间以来在一些同志中间形成这么一种心理,似乎党内的任何斗争不提到路线斗争的高度上来,就没有重要意义,就像吃饭没有吃饱似的,总不过瘾。"①会议讨论了胡乔木的意见,有人反对,更多的与会者赞成。中央宣传部采纳了多数人的意见,在报刊上停止使用了"无产阶级专政下继续革命"和"以阶级斗争为纲"等口号。民主法制问题也是人们议论比较多的一个问题。大家一致感到,民主问题,无论是斯大林时代的苏联,还是毛泽东时代的中国,这个问题都没有解决好。如果我们国内不能充分发扬民主,社会上就会出现羡慕资产阶级民主的现象。干部终身制对发扬民主是个大障碍,民主选举比较好。有人指出,长期以来,我们处理阶级斗争的方法,基本上是群众运动的方法而不是民主和法制的方法。以专政代替法制,使法制建设遭到很大破坏。经济方面的理论和实际问题,也是很多与会者谈论的一个焦点,经济学家孙冶方提出要重视价值规律,重视经济研究等问题。大家对"鞍钢宪法"、"以钢为纲"、"农业学大寨"等问题也进行了评议,认为每个时期工业发展的重点是各不相同的,不能用以什么为"纲"来代替按比例发展。

理论务虚会上,无论是批判"两个凡是"、分清思想路线是非,还是探讨各种理论问题,都不可避免地要对毛泽东和毛泽东思想进行评价。首先遇

---

① 中共中央文献研究室编:《三中全会以来重要文献汇编》(上),人民出版社 1982 年版,第 64—66 页。

到的问题是,要不要评价毛泽东? 可不可以评价毛泽东? 与会者认为,毛泽东作为一位伟大的马列主义者,一位历史人物,是可以评价而且应该评价的。事实上,国内外、党内外都在评价。我们党应该主动作出正确的评价,而不能全部留给后人去解决。有与会者在发言中说:"毛泽东同志在我国半个多世纪的革命历史上立下的伟大功勋是永远不可磨灭的。毛泽东思想是我们党和中国革命的指导思想,今天是、将来仍然是我们进行社会主义现代化建设的指导思想。这方面绝不能动摇,而且应该实事求是地加强宣传。但是,另方面也必须对毛泽东同志理论上的一些错误作出实事求是的评价。"有的说:毛泽东在民主革命时期的丰功伟绩是不朽的,到了社会主义革命的初期,毛泽东的功绩也是伟大的。但是从 1957 年以后毛泽东的错误,特别是"文化大革命",错误是严重的,几乎把革命断送。历史学家黎澍在发言中就批评了毛泽东过早地放弃他自己提出的新民主主义社会构想,不讲条件地向社会主义过渡,搞成了"贫穷的社会主义"。经济学家许涤新联系"大跃进"、反右倾、"四清"、"文化大革命"等问题,提出:"这些是不是毛主席他老人家唯意志论发展的结果?""既然唯意志论成了主导思想,那还有什么客观规律呢? 他老人家是不考虑客观规律的。"理论务虚会上提出的这些看法并不是所有的人都能够接受的。对毛泽东和毛泽东思想进行评价,是不是搞"非毛化"呢? 对此,与会者明确回答:"我们评价毛泽东同志的功过,不是'非毛化',而是'非神化'。"全面正确地评价毛泽东的历史功过和毛泽东思想,是非常复杂的问题。理论工作务虚会比较集中地提出并初步讨论了这些问题,发表了不少有见地的意见,但这些问题远没有解决。这个任务直到1981 年 6 月党的十一届六中全会通过《关于建国以来党的若干历史问题的决议》,才得以完满完成。①

　　第一阶段的理论务虚会总体上是好的,与会者畅所欲言,发扬民主,在很多理论问题上澄清了是非,取得了共识。但是,在批评"左"的错误思潮的同

---

　　① 　参见程中原:《在历史的转折关头》(二),《党史文汇》2008 年第 10 期。

时,会场内外也出现了另一种倾向,就是有极少数人打着"解放思想"、"拨乱反正"的旗号,片面夸大党所犯的错误,散布种种怀疑或反对社会主义、人民民主专政、中国共产党的领导和马列主义、毛泽东思想的言论,核心是否定共产党的领导和社会主义制度。会场之外的"西单(民主)墙"尤其引人瞩目。

"西单(民主)墙",是天安门广场以西从北京电报大楼到西单路口的一道长两三百米的临街深灰色砖墙,高约两三米。这里地处北京闹市中心,因为来来往往的人很多,常有人在这排矮墙上张贴寻人启事和小广告。"文化大革命"结束后,很多人到北京上访,反映他们在"文化大革命"中受到的种种不公正待遇。从1978年春开始,有些人在这里贴大字报,"西单墙"成了上访者张贴申冤及个人诉求的大小字报的园地。"西单墙"对政治问题的批评,最早是针对汪东兴的,内容是控诉他禁止发售1978年9月《中国青年》复刊后的第一期杂志,禁售的原因是这期杂志刊登了要求为"天安门事件"平反的文章。后来各种带有政治诉求的大字报越贴越多,内容涉及的范围也非常广泛,有的是对冤假错案的申诉,有的是对"凡是派"的批评,有的是呼吁为刘少奇平反,有的表达对民主的渴望。来看大字报的人也越来越多,站在里面的人高声念,外边的人有的听,有的记录。通宵达旦,人流不息。一时间,"西单墙"附近俨然成了全国的舆论中心。在北京的示范效应下,上海等地也出现了类似场所。1978年11月10日开始的中央工作会议期间,胡耀邦通过各种渠道不断将"西单墙"大字报的有关情况,采用简报等形式反映到会议上,起到了推动思想解放的作用。

对"西单墙"大字报,邓小平等最初是持支持和默认态度的。1978年11月26日,邓小平会见由日本社会党委员长佐佐木良作率领的第二次访华团。在谈到群众贴大字报问题时,他说:"这是正常的现象,是我国形势稳定的一种表现","写大字报是我国宪法允许的。我们没有权利否定或批判群众发扬民主,贴大字报,群众有气要让他们出气。群众的议论,并非一切都是深思熟虑过的,也不可能要求都是完全正确的,这不可怕。"①12月

---

① 《邓小平副总理会见美国、日本朋友时指出马列主义、毛泽东思想是实现四化的指导思想》,《人民日报》1978年11月28日。

13 日,叶剑英在中央工作会议闭幕会上的讲话中也说:"党的十一届三中全会是党内民主典范,西单民主墙是人民民主的典范。"同一天,邓小平进一步表示:"群众提了些意见应该允许,即使有个别心怀不满的人,想利用民主闹一点事,也没有什么可怕。……一个革命政党,就怕听不到人民的声音,最可怕的是鸦雀无声。"①

但是,"西单(民主)墙"的发展,很快超出了人们的预料。1978 年 11 月 28 日,在"西单(民主)墙"前召开所谓"民主讨论会"后,其性质和方向便急剧右转,参与活动的人也越来越多,各种非法的民间刊物和组织大量出现。魏京生在其主持的《探索》上发表文章,诬称无产阶级专政的国家制度"是披着社会主义外衣的封建君主制",煽动群众"把怒火集中在制造人民悲惨境遇的罪恶制度上"。"中国人权小组"贴出大字报,要求美国总统卡特"关怀中国的人权"。"解冻社"提出要"废弃毛泽东思想";还有的组织打出大幅标语,鼓吹"万恶之源是无产阶级专政",要"坚决彻底批判中国共产党","打倒社会主义"。上海的"民主促进会"则公开张贴了攻击矛头直指毛泽东的标语。有人打出所谓"反饥饿,反迫害,要民主,要自由"的标语游行示威,甚至诱骗一部分群众冲击党政机关,占领办公室,实行静坐绝食,阻断交通,严重破坏社会秩序。1979 年 3 月,任畹町等 7 人在"西单(民主)墙"贴出"中国人权宣言";3 月 25 日,魏京生又贴出《要民主还是要新的独裁》的大字报,反对共产党的领导和社会主义制度,要求实行全面的西方式的民主化和自由化。

显然,以上情况表明,"西单(民主)墙"的性质已经发生了变化,"西单(民主)墙"变成了一些人攻击和否定共产党的领导、否定社会主义制度、否定人民民主专政、否定马列主义和毛泽东思想的阵地。这股错误思潮,在理论工作务虚会开会之前就已经有所表现,在务虚会召开之后有了进一步发展。但对这股错误思潮的严重性,参加务虚会的多数人并没有引起足够重

---

① 《邓小平文选》第二卷,人民出版社 1994 年版,第 144—145 页。

视,有少数人还直接间接地表示某种程度的支持。会议期间,有人说:"西单民主墙的出现是好事,应当说是社会主义民主的里程碑。""中央对民主墙应当表态支持。"有人说:"即使在社会主义条件下,民主也是靠人民自己起来争取的,是要靠打破官僚主义者和机会主义者的反抗,打破权力过分集中的官僚主义的压制才能实现的。民主绝不能依赖什么人的恩赐。""现在的主要问题,是民主还发扬得很不够,而不是太多,不是应当来纠偏。"还有人说:"现在警惕的不是什么解放思想过头、民主过头的倾向,更不要来一次新的反右,'左'的东西还批得不够,如果提出反右,就会妨碍批'左',影响思想解放,甚至可能走回头路。"有人建议在报刊上开辟《民主墙》专栏,选登大字报。有的甚至建议将劳动人民文化宫开放为人们自由发表言论的场所,在公园内设立大字报区,提供举办讲演会、辩论会的场地。2 月 15日,有两位与会者以《西单民主墙剖析》为题,在务虚会小组会上作联合发言,论证西单民主墙的主流是健康的。该小组就"西单(民主)墙"问题讨论时竟一致认为:"西单(民主)墙"是我国民主生活的生动体现,应予以支持,并写了正式建议,要务虚会领导小组向中央反映。

社会上出现了以"西单(民主)墙"为代表的错误思潮,理论工作务虚会上又发生了上述偏差,这引起了邓小平的注意和高度警惕。1979 年 3 月 16日,在中央召开的高级干部大会上,邓小平发表讲话指出:"我们写文章,一定要注意维护毛主席这面伟大旗帜,决不能用这样那样的方式伤害这面旗帜。否定毛主席,就是否定了中华人民共和国,否定了整个这一段历史。"[①]3 月 27 日,在同胡耀邦、胡乔木等谈话时,邓小平说:"四个坚持,坚持社会主义道路,坚持无产阶级专政,坚持党的领导,坚持马列主义、毛泽东思想的基本原理,现在该讲了。"他批评理论工作"对三中全会的精神宣传得少,还出现了一些似是而非的提法,甚至是偏激的提法。这样不好,不利于团结一致向前看,不利于调动人民的积极性,不利于一心一意奔向四

---

① 中共中央文献研究室编:《邓小平年谱(1975—1997)》(上),中央文献出版社 2004 年版,第 493 页。

个现代化"①。

理论工作务虚会第一阶段讨论于 2 月 15 日结束。3 月 28 日,理论工作务虚会复会。第二阶段的理论务虚会由党中央召开,名称加上了"全国"二字,称为"全国理论工作务虚会"。3 月 30 日,邓小平代表党中央在会上发表《坚持四项基本原则》的长篇讲话。听讲话者除了出席全国理论工作务虚会的代表以外,还有中央国家机关和北京市的干部。在讲话中,邓小平肯定这次理论工作务虚会"总的说来开得是有成绩的"②,同时对党内外正在蔓延的某些错误思潮提出了批评,郑重提出必须坚持四项基本原则。他说:社会主义现代化建设是我们当前最大的政治。要在中国实现四个现代化,必须在思想政治上坚持四项基本原则。这是实现四个现代化的根本前提。四项基本原则是:第一,必须坚持社会主义道路;第二,必须坚持无产阶级专政;第三,必须坚持共产党的领导;第四,必须坚持马列主义、毛泽东思想。邓小平指出:这四项基本原则并不是新的东西,是我们党长期以来所一贯坚持的。粉碎"四人帮"以至十一届三中全会以来,党中央实行的一系列方针政策,一直是坚持这四项基本原则的。但今天仍然有很大的必要来强调宣传这四项基本原则。因为,现在党内和社会上都存在着从"左"的和右的方面歪曲、怀疑或反对四项基本原则的思潮。

邓小平对这四项基本原则分别作了论述。他说,我们必须坚持社会主义道路,这首先是因为,只有社会主义才能救中国,这是中国人民从五四运动到现在 60 年来的切身体验中得出的不可动摇的历史结论。中国离开社会主义就必然退回到半封建半殖民地中去。中国绝大多数人决不允许历史倒退。我们必须坚持人民民主专政,没有这个专政,我们就不可能保卫从而也不可能建设社会主义。我们必须坚持共产党的领导,党的领导当然不会没有错误,但这决不能成为要求削弱和取消党的领导的理由。离开党的领

---

① 中共中央文献研究室编:《邓小平年谱(1975—1997)》(上),中央文献出版社 2004 年版,第 499 页。

② 《邓小平文选》第二卷,人民出版社 1994 年版,第 159 页。

导,事实上只能导致无政府主义,导致社会主义事业的瓦解和覆灭。我们必须坚持马列主义、毛泽东思想。毛泽东思想过去是中国革命的旗帜,今后将永远是中国社会主义事业的旗帜。如果动摇了这四项基本原则中的任何一项,那就动摇了整个社会主义事业,整个现代化建设事业。邓小平指出:没有民主,就没有社会主义,就没有社会主义的现代化。我们过去对民主宣传得不够,实行得不够,制度上有许多不完善,因此,继续努力发扬民主,是我们全党今后一个长时期的坚定不移的目标。他郑重表示:"有人把中央的方针说成是'收'了,说中央把发扬民主的方针改变了,这是完全错误的。"①在谈到对几个理论问题的看法时,邓小平指出:关于社会主义社会的基本矛盾,还是按照毛泽东同志在《关于正确处理人民内部矛盾的问题》一文中的提法比较好,即"在社会主义社会中,基本的矛盾仍然是生产关系和生产力之间的矛盾,上层建筑和经济基础之间的矛盾"。至于什么是目前时期的主要矛盾,由于三中全会决定把工作重点转移到社会主义现代化建设方面来,实际上已经解决了。我们的生产力发展水平很低,远远不能满足人民和国家的需要,这就是我们目前时期的主要矛盾。关于社会主义社会的阶级斗争问题,邓小平指出:社会主义社会中的阶级斗争是一个客观存在,不应该缩小,也不应该夸大。无论缩小或者夸大,都要犯严重的错误。"无产阶级专政下继续革命"的提法,实践证明是错误的。

邓小平的讲话,是对理论工作务虚会的总结。讲话对四项基本原则的阐述,使党的十一届三中全会确立的大政方针更加清晰。从此,坚持四项基本原则与坚持改革开放、现代化建设一起,构成了党的十一届三中全会路线的基本内容。邓小平讲话后,理论工作务虚会又分组讨论了3天,会议于4月3日结束。

1979年11月,五届全国人大常委会第十二次会议通过决议:取缔"西单墙"。1980年9月,根据中共中央的提议,五届全国人大三次会议通过关

---

① 《邓小平文选》第二卷,人民出版社1994年版,第178页。

于修改《中华人民共和国宪法》第四十五条的决议,取消公民"有运用大鸣、大放、大辩论、大字报的权利"的条文。1980 年 12 月,邓小平在中央工作会议闭幕会上讲话,要求加强思想政治工作,加强对四项基本原则的宣传教育。1981 年 1 月,中共中央发布《关于当前报刊新闻广播宣传方针的决定》,要求新闻媒介"认真进行坚持四项基本原则的宣传","对任何企图削弱、摆脱、取消、反对党的领导的倾向,必须根据不同情况,公开或在内部进行批评教育以至必要的斗争"。同年 8 月,中央宣传部召开全国思想战线座谈会,检查了党对思想、文艺战线领导中存在的问题。经过这一系列工作,党对思想理论战线的领导得到加强,从而保证了拨乱反正和改革开放过程中党在思想舆论方面的正确方向。

(二) 全面平反冤假错案,清理和调整社会关系

平反冤假错案工作,粉碎"四人帮"后即已在局部进行。但是由于"两个凡是"的阻碍,使得这项工作进展缓慢。大量的冤假错案给数以亿计的干部群众造成了巨大身心伤害,妨碍党的工作重点转移,不利于国家的安定团结。

1978 年底,邓小平在中央工作会议闭幕会上专门讲到了平反冤假错案工作,指出:解决历史遗留问题,纠正冤假错案,"这是解放思想的需要,也是安定团结的需要",目的是为了"向前看";"原则是'有错必纠'。凡是过去搞错了的东西,统统应该改正。有的问题不能够一下子解决,要放到会后去继续解决。但是要尽快实事求是地解决,干脆利落地解决,不要拖泥带水。""要大处着眼,可以粗一点,每个细节都弄清不可能,也不必要。"在邓小平的推动下,党的十一届三中全会之后,从中央到地方,按照实事求是、有错必纠的原则,平反冤假错案的步伐大大加快,直接从事落实干部政策的人数达到 60 万之多。

根据中央的统一部署,平反冤假错案由中央组织部、中央纪律检查委员会等相关单位分工负责。公、检、法各部门着重清理受到刑事处分的假案错

案。各省、市、自治区也都成立了以党委负责人为首,组织、纪检、政法、统战、民政、财政等部门领导参加的落实政策小组,各地、县也建立了相应的领导机构,形成了中央统一领导,党委专人负责,专门班子与依靠群众相结合,层层部署、逐级落实,全党上下联动的大规模平反冤假错案的工作格局。

中央组织部的工作职责是制定并督促落实各项干部政策,同时接管并直接复查副省级以上干部的案件,特别是原中央专案审查小组移交过来的大量案件。中央专案审查小组是"文化大革命"的产物。林彪、"四人帮"和康生、谢富治等为了实现篡夺党和国家权力的目的,打着审查干部的旗号,长期把持中央专案审查小组,残酷打击迫害老干部,制造了大批冤假错案。1978年党的十一届三中全会对党内这种不正常状况进行了彻底纠正,提出:"过去那种脱离党和群众的监督,设立专案机构审查干部的方式,弊病极大,必须永远废止"①。根据中央的决定,1978年12月19日,中央专案审查小组第一办公室、第三办公室、"五一六"专案联合小组办公室宣布撤销,所有专案材料全部移交中央组织部。移交给中组部的专案材料共17349卷、391363件,涉及受审查人员共669人。为了加快平反工作,中组部报请中央批准后,采取了以下措施:一是把被中央专案组下放到外地仍在监督劳动的领导干部全部接回北京和有关单位,其中包括彭真、张洁清夫妇,刘少奇的夫人王光美等。二是对一部分人采取先分配工作,后作复查平反结论的办法,使这些领导干部尽早走上工作岗位。三是采取转请被审查人原单位进行复查,然后送中组部审理,转报中央审批的办法以提高复查平反的进度。中央纪律检查委员会和各省、市、自治区党委纪律检查机构,在党中央和各级党委领导下,边组建边开展工作。1979年1月4日至22日,中央纪律检查委员会举行第一次全体会议,全会发表的《通告》强调:"冤案、错案、假案一经发现,就要坚决纠正。一切不实之词,一切不正确的结论,一切错误的处理,不论是什么时候、什么情况下做出的,不论是哪一级组织、哪个领

---

① 中共中央文献研究室编:《三中全会以来重要文献汇编》(上),人民出版社1982年版,第6页。

导人批准的,都要纠正过来。""有错必纠是一条原则,有错的不纠是没有党性的表现。"《通告》要求党的各级纪律检查委员会要"与党的组织部门、公检法机关密切配合,抓紧做好冤案、错案、假案的平反和错划右派的改正工作"。"凡是有广泛教育意义的典型案件,要通报全党,以至在报上公布。"①

由于指导思想明确,组织措施得力,这一时期复查平反冤假错案和落实干部政策进展快,成效大。不仅平反了"文化大革命"中的冤假错案,而且还纠正了一批"文化大革命"前乃至新中国成立以前的冤假错案。

一是为"文化大革命"中受到诬陷迫害的党和国家领导人及军队各部门领导人平反。党的十一届三中全结束不久,党中央即为彭德怀和陶铸公开平反,并举行了隆重的追悼大会。1979 年 1 月 4 日,中共中央转发上海市委《关于解决所谓"一月革命"问题的请示报告》,对在"一月革命"中遭批判的陈丕显、曹荻秋等以及与此有关的一切冤假错案,予以彻底平反。此后,又陆续为在"文化大革命"中遭受迫害的贺龙、乌兰夫、彭真、罗瑞卿、陆定一、杨尚昆、谭震林、萧劲光、萧华、杨成武、余立金、傅崇碧、刘澜涛等党政军高级干部平反。还先后为在"文化大革命"前受到错误批判的谭政、习仲勋、黄克诚、邓子恢等人平了反。一些蒙冤多年的中共早期领导人瞿秋白、张闻天、李立三等也先后得到了平反昭雪,恢复了名誉。"文化大革命"开始后不久,国家主席、中共中央副主席刘少奇即被打成"党内最大的道路资本主义道路的当权派",后又在党的八届十二中全会上被"永远开除出党,撤销其党内外一切职务"。1979 年 2 月,中共中央决定,由中央纪律检查委员会和中央组织部对刘少奇一案进行复查。复查小组经过大量严密细致的取证核实工作,确证党的八届十二中全会强加给刘少奇的"叛徒、内奸、工贼"三项帽子和七项"反革命罪行"根本不能成立,完全是江青一伙用"逼供信"手段制造的大冤案。1980 年 2 月,党的十一届五中全会作出决议:为刘

---

① 《党中央纪律检查委员会第一次全会通告》,《人民日报》1979 年 3 月 25 日。

少奇平反,推倒对刘少奇的污蔑、诬陷、伪造的材料以及一切不实之词,恢复刘少奇作为伟大的马克思主义者和无产阶级革命家、党和国家主要领导人之一的名誉。1980 年 6 月 19 日,中共中央发出《关于处理文化大革命中一些干部在报刊和文件上被点名批判问题的通知》,宣布对"文化大革命"中在中央、地方以及军队的报刊、文件上被错误点名批判的同志,一律予以平反。

二是为"文化大革命"中受到错误批判的中央工作部门平反。"文化大革命"期间,有的中央工作部门被指责为搞"修正主义",17 年的工作被称为"黑线"。党的十一届三中全会后,中央对这些部门予以彻底平反,撤销了有关文件。1979 年 1 月,中央宣传部召开各省、市、自治区党委宣传部部长会议,胡耀邦在会上宣布:中央决定为所谓"中宣部阎王殿"彻底平反。2 月 3 日,中共中央批准中央统战部《关于建议为全国统战、民族、宗教工作部门摘掉"执行投降主义、修正主义路线"帽子的请示报告》,指出:1962 年、1964 年对李维汉的批判是错误的,在全国统战、民族、宗教工作部门,包括李维汉本人,都不存在执行一条所谓"投降主义、修正主义路线"的情况,凡是因这个问题而受牵连者,一律平反,恢复名誉。2 月 26 日,文化部党组作出决定,为"旧文化部"、"帝王将相部"、"才子佳人部"、"外国死人部"的错案彻底平反;新中国成立后 17 年,文化部的成绩是主要的,根本不存在所谓"文艺黑线"和以周扬、夏衍、田汉、阳翰笙为代表的"黑线代表人物"问题,宣布凡是受到这一错案牵连和遭到打击、诬陷的同志一律彻底平反。3 月 9 日,中共中央对外联络部发出《关于为所谓"三和一少"、"三降一灭"问题平反的通报》,指出:康生、"四人帮"等人强加于中联部和整个外事战线的所谓"三和一少"、"三降一灭"修正主义路线的罪名,应予平反;强加于王稼祥等人身上的一切诬陷不实之词,应该推倒。3 月 19 日,中共中央转发教育部党组《关于建议中央撤销两个文件的报告》。《报告》指出,1971 年 8 月 13 日中央转发的《全国教育工作会议纪要》提出的对教育战线 17 年的"两个估计",是"四人帮"强加在广大教育工作者身上的精神枷锁,影响极坏;

1974年1月31日中央转发的《河南省唐河县马振抚公社中学情况简报》，是"四人帮"出于篡党夺权的需要炮制的，并由此制造了许多冤案。中央同意教育部党组的建议，决定撤销这两个错误文件。3月21日，中共中央、中央军委发出通知，同意解放军总政治部《关于为"总政阎王殿"等冤案彻底平反的请示》、《关于为"总政阎王殿"冤案彻底平反的决定》和《关于为"谭政反党宗派集团"冤案彻底平反的决定》。5月3日，中共中央批转解放军总政治部《关于建议撤销1966年2月部队文艺工作座谈会纪要的请示》，对受《纪要》影响被错误批判、处理的人员和文艺作品，应实事求是地予以平反。

三是为"文化大革命"中全国各地发生的影响重大的事件和冤案平反。继为"天安门事件"平反之后，中央和地方又先后为"彭、罗、陆、杨"冤案；邓拓、吴晗、廖沫沙的"三家村"冤案；武汉"七二〇事件"平反。1979年3月28日，中共中央发出《关于为"杨、余、傅事件"公开平反的通知》，指出：所谓"杨、余、傅事件"纯系林彪、"四人帮"反党集团制造的冤案，中央决定，为这一事件公开平反。10月，经中共中央批准，国家科委党组召开大会，为在"文化大革命"中遭到错误批判的"科研14条"、"广州会议"等一些重大冤假错案彻底平反，并为因此而受到株连和迫害的干部及科技人员平反昭雪。一些地方性的重大事件，如宁夏自治区的青铜峡"反革命暴乱事件"；云南省的"沙甸反革命事件"；内蒙古自治区的"乌兰夫反党叛国集团"、"内蒙古二月逆流"和"新内人党"三大冤案；云南省的"滇西挺进纵队"和"赵健民国民党云南特务组计划"两大冤案；"新疆马明方叛徒集团案"；广东省的"广东地下党"案；上海"地下党"案；河北省的"冀东冤案"等也得到了复查平反。

四是为"文化大革命"中被错判的"反革命"案件和刑事案件平反。"文化大革命"期间，以"反革命罪"的名义制造了大批冤假错案。1978年底，中共中央批转最高人民法院党组《关于抓紧复查纠正冤、假、错案认真落实党的政策的请示报告》，提出在复查纠正冤假错案工作中，"对原被认定的反革命案件",要"真正做到全错全平","严格法纪,有错必纠。"1979 年 2 月,中共中央宣布撤销导致大量反革命案件的"公安六条"。根据中央的指示精神,各地人民法院做了大量工作,全面复查"文化大革命"以来判处的各类反革命案件和其他刑事案件,纠正了一大批冤、假、错案。张志新、史云峰等得到平反昭雪。"文化大革命"期间全国共判处刑事案件一百二十余万件,到 1980 年 6 月底,各级人民法院已复查 113 万多件,改判纠正冤假错案 25 万多件,涉及当事人 26 万多人,其中包括因刘少奇冤案受株连被判刑的案件 2.6 万多件,2.8 万多人。①

在大规模平反冤假错案的过程中,1980 年 10 月,中共中央根据大量确凿材料,决定把对造成众多冤案负有重大责任的康生、谢富治的罪行向全党公布,撤销对这两人的《悼词》,开除他们的党籍。根据广大人民的意愿,1980 年 11 月 20 日至 1981 年 1 月 25 日,最高人民法院特别法庭还对林彪、江青两个反革命集团的十名主犯进行了公开审判,维护了社会主义法制的尊严。

经过 4 年努力,到 1982 年底,对"文化大革命"中形成的冤假错案的平反工作基本结束。据不完全统计,在此期间,经中共中央批准平反的影响较大的冤假错案有三十多件,全国共复查平反被立案的干部 230 万人,集团性冤假错案近 2 万件,有 47 万多名被错误处理的共产党员恢复了党籍,数以千万计的无辜受株连的干部和群众得到了解脱。②

在重点对"文化大革命"中冤假错案进行复查平反的同时,特别是在这项工作取得显著进展后,党中央对发生在"文化大革命"前由于历次政治运动中"左"的错误和其他方面的错误而产生的大量案件和历史遗留问题,包括若干重大历史"陈案"、"旧账",也进行了复查清理。1979 年 8 月 4 日,中共中央批转中央组织部提出的《关于文化大革命前一些案件处理意见》。

---

① 江华:《最高人民法院工作报告——1980 年 9 月 2 日在第五届全国人民代表大会第三次会议上》,《人民日报》1980 年 9 月 17 日。

② 《宋任穷回忆录》(续集),解放军出版社 1996 年版,第 68 页。

《意见》提出,对于"文化大革命"前老案的处理,仍应本着实事求是的精神,坚持"有反必肃,有错必纠"的方针,全错全改,部分错部分改,不错不改。

对"文化大革命"前历史遗留问题的复查处理主要包括以下几个方面①:

一是完成对1957年错划右派的改正工作。1979年2月,中央组织部、宣传部、统战部、公安部、民政部联合召开全国复查改正工作经验交流会,会上第一次明确提出了"1957年反右派斗争犯了扩大化错误"的问题,强调对于错划右派,"无论哪一级组织或哪一个人批准定案的,凡是错了的都要改正"。会后,改正错划右派工作立即在全国铺开。1979年2月21日,中共中央批准中央组织部、中央宣传部、中央统战部、公安部、民政部拟的《关于中发〔1978〕55号文件的补充说明》,对做好右派改正后的安置工作作出规定。1980年5月8日,中央统战部向中共中央呈送《关于爱国人士中的右派复查问题的请示报告》,提出:全国代表性较大的民主党派、上层爱国人士中,被划为右派分子的27人中有22人属于错划。他们是:章乃器、陈铭枢、黄绍竑、龙云、曾昭抡、吴景超、浦熙修、刘王立明、沈志远、彭一湖、毕鸣岐、黄琪翔、张云川、谢雪红、王造时、费孝通、钱伟长、黄药眠、陶大镛、徐铸成、马哲民、潘大逵。6月11日,中共中央批转了这个《请示报告》。经过各级党委和有关部门的工作,到1981年7月,全国范围的错划右派的改正工作,全部结束。全国共改正错划右派54万多人,占原划右派总数的99%;原来失去公职的27万人,恢复或重新安排了工作。对被划为"中右分子"和"反社会主义分子"的31.5万人,一律给予了平反。对维持右派原案,摘掉右派分子帽子的3000多人,也适当安置了工作和生活。②

二是对新中国成立后因政治上"左"的错误而在党内产生的冤假错案

---

① 中共中央党史研究室第三研究部编:《邓小平与改革开放的起步》,中共党史出版社2005年版,第135—143页。

② 中共中央党史研究室科研管理部编:《拨乱反正》(中央卷)(上),中共党史出版社1999年版,第230页。

进行清理平反。1979 年 7 月 13 日,中共中央发出《关于对被定为右倾机会主义分子的平反、改正问题的通知》,宣布对 1959 年以来在"反右倾"斗争中,因反映实际情况或在党内提出不同意见,被定为右倾机会主义分子或犯右倾机会主义错误的人,一律予以平反改正,妥善落实政策。全国得到平反的"右倾机会主义分子"达三百多万人。同年 8 月 4 日,中共中央批转中央组织部《关于为小说〈刘志丹〉平反的报告》,指出《刘志丹》不是反党小说,决定为因此案而受诬陷的习仲勋等人平反昭雪,恢复名誉。1980 年 9 月 29 日,中共中央批转公安部、最高人民检察院、最高人民法院党组《关于"胡风反革命集团"案件的复查报告》并发出通知,指出"胡风反革命集团"案是错案,决定予以平反。1982 年 8 月 23 日,中共中央发出《关于为潘汉年同志平反昭雪、恢复名誉的通知》,决定撤销对潘汉年的原审查结论,彻底纠正这一错案。此外,中央有关部门还对因提出"合二为一"命题而获罪的马克思主义哲学家杨献珍的错案、对邓子恢和中央农村工作部受到错误批判和处理的错案等予以平反。

三是对党在民主革命时期的一些重大历史遗留案件进行清查解决。1981 年后,平反冤假错案进入了复查收尾阶段,此时清理平反"文化大革命"及"文化大革命"前冤假错案的主体工作已基本完成,平反工作的重点转到了新中国成立前遗留下来的一些历史旧案上。这些积年累月形成的历史旧案,有的一直没有得到公正的处理,有的虽有处理但结论中还留了一些本不该留的"尾巴"。"文化大革命"中这些旧案、悬案又被重新翻腾出来,继续伤害了一大批人。在这次平反冤假错案中,中央有关部门采取有力措施详加清理,使得这些历史积案大都得到解决。如:长期没有妥善解决好的地下党历史遗留问题,得到了公正解决;同时,对 1946 年新四军"中原突围"时掉队人员的遗留问题、第二次国内革命战争时期苏区肃反扩大化的遗留问题、延安整风时期审干运动中的"红旗党"假案、抗日战争时期一些根据地的"肃托"问题等也都进行了复查清理,一些长期蒙冤的干部被还以清白公正。1982 年 10 月,经中央书记处同意,中央组织部下发《关于解除

245

一些干部历史上受限制使用问题的意见》，撤销了新中国成立前后在审干、肃反中，中央和中组部对有政治历史等问题的干部作出的限制使用的规定。

据不完全统计，除了"反右倾"运动中的案件以外，在这次平反冤假错案过程中，全国共复查了"文化大革命"前的历史遗留案件242万余件，其规模之大、涉及面之广，在党的历史上是没有的，问题解决得也较为彻底。①

在大规模平反冤假错案的同时，党中央对过去因实行"以阶级斗争为纲"的"左"的政策，人为制造阶级斗争和专政对象而导致的严重紧张的社会关系也进行了认真清理和调整，以尽可能化消极因素为积极因素，调动各方面积极力量为改革开放和社会主义现代化建设做贡献。

一是为地主、富农分子摘帽。根据党的十一届三中全会通过的《农村人民公社工作条例（试行草案）》的有关规定，1979年1月11日，中共中央作出《关于地主、富农分子摘帽问题和地、富子女成分问题的决定》。提出"除了极少数坚持反动立场、至今还没有改造好的以外，凡是多年来遵守政府法令、老实劳动、不做坏事的地主、富农分子以及反革命分子、坏分子，经过群众评审，县革命委员会批准，一律摘掉帽子，给予农村人民公社社员的待遇。""地主、富农家庭出身的农村人民公社社员，他们本人的成分一律定为公社社员，享有同其他社员一样的待遇。今后，他们在入学、招工、参军、入团、入党和分配工作等方面，主要应看本人的政治表现，不得歧视。""地主、富农家庭出身的社员的子女，他们的家庭出身应一律为社员，不应再作为地主、富农家庭出身。"据此，全国先后有440万人被摘掉了地主、富农的帽子；至少有2000万过去受此牵连的人结束了几十年来备受歧视的历史。这是一项深得人心的重大决策。1983年7月9日，中共中央办公厅转发公安部《关于给现有的四类分子摘掉帽子的请示报告》，决定对现有的四类分子一律摘掉帽子，给予公民权。从此，一直受到管控的"地富反坏分子"获得了平等的公民权，"四类分子"成为历史名词。

---

　　① 《宋任穷回忆录》（续集），解放军出版社1996年版，第91页。

二是为原国民党起义投诚人员落实政策。1979年1月9日,中央统战部、中央调查部、最高人民法院、公安部、民政部、总政治部联合向中共中央报送了《关于落实对国民党起义、投诚人员政策的请示报告》,指出:"国民党军政人员起义、投诚是爱国行动",对他们的"冤案要昭雪、假案要平反、错案要纠正";"凡因历史问题或主要因历史问题而被戴上历史反革命分子帽子或其他帽子的,一律摘掉。被判刑的撤销原判。被关押、劳改的予以释放。被管制的予以解除。对他们都要恢复公民权,仍按起义、投诚人员对待。"对起义、投诚人员的家属子女不得歧视,他们入党、入团、参军、升学、就业等不受影响。1月17日,中共中央批转了这个《请示报告》,要求各级党委"加快步伐,跟上形势,组织力量,认真落实对起义、投诚人员的政策"①。1980年12月16日,中共中央和国务院办公厅转发民航总局党委《关于落实两航起义人员政策的请示报告》;1981年1月6日,中央办公厅转发中央统战部六部门《关于抓紧对原国民党起义、投诚人员落实政策工作的请示报告》,进一步推动这项工作的落实。经过认真细致的查证工作,全国共认定了45.4万多名起义、投诚人员的身份,肯定了他们的爱国历史,向他们颁发了起义、投诚人员证书。为其中的15万人在政治上平了反,为因追究历史问题而被错误判刑的10多万人撤销了原判,为8万多人重新安排了工作或者办理了离休、退休手续,为1.5万多名原来没有工作、又无子女赡养的人,定期发给生活费或给予社会救济。

三是为原工商业者落实各项政策。1978年12月26日,中共中央批转上海市委《关于落实党对民族资产阶级若干政策问题的请示报告》,对做好原工商业者的政策落实工作作出"八条规定"。1979年11月12日,中共中央批转中央统战部、国家计委党组、国家经委党组、商业部党组、轻工业部党组、全国总工会党组等六部门《关于把原工商业者中的劳动者区别出来问题的请示报告》,经过一年多艰苦细致的工作,全国从参加公私合营、国营

---

① 《中共中央批转〈关于落实对国民党起义、投诚人员政策的请示报告〉的通知》,中发〔1979〕6号,1979年1月17日。

的原资产阶级工商业者 86 万人中，区别出属于劳动者范畴的小商、小贩、小手工业者共 70 万人，占原定资方人员的 81%。1979 年 12 月 17 日，中共中央批转中央统战部、中央组织部、国家计委中共党组、国家劳动局中共党组、全国总工会中共党组制定的《关于对原工商业者的若干具体政策的规定》，提出：不在原工商业者中具体划分谁是自食其力的劳动者，谁是拥护社会主义的爱国者；今后不再称呼他们"资本家"、"私方人员"、"资产阶级工商业者"；对于在职的原工商业者，政治上应与干部、工人一视同仁，可以参加工会，可以担任各级领导职务，可以评定相应的职称；担任各种职务的，在工作中要有职、有权、有责。

四是进一步落实党的民族政策。1979 年 4 月 25 日，中共中央召开以加速边疆少数民族地区经济建设、加快在民族工作上拨乱反正为主要议题的全国边防工作会议。会议对落实民族政策的工作，提出了七项要求：坚持各民族一律平等的原则，搞好汉族和少数民族的关系，加强民族团结；认真执行民族区域自治政策；培养大批少数民族出身的共产主义干部；重视使用和发展少数民族的语言文字；尊重少数民族的风俗习惯；做好团结、教育、改造少数民族上层爱国人士的工作；贯彻执行党的民族宗教政策。1979 年 10 月 14 日，中共中央转发中央统战部《关于地方民族主义分子摘帽问题的请示》，提出：凡是在 1957 年反右派斗争期间及以后几年内划为地方民族主义分子者，不论是按照敌我矛盾还是按照人民内部矛盾对待的，都应根据中央的精神，全部摘掉帽子；对确实划错了的，要实事求是地改正过来。为了更好地落实民族政策，中央统战部于 1979 年到少数民族地区调查了解情况，并向中共中央报送了《关于加强少数民族上层爱国人士统战工作的意见》，1980 年 7 月 16 日中央书记处批转了这个《意见》，要求各级党委政府必须采取现实有效的措施，抓紧做好下述工作：林彪、"四人帮"制造的冤假错案，一律平反；对他们的安排，作出通盘考虑，使之各得其所；应尊重从政治上平反，经济上作适当照顾；凡是"文革"中被遣送到农村，现已在省、州、县安排了职务的，应连同其配偶一起调回城镇，并解决其户口、住房问题；受到株连的家属子女,应恢复工作,补发工资,今后对他们在政治上不得歧视;在"文革"中因错斗而被迫逃亡国外的,要积极争取他们回国,并妥善安置;尚未回归的,对他们在国内的房屋、财产要妥善保管。1980 年 3 月 14—15日,中共中央书记处主持召开西藏工作座谈会,讨论西藏建设的方针、任务和若干政策问题,形成《西藏工作座谈会纪要》。

五是进一步落实党的宗教政策。1978 年 12 月 1 日,中央统战部在北京召开全国宗教工作座谈会,提出今后一个时期宗教工作的主要任务是:认真贯彻宗教信仰自由政策,妥善安排宗教活动场所,团结广大信教群众参加社会主义建设。并就恢复和健全宗教工作机构,恢复各爱国宗教团体的活动等问题提出了意见和要求。1980 年,中国伊斯兰教协会、中国道教协会、中国天主教爱国会、中国基督教三自爱国运动委员会、中国佛教协会先后召开了会议,恢复了工作。省、市一级和教徒比较集中的地、县也相继恢复了宗教机构,配备了专职干部。在部分大中城市,历史上有名的宗教活动胜地,教徒聚居的地方,特别是在少数民族地区,率先有计划、有步骤地恢复了一批寺、观、教堂。1982 年 3 月,中央书记处专门研究了宗教问题,形成了《关于我国社会主义时期宗教问题的基本观点和基本政策》的文件。这个文件,比较系统地总结了新中国成立以来党在宗教问题上的正反两个方面的历史经验,阐明了党对宗教问题的基本观点和基本政策。在这以后,爱国宗教组织的活动进一步得到恢复,宗教政策得到落实。

此外,这个时期对于社会关系的调整还包括:落实党的知识分子政策,注意改善知识分子的工作条件和生活条件;落实台胞、台属政策,对因在台湾有亲属关系而被错误处理的,予以复查改正,冤假错案,一律平反;进一步落实党的侨务政策,保护和褒扬侨胞爱祖国、爱故乡的热情,鼓励他们为支援祖国和家乡的建设做贡献等。支持各民主党派恢复活动和发展组织,推动它们在国家政治、经济建设和文教科技等领域发挥积极作用也是这个时期社会关系调整的重要内容。

1979 年 10 月 11 日至 22 日,中国国民党革命委员会第五次全国代表大会、中国民主同盟第四次全国代表大会、中国民主建国会第三次全国代表大会、中国民主促进会第四次全国代表大会、中国农工民主党第八次全国代表大会、中国致公党第七次全国代表大会、九三学社第三次全国社员代表大会、台湾民主自治同盟第二次全盟代表大会、中华全国工商业联合会第四次会员代表大会分别在北京举行。会议期间，各代表大会讨论通过了各自的工作报告，修改了章程，选举了新的中央领导机构，并且讨论了今后的方针、任务以及组织发展工作。10 月 19 日，邓小平在全国政协、中央统战部宴请出席各民主党派和工商联代表大会的全体代表时讲话强调，共产党坚持同各民主党派实行"长期共存，互相监督"的方针，为实现"四化"和祖国统一大业共同奋斗。10 月 23 日，各民主党派和工商联各自选出的新的中央领导机构分别举行第一次全体会议，选出各自的领导成员：民革中央主席朱蕴山、民盟中央主席史良、民建中央主任委员胡厥文、民进中央主席周建人、农工民主党中央主席季方、致公党中央主席黄鼎臣、九三学社中央主席许德珩、台盟总部理事会主席蔡啸、全国工商联执委会主任委员胡子昂。

上述这些政策的全面落实，正确地处理了人民内部的一系列矛盾，有力地调动了广大知识分子、民主党派成员、原工商业者、起义投诚人员、少数民族上层人物和宗教界人士等为社会主义服务的积极性，增强了全国各族人民的团结，促进了社会的稳定，进一步巩固和发展了广泛爱国的统一战线。同时，增强了台湾同胞、港澳同胞和海外侨胞对祖国的向心力，提高了中国共产党在人们心目中的威望，对促进社会主义现代化建设和祖国统一大业，都起到了重要作用。

（三）通过《关于建国以来党的若干历史问题的决议》

十年"文化大革命"搞乱了党和国家，造成了堆积如山的问题。在全面拨乱反正中，人们不可避免地遇到并要求回答这样的问题：到底应如何全面评价"文化大革命"？"文化大革命"是对还是错？到底有没有必要性必然性？应如何评价亲自发动这场"大革命"的毛泽东以及毛泽东思想？又如何评价 1949 年以来中国共产党和中华人民共和国的历史？这些重大问题，极其敏感而复杂，其中最关键的，是如何评价发动"文化大革命"的毛泽东以及毛泽东思想。

还在 1977 年复出之时，邓小平就提出要完整、准确地理解和运用毛泽东思想的科学体系，反对"两个凡是"。在 1978 年底中央工作会议上，有与会者进一步提出要对"文化大革命"进行重新认识和评价。但是，考虑到这个问题的复杂性，当时还有许多更紧迫的问题要研究解决，中央没有马上将这一工作提到议事日程上来。在中央工作会议闭幕会上，邓小平就此讲话指出："关于'文化大革命'……适当的时候作为经验教训总结一下，这对统一全党的认识，是需要的。'文化大革命'已经成为我国社会主义历史发展中的一个阶段，总要总结，但是不必匆忙去做。要对这样一个历史阶段做出科学的评价，需要做认真的研究工作，有些事要经过更长一点的时间才能充分理解和作出评价，那时再来说明这一段历史，可能会比我们今天说得更好。"①邓小平的意见得到与会者赞成，并写进了随后召开的党的十一届三中全会《公报》中。《公报》指出：对"文化大革命"运动中"发生的缺点、错误，适当的时候作为经验教训加以总结，统一全党和全国人民的认识，是必要的，但是不应匆忙地进行。这既不影响我们实事求是地解决历史上的一切遗留问题，更不影响我们集中力量加快实现四个现代化这一当前最伟大的历史任务"②。党的十一届三中全会后，随着拨乱反正的进一步展开，党内外要求对新中国成立以来正反经验教训进行反思和总结的呼声越发高涨。在 1979 年初召开的理论工作务虚会上，很多与会者更是对包括"文化大革命"、社会主义时期的阶级斗争、党内路线斗争、毛泽东的历史功过和毛泽东思想等一系列重大理论和现实问题进行了深入讨论，有人提出要像 1945 年党的六届七中全会作出《关于党的若干历史问题的决议》那样，对新

---

① 《邓小平文选》第二卷，人民出版社 1994 年版，第 149 页。

② 中共中央文献研究室编：《三中全会以来重要文献汇编》（上），人民出版社 1982 年版，第 13 页。

中国成立后的党的历史作出总结,正确评价毛泽东和毛泽东思想,全面评价"文化大革命",以便统一全党思想,同心同德,按照党的十一届三中全会确立的路线推进改革开放和现代化建设事业。

1979 年 6 月,中央决定:在举行中华人民共和国成立 30 周年庆祝时,由中共中央副主席叶剑英代表中央作一个重要讲话,对新中国成立以来 30 年的历史作初步总结,其中不回避评价"文化大革命"、毛泽东和毛泽东思想等敏感问题。中央还决定,要把这个讲话提交将于当年 9 月召开的党的十一届四中全会通过。这篇讲话稿是在中央政治局常委和邓小平的直接指导下起草的。邓小平要求讲话"要有一些新的内容,要能讲出一个新的水平"①。讲话稿的起草历时 3 个月,在中央政治局、政治局常委、中央委员中进行了多次讨论,并在各民主党派、各大军区、省军区中征求了意见。先后参加讨论的有三四千人。9 月 14 日,中央政治局原则上通过了这个讲话。9 月 25 日至 28 日召开的党的十一届四中全会又对讲话稿进行了认真讨论修改,并一致通过了这个重要讲话。

9 月 29 日,叶剑英代表中共中央、全国人大常委会和国务院在庆祝新中国成立 30 周年大会上发表了这一重要讲话。讲话对新中国成立后 30 年的历史进行了全面回顾和总结,充分肯定了新中国成立 30 年来取得的成绩,指出,"总起来看,在过去三十年的大部分时间里,我们的路线是正确的。""三十年来我们取得的成就是伟大的,看不到这个伟大成就是完全错误的。"讲话充分肯定了毛泽东的历史地位,提出了科学对待毛泽东思想的问题,强调"我们只有坚持一切从实际出发,实事求是,理论联系实际,才能做到完整地、准确地掌握毛泽东思想的科学体系,才能把毛泽东思想的基本原则同现代化建设和国内外斗争的实践结合起来,把毛泽东思想继续推向前进。这才是真正地高举毛泽东思想的旗帜。如果不是这样,而是把毛泽东思想变成脱离客观实际的教条,它的生命就会窒息,社会主义事业就会失

---

　　① 《胡乔木文集》第二卷,人民出版社 1993 年版,第 117 页。

败"。讲话第一次指出了"文化大革命"的错误,指出:"发动'文化大革命'的出发点是反修防修",但"问题在于发动'文化大革命'的时候,对党内和国内的形势作了违反实际的估计,对什么是修正主义没有作出准确的解释,并且离开了民主集中制的原则,采取了错误的斗争方针和方法。阴谋家野心家林彪、'四人帮'之流出于他们的反革命目的,利用这个错误,把它推向极端,制造和推行了一条极左路线","使我国人民遭到一场大灾难,使我国社会主义事业受到建国以来最严重的挫折。"讲话还提出:"对过去三十年特别是'文化大革命'十年的历史,应当在适当的时候,经过专门的会议,作出正式的总结"。①

叶剑英的讲话对新中国成立以来的历史作了初步总结,讲话得到了党内外、国内外的好评。但也有人提出,新中国成立以来30年的历史曲折复杂,仅靠叶剑英这篇讲话是不够的,希望能在这个讲话的基础上继续前进,作出一个关于新中国成立以来党的历史问题的决议。这样,以中央决议的郑重形式,对新中国成立后的历史,特别是对"文化大革命"的历史、对毛泽东的历史地位和毛泽东思想等重大问题作出科学、权威的结论,就提上了党中央的工作日程。

1979年10月下旬,邓小平就1980年部分重要工作的安排问题,同胡耀邦、姚依林、邓力群谈话,明确提出,1980年的主要工作之一,是"起草建国以来党的历史问题决议",他要求"现在着手,明年六中全会讨论通过"。还说:"有了国庆讲话,历史决议就好写了。以讲话为纲要,考虑具体化、深化。"②

整个历史决议的起草,是在中共中央政治局和中央书记处领导下,由邓小平、胡耀邦主持进行的,具体起草工作主要由胡乔木负责。1979年10月

---

① 中共中央文献研究室编:《三中全会以来重要文献汇编》(上),人民出版社1982年版,第214页。

② 中共中央文献研究室编:《邓小平年谱(1975—1997)》(上),中央文献出版社2004年版,第574页。

30 日,胡乔木召集会议,提出以参与起草叶剑英国庆 30 周年讲话的写作班子为基础,成立起草小组,按新中国成立以来历史发展的四个阶段分工做准备:分段看材料、文件,借阅档案,找人访问、谈话。经过 3 个多月的工作,1980 年 2 月 20 日,起草小组写出了供中央领导同志参阅的《〈决议〉提纲(草稿)》。

1980 年 3 月 19 日,邓小平找胡耀邦、胡乔木、邓力群谈话,谈对提纲的意见,说:"我看了起草小组的提纲,感到铺得太宽了。要避免叙述性的写法,要写得集中一些。对重要问题要加以论断","中心的意思应该是三条。第一,确立毛泽东同志的历史地位,坚持和发展毛泽东思想。这是最核心的一条。""第二,对建国三十年来历史上的大事,哪些是正确的,哪些是错误的,要进行实事求是的分析,包括一些负责同志的功过是非,要做出公正的评价。""第三,通过这个决议对过去的事情做个基本的总结。还是过去的话,这个总结宜粗不宜细。总结过去是为了引导大家团结一致向前看。争取在决议通过以后,党内、人民中间思想得到明确,认识得到一致,历史上重大问题的议论到此基本结束。"①4 月 1 日,邓小平再次找胡耀邦、胡乔木、邓力群谈话,重点讲了对新中国成立以后毛泽东的评价问题,强调:"总起来说,1957 年以前,毛泽东同志的领导是正确的,1957 年反右派斗争以后,错误就越来越多了。"接着,他简要评述了此后 10 年间与毛泽东相关的若干大事,他说:《论十大关系》是好的。《关于正确处理人民内部矛盾的问题》也是好的。……两次郑州会议也开得及时。一九五九年上半年,是在纠正'左'的错误。庐山会议前期还讨论经济工作。彭德怀同志的信一发下来,就转变风向了。彭德怀同志的意见是正确的,作为政治局委员,向政治局主席写信,也是正常的。尽管彭德怀同志也有缺点,但对彭德怀同志的处理是完全错误的。接着就是困难时期。一九六一年书记处主持搞工业七十条,还搞了一个工业问题的决定。当时毛泽东同志对工业七十条很满意,

---

　　① 《邓小平文选》第二卷,人民出版社 1994 年版,第 291—293 页。

很赞赏。……他在七千人大会上的讲话也是好的。可是到一九六二年七、八月北戴河会议,又转回去了,重提阶级斗争,提得更高了。当然,毛泽东同志在八届十中全会的讲话中说,不要因为提阶级斗争又干扰经济调整工作的进行。这是起了好的作用的。但是,十中全会以后,他自己又去抓阶级斗争,搞'四清'了。然后就是两个文艺批示,江青那一套陆续出来了。到一九六四年底、一九六五年初讨论'四清',不仅提出走资本主义道路的当权派,还提出北京有两个独立王国。从一九六一年到一九六六年形势的发展可以看出来,调整工作取得了很好的成绩,经济政治形势很好,社会秩序很好。总之,建国后十七年这一段,有曲折,有错误,基本方面还是对的。社会主义革命搞得好,转入社会主义建设以后,毛泽东同志也有好文章、好思想。"邓小平提出起草决议要遵循一个重要原则,就是:"讲错误,不应该只讲毛泽东同志,中央许多负责同志都有错误。""不要造成一种印象,别的人都正确,只有一个人犯错误。这不符合事实。中央犯错误,不是一个人负责,是集体负责。"对决议的总体结构,邓小平也谈了他的设计:"整个设计,可不可以考虑,先有个前言,回顾一下建国以前新民主主义革命这一段,话不要太多。然后,建国以来十七年一段,'文化大革命'一段,毛泽东思想一段,最后有个结语。结语讲我们党还是伟大的,勇于面对自己的错误,勇于纠正自己的错误。决议中最核心、最根本的问题,还是坚持和发展毛泽东思想。"①

这两次谈话后,起草小组于 1980 年 5 月 23 日又拿出了一个《〈决议〉提纲(1980 年 5 月 23 日)草稿》。6 月 3 日,邓小平在同胡耀邦、胡乔木谈决议修改问题时,商定将"毛泽东晚年思想"改为"毛泽东晚年的错误"。随后,起草小组写出进一步修改的《〈决议〉草稿》。6 月 27 日,邓小平同胡耀邦、赵紫阳、胡乔木等谈看了《〈决议〉草稿》的意见,明确表示:"决议草稿看了一遍。不行,要重新来。我们一开始就说,要确立毛泽东同志的历史地

① 《邓小平文选》第二卷,人民出版社 1994 年版,第 294—296 页。

位,坚持和发展毛泽东思想,现在这个稿子没有很好体现原先的设想。"他具体指出:"一九五七年以前的几部分,事实差不多,叙述的方法、次序,特别是语调,要重新斟酌、修改。要说清楚关于社会主义革命和社会主义建设,毛泽东同志有哪些贡献。他的思想还在发展中。我们要恢复毛泽东思想,坚持毛泽东思想,以至还要发展毛泽东思想,在这些方面,他都提供了一个基础。要把这些思想充分地表达出来。这段时间他的一些重要文章,如《论十大关系》、《关于正确处理人民内部矛盾的问题》、《一九五七年夏季的形势》等,都要写到。这都是我们今天要继续坚持和发展的。要给人一个很清楚的印象,究竟我们高举毛泽东思想旗帜、坚持毛泽东思想,指的是些什么内容。"邓小平还说:"整个文件写得太沉闷,不像一个决议。看来要进行修改,工程比较大。重点放在毛泽东思想是什么、毛泽东同志正确的东西是什么这方面。错误的东西要批评,但是要很恰当。单单讲毛泽东同志本人的错误不能解决问题,最重要的是一个制度问题。毛泽东同志说了许多好话,但因为过去一些制度不好,把他推向了反面。毛泽东同志晚年在理论和实践上的错误,要讲,但是要概括一点,要恰当。主要的内容,还是集中讲正确的东西。因为这符合历史。"①7月3日,在中央书记处会议上,胡乔木就落实邓小平提出的起草任务发表意见,提出一个解决难题的办法:"我们现在要把毛主席晚年这些思想上行动上的错误同毛泽东思想加以区别,加以对照。对毛泽东思想加以肯定,对毛主席晚年的错误的理论和实践加以批判。"②7月22日,胡乔木给邓小平写信,汇报决议写作的进度。信中写道:"关于若干历史问题的决议,我和邓力群同志已经开始重写,希望在本月底至迟下月初能以新稿送上。"到8月初,新稿写出,题为《关于建国以来党的若干历史问题的决议(1980年8月8日稿)》。但这个稿子还没有写完整。又过了一个月,完整的决议稿写出,名为《关于建国以来党的若干历史

---

① 《邓小平文选》第二卷,人民出版社1994年版,第297页。
② 《要把毛主席晚年的错误同毛泽东思想加以区别》,《胡乔木谈中共党史》,人民出版社1999年版,第75页。

问题的决议（1980 年 9 月 10 日未定稿）》，全稿约 6 万字。①

这期间，8 月 21 日、23 日，邓小平接受意大利记者奥琳埃娜·法拉奇采访，主要谈对"文化大革命"和毛泽东的评价问题，着重强调了两点：一是毛泽东作为中国共产党和中华人民共和国的主要缔造者，功绩是第一位的，错误是第二位的。"他多次从危机中把党和国家挽救过来。没有毛主席，至少我们中国人民还要在黑暗中摸索更长的时间。"②二是毛泽东思想是毛泽东一生中正确的部分。毛泽东思想不是毛泽东一个人的创造，老一辈革命家都参与了毛泽东思想的建立和发展。毛泽东思想不仅过去引导我们取得革命的胜利，现在和将来还应该是中国共产党和国家的宝贵财富。所以我们要永远坚持毛泽东思想。

1980 年 9 月 14 日至 22 日，中共中央召开各省、市、自治区党委第一书记座谈会，着重讨论加强和完善农业生产责任制问题。座谈会期间，印发了 9 月 10 日的未定稿供讨论，这实际上是把到此时为止的决议草稿在稍大的范围内通报并听取意见。各省、市、自治区党委第一书记座谈会后，中央政治局决定，《历史决议》稿在全党 4000 名高级干部中讨论。1980 年 10 月 12 日，中共中央办公厅发出关于组织开展对《历史决议》草稿进行讨论的通知。参与这次讨论的预定人数是 4000 人，其中中央机关高级干部约 1000 人，地方及军队高级干部约 3000 人。后来实际参加的有 5600 余人，其中包括在中央党校学习的 1500 多名学员。讨论从 10 月中旬开始，到 11 月下旬结束。讨论情况不断用简报、快报等形式及时反馈给起草小组和党中央，而一些重大的问题则写成综合报告、意见汇编等上报中央政治局。这是一次规模空前的大讨论，是党内民主的大发扬，也是对新中国成立以来党的历史进行的一次回顾和深入研究。

在这次大讨论中，对毛泽东和毛泽东思想的评价问题，仍然是争论的焦

---

① 程中原：《邓小平与党的第二个历史决议》（上），《党史文汇》2004 年第 9 期。

② 《邓小平文选》第二卷，人民出版社 1994 年版，第 345 页。

点。大多数同志对历史地科学地评价毛泽东与"文化大革命",对于肯定毛泽东思想,表示了赞同的意见,但也有不少比较片面的以至极端的贬低或否定毛泽东和毛泽东思想的言论。邓小平对讨论中出现的问题给予密切关注。1980 年 10 月 25 日,邓小平找胡乔木、邓力群谈话,首先肯定党内四千人讨论"畅所欲言,众说纷纭,有些意见很好"。同时针对讨论中提出的问题,着重指出:"关于毛泽东同志功过的评价和毛泽东思想,写不写、怎么写,的确是个非常重要的问题。……不提毛泽东思想,对毛泽东同志的功过评价不恰当,老工人通不过,土改时候的贫下中农通不过,同他们相联系的一大批干部也通不过。毛泽东思想这个旗帜丢不得。丢掉了这个旗帜,实际上就否定了我们党的光辉历史。""对毛泽东同志的评价,对毛泽东思想的阐述,不是仅仅涉及毛泽东同志个人的问题,这同我们党、我们国家的整个历史是分不开的。要看到这个全局。这是我们从决议起草工作开始的时候就反复强调的。决议稿中阐述毛泽东思想的这一部分不能不要。这不只是个理论问题,尤其是个政治问题,是国际国内的很大的政治问题。如果不写或写不好这个部分,整个决议都不如不做。""毛泽东同志不是孤立的个人,他直到去世,一直是我们党的领袖。对于毛泽东同志的错误,不能写过头。写过头,给毛泽东同志抹黑,也就是给我们党、我们国家抹黑。"①

1980 年 11 月 10 日、11 日、13 日、14 日、17 日、18 日、19 日、29 日及 12 月 5 日,中央政治局连续开了九次扩大会议,主要议题是讨论中央政治局准备向党的十一届六中全会提出的人事更动方案。在讨论历史问题决议的过程中,中央直属机关、中央国家机关和军队系统,有许多人提出,华国锋不适宜继续担任中央委员会主席和中央军委主席,要求中央调整他的工作。在这次政治局连续会议的第一次会上,华国锋提出辞去中央主席、军委主席和党内其他职务的请求,并对粉碎"四人帮"以来的工作作了一些检查和解释。中央政治局扩大会议最后通过三项决议:(一)向将要召开的十一届六

---

　　① 《邓小平文选》第二卷,人民出版社 1994 年版,第 298—302 页。

中全会建议,同意华国锋辞去中央委员会主席、中央军委主席职务。(二)向六中全会建议,选举胡耀邦为中央委员会主席,邓小平为中央军委主席。(三)在六中全会前,暂由胡耀邦主持中央政治局和中央常委的工作,由邓小平主持中央军委工作,都不用正式名义。这次会议还决定:对《关于建国以来党的若干历史问题的决议(讨论稿)》,参照政治局讨论中提出的意见进行改写,最后提请党的十一届六中全会审议通过。

　　按照中央政治局的决定,起草小组加紧工作。1981 年 3 月 18 日,邓小平听取邓力群、吴冷西汇报胡乔木对历史决议稿的修改意见,表示:"决议稿的轮廓可以定下来了。"并要求:"决议稿写出后多听听老干部、政治家,包括黄克诚、李维汉等同志的意见。"①3 月 24 日,邓小平前往看望陈云。陈云就决议稿的起草提出两点意见:一是专门加一篇话,讲讲解放前党的历史,写党的 60 年。60 年一写,毛泽东同志的功绩、贡献就会概括得更全面,确立毛泽东同志的历史地位,坚持和发展毛泽东思想,也就有了全面的根据。二是建议中央提倡学习,主要是学习马克思主义哲学,重点是学习毛泽东同志的哲学著作。按照陈云的意见,决议稿在开头加写了"建国以前二十八年历史的回顾"部分,简略回溯了新中国成立前 28 年党领导进行新民主主义革命的历史,更加全面地反映了毛泽东的伟大功绩。

　　1981 年 3 月 30 日,胡耀邦主持中央书记处会议,决定将现有的 3.6 万字的决议稿先发中央政治局、中央书记处同志和一些老同志,在 40 人左右的范围内审,同时要求报刊宣传也要向历史决议阐述的观点靠拢。这期间,针对党内和社会上有人肆意诋毁毛泽东和毛泽东思想的倾向,中纪委常务书记黄克诚在《人民日报》发表题为《关于对毛主席评价和对毛泽东思想的态度问题》的文章,强调对毛泽东的评价"决不能感情用事,意气用事",认为毛泽东犯的错误是一个伟大革命家的错误,"在中央来说,只要是开中央全会举手通过决议的事情,如果错了,中央都应该来承担责任。""现在如果

─────────

①　《邓小平文选》第二卷,人民出版社 1994 年版,第 302—303 页。

把错误都算到一个人身上,好像我们没有份,这是不公平的。我们大家来分担应该分担的责任,那才符合历史事实,符合唯物主义。"①结合40多人讨论中的情况,1981年4月7日,邓小平在同胡乔木、邓力群谈话时说:"讨论中间有许多好意见,要接受。也有些意见不能接受,比如,说八届十二中全会、九大是非法的。如果否定八届十二中全会、九大的合法性,那我们说'文化大革命'期间党还存在,国务院和人民解放军还能进行许多必要的工作,就站不住了……有的同志说,'文化大革命'中党不存在了。不能这样说。党的组织生活停止过一段时间,但是党实际上存在着。否则,怎么能不费一枪一弹,不流一滴血,就粉碎了'四人帮'呢?"②

在吸收40多人12天讨论的意见并作修改后,1981年5月19日,中央政治局召开扩大会议。邓小平在会上讲话,对决议稿的形成过程作了评价,说:"这个文件差不多起草了一年多了,经过不晓得多少稿。1980年10月四千人讨论,提了很多好的重要的意见;在四千人讨论和最近40多位同志讨论的基础上,又进行修改,反复多次。起草的有二十几位同志,下了苦功夫,现在拿出这么一个稿子来。""这个决议,过去也有同志提出,是不是不急于搞?不行,都在等。从国内来说,党内党外都在等,你不拿出一个东西来,重大的问题就没有一个统一的看法。国际上也在等。人们看中国,怀疑我们安定团结的局面,其中也包括这个文件拿得出来拿不出来,早拿出来晚拿出来。所以,不能再晚了,晚了不利。"邓小平说:"为了要早一点拿出去,再搞四千人讨论不行了,也不需要,因为四千人的意见已经充分发表出来了,而且现在的修改稿子也充分吸收了他们的意见。现在的方法,就是开政治局扩大会议,七十几个人,花点时间,花点精力,把稿子推敲得更细致一些,改得更好一些,把它定下来;定了以后,提到六中全会。设想就在党的

---

① 黄克诚:《关于对毛主席评价和对毛泽东思想的态度问题》,《人民日报》1981年4月11日。

② 《邓小平文选》第二卷,人民出版社1994年版,第304页。

60周年发表。纪念党的60周年,不需要另外做什么更多的文章了。"①政治局扩大会议从5月21日起进行分组讨论,29日结束。起草组依据讨论中的意见对决议稿又进行了修改。修改稿于6月4日再次印发给参加政治局扩大会议的同志提意见。意见反馈回来后起草小组又对决议稿进行了修改。这个修改稿经6月13日政治局扩大会议原则通过后,提交党的十一届六中全会审议。

1981年6月召开的党的十一届六中全会分两个阶段举行。第一阶段为预备会,从6月15日开到25日,共11天。前8天,分组讨论历史决议。后3天,讨论改选、增选中央主要领导成员。第二阶段为正式会议,从27日至29日,其中27日审议通过历史决议,28日进行选举,29日通过全会公报。

从6月15日起,党的十一届六中全会预备会分组讨论决议草案。胡乔木在5月19日政治局扩大会议上作的几点说明作为"六中全会参阅文件四"印发给了与会的195位中央委员、114位候补中央委员和53位列席者。在十一届六中全会预备会审议决议稿的同时,6月15日至22日,党中央还召开了在京各民主党派负责人、全国工商联负责人及无党派人士、全国政协部分老同志共130多人参加的座谈会,并在参加了1980年四千人讨论的中央党政军机关近1000名高级干部中征求意见。经过7天的分组讨论和征求意见,6月22日,中央常委召开各组召集人碰头会,主要讨论怎样根据预备会讨论中提出的意见,对决议稿进行修改。邓小平在讲话中对决议稿给予了高度评价,认为:"总的来说,这个决议是个好决议,现在这个稿子是个好稿子。我们原来设想,这个决议要举毛泽东思想的伟大旗帜,实事求是地、恰如其分地评价'文化大革命',评价毛泽东同志的功过是非,使这个决议起到像一九四五年那次历史决议所起的作用,就是总结经验,统一思想,

---

① 《邓小平文选》第二卷,人民出版社1994年版,第305—306页。

团结一致向前看。我想,现在这个稿子能够实现这样的要求。"①

在此基础上,6 月 27 日到 29 日,党的十一届六中全会召开正式会议。全会经过充分讨论,审议并一致通过了《关于建国以来党的若干历史问题的决议》(以下简称《决议》)。全会认为,《决议》运用马克思主义的辩证唯物论和历史唯物论,对新中国成立 32 年来党的重大历史事件特别是"文化大革命"作出了正确的总结,科学地分析了在这些事件中党的指导思想的正确和错误,分析了产生错误的主观因素和社会原因,实事求是地评价了毛泽东在中国革命中的历史地位,充分论述了毛泽东思想作为我们党的指导思想的伟大意义;《决议》肯定了十一届三中全会以来逐步确立的适合我国情况的建设社会主义现代化强国的正确道路,进一步指明了我国社会主义事业和党的工作继续前进的方向。全会认为,《决议》的通过和发表,对于统一全党、全军、全国各族人民的思想认识,同心同德地为实现新的历史任务而奋斗,必将产生伟大的深远的影响。

《决议》的第一部分对新中国成立以前 28 年党领导人民进行新民主主义革命的历史作了简略回顾,指出:新民主主义革命的胜利是无数先烈和全党同志、全国各族人民长期牺牲奋斗的结果。我们不应该把一切功劳归于革命的领袖们,但也不应该低估领袖们的重要作用。在党的许多杰出领袖中,毛泽东居于首要地位。如果没有毛泽东多次从危机中挽救中国革命,如果没有以他为首的党中央给全党、全国各族人民和人民军队指明坚定正确的政治方向,我们党和人民可能还要在黑暗中摸索更长时间。毛泽东被公认为中国共产党和中国各族人民的伟大领袖,在党和人民集体奋斗中产生的毛泽东思想被公认为党的指导思想,这是中华人民共和国成立以前 28 年历史发展的必然结果。

《决议》的第二部分对新中国成立以来党的 32 年历史作出基本估计,认为:"总的说来,是我们党在马克思列宁主义、毛泽东思想指导下,领导全

---

① 《邓小平文选》第二卷,人民出版社 1994 年版,第 307 页。

国各族人民进行社会主义革命和社会主义建设并取得巨大成就的历史。社会主义制度的建立,是我国历史上最深刻最伟大的社会变革,是我国今后一切进步和发展的基础。"①32 年间,由于党领导社会主义事业的经验不多,对形势的分析和对国情的认识有主观主义的偏差,也有过把阶级斗争扩大化和在经济建设上急躁冒进的错误,后来还发生了"文化大革命"这样全局性、长时间的严重错误。忽视错误、掩盖错误是不允许的,这本身就是错误。但 32 年来我们取得的成就还是主要的,忽视或否认我们的成就,忽视或否认取得这些成就的成功经验,同样是严重的错误。"坚持真理,修正错误",这是我们党必须采取的辩证唯物主义的根本立场。

《决议》的第三、第四部分分别论述了"基本完成社会主义改造的七年"和"开始全面建设社会主义的十年"。《决议》的第五部分重点对"'文化大革命'的十年"历史作了全面回顾和评价。《决议》指出:"实践证明,'文化大革命'不是也不可能是任何意义上的革命或社会进步",而"是一场由领导者错误发动,被反革命集团利用,给党、国家和各族人民带来严重灾难的内乱"。②《决议》认为,"文化大革命"所以会发生并持续十年之久,除了毛泽东领导上的错误这个直接原因以外,还有复杂的社会历史原因。《决议》对此从两个方面作了分析:一是社会主义运动的历史不长,社会主义国家的历史更短,对社会主义社会的发展规律的认识还不够清楚,我们党过去长期处于战争和激烈阶级斗争的环境中,对于迅速到来的新生的社会主义社会和全国规模的社会主义建设事业,缺乏充分的思想准备和科学研究。苏联领导人挑起中苏论战,并把两党之间的原则争论变为国家争端,对中国施加政治上、经济上和军事上的巨大压力,迫使我们不得不进行反对苏联大国沙文主义的正义斗争。在这种情况的影响下,我们在国内进行反修防修运动,

---

①　中共中央文献研究室编:《三中全会以来重要文献汇编》(下),人民出版社 1982 年版,第 1107—1108 页。

②　中共中央文献研究室编:《三中全会以来重要文献汇编》(下),人民出版社 1982 年版,第 1118 页。

使阶级斗争扩大化的迷误日益深入到党内,以致党内同志间不同意见的正常争论也被当作是所谓有修正主义路线的表现或所谓路线斗争的表现,使党内关系日益紧张化。这样,党就很难抵制毛泽东等提出的一些"左"倾观点,而这些"左"倾观点的发展就导致"文化大革命"的发生和持续。二是党在面临着工作重心转向社会主义建设这一新任务因而需要特别谨慎的时候,毛泽东的威望也达到高峰。他逐渐骄傲起来,逐渐脱离实际和脱离群众,主观主义和个人专断作风日益严重,日益凌驾于党中央之上,使党和国家政治生活中的集体领导原则和民主集中制不断受到削弱以至破坏。这种现象是逐渐形成的,党中央对此也应负一定的责任。在共产主义运动中,领袖人物具有十分重要的作用这是历史已经反复证明和不容置疑的。但是国际共产主义运动史上由于没有正确解决领袖和党的关系问题而出现过的一些严重偏差,对我们党也产生了消极的影响。中国是一个封建历史很长的国家,长期封建专制主义在思想政治方面的遗毒不是很容易肃清的,种种历史原因使我们没有能把党内民主和国家政治社会生活的民主加以制度化,法律化,或者虽然制定了法律,却没有应有的权威。这就提供了一种条件,使党的权力过分集中于个人,党内个人专断和个人崇拜现象滋长起来,也就使党和国家难于防止和制止"文化大革命"的发动和发展。

《决议》的第六部分总结了粉碎"四人帮"以来党的历史,高度评价了党的十一届三中全会的重大意义,指出:"十一届三中全会,是建国以来我党历史上具有深远意义的伟大转折","从此,党掌握了拨乱反正的主动权,有步骤地解决了建国以来的许多历史遗留问题和实际生活中出现的新问题,进行了繁重的建设和改革工作,使我们的国家在经济上和政治上都出现了很好的形势。"虽然"我们的工作中还有失误和缺点,我们的面前还有许多困难。但是,胜利前进的航道已经打通,党在人民中的威信正在日益提高"。①

① 中共中央文献研究室编:《三中全会以来重要文献汇编》(下),人民出版社 1982 年版,第 1124、1126 页。

　　在此基础上,《决议》的第七部分对毛泽东的历史地位和毛泽东思想作出科学评价。关于以毛泽东的历史地位,《决议》指出:毛泽东是伟大的马克思主义者,是伟大的无产阶级革命家、战略家和理论家。他虽然在"文化大革命"中犯了严重错误,但是就他的一生来看,他对中国革命的功绩远远大于他的过失。他的功绩是第一位的,错误是第二位的。他为我们党和中国人民解放军的创立和发展,为中国各族人民解放事业的胜利,为中华人民共和国的缔造和我国社会主义事业的发展,建立了永远不可磨灭的功勋。他为世界被压迫民族的解放和人类进步事业做出了重大的贡献。关于毛泽东思想,《决议》指出:在一个半殖民地半封建的东方大国里进行革命,必然遇到许多特殊的复杂问题。靠背诵马克思列宁主义一般原理和照搬外国经验,不可能解决这些问题。主要在本世纪二十年代后期和三十年代前期在国际共产主义运动中和我们党内盛行的把马克思主义教条化、把共产国际决议和苏联经验神圣化的错误倾向,曾使中国革命几乎陷于绝境。毛泽东思想是在同这种错误倾向作斗争并深刻总结这方面的历史经验的过程中逐渐形成和发展起来的。毛泽东思想是马克思列宁主义在中国的运用和发展,是被实践证明了的关于中国革命的正确的理论原则和经验总结,是中国共产党集体智慧的结晶。毛泽东思想的科学体系主要包括:关于新民主主义革命、关于社会主义革命和社会主义建设、关于革命军队的建设和军事战略、关于政策和策略、关于思想政治工作和文化工作、关于党的建设。毛泽东思想的活的灵魂,是贯串于上述各个组成部分的立场、观点和方法,它们有三个基本方面,即实事求是,群众路线,独立自主。《决议》指出:毛泽东思想是马克思列宁主义普遍原理和中国革命具体实践相结合的产物,是适合中国情况的科学的指导思想。因为毛泽东晚年犯了错误,就企图否认毛泽东思想的科学价值,否认毛泽东思想对我国革命和建设的指导作用,这种态度是完全错误的。对毛泽东的言论采取教条主义态度,以为凡是毛泽东说过的话都是不可移易的真理,只能照抄照搬,甚至不愿实事求是地承认毛泽东晚年犯了错误,并且还企图在新的实践中坚持这些错误,这种态度也是完全错误的。《决议》强调,必须把经过长期历史考验形成为科学理论的毛泽东思想,同毛泽东晚年所犯的错误区别开来。"毛泽东思想是我们党的宝贵的精神财富,它将长期指导我们的行动。"①《决议》既对多年来的"左"倾错误和毛泽东晚年的错误作了科学的分析和批评,又坚决地维护了毛泽东思想的科学体系和毛泽东的历史地位,从而澄清了是非,纠正了当时存在的"左"的和右的错误观点,统一了全党和全国人民的思想,为维护全党的团结、全国人民的团结,为社会主义建设事业的健康发展,提供了根本的保证。

《决议》的第八部分,结合新中国成立以来正反两方面的经验、特别是"文化大革命"的教训,对党的十一届三中全会以来,我们党已逐步确立的适合中国情况的社会主义现代化建设的正确道路的"主要点"从十个方面作了初步总结:一是在社会主义改造基本完成以后,我国所需要解决的主要矛盾,是人民日益增长的物质文化需要同落后的社会生产之间的矛盾;二是社会主义经济建设必须从我国国情出发,量力而行,积极奋斗,有步骤分阶段地实现现代化的目标;三是社会主义生产关系的变革和完善必须适应于生产力的状况,有利于生产的发展;四是在剥削阶级作为阶级消灭以后,阶级斗争已经不是主要矛盾;五是逐步建设高度民主的社会主义政治制度,是社会主义革命的根本任务之一;六是社会主义必须有高度的精神文明;七是改善和发展社会主义的民族关系,加强民族团结;八是在战争危险依然存在的国际条件下,必须加强现代化的国防建设。国防建设要同国家的经济建设相适应;九是在对外关系上,必须继续坚持反对帝国主义、霸权主义、殖民主义和种族主义,维护世界和平;十是必须把我们党建设成为具有健全的民主集中制的党。这十个"主要点"的提出,表明我们党自党的十一届三中全会以来对适合中国情况的社会主义建设道路的探索已有了新的认识,并开始在理论上形成了有别于传统社会主义的新的主体框架。《决议》最后指

---

① 中共中央文献研究室编:《三中全会以来重要文献汇编》(下),人民出版社1982年版,第1133页。

出:在经过新中国成立 32 年来成功和失败、正确和错误的反复比较,特别是经过近几年来的思考和总结,我们党对社会主义革命和建设的认识程度,显然超过了新中国成立以来任何一个时期的水平。我们党敢于正视和纠正自己的错误,有决心有能力防止重犯过去那样严重的错误。从历史发展的长远观点看,我们党的错误和挫折终究只是一时的现象,我们的社会主义事业有伟大的前途,我国各族亿万人民有伟大的前途。

党的十一届六中全会通过的《关于建国以来党的若干历史问题的决议》,既从根本上否定了"文化大革命"和"无产阶级专政下继续革命"的理论,同时又坚决顶住否定毛泽东和毛泽东思想的错误思潮,维护了毛泽东的历史地位,肯定了毛泽东思想的指导作用。这是一个具有深远历史意义的重大决策。随着国内局势的发展和国际局势的变化,越来越显示出党作出这个重大决策的勇气和远见。

党的十一届六中全会还对中央领导机构做了人事调整。在讨论《决议》稿的过程中,许多人对华国锋所犯错误提出批评并要求调整他的职务。党的十一届六中全会一致同意华国锋辞去中央委员会主席、中央军事委员会主席的职务,并对中央主要领导成员进行了改选和增选:改选胡耀邦为中央委员会主席,增选赵紫阳、华国锋为中央委员会副主席;选举邓小平为中央军事委员会主席;中央政治局常务委员会由胡耀邦、叶剑英、邓小平、赵紫阳、李先念、陈云、华国锋组成。

党的十一届六中全会的召开及取得的重大成果,标志着党在指导思想上拨乱反正任务的胜利完成。

第 四 章

改革开放的全面展开与理论建树

在党的十一届三中全会以来三年多拨乱反正和局部改革的基础上,党的十二大鲜明地提出了"走自己的道路,建设有中国特色的社会主义"的命题,制定了全面开创社会主义现代化建设新局面的行动纲领。党的十二大以后,城乡经济体制改革继续深入,各行各业都积极投身到改革大潮中来。党的十二届三中全会及时地就全面推进经济体制改革作出部署,改革的重点由农村转向城市,并从经济领域向科技、教育、精神文明建设等领域拓展。在此期间,对外开放进一步扩大,对外政策进一步调整,军队建设与祖国统一大业取得新进展。各领域改革的全面展开,推动我国经济社会发展出现了前所未有的活跃局面。为了从理论和实践上把改革开放进一步引向深入,党的十三大系统阐述了社会主义初级阶段理论,制定了党在社会主义初级阶段"一个中心,两个基本点"的基本路线,规划了中国现代化建设"三步走"发展战略。从党的十一届三中全会到党的十三大,经过9年探索,适合中国情况、具有中国特色的社会主义新道路新理论初具轮廓。

一、"走自己的道路，建设有中国特色的社会主义"

（一）邓小平提出"建设有中国特色的社会主义"

自 1976 年 10 月粉碎"四人帮"以来，特别是党的十一届三中全会以来，经过全党全国各族人民的艰苦努力，党在指导思想上完成了拨乱反正的艰巨任务，并且在各条战线的实际工作中取得了重大胜利，实现了历史性的转折。为了总结过去 6 年的历史性胜利，进一步肃清 10 年内乱所遗留的消极后果，全面开创社会主义现代化建设的新局面，确定继续前进的正确道路、战略步骤和方针政策，1982 年 9 月 1 日至 11 日，中国共产党召开了第十二次全国代表大会。出席大会的正式代表 1545 人，候补代表 145 人，代表着全国 3965 万党员。邓小平主持大会开幕式，并致开幕词。胡耀邦代表第十一届中央委员会向大会作了《全面开创社会主义现代化建设的新局面》的报告。大会的主要历史贡献是：

第一，提出了新时期改革开放和社会主义现代化建设的根本指导思想。这就是邓小平在开幕词中提出的："我们的现代化建设，必须从中国的实际出发。无论是革命还是建设，都要注意学习和借鉴外国经验。但是，照抄照搬别国经验、别国模式，从来不能得到成功。……把马克思主义的普遍真理同我国的具体实际结合起来，走自己的道路，建设有中国特色的社会主义，这就是我们总结长期历史经验得出的基本结论。"①从此，"建设有中国特色的社会主义"，就成为中国共产党人和中国人民高高举起的旗帜，成为我们党始终不渝坚持的执政兴国的主题。正因为无论遇到什么风险和困难的考验，我们都紧紧扭住这个主题、高举这面旗帜不动摇，我国的改革开放和现代化建设事业才乘风破浪，不断取得新胜利。

---

① 《邓小平文选》第三卷，人民出版社 1993 年版，第 2—3 页。

第二,提出了党在新的历史时期的总任务和到 20 世纪末的奋斗目标。大会报告系统地总结了党的历史经验和新取得的成就和经验,提出党在新的历史时期的总任务是:"团结全国各族人民,自力更生,艰苦奋斗,逐步实现工业、农业、国防和科学技术现代化,把我国建设成为高度文明、高度民主的社会主义国家。"大会把继续推进经济建设作为全面开创新局面的首要任务,并根据邓小平 1979 年以来的有关设想和倡议,确定 1981 年到 20 世纪末的 20 年,我国经济建设总的奋斗目标是:在不断提高经济效益的前提下,力争使全国工农业的年总产值翻两番,即由 1980 年的 7100 亿元增加到 2000 年的 2.8 万亿元左右。大会指出:"实现了这个目标,我国国民收入总额和主要工农业产品的产量将居于世界前列,整个国民经济的现代化过程将取得重大进展,城乡人民的收入将成倍增长,人民的物质文化生活可以达到小康水平。到那个时候,我国按人口平均的国民收入还比较低,但同现在相比,经济实力和国防实力将大为增强。"①把到 20 世纪末实现四个现代化的奋斗目标改为实现小康,是符合我国经济技术文化落后和发展不平衡的实际情况的,从而从战略指导思想上解决了新中国成立后几十年来党在社会主义建设发展速度和发展目标上急于求成、结果欲速不达的问题。

第三,提出了确保 20 年经济建设奋斗目标实现的一系列重大方针政策和分"两步走"的战略部署。大会指出:为实现上述经济发展目标,通观全局,"最重要的是要解决好农业问题,能源、交通问题和教育、科学问题。"在发展农业问题上,必须在坚决控制人口增长、坚决保护各种农业资源、保持生态平衡的同时,加强农业基本建设,改善农业生产条件,实行科学种田,在有限的耕地上生产出更多的粮食和经济作物。在发展能源和交通问题上,必须加强能源开发,大力节约能源消耗,同时大力加强交通运输和邮电通信的建设。在发展科学技术和教育问题上,必须有计划地推进大规模的技术改造,推广各种已有的经济效益好的技术成果,积极采用新技术、新设备、新

---

① 胡耀邦:《全面开创社会主义现代化建设的新局面——在中国共产党第十二次全国代表大会上的报告》,《人民日报》1982 年 9 月 8 日。

工艺、新材料；必须加强应用科学的研究，重视基础科学的研究，并组织各方面的力量对关键性的科研项目进行"攻关"；必须加强经济科学和管理科学的研究和应用，不断提高国民经济的计划、管理水平和企业事业的经营管理水平；必须大力普及初等教育，加强中等职业教育和高等教育，发展包括干部教育、职工教育、农民教育、扫除文盲在内的城乡各级各类教育事业，培养各种专业人才，提高全民族的科学文化水平。为了实现 20 年的奋斗目标，大会提出，在战略部署上要分两步走：前十年主要是打好基础，积蓄力量，创造条件，后十年要进入一个新的经济振兴时期。

第四，提出了努力建设高度的社会主义精神文明和高度的社会主义民主政治的任务。大会指出，社会主义精神文明是社会主义的重要特征，是社会主义制度优越性的重要表现。社会主义精神文明建设可以分为文化建设和思想建设两个方面。文化建设指的是教育、科学、文学艺术、新闻出版、广播电视、卫生体育、图书馆、博物馆等各项文化事业的发展和人民群众知识水平的提高，它既是建设物质文明的重要条件，也是提高人民群众思想觉悟和道德水平的重要条件。思想建设决定着我们的精神文明的社会主义性质。它的主要内容，是工人阶级的、马克思主义的世界观和科学理论，是共产主义的思想、信念和道德，是同社会主义公有制相适应的主人翁思想和集体主义思想，是同社会主义政治制度相适应的权利义务观念和组织纪律观念，是为人民服务的献身精神和共产主义的劳动态度，是社会主义的爱国主义和国际主义，等等。概括起来说，最重要的就是革命的理想、道德和纪律。大会指出，社会主义的物质文明和精神文明建设，都要靠继续发展社会主义民主来保证和支持。只有建设高度的社会主义民主，才能使各项事业的发展符合人民的意志、利益和需要，使人民增强主人翁的责任感，充分发挥主动性和积极性，也才能对极少数敌对分子实行有效的专政，保障社会主义建设的顺利进行。社会主义民主的建设必须同社会主义法制的建设紧密地结合起来，使社会主义民主制度化、法律化。

大会审议通过了《关于十一届中央委员会报告的决议》、《关于中央纪律检查委员会工作报告的决议》和《中国共产党章程》。新党章清除了十一大党章中仍肯定"无产阶级专政下继续革命的理论"等"左"的错误,吸收了七大和八大党章的优点,并根据新时期执政党的特点,提出了许多新的要求。大会选举产生了由 210 名中央委员和 138 名候补中央委员组成的第十二届中央委员会,同时选出了由 172 人组成的中央顾问委员会和 132 人组成的中央纪律检查委员会。党的十二届一中全会选举胡耀邦、叶剑英、邓小平、赵紫阳、李先念、陈云为中央政治局常委;胡耀邦为中央委员会总书记;选举邓小平为中央军事委员会主席;批准邓小平为中央顾问委员会主任,陈云为中央纪律检查委员会第一书记。

党的十二大的胜利召开,标志着党成功地实现了具有重大历史性意义的伟大转变。它开始把中国带入建设有中国特色的社会主义的新的政治轨道,并以全面开创社会主义现代化建设的新局面而载入史册。

(二)城乡经济体制改革继续深入

党的十二大以后,以家庭联产承包责任制为主要内容的农村改革不断深入。

自 1980 年 9 月各省、市、自治区党委第一书记座谈会形成的《关于进一步加强和完善农业生产责任制的几个问题》的会议纪要(即"中发〔1980〕75 号文件")下发后,包产到户由半明半暗的、自发的、不合法的状态转入了较为公开的有组织有领导的状态,开始普遍推行。截至 1980 年 10 月,全国实行各种联产承包的基本核算单位已占总数的 83.3%,其中实行包产到户和包干到户的占 50.85%,到 1981 年底,全国农村有 90%以上的生产队建立了不同形式的农业生产责任制。全国各地实行的各种农业生产责任制形式,可分为联产和不联产两类,不联产的责任制主要是过去沿袭下来的小段包工、定额计酬的方法。据 1981 年 10 月底统计,实行这种办法的大约占全国基本核算单位的 16.5%。另一类联系产量的,约占 81.3%,该类主要有五种形式:1.专业承包、联产计酬。主要是专业队、专业组、专业户承包,当时

272

实行这种责任制形式的约占全国基本核算单位的 5.9%。2. 联产到组。其特点是以作业组为单位承包生产任务,劳力、土地、耕畜、农具四固定到组,包工包产包投资,超奖减赔。这种办法约占 10.8%。3. 包产到户。其特点是把大部分或全部耕地承包到户,基本上以户为单位进行生产。这种形式约占 7.1%。4. 包干到户。是在坚持大型生产资料及土地公有制的前提下,生产队把耕地承包到户耕作,把牲畜、农具固定到户管理使用,实行分户经营的生产责任制。生产投资由社员自筹,产品分配在完成国家任务和扣除集体提留后,全部归承包社员所有。这种形式比较广泛,约占 38%。5. 联产到劳。在分工协作的基础上,按照劳力承包土地,联产量计酬。这种形式约占 15.8%。

但是,由于 1980 年中央 75 号文件并没有完全正面肯定包产到户的社会主义性质,因此有关农村政策的争论仍在继续。而已经实行了包产到户的广大农民和地方官员则强烈要求中央将包产到户完全合法化。在此背景下,1981 年 12 月,中央召开全国农村工作会议,专门讨论农村政策问题。会议之前,国家农委主任杜润生等组织了 17 个联合调查组,历时近两个月,分赴 15 省调查包产到户。到安徽的调查组报告说:包产到户是"农村的曙光,中国的希望"。从各地传来的信息几乎都是包工不如包产,包产不如包干,应当给包产到户上社会主义的"户口"。在这种情况下,这次会议通过了《全国农村工作会议纪要》。

1982 年 1 月 1 日,《全国农村工作会议纪要》作为 1982 年中央一号文件发出,这就是 20 世纪 80 年代中央关于农业问题的"5 个一号文件"中的第一个"中央一号文件"。文件共 25 条,文件第一条指出:"截至目前,全国农村已有 90% 以上的生产队建立了不同形式的农业生产责任制;大规模的变动已经过去,现在,已经转入了总结、完善、稳定阶段。""建立农业生产责任制的工作,获得如此迅速的进展,反映了亿万农民要求按照中国农村的实际状况来发展社会主义农业的强烈愿望。生产责任制的建立,不但克服了集体经济中长期存在的'吃大锅饭'的弊病,而且通过劳动组织、计酬方法等环节的改进,带动了生产关系的部分调整,纠正了长期存在的管理过分集中、经营方式过于单一的缺点,使之更加适合于我国农村的经济状况。"文件第二条明确肯定:"目前实行的各种责任制,包括小段包工定额计酬,专业承包联产计酬,联产到劳,包产到户、到组,包干到户、到组,等等,都是社会主义集体经济的生产责任制。不论采取什么形式,只要群众不要求改变,就不要变动。"文件有针对性地指出:"前一个时期有些人认为,责任制只是包干到户一种形式,包干到户就是'土地还家'、平分集体财产、分田单干。这完全是一种误解。包干到户这种形式,在一些生产队实行以后,经营方式起了变化,基本上变为分户经营、自负盈亏;但是,它是建立在土地公有基础上的,农户和集体保持承包关系,由集体统一管理和使用土地、大型农机具和水利设施,接受国家的计划指导,有一定的公共提留,统一安排烈军属、五保户、困难户的生活,有的还在统一规划下进行农业基本建设。所以它不同于合作化以前的小私有的个体经济,而是社会主义农业经济的组成部分;随着生产力的发展,它将会逐步发展成更为完善的集体经济。"

第一个"中央一号文件"把1980年中央75号文件中包产到户的社会主义"临时户口"改成了"正式户口",使包产到户由局部合法成为完全合法。从此包产到户得到了新的发展,1982年底,全国共有80%的生产队实行包产到户。此后,到1986年,中央又连续发布了4个关于农业农村问题的"一号文件"。

1982年12月31日,中央政治局审议通过《当前农村经济政策的若干问题》的文件,并作为1983年中共中央一号文件于1983年1月2日印发各地试行。文件指出:"党的十一届三中全会以来,我国农村发生了许多重大变化。其中,影响最深远的是,普遍实行了多种形式的农业生产责任制,而联产承包制又越来越成为主要形式。……这一制度的进一步完善和发展,必将使农业社会主义合作化的具体道路更加符合我国的实际。这是在党的领导下我国农民的伟大创造,是马克思主义农业合作化理论在我国实践中的新发展。""联产承包责任制和各项农村政策的推行,打破了我国农业生产长期停滞不前的局面,促进农业从自给半自给经济向着较大规模的商品生产转化,从传统农业向着现代农业转化。这种趋势,预示着我国农村经济的振兴将更快到来。"①文件就我国农村经济政策和农村发展问题提出了十四个方面的意见。1983 年 1 月 12 日,邓小平在和胡耀邦、万里等谈话时称赞:"一号文件很好,政策问题解决了。""农业是根本,不要忘掉。""农村、城市都要允许一部分人先富裕起来,勤劳致富是正当的。一部分人先富裕起来,一部分地区先富裕起来,是大家都拥护的新办法,新办法比老办法好。农业搞承包大户我赞成,现在放得还不够。"

根据 1983 年中央一号文件的要求,1983 年 10 月 12 日,中共中央、国务院发出《关于实行政社分开,建立乡政府的通知》。到 1985 年 6 月,全国农村人民公社政社分开,建立乡政府的工作全部结束。全国 5.6 万多个人民公社(镇),改建为 9.2 万多个乡(包括民族自治乡)、镇人民政府,同时建立村民委员会 82 万多个。这项工作的完成,初步改变了农村党政不分的状况,有利于农村基层党组织和基层政权的建设,有利于促进农村经济的发展。

1984 年 1 月 1 日,中共中央发出《关于 1984 年农村工作的通知》(即 1984 年中央一号文件)。《通知》指出:1983 年 1 月发出的《当前农村经济政策的若干问题》,经过一年的试行,取得明显的成效,证明所提出的基本目标、方针、政策是正确的;中央决定作为今后一个时期内指导农村工作的正式文件,继续贯彻执行。1984 年农村工作的重点是:在稳定和完善生产责任制的基础上,提高生产水平,梳理流通渠道,发展商品生产。《通知》要求:土地承包期一般延长到十五年以上,以鼓励农民增加投资,培养地力,实行集约经营;生产周期长的和开发性的项目,如果树、林木、荒山、荒地等,承包期应当更长一些;制止对农民的不合理摊派,减轻农民的额外负担;农村工业适当集中于集镇;发展林牧渔业;加强农村工作的领导,提高干部的素

---

① 中共中央文献研究室编:《十二大以来重要文献选编》(上),人民出版社 1986 年版,第 253 页。

质;加强农村思想政治工作和文化教育工作。16 日至 26 日,农牧渔业部召开全国农业工作会议,讨论如何贯彻落实《通知》精神,提出要用大胆探索、勇于改革的精神,巩固和完善联产承包责任制,迅速把主要精力转到抓好商品生产上来,使广大农民尽快富裕起来。

农村改革实现了土地所有权与土地使用权的分离,赋予了农民生产的自主权以及剩余产品的支配权利,充分调动了亿万农民的生产积极性、创造性,极大地解放和发展了农村生产力,使我国农业生产迅速扭转了长期徘徊不前的局面。1979 年到 1984 年,我国农业总产值以年均 8.9% 的增速发展,平均每年增产粮食 170 亿公斤。1984 我国粮食产量达到创纪录的 4000 亿公斤,人均 400 公斤,接近世界人均水平。国务院向世界粮农组织宣布,我国已基本上解决了温饱问题。

联产承包责任制普遍推行后,劳动效率大大提高,使得广大农户有了利用剩余劳力和资金去发展多种经营的可能,全国各地由此涌现出了一大批有科学文化知识、有技术特长和生产经营能力的专业户。随着专业户的迅速发展,江苏、山东、陕西等地还出现了一些以某项专业生产为主的专业村,东南沿海的一些省份还在专业村的基础上形成了各种形式、规模不一的专业乡镇、专业市场等。

在农村改革继续深化的同时,城市经济体制改革也稳步展开。

城市经济体制改革的中心课题,是彻底改变企业经营好坏一个样,职工干多干少一个样的状况,做到企业不吃国家的"大锅饭",职工不吃企业的"大锅饭"。党的十二大以后两年里,城市经济体制改革"从提高企业活力这个中心环节出发",并选择"以利改税作为整个城市经济体制改革的突破口"。①

新中国长期以来实行计划经济,形成了一种高度集中的经济管理体制。在这种体制下,国有企业实现的利润,除酌留很少一部分基金以外,其余全

---

① 赵紫阳:《关于经济体制改革中三个问题的意见》(1984 年 9 月 9 日),见中共中央文献研究室编:《十二大以来重要文献选编》(中),中央文献出版社 2011 年版,第 24 页。

要通过"利润上缴"形式集中到国家手中。企业所需生产经营资金,要逐级申请审批下拨,发生亏损,则由国家财政弥补。这种统收统支的体制,严重束缚了国有企业自主经营的积极性。为了把国有企业从行政干预下解脱出来,成为自主经营、自负盈亏、自我积累的相对独立的商品生产者,20世纪80年代初,广东、上海、四川、柳州等18个省市的400多家国有工业企业试点"利改税",即将原来的利润上缴办法,改为征收所得税,税后利润留归企业自行支配,亏损国家不再弥补,以实现"独立核算、国家征税、自负盈亏"的制度,借以调整国家与国有企业之间的分配关系,调动国有企业和职工的积极性,推动经济体制改革。

1982年11月,五届全国人大五次会议肯定了"利改税"的试点经验。这次会议之后,国务院决定加快国营企业"利改税"的步伐。确定改革的原则是:要管住两头——一头是要把企业搞活;一头是国家要得大头,企业得中头,个人得小头。改革的步骤是:第一步先实行税、利并存,大企业缴55%的所得税,税后利润国家与企业合理分配。第二步,在价格体系基本趋于合理的基础上,再根据盈利多少征收累进所得税。根据国务院常务会议的要求,财政部和国家体改委于1982年12月至1983年1月派出联合调查组,分赴上海、天津、济南等地,对6691户国营工、交、商企业进行了系统的调查测算工作。财政部在总结试点经验和调查测算的基础上制定了《关于国营企业利改税试行办法(草案)》,并于1983年2月25日向国务院作了报告。同年2月28日,国务院批转了财政部《关于国营企业利改税试行办法(草案)的报告》,并责成财政部召开全国利改税工作会议,讨论修改《试行办法(草案)》,制定具体规定并部署工作。

1983年3月17—29日,财政部在北京召开全国利改税工作会议,讨论修改《关于国营企业利改税办法(草案)》及相关具体规定,部署了利改税工作。4月12日,财政部向国务院提交了《关于全国利改税工作会议的报告》,并将修改后的《关于国营企业利改税试行办法》报国务院审查。4月24日,国务院批转了财政部《关于全国利改税工作会议的报告》和《关于国营企业利改税试行办法》。试行办法自 1983 年 1 月 1 日起实行,征税工作从 1983 年 6 月 1 日开始办理。

第一步利改税的主要内容是:1. 有盈利的国有大中型企业(包括金融保险组织),均根据实现的利润,按 55% 的税率缴纳所得税。企业税后利润中的一部分,根据不同情况,分别采取递增包干固定比例、调节税和定额包干的办法上缴给国家,其余留给企业自行支配。2. 有盈利的国有小型企业,按照八级超额累进税率缴纳所得税。除对税后利润较多的企业,国家可另收取一定的承包费,或按固定数额上交部分利润以外,其他国有小型企业的税后利润,国家都不再提取。缴税后,由企业自负盈亏,国家不再拨款。国营小型企业的标准是:按照 1982 年底的数据,工业企业固定资产原值不超过 150 万元,年利润不超过 20 万元;商业零售企业职工不超过 30 人,年利润不超过 3 万元或 5 万元。省、自治区、直辖市人民政府可在这个标准范围内,结合本地实际情况,作适当调整。3. 营业性的宾馆、饭店、招待所和饮食服务公司,都缴纳 15% 的所得税,国家不再拨款。4. 县以上供销社,以县公司或县供销社为单位,按八级超额累进税率缴纳所得税。5. 军工企业、邮电企业、粮食企业、外贸企业、农牧企业和劳改企业,仍按原办法执行。少数企业经国务院或财政部、国家经委批准,实行利润递增包干办法的,在包干期满之前,暂不实行利改税。6. 国有企业归还各种专项贷款时,经财政部门审查同意,可用缴纳所得税之前该贷款项目的新增利润归还。企业向银行申请专项贷款时,必须有 10%—30% 的自有资金用于贷款项目。7. 关于国有企业亏损补贴:凡属于国家政策允许的亏损,继续实行定额补贴和计划补贴等办法,超亏不补,减亏分成,一定 3 年不变。凡属经营管理不善造成的亏损,由企业主管部门责成企业限期进行整顿。在规定期限内,经财政部门审批后,适当给予亏损补贴;超过期限的一律不再弥补。8. 实行利改税以后,遇有价格调整、税率变动,影响企业利润时,除变化较大,经国务院专案批准,允许调整包干上缴基数和递增比例、固定上缴比例、调节税率或定额包干上缴数以外,一律不作调整。9. 企业税后留利总额的 60%,用于建立新产品试制基金、生产发展基金、后备基金。40%用于职工福利基金和职工奖励基金。

1983 年 4 月 29 日,财政部发布《关于对国营企业征收所得税的暂行规定》,制定了对国营企业征收所得税的具体办法。同年 6 月 1 日,国营企业普遍实施征收所得税。在国务院和各级政府的重视下,利改税第一步工作进展比较顺利。至 9 月下旬,除煤炭部、邮电部等部门所属企业暂不实行利改税外,其余的中央所属 21 个部(局、公司)的利改税方案都核批下达,地方各省、自治区、直辖市的利改税方案也都核批下达,落实到企业。到 1983 年底,全国有盈利的国营企业,除微利企业及经国务院或国家经委、财政部批准继续实行利润包干等办法的少数企业外,实行利改税的工、交、商企业共有 107145 户,占盈利企业总户数的 92.7%。1983 年实行利改税的国营工、交、商企业共实现利润 633 亿元。1983 年实行利改税的工、交、商企业共留利 121 亿元,比 1982 年增长 27 亿元,增长 28.2%,大大超过工业产值、实现税利、上缴税利的增长幅度。企业留利占税利总额的比例由过去的 15.7%上升到 17.9%。

"利改税的第一步改革,取得了很好的效果",[1]在解决国家企业分配关系的探索中取得了初步经验,但也存在许多需要进一步改革完善的地方:"一是还没有解决好国家同企业的分配关系;二是由于价格体系不合理,行业与行业、企业与企业之间利润水平悬殊,苦乐不均;三是企业所得税和税后利润的分配,仍然是按照企业的行政隶属关系划分的,也就难于削弱条条、块块因自身经济利益而对企业进行不必要的行政干预,行政领导仍然是企业的真正主宰者。"[2]

为解决利改税第一步改革存在的缺陷,加快完善利改税制度的步伐,1983 年 8 月,国务院有关部门提出了设计第二步改革方案的设想。1983 年

---

[1] 赵紫阳:《政府工作报告——1984 年 5 月 15 日在第六届全国人民代表大会第二次会议上》,《人民日报》1984 年 6 月 2 日。

[2] 田纪云:《关于完善利改税制度的几个问题》,《经济日报》1984 年 1 月 12 日。

9、10月间,财政部和国家体改委组织联合调查组分赴上海、湖北、四川、陕西等地做调查研究和测算工作,初步论证了改革方案的可靠性。1984年4月21日,国务院召开常务会议,听取财政部关于第二步利改税方案汇报。1984年5月,六届全国人大二次会议通过的《政府工作报告》确定:从1984年"第四季度开始,进行利改税的第二步改革"①。1984年6月,全国利改税第二步改革工作会议召开,提出利改税的路子要坚定不移,毫不动摇。1984年7月,国务院办公厅发出《关于今后不再批准企业实行利润递增包干等办法的通知》,要求各地区、各部门不要再批准企业实行利润递增包干等办法,一律搞利改税。8月,财政部向国务院提交了《关于在国营企业推行利改税第二步改革的报告》和《国营企业第二步利改税试行办法》。9月,国务院向全国人大常委会提交《关于提请授权国务院改革工商税制和发布有关税收条例(草案)的议案》。9月18日,六届全国人大常委会七次会议通过了这个议案。同日,国务院根据全国人大常委会的决定,发出《批转财政部关于在国营企业推行第二步利改税报告的通知》,并发布《中华人民共和国国营企业所得税条例(草案)》和《国营企业调节税征收办法》,决定《国营企业第二步利改税试行办法》从1984年10月1日起试行。②

　　利改税第二步改革的主要内容是:1.国有大中型企业所得税仍统一适用55%的比例税率;国有小型企业统一适用新制定的八级超额累进税率。新八级超额累进税率各级距之间的差距适当拉开,使每个级距之间的负担率都有所降低。降低最多的达9.5%,最少的也有3.1%,体现了国家对小型企业的照顾。2.对国有大中型企业缴纳所得税后的一部分利润,统一征收调节税,取消递增包干、固定比例等上缴办法。调节税率按企业的不同情况分别核定,以换算后的1983年利润为基数,对基数部分按核定税率征收,对超过基数的部分,仍实行减征的办法。3.调整国有小型企业划分标准,扩

---

　　① 赵紫阳:《政府工作报告——1984年5月15日在第六届全国人民代表大会第二次会议上》,《人民日报》1984年6月2日。

　　② 金鑫主编:《当代中国的工商税收》(下),当代中国出版社1994年版,第87—96页。

大适用国有小型企业征税办法的范围,适当减轻国有企业负担。利改税第二步改革的意义,可以归纳为四个方面:第一,企业与国家的分配关系用法令的形式固定下来,使国家财政收入能够随着经济的发展而稳定增长;第二,企业将从新增加的利润中得到较多的收益,从而增强企业改善经营管理、提高经济效益的动力;第三,通过税收杠杆的调节作用,可以缓解目前价格不合理带来的矛盾,使企业在利润悬殊状况有所改善的情况下开展竞争,有利于鼓励先进,鞭策落后;第四,企业不再按行政隶属关系上缴利润,有利于合理解决"条条"与"块块"、中央与地方的经济关系。1985 年全国实行利改税的企业占全部国营企业的比重已达到 81%。①

通过利改税和工商税制的全面改革,国家与企业的分配关系有了很大的改进,国家的税收收入占财政收入的比重大幅度上升,税收的财政职能和经济杠杆作用都得到较好的发挥,改革取得成功。1985 年即利改税第二步改革的第二年,国家财政总收入(含在总收入中扣除的企业亏损及价格补贴 480.25 亿元)达到 2334.36 亿元,比上年增加了 362 亿元,增长 24.7%。在财政总收入中各项税收收入为 2010.82 亿元,比 1984 年的 937.87 亿元,剧增了 1072.95 亿元。②

(三) 对外开放在艰难中大力推进

1982 年 1 月,胡耀邦在中央书记处会议上,就积极发展对外经济关系问题发表意见,提出:"我们的社会主义现代化建设,要利用两种资源——国内资源和国外资源,要打开两个市场——国内市场和国际市场,要学会两套本领——组织国内建设的本领和发展对外经济关系的本领。"他说:"按

---

① 《中华人民共和国国家统计局关于 1985 年国民经济和社会发展统计公报》,《人民日报》1986 年 3 月 1 日。

② 王丙乾:《关于 1984 年国家预算执行情况和 1985 年国家预算草案的报告——1985 年 3 月 28 日在第六届全国人民代表大会第三次会议上》,《人民日报》1985 年 4 月 13 日;王丙乾:《关于 1985 年国家预算执行情况和 1986 年国家预算草案的报告——1986 年 3 月 26 日在第六届全国人民代表大会第四次会议上》,《人民日报》1986 年 4 月 16 日。

照这个观点,我们在对外经济关系问题上,还要大大地开阔眼界,提高水平",要"制订一整套正确的方针、政策和措施,走出一条适合中国情况和国际情况的发展我国对外经济关系的路子。只有这样,我们才能真正有效地克服各种因循保守的陈旧观念,克服盲目性和自发性,打开新局面,掌握主动权"。①

但是,对于积极发展对外经济关系——主要是与资本主义国家的经济关系,实行对外开放政策,一开始就有不同意见。特别是举办主要是同资本主义国家发展经贸关系的经济特区,意见分歧就更大。这件事情,马列主义的著作中没有讲过,其他社会主义国家无此先例。它是一项重要的创举和"试验"。对这项"试验",有的人心存疑虑,批评"特区是国际资产阶级的'飞地'",是"走私的主要通道",等等。有人危言耸听地说,深圳特区除了五星红旗是红的外,其他都是黑的。这些,一段时间里给特区创办工作增加了困难,特区发展步履维艰。而1981年下半年至1982年上半年一段时间里发生在沿海地区的严重走私活动及其由此产生的争论,更使特区发展遭遇更大困难。当时分管特区工作的国务院副总理谷牧曾说:"特别是1982年上半年,很有些'秋风萧瑟'的味道。"②

实行对外开放政策后,经济领域的不正之风和违法乱纪行为逐渐泛滥。特别是广东、福建实行特殊政策后,走私活动十分猖獗。由于长期的计划经济,直至20世纪70年代末80年代初,我国国内市场的商品供应仍然十分紧张,电视机、录音机、计算器、优质布料等都是极为紧缺的商品。在暴利驱使下,广东、福建、浙江三省沿海出现了严重的走私贩私,以至"渔民不打鱼,工人不做工,农民不种地,学生不上学","一窝蜂似的在街头巷尾、公路沿线兜售走私货"。③ 有些领导干部也不同程度参与走私贩私,严重干扰了

---

① 中共中央文献研究室编:《三中全会以来重要文献汇编》(下),人民出版社1982年版,第1469页。
② 谷牧:《中国对外开放的风风雨雨》,《半月谈》1998年第15期。
③ 《梁灵光回忆录》,中共党史出版社1996年版,第538页。

经济秩序,败坏了党的形象。针对这方面问题,1980 年 7 月 13 日,广东省委、省政府发出了《关于坚决打击走私和投机倒把活动的指示》。1981 年 2 月,国务院在福州召开东南沿海三省(广东、福建、浙江)第一次打击走私工作会议。1981 年 3 月 27 日,国务院、中央军委发出《关于坚决打击走私活动的指示》,广东、福建、浙江三省开展了第一次联合打击走私行动。1981 年 8 月到年底,又组织了第二次联合打击走私行动。但是由于两省反走私经验不足,防范措施跟不上,走私贩私活动没有得到有效遏制,甚至还有愈演愈烈的趋势。这就引起中央高层的极大关注。

1981 年 11 月底,中央纪委派调查组进驻深圳、珠海等地调查,得出的结论是:特区建设中"暴露出许多严重问题","经济特区成了走私贩运通道,不法外商同特区和非特区的一些企业勾结,进行违法活动。"①12 月 14 日,邓小平看了中央纪委整理的《广东、福建一些单位和干部继续从事走私贩私活动》的简报后致函胡耀邦:"这类事,为什么总处理不下去,值得深思! 我建议由中纪委派一专门小组进行彻底追究,越是大人物、大机关,处理越要严、要重。"②1982 年 1 月 5 日,陈云在中央纪委《信访简报》登载的《广东一些地区走私活动猖獗》一文上批示:"我主张要严办几个,判刑几个,以至杀几个罪大恶极的,并且登报,否则党风无法整顿。"并将该文批转胡耀邦、邓小平、李先念。同日,邓小平在陈云批语中"并且登报"的前面加写"雷厉风行,抓住不放"8 个字。③ 根据邓小平、陈云的批示精神,1982 年 1 月 11 日,中共中央书记处召开会议,并于当日向各省、市、自治区党委,各大军区党委下发了《中共中央关于解决干部走私贩私问题的紧急通知》。《紧急通知》说:"对于这个严重毁坏党的威信,关系我党生死存亡的重大问

---

① 广东省政协文史资料研究委员会编:《经济特区的由来》(《广东文史资料》第 85 辑),广东人民出版社 2002 年版,第 367 页。

② 中共中央文献研究室编:《邓小平年谱(1975—1997)》(下),中央文献出版社 2004 年版,第 791 页。

③ 中共中央文献研究室编:《邓小平年谱(1975—1997)》(下),中央文献出版社 2004 年版,第 796 页。

题,全党一定要抓住不放,雷厉风行地加以解决。对那些情节严重的犯罪干部,首先是占据重要职位的犯罪干部,必须依法逮捕,加以最严厉的法律制裁,有的特大案件的处理结果还要登报。"①1 月 13 日和 14 日,福建、广东省委相继召开常委会议,学习传达中央《紧急通知》。1 月 25 日,陈云在与国家计委负责人座谈时,又谈到走私贩私和办经济特区等问题:"现在搞特区,各省都想搞,都想开口子。如果那样,外国资本家和国内投机家统统出笼,大搞投机倒把就是了,所以不能那么搞。特区第一位的问题是总结经验。"②

为研究如何更坚决、更有效地贯彻执行中央《紧急通知》,进一步开展打击经济领域中违法犯罪活动以及更好地在广东、福建两省实行特殊政策和灵活措施等问题,1982 年 2 月 11 日至 13 日,中央书记处在北京召开广东、福建两省座谈会。中央书记处、国务院、中央军委、中央纪委负责人,各有关部门负责人以及两省省委常委等共 68 人出席会议。包括任仲夷、刘田夫、梁灵光等 18 人在内的广东省委省政府负责人几乎全部到会。会议由胡耀邦主持。会上,任仲夷、刘田夫详细汇报了广东省出现的走私贩私、投机倒把、贪污受贿的情况以及省委所采取的措施,并谈了下一步的打算。胡耀邦、赵紫阳、胡乔木、谷牧、余秋里等先后在会上讲话,要求广东、福建两省更坚决、更有效地贯彻执行中央的《紧急通知》,总结经验,端正对外经济活动的指导思想,更好地实行特殊政策和灵活措施。会后,中共中央以中发〔1982〕17 号文件将会议形成的《广东、福建两省座谈会纪要》以及胡耀邦、赵紫阳、胡乔木在会上的发言印发全党。《纪要》提出:必须充分认识经济领域中违法犯罪活动的严重性、危害性和危险性,"经济领域中的走私贩私、投机诈骗、贪污受贿、把大量国家和集体财产窃为己有等严重违法活动,已经比 1952 年'三反''五反'时严重得多";"对干部中首先是负责干部中

---

① 中央纪委纪检监察研究所编:《中国共产党反腐倡廉文献选编》,中央文献出版社 2002 年版,第 141 页。

② 《陈云文选》第三卷,人民出版社 1995 年版,第 307 页。

在经济上存在的严重问题,不许熟视无睹,知情不报;不许优柔寡断,姑息包庇。否则,就要严格追究有关党组织及其领导人的政治责任、经济责任、法律责任直至刑事责任。"从当时情况看,党中央、国务院提出要严厉打击经济领域里的违法犯罪活动,并为此采取有力的措施是完全必要的,也有利于更好地对外开放。但是,一些受极左思潮影响较深和习惯于僵化垄断体制的人,却把走私贩私等问题产生的原因归结于对外开放,对广东、福建和深圳经济特区扣上种种帽子,说什么这是"资本主义又一次向我们的猖狂进攻",声称"广东这样搞下去,不出三个月就得垮台"①,甚至要求中央取消"特殊政策、灵活措施",停办特区。② 1982 年 3 月 29 日,上海《文汇报》公开发表署名"黎选"的《旧中国租界的由来》的文章,影射特区把土地有偿提供给外商使用有变成旧中国租界之嫌。4 月 8 日,上海《解放日报》在《读史札记》栏目刊登丁凤麟撰写《痛哉!〈租地章程〉》的文章,也若隐若现地把经济特区搞土地有偿使用与旧中国外国侵略者通过"租地章程"大肆掠夺中国领土、最终将其变成"国中之国"的历史联系起来,影射深圳特区是新的"租界"。这使得在中央实际负责经济特区和对外开放的谷牧等人颇感"'秋风萧瑟'的味道"③,经济特区的发展陷入了进退维谷之境。

就在关于要不要办特区以及办特区是对是错的争论纷纭而起、"对外开放艰苦行进之时,小平同志亲自出马了。"④1984 年 1 月 22 日到 2 月 16 日,邓小平先后视察广州、深圳、珠海、厦门和上海,对经济特区给予高度评价和肯定。

1983 年以来,邓小平始终关注广东、福建两省和经济特区。这年 1 月 3

① 《先走一步真先走——任仲夷访谈录》,陈俊凤主编:《广东改革开放决策者访谈录》,广东人民出版社 2008 年版,第 29、30 页。

② 李岚清:《突围——国门初开的岁月》,中央文献出版社 2008 年版,第 136—137 页。

③ 谷牧:《小平同志领导我们抓对外开放》,中共中央文献研究室编:《回忆邓小平》(上),中央文献出版社 1998 年版,第 159 页。

④ 谷牧:《小平同志领导我们抓对外开放》,中共中央文献研究室编:《回忆邓小平》(上),中央文献出版社 1998 年版,第 160 页。

日,他在阅中顾委委员章蕴 1982 年 12 月 31 日写的反映 1982 年以来"条条"限制越来越多、广东特殊政策灵活措施的余地越来越小的信上批示:"这个情况应该引起重视,请国务院、财经小组一议。"①3 月 2 日,在同胡耀邦、万里、姚依林等谈话时,邓小平说:"最近香港有个报道,说广东的速度放慢了,是什么原因? 上海的同志问我,对中美和中苏谈判的立场应该不冷不热是什么意思? 我说,我懂你们问的意思了。我指的是政治上的态度,至于开放政策是不变的,不受这个态度的束缚。是不是有的地方也受了所谓不冷不热的束缚,如有,这说明我们有些同志对开放政策仍是有顾虑的,也要加以注意。"②6 月 15 日,在住地同谷牧谈话时,邓小平说:特区要坚决办下去,不能动摇,不存在抹掉不干的问题。从日本、西德的经验看一个国家,15 至 20 年就可改变基本形势。我们办特区,也能办出新的形势。③ 在邓小平来特区之前的 1983 年和 1984 年初,中央已有多位领导人密集地造访经济特区。1983 年 1 月,中央政治局委员王震视察深圳经济特区。2 月,中共中央总书记胡耀邦视察深圳经济特区;中央政治局委员、全国人大常委会副委员长廖承志、杨尚昆视察深圳经济特区。4 月,谷牧视察深圳、珠海、汕头 3 个经济特区。5 月,国务委员、国家经委主任张劲夫视察深圳经济特区。8 月,国务委员陈慕华视察深圳经济特区。10 月,国家主席李先念、国务院总理赵紫阳先后视察厦门经济特区。11 月,国务院副总理田纪云视察深圳经济特区。1984 年 1 月,中央书记处书记胡启立视察深圳经济特区。凡实地来看了经济特区的中央领导都对特区给予好评,胡启立回北京后,还就特区建设情况专门向邓小平、胡耀邦作了汇报,"对特区评价很高",这都促使邓

---

① 中共中央文献研究室编:《邓小平年谱(1975—1997)》(下),中央文献出版社 2004 年版,第 877 页。

② 中共中央文献研究室编:《邓小平年谱(1975—1997)》(下),中央文献出版社 2004 年版,第 893 页。

③ 谷牧:《经济特区的发展要与香港互为依托》(1983 年 6 月 15 日),中共广东省委办公厅编:《中央对广东工作的指示汇编(1979 年—1982 年)》,第 67、68 页。

小平决定亲自"来特区看一看"。①

1984 年 1 月 24 日,邓小平的专列抵达广州火车站。在专列上邓小平对广东省委负责人刘田夫、梁灵光等人说:"办经济特区是我倡议的,中央定的,是不是能够成功,我要来看一看。"②从 1 月 24 日到 2 月 10 日,邓小平先后实地考察了深圳、珠海、厦门三个经济特区,当他亲眼看到昔日荒凉的边陲小镇正在变成粗具规模的现代化城市,到处呈现一片生机勃勃的兴旺景象时,对经济特区给予了充分肯定。1 月 28 日,在和霍英东、马万祺谈话时,他说:"看来路子走对了"③。他并欣然给深圳经济特区题词:"深圳的发展和经验证明,我们建立经济特区的政策是正确的。"给珠海经济特区题词:"珠海经济特区好。"给厦门经济特区题词:"把经济特区办得更快更好些。"④邓小平的题词拨去了笼罩在经济特区头上的团团迷雾,为有关特区性质和存废的争论作出了权威性结论。2 月 11 日至 16 日,邓小平又到上海考察,2 月 14 日对上海市委第一书记陈国栋、第二书记胡立教等说:"现在看,开放政策不是收的问题,而是开放得还不够。"⑤

1984 年 2 月 24 日,也就是视察经济特区和上海回到北京的第七天,邓小平召集胡耀邦、赵紫阳、万里、杨尚昆、姚依林、胡启立、宋平等谈话,主题是讨论如何进一步"办好经济特区和增加对外开放城市的问题"。邓小平说:"我们建立经济特区,实行开放政策,有个指导思想要明确,就是不是收,而是放。""特区是个窗口,是技术的窗口,管理的窗口,知识的窗口,也是对外政策的窗口。从特区可以引进技术,获得知识,学到管理,管理也是

①　钟坚:《大试验:中国经济特区创办始末》,商务印书馆 2010 年版,第 270 页。

②　中共中央文献研究室编:《邓小平年谱(1975—1997)》(下),中央文献出版社 2004 年版,第 954 页。

③　中共中央文献研究室编:《邓小平年谱(1975—1997)》(下),中央文献出版社 2004 年版,第 956 页。

④　中共中央文献研究室编:《邓小平年谱(1975—1997)》(下),中央文献出版社 2004 年版,第 957、958 页。

⑤　中共中央文献研究室编:《邓小平年谱(1975—1997)》(下),中央文献出版社 2004 年版,第 960 页。

知识。特区成为开放的基地,不仅在经济方面、培养人才方面使我们得到好处,而且会扩大我国的对外影响。"他明确表示:"除现在的特区之外,可以考虑再开放几个港口城市,如大连、青岛。这些地方不叫特区,但可以实行特区的某些政策。我们还要开发海南岛,如果能把海南岛的经济迅速发展起来,那就是很大的胜利。"①谈话结束时,邓小平指定姚依林、宋平将谈话的内容,"向陈云汇报一下"。陈云看了邓小平在视察中和回京后的谈话记录,又于 3 月 14 日专门听取了姚依林、宋平等的汇报,明确表示赞成邓小平有关扩大对外开放的意见。② 邓小平的这次谈话,是对 5 年来特区工作的再一次充分肯定和阶段性总结,也是进一步扩大对外开放新的里程碑。这次谈话,由中央办公厅以白头文件的方式,发至党中央、国务院各部门和地方领导,对统一全党思想,坚定对外开放的信心,起了历史性的作用。"1984 年中国的春天,成为一个对外开放的绚丽而灿烂的春天而载入史册。"③

根据邓小平 2 月 24 日谈话精神,1984 年 3 月 26 日至 4 月 6 日,中共中央书记处和国务院在北京召开沿海部分城市座谈会。到会的有天津、上海、大连、烟台、青岛、宁波、温州和北海 8 市,深圳、珠海、汕头、厦门 4 个特区和海南行政区,辽宁、山东、浙江、福建、广东省和广西壮族自治区的负责人,还有中共中央、全国人大常委会、国务院、中央军委等 40 个部门的负责人。会议深入讨论了进一步开放沿海港口城市和办好经济特区的问题,认为:"要在总结经验的基础上,从四化建设全局出发,进一步解放思想,克服'左'的思想影响和闭关自守、自给自足的经济观点,加快利用外资、引进先进技术的步伐。"④会议建议:进一步开放天津、上海、大连、秦皇岛、烟台、青岛、连云港、南通、宁波、温州、福州、广州、湛江和北海 14 个沿海港口城市,在扩大

---

① 《邓小平文选》第三卷,人民出版社 1993 年版,第 51—52 页。
② 《陈云传》,中央文献出版社 2005 年版,第 1672 页。
③ 李岚清:《突围——国门初开的岁月》,中央文献出版社 2008 年版,第 156 页。
④ 中共中央文献研究室编:《十二大以来重要文献选编》(上),人民出版社 1986 年版,第 452 页。

城市权限和给予外商投资者若干优惠方面,实行以下政策和措施:一是放宽利用外资建设项目的审批权限,上海、天津两城市的外商总投资项目审批权放宽到 3000 万美元以下,大连放宽到 1000 万美元以下,其他城市放宽到 500 万美元以下。二是增加外汇使用额度和外汇贷款,天津外汇使用额度定为每年 2 亿美元,上海为 3 亿美元,大连增至 1 亿美元。三是积极支持利用外资、引进先进技术改造老企业。四是对中外合资、合作经营企业及外商独资企业,给予若干优惠待遇。外商投资凡属技术密集、知识密集项目,能源交通项目和投资 3000 万美元以上项目的企业所得税均按 15%的税率征收。五是这些城市中有些可以划定一个有明确地域界限的区域,兴办新的经济技术开发区。经济技术开发区内,利用外资项目的审批权限,可以进一步放宽,大体上比照经济特区的规定执行。六是大力发展进料加工出口。七是调整几个城市的开放类别。八是这 14 个城市及其要兴办的经济技术开发区,都要加强基础设施建设,为吸引外商投资提供必要的物质条件。经济技术开发区新增加的财政收入,从批准兴办时起 5 年内免除上缴、上借任务。建设经济技术开发区基础设施所需进口的机器、设备和其他基建物资,不分外汇来源,1990 年前一律免征关税和进口工商统一税。九是加强对利用外交的计划指导。十是这 14 个沿海港口城市要在经济管理体制改革方面走在前头。会议还就"加快利用外资、引进先进技术的步伐"、"把经济特区办得更快些更好些"、"厦门特区扩大到全岛"、"搞好海南岛的开发建设"、"疏通利用外资企业产品的内销渠道"等问题进行了讨论,提出了意见和政策。4 月 6 日会议结束时,邓小平、李先念等会见全体与会代表并同大家合影。邓小平说:搞对外开放"要选明白人当家。这是很重要的一条"①。会后形成了《沿海部分城市座谈会纪要》。4 月 18 日中央书记处对《纪要》进行讨论后,谷牧专程到杭州向陈云作了汇报。陈云表示"同意这个《纪

---

① 深圳市史志办公室:《中国经济特区的建立与发展·深圳卷》,中共党史出版社 1997 年版,第 167 页。

要》"。① 随后,中央政治局正式讨论通过了《沿海部分城市座谈会纪要》,并于5月4日以中发〔1984〕13号文件批转全国。开放14个沿海港口城市,是我国实行对外开放政策的新的重大步骤,它把对外开放区域由相对集中的4个"点"进一步向北延伸,形成了由4个经济特区和14个沿海城市组成的一条对外开放的"线"。这对于促进这些城市的经济发展以至全国经济的发展,都具有重要意义。

以1984年邓小平视察深圳等地发表的重要谈话和沿海部分城市座谈会为标志,20世纪80年代中国的对外开放进入了加速发展的新阶段。如果说,在这之前,我们对举办经济特区还抱有"试试看"的"犹疑"和"担心",有人甚至视其为与社会主义格格不入的"洪水猛兽";在这之后,从中央最高领导层开始,我们则大大坚定了一定能够把经济特区建设好,一定能够通过改革开放来发展、推动和完善中国特色社会主义的决心和信心。试办经济特区的"初衷"达到了。

二、制定全面改革纲领与各领域改革开放的展开

(一) 十二届三中全会制定全面改革纲领

党的十一届三中全会后,我国经济体制改革首先在农村取得巨大成就。农村改革的深入发展,农村经济向专业化、商品化、现代化转变,这种形势迫切要求疏通城乡流通渠道,为日益增多的农产品开拓市场,同时满足农民对工业品、科学技术和文化教育的不断增长的需求。农村经济发展对城市的要求,为以城市为重点的整个经济体制的改革提供了极为有利的条件。

城市是我国经济、政治、科学技术、文化教育的中心,是现代工业和工人阶级集中的地方,在社会主义现代化建设中起着主导作用。只有在农村改

---

① 《陈云传》,中央文献出版社2005年版,第1673页。

革的基础上,坚决地系统地进行城市经济体制改革,才能促进城市经济兴旺繁荣,才能适应对内搞活、对外开放的需要,推动整个国民经济更好更快地发展。党的十一届三中全会后,以城市为重点的整个经济体制改革也已经进行了许多试验和探索,采取了一些重大措施,取得了显著成效。但是城市改革还只是初步的,城市经济体制中严重妨碍生产力发展的种种弊端还没有从根本上消除。比如,城市企业经营自主权还没有得到充分发挥,企业经济效益还很低下,城市经济的巨大潜力还远远没有挖掘出来,生产、建设和流通领域中的种种损失和浪费还很严重,因此,加快改革是城市经济进一步发展的内在要求。1984 年 3 月 22 日福建省 55 位厂长、经理联合致信省委、省政府,呼吁给他们"松绑"放权。《福建日报》《人民日报》先后刊登和转载了这封信,"松绑"呼吁在国内引起了强烈反响。

还应该看到,世界范围兴起的新技术革命,对我国经济的发展既提供了有利机遇,也带来了严峻挑战。进入 20 世纪 80 年代,世界新科技革命迅猛发展,以电子计算机为中心的微电子技术、生物技术、新材料技术、空间技术等,为人类社会的发展创造出前所未有的生产力,同时也使世界各国在经济科技等领域的竞争空前激烈,尤其是发展中国家面临的缩小本已就有的差距、加快发展的任务更为严峻。1983 年、1984 年在国内兴起了一场关于新技术革命的广泛讨论。1983 年 10 月,国务院总理赵紫阳提出要组织研究新技术革命和我们的对策问题,认为这次新工业革命对中国向"四化"进军来说,既是一个机会,也是一个挑战。时机用得好,可以缩短差距;漠然视之,就会被甩得更远。胡耀邦积极支持,要求各级领导"用心看一看"。国务院和上海市分别组织了专家小组研究对策。1983 年 11 月 5 日,国务院几家机构联合举行"新的产业革命及我们的对策"研究动员大会,从 1984 年 3 月起,中央、国务院机关开办了 20 期的系列讲座。全国兴起了一个热潮。专家及部门提出的对策各异,但有一点是一致的:新技术革命对于中国现行的体制、经营思想和低效率状况确是一个严峻挑战。面对挑战,要求我们的整个经济体制更应具有吸收当代世界最新科技成就,推动科技进步,创造新的生产力的更加强大的能力。因此,改革的需要更为迫切。

随着加快改革的呼声渐高,1983 年 1 月,胡耀邦在全国职工思想工作会议上作了题为《四化建设和改革问题》的长篇报告,提出"全面而系统地改、坚决而有秩序地改"的改革总方针。① 4 月 19 日,中共中央、国务院印发的《赵紫阳在听取全国工业交通工作会议情况汇报时的讲话》中也提出"改革的步伐要加快"。赵紫阳解释说:"调整也好,整顿也好,如果不同改革结合,是很难进行下去的。"② 1984 年初,邓小平对四个特区的视察和他关于扩大开放的讲话,进一步提升了加快改革的热度。1983 年末至 1984 年初,经济领导部门专门研究了怎样改善国有企业素质的问题。5 月,国务院发布了"扩权十条"。越来越多的人认识到,新旧体制并存状态不能持久,必须进一步改革,建立统一的国内市场。

正是在上述背景下,党中央开始谋划进行以城市为重点的经济体制全面改革的纲领,并决定召开党的十二届三中全会专门研究这个问题。为了开好这次会议,中央成立了由胡耀邦、赵紫阳、胡启立、胡乔木、姚依林、田纪云组成的文件起草领导小组,负责领导起草《关于经济体制改革的决定》。参与文件写作的有袁木、高尚全、桂世镛、王忍之、谢明干、杨启先、林涧青、林子力、龚育之、郑必坚等人。经过多次调研和反复修改,到 1984 年 9 月,文件起草工作完成。

1984 年 9 月 25 日,中央政治局委员、书记处书记习仲勋在中央党校新学年开学典礼上公告说:"最近中央为即将召开的十二届三中全会拟定了一个关于经济体制改革问题的重要文件。这个文件把马克思主义的普遍原理同中国革命的具体实践相结合,密切联系我国实际,既正确地总结了历史和现实的经验教训,又科学地解答了实际工作产生的新问题,丰富了马克思主义政治经济学和科学社会主义。这个文件经过三中全会讨论通过发布

---

① 《中华人民共和国实录》第四卷,吉林人民出版社 1994 年版,第 608 页。
② 《中华人民共和国经济管理大事记》,中国经济出版社 1986 年版,第 505 页。

后,一定会对我国的四化建设发生巨大的促进作用。"①9 月 26 日,国务院总理赵紫阳在会见联邦德国前总理赫尔穆特·施密特时说,党的十一届三中全会以后,中国有了相当大的变化。在中国历史上,这也是一个新的转折时期。他说,中国正在努力发展生产力,实行经济改革。农村改革已取得了相当大的成效。目前,我们正在着手进行城市改革。中国共产党十二届三中全会将对中国经济改革,主要是城市改革作出决议。这样,整个中国社会改革的蓝图就会更加清晰了。10 月 2 日,邓小平在会见参加中华人民共和国成立 35 周年庆典活动的杨振宁、李政道、丁肇中、吴健雄等六十多位外籍华人科学家时说:即将召开的党的十二届三中全会的主题是城市的改革,"这个改革需要有更大的勇气"。"党的十一届三中全会,是从农村的改革做起的。农村的政策已经见效了。农民好起来了。人民很高兴,确实高兴。不久我们要召开十二届三中全会,又一个三中全会,这个三中全会的主题是整个城市的改革,包括工业、商业、科学、文化等,范围更广了,我们要开拓新的局面。我相信,这次会议在将来的历史上会表明它的重要性。"②

1984 年 10 月 20 日,党的十二届三中全会在北京召开。全会之前,举行了 6 天的预备会议。全会分析了我国当时的经济和政治形势,总结了我国社会主义建设正反两方面的经验,特别是近几年城乡经济体制改革的经验,一致通过了《中共中央关于经济体制改革的决定》。《决定》根据马克思主义基本原理同中国实际相结合的原则,阐明了加快以城市为重点的整个经济体制改革的必要性、紧迫性,规定了改革的方向、性质、任务和各项基本方针政策,成为指导 20 世纪 80 年代我国经济体制改革的纲领性文件。

《决定》在理论上的最大突破,是以中共中央文件的郑重形式,第一次明确地把此前一直受到批判的"商品经济"理论写进了中央文件,郑重宣布我国社会主义经济是"公有制基础上的有计划的商品经济",从而历史性地

---

① 习仲勋:《在中央党校 1984 年秋季开学典礼上的讲话》,《人民日报》1984 年 9 月 26 日。

② 《邓小平会见华人科学家时谈十二届三中全会主题》,《人民日报》1984 年 10 月 3 日。

冲破了自 1979 年以来已坚守了 5 年之久的"计划经济为主,市场调节为辅"的改革框架,为我国开展全面的经济体制改革指明了方向。

关于计划与市场、计划经济与商品经济(市场经济)的关系问题,长期以来是我国社会主义建设中的一个重大理论问题。粉碎"四人帮",结束"文化大革命"以后,我们党通过总结历史经验教训,冲破了长期"左"的错误的束缚,进一步深刻地认识到传统计划经济体制的弊病和不足,提出了经济体制改革的任务。1978 年 7—9 月间,在国务院召开的加快现代化建设的务虚会上,许多经济学家批评了要求消灭商品货币关系的"左"倾观点,提出应更多地发挥价值规律的作用。邓小平在为 1978 年 12 月中央工作会议闭幕讲话准备的手写提纲中也提出:"自主权与国家计划的矛盾,主要从价值法则、供求关系来调节。"①党的十一届三中全会公报指出:为发展经济,除了恢复和坚持长期行之有效的各项经济政策外,还应"根据新的历史条件和实践经验,采取一系列新的重大的经济措施,对经济管理体制和经营管理方法着手认真的改革","应该坚持实行按经济规律办事,重视价值规律的作用"。② 1979 年 3 月 8 日,陈云写出《计划与市场问题》的研究提纲,提出"整个社会主义时期必须有两种经济":"计划经济部分"和"市场调节部分","第一部分是基本的主要的;第二部分是从属的次要的,但又是必需的。"③根据陈云的思想,1979 年 4 月,李先念在中央工作会议上提出:"在我们的整个国民经济中,以计划经济为主,同时充分重视市场调节的辅助作用。"④这就是"计划经济为主,市场调节为辅"提法的最初由来。同年 11 月 26 日,邓小平在会见美国不列颠百科全书出版公司副总裁吉布尼等人时,也谈到了"社会主义也可以搞市场经济"的问题,指出:"说市场经济只存在

① 中共中央文献研究室编:《邓小平年谱(1975—1997)》(上),中央文献出版社 2004 年版,第 445 页。
② 中共中央文献研究室编:《三中全会以来重要文献汇编》(上),人民出版社 1982 年版,第 4 页。
③ 《陈云文选(1956—1985)》,人民出版社 1986 年版,第 221 页。
④ 《李先念文选》,人民出版社 1989 年版,第 371—372 页。

于资本主义社会,只有资本主义的市场经济,这肯定是不正确的,社会主义为什么不可以搞市场经济,这个不能说是资本主义。我们是计划经济为主,也结合市场经济。"①当时"市场经济"与"市场调节"混用,意思大致相同。

党的十一届三中全会以后,经济理论界对于如何认识计划和市场的相互关系的讨论更加激烈,主要提出了以下一些观点:(1)社会主义经济是有商品关系的计划经济,或含有市场机制的计划经济;(2)社会主义经济是计划经济和商品经济的统一;(3)社会主义经济是有计划的商品经济;(4)社会主义经济是商品经济或市场经济。1980年9月,国务院经济体制改革办公室形成《关于经济体制改革的初步意见》,提出:"我国现阶段的社会主义经济,是生产资料公有制占优势、多种经济成分并存的商品经济。""我国经济体制改革的原则和方向应当是:在坚持生产资料公有制占优势的条件下,按照发展商品经济和促进社会化大生产的要求,自觉地运用价值规律,把单一的计划调节,改为在计划指导下充分发挥市场调节的作用。"这个"初步意见"第一次大胆地将我国经济的性质定性为"商品经济",提出经济改革的总体方向应该是市场取向。报告提交中央后,曾得到有关领导同志的赞扬,但并未在党内达成一致意见。

1981年6月,党的十一届六中全会通过的《关于建国以来党的若干历史问题的决议》提出:"必须在公有制基础上实行计划经济,同时发挥市场调节的辅助作用"。这是我们党首次以中央决议的形式肯定"以计划经济为主,市场调节为辅"的理论和政策主张。同年11月,五届人大四次会议通过的政府工作报告中把这个政策主张落实到企业管理方法上,将我国企业大体上分为四种类型:一是按照国家指令性计划进行生产的,这是关系国家经济命脉的骨干企业或关系国计民生的主要产品;二是按市场变化而在国家计划许可的范围内生产的,这是品种繁多的小商品,分散在许多小企业和个体劳动者中生产;三是大部分按国家计划生产,小部分由企业自行组织

---

① 《邓小平文选》第二卷,人民出版社1994年版,第236页。

生产的;四是大部分由企业按照市场变化组织生产,小部分按照国家计划进行生产的。在这四种管理方法中,计划和市场的比重各不相同,从完全的计划调节,到基本上完全的市场调节,构成一个系列。1981 年 11 月至 1982 年 1 月,陈云先后四次就"坚持以计划经济为主,市场经济为辅的问题"发表谈话,强调计划经济。此后,思想理论界开展了一场对"商品经济"主张的批判。有人说:"作为社会主义经济基本特征的,应该是计划经济,而不是商品经济。""至于'有计划的商品经济',落脚点仍然是商品经济,计划经济被抽掉了。计划经济既然已不复存在,'有计划'又是从何而来呢?"①有人提出:"社会主义经济的本质特征只能是计划经济。……把社会主义经济降格为'商品经济',当然只能是一种历史上的倒退。事实上,如果没有计划经济,也就没有什么社会主义可言了。"②1982 年 4 月,邓小平说:"经济体制改革还只是试点。……最重要的,还是陈云同志说的,公有制基础上的计划经济,计划经济为主、市场调节为辅,全国一盘棋,主要经济活动都要纳入国家计划轨道。"③在此背景下,1982 年 9 月党的十二大在阐述计划与市场关系时,没有取得新的进展,而是再次重申并进一步肯定了"计划经济为主,市场调节为辅"的提法,指出:"我国在公有制基础上实行计划经济。……正确贯彻计划经济为主、市场调节为辅的原则,是经济体制改革中的一个根本性问题。我们要正确划分指令性计划、指导性计划和市场调节各自的范围和界限……建立起符合我国情况的经济管理体制,以保证国民经济的健康发展。"④

"计划经济为主,市场调节为辅"的方针,是 1978 年至 1984 年党的十二届三中全会前中国经济体制改革实践的指导思想和理论依据,它与过去把社会主义经济等同于完全的指令性计划的观念相比,是一个飞跃,有重要的

---

① 李震中:《也谈计划与市场问题》,《光明日报》1981 年 12 月 26 日。
② 陶大镛:《是计划经济,还是商品经济?》,《光明日报》1982 年 6 月 26 日。
③ 转引自《陈云传》,中央文献出版社 2005 年版,第 1646 页。
④ 胡耀邦:《全面开创社会主义现代化建设的新局面——在中国共产党第十二次全国代表大会上的报告》,《人民日报》1982 年 9 月 8 日。

积极意义。但是,这个提法仍然把计划经济作为我国社会主义经济的基础,仍然坚持计划经济为主,把市场调节放在从属的、次要的地位,也有历史局限性。党的十二大以后,继续对商品经济观点进行批判。这种情况,不符合我国经济体制改革继续深化的客观要求,也不利于解放和发展生产力,急需加以改变。

20世纪80年代中期,随着改革开放的深入和扩展,特别是沿海经济的迅猛发展,使我国经济日趋复苏和繁荣。1982年家庭联产承包责任制在全国迅速普及后,到1984年,农业总产值在这三年中按当年价格计算年均增长13.8%,粮食年均增产7.8%。农业生产的发展也促进了乡镇企业的发展。农村经济的发展,为工业发展提供了丰富的原料和广阔的市场,从而带动了工业的发展。1982年至1984年工业总产值年均增长12.1%,以致部分商品出现了过剩。对外开放进一步扩大。继1979年设立四个经济特区,1984年又进一步开放了沿海14个港口城市。对外贸易有了新的发展。1978年,中国在世界出口国家中居第32位,1984年位次跃进到第19位。市场繁荣,人民生活进一步改善。1981年到1984年城市居民人均年收入平均增长9.7%,农民家庭人均年收入平均递增16.7%①。包括集体经济、个体经济、私营经济和外资企业在内的非国有经济的迅速发展提出了进一步改革的要求。愈来愈多的人认识到,向商品经济(市场经济)转变是历史的必然要求,因此提出要为商品经济(市场经济)恢复名誉。

正是根据实践发展的要求,在理论界的努力和中央领导层的直接推动之下,党的十二届三中全会通过的《决定》,将我国经济体制改革的目标模式向前大大推进了一步。《决定》明确指出:"改革计划体制,首先要突破把计划经济同商品经济对立起来的传统观念,明确认识社会主义计划经济必须自觉依据和运用价值规律,是在公有制基础上的有计划的商品经济。商品经济的充分发展,是社会经济发展的不可逾越的阶段,是实现我国经济现

---

① 吴敬琏:《二十年来中国的经济改革和经济发展》,《百年潮》1999年第11期。

代化的必要条件。只有充分发展商品经济,才能把经济真正搞活,促使各个企业提高效率,灵活经营,灵敏地适应复杂多变的社会需求,而这是单纯依靠行政手段和指令性计划所不能做到的。"这段话,为一直被看作资本主义"异端"的商品经济"平反"。《决定》同时指出:"即使是社会主义的商品经济,它的广泛发展也会产生某种盲目性,必须有计划的指导、调节和行政的管理,这在社会主义条件下是能够做到的。"我国的"改革,是在党和政府的领导下有计划、有步骤、有秩序地进行的,是社会主义制度的自我完善和发展"。改革的基本任务,是"建立起具有中国特色的、充满生机和活力的社会主义经济体制,促进社会生产力的发展"。

《决定》根据历史经验和改革开放以来的实践,对我国计划体制的基本点作了四个方面的概括:"第一,就总体说,我国实行的是计划经济,即有计划的商品经济,而不是那种完全由市场调节的市场经济;第二,完全由市场调节的生产和交换,主要是部分农副产品、日用小商品和服务修理行业的劳务活动,它们在国民经济中起辅助的但不可缺少的作用;第三,实行计划经济不等于指令性计划为主,指令性计划和指导性计划都是计划经济的具体形式;第四,指导性计划主要依靠运用经济杠杆的作用来实现,指令性计划则是必须执行的,但也必须运用价值规律。按照以上要点改革现行的计划体制,就要有步骤地适当缩小指令性计划的范围,适当扩大指导性计划的范围。对关系国计民生的重要产品中需要由国家调拨分配的部分,对关系全局的重大经济活动,实行指令性计划;对其他大量产品和经济活动,根据不同情况,分别实行指导性计划或完全由市场调节。"①

《决定》把增强企业活力作为以城市为重点的整个经济体制改革的中心环节。指出:"城市企业是工业生产、建设和商品流通的主要的直接承担者,是社会生产力发展和经济技术进步的主导力量。……而现行经济体制的种种弊端,恰恰集中表现为企业缺乏应有的活力。"为此,《决定》赋予企

---

　　① 《中共中央关于经济体制改革的决定》,《人民日报》1984 年 10 月 21 日。

业六大生产经营自主权,即:"在服从国家计划和管理的前提下,企业有权选择灵活多样的经营方式,有权安排自己的产供销活动,有权拥有和支配自留资金,有权依照规定自行任免、聘用和选举本企业的工作人员,有权自行决定用工办法和工资奖励方式,有权在国家允许的范围内确定本企业产品的价格,等等。总之,要使企业真正成为相对独立的经济实体,成为自主经营、自负盈亏的社会主义商品生产者和经营者,具有自我改造和自我发展的能力,成为具有一定权利和义务的法人。"①

《决定》还就在发展社会主义有计划商品经济条件下,"建立合理的价格体系,充分重视经济杠杆的作用"、"实行政企职责分开,正确发挥政府机构管理经济的职能"、"建立多种形式的经济责任制,认真贯彻按劳分配原则"、"积极发展多种经济形式,进一步扩大对外的和国内的经济技术交流"、"起用一代新人,造就一支社会主义经济管理干部的宏大队伍"、"加强党的领导,保证改革的顺利进行"等问题进行了深入阐述。

党的十二届三中全会期间,印发了陈云的书面发言。书面发言重点讲了"收回香港是历史赋予我们的责任"、"系统进行经济体制的改革"、"物质文明和精神文明要一起抓"三个问题。关于全会通过的经济体制改革文件,陈云指出:"现在,我国的经济规模比五十年代大得多,也复杂得多。五十年代适用的一些做法,很多现在已不再适用。"关于《决定》中说"竞争中可能出现某些消极现象和违法行为",针对这句话,陈云指出:"这句话在文件里提一下很必要。什么是消极现象?例如,大吃大喝,送很贵重的礼品,以及其他种种为谋取小公和个人利益而损害国家利益的不正当手段,这些就是消极现象。有的地方总结'经验',叫做'二菜一汤,生意跑光;四菜一汤,生意平常;六菜一汤,生意兴旺;八菜一汤,独霸一方'。据说,现在八菜一汤也不大灵光了。还有的厂子,选两个二十多岁的漂亮姑娘当外勤人员,跑材料,推销产品,男外勤人员办不到的事,她们能办到。对这些现象,不必

---

① 《中共中央关于经济体制改革的决定》,《人民日报》1984 年 10 月 21 日。

大惊小怪。……但也要看到,如果我们不注意这个问题,不进行必要的管理和教育,这些现象就有可能泛滥成灾,败坏我们的党风和社会风气。因此,我们在抓物质文明建设的同时,必须抓精神文明建设,两个文明一起抓。"①陈云的书面发言,受到与会者的重视和赞同。

党的十二届三中全会及其通过的《决定》,在新时期中国改革开放史上占有重要地位。《决定》虽然在改革的目标模式上还没有提出建立社会主义市场经济体制,但"有计划商品经济"理论的确立,使得改革目标的市场取向进一步明确。邓小平对全会通过的文件给予了高度评价。10月22日,也就是全会闭幕第三天,在中央顾问委员会第三次全体会议上的讲话中,邓小平说:"我的印象是写出了一个政治经济学初稿,是马克思主义基本原理和中国社会主义实践相结合的政治经济学。我是这么个评价。……这个文件,我没有写一个字,没有改一个字,但确实很好。""这次经济体制改革的文件好,就是解释了什么是社会主义,有些是我们老祖宗没有说过的话,有些新话。""过去我们不可能写出这样的文件……写出来,也很不容易通过,会被看作'异端'。我们用自己的实践回答了新情况下出现的一些新问题。不是说四个坚持吗? 这是真正坚持社会主义"。②

(二) 经济体制改革的全面展开

党的十二届三中全会拉开了中国经济体制改革的重点从农村转向城市的序幕,开始了全面改革的进程。到1987年党的十三大召开前后,整个经济体制改革取得明显的进展。主要体现在:

第一,在坚持公有制经济主体地位的前提下,调整所有制结构,形成了以公有制为主体,个体经济、私营经济、外资经济和其他经济为补充,多种经济成分共同发展的局面。党的十二届三中全会通过的《关于经济体制改革

---

① 陈云:《在党的十二届三中全会上的书面发言》,《陈云文选》第三卷,人民出版社1995年版,第338—339页。
② 《邓小平文选》第三卷,人民出版社1993年版,第83、91页。

的决定》指出:"我国现在的个体经济是和社会主义所有制相联系的,不同于和资本主义私有制相联系的个体经济,它对于发展社会生产、方便人民生活、扩大劳动就业具有不可代替的作用,是社会主义经济必要的、有益的补充,是属于社会主义经济的。"今后"在以劳务为主和适宜分散经营的经济活动中,个体经济应该大力发展"①。1987 年 8 月,国务院发布关于《城乡个体工商户管理暂行条例》,《条例》在积极扶持个体工商业发展的同时,加强了规范化管理,要求个体工商户,不得无照经营,不得乱设摊点,不得从事欺行霸市、哄抬物价、强买强卖、掺杂使假等法律和政策所不允许的生产经营活动,不得偷税、漏税、抗税,等等。同年 9 月,国家工商行政管理局公布了《城乡个体工商户管理暂行条例实施细则》,对个体工商业的开业资格、经营范围、经营方式、申请登记的项目等作了更为详细、具体的规定。这就进一步强化了对个体工商业的规范化管理,对维护正常的市场秩序,确保个体经济的健康、有序发展起到了重要作用。至 1988 年底,全国个体工商户达到 1453 万户,从业人员 2305 万人,注册资本 312 亿元;②全国雇工 8 人以上的私营企业约 11.5 万户,雇工总数为 184.7 万人,以集体企业名义登记,实际上是私营性质的企业约有 5 万家,雇工总数 80 万余人。③ 在这期间,各种类型的"三资企业"快速发展,到 1987 年 6 月,我国已批准建立的中外合资、中外合作和外商独资企业 8500 多家,协议合同外资金额达 171.76 亿美元。经过改革,过去那种与现实生产力水平不完全适应的单一公有制结构有了很大改变。1987 年同改革前的 1978 年相比,在全国工业总产值中,全民所有制企业的产值有相当的增长,而它所占的比重由 77.6%下降到59.7%;集体经济由 22.4%上升到 34.6%;个体经济、私营经济、"三资"企业和其他非公有制经济成分则由几乎为零上升到 5.6%;在社会商品零售

① 中共中央文献研究室编:《十二大以来重要文献选编》(中),人民出版社 1988 年版,第580 页。

② 张厚义、明立志:《中国企业发展报告(1978—1998)》,社会科学文献出版社 1999 年版,第 311 页。

③ 任杰、梁凌:《中国政府与私人经济》,中华工商联出版社 2000 年版,第 318 页。

总额中,全民所有制商业由 54.6% 下降到 38.7%,集体商业由 43.3% 下降为 35.7%,非公有制经济成分由 2.1% 上升到 25.6%,全国城镇个体工商等各行业从业人员由 15 万人增加到 569 万人。所有制结构的这种变化,对发展经济、方便生活和安置就业起了积极作用。

第二,借鉴农村改革把生产资料所有权与经营管理权适当分离的成功经验,围绕增强企业活力这一经验,进一步扩大企业自主权。1984 年 10 月 28 日,《人民日报》报道并推广江苏省常州市积极贯彻国务院关于扩大企业自主权 10 条规定的经验,希望各地区各企业予以效仿。随后许多地方政府,借鉴常州的经验,在简政放权上采取了新的措施。1985 年 4 月 17 日,福建省人民政府颁发《关于进一步搞活企业的十条措施》,在推行厂长负责制、工资改革、扩大生产销售自主权、发展多种形式的经济联系、禁止对企业不合理摊派、继续企业下放和实行承包、租赁、转让等方面进一步放权让利。到 1985 年,全省下放省属工交、财贸、农林水、文教、军工企业 594 家,占全省省属企业的 73.2%。1985 年 9 月,国务院颁发了《关于增强大中型国营企业活力若干问题的暂行规定》,提出了搞活国营企业、发挥企业自主功能的 14 条措施,更为具体地贯彻了党的十二届三中全会关于搞活企业、扩大企业自主权的要求。在扩大企业自主权基础上,广泛推行承包经营责任制,是这一时期搞活国有企业的一个主要措施。企业承包经营责任制的主要内容是:按照所有权与经营权分离的原则,通过签订承包合同,确定国家与企业之间的责、权、利关系,使企业具有自主权的经营管理制度。其基本形式是"两保一挂",即企业保证完成承包合同规定的上缴税利指标,保证完成国家规定的技术改造任务,工资总额与实现利税挂钩。承包经营责任制具有包死基数、确保上缴、超收多留、欠收自补的基本特征,较好地处理了国家与企业之间的利益关系,调动了企业的积极性,增强了企业的活力。首都钢铁公司、第一汽车制造厂、第二汽车制造厂、攀枝花钢铁公司等大型国有企业 1984—1986 年先后实行承包责任制并取得成效。随后,冶金、煤炭、石油、石油化工、有色金属、邮电、民航等行业也相继实行了全行业的投入产出包干制,并取得了明显的经济效益。1986 年 12 月,国务院在总结几年来企业改革实践经验的基础上,作出了《关于深化企业改革增强企业活力的若干规定》。这个规定的贯彻,使承包经营责任制在国营大中型企业中较快地发展起来。到 1987 年,全国已有 80%以上的国有大中型企业实行了各种形式的承包经营责任制。还有一些国有企业实行租赁经营或个人租赁承包。在企业内部,则进行了以实行厂长负责制为主要内容的改革。1986 年9 月,中共中央、国务院颁发《全民所有制企业厂长工作条例》、《中国共产党全民所有制工业企业基层组织工作条例》和《全民所有制工业企业职工代表大会条例》。这三个条例的颁布和实施,标志着我国企业领导制度正式完成由党委领导下的厂长负责制到厂长负责制的转变,开始改变企业中党政不分、以党代政、责权分离的情况,逐步形成厂长独立决策和指挥企业生产系统的局面,对搞好企业的生产和经营活动起了重大作用。到 1987 年12 月,全国已有 4.4 万个全民所有制工业企业实行厂长负责制,占同类企业总数的 77%。为了搞活国营企业,建立优胜劣汰的激励机制,这一时期还试行了企业破产制度。沈阳、武汉、重庆、太原等城市率先进行了企业中破产试验。在试点基础上,1986 年 12 月,六届人大常委会第 18 次会议通过了《中华人民共和国企业破产法(试行)》,标志着企业改革又前进了一大步。

第三,逐步改革计划、财税、金融、工资等政府的宏观管理体制。在计划体制上,缩小指令性计划管理的范围。在计划体制改革方面,以江苏省为例,按照"大的方面管住管好,小的方面放开放活"的原则,江苏不断缩小指令性计划,扩大指导性计划的范围,并放开一部分产品实行市场调节。1985年,省管工业生产指令性计划指标由 60 个减少到 40 个;全省国民经济中,计划部分和市场调节部分各占一半,市场调节在国民经济中发挥了明显的作用。1987 年与改革前相比,国家计委管理的指令性计划的工业产品从120 种减少到 60 种,其产值占工业总产值的比重由 40%下降到 17%,国家统配物资由 259 种减少到 26 种,国家计划管理的商品由 188 种减少到 23

种;全国用于生产和建设的资金,由财政筹集的从 76.6%下降到 312%,由银行筹集的从 23.4%上升到 68.8%。经济杠杆在宏观调控中的作用明显增强。在财政税收管理上,按照扩大地方和企业财权,发挥税收的经济调控功能,提高经济效益的原则,调整了国家和企业的分配关系,改革了预算管理体制和税收制度,增强了企业的活力,调动了地方政府发展经济的积极性。在金融管理体制方面,改变了高度集中,以行政管理办法为主的体制,建立了以中央银行为主体,各种金融机构相结合的新型金融体制,中央银行的宏观管理开始向间接调控过渡。在劳动工资方面,打破收入分配上的平均主义、"大锅饭",在国家同企业的分配关系上,实行企业工资总额同经济效益挂钩的试点,对国家机关和事业单位的职工工资,实行以职务工资为主要内容的结构工资制。

第四,试行股份制改革。股份制,即以入股方式把分散的,属于不同人所有的生产要素集中起来,统一使用,合伙经营,自负盈亏,按股分红的一种经济组织形式。股份制的基本特征是生产要素的所有权与使用权分离,在保持所有权不变的前提下,把分散的使用权转化为集中的使用权。新中国成立初期曾存在过股份制经济。改革开放后,股份制经济在中国重新兴起。1984 年 4 月,国家经济体制改革委员会在江苏省常州市召开了城市经济体制改革试点工作座谈会,座谈会形成的纪要明确提出,对城市集体企业和国有小企业要进一步放开,搞活的办法是"允许职工投资入股,年终分红"。在这个《纪要》的影响下,1984 年 7 月 25 日,我国第一个股份公司——北京天桥百货股份有限公司建立。同年 11 月,上海飞乐音响公司也随之试行股份制,开始在本厂职工中发行股票,后来向社会公开发行股票。1985 年 10 月,我国第一家证券公司——深圳特区证券公司正式成立,专门从事股票的发行、转让和管理工作。此后,沈阳、上海、北京、广州等地也先后成立了证券交易市场,股票交易日趋活跃。1986 年 12 月,国务院发布《关于深化企业改革增强企业活力的若干规定》指出:"各地可以选择少数有条件的全民所有制大中型企业,进行股份制试点。"在这以后,股份制经济在我国有了较快的发展。为了指导股份制企业有秩序地发展,福建多次召开股份制经济研讨会,省政府先后批准制订了《股份制企业暂行办法》、《福建省股票、债券管理试行办法》。至 1986 年,全省股份制经济有了较大的发展。主要有三种形式:一是全民所有制商业企业中的试点单位,如福州东街口百货股份有限公司。二是集体所有制中的试点企业,如福州侨光服装厂、永安纸箱厂、漳州兴华电焊机厂、南平电子仪器厂等。福州市还成立了以福州水表厂为骨干企业的福州仪器仪表股份有限公司,参股单位既有集体企业,也有全民企业。三是乡镇企业中的合作经济,主要是个人集资合股经营的股份制企业。这类股份制企业在乡镇企业较为发达的泉州地区较为普遍。股份制在搞活国有大中型企业中的积极作用,为宏观调节产业、产品和企业结构提供了重要手段,也为企业扩大市场规模开辟了民间融资和吸引外资的渠道。截至 1988 年 10 月,据对北京、上海、湖南、山西、四川、山东等 16 个省市的不完全统计,共开办股份制企业 3827 家。

第五,改革流通体制,发展商品市场,改革不合理的价格体系。通过改革,使单渠道、多环节、封闭式的市场变为多渠道、少环节、开放式的市场。基本形成了以农副产品、日用工业品、生产资料等为主的交易市场;形成了不同档次、不同类型的市场网络。到 1987 年底,全国已建立日用工业品贸易中心 990 多个,农副产品贸易中心 646 个,生产资料中心 320 个,城乡农贸市场和小商品批发市场近 6 万个,初步改变了过去单一固定价格和全部产品由国家定价的办法,形成国家定价、国家指导价、市场调节价相结合的新的价格体系。

第六,改革工资制度和劳动制度。1985 年 1 月 5 日,国务院发出《关于国营企业工资改革问题的通知》,决定从 1985 年开始,在国营大中型企业中,实行职工工资总额同企业经济效益按比例浮动的办法。同年 6 月 4 日,中共中央、国务院发出《关于国家机关和事业单位工作人员工资制度改革问题的通知》,决定国家机关和事业单位实行以职务工资为主的结构工资制,包括基本工资、职务工资、工龄工资三部分。1985 年,江苏省党政机关和事业系统进行了以职务（业务职称）工资为主要内容的工资改革；并在206个大中型国营企业推行了工资总额与经济效益挂钩的试点，尔后逐步推开；至1985年底，全省有1/3的企业职工工资实行了改革。1986年又进行了新的改革探索，明确了在国家规定的工资总额和政策范围内，把企业内部职工的工资、奖金分配权交给企业，由企业自主决定分配形式和办法。1986年9月，国务院公布了改革劳动制度的四项暂行规定，对劳动制度进行了重大改革，企业新招收的工人开始实行合同制。在改革劳动用工制度上，1986年4月，中共中央、国务院发出《关于认真执行改革劳动制度几个规定的通知》，而后又陆续颁布了《国营企业实行劳动合同制暂行规定》、《国营企业辞退职工暂行规定》和《国营企业职工待业保险暂行规定》。《通知》和几个暂行规定之后，我国从1986年10月起，全民所有制工业企业招收新工人全部实行合同制，迈出了劳动制度改革的重要一步。

经济体制改革的全面展开，使得我国经济发展出现了前所未有的活跃局面。1987年，中国国民生产总值达到10920亿元，自1982年以来按可比价格计算平均每年增长11.1%；国民收入达到9153亿元，自1982年以来按可比价格计算平均每年增长10.7%；财政收入达到2243.6亿元，自1982年以来平均每年增长12.9%。粮、棉、钢、煤、电、石油、化肥、水泥、化纤、纱、布等主要产品的产量，以及交通运输量，都有较大幅度的增长。全民所有制企业新增加的固定资产达到5854亿元，为我国经济的进一步发展提供了物质技术基础。人民的生活有了较大提高。从1982年到1987年，农民人均纯收入从270元提高到463元，扣除物价上涨因素，平均年增长8.6%；城镇居民平均生活费从494.5元提高到916元，扣除物价上涨因素，平均年增长6.3%。① 经过党的十二大以后5年的发展，中国总体经济实力上了一个新的台阶。

---

① 李鹏：《政府工作报告——1988年3月25日在第七届全国人民代表大会第一次会议上》，《人民日报》1988年4月15日。

（三）对外开放区域的进一步扩大

党的十二届三中全会通过的《关于经济体制改革的决定》指出：闭关自守是不可能实现现代化的，"我们一定要充分利用国内和国外两种资源，开拓国内和国外两个市场，学会组织国内建设和发展对外经济关系两套本领。"《决定》提出："今后必须继续放宽政策，按照既要调动各方面的积极性，又要实行统一对外的原则改革外贸体制，积极扩大对外经济技术交流和合作的规模，努力办好经济特区，进一步开放沿海港口城市。"①对于《决定》在开放政策上取得的这一重大突破和进展，邓小平给予了高度评价。《决定》通过后的第二天，他在中顾委第三次全体会议上的讲话中指出：要实现十二大提出的到本世纪末全国工农业年总产值翻两番的战略目标，没有对外开放政策不可能，没有对外开放这一着，翻两番困难，翻两番之后再前进更困难。针对外国有些人担心中国的开放政策会变，邓小平强调："我说不会变。……历史经验教训说明，不开放不行。……你不开放，再来个闭关自守，五十年要接近经济发达国家水平，肯定不可能。"②

党的十二届三中全会后不久，国务院主要领导率有关部门负责人到东南沿海进行实地考察，写出了《关于沿海地区经济发展的几个问题》的考察报告。报告形象地把经济特区、沿海开放城市和经济技术开发区比作我国"对外开放的桥头堡"，提出这些"桥头堡要起跳板作用"，同时还提出上海、广州这样的大型城市，应当在对外开放中发挥"两个扇面、一个枢纽"的作用，即形成对内和对外辐射的两个扇面，开放城市居中起枢纽作用。报告还向中央提出了进一步开放珠江三角洲和长江三角洲，进而再陆续开放辽东半岛和胶东半岛的建议。这些意见得到了邓小平的充分肯定。1985 年 1 月 4 日，邓小平约谷牧谈话。在听取谷牧关于十四个沿海城市开放以来的情况汇报后指出：看起来大有希望。在谈到开放珠江三角洲和长江三角洲

---

① 《新时期经济体制改革重要文献选编》，中央文献出版社 1998 年版，第 291 页。
② 《邓小平文选》第三卷，人民出版社 1993 年版，第 90 页。

时,邓小平说:"沿海连成一片了,这很好。"对开放闽南厦漳泉三角洲的建议,邓小平也表示赞同,说:"要再加上闽南三角洲。"①

在邓小平的支持下,1985年1月25日至31日,长江三角洲、珠江三角洲和闽南厦(门)漳(州)泉(州)三角地区座谈会在北京召开。到会的有江苏、上海、浙江、福建、广东等有关地区和中央党、政、军有关部门的负责同志。会议传达、学习了中央和国务院关于将长江三角洲、珠江三角洲、闽南厦漳泉三角地区开辟为沿海经济开放区的指示精神和邓小平的有关谈话,着重讨论了如何贯彻落实的问题。会议一致认为,先将长江三角洲、珠江三角洲和闽南厦漳泉三角地区,继而将辽东半岛、胶东半岛开辟为沿海经济开放区,是我国在进一步实行改革与开放的新形势下,加速沿海经济发展,带动内地经济开发的重要战略部署,有着重大的意义。会议《纪要》指出,沿海地区大约有两亿人口,工农业基础较好,商品经济较为发达,科学文教水平较高、交通方便,信息比较灵通,历史上就与国外有广泛联系,在全国经济建设中占有举足轻重的地位。党的十一届三中全会以来,国家首先在沿海地区采取了一系对列外开放、搞活经济的步骤:在广东、福建实行特殊政策和灵活措施,创办四个经济特区;以对外开放促进海南岛经济开发;进一步开放沿海十四个港口城市,这些都已经取得了积极的成果。在此基础上,将沿海地区逐步开辟为对外开放的经济地带,是顺理成章的新步骤。在这一地带,要进一步放宽政策、搞活经济,加快改革的步伐,进一步开展对外经济技术合作和交流,并在加强对外引进的同时加强同内地的横向经济联系,从技术、人才、物资、信息等方面广泛深入地进行联合和协作。这样做,不但可以使沿海经济加快发展,在全国最先建设成为内外交流、工农结合、城乡渗透、现代化、开放式的文明富庶的地区,而且可以使内地和沿海的优势互为补充,相得益彰,共同发展和繁荣。我国的经济体制改革和对外开放,将通过经济特区—沿海开放城市—沿海经济开放区—内地这样多层次的探索和

---

　　① 《邓小平思想年谱》,中央文献出版社1998年版,第308页。

实践,由外向内、由沿海到内地逐步推进,从而有效地把发展沿海经济同开发内地经济密切结合起来,解决我国东部和西部的关系问题,使我国经济全面振兴,人民普遍富裕起来。会议《纪要》提出,在长江三角洲、珠江三角洲和闽南厦漳泉三角地区开辟经济开放区,应由小到大,先"小三角",后"大三角"。要以点带面,"点"就是上述三个"小三角"内的苏州、无锡、常州、嘉兴、湖州、泉州、漳州、佛山、江门等市和市区和按照贸—工—农安排生产、发展出口的重点县的城关区;"面"就是安排以发展出口为目标的、利用外资建设的农业技术引进项目、农产品生产基地和农产品初级加工厂的上述市、县所辖农村。这样做,有利于对外商投资加强管理;有利于城乡建设合理布局和环境保护;有利于集中建设基础设施,提供完善的投资环境;也有利于逐步积累经验,把工作做得更加扎实稳妥。《纪要》建议在长江三角洲、珠江三角洲和闽南厦漳泉三角地区对外开放的地区范围内,实行九个方面政策优惠措施。2月18日,中共中央、国务院批转了这个座谈会《纪要》。

1987年10月,中共十三大确定了全面深化改革开放的决策与目标,提出要"进一步扩大对外开放的广度和深度,不断发展对外经济技术交流与合作"。党的十三大报告指出:"当今世界是开放的世界。我们已经在实行对外开放这个基本国策中取得了重大成就。今后,我们必须以更加勇敢的姿态进入世界经济舞台,正确选择进出口战略和利用外资战略,进一步扩展同世界各国包括发达国家和发展中国家的经济技术合作与贸易交流,为加快我国科技进步和提高经济效益创造更好的条件。""必须继续巩固和发展已初步形成的'经济特区—沿海开放城市—沿海经济开发区—内地'这样一个逐步推进的开放格局。从国民经济全局出发,正确确定经济特区、开放城市和地区的开发与建设规划,着重发展外向型经济,积极开展同内地的横向经济联合,以充分发挥它们在对外开放中的基地和窗口作用。"[①]党的十三大以后,我国进一步扩大沿海地区对外开放。

---

① 赵紫阳:《沿着有中国特色的社会主义道路前进——在中国共产党第十三次全国代表大会上的报告》,《人民日报》1987年11月4日。

　　1987 年 11 月下旬至 1988 年初,国务院主要负责同志根据对外开放从发展外向型经济起步和演进的成功启示,两次到上海、浙江、江苏、福建等沿海省市考察工作,在深入调查研究的基础上,提出了加快沿海地区对外开放和经济发展的总体设想,即"沿海经济发展战略"。这个战略提出,沿海地区要抓住国际产业转移的有利时机,发挥劳务费用低、加工技术较高、对外交通便利的优势,开展加工出口贸易,积极走向国际市场,并按照国民经济发展需要,积极有效地举办外商投资企业,利用外商的资金、技术、信息和销售网络,优化生产要素组合,加快沿海经济的繁荣。沿海发展深加工的外向型经济还可以给中西部地区让出部分原材料和市场,从而带动内地经济的发展。1988 年 1 月 23 日,邓小平审阅赵紫阳报送的《沿海地区经济发展的战略问题》的报告,作出批示:"完全赞成。特别是放胆地干,加速步伐,千万不要贻误时机。"①随后,党中央、国务院决定将整个山东半岛、辽东半岛、河北省环渤海湾地区和广西北部湾地区的 234 个县市列入沿海经济开放区,从而在我国东部沿海由南向北共 1.8 万公里长的海岸线上,形成了一个狭长的沿海对外开放前沿地带。这个开放地带横跨 11 个省、区,包括近 300 个市县,2.2 亿人口,总面积达 42 万平方公里。

　　在进一步扩大沿海地区对外开放的同时,海南岛的开发开放问题也提出来了。早在 1980 年国务院就曾在北京召开了海南岛发展问题座谈会。1983 年 1 月,胡耀邦、赵紫阳、谷牧等中央领导同志又亲自视察海南岛,探讨加快海南岛发展问题。1983 年 4 月,中共中央、国务院决定对海南岛实行经济特区的某些政策,给予较多的自主权,以加速海南岛的开发。1984 年 2 月,邓小平在视察深圳、珠海等地回京后,进一步提出用 20 年时间把海南岛的经济发展到台湾的水平的设想。根据邓小平谈话精神,1984 年 5 月,六届全国人大二次会议通过决议,决定撤销广东省海南行政公署、成立海南行政区人民政府,扩大海南的自主权限。成立海南行政区后,海南岛的

---

　　　　① 《邓小平文选》第三卷,人民出版社 1993 年版,第 408 页。

工农业生产和基础设施建设有了一定的起色。但是由于这个行政区仍然隶属于广东省,行政层次繁多,仍然不利于海南的进一步发展和吸收外商投资。为了解决这个问题,1987年4月,香港有关人士曾向中央领导提出以下设想:即,把整个海南岛辟为特别行政区,采取国外自由港的管理办法,由港商负责投资开发。但国务院领导考虑后认为,这基本上是"一国两制"下的香港模式,缺乏可行性。经过仔细研究和专家论证,中央最后提出了将海南岛单独建省,将海南全省办成经济特区的设想。1987年12月,中央在海口市召开专门会议,就海南岛建省和建立经济特区问题进行了广泛讨论。1988年4月13日,第七届全国人民代表大会第一次会议通过了国务院提出的《关于设立海南省的议案》和《关于建立海南经济特区的议案》。以此为标志,海南作为中华人民共和国第31个省和作为我国第五个,也是最大的经济特区正式诞生了。

与此同时,利用外资,引进先进技术,扩大出口创汇工作也取得了重大进展。到1987年,全国累计签订利用外资协议(合同)项目10350项,累计协议金额625亿美元,其中外商直接投资等达到257.73亿美元。从1982年到1987年,全国通过各种方式使用国外贷款153.8亿美元,吸收外商直接投资87.8亿美元。在1万多个中外合资经营、合作经营和外商独资企业和建设项目中,生产性企业、出口型企业和先进技术型企业所占比重上升,已经涌现出一批办得比较好的企业和一些对经济建设有较大影响的项目。对外贸易有了很大发展。1987年全国进出口总额达到827亿美元,5年间平均每年增长14.7%,比1982年增长近一倍,进出口贸易总额在世界贸易中的地位,由1982年的第19位上升到第16位。技术引进工作取得了显著成绩。14个沿海开放城市引进技术改造项目5000项,成交额34.5亿美元。全国1982年至1987年间为改造现有企业而引进的先进技术和设备有1万多项,用汇近100亿美元。通过技术引进,推动了现有企业的技术改造,许多企业技术落后的状况逐步得到改变,增强了开发能力。对外承包工程、劳务合作和国际旅游业迅速发展。五年间对外承包工程和劳务合作在

100 多个国家和地区展开,完成营业额近 40 亿美元。1987 年来华旅游入境总人数达到 2690 万人次,创汇 18.4 亿美元,分别为 1982 年的 3.4 倍和 2.2 倍。

(四) 农村改革的深化和乡镇企业"异军突起"

在城市经济体制改革和对外开放加速推进的同时,农村改革进一步深化。党的十一届三中全会以来,我国农村经过五年多成功的经济改革,形势出现了新的变化:农村广大干部群众革新创业精神空前高涨,生产全面增长,主要农产品供应紧缺的状况有了很大改善,以联产承包责任制为特征的合作制度,推动了农村劳力、资金、技术的流动和合理结合;党的十二届三中全会后,以城市为重点的经济体制改革即将全面展开,更使广大农村面临着加速发展商品生产的有利时机。但是也要看到,农村生产在向商品经济转化中还存在着种种不协调现象。如农业生产不能适应市场消费需求,产品数量增加而质量不高、品种不全,商品流通遇到阻碍;生产布局和产业结构不合理,地区优势不能发挥,一部分地区贫困面貌改变缓慢等。产生上述问题的原因是多方面的,而国家对农村经济的管理体制存在缺陷是一个重要原因。其中,农产品统购派购制度,过去曾起了保证供给、支持建设的积极作用,但随着生产的发展,它的弊端日益表现出来,已经成为影响农村商品生产发展的一个严重障碍。因此,在打破集体经济中的"大锅饭"之后,还必须进一步改革农村经济管理体制,在国家计划指导下,扩大市场调节,使农业生产适应市场的需求,促进农村产业结构的合理化,进一步把农村经济搞活。

正是在以上背景下,1985 年 1 月 1 日,中共中央、国务院发布《关于进一步活跃农村经济的十项政策》(1985 年中央一号文件),提出了进行农村第二步改革的重大任务,宣布:(一)"改革农产品统派购制度",从 1985 年起,除个别品种外,国家不再向农民下达农产品统购派购任务,按照不同情况,分别实行合同订购和市场收购。(二)"大力帮助农村调整产业结构",

在决不放松粮食生产的同时,积极发展多种经营,国家以一定的财力物力支持粮棉集中产区发展农产品加工业,调整产业结构。(三)"进一步放宽山区、林区政策",山区 25 度以上的坡耕地要有计划有步骤地退耕还林还牧,以发挥地利优势。(四)"积极兴办交通事业",在经济比较发达地区,提倡社会集资修建公路,谁投资,谁收益。(五)"对乡镇企业行信贷、税收优惠。鼓励农民发展采矿和其他开发性事业",对饲料工业、食品工业、小能源工业的投资和其他乡镇企业的技术改造费,在贷款数额和利率上给予优惠。(六)"鼓励技术转移和人才流动",城市的各类科学技术人员经所在单位同意,可以停薪留职,应聘到农村工作。(七)"放活农村金融政策,提高资金的融通效益",信用社实行独立经营,自负盈亏。(八)"按照自愿互利原则和商品经济要求,积极发展和完善农村合作制",联产承包责任制和农户家庭经营长期不变,继续完善土地承包办法和林业、牧业、水产业,乡镇企业的责任制。(九)"进一步扩大城乡经济交往,加强对小城镇建设的指导",在各级政府统一管理下,允许农民进城开店设坊,兴办服务业,提供各种劳务。城市要在用地和服务设施方面提供便利条件。(十)"发展对外经济、技术交流",靠近沿海开放城市和经济特区的农村,应当成为农业方面的对外窗口和"外引内联"的基地。珠江三角洲、长江三角洲、山东半岛、辽东半岛和其他沿海地区要逐步形成"贸工农"型生产结构,即按出口贸易的需要来发展农产品加工,按加工需要发展农业生产,引进先进技术,提高产品质量。以上十项政策,适应了农村经济发展的新要求,把农村经济引入有计划商品经济的轨道,有力地促进了传统农业向专业化、商品化、现代化农业的转变。

1986 年 1 月 1 日,中共中央、国务院在《关于 1986 年农村工作的部署》(1986 年中央一号文件)中,对 1985 年的农村改革形势进行了阶段性总结,认为近几年农业增长的速度是罕见的,这主要是经过改革使原有的增产潜力集中迸发的结果。今后农业转向持续稳定的发展,将取决于政策的稳定和不断完善,农民积极性的不断提高,农业生产条件的不断改善。为此,中央提出 1986 年农村工作总的要求是:落实政策,深入改革,改善农业生产条件,组织产前产后服务,推动农村经济持续稳定协调的发展。

按照《关于进一步活跃农村经济的十项政策》和1986年农村工作部署的精神,农村改革继续推进。到1987年初,农村经济新体制的框架初步显露:在扩大自主权方面,家庭联产承包制的实行,使广大农民有了经营自主权,为农村商品经济的发展创造了前提;在培育市场体系方面,农产品购销体制的改革,使得多数农产品基本实行市场交换,农村商业体制和价格体系改革逐渐深入,劳力、资金和技术等也开始横向流动,计划指导下的市场体系逐步建立;在产业结构调整方面,逐步突破了过去单一经营和城乡分割的农村产业结构,粮食作物和经济作物的配置更加合理,农村经济正转向多部门的综合经营;在发展多种经济形式方面,适应生产和市场的要求,农村经济开始形成灵活多样的新联合体,出现了双层经营、承包经营、租赁经营、合伙经营、股份制经营、不同所有制间的联合经营等形式,体现了生产资料所有权和使用权既统一又分离、不同所有制交叉融合的发展趋向。在宏观调节方面,国家开始着重利用经济和法律手段调节农村经济运行,使之符合国家计划的要求,并由直接控制为主转到以间接调控为主。

农村经济新体制的初步构建,极大地解放了农村生产力,加快了农村经济的发展。而在这个过程中,乡镇企业的异军突起,则是人们未曾预料到的农村改革中的一个大收获。乡镇企业的前身是社队企业,从20世纪50年代初创、60年代衰落、70年代再生,到80年代崛起发展,走过了一段艰辛的创业历程。1978年12月召开的党的十一届三中全会决定将《中共中央关于加快农业发展若干问题的决定(草案)》和《农村人民公社工作条例(试行草案)》发到各省、市、自治区试行。《农村人民公社工作条例(试行草案)》设第七章专章对"社队企业"的发展作了具体规定:"人民公社要根据当地资源条件和社会需要,在保证搞好农业生产的前提下,有计划地积极兴办公社和大队企业。""在国家统一安排下,凡是符合经济合理的原则,宜于在农村就地加工的农副产品,应当逐步由社队企业加工。""国家要通过供产销合同的形式,逐步把社队企业纳入各级经济计划。不纳入计划的部分,允许自产自销。"①《条例》还就社队企业的扶持政策、劳动力安排、劳动报酬、福利待遇、资金筹集、企业利润、经营管理等问题作了具体规定。1978年底，全国已有社队企业152.4万个，企业总收入431.4亿元，占人民公社三级经济总收入的29.7%，安置农村劳动力2826万人。但全国发展极不平衡，发展最快的有江苏、山东、河北三省，江苏省社队企业的收入已占人民公社三级经济总收入的43%，该省社队企业总产值占到全国的16.6%。②

党的十一届三中全会后，在改革开放的推动下，农村中集体的、个体的及私营的企业雨后春笋般地进一步恢复成长，社队企业出现新的发展势头。1979年7月3日，国务院颁发《关于发展社队企业若干问题的规定（试行草案）》，肯定社队企业的发展，是加速我国工业的发展进程、逐步缩小工农差别和城乡差别的重要途径。同年9月党的十一届四中全会通过《中共中央关于加快农业发展若干问题的决定》，指出："社队企业要有一个大发展，逐步提高社队企业的收入占公社三级经济收入的比重。凡是符合经济合理的原则，宜于农村加工的农副产品，要逐步由社队企业加工。城市工厂要把一部分宜于在农村加工的产品或零部件，有计划地扩散给社队企业经营，支援设备，指导技术。对社队企业的产、供、销要采取各种形式，同各级国民经济计划相衔接，以保障供销渠道能畅通无阻。国家对社队企业，分别不同情况，实行低税或免税政策。"③此后，各地区和有关部门为贯彻中央决定精神，结合当地实际，相继制定了一系列扶持社队企业发展的措施。农业部与财政部、中国农业银行、建材部等有关部门分别就财政、税收、信贷、原材料等方面制定了一系列规定和办法，发挥了显著的作用。各地各部门一系列

---

① 中共中央文献研究室编：《三中全会以来重要文献汇编》（上），人民出版社1982年版，第50—51页。

② 参见马杰三主编：《当代中国的乡镇企业》，当代中国出版社1991年版，第58页；中央党史研究室第三研究部：《邓小平与改革开放的起步》，中共党史出版社2005年版，第388页；《人民日报》1979年10月11日。

③ 中共中央文献研究室编：《三中全会以来重要文献汇编》（上），人民出版社1982年版，第281页。

措施和规定解除了广大基层干部和农民的顾虑,调动了他们的积极性,为社队企业的发展创造了一个适宜的环境。因此,广大基层干部和农民把这一时期称为乡镇企业发展的"第一个春天"。但社队企业在发展中也并非一帆风顺。

1979年3月,中央决定用3年时间对国民经济实行"调整、改革、整顿、提高"的方针,对社队企业的发展方向、行业结构及产品结构等也作了初步调整。这次调整,使社队企业的行业及产品结构有了新的变化,机械产品产量下降,而适销对路的消费品、农副产品加工及国家需要的矿产品等工业原料产量大幅度增长。这次调整中一个最大的收获是,社队企业干部职工开始增强了社会主义商品意识和市场观念,提出了社队企业的生产应靠市场导向,发挥"船小好掉头"的优势,扬长避短,以销定产,开拓市场,发展生产等经营思想。但是,在按照调整方针和市场需求大力发展消费品生产过程中,由于信息不灵、指导不力等多种原因,社队企业经营管理的盲目性也随之暴露出来,出现"一成众效"、"一哄而起"、低水平重复建设、重复生产的现象,导致社会浪费、产品质量差、经济效益低、环境污染等问题。1980年12月,中共中央决定对国民经济继续作进一步调整后,一些政府部门及社会上有些人抓住社队企业发展中存在的问题,认为国民经济中存在的失调等问题是社队企业发展过快造成的,批评社队企业"三争"(与城市大工业争原料、争能源、争市场)、"三挤"(以小挤大、以新厂挤老厂、以落后挤先进),由此提出要砍掉社队企业十几个行业,从而在社会上引发了一场关于"要不要社队企业"的大争论。1982年1月1日,中共中央批转了1981年全国农村工作会议纪要,强调社队企业整顿必须"改善经营管理和民主管理"。经过几年的调整、整顿和改革,社队企业个数有所减少,但总体规模有所扩大,职工人数和总收入也有大幅增加。1983年社队企业职工比1978年净增408万人;总收入由1978年的431亿元增加到1983年的929亿元;社队企业总产值1983年达757亿元,比1978年增长96.5%,占全国工业总产值的11.6%。

　　到 1983 年,一方面,以实行家庭联产承包责任制为主要内容的农村经济改革已基本完成,调动了亿万农民生产积极性,大大提高了农业劳动生产率,农民收入大幅度增加,可供加工的农副产品增多,农民迫切要求发展多种经营和各种非农产业;另一方面,随着承包责任制的不断发展和完善,农村出现了大批富余劳动力,农村就业的压力日益突出,广大农民要求脱贫致富的愿望比任何时候都要强烈。国家实施撤销农村人民公社建立乡镇政府以后,相应撤销生产大队建立村民委员会,原有的社队企业归于全乡(镇)或全村所有。在城乡经济环境日益宽松的情况下,一些地区逐渐出现了农民个人筹资或联合集资办企业的热潮。截至 1983 年,已有农民合资经营的企业五十多万个,其中大部分为小型工业企业。面对这种新情况,国家决定采取相应政策措施,因势利导。在 1983 年 12 月中共中央召开的全国农村工作会议上,国务院副总理万里在讲话中赞扬了江苏省总结的"无农不稳、无工不富、无商不活"的三句话;会议上制定的《中共中央关于 1984 年农村工作的通知》(1984 年中央一号文件)进一步指出:"随着农村分工分业的发展,将有越来越多的人脱离耕地经营,从事林牧渔等生产,并将有较大部分转入小工业和小集镇服务业。这是一个必然的历史性进步,可为农业生产向深度广度进军,为改变人口和工业的布局创造条件。不改变'八亿农民搞饭吃'的局面,农民富裕不起来,国家富强不起来,四个现代化也就无从实现。""现有社队企业是农村经济的重要支柱,有些是城市大工业不可缺少的助手。要继续抓紧整顿,建立和完善责任制,改善经营管理,采取适用技术,提高经济效益,促其健康发展。"①这次会议为后来乡镇企业的迅猛发展铺了一块奠基石。

　　为贯彻落实中央农村工作会议有关精神,1984 年 3 月 1 日,中共中央、国务院转发了农牧渔业部《关于开创社队企业新局面的报告》,并将"社队企业"更名为"乡镇企业"。中共中央、国务院在批转《报告》的通知中充分

---

① 中共中央文献研究室编:《十二大以来重要文献选编》(上),人民出版社 1986 年版,第 434 页。

肯定了发展乡镇企业的重要意义,指出:"发展多种经营,是我国实现农业现代化必须始终坚持的战略方针。只有不断开辟新的生产门路,妥善安排不断出现的多余劳力,充分利用农村的剩余劳动时间,逐步改变八亿人搞饭吃的局面,使农村商品生产得到充分的发展,农村才能富裕起来,也才能逐步积累农业现代化所需要的大量资金。""乡镇企业(即社[乡]队[村]举办的企业、部分社员联营的合作企业、其他形式的合作工业和个体企业),是多种经营的重要组成部分,是农业生产的重要支柱,是广大农民群众走向共同富裕的重要途径,是国家财政收入新的重要来源。"同时肯定了乡镇企业"独立核算、自负盈亏,'不吃大锅饭','不捧铁饭碗',因而竞争性强;它投资少、费用低,自主权比较多,容易应用科研成果;它'船小好掉头',容易适应市场需要,很快转产"等机制优势。通知要求"各级党委和政府对乡镇企业要在发展方向上给予积极引导,按照国家有关政策进行管理,使其健康发展。对乡镇企业要和国营企业一样,一视同仁,给予必要的扶持"[1]。这个报告成为开创乡镇企业全面健康发展新局面的纲领性文件。

随着这个报告的批转实行,从 1984 年开始,国家鼓励和发展对乡镇企业的相关政策逐步放开:在流通政策上,允许农民集体和个人从事长途贩运;在农副产品购销政策上,减少统一派购的品种和数量,派购以外的农产品价格放开;在税收和信贷政策上,杜革命老区、少数民族地区、边远地区兴办的乡镇企业实行减免税;化肥和农机具修造企业以及利用废水、废气、废渣等废物为主要原料的企业实行减免税等。1985 年 5 月,国家科委在向国务院提出的《关于抓一批短、平、快科技项目促进地方经济振兴的请示》中,提出了依靠科学技术促进农村经济发展的"星火计划"。通过实施该计划,国家科委帮助各地抓了一批对中小企业特别是乡镇企业有示范和推广意义的、科技与经济紧密结合的"不显眼"的适用科技项目,提高了中小企业、乡镇企业和农村建设的科学技术水平。1987 年 12 月,农牧渔业部、对外经济

---

① 中共中央文献研究室编:《十二大以来重要文献选编》(上),人民出版社 1986 年版,第 439—440 页。

贸易部和国家经委在北京联合召开"全国乡镇企业出口创汇工作会议",引导支持乡镇企业出口创汇,积极投身国际市场。

1985 年 9 月《中共中央关于制定国民经济和社会发展第七个五年计划的建议》指出:"发展乡镇企业是振兴我国农村经济的必由之路",并提出了指导乡镇企业发展的 16 字方针:"积极扶持,合理规划,正确引导,加强管理。"《建议》对发展乡镇企业,除强调一般必须立足农业,服务农业外,还提出不同地区可以有不同的重点。"有条件的地方,要在遵守国家规定和保护资源的前提下,积极发展小型采矿业、小水电工业和建筑材料工业。在经济发达地区的农村,可以根据实际需要和自身的条件,发展为大工业配套和为出口服务的加工工业。"

在党和政府的大力支持下,1984—1988 年,我国乡镇企业迅猛发展,出现了乡镇办、村办、联户办和户办"四轮驱动",农、工、商、建(筑业)、运(输业)、服(务业)"六业"兴旺的局面。1984 年当年,全国乡镇企业总数由 1983 年的 134. 64 万个猛增到 606. 5 万个;从业人员由 3234. 6 万人猛增到 5208. 1 万人;乡镇企业实现总收入 1537. 1 亿元,比 1983 年增长了 65. 5%;乡镇企业实现总产值 1709. 9 亿元,比上年增长了 68. 2%。这一年的净增产值超过了 1979 年到 1983 年 5 年净增产值的总和。1985 年,虽然遭遇了紧缩银根、宏观控制较多的困难,乡镇企业仍然持续发展,企业个数达到 1222. 5 万个,比 1984 年翻了一番;职工总数增加到 6979 万人,比上年增长了 34%;实现总收入 2565. 5 亿元,比上年增长 66. 9%。1986 年,国家宏观指导加强,各地注意从实际出发搞活微观经济,加强横向联合,乡镇企业继续发展。这一年,全国乡镇企业总数 1515. 3 万个,比 1985 年增长了 23. 9%;职工总数 7931. 1 万人,比 1985 年增长 13. 7%,乡镇企业职工人数已占全国农村劳动力总数的 20%以上;实现总收入 3364. 3 亿元,比上年增长了 31%,总产值达到 3540. 9 亿元,比上年增长了 29. 8%。1987 年,在全国经济体制改革和政治体制大好形势的推动下,乡镇企业的发展更上一层楼。全国乡镇企业总数达到 1750. 3 万个,比 1986 年增长 15. 5%;职工人数达到 8805.2 万人,比 1986 年增长 34%;乡镇企业总产值达到 4764 亿元,占农村社会总产值的 50.4%,第一次超过了农业总产值。这是农村经济的一个历史性大变化。

如果说农村第一步改革最令人注目的是家庭联产承包责任制,它带来了我国农村生产力的一次飞跃式发展,第二步农村改革取得的最重要成果就是乡镇企业的异军突起,它不仅在增加农民收入、促进农业发展、繁荣农村经济、更新农民观念方面起到了重大作用,而且在提供财政收入、发展出口贸易、推进我国工业化和城镇化进程方面也做出了重要贡献。对于乡镇企业大发展在农村改革乃至整个中国经济体制改革中的作用,1987 年 6 月 12 日,邓小平在会见南斯拉夫共产主义者联盟中央主席团委员科舍罗茨时评价说:"农村改革中,我们完全没有预料到的最大的收获,就是乡镇企业发展起来了,突然冒出搞多种行业,搞商品经济,搞各种小型企业,异军突起。这不是我们中央的功绩。乡镇企业每年都是百分之二十几的增长率,持续了几年,一直到现在还是这样。乡镇企业的发展,主要是工业,还包括其他行业,解决了占农村剩余劳动力 50%的人的出路问题。农民不往城市跑,而是建设大批小型新型乡镇。如果说在这个问题上中央有点功绩的话,就是中央制定的搞活政策是对头的。这个政策取得了这样好的效果,使我们知道我们做了一件非常好的事情。这是我个人没有预料到的,许多同志也没有预料到,是突然冒出这样一个效果。……农村改革的成功增加了我们的信心,我们把农村改革的经验运用到城市,进行以城市为重点的全面经济体制改革。"①

三、推进科教体制改革,建设社会主义精神文明

(一) 积极推进科技教育事业改革发展

1982 年 9 月,党的十二大把科技、教育与农业、能源和交通共同列为国

① 《邓小平文选》第三卷,人民出版社 1993 年版,第 238—239 页。

家经济发展的战略重点,明确提出了科技、教育的战略地位和今后的任务。党的十二大报告提出:"在今后二十年内,一定要牢牢抓住农业、能源和交通、教育和科学这几个根本环节,把它们作为经济发展的战略重点。"

在科技事业发展和体制改革方面,为了解决过去我国科技与经济脱节的矛盾,1980年12月底,国家科委召开全国科学技术工作会议,着重讨论了科学技术的发展方针问题。会后形成并由国家科委党组向中央提交了《关于我国科学技术发展方针的汇报提纲》。1981年4月16日,中共中央、国务院转发了这个《汇报提纲》。中央在批转通知中提出:"科学技术是生产力,国内外的经验证明,要建设现代化的国家,必须依靠科学技术。""但是,从领导思想来看,我们又长期对科学技术的作用认识不够,实际做法上也有不少'左'的东西。……30多年来,我们吃不重视科学技术的亏是不少的。这种状况如不改变,我国的社会主义现代化建设就没有成功的希望。"通知强调:必须"坚定不移地贯彻执行科技工作作为经济建设服务的方针",要大力抓好科学技术成果的推广应用;善于引进为我国国力所允许、适合我国情况的国外先进技术,并组织力量加以消化吸收、推广应用;要帮助厂矿企业开展技术革新活动,抓好科研成果的推广。通知提出:"为使科学技术在国民经济中真正发挥作用,现行体制需要逐步加以改革。当前应先在实际工作中,在基层单位之间,加强协作,密切联系,逐步打破地区和部门的界限。科研单位应向生产单位提供成果,开展咨询服务,接受委托任务。科研单位同生产单位之间,可以采用合同制,有的还可以组成科研生产联合体。"①《汇报提纲》提出了新时期我国科学技术发展的五条方针:第一,科学技术与经济、社会应当协调发展,并把促进经济发展作为首要任务;第二,着重加强生产技术的研究,正确选择技术,形成合理的技术结构;第三,必须加强厂矿企业的技术开发和推广工作;第四,保证基础研究在稳定的基础上逐步有所发展;第五,把学习、消化、吸收国外科学技术成就作为发展我国科

---

① 中共中央文献研究室编:《三中全会以来重要文献汇编》(下),人民出版社1982年版,第1017—1018页。

学技术的重要途径。为了贯彻上述方针,《汇报提纲》提出,科技体制改革要抓好以下工作:一是加强企业的科学技术研究,在不减少国家财政收入的前提下,允许企业内部开支一定的研究经费;二是促进科研单位同生产单位相结合,科研单位有权在完成国家和上级下达的计划任务的前提下,接受有关部门和企业委托的研究和试制任务,要提供咨询、服务。接受委托的单位,还可以去组织和吸收有关单位参加。有条件的单位,还可以组织科研和生产的联合体;三是整顿科研机构;四是建立"科学技术发展基金"。使用基金按项目签订合同,根据项目的不同性质和偿还能力,实行无偿或有偿资助,取消层层切块补助的办法。

1982年9月,党的十二大政治报告特别强调了科学技术对促进经济发展的巨大作用,第一次把科学技术列为国家经济发展的战略重点。同年10月24日,赵紫阳在全国科技奖励大会上,代表党中央和国务院作了题为《经济振兴的一个战略问题》的讲话。讲话指出:中国"今后搞经济建设,不能走老路,要走新路,不能把宝押在外延扩大上,主要应当靠内涵。……从现在起,到本世纪末,我们国民经济各部门,都要有计划地、有步骤地、扎扎实实地转到新的技术基础上来。办好这件大事,是我们的希望所在"。讲话分析了我国现行科研体制上的弊端,主要是:"经济建设中急需解决的科技难题,不能很快地反映到科研单位中来。科研单位的成果,生产单位也不大了解。各个方面的科研力量之间,组织得不够严密,不够协调。有些完全相同的课题,几十个单位都在搞,在低水平上重复劳动;有些很有经济效益的课题,却无人问津。部门之间,壁垒森严……还有一些互相拆台互相封锁的事……科技力量的分布也不合理,有些单位人多事少,而有些单位,特别是第一线的科技力量,又过于薄弱。某些科研单位内部,人员结构不成比例。有些单位,名为科研所,其实并没有多少科技人员。"讲话提出了改革科研体制的几条思路:第一条,抓紧建立一些行业技术开发中心,数量不要多,但要办好;第二条,大的专业公司和骨干企业也要建立或加强本企业的技术开发中心,为本企业服务;第三条,不打乱原建制,不改变隶属关系,分别情况,用"科研、设计、生产、服务一条龙"、"科研、设计、生产联合体"、农业现代化综合试验基地、科研合同制、技术咨询服务、兼职等多种形式,鼓励科研单位和生产单位挂钩。讲话把国家科委提出的方针高度概括为一句话:"经济振兴要依靠科学技术进步;科学技术要面向经济建设"。① 按照这一方针,我国在促进科技与经济结合上采取了一系列重大举措。1983 年 1 月,国务院科技领导小组成立,赵紫阳任组长,国家科委主任方毅、国家计委副主任宋平任副组长。国家科技领导小组从宏观和战略方面指导全国的科技工作,其主要任务是:统一组织和管理全国的科技队伍,按需要调动集中使用;统一领导制定科技长期规划;研究重大技术政策的决策;决定重大技术的引进和消化;协调各部门的科技工作。各地各部门也陆续选拔了一批优秀科技干部充实到各级领导岗位上。

1984 年 10 月,中共中央制定并发布了《关于经济体制改革的决定》。《决定》指出:随着经济体制的改革,科技体制和教育体制的改革越来越成为迫切需要解决的战略性任务。考虑到科技和教育体制改革事关重大,党中央决定组织大规模的调查研究,分别单独起草关于科技体制和教育体制改革的决定。

1985 年 3 月,邓小平在全国科技工作会议上发表题为《改革科技体制是为了发展生产力》的讲话,明确提出了经济体制改革与科技体制改革的关系以及科技体制改革的任务与目的。邓小平指出:"经济体制、科技体制,这两方面的改革都是为了解放生产力。新的经济体制,应该是有利于技术进步的体制。新的科技体制,应该是有利于经济发展的体制。双管齐下,长期存在的科技与经济脱节的问题,有可能得到比较好的解决。"邓小平的讲话,实际上指明了中国科技如何继续发展、在何种体制中运行以及科技体制改革的方向问题。

1985 年 3 月 13 日,《中共中央关于科学技术体制改革的决定》正式公

---

① 中共中央文献研究室编:《十二大以来重要文献选编》(上),人民出版社 1986 年版,第 114—132 页。

布。《决定》指出:现代科学技术是新的社会生产力中最活跃的和决定性的因素。随着世界新的技术革命的蓬勃发展,科学技术日益渗透到社会物质生活和精神生活的各个领域,成为提高劳动生产率的重要源泉,成为建设现代精神文明的重要的基石。在社会主义现代化建设中,全党必须高度重视并充分发挥科学技术的巨大作用。但是,应当看到,我国长期以来逐步形成的科学技术体制存在着严重的弊病,不利于科学技术工作面向经济建设,不利于科学技术成果迅速转化为生产能力,束缚了科学技术人员的智慧和创造才能的发挥,使科学技术的发展难以适应客观形势的需要。我们应当按照经济建设必须依靠科学技术、科学技术工作必须面向经济建设的战略方针,尊重科学技术发展规律,从我国的实际出发,对科学技术体制进行坚决的有步骤的改革。《决定》提出,当前科学技术体制改革的主要内容是:"在运行机制方面,要改革拨款制度,开拓技术市场,克服单纯依靠行政手段管理科学技术工作,国家包得过多、统得过死的弊病;在对国家重点项目实行计划管理的同时,运用经济杠杆和市场调节,使科学技术机构具有自我发展的能力和自动为经济建设服务的活力。在组织结构方面,要改变过多的研究机构与企业相分离,研究、设计、教育、生产脱节,军民分割、部门分割、地区分割的状况;大力加强企业的技术吸收与开发能力和技术成果转化为生产能力的中间环节,促进研究机构、设计机构、高等学校、企业之间的协作和联合,并使各方面的科学技术力量形成合理的纵深配置。在人事制度方面,要克服'左'的影响,扭转对科学技术人员限制过多、人才不能合理流动、智力劳动得不到应有尊重的局面,造成人才辈出、人尽其才的良好环境。"①科学技术体制改革的根本目的,是使科学技术成果迅速地广泛地应用于生产,使科学技术人员的作用得到充分发挥,大大解放科学技术生产力,促进经济和社会的发展。

在贯彻《决定》的过程中,科技体制改革工作紧紧抓住促进科技与经济

---

　　① 《中共中央关于科学技术体制改革的决定》,《人民日报》1985 年 3 月 20 日。

有机结合这一基本问题,从科技系统内部改革起步,以运行机制改革为重点,带动组织结构的调整和管理制度的改革,从解决与经济相关的科技问题逐步向推动农村、企业及全社会科技进步的广泛领域推进。为了保障科技体制改革的顺利进行,国家相继颁布了一系列政策、规定,开辟技术市场,加强知识产权保护,完善科学奖励体系,建立实验装备支持系统和科学基金制度,鼓励民办科技机构的发展等等,在培育和完善适应经济建设所需要的科技体制方面不断向前迈进。

1986年,国家将全国科技工作部署为面向国民经济建设和社会发展服务、发展高新技术及其产业、加强基础性研究三个层次。其中,为国民经济建设服务是科技工作的主战场,发展高新技术及其产业和加强基础性研究是主战场的"两翼"。为了更好地完成这一部署,国家先后制订了星火计划、"八六三"计划、火炬计划、攀登计划、国家项目攻关计划、重点成果推广计划六大计划,形成了新时期科技工作的新格局。"星火计划"始于1985年,由国家科委组织实施,是引导农村经济走上依靠科技进步的发展轨道和提高农民科技素质的一项计划。"八六三"计划是我国的高科技发展计划。1986年3月3日,曾为我国"两弹"发展做出过突出贡献的四位德高望重的科学家王大珩、王淦昌、杨嘉墀、陈芳允上书中央,提出《关于跟踪研究外国战略性高技术发展的建议》。3月5日,邓小平批示:"这个建议十分重要,请紫阳同志主持,找些专家和有关负责同志讨论,提出意见,以凭决策。此事宜速作决断,不可拖延。"此后,国家科委成立"八六三"计划编制小组,组织论证,广泛征求专家意见。11月18日,中共中央、国务院正式批准《高技术研究发展计划纲要》。计划纲要确定从世界高技术的发展趋势和我国的需要与实际可能出发,选择十五个主题项目,分别属于七个领域,包括生物技术、航天技术、信息技术、先进防御技术、自动化技术、能源技术和新材料技术的一些领域,以此作为突破重点,在几个重要的高技术领域跟踪世界水平。"八六三"把我国推到了世界高科技竞争的起跑线上,突破并掌握了一批关键技术,缩小了同世界先进水平的差距。火炬计划是一项发展中国高新技术产业的指导性计划,于1988年8月经国务院批准,由科学技术部(原国家科委)组织实施。火炬计划的宗旨是促进高新技术的商品化、产业化、国际化,通过创造适合我国高新技术产业发展的政策环境,鼓励高校、科研院所的科技人员和社会上科技型企业家"下海"领办、创办高新技术企业,1988年国务院批准成立了北京高技术产业开发试验区,此后成燎原之势,先后建立了五十多个国家级高新技术产业开发区。国家科技攻关计划是第一个国家科技计划,于1982年开始实施,其宗旨是集中全国主要科技力量,对在国民经济和社会发展中带有方向性、关键性和综合性的重大科学技术问题进行联合攻关,涉及农业、电子信息、能源、交通、材料、资源勘探、环境保护、医疗卫生等领域。

1987年1月,国务院发布《关于进一步推进科技体制改革的若干规定》,在进一步放活科研机构,放宽放活科研人员管理政策,促进科技与经济结合方面提出了具体措施。1988年5月,国务院又作出了《关于深化科技体制改革若干问题的决定》,提出要积极鼓励科研机构以多种形式参与经济,发展成新型的科研生产经营实体;在智力密集地区兴办高新技术产业开发区,发展高新技术产业;大力推动企业和农村科技进步;支持集体、个体等不同所有制形式科技机构的发展;积极推行各种形式的承包责任制。这个《决定》是我国科技体制改革工作在认识和实践上的一次飞跃。

在对科技体制进行改革的同时,改革教育体制也在进行中。党的十二届三中全会后,中共中央成立教育体制改革文件起草领导小组。经过半年时间的起草和修改,最后形成了《中共中央关于教育体制改革的决定(草案)》。

1985年5月15日至20日,中共中央、国务院在北京召开全国教育工作会议。会议讨论了《中共中央关于教育体制改革的决定(草案)》。研究了实行教育体制改革的步骤和措施。5月19日,邓小平到会发表了题为《把教育工作认真抓起来》的重要讲话,指出:"教育体制改革的决定草案,我看是个好文件。现在,纲领有了,蓝图有了,关键是要真正重视,扎扎实实地抓,组织好施工。""我们国家,国力的强弱,经济发展后劲的大小,越来越取决于劳动者的素质,取决于知识分子的数量和质量。一个十亿人口的大国,教育搞上去了,人才资源的巨大优势是任何国家比不了的。……中央提出要以极大的努力抓教育,并且从中小学抓起,这是有战略眼光的一着。如果现在不向全党提出这样的任务,就会误大事,就要负历史的责任。"邓小平说:"近几年来,从中央到地方,到农村党支部,有越来越多的同志,懂得知识和人才的重要,懂得教育的重要。这是我们党的一大进步。另一方面,还有相当一部分同志,包括一些高级干部,对于发展和改革教育的必要性,认识不足,缺乏紧迫感,或者口头上承认教育重要,到了解决实际问题时又变得不那么重要了。我们不是已经实现了全党全国工作重点的转移吗?这个重点,本来就应当包括教育。一个地区,一个部门,如果只抓经济,不抓教育,那里的工作重点就是没有转移好,或者说转移得不完全。忽视教育的领导者,是缺乏远见的、不成熟的领导者,就领导不了现代化建设。各级领导要像抓好经济工作那样抓好教育工作。"①5月27日,中共中央颁布《关于教育体制改革的决定》。《决定》总结了新中国成立以来特别是中共十一届三中全会以来教育改革的经验,比较系统地阐明了教育体制改革的指导思想、目标任务和具体措施,确立了"教育必须为社会主义建设服务,社会主义建设必须依靠教育"的教育发展指导思想,是新时期全面进行教育改革的纲领性文件。《决定》指出:教育体制改革的根本目的,是提高民族素质,多出人才、出好人才。要把发展基础教育的责任交给地方,有步骤地实行九年制义务教育;调整中等教育结构,大力发展职业技术教育;改革高等学校的招生计划和毕业生分配制度,扩大高等学校的办学自主权;调动各方面的积极因素,保证教育体制改革的顺利进行。

中共中央《关于教育体制改革的决定》与同一时期中央作出的《关于经济体制改革的决定》、《关于科技体制改革的决定》规划了新时期我国经济、

---

① 《邓小平文选》第三卷,人民出版社1993年版,第120—121页。

科教体制改革发展的蓝图。中共中央《关于教育体制改革的决定》颁布后，各省、自治区、直辖市党委、政府和中央各部委，在调查研究的基础上，结合本地本部门实际制定了具体的贯彻落实《决定》的规划，并分别召开各级教育工作会议部署实施。教育体制改革全面展开，并取得重要进展，主要表现在：

一是颁布《中华人民共和国义务教育法》，实施九年制义务教育。1986年4月，六届全国人大第四次会议通过了《中华人民共和国义务教育法》，以法律的形式确定了我国义务教育制度，标志着我国基础教育开始走上依法治教的轨道。基础教育通过实行"地方负责、分级管理"的体制改革，调动了全社会关心、支持教育的积极性，从根本上改变了我国中小学特别是农村中小学的落后面貌。

二是调整中等教育结构，大力发展职业技术教育。根据《决定》的要求，我国中等教育结构进行了大规模的改革。学生从中学开始分流，即初中毕业生一部分进入普通高中，一部分接受高中阶段的职业技术教育；高中毕业生一部分升入普通大学，一部分接受高等职业教育。此外，在小学毕业后接受过初中阶段的职业技术教育的学生，可以就业，也可以升学；凡是没有进入普通高中、普通大学和职业学校的学生，可以经过短期职业技术培训，然后就业。经过调整中等教育结构，中等职业技术教育迅速扩大。

三是改革高等学校的招生计划和毕业生分配制度，扩大高等学校办学自主权。根据《决定》精神，国务院于1986年3月12日发布了《高等教育管理职责暂行规定》，在加强国家对全国高等教育宏观管理和调控的职能的同时，进一步扩大了省级人民政府对本地区内高等学校的管理职责。

四是多渠道筹措办学经费。建立了以政府投入为主，多渠道筹措基础教育经费的投入体制。各级地方政府努力增加财政预算内的教育拨款，大多数省、自治区、直辖市基本做到了"两个增长"，广大农村呈现出"最好的房子是学校"的景象。在积极拓宽高等教育的投资渠道方面，具体做法主要是：接受境内外企业界、社会知名人士、华侨捐赠的办学资金；接受世界银行教育贷款和开展国际教育合作;通过与地方、部门和企事业单位联合办学,取得一定的经费支持;通过创办校办产业、争取科研项目、进行技术转让和咨询服务等,取得资金支持。上述做法转变了在计划经济体制下形成的国家把高等教育经费包下来的做法,在一定程度上缓解了我国高校教育资金短缺的困境。

五是调整高等教育内部结构。在继续加强基础性学科的基础上,积极发展财经、政法等应用性学科,一大批新兴边缘学科和社会急需的专业,例如电子技术、计算机科学、信息科学、环境科学、材料科学、生物工程技术、医疗技术等得到较大发展,逐渐填补了我国高等学校在这些学科领域的空白。

六是明确了成人教育发展的总方向和具体指导方针,扫盲教育得到全面推进。1986年底全国成人教育工作会议召开。会后,国务院批转了《关于改革和发展成人教育的决定》。提出"成人教育是当代社会经济发展和科学进步的必要条件";确立了"成人教育是我国教育的重要组成部分"的地位;同时还把成人教育的主要任务确定为岗位培训、成人基础教育、成人高中等学历教育、继续教育、社会文化和生活教育等,其中岗位培训为成人教育的重点。1988年国务院发布了《扫除文盲工作条例》,制定了全国扫盲规划的总目标。

(二) 文化体制改革的初步展开

粉碎"四人帮"后,文化领域也开始平反冤假错案,拨乱反正,恢复和重建受到严重破坏的文化体制,并在这个过程中,提出了文化体制改革的任务。1980年2月文化部在《关于艺术表演团体调整事业、改革体制以及改进领导管理工作的意见》《关于艺术教育事业规划和体制改革的意见》的征求意见稿中提出:"艺术表演团体的体制和管理制度方面的问题很多",要"坚决地有步骤地改革文化事业体制,改革经营管理制度";1983年6月六届人大一次会议通过的《政府工作报告》也提出"文艺体制需要有领导有步骤地进行改革"[1],但总的来看,1984年前文化领域的主要工作是拨乱反

---

[1]　赵紫阳:《政府工作报告——一九八三年六月六日在第六届全国人民代表大会第一次会议上》,《人民日报》1983年6月24日。

正,恢复重建"文革"前的文化体制,文化体制改革虽有酝酿,但改革的紧迫性并不突出,进展也不大。

1984年后,随着文化娱乐市场、书刊发行第二渠道、演出穴头和演员走穴等现象的出现,原有文化体制的弊端逐渐暴露出来,越来越成为阻碍文化事业进一步发展的桎梏。这些弊端包括:在所有制上,片面追求"一大二公",全部文化事业由国家直接经营,统包统揽,排斥社会和个人兴办文化事业;在管理上,与行政管理体制相对应,层层建立专业文艺团体,机构臃肿,人浮于事,文化机构行政化、机关化,严重违背文化事业发展规律;在分配上,平均主义的"大锅饭"、"铁饭碗"现象严重,干与不干、干多干少一个样,缺少竞争和激励机制,影响了集体和个人积极性的发挥,等等。在这种情况下,改革文化体制就成为推动文化事业繁荣发展的一项重要任务了。1984年后,在我国改革开放整体推进的过程中,文化体制改革逐步展开,并在以下方面取得进展:

一是改革国家统包统管的旧模式,调整艺术部门和艺术团体的布局。1985年中央办公厅国务院办公厅批转了文化部《关于艺术表演团体的改革意见》,要求改革全国专业艺术表演团体数量过多、布局不合理的状况,在大中城市,专业艺术表演团体要精简,重复设置的院团要合并或撤销,对市县专业文艺团体设置也提出了调整的要求。经过改革,全国专业艺术表演团体由1980年的3523个,减少到1990年的2787个;专业艺术从业人员由1980年的245659人,减少到1990年的170000人,并且由于大批新生力量的加入,使人员结构更趋合理。①

二是模仿农村改革经验,实行"承包责任制"。在艺术院团中实行"承包责任制"主要是受当时在全国农村普遍推行的家庭联产承包责任制的启发。1981年,以著名京剧演员赵燕侠承包北京京剧团为发轫,"承包制"在全国许多院团中推行开来。北京京剧团改革的主要做法是:实行一团一队

---

　　① 《中国改革全书·文化体制改革卷》,大连出版社1992年版,第4页。

"补贴大包干",只发工资的70%,其他大部分职工福利(包括营养补助,演出夜餐、托儿、独生子女、回民补助,交通补助,取暖费等)国家不再负担(实际上这部分的费用远远超过了30%的工资差额),一切演出费用(包括运输、旅费、住宿、出差费、业务损耗、广告费等)也一概自己解决。除以上三项开支外,从演出盈余中留30%公积金,上交剧院10%,然后再根据"按劳分配"的原则进行基薪分红。经过两期16个月的试验,改革的优越性逐渐显露:16个月共演出360多场,在武汉、上海、沈阳,哈尔滨等地的演出,场场客满;演出期间每人每月平均分红50元左右,减少国家补贴10万多元。① 上海越剧演员徐玉兰和王文娟、戏剧演员严顺开等都曾参与了承包剧团(或其中一部分)的试验。在电影界,1984年7月,《街上流行红裙子》摄制组首先向长影厂提出了承包方案。到1985年底,大部分电影制片厂都实行了承包责任制。"承包制"冲击了沿袭多年的旧体制,拉开了分配档次,一定程度上解放了艺术生产力,促进了文化事业的发展。

三是广泛开展各种有偿服务和"以文补文"活动。有偿服务和"以文补文"活动,最早出现在1978年。当时,广东、广西、湖北、安徽、河北等省区,把公社办的电影队、影剧场、体育场等文化设施划归公社文化站统一管理,文化站举办的某些活动,可以酌量收费,意即取之于"文",用之于"文"。后来,这一经验逐渐被推广,并从群众文化事业延伸到剧团、影剧院、图书馆、博物院、文化馆等文化事业,随之又出现了"以副养文"、"以商养文"、"以文养文"、"以农养文"、"以工养文"等多种提法。② 1980年,中宣部等部门在《关于活跃农村文化生活的几点意见》中,第一次使用了"以文补文"的提法。1987年2月,由文化部、财政部、国家工商行政管理局联合下发的《关于颁发〈文化事业单位开展有偿服务和经营活动的暂行办法〉的通知》,进一步提出文化事业单位要"发挥各自的特长和优势,积极开展'以文补文'

---

① 《剧团不吃大锅饭优越性多》,《人民日报》1983年1月29日。

② 张有海:《谈"以文补文"》,《艺术景观》1989年第2期。

的有偿服务和经营活动"①。"以文补文"由此正式成为全国性的文化政策。"以文补文"在当时文化经费十分紧缺的情况下,对发展农村文化事业起了非常有益的作用。"以文补文"的形式多种多样,包括编印各种文化科技艺术资料、书画展销、文物复制、乐器维修和租赁、艺术摄影、广告装潢、兴办文化企业和各种服务公司等。据统计,1988 年,全国文化事业单位开展有偿服务和"以文补文"活动的网点达 11458 个,全年纯收入 1.8 亿元,相当于当年国家拨给文化事业经费的 12%左右。②

四是促进艺术表演团体经营方式的转变,实行"双轨制"改革。1988 年 5 月 13 日至 20 日,全国文化工作会议召开。会议以艺术表演团体体制改革为主题,讨论了《文化部关于加快和深化艺术表演团体体制改革的意见》,提出了实行"双轨制"的具体改革意见③。所谓"双轨制",即一轨为少数代表国家和民族艺术水平的,或带有实验性的,或具有特殊的历史保留价值的,或少数民族地区需要国家扶持的艺术表演团体,实行全民所有制,由政府文化主管部门主办;另一轨为其他绝大多数的规模比较小、比较分散、演出的流动性比较强的艺术表演团体,实行多种所有制形式,由社会力量主办,自主经营,独立核算,自负盈亏。"双轨制"的提出,体现了进一步深化文化体制改革的方向。

五是承认文化市场的合法地位,引导规范其健康发展。1979 年,广州东方宾馆开设了国内第一家音乐茶座,成为新时期我国文化市场兴起的标志。随后,深圳、珠海经济特区的歌厅、舞厅、录像放映厅等文化娱乐方式又相继面世,并很快风靡大江南北。1987 年 2 月 9 日,文化部、公安部、国家工商行政管理局联合发布了《关于改进舞会管理的通知》,正式解除了对曾引起众多争议的营业性舞会(厅)的禁令,赋予其合法地位。④ 到 1988 年,文化部、国家工商行政管理局在联合发布的《关于加强文化市场管理工作

---

① 《中国改革全书·文化体制改革卷》,大连出版社 1992 年版,第 570 页。
② 《中国改革全书·文化体制改革卷》,大连出版社 1992 年版,第 36 页。
③ 《中国改革全书·文化体制改革卷》,大连出版社 1992 年版,第 219 页。
④ 参见《中国改革全书·文化体制改革卷》,大连出版社 1992 年版,第 571 页。

的通知》中,进一步明确使用了"文化市场"的概念,规定了文化市场的管理范围、任务、原则和方针,标志着我国"文化市场"地位得到正式承认。1989年3月,国务院批准文化部设置文化市场管理局,专责文化市场的监管工作。由于文化市场地位得到承认,此后,台球、卡拉OK、电子游戏机等一系列在西方广为流行的娱乐方式也不远万里来到中国,迅速在大街小巷落户生根,掀起了一阵又一阵文化热潮。

以上各项改革措施的落实,拉开了新时期中国文化体制改革的帷幕,也在一定程度上促进了这个阶段文化事业的发展。

(三) 大力加强社会主义精神文明建设

"文化大革命"结束后,随着各条战线拨乱反正工作的全面展开,尤其是在深入揭批"四人帮"、平反冤假错案的过程中,10年内乱期间许多野蛮、残暴、丑恶的不文明现象被揭露出来。人们面对严酷的现实,在痛恨和震惊之余,引起深思和反省,从而对我国社会愚昧落后的一面有了更深切的感受,对加强社会主义思想文化建设的重要性也有了更深刻的认识。

1979年3月30日,邓小平在党的理论工作务虚会上发表《坚持四项基本原则》讲话,深刻论述了保持崇高的革命理想,提高人民的道德水平,转变社会风气和端正党风对于实现四个现代化的重要性,实际上提出了社会主义精神文明建设中的一些根本性问题。同年9月,党的十一届四中全会讨论并通过叶剑英代表党和国家所作的庆祝新中国成立30周年的讲话。这个讲话第一次提出了社会主义精神文明的概念,指出:"我们要在建设高度物质文明的同时,提高全民族的教育科学文化水平和健康水平,树立崇高的革命理想和革命道德风尚,发展高尚的丰富多彩的文化生活,建设高度的社会主义精神文明。这些都是我们社会主义现代化的重要目标,也是实现四个现代化的必要条件。"[①]一个月后,10月30日,邓小平《在中国文学艺

---

① 中共中央文献研究室编:《三中全会以来重要文献选编》(上),人民出版社1982年版,第233—234页。

术工作者第四次代表大会上的祝词》中重申："我们要在建设高度物质文明的同时,提高全民族的科学水平,发展高尚的丰富多彩的文化生活,建设高度的社会主义精神文明。"①这里实际上是提出了两个文明建设同时抓的重要方针。此后,关于精神文明的探讨进一步深入。

1980年12月,在中央召开的工作会议上,中国科学院党组书记、副院长李昌致信邓小平,建议中央加强社会主义精神文明建设。信中说："我们现在实际上有一个总目标,就是'实现四个现代化',凡是中国人没有一个不赞成的。但我觉得,在提出'实现四个现代化'的同时,还可以考虑提出'建设社会主义精神文明'的目标。社会主义精神文明……既包括教育发达、科学昌明和文艺繁荣等实体部分,同时也包括道德、传统、风尚等意识形态部分。""我相信中央如能强调提出'实现四个现代化,建设社会主义精神文明',在当前国家处在经济上实行大的调整的情况下,可以动员人民看清前途,同心同德……清理思想,振作精神,摸清中国'四化'的道路,昂首阔步地前进。"②邓小平在这次会议的讲话中接受了李昌的建议,把建设社会主义精神文明作为重要议题进行了论述,指出:"我们要建设的社会主义国家,不但要有高度的物质文明,而且要有高度的精神文明。所谓精神文明,不但是指教育、科学、文化(这是完全必要的),而且是指共产主义的思想、理想、信念、道德、纪律,革命的立场和原则,人与人的同志式关系,等等。""党和政府愈是实行各项经济改革和对外开放的政策,党员尤其是党的高级负责干部,就愈要高度重视、愈要身体力行共产主义思想和共产主义道德。"③1981年2月25日,全国总工会、共青团中央、全国妇联等九个单位,为响应中共中央关于加强社会主义精神文明建设的号召,在联合发出的《关于开展文明礼貌活动的倡议》中提出在全国人民特别是青少年中开展以讲文明、讲礼貌、讲卫生、讲秩序、讲道德和心灵美、语言美、行为美、环境

---

① 《邓小平文选》第二卷,人民出版社1994年版,第208页。
② 李昌:《要建设社会主义精神文明》,《半月谈》1981年第3期。
③ 《邓小平文选》第二卷,人民出版社1994年版,第367页。

美为主要内容的"五讲四美"文明礼貌活动。1981 年 6 月,党的十一届六中全会通过的《关于建国以来党的若干历史问题的决议》,进一步确认"社会主义必须有高度的精神文明",并且把它作为我国社会主义现代化建设的十条基本结论之一。1982 年 7 月,邓小平在军委座谈会上的讲话中指出:"搞社会主义精神文明,主要是使我们的各族人民都成为有理想、讲道德、有文化、守纪律的人民。"①同年 9 月,党的十二大报告专列"努力建设高度的社会主义精神文明"一章,集中阐述党关于精神文明建设的一系列理论观点。党的十二大以后,关于精神文明建设的思想进一步完善和发展,一系列加强精神文明建设的措施被陆续提了出来。

1982 年 10 月 27 日到 11 月 5 日,全国农村思想政治工作会议研究了在农村加强社会主义精神文明建设问题,提出在继续放宽政策、搞活农村经济的同时,必须加强对农村干部和群众的思想政治工作,这是农村社会主义精神文明建设的主要环节,会议提出农村思想政治工作的主要内容是:用马列主义、毛泽东思想教育农村干部、共产党员和广大农民,要求做有理想、有道德、有文化、有纪律的新农民,加强爱祖国、爱集体、爱社会主义、爱共产党的爱国主义和社会主义意识的培养;要求农村基层干部和共产党员经过整党整风,能在开创农村社会主义建设新局面中起模范作用;要求农村的社会治安和社会风气根本好转,以保证农村社会主义建设的顺利进行。1983 年 2 月,中宣部、文化部、教育部等 24 个单位制定了《1983 年继续开展"五讲四美三热爱"活动的意见》。1983 年 3 月,中共中央和国务院决定,在中央和各省、自治区和直辖市成立"五讲四美三热爱"活动委员会。以上这些建设社会主义精神文明的活动和举措,对增强人们的社会主义理想、信念,促进党风和社会风气的好转,提高全体社会成员的道德水准,培养"四有"新人,美化环境,推动社会主义精神文明建设的深入开展,发挥了积极的作用。但是,总体而言,这个时期一些地方和部门对加强社会主义精神文明建设并未

---

①　《邓小平文选》第二卷,人民出版社 1994 年版,第 408 页。

引起足够重视。特别是党的十二届三中全会后,随着发展商品经济和改革开放的全面推开,一些消极落后的东西乘隙而入。1985年9月,在党的全国代表会议上,邓小平说:"社会主义精神文明建设,很早就提出了。""不过就全国来看,至今效果还不够理想。主要是全党没有认真重视。""我们再不下大的决心迅速改变这种情况,社会主义的优越性怎么能全面地发挥出来? 我们又怎么能充分有效地教育我们的人民和后代? 不加强精神文明的建设,物质文明的建设也要受破坏,走弯路。光靠物质条件,我们的革命和建设都不可能胜利。"①这次会议认真分析了几年来精神文明建设效果不彰的问题,认为有必要就加强社会主义精神文明建设问题进行专题研究,以指导实际工作取得更大成效。

在此背景下,1986年9月28日,党中央召开十二届六中全会,深入讨论了我国社会主义精神文明建设的成就、经验和现存问题,通过了《中共中央关于社会主义精神文明建设指导方针的决议》。《决议》从规划我国社会主义现代化建设总体布局的战略高度,论述了社会主义精神文明建设的战略地位,指出:以马克思主义为指导的社会主义精神文明是社会主义社会的重要特征,它为物质文明的发展提供精神动力和智力支持,为它的正确发展方向提供有力的思想保证,搞好社会主义精神文明建设,是关系社会主义兴衰成败的大事。由社会主义精神文明建设的战略地位所决定,我国的社会主义精神文明建设必须是推动社会主义现代化建设的精神文明建设,必须是促进全面改革和实行对外开放的精神文明建设,必须是坚持四项基本原则的精神文明建设。这就是我们的基本指导方针。《决议》提出,社会主义精神文明建设的根本任务是:适应社会主义现代化建设的需要,培育有理想、有道德、有文化、有纪律的社会主义公民,提高整个中华民族的思想道德素质和科学文化素质。《决议》概括了社会主义精神文明建设的基本内容,尤其是把民主和科学明确列入精神文明建设的范围,反映了我们党对精神

---

　　① 《邓小平文选》第三卷,人民出版社1993年版,第143—144页。

文明建设的理解更加深刻、全面,也更适合时代趋势和现代化建设的要求。《决议》强调了马克思主义在精神文明建设中的指导作用,指出:坚持以马列主义、毛泽东思想为指导,是我国社会主义现代化事业的根本,也是社会主义精神文明建设的根本,马克思主义是社会主义事业和党的领导的理论基础,是社会主义意识形态的最重要的组成部分,对整个精神文明建设起着重大的指导作用。

党的十二届六中全会通过的《决议》,对党的十一届三中全会以来我国社会主义精神文明建设实践作了新概括,把对社会主义精神文明建设的认识向前推进了一大步,成为指导此后一个时期社会主义精神文明建设的纲领性文件。

四、对外政策的调整与"一国两制"构想的提出

(一) 确立"和平与发展"时代主题与调整对外政策

正确认识国际局势,科学把握时代主题,是国家制定对外政策的根本依据之一。党的十一届三中全会决定把党和国家的工作重心转移到经济建设上来以后,邓小平面对国内外形势的变化,以巨大的政治勇气,纠正了"文化大革命"期间的极左路线,改变了立足"早打、大打、打核战争"的提法,明确提出世界大战的危险仍然存在,但是制约战争的和平力量在发展,世界大战是可能避免的,世界和平有可能得以长久维护,并据此引导中国调整对外方针政策。

1980 年 1 月 16 日,在中共中央召集的干部会议上的讲话中,邓小平指出:"如果反对霸权主义斗争搞得好,可以延缓战争的爆发,争取更长一点时间的和平。这是可能的,我们也正是这样努力的。"[①]1983 年 3 月 2 日,在

---

① 《邓小平文选》第二卷,人民出版社 1994 年版,第 241 页。

视察江苏、浙江、上海等地回北京后与几位中央负责同志的谈话中,邓小平进一步指出:"大战打不起来,不要怕,不存在什么冒险的问题。以前总是担心打仗,每年总要说一次。现在看,担心得过分了。我看至少十年打不起来。"①1984 年 10 月 10 日,在同联邦德国总理科尔谈话时说,邓小平说:"1974 年你来访问,我们曾经谈到战争危险,现在我们对这个问题的看法有一点变化。我们感到战争危险仍然存在,仍要提高警惕,但防止新的世界战争爆发的因素在增长。"②

对于为什么战争是可以避免的,世界大战打不起来,邓小平在 1985 年 6 月召开的中央军委扩大会议上作了深入分析,指出:"就打世界大战来说,只有两个超级大国有资格,一个苏联,一个美国,而这两家都还不敢打。"为什么不敢于打? 邓小平讲了三个方面的原因。第一,"苏美两家原子弹多,常规武器也多,都有毁灭对手的力量……因此谁也不敢先动手";第二,"苏美两家都在努力进行全球战略部署,但都受到了挫折,都没有完成,因此都不敢动";第三,"世界和平力量的增长超过战争力量的增长。这个和平力量,首先是第三世界,我们中国也属于第三世界。第三世界的人口占世界人口的四分之三,是不希望战争的";第四,"世界新科技革命蓬勃发展,经济、科技在世界竞争中的地位日益突出,这种形势,无论美国、苏联、其他发达国家和发展中国家都不能不认真对待"。由此得出结论:"在较长时间内不发生大规模的世界战争是有可能的,维护世界和平是有希望的。"③正是基于上述判断,邓小平提出了"和平与发展"是当今世界"两大问题"的重大战略思想。1984 年 5 月 29 日,在会见巴西总统菲格雷多时,邓小平第一次明确指出:"现在世界上问题很多,有两个比较突出。一是和平问题。……二是南北问题。"④同年 10 月 31 日,在和缅甸总统吴山友谈话时,他又指出:"国

---

① 《邓小平文选》第三卷,人民出版社 1993 年版,第 25 页。
② 《邓小平文选》第三卷,人民出版社 1993 年版,第 82 页。
③ 《邓小平文选》第三卷,人民出版社 1993 年版,第 127 页。
④ 《邓小平文选》第三卷,人民出版社 1993 年版,第 56 页。

际上有两大问题非常突出,一个是和平问题,一个是南北问题。还有其他许多问题,但都不像这两个问题关系全局,带有全球性、战略性的意义。"①1985年3月4日,在会见日本友人时,邓小平进一步阐述了他关于世界"两大问题"的思想:"现在世界上真正大的问题,带全球性的战略问题,一个是和平问题,一个是经济问题或者说发展问题。和平问题是东西问题,发展问题是南北问题。概括起来,就是东西南北四个字。南北问题是核心问题。"②

"和平与发展"时代主题论的提出,完成了我国外交指导思想上的拨乱反正。以此为前提并在这一新论断的指导下,我国逐步调整了对外政策,即由过去的"一条线战略"转为奉行独立自主和真正不结盟的外交路线。

确立中国外交战略的根本目标。1980年1月16日,邓小平在谈到20世纪80年代我国面临的三大任务时指出:"第一件事,是在国际事务中反对霸权主义,维护世界和平"③。1982年8月,在会见联合国秘书长德奎利亚尔时,邓小平深入阐述了中国的对外政策,指出:"反对霸权主义、维护世界和平是我们真实的政策,是我们对外政策的纲领。"④1984年5月,在会见巴西总统菲格雷多时,邓小平说:"中国的对外政策,主要是两句话。一句话是反对霸权主义,维护世界和平,另一句话是中国永远属于第三世界。"⑤1986年3月28日,在会见新西兰总理朗伊时,邓小平又说:"我们的现代化建设要取得成功,决定于两个条件。一个是国内条件,就是坚持现行的改革开放政策。……还有一个是国际条件,就是持久的和平环境。我们奉行反对霸权主义、维护世界和平的外交政策,谁搞和平,我们就拥护;谁搞战争和霸权,我们就反对。"⑥1987年4月30日,在会见西班牙工人社会党副总书

---

① 《邓小平文选》第三卷,人民出版社1993年版,第96页。
② 《邓小平文选》第三卷,人民出版社1993年版,第105页。
③ 《邓小平文选》第二卷,人民出版社1994年版,第239页。
④ 《邓小平文选》第二卷,人民出版社1994年版,第417页。
⑤ 《邓小平文选》第三卷,人民出版社1993年版,第56页。
⑥ 《邓小平文选》第三卷,人民出版社1993年版,第156页。

记、政府副首相格拉时,邓小平再次重申:"要实现四个现代化,搞好改革和开放,在国内需要有安定团结的政治局面,在国际上需要一个和平环境,根据这个情况提出了我们的对外政策,概括地说,就是反对霸权主义和维护世界和平。"①邓小平的这些重要论述,从理论、战略和方针政策的高度规范了新时期中国外交的根本目标。

改变从 20 世纪 70 年代开始执行的"一条线战略",更加鲜明地坚持独立自主,实行真正的不结盟。20 世纪 60 年代以后,苏联大搞霸权主义,成为世界和平和我国安全的主要威胁。面对苏联咄咄逼人的态势,毛泽东提出"一条线战略",联合世界上一切可以联合的力量,最大限度地孤立苏联这头"北极熊"。这一战略的确立,严重挫败了苏联的霸权和扩张部署,使我国摆脱了长期腹背受敌的不利形势,开创了中、美、苏国际政治大三角的新格局。进入 20 世纪 80 年代以后,国际形势有了新的变化,邓小平审时度势,果断地调整了我国的外交政策,改变了"一条线战略"。邓小平说:"过去有一段时间,针对苏联霸权主义的威胁,我们搞了'一条线'的战略,就是从日本到欧洲一直到美国这样的'一条线'。现在我们改变了这个战略,这是一个重大的转变。……我们奉行独立自主的正确的外交路线和对外政策,高举反对霸权主义、维护世界和平的旗帜,坚定地站在和平力量一边,谁搞霸权主义就反对谁,谁搞战争就反对谁。"②他说:"中国的对外政策是独立自主的,是真正的不结盟。""我们中国不打别人的牌,也不允许任何人打中国牌。"③调整后的中国外交,使我国一贯奉行的独立自主的和平外交更加丰富,更加完善,更有生命力。

坚持以和平共处五项原则为准则建立国际新秩序。和平共处五项原则是以毛泽东为首的中国共产党第一代领导人倡导确立的。邓小平继承和发展了和平共处五项原则,指出:"处理国与国之间的关系,和平共处五项原

---

① 《邓小平文选》第三卷,人民出版社 1993 年版,第 228 页。
② 《邓小平文选》第三卷,人民出版社 1993 年版,第 127 页。
③ 《邓小平文选》第三卷,人民出版社 1993 年版,第 57、128 页。

则是最好的方式。其他方式,如'大家庭'方式,'集团政治'方式,'势力范围'方式,都会带来矛盾,激化国际局势。总结国际关系的实践,最具有强大生命力的就是和平共处五项原则。"①在坚持和平共处五项原则的同时,邓小平又丰富了五项原则的内涵,赋予其新的内容。20 世纪 80 年代末,在世界进入新旧格局的转型交替时期,邓小平率先提出了以和平共处五项原则为准则建立国际政治新秩序和国际经济新秩序的主张。1988 年 9 月 21日,在会见斯里兰卡总理普雷马达萨时,邓小平提出:"现在需要建立国际经济新秩序,也需要建立国际政治新秩序。新的政治秩序就是要结束霸权主义,实现阁下刚才提到的和平共处五项原则。"②

1982 年 12 月五届全国人民代表大会第五次会议通过的宪法"序言"中规定:"中国坚持独立自主的对外政策,坚持互相尊重主权和领土完整、互不侵犯、互不干涉内政、平等互利、和平共处的五项原则,发展同各国的外交关系和经济、文化的交流;坚持反对帝国主义、霸权主义、殖民主义,加强同世界各国人民的团结,支持被压迫民族和发展中国家争取和维护民族独立、发展民族经济的正义斗争,为维护世界和平和促进人类进步事业而努力。"这是用国家根本大法的形式把国家的对外政策原则明确确定下来。

1986 年 3 月,六届全国人大四次会议通过的《关于第七个五年计划的报告》,首次将中国的对外政策概括为"独立自主的和平外交政策"。报告阐述了这一政策包括的十个方面的主要内容和基本原则:第一,中国从本国人民和世界人民的长远利益和根本利益出发,把反对霸权主义、维护世界和平、发展各国友好合作和促进共同经济繁荣,作为自己对外工作的根本目标。第二,中国主张世界上所有国家不论大小、富贫、强弱一律平等,坚决反对以大欺小,以富压贫,以强凌弱。各国的事应由各国人民自己去管,世界上的事应由各国协商解决,而不能由一两个超级大国说了算。中国自己决

---

①　《邓小平文选》第三卷,人民出版社 1993 年版,第 96 页。

②　《邓小平建设有中国特色社会主义论述专题摘编》(新编本),中央文献出版社 1995年版,第 359 页。

不称霸,也坚决反对来自任何方面和以任何形式出现的霸权主义。第三,中国在任何时候和任何情况下都坚持独立自主,对一切国际问题都根据其本身的是非曲直决定自己的态度和对策。中国判断是非的标准,就是看它是否有利于维护世界和平、发展各国友好合作和促进世界经济繁荣。第四,中国决不依附于任何一个超级大国,也决不同它们任何一方结盟或建立战略关系。第五,中国信守互相尊重主权和领土完整、互不侵犯、互不干涉内政、平等互利、和平共处五项原则,并努力在这个基础上同世界各国建立、恢复和发展正常关系,和睦相处,友好合作,而不以社会制度和意识形态的异同来决定亲疏、好恶。中国坚决反对任何国家以社会制度和意识形态的相同或不同作为占领别国领土、干涉别国内政的借口。中国坚决反对一切形式的恐怖主义活动,并且认为只有铲除产生这种活动的社会根源和政治根源,才能从根本上解决这个问题。第六,中国属于第三世界,坚持把加强和发展同第三世界国家的团结与合作作为我国对外工作的一个基本立足点。第七,中国反对军备竞赛,反对把这种竞赛扩展到外层空间。第八,中国坚持长期实行对外开放,在平等互利的基础上不断扩大和发展同各国的经济、贸易、技术交流与合作。中国的开放政策面向全世界,既对资本主义国家开放,也对社会主义国家开放;既对发达国家开放,也对广大发展中国家开放。第九,中国遵循联合国宪章的宗旨和原则,支持联合国组织根据宪章精神所进行的各项工作,积极参加联合国及其各专门机构开展的有利于世界和平与发展的活动。第十,中国重视各国人民之间的交往。中国政府鼓励和支持各群众团体、民间组织和各界人士开展同各国在经济、文化、教育、科技、新闻、卫生、体育等各个方面的交流与合作,加强各国人民之间的了解和友谊。这份报告阐述的上述内容,是对当时中国对外政策的集中概括,表明中国已经完成了外交方针的调整,中国的外交开始显示出全方位发展的特点。

随着对外方针的逐渐调整,党的十一届三中全会后党和国家的对外工作取得了重大成就,为改革开放和现代化建设创造了良好的国际环境。

在党的对外工作方面,早在1977年,中国共产党就恢复了与南斯拉夫党的关系。1980 年,恢复了同意大利、西班牙共产党的关系。此后,希腊、法国、荷兰等一些国家的共产党也相继派代表团访问中国。1982 年,党的十二大确定了中国共产党同各国共产党发展关系的四条原则,即独立自主,完全平等,互相尊重,互不干涉内部事务。进入 20 世纪中期,中国共产党恢复了同东欧一些国家曾经中断的党际关系,1989 年 5 月又恢复了同苏联共产党的关系。与此同时,中国共产党还同日本、法国、澳大利亚、新西兰等国家的社会党、社会民主党、工党建立了关系,还同第三世界国家的民族主义政党建立了不同形式的联系。到 1991 年,中国共产党已同世界上二百七十多个各类政党建立了不同形式的联系。

在国家的对外工作方面,20 世纪 70 年代,中国和美国经过多次谈判,终于在 1978 年 12 月 16 日双方发表了两国间《关于建立外交关系的联合公报》,从 1979 年 1 月 1 日起,中美两国建立外交关系,从此实现了两国关系正常化。1979 年 1 月 29 日至 2 月 5 日,邓小平副总理应邀对美国进行正式访问,这是中华人民共和国成立后中国领导人第一次访问美国,在中美关系史上揭开了新的一页。

中美建交后,中国同美国以及所有其他西方国家之间的经济、文化、科学、教育等方面的交往和合作都有了显著发展。中国和日本在 1972 年建交后,在 1978 年缔结了中日和平友好条约,1982 年到 1983 年两国政府进行了互访,又确认了"和平友好、平等互利、相互信赖、长期稳定"四项原则,从而为中日两国长期友好合作奠定了基础。从 1983 年到 1987 年,中国又同 10 个国家建立了外交关系,使建交国总数达到 135 个。中国政府和党的领导人对 46 个国家进行了友好访问,接待了九十多个国家的元首、政府首脑、副总统、副总理级领导人和外交部长来华访问。中国先后参加了 64 个国际公约,签订了 12 个双边领事条约以及其他协议。与此同时,我国还运用联合国常任理事国的国际地位,积极参与以联合国为中心的多边外交活动,为促进世界和平与发展做出积极贡献。

进入 20 世纪 80 年代后,中苏关系有了曲折而缓慢的改善。最终以

1989 年 5 月苏共中央总书记戈尔巴乔夫访华为标志,实现了两党两国关系正常化。

总之,从 20 世纪 70 年代末开始,中国外交政策进行了适应国内外形势变化的重大调整,这次调整促进了中国外交的全方位发展,为保证我国改革开放和现代化建设的顺利进行创造了一个良好的国际环境和周边环境。

(二) 军队建设指导思想的转变与现代化正规化建设

新中国成立后,我军建设指导思想曾发生过几次大的转变。20 世纪 50 年代前期,随着新中国的成立,国家开始了大规模的经济建设,国外敌对力量对我国大陆进行直接武装侵略的可能性较小,我军进入相对和平时期建军的新阶段。但在进入 20 世纪 60 年代后,由于美帝国主义敌视和威胁我国,特别是由于中苏关系破裂,苏联对我国施加强大政治、经济、军事压力,并向中苏边境地区大量增兵,对我国构成了严重的现实威胁。在这种情况下,党和军队主要领导人对形势的判断是:战争不可避免,而且迫在眉睫。从而提出准备"早打、大打、打核战争"的指导思想,我军建设实际上已从平时状态转入临战状态。

20 世纪 70、80 年代,由于党在对战争与和平问题的认识上以及对外政策上都作出了调整,军队建设的指导思想也随之发生转变。这次转变,是新中国成立后我军建设指导思想的第三次重大转变,标志着我军建设由此进入了一个新的历史发展阶段。这次军队建设指导思想的转变,主要包括三个方面内容。

一是从准备打大规模战争和核战争向立足于打赢现代条件下局部战争的转变。过去我军建设的各个领域都是以同强敌打大战甚至打核战争为出发点的,在军队员额、后备力量、战场建设、教育训练以至军工生产等方面,也都按打大战、核战进行部署。这种做法在苏美军队都强调核大战是未来战争的主要类型、我国也确实面临超级大国战争威胁的情况下是必要的。但从 20 世纪 70 年代末期以后,苏美都认为未来战争的主要类型将不是核大战，而是核威慑下的常规战争，其战略思想和建军原则都发生了相应变化，并对世界军事产生了直接影响。国际政治、军事形势的变化和科学技术的发展也要求我军转变战争准备的观念，把今后军事斗争的基点从准备打举国迎敌的全面战争转到确保打赢现代条件下的局部战争上，军队建设也要适应这种转变，为贯彻新时期军事战略方针创造条件。

二是从临战状态下的随时准备应付大战的直接威胁的应急性建设，转到相对稳定形势下的和平时期军队的正常建设上来。这是军队建设立足点的转变。过去，我们总认为战争不可避免，而且迫在眉睫，因此在国防和军队建设上，从应急准备上考虑得多，从根本建设上考虑得少；对眼前建设比较重视，对长远建设则很少顾及。这样就使有限的财力、物力被大量用在应急性的临战准备上，我军建设一直在比较低级的阶段徘徊。新时期实行战略性转变，是按照和平时期国家安全和未来军事斗争的要求，在服从国家经济建设大局的前提下，有计划有步骤地加强以现代化为中心的根本建设，努力把部队整编好，把武器装备搞精良，把干部培训好，把一些规章制度建立健全起来，把军队的一些关系理顺，努力提高军政素质，增强我军在现代战争条件下的自卫能力、实战能力和威慑能力。

三是从孤立地抓军队建设，不适当地强调军事斗争需要，转到服从和服务于国家经济建设大局，以国家经济发展为依托，促进军队建设的发展上来；从现代化建设的中心不够突出、不够明确，转到进一步突出现代化在军队建设中的中心地位，着重抓好现代化武器装备的发展和现代化军事人才的培养，下大气力解决现代战争的客观需要与我军现代化水平比较低这一我军建设的主要矛盾上来；从偏重于军队的数量规模，转到适当压缩军队规模，减少数量，注重提高军队的质量，走有中国特色的精兵之路上来；从单纯强调军事建设特别是常备军建设，转到更加重视包括政治、经济、科技、军事、外交等因素在内的综合国力的建设，以及常备军和后备力量、国防实力和战争潜力、物质力量和精神力量、国防动员和国防教育等构成的国防总体力量建设上来。

军队建设指导思想的战略性转变,为充分利用和平环境,把我军建设成为一支机构精干、装备精良、反应迅速的现代化正规化革命军队指明了方向。

新时期军队建设到底应该达到一个什么样的目标,是一个重大的战略性问题。1981年9月,北京部队在华北地区举行了一次现代条件下的军事演习,是对军队经过几年的整顿之后的一次大检阅。邓小平在向受阅部队讲话中,第一次完整地提出了新时期军队建设的总目标和总任务:"必须把我军建设成为一支强大的现代化、正规化的革命军队。"到了1987年建军节前夕,他再次向全军发出号召:"为把我军建设成为一支强大的现代化正规化革命军队而奋斗"。①

注重军队的现代化建设,是当今世界各国军队建设的一个重要发展趋势。随着科学技术的迅猛发展,高技术兵器在军事领域的广泛应用,现代战争形态已发生很大变化,对军队现代化水平的要求更高了。在数量和质量的矛盾运动中,质量已居于主导地位。占有质量优势的军队,往往掌握战场上的主动权。我军经过长期发展和建设,已经具有较强的战斗力。但必须承认,我军在武器装备、情报侦察、通信联络、指挥控制、联合作战等一些基本方面,与西方发达国家军队之间存在较大差距。要解决我军建设中的问题,打赢未来高技术局部战争,就应下大力加强军队的现代化建设,从根本上提高我军的作战能力。

1982年8月16日,中央军委发出《关于将军委炮兵、装甲兵、工程兵机关改为总参谋部业务部门的命令》。8月21日,国务院、中央军委作出《关于撤销基建工程兵的决定》。9月17日,中央军委印发《军队体制改革与精简整编方案》,我军兵种编制体制制作了较大调整。按照整编方案,自9月1日起,军委炮兵、装甲兵、工程兵部,由执行大军区级权限改为正军级;原隶属各兵种的特种兵部队编入集团军或归所在军区领导。1982年12月6

---

① 中共中央文献研究室编:《邓小平思想年谱》,中央文献出版社1998年版,第394页。

日,国务院、中央军委决定,将铁道兵并入国家铁道部。1983 年 10 月 1 日,铁道兵机关及其下属 10 个师等共 14 万余人并入铁道部建制,撤销铁道兵番号及领导机构;并入铁道部的铁道兵部队官兵全部脱军装,就地转业。同年 11 月,撤销基建工程兵领导机构,所属部队按系统对口集体转业到国家有关部委和所在省、市、自治区,有的部队移交有关军区、总参通信部队和武装警察部队。

1984 年 11 月 1 日,邓小平在中央军委座谈会上讲话,再次提出了军队"消肿"的问题,指出:"即使战争爆发,我们也要消肿。肿,就是表现我们指导战争的能力不高。不消肿就不能应对战争。"邓小平在会上提出了再裁减军队员额一百万,把军队总定额减到三百万的设想,并得到大家的赞成。1985 年 6 月 4 日,邓小平在中央军委扩大会议上正式宣布:中国政府决定,中国人民解放军裁减员额一百万。他说:"把中国人民解放军的员额减少一百万,这是中国共产党、中国政府和中国人民有力量、有信心的表现。它表明,拥有十亿人口的中华人民共和国,愿意并且用自己的实际行动对维护世界和平做出贡献。"①为落实裁军百万的重大决策,这次中央军委扩大会议通过了会前经过广泛征求意见和科学论证而制定的《军队体制改革、精简整编方案》。裁军百万,这是新时期我军精简整编中规模最大的一次,是我军建设史上一个重大的转折和崭新的起点,打开了人民解放军走上精兵之路的通道。

军队的正规化,是世界各国军队发展的普遍规律,也是我军发展壮大和现代化建设的必然要求。1951 年,中央军委在给军事学院的赠词中,提出要"为建设正规化、现代化的国防军而奋斗",第一次正式把正规化纳入了我军建设的总目标。但是,从 20 世纪 50 年代后期,林彪担任国防部长后,鼓吹"突出政治"、"政治可以冲击一切",使我军的正规化建设遭受严重挫折。特别是"文化大革命"期间,林彪、"四人帮"反军、乱军,军队正常的训

---

① 中共中央文献研究室编:《邓小平年谱(1975—1997)》(下),中央文献出版社 2004 年版,第 1050 页。

练、工作和生活秩序被打乱,严重地阻碍和破坏了我军的正规化建设。粉碎"四人帮"以后,我军正规化建设进入了新的历史时期。1981 年 9 月,邓小平在审定检阅华北演习参演部队讲话稿时,亲自在原稿"现代化"三个字的后面加上了"正规化"三个字,明确提出"必须把我军建设成为一支强大的现代化、正规化的革命军队"。邓小平认为,军队的正规化建设,说到底是依法治军的问题。依法治军,首先要有法可依。还在 1977 年,邓小平就亲自主持召开军委扩大会议,通过了《关于加强部队教育训练的决定》、《关于办好军队院校的决定》、《关于加强军队组织纪律性的决定》等九个决定、条例。1980 年 3 月,邓小平提出要搞军衔制。1984 年 5 月六届全国人大第二次会议通过的《中华人民共和国兵役法》规定:"中国人民解放军实行军衔制度"。1988 年 7 月 1 日,七届全国人大常委会第二次会议通过了《中国人民解放军军官军衔条例》。1988 年 9 月 14 日,中央军事委员会举行上将授衔仪式,从当年 10 月 1 日起,全军官兵佩戴新军衔标志。

(三)"一个国家,两种制度"构想的形成

实现祖国的完全统一,是海内外全体中国人的共同心愿,是中华民族的根本利益所在,是大势所趋,人心所向。"一国两制"是实现祖国统一的伟大构想和根本指导方针。这一构想,既体现了实现祖国统一、维护国家主权的原则性,又充分考虑台湾、香港、澳门的历史和现实,体现了高度的灵活性。实行"一国两制",有利于祖国统一和民族振兴,有利于世界的和平与发展。

自新中国成立伊始,如何解决台湾问题就成为摆在中国共产党面前的重大政治课题。1955 年 5 月,周恩来代表中国政府第一次公开提出了"中国人民愿意在可能的条件下,争取用和平的方式解放台湾"的主张。1956 年,毛泽东进一步指出,国共两党过去合作过两次,"我们还准备第三次合作",并在不同场合阐明了和平解放台湾的具体方针政策。1958 年 10 月,毛泽东起草以国防部长名义发布的《告台湾同胞书》以及《国防部命令》、

《再告台湾同胞书》、《三告台湾同胞书》等文稿,公布和阐明了对台湾的新政策。1963年,周恩来把这一系列对台新政策归纳为"一纲四目"。"一纲"即台湾必须统一于中国,"四目"具体阐述了台湾回归后的一系列政治安排,包括:台湾回归祖国后,除外交必须统一于中央外,所有军政大权、人事安排由蒋介石决定;所有军政及建设经费不足之数,由中央拨付;台湾的社会改革可以从缓,协商解决;双方互约不派人进行破坏对方团结之事等。上述主张为提出"一国两制"构想提供了思想来源。

　　粉碎"四人帮",结束"文化大革命"以后,随着国际国内形势深刻变化,我们党开始调整对台湾的政策,并在这个过程中逐步提出并阐述了"一国两制"构想。1978年10月8日,邓小平在会见日本文艺家江藤淳时就指出:"如果台湾归回中国,中国对台湾的政策将根据台湾的现实来处理。比如说,美国在台湾有大量的投资,日本在那里也有大量的投资,这就是现实,我们正视这个现实。"①此次谈话透露出祖国统一后中国政府将从实际出发、尊重台湾现实和保护外国人投资的最初思考,这是邓小平涉及"一国两制"构想的最早谈话。同年11月会见缅甸总统吴奈温时,邓小平第一次明确谈到统一后台湾的某些制度和生活方式可以不动。他说:"在解决台湾问题时,我们会尊重台湾的现实。比如,台湾的某些制度可以不动,美、日在台湾的投资可以不动,那边的生活方式可以不动,但是要统一。"②这些重要谈话,可以说是"一国两制"的最初萌芽。

　　1978年12月,党的十一届三中全会召开,全会公报指出:"随着中美关系正常化,我国神圣领土台湾回到祖国怀抱、实现统一大业的前景,已经进一步摆在我们面前。全会欢迎台湾同胞、港澳同胞、海外侨胞,本着爱国一家的精神,共同为祖国统一和祖国建设的事业继续做出积极贡献。"在这

---

①　中共中央文献研究室编:《邓小平年谱(1975—1997)》(上),中央文献出版社2004年版,第396页。

②　中共中央文献研究室编:《邓小平年谱(1975—1997)》(上),中央文献出版社2004年版,第430页。

里,首次以"台湾回到祖国怀抱"、"实现统一大业"代替了"解放台湾"的提法。之后,党和国家领导人关于"一国两制"的思考愈加清晰。

1979年元旦,全国人大常委会发表《告台湾同胞书》,郑重宣告了中国政府关于和平解决台湾问题的大政方针,呼吁两岸就结束军事对峙状态进行商谈。表示在实现国家统一时,一定"尊重台湾现状和台湾各界人士的意见,采取合情合理的政策和办法"。也是从这天起,中国人民解放军停止了对金门、马祖等岛屿的炮击。1979年1月30日,邓小平在向美国参众两院发表演说时说:"我们不再用'解放台湾'这个提法了。只要台湾回归祖国,我们将尊重那里的现实和现行制度。"[1]1979年12月,邓小平在会见日本首相大平正芳时说,实现祖国统一目标,要从现实情况出发。统一后"台湾的制度不变,生活方式不变,台湾与外国的民间关系不变,包括外国在台湾的投资、民间交往照旧。这就是说,外国可以照旧对台湾投资。即使台湾与祖国统一起来后,外国投资也不受任何影响,我们尊重投资者的利益。台湾作为一个地方政府,可以拥有自己的自卫的军事力量。条件只有一条,那就是,台湾要作为中国不可分的一部分。它作为中国的一个地方政府,拥有充分的自治权"[2]。这些谈话,此后成为"一国两制"的基本框架。

1981年8月26日,邓小平会见台湾、香港知名人士傅朝枢时,进一步阐述了中央政府对台湾的政策。指出:台湾不搞社会主义,社会制度不变,外国资本不动,甚至可以拥有自己的武装力量。台湾人民的生活水平不降低。我们要力求通过和平方式解决台湾问题,实现祖国统一,但是也不能排除在某种情况下被迫使用武力。两岸实现"三通"[3]没有先决条件。"三通"就是说先来往,增加彼此了解,增加人民之间的了解,这是促进谈判的一种方式。所有国际朋友如果是真心要促进中国统一的,我们欢迎。归根

---

① 中共中央文献研究室编:《邓小平年谱(1975—1997)》(上),中央文献出版社2004年版,第478页。

② 中共中央文献研究室编:《邓小平年谱(1975—1997)》(上),中央文献出版社2004年版,第582—583页。

③ "三通",即"通航、通邮、通商"。

到底,中国统一要台湾海峡两岸的领导人和人民来决定。首先希望两岸的领导人为中华民族的历史来做这件好事,这在历史上是要大书特书的。希望台湾的一些领导人把眼界放宽一点,放远一点。中国人民站立起来,中华人民共和国的历史地位,祖国的统一富强,国家的希望,这是个前提。没有这个前提,什么谈判啊、"三通"啊,都谈不上。①

1981 年 9 月 30 日,全国人大常委委会委员长叶剑英发表了《关于台湾回归祖国实现和平统一的方针政策》的谈话,进一步阐明了关于台湾回归祖国,实现和平统一的九条方针政策(简称"叶九条"),这就是:"(一)为了尽早结束中华民族陷于分裂的不幸局面,我们建议举行中国共产党和中国国民党两党对等谈判,实行第三次合作,共同完成祖国统一大业。双方可先派人接触,充分交换意见。(二)海峡两岸各族人民迫切希望互通音讯、亲人团聚、开展贸易、增进了解。我们建议双方共同为通邮、通商、通航、探亲、旅游以及开展学术、文化、体育交流提供方便,达成有关协议。(三)国家实现统一后,台湾可作为特别行政区,享有高度的自治权,并可保留军队。中央政府不干预台湾地方事务。(四)台湾现行社会、经济制度不变,生活方式不变,同外国的经济、文化关系不变。私人财产、房屋、土地、企业所有权、合法继承权和外国投资不受侵犯。(五)台湾当局和各界代表人士,可担任全国性政治机构的领导职务,参与国家管理。(六)台湾地方财政遇有困难时,可由中央政府酌情补助。(七)台湾各族人民、各界人士愿回祖国大陆定居者,保证妥善安排,不受歧视,来去自由。(八)欢迎台湾工商界人士回祖国大陆投资,兴办各种经济事业,保证其合法权益和利润。(九)统一祖国,人人有责。我们热诚欢迎台湾各族人民、各界人士、民众团体通过各种渠道、采取各种方式提供建议,共商国是。"②"叶九条"已经包含了"一国两

---

① 中共中央文献研究室编:《邓小平年谱(1975—1997)》(上),中央文献出版社 2004 年版,第 764 页。

② 《叶剑英委员长进一步阐明台湾回归祖国实现和平统一的方针政策,建议举行两党对等谈判实行第三次合作》,《人民日报》1981 年 10 月 1 日。

制"的基本内容,1984 年 12 月 19 日,邓小平会见英国首相撒切尔夫人时进一步指出:"1981 年国庆前夕叶剑英委员长就台湾问题发表的九条声明,虽然没有概括为'一国两制',但实际上就是这个意思。"①1982 年 1 月 11 日,邓小平会见美国华人协会主席李耀滋,在谈到祖国统一问题时指出:"九条方针是以叶副主席的名义提出来的,实际上就是一个国家两种制度。"②这是邓小平第一次正式提出和使用"一个国家,两种制度"的概念。

1983 年 6 月 25 日,邓小平会见美国新泽西州西东大学教授杨力宇时,进一步提出了实现台湾和祖国大陆和平统一的六条具体构想(简称"邓六条"):(一)台湾问题的核心是祖国统一。和平统一已成为国共两党的共同语言。(二)制度可以不同,但在国际上代表中国的,只能是中华人民共和国。(三)不赞成台湾"完全自治"的提法,"完全自治"就是"两个中国",而不是一个中国。自治不能没有限度,不能损害统一的国家的利益。(四)祖国统一后,台湾特别行政区可以实行同大陆不同的制度,可以有其他省、市、自治区所没有而为自己所独有的某些权力。司法独立,终审权不须到北京。台湾还可以有自己的军队,只是不能构成对大陆的威胁。大陆不派人驻台,不仅军队不去,行政人员也不去。台湾的党、政、军等系统都由台湾自己来管。中央政府还要给台湾留出名额。(五)和平统一不是大陆把台湾吃掉,当然也不能是台湾把大陆吃掉,所谓"三民主义统一中国"不现实。(六)要实现统一,就要有个适当方式。建议举行两党平等会谈,实行国共第三次合作,而不提中央与地方谈判。双方达成协议后可以正式宣布,但万万不可让外国插手,那样只能意味着中国还未独立,后患无穷。

从"叶九条"到"邓六条","一国两制"科学构想的内容更加完备、明确和系统化,"一国两制"方针的大体框架基本形成。在此基础上,1984 年 2 月 22 日,邓小平会见兹比格涅夫·布热津斯基、阿穆斯·乔丹率领的美国

---

① 《邓小平文选》第三卷,人民出版社 1993 年版,第 102 页。
② 中共中央文献研究室编:《邓小平年谱(1975—1997)》(下),中央文献出版社 2004 年版,第 797 页。

战略和国际问题研究中心代表团时,完整清晰地表达了"一个国家,两种制度"构想。他说:"我们提出的大陆与台湾统一的方式是合情合理的。统一后,台湾仍搞它的资本主义,大陆搞社会主义,但是,是一个统一的中国。一个中国,两种制度。香港问题也是这样,一个中国,两种制度。"①"一国两制"的基本内涵是:在祖国统一的前提下,国家的主体坚持社会主义制度,同时在香港、澳门、台湾保持原有的资本主义制度不变。这个构想既体现了实现祖国统一、维护国家主权的原则性,又充分考虑到台湾、香港、澳门的历史和现实,体现了高度的灵活性,是解决台湾问题、实现两岸统一的最佳方式。1984 年 5 月,六届全国人大二次会议通过的《政府工作报告》指出:"统一祖国,振兴中华,是历史赋予我们的神圣使命。""从国家和民族的根本利益出发,鉴于历史的经验和台湾的现实,我们提出了祖国统一之后可以实行'一个国家,两种制度'的设想。我们的各项建议和设想,都是诚心诚意的,通情达理的。""我国将在 1997 年恢复对香港行使主权,这是坚定不移的决策。为了继续保持香港的稳定和繁荣,我们在恢复行使主权后,对香港将采取一系列特殊政策,并在 50 年内不予改变。这些政策包括:根据我国宪法第 31 条,成立香港特别行政区,由香港当地人自己管理,享有高度自治权;现行的社会、经济制度和生活方式不变,法律基本不变;香港将继续保持自由港和国际金融、贸易中心的地位,继续同各个国家和地区以及有关国际组织保持和发展经济关系;英国和其他国家在香港的经济利益,将受到照顾。中国政府的上述政策,是充分考虑了香港的历史和现状后制定的,是符合包括香港同胞在内的全国人民的根本利益的,是实事求是和合情合理的。"这表明,邓小平提出的"一国两制"构想已成为一种具有法律效力的基本国策。

(四)"一国两制"构想在解决香港、澳门问题上的实践

"一国两制"构想本来是着眼和平解决台湾问题提出来的,但首先在解

---

① 《邓小平文选》第三卷,人民出版社 1993 年版,第 49—50 页。

决香港、澳门问题的过程中得到了实践。

香港、澳门问题是历史遗留问题。1982年9月,中国政府与英国政府开始就解决香港问题举行谈判。9月24日,邓小平会见前来参加谈判的英国首相撒切尔夫人时,表明了中国准备用在解决台湾问题时提出的办法来解决香港问题的立场。他说:"香港继续保持繁荣,根本上取决于中国收回香港后,在中国的管辖之下,实行适合于香港的政策。香港现行的政治、经济制度,甚至大部分法律都可以保留,当然,有些要加以改革。香港仍将实行资本主义,现行的许多适合的制度要保持。"他说,中国在香港主权问题上"没有回旋余地","应该明确肯定:1997年中国将收回香港。就是说,中国要收回的不仅是新界,而且包括香港岛、九龙。中国和英国就是在这个前提下来进行谈判,商讨解决香港问题的方式和办法。如果中国在1997年,也就是中华人民共和国成立48年后还不把香港收回,任何一个中国领导人和政府都不能向中国人民交代……任何中国政府都应该下野,自动退出政治舞台,没有别的选择。"①此后,中英两国政府就香港问题举行了多轮谈判。自1983年12月起,谈判才纳入以中国政府关于解决香港问题的基本立场为基础进行讨论的轨道。

随着和平统一祖国大业,特别是中、英两国政府关于香港问题谈判不断取得进展,邓小平对"一国两制"构想的认识越来越深化,语言表述也越来越明确。1984年2月22日,邓小平在会见美国乔治城大学战略与国际问题研究中心主任布热津斯基的谈话中,明确提出将用"一个中国,两种制度"的办法解决香港问题。他说:"我们提出的大陆与台湾统一的方式是合情合理的。统一后,台湾仍搞它的资本主义,大陆搞社会主义,但是是一个统一的中国。一个中国,两种制度。香港问题也是这样,一个中国,两种制度。"②4月28日,在会见美国总统里根时,邓小平又说,"中国政府为解决台湾问题作了最大努力,就是在不放弃主权原则的前提下允许在一个国家

---

① 《邓小平文选》第三卷,人民出版社1993年版,第13页。
② 《邓小平文选》第三卷,人民出版社1993年版,第49页。

内部存在两种制度。"①5 月 27 日和 28 日,中共中央书记处召开的对台工作座谈会,也重申了"一个国家,两种制度"的设想。此后,"一个国家,两种制度"便成为党和政府解决台湾和香港、澳门问题,实现祖国统一方针的正式的概括性语言,也成为具有法律效力的一项基本国策。

1984 年 6 月,邓小平在会见香港工商界访京团和香港知名人士钟士元等人时,比较展开地阐释了"一国两制"的构想和对香港问题的基本立场。邓小平说:"实现国家统一是民族的愿望,一百年不统一,一千年也要统一的。怎么解决这个问题,我看只有实行'一个国家,两种制度'。"所谓"'一个国家,两种制度',具体说,就是在中华人民共和国内,十亿人口的大陆实行社会主义制度,香港、台湾实行资本主义制度"。在谈到如何在香港具体运用这一构想时,他说:"我们多次讲过,我国政府在 1997 年恢复行使对香港的主权后,香港现行的社会、经济制度不变,法律基本不变,生活方式不变,香港自由港的地位和国际贸易、金融中心的地位也不变,香港可以继续同其他国家和地区保持和发展经济关系。我们还多次讲过,北京除了派军队以外,不向香港特区政府派出干部,这也是不会改变的。我们派军队是为了维护国家的安全,而不是去干预香港的内部事务。"邓小平还说:从世界历史来看,有哪个政府制定过我们这么开明的政策?从资本主义历史看,从西方国家看,有哪一个国家这么做过?"我们采取'一个国家,两种制度'的办法解决香港问题,不是一时的感情冲动,也不是玩弄手法,完全是从实际出发的,是充分照顾到香港的历史和现实情况的。"在这次谈话中,邓小平还特别谈到了香港回归祖国后由香港人治理香港的问题。他提出:"港人治港有个界线和标准,就是必须由以爱国者为主体的港人来治理香港。未来香港特区政府的主要成分是爱国者,当然也要容纳别的人,还可以聘请外国人当顾问。什么叫爱国者?爱国者的标准是,尊重自己民族,诚心诚意拥

---

① 《邓小平同里根会谈时说我国政府为解决台湾问题作了最大努力希望美国不做妨碍大陆同台湾统一的事》,《人民日报》1984 年 4 月 29 日。

护祖国恢复行使对香港的主权,不损害香港的繁荣和稳定。只要具备这些条件,不管他们相信资本主义,还是相信封建主义,甚至相信奴隶主义,都是爱国者。我们不要求他们都赞成中国的社会主义制度,只要求他们爱祖国,爱香港。"①一个月后,邓小平会见前来改变谈判僵局的英国外交大臣杰弗里·豪时进一步指出:十亿人口大陆的社会主义制度是不会改变的,永远不会改变。但是,根据香港和台湾的历史和实际情况,不保证香港和台湾继续实行资本主义制度,就不能保持它们的繁荣和稳定,也不能和平解决祖国统一问题。因此,"我们在香港问题上,首先提出要保证其现行的资本主义制度和生活方式,在 1997 年后 50 年不变。"②。

邓小平反复阐明中国政府对香港问题的立场,并直接指导关于香港问题的中英谈判,1984 年 9 月双方就全部问题达成协议。1984 年 12 月 19 日中英两国政府在北京人民大会堂正式签署了关于香港问题的《中英联合声明》。《联合声明》庄严宣告:中华人民共和国将从 1997 年 7 月 1 日起恢复对香港行使主权。签字仪式后,邓小平在同英国首相撒切尔夫人谈话时说:"一国两制""这个构想是在中国的实际情况下提出来的","就香港问题而言,三方面都能接受的只能是'一国两制',允许香港继续实行资本主义,保留自由港和金融中心的地位,除此以外没有其他办法"。他告诉撒切尔夫人:"中国是信守自己的诺言的"③。

中英关于香港问题《联合声明》的签署,使中国走向统一进程中的另一个问题——澳门问题逐步提到议事日程上来。1984 年 10 月 3 日,邓小平在接见港澳同胞国庆观礼团全体成员时说:"澳门问题的解决,想用香港的方式,我们以前不讲,是不要因为澳门问题影响了其他。澳门问题的解决当然也是澳人治澳,'一国两制'。"④10 月 6 日,在会见澳门中华总商会会长

---

① 《邓小平文选》第三卷,人民出版社 1993 年版,第 58—61 页。
② 《邓小平文选》第三卷,人民出版社 1993 年版,第 67 页。
③ 《邓小平文选》第三卷,人民出版社 1993 年版,第 101、102 页。
④ 中共中央文献研究室编:《邓小平年谱(1975—1997)》(下),中央文献出版社 2004 年版,第 999 页。

马万祺时,邓小平又明确说:"澳门问题也将按照解决香港问题那样的原则来进行,'一国两制'、澳人治澳、五十年不变等等。澳门收回后,赌业可以继续下去。"①1986 年 6 月,中葡双方开始就澳门问题举行谈判。经过近 9 个月的谈判,中葡两国政府于 1987 年 4 月 13 日在北京人民大会堂正式签署《中葡联合声明》,宣告中华人民共和国政府将于 1999 年 12 月 20 日对澳门恢复行使主权。签字仪式前,邓小平会见了前来参加签字仪式的葡萄牙总理席尔瓦,指出:"中国在不长的时间内解决了香港问题、澳门问题,为处理国际上有争议的问题树立了一个范例。"②

在邓小平"一国两制"伟大构想的指引下,香港和澳门问题的圆满解决,标志着中国在和平统一的道路上迈出了一大步。

五、党的十三大与社会主义初级阶段理论的确立

从 1978 年党的十一届三中全会到 1987 年党的十三大召开的 9 年,我们党坚持以经济建设为中心,坚持四项基本原则,坚决而有步骤地全面改革和对外开放,在探索中国特色社会主义道路的进程中取得显著成就。其中经济建设成就尤为突出。这同党的十一届三中全会以前的 20 年中,在"左"的思想指导下,"以阶级斗争为纲",经济发展屡遭挫折,人民生活改善甚微的状况,形成了鲜明对比。在党的十三大召开之际,如何对这 9 年改革开放的实践进行总结;如何使改革开放政策得到科学理论的支撑,从而保持长期的稳定性、连续性;如何概括党的十一届三中全会以来我们党坚持和形成的基本路线;如何规划中国现代化建设的总体战略;如何深化经济体制、政治体制改革,保证我们沿着有中国特色的社会主义道路继续胜利前进,成为全党必须面对和解决的一个重大问题。

---

① 中共中央文献研究室编:《邓小平年谱(1975—1997)》(下),中央文献出版社 2004 年版,第 1001 页。

② 中共中央文献研究室编:《邓小平思想年谱》,中央文献出版社 1998 年版,第 381 页。

党的十三大就是在这样的背景下召开的。邓小平直接指导了十三大报告的起草和大会的筹备工作。他明确要求:"十三大报告要在理论上阐述什么是社会主义,讲清楚我们的改革是不是社会主义。要申明'四个坚持'的必要……改革开放的必要,在理论上讲得更加明白。"①党的十三大很好地贯彻了邓小平的要求。

1987年10月25日至11月1日,中国共产党第十三次全国代表大会在北京召开。参加这次大会的正式代表1936人,代表着全国四千六百多万名党员。邓小平主持大会开幕式。会上,于1987年1月接替胡耀邦担任党的总书记的赵紫阳代表第十二届中央委员会作了《沿着有中国特色的社会主义道路前进》的报告。

党的十三大的历史贡献主要有以下几个方面。

(一) 系统阐述社会主义初级阶段理论

关于社会主义的发展阶段问题,马克思、恩格斯在创立科学社会主义学说的过程中,曾提出过一些极其原则性的设想。但是,不管是苏联还是我们党,在对社会主义发展阶段的认识上都曾出现严重偏差,并直接导致社会主义在实践中遭受重大挫折。"文化大革命"结束后,通过反思历史经验教训,我们党对中国国情和中国社会主义所处发展阶段问题进行重新认识。1977年10月,邓小平第三次复出后不久就指出:"人们都说中国是个大国,其实只有两点大,一是人口多,二是地方大。就发展水平来说,是个小国,顶多也是个中小国家,连中等国家都算不上。"②1978年8月,他又说:"各国的发展阶段不同,消灭资本主义,建立共产主义,这是一个很长的历史过程。"③1979年初,在中共中央召开的"理论工作务虚会"上,与会专家就社会主义发展阶段问题也进行了较深入的讨论。1979年9月,经党的十一届

---

① 《邓小平文选》第三卷,人民出版社1993年版,第203页。
② 中共中央文献研究室编:《邓小平思想年谱》,中央文献出版社1998年版,第48页。
③ 中共中央文献研究室编:《邓小平思想年谱》,中央文献出版社1998年版,第73页。

四中全会讨论通过、由叶剑英作的《在庆祝中华人民共和国成立三十周年大会上的讲话》指出：中国的社会主义制度"还不完善，经济和文化还不发达"，"还处在幼年时期"，"在我国实现现代化，必然要有一个由初级到高级的过程"。① 这个讲话实际上已蕴含了社会主义初级阶段的基本思想。

在党的正式文献中，第一次明确使用社会主义"初级阶段"概念，是1981 年 6 月党的十一届六中全会通过的《关于建国以来党的若干历史问题的决议》。《决议》说："尽管我们的社会主义制度还是处于初级的阶段，但是毫无疑问，我国已经建立了社会主义制度，进入了社会主义社会，任何否认这个基本事实的观点都是错误的"②。一年后，党的十二大报告重申了"我国的社会主义社会现正处在初级发展阶段"论断，并特别指明物质文明不发达是初级阶段社会主义的根本特征。但党的十二大以后，由于有人对我国社会主义还处在"初级阶段"的论断提出质疑，认为我国目前是处在"共产主义初级阶段"而非"社会主义初级阶段"，受此影响，此后几年里理论界关于"社会主义初级阶段"的讨论一度陷于沉寂。但是，随着改革开放的推进，人们的认识不断深化。1986 年五六月间，《人民日报》相继发表《关于社会主义建设的历史阶段》、《坚持实事求是原则是一切事业的成功之道》等文章，重提我国社会主义发展阶段问题，由此引发了关于"社会主义初级阶段"问题的新一轮讨论。在此背景下，1986 年 9 月党的十二届六中全会再次重申了"我国还处在社会主义的初级阶段"的论断。

不过，虽然党的正式文件已三次使用"初级阶段"提法，但都未作展开，这样，人们关注的焦点就集中到了 1987 年召开的党的十三大上。

1987 年 3 月 21 日，主持十三大报告起草工作的赵紫阳给邓小平写信，信中提出：十三大报告"全篇拟以社会主义初级阶段作为立论的根据……

① 中共中央文献研究室编：《三中全会以来重要文献选编》（上），人民出版社 1982 年版，第 295、300、307 页。

② 中共中央文献研究室编：《三中全会以来重要文献选编》（下），人民出版社 1982 年版，第 1134 页。

以社会主义的初级阶段立论,有可能把必须避免'左'右两种倾向这个大问题说清楚,也有可能把我们改革的性质和根据说清楚。如能这样,对统一党内外认识很有好处,对国外理解我们政策的长期稳定性也很有好处。'初级阶段'这个提法,在党的文件中已三次出现(历史问题决议、十二大报告、精神文明决议),但都没有发挥。如您同意,报告的起草工作就准备循着这个思路加以展开"。3月25日邓小平批示:"这个设计好。"①一个月以后,4月26日,邓小平在会见捷克斯洛伐克社会主义共和国总理什特劳加尔时又说:"现在虽说我们也在搞社会主义,但事实上不够格。"②"不够格"的社会主义,也就是"初级阶段"的社会主义。

进入1987年,随着党的十三大各项筹备工作的展开和总体设想的确定,国内思想理论界也逐渐兴起了一股研究、讨论和宣传社会主义初级阶段理论的热潮。北京、安徽、浙江、上海等地的理论工作者先后召开各种研讨会,就社会主义初级阶段的一些重大理论和实际问题展开深入讨论。比如,安徽省哲学原理研究会邀请有关专家座谈"社会主义初级阶段"问题,讨论的问题就包括:"1.社会主义社会的标志是什么? 是单项标志,还是多项标志? 它的根本标志是什么? 2.社会主义发展过程中有哪几个阶段? 它们划分的主要依据是什么? 社会主义初级阶段有什么特定涵义? 3.社会主义初级阶段是中国社会主义发展的特有阶段,还是所有社会主义国家的必经阶段? 4.为什么我们搞了近40年的社会主义,到目前还处在初级阶段? 根源何在? 5.初级阶段在我国整个社会主义发展过程中占有什么历史地位? 6.怎样才能使我国的社会主义的发展从初级阶段较顺利地进入新的历史阶段?"③1987年8月,党的十三大报告在征求党内意见时,各地讨论中提出的

---

① 中共中央文献研究室编:《邓小平年谱》(下),中央文献出版社2004年版,第1173页。

② 中共中央文献研究室编:《邓小平年谱》(下),中央文献出版社2004年版,第1183页。

③ 郑于栋:《关于我国社会主义初级阶段的讨论综述》,《安徽大学学报》(哲学社会科学版)1987年第4期。

10多个涉及全局和原则性的重大理论问题,就包括社会主义初级阶段如何论证、社会主义初级阶段的主要矛盾以及社会主义初级阶段的起始时间等问题。

在邓小平确定指导性意见、十三大报告草稿讨论和理论界深入研究的基础上,党的十三大第一次对社会主义初级阶段理论作了系统阐述。报告第二部分以"社会主义初级阶段和党的基本路线"为题,开宗明义地指出:"正确认识我国社会现在所处的历史阶段,是建设有中国特色的社会主义的首要问题,是我们制定和执行正确的路线和政策的根本依据。"围绕这个主旨,报告环环相扣地深入论述了八个方面的相关问题:

一是揭示了社会主义初级阶段论断的两层含义:其一是说我国社会已经是社会主义社会,我们必须坚持而不能离开社会主义;其二是说我国的社会主义社会还处在初级阶段,我们必须从这个实际出发,而不能超越这个阶段。

二是阐明了我国社会主义必须经历一个很长初级阶段的根据。历史根据是:我国社会主义脱胎于半殖民地半封建社会,生产力水平远远落后于发达的资本主义国家,这就决定了我们必须经历一个很长的初级阶段,去实现别的许多国家在资本主义条件下已经实现的工业化和生产的商品化社会化现代化;现实根据是:新中国成立三十多年来我国社会主义建设虽有相当发展,但人口多,底子薄,人均国民生产总值仍居于世界后列,生产关系和上层建筑等方面还不成熟不完善。

三是总结了我国超越社会主义初级阶段的历史教训。从20世纪50年代后期开始,由于"左"倾错误的影响,我们曾经急于求成,盲目求纯,以为单凭主观愿望,依靠群众运动,就可以使生产力急剧提高,以为社会主义所有制形式越大越公越好;许多束缚生产力发展的、并不具有社会主义本质属性的东西,或者只适合于某种特殊历史条件的东西,被当作"社会主义原则"加以固守;许多在社会主义条件下有利于生产力发展和生产商品化、社会化、现代化的东西,被当作"资本主义复辟"加以反对,由此而形成的过分

361

单一的所有制结构和僵化的经济体制,以及同这种经济体制相联系的权力过分集中的政治体制,严重束缚了生产力的发展,也使我国社会主义建设经历多次曲折,付出了巨大代价。

四是阐述了社会主义初级阶段的"特指"和时长。我国社会主义的初级阶段,"不是泛指任何国家进入社会主义都会经历的起始阶段,而是特指我国在生产力落后、商品经济不发达条件下建设社会主义必然要经历的特定阶段。我国从五十年代生产资料私有制的社会主义改造基本完成,到社会主义现代化的基本实现,至少需要上百年时间,都属于社会主义初级阶段。"

五是明确了我国社会主义初级阶段的主要矛盾和改革任务。人民日益增长的物质文化需要同落后的社会生产之间的矛盾是现阶段我国社会的主要矛盾;阶级斗争在一定范围内还会长期存在,但已不是主要矛盾。为了解决这个主要矛盾,就必须大力发展商品经济,提高劳动生产率,逐步实现现代化,并且为此而改革生产关系和上层建筑中不适应生产力发展的部分。

六是概括了我国社会主义初级阶段的走向和总体特征。长达百年的中国社会主义初级阶段,"是逐步摆脱贫穷、摆脱落后的阶段;是由农业人口占多数的手工劳动为基础的农业国,逐步变为非农产业人口占多数的现代化的工业国的阶段;是由自然经济半自然经济占很大比重,变为商品经济高度发达的阶段;是通过改革和探索,建立和发展充满活力的社会主义经济、政治、文化体制的阶段;是全民奋起,艰苦创业,实现中华民族伟大复兴的阶段"。

七是规定了基于社会主义初级阶段实际的一系列具有长远意义的指导方针,包括:必须集中力量进行现代化建设;必须坚持全面改革;必须坚持对外开放;必须以公有制为主体,大力发展有计划的商品经济;必须以安定团结为前提,努力建设民主政治;必须以马克思主义为指导,努力建设精神文明。

八是概括了党在社会主义初级阶段建设有中国特色的社会主义的基本

路线,即:"领导和团结全国各族人民,以经济建设为中心,坚持四项基本原则,坚持改革开放,自力更生,艰苦创业,为把我国建设成为富强、民主、文明的社会主义现代化国家而奋斗。"①——这就是"一个中心,两个基本点"的基本路线。

社会主义初级阶段理论的提出,具有重大的理论和实践意义。党的十一届三中全会前我们在建设社会主义中出现失误的根本原因之一,就在于提出的一些任务和政策超越了社会主义初级阶段。党的十一届三中全会后改革开放和现代化建设取得成功的根本原因之一,则是逐渐认清了"中国现在处于并将长期处于社会主义初级阶段"这个最基本的现实国情。党的十一届三中全会以来我们党总结历史经验教训,提出走自己的路,建设有中国的特色社会主义,提出一系列符合中国实际的路线方针政策,其根据,就在这里;只能采取这样的路线和政策而不能采取别样的路线和政策,其根据,就在这里;必须长期地、稳定地采取这样的基本路线和基本政策,而不是短期地、临时地采取这样的路线和政策,其根据,就在这里;必须充分认识和清醒估计中国现代化建设的长期性、艰巨性、复杂性,其根据,就在这里;从认识根源上解决"左"右偏差,消除疑惑,排除干扰,弥合纷争,思考和解决"什么是社会主义,在中国怎样建设社会主义"的问题,其根据,也在这里。总之,党的十三大对社会主义初级阶段理论的阐述,为理解新中国成立以来党的事业的兴衰成败提供了一把钥匙,也为立足国情实行改革开放、坚持走中国特色社会主义道路提供了有力的理论武器,是对科学社会主义理论的重大贡献。

(二)确定具有长远指导意义的"三步走"发展战略

中国处于并将长期处于社会主义初级阶段,发展社会生产力所要解决的历史课题,是实现工业化和生产的商品化、社会化、现代化。因此,我国的

---

① 赵紫阳:《沿着有中国特色的社会主义道路前进——在中国共产党第十三次全国代表大会上的报告》,《人民日报》1987 年 11 月 4 日。

经济建设,肩负着既要着重推进传统产业革命又要迎头赶上世界新技术革命的双重使命。完成这个双重使命,任重道远,必须经过长期的有步骤分阶段的努力奋斗。党的十三大报告着眼中国现代化建设全局,对我国经济建设作了分"三步走"的部署。

党的十三大报告指出:"在社会主义初级阶段,发展社会生产力所要解决的历史课题,是实现工业化和生产的商品化、社会化、现代化。我国的经济建设,肩负着既要着重推进传统产业革命,又要迎头赶上世界新技术革命的双重任务。完成这个任务,必须经过长期的有步骤分阶段的努力奋斗。"为此,党的十三大报告指出:"党的十一届三中全会以后,我国经济建设的战略部署大体分三步走。第一步,实现国民生产总值比 1980 年翻一番,解决人民的温饱问题。第二步,到本世纪末,使国民生产总值再增长一倍,人民生活达到小康水平。第三步,到下个世纪中叶,人均国民生产总值达到中等发达国家水平,人民生活比较富裕,基本实现现代化。然后,在这个基础上继续前进。"[1]

"三步走"经济发展战略,是我们党关于中国经济现代化长远发展目标的总构想。这个构想,是在修正四个现代化目标的基础上提出并逐步完善起来的,到 1987 年正式确立,前后历时近 10 年时间。

党的十一届三中全会后不久,邓小平访问美国,先后参观了福特汽车厂、约翰逊航天中心、休斯公司、波音公司等大型现代化公司企业,"看到了一些很新颖的东西"[2]。美国社会高度现代化的"冲击力",再加上此前在日本、新加坡访问时的见闻,使邓小平深切地感受到了中国与先进国家的经济科技差距,由此促使他开始重新思考中国既定的在 20 世纪末实现四个现代化的可行性问题。1979 年 3 月,在会见马尔科姆·麦克唐纳为团长的英

---

① 中共中央文献研究室编:《十三大以来重要文献选编》(上),中央文献出版社 1991 年版,第 16 页。

② 中共中央文献研究室编:《邓小平年谱(1975—1997)》(上),中央文献出版社 2004 年版,第 485 页。

中文化协会执行委员会代表团时,邓小平第一次谈到了这个问题。他说:"我们定的目标是在本世纪末实现四个现代化。我们的概念与西方不同,我姑且用个新说法,叫做中国式的四个现代化。……实现四个现代化可能比想像的还要困难些"①。两天后,在中央政治局会议上,他又说:"我同外国人谈话,用了一个新名词:中国式的现代化。到本世纪末,我们大概只能达到发达国家七十年代的水平,人均收入不可能很高。"②10月,在出席中央召开的专门讨论经济工作的各省、市、自治区第一书记座谈会时,他又说:"中国式的现代化,就是把标准放低一点。"③"中国式的现代化"概念的提出,表明邓小平经过国内外比较和思考,对未来中国的经济发展战略有了新的认识。"中国式的现代化"是什么样的现代化呢?1979年12月,在同日本首相大平正芳谈话时,邓小平给出了答案,就是:"小康之家"。他说:"我们要实现的四个现代化,是中国式的四个现代化。我们的四个现代化的概念,不是像你们那样的现代化的概念,而是'小康之家'。"④这是邓小平第一次用"小康"这个概念来描述中国未来20年的发展目标。"小康"目标一经提出,就引起了国内外的强烈反响,很快成为全党全民的共识。1982年党的十二大正式提出了20世纪末实现全国工农业年总产值翻两番、达到小康水平的战略目标。

　　党的十二大以后,我国经济快速发展,特别是东南沿海一带经济快速发展。1983年2月,邓小平专程来到人称"人间天堂"的苏州、杭州等地考察了12天,论证"小康"目标的现实可行性,结果信心大增。这样,从1984年起,邓小平的注意力开始转移到"小康"目标实现之后中国的长远发展规划

---

　　①　中共中央文献研究室编:《邓小平年谱(1975—1997)》(上),中央文献出版社2004年版,第496页。

　　②　中共中央文献研究室编:《邓小平年谱(1975—1997)》(上),中央文献出版社2004年版,第497页。

　　③　中共中央文献研究室编:《邓小平年谱(1975—1997)》(上),中央文献出版社2004年版,第563页。

　　④　中共中央文献研究室编:《邓小平年谱(1975—1997)》(上),中央文献出版社2004年版,第582页。

问题,也就是在这个过程中,邓小平完整地提出了"三步走"的战略设想。1984年4月,在会见英国外交大臣杰弗里·豪时,邓小平说:与我们的大目标相比,这几年的发展仅仅是开始。"我们的第一个目标就是到本世纪末达到小康水平,第二个目标就是要在30年至50年内达到或接近发达国家的水平。"①5月,在会见尼日尔国家元首赛义尼·孔切时,他又说:"我们的目标是到本世纪末,人均国民生产总值达到800美元,把中国建成一个小康社会。……我们准备再用三十年、五十年的时间,赶上西方发达国家的水平。"②这是关于"两步走"的表述。此后,在1984年后的3年里,邓小平又十余次谈到这个问题。1987年2月,在与加蓬总统邦戈谈话时,邓小平把此前一直使用的"接近发达国家水平"改成达到"中等发达国家水平"。在此基础上,1987年4月,在会见西班牙工人社会党副总书记、政府副首相格拉的谈话中,邓小平第一次全面阐述了我国分"三步走"实现现代化的发展战略,并为党的十三大报告所采纳。

党的十三大报告规划的"三步走"发展战略,被邓小平称作中国共产党和中国人民致力于国家富强、民族复兴的"雄心壮志"。经过努力,原定2000年国民生产总值比1980年翻两番的前两步目标提前于1995年完成。在此基础上,1997年党的十五大又提出了21世纪前50年新的"三步走"发展战略。

(三) 对深化经济体制改革和政治体制改革作出全面部署

关于经济体制改革,党的十三大报告重点阐述了三个方面的问题。

一是针对改革中的某些疑惑和争议性问题,阐述了经济体制改革的社会主义性质。报告指出:我国经济体制改革已经取得重大成就,给社会主义

---

① 中共中央文献研究室编:《邓小平年谱(1975—1997)》(下),中央文献出版社2004年版,第970页。
② 中共中央文献研究室编:《邓小平年谱(1975—1997)》(下),中央文献出版社2004年版,第973页。

注入了新的活力。为了进一步加快和深化改革,必须加深对我国经济体制改革性质的科学理解。报告指出,我国已经进行的改革,包括以公有制为主体发展多种所有制经济,以至允许私营经济的存在和发展,都是由社会主义初级阶段生产力的实际状况所决定的。改革中所采取的一些措施,例如发展生产资料市场、金融市场、技术市场和劳务市场,发行债券、股票,都是伴随社会化大生产和商品经济的发展必然出现的,并不是资本主义所特有的,社会主义可以而且应当利用它们为自己服务。而过去习以为常的许多做法,如直接向企业下达过多的指令性指标,实行统购统销和供给制式的分配,并不是社会主义制度必然要求的东西,有的是在新中国成立初期国内国际环境中为加快奠定工业化基础而采取的,有的是从革命战争年代沿袭下来的,在情况已发生很大变化的新形势下,不对之进行改革就会成为发展生产力的障碍。报告强调,我们已进行的一切改革,都是有利于社会主义经济发展的;全党在此问题上"应该进一步提高和统一认识,更加坚定地把改革推向前进"。

二是在党的十二届三中全会通过的《中共中央关于经济体制改革的决定》的基础上,进一步阐述了社会主义商品经济理论。党的十三大报告指出,社会主义经济是公有制基础上的有计划的商品经济,这一体制应是计划与市场内在统一的体制。报告就此问题上明确了三个基本观念:第一,社会主义商品经济同资本主义商品经济的本质区别,在于所有制基础不同。建立在公有制基础上的社会主义商品经济为在全社会自觉保持国民经济的协调发展提供了可能,党的任务就是要善于运用计划调节和市场调节这两种形式和手段,把这种可能变为现实。社会主义商品经济的发展离不开市场的发育和完善,利用市场调节决不等于搞资本主义。第二,必须把计划工作建立在商品交换和价值规律的基础上。以指令性计划为主的直接管理方式,不能适应社会主义商品经济发展的要求。不能把计划调节和指令性计划等同起来。应当通过国家和企业之间、企业与企业之间按照等价交换原则签订订货合同等多种办法,逐步缩小指令性计划的范围。国家对企业的

367

管理应逐步转向以间接管理为主。第三,计划和市场的作用范围都是覆盖全社会的。新的经济运行机制,总体上来说应当是"国家调节市场,市场引导企业"的机制。国家运用经济手段、法律手段和必要的行政手段,调节市场供求关系,创造适宜的经济和社会环境,以此引导企业正确地进行经营决策。

三是围绕转变企业经营机制这个中心环节,阐述了进一步深化经济改革的主要任务,这就是:分阶段地进行计划、投资、物资、财政、金融、外贸等方面体制的配套改革,逐步建立起有计划商品经济新体制的基本框架。为此,报告要求:按照所有权经营权分离的原则,搞活全民所有制企业;促进横向经济联合的进一步发展;加快建立和培育社会主义市场体系;逐步健全以间接管理为主的宏观经济调节体系;在公有制为主体的前提下继续发展多种所有制经济;实行以按劳分配为主体的多种分配方式和正确的分配政策。报告根据几年来的实践经验,分析了经济体制改革任务的艰巨性,改变了1985年中共中央在关于"七五"计划建议中提出的力争在5年或更长一些时间内,基本上奠定新的经济体制的基础的要求,认为"建立新体制框架所需的时间,会比原来的估计要长一些"①。

坚决推进政治体制改革,是党的十三大的一个"基调"②,也是党的十三大报告的一项重要内容。党的十三大报告指出:经济体制改革的展开和深入,对政治体制改革提出了愈益紧迫的要求;不进行政治体制改革,经济体制改革不可能最终取得成功。在党的十三大召开前一两年间,国内出现了一股讨论政治体制改革的热潮。

1986年5月20日,邓小平在会见澳大利亚总理霍克时,明确提出要进行政治体制改革。此后他又二十余次讲到政治体制改革,宣布要把政治体制改革作为党的十三大的一个主题。1986年9月,邓小平在听取中央财经

---

① 《中国共产党第十三次全国代表大会文件汇编》,人民出版社1987年版,第40页。
② 中共中央文献研究室编:《邓小平年谱(1975—1997)》(下),中央文献出版社2004年版,第1201页。

领导小组汇报工作时,具体地阐述了我国政治体制改革的目的和内容。他说:不搞政治体制改革,经济体制改革难于贯彻,"政治体制改革的目的是调动群众的积极性,提高效率,克服官僚主义。改革的内容,首先是党政要分开,解决党如何善于领导的问题,这是关键;第二个内容是权力下放,解决中央和地方的关系问题;第三个内容是精简机构①。中央还成立了由 5 人组成的政治体制改革研讨小组,经过调研,制定了《政治体制改革总体设想(草案)》,经党的十二届七中全会讨论并原则同意。这个"总体设想"中的一些较为成熟的内容后来写入了党的十三大报告。

在前期准备的基础上,党的十三大认为,把政治体制改革提上全党日程的时机已经成熟。大会报告指出,我国是人民民主专政的社会主义国家,基本政治制度是好的。但在具体的领导制度、组织形式和工作方式上,存在着一些重大缺陷,主要表现为权力过分集中,官僚主义严重,封建主义影响远未肃清。进行政治体制改革,就是要兴利除弊,建设有中国特色的社会主义民主政治。改革的长远目标,是建立高度民主、法制完备、富有效率、充满活力的社会主义政治体制。改革的近期目标,是建立有利于提高效率、增强活力和调动各方面积极性的领导体制。当前应该采取的改革措施是:实行党政分开;进一步下放权力;改革政府工作机构;改革干部人事制度;建立社会协商对话制度;完善社会主义民主政治的若干制度;加强社会主义法制建设。报告指出,建设社会主义民主政治,是一个逐步积累的渐进过程,需要安定的社会政治环境,决不能搞破坏国家法制和社会安定的"大民主"。人民代表大会制度,共产党领导下的多党合作和政治协商制度,按照民主集中制的原则办事,是我们的特点和优势,决不能丢掉这些特点和优势,照搬西方的"三权分立"和多党轮流执政。报告指出,政治体制改革的近期目标是有限的,而且也只能从解决业已成熟的问题着手。但是,达到了这个近期目标,就能为社会主义民主政治奠定良好的基础,进而逐步实现长远目标。

---

①　中共中央文献研究室编:《邓小平年谱(1975—1997)》(下),中央文献出版社 2004 年版,第 1137 页。

党的十三大报告特别强调,我国现行的政治体制,是脱胎于革命战争年代而在社会主义改造时期基本确立的,是在大规模群众运动和不断强化指令性计划的过程中发展起来的。这种体制,是过去历史条件下的产物,因为现在形势发展了,党的事业前进了,因此必须对其进行必要的改革。此一改革任务艰巨复杂,必须采取坚决、审慎的方针,有领导有秩序地逐步展开,尽可能平稳地推进。在新旧体制交替期间,各项改革都要注重试验,鼓励探索,注意找到切实的过渡措施和办法,做到循序渐进。报告指出:无论政治体制还是经济体制改革,其目的,都是为了在党的领导下和社会主义制度下更好地发展社会生产力,充分发挥社会主义的优越性。我国最终要在经济上赶上发达的资本主义国家,在政治上创造比这些国家更高更切实的民主,要用这些要求来检验各项改革的成效。

(四) 对中国特色社会主义"理论轮廓"的归纳和概括

从 1978 年到 1987 年的 9 年中,中国共产党人锐意探索,逐步开创了有中国特色的社会主义,党的十三大报告对体现"有中国特色的社会主义"理论面貌的主要观点作了系统、全面的归纳,并高度评价"有中国特色的社会主义,是马克思主义基本原理同中国现代化建设相结合的产物,是扎根于当代中国的科学社会主义"。对中国特色社会主义"理论轮廓"作出系统归纳和概括,是党的十三大在理论上的又一个重要贡献。

从中国共产党领导中国革命和建设的历史实践来看,对待马克思主义,有两种基本态度:一种是用教条主义、经验主义和形而上学的态度对待马克思主义,一种是用马克思主义的科学态度,即理论同实际相结合的实事求是的态度,对待马克思主义。前一种态度曾使我们党陷入严重困境和艰难险滩,甚至使我们的革命和建设一度濒临绝境;后一种态度则使我们党最终冲破艰难险阻,扬帆远航,把党的事业引向胜利。历史经验证明,坚持与发展马克思主义是辩证统一的,不坚持马克思主义,就谈不上丰富发展马克思主义;不丰富发展马克思主义,也谈不上坚持马克思主义。马克思主义是应历史进步的要求而产生、而存在、而发展的。时代变化了，社会发展了，马克思主义也必然要丰富、要发展。到党的十三大召开之时，世界经济、政治面貌已发生巨大变化，人类文明突飞猛进，科学技术日新月异，与一百多年前马克思主义诞生时的情况已大不相同。当此之时，中国的国情与诞生马克思主义的西方社会、与诞生列宁主义的俄国情况也大不相同；此时的中国与40年前、20年前的中国也大不相同。正是基于这样的认识，邓小平后来一方面强调"我们搞改革开放"，"没有丢马克思，没有丢列宁，也没有丢毛泽东。老祖宗不能丢啊！"①另一方面则强调指出："多年来，存在一个对马克思主义、社会主义的理解问题"，"世界形势日新月异，特别是现代科学技术发展很快。现在的一年抵得上过去古老社会几十年、上百年甚至更长的时间"，"绝不能要求马克思为解决他去世之后上百年、几百年所产生的问题提供现成答案。列宁同样也不能承担为他去世以后五十年、一百年所产生的问题提供现成答案的任务。真正的马克思列宁主义者必须根据现在的情况，认识、继承和发展马克思列宁主义。"②也正是在这个意义上，党的十三大报告郑重号召："马克思主义需要有新的大发展，这是现时代的大趋势。"而在拓展和深化对马克思主义、社会主义再认识的过程中，"必然要抛弃前人囿于历史条件仍然带有空想因素的个别论断，必然要破除对马克思主义的教条式理解和附加到马克思主义名义下的错误观点，必然要根据新的实践使科学社会主义理论得到新的发展"，而这一切又必然"要求马克思主义者开拓新视野，发展新观念，进入新境界"。③

党的十三大报告科学总结党的十一届三中全会以来9年的伟大实践，指出：马克思主义与我国实践的结合，经历了六十多年。在这个过程中，有两次历史性飞跃。第一次飞跃，发生在新民主主义革命时期，中国共产党人

①　《邓小平文选》第三卷，人民出版社1993年版，第369页。
②　《邓小平文选》第三卷，人民出版社1993年版，第291—292页。
③　赵紫阳：《沿着有中国特色的社会主义道路前进——在中国共产党第十三次全国代表大会上的报告》，《人民日报》1987年11月4日。

经过反复探索,在总结成功和失败经验的基础上,找到了有中国特色的革命道路,把革命引向胜利。第二次飞跃,发生在党的十一届三中全会以后,中国共产党人在总结新中国成立三十多年来正反两方面经验的基础上,在研究国际经验和世界形势的基础上,开始找到一条建设有中国特色的社会主义的道路,开辟了社会主义建设的新阶段。

党的十三大报告把党的十一届三中全会以来,我们党在对社会主义再认识的过程中,在哲学、政治经济学和科学社会主义等方面,发挥和发展了一系列科学理论观点,从12个方面作了科学概括,第一次初步地然而又是较为清晰地勾画了中国特色社会主义理论的轮廓。这12个基本观点包括:关于解放思想,实事求是,以实践作为检验真理的唯一标准的观点;关于建设社会主义必须根据本国国情,走自己的路的观点;关于在经济文化落后的条件下,建设社会主义必须有一个很长的初级阶段的观点;关于社会主义社会的根本任务是发展生产力,集中力量实现现代化的观点;关于社会主义经济是有计划商品经济的观点;关于改革是社会主义社会发展的重要动力,对外开放是实现社会主义现代化的必要条件的观点;关于社会主义民主政治和社会主义精神文明是社会主义重要特征的观点;关于坚持四项基本原则同坚持改革开放的总方针这两个基本点相互结合、缺一不可的观点;关于用"一个国家、两种制度"来实现国家统一的观点;关于执政党的党风关系到党的生死存亡的观点;关于按照独立自主、完全平等、互相尊重、互不干涉内部事务的原则,发展同外国共产党和其他政党的关系的观点;关于和平与发展是当代世界的主题的观点;等等。

把上述重大理论和实践上的新认识与党的十一届三中全会作出的一系列决策综合起来看,我们看到了一幅什么样的图景呢?我们看到:从1978年党的十一届三中全会到1987年党的十三大,经过近10年探索,我们党已经初步形成了一套有别于传统模式、具有中国特点的关于"什么是社会主义、如何建设社会主义"的新观念、新思路:在思想路线方面,从否定"两个凡是"方针到提出解放思想、实事求是的思想路线;在国情认识方面,从抛弃"跑步进入共产主义"的臆想到提出"社会主义不够格"的初级阶段理论；在根本任务方面，从坚持"以阶级斗争为纲"到坚持以经济建设为中心、集中力量发展生产力；在发展动力方面，从鼓吹"阶级斗争，一抓就灵"到实施对内改革对外开放；在发展战略方面，从提出四个现代化目标到确立"温饱、小康、中等发达国家"的"三步走"部署；在国际局势判断方面，从准备"早打、大打、打核战争"到确立"和平与发展"的时代主题；在祖国统一方面，从高呼"一定要解放台湾"口号到制定"和平统一，一国两制"方针；在党的建设方面，从提出以开展"阶级斗争"为方向的"五十字建党方针"到强调加强党风建设，改革党和国家领导制度，提出"执政党应该是一个什么样的党"的郑重思考；等等。所有这些新认识、新命题、新判断，相互联系，相辅相成，初步构成了一个骨架清晰、逻辑严密的关于中国特色社会主义的新的理论体系。也正是基于这一点，党的十三大报告指出："这些观点，构成了建设有中国特色的社会主义理论的轮廓，初步回答了我国社会主义建设的阶段、任务、动力、条件、布局和国际环境等基本问题，规划了我们前进的科学轨道。"我们党不但提出了这"一系列科学理论观点"，而且在实践中大胆实施并取得成功，这表明到了党的十三大召开之际，中国特色社会主义新道路已初步开辟。

党的十三大首次采用差额选举的方式选出了由 175 名中央委员和 110 名候补中央委员组成的第十三届中央委员会；选举出了由 200 人组成的中央顾问委员会和 69 人组成的中央纪律检查委员会。1987 年 11 月 2 日，党的十三届一中全会选举赵紫阳、李鹏、乔石、胡启立、姚依林为中央政治局常委，赵紫阳为中央委员会总书记；决定邓小平为中央军事委员会主席；批准陈云为中央顾问委员会主任；乔石为中央纪律检查委员会书记。党的十三大在实现党的领导机构的新老交替、推进党的最高领导层年轻化方面迈出了重要一步。

第 五 章

改革开放遭遇严峻考验及应对

　　进入 1988 年,中国改革开放迎来了第十个年头。加快和深化改革,加速和扩大开放,成为这一年中国社会的主题词。但是,在从计划经济旧体制向尚未成形的市场化经济新体制转轨的过程中,由 10 年改革发展长期积累的一系列深层次矛盾和问题也开始集中暴露,并越发趋于尖锐;而急于求成推动的价格改革"闯关"受挫又进一步加重了已有的矛盾和问题。为扭转严峻经济形势,党的十三届三中全会决定在坚持改革开放总方向的前提下,把改革的重点转到治理经济环境和整顿经济秩序上来,为稳定持续健康的发展创造条件。但是,正当治理整顿方针分步实施之时,1989 年春夏之交国内发生了一场严重政治风波,国际上也随即发生了东欧剧变、苏联解体等重大事件。国内风波国际变局给中国的改革开放造成了严重冲击。中国共产党坚定果断地应对了这一冲击和挑战,成功捍卫了中国特色社会主义,继续坚定不移地走改革开放这条强国之路。

一、经济体制转轨中的深层次矛盾和问题

从党的十二大到党的十三大这五年,全党全国各族人民团结一致,奋力开拓,推动我国改革开放和社会主义现代化建设出现了一个加速发展的飞跃时期,我国整体国民经济上了一个新台阶,为改革开放的进一步深化奠定了坚实的物质基础。

一是国家经济和科技实力得到显著增强。国民生产总值1987年达到10920亿元,按可比价格计算,平均每年增长11.1%。国民收入1987年达到9153亿元,按可比价格计算,平均每年增长10.7%。国内财政收入1987年达到2243.6亿元,平均每年增长12.9%;预算外资金1987年达到1930亿元,平均每年增长19.2%。粮、棉、钢、煤、电、石油、化肥、水泥、化纤、纱、布等主要产品的产量,以及交通运输量,都有较大幅度的增长。全民所有制企业新增加的固定资产达到5854亿元,为我国经济的进一步发展提供了物质技术基础。在这五年中,全国共取得重大科技成果5万多项,其中一部分达到了世界先进水平。

二是国民经济的宏观效益有了较大提高,工业企业的全员劳动生产率平均每年增长6.5%。固定资产产值率、流动资金周转率和固定资产交付使用率,都比过去有所提高。工业产品的花色品种增加,主要产品质量有了改善。工业生产中物质消耗水平有所下降,五年节约能源折合标准煤1.6亿吨。

三是对外开放不断扩大,对外经济技术交流与合作有了较大发展。全国进出口总额由1982年的416亿美元增加到1987年的827亿美元,平均每年增长14.7%。五年间为改造现有企业而引进的先进技术和设备有1万多项,通过各种方式使用国外贷款154亿美元,吸收外商直接投资87.8亿美元;对外承包工程和劳务合作在100多个国家和地区展开,完成营业额40亿美元。1987年来华旅游入境总人数达到2690万人次,创汇18.4亿美

元,分别为 1982 年的 3.4 倍和 2.2 倍。

四是城乡人民生活进一步改善。农民人均纯收入,1982 年为 270 元, 1987 年提高到 463 元,扣除物价上涨因素,平均每年增长 8.6%;城镇居民 人均生活费收入,1982 年为 494.5 元,1987 年提高到 916 元,扣除物价上涨 因素,平均每年增长 6.3%。城乡市场繁荣兴旺,消费品供应明显增多。城 市新建职工住宅 8.5 亿平方米,农村新建住房 39 亿平方米,城乡人民居住 条件有了改善。全国城镇共安排三千七百多万人就业,基本解决了长期积 累的城镇待业青年就业问题。贫困地区摆脱贫困面貌的工作取得了较大的 进展。

总之,经过党的十二大以来五年的加速发展,长期困扰我们的一些严重 社会经济问题开始得到解决,或者找到了解决的途径:10 亿人口的绝大多 数过上了温饱生活,部分地区开始向小康生活前进;城乡广开就业门路,城 市新就业的劳动力达到 7000 万人,农村中有 8000 万农民转入或部分转入 了非农产业;市场供应大为改观,基本扭转了过去那种消费品长期严重匮乏 的局面。

但是,必须指出的是,伴随着新旧体制的转轨特别是 1984 年下半年以 来改革开放的不断深入,我国经济发展中潜伏的许多深层次矛盾和问题也 日益尖锐,成为进一步深化改革的严重障碍,这些问题主要是:

——社会总需求远远超过社会总供给,现有国力和社会生产能力已支 撑不了庞大的建设规模和严重膨胀的社会消费需求。从 1984 年到 1988 年,国民收入增长 70%(按现价计算增长 149%),而全社会固定资产投资增 长 214%,城乡居民货币收入增长 200%。投资需求和消费需求的双膨胀, 有相当部分是靠吃老本,靠打赤字和大量发票子,靠举借内债和动用结存外 汇来支持的。1987 年,我国的货币流通量达到 1454 亿元,比 1983 年增加 了 174%。货币发行量的猛增,必然导致物价大幅度上升和居民生活水平 的实际下降。1987 年在没有大的改革措施出台的情况下,全国商品零售物 价总水平仍比上年上升了 7.3%,其中 12 月份同比上升 9.1%;职工生活费用价格总水平同比上升 8.8%。1987 年成为改革开放以来第二个物价上涨高峰年。

　　——工农业比例关系严重失调,现有农业已支撑不了过大的工业生产规模。1984 年以后,我国农业生产发展缓慢,粮食生产连续 4 年徘徊,加上计划生育工作一度放松,人口过快增长,人均粮食产量由 1984 年的 392.8 公斤下降到 1987 年的 371.4 公斤,棉花产量也大幅度下降。[①] 特别是许多地区农田水利设施常年失修甚至遭到破坏,大批耕地被占用,投入减少,我国农业已处于基础脆弱、后劲不足的严重状态。与此同时,工业生产增长过快,摊子越铺越大。1984 年,我国工业总产值比上年增长 14%,农业总产值增长 14.5%,农业的增长速度高于工业;到了 1987 年,工业总产值继续保持高速增长的势头,达到 16.5%,而农业增长速度则大幅度落后,只有 4.7%,其中粮食仅增长 2.8%。

　　——基础工业、基础设施与加工工业比例关系严重失调,能源、交通、原材料的供应能力已支撑不了过大的加工工业。全国到处缺煤、缺电、缺油、缺钢材,大量工业生产能力长期闲置。交通运输发展严重滞后,货运和客运都十分紧张。

　　——资金、外汇、物资的分配权过度分散,国家宏观调控能力严重削弱。国民收入分配过分地向企业和个人倾斜,国家可以支配的资金和物资越来越少。从 1984 年到 1988 年,国家财政收入占国民收入的比重由 26.7% 下降到 22%,中央财政收入占整个财政收入的比重由 56.1% 下降到 47.2%,中央掌握的外汇只占全国外汇收入的 40%,省、区、市一级支配外汇的比重也在下降。国家统一分配的物资,不论品种和数量都大幅度减少。在财权、物权如此分散的情况下,国家对需求膨胀想控制也控制不住,对结构恶化想调整也调不动,一般加工工业的重复生产、重复建设越来越突出,薄弱环节和重点建设则越来越困难。

---

　　① 赵德馨主编:《中华人民共和国经济史(1985—1991)》,河南人民出版社 1992 年版,第 91 页。

——生产、建设、流通领域中普遍存在着高消耗、低效益,高投入、低产出,高消费、低效率的现象,各方面浪费严重。许多企业产品质量低劣,物质消耗升高,成本增大,亏损增加,成为国家财政的沉重负担。基本建设项目过多,战线过长,许多工程不能及时投产,长期占用大量财力物力而形不成生产能力。在流通领域,混乱现象更加严重,其突出表现是各种公司办得过多、过滥,远远超过了正常商品流通的需要。特别是那些官商不分的"官倒"公司和国营经济中某些垄断性的行业和企业,凭借垄断地位,利用价格"双轨制"从流通中转手高价倒买倒卖重要生产资料,欺行霸市,牟取暴利,严重扰乱了经济秩序。

以上这些深层次矛盾和问题,从客观上看,有些是多年积累下来短期内不可能完全解决的,是我国经济体制转轨进程中难以避免的现象。自20世纪70年代末起,我国的改革就一直是市场取向的改革,实质上已开始了从计划经济体制向建立社会主义市场经济转变的进程,但是,思想理论认识需要有探索发展的过程,改革的实践也需要有试验完善的过程。在这个过程中,一方面,随着旧体制的销蚀,国家的指令性计划和行政控制手段在逐步减少、减弱;另一方面,如何主要依靠经济手段来调控国民经济的新的机制和体制尚处在探索和尝试之中,难以在短期内建立起来,因此就出现了旧办法逐渐失效,新办法还不成熟,新旧两种办法并存却都不能有效发挥作用的过渡时期,这就为各种违法违规行为提供了可乘之机。除了客观原因以外,还应该看到,在指导思想上,"有些困难和问题的形成",是同这一时期我们党和政府"在工作指导上的某些缺点和失误分不开的"[1]。这包括:在农业方面,对农村形势的估计一度过于乐观,放松了对农业的指导和投入;在工业方面,对加工工业的盲目发展纠正不力;在改革统得过多、管得过死的经济体制的过程中,忽视了必要的适当集中;在强调微观搞活的同时,忽视了综合平衡和加强宏观调控。另外,虽然对我国社会主义初级阶段的基本国情有了一

<hr>

[1] 中共中央文献研究室编:《十三大以来重要文献选编》(上),人民出版社1991年版,第392页。

定的认识,但在实际工作中仍然存在着急于求成的偏向,忽视了正确处理改革和稳定关系的重要性。这些都是导致经济秩序混乱的重要原因。

对于逐渐暴露出来的我国经济发展中的深层次矛盾和问题,当时中央主要领导人曾有所认识但未能及时采取果断措施加以遏制。1987 年初,党中央、国务院提出了"压缩过热空气"、实行"三保三压"(即"保计划内项目,压计划外项目;保生产性建设,压非生产性建设;保重点建设,压一般工业建设")和"双增双节"(即"增产节约和增收节支")方针;3 月,在六届全国人大五次会议上,国务院在《政府工作报告》中提出要"坚持长期稳定发展经济"的方针,要求从严控制信贷,坚决把货币发行量控制在计划范围之内,但这些方针都未能得到坚决贯彻。当年 9 月,面对物价上涨和严重的通货膨胀形势,全国计划会议和经济体制改革工作会议提出"稳定经济、深化改革"是 1988 年经济工作的中心任务,并确定了"从紧安排各项财政支出"、"从紧安排各项银行贷款"的财政信贷双紧方针。"双紧"方针在 1987 年第 4 季度得到了较严格的实施,货币供应和物价涨势渐渐趋于平稳。但进入 1988 年后,2 月 6 日,中央政治局第四次全体会议却认为,"1987 年的经济形势相当好","经济增长速度较高而又较为正常健康,经济生活中长期存在的某些不稳定因素正在趋于缓解。"[①]2 月 11 日,中央主要领导人赵紫阳在新华社内部材料刊登的《对今年物价形势的分析及对"双紧"方针的看法》的报道上批示:"宏观指导方针,不能只注意稳住物价一头,而必须兼顾物价与增长两个方面","去年第四季度已开始紧缩银根,今后需要开始注意这方面的动向"[②],这就放弃了已经初见成效的"双紧"方针。

以上认识对贯彻"稳定经济,深化改革"方针产生了消极影响,并造成了两个后果:一是从 1988 年初起,开始放松对财政信贷的"双紧"控制,到 6

---

① 《中共中央政治局召开第四次全会讨论经济形势和当前的经济工作》,《人民日报》1988 年 2 月 7 日。

② 吴敬琏主编:《1988 年中国经济实况分析》,中国社会科学出版社 1991 年版,第 16 页。

月底,各项贷款累计增加 556 亿元,比上年同期增加了 3.5 倍①,通货膨胀进一步加剧;二是在经济环境没有得到很好治理的情况下,1988 年上半年相继出台了一系列重大改革措施,其中影响最大的是价格改革"闯关"受挫。

二、价格改革"闯关"受挫与实施治理整顿方针

(一) 1988 年价格改革"闯关"受挫

我国在推进经济体制改革过程中,一直重视价格改革问题。1979 年农村改革起步,大幅度提高农产品收购价格就是改革的两大举措和内容之一(另一举措为实行家庭联产承包责任制)。1984 年 10 月,党的十二届三中全会通过的《关于经济体制改革的决定》,对推进价格改革的重要性作了进一步阐述,指出:"各项经济体制的改革,包括计划体制和工资制度的改革,它们的成效都在很大程度上取决于价格体系的改革。价格是最有效的调节手段,合理的价格是保证国民经济活而不乱的重要条件,价格体系的改革是整个经济体制改革成败的关键。"②

然而,由于价格改革的牵动面大,改革的风险也较大,中央的态度十分谨慎,1988 年之前,改革的步子一直迈得不大。但在党的十三大以后,情况出现了变化。因为,扭曲的价格体系和僵化的价格管理体制与党的十三大提出的"国家调节市场,市场引导企业"的机制是背道而驰的。一方面,在市场机制条件下,价格环境是企业生产经营最重要的外部条件,是反映资源稀缺程度的最基本的信号。但是,旧的价格体系所反映的信号却是歪曲的:越是紧缺的资源,价格管理部门管得越死,价格越不能动,企业亏损也越多。另一方面,作为一种权宜之计,从 1985 年开始实行的生产资料价格"双轨

---

① 宁可主编:《中国经济发展史》第 5 册,中国经济出版社 2000 年版,第 3037 页。
② 《中共中央关于经济体制改革的决定》,《人民日报》1984 年 10 月 21 日。

制",已经成为经济持续、稳定增长和各方面改革进一步深化的严重障碍:一是一物多价使企业很难进行科学的经济核算,很难进行平等的竞争。二是造成商业投机和分配不公。1988 年普通钢材的计划价格是每吨 700 元,而市场价格则高达 1800 元。据估算,在"双轨制"下,我国每年的价差、利差和汇差总额达 2000 亿—3500 亿元,占国民生产总值的 20%—30% 左右。① 如此巨大的差额诱导一些企业不是通过改善管理来提高效益,而是下很大功夫去拉关系、走后门、低价进、高价出,搞"跑部钱进",使企业在很大程度上丧失了发展的动力和生机;三是为腐败行为提供温床和土壤,由于"双轨制"存在的漏洞,很多权力部门以及有权力背景的人(当时称作"倒爷"或"官倒")通过各种不正当途径买进计划内的平价商品,然后转手在市场上卖出高价,买空卖空,一夜暴富,造成民怨沸腾,人们要求改变价格"双轨制"的呼声很高。

进入 1988 年后,同时暴露出来的几个方面的尖锐矛盾,越来越表明了改革不合理的价格体系和价格管理体制的必要性和紧迫性,中央对于坚决进行价格改革的意见也趋于一致,认为与其被动地应付价格扭曲所带来的各种消极后果,不如采取带根本性的措施,包括废除生产资料"双轨制",在较短时间内实行价格机制的转换,从而理顺价格体系。5 月 18 日,邓小平在会见莫桑比克总统、莫桑比克解放阵线党主席若阿金·希萨诺时指出:"物价问题是历史遗留下来的。过去物价都由国家规定,如粮食收购价格很低,而城市销售价格又不能高,差价由国家补贴。这种违反价值规律的做法,一方面使农民生产积极性调动不起来,另一方面使国家背了一个很大的财政包袱,每年用于物价补贴的财政开支达几百亿元。所以,不解决这个问题就不能前进。但要解决这个问题,每一个步骤都涉及千家万户,涉及每个人的生活问题。"②5 月 19 日,在会见朝鲜政府军事代表团时,邓小平对于

① 吴敬琏主编:《1988 年中国经济实况分析》,中国社会科学出版社 1991 年版,第 98 页。
② 冷溶、汪作玲主编:《邓小平年谱(1975—1997)》(下),中央文献出版社 2004 年版,第 1232 页。

价格改革的意义作了进一步说明,指出:"理顺物价,改革才能加快步伐。""最近我们决定放开肉、蛋、菜、糖四种副食品价格,先走一步。中国不是有一个'过五关斩六将'的关公的故事吗? 我们可能比关公还要过更多的'关',斩更多的'将'。过一关很不容易,要担很大风险。""但是物价改革非搞不可,要迎着风险、迎着困难上。"①这是邓小平在公开场合第一次将价格改革称为"闯关"。5 月 24 日,在会见美国大通·曼哈顿银行国际咨询委员会代表团时,他又说:"我们现在还要过几个险关,主要的一个关是要理顺物价。过去物价都是靠国家补贴过日子。现在我们开始过第一个关。这一个关过了,还要过其他的关,这就是最大的风险。""物价这个关不过不行,是绕不过去的。如果在本世纪内剩下的十多年之内,不把物价理顺,下世纪要达到目标就很困难。现在就要迎着困难前进,保证政策和发展的连续性。"②邓小平把价格改革称作"闯关",无疑是正确的,既讲到了价格改革的重要性、必要性,又指出了改革的艰巨性和风险所在,应谨慎从事。但对于后一点,当时人们并未引起足够的重视。

与此同时,制定价格改革系统方案的工作也提上了日程。

1988 年 5 月 30 日至 6 月 1 日,中共中央政治局在北京召开第九次全体会议,讨论全国改革和经济发展的形势问题。会议认为,随着改革的深化,现在一些难度很大而又不能绕开的问题摆在我们的面前。我们必须抓住历史给予的有利条件,进一步贯彻党的十三大提出的加快和深化改革的方针,迎着风浪前进,坚决而又稳妥地把改革中不可回避的问题解决好。会议提出,价格和工资制度改革需要有统盘的考虑和系统的方案,发展社会主义商品经济,要按价值规律办事,理顺原来很不合理的价格关系。会后,从 6 月 2 日起,中央责成专门机构组织有关部门反复研究此后五年特别是 1989 年的价格、工资改革和配套措施问题。经过几上几下的论证,有关机构提出了

---

① 《邓小平文选》第三卷,人民出版社 1993 年版,第 262—263 页。

② 《在会见大通·曼哈顿银行国际咨询委员会代表团时邓小平说改革开放要过几个险关》,《人民日报》1988 年 5 月 25 日。

初步方案。7 月 11 日,赵紫阳主持召开专门会议对初步方案进行了讨论。根据讨论意见,有关机构又进行了测算、修改。8 月 5 日至 9 日,李鹏主持国务院第十六次常务会议,讨论了初步方案。

8 月 15 日至 17 日,中共中央政治局在北戴河召开第十次全体会议,讨论并原则通过了《关于价格、工资改革的初步方案》。这个初步方案的主要内容包括:价格、工资改革的必要性;改革需要遵循的主要原则;1989—1993 年改革的轮廓设想;1989 年改革的初步方案;改革中可能遇到的主要风险和基本对策;必须采取的配套改革措施等。会议认为,价格改革的总方向是,少数重要商品和劳务价格由国家管理,绝大多数商品价格放开,由市场调节,以转换价格形成机制,逐步实现"国家调控市场、市场引导企业"的要求。今后五年左右的时间,价格改革的目标是初步理顺价格关系,即解决对经济发展和市场发育有严重影响、突出不合理的价格问题。工资改革总的要求是:在价格改革过程中,通过提高和调整工资、适当增加补贴,保证大多数职工实际生活水平不降低,并能随着生产的发展而有所改善,同时进一步贯彻按劳分配原则,解决工资分配中一些突出不合理的问题。会议特别强调:"目前我国经济正处于充满活力、蓬勃发展的时期。进行价格改革、工资改革,时机是有利的,尽管面临的问题不少,但克服困难的潜力和回旋余地很大。"[①]然而,随后发生的事件证明,这个估计是过于乐观了。

还在这次政治局会议之前,根据中央的要求,国务院就加快了价格改革的步伐和节奏。4 月 1 日,国家有关部门调高了粮、油、糖等部分农产品的收购价格。此后,陆续调整了茶叶、木材、黄红麻的收购价格,放开了猪肉、大路菜、鲜蛋和白糖四种主要副食品的零售价格,并由此造成四五月间在全国主要城市出现了一场抢购风潮。7 月,国家进一步扩大了棉纱、棉布价格的浮动幅度。7 月 28 日,放开了名烟名酒价格,茅台酒每瓶卖到 150 元左右,中华烟每条 80 元上下。

---

① 《中央政治局召开第十次全体会议原则通过价格工资改革初步方案》,《人民日报》1988 年 8 月 19 日。

　　中央政治局开会讨论价格改革方案的消息引起了国内外人士的广泛关注。8 月 16 日下午,当讨论价格改革初步方案的中央政治局会议还在进行之时,赵紫阳在北戴河会见日本共同社社长酒井新二。会见时,酒井新二问赵紫阳:"据说,中国共产党正在北戴河召开重要会议,会议的议题是物价和工资问题,这是否属实?"对此一重大敏感问题,赵紫阳给予了证实,从而把有关价格改革的消息提前公之于众。从第二天起,福州、天津、上海、重庆、成都、北京、西安等大中城市的商业区就发生了抢购现象并向外蔓延。8 月 19 日,当中央人民广播电台和《人民日报》正式报道了中央政治局会议的情况和价格改革方案的基本内容后,一场新中国成立以来前所未有的抢购风潮迅速席卷全国所有城市和部分乡村。其特点,一是涉及范围广,抢购对象涉及 50 个大类 500 多种商品,从高档耐用消费品到日常用品,从粮食、食盐、火柴、肥皂到棉布、手纸、洗衣粉,无所不包;二是盲目性大,抢购时不管品种、牌号、质量甚至不问价格,有什么抢购什么,很多积压多年的残次商品也在风潮中被一抢而空;三是卷入的群众多,无论工人、农民、教师、机关干部、个体工商业者等各社会阶层,几乎都加入了抢购之列。据有关部门统计,这次抢购风潮,共抢购了约 60 亿元商品。值得注意的是,这次商品抢购还伴随着挤兑银行储蓄存款,不仅挤兑活期存款,而且挤兑未到期的定期存款,8 月份城乡储蓄存款没有增加反而减少 26.1 亿元。其中定期减少 27.8 亿元,活期增加 1.7 亿元。这种情况,充分反映了老百姓普遍存在的对物价上涨的恐惧和持币抢购的心理状态。

　　全国性抢购风潮的发生,使价格改革"闯关"受到严重挫折,党和政府不得不调整政策。8 月 30 日,国务院总理李鹏主持召开国务院第二十次常务会议,认真讨论了当前的市场和物价问题。会议重提"稳定经济,深化改革"的方针,并特别申明:价格改革方案中提到的"少数重要商品和劳务价格由国家管理,绝大多数商品价格放开,由市场调节",指的是经过 5 年或更长一点时间的努力才能达到的长远目标。在这里,原来政治局会议所提出的"5 年左右的时间"修订为"5 年或者更长一点的时间"。会议保证:"目前改革方案还在进一步修订和完善之中。明年作为实现 5 年改革方案的第一年,价格改革的步子是不大的,国务院将采取有力措施,确保明年的社会商品零售物价上涨幅度明显低于今年。各地应据此向群众做好宣传解释。"①会议还提出,为了稳定市场、稳定金融和保护人民群众的利益,责成中国人民银行开办保值储蓄,使 3 年以上的存款利息不低于以至略高于物价上涨幅度。会议要求各地政府从现在起,必须切实负起责任来,采取强有力措施,包括经济的和行政的措施,坚决控制物价上涨。同日,根据会议精神,国务院发出《关于做好当前物价工作和稳定市场的紧急通知》。

这次价格改革"闯关"受挫,原因是多方面的。其中最根本的,仍然是在总的指导思想上对保持国民经济持续稳定发展的重要性、"对改革的艰巨性和复杂性认识不足"②,对经济形势的估计过于乐观,在深化改革中急于求成,综合配套措施不够,使这几年来一直存在却也一直未能得到切实解决的总量失衡、结构失调等深层次矛盾和问题进一步恶化了。另外,选择在通货膨胀最为严重的 1988 年来实施这场风险度高、难度极大的改革,时机不当,出现了严重的决策失误,再加上不适当的舆论宣传,对国家、企业和群众的实际承受能力的估计过高等,也都是改革受挫的重要原因之一。

在价格改革"闯关"受挫后,中国的改革和经济建设面临着异常严峻的形势:社会总需求超过总供给的矛盾进一步扩大;国民经济的结构性矛盾更加突出;物价涨幅居高不下,通货膨胀愈演愈烈;经济秩序严重混乱。经济方面的尖锐问题如果任其发展下去,将有可能演变成严重的政治问题。在此严峻形势下,党中央总揽全局,作出了治理经济环境,整顿经济秩序的重大决策。这表明自 1984 年以来党在经济建设指导思想上发生了重要转变。

---

① 《国务院常务会分析当前形势决定做好物价工作稳定市场》,《人民日报》1988 年 8 月 31 日。

② 李鹏:《坚决贯彻治理整顿和深化改革的方针——1989 年 3 月 20 日在第七届全国人民代表大会第二次会议上的政府工作报告》,《人民日报》1989 年 4 月 6 日。

（二）治理整顿方针的酝酿和提出

"治理整顿,深化改革"方针的提出和确立有一个过程。

1988 年 9 月 6 日,赵紫阳在中南海会见美国出版商时,第一次公开使用了"治理整顿"的提法。他说:中国将坚定不移地进行物价改革,但是物价改革不能孤军深入,要与治理环境和整顿秩序协调进行。治理环境和整顿秩序包括堵住流通领域中的漏洞,解决改革中党政机关的廉洁问题。他指出,当前我们面临的重要问题是消除经济过热的现象,压缩基本建设规模,控制经济发展速度。物价改革的步子要与企业改革的步子相适应,企业的承受能力,将决定物价改革的步子。这段话表明,至迟在 9 月上旬,中央决策层对于治理经济环境和深化改革的关系的认识已经有了重要的变化,开始放弃了那种认为物价改革可以孤军深入的片面观点,形成了关于治理整顿的较为明确的思路。

9 月 12 日上午,邓小平在住地听取关于价格和工资改革初步方案的汇报。参加汇报会的有赵紫阳、李鹏、乔石、胡启立、姚依林、万里、薄一波。邓小平明确表示"赞成边改革、边治理环境整顿秩序"的决策。同时提出:"治理通货膨胀、价格上涨,无论如何不能损害我们的改革开放政策,不能使经济萎缩,要保持适当的发展速度。"针对前一段时间经济领域严重混乱的现象,邓小平还郑重提出:"中央要有权威","要定一个方针,就是要在中央统一领导下深化改革"。①

9 月 13 日至 17 日,中共中央召开有 240 名各民主党派负责人、无党派爱国人士参加的民主协商会和在京经济专家座谈会,分别就《关于价格、工资改革的初步方案》广泛征求意见。国务院副总理姚依林就《关于价格、工资改革的初步方案》作了详细说明。与会者本着知无不言、言无不尽的精神,深入分析了我国当前的经济状况,回顾了改革、开放和建设的经验和教

---

① 《邓小平文选》第三卷,人民出版社 1993 年版,第 277—278 页。

训,对治理经济环境、整顿经济秩序、继续深化改革,其中特别是对压缩基本建设规模和社会集团购买力,控制消费基金的增长和控制通货膨胀等,提出了具体的建议。

与此同时,从 15 日至 21 日,中共中央政治局召开中央工作会议,讨论治理经济环境,整顿经济秩序,全面深化改革的问题。会议研究了全面深化改革的指导方针和配套措施,认为深化改革不仅是价格、工资改革,而且是多方面的改革;明后两年要把改革和建设的重点放到治理经济环境、整顿经济秩序上来,这既是深化改革的必要条件,也是深化改革的重要内容。会议分析了当时的经济形势,并提出了坚决抑制通货膨胀、深化改革的若干重要政策建议。

在上述准备工作的基础上,9 月 26 日至 30 日,党中央在北京召开了党的十三届三中全会。全会经过认真讨论,同意中央政治局对我国政治经济形势的分析,批准中央政治局提出的治理经济环境、整顿经济秩序、全面深化改革的指导方针和政策、措施。赵紫阳代表中央政治局在会上作的《在中国共产党第十三届中央委员会第三次全体会议上的报告》中指出:必须充分认识坚决遏制通货膨胀的重要性和紧迫性,当机立断,下最大的决心,在坚持改革开放总方向的前提下,把明后两年改革和建设的重点突出地放到治理经济环境和整顿经济秩序上来。否则,不但价格改革很难进行,其他改革也难以深入,整个建设的发展就会受到严重影响,甚至会损害我们十年改革所取得的成果。治理整顿最紧迫的任务,就是首先确保 1989 年的物价上涨幅度明显低于 1988 年,这是 1989 年一切工作的中心。根据这一任务,报告提出了治理经济环境、整顿经济秩序的具体要求和措施。

关于治理经济环境,报告提出,主要是压缩社会总需求,抑制通货膨胀。主要措施是:第一,1989 年全社会固定资产投资规模要压缩 500 亿元,大体相当于 1988 年实际投资规模的 20%。要对重点产业采取倾斜政策,对涉外项目采取保护政策,切切实实合理调整投资结构。第二,控制消费基金的过快增长,特别要坚决压缩社会集团购买力。第三,采取一系列措施稳定金融,严格控制货币发行,进行保值储蓄,开辟多种渠道,包括出售公房和发行股票、债券,吸收社会游资,引导购买力分流。第四,克服经济过热现象,把1989年工业增长速度降到10%甚至更低一些。在抑制总需求膨胀的同时,要用很大力量来改善和增加有效供给,努力发展生产,特别是农产品、轻纺产品和其他生活必需品的生产,以及紧俏产品的生产。国内短缺的原材料和必要的消费品,要减少出口量,保证国内市场供应。特别要解决好粮食和"菜篮子"的问题。

关于整顿经济秩序,报告提出,就是要整顿在新旧体制转换中出现的各种混乱现象。主要措施是:第一,坚决刹住乱涨价风,在全国范围内开展物价、财务、税收大检查,坚决制止一切违反国家规定哄抬物价的行为。通过检查,进行教育,严肃法纪,堵塞漏洞,把物价、财务、税收监督制度和市场规则建立健全起来。第二,整顿公司,政企分开,官商分开,惩治"官倒"。所有公司,除极少数经国务院特别批准行使一定的行政管理权的以外,都必须限期同党政机关脱钩,依法经营。第三,尽快确立重要产品的流通秩序,对流通秩序混乱的重要产品,尤其是紧缺的重要生产资料,要一个一个排队,认真解决多头和多环节经营的问题。第四,加强宏观监督体系,在中央集中统一指挥下,强化计划、银行、财政、税收、海关、铁路等部门的宏观控制职能,发挥这些部门的监督作用。第五,要制止各方面对企业的摊派、抽头和盘剥。

全会审议、通过了中央政治局的报告,原则通过《关于价格、工资改革的初步方案》,同时建议国务院在此后五年或较长一些时间内,根据严格控制物价上涨的要求,并考虑各方面的实际可能,逐步地、稳妥地组织实施。

以党的十三届三中全会为标志,我国的改革开放和现代化建设进入了治理整顿阶段。治理整顿是在坚持改革开放的前提下,对国民经济的又一次大调整。总的来看,这次调整历时三年,大体经历了两个阶段。第一个阶段从1988年9月到1989年第三季度,调整的主要任务是大幅度压缩需求,大刀阔斧地整顿流通领域,迅速抑制和降低物价上涨。第二个阶段从1989

年第四季度开始到 1991 年底,调整的主要任务是继续紧缩需求,同时通过大力调整经济结构,增加有效供给,启动市场,使整个国民经济恢复到正常的增长速度。

(三) 治理整顿方针的初步实施

在党的十三届三中全会前后即已开始的第一个阶段的治理整顿分两步进行。第一步,针对"抢购"风潮,以稳定物价和金融为中心,出台了一系列紧急措施。

第一,加强对物价的行政调控,遏制物价上涨。9 月 25 日,国务院发布《关于开展 1988 年税收、财务、物价大检查的通知》,主要检查国营、集体、私营和联营企业,以及行政事业单位和个体工商业户 1988 年发生和在 1987 年发生而未检查纠正的违法违纪问题。10 月 24 日,国务院进一步作出《关于加强物价管理,严格控制物价上涨的决定》,主要内容:一是恢复了一些必需品由国家补贴、定量供应的办法,坚决稳定群众生活基本必需品的价格。规定城市居民定量供应的粮食、食油的价格一律不动。大中城市要由市长负责,增加肉、蛋、菜等主要副食品的生产和供应,保持"菜篮子"价格的基本稳定。大城市的大路菜,要实行计划价格,不能放开。已对猪肉实行定量供应的大城市,定量供应部分不准涨价。同群众日常生活密切相关的棉纱、涤棉纱、棉布、涤棉布、食盐、食糖、民用煤、洗衣粉、肥皂、卫生纸、火柴等工业品,不能断档脱销。二是对石油、铜、铝、紧俏钢材等实行统一经营,严禁倒卖,暂停执行国务院有关部门定价的生产资料出厂价格可由地方审批临时价格的规定。三是在大中城市分别选择一批比较重要的价格放开的工业消费品,实行工商企业提价申报制度,对企业申报的提价要求,物价部门可根据控制物价水平的需要,制止提价或推迟提价。

第二,减少货币供应,稳定金融形势。一是调高居民储蓄存款利率,引导购买力分流。1988 年 9 月 1 日和 1989 年 2 月 10 日,中国人民银行两次提高居民定期存款利息,并从 9 月 10 日起开办人民币长期保值储蓄存款,对 3—8 年的定期储蓄存款,在当时利率的基础上,按照储户收益率不低于物价上涨幅度的原则,由人民银行参照国家统计局公布的零售物价指数,按季度公布全国统一的保值贴补率。与此同时,全国许多地方还开办了各种形式的有奖储蓄。二是控制贷款规模,紧缩银根。1988 年 9 月,国务院颁布《现金管理暂行条例》和《关于进一步控制货币和稳定金融的决定》,要求采取果断措施,严格金融管理,控制货币发行。规定贷款规模必须按照人民银行总行批准的计划执行,不得突破;对国家计划外项目,非生产性项目,自筹固定资产项目,倒买倒卖、抢购囤积物资的企业和公司不予贷款;专业银行之间拆借资金,最长不得超过 3 个月;从 10 月 1 日起,各级各类信托投资公司一律停止发放信托贷款或投资,一律停止拆出资金。

第三,压缩固定资产投资规模和社会集团购买力。9 月 24 日国务院发布《关于清理固定资产投资在建项目、压缩投资规模、调整投资结构的通知》,10 月 12 日又发布《关于全面彻底清查楼堂馆所的通知》,决定在全国开展一次全社会固定资产投资的清理工作,压缩非生产性项目,特别是楼堂馆所建设项目,并采取行政措施限制已提前超额完成计划的一般机床、汽车等机电产品的生产,停止生产消耗紧缺原材料和电力而非人民生活必需的产品,如易拉罐、铝合金门窗等的生产,以控制工业生产速度。为了抑制需求膨胀,缓解市场供需矛盾,10 月 6 日,国务院还发布了《关于从严控制社会集团购买力的决定》,提出 1989 年和 1990 年两年的社会集团购买力,要在上年实际支出的基础上,按实际可比口径计算每年压缩 20%,并将原 19 种专项控制商品扩大到 29 种,严禁购买彩色电视机、国产 13 种名牌卷烟和进口烟、国产 13 种名牌酒和进口酒。

第四,整顿流通领域秩序,清理整顿各类公司。1985 年 8 月,国务院曾发出关于清理整顿公司的通知,对各类公司进行了一次清理整顿。到 1986 年 6 月底,全国公司总数由 32 万多户减少到 18 万户。但从 1987 年下半年起,各类公司又迅速增多,出现了新的"公司热"。据统计,到 1988 年底,全国共有各类公司 294946 户,加上分支机构则多达 477431 户,其中商业、物资供销等流通领域的公司又占了总数的 63.6%，①公司的数量远远超过了商品流通的实际需要，妨碍了经济的健康发展。为此，1988 年 10 月 3 日，党中央、国务院发出《关于清理整顿公司的决定》，着重整顿 1986 年下半年以来成立的公司，特别是综合性、金融性和流通领域的公司。通过整顿，解决政企不分、官商不分、转手倒卖、牟取暴利等问题，进一步明确经营方针、经营范围，使之走上健康发展的轨道。

以上紧急措施的逐步落实，到 1988 年底初步取得了一些成效，比较明显的是居民储蓄逐渐回升，信贷规模得到控制，物价上涨势头有所减弱。但同时，社会商品零售物价指数仍处在高位运行，经济过热的情况并未得到根本好转。在此情况下，1988 年底和 1989 年初召开的全国计划会议和七届全国人大二次会议，统一了对治理整顿艰巨性的认识，进一步明确了治理整顿的目标，从而开始了本阶段第二步的治理整顿工作。

治理整顿第二步的主要任务是在第一步紧急措施的基础上，继续依靠作为资金总闸门的银行，运用货币政策和信贷政策的积极作用，集中力量紧缩最终需求。一是坚决压缩社会总需求。1989 年 3 月 20 日，李鹏总理在七届全国人大二次会议上作的《政府工作报告》中宣布：1989 年全社会固定资产投资规模要比 1988 年压缩 920 亿元，减少 21%；其中，全民所有制单位投资规模压缩 510 亿元，减少 19%。二是调整经济结构，在努力加强能源、交通、通信和重要原材料等基础工业和基础设施建设的同时，进一步加强农业的基础地位，改善和增加有效供给。为此，国务院决定：从 1989 年 4 月 1 日起，提高农产品收购价格，粮食、棉花、油料价格分别提高 16%、20% 和 6%—7%；继续完善合同定购粮食与平价化肥、柴油和预购定金"三挂钩"的政策，增加挂钩化肥的供应数量；合同定购以外的粮食实行市场交易，价格随行就市。与此同时，农业银行、信用社计划 1989 年增加农业贷款 172 亿元，同时调整原有近 800 亿元农业贷款的结构，支持国家和地方的商品粮、

---

① 见国家工商行政管理局局长任中林 1989 年 8 月 29 日在七届全国人大常委会第九次会议上作的《关于清理整顿公司情况的汇报》。

棉、糖等生产基地建设,支持搞好"菜篮子"工程,重点发展肉类、禽类、水产和蔬菜等副食品生产。三是继续认真整顿经济秩序特别是流通秩序。

经过以上两步、历时一年左右的治理整顿,到 1989 年第三季度,我国经济形势发生了较大变化,其中最显著的是过旺的社会需求得到有效的控制,过高的工业生产速度明显回落,市场开始降温,相当多的商品由原来供不应求的卖方市场转变为供大于求的买方市场。据对 1989 年前三个季度经济数据的统计,全社会商品零售总额 6073 亿元,名义上比上年同期增长12.3%,但扣除涨价因素后实际下降了 8.2%;全民单位完成投资 1261 亿元,比上年同期下降了 7.2%;社会集团购买消费品 521 亿元,比上年同期仅增长 6.2%,如果剔除价格因素实际下降了很多;全国城乡居民储蓄存款净增 1000 亿元,相当于 1988 年同期的两倍多,是 40 年来的高峰,其中 80% 是保值储蓄。① 但是,以压缩社会需求为重点的治理整顿,由于刹车过猛,同时也带来了一些负面效应,主要是市场疲软,工业生产出现滑坡,并由此造成了新的社会经济问题。这种情况的出现,预示着党和政府需要对治理整顿的措施和重点进行调整,治理整顿将进入新的阶段。然而这一任务还未来得及提出即受到了一场突如其来的政治风波的严重干扰。

三、国内政治风波平息与新一代中央领导集体建立

(一) 1989 年政治风波的平息及反思

从中国社会主义制度诞生之日起,西方敌对势力就没有放弃过对我"西化"、"分化"、进行"和平演变"的图谋。20 世纪 80 年代末,在所谓"民主化"、"公开性"和舆论"多元化"的浪潮中,苏联和东欧一些社会主义国家

---

① 《国务院发展研究中心负责人答记者问》,《人民日报》1989 年 10 月 28 日。

的政局出现动荡。与此同时,一些西方国家通过各种渠道对中国施加影响,加紧推行"和平演变"战略,进行思想和政治渗透。在国内,一段时间里,少数中央领导同志对坚持四项基本原则缺乏一贯性,在物质文明和精神文明建设上存在着"一手硬,一手软"的现象,思想政治工作和党的建设受到削弱,一些干部消极腐败,损害了党在群众中的威信和社会主义在人们心目中的形象。几年来物价的大幅度上涨和经济秩序的混乱也引起群众的不满,治理整顿进一步使人们发生了某些误解和忧虑。在以上国际国内因素的共同作用下,一度收敛的资产阶级自由化思潮再度泛滥。

1988 年末到 1989 年初,极少数反共反社会主义分子利用党在工作中的失误,特别是人民群众对物价上涨和一些干部中腐败现象的不满情绪,在北京等若干大城市陆续举行意在反对共产党的领导、根本改变国家制度的政治集会、政治上书以及其他各项活动。1989 年 1 月 6 日,主张全盘西化的代表人物方励之给邓小平写信,要求在全国实行大赦,释放魏京生等"政治犯";2 月 16 日,"中国民联"成员陈军举行外国记者招待会,散发陈军等 33 人致全国人大常委会和中共中央的信以及 1 月 6 日方励之致邓小平的信,也提出"大赦",释放所谓"政治犯"。1989 年 4 月胡耀邦逝世后,事态进一步发展。极少数人借群众悼念胡耀邦逝世之机不断散布谣言,悼念活动很快发展成为政治性的示威游行,出现了大量的大小字报和标语口号,攻击邓小平等党和国家主要领导人,攻击党的领导和社会主义制度。短短几天内,连续发生了聚众冲击中南海新华门等严重事件,出现了占领天安门广场的非法行动和更大规模的非法游行示威。在西安、长沙、成都和其他一些地方,也先后发生了严重的打、砸、抢、烧等犯罪活动。

这些情况表明,一场严重的政治风波已经发生并逐渐蔓延。

4 月 24 日晚,中央政治局常委在李鹏主持下召开碰头会,对事态的发展进行了分析研究。会议认为,一场有计划、有组织的反党反社会主义的政治斗争已经摆在面前,决定成立中央制止动乱小组,由《人民日报》发表社论向全党和全国人民指出这场斗争的性质。中央总书记赵紫阳因在朝鲜访问,没有参加这次会议。4月25日,邓小平发表谈话,对中央碰头会的决定表示赞成和支持,指出:这不是一般的学潮,而是一场动乱,要害是否定共产党的领导,否定社会主义制度;人民民主专政这个手段要用起来,否则天无宁日,国无宁日,天天不得安宁,甚至永远不得安宁,"使我们的经济发展战略、改革开放都搞不下去,而毁于一旦"。① 4月26日,《人民日报》发表《必须旗帜鲜明地反对动乱》的社论,指出极少数人"打着民主的旗号破坏民主法制,其目的是要搞散人心,搞乱全国,破坏安定团结的政治局面。这是一场有计划的阴谋,是一次动乱"。这篇社论表明了中共中央对于事态性质的认识和判定,使绝大多数干部和不明真相的学生认识到了问题的严重性。5月4日以后,80%的罢课学生复课,全国各地的局势趋向平稳。

但是结束对朝鲜访问回国后的赵紫阳却改变了原本赞成邓小平4月25日谈话的态度,指责根据中央政治局常委决定和邓小平谈话精神写成发表的《人民日报》社论定性错误,提出要加以纠正。5月4日,在会见出席亚洲开发银行理事会第22届年会的亚行成员代表团团长及亚行高级官员时,赵紫阳发表了一篇同中央的立场和方针完全不同的谈话。在已经出现动乱的情况下,他却说"现在北京和其他某些城市一部分学生的游行仍在继续。但是,我深信,事态将会逐渐平息,中国不会出现大的动乱";在大量事实已经证明这场动乱的实质是否定共产党的领导、否定社会主义制度的情况下,他却说"他们绝对不是要反对我们的根本制度",提出应该"在民主和法制的轨道上解决问题"②。赵紫阳的谈话,从根本上否定了中共中央关于极少数人已经在制造动乱的判断,并把中央内部的分歧公开暴露于世,使本来渐趋平缓的局势骤然逆转。5月6日,赵紫阳又同中央主管宣传、思想工作的负责人谈话说:"放开了一点,游行作了报道,新闻公开程度增加一点,风险

① 中共中央文献研究室编:《邓小平年谱》(下),中央文献出版社2004年版,第1273页。
② 《赵紫阳分析当前国内形势,现在最需要冷静理智克制秩序,在民主和法制轨道上解决问题》,《人民日报》1989年5月5日。

不大"。这番谈话使舆论上迅速出现了支持学潮和动乱的错误导向。5月13日下午,北京市高校数百名学生到天安门广场绝食。从5月15日开始至5月19日,北京爆发了有几十万人参加的声援学生绝食请愿的大规模群众游行,已出现无政府状态。与此同时,全国各大城市乃至所有省会城市的游行人数急剧增加,一批中小城市也出现了游行。这是前所未有的。

在极为险恶的形势下,5月16日晚,中央政治局常委召开紧急会议。多数常委认为,面对险恶形势,绝对不能退让,只能更加坚决地反对动乱,制止动乱。赵紫阳不听取多数常委的意见,仍然坚持退让。5月17日,为了防止事态进一步恶化,中央政治局常委开会决定在北京部分地区实行戒严,并于5月19日晚召开首都党政军机关干部大会,号召紧急行动起来,采取坚决果断的措施,迅速结束动乱。根据国务院的命令,自5月20日10时起,首都部分地区实行戒严。戒严命令发布后,动乱的策划者继续鼓励学生占据天安门广场。6月3日,当部分戒严部队按计划进入首都戒严地区的过程中,少数人设置路障,企图阻止解放军进驻岗位,并发生了焚烧军车和杀害解放军指战员的严重事件。紧急关头,中共中央、国务院、中央军委于6月3日晚命令戒严部队强行开进,平息动乱。部队在开进过程中由于遭遇暴徒袭击,实行了必要的武装自卫。6月4日凌晨,戒严部队对天安门广场执行清场,广场上的学生陆续撤离。到5时半,整个清场任务结束,北京的局势很快稳定下来,一场严重的政治风波平息。

政治风波的平息,是我们党在事关党和国家生死存亡的关键时刻作出的重大历史决策,巩固了我国的社会主义制度和10年改革开放的成果,人民的根本利益得到了维护。这场风波也给全党留下了值得认真思考的深刻教训。

1989年6月9日,邓小平在接见首都戒严部队军以上干部时对这场政治风波进行了深入反思和总结,指出:这场风波迟早要来。这是国际大气候和中国自己的小气候所决定了的,是一定要来的,是不以人们的意志为转移的,只不过是迟早的问题,大小的问题。这次事件爆发出来,很值得我们思索,促使我们很冷静地考虑一下过去,也考虑一下未来。他向全党提出了两个需要认真思考的重大问题:第一个问题,党的十一届三中全会制定的路线、方针、政策,包括我们发展战略的"三部曲",正确不正确?是不是因为发生了这次动乱,我们制定的路线、方针、政策的正确性就发生问题?我们的目标是不是一个"左"的目标?是否还要继续用它作为我们今后奋斗的目标?第二个问题,党的十三大概括的"一个中心、两个基本点"对不对?两个基本点,即四个坚持和改革开放,是不是错了?

对这两个问题,邓小平以斩钉截铁的语言给予了明确、肯定的回答:党的十一届三中全会制定的路线、方针、政策,包括"三步走"发展战略没有错,不能因为这次事件的发生,就说我们的战略目标错了;党的十三大概括的"一个中心、两个基本点"没有错。四个坚持本身没有错,如果说有错误的话,就是坚持四项基本原则还不够一贯。改革开放这个基本点也没有错,如果说不够,就是改革开放得还不够。对于中国今后的发展,邓小平坚定地提出:我们原来制定的基本路线、方针、政策,照样干下去,坚定不移地干下去。除了个别语言有的需要变动一下,基本路线和基本方针、政策都不变。对于改革开放中的问题和不足,邓小平进行了辩证分析:"十年改革开放的成绩要充分估计够","但今天回头来看,出现了明显的不足,一手比较硬,一手比较软。一硬一软不相称,配合得不好。"他严肃地指出:"十年最大的失误是教育,这里我主要是讲思想政治教育,不单纯是对学校、青年学生,是泛指对人民的教育。对于艰苦创业,对于中国是个什么样的国家,将要变成一个什么样的国家,这种教育都很少,这是我们很大的失误。"因此,"要认真总结经验,对的要继续坚持,失误的要纠正,不足的要加点劲。总之,要总结现在,看到未来。"①

(二) 新一代中央领导集体的建立

政治风波的发生,使我国的改革开放和正常的生产生活秩序受到严重

---

　　① 《邓小平文选》第三卷,人民出版社1993年版,第306—308页。

干扰,同时也暴露了党中央领导层中存在的严重问题,使调整中央领导机构成为必要。

1989 年 5 月 31 日,在同李鹏、姚依林谈话时,邓小平即明确表示"要改换领导层",并提出:"新的中央领导机构要使人民感到面貌一新,感到是一个实行改革的有希望的领导班子。这是最重要的一条。""新的领导机构,眼界要非常宽阔,胸襟要非常宽阔",要选人民公认是坚持改革开放路线并有政绩的人,"使人民感到我们真心诚意要搞改革开放"。他说:"我们党的历史上,真正形成成熟的领导,是从毛刘周朱这一代开始。""第二代是我们这一代,现在换第三代。"①

根据邓小平等老一辈革命家的意见,经过充分酝酿,中共中央政治局委员、中共上海市委书记江泽民被确定为新一代中央领导集体核心的人选。6 月 16 日,邓小平在同江泽民、李鹏等 8 位中央负责同志谈话时再次提出:"我们中国共产党现在要建立起第三代的领导集体。任何一个领导集体都要有一个核心,没有核心的领导是靠不住的。第一代领导集体的核心是毛主席。第二代实际上我是核心。第三代的领导集体也必须有一个核心,就是现在大家同意的江泽民同志。新的常委会从开始工作的第一天起,就要注意树立和维护这个集体和这个集体中的核心。"②

1989 年 6 月 23 日至 24 日,党的十三届四中全会在北京举行。出席全会的中央委员 170 人,候补中央委员 106 人。列席会议的中央顾问委员会委员 184 人,中央纪律检查委员会委员 68 人。在此之前,中央政治局于 6 月 19 日至 21 日举行扩大会议,为这次全会的召开做了必要的准备。

全会分析了近两个月来全国的政治形势,审议并通过了李鹏代表中央政治局提出的《关于赵紫阳同志在反党反社会主义的动乱中所犯错误的报告》。会议认为,赵紫阳在关系党和国家生死存亡的关键时刻犯了支持动

---

① 《邓小平文选》第三卷,人民出版社 1993 年版,第 296—300 页。

② 中共中央文献研究室编:《邓小平年谱》(下),中央文献出版社 2004 年版,第 1281 页。

乱和分裂党的错误,对动乱的形成和发展负有不可推卸的责任,其错误的性质和造成的后果是极为严重的。他在担任党和国家重要领导职务期间,虽然在改革开放和经济工作方面做了一些有益的工作,但是在指导思想上和实际工作中也有明显失误。特别是他主持中央工作以来,消极对待坚持四项基本原则、反对资产阶级自由化的方针,严重忽视党的建设、精神文明建设和思想政治工作,给党的事业造成了严重的损失。鉴于赵紫阳的上述严重错误,全会决定,撤销他的中央委员会总书记、中央政治局常务委员会委员、中央政治局委员、中央委员会委员和中共中央军事委员会第一副主席的职务,对他的问题继续进行审查。随后召开的七届全国人大常委会第八次会议作出决定,撤销赵紫阳的中华人民共和国中央军委副主席的职务。

全会对中央领导机构的部分成员进行了调整:选举江泽民为中央委员会总书记;增选江泽民、宋平、李瑞环为中央政治局常务委员会委员;决定增补李瑞环、丁关根为中央书记处书记;免去胡启立中央政治局常务委员会委员、中央政治局委员、中央书记处书记的职务,免去芮杏文、阎明复中央书记处书记的职务。新的中央政治局常委会由江泽民、李鹏、乔石、姚依林、宋平、李瑞环六人组成。

全会强调,要继续坚决执行党的十一届三中全会以来的路线、方针、政策,继续坚决执行党的十三大确定的"一个中心,两个基本点"的基本路线。全会提出了当前要特别注意抓好的四件大事:一是彻底制止动乱、平息反革命暴乱,严格区分两类不同性质的矛盾,进一步稳定全国局势;二是继续搞好治理整顿,更好地坚持改革开放,促进经济持续、稳定、协调发展;三是认真加强思想政治工作,努力开展爱国主义、社会主义、独立自主、艰苦奋斗的教育,切实反对资产阶级自由化;四是大力加强党的建设,大力加强民主和法制建设,坚决惩治腐败,切实做好几件人民普遍关心的事情,决不辜负人民对党的期望。

江泽民在全会上发表了重要讲话,指出:"我们党已经制定和形成了一条建设有中国特色社会主义的路线和一系列基本政策。概括地说,就是小平同志多次指出、最近再次强调的,以经济建设为中心,坚持四项基本原则,坚持改革开放。这是我们有信心做好工作的根本的、坚实的基础。这次中央领导机构作了一些人事调整,但是,党的十一届三中全会以来的路线和基本政策没有变,必须继续贯彻执行。在这个最基本的问题上,我要十分明确地讲两句话:一句是坚定不移,毫不动摇;一句是全面执行,一以贯之。"江泽民在当选总书记后还表示:"这次中央全会推选我担任政治局常委、总书记,我没有这个思想准备,又缺乏中央全面工作的经验,深感担子很重,力不从心。现在全会已经作出决定,我感谢同志们的信任,决心同大家一道,刻苦学习,加强调查研究,尽心尽力做好工作,不辜负老一辈革命家和同志们的期望。"①

　　党的十三届四中全会是党的历史上的一次非常重要的会议,标志着党在关系自身生死存亡的严重政治斗争中取得了决定性的胜利。

　　全会以后,新的中央领导集体坚决地、全面地贯彻党的基本路线,一手抓治理整顿、深化改革,一手抓思想政治工作、党的建设,认真克服"一手硬,一手软"的现象,全国政治局面迅速趋向稳定,经济形势逐步好转,思想战线出现新的转机。还在四中全会前后,邓小平就曾多次表示:等新的领导班子一经建立威信,他就要坚决退出中央领导岗位。他反复说明,一个国家的命运建立在一两个人的威望上面,是很不健康的,是很危险的。几个月以后,鉴于新的中央领导集体已经卓成有效地开展工作,并逐步赢得了党和人民的信任,1989 年 9 月 4 日,邓小平致信中央政治局,正式向中央提出了辞去中央军委主席职务的请求。信中写道:"党的十三届四中全会选出的以江泽民同志为首的领导核心,现已卓有成效地开展工作。经过慎重考虑,我想趁自己身体还健康的时候辞去现任职务,实现夙愿。这对党、国家和军队的事业是有益的。恳切希望中央批准我的请求。我也将向全国人民代表大会提出辞去国家军委主席的请求。"②

---

① 《江泽民文选》第一卷,人民出版社 2006 年版,第 57 页。
② 《邓小平文选》第三卷,人民出版社 1993 年版,第 322—323 页。

1989年11月,党的十三届五中全会经认真讨论,批准了邓小平辞去中央军委主席职务的请求,并决定江泽民为中央军委主席,杨尚昆为中央军委第一副主席。全会对邓小平身体力行地为废除干部领导职务终身制作出的表率,表示崇高的敬意;对邓小平的革命历史和卓著功勋作出高度评价,指出:"他根据马克思列宁主义同中国实际相结合的原则提出的一系列观点和理论,是毛泽东思想的重要组成部分,是毛泽东思想在新的历史条件下的继承和发展,是中国共产党和中国人民的宝贵精神财富"。全会要求全党"一定要认真学习邓小平同志的著作,使它今后在我国社会主义现代化建设的伟大进程中发挥重大的指导作用"①。

从党的十三届四中全会到五中全会,以邓小平为核心的第二代中央领导集体和以江泽民为核心的第三代中央领导集体顺利实现了新老交接,这对于保证十一届三中全会以来党的路线、方针、政策的连续性、稳定性,维护国家的长治久安,具重大的意义,也是党在政治上高度成熟、组织上坚强有力的明证。

四、在维护稳定中进一步治理整顿和推进改革

以江泽民为核心的第三代中央领导集体建立后,围绕党的十三届四中全会提出的"四件大事",从党和国家最紧迫和人民群众最关心的问题入手,以巩固和促进社会政治稳定为中心,有条不紊地开展各项工作,很快打开了新的局面。

1989年7月28日,中央政治局全体会议讨论并通过《中共中央、国务院关于近期做几件群众关心的事的决定》,要求从党中央和国务院的领导同志做起,在惩治腐败和带头廉洁奉公、艰苦奋斗方面先做七件事,即:进一步清理整顿公司;坚决制止高干子女经商;取消对领导同志少量食品的"特

---

① 《五中全会同意邓小平辞去军委主席职务,高度评价他对党和国家建立的卓著功勋》,《人民日报》1989年11月10日。

供";严格按规定配车,严格禁止进口小轿车;严格禁止请客送礼;严格控制领导干部出国;严肃认真地查处贪污、受贿、投机倒把等犯罪案件,特别要抓紧查处大案要案。这些工作,受到了广大人民群众的拥护和欢迎。

同时,党中央还发出《关于加强宣传、思想工作的通知》,要求各级党委必须高度重视宣传思想工作,旗帜鲜明地同国内外敌对势力"和平演变"的图谋和行动作长期的、坚决的斗争,坚决妥善地整顿宣传舆论文化阵地,加强和改进思想政治工作,稳定充实政工干部队伍。根据这个《通知》的精神,全国意识形态部门进行了思想和组织整顿,调整和加强了领导班子建设。

8月11日,国务院举行第四十五次常务会议,讨论进一步清理整顿公司的问题。会议提出,在清理整顿工作中,中央国家机关要首先带头做好,作出表率。各部门、各地区要按照中共中央、国务院总的要求,结合自己的实际情况,采取具体、明确、切实有效的措施,认真负责地进行。8月15日,国家审计署审计长吕培俭在国务院全体会议上公布对中国康华发展总公司、中国国际信托投资公司、光大实业公司、中国工商经济开发公司和中国农村信托投资公司的审计结果。8月17日,中共中央、国务院作出《关于进一步清理整顿公司的决定》。

由于一段时间以来严重忽视党的建设,党内问题的严重性在政治风波中充分暴露了出来:一些党的组织软弱涣散,一部分党员程度不同地卷入了这场风波,一些党员干部特别是极少数领导干部存在的严重的腐败现象,则成了政治风波中有那么多人被阴谋分子煽动起来的一个重要原因。鉴于党的组织和党员队伍中存在的严重问题,邓小平在新的中央领导集体建立之时就谆谆嘱托:"常委会的同志要聚精会神地抓党的建设,这个党该抓了,不抓不行了。"①遵照邓小平的嘱托,党的十三届四中全会后,党中央立即采取一系列措施大力加强党的建设。

---

① 《邓小平文选》第三卷,人民出版社1993年版,第314页。

1989 年 7 月 1 日,江泽民在中央组织部召开的"七一"座谈会上发表讲话,强调"提高党员素质,加强党的战斗力,这个任务已经突出地摆到全党同志的面前","要下决心对各级党的组织从思想上组织上进行一次认真的整顿"。① 8 月 28 日,中央政治局召开全体会议,讨论并通过《关于加强党的建设的通知》,提出从现在起,各级党委必须按照党的基本路线的要求,聚精会神地抓党的建设,下决心解决好当前党的建设中的迫切问题。针对一部分党组织严重不纯的状况,1989 年秋冬和 1990 年,在中央的统一领导下,党组织对动乱、暴乱中的重点人和重点事认真地进行了一次清查、清理。清查、清理工作基本结束后,又按照从严治党的方针,在部分单位进行了党员的重新登记,纯洁了党的队伍。

加强党的建设,首要的是加强党的思想建设,提高党的理论水平。从 1989 年 8 月起,在中央的统一部署下,在县(处)级以上党政领导干部中普遍开展了一次马列主义、毛泽东思想基本理论的教育,同时提出要使这种理论教育经常化、制度化,"凡是新进入领导班子的成员,都要经过相应的党校学习,其他领导成员也要定期轮流到党校学习。"②为此,1990 年 6 月,中央召开全国党校校长座谈会;9 月 5 日,中央下发了《关于加强党校工作的通知》,大力加强各级党校建设。同时,中央还十分注意对于加强基层党组织建设的经验的总结和推广,尤其注意加强农村基层党组织的建设,并对优秀党务工作者进行了表彰。

加强党的建设,还必须加强和改善党的领导。1989 年 12 月 29 日,江泽民在中央党校同党建理论研究班全体学员座谈时指出:我们在强调加强党的领导的同时,也要认真改善党的领导方式和活动方式。我们党是执政的党,党的领导要通过执政来体现,我们必须强化执政意识,提高执政本领,要努力确保县以上各级领导集体由真正忠诚于马克思主义的人组成,并从

---

① 《在中组部举行的座谈会上江泽民强调抓好党的建设》,《人民日报》1989 年 7 月 2 日。
② 中共中央文献研究室编:《十三大以来重要文献选编》(中),人民出版社 1991 年版,第 593 页。

中逐步造就上千、上万名坚强的成熟的马克思主义者,为此,要下大力气做好领导骨干的培育工作。党的领导是全面的领导。为了加强对工青妇等群众团体的领导,1989 年 12 月 21 日,中共中央发出《关于加强和改善党对工会、共青团、妇联工作领导的通知》,要求各级党组织都要按照党的路线、方针、政策,对同级工会、共青团、妇联实行统一领导,使这些组织坚持正确的政治方向,同党中央在政治上、思想上、行动上保持高度的一致。12 月 30 日,中共中央又发布《关于坚持和完善中国共产党领导的多党合作和政治协商制度的意见》,强调中国共产党领导的多党合作和政治协商制度是我国的一项基本政治制度,重申"长期共存、互相监督、肝胆相照、荣辱与共"是共产党同各民主党派合作的基本方针,决定加强中国共产党和各民主党派之间的合作与协商,进一步发挥民主党派成员、无党派人士在人民代表大会中的作用,举荐民主党派成员、无党派人士担任各级政府及司法机关的领导职务,进一步发挥民主党派在人民政协中的作用,并支持民主党派加强自身建设。

加强党的建设,必须发扬党的优良传统,密切党和群众的联系,加强民主集中制建设。1990 年 3 月,党召开十三届六中全会,通过了《关于加强党同人民群众联系的决定》。全会提出,鉴于历史和现实的经验,今后必须从决策的制定和执行、领导作风、疏通和拓宽党同人民群众联系的渠道、加强党风廉政建设、建立和完善党内党外监督制度、发挥党的基层组织和党员作用、深入开展马克思主义群众观点教育七个方面坚持不懈地努力加强党同人民群众的联系。全会以后,中央政治局常委带头深入基层,深入群众,开展调查研究工作。各级党政机关也制定了相应的措施,并贯彻落实。5 月25 日,中共中央印发《关于县以上党和国家机关党员领导干部民主生活会的若干规定》,提出要健全并严格执行党员领导干部民主生活会制度,对加强领导班子思想、作风建设,依靠自身力量解决矛盾,有效地进行党内监督,增强团结,改进作风,保证党的路线、方针、政策和决议的正确贯彻执行,这都对加强党风建设起了积极的作用。

由于深入开展了以上工作,经过一段时期的努力,党的建设和思想政治工作得到切实加强,一度存在的"一手硬,一手软"的状况有了明显扭转,这不仅对我国的政治稳定和社会稳定起了积极的促进作用,同时也为在经济领域中进一步推进治理整顿、深化改革创造了重要的政治思想条件和社会环境。

1989 年 9 月 29 日,江泽民在庆祝中华人民共和国成立 40 周年大会上发表讲话。这篇讲话在发表之前,曾广泛征求党内外意见,经过多次讨论和修改,是在经历了国内政治风波严峻考验后,新一代中央领导集体的一篇重要的政治宣言。在谈到治理整顿问题时,江泽民指出:"当前必须坚定不移地继续贯彻治理整顿、深化改革的方针,力争用三年或者更多一些时间,从根本上缓解社会总需求超过总供给的矛盾,逐步消除通货膨胀,使国民经济走出困境。"①这是第一次明确把治理整顿的时间由原定的 1989 年和 1990 年两年修改为三年或更多一些时间。此后,国务院发展研究中心负责人在回答新华社记者提问时指出,"紧缩的第一阶段效应已经出现了,现在治理整顿已经进入了以调整结构和提高效益为重点的关键阶段。当前的迫切任务是按照产业政策的要求来调整信贷结构。针对市场疲软引起的三角债严重影响企业生产的情况,安排一部分启动资金。要吸取过去几次'启'而不'动'的教训,这次要讲究'启动艺术'"。② 这说明,从 1989 年 9 月份开始,中央即已开始考虑调整治理整顿的部署问题。

治理整顿新的战略部署的最后确定,是在 1989 年 11 月 6 日至 9 日召开的党的十三届五中全会上。这次全会在深入分析当时经济形势的基础上,审议并通过了《关于进一步治理整顿和深化改革的决定》,对治理整顿、深化改革的目标和主要任务进行了调整。从此,治理整顿进入了第二个阶段——攻坚阶段。

---

① 中共中央文献研究室编:《十三大以来重要文献选编》(中),人民出版社 1991 年版,第 619 页。

　② 《国务院发展研究中心负责人答记者问》,《人民日报》1989 年 10 月 28 日。

全会对治理整顿内容的调整主要有两个方面:第一,延长治理整顿的时限。考虑到当时存在的困难和问题还很多,解决起来难度很大,治理整顿不能急于求成,全会决定把原定的两年改为"用三年或者更长一些时间基本完成治理整顿任务"。① 第二,充实和调整了治理整顿的任务和主要目标。一是提出紧缩财政和信贷,坚决控制社会总需求仍然是进一步治理整顿的首要任务,要求全国零售物价上涨幅度逐步下降到10%以下;货币发行逐步做到当年货币发行量与经济增长的合理需求相适应;逐步消灭财政赤字;固定资产投资规模维持在甚至低于1989年的水平。二是强调提高经济效益是克服经济困难的根本途径,要求在着力提高经济效益、经济素质和科技水平的基础上,保持适度的经济增长率,争取国民生产总值平均每年增长5%至6%。三是把经济结构调整的任务放到重要地位,力争主要农产品生产逐步增长,能源、原材料供应紧张和运力不足的矛盾逐步缓解。

全会还对新中国成立以来我国经济建设的经验教训进行了反思和总结,指出:新中国成立40年来,我国经济工作取得了伟大成就,但也有失误。"最重要的教训,就是往往脱离国情、超越国力、急于求成、大起大落。这种失误,严重挫伤了干部和群众的积极性,造成了巨大损失。"② 为此,全会提出了指导我国经济发展的一个重要方针,即"无论是治理整顿期间还是治理整顿任务完成之后,都必须始终坚持长期持续、稳定、协调发展经济的方针","任何时候都必须坚持从我国的基本国情出发","坚决防止片面追求过高的发展速度,始终把不断提高经济效益放到经济工作的首要位置上来"。③

攻坚阶段的治理整顿大体也分两步进行。第一步是在调整结构的同时,以启动市场,争取经济适度发展为侧重点。为此,主要采取了三个方面

---

① 中共中央文献研究室编:《十三大以来重要文献选编》(中),人民出版社1991年版,第685页。

② 江泽民:《在党的十三届五中全会上的讲话》,《人民日报》1989年11月22日。

③ 中共中央文献研究室编:《十三大以来重要文献选编》(中),人民出版社1991年版,第687页。

的措施:一是调整产业结构,加大对农业、能源、交通等基础产业的投入,对农业的投入,1990 年比 1989 年增长了 30%,农业总产值同比增长 6.9%,扭转了前几年的徘徊局面;二是在坚持控制总量的前提下,适当调整紧缩力度,以启动市场。1990 年 3 月全国银行电话会议决定适当增加上半年银行贷款规模,1990 年共扩大固定资产投资 400 亿元;与此同时,中国人民银行还相继下调了贷款利率和城乡居民存款利率,这些金融手段都很快收到了效果;三是继续整顿经济秩序,包括进一步清理整顿公司、清理"三角债"和对生产资料价格进行结构性调整等。

第二步是从 1990 年第四季度起,将治理整顿、深化改革的重点逐步转到调整产业结构、提高经济效益上来,以逐步解决我国经济发展中的深层次矛盾和问题。为了实现这个目标,1990 年 12 月 1 日,李鹏在全国计划会议上宣布,国务院决定 1991 年在全国开展"质量、品种、效益年"活动。1991 年 2 月 9 日,国务院又发出《关于开展"质量、品种、效益年"活动的通知》,对在全国开展这项活动进行了具体部署。提高经济效益的关键是搞活国有大中型企业。从 1990 年底开始,国务院先后采取了一系列增强企业活力的政策措施,有重点地搞活国营大中型企业。1991 年 5 月 16 日,国务院发出《关于进一步增强国营大中型企业活力的通知》;在 9 月 23 日召开的中央工作会议上,李鹏受中央政治局委托作了《关于当前经济形势和进一步搞好国营大中型企业的问题》的讲话。国务院关于增强企业活力的政策措施主要包括:适当增加企业技术改造的投入;酌情减少部分企业的指令性计划任务,扩大其产品自销权;适当提高部分企业的折旧率,逐步完善折旧制度;适当增加新产品开发基金;补充一些企业的自有流动资金;适当降低贷款利率;给予部分企业外贸自主权;进一步做好若干国营大中型企业的"双保"工作;继续清理"三角债";选择 100 个左右大型企业集团分期分批进行试点;切实减轻企业负担等。在调整结构,加强农业基础地位方面,1991 年 11 月党的十三届八中全会审议并通过《中共中央关于进一步加强农业和农村工作的决定》,确定了 20 世纪 90 年代我国农业和农村工作的主要任务。

经过全党全国人民的共同努力,到 1991 年底,历时三年的治理整顿取得显著成效,基本实现了预期目标:经济增长恢复了正常速度,1991 年达到 9.2%;投资和消费需求双膨胀的局面明显缓解,严重通货膨胀得到控制;流通领域的混乱现象得到整顿,经济秩序有所好转;产业结构调整取得一定成绩,农业、能源、交通等产业部门得到加强,农业生产连续两年丰收,扭转了前四年的徘徊局面,工业生产从 1990 年下半年开始逐步恢复到正常年份的增长速度。1991 年外商直接投资达 119.77 亿美元,比 1989 年增长一倍多。这样,1991 年 12 月 23 日,国务院总理李鹏在国务院第 12 次全体会议上宣布:"从总体上来说,治理整顿的任务已经基本完成"。① 1992 年 3 月 20 日,在提交七届全国人大五次会议审议的《政府工作报告》中,李鹏正式宣告:"我国目前的经济状况表明,治理整顿的主要任务已经基本完成,作为经济发展的一个特定阶段可以如期结束。"②

三年治理整顿是我国改革开放史一个承上启下的特殊阶段。经过治理整顿,不但扭转了原来相当严峻的经济形势,恢复了经济发展的势头,而且更重要的是在相当程度上缓和了改革十年来我国经济发展中长期积累的深层次矛盾和问题,从而为进一步深化改革开放、加速发展创造了相对宽松的经济环境,打下了良好基础。在治理整顿期间形成的持续、稳定、协调发展国民经济的思想,是对新中国成立以来我国经济建设正反经验教训的深刻总结,具有长远的指导意义。

在集中力量进行治理整顿期间,改革开放是围绕并服务于治理整顿进行的,改革的步伐虽一度徘徊甚至出现局部倒退,但并没有完全停滞。

在改革方面,农业在进一步巩固和完善家庭联产承包责任制的基础上,发展了农业社会化服务体系和农产品市场,建立粮食专项储备制度。工业

---

① 《进一步深化改革扩大开放发展经济,以优异成绩迎接党的"十四大"召开》,《人民日报》1991 年 12 月 25 日。

② 中共中央文献研究室编:《十三大以来重要文献选编》(下),人民出版社 1993 年版,第 1989 页。

在继续完善企业承包经营责任制的同时，采取了一系列改善外部环境、转换内部机制、增强国营大中型企业活力的改革措施。以逐步实现外贸企业自负盈亏为主要内容的外贸体制改革，以调整煤炭、运输、粮食、食油等若干种重要商品和劳务价格为主要内容的价格改革，也迈出了重大步伐，并且取得了预期的成功。我国以公有制经济为主体的多种经济成分继续发展，非公有制经济在国民经济中所占的比重继续有所上升，这对于维持治理整顿期间的经济增长发挥了积极作用。在此期间，对外开放方面，最引人注目的是上海浦东的开发开放。政治风波后，为了向世界进一步展示中国坚持改革开放的决心和行动，党中央把对外开放的注意力转向了上海。1990 年 3 月 3 日，邓小平在同江泽民、杨尚昆、李鹏的谈话中，特别提到："我已经退下来了，但还有一件事，我还要说一下，那就是上海的浦东开发，你们要多关心。"[①]"上海是我们的王牌，把上海搞起来是一条捷径。"[②]他分析了上海在技术、工业、金融和人才方面的优势，建议政治局、国务院对此专门讨论一次，作出正式的决策，并要求李鹏亲自负责抓一下浦东的开发和上海的发展问题。对邓小平的意见，党中央高度重视。在贯彻落实邓小平嘱托时，鉴于当时中国许多城市都要求建立经济特区，江泽民提出："为了不引起攀比，上海浦东不叫经济特区，而叫浦东新区，但是享受特区的优惠政策。"[③]随后，党中央、国务院姚依林副总理到上海调研，解决了上海长期上缴中央财政比例过大的负担，为浦东开发创造了财政条件。李鹏也于 4 月中旬率国务院有关部委的负责人到上海，进行调查研究。4 月 18 日，李鹏在上海大众汽车有限公司成立 5 周年大会上，代表党中央、国务院正式宣布了加快浦东开发开放的决策，在浦东实行经济特区的某些政策。上海浦东的开发开放，是中央为深化改革、扩大开放而作出的又一个重大部署，对于上海和全

---

① 黄奇帆：《邓小平开放开发思想与上海浦东开发》，《人民日报》1994 年 1 月 14 日。

② 中共中央文献研究室编：《邓小平年谱》（下），中央文献出版社 2004 年版，第 1310 页。

③ 李鹏：《纪念邓小平同志》，《求是》2004 年第 16 期。

国都是一件具有重大战略意义的事情。4 月 30 日,上海市政府宣布了中央关于开发浦东的 10 项优惠策。6 月,经中央批准,在上海创办了中国第一保税区——上海外高桥保税区。12 月 19 日,新中国成立后的第一家证券交易所——上海证券交易所正式开业。

在治理整顿和深化改革的推动下,到 1990 年底,我国胜利实现了"七五"计划指标。"七五"时期,国民生产总值年均增长 7.8%,国民收入年均增长 7.5%,农业总产值年均增长 4.7%,工业总产值年均增长 13.1%。1990 年,国民生产总值达到 17400 亿元,国民收入达到 14300 亿元,均超过计划规定的指标。全国绝大多数地区解决了温饱问题,开始向小康社会过渡。这意味着,党的十三大确定的经济发展"三步走"战略的第一步目标,已经提前实现。

在"七五"计划胜利完成、"八五"计划即将开始之际,1990 年 12 月 25 日至 30 日,党中央召开十三届七中全会,审议并通过了《中共中央关于制定国民经济和社会发展十年规划和"八五"计划的建议》。全会指出,从 1991 年到 2000 年,是我国社会主义现代化建设历史进程中非常关键的时期。我们要抓住历史机遇,迎接挑战,努力实现现代化建设的第二步战略目标,把国民经济的整体素质提高到一个新水平,使我国以更加昂扬的姿态跨入 21 世纪。其基本要求是:在大力提高经济效益和优化经济结构的基础上,国民生产总值平均每年增长 6% 左右,使国民生产总值按不变价格计算,到本世纪末比 1980 年翻两番;全国人民生活从温饱达到小康水平;发展教育事业,推动科技进步,改善经济管理,调整经济结构,加强重点建设,为下世纪初叶我国经济和社会的持续发展奠定物质技术基础;初步建立适应以公有制为基础的社会主义有计划商品经济发展的、计划经济与市场调节相结合的经济体制和运行机制;社会主义精神文明建设达到新的水平,社会主义民主和法制进一步健全。

全会在总结历史的和现实的经验教训的基础上,确定了制定与实施十年规划和"八五"计划的基本指导方针。这就是:坚定不移地走建设有中国特色的社会主义道路;坚定不移地推进改革开放;坚定不移地执行国民经济持续、稳定、协调发展的方针;坚定不移地执行独立自主、自力更生、艰苦奋斗、勤俭建国的方针;坚定不移地执行物质文明建设和精神文明建设一起抓的方针。

全会还对党的十一届三中全会以来,全党对于建设有中国特色社会主义的基本理论和基本实践所形成的共同认识进行了科学总结,概括为12条主要原则,这就是:坚持工人阶级领导的以工农联盟为基础的人民民主专政,不断完善人民代表大会制度,不断完善共产党领导的多党合作和政治协商制度,不断巩固和发展最广泛的爱国统一战线,努力加强社会主义民主和社会主义法制建设;坚持把发展社会生产力作为社会主义的根本任务,专心致志地搞好现代化建设,不断提高人民的物质文化生活水平;通过改革不断完善社会主义的经济、政治体制和其他领域的管理体制,充分调动中央、地方、企业和广大劳动人民的主动性、积极性和创造性;采取发展对外经济贸易关系、利用外资和引进先进技术等多种形式,通过举办经济特区、经济开放区和实行必要的特殊政策与灵活措施,不断扩大对外开放;坚持以社会主义公有制为主体的多种经济成分并存的所有制结构,发挥个体经济、私营经济和其他经济成分对公有制经济的有益补充作用,并对它们加强正确的管理和引导;积极发展社会主义的有计划商品经济,实行计划经济与市场调节相结合,努力促进国民经济持续、稳定、协调发展;实行以按劳分配为主体、其他分配方式为补充的分配制度,允许和支持一部分人、一部分地区通过诚实劳动和合法经营先富起来,鼓励先富起来的帮助未富起来的,以利于全体人民和各个地区逐步实现共同富裕;坚持以马克思列宁主义、毛泽东思想为指导,继承和发扬祖国优秀文化遗产,借鉴和吸收世界上一切优秀文化成果,不断提高全民族的思想道德和科学文化素质,建设社会主义精神文明;建立和发展平等互助、团结合作、共同繁荣的社会主义民族关系,坚持和完善民族区域自治制度,反对民族歧视、民族压迫和民族分裂;按照"一个国家,两种制度"的构想和实践,促进祖国统一大业的逐步实现;坚持独立自主的和平外交政策,在和平共处五项原则的基础上发展同一切国家的友好关系,反对霸权主义和强权政治,支持被压迫民族和被压迫人民的正义斗争,维护世界和平和促进人类进步;坚持共产党的领导,不断改善党的领导制度、领导作风和领导方法,加强党的政治、思想、理论和组织建设,使党始终成为社会主义事业的坚强领导核心。

在党的十三届七中全会闭幕会上,江泽民发表讲话,宣布:"尽管国际风云变幻,尽管我们在前进的道路上遇到这样那样的困难,但是我们党、国家和人民经受住了考验,我们胜利地走过来了。"①根据这次全会的《建议》,国务院制定了《中华人民共和国国民经济和社会发展十年规划和"八五"计划纲要》,经1991年3月至4月举行的七届全国人大四次会议批准后付诸实施。

五、打破西方"制裁",应对苏东变局考验

1989年中国平息国内政治风波后,以美国为首的西方国家借口所谓维护"人权"、"自由"、"民主",纷纷宣布对中国实行"制裁",各种国际政治势力也掀起了阵阵反华浪潮。1989年6月5日,即政治风波平息后第二天,美国总统布什宣布5项对华制裁措施。美国对华"制裁"的内容主要包括:中止与中国领导人的高层互访,停止向中国出售武器及相关的高科技产品,禁用中国火箭发射美国卫星,中止中美核能合作,推迟国际金融机构向中国提供新的贷款等。这期间,美国国会先后通过二十多项干涉中国内政的议案,严重地损害了中美关系。与此同时,澳大利亚、丹麦、法国、英国、联邦德国、日本、意大利、加拿大等西方国家也相继宣布对中国进行"制裁"。英国还单方面推迟了关于香港问题的中英谈判。对中国所谓"制裁"大有"黑云压城城欲摧"之势。

---

① 中共中央文献研究室编:《十三大以来重要文献选编》(中),人民出版社1991年版,第1428页。

面对西方国家的压力,中国的立场是坚定的。1989 年 7 月 2 日,美国总统特使、总统安全事务助理布伦特·斯考克罗夫特秘密访华。邓小平在会见他时指出:现在,两国关系确实处在一个很微妙,甚至可以说相当危险的地步。中国没有触犯美国,任何一个小问题都没有触犯。问题出在美国,美国在很大范围内直接触犯了中国的利益和尊严。我要明确告诉阁下,中国的内政决不允许任何人加以干涉,不管后果如何,中国都不会让步。中国内政要由中国来管,什么灾难到来,中国都可以承受,决不会让步。同时,他又表示:"中国领导人不会轻率采取和发表处理两国关系的行动和言论,现在不会,今后也不会,但在捍卫中国的独立、主权和国家尊严方面也决不含糊"①。

在西方国家对华实施所谓"制裁"的同时,国际局势出现剧烈动荡,发生了 20 世纪历史上令人震撼的苏东剧变。这一事件从 1989 年东欧国家剧变开始,到 1991 年底苏联解体基本结束,大体经历了两年多时间。1989 年 2 月,波兰召开有各党派参加的"圆桌会议",决定于当年 6 月举行议会大选,结果"团结工会"在选举中大胜,波兰统一工人党失去了执政地位,由此拉开了东欧剧变的序幕。此后,东德、匈牙利、捷克斯洛伐克、保加利亚、罗马尼亚、南斯拉夫、阿尔巴尼亚等国执政的共产党也纷纷下台,或虽未下台而改变了名称和性质。东欧剧变是由戈尔巴乔夫的"新思维"引爆的,并得到了戈尔巴乔夫的支持和赞许,反过来,东欧剧变又影响了苏联政局的发展。1990 年 3 月,苏联删除了宪法第 6 条关于苏共在国家生活中的"领导地位"条款,从而为在苏联实行多党制、三权分立制铺平了道路。1991 年"8·19"事件后,苏联形势急转直下,开始了党和国家全面崩溃的急变过程。8 月 24 日,戈尔巴乔夫宣布辞去苏共中央总书记职务,苏共中央"自行解散";12 月 21 日,"独立国家联合体成立";12 月 25 日,戈尔巴乔夫被迫辞去苏联总统职务,苏联国旗从克里姆林宫黯然降落,苏联解体的过程最终

---

① 中共中央文献研究室编:《邓小平思想年谱》(1975—1997),中央文献出版社 1998 年版,第 433 页。

完成,"苏维埃社会主义共和国联盟"从此从地球上消失。苏联解体、东欧剧变,其程度之激烈、速度之快、波及面之广,完全超出了人们的预料,极大地改变了世界政治版图,结束了第二次世界大战后形成的雅尔塔两极格局,社会主义阵营不复存在,世界社会主义运动陷入低潮,遭受了重大挫折。

苏东剧变后,西方国家和国际上反共反社会主义势力欢欣鼓舞,弹冠相庆,相继抛出了《大失败——20 世纪共产主义的兴亡》、《历史的终结》、《1999 年:不战而胜》等著作,断言"21 世纪将是资本主义一统天下","共产主义将不可逆转地在历史上衰亡……"①国际上各种反共势力也不断叫喊:"马克思主义过时了","社会主义失败了","共产主义将走向消亡!"他们纷纷预言,中国很快也将重蹈步苏联、东欧的覆辙,发生一场没有硝烟的"和平演变"。这样,中国就面临着因苏东剧变而来的又一巨大压力和考验。在此情况下,怎样化解和消除这一巨大压力,怎样认识错综复杂的国际局势,采取正确的对策和策略趋利避害,争取主动,坚持和捍卫中国特色社会主义,继续推进改革开放和现代化建设事业,就成为摆在全党面前的一项重大而紧迫的现实课题。

关键时刻,邓小平发挥了外交战略"掌舵人"的角色。1989 年 6 月 16日,在与中央几位负责同志谈话时,邓小平一针见血地指出:"整个帝国主义西方世界企图使社会主义各国都放弃社会主义道路,最终纳入国际垄断资本的统治,纳入资本主义的轨道。现在我们要顶住这股逆流,旗帜要鲜明。""现在国际舆论压我们,我们泰然处之,不受他们挑动。"②9 月 4 日,在同江泽民等谈话时,他又指出:"中国自己要稳住阵脚,否则,人家就要打我们的主意。""要维护我们独立自主、不信邪、不怕鬼的形象。我们绝不能示弱。你越怕,越示弱,人家劲头就越大。""中国肯定要沿着自己选择的社会主义道路走到底。谁也压不垮我们。只要中国不垮,世界上就有五分之一

---

① 　[美]布热津斯基:《大失败——20 世纪共产主义的兴亡》,军事科学出版社 1989 年版,第 1 页。

② 　《邓小平文选》第三卷,人民出版社 1993 年版,第 311 页。

的人口在坚持社会主义。我们对社会主义的前途充满信心。"总之,"对于国际局势,概括起来就是三句话:第一句话,冷静观察;第二句话,稳住阵脚;第三句话,沉着应付。不要急,也急不得。要冷静、冷静、再冷静,埋头实干,做好一件事,我们自己的事。"①

对于苏联东欧局势的变化,邓小平提出:现在旧的格局在改变中,新的格局还没有形成,我们对外政策还是两条,第一条是反对霸权主义、强权政治,维护世界和平;第二条是建立国际政治新秩序和经济新秩序。"具体的做法,还是要坚持同所有国家都来往,不管苏联怎么变化,我们都要同它在和平共处五项原则的基础上从容地发展关系,包括政治关系,不搞意识形态的争论。"②1990 年 12 月 24 日,在与江泽民、杨尚昆、李鹏谈话时,针对苏东剧变后,第三世界有一些国家希望中国当头的主张,邓小平明确指出:"我们千万不要当头,这是一个根本国策。这个头我们当不起,自己力量也不够。当了绝无好处,许多主动都失掉了。中国永远站在第三世界一边,中国永远不称霸,中国也永远不当头。"③

根据邓小平所阐述的方针策略,以江泽民为核心的党中央处变不惊,经过一个时期的冷静观察和缜密思考,于 1991 年夏季提出了对国际形势的基本看法。这就是:当今世界正处在大变动的历史时期。两极格局已经终结,各种力量重新分化组合,世界正朝着多极化的方向发展。新格局的形成将是长期的、复杂的过程。尽管目前国际形势动荡不安,但和平与发展仍然是当今世界两大主题。根据这一基本判断,党中央明确提出,我们要一如既往地继续执行改革开放以来独立自主的和平外交政策,并从总体上概括和制定了"冷静观察、稳住阵脚、沉着应付、韬光养晦、善于守拙、决不当头、有所作为"的 28 字外交战略策略方针。

在上述方针指导下,党中央确定了 20 世纪 90 年代初期我国外交工作

---

① 《邓小平文选》第三卷,人民出版社 1993 年版,第 320—321 页。
② 《邓小平文选》第三卷,人民出版社 1993 年版,第 353 页。
③ 《邓小平文选》第三卷,人民出版社 1993 年版,第 363 页。

的两个重点:一是开展睦邻外交,稳定和积极发展同周边国家的关系,加强同第三世界国家的团结与合作;二是积极主动,努力打破西方"制裁",恢复和稳定同西方发达国家的关系,并提出和执行了"坚持原则、利用矛盾、广交朋友、多做工作、打破制裁、避免孤立"的基本方针策略。

为了打破"制裁",从1989年下半年开始,在国内局势基本趋于平静之后,我国领导人走出国门,以周边国家和第三世界国家为中心,积极开展各个层次的外交活动。1989年11月,国务院总理李鹏应邀对巴基斯坦、孟加拉和尼泊尔三国进行正式友好访问,这是平息国内政治风波后中国领导人的首次出访。1990年3月,应朝鲜劳动党中央总书记金日成的邀请,中共中央总书记江泽民对朝鲜进行友好访问,这是江泽民担任总书记后第一次出国访问;5月,国家主席杨尚昆分别对墨西哥、巴西、乌拉圭、阿根廷和智利进行国事访问,这是中国国家元首第一次访问拉丁美洲国家;8月和12月,国务院总理李鹏又先后对印度尼西亚和新加坡,对马来西亚、菲律宾、老挝和斯里兰卡进行正式友好访问。1991年5月,江泽民总书记对苏联进行正式访问,这是中苏两国自1989年恢复正常关系以来,中共中央总书记对苏联的首次正式访问;12月,国务院总理李鹏对印度进行正式友好访问,这是时隔31年之后中国总理再次访问印度。与此同时,为了声援中国,埃及、坦桑尼亚、阿根廷、印度尼西亚、蒙古国、朝鲜、越南等几十位第三世界国家的元首和政府首脑相继到中国访问。"在那段艰难的日子里,他们坚定地站在中国一边",给了中国政府以道义上的有力支持,"大大缓解了中国外交所面临的困难局面,壮大了中国打破西方制裁的声势"。[1] 特别需要指出的是,"风波过后,到中国访问的第一位外国元首、第一位政府首脑、第一位外长都是来自非洲",更是体现了中国与非洲朋友"患难见真情"的真诚友谊。[2]

从1990年至1992年,短短三年,中国的外交工作取得了丰硕成果。中

---

[1]　钱其琛:《外交十记》,世界知识出版社2003年版,第198页。
[2]　钱其琛:《外交十记》,世界知识出版社2003年版,第265页。

国同印度尼西亚恢复了外交关系,中越关系实现了正常化,中印关系有了很大改善。这个时期,我国还同沙特阿拉伯、新加坡、文莱、以色列、韩国以及苏联解体后取得独立的各国等共 23 个国家建立了外交关系。这个数字,甚至超过了新中国成立初期第一次建交高潮时的数目。到 1992 年,中国已同 154 个国家建立了外交关系,同两百多个国家和地区发展了贸易、科技、文化交流与合作。

西方国家的某些政治家曾经以为,只要采取了所谓"制裁"措施,就可以孤立中国,迫使中国政府放弃原则,向强权屈服。但是一段时间过后,中国不但没有屈服,反而政局迅速恢复稳定,经济继续发展,对外交往不断扩大,这一切大大出乎了西方国家的预料。作为联合国安理会常任理事国和最大的发展中国家,中国在解决海湾危机的过程中,在推动柬埔寨问题政治解决的进程中,都占据着举足轻重的地位。事实再次表明,要解决当今世界任何重大的国际问题,没有中国的参与是不行的,中国难以被"完全"孤立。"制裁"损害的不仅是中国的利益,对"制裁"国本身也毫无益处。实际上,从宣布"制裁"中国开始,西方国家在政策和做法上并不一致,有的国家领导人公开表示不赞成孤立中国,一些西方国家也认识到同中国恢复和保持正常关系的重要性,寻找打破僵局的机会。这为尽快打破发达国家的"制裁"提供了可能。

中国领导人审时度势,把推动日本加速改善对华关系作为第一步,采取了政治和经济结合,官方和民间结合的方针。1989 年 12 月 5 日,中国经贸部副部长沈觉人与日本驻华大使桥本恕签署了 1989 年度日本政府向中国政府提供 50 亿日元无偿资金援助的协议。1990 年 1 月,中国国务委员兼国家计委主任邹家华对日本进行了为期 10 天的访问,与日本政府、日本经济界、企业界以及其他各界人士进行了广泛接触。7 月,日本率先在西方七国首脑会议上提出取消对华"制裁",决定恢复对中国的第三批日元贷款。1991 年 8 月,日本首相海部俊树对我国进行正式访问,这是国内政治风波平息后来访的第一位发达国家政府首脑。

　　中国打破制裁的第二步是争取同西欧国家恢复正常关系。1990 年 1 月 5 日,西班牙政府恢复向中国提供 33 亿比塞塔的发展基金援助贷款。7 月,德国经济合作国务秘书和英外交大臣相继访问中国。9 月,澳大利亚和新西兰的部长级代表到中国访问。10 月 22 日,欧共体外长会议作出,决定取消对华限制措施,恢复同中国在政治、经济和文化领域的正常关系。在随之而来的 1991 年里,西方更多国家的高级官员包括总理、外长来华访问,高层接触的禁令实际上已经取消了。1992 年,中国总理和副总理先后访问了意大利、瑞士、葡萄牙、西班牙、瑞典、丹麦、挪威、英国、澳大利亚等国。党的十四大后,中国经济出现了强劲的发展势头,西方发达国家更加关注中国市场,绝大多数西方国家恢复向中国提供援助、出口信贷,对华投资也不断增长,中国同这些国家的关系进一步恢复和发展。

　　中国打破制裁的第三步,是在前两步的基础上,改善与美国的关系。美国带头“制裁”中国使两国关系陷于严重困难,但中国领导人表现出远见卓识。1989 年 12 月 10 日,邓小平告诉再次访华的美国总统特使斯考克罗夫特:“中美两国之间尽管有些纠葛,有这样那样的问题和分歧,但归根到底中美关系是要好起来才行。这是世界和平和稳定的需要”①。在这之前,10 月 31 日在与美国前总统尼克松、11 月 10 日在与美国前国务卿基辛格的谈话中,邓小平都表示,打破中美“僵局”美国要“采取主动”。但苏东剧变后,美国政府错估形势,中断了改善中美关系的努力。直到 1990 年 8 月伊拉克入侵科威特引发海湾危机后,双边关系的改善才出现了重要转机。在解决海湾危机问题上,美国极力谋求安理会授权对伊拉克采取军事行动,中国则坚持由安理会授权使用武力这样的重大问题应该慎重考虑,不宜匆忙行事。这样,中国作为安理会常任理事国在处理重大国际问题中的重要性就显露出来了。经过磋商,1990 年 11 月 28 日,中国外长钱其琛应邀访问美国,与美国国务卿贝克就安理会即将讨论的海湾危机问题及改善中美关系问题交

①　《邓小平文选》第三卷,人民出版社 1993 年版,第 350 页。

换了意见。11月29日,在表决联合国安理会授权对伊拉克采取军事行动的第678号决议时,中国投了弃权票,决议得以通过。之后,按照预定的安排,钱其琛对美国进行为期两天的正式访问,11月30日,美国总统布什会见了钱其琛,这表明美国关于禁止中美高层接触的禁令实际上已经打破了。作为对钱其琛访问的回访,1991年11月美国国务卿贝克访问中国,并与江泽民等中国领导人举行了会谈。这样,经过两年多的较量与谈判,美国对华的制裁措施虽然还没有完全解除,但在高层互访以及部分经济领域已有突破。到了1993年11月,江泽民与美国克林顿总统在西雅图举行首脑会晤,则标志着美国对华"制裁"政策的基本打破。

党的十三大以来的五年,是我国改革开放史上极不平凡的五年,是充满荆棘坎坷的多事之秋。在严峻考验面前,中国共产党犹如一名出色的舵手,牢牢地驾驭着中国特色社会主义的航船,迎风击浪,逆流而上,取得了一系列重大胜利。"沉舟侧畔千帆过,病树前头万木春"。在经历了种种考验和曲折发展之后,到1992年春,伴随着邓小平视察南方的脚步声,中国的改革开放终于洪波涌起,再掀高潮,中国改革开放和社会主义现代化建设进入了一个加速发展的新阶段。

当代中国改革开放史

DANGDAI ZHONGGUO

GAIGE KAIFANG SHI

| 下 卷 |

曹 普／著

人民出版社

目 录 ———————————————————————

第 六 章

邓小平南方谈话与改革开放新阶段

在经历了国内风波和国际变局严峻考验后,随着 1992 年邓小平发表南方谈话和党的十四大召开,中国的改革开放和社会主义现代化建设进入了加速发展的新阶段。党的十四大以后,适应建立社会主义市场经济体制的要求,经济体制改革不断深入,宏观调控进一步加强,国民经济发展成功实现"软着陆";与此同时,党的建设"新的伟大工程"和社会主义精神文明建设大力推进,"一国两制"构想得到落实,香港、澳门回归祖国,祖国统一大业迈出新步伐。党的十四大以后的五年,是我们党带领全国各族人民沿着有中国特色社会主义道路继续阔步前进的五年,是在由计划经济体制向社会主义市场经济体制深刻变革的进程中,打开我国经济社会发展新局面,在各个领域取得巨大成就的五年。

一、邓小平南方谈话与党的十四大的历史决策

(一) 20 世纪 90 年代初的中国与世界

20 世纪 90 年代初的中国和世界,经历着深刻的历史变动。

419

从世界范围看,伴随东欧剧变、苏联解体,冷战结束,世界政治经济形势出现了巨大转折,进入了大分化、大改组的时期。冷战时期的一些"热点"很快降温,爆发新的世界大战的可能性越来越小,和平与发展的时代主题更加突出。这种情况,为世界各国在和平环境下致力于经济发展,科技进步和人民生活的改善提供了条件和可能。但同时,霸权主义和强权政治依然存在,南北差距不断扩大,发展问题更为严峻并日益成为威胁世界和平的主要隐患。另外,原先为冷战所掩盖的民族矛盾、领土争端、宗教纠纷等地区热点问题纷纷暴露,复杂性不断加深,从而对世界和平构成直接的现实威胁,世界仍不太平。1991 年,世界共有各种规模的冲突 29 起,其中新发生 7 起;1992 年 30 起,新发生 12 起;1993 年 34 起,新发生 13 起。[①] 人类仍然面临着反对霸权主义、维护世界和平的艰巨任务。

冷战结束后,以经济、科技为主的综合国力的竞争日益成为国际竞争的主要内容,国际间的交往和斗争往往集中在经济领域进行,斗争中也更多使用经济手段。衡量一个国家国际作用的大小,不再只看军事力量,而是主要看经济实力。同时,经济情况的好坏,也是决定国内局势和政府地位能否稳定的关键性因素。1992 年,克林顿在竞选美国总统时一再强调,美国的外交政策应根植于经济力量,并把"推动经济改革"、"拓展市场"作为上任后外交施政的主要目标。把经济安全置于国家安全的首位,经济代替军事成为世界各国交往和关注的重点,这是国际关系史上一个重大转折。冷战的结束,打破了东西方交往的障碍,进一步加速了世界经济一体化进程。20世纪 90 年代初,全世界有跨国公司 3.8 万家,控制着世界各地约 17 万家分支机构,每年全球对外直接投资总额达到 2 万亿美元,国际流动资金达到 70 万亿美元,外汇交易达到 160 万亿美元。如此庞大的"资金流"在世界范围内流动,为各国调整政策,加快发展提供了难得的机遇。

冷战结束后,俄罗斯等国实施的向西方资本主义国家一边倒的外交政

---

① 陈锋:《热点降温,隐患犹存》,《人民日报》1995 年 12 月 20 日。

策和主要依靠西方援助的改革计划失败,经济形势不断恶化,人民生活水平急剧下降,社会矛盾加剧。而受苏东剧变较小影响的亚洲太平洋地区的局势则保持了相对稳定,亚洲成为世界上经济增长最快和最富活力的地区。1992年,东盟国家经济增长率达到6.5%;南亚国家上升到3.5%;"亚洲四小龙"接近7%,亚洲发展中国家和地区平均增长率达到6%以上。与此同时,亚洲区域合作不断加强,1992年1月举行的东盟第四次首脑会议签署了加强区域经济合作的框架协定,当年10月举行的东盟国家经济部长会议还决定加速建立自由贸易区的进程。亚洲局势的稳定和经济发展呈现的活力和巨大潜力,引起了世界的关注。

从中国的情况看,受到国际形势激烈动荡的影响,改革开放和现代化建设也处在关键时期。政治上,一方面,党和政府果断平息了政治风波,成功抵制了苏东剧变带来的压力,国内政局进一步稳定。另一方面,政治风波和苏东剧变的相继发生、西方敌对势力实施的"和平演变"攻势、改革开放中一些深层次矛盾和问题的暴露、发展中遇到的暂时困难等等,也使相当一部分干部和群众的思想发生困惑,一些人对社会主义前途缺乏信心,对党的基本路线产生了动摇。其中最引人注目的是,在对政治风波和苏东剧变原因和教训的总结和反思中,一股借批判"资产阶级自由化"之名,否定改革开放,否定以经济建设为中心的"左"的思潮的乘势而起,给我国改革和发展造成了极大干扰。

"左"的思潮的集中表现,是凡事问姓"社"姓"资"。1990年2月22日,北京某大报在《关于反对资产阶级自由化》的长文中提出:"搞资产阶级自由化的人……有没有经济上的根源? 有没有一种经济力量支持他们,作为他们的基础?"并由此提出了"是推行资本主义化的改革还是社会主义的改革"的诘问。这是进入20世纪90年代后较早提出问一问姓"社"姓"资"的文章。12月17日,北京某大报在题为《社会主义必定代替资本主义》的文章中,对改革开放以来我们党一直坚持的市场取向的改革思路提出批判,认为搞"市场经济,就是取消公有制,这就是说,要否定共产党的领导,否定

421

社会主义制度,搞资本主义",主张放弃市场经济,重新回到以计划经济为主。还有的文章提出,1989年政治风波是改革开放的结果,资产阶级自由化"不仅仅是一种政治思潮","同时又是一种政治势力","反对自由化的斗争,决不能仅仅局限于意识形态领域,而应在社会生活各个方面认真采取反对和防止'和平演变'的政策和措施。"文章为此提出全党全国人民面临着"双重任务——阶级斗争和全面建设",将"阶级斗争"与"经济建设"并列,将党的十一届三中全会以来提出的"以经济建设为中心"变成"两个中心",这是对党的"一个中心,两个基本点"的基本路线的公然挑战和否定。

此外,在利用外资问题上,有人认为,引进外资就是"引狼入室",多一分外资,就是多一分资本主义,二资企业多了,就是资本主义的东西多了;在私营个体经济问题上,有的说,私营个体经济是资产阶级自由化的温床,私营经济的发展将动摇我国社会主义的根基;在乡镇企业问题上,有人说,乡镇企业是不正之风的风源,家庭联产承包责任制是农村集体经济瓦解的罪魁祸首;等等。一时间,国内思想界非常混乱,"左"的思潮把我国社会生活中出现的各种问题统统都归结到改革开放的头上,主张无论干什么事,对什么问题,都应该首先问一问姓"社"还是姓"资",说不清姓"资"姓"社"的,就什么都不能干,也不许干。在这种沉闷的思想气氛之下,报刊舆论对"改革开放"的字眼噤若寒蝉,尽量少用或不用,很多人不再敢于理直气壮地提改革开放了,因为谁要是坚持改革开放,谁就有搞"资产阶级自由化"之嫌。各项改革开放工作也不得不因此放慢了步伐,在一些地方和领域甚至出现了停顿和倒退。

经济上,苏东剧变之时,中国正处在治理整顿时期。治理整顿对于优化经济环境、理顺经济秩序是必要的。但同时,由于宏观经济政策上采取全面、严厉的紧缩措施,也由此造成了经济发展速度的连年滑坡:1983—1988年,我国国内生产总值增长速度年均在10%以上,而到了1989年和1990年则急剧下降至4.1%和3.8%,1991年虽有所提高,但也未达到10%。对于中国这样一个人口基数大、每年新增人口多、工业化尚未实现的国家来说,每年3%—4%的经济增长速度无异于停滞。按照这样的速度发展下去,党的十三届七中全会提出的到20世纪末国民生产总值翻两番的奋斗目标就不可能实现。

由"左"的障碍带来的改革开放停滞不前的局面,引起了改革开放总设计师邓小平的忧虑。1990年3月3日,在同江泽民、杨尚昆、李鹏等谈话时,他对"经济发展速度滑坡"表示了"担心",认为"这不只是经济问题,实际上是个政治问题"①。12月24日,针对在市场化改革问题上的错误认识,他对江泽民、杨尚昆、李鹏说:"不要以为搞点市场经济就是资本主义道路,没有那么回事。计划和市场都得要。不搞市场,连世界上的信息都不知道,是自甘落后。"②1991年2月6日,在上海与朱镕基谈话时,他指出:"改革开放还要讲……光我一个人说话还不够,我们党要说话,要说几十年。"③他再次谈到了计划与市场的关系问题,指出:"不要以为,一说计划经济就是社会主义,一说市场经济就是资本主义,不是那么回事,两者都是手段,市场也可以为社会主义服务"。④

根据邓小平在上海谈话的精神,上海市委机关报《解放日报》于同年三四月间,在一版头条位置,连续以"皇甫平"的署名,发表了《做改革开放的"带头羊"》、《改革要有新思路》、《扩大开放的意识要更强些》、《改革需要大批德才兼备的干部》4篇评论文章,转述并进一步发挥了邓小平谈话的内容,同时直截了当地批判了由姓"资"姓"社"争论造成的"新的思想僵滞"状况。文章提出:"何以解忧,唯有改革","改革开放是强国富民的唯一道路","如果我们仍然囿于'姓社还是姓资'的诘难,那就只能坐失良机"。文章号召人们解放思想,冲破"僵滞的思维方式的束缚","把改革开放的旗帜举得更高"。但是,这四篇文章发表以后,却遭到了持"左"的观点的某些理

---

① 《邓小平文选》第三卷,人民出版社1993年版,第354页。
② 《邓小平文选》第三卷,人民出版社1993年版,第364页。
③ 《邓小平文选》第三卷,人民出版社1993年版,第367页。
④ 《邓小平文选》第三卷,人民出版社1993年版,第367页。

论家、政治家们的"围攻"和激烈批判。有的人明知这些篇文章反映和发挥的是邓小平的观点,仍然故作不知,继续对文章进行攻击和批判。攻击的调子从这些文章的标题看,便可一目了然:《改革开放可以不问姓"资"姓"社"吗?》(1991年4月20日)、《问一问"姓社还是姓资"》(1991年8月7日)、《为何不能问一问姓"社"还是姓"资"?》。邓小平在上海的谈话以及《解放日报》发表的皇甫平的评论文章,本意是要在严重的"左"的厚壁上打开一个缺口,推进改革开放的进一步深入进行。但结果却出乎意料,非但缺口没打开,反而招来了更加严厉的批判。这种情况充分说明了当时国内"左"的思潮已经严重到了何种程度。

总之,20世纪90年代初的中国再次面临着走什么路、向何处去的重大选择。是走老路,回到改革开放以前;是走邪路,步苏联东欧的后尘;还是走改革开放的正路? 而放眼世界,此时经济全球化趋势已初现端倪,科学技术加速发展,中国的发展面临着难得的机遇。这样,能不能在国内外的压力和困难面前,毫不动摇地坚持党的基本路线,能不能抓住机遇,把改革开放和社会主义现代化建设继续推向前进,就成为进入20世纪90年代后党必须着力解决的重大问题。

在"改革开放事业可能毁于一旦"的关键时刻,邓小平"再也不能沉默了。他下决心去南方视察,发表了震惊中外的南方谈话"。①

(二) 邓小平南方谈话与新一轮思想解放

1992年1月17日,88岁高龄的邓小平乘专列离开北京,前往武昌、深圳、珠海、上海等地视察,开始了历时35天、改变中国、影响世界的"南方之行"。邓小平离开北京的这一天,离苏联解体刚刚过去了23天。

1月18日,邓小平抵达武昌,19日抵达深圳,23日抵达珠海,31日抵达上海。邓小平视察南方并发表重要谈话,是在我国改革开放和现代化建设

---

① 田纪云:《怀念小平同志》,《炎黄春秋》2004年第8期。

处于关键时刻进行的。南方谈话针对"左"的错误思潮及其观点,科学地总结了十一届三中全会以来党的基本实践和基本经验,以一系列振聋发聩的新思想、新观点、新论断,从理论上深刻回答了长期困扰和束缚人们思想的许多重大认识问题,澄清了前进道路上的迷雾,促进了全党全国人民的又一次思想大解放。

南方谈话的内容,主要集中在以下六个方面:

一是提出毫不动摇地坚持党的"一个中心、两个基本点"的基本路线,坚持不懈地推进改革开放。邓小平指出:革命是解放生产力,改革也是解放生产力。过去,只讲在社会主义条件下发展生产力,没有讲还要通过改革解放生产力,不完全。应该把解放生产力和发展生产力两个讲全了。要坚持党的十一届三中全会以来的路线、方针、政策,关键是坚持"一个中心、两个基本点"。不坚持社会主义,不改革开放,不发展经济,不改善人民生活,只能是死路一条。基本路线要管一百年,动摇不得。有了这一条,中国就大有希望。

二是提出改革开放胆子要大一些,敢于试验。看准了的,就大胆地试,大胆地闯。邓小平指出:没有一点闯的精神,没有一点"冒"的精神,就干不出新的事业。改革开放迈不开步子,不敢闯,说来说去就是怕资本主义的东西多了,走了资本主义道路,要害是姓"资"还是姓"社"的问题。判断的标准,应该主要看是否有利于发展社会主义社会的生产力,是否有利于增强社会主义国家的综合国力,是否有利于提高人民的生活水平。邓小平提出:"到本世纪末,上海浦东和深圳要回答一个问题,姓'社'不姓'资',两个地方都要做标兵。要回答改革开放有利于社会主义,不利于资本主义。这是个大原则。要用实践来回答。要用上百上千的事实来回答"。① 针对计划和市场问题上的争论,邓小平强调:计划多一点还是市场多一点,不是社会主义与资本主义的本质区别。计划经济不等于社会主义,资本主义也有计

---

① 中共中央文献研究室编:《邓小平思想年谱》(下),中央文献出版社 2004 年版,第1340 页。

划;市场经济不等于资本主义,社会主义也有市场。计划和市场都是经济手段。邓小平指出,社会主义的本质,是解放生产力,发展生产力,消灭剥削,消除两极分化,最终达到共同富裕。社会主义要赢得与资本主义相比较的优势,就必须大胆吸收和借鉴人类社会创造的一切文明成果,吸收和借鉴当今世界各国包括资本主义发达国家的一切反映现代社会化生产规律的先进经营方式、管理方法。现在,有右的东西影响我们,也有"左"的东西影响我们,但根深蒂固的还是"左"的东西。右可以葬送社会主义,"左"也可以葬送社会主义。中国要警惕右,但主要是防止"左"。

三是提出抓住时机,发展自己,关键是发展经济。邓小平指出:现在,周边一些国家和地区经济发展比我们快,如果我们不发展或发展得太慢,老百姓一比较就有问题了。所以,能发展就不要阻挡,有条件的地方要尽可能搞快点,只要是讲效益,讲质量,搞外向型经济,就没有什么可以担心的。邓小平认为,我国的经济发展,总要力争隔几年上一个台阶。对于我们这样发展中的大国来说,经济要发展得快一点,不可能总是那么平平静静、稳稳当当。要注意经济稳定、协调地发展,但稳定和协调也是相对的,不是绝对的。发展才是硬道理。现在,我们国内条件具备,国际环境有利,再加上发挥社会主义制度能够集中力量办大事的优势,在今后的现代化建设长过程中,出现若干个发展速度比较快、效益比较好的阶段,是必要的,也是能够办到的。我们就是要有这个雄心壮志! 经济发展得快一点,必须依靠科技和教育。高科技领域,中国也要在世界占有一席之地。

四是提出要坚持两手抓,一手抓改革开放,一手抓打击各种犯罪活动,两手都要硬。邓小平要求,广东二十年赶上"亚洲四小龙",不仅经济要上去,社会秩序、社会风气也要搞好,两个文明建设都要超过他们,这才是有中国特色的社会主义。在整个改革开放过程中都要反对腐败,都必须始终注意坚持四项基本原则。邓小平强调,我们搞社会主义才几十年,还处在初级阶段。巩固和发展社会主义制度,还需要一个很长的历史阶段,需要我们几代人、十几代人,甚至几十代人坚持不懈地努力奋斗,决不能掉以轻心。

　　五是提出正确的政治路线要靠正确的组织路线来保证。邓小平指出：中国的事情能不能办好，社会主义和改革开放能不能坚持，经济能不能快一点发展起来，国家能不能长治久安，从一定意义上说，关键在人。要注意培养人，要按照"革命化、年轻化、知识化、专业化"的标准，选拔德才兼备的人进班子。我们说党的基本路线要管一百年，要长治久安，就要靠这一条。真正关系到大局的是这个事。邓小平强调，学马列要精，要管用的。实事求是是马克思主义的精髓。要提倡这个，不要提倡本本。马克思主义是很朴实的东西，很朴实的道理。

　　六是提出社会主义经历一个长过程发展后必然代替资本主义，这是社会历史发展不可逆转的总趋势。邓小平指出：一些国家出现严重曲折，社会主义好像被削弱了，但人民经受锻炼，从中吸取教训，将促进社会主义向着更加健康的方向发展。我们要在建设有中国特色的社会主义道路上继续前进。如果从建国起，用一百年时间把我国建设成中等水平的发达国家，那就很了不起！从现在起到下世纪中叶，将是很要紧的时期，我们要埋头苦干。我们肩膀上的担子重，责任大啊！

　　作为《邓小平文选》第三卷终卷篇的"南方谈话"，是新时期中国改革开放史一篇极为重要的文献，是邓小平理论走向成熟的集大成之作。它"代表了历史发展的潮流，代表了广大人民的意愿，因此，它犹如一声春雷，使沉寂的神州大地再次复苏，全国人民为之欢呼。正是这个谈话，为中国的发展再次拨正了航向，为改革开放注入了新的生机与活力，使中国继续沿着党的十三大确立的'一个中心、两个基本点'的基本路线胜利前进！"①如果说，1978年底邓小平《解放思想，实事求是，团结一致向前看》那篇讲话，是标志着新时期开端的一篇解放思想、实事求是的宣言书，那么，1992年初邓小平的南方谈话，则是把改革开放和社会主义现代化建设推向新阶段的又一个解放思想、实事求是的宣言书。

---

　　①　田纪云：《怀念小平同志》，《炎黄春秋》2004年第8期。

对邓小平的南方谈话,以江泽民为核心的党中央高度重视。南方谈话后一个星期,中共中央就将整理后的谈话要点作为中央 1992 年 2 号文件向全党下发,要求尽快逐级传达到全体党员干部,并紧密结合实际,认真贯彻落实。南方谈话传达后,全国报刊舆论和理论宣传部门,纷纷发表文章、召开座谈会、举办研讨班,学习和宣传邓小平的南方谈话精神。3 月 9 日至 10 日,江泽民主持召开中央政治局全体会议,讨论我国改革和发展的若干重大问题。会议完全赞同邓小平的南方谈话,认为谈话不仅对当前的改革和建设,对开好党的十四大,具有十分重要的指导作用,而且对整个社会主义现代化建设事业具有重大而深远的意义。会议提出当前要特别注意抓住改革和建设中牵动全局的重大问题,深入调查研究,确定今后一个时期的战略思想和政策主张,并认真组织实施。3 月 20 日,李鹏在七届全国人大五次会议上作的政府工作报告中提出,在今后现代化建设的长过程中,出现若干个发展速度比较快、效益比较好的阶段,是必要的,也是能够办到的。会议确定"上海浦东新区是今后十年开放开发的重点",提出要"通过上海浦东的开放开发带动长江三角洲地区乃至整个长江流域经济的发展,逐步使上海发展成为远东地区经济、金融、贸易的中心之一"。① 与此同时,国务院还相继批准海南省吸收外商投资开发洋浦经济开发区,批准黑河、绥芬河、珲春和满洲里作为边境地区新的开放城市。3 月 26 日,报道邓小平在深圳视察详情的长篇通讯《东方风来满眼春》在《深圳特区报》公开发表,引起强烈反响。5 月 16 日,中央政治局会议通过《关于加快改革,扩大开放,力争经济更好更快地上一个新台阶的意见》。《意见》提出了一系列加快改革、扩大开放的新举措。在加快改革方面,提出了转换经营机制,培育和发展市场体系,加快物资、商业体制改革,深化经营体制改革,积极扩大国外市场,加快金融体制改革和财政体制改革,加快教育和科研体制改革步伐的要求。在扩大开放方面,提出以上海浦东开发为龙头,进一步开放长江沿岸城市,逐

---

① 中共中央文献研究室编:《十三大以来重要文献选编》(下),人民出版社 1993 年版,第 2003 页。

步开放沿海城市,形成周边对外开放的格局;继续办好经济特区、沿海开放城市和沿海经济开放区,加快内陆对外开放步伐,省会实行沿海开放政策,扩大开放领域,拓宽利用外资的形式等。6 月 24 日至 27 日,在 4—6 月作了一系列深入调查研究的基础上,国务院召开长江三角洲及长江沿江地区经济规划座谈会。江泽民、李鹏出席会议,并就如何贯彻落实邓小平南方谈话以及党中央关于"以上海浦东开发为龙头,进一步开放长江沿岸城市"的决策发表讲话,提出要充分认识开发开放长江三角洲及沿江地区的战略意义,坚持抓住重点,统筹兼顾,搞好联合,发挥整体优势。

在学习贯彻邓小平南方谈话精神的同时,党中央、国务院关于加快改革、扩大开放的一系列实际措施也陆续出台:

在加快改革方面,1992 年 4 月 28 日,国务院发出关于批转国家体改委、国务院生产办公室《关于股份制企业试点工作座谈会情况的报告》的通知,提出下一步进行股份制试点的指导思想是"坚决试,不求多,务求好,不能乱",要求大胆推进股份制企业试点工作。6 月 16 日,中共中央、国务院发布《关于加快发展第三产业的决定》,对如何发展第三产业的政策措施作了具体规定,提出加快发展第三产业的目标是:争取用 10 年左右或更长一些时间,逐步建立起适合我国国情的社会主义统一市场体系、城乡社会化综合服务体系和社会保障体系。6 月 30 日,国务院通过《全民所有制工业企业转换经营机制条例》,要求国有大中型企业认真贯彻《中华人民共和国全民所有制工业企业法》,转换经营机制,增强企业活力,有步骤地把企业推向市场。9 月,国家计委宣布,从 1993 年起,由国家计委管理的农业、工业、物资、商业、外贸出口产品计划指标,减少 1/3 以上,其中指令性计划指标减少一半,农业除粮、棉、油、烤烟等少数关系国计民生的农产品实行指导性计划管理以外,其他农产品一律取消生产计划指标。

在扩大开放方面,1992 年初,国务院扩大了上海五类项目的审批权,总投资 2 亿元以下的项目,上海市可以自行审批;同时给予上海五个方面配套资金的筹措权,包括每年发行 5 亿元浦东建设债券,从 1992 年起每年增加

2亿美元优惠利率贷款,允许上海每年发行1亿美元B股股票等。3月,国务院批准海南省吸收外商投资开发建设洋浦经济开发区项目,在区内实行保税区的各项政策措施。3月至9月,国务院先后将黑龙江省的黑河市、绥芬河市;吉林省的珲春市;内蒙古自治区的满洲里市、二连浩特市;新疆维吾尔自治区的伊宁市、博乐市、塔城市;广西壮族自治区的凭祥市、东兴镇;云南省的畹町市、瑞丽县、河口县13个市县列为对外开放边境城市,实行沿海开放城市的有关政策。至此,沿边开放带初步形成。5月13日,继设立上海、天津、深圳保税区后,国务院又决定设立大连、广州保税区。6月,国务院决定开放芜湖、九江、岳阳、武汉、重庆5个长江中上游城市,加上已先期开放的上海、南京等,长江沿岸主要中心城市全部对外开放。至此,沿江开放带形成。6、7月间,国务院又相继开放了昆明、南宁、哈尔滨、长春、呼和浩特、石家庄6个边境、沿海地区省会城市以及乌鲁木齐、太原、合肥、南昌、郑州、长沙、成都、贵阳、西安、兰州、西宁、银川12个内陆地区省会城市。加上沿海开放的省会城市,我国至此已开放了除西藏拉萨以外的所有省会城市。6月至12月,国务院还分六批先后批准了141个市、县对外国人开放,累计开放的县市达到888个。这样,经过党的十一届三中全会以来十多年的探索,我国的对外开放形成了"经济特区—沿海开放市—沿海经济开放区—内地"这样一个包括不同开放层次,具有不同开放功能的由南而北、由东向西的梯度推进格局。解放思想,加快改革,扩大开放,为我国经济加快发展注入了强大动力。1992年上半年,我国国民生产总值比上年同期增长12%。其中,第一产业增长6.7%,第二产业增长17.5%,第三产业增长6.7%。

邓小平南方谈话后,学术理论界和社会上关注的一个焦点问题,是关于我国经济体制改革究竟应该选择怎样的目标模式的问题,这也是即将召开的党的十四大必须解决的一个重大理论问题。因为在南方谈话中,邓小平虽然精辟阐述了计划与市场的关系问题,但并没有具体提出和阐述我国所要建立的经济体制到底是怎样的模式。

对这个问题,江泽民也一直在作深入思考。早在 1990 年 7 月,他就曾邀请薛暮桥、刘国光、吴敬琏等十几位经济学家举行座谈会,就我国的经济体制改革是坚持计划取向、坚持计划经济还是坚持市场取向、坚持市场经济等问题听取专家意见。会上持对立观点的两方面经济学家曾经发生了激烈交锋。1992 年邓小平南方谈话后,3 月 13 日,江泽民在会见乌兹别克斯坦共和国总统卡里莫夫时,特意向客人公开透露了邓小平南方谈话后党中央对"计划"与"市场"关系的新认识,指出:"我们过去在很长的时间里认为,市场是资本主义的特征,计划是社会主义的特征。其实,计划和市场都是调节经济的手段,不是区别社会主义经济和资本主义经济的标志。资本主义也有计划,社会主义不能没有市场。"4 月 30 日,他又在一个重要的决策场合表示:党的十四大在计划与市场的关系上要前进一步,这是关系我国改革开放和现代化建设全局的一个重大问题。①

为了进一步用南方谈话精神统一全党思想,6 月 9 日,江泽民来到中央党校,在省部级干部进修班上发表重要讲话,从九个方面谈了关于如何深刻领会和全面落实邓小平南方谈话的精神问题。在谈到计划与市场问题时,江泽民指出:"十一届三中全会以来,我们对计划与市场问题及其相互关系的认识,有一个发展过程。十二大时,讲的是计划经济为主、市场调节为辅;十二届三中全会《关于经济体制改革的决定》提出了社会主义经济是在公有制基础上的有计划的商品经济的新概念;十三大时,提出了社会主义有计划商品经济的体制应该是计划与市场内在统一的体制;十三届四中全会以来,提出了建立适应有计划商品经济发展的计划经济和市场调节相结合的经济体制和运行机制。""最近经过学习小平同志的重要谈话,在对计划与市场和建立新经济体制问题的认识上,又有了一些新的提法。"在列举了当时三种主要提法后,江泽民表示:"我个人的看法,比较倾向于使用'社会主义市场经济体制'这个提法。"他说:"虽然这是我个人的看法,但也和中央

①　《十三年:奋斗历程和基本经验》,《十六大报告辅导读本》,人民出版社 2002 年版,第48 页。

一些同志交换过意见,大家基本上是赞成的。"①

在中央党校讲话后第 3 天,6 月 12 日,江泽民向邓小平汇报了关于建立"社会主义市场经济体制"的提法,得到了邓小平的赞同。邓小平说:"实际上我们是在这样做,深圳就是社会主义市场经济。不搞市场经济,没有竞争,没有比较,连科学技术都发展不起来。"还说:"在党校的讲话可以先发内部文件,反映好的话,就可以讲。这样十四大也就有一个主题了。"②结果,经过讨论,全国 30 个省、市、自治区的党委都同意这个提法。江泽民在中央党校的"6·9"讲话进一步统一了全党的思想,为即将召开的党的十四大做了必要准备。

(三) 党的十四大作出三大历史决策

1992 年 10 月 12 日至 18 日,中国共产党第十四次全国代表大会在北京召开。大会正式代表 1989 人,代表全国五千一百多万党员。这次代表大会的任务是:以邓小平同志建设有中国特色社会主义的理论为指导,认真总结党的十一届三中全会以来十四年的实践经验,确定今后一个时期的战略部署,动员全党同志和全国各族人民,进一步解放思想,把握有利时机,加快改革开放和现代化建设步伐,夺取有中国特色社会主义事业的更大胜利。大会审议并通过了江泽民代表十三届中央委员会作的《加快改革开放和现代化建设步伐,夺取有中国特色社会主义事业的更大胜利》的报告,通过了关于《中国共产党章程(修正案)》的决议,选举了新一届中央委员会和中央纪律检查委员会。

党的十四大是在国际国内形势发生深刻变化,我国改革开放和现代化建设进入关键时期召开的一次代表大会。邓小平视察南方发表的重要谈

---

① 中共中央文献研究室编:《十三大以来重要文献选编》(下),人民出版社 1993 年版,第 2073 页。

② 冷溶、汪作玲主编:《邓小平年谱(1975—1997)》(下),中央文献出版社 2004 年版,第 1347 页。

话,高屋建瓴地阐述了关系党和国家前途命运的一系列重大问题,为建设有中国特色的社会主义指明了继续前进的方向,也为党的十四大的召开奠定了思想和理论基础。

1992年2月20日,江泽民在党的十四大报告起草座谈会上强调,邓小平视察南方的重要谈话,是他十多年来关于建设有中国特色社会主义的一贯思想的高度体现和新的发展,党的十四大报告要以这个谈话精神作为贯穿全篇的主线;在系统地总结改革开放和现代化建设14年的实践和经验的基础上,着重阐明为什么要毫不动摇地坚持党的"一个中心,两个基本点"的基本路线。江泽民指出,一个是基本路线不变,一个是社会政治稳定,有了这两条,我们就能够不断地胜利前进。坚持党的基本路线就是要一百年不动摇。4月30日,中央政治局常委会议对报告第一稿进行了讨论。此后又形成了第二稿和第三稿。江泽民6月9日在中央党校发表讲话后,起草小组又对报告稿做了重要修改,形成第四稿,并提请政治局审议、报邓小平审阅。7月23日、24日,邓小平审阅报告稿后表示"同意报告的框架",①并提出了修改意见。根据中央政治局讨论时提出的要求和邓小平的意见,报告稿又进行了两次重要的修改。中央决定将第六稿印发到全国119个地方、部门和单位征求意见。党的十三届中央委员会委员、候补委员,中央顾问委员会委员,中央纪律检查委员会委员,党的十四大代表,中央党政军各部门、各人民团体的党员负责干部,各省、自治区、直辖市和各大军区党委负责人等三千多人参加了对报告搞的讨论。与此同时,中共中央和起草小组还征求了各民主党派、全国工商联负责人和无党派知名人士以及一些德高望重的老同志和有关专家、学者对报告的意见。经过一次次征求意见、集思广益,报告又写出第七稿、第八稿、第九稿。可以说,党的十四大报告集中了全党的智慧,体现了全国各族人民的共同意志。

在此基础上,党的十四大顺应历史的要求和人民的愿望,作出了三项具

---

① 冷溶、汪作玲主编:《邓小平年谱(1975—1997)》(下),中央文献出版社2004年版,第1349页。

有深远意义的决策：

第一，确立邓小平建设有中国特色社会主义理论在全党的指导地位。党的十四大报告首先回顾了党领导人民进行的14年改革开放实践,指出:改革开放十四年来我们党所以能够取得伟大成就的根本原因,是坚持把马克思主义基本原理同中国具体实际相结合,逐步形成和发展了建设有中国特色社会主义的理论。报告把这一理论的主要内容概括为九个方面:一是在社会主义的发展道路问题上,强调走自己的路,不把书本当教条,不照搬外国模式,以马克思主义为指导,以实践作为检验真理的唯一标准,解放思想,实事求是,尊重群众的首创精神,建设有中国特色的社会主义。二是在社会主义的发展阶段问题上,作出了我国还处在社会主义初级阶段的科学论断,强调这是一个至少上百年的很长的历史阶段,制定一切方针政策都必须以这个基本国情为依据,不能脱离实际,超越阶段。三是在社会主义的根本任务问题上,指出社会主义的本质是解放生产力,发展生产力,消灭剥削,消除两极分化,最终达到共同富裕。四是在社会主义的发展动力问题上,强调改革也是一场革命,也是解放生产力,是中国现代化的必由之路,僵化停滞是没有出路的。五是在社会主义建设的外部条件问题上,指出和平与发展是当代世界两大主题,必须坚持独立自主的和平外交政策,为我国现代化建设争取有利的国际环境。六是在社会主义建设的政治保证问题上,强调坚持社会主义道路、坚持人民民主专政、坚持中国共产党的领导、坚持马克思列宁主义毛泽东思想。七是在社会主义建设的战略步骤问题上,提出基本实现现代化分三步走。在现代化建设的长过程中要抓住时机,争取出现若干个发展速度比较快、效益又比较好的阶段,每隔几年上一个台阶。八是在社会主义的领导力量和依靠力量问题上,强调作为工人阶级先锋队的共产党是社会主义事业的领导核心,党必须适应改革开放和现代化建设的需要,不断改善和加强对各方面工作的领导,改善和加强自身建设。九是在祖国统一的问题上,提出"一个国家、两种制度"的创造性构想。报告指出,建设有中国特色社会主义的理论,是马克思列宁主义基本原理与当代中国实

际和时代特征相结合的产物,是毛泽东思想的继承和发展,是全党全国人民
集体智慧的结晶,是中国共产党和中国人民最可珍贵的精神财富,它第一次
比较系统地初步回答了中国这样的经济文化比较落后的国家如何建设社会
主义、如何巩固和发展社会主义的一系列基本问题,用新的思想、观点,继承
和发展了马克思主义。大会通过的党章修正案,在"总纲"中明确写入:"建
设有中国特色社会主义的理论,阐明了在中国建设社会主义、巩固和发展社
会主义的基本问题,继承和发展了马克思主义,是引导我国社会主义事业不
断前进的指针。"从而确立了这一理论在全党的指导地位。

　　第二,明确我国经济体制改革的目标是建立社会主义市场经济体制。
大会指出,我国经济体制改革确定什么样的目标模式,是关系整个社会主义
现代化建设全局的一个重大问题,其核心是正确认识和处理计划与市场的
关系。大会强调,实践的发展和认识的深化要求我们明确提出,我国经济体
制改革的目标是建立社会主义市场经济体制,以利于进一步解放和发展生
产力。大会报告提出,我国要建立的社会主义市场经济体制,就是要使市场
在社会主义国家宏观调控下对资源配置起基础性作用,使经济活动遵循价
值规律的要求,适应供求关系的变化;通过价格杠杆和竞争机制的功能,把
资源配置到效益较好的环节中去,并给企业以压力和动力,实现优胜劣汰;
运用市场对各种经济信号反应比较灵敏的优点,促进生产和需求的及时协
调。报告指出,社会主义市场经济体制是同社会主义基本制度结合在一起
的。在所有制结构上,以公有制包括全民所有制和集体所有制经济为主体,
个体经济、私营经济、外资经济为补充,多种经济成分长期共同发展,不同经
济成分还可以自愿实行多种形式的联合经营。在分配制度上,以按劳分配
为主体,其他分配方式为补充,兼顾效率与公平。在宏观调控上,把人民的
当前利益与长远利益、局部利益与整体利益结合起来,更好地发挥计划和市
场两种手段的长处。党的十四大报告为什么要在市场经济前加上"社会主
义"? 这并不是说市场经济本身存在姓"社"姓"资"之分,而是表明我国是
在社会主义条件下建立和实行市场经济的,市场经济仍然只是方法和手段。

社会主义市场经济,把社会主义基本制度同市场经济结合起来,既发挥了社会主义制度的优越性,又发挥了市场经济的长处,成为中国特色社会主义的一大特色和优势。我们党把"市场经济"这个一向被认为是资本主义专利的名词,写进自己的正式文件,这是对马克思主义科学社会主义理论的重大发展,是党与时俱进的理论勇气和政治勇气的有力体现。大会提出,建立和完善社会主义市场经济体制,是一项艰巨复杂的社会系统工程,涉及我国经济基础和上层建筑的许多领域,需要有一系列相应的体制改革和政策调整,必须抓紧制定总体规划,有计划、有步骤地实施。

第三,要求全党抓住机遇,加快发展,集中精力把经济建设搞上去。大会指出,我国经济能不能加快发展,不仅是重大的经济问题,而且是重大的政治问题。大会一致认为,现在国内条件具备,国际环境有利,既有挑战,更有机遇,是加快发展、深化改革,促进社会全面进步的好时机。大会建议,20世纪90年代我国经济的发展速度,应该从原定平均每年增长6%,调整为8%—9%。到20世纪末,我国国民经济整体素质和综合国力将迈上一个新台阶,国民生产总值将超过原定比1980年翻两番的目标,人民生活由温饱进入小康。为了达到以上目标,推动经济发展和社会全面进步,大会提出并要求努力实现以下10个方面关系全局的任务:一是围绕社会主义市场经济体制的建立,加快经济改革步伐;二是进一步扩大对外开放,更多更好地利用国外资金、资源、技术和管理经验;三是调整和优化产业结构,高度重视农业,加快发展基础工业、基础设施和第三产业;四是加速科技进步,大力发展教育,充分发挥知识分子的作用;五是充分发挥各地优势,加快地区经济发展,促进全国经济布局合理化;六是积极推进政治体制改革,使社会主义民主和法制建设有一个较大的发展;七是下决心进行行政管理体制和机构改革,切实做到转变职能、理顺关系、精兵简政、提高效率;八是坚持两手抓,两手都要硬,把社会主义精神文明建设提高到新水平;九是不断改善人民生活,严格控制人口增长,加强环境保护;十是加强军队建设,增强国防实力,保障改革开放和经济建设顺利进行。

大会经过充分酝酿,选举产生了由 189 名中央委员、130 名候补中央委员组成的第十四届中央委员会委员。大会根据中央顾问委员会的建议,同意不再设立中央顾问委员会。从党的十二大到党的十四大,中央顾问委员会协助党中央,为维护党的团结和社会稳定,推进改革开放和现代化建设,做了大量卓有成效的工作,出色地完成了自己的历史使命。1992 年 10 月 19 日召开的党的十四届一中全会,选举江泽民、李鹏、乔石、李瑞环、朱镕基、刘华清、胡锦涛为中央政治局常委,江泽民为中央委员会总书记;决定江泽民为党的中央军事委员会主席;根据中央政治局常务委员会的提名,通过胡锦涛、丁关根、尉健行、温家宝、任建新为书记处书记;批准尉健行为中央纪律检查委员会书记。1993 年 3 月召开的八届全国人大一次会议选举江泽民为国家主席、中央军委主席;选举乔石为全国人大常委会委员长;任命李鹏为国务院总理。

以邓小平南方谈话和党的十四大为标志,中国社会主义改革开放和现代化建设事业进入了加速发展的新阶段。

二、依据社会主义市场经济体制要求深化改革开放

(一) 构筑社会主义市场经济体制基本框架

按照十四大确定的建立社会主义市场经济体制的目标和任务,党的十四大之后,党中央、国务院相继作出一系列重大部署,推动改革开放和现代化建设加速发展,并组织力量抓紧制定社会主义市场经济体制的总体规划。

1993 年 3 月,党中央召开十四届二中全会,审议并通过了《关于调整“八五”计划若干指标的建议》和《关于党政机构改革的方案》。全会指出,在当前和整个 90 年代,抓住国内和国际的有利时机,加快改革开放和现代化建设步伐,这个指导思想要坚定不移。在经济工作中,要更好地坚持解放思想、实事求是的思想路线,善于总结经验,及时发现和认真解决前进中的

突出矛盾与问题,促进社会主义市场经济体制的建立,促进经济建设又快又好地发展。全会认为,党政机构改革是政治体制改革和社会主义政治建设的重要内容,也是深化经济体制改革、加快社会主义现代化建设步伐的重要条件,必须抓紧进行,改革的重点是适应社会主义市场经济发展的要求转变政府职能。3 月 15 日,在八届全国人大一次会议上作的《政府工作报告》中,李鹏指出:今后五年是实现我国现代化建设第二步战略目标的关键性五年。经济建设方面的基本任务是:全面贯彻党的十四大精神,抓住机遇,加快改革开放和现代化建设步伐,依靠优化结构、技术进步和改善管理,提高经济效益,努力保持社会供求总量基本平衡,使国民经济再上一个新的台阶。李鹏还提出,鉴于国内条件具备,国际环境有利,国务院对"八五"计划的国民经济和社会发展主要指标作了必要的调整,并将着手研究制订"九五"计划和到 2010 年的远景发展目标。从 1993 年起,我国建立社会主义市场经济体制就要力争在转换国有企业经营机制、发展各类市场、进行价格改革、改革劳动工资制度、推进社会保障和城镇住房制度改革、改善和加强宏观经济管理以及进一步改革财税体制和金融体制等方面取得突破性进展。

在部署和落实各项改革措施的同时,1993 年 5 月,中央政治局全体会议决定:1993 年下半年召开党的十四届三中全会,全会的主要内容是讨论建立社会主义市场经济体制问题并作出建立这个体制的若干规定。5 月 31 日,由各方面人士组成的十四届三中全会文件起草小组成立。与此同时,中央还组织了有各有关部门和地方的同志参加的 16 个专题调研组共三百五十多人,深入各地进行广泛调查研究,为文件的起草提供来自基层和实践的依据。在调研的基础上,起草了《中共中央关于建立社会主义市场经济体制若干问题的决定》(以下简称《决定》)初稿。在起草过程中,中央政治局常委和政治局多次听取汇报,提出修改意见,并多次召开党内外各方面人士参加的座谈会,对《决定》进行修改、补充和完善。

在党内外认识逐渐取得一致的情况下,1993 年 11 月 11 日至 14 日,党中央召开十四届三中全会,审议并通过了《关于建立社会主义市场经济体制若干问题的决定》。《决定》分十个部分：一、我国经济体制改革面临的新形势和新任务；二、转换国有企业经营机制，建立现代企业制度；三、培育和发展市场体系；四、转变政府职能，建立健全宏观经济调控体系；五、建立合理的个人收入分配和社会保障制度；六、深化农村经济体制改革；七、深化对外经济体制改革，进一步扩大对外开放；八、进一步改革科技体制和教育体制；九、加强法律制度建设；十、加强和改善党的领导，为本世纪末初步建立社会主义市场经济体制而奋斗。

《决定》总结党的十一届三中全会以来我国改革开放和现代化建设的历史经验，从当前我国改革和发展的全局出发，提出了"整体推进和重点突破相结合"的改革新战略，指出："改革从农村起步逐渐向城市拓展，实现城乡改革结合，微观改革与宏观改革相配套，对内搞活和对外开放紧密联系、相互促进，是符合中国国情的正确决策。重大的改革举措，根据不同情况，有的先制订方案，在经济体制的相关方面配套展开；有的先在局部试验，取得经验后再推广。既注意改革的循序渐进，又不失时机地在重要环节取得突破，带动改革全局。"①

《决定》最重要的内容，是根据在 20 世纪末初步建立起社会主义市场经济体制的总体要求，确定了国有企业改革、培育和发展市场体系、建立宏观调控体系、建立合理的个人收入分配和社会保障制度等领域的具体改革目标和实施方案。

关于深化国有企业改革问题，《决定》明确提出：建立现代企业制度，是发展社会化大生产和市场经济的必然要求，是我国国有企业改革的方向。《决定》将现代企业制度的基本特征概括为 16 个字，即"产权清晰、权责明确、政企分开、管理科学"，并对这五个特征作了原则性的描述："一是产权关系明晰，企业中的国有资产所有权属于国家，企业拥有包括国家在内的出资者投资形成的全部法人财产权，成为享有民事权利、承担民事责任的法人

---

① 中共中央文献研究室编：《十四大以来重要文献选编》（上），人民出版社 1996 年版，第 522 页。

实体。二是企业以其全部法人财产,依法自主经营,自负盈亏,照章纳税,对出资者承担资产保值增值的责任。三是出资者按投入企业的资本额享有所有者的权益,即资产受益、重大决策和选择管理者等权利。企业破产时,出资者只以投入企业的资本额对企业债务负有限责任。四是企业按照市场需求组织生产经营,以提高劳动生产率和经济效益为目的,政府不直接干预企业的生产经营活动。企业在市场竞争中优胜劣汰,长期亏损、资不抵债的应依法破产。五是建立科学的企业领导体制和组织管理制度,调节所有者、经营者和职工之间的关系,形成激励和约束相结合的经营机制。"《决定》要求"所有企业都要向这个方向努力"。①《决定》还对国有企业推行现代企业制度的组织形式,进行了原则性的规范,指出:"国有企业实行公司制,是建立现代企业制度的有益探索。……公司可以有不同类型。具备条件的国有大中型企业,单一投资主体的可依法改组为独资公司,多个投资主体的可依法改组为有限责任公司或股份有限公司。""生产某些特殊产品的公司和军工企业应由国家独资经营,支柱产业和基础产业中的骨干企业,国家要控股并吸收非国有资金入股","现有全国性行业总公司要逐步改组为控股公司。发展一批以公有制为主体,以产权联结为主要纽带的跨地区、跨行业的大型企业集团"。"一般小型国有企业,有的可以实行承包经营、租赁经营,有的可以改组为股份合作制,也可以出售给集体或个人"。这样,《决定》就系统地提出了国有企业改革的方向和目标措施。

关于培育和发展市场体系问题,《决定》提出,当前要着重发展生产要素市场,规范市场行为,打破地区、部门的分割和封锁,反对不正当竞争,创造平等竞争的环境,形成统一、开放、竞争、有序的大市场。为此,《决定》提出了四个方面的要求:一是推进价格改革,建立主要由市场形成价格的机制。放开竞争性商品和服务的价格,调顺少数由政府定价的商品和服务的价格;尽快取消生产资料价格双轨制;加速生产要素价格市场化进程。二是

---

① 中共中央文献研究室编:《十四大以来重要文献选编》(上),人民出版社1996年版,第523—524页。

改革现有商品流通体系,进一步发展商品市场。在重要商品的产地、销地或集散地,建立大宗农产品、工业消费品和生产资料的批发市场。三是培育市场体系。其重点是发展金融市场、劳动力市场、房地产市场、技术市场和信息市场等,进一步发展技术、信息市场。四是改善和加强对市场的管理和监督。建立正常的市场进入、市场竞争和市场交易秩序,保证公平交易,平等竞争,保护经营者和消费者的合法权益。提高市场交易的公开化程度,建立有权威的市场执法和监督机构,加强对市场的管理,发挥社会舆论对市场的监督作用。

关于建立健全宏观经济调控体系问题,《决定》提出,宏观调控的主要任务是:保持经济总量的基本平衡,促进经济结构的优化,引导国民经济持续、快速、健康发展,推动社会全面进步。为此,《决定》提出,要加快财税、金融、投资和计划体制改革的步伐。在财税体制改革方面,重点是把现行地方财政包干制改为在合理划分中央与地方事权基础上的分税制,建立中央税收和地方税收体系;按照统一税法、公平税负、简化税制和合理分权的原则,改革和完善税收制度;改进和规范复式预算制度。在金融体制改革方面,提出中国人民银行作为中央银行,在国务院领导下独立执行货币政策,从主要依靠信贷规模管理,转变为运用存款准备金率、中央银行贷款利率和公开市场业务等手段,调控货币供应量,保持币值稳定;监管各类金融机构,维护金融秩序,不再对非金融机构办理业务。银行业与证券业实行分业管理。组建货币政策委员会,及时调整货币和信贷政策。建立政策性银行,实行政策性业务与商业性业务分离。组建国家开发银行和进出口信贷银行,改组中国农业银行,发展商业性银。改革外汇管理体制,建立以市场为基础的有管理的浮动汇率制度和统一规范的外汇市场。逐步使人民币成为可兑换的货币。在深化投资体制改革方面,逐步建立法人投资和银行信贷的风险责任,用项目登记备案制代替现行的行政审批制。在计划体制改革方面,进一步转变计划管理职能。计划工作的任务,是合理确定国民经济和社会发展的战略、宏观调控目标和产业政策,搞好经济预测,规划重大经济结构,生产力布局、国土整治和重点建设。计划工作要突出宏观性、战略性、政策性,把重点放到中长期计划上,综合协调宏观经济政策和经济杠杆的运用。

关于建立合理的个人收入分配制度问题,《决定》提出,个人收入分配要坚持以按劳分配为主体、多种分配方式并存的制度,体现效率优先、兼顾公平的原则。劳动者的个人劳动报酬要引入竞争机制,打破平均主义,实行多劳多得,合理拉开差距。建立适应企业、事业单位和行政机关各自特点的工资制度与正常的工资增长机制。国有企业在职工根据劳动就业供求变化和国家有关政策规定,自主决定工资水平和内部分配方式。行政机关实行国家公务员制度,公务员的工资由国家根据经济发展状况并参照企业平均工资水平确定和调整,形成正常的晋级和工资增长机制。事业单位实行不同的工资制度和分配方式。国家依法保护法人和居民的一切合法收入和财产,允许属于个人的资本等生产要素参与收益分配。逐步建立个人收入应税申报制度,依法强化征管个人所得税,适时开征遗产税和赠与税。要通过分配政策和税收调节,避免由于少数人收入畸高形成两极分化。

关于建立新的社会保障制度问题,《决定》提出,要建立包括社会保险、社会救济、社会福利、优抚安置和社会互助、个人储蓄积累保障等内容在内的多层次的社会保障体系。社会保障政策要统一,管理要法制化。城乡居民的社会保障办法应有区别。提倡社会互助。发展商业性保险业,作为社会保险的补充。要按照社会保障的不同类型确定其资金来源和保障方式。重点完善企业养老和失业保险制度,强化社会服务功能以减轻企业负担,促进企业组织结构调整,提高企业经济效益和竞争能力。城镇职工养老和医疗保险金由单位和个人共同负担,实行社会统筹和个人账户相结合。进一步健全失业保险制度,保险费由企业按职工工资总额一定比例统一筹交。普遍建立企业工伤保险制度。

党的十四届三中全会通过的《决定》,把党的十四大提出的经济体制改革目标和原则加以具体化,在某些方面又有进一步发展,构筑了"社会主义市场经济体制的基本框架",是指导中国 20 世纪 90 年代经济体制改革的行动纲领。

（二）经济体制改革整体推进、重点突破

按照党的十四大和十四届三中全会的部署,从 1994 年起,依据社会主义市场经济体制的要求,我国经济体制改革进入整体推进、重点突破的新阶段,尤其是财税、金融、外汇、外贸、投资、价格以及国有企业改革等取得重要进展。

在财税体制改革方面,1993 年 12 月 15 日,国务院发布《关于实行分税制财政管理体制的决定》,批转国家税务总局上报的《工商税制改革实施方案》,决定从 1994 年 1 月 1 日起实行分税制改革和工商税制改革。分税制改革包括四项内容:一是在划分事权的基础上,划分中央与地方的财政支出。中央财政主要承担国家安全、外交和中央国家机关运转所需经费,调整国民经济结构、协调地区发展、实施宏观调控所必需的支出以及由中央直接管理的事业发展支出。地方财政主要承担本地区政权机关运转所需支出以及本地区经济、事业发展所需支出。二是根据事权与财权相结合的原则,按税种划分中央与地方的收入。将维护国家权益、实施宏观调控所必需的税种划为中央税;将同经济发展直接相关的主要税种划为中央与地方共享税;将适合地方征管的税种划为地方税,并充实地方税税种,增加地方税收入。三是确定中央财政对地方返还数额。为了使财政体制改革顺利进行,实行保持现有地方既得利益格局的政策。1993 年中央净上划收入,全额返还地方,保证现有地方既得财力,并以此作为以后中央对地方税收返还基数。1994 年以后,税收返还额在 1993 年基数上逐年递增,递增率按全国增值税和消费税的平均增长率的 1:0.3 系数确定。四是实行分税制以后,原体制的分配格局暂时不变,过渡一段时间再逐步规范化。分税制的实行,扭转了国家财力和财权过于分散的局面,增强了中央的宏观调控能力,调动了地方发展经济、增收节支的积极性,促进了资源配置优化和产业结构调整。1994 年实施的工商税制改革,是新中国成立以来规模最大、范围最广泛、内容最

深刻的一次税制改革。改革的指导思想是:统一税法、公平税负、简化税制、合理分权,理顺分配关系,保障财政收入,建立符合社会主义市场经济要求的税制体系。其主要内容,一是建立以增值税为主体、消费税和营业税为补充的流转税制度。新的流转税制取消了对外资企业征收的工商统一税,实行内、外资企业统一的新流转税。二是改革所得税制度。对内资企业,包括国有企业、集体企业、私营企业以及股份制和各种形式的联营企业,实行税率为33%的统一所得税制,并依照税法统一规范税前列支项目和标准,建立新的规范化的还贷制度。改革个人所得税制度。将个人所得税、个人收入调节税、城乡个体工商业户所得税合并,建立统一的个人所得税制。不分纳税人的国籍,制定统一适用的费用扣除标准和税率,并对外籍人员规定附加费用扣除标准。三是改革和完善其他税种。主要是扩大资源税的征收范围,对土地、财产等实行相应的税收制度,同时调整和兼并其他有关税种。四是改革税收征管制度,全面实施《中华人民共和国税收征收管理法》。实行税务机构分设,组建了国税、地税两套税务机构。经过改革,工商税制的税种由 32 个减少到 18 个,税制结构趋于合理,初步实现了高效和简化。

在金融体制改革方面,1993 年底国务院发布《关于金融体制改革的决定》,确定金融体制改革的目标是:建立在国务院领导下,独立执行货币政策的中央银行宏观调控体系;建立政策性金融与商业性金融分离,以国有商业银行为主体、多种金融机构并存的金融组织体系;建立统一开放、有序竞争、严格管理的金融市场体系。中国人民银行总行集中掌握货币发行权、基础货币管理权、信用总量调控权和基准利率调节权,主要任务是稳定货币和实行金融管理,保证全国统一货币政策的贯彻执行。中国人民银行根据宏观经济形势,可以灵活地、有选择地运用法定存款准备金率、中央银行贷款、再贴现利率、公开市场操作、中央银行外汇操作、贷款限额、中央银行存贷款利率等政策工具,调控货币供应量。1995 年 3 月,八届全国人大三次会议通过《中华人民共和国中国人民银行法》,对中国人民银行作为中央银行的地位以法律形式予以确定,规定中国人民银行依法独立履行职责,不受地方政府和各级政府的干预。为了适应国有专业银行商业化改革的需要,国家对国有专业银行的业务进行了剥离,在 1994 年 3—11 月相继成立了三家政策性银行,即国家开发银行、中国进出口银行、中国农业发展银行,使国有专业银行专门从事商业性业务。在完成上述剥离后,为了规范我国商业银行的发展,1995 年 5 月,八届全国人大十三次会议又通过了《中华人民共和国商业银行法》。根据该法,中国农业银行、中国银行、中国工商银行、中国建设银行 4 家国有专业银行改称国有独资商业银行,实行自主经营、自担风险、自负盈亏、自我约束的经营机制。通过以上改革,中央银行在宏观调控中的作用显著增强,进一步提高了金融业的经营管理水平和防范、抗御金融风险的能力。

　　在外汇管理体制方面,进行了以下改革:一是实现人民币官方汇率和外汇调剂市场汇率并轨,实行以市场供求为基础的、单一的、有管理的浮动汇率制。从 1994 年 1 月 1 日开始,中国人民银行以前一天外汇市场的交易价格为基础,参照国际金融市场主要货币的变动情况,公布人民币对美元的中间价,以及对其他主要货币的汇率。国家在顺利推进汇率并轨的基础上,加强和改善了对外汇市场的宏观调换,使 1 美元兑人民币汇价基本稳定在 8.5 元左右。二是取消外汇留成和上缴,实行银行结汇制。境内所有事业单位、机关和社会团体的各类外汇收入必须及时调入境内,按银行挂牌汇率全部结售给外汇指定银行。三是实行银行售汇制,实现经常项目下,人民币可自由兑换。取消经常项目正常对外支付用汇的计划审批。境内用汇单位,在贸易项下和与贸易活动有关的服务性支付项下的对外支付用汇,要持有效凭证,用人民币到外汇指定银行办理兑付。四是建立银行间统一、规范的外汇交易市场,改变人民币汇率的形成要机制。五是取消境内外币计价结算,禁止外币在境内流通。从 1994 年 1 月 1 日起,取消任何形式的境内外币计价结算,禁止外币流通和指定金融机构以外的外汇买卖,停止发行外汇券。六是取消外汇收支的指令性计划,国家主要运用经济、法律手段对外汇和国际收支进行宏观调控。通过推进外汇管理体制改革,进一步沟通了国内外市场,对改善我国对外经济环境、吸引外资、发展外向型经济起了重要作用。

在外贸体制改革方面,1994 年 1 月 11 日,国务院发布《关于进一步深化对外贸易体制改革的决定》,确定我国外贸体制改革的目标是:统一政策、放开经营、平等竞争、自负盈亏、工贸结合、推行代理制,建立适应国际经济通行规则的运行机制。据此,外贸体制实施了以下改革:一是取消外贸指令性计划,对进出口总额、出口收汇和进口用汇实行指导性计划。二是进一步改进出口商品配额的管理办法。总的原则是:凡是国家需要管理的出口商品,一定管住,可管可不管的商品放开。三是进一步完善出口许可证管理办法。主要是对实行出口许可证管理的商品目录,根据国内外市场情况进行调整;建立严密、科学、完整的监督检查制度;对发证机关的监督检查方法和对企业配额许可执行的后期管理规范化、法制化,并实行奖惩制度。四是继续调整关税税率结构,降低关税总水平。从 1996 年 4 月 1 日起,我国四千多种商品进口税总水平降至 23%。1997 年 10 月 1 日再降至 17%左右;改进和完善了出口退税制度,实行了有利于外贸出口发展的信贷政策。五是授予具备条件的生产企业、商业企业、物资企业和科研院所进出口经营权,改变外贸企业经营机制转换滞后的状态。提高其应变能力以适应日益激烈的国际市场竞争。六是鼓励和加快海外投资企业的发展。确定今后我国在海外开办合营企业的重点,并确定了开办海外企业的条件,申报和审批程序。七是结合国际惯例建立健全对外贸易法律法规,积极推行国际质量认证标准,加快外贸体制与国际接轨。1994 年 7 月 1 日,《对外贸易法》开始正式实施。以上改革措施不仅使更多的有竞争力的外国商品进入中国市场,同时也培育了一批具有国际竞争实力的中国企业,适应了申请和加入世界贸易组织的需要。

在计划投资体制改革方面,根据党的十四届三中全会提出的"计划工作的任务,是合理确定国民经济和社会发展的战略、宏观调控目标和产业政策,搞好经济预测,规划重大经济结构、生产力布局、国土整治和重点建设"

以及"计划工作要突出宏观性、战略性、政策性,把重点放到中长期计划上,综合协调宏观经济政策和经济杠杆的运用"的要求①,计划体制进行了较大幅度的改革。一是改革年度计划形式,从指标型计划转向政策型计划,突出计划的信息导向功能。1993 年,国家计委开始试编年度计划报告;1995 年进一步规范了计划报告的性质、种类、内容、形式及编写、发布、实施的办法等,形成了比较完整的年度计划报告系列。二是加强了对总体产业改革和专项产业政策的研究,突出了产业政策的引导作用。如 1994 年制定了《90年代国家产业政策纲要》和《汽车产业政策》;1995 年发布了《指导外商投资方向暂行规定》和《外商投资产业政策指导目录》;1997 年发布了《当前国家重点鼓励发展的产业、产品和技术目录》等。三是不断改进计划方法,改进年度计划指标体系,改进计划制订程序等。在生产流通的计划体制改革过程中,1994 年国家计委制定了《国家指令性计划和国家订货的暂行规定》,通过实行国家订货来保证社会流通的顺畅和市场的稳定。在投资体制改革方面,1994 年,国家计委在《进一步深化投资体制改革的实施方案》中,将投资项目划分为竞争性项目、基础性项目和公益性项目投资 3 类。同年 3 月,组建国家开发银行,集中资金保证国家重点建设。1995 年 5 月,国务院批准成立国家开发投资公司,作为中央投资主体之一,对国家确定的政策性项目进行参股、控股投资,实现国有资产的保值增值,并且成为国家实施宏观调控的手段和工具。

在价格体制改革方面,1994 年改革步伐明显加快:一是大范围取消价格管制,对主要生产资料价格实行计划内外"并轨",将统配煤价格全部放开,由市场调节;取消原油计划内外多种价格,归并为由国家统一定价的两档价格;成品油、化肥也实现了计划内外价格"并轨"。二是继续调整价格结构。适当提高了电价,解决国家投资电厂还本付息的困难;较大幅度地提高了原油的出厂价格(原油出厂价提高了 60%);大幅度地提高了粮食购销

---

① 中共中央文献研究室编:《十四大以来重要文献选编》(上),人民出版社 1996 年版,第 533—534 页。

价格和棉花收购价格,订购粮食价格提高了 40%,棉花提高了 51%。国家直接管理价格的商品由 737 种减为 89 种,市场价格在价格体系中的主体地位逐步建立,所占比重由 1991 年前的 50.3% 上升到 1994 年的 90.4%。这标志着,一度被认为最容易引起社会动荡的价格改革"关",中国已平稳渡过。在绝大多数商品价格放开、市场调节的份额不断扩大的情况下,综合运用经济手段、法律手段和必要的行政手段加强宏观调控和市场管理。比如,国家建立了粮、棉、食用油、食糖、肉等关系国计民生重要商品的储备制度,还建立了粮食、棉花、副食品等重要商品的风险基金和价格调节基金制度。这些措施改善了重要物资的供应状况,对平抑物价起到了重要作用,维护了正常生产。配合价格改革措施的出台,国家相应进行了粮食、棉花、食用油、原油和成品油、化肥等重要商品购销体制改革,颁布了《关于商品和服务实行明码标价的规定》《关于加强居民生活必需品和服务价格监审的通知》等法律法规。

在国有企业改革方面,根据党的十四届三中全会提出的建立"产权明晰,权责明确,政企分开,管理科学"的现代企业制度的要求,国有企业改革从以往的偏重放权让利、政策调整进入了为以产权改革为核心的制度创新阶段。1993 年 12 月 29 日,八届全国人大五次会议通过《中华人民共和国公司法》,提出不同产权主体投资设立公司,其法律地位都是平等的主张。《公司法》的颁布,不仅为国有企业的股份制改造提供了法律依据和保障,而且也对规范所有不同所有制企业的市场经营行为起到了重要作用。1994年 3 月 2 日,国家经济贸易委员会发布《关于转换国有企业经营机制建立现代企业制度的若干意见》,提出实施"转机建制、万千百十"规划。所谓"万",即两年内在 1 万户左右国有大中型企业中全面贯彻《全民所有制工业企业转换经营机制条例》所赋予的 14 项经营自主权,为企业转机建制、进入市场打好基础;所谓"千",即国家将通过委派监事会的形式,分期分批地对 1000 户关系国计民生的重点骨干企业的国有资产进行监管;所谓"百",即在国务院统一领导和部署下,选择 100 户不同类型的国有大中型企业进行建立现代企业制度试点;所谓"十",即在 10 个城市(后扩大到 18 个)进行"优化资本结构、增强企业实力"的综合配套改革试点。《意见》提出,"转机建制、万千百十"是一个有机的整体。"转机建制"是企业改革整体推进的方向和任务,"万千百十"则是企业改革重点突破的实施方案。"万"是基础,"千"是重点,百家先行一步,十个城市配套展开,条块结合,点面结合。1994 年 11 月,国务院召开全国建立现代企业制度试点工作会议。从 1995 年开始,国家经贸委集中精力抓好国务院批准的四项试点,一是抓好百户国有企业建立现代企业制度的试点工作。二是积极做好 18 个城市"优化资本结构"的试点工作,这项试点后来增加到 58 个城市,1997 年又扩大到 111 个城市。三是抓好 56 家企业集团和 3 户国家控股公司的试点工作,根据 1995 年党的十四届五中全会提出的"搞好大的,放活小的"("抓大放小")方针,通过股份制、租赁、破产、出售等方式,大力推动小型国有企业改革。除了中央抓的以上试点单位外,各地区结合自身的实际情况也确定了一些试点企业,总数达 2343 家,遍及全国 31 个省、自治区、直辖市。到 1996 年底,试点工作初见成效。国务院试点的 100 家企业中,除 1 家解体、1 家被兼并外,其余 98 家基本改制完毕。经过公司化改制,这些企业的总资产额达到 3600.8 亿元,比试点前增加 994.5 亿元,增长 27.6%;所有者权益 1231.8 亿元,比试点前增加 383 亿元,增长 31.1%;企业资产负债率由试点前的 67.59% 下降到 62.28%。各地选择的 2343 户试点企业也取得了重大进展。到 1996 年底,全部试点企业资产负债率为 65.8%,比上年下降 2.4 个百分点;资产增值率 26.5%。试点企业分流社会性服务机构 2265 个,分流企业富余人员 61.1 万人。试点实践表明国有企业建立现代企业制度是能够成功的。①

通过上述一系列改革,我国旧的计划经济体制向社会主义市场经济体制加速转变,市场机制的作用进一步扩大,经济活力显著增强,在推动经济

---

① 董辅礽主编:《中华人民共和国经济史》(下),经济科学出版社 1999 年版,第 396—397 页。

发展的同时也为党和政府实施有效的宏观调控,保持经济平稳持续增长,创造了重要条件。

(三) 全方位多层次宽领域对外开放向纵深推进

邓小平南方谈话和党的十四大以后,中国掀起了新一轮对外开放的热潮。

关于在发展社会主义市场经济条件下经济特区的地位和作用问题,1994 年 6 月 20 日,江泽民在深圳考察时对经济特区的发展郑重提出了"三不变"的承诺,即:"中央对发展经济特区的决心不变;中央对经济特区的基本政策不变;经济特区在全国改革开放和现代化建设中的地位和作用不变。"提出:"要把发展经济特区贯穿于社会主义现代化建设的整个过程。那种认为在全国形成全方位对外开放格局的新形势下,经济特区的地位和作用可以削弱甚至可以逐步消失的看法,是不对的。"他还明确向经济特区提出了"增创新优势,更上一层楼"的要求。按照这个要求,从 1995 年到 2000 年,各经济特区保持了国民经济的持续快速发展。深圳经济特区 1999 年与 1994 年相比,国内生产总值由 615 亿元增加到 1436 亿元,年均递增 18.5%;人均国内生产总值从 1.95 万元增加到 3.59 万元;居民人均可支配收入由 1.09 万元增加到 2.02 万元;外贸进出口总额由 349.8 亿美元增加到 504.3 亿美元,其中出口总额由 183 亿美元增加到 282 亿美元;地方预算内财政收入由 74.4 亿元增加到 184.8 亿元。随着经济实力的增强,深圳对国家的贡献越来越大,5 年累计上划中央财政收入 1020 亿元。

上海浦东的开发开放,是加速我国沿海地区和沿长江地区对外开放迈出的重要一步。党的十四大以后,为了进一步支持浦东新区的开发开放,国务院给予上海浦东新区一系列新的优惠政策。一是扩大上海市五类项目的审批权,具体有:授权上海市自行审批在外高桥保税区内的中资和外资从事转口贸易的企业;授权上海市自行审批浦东新区内国营大中型企业产品出口经营权;扩大上海市有关新区内非生产性项目的审批权;扩大上海市有关新区内生产性项目的审批权,总投资 2 亿元以下的项目,可以自行审批;授权上海市在中央规定的额度范围内自行发行股票和债券,允许全国各地发行的股票在上海上市交易。二是给予上海五个方面配套资金的筹措权,即:每年发行 5 亿元浦东建设债券;在原来每年中央给上海 1 亿美元借款的基础上,从 1992 年起每年增加 2 亿美元优惠利率贷款;允许上海在原定额度以外,再发行 1 亿元人民币股票,用于浦东开发;允许上海每年发行 1 亿美元 B 股票;在以前已拨款 2 亿元人民币的基础上,1992 年再给上海增加 1 亿元拨款。以上五项新增加的资金筹措权,在 1992 年到 1995 年间有效。如果运用得好,每年还可以增加 40 亿元的资金,加速浦东的开发开放。根据浦东开发开放的目标和实际需要,上海市还制定了浦东开发的总体规划和多项政策措施,主要有《上海市鼓励外商投资浦东新区的若干规定》、《关于上海浦东新区外商投资企业审批办法》、《上海市浦东新区土地管理若干规定》、《关于上海浦东新区产业导向和投资指南》、《关于上海浦东新区规划建设管理暂行办法》、《上海市外高桥保税区管理办法》等政策法规。这些政策法规的颁布,使浦东的开发开放工作做到有章可循,纳入法制化、规范化的轨道,并增加了对外商投资的政策透明度。在党中央的正确领导下,面对复杂多变的国际国内经济环境,浦东新区改革发展创造了新的奇迹。浦东国内生产总值(GDP)由 1990 年的 60 亿元起步,到 2001 年迈上千亿大关,达 1082 亿元;1990—2002 年,浦东新区国内生产总值保持了 19.6% 的年均增长速度;实际利用外资 2002 年达 16 亿美元,占全市 1/3 强;外贸出口由 1993 年的 12 亿美元增加到 2002 年的 136 亿美元。至 2002 年,浦东新区总体经济实力已相当于 20 年前的整个上海市。浦东新区经济的高速增长和综合经济实力的增强,为上海 20 世纪 90 年代以来国民经济保持两位数增长提供了坚实的支撑,成为上海新的增长点,对推进上海加快建设经济、金融、贸易和航运中心发挥了重要作用。

　　实施"引进来"与"走出去"相结合的对外开放战略。积极利用外资,是邓小平提出的加速我国社会主义现代化建设的一项"大政策"。党的十四大提出:"利用外资的领域要拓宽。采取更加灵活的方式,继续完善投资环境,为外商投资经营提供更方便的条件和更充分的法律保障。按照产业政策,积极吸引外商投资,引导外资主要投向基础设施、基础产业和企业的技术改造,投向资金、技术密集型产业,适当投向金融、商业、旅游、房地产等领域。"①1996 年 11 月,江泽民在中央经济工作会议上指出:"积极合理有效地利用外资,是我国对外开放政策的重要组成部分,是必须长期实行的指导方针,这一点决不能动摇。我们既要充分地看到利用外资的积极作用,又要始终保持清醒头脑,注意避免外商投资可能带来的一些负面影响。"②1997年 12 月,全国外资工作会议召开。会议面向 21 世纪,提出我国利用外资的总体要求是:以邓小平理论为指导,按照党的十五大的总体部署,加快实现"两个根本性转变",针对世界经济、科技发展的新趋势,着眼于提高国民经济素质和效益,增强综合国力和国际竞争力,进一步扩大对外开放,重优化结构,重质量,重效益,积极合理有效地利用外资,不断提高利用外资水平,促进国民经济快速健康发展和社会全面进步。遵照党中央、国务院的统一部署,我国坚持利用外资不动摇,"引进来"工作取得了举世瞩目的成就。20 世纪 90 年代中期以后,随着我国改革开放的不断深入和整体经济实力的提高,在经济全球化加速推进的新形势下,我国对外开放在积极"引进来"的同时,也大胆鼓励有实力的中国企业"走出去",以更好地利用国内国外两个市场、两种资源为我国现代化建设服务。1997 年 12 月 24 日,在接见全国外资工作会议代表时,江泽民发表讲话提出:"我们不仅要积极吸引外国企业到中国来投资办厂,也要积极引导和组织国内有实力的企业走出去,到国外去投资办厂,利用当地的市场和资源。""'引进来'和'走出去',是我们对外开放方针的两个紧密联系、相互促进的方面,缺一不可。"③20世纪 90 年代后,我国企业积极开展跨国经营,"走出去"战略取得了显著成

---

① 《江泽民论有中国特色社会主义》(专题摘编),中央文献出版社 2002 年版,第 203 页。
② 《江泽民论有中国特色社会主义》(专题摘编),中央文献出版社 2002 年版,第 204 页。
③ 《江泽民论有中国特色社会主义》(专题摘编),中央文献出版社 2002 年版,第 191 页。

效,有力推动了我国开放型经济的发展。

三、大力加强宏观调控,成功实现经济"软着陆"

(一)在发展市场经济条件下成功实施宏观调控

党的十四大以后,在建立社会主义市场经济体制的各项改革推动下,我国经济呈现了加快发展的强劲势头。1992年国内生产总值达到26638亿元,比上年增长14.2%;1993年达到34634亿元,比上年增长13.5%。但是,在加快发展过程中,由于一些地方和部门认识上发生偏差,片面追求高速度,同时由于旧的调控机制逐渐失效,新的宏观调控机制尚未完善,经济发展中也出现了一些新的矛盾和问题,某些方面的情况还相当严峻。这主要表现在六个方面。

一是货币过量投放,经济秩序特别是金融秩序混乱。1993年1—6月,全国货币净投放528亿元,下半年又投放1000亿元。全年共投放货币1528亿元,比上年增加370亿元,增长32%。由于乱拆借、乱集资的影响,大量资金在银行系统外"体外循环",被用于炒股票,炒房地产,盲目兴办开发区,城乡居民储蓄大幅下降,银行正常贷款不能完全保证,有些基层银行出现支付困难。

二是投资需求和消费需求都出现膨胀的趋势。1993年1—6月,全社会固定资产投资比上年同期增长61%,明显地超过了国家计划要求。而投资结构不尽合理,农业、能源和原材料工业投资比重下降,国家重点建设项目的资金到位率仅相当于正常年份的一半左右。由于投资规模增长过快,投资类产品价格猛涨,致使工程造价上升,投资效益下降。社会集团消费明显膨胀,1—5月全国县以上单位社会集团购买力支出比上年同期增长25.8%,其中购买小汽车的审批金额增长1.37倍。银行的工资性现金支出、对个人其他现金支出以及行政企事业管理费现金支出,也都大大超过了经济增长的幅度。

三是财政困难状况加剧。1993 年 1—6 月,国内财政收入按可比口径计算,比上年同期仅增长 3.5%,大大低于生产增长速度;财政支出增长 12.5%;收支相抵的结余,比上年同期减少 156 亿元。在经济高速增长、企业效益回升、价格补贴等减少的情况下,财政困难状况没有缓解,尤其是中央财政困难更为突出。

四是基础设施和基础工业的"瓶颈"制约进一步强化。1993 年 1—6 月,全国乡及乡以上工业总产值比上年同期增长 25.1%,其中 6 月份高达 30.2%。这样高的工业增长速度,使基础设施和基础工业越来越难以支撑。交通运输特别是铁路运输十分紧张,一些干线限制口的通过能力仅能满足需求的 30%—40%。电力、油品供需缺口越来越大,有的地方又出现"停三开四"现象。钢材、水泥、木材等建筑材料由于供需矛盾突出,价格上涨较猛。

五是出口增长乏力,进口增长过快,国家外汇结存下降较多。经济的高速发展,造成资源更加短缺,为弥补国内资源不足,国家不得不扩大进口和压缩国内紧缺的原材料和能源的出口。同时,由于市场需求旺盛,生产资料价格普遍上扬,很多外贸公司积极组织进口,由此造成对外贸易逆差不断扩大。据海关统计,1993 年 1—6 月,出口总额完成 371.5 亿美元,比上年同期增长 4.4%,增幅下降 13 个百分点。进口总额为 406.9 亿美元,比上年同期增长 23.2%,高于出口增幅 18.8 个百分点。1993 年全年对外贸易逆差 122.2 亿美元。[①]

六是物价上涨明显加快。物价在经历 1990—1992 年连续三年基本稳定之后,1993 年开始逐月攀升,1 月上升 8.4%,2 月上升 8.7%,3 月上升 10.2%,4 月上升 10.9%,5 月上升 12.5%,6 月上升 13.6%。[②] 1993 年全国

---

① 1993 年 8 月 31 日国家计划委员会主任陈锦华在八届全国人大常委会第三次会议上作的《关于今年以来国民经济和社会发展计划执行情况的报告》。

② 《中国统计年鉴》(1994),中国经济年鉴出版社 1994 年版,第 47 页。

商品零售物价总水平比上年上涨 13.2%;居民消费价格指数上升 14.7%,其中 35 个大中城市职工生活费用价格指数上升 19.6%,是继 1988 年和 1989 年物价大幅度上涨后的第三个高峰年。从分类别价格来看,吃、穿、用各类商品价格均有不同程度上涨。上涨幅度最高的是燃料(35.8%)、建筑材料(28.8%)和服务项目(27.9%)价格,其次是食品(14.3%)和农业生产资料(14.1%)价格。[①] 消费价格上涨,使部分职工和离退休人员难以承受;生产资料价格上涨,使相当一部分企业生产成本上升,效益下降;农业生产资料价格上涨则严重影响了农民增加农业投入的积极性。

上述情况表明,如果不抓住时机,坚决扭转宏观经济环境相当紧张的局面,有些矛盾和问题还会愈演愈烈,继续发展,势必导致社会供需总量严重失衡,通货膨胀进一步加剧,甚至引起经济大的波动,影响社会稳定。党中央、国务院及时发现了这些问题,并果断采取了一系列加强宏观调控的重大措施。

还在 1992 年 4 月,江泽民在写给中央政治局常委等同志的信中就提出:"要善于把干部和群众高涨的劲头和积极性引导好、保护好、发挥好",力争实现和保持比较高的发展速度,但务必结合各地区各部门的实际,区分不同情况,具体加以落实,"避免只在扩大投资规模上做文章,以防出现新的重复建设和产品积压"。[②] 党的十四大闭幕后不久,10 月 22 日,中央召开经济情况通报会,向各省市、部门和军队的主要负责同志通报了宏观经济中正在出现的新问题,提出既要抓住机遇、加快发展,又要正确处理好改革、发展、稳定三者之间的关系,保证改革开放和现代化建设的顺利进行。江泽民在通报会上强调,要对经济形势有个总体把握,加强预见性,注意及时发现问题,并尽可能把它们解决在萌芽状态,不要使之积累成大问题,影响到全局。12 月 18 日,江泽民在全国计划会议上再次强调,在经济工作中要积极、全面、正确地贯彻党的十四大和邓小平南方谈话精神,解放思想,实事求

[①] 董辅礽主编:《中华人民共和国经济史》(下),经济科学出版社 1999 年版,第 594 页。
[②] 《江泽民文选》第一卷,人民出版社 2006 年版,第 195—196 页。

是,脚踏实地,真抓实干,在建立社会主义市场经济体制的过程中,实现有效益的、结构合理的、合乎市场需求的较快增长速度,防止经济过热。

1993 年 1 月 22 日,邓小平在上海同吴邦国、黄菊等谈话时提出:希望你们不要丧失机遇,对中国来说,大发展的机遇并不多。"走一步,回头看一下是必要的。要注意稳妥,避免损失,特别要避免大的损失。"①3 月 7 日,江泽民在党的十四届二中全会上发表讲话,指出:"历史经验告诉我们,形势越好,越要保持清醒,兢兢业业地工作,同时要善于总结经验,及时发现和解决前进中出现的问题,避免出现损失特别是大的损失。中央提醒防止过热,是积极的,是为了把经济工作做得更好。"他"要求大家在经济工作中更好地坚持解放思想、实事求是的思想路线,既要抓住有利时机、充分利用客观条件、发挥主观能动性,积极推进各方面的工作,又要注意不要做那些条件不具备、一时做不到的事情,不要做那些超过市场需求的、盲目重复建设的事情,不要做那些今天勉强上去了,明天又坚持不下来的事情"。但是,对于党中央、国务院的决策,各地在贯彻落实时进展不平衡,有些重大措施未能及时到位。为此,4 月 1 日,中央再次召开经济情况通报会,要求全党特别是党的高中级干部统一对形势的认识,注意汲取历史上造成几次较大经济波折的教训,力求做到既加快发展,尽力而为,又从实际出发,量力而行。在发展速度上,不搞一刀切,有条件的能搞多快就搞多快,暂时没有条件加快发展的不要勉强,防止经济过热。江泽民还先后在上海、西安等地召开分地区经济工作座谈会,强调要把加快发展的注意力集中到深化改革、转换机制、优化结构、提高效益上来,主要运用经济手段、法律手段,辅之以必要的行政手段,加强宏观调控力度,对经济运行进行有效的驾驭,使经济生活中的矛盾得以缓解。5 月 19 日,江泽民给国务院有关领导人写信,提出对经济中存在的突出问题,要抓紧时机解决,倘若问题积累,势必酿成大祸。

根据中央的部署,1992 年 12 月 17 日,国务院发出《关于进一步加强证

---

① 中共中央文献研究室编:《邓小平年谱》(下),中央文献出版社 2004 年版,第1359 页。

券市场宏观管理的通知》,提出要理顺和完善证券市场管理体制,严格规范证券发行上市程序,促进证券市场健康发展。并决定成立国务院证券管理委员会和中国证券监督管理委员会。11 月 4 日,国务院发出《关于发展房地产业若干问题的通知》,对城镇国有土地的出让、地价的确定、各级政府对城乡土地的管理、开发区的审批、建立和培育房地产体系等问题作出政策规定。1993 年 4 月 11 日,国务院发出《关于坚决制止乱集资和加强债券发行管理的通知》,并派出 7 个调查组,由各部委一把手带队,分赴 14 个省区市进行调查和检查。随后,国务院又相继发布《股票发行与交易管理暂行条例》《期货经纪公司登记管理暂行办法》和《关于严格审批和认真清理各类开发区的通知》,加强对股票、期货和开发区的管理。5 月下旬和 6 月初,国务院在中南海连续召开会议,研究加强宏观调控,解决经济发展中突出问题的政策措施。与此同时,国家计委根据国务院副总理朱镕基的指示,与财政部、人民银行等部门对 7 个调查组提供的情况进行汇总、研究,并在征求许多老同志以及各民主党派、群众团体意见的基础上,集思广益,起草了《关于当前经济情况和加强宏观调控的意见》,上报党中央、国务院。6 月中、下旬中央政治局常委、中央政治局先后听取国家计委汇报,并作了重要指示。6 月 22 日,邓小平与江泽民谈话,表示"赞同江泽民提出的加强宏观调控,突出抓金融工作的建议",并且强调:"什么时候政府都要管住金融。通货膨胀,人民受损失。人民币不能贬值太多,市场物价要控制住。"①

经过一系列工作,在党内特别是高中级干部对于宏观经济形势和加强宏观调控重要性、必要性的认识逐渐趋于一致的情况下,6 月 24 日,党中央、国务院正式印发《关于当前经济情况和加强宏观调控的意见》,提出了加强和改善宏观调控的 16 条措施,主要内容包括:严格控制货币发行,稳定金融形势;坚决纠正违章拆借资金;灵活运用利率杠杆,大力增加储蓄存款;坚决制止各种乱集资;严格控制信贷总规模;专业银行要保证对储蓄存款的

---

① 中共中央文献研究室编:《邓小平年谱》(下),中央文献出版社 2004 年版,第 1361 页。

支付;加快金融改革步伐,强化中央银行的金融宏观调控能力;投资体制改革要与金融体制改革相结合;限期完成国库券发行任务;进一步完善有价证券发行和规范市场管理;改进外汇管理办法,稳定外汇市场价格;加强房地产市场的宏观管理,促进房地产业的健康发展;强化税收征管,堵住减免税漏洞;对在建项目进行审核排队,严格控制新开工项目;积极稳妥地推进物价改革,抑制物价总水平过快上涨;严格控制社会集团购买力的过快增长。《意见》同时提出,在解决经济中的突出问题时,需要注意把握好三点:一是统一思想认识,要"坚持从全局出发,从长远的持续发展出发,协调行动步伐,处理好局部与全局的关系";二是着眼于加快改革步伐,"必须采用新思路、新小法,从加快新旧体制转换中找出路,把改进和加强宏观调控、解决经济中的突出问题,变成加快改革、建立社会主义市场经济体制的动力";三是主要运用经济办法,"同时采取必要的组织手段、纪律手段和法律手段,以保证中央政令的通行"。① 在 16 条措施中,有 13 条主要采用经济手段。

党中央、国务院关于加强和改善宏观调控的 16 条措施的形成,是新形势下我们党坚持解放思想、实事求是,把握全局,审时度势,果断决策的结果。以此标志,发展社会主义市场经济条件下的宏观调控全面展开。

由于这次经济过热主要是由投资拉动的,而金融秩序混乱成为需求膨胀的主因,因此整顿金融秩序成为加强和改善宏观调控面临的首要问题。1993 年 7 月 5 日至 7 日,国务院召开全国金融工作会议,朱镕基在会上讲话指出:金融是国民经济的命脉,在国民经济中处于重要的地位,做好金融工作,对于扭转局势,加强宏观调控将会起到重要的促进作用。鉴于前一阶段金融形势的混乱局面,他代表党中央、国务院向银行系统的领导干部提出了"约法三章":"一、立即停止和认真清理一切违章拆借,已违章拆出的资金要限期收回。二、任何金融机构不得变相提高存贷款利率,不准用提高存款利率的办法搞'储蓄大战',不得向贷款对象收取回扣。三、立即停止向银行自己兴办

---

① 中共中央文献研究室编:《十四大以来重要文献选编》(上),人民出版社 1996 年版,第 313—315 页。

的各种经济实体注入信贷资金,银行要与自己兴办的各种经济实体彻底脱钩。"朱镕基强调,在这次整顿金融秩序中,要贯彻"软着陆、点刹车"的方针,主要是进行结构调整,要优先保证农业、重点企业和重点建设的资金需要。同时要进行金融改革,逐步向国际规则靠拢。为了加强对金融工作的领导,八届人大常委会第二次会议任命朱镕基兼任中国人民银行行长。7 月 20 日至 23 日,国务院又在北京同时召开了全国财政工作会议和全国税务工作会议。朱镕基在会上指出,财税工作的当务之急是整顿财税秩序,加快财税改革,用改革的办法进行整顿,在整顿的基础上加快改革。他向财政和税务战线上的工作人员也提出了"约法三章":"第一,要严格控制税收减免","第二,要严格控制财政支出,停止向银行挂账","第三,财税部门及所属机构,未经人民银行批准,一律不准涉足商业性金融业务"。

在党中央、国务院的正确决策和强有力领导下,从 1993 年下半年起,宏观调控各项措施逐步贯彻落实,经济过热的势头得到迅速遏制。此后,又经过 3 年努力,到 1996 年底,以抑制通货膨胀为主要任务的宏观调控基本达到了预期目标,国民经济成功实现了从发展过快到"高增长、低通胀"的"软着陆"。[①] 1993 年至 1996 年,国内生产总值年增长速度分别为 13.5%、12.6%、10.5% 和 9.7%,年均增长 11.6%,年度波动幅度只有 1—2 个百分点,使"八五"时期成为我国历次五年计划中经济增长最快、波幅最小的 5 年。全国商品零售物价涨幅明显下降,从 1994 年 10 月 25.2% 的最高点,回落到 1996 年 12 月的 4.4%。货币发行量从 1993 年的 1528 亿元逐渐回落到 1996 年的 917 亿元。全社会固定资产投资增长率从 1993 年的 50.6% 下降到 1996 年的 13.9%[②]。在加强宏观调控的过程中,大力加强农业,加强

---

① "软着陆"是对经济运行状态的一种形象性比喻,即好比飞机经过一段飞行之后,平稳地降落到陆地上。"软着陆"的基本经济含义则是:国民经济的运行经过一段过度扩张之后,平稳地回落到适度增长区间。见刘国光、刘树成:《论"软着陆"》,《人民日报》1997 年 1 月 7 日。

② 国家统计局编:《中国统计年鉴》(2000 年),中国统计出版社 2000 年版,第 641、168 页。

基础设施和基础产业,调整经济结构,增加有效供给,使总量平衡状况逐步改善。长江三峡、黄河小浪底着手建设,京九线建成运营,沪宁高速公路等一批骨干工程交付使用。长期制约国民经济发展的"瓶颈"约束明显改善,消除了重要生产资料长期存在的短缺现象,极大地增强了经济发展的后劲。与此同时,对外开放进一步扩大,对外贸易和利用外资迅速发展,国际收支状况明显改善。1996年进出口总额达到2899亿美元,比1992年增加了1244亿美元,年均递增15%。利用外资继续保持了1992年以来强劲增长的势头,1996年实际利用外商直接投资达到423.5亿美元。随着外贸进出口的扩大和利用外资规模的增加,国家外汇储备3年增加了4倍多,1996年底超过1000亿美元。这是国家总体实力增强的重要标志,也是加强和改善宏观调控的重要成果。

1993—1996年实施的宏观调控之所以能取得显著成效,原因有以下六点:一是汲取过去的教训,在经济过热迹象已成趋势但尚未完全暴露之时就未雨绸缪,果断决策,先行调控,掌握了"软着陆"的主动权;二是调控目标明确,重点突出,措施得力;三是调控力度适中,坚持总量适度从紧和灵活调节相结合,区别不同情况,审时度势地进行预调和微调,保持经济适度增长;四是调控手段灵活多样,除较好地运用行政手段以外,坚持市场导向和以经济、法律手段为主,其中货币政策发挥了重要作用;五是调控与改革相结合,宏观调控与建立社会主义市场经济体制框架的各项改革同步进行,通过深化宏观经济体制改革,提高了宏观调控能力;六是注重各项政策目标之间的协调、统一,提出并坚决贯彻"抓住机遇、深化改革、扩大开放、促进发展、保持稳定"的二十字方针,在深化对社会主义市场经济规律认识的基础上,较好地兼顾了改革、发展、稳定三者的关系。

"软着陆"的成功实现,不仅为在发展社会主义市场经济条件下进行宏观调控积累了经验,也为国民经济持续、快速、健康的发展奠定了坚实基础,充分显示了党中央、国务院把握和驾驭复杂局势的水平和能力。

（二）制定国民经济"九五"计划和 2010 年远景目标

在发展社会主义市场经济和大力实施宏观调控的过程中,到 1995 年底,我国胜利完成了"八五"计划规定的各项主要任务,国民经济和社会发展取得显著成就,社会生产力、综合国力和人民生活都上了一个新台阶。

第一,国民经济持续快速增长。"八五"期间,国民生产总值年均增长12%,1995 年达到 5.76 万亿元,提前五年实现了原定 2000 年比 1980 年翻两番的目标。五年中,农村经济全面发展,农业年均增长 4.1%,乡镇企业保持发展势头。工业年均增长 17.8%,产品结构调整加快。在一些主要产品的生产上,煤炭、水泥、棉布、电视机、粮食、棉花、肉类的总量居世界第一位,钢、化学纤维和发电量居世界第二位。石油天然气和有色金属工业取得新的成绩。轻纺产品供应充裕,花色品种增多。重点建设成绩显著,建成投产大中型基建项目八百四十多个,交通、通信和能源建设得到加强。铁路正线铺轨总里程 1.1 万多公里,贯穿南北的京九铁路提前两年全线铺通。高等级公路、港口、机场建设发展较快。新增发电装机总量七千多万千瓦。邮电事业迅速发展,电话交换机总容量新增五千八百多万门。地质勘查取得新的成绩。基础工业和基础设施建设的成就,缓解了经济增长的"瓶颈"制约,为今后经济发展增添了新的力量。

第二,经济体制改革取得突破性进展。按照建立社会主义市场经济体制的目标加快了改革步伐。以分税制为核心的新财政体制,以增值税为主体的新税制,已经基本建立并正常运行。政策性金融和商业性金融初步分开,汇率顺利并轨。新的宏观调控体系的框架初步建立,加强和改善宏观调控取得明显成效。价格进一步放开,市场在资源配置中的基础性作用明显增强。国有企业和农村改革,计划、投资、流通、社会保障体制改革,以及住房制度改革和政府机构改革,都取得新的进展。经过 17 年的改革,以公有制为主体、多种经济成分共同发展的格局已经形成。国民经济市场化、社会化程度明显提高,经济活力显著增强。

461

第三,对外开放的总体格局基本形成。"八五"时期,进一步扩大了对外开放的范围和规模,形成了由沿海到内地、由一般加工工业到基础工业和基础设施的总体开放格局。进出口总额累计超过 1 万亿美元,比"七五"时期增长一倍以上。实际利用外资超过 1600 亿美元,其中外商直接投资占 70%,投资结构有所改善。1995 年末国家外汇储备七百三十多亿美元。对外开放的扩大,带动了国内生产技术和管理水平的提高,促进了国内经济发展,推动了经济体制改革。

第四,城乡人民生活继续改善。"八五"期间,扣除物价因素,城镇居民人均生活费收入年均增长 7.7%,农村居民人均纯收入年均增长 4.5%,社会消费品零售总额年均增长 10.6%。1995 年末居民储蓄存款余额接近 3 万亿元,比"七五"末增加 2 万多亿元。城乡劳动就业不断增加。脱贫工作取得很大成绩,贫困人口由"七五"末的 8500 万减少到 6500 万。城乡新建住房 43 亿平方米,人均居住面积扩大。城镇实行了每周五天工作制。城乡人民文化生活进一步丰富,生活质量得到提高,开始向小康目标前进。

第五,各项社会事业全面发展。科技和教育事业在改革中继续前进。"八五"期间取得国家级科研成果 16 万项,科技成果向现实生产力的转化加快。普及九年义务教育取得明显成效,计划生育成绩显著,人口自然增长率由 1990 年的 14.39‰降到 1995 年的 10.55‰,人口增长速度过快的势头得到初步控制。文化、卫生、体育等其他事业也都取得新的进步。

"八五"时期我国改革开放和现代化建设取得的巨大成就,为"九五"计划和 2010 年远景目标的制定积累了丰富经验,奠定了坚实基础。

"九五"计划和 2010 年远景目标,是社会主义市场经济条件下我国经济社会发展的第一个中长期规划,是一个跨世纪的发展规划。对此,党中央、国务院高度重视。早在 1993 年 3 月,党的十四届二中全会就作出了关于制定"九五"计划和 2010 年远景目标的建议及编制与之相关的计划的决定。根据中央的要求,1994 年初,国家计委要求各地计委和国务院各有关部门,并委托中国科学院、中国社会科学院、国务院发展研究中心等单位,开始全面系统地研究"九五"计划和 2010 年规划期间的重大问题,多方听取了有关专家、企业家和老同志的意见,同时认真听取了世界银行等国际组织和金融机构专家的建议。在此基础上,经中央政治局常委会批准,1995 年 3 月 8 日,正式成立了"建议"起草小组。为使"建议"的制定和"计划"的编制更加符合实际,更加具有科学性,在文件起草的同时,中央还组织国家计委、国家体改委、国家科委、国家经贸委、财政部、农业部、人民银行、国务院研究室等部门组成 15 个专题调查组,分别对国民经济和社会发展中的一些重大问题进行调查研究,调研成果不断地被吸收到"建议"稿中。在充分调研和广泛听取意见的基础上,"建议"稿经过六个月的反复修改,逐步成熟。9 月 14 日和 21 日,中央政治局常委会议和中央政治局会议相继审议并原则通过了"建议"草案,决定将"建议"草案提请党的十四届五中全会审议。

1995 年 9 月 25 日至 28 日,党的十四届五中全会召开。会议审议通过了《中共中央关于制定国民经济和社会发展"九五"计划和 2010 年远景目标的建议》(以下简称《建议》),对我国未来 15 年经济社会的发展提出了完整的战略构想。

《建议》提出,"九五"时期国民经济和社会发展的主要奋斗目标是:全面完成现代化建设的第二步战略部署,2000 年,在我国人口将比 1980 年增长 3 亿左右的情况下,实现人均国民生产总值比 1980 年翻两番;基本消除贫困现象,人民生活达到小康水平;加快现代企业制度建设,初步建立社会主义市场经济体制。2010 年国民经济和社会发展的远景目标是:实现国民生产总值比 2000 年翻一番,使人民的小康生活更加宽裕,形成比较完善的社会主义市场经济体制。经过以上两个步骤、15 年的努力,我国社会生产力、综合国力、人民生活水平将再上一个大台阶,社会主义精神文明建设和民主法制建设将取得明显进展,为下个世纪中叶实现第三步战略目标,基本实现现代化,开创新的局面。实现"九五"计划和 2010 年的奋斗目标,关键是实行两个具有全局意义的根本性转变,一是经济体制从传统的计划经济体制向社会主义市场经济体制转变,二是经济增长方式从粗放型向集约型转变,促进国民经济持续、快速、健康发展和社会全面进步。

为了实现未来15年的奋斗目标,《建议》提出,我国经济和社会发展必须贯彻九条重要方针:一是保持国民经济持续、快速、健康发展;二是积极推进经济增长方式转变,把提高经济效益作为经济工作的中心;三是实施科教兴国战略,促进科技、教育与经济紧密结合;四是把加强农业放在发展国民经济的首位;五是把国有企业改革作为经济体制改革的中心环节;六是坚定不移地实行对外开放;七是实现市场机制和宏观调控的有机结合,把各方面的积极性引导好、保护好、发挥好;八是坚持区域经济协调发展,逐步缩小地区发展差距;九是坚持物质文明和精神文明共同进步,经济和社会协调发展。

根据以上方针,《建议》对未来15年我国经济建设、改革开放、社会发展三个方面的主要任务作出了规定,进行了总体部署。经济建设的主要任务是:优化产业结构,着力加强第一产业,调整和提高第二产业,积极发展第三产业;广泛采用先进技术装备社会生产各部门,重点改造国有大中型企业,加快国民经济信息化进程;大力发展科技教育,普遍提高劳动者素质,培养各级各类人才,缩小我国科学技术同世界先进水平的差距;引导地区经济协调发展,形成若干各具特色的区域经济,促进全国经济布局合理化。在经济建设的战略布局上,重点加强农业、水利、能源、交通、通信、科技、教育。同时,振兴支柱产业,培育高技术产业,促进和带动国民经济全面发展。加强国防现代化建设,增强国防实力。改革开放的主要任务和部署是:深化改革,扩大开放,建立和完善社会主义市场经济体制;以建立现代企业制度为目标,把国有企业的改革同改组、改造和加强管理结合起来,构造产业结构优化和经济高效运行的微观基础;发展和完善商品市场,培育和规范要素市场,逐步形成统一开放、竞争有序的市场体系;转变政府职能,增强国家宏观调控能力;按照政企分开的原则,转变政府职能;扩大对外开放程度,提高对外开放水平;加快经济立法,建立和完善适应社会主义市场经济体制的法律体系。社会发展的主要任务是:控制人口增长,提高生活质量,扩大劳动就业,完善社会保障,加强环境保护。总的要求是,保持社会稳定,推动社会进步,积极促进社会公正、安全、文明、健康发展。

全会闭幕时,江泽民发表讲话,全面阐述了社会主义现代化建设过程中必须正确处理好的十二个重大关系以及处理这些关系的基本原则。这十二大关系是:改革、稳定、发展的关系;速度和效益的关系;经济建设和人口、资源、环境的关系;第一、二、三产业的关系;东部地区和中西部地区的关系;市场机制和宏观调控的关系;公有制经济和其他经济成分的关系;收入分配中国家、企业和个人的关系;扩大对外开放和坚持自力更生的关系;中央和地方的关系;国防建设和经济建设的关系;物质文明建设和精神文明建设的关系。在这十二大关系中,攸关全局、最根本最重要的是正确处理改革、发展、稳定的关系。江泽民指出:三者关系处理得当,就能总揽全局,保证经济和社会的顺利发展;处理不当,就会吃苦头,付出代价。发展是硬道理,中国解决所有问题的关键要靠自己的发展。改革是经济和社会发展的强大动力,稳定是发展和改革的前提。"要把加快改革和发展的紧迫感同科学求实的精神很好地结合起来,充分考虑经济、社会各方面的有利条件和可能出现的困难,做到在政治和社会稳定中推进改革和发展,在改革和发展的推进中实现政治和社会的长期稳定。"①江泽民关于十二大关系特别是关于正确处理改革、发展、稳定关系的论述,把握了中国改革开放和现代化建设的全局,是对改革开放17年历史经验的科学总结,是对"什么是社会主义、怎样建设社会主义"问题的进一步回答,具有长远的指导意义。

1996年3月,由国务院根据党的十四届五中全会《建议》制定的《国民经济和社会发展"九五"计划和2010年远景目标纲要》,在八届全国人大四次会议上得到批准。《纲要》按照发展社会主义市场经济和现代化建设的要求,从国内外经济科技发展趋势出发,突出宏观性、战略性和政策性。《纲要》体现了"三步走"发展战略的连续和衔接,规划的重点放在"九五"

---

① 中共中央文献研究室编:《十四大以来重要文献选编》(中),人民出版社1997年版,第213页。

计划上,提出了具体目标和各项要求;同时着眼于下个世纪前 10 年的发展,提出了轮廓性的远景目标。《纲要》的公布和实施,在全国人民面前展现了一幅宏伟的我国经济和社会综合发展的跨世纪蓝图,成为引导全党全国人民万众一心,同心同德,全面完成社会主义现代化建设第二步战略目标并向第三步战略目标迈出重大步伐的行动纲领。

(三) 实施科教兴国战略和可持续发展战略

进入 20 世纪 90 年代,世界经济发展的一个明显趋势,就是科学技术进步日新月异,科技在经济发展中的作用越来越大。世界许多国家特别是大国,都在加紧调整科技和经济战略,增强以经济和科技实力为基础的综合国力,国际竞争越来越激烈。与发达国家比较,我国的整体科技水平和经济实力还有很大差距,以粗放经营为主的经济增长方式尚未根本改观,产品结构、产业结构不合理等经济发展中的一些深层次问题还有待解决,人口、自然资源、生态环境等对经济的持续稳定发展压力增大。面对这一严峻形势,党中央高瞻远瞩,及时提出并实施了科教兴国战略和可持续发展战略。

1991 年 1—4 月海湾战争期间,美国等西方国家依靠高科技优势,完全掌握了战争的主动权,向世界各国充分展示了高科技在现代战争和综合国力竞争中的重要作用。对此,江泽民在四川考察时指出:"当今世界各国综合国力的提高,在很大程度上取决于科学技术的进步。我们要想在竞争中取胜,就要下决心发展科学技术,促进经济和社会的发展。"他还给李瑞环等人写信,强调贯彻邓小平关于科学技术是第一生产力思想的重大意义,指出:"鉴于当前世界发展的形势与我国经济建设的展望,深感科技工作亟须进一步抓起来"[①]。1991 年 5 月 23 日,在中国科协第四次代表大会上的讲话中,他进一步提出要"把经济建设转移到依靠科技进步和提高劳动者素质轨道上来",并强调这一转移与十一届三中全会党的工作重点转移到经

---

① 中共中央文献研究室编:《新时期科学技术工作重要文献选编》,中央文献出版社 1995 年版,第 351 页。

济建设上来具有同等重要的战略意义。

1992 年 3 月,国务院颁布《国家中长期科学技术发展纲领》,从形势与抉择、战略与方针、发展重点、体制改革、国际合作、政策与措施六个方面,对到 2000 年以至 2020 年我国科学技术的发展作出规划。1993 年 5 月,国务院召开全国科技工作会议,提出科技工作的基本任务是以经济建设为中心,加快科技改革步伐,逐步建立起适应社会主义市场经济发展、符合科技发展规律的新型科技体制和运行机制,充分发挥科技第一生产力的作用。1994 年 2 月,国家科委、国家体改委发布《适应社会主义市场经济发展深化科技体制改革实施要点》,提出推进科技体制改革,实现科技资源的优化配置和合理布局,必须坚持"稳住一头,放开一片"的方针,即国家在支持和稳住基础性研究、高技术研究、事关经济社会建设和国防事业长远发展的重大研究开发的同时,放开放活各类直接为经济建设和社会发展服务的研究机构、科技服务机构的研究开发和经营活动。

在教育发展方面,1993 年 2 月,中共中央、国务院颁发《中国教育改革和发展纲要》,部署了到 20 世纪末中国教育改革与发展的宏伟蓝图。1994 年 6 月,党中央、国务院主持召开改革开放以来第二次全国教育工作会议。江泽民在大会上向全党提出了优先发展教育事业的重大课题,强调"在整个社会主义现代化建设的过程中,教育优先发展的战略地位必须始终坚持,不能动摇。如果我们现在不是这样来认识教育问题,就会丧失时机,贻误大事,就要犯历史性错误"①。

1995 年 5 月 6 日,中共中央、国务院发布《关于加速科学技术进步的决定》,第一次提出了科教兴国战略,指出:"科教兴国,是指全面落实科学技术是第一生产力的思想,坚持教育为本,把科技和教育摆在经济、社会发展的重要位置,增强国家的科技实力及将科学技术向现实生产力转化的能力,提高全民族的科技文化素质,把经济建设转移到依靠科技进步和提高劳动

---

① 《江泽民论有中国特色社会主义》(专题摘编),中央文献出版社 2002 年版,第 231 页。

者素质的轨道上来,加速实现国家的繁荣昌盛。实施科教兴国战略,是全面落实科学技术是第一生产力思想的战略决策,是保证国民经济持续、快速、健康发展的根本措施,是实现社会主义现代化宏伟目标的必然选择,也是中华民族振兴的必由之路。"[①]《决定》提出,我国科技工作的基本方针是:坚持科学技术是第一生产力的思想,经济建设必须依靠科学技术,科学技术工作必须面向经济建设,努力攀登科学技术高峰。在实际工作中,必须把握以下原则:经济和社会发展要以科技进步为主要推动力,科技工作要把解决经济和社会发展中的重大问题作为首要任务,从战略目标、政策、体制、规划、计划等方面体现科技与经济的有机结合;以改革作为科技发展的动力,在发展中深化科技体制改革。在政府宏观调控下,充分发挥市场机制对科技进步的推动作用;坚持自主研究开发与引进国外先进技术相结合,大力推动科技成果向现实生产力的转化;坚持长远目标和近期目标相结合,合理部署技术开发及推广、应用研究和基础研究工作;根据世界科技发展趋势和我国国情,科技发展要坚持有限目标,突出重点,集中力量,攻克关键,勇于创新;尊重知识、尊重人才,创造人尽其才、人才辈出的社会环境,在科研工作中,切实发扬学术民主,实现重大决策的民主化、科学化;坚持研究开发与群众性科技活动相结合,研究开发与科技普及、推广相结合,科技与教育相结合。

1995 年 5 月 26—30 日,党中央、国务院在北京召开全国科学技术大会。这是继 1978 年全国科学大会之后,在改革开放新时期党中央召开的又一次促进我国科学技术发展的重要会议。江泽民在会上发表讲话指出:党中央、国务院决定在全国实施科教兴国战略,是总结历史经验和根据我国现实情况所作出的重大部署,是顺利实现三步走战略目标的正确抉择。他要求各级党委和政府在制定国民经济和社会发展计划及相关政策中,都要真正把科教兴国战略落到实处。全国科学技术大会的召开,拉开了我国实施科教兴国战略的序幕。

---

① 中共中央文献研究室编:《十四大以来重要文献选编》(中),人民出版社 1997 年版,第 1344 页。

1995 年 9 月,党的十四届五中全会把"实施科教兴国战略,促进科技、教育与经济紧密结合"作为未来 15 年经济和社会发展必须贯彻的九条重要方针之一。1996 年 3 月八届全国人大四次会议通过的《中华人民共和国国民经济和社会发展"九五"计划和 2010 年远景目标纲要》,进一步确定了我国中长期科技进步和教育发展的目标和总体思路,科教兴国战略成为我国的一项长期基本国策。同年 5 月,八届全国人大常委会第十九次会议通过《促进科技成果转化法》,把科研成果商品化和产业化的要求提到了一个空前的新高度。

为了加强对科技教育工作的领导,根据党中央的决定,1998 年 6 月,国务院成立了国家科技教育领导小组,朱镕基总理担任组长。此后,党中央、国务院先后就实施"知识创新工程"、"211 工程"、"技术创新工程",推进素质教育,发展高科技,实现产业化,加大科技教育投入,完善科技教育法制建设等一系列问题作出部署,有力地推进了科教兴国战略的深入发展。

在实施科教兴国战略的同时,党中央、国务院还高度关注并实施了可持续发展战略。可持续发展是 20 世纪 80 年代逐步兴起的一种新的发展战略。1987 年,联合国"世界环境与发展委员会"向世界公布了《我们共同的未来》的研究报告,第一次清晰地表达了"可持续发展是既满足当代的需求,又不对后代满足需求能力构成危害的发展"的理念,标志着可持续发展理论的正式形成。1992 年 6 月,联合国环境与发展大会在巴西举行有 102 位国家首脑出席的"地球高峰会议",通过了《里约热内卢环境与发展宣言》和《21 世纪议程》两个纲领性文件以及相关的国际公约。至此,可持续发展被全世界持不同发展理念的各类国家所普遍认同,成为指导全球和国家发展的基本指导方针和基本战略。

中国政府派代表团参加了这次会议,并签署了环境与发展宣言。会后不久,我国就颁布了《环境与发展的十大对策》。当年 7 月,国务院环境保护委员会决定,由国家计委牵头,组织 57 个部门的三百多位专家,着手编制《中国 21 世纪议程——中国 21 世纪人口、环境与发展白皮书》。1994 年 3

月 25 日,国务院第十次常务会议讨论并通过了《中国 21 世纪议程》。其主要内容包括"可持续发展总体战略"、"社会可持续发展"、"经济可持续发展"、"资源的合理利用与环境保护"四个部分。《中国 21 世纪议程》从中国的人口、环境与发展的总体情况出发,提出了促进中国经济、社会、资源和环境相互协调的可持续发展的战略目标,是世界上最先制定并颁布的国家级的可持续发展战略。

可持续发展战略提出后,在党和政府的重大决策中得到了切实体现。1994 年和 1996 年,中国政府和联合国开发计划署联合召开了第一次、第二次中国 21 世纪议程高级国际圆桌会议。在第一次会议上,中国推出了《中国 21 世纪议程》第一批优先项目计划,包括 9 个领域 62 个项目。中国还加入或签署了《气候变化框架公约》、《生物多样性公约》、《蒙特利尔议定书》等多个国际环境公约。1995 年 9 月,党的十四届五中全会把可持续发展战略纳入了"九五"计划和 2010 年远景目标规划之中,提出:"必须把社会全面发展放在重要战略地位,实现经济与社会相互协调和可持续发展。"①1996 年 3 月,八届全国人大四次会议批准的《国民经济和社会发展"九五"计划和 2010 年远景目标纲要》,从"国土资源保护和开发"、"环境和生态保护"等方面对实施可持续发展战略提出了具体要求。国家有关部门据此制定了《国家环境保护"九五"计划和 2010 年远景目标》以及国家污染物总量控制计划和《中国跨世纪绿色工程规划》等。1996 年 7 月,江泽民在第四次全国环境保护工作会议上讲话指出:"在社会主义现代化建设中,必须把贯彻实施可持续发展战略始终作为一件大事来抓。""经济发展,必须与人口、环境、资源统筹考虑,不仅要安排好当前的发展,还要为子孙后代着想,为未来的发展创造更好的条件,决不能走浪费资源和先污染后治理的路子,更不能吃祖宗饭、断子孙路。"②1997 年党的十五大进一步强调:我国是人口众

① 中共中央文献研究室编:《十四大以来重要文献选编》(中),人民出版社 1997 年版,第 1486 页。
② 《江泽民文选》第一卷,人民出版社 2006 年版,第 532 页。

多、资源相对不足的国家,在现代化建设中必须实施可持续发展战略,正确处理经济发展同人口、资源、环境的关系。

在党和政府的大力推动下,我国实施可持续发展战略取得了积极进展。一是人口再生产实现了从高出生、低死亡、高增长向低出生、低死亡、低增长的历史性转变。在控制人口数量的同时,人口素质有所提高。1998 年人口自然增长率开始降至 10‰以下。二是资源保护、开发和节约有了积极进展。1996 年,我国各级环境保护机构已达八千多个,工作人员达 95562人。① 政府实行严格的资源管理制度,制止乱占耕地,实行节约用水和水价改革,治理整顿矿业开采。在新修订的《刑法》中,增加了"破坏环境资源保护罪"的规定,为强化环境监督执法、制裁环境犯罪行为,提供了强有力的法律依据。重新修订的《海洋环境保护法》,对重点海域实施总量控制制度,对主要污染源排放数量实施配额制。1996 年国家制定了对废弃物实现资源化的鼓励政策,提出了"资源开发与节约并举,把节约放在首位"的指导方针,资源综合利用的水平有了明显的提高。国家建立了九百多个自然保护区和二百多个动植物引种繁育中心,保护生物多样性。三是生态建设、环境污染治理和灾害防御进入了新的阶段。国家先后实施了东北、华北、西北地区的防护林,长江中上游防护林,沿海防护林,以及天然林保护等一系列林业生态工程。加大荒漠化治理力度、推广节水灌溉技术、加强草原和生态农业建设。国家确定的重点流域、重点地区污染治理,也取得了阶段性成果,全面实施了"三河"(淮河、海河、辽河)、"三湖"(太湖、巢湖、滇池)、"两区"(二氧化碳、酸雨污染控制区)、"一市"(北京)的污染防治重点工程,城市环境质量和污水排放情况有所改善。北京、上海、南京等 28 个城市通过新闻媒体定期发布城市空气质量周报,各地结合产品和产业结构的调整,克服困难,坚决取缔、关闭了一批能耗高、污染重、浪费资源的小造纸、小印染、小制革、小土焦等"十五小"企业和项目等。

---

① 董辅礽主编:《中华人民共和国经济史》(下),经济科学出版社 1999 年版,第 662 页。 　471

提出并实施科教兴国战略和可持续发展战略,是我们党顺应世界经济社会发展潮流,从中国国情出发作出的重大战略选择,对促进我国科技教育事业的发展和经济增长方式的根本转变,保证"三步走"发展战略的实现起到了重要作用。

四、推进党的建设"新的伟大工程" 和精神文明建设

(一)大力推进党的建设"新的伟大工程"

党的十四大在阐述党的建设问题时指出:"在新的历史时期,党所处的环境和肩负的任务有了很大变化,党的思想、政治、组织、作风建设都面临许多新情况和新问题。我们一定要结合新的实际,遵循党的基本路线,坚持党要管党和从严治党,加强和改进党的建设,努力提高党的执政水平和领导水平,使我们这个久经考验的马克思主义的党,在建设有中国特色社会主义的伟大事业中更好地发挥领导核心作用。"①党的十四大以后,加强党的建设的各项工作全面展开。

在思想理论建设方面,全面落实用邓小平建设有中国特色社会主义理论武装全党的战略任务,并作出一系列重大部署。党的十四大后,中共中央决定编辑出版《邓小平文选》第三卷。从 1993 年 5 月到 9 月,邓小平用 4 个月的时间亲自参与了文选的编辑工作并逐篇审定了全部文稿。1993 年 11 月 2 日,《邓小平文选》第三卷正式出版发行。同日,中共中央作出《关于学习〈邓小平文选〉第三卷的决定》。1994 年,中央文献编辑委员会又增订出版了《邓小平文选》第一卷和第二卷。1995 年 5 月中共中央宣传部编辑出版《邓小平同志建设有中国特色社会主义理论学习纲要》,作为全党学习

---

① 中共中央文献研究室编:《十四大以来重要文献选编》(上),人民出版社 1996 年版,第 38—39 页。

《邓小平文选》的重要辅助材料。为了加强对理论学习的指导,1996 年 5月,中央发布了《1996 年—2000 年全国干部教育培训规划》,重点对进一步深入学习邓小平建设有中国特色社会主义理论作了部署,要求县以上各级党委采取党校培训、党委中心组学习、讲师团辅导、理论研讨班以及报刊、广播、电视等有效形式,广泛而深入地组织干部学习邓小平建设有中国特色社会主义理论。从 1993 年至 1996 年底,全国参加各种形式脱产学习的干部约 2100 万人次,其中县处级以上干部约 39 万人次,省部级干部约 1200 人次。各级领导干部大多通读了《邓小平文选》第三卷,选读了第一、二卷的重点章节。党的十五大以后,再次兴起了学习邓小平理论的高潮。为了把学习和研究结合起来,中央还批准在中央党校、中国社会科学院、国家教委、国防大学、上海社会科学院建立了五个邓小平建设有中国特色社会主义理论研究基地,各地各部门也相继建立了一批理论研究机构。广大理论工作者对邓小平建设有中国特色社会主义理论的深入研究,推动了全党理论学习的深化。

在加强党风廉政建设方面,确立了社会主义市场经济条件下反腐败斗争"三项工作"格局,不断加大反腐倡廉工作力度。对于党风廉政建设和反腐败斗争,党中央一直高度重视,并采取一系列措施与之进行了坚决斗争。江泽民在党的十四大报告中强调指出:"坚持反腐败斗争,是密切党同人民群众联系的重大问题。要充分认识这个斗争的紧迫性、长期性和艰巨性。在改革开放的整个过程中都要反腐败,把端正党风和加强廉政建设作为一件大事,下决心抓出成效,取信于民。"[①]1993 年 8 月,在中央纪委第二次全体会议上,江泽民发表讲话,提出要从三个方面着手做好反腐败工作:一是各级党政领导干部要带头廉洁自律;二是集中力量查办一批大案要案;三是紧紧抓住本地区、本部门、本单位的突出问题,刹住群众最不满意的几股不正之风。会议在分析反腐败斗争面临的新情况的基础上,提出了新形势下

---

①　中共中央文献研究室编:《十四大以来重要文献选编》(上),人民出版社 1996 年版,第 42 页。

开展反腐败工作的新思路和新方法。这就是：紧密结合重大改革措施和行政、经济决策的实施来进行反腐败；坚决惩处腐败分子，坚决克服各种消极腐败现象；加强法规和政策研究，及时规范行为；加强综合治理，既治标又治本；对广大党员、干部进行党的纲领、宗旨、理想、纪律和优良传统作风的教育，进行正确的人生观、价值观和道德观的教育，增强党员、干部抵御拜金主义、享乐主义和极端个人主义等腐朽思想侵蚀的能力。1993 年 10 月 5 日，中共中央、国务院作出《关于反腐败斗争近期抓好几项工作的决定》，正式确立了反腐败斗争三项工作格局，并进行了部署。关于"党政机关领导干部要带头廉洁自律"，《决定》对党政机关县（处）级以上领导干部重申和提出以下要求：不准经商办企业；不准从事有偿的中介活动；不准利用职权为配偶、子女和其他亲友经商办企业提供任何优惠条件。不准在各类经济实体中兼职（包括名誉职务）；个别经批准兼职的，不得领取任何报酬；不准到下属单位和其他企业事业单位报销应由个人支付的各种费用。不准买卖股票。不准在公务活动中接受礼金和各种有价证券；不准接受下属单位和其他企业事业单位赠送的信用卡，也不准把本单位用公款办理的信用卡归个人使用。不准用公款获取各种形式的俱乐部会员资格，也不准用公款参与高消费的娱乐活动。关于"查办一批大案要案"，《决定》提出，重点是查办党政领导机关领导干部和司法部门、行政执法部门、经济管理部门及其工作人员的违法违纪案件。关于"狠刹几股群众反映强烈的不正之风"，《决定》提出，要在全国范围内集中力量基本刹住乱收费的不正之风，重点治理国家机关及其所属部门擅自把职责范围内的业务变成收费项目；擅自立项和扩大收费范围、提高收费标准；将一部分职能转移到下属的经济实体，搞有偿服务；利用职权和行业垄断强行"服务"，收取高额费用；只收费不服务，明目张胆地敲诈勒索等利用职权巧立名目乱收费的不正之风；等等。

此后，随着形势的发展，中央纪委每年都要对反腐败三项工作进行检查和总结，并不断赋予三项工作以新的内容和要求。为保证领导干部廉洁自律的各项规定落到实处，1996 年 1 月，中央纪委第六次全体会议宣布了"五项制度"，其中包括中央纪委根据工作需要，选派部级干部到地方和部门巡视，负责了解省、部级领导班子及其成员贯彻执行党的路线、方针、政策的情况及廉政情况，直接报告中纪委并及时报告党中央，以及党的地方和部门的纪委（纪检组）发现同级党委（党组）或它的成员有违反党的纪律的情况，有权进行初步核实，并直接向上级纪委报告，任何组织或个人不得干预和阻挠等。

在中央的统一领导和布置下，反腐败三项工作取得了重要成果：从1993年1月至1997年6月，全国党政机关县（处）级以上干部有26万多人（次）在专题民主生活会上检查纠正了违反廉洁自律规定的问题，清理超标准小汽车2.1万辆；仅1996年，全国就有8.5万名党政机关干部按规定上交了礼品礼金，有95%的县（处）级以上领导干部申报了个人收入。从1992年10月至1997年6月，全国纪检监察机关共立案73.1万多件，结案约67万件，给予党纪政纪处分66.9万多人，其中县（处）级干部2万余人，厅（局）级干部1673人，省（部）级干部78人，为国家挽回经济损失159.8亿多元。查处的大案要案包括：原中央政治局委员、北京市委书记陈希同和北京市原市委常委、常务副市长王宝森严重违纪违法案，广东省人大常委会原副主任欧阳德在兼任东莞市委书记期间受贿案，中国民航总局原副局长边少斌收受非法所得案，山东省泰安市原市委书记胡建学等市级领导干部贪污受贿案，贵州省原计委副主任、省国际信托投资公司董事长阎健宏受贿、挪用公款案，无锡新兴实业总公司非法集资案，黑龙江省哈克森企业集团重大经济犯罪案等。部门和行业不正之风得到认真纠正，通过治理公路"三乱"（"乱设卡、乱收费、乱罚款"）、清理党政机关无偿占用企业资金和交通工具、制止公款出国（境）旅游、制止中小学校乱收费、治理医药用品购销中收取回扣等工作，初步解决了群众反映强烈的一些突出问题。

为了从制度上加强反腐败工作，党中央、国务院还制定了一批加强党风廉政建设的法规和制度。主要有：《关于对党和国家机关工作人员在国内交往中收受的礼品实行登记制度的规定》、《关于党政机关县（处）级以上领导干部收入申报的规定》、《关于领导干部报告个人重大事项的规定》、《中共中央、国务院关于党政机关厉行节约制止奢侈浪费行为的若干规定》、《中国共产党纪律处分条例(试行)》、《中国共产党党员领导干部廉洁从政若干准则(试行)》和《中华人民共和国行政监察法》。各地区各部门结合实际,也制定了领导干部党风廉政建设责任制度、领导干部离任审计制度、重大问题集体决策制度等。这些法规制度对于规范党政机关和党员领导干部的行为,增强领导干部的纪律观念,起到了积极作用。

反腐败三项工作的深入开展,充分体现了我们党在加强党风廉政建设、反对和遏制腐败方面的鲜明态度和坚强决心,有力地推进了党的自身建设。

党的思想建设、组织建设和作风建设是相辅相成的整体。在对党的思想理论建设和党风廉政建设进行部署的同时,1994 年 9 月 25 日至 28 日,党中央召开十四届四中全会,通过《中共中央关于加强党的建设几个重大问题的决定》,着重就加强党的组织建设问题作出部署。《决定》的一个重要贡献,是在总结党的十一届三中全会以来尤其是十四大以来党的建设的实践和经验的基础上,鲜明地提出了新时期党的建设的总目标和总任务,这就是:"把党建设成为用建设有中国特色社会主义理论武装起来、全心全意为人民服务、思想上政治上组织上完全巩固、能够经受住各种风险、始终走在时代前列的马克思主义政党"。① 全会指出:这是以邓小平为核心的第二代中央领导集体开创的、以江泽民为核心的第三代中央领导集体正在领导全党继续进行的"新的伟大的工程"②。

---

① 中共中央文献研究室编:《十四大以来重要文献选编》(中),人民出版社 1997 年版,第 957 页。

② 1939 年 10 月 4 日,毛泽东在《〈共产党人〉发刊词》一文中,最早将党的建设工作形象地称作"伟大的工程"。1997 年 9 月党的十五大进一步将新时期党的建设"新的伟大工程"的总目标表述为:"把党建设成为用邓小平理论武装起来、全心全意为人民服务、思想上政治上组织上完全巩固、能够经受住各种风险、始终走在时代前列、领导全国人民建设有中国特色社会主义的马克思主义政党"。

根据这一总目标和总任务,《决定》提出:"在全面贯彻落实中央关于思想建设和作风建设部署的同时,加强党的组织建设已经成为突出的环节。"①据此,全会对加强党的组织建设进行了研究和安排,提出并着重论述了加强党的组织建设的三个问题:坚持和健全民主集中制;加强和改进党的基层组织建设;大力培养和选拔德才兼备的领导干部。关于坚持和健全民主集中制,全会指出,最重要的是注重制度建设,以完备的制度保障党内民主,维护中央权威,保证全党在重大问题上的统一行动。关于党的基层组织建设,全会强调,党的基层组织是党的全部工作和战斗力的基础,必须下大功夫把党的基层组织建设好。党的基层组织建设的指导方针是:紧紧围绕党的基本路线,为党的中心任务服务;用改革的精神研究新情况、解决新问题,改进基层党组织的活动内容和工作方式;严格党内生活,严肃党的纪律,保持党员队伍的先进性和纯洁性;立足于经常性工作,常抓不懈。关于培养和选拔德才兼备的领导干部,全会强调,这是关系全局的重大问题。为此,必须全面提高现有领导干部的素质,高度重视人才的发现和使用,抓紧培养和选拔优秀年轻干部,努力造就大批能够跨世纪担当重任的领导人才;必须加快党政领导干部选拔任用等重要制度的改革,扩大民主,完善考核,推进交流,加强监督,逐步形成优秀人才能够脱颖而出、富有生机与活力的用人机制。

党的十四届四中全会后,根据以上部署,党中央在加强党的组织建设方面采取了一系列措施,各项工作取得显著进展。民主集中制建设进一步制度化、规范化。在保障党员权利方面,1995 年 1 月,中共中央发出关于印发《中国共产党党员权利保障条例(试行)》的通知。这个条例是我们党历史上第一个保护党员民主权利的专门党内规章,全面系统地规范了党组织和党员在保障党员权利方面的工作和活动,使党员能够更多地参与党内事务,拓宽了党内民主渠道。在规范决策程序方面,提出了"集体领导、民主集

---

① 中共中央文献研究室编:《十四大以来重要文献选编》(中),人民出版社 1997 年版,第 958 页。

中、个别酝酿、会议决定"的十六字方针,不断完善党委内部的议事和决策机制,提高了决策的科学化和民主化水平。在改进领导方式和执政方式方面,提出了"总揽全局,协调各方"的原则,既充分发挥人大、政府、政协和人民团体等在党和国家重大决策中的作用,又始终保证党处于领导核心的地位,使党的领导和人民当家作主得到高度统一。

农村基层组织和国有企业党的建设工作不断加强。1993 年 10 月 26 日至 29 日,中共中央召开全国农村基层组织建设工作会议,就加强农村基层组织建设作出全面部署,要求用 3 年时间将后进村党组织普遍整顿一遍。1994 年 11 月,中央专门发出《关于加强农村基层组织建设的通知》,提出了农村基层组织建设"五个好"的目标,即:建设一个好领导班子;培养锻炼一支好队伍;选准一条发展经济的好路子;完善一个好的经营体制;健全一套好的管理制度。按照"五个好"的要求,到 1997 年 6 月,全国分三批对 15.2 万个处于软弱涣散和瘫痪状态以及经济发展缓慢的村党支部进行了整顿,占农村党支部总数的 21.3%。经过整顿,80% 以上的后进村有了变化和进步。① 在加强国有企业党建工作方面,1995 年和 1996 年,江泽民在长春、上海等地两次就国有企业改革和党建工作发表讲话。1995 年 8 月,中组部、国家经贸委、人事部联合下发《关于加强国有企业领导班子建设的意见》,要求对国有企业领导班子进行调整充实,实行优胜劣汰。1997 年 1 月,党中央发出《关于进一步加强和改进国有企业党的建设工作的通知》,提出了"有一个好班子,有一个好队伍,有一个好机制,有一套好制度,促进企业不断提高经济效益和市场竞争能力"的"四有一促进"企业党建目标。3 月,中组部等四部门发出《关于做好国有企业领导班子考核建设工作的通知》,对国有企业领导班子考核、建设工作的指导思想,重点和目标,对象、内容和方法等提出了明确的要求。至年底,全国共考核了 13 万多户企业的领导班子,成员达 56 万多人,共调整企业领导班子成员 8.6 万多人,其中降免职

① 《为农村改革发展提供有力保证,农村基层组织建设和整顿成效显著》,《人民日报》1997 年 6 月 27 日。

3.1 万多人。① 通过大力加强国有企业党的建设,不仅强化了党组织的政治核心作用,而且增强了企业的凝聚力、向心力,促进了国有企业的改革、发展和稳定。

按照党的十四届四中全会提出的"扩大民主、完善考核、推进交流、加强监督"的要求,干部队伍建设迈出坚实步伐。1995 年 1 月,中共中央下发了《关于抓紧培养选拔优秀年轻干部的通知》,提出了培养选拔年轻干部的目标和要求。地方各级党委根据中央的要求,坚持干部"四化"方针和德才兼备原则,把"人民公认是坚持改革开放路线并有政绩的人"作为新时期的用人标准,大力培养和选拔了一批能够担当跨世纪重任的领导干部。同年 2 月,中共中央印发《党政领导干部选拔任用工作暂行条例》,规定了选拔任用党政领导干部的基本程序和必须坚持的六条原则(党管干部的原则;德才兼备、任人唯贤的原则;群众公认、注重实绩的原则;公开、平等、竞争、择优的原则;民主集中制的原则;依法办事的原则)。《条例》颁布之后,各级党委及组织人事部门认真抓好《条例》的贯彻实施,一些地方和部门还根据《条例》精神,制定了相应的《细则》及配套措施,改变了过去在选拔任用党政领导干部工作中制度不健全,在一些方面无章可循的状况,提高了选拔任用的科学性、准确性,标志着我国党政领导干部管理工作开始走上规范化、制度化的轨道。与此同时,党政领导干部考核工作进一步完善,从 1995 年 4 月到 1996 年 10 月,中组部首次对全国 107 个省部级领导班子进行了届中考察,不少地方和部门对地厅和县处级领导干部也采取届中考察的方法进行了考核。届中考察工作的开展,加强了对领导班子和领导干部的日常管理和监督,改变了以往存在的不调整领导班子不考察考核的状况。

政治路线确定之后,干部就是决定的因素。党的十四大以来,广大干部在改革开放和现代化建设实践中经受考验,迅速成长,并涌现出了像孔繁

---

① 《振兴国有企业的重要保证——国有企业领导班子考核建设工作述评》,《人民日报》1998 年 2 月 26 日。

森、李润五、马恩华和李国安、吴天祥、陈金水、吴金印等这样一些深受人民爱戴的优秀干部。这些先进典型为全党和全国人民树立了学习的榜样,代表了我们党的干部队伍的主流,是党赢得人民信任、带领人民建设中国特色社会主义的根本保证。

(二) 继续加强社会主义精神文明建设

党的十四大指出:"物质文明和精神文明都搞好,才是有中国特色的社会主义"。① 党的十四大以后,随着建立社会主义市场经济体制改革的不断深入,我国社会生产力快速发展,人民生活显著改善,人们的自立意识、竞争意识、效率意识、民主法制意识和开拓创新精神不断增强,社会主义的优越性进一步发挥出来。但与此同时,市场经济固有的弱点对人们的幸福观、功利观、是非观以及理想、信念、道德等也产生了负面效应和消极影响。如"一切向钱看",精神产品商品化,一些领域道德失范,拜金主义、享乐主义、个人主义滋长,封建迷信活动和黄赌毒现象沉渣泛起,假冒伪劣、欺诈活动成为社会公害等。在实际工作中,一些地方和部门则出现了新的"一手硬、一手软"的情况,忽视思想教育,忽视精神文明,甚至把市场经济与精神文明对立起来,认为搞市场经济就要牺牲精神文明,发展物质文明,精神文明建设就要让路,等等。这种情况,使得党在发展社会主义市场经济条件下高度重视并大力加强社会主义精神文明建设成为必要。

1994 年 1 月,全国宣传思想工作会议召开。江泽民在会上发表讲话提出:"建设社会主义精神文明,要制定发展规划。现在,我国经济发展已经有了三步走的发展目标,经济体制改革也勾画了社会主义市场经济体制的基本框架。社会主义精神文明建设,涉及各个方面,是一项系统工程。十二届六中全会曾经作了一个决议,现在需要根据新的情况,在已有基础上,经

---

① 中共中央文献研究室编:《十四大以来重要文献选编》(上),人民出版社 1996 年版,第 30 页。

过深入调查研究,争取用两三年时间,提出精神文明建设的总体规划、阶段性目标和具体措施。"①1996年1月24日,江泽民在与出席全国宣传部长会议的同志座谈时宣布:中央确定,把精神文明建设主要是思想道德文化建设作为即将于当年10月召开的十四届六中全会的主要议题。经过认真筹备,1996年10月7日至10日,党的十四届六中全会召开。全会审议通过了《中共中央关于加强社会主义精神文明建设若干重要问题的决议》——这是改革开放以来,继1986年9月党的十二届六中全会之后,我们党专门就精神文明建设制定的第二个决议。《决议》着眼于精神文明建设的现状和发展社会主义市场经济的新形势,进一步确立了我国社会主义精神文明建设的指导思想和今后15年精神文明建设的主要目标,并就提高全民族思想道德素质、积极发展社会主义文化事业、深入开展群众性精神文明创建活动、切实加大精神文明建设的投入、加强和改善党对精神文明建设的领导等重大问题作出规划和部署,标志着我国社会主义精神文明建设进入了一个新的发展阶段。

《决议》指出:社会主义精神文明是社会主义社会的重要特征,是现代化建设的重要目标和重要保证。要巩固和发展党的十一届三中全会以来取得的伟大成就,促进经济体制和经济增长方式的根本性转变,推动经济发展和社会全面进步,要面对世界范围各种思想文化相互激荡和科学技术的迅猛发展,迎接综合国力剧烈竞争的挑战,要在前进道路上战胜各种困难,坚持党的基本路线不动摇,这一切,不仅要求物质文明有一个大的发展,而且要求精神文明有一个大的发展。因此要在把物质文明搞得更好的同时,切实把精神文明建设提到更加突出的地位。

《决议》指出:我国的社会主义精神文明建设,必须以马克思列宁主义、毛泽东思想和邓小平建设有中国特色社会主义理论为指导,坚持党的基本路线和基本方针,加强思想道德建设,发展教育科学文化,以科学的理论武

---

① 中共中央文献研究室编:《十四大以来重要文献选编》(上),人民出版社1996年版,第659页。

装人,以正确的舆论引导人,以高尚的精神塑造人,以优秀的作品鼓舞人,培育有理想、有道德、有文化、有纪律的社会主义公民,提高全民族的思想道德素质和科学文化素质,团结和动员各族人民把我国建设成为富强、民主、文明的社会主义现代化国家。这是精神文明建设总的指导思想,也是精神文明建设总的要求。根据这个总要求,《决议》提出,今后15年,我国社会主义精神文明建设的主要目标是:在全民族牢固树立建设有中国特色社会主义的共同理想,牢固树立坚持党的基本路线不动摇的坚定信念;实现以思想道德修养、科学教育水平、民主法制观念为主要内容的公民素质的显著提高,实现以积极健康、丰富多彩、服务人民为主要要求的文化生活质量的显著提高,实现以社会风气、公共秩序、生活环境为主要标志的城乡文明程度的显著提高;在全国范围形成物质文明建设和精神文明建设协调发展的良好局面。为了实现这一目标,《决议》提出,要继续坚持精神文明重在建设的方针,切实抓好今后五年的工作,并着重解决以下突出问题:一是坚决制止党政机关和干部队伍中存在的消极腐败现象,进一步树立密切联系群众、勤政务实、廉洁奉公的优良党风政风。二是坚决纠正损害群众利益的行业不正之风,反对假冒伪劣、欺诈行为,大力培育爱岗尽责、方便群众、优质服务的敬业帮神。三是坚决扫除黄赌毒等社会丑恶现象,反对封建迷信活动,形成文明、健康、崇尚科学的社会风尚。四是坚决禁止制造和传播文化垃圾的行为,初步呈现优秀精神产品大量涌现、文化市场活跃有序的繁荣景象。五是坚决治理一些地方社会治安不好和环境脏、乱、差的状况,创建更多的文明村镇和文明城市。

为加强领导和协调,党的十四届六中全会还决定成立中央精神文明建设指导委员会,各省、自治区、直辖市也建立相应的机构。党的十四届六中全会以后,按照中央的要求,社会主义精神文明建设出现了新的气象。

群众性精神文明创建活动深入开展。全国广泛开展了以提高市民素质和城市文明程度为目标的创建文明城市活动;以提高农民素质、奔小康和建设社会主义新农村为目标的创建文明村镇活动;以服务人民、奉献社会为宗旨的创建文明行业活动。在创建文明城市活动中,从街道和社区抓起,重点抓好"创三优活动",即:从治理"脏乱差"入手,搞好市容绿化美化,创造优美的环境;从市民日常生活习惯的养成入手,抓好市民文明公约的遵守,增强人们遵纪守法的观念,加强社会治安和社会秩序的综合治理,建立优良的秩序;从转变服务观念入手,提高整体服务水平,搞好优质服务。在这项创建活动中,涌现出张家港市、三明市、天津市和平区、大连市、上海市、厦门市、西安市等一批文明城市典型和100个文明社区、文明街道示范点。在创建文明村镇活动中,通过"十星级文明户"的评选、"文化科技卫生三下乡"活动、"万村书库"活动及各种形式的移风易俗活动,促进广大农村健康、科学、文明新风的形成,并涌现出湖北省竹山县、河南省林州市、广东省东莞市长安镇等一批创建文明村镇的典型和200个文明村镇示范点。在创建文明行业活动中,通过"为人民服务,树行业新风"、"社会服务承诺制"、"百城万店无假货"等活动,推动各行各业服务质量的提高,涌现出了烟台社会服务承诺制、济南交警文明执勤、石家庄出租汽车行业等先进典型。在党和政府的大力支持和倡导下,群众性精神文明创建活动形成了党政各部门、驻地部队、社会各界、各行各业齐抓共建的格局。"军民共建"、"警民共建"、"工农共建"、"双拥"活动深入开展。全国总工会组织开展的送温暖、职业道德教育活动,全国妇联组织开展的"双学双比"活动,团中央组织开展的"青年志愿者"、"青年文明号"、"手拉手"活动以及全国科协组织开展的"讲、比、建"活动发挥了整体优势,在中国社会产生了广泛的影响。

弘扬主旋律,提倡多样化,促进社会主义文化的繁荣,是精神文明建设的重要任务之一。1991年,为了切实贯彻邓小平提出的坚持两手抓、两手都要硬的方针,根据党中央的指示,中央宣传部作出了组织实施精神文明建设"五个一工程"的决定,要求各省、自治区、直辖市党委宣传部要像抓物质生产重点建设工程那样,有计划、有重点地组织生产思想文化精品的工程,力争每年度推出一本好书、一台好戏、一部优秀影片和一部优秀电视剧(电

483

视片）及一篇或几篇有创见、有说服力的文章,即"五个一工程"。①"五个一工程"致力于弘扬主旋律,大力倡导一切有利于发扬爱国主义、集体主义、社会主义的思想和精神,大力倡导一切有利于改革开放和现代化建设的思想和精神,大力倡导一切有利于民族团结、社会进步、人民幸福的思想和精神,大力倡导一切有利于用诚实劳动争取美好生活的思想和精神,力求推出主旋律和多样化相统一的优秀作品,把更多更好的精神食粮贡献给人民。"五个一工程"的实施,对各地、各单位精神文明产品生产的发展与提高,产生了积极的促进作用,体现了中央提出的精神文明重在建设的方针,把以科学的理论武装人、以正确的舆论引导人、以高尚的精神塑造人、以优秀的作品鼓舞人的号召落实到实际工作中。从 1991 年第一届到 1999 年第七届,经过七次评选,全国共有一百多个省、区、市党委宣传部和解放军总政治部、广电总局荣获"五个一工程""组织工作奖";有近 1500 部电影、电视剧（片）、戏剧、歌曲、广播剧、图书、理论文献电视片、理论文章获"五个一工程""优秀作品奖"或"入选作品奖"。这些优秀作品讴歌理想,弘扬正气,表现真善美,真实而艺术地反映了社会生活的本质和主流,给人以信心和向上的力量,受到广大人民群众热烈欢迎,在社会上产生了广泛影响。

爱国主义是动员和鼓舞中国人民团结奋斗的一面旗帜,是推动我国社会历史前进的巨大力量,是各族人民共同的精神支柱。在指导社会主义精神文明建设过程中,党中央把加强爱国主义教育,振奋民族精神,增强民族凝聚力作为一项基础工程来抓。1994 年 8 月 23 日,中共中央印发了《爱国主义教育实施纲要》,对开展爱国主义教育的基本原则、主要内容、工作重点和教育方法作出明确规定和部署,从而实现了爱国主义教育活动的规范化和制度化。为了给爱国主义教育提供固定场所,各地普遍加强了爱国主义教育基地建设,各类博物馆、纪念馆、历史遗迹、风景胜地以及展示我国两个文明建设成果的重大建筑工程等,都为群众参观瞻仰活动提供支持和帮

---

① 从 1995 年度起,又将一首好歌和一部好的广播剧列入评选范围,"五个一工程"的名称不变。

助。中宣部还公布了第一批 100 个全国性的爱国主义教育基地。爱国主义教育的重点是青少年。为此,各级教育部门制订了各学科的爱国主义教育计划,各级学校还普遍建立了升旗制度。宣传、教育、文化等部门则运用影视、书刊、音乐、戏剧、故事会等形式,组织开展了读"百种爱国主义图书"、看"百部爱国主义电影"、唱"百首爱国主义歌曲"等活动。1994 年 8 月 31日,党中央还发布了《关于进一步加强和改进学校德育工作的若干意见》,就加强和改进大中小各级学校的德育工作作出部署。

思想道德建设是社会主义精神文明建设的一个重要方面。党的十四届六中全会在总结多年来思想道德建设经验的基础上,明确提出了新形势下思想道德建设的主要任务、基本途径和根本目的。党的十四届六中全会后,以提高公民素质和发展社会主义新型人际关系为目标的社会公德、职业道德和家庭美德教育在全国各地广泛开展。全国各主要城市普遍制定了各具特色的《文明市民手册》和《市民行为道德规范》,各行各业也根据自身特点,制定了行业和职业道德规范。2001 年初,江泽民在全国宣传部长会议上提出了"以德治国"的重要思想,阐明了思想道德建设在社会主义现代化建设中的重大作用。据此,9 月 20 日,在总结多年来加强思想道德建设经验的基础上,中共中央印发了《公民道德建设实施纲要》。《纲要》对新形势下加强公民道德建设的重大意义、指导思想、方针原则、主要内容和方式方法等作了明确规定,是从以德治国的高度进一步规划思想道德建设的纲领性文件。《纲要》印发后,全国上下迅速掀起了学习和贯彻的热潮。"爱国守法、明礼诚信、团结友善、勤俭自强、敬业奉献"20 字基本道德规范,作为《纲要》全部内容的集中体现和精髓所在,涵盖了社会生活的各个领域,是每一个公民都应该遵守的基本行为准则。为普及 20 字公民基本道德规范,中央有关部门举行了公民道德建设知识竞赛,各地各部门也通过报刊、广播、电视、互联网等媒体,利用板报、灯箱、电子显示牌、农村和社区文化长廊等宣传阵地,运用歌曲、漫画、快板、评书、故事会、公益广告等艺术形式,广泛深入持久地宣传 20 字基本道德规范,使人们耳濡目染、潜移默化。在大力加强思想道德建设的同时,党中央还提出,"必须把弘扬和培育民族精神作为文化建设极为重要的任务,纳入国民教育全过程,纳入精神文明建设全过程"①,并站在新的时代高度,先后概括了伟大的"井冈山精神"、"长征精神"、"延安精神"、"抗美援朝精神"、"'两弹一星'精神"、"大庆精神"的科学内涵,总结形成了"抗洪精神"、"64 字创业精神"和"为实现社会主义现代化而不懈奋斗的精神"等等。

群众性精神文明创建活动和爱国主义教育的广泛开展、社会主义文化事业的繁荣、思想道德建设的不断深入,使得社会主义精神文明建设得到全面加强,为改革开放和社会主义现代化建设事业提供了强大的精神动力和智力支持。

五、实现香港澳门回归,祖国统一大业迈出新步伐

(一) 落实"一国两制"构想,实现香港回归祖国

进入 20 世纪 90 年代后,中国在完成统一大业的道路上迈出了坚实步伐。1997 年和 1999 年,党中央和中国政府按照邓小平提出的"一国两制"方针,排除各种干扰,顺利实现了香港、澳门回归祖国,洗雪了百年国耻。对于台湾问题,在坚持"一个中国"原则的基础上,积极推动两岸人员往来和经济文化交流,同时,坚定不移地开展反分裂、反"台独"斗争,粉碎了公然在国际上制造"两个中国"、"一中一台"的图谋,捍卫了国家主权和领土完整。

1984 年 12 月中英《关于香港问题的联合声明》签署后,香港进入了过渡时期。为了确保香港的平稳过渡,首要任务是把联合声明的内容法律化。1985 年,根据六届全国人大三次会议作出的决定,成立了由 59 人组成的香

---

① 《中国共产党第十六次全国代表大会文件汇编》,人民出版社 2002 年版,第 38 页。

港特别行政区基本法起草委员会。7月,起草委员会召开第一次全体会议,起草工作正式启动。到1990年2月,起草工作如期完成。同年4月4日,七届全国人大三次会议审议并通过了《中华人民共和国香港特别行政区基本法》和三个附件:《香港特别行政区行政长官的产生办法》《香港特别行政区立法会的产生办法和表决程序》《在香港特别行政区实施的全国性法律》,以及香港特别行政区区旗和区徽图案。这表明,按照"一国两制"方针处理香港问题以及中央对香港的基本政策已经被国家用法律形式固定了下来,这是香港回归进程中的一件大事。

在香港进入过渡期的头几年,中英两国在香港问题上总体保持了友好合作关系。即使有问题,也能通过磋商求得解决。香港特别行政区基本法正是在这一时期制定的。但是,1989年北京发生政治风波后,特别是1989年至1991年东欧剧变、苏联解体之后,英国政府错误估计了形势,对华政策发生了改变,在香港问题上从与中方合作转变为与中方对抗,为香港的平稳过渡设置障碍。1990年前后,英国在不与中方磋商、不顾中方反对的情况下,连续打出四张"牌",破坏中英合作关系:一是指使港英行政局、立法局通过加快立法局直接选举的"共识"方案,即所谓"两局共识";二是单方面决定香港5万个家庭共22.5万人可在中国收回香港主权后移居英国,即所谓"居英权计划";三是强行制定凌驾于香港原有法律之上、意在架空基本法的"人权法案条例";四是不与中方磋商单方面提出了跨越1997年的"新机场建设"方案。1991年12月,英国又突然宣布现任港督届满后不再留任,并于1992年4月任命彭定康为新任港督。彭定康上任后,在英国政府的支持下,立即在其施政报告中抛出了对香港现行政治体制作出重大改变的"宪制改革"方案,即所谓"政改方案"。这一方案,完全违反了中英联合声明的有关规定,违反了中英关于香港政制发展要同基本法相衔接的原则,违反了中英之间已达成的谅解和协议,其实质是把香港变成独立或半独立的政治实体,以抗拒中国对香港恢复行使主权,因此理所当然遭到中方的反对。

为了解决由彭定康"政改方案"而引发的分歧,中国政府从实现香港平稳过渡和维护香港繁荣稳定的大局出发,一方面,同意与英方就此问题举行谈判;另一方面,鉴于英方的行动破坏了原先由中英双方建立起来的政制衔接的桥梁,迫使中国政府不得不作出相应的反应。为此,早在 1992 年底,中央即审时度势,提出了"以我为主,两手准备"的方针,着手酝酿并实行一系列有力措施,以保证在英国不合作的情况下香港的平稳过渡。其中最主要的措施是,成立香港特别行政区筹备委员会的预备工作委员会,为香港回归做好各项准备工作。

1993 年 3 月 31 日,八届全国人大一次会议决定关于授权全国人大常委会设立香港特别行政区筹备委员会预备工作机构。7 月 16 日,以国务院副总理兼外交部部长钱其琛为主任的香港特别行政区筹委会预备工作委员会宣告成立。从 1993 年 7 月成立到 1996 年 1 月结束工作,预委会运作了约两年半时间。在这期间,预委会就与香港政权交接和平稳过渡有关的一系列问题进行了大量的调查研究,提出了许多方案、建议和意见,掌握了香港过渡后期在重大问题上的主动权,从而为香港特别行政区筹备委员会的建立奠定了坚实的基础。

1996 年 1 月 26 日,也就是英国军队 155 年前入侵香港的这一天,香港特别行政区筹委会在北京成立,标志着中国政府对香港恢复行使主权进入了具体实施阶段。筹委会成立后,随即展开了卓有成效的工作。其中,以组建推选委员会和选举香港特别行政区第一任行政长官最受注目。1996 年 8 月 10 日,筹委会第四次全体会议审议并通过了《中华人民共和国香港特别行政区第一届政府推选委员会的具体产生办法》。该办法对推选委员会的组成、推选委员会委员的资格条件等作了具体规定。10 月 4 日至 5 日和 11 月 1 日至 2 日,筹委会在北京相继举行了第五次和第六次全体会议,从 5789 个报名人选中,选举出 340 名推选委员会委员。他们与 34 名香港地区全国政协委员和 26 名香港地区全国人大代表一起,组成了 400 人的香港特别行政区第一届政府推选委员会。1996 年 12 月 11 日,在推委会第三次会议上,经过全体推委会委员无记名投票,选举董建华为香港特别行政区第一任行政长官。这是香港历史上第一次由港人自己选举出的行政长官。16日,李鹏签署国务院第 207 号令,任命董建华为香港特别行政区行政长官。21 日,推委会在深圳举行的第四次全体会议上又选举产生了 60 名临时立法会议员。香港特别行政区第一任行政长官的推选和任命,临时立法会的产生,为全面组建特区政府铺平了道路。此后,第一届特区行政会议成员、第一届政府主要官员以及特区终审法院首席法官的人选也相继产生。香港回归的各项工作准备就绪。

1997 年 6 月 30 日下午 5 时许,江泽民率中国政府代表团乘机抵达香港启德机场,出席当天午夜进行的香港政权交接仪式。1997 年 6 月 30 日午夜至 7 月 1 日凌晨,举世瞩目的中英两国政府香港政权交接仪式在香港会议展览中心新隆重举行。6 月 30 日 23 时 56 分,象征中英两国政府政权交接的降旗、升旗仪式开始。随着英国国旗的降下,7 月 1 日零时整,在雄壮的中华人民共和国国歌声中,五星红旗和香港特别行政区区旗冉冉升起。香港的新时代开始了。江泽民在交接仪式上发表讲话指出:"中国对香港恢复行使主权。中华人民共和国香港特别行政区正式成立。这是中华民族的盛事,也是世界和平与正义事业的胜利。1997 年 7 月 1 日这一天,将作为值得人们永远纪念的日子载入史册。"①交接仪式结束后,紧接着举行了中华人民共和国香港特别行政区成立暨特区政府宣誓就职仪式。在中英两国政府举行香港政权交接仪式的同时,中国人民解放军驻香港陆、海、空部队根据中央军委的命令也从陆地、海上和空中同时进入香港,正式接管香港的防务。

香港回归祖国,是中华民族发展史上的重大事件,标志着香港同胞从此成为祖国这块土地上的真正主人,开创了香港历史发展的新纪元。

---

① 《江泽民文选》第一卷,人民出版社 2006 年版,第 651 页。

（二）成功实现澳门回归祖国

在实现香港回归的同时,澳门回归祖国的各项工作也有条不紊地进行。

1988 年 4 月,七届全国人大一次会议作出决定,成立澳门特别行政区基本法起草委员会,负责澳门特别行政区基本法的起草工作。由于中国政府对香港和澳门实行相同的基本方针政策,有了香港基本法作先例,制定澳门基本法的工作进展相对顺利。澳门特别行政区基本法的起草工作从 1988 年 10 月开始,到 1992 年 3 月结束,历时 3 年 5 个月。1993 年 3 月 31 日,八届全国人大一次会议正式通过了《中华人民共和国澳门特别行政区基本法》和三个附件:《澳门特别行政区行政长官的产生办法》、《澳门特别行政区立法会的产生办法》、《在澳门特别行政区实施的全国性法律》,以及澳门特别行政区区旗和区徽图案。

澳门基本法的通过,标志着澳门回归进入了后过渡期。在此期间,澳门回归所面临的挑战及问题与香港有所区别。香港问题的焦点在于英方的不合作,而澳门问题的焦点则在于公务员本地化、法律本地化和中文官方化三大问题上。能否解决好这些问题,对澳门的平稳过渡和未来特别行政区的顺利运作至关重要。面对新的问题,党中央和中国政府在坚持"一国两制、澳人治澳"方针的前提下,根据澳门独有的条件和实际情况,制定了适合澳门的具体方针和政策。经过中葡双方的多次磋商和共同努力,最后妥善地解决了这三大问题。

1998 年 5 月 5 日,澳门特别行政区筹备委员会在北京正式成立。筹备委员会由 100 人组成,其中澳门委员 60 人。筹委会成立后,所进行的一项重要工作是组建一个有广泛代表性、全部由澳门永久性居民组成的 200 人的推选委员会,并由这个推选委员会推举产生澳门特别行政区第一任行政长官人选。1999 年 4 月 9 日,筹委会全体会议以无记名和差额选举的方式,从候选人名单中选出了 185 名推选委员会委员,他们与 4 名澳门地区全国人大代表和经协商推举出来的 11 名澳门地区全国政协委员的代表一起,组成了 200 人的澳门特别行政区第一届政府推选委员会。5 月 15 日,推选委员会在澳门以无记名投票方式,选举何厚铧为澳门特别行政区第一任行政长官人选。20 日,国务院正式予以任命。在中央政府的统一领导下,筹组澳门特别行政区的其他各项工作也陆续完成。

1999 年 12 月 19 日午夜至 20 日凌晨,中葡两国政府澳门政权交接仪式在澳门文化中心花园馆隆重举行。江泽民在交接仪式上庄严宣告:"中国政府对澳门恢复行使主权。历史将永远记住这一举世关注的重要时刻。从这一刻起,澳门的发展进入了一个崭新的时代。"①交接仪式结束后,随即举行了澳门特别行政区成立暨特区政府宣誓就职仪式。12 月 20 日中午 12 时,中国人民解放军驻澳门部队进驻澳门,开始正式担负澳门特别行政区的防务。澳门回归祖国,标志着在中国国土上彻底结束了外国列强的占领,这是中国共产党对中华民族的历史性贡献。

香港和澳门回归祖国后,港澳居民依法享有充分的自由和前所未有的民主权利,以主人翁的姿态积极投入到特别行政区的各项建设当中,社会保持稳定,经济持续增长,民生逐步改善。"一国两制"方针在实践中不断丰富与发展,得到了香港和澳门社会各界的普遍拥护和国际社会广泛认同,显示了强大生命力。

(三) 提出推进祖国和平统一八项主张,坚决反对"台独"

20 世纪 80 年代,随着祖国大陆实行改革开放政策,以及提出"和平统一,一国两制"方针,海峡两岸关系逐步趋于缓和。1987 年 11 月,台湾当局开放民众到祖国大陆探亲。从此,海峡两岸长期隔绝的状态被打破。仅 1991 年,来大陆探亲、旅游、经商的台湾同胞就达 100 万人次,两岸间接贸易总额接近 58 亿美元,两岸人员往来以及经济、文化、体育等各领域的交流蓬勃发展,两岸经济相互促进、互利互补的局面初步形成。

---

① 江泽民:《在中葡两国政府举行的澳门政权交接仪式上的讲话》,《人民日报》1999 年 12 月 20 日。

为了进一步促进两岸关系的发展,建立海峡两岸沟通和了解的渠道,1991年12月16日,大陆方面成立了海峡两岸关系协会,由汪道涵担任会长。1992年8月4日,汪道涵致函台湾海峡交流基金会董事长辜振甫,提议两会负责人就两岸经济发展和两会会务等问题举行会谈。22日,辜振甫回函表示同意。经过多次预备性磋商,双方达成了各自以口头方式表述"海峡两岸均坚持一个中国原则"的共识(即"九二共识")。在此基础上,1993年4月27日至29日,大陆海协会会长汪道涵和台湾海基会董事长辜振甫在新加坡举行会谈,就加强两岸经济交流与合作、加强海协与海基会的联系与合作、协商解决两岸交往中具体事宜等问题交换意见,并签署了《两岸公证书使用查证协议》、《两岸挂号函件查询、补偿事宜协议》、《两会联系与会谈制度协议》以及《汪辜会谈共同协议》四项协议,在推动两岸关系发展方面取得了具体成果。第一次"汪辜会谈"的举行,实现了四十多年来两岸高层人士的首次会晤,建立了两会联系与会谈制度,为推动两岸经贸往来和民间交流的扩大创造了积极的气氛,引起了海内外的广泛瞩目。此后,为落实"汪辜会谈"达成的各项协议,从1993年8月至1995年1月,海协会和海基会又先后在北京、台北、南京等地举行了多次副部长级的工作会谈。但是,由于台湾当局一直以各种借口阻挠协商经济科技议题,并在事务性商谈中极力谋求达到其体现"两岸分裂分治"、"两岸对等政治实体"的目的,拒绝签署已商定的事务性议题协议,致使两会协商一再出现波折。

为了向海内外更明确地阐明中国共产党和中国政府在台湾问题上的基本方针政策,1995年1月30日,江泽民发表《为促进祖国统一大业的完成而继续奋斗》的讲话,就现阶段发展两岸关系,推进祖国和平统一进程提出了八项主张,主要内容是:(一)坚持一个中国的原则,是实现和平统一的基础和前提。中国的主权和领土决不容许分割。任何制造"台湾独立"的言论和行动,都应坚决反对。(二)对于台湾同外国发展民间性经济文化关系,我们不持异议。但是,反对台湾以搞"两个中国"、"一中一台"为目的的所谓"扩大国际生存空间"的活动。(三)进行海峡两岸和平统一谈判。谈判过程中,可以吸收两岸各党派、团体有代表性的人士参加。在一个中国的前提下,什么问题都可以谈,包括台湾当局关心的各种问题。(四)努力实现和平统一,中国人不打中国人。我们不承诺放弃使用武力,决不是针对台湾同胞,而是针对外国势力干涉中国统一和搞"台湾独立"的图谋的。(五)大力发展两岸经济交流与合作,以利于两岸经济共同繁荣,造福整个中华民族。应当采取实际步骤加速实现直接"三通",促进两岸事务性商谈。(六)中华文化是维系全体中国人的精神纽带,也是实现和平统一的一个重要基础。两岸同胞要共同继承和发扬中华文化的优秀传统。(七)两千一百万台湾同胞,不论是台湾省籍还是其他省籍,都是中国人,都是骨肉同胞、手足兄弟。要充分尊重台湾同胞的生活方式和当家作主的愿望,保护台湾同胞一切正当权益。(八)我们欢迎台湾当局的领导人以适当身份前来访问;我们也愿意接受台湾方面的邀请,前往台湾。可以共商国是,也可以先就某些问题交换意见。中国人的事我们自己办,不需要借助任何国际场合。这八项主张,是继《告台湾同胞书》、"叶九条"、"邓六条"后又一份解决台湾问题的纲领性文件,充分体现了中国共产党和中国政府在国家统一问题上以民族大义为重,既坚持原则又求同存异的公正立场,体现了发展两岸关系、促进祖国统一的决心和诚意。

但是,对于大陆提出的八项主张,台湾当局并没有作认真的思考和回应,反而在国际社会蓄意制造"两个中国"、"一中一台",明目张胆地进行"台独"分裂活动。1995年6月,美国政府不顾中国方面的坚决反对和多次严正交涉,同意李登辉赴美进行所谓"私人访问"。访美期间,李登辉公开发表演讲,大肆鼓吹"中华民国在台湾",叫嚣要"尽全力向不可能的事物挑战"。与此同时,台湾方面连续举行针对祖国大陆的军事演习,在两岸之间制造紧张气氛。

面对由李登辉访美造成的"台独"活动不断加剧的形势,中国共产党和中国政府坚持"一个中国"原则,从舆论、军事、外交等方面坚定地开展了反分裂、反"台独"斗争。1995年5月23日,中国外交部发表声明,就美国政府允许李登辉访美提出强烈抗议。6月16日，国务院台办发言人宣布：中止第二次"汪辜会谈"的预备性磋商。6月17日，中国政府决定召回驻美大使。6月18日，新华社发表评论员文章，强调"任何指望中国会吞下损害自己权益苦果的企图，是注定要失败的"。在采取上述措施的同时，1995年7月、8月、11月和1996年3月，中国人民解放军还相继在台湾海峡和台湾附近海域举行了四次军事演习。演习期间，美国政府公然派遣两支航空母舰编队驶往台湾附近海域，一支企图穿过台湾海峡。在此情况下，人民解放军坚定不移地继续演习，以此表明中国政府和中国人民维护国家主权和领土完整、不畏外来干涉的坚强决心。

中国人民反分裂、反"台独"的斗争震动了世界，打击了"台独"分裂势力的嚣张气焰，也让国际社会进一步看清了"台独"的危害性。此后，世界上绝大多数国家表示要在一个中国的框架内对待台湾问题。美国政府也多次重申执行一个中国政策，只与台湾保持非官方关系，并作出了不支持"台湾独立"，不支持"两个中国"或"一中一台"，不支持台湾加入任何必须由主权国家才能参加的国际组织的"三不"承诺。在各方压力下，台湾当局也不得不表示，目前不会也没有必要立刻宣布"台湾独立"，声称愿意继续进行两岸沟通和谈判。

在两岸局势逐步趋于稳定的情况下，1997年9月，江泽民在中共十五大报告中再次提出了两岸举行政治谈判的倡议。1998年8月24日，中共中央台办、国务院台办负责人发表谈话，表示愿意恢复海协会与海基会的接触与交流，重申欢迎海基会董事长辜振甫来大陆参观访问。经过多次磋商，1998年10月14日至19日，辜振甫率海基会参访团访问了祖国大陆。海协会会长汪道涵在上海与辜振甫举行了会谈，并达成四点共识：（一）两会决定进行包括政治、经济等各方面内容的对话，由两会负责人具体协商作出安排。（二）进一步加强两会间多层次的交流与互访。（三）对涉及两岸同胞生命财产安全的事件，两会加强个案协助。（四）汪道涵会长对辜振甫先生邀请他访问台湾表示感谢，并表示愿意在适当的时候访问台湾，加深了解。

　　然而，就在海协会、海基会经过交换意见，原则确定汪道涵访问台湾的有关事宜后不久，1999 年 7 月，李登辉在接受"德国之声"电台采访时竟公然提出了所谓"两国论"，声称两岸关系是"国家与国家，至少是特殊的国与国的关系"。随后，台湾当局某些负责人也随声附和，说什么两岸关系已从"两个对等政治实体"走到"两个国家"，两岸会谈就是"国与国会谈"等。"两国论"直接挑衅一个中国原则，是李登辉继 1995 年访美后恶化两岸关系的又一严重事件。对此，中国政府和中国人民与之进行了坚决斗争，国际社会也予以谴责和反对。在此情况下，台湾当局不得不多次公开表示"两国论"不入"宪"、不修法，大陆政策没有变，反对"两国论"的斗争取得了阶段性胜利。

　　2000 年 3 月，在台湾地区领导人选举中，国民党失去了执政地位，主张"台独"的民进党人陈水扁当选台湾当局新领导人。陈水扁上台，表明台湾局势发生了重大变化，增加了两岸关系中新的不确定因素。在选举结果公布当天，中共中央台湾工作办公室、国务院台湾事务办公室即发表声明，指出："世界上只有一个中国，台湾是中国领土不可分割的一部分。台湾地区领导人的选举及其结果，改变不了台湾是中国领土一部分的事实。和平统一是以一个中国原则为前提的。任何形式的'台独'，都是绝对不允许的。对台湾新领导人我们将听其言观其行，对他将把两岸关系引向何方，拭目以待。"2000 年 5 月 20 日，陈水扁发表首次政策讲话，作出了所谓"四不一没有"的承诺，即不会宣布"台独"，不会推动"两国论入宪"，不会推动"统独公投"，没有废除"国统纲领"与"国统会"的问题，但同时又附加了条件；特别是在最关键的接受一个中国原则问题上，始终采取了回避、模糊的态度。此后，他不仅否认"九二共识"的存在，蓄意阻挠恢复两岸谈判，还公然提出"台湾跟对岸中国一边一国"的论调，鼓吹用"公民投票"方式决定"台湾的前途、命运和现状"，并采用各种手段企图通过渐进方式实现"台独"目标。对于台湾当局分裂祖国的言行，中国共产党和中国政府一再申明：坚持一个中国原则，是发展两岸关系和实现和平统一的基础。世界上只有一个中国，祖国大陆和台湾同属一个中国,中国的主权和领土完整不容分割。我们寄希望于台湾当局,更寄希望于台湾人民。事实上,在祖国大陆的积极努力下,两岸间各个层次的人员往来和经贸文化交流不断增加,台湾人民对祖国大陆的情况有了更真切的了解,两岸人民在经济上的共同利益不断增多,这成为维系和稳定两岸关系,最终实现祖国统一的关键因素和重要力量。

第 七 章

跨世纪的战略谋划与改革开放的深入

　　中国共产党第十五次全国代表大会，是在世纪之交的历史性时刻，承前启后，继往开来，高举邓小平理论伟大旗帜，谋划把中国特色社会主义事业全面推向 21 世纪的一次重要大会。党的十五大以后，面对来自国际国内、经济外交以及自然界等方面的严峻考验，以江泽民为核心的党中央团结带领全党全国人民迎难而上，不断把改革开放引向深入；提出并实施依法治国方略，稳步推进政治体制各领域改革；实施科技强军战略，坚持走有中国特色的精兵之路；积极适应世界政治经济格局新变化，顺势而为开创全方位外交新局面；深入思考党的建设重大问题，创造性地提出"三个代表"重要思想，开辟了马克思主义党建理论发展的新境界。在党的正确领导和全国人民的共同努力下，我国胜利完成了社会主义现代化建设的第二步战略目标，人民生活总体上实现了由温饱到小康的历史性跨越——这是中华民族发展史上的一个新里程碑。

一、高举邓小平理论旗帜迈向新世纪

（一）党的十五大与跨世纪的改革发展部署

中国共产党第十五次全国代表大会，是在世纪之交国际竞争日趋激烈，国内改革日趋深入，发展任务异常繁重的特殊背景下召开的。

从国际上看，一方面，和平与发展仍然是时代的主题，多极化趋势在全球或地区范围内，在政治、经济等领域都有新的发展；世界上各种力量出现新的分化和组合，大国之间的关系经历着重大而又深刻的调整，可以为我所用的矛盾和机遇增多，中国改革发展的总体国际环境有利。另一方面，霸权主义和强权政治仍然威胁世界和平与稳定，因民族、宗教、领土等因素而引发的局部冲突此起彼伏，世界并不安宁。冷战思维依然存在，西方反华势力不断借口"人权"问题干涉中国内政，并在中国加入世界贸易组织等问题上设置障碍，制造噪音，遏制中国发展和强大的企图十分明显。从国内情况看，1997 年 2 月 19 日，我国改革开放的总设计师、中国特色社会主义理论的创立者邓小平逝世。邓小平是中国共产党第一代中央领导集体的重要成员、第二代领导集体的核心，为党和国家建立了不朽功勋，在国内外享有崇高威望和巨大影响力。尽管党的十三届五中全会后邓小平就不再担任任何领导职务，但他的逝世还是引起了人们的极大关注。在国内，人们普遍关心的问题是：邓小平逝世后，中国的改革开放和现代化建设，能否沿着他所开辟的建设有中国特色社会主义道路继续走下去？党的路线方针政策能否保持一贯性？在国际上，注意中国发展的各方面人士，也都在观察邓小平逝世后的中国走向，有些人担心，有些人则制造舆论，企图改变中国的发展方向。总之，邓小平去世后的中国，又一次面临着举什么旗，走什么路的重大选择。

在思想理论领域，党的十四大以后，我国建立社会主义市场经济体制的改革步伐明显加快，进入了全面攻坚阶段。改革攻坚的重要任务之一，是要在原来不敢触及或很少触及的所有制问题上打开突破口,深化以国有企业为重点的各项改革,从而进一步解放和发展生产力。然而,就在改革攻坚要求进一步解放思想之际,继姓"社"姓"资"的争论之后,20世纪90年代中期以来,围绕着国有企业如何改造、对股份制改革如何定性等问题,又发生了姓"公"姓"私"的争论,一股"左"的暗流再次泛起。有人指责国有企业进行股份制改革是搞私有化,国有企业"抓大放小"也是搞私有化,是挖社会主义的墙脚;有人把公有制的主体地位实际等同于国有制主体地位,宣称公有制主体地位要表现在任何地区、任何产业中,公有制经济成分要纯而又纯;有人认为私有经济的发展,已对我国社会主义经济基础的性质产生了严重影响,威胁我国经济基础的安全,因此,阶级斗争有可能重新上升为我国社会的主要矛盾,资产阶级是今后我国国内经济政治安全工作应注意的主要对象,社会主义和资本主义谁胜谁负的问题,在我国远未解决,等等。这种由姓"公"姓"私"争论表现出来的"左"倾思潮,严重束缚了人们的思想和行动,成为新形势下我国改革开放进一步深化的主要障碍。如何对待和打破新的思想僵滞,是党中央必须面对并作出回答的重大课题。

党的十五大就是在这样的背景下召开的。作为谋划跨世纪改革发展战略的大会,党的十五大的决策事关中国以怎样的姿态告别20世纪、进入21世纪。

为了开好党的十五大,早在1996年10月,中央政治局常委会就决定成立十五大报告起草小组。12月11日,江泽民在和起草小组的第一次谈话中,就报告的主题、框架、主要内容、基本思路作了明确指示,提出党的十五大报告要回顾100年,回顾50年,回顾改革开放以来的20年,特别是要总结党的十四大以来的5年;要展望21世纪的前50年,进一步描绘到新中国成立100周年时我国经济和社会发展的宏伟蓝图。1997年1月17日,在同起草小组的第二次谈话中,江泽民着重讲了关于经济体制改革的10个问题,提出在坚持公有制为主体的前提下,一切符合"三个有利于"的所有制形式都可以且应该用来为社会主义服务。

邓小平逝世后,在举世关注中国政局动向的重要时刻,为了进一步统一全党思想,迎接党的十五大召开,1997 年 5 月 29 日,江泽民代表中央政治局常委会在中央党校省部级干部进修班毕业典礼上发表了重要讲话。这个讲话,从邓小平建设有中国特色社会主义理论、社会主义初级阶段、经济发展和经济体制改革、党的建设四个方面,对中央研究确定的十五大报告稿的几个主要问题进行了论述。江泽民指出,旗帜问题至关紧要。旗帜就是方向,旗帜就是形象。在社会主义改革开放和现代化建设的新时期,在跨越世纪的新征途上,一定要高举邓小平建设有中国特色社会主义理论的伟大旗帜,用这个理论来指导我们的整个事业和各项工作。在邓小平同志逝世后,全党特别是高级领导干部,在这个问题上尤其要有高度的自觉性和坚定性。无论遇到什么困难,什么风险,都不动摇。江泽民的"5·29"讲话,为党的十五大的召开做了重要的思想和舆论准备。

1997 年 9 月 12 日至 18 日,中国共产党第十五次全国代表大会在北京召开。大会正式代表 2048 人,代表全国五千八百多万党员。大会通过了江泽民代表第十四届中央委员会作的《高举邓小平理论伟大旗帜,把建设有中国特色社会主义事业全面推向二十一世纪》的报告,通过了关于《中国共产党章程修正案》的决议;选举产生了新一届中央委员会和中央纪律检查委员会。

报告站在时代的高度,回顾一个世纪以来中华民族的沧桑巨变,高度评价了站在时代前列的三位伟大人物:孙中山、毛泽东、邓小平。报告指出,改革开放,为实现社会主义现代化而奋斗,是在以邓小平为核心的党的第二代领导集体的领导下开始的新的革命,成功地走出了一条建设有中国特色社会主义的新道路。

大会报告第一次明确使用了"邓小平理论"的概念,高度评价了邓小平理论的历史地位和指导作用,指出:马克思列宁主义同中国实际相结合有两次历史性飞跃,产生了两大理论成果。第一次飞跃的理论成果是毛泽东思想,第二次飞跃的理论成果邓小平理论。邓小平理论第一次比较系统地初步回答了中国社会主义的发展道路、发展阶段、根本任务、发展动力、外部条件、政治保证、战略步骤、党的领导和依靠力量以及祖国统一等一系列基本问题,指导我们党制定了在社会主义初级阶段的基本路线。它是贯通哲学、政治经济学、科学社会主义等领域,涵盖经济、政治、科技、教育、文化、民族、军事、外交、统一战线、党的建设等方面比较完备的科学体系,又是需要从各方面进一步丰富发展的科学体系。在当代中国,只有把马克思主义同当代中国实践和时代特征结合起来的邓小平理论,而没有别的理论能够解决社会主义的前途和命运问题。邓小平理论是当代中国的马克思主义,是马克思主义在中国发展的新阶段。

大会通过的党章修正案明确规定:"中国共产党以马克思列宁主义、毛泽东思想、邓小平理论作为自己的行动指南。"①把邓小平理论确立为全党的指导思想,这是大会的最大贡献,对我们党带领人民胜利实现 20 世纪末的奋斗目标,进而在 21 世纪开创更加辉煌的前景具有极其重大而深远的影响。

大会继党的十三大之后,再次系统阐述了社会主义初级阶段的理论,强调了深刻认识和把握国情的巨大理论意义和现实意义。大会报告指出:十一届三中全会前我们在建设社会主义中出现失误的根本原因之一,就在于提出的一些任务和政策超越了社会主义初级阶段。近 20 年改革开放和现代化建设取得成功的根本原因之一,就是克服了那些超越阶段的错误观念和政策,又抵制了抛弃社会主义基本制度的错误主张。这次大会之所以要"进一步强调这个问题,是因为:面对改革攻坚和开创新局面的艰巨任务,我们解决种种矛盾,澄清种种疑惑,认识为什么必须实行现在这样的路线和政策而不能实行别样的路线和政策,关键还在于对所处社会主义初级阶段的基本国情要有统一认识和准确把握"②。

---

① 《中国共产党章程》(中国共产党第十五次全国代表大会部分修改,1997 年 9 月 18 日通过),《人民日报》1997 年 9 月 23 日。

② 江泽民:《高举邓小平理论伟大旗帜,把建设有中国特色社会主义事业全面推向二十一世纪》,《人民日报》1997 年 9 月 22 日。

大会在对我国社会主义初级阶段的基本特点进行总体概括之后,明确提出了党在社会主义初级阶段建设中国特色社会主义的经济、政治和文化纲领。指出:建设有中国特色社会主义的经济,就是在社会主义条件下发展市场经济,不断解放和发展生产力;建设有中国特色社会主义的政治,就是在中国共产党领导下,在人民当家作主的基础上,依法治国,发展社会主义民主政治;建设有中国特色社会主义的文化,就是以马克思主义为指导,以培育有理想、有道德、有文化、有纪律的公民为目标,发展面向现代化、面向世界、面向未来的,民族的科学的大众的社会主义文化。大会强调,这个纲领,是邓小平理论的重要内容,是党的基本路线在经济、政治、文化等方面的展开,是这些年来最主要经验的总结。

大会结合新的形势,以巨大的理论勇气,就社会主义初级阶段的所有制结构、公有制实现形式,以及推进政治体制改革、实施依法治国方略等问题提出了一系列新的科学论断,实现了社会主义理论问题上的又一次思想解放和认识深化。大会报告指出:公有制为主体、多种所有制经济共同发展,是我国社会主义初级阶段的一项基本经济制度。公有制经济不仅包括国有经济和集体经济,还包括混合所有制经济中的国有成分和集体成分。公有制的主体地位主要体现为公有资产在社会总资产中占优势,国有经济控制国民经济命脉,对经济发展起主导作用,主要体现在控制力上。公有制实现形式可以而且应当多样化,一切反映社会化生产规律的经营方式和组织形式都可以大胆利用,要努力寻找能够极大促进生产力发展的公有制实现形式。股份制是现代企业的一种资本组织形式,资本主义可以用,社会主义也可以用。不能笼统地说股份制是公有还是私有,关键看控股权掌握在谁手中。目前城乡大量出现的多种多样的股份合作制经济,是改革中的新事物,要支持和引导,不断总结经验,使之逐步完善。非公有制经济是我国社会主义市场经济的重要组成部分。对个体、私营等非公有制经济要继续鼓励、引导,使之健康发展。以上这些新观点和新创见,排除了一段时间以来由姓"公"姓"私"争论造成的观念障碍,极大地解放了人们的思想,为进一步深化经济体制改革和其他方面的改革提供了强有力的理论支持。大会报告同时指出,经济体制改革的不断深入,要求我们在坚持四项基本原则的前提下,继续推进政治体制改革,进一步扩大社会主义民主,健全社会主义法制,依法治国,建设社会主义法治国家。依法治国,就是广大人民群众在党的领导下,依照宪法和法律规定,通过各种途径和形式管理国家事务,管理经济文化事业,管理社会事务,保证国家各项工作都依法进行,逐步实现社会主义民主的制度化、法律化,使这种制度和法律不因领导人的改变而改变,不因领导人看法和注意力的改变而改变。依法治国,是党领导人民治理国家的基本方略,是发展社会主义市场经济的客观需要,是社会文明进步的重要标志,是国家长治久安的重要保障。

大会进一步规定了我国跨世纪发展的战略部署,勾画了 21 世纪前 50 年的发展前景。大会报告指出:从现在起到下世纪的前十年,是我国实现第二步战略目标、向第三步战略目标迈进的关键时期。在这个时期,建立比较完善的社会主义市场经济体制,保持国民经济持续快速健康发展,是必须解决好的两大课题。为此,必须坚持社会主义市场经济的改革方向,使改革在一些重大方面取得新的突破,并在优化经济结构、发展科学技术和提高对外开放水平等方面取得重大进展,真正走出一条速度较快、效益较好、整体素质不断提高的经济协调发展的路子。报告提出,展望下世纪,我们的目标是,第一个十年实现国民生产总值比 2000 年翻一番,使人民的小康生活更加宽裕,形成比较完善的社会主义市场经济体制;再经过十年的努力,到建党一百年时,使国民经济更加发展,各项制度更加完善;到世纪中叶新中国成立一百年时,基本实现现代化,建成富强民主文明的社会主义国家。大会提出,实现这些任务和目标,关键在于坚持、加强和改善党的领导,充分发挥党的思想政治优势和组织优势,从严治党,保持党的先进性和纯洁性,增强党的凝聚力和战斗力,进一步把党建设好。

大会最后以无记名投票的方式,选出第十五届中央委员会委员 193 名,中央委员会候补委员 151 名,中央纪律检查委员会委员 115 名。9 月 19 日,党的十五届一中全会选举江泽民、李鹏、朱镕基、李瑞环、胡锦涛、尉健行、李岚清为中央政治局常委,江泽民为中央委员会总书记;决定江泽民为中央军事委员会主席;批准尉健行为中央纪律检查委员会书记。1998 年 3 月,九届全国人大一次会议选举江泽民为国家主席、中央军事委员会主席,李鹏为九届全国人大常委会委员长;决定朱镕基为国务院总理。

党的十五大是在世纪之交的关键时刻,明确回答了中国改革开放和社会主义现代化建设继续向前发展面临的一系列重大理论和政策问题,从思想上、政治上、组织上为我国经济社会的跨世纪发展确定了方向,提供了根本保证。

(二) 成功抵御亚洲金融危机冲击

进入 1997 年下半年,一场来势猛烈的亚洲金融危机给我国改革发展带来严峻挑战。1997 年 7 月 2 日,泰国宣布将固定汇率改为浮动汇率,泰铢大幅贬值,引发亚洲金融危机。受其影响,菲律宾比索、印度尼西亚盾、马来西亚林吉特等相继大幅度贬值。危机迅速蔓延,10 月,韩元贬值;11 月,日元贬值。金融危机像是触发了"多米诺骨牌",一发而不可收,很快便波及整个亚洲及世界其他地区,造成国际金融市场持续动荡,世界经济受到严重冲击。受此影响,从 1997 年底开始,我国的外贸进出口总额出现了迅速下降,利用外资减少,经济增长速度放慢,出现通货紧缩趋势,人民币面临着贬值的巨大压力。

在新的严峻形势面前,党中央高瞻远瞩,从容应对。还在危机爆发之前,从 1993 年起中央就通过不断深化金融改革、稳定人民币汇率、加强对金融机构和证券市场的监管、审慎开放金融市场等一系列宏观调控措施,保持金融形势的稳定。1997 年 1 月召开的全国金融工作会议进一步提出要切实整顿金融秩序,防范和化解金融风险,要坚决取缔非法设立的金融机构,严禁非金融企业从事金融业务。1997 年 3 月,朱镕基在九届人大一次会议上参加福建、西藏代表团讨论时,提出 1997 年要成为"防范金融风险年"。

之后,有关部门陆续颁布了《证券市场禁入暂行规定》、《关于严禁国有企业和上市公司炒作股票的规定》、《关于禁止银行资金违规流入股票市场的通知》等文件,以加强对股票和证券市场的监管。这些都为我国应对亚洲金融危机的冲击提供了有利条件。

在亚洲金融危机爆发之初,党中央冷静地分析了形势,有针对性地采取了一系列防范对策。1997 年 9 月,江泽民在党的十五届一中全会上提醒全党:金融风险突发性强,波及面广,危害极大,必须保持高度警觉,防范和化解金融风险是我国经济工作的一项重要而紧迫的任务。1997 年 11 月,中共中央、国务院再次召开全国金融工作会议,对防范和化解金融风险作出全面部署。会议提出,要按照建立社会主义市场经济体制的方向,深化和加快金融改革,进一步整顿和规范金融秩序,切实加强金融法治和金融监管,大力运用现代信息技术管理手段,建立健全符合我国国情的现代金融体系和金融制度,引导金融业健康发展;要力争用 3 年左右时间大体建立与社会主义市场经济发展相适应的金融机构体系、金融市场体系和金融调控监管体系,显著提高金融业经营和管理水平,基本实现全国金融秩序明显好转,化解金融隐患,增强防范和抗御金融风险能力。1998 年 11 月,中共中央、国务院作出决定,对中国人民银行进行改革,撤销省级分行,跨省区设置九家分行,以加强对中国人民银行的管理。

1998 年初,面对金融危机继续蔓延的势头,中共中央提出了"坚定信心,心中有数,未雨绸缪,沉着应付,埋头苦干,趋利避害"的总方针,作出了扩大内需,发挥国内市场巨大潜力,积极扩大出口,适当增加进口,保持人民币汇率稳定等重大决策。1998 年 7 月,鉴于外贸出口增长速度大幅度回落和国内需求对经济拉动力度不够,经济增长速度减缓和通货出现紧缩的趋势,党中央果断决定:实施积极的财政政策和稳健的货币政策,由中央财政向商业银行增发长期建设国债,增加投资,加强基础设施建设;同时增加中低收入者的收入,改善人民生活;并采取出口退税、加大打击走私力度等措施,千方百计增加出口,从多方面拉动经济增长。在积极的财政政策支持下,从 1998 年到 2000 年,连续三年共发行长期建设国债 3650 亿元(其中 1998 年发行 1000 亿元,1999 年发行 1150 亿元,2000 年发行 1500 亿元)。这部分资金主要用于加快基础设施建设,由此又带动了近 7500 亿元银行配套贷款,增加了固定资产投入,极大地加快了基础设施建设步伐,干成了一些多年来想干而未干成的大事。三年中,共兴建基础设施项目近六千六百二十多个,包括加固大江大河大湖堤防 16369 公里,新增公路、铁路通车里程 1 万多公里,建成国家粮库储备库容 530 亿公斤。大规模的基础设施建设,带动了一批相关产业的发展和就业岗位的增加,有效拉动了国内需求。到 2000 年,国民经济出现重要转机,经济发展开始稳步回升。

亚洲金融危机后,东南亚许多国家的货币相继大幅度贬值,这使中国面临人民币贬值的巨大压力,人民币汇率稳定成为世界关注的焦点。面对严峻形势,中国政府面在权衡利弊、深思熟虑的基础上,多次在不同场合向世界庄严承诺:人民币不会贬值。1997 年 11 月底,朱镕基在接受日本《经济新闻》的专访时表示,中国绝不会采取让人民币对外贬值的对策来促进本国产品的出口。这是中国政府第一次在公开场合宣布人民币汇率不贬值。1997 年 12 月,在吉隆坡举行的中国东盟首脑非正式会晤中,江泽民再次郑重宣布,中国将保持人民币汇率稳定。1998 年 2 月,在党的十五届二中全会上,江泽民指出,保持人民币汇率稳定,这不仅关系人民群众的信心和我们经济社会的稳定,也是对香港金融稳定的有力支持,对亚洲和世界经济的稳定也是一个重要贡献。1998 年 3 月,朱镕基在第九届全国人大一次议举行的记者招待会上,把"人民币不能贬值"列为"一个确保"任务的重要内容。中国不雪上加霜,不乘人之危,坚持人民币不贬值,并雪中送炭,为泰国等国家提供了高达四十多亿美元的资金援助,主动承担巨大困难和风险,作出自我牺牲,这对减轻亚洲国家的压力,稳定亚洲金融秩序,促进东南亚经济的恢复和发展做出了重大贡献,也赢得了负责任大国的赞誉。

（三）贯彻落实"两个大局"思想,实施西部大开发战略

1999 年 6 月,以江泽民为核心的第三代中央领导集体审时度势,总揽全局,在我国即将进入新的发展阶段的重要历史时刻,及时作出了实施西部大开发战略的重大决策。这是贯彻落实邓小平"两个大局"思想的具体行动,是优化地区经济结构,促进产业升级;促进生产力水平再上新台阶,实现现代化建设第三步战略目标;逐步缩小地区差距,最终实现共同富裕;增进民族团结,维护边防巩固,保证国家长治久安;把建设中国特色社会主义伟大事业全面推向 21 世纪所采取的关键性步骤,具有重大而深远的意义。

在我国,明确提出划分东、中、西部三大地带,始于 1986 年,并经当年 3 月召开的六届全国人大四次会议通过的"七五"计划正式对外公布。"七五"计划指出,三大地带是"按照经济技术发展水平和地理位置相结合的原则"划分的,东部地区包括辽宁、河北、天津、北京、山东、江苏、上海、浙江、福建、广东、广西(当时海南尚未建省) 11 个省、市、自治区(不含香港、澳门、台湾);中部地区包括黑龙江、吉林、内蒙古、山西、安徽、江西、湖北、湖南、河南 9 个省、自治区;西部地区包括四川、贵州、云南、西藏、陕西、甘肃、青海、宁夏、新疆 9 个省、自治区。1997 年,国务院批准重庆市为直辖市,西部地区遂增加了重庆市,成为 10 个省、市、自治区。实施西部大开发战略以后,2000 年 12 月 27 日公布的《国务院关于实施西部大开发若干政策措施的通知》,明确把原来划入中部地区的内蒙古和划入东部地区的广西列入实施西部大开发战略的区域范围之中,这样,实施西部大开发战略的范围就包括了 12 个省、自治区、直辖市。西部地区幅员辽阔,资源丰富,市场潜力大,战略位置重要。但由于自然、历史、社会等原因,西部地区经济发展相对落后,人均国内生产总值仅相当于全国平均水平的 67% 和东部地区的40%,迫切需要加快改革开放和现代化建设步伐。

近代以来,"开发西部"、"建设西部"的呼声此起彼伏。伟大的民主革命先行者孙中山,在他的《建国方略》的"实业计划"中,就曾对西北经济的

开发与建设提出过许多宏伟的战略构想。新中国成立以来,党和国家十分重视对西部地区的经济开发。20 世纪 50 年代中期,毛泽东在《论十大关系》中就强调,要处理好沿海工业和内地工业的关系。尤其是在"一五"计划和三线建设时期,国家在大西北地区投入了上千亿元人民币的资金,建成了一大批新兴工业城市、工业基地、国有大中型企业和科研单位,由此奠定了西部工业化的基础。1988 年,邓小平又进一步提出了"两个大局"的思想,并设想到 20 世纪末东部地区"发展到一定的时候",要"拿出更多力量来帮助内地发展"。①

以江泽民为核心的第三代中央领导集体对邓小平提出的"两个大局"思想十分重视。早在 1991 年 11 月召开的党的十三届五中全会上,党中央就明确提出要"有计划地扶持西部不发达地区",认为"这是关系国民经济协调发展、加强民族团结、巩固边疆、保障国家长治久安的大事,必须高度重视"。② 1991 年 12 月,在贵州遵义、贵阳、安顺等地考察时,江泽民也提出,在集中力量推进我国经济建设的过程中,一定要在继续大力发展东部地区的同时,把中西部地区的经济振兴作为一个重要的发展战略有计划有步骤地实施好。党的十四大以后,江泽民又多次提出加快西部地区经济发展的问题。1995 年 9 月 28 日,在党的十四届五中全会闭幕时的讲话中,针对改革开放以来我国地区经济发展差距逐步扩大的问题,江泽民指出:"解决地区发展差距,坚持区域经济协调发展,是今后改革和发展的一项战略任务。从'九五'计划开始,要更加重视支持中西部地区经济的发展,逐步加大解决地区差距继续扩大趋势的力度,积极朝着缩小差距的方向努力。"③党的十四届五中全会通过的《中共中央关于制定国民经济和社会发展"九五"计划和 2010 年远景目标的建议》也明确指出:要"实施有利于缓解差距扩大

---

① 《邓小平文选》第三卷,人民出版社 1993 年版,第 278 页。
② 《十三大以来重要文献选编》(下),人民出版社 1993 年版,第 1777 页。
③ 《江泽民论有中国特色社会主义》(专题摘编),中央文献出版社 2002 年版,第 171—172 页。

趋势的政策"。《建议》把"坚持区域经济协调发展,逐步缩小地区发展差距"作为今后15年我国经济和社会发展必须贯彻的一条重要方针。① 1996年3月,八届全国人大四次会议通过《中华人民共和国国民经济和社会发展"九五"计划和2010年远景目标规划纲要》,专设"促进区域经济协调发展"一章,系统地阐述了此后15年国家的区域经济发展战略,提出了促进中西部经济发展的6项政策措施。

1997年,姜春云副总理在组织有关部门深入调研的基础上,向中央提交了《关于陕北地区治理水土流失建设生态农业的调查报告》。同年8月5日,江泽民在报告上作了重要批示,指出:"历史遗留下来的这种恶劣的生态环境,要靠我们发挥社会主义制度的优越性,发扬艰苦创业的精神,齐心协力地大抓植树造林,绿化荒漠,建设生态农业去加以根本的改观。经过一代一代人长期地、持续地奋斗,再造一个山川秀美的西北地区,应该是可以实现的。"②同年9月,在党的十五大报告中,江泽民进一步提出:"国家要加大对中国西部地区的支持力度,优先安排基础设施和资源开发项目,逐步实行规范的财政转移支付制度,鼓励国内外投资者到中西部投资。进一步发展东部地区同中西部地区多种形式的联合和合作。更加重视和积极帮助少数民族地区发展经济。从多方面努力,逐步缩小地区发展差距。"③1998年5月,江泽民提出,"要进一步研究如何加快中西部特别是西部地区的开发步伐"。他说,"现在离下个世纪中叶全国基本实现现代化,只有五十年了,逐步加快开发西部地区,是时候了。"④这是江泽民较早明确地提出要实施西部大开发战略。

---

① 《十四大以来重要文献选编》(中),人民出版社1997年版,第1485页。

② 《江泽民论有中国特色社会主义》(专题摘编),中央文献出版社2002年版,第176页。

③ 《中国共产党第十五次全国代表大会文件汇编》,人民出版社1997年版,第27—28页。

④ 《十四大以来党和国家领导人论国有企业改革和发展》,中央文献出版社1999年版,第217页。

1999年6月9日,在中央扶贫开发工作会议上的讲话中,江泽民在论述了邓小平关于东西部共富的"两个大局"的战略思想后,郑重指出实施第二个大局的战略构想即加快中西部地区的经济发展条件已经具备。他说:"改革开放以来,沿海发达地区运用自身较好的经济基础、优越的地理位置和一些特殊措施,经济和社会发展突飞猛进,积累了相当的实力。现在,加快中西部地区发展步伐的条件已经具备,时机已经成熟。如果我们看不到这些条件,不抓住这个时机,不把该做的事情努力做好,就会犯历史性的错误。在继续加快东部沿海地区发展的同时,必须不失时机地加快中西部地区的发展。从现在起,这要作为党和国家一项重大的战略任务,摆到更加突出的位置。"①中央扶贫开发工作会议后,江泽民随即来到陕西等地考察。6月17日,在西安召开的西北五省区国有企业改革和发展座谈会上,江泽民就国有企业改革和加快中西部地区发展等问题发表重要讲话,第一次明确阐述了"西部大开发战略",指出:"加快开发西部地区,是全国发展的一个大战略、大思路。""实现了这个宏图大略,其经济的、文化的、政治的、军事的和社会的深远意义,是难以估量的。全党同志和全国上下必须统一和提高认识。没有西部地区的稳定就没有全国的稳定,没有西部地区的小康就没有全国的小康,没有西部地区的现代化就不能说实现了全国的现代化。"江泽民强调,"加快开发西部地区是一个巨大的系统工程,也是空前艰难的历史任务。既要有紧迫感,抓紧研究方案、步骤和政策措施,又要做好长期奋斗的思想准备。""我们要下决心通过几十年乃至整个下世纪的艰苦努力,建设一个经济繁荣、社会进步、生活安定、民族团结、山河秀美的西部地区。"②此后,江泽民在多个场合又从不同的方面反复论述了西部大开发指导思想和政策措施等问题。1999年9月,党的十五届四中全会通过的《中

---

① 《江泽民论有中国特色社会主义》(专题摘编),中央文献出版社2002年版,第176—177页。

② 《江泽民论有中国特色社会主义》(专题摘编),中央文献出版社2002年版,第177—178页。

共中央关于国有企业改革和发展若干重大问题的决定》正式提出："国家要实施西部大开发战略"，"要通过优先安排基础设施建设、增加财政转移支付等措施，支持中西部地区和少数民族地区加快发展。""中西部地区要从自身条件出发，发展有比较优势的产业和技术先进的企业，促进产业结构的优化升级。东部地区要在加快改革和发展的同时，本着互惠互利、优势互补、共同发展的原则，通过产业转移、技术转让、对口支援、联合开发等方式，支持和促进中西部地区的经济发展。"①

为了贯彻落实中央关于西部大开发的战略决策，1999 年 8 月和 10 月，国务院总理朱镕基先后到陕西、云南、四川、甘肃、青海和宁夏等地进行考察和调研。在考察中，朱镕基指出，加快西部地区发展是邓小平关于我国现代化建设战略思想的重要组成部分，是促进各地区共同繁荣、共同富裕的必然要求，江泽民总书记十分重视加快西部地区的发展。在世纪之交，我国现代化建设即将全面实现第二步战略目标，并向第三步战略目标迈进的时候，提出加快西部地区大开发，是党中央高瞻远瞩，统揽全局，审时度势作出的战略决策，这不仅在经济上，更重要的在政治上，都具有重大的现实意义和深远的历史意义。同年 11 月 15 日至 17 日，中共中央、国务院召开中央经济工作会议，在具体部署 2000 年工作时，把实施西部大开发战略当作 2000 年经济工作的五项主要任务之一，强调西部大开发是一项宏大的工程，必须统筹规划，突出重点，有步骤、分阶段地实施；必须紧紧依靠西部地区干部群众的积极性，自强不息，艰苦奋斗；国家也要逐步加大对西部地区的投入，并通过政策引导，吸引更多的国内外资金、技术和人才。西部开发要重点抓好基础设施建设，大力植树种草，有计划、有步骤地退耕还林，调整产业结构，优先发展科技教育。

2000 年 1 月，国务院成立了由朱镕基任组长的西部地区开发领导小组，下设办公室，具体承担领导小组的日常工作。2001 年 3 月 5 日，九届全

---

① 《中共中央关于国有企业改革和发展若干重大问题的决定》单行本，人民出版社1999年版，第 8 页。

国人大第四次会议通过《中华人民共和国国民经济和社会发展第十个五年计划纲要》,具体规定了"十五"时期实施西部大开发战略的目标、方针、主要任务等。国务院还先后颁布了《关于实施西部大开发若干政策措施》、《关于进一步做好退耕还林还草试点工作的若干意见》、《关于进一步完善退耕还林政策措施的若干意见》;中央办公厅、国务院办公厅印发或转发了《西部地区人才开发十年规划》、《关于西部大开发若干政策措施实施意见》;国家计委、国务院西部开发办印发了《"十五"西部开发总体规划》等。按照党中央、国务院的统一部署,经过各地区各部门特别是西部地区干部群众的努力,西部大开发扎实推进,不断取得重要进展。

二、迎难而上扎实推进各领域改革发展

(一) 实现国有企业改革与脱困三年目标

国有企业改革是整个经济体制改革的中心环节。建立和完善社会主义市场经济体制,实现公有制与市场经济的有效结合,最重要的是使国有企业形成适应市场经济要求的管理体制和经营机制。党的十一届三中全会后,通过扩大企业自主权,下放生产经营权,实行承包制、利改税等措施,国有企业活力不断增强。但这些改革主要着眼于"放权让利",对企业内部深层问题很少触及。

20世纪90年代以来,随着建立社会主义市场经济体制改革的逐步深入,国有企业经营机制不活,创新能力不强,债务和社会负担沉重,经济效益下降,生产经营艰难,一些职工生活困难的问题日渐突出,深化改革迫在眉睫。党的十四大报告指出,转换国有企业特别是大中型企业的经营机制,是建立社会主义市场经济体制的中心环节,是巩固社会主义制度和发挥社会主义优越性的关键所在。为了推动党的十四大精神的贯彻落实,1993年5月、6月和10月,江泽民先后赴上海、陕西和广东考察,深入基层和企业调

查研究。同年 11 月,党的十四届三中全会审议通过《中共中央关于建立社会主义市场经济体制若干问题的决定》,明确提出建立"产权清晰、权责明确、政企分开、管理科学"的现代企业制度,是国有企业改革的方向。这是十几年来我国经济体制改革特别是企业改革经验的结晶,为深化国有企业改革指明了方向。在这以后,国有企业改革由"放权让利"进入了"制度创新"的新阶段。1994 年 11 月,党中央、国务院确定将 100 户企业作为建立现代企业制度的试点企业。1995 年 5 月到 6 月,江泽民又分别来到上海、江苏、浙江及辽宁、吉林、黑龙江等省市,考察了近 50 家企业,召集了 10 多次座谈会、汇报会,听取各方人士关于推进国有企业改革的意见和建议。1996 年初,针对国有企业经营困难、出现净亏损的状况,江泽民再次前往各地考察,并于 5 月 4 日召开了上海、江苏、浙江、山东四省市企业改革和发展座谈会。他在讲话中指出,中央关于国有企业改革和发展的各项基本方针是完全正确的,必须进一步统一思想,坚定不移地贯彻落实。1997 年党的十五大明确提出,"公有制实现形式可以而且应当多样化";要着眼于搞好整个国有经济,抓好大的,放活小的,对国有企业实施战略性改组——由努力搞好每一个国有企业到着眼搞好整个国有经济,这是党的十五大在国有企业改革问题上的一个重大认识突破。

为全面推进国有企业改革进程,改变亏损严重的状况,党的十五大和十五届一中全会向全党、全国人民发出国有企业改革与脱困的"动员令":用三年左右的时间,通过改革、改组、改造和加强管理,使大多数国有大中型亏损企业摆脱困境;力争到 20 世纪末大多数国有大中型骨干企业初步建立起现代企业制度。1998 年 3 月 24 日,朱镕基总理在国务院第一次全体会议上强调,国有企业改革事关全局,"三年目标"必须如期完成。此后,亏损近百亿、名列亏损榜首位的纺织行业,被确定为国有企业改革和脱困的突破口,首先打响了"压锭、减员、增效"的攻坚战。1999 年是国有企业改革与脱困的关键一年。为了战略全局上部署和落实国有企业改革发展问题,1999 年 9 月,党的十五届四中全会审议通过了《关于国有企业改革和发展若干重大问题的决定》。《决定》分析了国有企业改革和发展面临的形势,确定到 2010 年国有企业改革和发展的目标是:适应经济体制与经济增长方式两个根本性转变和扩大对外开放的要求,基本完成战略性调整和改组,形成比较合理的国有经济布局和结构,建立比较完善的现代企业制度,经济效益明显提高,科技开发能力、市场竞争能力和抗御风险能力明显增强,使国有经济在国民经济中更好地发挥主导作用。为了达成这一目标,《决定》明确了推进国有企业改革和发展十条指导方针以及搞好国有企业的一系列战略性措施,从而为实现国有企业改革与脱困三年目标奠定了坚实政策基础。

从 1998 年到 2000 年,3 年里,围绕着实现国有企业改革与脱困目标,国有企业认真贯彻落实国家的各项政策措施,把改革、脱困同改组、改造和加强管理紧密结合起来,做了大量扎实有效的工作,打了一场艰苦的攻坚战。改善宏观经济环境,加快结构调整步伐。3 年中,国家采取积极的财政政策和稳健的货币政策,扩大国内需求,大幅度提高出口退税率,多次降低银行利率,严厉打击走私和骗取出口退税行为,依法开展反倾销行动,整顿市场秩序,治理向企业乱收费、乱罚款和各种摊派等。这些宏观调控政策措施,对改善企业生产经营外部环境起到了很好作用。加大减员增效力度,建立企业退出市场的机制。为解决一些早已失去竞争能力的企业退出市场的问题,国家通过核销银行呆坏账准备金,推动企业的兼并破产工作,建立企业的市场退出通道。3 年里,全国共计批准下达企业兼并破产项目 1718 个,其中大中型项目 1504 个,共需核销银行呆坏账准备金 1261 亿元。一批长期亏损、资不抵债、扭亏无望的企业和资源枯竭的矿山退出了市场,通过兼并破产,国有大中型亏损企业累计减亏 300 亿元左右。通过多种方式,鼓励和帮助下岗职工再就业。3 年里,国有企业下岗职工约 2100 万人,其中 1300 万人实现了再就业。实施债权转股权,改善资本结构。经过严格审查推荐,确定 580 户企业实施债权转股权,债转股总额 4050 亿元。实施债转股减轻了企业债务负担,促进企业转换经营机制,建立现代企业制度,也盘活银行的一部分不良资产,减少了金融风险。加快技术进步,增强企业发展后劲。自1999年起,国家从发行的财政债券中拿出部分资金,用于企业技术改造和贷款贴息,支持东北等老工业基地和重点行业、重点企业、重点产品进行技术改造,引导银行和企业的资金投向,扭转了技术改造投资增幅下降的趋势。按照加强总量调控,严防重复建设的原则,分批安排了880个项目,总投资2400亿元,其中,银行贷款1459亿元,国家给予贴息195亿元。这些项目的投产,促进了主要行业产品结构和竞争能力的提升。加快现代企业制度建设,推进企业转换经营机制,实行政企分开,探索建立国有资产管理的有效方式,进行公司制改革,分离企业办社会职能,深化劳动、人事和分配制度改革等。实施"抓大放小",推动国有企业战略性改组。在"抓大"方面,着重抓了在国民经济中具有重要影响的520户国家重点企业,先后组建了中国石油天然气集团公司、中国石油化工集团公司、上海宝钢集团公司、十大军工集团公司,对中国电信进行了重组等。在"放小"方面,针对小企业改制中暴露出来的问题,出台了关于出售国有小企业的规范办法,制定了《关于鼓励和促进中小企业发展的若干政策意见》等。

在党中央、国务院的决策部署下,到2000年底,国有企业改革与脱困的三年目标基本实现。主要表现为:国有及国有控股企业工业实现利润大幅度增长。2000年,国有及国有控股工业实现利润2392亿元,为1997年的2.9倍。大多数行业实现了整体扭亏或继续增盈。重点监测的14个行业中,有12个行业利润继续增长或扭亏为盈,仍然亏损的煤炭、军工行业亏损额也大幅度减少。各省、自治区、直辖市全部实现整体盈利。全国31个省、区、市国有及国有控股工业实现整体盈利,其中12个省、区、市国有及国有控股工业扭亏为盈。19个继续盈利或盈利增加。大多数国有大中型亏损企业实现脱困。1997年亏损的6599户国有大中型企业,已通过多种形式减少4799户,这些企业有的实现了扭亏为盈,有的通过关闭破产退出了市场,有的被兼并或进行了改制。大多数国有大中型骨干企业初步建立了现代企业制度。国务院确定建立现代企业制度百户试点企业以及各地选择的试点企业共2700户,绝大部分实行了公司制改革。列入520户国家重点企业的 514 户国有及国有控股企业中,有 430 户进行了公司制改革,其中 282 户企业整体或部分改制为有限责任公司和股份有限公司,实现了投资主体多元化,初步建立起了现代企业制度的框架,公司法人治理结构已基本形成,在实现政企分开、转换经营机制、加强科学管理等方面,迈出了重要步伐。

国有企业改革发展取得的重大成果说明:在社会主义市场经济条件下,国有企业有广阔的发展空间,公有制与市场经济是可以结合的,国有企业可以搞好。

(二) 社会保障制度改革加快推进

作为完善社会主义市场经济体制的基本内容,党的十五大以后,我国社会保障制度改革全面推进,取得了一系列重大突破,以养老保险、医疗保险、失业保险和城市居民最低生活保障制度为主要内容的、适应社会主义市场经济基本要求的社会保障体系框架基本形成。

"两个确保"不断得到巩固。1998 年 5 月,在国有企业改革进入攻坚战之时,党中央、国务院召开国有企业下岗职工基本生活保障和再就业工作会议,作出了"两个确保"、"建立三条保障线"的重大决策。"两个确保",即确保国有企业下岗职工基本生活,确保企业离退休人员基本养老金按时足额发放;"建立三条保障线",即建立下岗职工基本生活保障、失业保险和城市居民最低生活保障制度三条保障线。按照中央的部署,各地把"两个确保"作为"头等大事"、"第一位的工作",实行一把手负责制,层层抓落实。一方面通过建立企业再就业服务中心、组织下岗职工进中心、通过"三三制"筹集资金等措施,实现了绝大多数下岗职工进入再就业服务中心并保障基本生活的目标;另一方面,通过加强征缴、动用基金积累、财政支持等多种渠道筹集资金,千方百计保证企业离退休人员基本养老金按时足额发放。1998 年至 2002 年 6 月底,全国累计有国有企业下岗职工两千六百多万人,90% 以上进入再就业服务中心,进中心的下岗职工基本都能按时领到生活费,并由中心代缴社会保险费。同期,领取基本养老金的企业离退休人数从两千七百多万人增加到三千两百多万人,每年平均增加 150 万人,共发放基本养老金 8296 亿元,基本做到了按时足额发放,并补发历史拖欠 215 亿元。为落实两个确保,1998 年至 2001 年,中央财政对老工业基地和中西部地区的两个确保资金给予了总额达 1300 亿元的专项补助。实践证明,两个确保是实践"三个代表"重要思想的重大举措,受到广大职工群众的衷心拥护,有力地维护了社会稳定,促进了国有企业改革和经济结构调整。"三条保障线"逐步完善。第一条保障线即国有企业下岗职工基本生活保障制度,其对象是下岗职工,基本功能是保生活、接保险、促就业。第二条保障线即失业保险制度,其对象是失业人员,基本功能是向失业人员提供救济,化解失业风险,并积极促进其再就业。20 世纪 90 年代以来,失业保险改革步伐不断加快,覆盖范围已经扩大到城镇所有企业和事业单位及其职工,基金的筹集、管理制度进一步规范。第三条保障线即城市居民最低生活保障制度,其对象是城市中所有家庭收入低于一定收入的居民,基本功能是向低收入居民提供最基本的生活保障,这是由民政部门负责发放的最后一条保障线。1999 年,国务院发布《城市居民最低生活保障条例》,标志着城市居民最低生活保障制度建立。到 2002 年 9 月底,全国所有城市和县级人民政府所在地的镇全部建立了此项制度,享受最低生活保障的人数近 2000 万人。

养老保险制度改革取得重大进展。一是实现了从"企业保险"向社会统筹的过渡,并确立了三方负担机制。从 20 世纪 90 年代初期开始,适应转换企业经营机制的要求,开始在部分地区和行业进行了国有企业职工退休费用社会统筹试点,并在总结试点经验的基础上,建立了由国家、企业、个人三方共同负担养老保险费的新机制,改变了过去长期实行的"企业保险"格局,对均衡企业负担,促进企业公平竞争起到了积极作用。二是建立了社会统筹和个人账户相结合的新型的企业职工基本养老保险制度。这一制度的建立,找到了一种适应中国国情的独特的养老保险模式。个人账户制度的实行,不仅调动了职工个人缴费并关注企业缴费情况的积极性,同时也由于

517

部分积累机制的建立,为应对人口老龄化提供了条件。三是理顺了管理体制。在统一基本制度的基础上,1998年国务院决定将铁道、电力、邮电、石油等11个行业养老保险统筹移交地方,实行属地化管理,理顺了社会保险管理体制,增强了省级统筹功能。四是积极推进社会化管理服务工作。到2002年底,全国参加基本养老保险的人员达到1.4亿人。为减轻企业社会事务负担,从体制上确保基本养老金按时足额发放,各地积极推行社会保障的社会化管理工作。企业离退休人员基本养老金社会化发放率由1996年的12%提高到2002年的99.3%,不仅保证按时足额发放,也方便了离退休人员就近、便捷地领取养老金。五是建立了基本养老金调整机制,企业离退休人员养老金水平不断提高。企业离退休人员月均养老金水平已从1990年的129元提高到2001年的579元。2002年,中央又两次提高了企业退休人员养老金水平,月人均增加76元左右,并向退休早、养老金水平较低的部分人员倾斜。养老金水平的不断提高,使广大离退休人员分享到社会经济发展的成果,提高了他们的生活水平。

医疗保险制度改革全面启动。1994年,国务院决定在江苏镇江和江西九江两个城市进行医疗保险制度改革试点,之后又逐步将试点城市扩大到四十多个。在总结各地经验的基础上,1998年国务院颁布了《关于建立城镇职工基本保险制度的决定》,开始在全国范围内进行医疗保险制度改革,建立覆盖城镇所有单位及其职工的基本医疗保险制度。改革的总体思路是"基本保障、广泛覆盖、双方负担、统账结合、多层保障、三改并举",中央统一原则,地方分散决策。经过努力,到2002年10月底,覆盖人数达到8691万人,取得了重要的阶段性成果。基本医疗保险制度的建立,不仅从制度上有效地保障了参保职工的基本医疗,而且有效地解决了过去公费、劳保医疗制度下长期存在的拖欠职工医疗费的问题,解除了职工的后顾之忧。工伤、生育保险改革也稳步推进。截至2001年底,参加工伤保险的职工达到4300万人,参加生育保险的职工达到三千五百多万人。

　　完善城镇社会保障体系试点取得初步成效。2000年10月,党的十五届五中全会提出了建立独立于企业事业单位之外、资金来源多元化、保障制度规范化、管理服务社会化的社会保障体系的总体目标。根据这一目标,国务院制定了完善城镇社会保障体系的试点方案,并选择在辽宁全省进行以做实基本养老保险个人账户和推进下岗职工基本生活保障向失业保险并轨为主要内容的试点。试点工作从 2001 年 7 月开始,并取得重要进展:一是做实了在职职工的养老保险个人账户,实现了部分基金积累;二是稳步推进国有企业下岗职工由基本生活保障向失业保险和"低保"的并轨,一大批下岗失业人员实现了再就业;三是积极推进劳动保障管理服务社会化,到 2002 年 9 月末,共有 111 万名企业退休人员纳入了社会化管理范围,占参保企业离退休人员总数的 52%。

多渠道筹集社会保障资金的新机制初步形成。为改变社会保障筹资渠道单一、保障功能脆弱的问题,从 1998 年开始,按照资金来源多元化的目标,逐步建立了多渠道筹集社会保障资金的新机制。一是增强个人的自我保障意识,实行基本养老保险、失业保险和基本医疗保险由用人单位和职工共同缴纳费用的新制度,同时加强社会保险费征缴,充分发挥其社会保障资金主渠道的作用。2001 年,全国企业养老保险费征缴收入达到 1856 亿元,发放养老金 2063 亿元;失业保险费征缴收入 187 亿元,支出 157 亿元;基本医疗保险现收现支,收支平衡,略有结余。二是各级财政积极调整支出结构,增加对社会保障的投入。中央财政率先垂范,1998 年至 2001 年,中央财政对老工业基地和中西部地区的两个确保资金缺口给予了专项补助,涉及 24 个省区市,补助资金近 1300 亿元。三是开辟新的筹资渠道。2000 年成立全国社会保障基金理事会,负责管理全国社会保障基金,目前已通过中央财政投入等方式,筹集基金八百多亿元。四是加强对社会保障基金的管理与监督。从 1998 年开始,国家对社会保险基金实行收支两条线管理,各级劳动保障行政部门成立了专门的基金监督机构,基本回收了过去被挤占挪用的社会保险基金,遏制了违规动用行为,保证了社会保障基金的安全完整。

（三）顺利开展农村税费改革试点

我们党历来十分重视正确处理国家、集体和农民的关系,注意保障农民利益,在农村实行休养生息的政策。改革开放后,通过实行以家庭承包经营为基础、统分结合的双层经营体制,调整农产品价格和购销政策,改善农村分配关系,采取一系列减轻农民负担的政策措施,调动了农民的生产积极性,保持和发展了农村好的形势。但是农村税费制度和征收办法中仍有很多不尽合理之处。特别是 20 世纪 90 年代中后期,我国农业经济增长缓慢,农产品价格下滑,农民收入长期徘徊,而一些地方和部门面向农民的乱集资、乱收费、乱罚款和各种摊派(简称"三乱"),导致农民负担过重,严重侵害了农民的物质利益和民主权利,挫伤了农民的生产积极性,伤害了农民对党和政府的感情,农村群体性事件时有发生,乡村治理矛盾尖锐,农村干群关系紧张,又进一步加重了农业、农村、农民问题的严重性。在此情况下,为了探索减轻农民负担的治本之策,党中央、国务院决定将工作重心由过去的"治乱减负"为主转向实行农村税费改革。

1998 年 9 月,中央农村工作领导小组第 3 次会议决定,成立由财政部部长项怀诚、农业部部长陈耀邦、中央农村工作领导小组办公室主任段应碧组成的国务院农村税费改革工作小组以及相应的工作班子。工作班子的成员主要来自农业部、中农办、中央编办、教育部和税务总局,办公室挂靠在财政部,集中精力研究和提出改革方案。工作班子建立后,围绕农村"三乱"如何处理、农业税收如何调整和规范、村级办公经费如何保障、村内公益事业建设资金如何筹集、乡村公共服务如何提供等重点问题开展了一系列专题调研,并着手起草农村税费改革试点方案。国务院农村税费改革工作小组也多次召开由有关部门和基层同志参加的座谈会,直接听取部门和基层同志的意见和建议,并多次向中央报告当前农民税费负担的基本状况,以及实施农村税费改革的基本思路、政策建议和工作安排。国务院总理办公会、中央政治局常委会和中央政治局会议先后听取了工作小组有关情况汇报。

党中央和国务院领导同志对做好农村税费改革工作作了重要指示。

在深入调研、集思广益的基础上,2000 年 3 月,中共中央、国务院以中发〔2000〕7 号文件下发了《关于进行农村税费改革试点工作的通知》,阐述了农村税费改革的重大意义、指导思想、基本原则和主要内容,对试点工作提出了明确要求。《通知》提出农村税费改革的主要内容是:取消乡统筹费、农村教育集资等专门面向农民征收的行政事业性收费和政府性基金、集资,取消屠宰税,逐步取消统一规定的劳动积累工和义务工;调整农业税和农业特产税政策;改革村提留征收使用办法。《通知》还确定:首先在安徽省以省为单位进行农村税费改革试点;其他省、自治区、直辖市根据实际情况选择少数县(市)试点。

按照党中央、国务院的部署,安徽在全省范围进行了税费改革试点,另有九个省(区)选择了部分县(市)进行改革试点。经过一年努力,农村税费改革试点工作总体进展顺利,取得了初步成效:一是较大幅度地减轻了农民负担,有效遏制了农村的"三乱"。实行税费改革以后,安徽全省征收的农业两税及附加,比改革前的农业税、农业特产税、乡统筹和村提留减少了23.6%,加上取消屠宰税和农村教育集资,农民总的税费负担下降了31%;农民人均负担由 109.4 元减少到 75.5 元。同时,省政府取消了各种行政性收费、集资、政府性基金和达标项目 50 多种,有效遏制了"三乱"现象。二是初步规范了农村分配关系,促进了乡镇财税征管体制改革。实行税费改革以后,农业税和农业特产税归政府,实现了"交足国家的";农业两税附加和"一事一议"筹资属村集体所有,规范了"留够集体的";取消各种乱收费,保护了农民合法利益,确保了"剩下都是自己的"。同时,还解决了多部门、多环节收费收税的问题,由财税部门统一征收,实行规范管理。农业税收开始由乡村干部上门催收向农民主动纳税转变,征管方式逐步走向制度化、法制化。三是完善了村民议事制度,促进了农村基层民主政治建设。实行税费改革后,凡属村集体生产设施、公益事业建设资金和农村"两工",均实行"一事一议",由村民民主讨论决定,推进了村民自治和农村集体事务的规范化管理,调动了广大农民参与基层民主政治的积极性。四是推动了各项配套改革,税费制度改革带动了乡镇机构改革、农村教育布局调整、农村基层政权职能转变和支出结构调整等多方面的改革。"减人、减事、减支"达成共识,各项配套改革开始启动,有些地方已经初见成效。五是改善了党群干群关系,维护了农村社会稳定。税费改革进一步明确了农民的权利和义务,规范了征税行为,提高了征管工作透明度,从源头上遏制了不正之风的滋生。同时,通过改革又把乡村干部从催款催粮中解脱出来,减少了基层干部与群众的利益摩擦和矛盾,使他们有更多的精力为农民服务,从而密切了干群关系。

总之,通过一年来的农村税费改革,安徽等地农村初步实现了农民负担由过重到较轻、由治标到治本的重大转变,农村公共服务由农民承担向公共财政保障的重大转变,基层治理由管理型政府向服务型政府的重大转变,这为在全国农村推进税费改革积累了宝贵经验。2001 年,继安徽改革试点之后,江苏省成为在全省范围内开展农村税费改革试点的第二个省份。2002年,在总结交流改革试点经验的基础上,全国农村税费改革试点省份扩大到20 个。

进行农村税费改革,是党中央、国务院在农业发展新阶段为解决好农业、农村、农民问题采取的一项重大举措,是新中国成立后继土地改革、实行家庭联产承包责任制之后,党领导的第三次重大的农村制度变革。党的十六大以后,农村税费改革深入推进,有力地促进了农民增收、农业发展和农村繁荣稳定。

(四) 对外开放新起点:加入世界贸易组织

世界贸易组织(WTO)与世界银行、国际货币基金组织并列,是全球最具广泛性的三大国际经济组织之一。世界贸易组织的前身是关税及贸易总协定(GATT),成立于1947 年,中国是其创始缔约国之一。1986 年 7 月,中国向关贸总协定总干事提出恢复关贸总协定缔约国地位的申请,并为此与有关各方进行了认真谈判。但"复关"谈判受多方面因素干扰历尽曲折。邓小平南方谈话和党的十四大以后,中国改革开放进入新阶段,曾长期困惑中国"复关"谈判的关于中国实行的是什么样的经济体制这一难题也迎刃而解,一度陷于停滞的"复关"谈判重新启动。从 1993 年 3 月至 1994 年 7 月,关贸总协定中国工作组相继召开 5 次会议,就恢复中国缔约方地位的议定书问题进行实质性谈判。1993 年 11 月,江泽民赴美国西雅图出席亚太经合组织领导人第一次非正式会议,在与美国总统克林顿会晤时,阐述了我国处理"复关"问题的三个原则:第一,关贸总协定是一个国际性组织,如果没有中国的参加是不完整的;第二,中国要参加毫无疑问是作为发展中国家参加;第三,中国的参加是以权利和义务的平衡为原则的。为了显示中国政府对"复关"的诚意,从 1994 年下半年开始,中国政府在外贸、外汇、税制方面相继推出了一系列重大改革举措,并大幅降低近 3000 种进口商品的关税。随后中国又主动向关贸总协定提出了关税减让、减少非贸易关税措施、服务贸易开放等一揽子方案,为在年底"复关"与主要缔约方展开了五十多天的"冲刺性"谈判。但是由于美国等国家对中国要价太高,中国"复关"谈判未能达成协议。

1995 年 1 月 1 日,世界贸易组织取代关贸总协定正式成立,但关贸总协定继续存在 1 年。从 1995 年 11 月起,中国的"复关"谈判转成"入世"谈判。与恢复关贸总协定缔约方地位相比,加入世界贸易组织的程序进一步复杂化,同时世界贸易组织的成员方增多,所管理的范围大大增加,这一切都增加了中国"入世"的复杂性和难度。1996 年 11 月,在菲律宾举行的亚太经合组织(APEC)峰会上,江泽民与连任的美国总统克林顿举行会晤,双方决意加快中国"入世"的谈判进程。1996 年底至 1997 年初,加拿大、日本、欧盟、美国先后在北京与中国谈判代表团就中国"入世"问题进行了双边磋商。1997 年 10 月,江泽民访问美国,中美双方发表联合声明同意加紧各项谈判,以便中国尽可能早日加入世界贸易组织。1998 年 6 月,克林顿总统回访中国,中美均表示愿意以灵活务实的态度继续推进中国加入世界贸易组织的双边磋商,以期使这一问题早日得到解决。

进入 1999 年,正当中美、中国与欧盟的双边谈判加紧进行,中国"入世"即将实现的时候,5 月 8 日发生了以美国为首的北约悍然轰炸中国驻南斯拉夫大使馆,造成我人员重大伤亡和财产严重损失的事件,各有关谈判不得不中断。直到 1999 年 9 月,江泽民在澳大利亚出席第七次亚太经合组织领导人非正式会议与美国总统克林顿会晤后,中美关于中国"入世"问题才重开谈判,并于当年 11 月最终签署了关于中国"入世"的双边协议。中美双边协议的签署扫除了中国在加入世贸组织进程中的最大障碍,标志着中国加入世贸组织取得重大进展。2001 年 11 月 10 日,在卡塔尔首都多哈举行的世界贸易组织第四届部长级会议一致通过了《关于中国加入世贸组织的决定》草案。按照世贸规则,30 天后,即从 2001 年 12 月 11 日起,中国正式成为世贸组织成员——第 143 个成员。加入世界贸易组织,是我国扩大对外开放的重大步骤,是我国对外开放进入新阶段的显著标志。

(五) 历史性跨越:总体小康目标的实现

在即将跨入 21 世纪的时候,随着国民经济"九五"计划的完成,我国现代化建设在实现"三步走"战略第一步目标的基础上,又实现了第二步目标,人民生活总体上达到小康水平。从新世纪开始,我国进入了全面建设小康社会、加快推进社会主义现代化,为实现第三步战略目标而奋斗的新的发展阶段。这是中国特色社会主义的伟大胜利,是中华民族发展史上一个新的里程碑。

"九五"时期,面对复杂多变的国内外政治经济环境,以江泽民为核心的党中央高举邓小平理论伟大旗帜,团结带领全党全国各族人民开拓创新,迎难而上,以巨大勇气推进改革开放,促进各项事业全面进步,取得了历史性辉煌成就。

国民经济持续快速健康发展,综合国力进一步增强。"九五"期间,国内生产总值年平均实际增长 8.3%,2000 年达到 8.94 万亿元,按现行汇率折算,突破 1 万亿美元,人均国内生产总值超过 800 美元,整体上已从"八五"时期的世界低收入国家行列跃入世界中下收入国家行列。在经济持续增长和效益改善的基础上,"九五"时期也是国家财力增加最多的一个时期,国家财政收入累计超过 5 万亿元,2000 年达到 13380 亿元,平均每年增长 16.5%。主要工农业产品产量位居世界前列,商品短缺状况基本结束。产业结构调整取得积极进展。粮食等主要农产品生产能力明显提高,实现了农产品供给由长期短缺到总量基本平衡、丰年有余的历史性转变。淘汰落后和压缩过剩工业生产能力取得成效,重点企业技术改造不断推进。信息产业等高新技术产业迅速成长。基础设施建设成绩显著,能源、交通、通信和原材料的"瓶颈"制约得到缓解。

经济体制改革全面推进,社会主义市场经济体制初步建立。以建立现代企业制度为重点的国有大中型企业改革取得重要进展。大多数国家重点企业进行了公司制改革,其中相当一部分在境内外上市。企业扭亏增盈成效显著,2000 年国有及国有控股工业企业实现利润 2392 亿元,为 1997 年的 2.9 倍。在公有制经济进一步发展的同时,私营、个体经济有了较快发展。到 2000 年底,全国有个体工商户 2571.4 万户、5070 万人,注册资金总额 3315 亿元;有私营企业 176.2 万家,从业人员总数 2406 万人,注册资本总额 13308 亿元。个体私营经济创造的产值近 18000 亿元,约占全国 GDP 总量的 1/5;从业人员总数占全国从业人员总数的 1/10,其中在城镇占到 1/6;缴纳税收 1177 亿元,约占全国税收总额的 1/10。市场体系建设继续推进,资本、技术和劳动力等要素市场迅速发展,市场在资源配置中的基础性作用明显增强。财税体制继续完善,通过全面调整税制和改革征管体制,强化了税收作为经济杠杆所具有的宏观调控职能,"九五"期间每年工商税收收入增收千亿元以上,2000 年全国财税收入比 1995 年增长一倍,全国没有因税改而引起物价大幅度上涨;通过实行积极的财政政策,加快建立公共财政体系,调节宏观经济,促进了经济发展。金融改革步伐加快。城镇住房制度、社会保障制度和政府机构等方面改革取得重大进展。国家宏观调控体系进一步健全。

对外开放水平不断提高,全方位对外开放格局基本形成。对外经贸体制改革稳步推进,外向型经济迅速发展。"九五"时期,我国积极实施"以质取胜"、"市场多元化"和"科技兴贸"战略,不断提高我国商品国际竞争力。国家对国有大中型生产型企业、商业企业和科研院所进出口经营权实行了登记备案制,并历史性地放开了私营生产企业进出口经营权。国家还先后数次调高部分商品的出口退税率,使平均出口退税率提高到近15%,这些措施都大大支持和促进了外贸事业的发展,2000 年进出口总额达到 4743亿美元,其中出口 2492 亿美元,分别比 1995 年增长 69%和 67%。出口商品结构进一步改善,机电产品特别是高新技术产品出口快速增长。"九五"期间我国机电产品出口同比增加 1.4 倍,年平均增长 19.1%,其占出口总额的比重由 1995 年的 29.5%上升到 2000 年 42.3%。利用外资规模不断扩大,质量继续提高。"九五"期间,我国实际利用外资 2894 亿美元,比"八五"增长近 80%;外商投资平均项目规模由 20 世纪 80 年代初期的一百二十多万美元,90 年代初期的一百三十多万美元,提高到"九五"期间的三百多万美元,世界 500 强企业中有约 400 家在华投资。外汇储备由 1995 年底的 736亿美元增加至 2000 年底的 1656 亿美元,位居世界第二。

人民生活进一步改善。农村居民人均纯收入和城镇居民人均可支配收入,2000 年分别达到 2253 元和 6280 元,"九五"时期年均实际增长 4.7%和5.7%。市场商品丰富,居民消费结构不断改善,消费水平不断提高,社会消费品零售总额平均每年增长 10.6%。居民耐用消费品拥有量不断增加,并逐渐向高档化发展。到 2000 年底,每百户城镇居民拥有彩电达 116.6 台,已经接近日本、美国等发达国家的水平;洗衣机拥有 90.5 台、家用电冰箱86.7 台、淋浴热水器 49.1 台、抽油烟机 54.1 台,分别比 1995 年增加 1.5台、17.6 台、19 台和 19.6 台;1999 年每百户农村居民拥有彩电 38.2 台、冰箱 10.6 台、洗衣机 24.3 台,分别比 1995 年增加 21.3 台、5.5 台和 7.4 台。与此同时,家用电脑、轿车等高档消费品也逐渐进入高收入城镇居民家庭,拥有量不断上升,到 2000 年末,每百户城镇居民拥有家用汽车 0.51 辆、家用电脑 9.72 台、家用摄像机 1.34 台。居民住宅面积不断扩大,生活环境明显改善。2000 年城市居民人均居住面积预计达 10.2 平方米,比 1995 年的 8.1 平方米扩大了 2.1 平方米。农村居民人均居住面积由 1995 年的 21.01 平方米增加到 1999 年的 24.23 平方米,其中砖木结构和钢筋混凝土结构所占比重达 76.9%。农村自来水、电力供应面不断扩大。电话普及率大幅度提高,全国平均每百人拥有电话机由 1995 年 4.7 部提高到 2000 年 20.1 部。城乡居民储蓄存款 2000 年底突破 6.4 万亿元,比 1995 年增加 3.5 万亿元,增加 1.2 倍。股票、债券等其他金融资产迅速增加。全国未解决温饱的贫困人口由 1995 年的 6500 万减少至 2000 年的 2820 万,"八七"扶贫攻坚目标基本实现。

科技、教育加快发展,社会事业全面进步。"九五"期间累计投入科技经费 5828.3 亿元,比"八五"时期增长 88.9%。两系法杂交水稻技术的应用、水稻基因图谱的绘制、体细胞克隆羊的诞生、转基因试管牛的问世、"神舟"号飞船上天以及"神威"计算机、12 英寸单晶硅材料、纳米技术等一系列重大科技成果的取得,标志着我国科学技术水平又取得新的重大进展。教育结构调整步伐加快,教育产业发展迅速。"九五"以来,在继续普及义务教育的同时,加大了教育结构调整的力度,扩大了高等教育招生规模,提高了全社会成员的文化素质。2000 年普通高等学校在校学生达到 556.1 万人,比 1995 年增加 265.5 万人,增长了 1.1 倍。基础教育得到进一步加强,全国普及九年义务教育的人口覆盖率由"九五"初期的 50% 提高到 2000 年的 85%。此外,文化、卫生、体育也取得新的成就,生态建设和环境保护的力度明显加大。截至 2000 年底,我国广播人口覆盖率和电视人口覆盖率分别达到 92.1% 和 93.4%,分别比 1995 年提高 13.4 个百分点和 8.9 个百分点,基本形成了卫星、无线、有线等多种传输方式并存的广播电视覆盖网络。到 2000 年底,全国有线电视用户达 7920 万户。医疗保险体制改革和医疗卫生体制改革迈出了较大步伐,城镇社区卫生服务、农村合作医疗和初级卫生保健体系进一步健全,人民群众的健康水平有了新的提高。

"九五"期间我国经济社会发展取得的巨大成就,为在 21 世纪实施现代化建设第三步战略部署奠定了坚实基础。在"九五"计划即将完成之际,从 2000 年初起党中央即开始了对我国国民经济和社会发展第十个五年计划的研究谋划。在深入调研,广泛听取社会各界意见的基础上,2000 年 10 月,党的十五届五中全会召开,审议通过了《关于制定国民经济和社会发展第十个五年计划的建议》。全会深入分析了世纪之交我国改革开放和现代化建设面临的国际和国内形势,认为从新世纪开始,我国将进入全面建设小康社会,加快推进现代化的新的发展阶段。全会按照党的十五大对新世纪我国现代化建设的总体展望和部署,提出了"十五"时期我国经济社会发展的主要奋斗目标是:国民经济保持较快发展速度,经济结构战略性调整取得明显成效,经济增长质量和效益显著提高,为到 2010 年国内生产总值比 2000 年翻一番奠定坚实基础;国有企业建立现代企业制度取得重大进展,社会保障制度比较健全,完善社会主义市场经济体制迈出实质性步伐,在更大范围内和更深程度上参与国际经济合作与竞争;就业渠道拓宽,城乡居民收入持续增加,物质文化生活有较大改善,生态建设和环境保护得到加强;科技教育加快发展,国民素质进一步提高,精神文明建设和民主法制建设取得明显进展。全会强调,顺利实现上述目标,必须把发展作为主题,把结构调整作为主线,把改革开放和科技进步作为动力,把提高人民生活水平作为根本出发点。

根据党的十五届五中全会《建议》,国务院制定了国家《国民经济和社会发展第十个五年计划纲要》,并经 2001 年 3 月九届全国人大四次会议批准。这一纲要进一步明确了"十五"期间推进我国经济社会发展和改革开放的指导方针、主要任务,是新世纪初指引全党全国各族人民共同奋斗的行动纲领。

三、实施依法治国方略，推进政治体制改革

（一）提出"依法治国"方略，建设社会主义法治国家

中国共产党执政以后，用什么样的方式治理国家，如何更好地维护和实现最广大人民的根本利益，始终是我们党孜孜以求、不断探索的重大理论和实践问题。以毛泽东为核心的第一代中央领导集体，领导人民建立起人民民主专政的国家政权，开创了新中国社会主义法制事业。以邓小平为核心的第二代中央领导集体在总结过去经验教训的基础上提出了"加强社会主义民主，健全社会主义法制"的任务，确定了"有法可依，有法必依，执法必严，违法必究"的社会主义法制建设方针。邓小平指出："为了保障人民民主，必须加强法制。必须使民主制度化、法律化，使这种制度和法律不因领导人的改变而改变，不因领导人的看法和注意力的改变而改变。"以江泽民为核心的第三代中央领导集体，在全面推进改革开放和现代化建设进程中，进一步丰富和发展了邓小平的民主法制思想，大力推进社会主义民主法制建设。

1996年2月，中共中央在中南海怀仁堂举办第三次法制讲座，讲座的题目是《关于依法治国、建设社会主义法制国家的理论和实践问题》。讲座结束时，江泽民发表讲话，首次对实行依法治国的重大意义、基本要求等进行了全面阐述，强调"加强社会主义法制建设，依法治国，是邓小平同志建设有中国特色社会主义理论的重要组成部分，是我们党和政府管理国家和社会事务的重要方针。实行和坚持依法治国，就是使国家各项工作逐步走上法制化和规范化；就是广大人民群众在党的领导下，依照宪法和法律的规定，通过各种途径和形式参与管理国家、管理经济文化事业、管理社会事务；就是逐步实现社会主义民主的法制化、法律化。实行和坚持依法治国，对于推动经济持续快速健康发展和社会全面进步，保障国家的长治久安，具有十

分重要的意义"①。1996 年 3 月,八届全国人大四次会议把"依法治国,建设社会主义法制国家"作为一条基本方针,写入《国民经济和社会发展"九五"计划和 2010 年远景目标纲要》。1997 年 9 月,党的十五大报告首次提出:"进一步扩大社会主义民主,健全社会主义法制,依法治国,建设社会主义法治国家",强调"依法治国,是党领导人民治理国家的基本方略,是发展社会主义市场经济的客观需要,是社会文明进步的重要标志,是国家长治久安的重要保障"。从此前的"社会主义法制国家"变成党的十五大报告中的"社会主义法治国家",是在起草党的十五大报告时党中央认真研究并广泛征求社会各界意见尤其是法学界专家学者意见后决策的结果。"制"和"治"虽只是一字之差,却是一次重大的观念变革,表明中国不仅要加强法律制度建设,而且要从治国方式上根本抛弃"人治"传统。1999 年 3 月,九届全国人大二次会议把"依法治国,建设社会主义法治国家"这一治国方略正式写入宪法修正案。从此,我国社会主义民主法制建设进入了一个新的发展时期。

2001 年 1 月,江泽民在全国宣传部长会议上发表讲话,在全面总结改革开放和依法治国的经验,借鉴古今中外治国安邦有益成果的基础上,提出:"我们在建设有中国特色社会主义,发展社会主义市场经济过程中,要坚持不懈地加强社会主义法制建设,依法治国,同时也要坚持不懈地加强社会主义道德建设,以德治国。对一个国家的治理来说,法治和德治,从来都是相辅相成、相互促进的。二者缺一不可,也不可偏废。法治属于政治建设、属于政治文明,德治属于思想建设、属于精神文明。二者范畴不同,但其地位和功能都是范畴重要的。我们要把法制建设与道德建设紧密结合起来,把依法治国与以德治国紧密结合起来"②,这是对党的治国方略理念的

---

① 《江泽民论有中国特色社会主义》(专题摘编),中央文献出版社 2002 年版,第 326 页。

② 《江泽民论有中国特色社会主义》(专题摘编),中央文献出版社 2002 年版,第 337 页。

进一步发展。2002 年 11 月,党的十六大报告把"依法治国"纳入社会主义政治文明建设的范畴,并深入阐述了党的领导、人民当家作主与依法治国之间的关系,强调:"发展社会主义民主政治,最根本的是要把坚持党的领导、人民当家作主和依法治国有机统一起来。党的领导是人民当家作主和依法治国的根本保证,人民当家作主是社会主义民主政治的本质要求,依法治国是党领导人民治理国家的基本方略。"①

(二) 循序推进政治体制相关改革

深化政府机构改革。在新中国的历史上,从 1952 年到 1993 年,我国曾先后进行过 6 次政府机构改革。仅改革开放以来,就进行过三次政府机构改革。但每次改革都未能逃脱"精简—膨胀—再精简—再膨胀"的怪圈,政府部门机构臃肿,人浮于事,效率低下,互相扯皮,成为建立社会主义市场经济体制的严重障碍。也正是鉴于这一情况,党的十五大再次提出了改革政府机构的任务,要求"通盘考虑,组织专门力量,抓紧制定方案,积极推进"。党的十五大后,经过多次论证,1997 年底机构改革方案初步拟定。1998 年 2 月,党的十五届二中全会讨论通过《国务院机构改革方案》。九届全国人大一次会议正式审议通过《关于国务院机构改革方案的决定》。这次国务院机构改革的目标是:建立办事高效、运转协调、行为规范的政府行政管理体系,完善国家公务员制度,建设高素质的专业化行政管理队伍,逐步建立适应社会主义市场经济体制的有中国特色的政府行政管理体制。根据改革方案,国务院不再保留的有 15 个部委;新组建的有 4 个部委;更名的有 3 个部委。改革后除国务院办公厅外,国务院组成部门由原有的 40 个减少到 29 个,内设机构也精简了 1/4,机关人员编制由 3.2 万名减少为 1.67 万名,精简近 50%。从 1998 年开始,国务院机构改革首先进行,随后党中央各部门和其他国家机关及群众团体的机构改革陆续展开。1999 年以后,省级政

---

① 《中国共产党第十六次全国代表大会文件汇编》,人民出版社 2002 年版,第 31 页。

府和党委的机构改革分别展开。2000年,市县乡机构改革全面启动。截至
2002年6月,经过四年半的机构改革,全国各级党政群机关共精简行政编
制115万名。

深化干部人事制度改革。一是坚持和完善公务员制度。1987年党的
十三大作出了建立国家公务员制度的决策。1993年八届全国人大一次会
议审议通过《国家公务员暂行条例》。1994年起中央国家机关开始实施组
织公务员录用考试,全国31个省、区、市也实行公务员公开招考。仅2000
年到2002年底,全国地方就考试录用公务员43.9万人。在公务员职务晋
升方面实行的竞争上岗制度,打破了职务晋升中的"论资排辈"现象,使优
秀人才脱颖而出。据不完全统计,截至2001年底,全国各级党政机关近50
万个职位实行了竞争上岗。仅2002年竞争上岗的人数就达18万多人,占
同年晋升人数的60%。二是制定并实施《党政领导干部选拔任用工作条
例》等干部工作重要法规。1995年2月,中共中央颁发《党政领导干部选拔
任用工作暂行条例》,这是我们党在选拔任用干部工作方面第一个较为全
面、系统的规范性文件。为配合《暂行条例》的实施,1997年5月,中共中央
又下发了《关于对违反〈党政领导干部选拔任用工作暂行条例〉行为的处理
规定》。2002年7月中共中央正式颁布了新修订的《党政领导干部选拔任
用工作条例》。新《条例》规定对领导干部的考察,除德、能、勤、绩外,特别
突出了"廉",增强了针对性。新《条例》在民主推荐、考察、酝酿、讨论决定、
任职等环节进一步凸显了扩大民主的要求。三是干部交流工作迈出较大步
伐。1999年4月,中共中央印发中组部制定的《党政领导干部交流工作暂
行规定》。《暂行规定》对干部交流的指导思想、对象、范围、组织实施、纪律
以及干部交流的配套措施等问题作了详细的规定。1995年至2001年6
月,中央管理的干部共交流五百多人,全国地厅级干部交流1万多人,县处
级干部交流超过16万人。全国96%的县(市、区)委书记、97%的县(市、
区)长进行了交流或易地任职。

深化政府决策机制改革。正确决策是各项工作成功的前提。建立与群

众利益密切相关的重大事项社会公示制度和社会听证制度,是改革政府决策机制的一项重要内容。我国的听证制度是从国外引进的。1993 年,深圳在全国率先实行价格审议制度。1996 年 3 月,《中华人民共和国行政处罚法》规定:行政机关作出责令停产停业、吊销许可证或者执照、较大数额罚款等行政处罚决定之前,应当告知当事人有要求举行听证的权利;当事人要求听证的,行政机关应当组织听证。这标志着听证制度在我国的确立。1998 年 5 月 1 日正式实施的《中华人民共和国价格法》第二十三条规定:"制定关系群众切身利益的公用事业价格、公益性服务价格、自然垄断经营的商品价格等政府指导价、政府定价,应当建立听证会制度,由政府价格主管部门主持,征求消费者、经营者和有关方面的意见,论证其必要性、可行性",从而把听证程序引入了我国行政决策领域。1999 年 9 月 9 日,广东省人大常委会举行《广东省建设工程招投标管理条例》立法听证会,开创了地方人大立法听证的先河。2000 年 7 月 1 日起施行的《中华人民共和国立法法》,进一步把听证的范围扩大到立法领域。2001 年 7 月,国家计委发布了《政府价格决策听证暂行办法》,明确规定水、电、煤、电信、铁路等关系群众切身利益的公用事业价格公益性服务价格、自然垄断经营的商品价格在制定和调整时必须召开听证会,必须广泛征求消费者、经营者、政府部门及有关方面意见。听证制度在我国一起步,就十分迅速地扩大着适用的领域。2000 年《立法法》实施以来,已有上海、广东、四川等二十多个省、区、市人大及其常委会先后在立法过程中举行了听证会,通过听证制定和修改的法规、规章,涉及经济管理与市场秩序、城市建设与管理、社会保障以及教育、文化、公民和企业权益保护等广泛领域。2000 年 9 月,信息产业部和国家计委在北京主持召开了关于电信资费调整问题的价格听证会。2002 年 1 月 12 日,我国又公开举行了历史上第一个全国性的价格听证会——全国部分旅客列车票价实行政府指导价方案听证会,听证会的后半部分还通过电视向全国直播。听证会的举行,有利于提高政府决策的透明度和科学化,体现了政府对广大群众"知情权"和"参与决策权"的尊重。实行重大事项社会公示制度,是社会主义民主政治的具体表现形式之一。1997年8月,江苏省沭阳县委针对买官、跑官、要官等不正之风,首倡了领导干部任前公示制。江苏省委及时肯定了这一做法,并迅速扩大到全省五十多个市、县(市、区)。在对试点工作总结、规范的基础上,江苏省委制定了《江苏省领导干部任前公示制暂行规定》,在全省普遍推行。黑龙江省也于1997年12月开始公示制试点工作,并制定了《黑龙江省党政领导干部任前公示制暂行办法》。此后,四川、湖北、河南、福建、河北等省也制定了相关规章制度,逐步推广公示这一做法。实行领导干部任前公示制度体现了干部选拔任用的群众公认和公开原则,扩大了群众在干部选拔任用上的监督范围,一定程度上减少了用人上的失察失误,有效地防止和克服了干部选拔任用上的不正之风,提高了选人用人水平。建立专家咨询制度是进行科学决策、防止决策随意性的又一重要制度。1998年,重庆市人大常委会聘请了27位"立法咨询委员"为立法工作"出谋划策"。2000年9月,广东省人大常委会聘请了8位立法顾问组成"法律咨询委员会"。广东之后,北京、江西、陕西、安徽、大连等许多省市人大,也都推行了专家咨询顾问的做法。

深化司法体制改革。按照党的十五大提出的"推进司法改革"、"加强执法和司法队伍建设"、"从制度上保证司法机关依法独立公正地行使审判权和检察权"的要求,最高人民法院制定了《人民法院五年改革纲要》,比较系统地提出了法院改革的目标和任务;最高人民检察院制定了《检察改革三年实施意见》,提出了检察院改革的目标和任务。经过5年努力,到2002年,司法体制改革取得了重要进展。法院在推进司法体制改革方面取得的进展包括:在改革完善审判方式方面,全面落实公开审判制度,对依法应当公开审判的案件,一律公开审判。全面推行以公开举证、质证、辩论、认证为主要内容的庭审方式,提高审判活动的透明度。实行法官开庭穿法袍、用法槌制度,规范法官庭审行为方式。在改革完善诉讼制度方面,推行诉讼证据制度改革,制定民事、行政诉讼证据的规定,规范当事人的举证责任,方便当事人诉讼,确保裁判公正;探索审判监督制度改革,制定再审案件立案标准,确保当事人依法行使申诉权和申请再审权,在纠正错误裁判的前提下,维护生效裁判的权威性和稳定性。在改革完善审判机制方面,按照确保司法公正、廉洁、高效的要求,对审判机构的设置和职能进行调整,建立民事审判新格局,完善刑事、民事、行政审判体系;全面落实立案与审判、审判与监督、审判与执行三个分立制度,强化监督制约机制;推行审判运行机制改革,加强审判流程管理,运用网络等现代科技手段,实行统一立案,对案件审理的不同阶段进行跟踪,保证审判活动有序进行;强化合议庭职责,除重大、复杂、疑难案件提交审判委员会讨论外,其他案件均由合议庭依法自行裁决,并对裁判结果负责,做到权责一致。在改革完善法官管理制度方面,根据《法官法》的规定,完成了法官等级评定工作,实行法官任职前的审核制度,在法院职权范围内,最大限度地把好"进人关",防止不合格人员进入法官队伍;探索法院人事分类管理制度改革;推行审判长和独任法官选任制,优化法官队伍。检察院在推进司法改革方面取得了四大进展:一是全面推行检务公开,各级检察机关将检察工作依法能够公开的全部向社会公开;建立了诉讼参与人权利义务告知制度,不起诉案件、刑事申诉案件、民事行政抗诉案件公开审查和听证制度,检察工作重要事项通报制度。二是改革检察业务工作机制,实行主诉检察官办案责任制;建立职务犯罪案件侦查指挥和协作机制;改革侦查监督方式,初步形成了适时介入侦查、引导侦查取证、加强侦查监督的工作机制,加强了同公安机关的配合和制约;改革检察委员会工作,建立专家咨询制度,完善特约检察员制度,促进了检察工作决策的民主化和科学化。三是推行机构和干部管理制度改革,规范了机构设置,加强了业务部门,精简了人员;检察人员录用制度进一步规范,地方检察院新进人员统一由省级检察院公开招考、严格审核、择优录用。四是完善行使检察权的监督机制,建立了自觉接受人大及其常委会监督的工作制度,加强对重大事项的专题报告;对全国人大常委会在刑事诉讼法执法检查中发现的问题,进行认真整改;强化内部制约,实行错案责任追究制,完善了自我防错纠错的工作机制。

深化党的领导方式和执政方式改革。"总揽全局、协调各方"作为党的一种重要领导方式,是 1997 年党的十五大报告中第一次正式提出来的。总揽全局就是各级党的委员会要坚持主要精力抓方向、抓大事、管全局,要集中精力抓好全局性、战略性问题,把握政治方向,决定重大问题,安排重要人事,抓好宣传思想工作和维护社会稳定。协调各方是指推进全面工作,通过协调好人大、政府、政协的关系,通过安排好纪检、组织、宣传、政法、统战、群众方面的工作关系,使各个组织各司其职、各尽其责,发挥他们的积极性、主动性和合作精神。党委总揽不是包揽,协调不是替代,实行"总揽全局、协调各方"需要有一定的组织结构和执行机制。广东、上海等地结合实际对此进行了有益探索。广东顺德采用联席会议的方式,召集包括人大、政府、政协和纪检主要负责人在内的联席会议,决定重大问题。上海采用一个核心、三个党组的办法,一个核心指党委在同级组织中属于领导核心地位,是决策中心,决定重大方针政策问题;三个党组指在人大、政府和政协中设立党组,党组起贯彻执行党委决策的作用。2001 年 7 月,在庆祝建党八十周年大会上的讲话中,江泽民提出:"要按照总揽全局、协调各方的原则,进一步加强和完善党的领导体制,改进党的领导方式和执政方式,既保证党委的领导核心作用,又充分发挥人大、政府、政协以及人民团体和其他方面的职能作用"。"总揽全局、协调各方"是民主集中制原则在党的领导工作中的具体体现,既确立了党在各种组织中的领导核心地位,又有利于各个方面积极履行各自的职能,形成相互协调、相互支持的工作格局,在我们党在改革党的领导方式和执政方式上的创造。

(三) 完善"村民自治",走中国特色的基层民主发展之路

"村民自治"是 20 世纪 70 年代末以后中国农村经济社会发展经历巨大变迁的产物,是中国农民自发创造出来的独具中国特色的基层民主模式,它与家庭联产承包责任制相映生辉,形成了中国农村"经济—政治"制度变迁的独特风景。

　　1980年2月,广西壮族自治区宜山县三岔公社合寨大队的果作等6个生产队85户农民,以无记名投票的方式直接选举产生了我国历史上第一个村民委员会——果作村民委员会,时任生产队队长的韦焕能当选村委会主任。果作村委会产生后,经85户农民讨论同意,制定了"村规民约"和"封山公约",村委会组织村民修了两座小桥,开辟了一条机耕路。几乎同时,广西罗城县一些乡村的农民也自发组织起来,选举产生了村民委员会,负责管理全村的各项事务。这样,全国第一批村民委员会就在广西壮族自治区的宜山、罗城出现。随后,安徽、北京、福建、甘肃、河北、江苏、吉林、山东、四川等省率先撤社建乡的一些农村地区也建立了类似"村民委员会"的组织。农村基层的探索得到了党和政府的高度重视。1982年12月,五届人大第五次会议通过的新宪法第一百一十一条中明确规定:"城市和农村按居民居住地设立的居民委员会或村民委员会是基层群众性组织"。1987年11月第六届全国人大常委会第二十三次会议审议通过《中华人民共和国村民委员会组织法(试行)》(以下简称《村委会组织法(试行)》),确立了村民自治的基本原则和框架,使农民群众从此获得了管理自身事务的各项民主权利。这是我国第一部为保障农民行使民主权利而制定的基本法律。

　　1988年6月,全国各地开始试行《村民委员会组织法(试行)》,在实践中逐步建立和完善村民自治的各项制度。到1989年底,全国有14个省、自治区、直辖市在试点基础上开始依法选举村委会干部。到1990年9月,福建等9个省制定了本省的《村民委员会组织法(试行)》实施办法。进入20世纪90年代,我国的村民自治制度不断完善。1990年,国家民政部发出《关于在全国农村开展村民自治示范活动的通知》,对全国的村民自治示范活动作出总体性部署。此后,全国各地普遍开展了村民自治示范活动。1994年2月,民政部又发布《全国农村村民自治示范活动指导纲要(试行)》,首次明确提出要建立民主选举、民主决策、民主管理、民主监督四项民主制度,使全国的村民自治示范活动开始走向规范化和制度化。1997年党的十五大报告将扩大基层民主作为"社会主义民主最广泛的实践",使包括村民自治在内的基层民主骤然升温。1998年党的十五届六中全会进一步指出："扩大农村基层民主,实行村民自治,是党领导亿万农民建设有中国特色社会主义民主政治的伟大创造"。1998年11月,九届全国人大常委会第5次会议通过新修订的《中华人民共和国村民委员会组织法》。同10年前的试行法相比,新的《村民委员会组织法》充分尊重了亿万农民群众的首创精神,在坚持"党的领导、群众自治、直接民主、由民作主"四条原则的基础上,着重在选人、议事、监督等问题上作了修订;公布选民名单、由村民提名候选人、由村民推选产生村民选举委员会、秘密画票、查处纠正选举违法、村民代表会议、村务公开、村民自治章程等农村基层群众创造的成功经验都上升为国家的意志,反映了民心,顺应了民意。

《村民委员会组织法》正式通过后,各地依法有序开展村民自治,村民参与自治活动的热情高涨,村民委员会在维护村民利益方面也做了大量的工作,推动了农村基层民主的深入发展。在这个过程中,农村基层政权组织日益健全。1998年后,经过不断调整,全国共建有村委会68万个、村民小组五百多万个、选举产生村委会干部300万名。这些密如蛛网般的基层政权组织几乎遍布城乡各个角落,成为开展基层民主的重要阵地和组织依托。村民自治制度日趋完善。在村委会选举中,村民的参选率高达90%以上。全国60%以上的村委会建立了村民会议、村民代表会议和村务公开制度,实行了村务和财务公开,建立了"公开栏",制定了村民自治章程和村规民约。村民自治法律法规逐步配套。按照《村委会组织法》的有关规定,各省、自治区、直辖市结合本地实际情况,纷纷制定出台了《村委会组织法》实施办法和村委会选举办法。有些省、市还制定了《村民代表会议议事规则》《村务公开民主管理实施细则》。河北、重庆等省市还制定出台了《农村基层民主政治建设发展纲要》。村委会选举日趋规范。绝大多数地方的选举工作基本做到了以省为单位统一部署,统一选举程序,统一届期,统一选举统计报表。换届选举期间,从省到乡、到村层层成立了选举指导工作机构,培训了大批各种层次的选举工作骨干,普遍对选民进行了选举动员和教育。有的地方还以县（市）为单位统一了村委会选举日。在选举中，按照法律规定进行选民登记，在选举日 20 天前张榜公布；由村民直接提名村委会候选人，多数地方实行了"海选"①的办法，即不内定和指定候选人，不定调子，不画框框，由每一个选民根据候选人条件提名选举候选人；候选人产生后，组织他们向全体村民发表竞选演说，公布自己的治村方案和对村民的一些承诺，允许选民当场提问，也允许候选人之间相互提问，以便于选民进行选择；实行差额、无记名、秘密投票，当场计票，当场公布选举结果；许多地方对外出打工经商不能回村参加投票的村民实行"函投"或委托投票，对年老体弱的人采用流动票箱的形式进行投票，保证每个选民都能行使自己的民主权利，充分体现了公开、公平、公正的原则。

由中国农民首创的"村民自治"制度，来自农民，又实践于农民，是中国农村民主化进程的一个重要标志，对推动中国整个民主政治制度建设也产生了重大而深远的影响。

四、坚持科技强军，走中国特色精兵之路

（一）制定新时期军事战略方针

20 世纪 80 年代末 90 年代初，国际国内形势发生重大变化。国际上，东欧剧变，苏联解体，两极格局瓦解，世界向多极化方向发展，但天下并不安宁，霸权主义、强权政治仍然存在，西方敌对势力加紧对中国进行"西化"、"分化"，1991 年第一次海湾战争爆发，更标志着现代战争进入了高技术战争阶段；在国内，党的十四大确立了社会主义市场经济体制的改革目标，改

---

① "海选"这种民主选举形式产生于吉林省梨树县。"海"，在东北话里是"大"、"多"、"漫无目标"的意思。农民说的"海选"，就是村委会三年一届的大选，在这个众多人参加的大选之中，他们要像从大海里面不受任何限制地捞取珍珠一样选择自己信任的人。1986 年，梨树县北老壕村在全国第一次通过"海选"产生了新的村委会和村长。1998 年 11 月，"海选"原则被写入了新修订的《村委会组织法》。

革开放不断深入,市场经济的自身弱点和消极影响,与种种腐朽思想文化交织在一起,对部队官兵的思想观念和价值取向产生了多方面的侵蚀作用,在实现个人利益与发扬牺牲奉献精神、改善物质生活与保持艰苦奋斗本色等方面遇到的矛盾日趋突出。面对国内外形势的新变化和世界军事领域发生重大变革带来的新挑战,如何保证人民解放军在改革开放和社会主义市场经济条件下"不变质"、在现代技术特别是高技术条件下"打得赢",就成为新挑战下军队建设亟须解决的两个重大历史性课题。

1990 年 12 月初,江泽民就任中央军委主席后不久,在全军军事工作会议上的讲话中,第一次明确提出了新形势下加强人民军队建设的"五句话"总要求,即:"政治合格、军事过硬、作风优良、纪律严明、保障有力"。1991年 1 月 25 日,在中央军委扩大会议上,江泽民再次强调,要按照"五句话"总要求来建设部队,强调"我们一定要努力建设一支政治合格、军事过硬、作风优良、纪律严明、保障有力的战斗力很强的人民军队。这样,我们的军队就能经得起任何风浪的考验,无论在什么情况下都能完成党交给的任务,在保卫国家安全、维护社会稳定、推进社会主义现代化建设中发挥应有的作用"①。军队建设"五句话"总要求,言简意赅,是以江泽民为核心的党的第三代中央领导集体和中央军委在新时期提出的建军治军的重大方略,它与邓小平提出的军队革命化、现代化、正规化建设的总方针一脉相承,涵盖了新时期军队建设的基本内容,揭示了部队建设的客观规律。"五句话"总要求的一个中心思想,就是要从政治、军事、作风、纪律、保障五个方面着手,建设一支高质量的人民军队。

在提出和实施军队建设的总要求后,江泽民指出,面对复杂多变的国际新形势,为了掌握战略主动,中国还必须确立适应新形势要求的正确的军事战略方针。在深入调研、充分酝酿和讨论的基础上,1993 年 1 月,江泽民在中央军委扩大会议上发表讲话,正式提出了新时期加强我军建设的军事战

---

① 中共中央文献研究室编:《中国特色社会主义理论体系形成与发展大事记》,中央文献出版社 2011 年版,第 203 页。

略方针,即要"把未来军事斗争准备的基点,放在打赢可能发生的现代技术特别是高技术条件下的局部战争上"①。这个军事战略方针的确定,抓住了我军建设的主要矛盾,明确了我军军事斗争准备的目标和任务,解决了未来打什么仗的重大问题。

根据新时期军事战略方针,1995年12月,在中央军委召开的一次重要会议上,江泽民还郑重提出了军队建设发展模式要实行"两个根本性转变"的思想,即:"在军事斗争准备上,由准备应付一般条件下局部战争向准备打赢现代技术特别是高技术条件下局部战争转变;在军队建设上,由数量规模型向质量效能型、由人力密集型向科技密集型转变"②。1996年11月,中央军委在《关于贯彻党的十四届六中全会加强军队精神文明建设的意见》中,首次公布了军队建设的"两个根本性转变"。"两个根本性转变"的基本精神,是以新时期军事战略方针统揽全局,依靠科技进步,加强质量建设,把人民解放军建设成为一支思想先进、数量规模适度、体制编制科学、武器装备精良、人员素质很高、指挥高效灵活、后勤保障有力、能够打赢现代技术特别是高技术条件下局部战争的现代化正规化的革命军队。"两个根本性转变"的提出和践行,标志着人民解放军在新时期军事斗争准备和军队建设的指导思想上有了新的突破,使军队建设出现了质的飞跃。

进入20世纪90年代中期以后,各国军队纷纷瞄准21世纪初甚至更远的目标,调整自己的发展战略,及早做好新世纪军事斗争准备。如:美国1996年颁发了《2010年联合构想》,1997年颁发了《四年防务审查报告》,2000年颁布了《2020年联合构想》;俄罗斯1998年批准了《俄联邦2005年前军事建设国家政策基本原则(构想)》;英国1996年发表了《军事信息技术发展战略》;法国颁布了《军事纲领法》;德军制定了《联邦国防军未来建

---

① 江泽民:《国际形势和军事战略方针》(1993年1月13日),《江泽民文选》第一卷,人民出版社2006年版,第285页。

② 《中国人民解放军的七十年》,军事科学出版社1997年版,第620页。

设计划》;日本 1995 年批准通过了新《防卫计划大纲》;印度制定了《1995 至 2015 年国防建设规划》等。世界主要国家军事领域出现的这些新动向,对我军的建设和发展提出了严峻挑战。中国作为世界上坚持社会主义道路的发展中大国,也有必要确定自己的较长远的军队建设规划,这既是维护国家安全的需要,也是维护世界和平的需要。

1997 年党的十五大以后,为与国家跨世纪发展的战略相配套,从整体上推进军队建设同国家经济建设协调发展,中央军委着眼世界军事变革的全局,对我国的国防和军队建设进行顶层设计,于 1997 年 12 月提出了我国国防和军队建设"三步走"的发展战略:第一步,到 2010 年,用十几年的时间,努力实现新时期军事战略方针提出的各项要求,为国防和军队的现代化打下坚实的基础,主要解决好军队的规模、体制编制和政策制度问题;第二步,到 21 世纪的第二个 10 年,加速我军质量建设的步伐,使国防和军队现代化建设有一个较大的发展;第三步,再经过 30 年的努力,到 21 世纪中叶,实现国防和军队的现代化。

(二) 永葆"军魂"不变质:坚持党对军队的绝对领导

坚持党对军队的绝对领导,是人民军队的优良传统和特有政治优势。以江泽民为核心的第三代中央领导集体,从巩固人民民主专政、保证国家长治久安的要求出发,始终把坚持党对军队绝对领导作为人民军队建设和发展的首要问题。

1989 年 11 月,在担任中央军委主席后召开的第一次军委扩大会议上,江泽民就鲜明地指出:我们这支军队,在中国共产党的培育下,经过几十年的斗争考验,战胜了千难万险,已经发展成为今天这样强大的武装力量。党信赖这支军队,人民热爱这支军队,"坚持党对军队的绝对领导,这是我们建军的根本原则,是我们党的优良传统,是我军队特有的政治优势,必须继续保持和发扬。"1990 年 7 月底,在庆祝建军 63 周年发表的电视讲话中,江泽民强调:"在新的历史时期,必须更好地发扬人民军队忠于党的优良传统,使我军永远置于党的绝对领导之下。无论在任何情况下,对我军建设的这个根本原则,都不能动摇。"①1991 年 9 月,在接见驻河北部队师以上领导干部时,江泽民指出:"坚持党对军队的绝对领导,是我军的根本建军原则","我们的部队在任何时候、任何情况下,都要坚决听从党中央、中央军委的指挥,永远忠于党、忠于社会主义、忠于祖国、忠于人民。"②党的十四大后,中央军委作出的第一个决定,就是重申发扬老红军传统,坚持党指挥枪的原则。1993 年 9 月,在接见广州军区机关师以上领导干部时,江泽民第一次把党对军队的绝对领导比喻为人民军队的"军魂",指出:"一个军队要有军魂","我们军队的军魂就是党的绝对领导"③。

坚持党对军队的绝对领导,必须大力加强人民军队的理论武装。1992年 10 月,党的十四大确定用邓小平建设有中国特色社会主义理论武装全党,强调学习马克思列宁主义、毛泽东思想,中心内容是学习邓小平建设有中国特色的社会主义理论。1994 年江泽民指出:"在加强军队的思想政治建设中,在发扬党和军队的优良传统和优良作风中,最重要的是引导和组织广大干部战士深入学习马列主义、毛泽东思想,中心是深入学习邓小平建设有中国特色社会主义理论,用以武装干部战士的头脑和指导各项工作。这是加强军队思想政治建设的根本。"④根据军委总部的统一部署,全军部队把用邓小平理论武装官兵作为战略性任务,掀起学习邓小平理论的热潮,进一步增强了执行党的基本路线的自觉性。总政治部制定《军队高中级干部学习规划》,将《邓小平文选》一、二、三卷印发全军干部,编印了《邓小平新时期军队建设思想学习纲要》,先后多次召开理论学习情况汇报会、座谈会

①　江泽民:《在庆祝中国人民解放军建军六十三周年时发表的电视讲话》,《人民日报》1990 年 8 月 1 日。

②　《江泽民论有中国特色社会主义》(专题摘编),中央文献出版社 2002 年版,第446 页。

③　《江泽民论有中国特色社会主义》(专题摘编),中央文献出版社 2002 年版,第447 页。

④　《军队中高级干部理论学习读本》,解放军出版社 1997 年版,第 887 页。

和经验交流会,坚持抓好党委中心组学习和团以上领导干部理论轮训,基层进行邓小平理论基本观点的学习教育,军队院校形成了以邓小平理论为中心内容的新的政治理论课教学体系。从党的十四大到十六大十年间,全军共举办理论轮训班近万期,每年轮训团以上干部都达到85%以上。

1999年,全军还以整风精神在团以上领导干部和全体党员中自上而下、分期分批地进行了以"讲学习、讲政治、讲正气"为主要内容的党性党风教育,进一步增强了各级党组织的凝聚力和战斗力,提高了党员队伍素质,保证了党对军队的绝对领导,保证了部队建设的正确方向。2000年,江泽民提出并深刻论述了"三个代表"重要思想。"三个代表"重要思想,是对中国共产党推进理论创新的最新成果,是新形势下加强和改进党的建设的强大理论武器。党的旗帜就是军队的旗帜,党的目标就是军队的目标。"三个代表"重要思想,也是我军革命化、现代化、正规化建设的根本指南。2000年以后,全军各部队广泛深入地学习江泽民提出的"三个代表"重要思想和关于国防与军队建设的重要论述,把学习与实践结合起来,用党的理论创新成果培养、塑造、提高党员,使军队广大党员对"三个代表"重要思想的理解和认识不断深化,党员先进性意识进一步增强。

(三) 坚持"科技强军",推动军队建设跨越式发展

武器装备现代化是军队现代化的重要标志,也是未来高技术防卫作战的重要条件。在现代战争诸因素中,武器装备的科技水平特别是高新技术武器的运用,对遏制战争以至最终赢得战争的胜利,起着越来越重要的作用。新中国成立以来特别是改革开放以来,我军武器装备的现代化水平有了显著提高。但同世界发达国家相比,同人民军队肩负的神圣使命和打赢高技术条件下局部战争的要求相比,我军的武器装备现代化程度总体上仍然比较低。为了改变这种状况,为了适应未来战争的需要,以江泽民为核心的中央领导集体提出,要把国防科技发展和部队装备建设放在突出地位,努力达到突发事件有准备,局部战争有保障,威慑有手段,发展有基础的建设

目标,逐步实现具有中国特色的武器装备现代化;要抓住历史性机遇,坚持"质量建军"、"科技强军","以信息化带动机械化,最大限度地发挥后发优势,努力争取我军现代化的跨越式发展"①。

　　实施"质量建军"、"科技强军"战略,首先是进一步裁减军队员额,走中国特色精兵之路。1997 年 9 月,在中国共产党第十五次全国代表大会上,江泽民宣布:在 80 年代裁减军队员额 100 万的基础上,我国将在今后三年内再裁减军队员额 50 万。再裁减军队员额 50 万,是以江泽民为核心的中央领导集体着眼国家和军队发展全局作出的重大战略决策。经过三年的努力,至 1999 年底,我军裁减员额 50 万的任务胜利完成。这次裁军的主要内容:一是压缩规模,通过压缩陆军部队规模、调整海空军部队编组、撤销部分装备老旧的部队,改革后勤保障、装备管理体制和院校、训练机构体制编制,撤并军以上机关内设机构等,裁减编制员额 50 万。二是精简机构,军以上机关通过调整职能、撤并部门,减少了内设机构和人员。调整后,全军军以上机关共减少一千五百余个机关部门,军队领导指挥体制进一步趋向精干、灵敏、高效。军队从事经营性生产的两百九十余个生产管理机构和地区性企业管理机构全部撤销或移交地方。三是调整编组,陆军野战部队撤销部分集团军军部和师、团,部队编成结构得到进一步优化。海军、空军和第二炮兵的部队,通过淘汰落后装备、调整编组,撤并了一些建制单位。调整后,陆军野战部队在加强合成和小型化、轻型化、多样化方面取得进展;军兵种技术含量较高部队的比例有所提高,结构进一步趋于合理。四是改革体制,成立总装备部,调整武器装备管理体制,实现了全军主要武器装备的集中统管。调整后勤保障体制,建立了以军区为基础,区域保障与建制保障相结合、统供保障与专供保障相结合的联勤保障体制,使后勤保障向三军一体、集约化保障方向迈出了一大步。组建新的国防科工委,调整改革国防科技工业体制,对军工企业进行战略性重组,建立起符合社会主义市场经济发展

---

　　① 《江泽民论有中国特色社会主义》(专题摘编),中央文献出版社 2002 年版,第465 页。

需要的供需分离、政企分开、产研结合、精干高效的管理体制和运行机制。改革院校、训练机构体制编制,军队院校开始走上规模化办校、现代化教学、正规化管理、社会化保障的新路子。

在实施"质量建军"、"科技强军"战略过程中,进一步推进武器装备现代化。1999年4月,在听取成都军区党委常委汇报时,江泽民指出,在未来战争中,使用高技术武器装备特别是先进的空袭武器装备,进行中远程精确打击,将成为主要的作战方式。装备技术水平落后的一方,将很难掌握战场的主动权,即使最终赢得胜利也要付出很大代价。基于对我军武器装备总体水平较低的清醒判断,江泽民强调,"做好军事斗争准备,必须有重点地加快发展高技术武器装备,使我军尽快拥有几样克敌制胜的'杀手锏',能够有效遏制和反击任何强敌的军事入侵。这是一个很重要的指导思想,一定要坚定不移地贯彻落实"①。1999年8月,随着核工业、航天、航空、船舶和兵器十大集团公司的成立,江泽民进一步提出要把刺激技术创新的竞争机制引入武器装备建设中的思想,强调要坚定不移地走"科技兴装"的道路,要坚持科研先行,跟踪世界高科技的发展,特别是要适应未来高技术战争的需要,制定目标,选定项目,逐步建立起以高技术武器装备为骨干,以较先进的一般性武器装备为基础的武器装备结构。在以江泽民为核心的中央领导集体下,经过十几年的发展,我军打赢高技术战争的物质技术基础明显增强。国防科研战线着力研制和发展符合我国特点的"杀手锏",在航空、航天、船舶、兵器、军用电子、工程物理等高技术领域,取得了一大批具有世界先进水平的成果,使我们的尖端军事技术领域有独到的和相当的威慑力。

走有中国特色的精兵之路,核心是一个"精"字。精,既是对"量"的要求,更是对"质"的要求。减少军队数量,并不等于质量会自然而然地提高。在实施科技强军的过程中,人民解放军还广泛开展了科技练兵活动。1996年初,按照新时期军事战略方针的要求,我军新一代军事训练大纲颁发部队;1997

---

① 中共中央文献研究室编:《江泽民思想年编(1989—2008)》,中央文献出版社2010年版,第383页。

年 3 月,《中国人民解放军军事训练等级评定暂行规定》颁布全军执行。在充分吸收全军训练改革成果的基础上,中央军委于 1998 年 9 月在东北辽阳地区组织了有全军有关领导、部门领导和部队负责人等参加的"运用高科技知识普及深化训练改革成果集训"。这次集训明确提出了军事训练应面向新世纪的发展,实行"科技兴训"的战略思路,决定把代表部队战斗力水平高低的科技素质训练,作为军事训练的核心要素;把基地训练、模拟训练等先进手段,作为军事训练的基本模式;把增强官兵综合素质和部队整体作战能力作为根本目的;把群众性的学习运用高科技知识贯穿于训练的全过程,使科学技术真正成为推动训练发展和提高打赢能力的主导力量。科技练兵的主要内容由传统的打坦克、打飞机、打空降,防原子、防化学、防生物武器为主的"三打三防"转到打隐形飞机、打巡航导弹、打武装直升机,防精确打击、防电子干扰、防侦察监视的新"三打三防"。1998 年 11 月,中央军委向全军转发了关于这次集训的报告,全军掀起科技大练兵热潮。

人才培养在实施"质量建军"、"科技强军"战略中处于制高点地位。1993 年,在中央军委扩大会议上,江泽民指出,贯彻科技强军战略,最基本的是要抓好人才培养。2000 年 10 月,在观看全军科技练兵成果演示时的讲话中,他专门提到"要特别注意通过科技练兵培养和造就大批新型军事人才"①。为了加快人才培养的步伐,1999 年 4 月,解放军四总部联合召开第十四次院校会议,全军院校体制编制调整改革方案颁布实施,并决定新组建国防科学技术大学、信息工程大学、理工大学、海军工程大学和空军工程大学 5 所综合大学,使我军院校朝着综合办学、规模办学的方向发展,着力培养既懂政治又懂军事、既懂专业技术又懂指挥管理的复合型人才。我军还依托北京大学、清华大学等五十余所地方普通高校,初步建立了军地并举、共同培养军事人才的政策和制度。到 2001 年底,全军已有博士、硕士2.6 万名,全军大专以上学历达到 72%,其中作战部队军、师、团领导班子

---

① 《江泽民论有中国特色社会主义》(专题摘编),中央文献出版社 2002 年版,第465 页。

中,具有大专以上文化程度的比例分别达到 88%、90%、75%。

后勤对国防建设作用很大,现代化的军队后勤保障需要立体交叉,搞矩阵式管理,要纵横结合,多边协作。1998 年 4 月,中央军委决定在战区一级实行统供与专供相结合的陆、海、空三军联勤保障体制,从 1999 年起,联勤体制全面推开,并于 2000 年初正式启动。建立和实行三军联勤体制是我军后勤建设史上的一次重大变革,也是军队后勤迈向现代化的重要一步。

在实行联勤体制建设时,必须实现军队后勤从"自我化保障"到"社会化保障"的转变,逐步形成军民兼容的高效能的后勤保障体制和工作机制。1998 年底,江泽民指出,现在实行保障社会化的条件和时机已经基本成熟,应及时把那些非战斗功能的东西逐步转移到社会去,使军队真正精干起来。实行后勤保障社会化,是在三军联勤之后后勤体制上的又一项重大改革。1999 年,在八百五十多个单位先行试点的基础上,军队后勤社会化保障改革在全军普遍推开。

实行改革开放政策后,军队服从国家以经济建设为中心的大局,一直过紧日子。为了解决经济上的困难,在一段时期内,军队和武警普遍开展了经营性生产和经商活动。但是随着时间的推移,由此导致的各种负面效应也日益明显。1998 年 7 月,党中央、中央军委决定军队、武警部队一律停止一切经营性生产活动。按照中央的统一要求,到 1998 年底,全军 2937 家经营性生产企业全部撤销或移交地方,军队和武警部队从 1999 年开始全部吃"皇粮"。实践证明,军队、武警部队吃"皇粮",一律不再从事经商活动,利国、利军、利民,是新形势下加强军队建设,深入开展反腐败斗争的一项重大举措,对于保持我军性质、维护军队形象、提高部队战斗力,保证国家长治久安,具有深远的意义。

五、积极主动开创全方位外交新格局

(一) 构筑稳定的大国"伙伴关系"框架

在世界政治格局走向多极化的过程中,大国关系出现重大而深刻的调整,大国之间既相互合作又相互竞争、既相互借重又相互制约、既有协调又有摩擦,但要求协调与合作是主要倾向,这有利于国际局势继续趋向缓和。中国从长远利益以及世界和平与发展的大局出发,相继与世界各大国或国家集团建立了不同形式的伙伴关系,扩大了我国的回旋余地。

　　——中美建立面向 21 世纪的建设性战略伙伴关系。还在 1993 年 11 月,江泽民在西雅图与美国总统克林顿举行首次会晤时就指出,中美应遵循"增加信任,减少麻烦,发展合作,不搞对抗"的 16 字方针,把两国关系放在世界范围内加以考虑,着眼于下个世纪,着眼于未来。1994 年 5 月 26 日,克林顿总统宣布无条件延长中国的最惠国待遇,并决定将贸易和人权脱钩。1996 年 7 月,美国总统国家安全事务助理莱克访华。在与江泽民会晤时,莱克表示美方赞同和接受中国提出的指导中美关系的 16 字方针,并用中文念了一遍这 16 个字。1996 年 11 月,在菲律宾首都马尼拉召开的亚太经合组织第四次领导人非正式会议上,江泽民同克林顿会晤时达成了两国元首互访的共识。

　　从 1997 年下半年开始,两国关系进入相对稳定的发展时期。1997 年 10 月 26 日至 11 月 3 日,江泽民对美国进行正式国事访问。这次访问结束了中美关系自 1989 年以来长达 8 年的困难局面,为面向 21 新世纪的中美关系确定了框架和发展方向。在共同发表的《中美联合声明》中,双方表示将共同"致力于建立面向 21 世纪的建设性战略伙伴关系"。双方还决定,建立元首定期互访和高级官员定期磋商的机制,建立元首间直接通信联系,进一步发展两国的经贸合作关系,扩大两国在环保、能源、科技、法律、教育等领域的交流与合作。1998 年 6 月 25 日至 7 月 3 日,克林顿对中国进行国事访问,这是近 10 年来美国在任总统第一次访华。访问期间,两国元首就中美关系和重大的国际和地区问题深入交换看法,达成广泛共识。两国领导人决定,中美两国互不将各自控制的战略核武器瞄准对方。克林顿在台湾问题上还首次公开重申了美国关于不支持"台湾独立",不支持"一中一台"或"两个中国",不支持台湾加入任何必须由主权国家才能参加的国际组织的"三不"承诺。双方同意继续努力,向建立建设性战略伙伴关系的目标迈进。2001 年 10 月和 2002 年 2 月,布什就任总统后两次访问中国,两国最高领导人就推进中美关系达成重要共识。布什改变了上台初期对华采取的强硬政策,重申美国政府遵守美中三个联合公报,强调中国不是美国的敌人,而是美国的朋友,美国致力于同中国发展建设性合作关系,将本着相互尊重和坦率的精神处理双方的分歧。经过双方的共同努力,中美互利合作成果显著。两国贸易额 1990 年为 118 亿美元,2001 年达到 805 亿美元。截至 2002 年 6 月底,美国在华投资累计 35362 项,实际投入 371 亿美元,居各国之首。美国是中国第二大贸易伙伴和最大出口市场,中国是美国第四大贸易伙伴、第八大出口市场。两国间已有 31 个省州、110 个城市建立了友好关系。中国大陆赴美留学人数达到二十多万。这些都为今后中美关系的进一步发展打下了良好的基础。

但中美关系的改善和发展并非一帆风顺。1995 年 6 月,美国政府允许台湾地区领导人李登辉以私人身份赴美访问;1999 年 5 月 8 日,以美国为首的北约轰炸了中国驻南联盟大使馆;2001 年 4 月 1 日,美国 EP—3 军用侦察机撞毁我军用飞机,导致中方飞行员罹难,这三个事件都严重侵犯了中国主权,给中美关系带来强烈冲击。中国领导人和中国政府向美国提出了严正抗议和交涉,在美方承认错误并采取相应的实际行动后,两国关系又重新回到正常轨道。

——中俄建立平等互信面向 21 世纪的战略协作伙伴关系。1992 年 12 月,俄罗斯总统叶利钦首次对中国进行正式访问,与江泽民进行了会晤,双方签署了《关于中华人民共和国和俄罗斯联邦相互关系基础的联合声明》,决定将两国关系提升到"互相视为友好国家"的新阶段。1994 年 9 月,在中俄关系不断发展的基础上,中国国家主席江泽民对俄罗斯进行了正式访问,同叶利钦签署了《中俄联合声明》,宣布中俄两国建立"新的建设性伙伴关系"。1996 年 4 月,叶利钦再次访华,双方签署了《中俄联合声明》,宣布将两国关系升格为"发展平等信任、面向 21 世纪的战略协作伙伴关系"。双方决定建立元首定期会晤机制和元首间热线电话联系、总理定期会晤机制、国际磋商制度和民间交往制度。

1998 年 11 月 22 日至 25 日，江泽民访问俄罗斯，并与叶利钦总统会晤。双方签署了《关于中俄边界问题的联合声明》、《关于世纪之交中俄关系的联合声明》。两国元首为中俄战略协作伙伴关系确定了九条基本原则，从而进一步巩固和充实了双边关系。2000 年 7 月 18 日至 19 日，俄罗斯总统普京对中国进行国事访问，双方签署了《中华人民共和国和俄罗斯联邦北京宣言》、《中华人民共和国主席和俄罗斯联邦总统关于反导问题的联合声明》。2001 年 7 月 15 日至 18 日，江泽民对俄罗斯进行国事访问，双方正式签署了《中俄睦邻友好合作条约》。条约总结了发展中俄关系最主要的方针和原则，将两国"世代友好、永不为敌"的和平思想和永做好邻居、好朋友、好伙伴的坚定意愿以法律形式加以确定。

中俄在发展战略协作伙伴关系的过程中，认真吸取历史经验教训，认为社会制度和意识形态的差异不应妨碍双方关系的发展，双方都应尊重对方人民选择的发展道路；双方也认识到，在两国之间营造和平友好氛围，无论对中俄关系的发展还是地区稳定都具有重要意义。中俄良好的政治关系为推动双边经贸合作创造了有利条件，推动两国经贸合作驶入了快车道。从 1999 年起，两国贸易额连续 4 年创历史新高，2002 年达到 119.27 亿美元。

——中欧建立面向 21 世纪的长期稳定的建设性伙伴关系。欧盟在中国对外关系中占有重要的地位。1994 年江泽民主席应邀访问法国，提出与西欧发展面向 21 世纪关系的四项原则，即：长期稳定，友好合作；相互尊重，求同存异；互利互补，共同发展；加强在国际事务中的磋商与合作。随着我国综合国力不断增强，欧盟也加快调整对华政策。1994 年 7 月，欧盟制定《对亚洲新战略》，将中国确定为这一新战略的重点。1995 年 7 月，欧盟公布《欧盟—中国关系长期政策》报告，提出要与中国"全面发展政治、经济和贸易关系"，强调对华关系"应成为欧盟与亚洲和世界其他地区发展的一块基石"。1996 年 11 月，欧盟又提出《欧盟对华合作新战略》，强调对华政策的"全面性、长期性和独立性",确定了合作的领域。1998 年上半年,欧盟进一步修订对华长期政策,提出与中国建立全面伙伴关系,将中欧关系提升到与美国、日本、俄罗斯关系的同等水平。

1998 年 4 月 2 日,在伦敦召开的第二届亚欧会议前夕,中国总理朱镕基与欧盟主席国英国首相布莱尔和欧盟委员会主席桑特在伦敦举行了首次"中国—欧盟"领导人会晤,并发表了联合声明,双方表示"希望在中国和欧盟之间建立面向 21 世纪的长期稳定的建设性伙伴关系"。这是中国与欧盟关系发展史上新的里程碑。2001 年 5 月,欧盟委员会在一项旨在进一步发展对华关系的新政策文件《欧盟对中国的战略:1998 年文件执行情况和促使未来欧盟政策更有效的步骤》中重申,发展对华关系是欧盟的长期政策目标。该文件同 1998 年欧盟提出的《与中国建立全面伙伴关系》的战略性文件相比,在保持欧盟对华政策连贯性的同时,更注重政策的"有效性和可操作性",更重视在环保、能源、可持续发展、打击非法移民等一些具体问题上加强与中国的合作。

中国加入世贸组织后,为了发展在 WTO 框架下的中欧全面关系,2002 年 3 月 1 日,欧盟委员会批准了欧盟 2002 年至 2006 年对华战略关系文件。这个文件为今后 5 年欧盟与中国的合作关系提供了整体框架,为欧盟实施其对华方针政策提供了法律支持。2001 年中欧贸易总额达 766 亿美元,中国从欧盟引进技术合同金额共 44 亿美元,占我国当年引进技术总额的 49%。

在发展与欧盟关系的同时,中国还积极致力于与欧洲其他主要大国发展友好关系。在这些国家中,法国历来以奉行独立自主的外交政策而著称,它不赞成超级大国力图主宰现实国际秩序的企图。因此,中国非常重视法国在多极化世界中的独特地位。20 世纪 90 年代,中国努力与法国在增加信任、面向未来的基础上,发展长期稳定的政治关系和优势互补、平等互利的经济合作,对一些重大的国际问题相互进行磋商,认真协调立场,担负起双方在国际事务中应有的责任,共同致力于促进世界的和平、稳定与繁荣。

1997 年 5 月法国总统希拉克访华时,中法两国领导人签署了"联合声明",明确表示"在 21 世纪即将来临之际,中法两国应承前启后,建立长期的全面伙伴关系"。

中英两国作为联合国安理会常任理事国,在世界上有着广泛的共同利益和责任。随着香港的顺利回归,中英两国在双边关系上的问题基本解决,这为两国发展友好合作关系创造了良好的条件。1998 年中英两国总理实现了互访,双方在双边关系和许多国际问题上达成了广泛的共识。在 1998 年 10 月英国首相布莱尔来华访问时,与朱镕基总理签署了《中英联合声明》,双方决定发展"全面的中英伙伴关系"。

德国是欧洲有影响的大国,中德关系在我国同发达国家间的关系中占有突出地位。1995 年和 1996 年中德两国元首实现互访,推动了双方关系的发展。之后,双方高层互访不断。1999 年 5 月北约轰炸中国驻南联盟大使馆后,德国总理代表北约到中国进行道歉,这在一定程度上反映了中德关系的特殊性。中德经贸关系发展迅速。1972 年,双边贸易额仅为 2.72 亿美元,到 2001 年达到 235 亿美元,增加了近 90 倍。德国是中国引进技术最多的国家之一。截至 2001 年底,中国批准从德国引进技术合同五千四百多个,合同金额 238 亿美元,仅次于我国从美国引进技术的金额;德国对华直接投资项目 2701 个,实际投入 70 亿美元,在欧洲国家中位居第一。

中国外交战略中的"战略伙伴关系"、"协作伙伴关系"、"全面伙伴关系"、"合作伙伴关系"等等,虽然表述不同,性质上有某种差异,但无论是什么样的伙伴关系,实质上都具有以下共同特点:是新型国家关系而不是军事结盟;以协商和对话方式解决存在的分歧和争端;不针对第三国;促进各自同第三国发展关系;面向 21 世纪。这种既非结盟又非敌对的合作伙伴关系,无疑是对冷战时期结盟、敌视、对抗的国家关系的否定,反映的是中国外交战略的新思维。

（二）坚定捍卫国家主权和民族尊严

1999 年 5 月 7 日,以美国为首的北约以维护"人权"为借口,对南斯拉夫联盟共和国进行了四十多天狂轰滥炸,并悍然使用 3 枚导弹,从不同角度袭击了中华人民共和国驻南联盟大使馆,造成我外交人员和财产的重大损失。

北约的野蛮行径激起了全中国人民的极大义愤。5 月 8 日,中华人民共和国政府发表声明,最强烈地抗议北约的野蛮行径。当天,全国人会外事委员会和全国政协外事委员会发表严正声明,对北约袭击中国驻南斯拉夫联盟共和国大使馆表示极大愤慨和最严厉谴责。与此同时,北京大学、清华大学、北京师范大学、北京航空航天大学、中央民族大学、首都师范大学、北京理工大学等首都十余所大学的学生高举"反对霸权,反对侵略"、"捍卫主权,还我使馆"、"强烈谴责美国的霸权主义行径"等横幅,集队来到美国驻华使馆门前游行示威,愤怒宣读抗议书。上海、广州、成都、济南、武汉等地的数十万高校学生也分别来到美国驻当地的总领事馆门前举行声势浩大的游行示威活动,递交抗议信,高呼口号,强烈谴责以美国为首的北约轰炸我驻南联盟大使馆的犯罪行为。5 月 9 日晚,中共中央政治局常委、国家副主席胡锦涛向全国发表电视讲话,再次严厉谴责以美国为首的北约的野蛮行径。5 月 10 日,外交部部长唐家璇代表中国政府再次向美国驻中国大使尚慕杰提出严正交涉,提出四项严正要求:一、公开、正式向中国政府、中国人民和中国受害者家属道歉。二、对导弹袭击中国驻南斯拉夫联盟共和国大使馆事件进行全面、彻底的调查。三、迅速公布调查的详细结果。四、严惩肇事者。中国外交部也在当天宣布:根据中华人民共和国政府声明的精神,考虑到目前的情况,中方决定:推迟中美两军高层交往;推迟中美防扩散、军控和国际安全问题磋商;中止中美在人权领域的对话。以美国为首的北约袭击中国驻南联盟大使馆,在国际社会也引起了强烈反应。联合国秘书长安南以及俄罗斯、伊拉克、古巴等国谴责北约集团的暴行,对中国表示声援。

面对中国人民义正词严的声讨，美国政府一方面仍然狡辩，另一方面不得不在多种场合向中国政府、人民和受害者家属作出公开道歉。5月14日，在应美国方面多次请求后，江泽民与克林顿总统通电话。克林顿表示"愿对发生在贝尔格莱德的悲剧表示由衷的道歉，尤其是向受伤人员和遇难者的家属表示我个人的歉意"。他保证查清事件发生的原因，并尽快让中国人民了解事实真相。6月16日，美国副国务卿皮克林奉克林顿之命，作为总统特使前来北京，向中国政府报告了美国政府对北约袭击中国驻南联盟大使馆事件的调查结果。美方的调查结果称，中国驻南联盟大使馆被炸是一起由美政府一些部门的一系列失误所导致的"悲剧性误炸"事件。对于美方通报的所谓"调查结果"，中方指出，美方对此事件发生原因作出的解释是难以令人信服的，"误炸"结论是中国政府和人民不能接受的，强调美国政府必须切实进行全面、彻底的调查，严惩肇事者，以实际行动向中国政府和人民作出满意的交代。中方要求美国政府承担全部赔偿责任。对中国的人员伤亡和财产损失作出迅速、充分和有效的赔偿。

1999年7月，中国代表团和美国代表团就美国轰炸中国驻南斯拉夫联盟共和国大使馆所造成的中方人员伤亡和财产损失的赔偿问题在北京举行了两轮谈判，就中方伤亡人员的赔偿问题达成共识。同年12月，两国政府就美国轰炸中国驻南斯拉夫大使馆的赔偿问题达成协议。根据协议，美国政府将向中国政府支付2800万美元，作为对轰炸中国驻南联盟大使馆造成中方财产损失的赔偿。

围绕中美"撞机事件"的交锋。2001年4月1日，美国一架海军EP—3军用侦察机飞抵中国海南岛东南海域上空活动，中方2架军用飞机对其进行跟踪监视。当中方飞机正常进行监视飞行时，美机突然向中方飞机转向，其机头和左翼与中方一架飞机相碰，致使中方飞机坠毁，中方飞行员王伟失踪。事发后美机未经中方允许，进入中国领空，降落在海南岛陵水机场。事件发生后，中方表现出极为克制的冷静态度。中方在全力搜寻失踪的飞行员王伟的同时，还对美方飞机上的24名机组人员做了妥善安排。然而,美国政府不仅不对其肇事飞机违法行为造成的严重后果表示道歉,还抢先编织种种理由为其肇事飞机的行为进行辩解,开脱责任,甚至以威胁的口吻对中国提出种种无理的要求和指责,态度蛮横。4月2日夜,外交部部长助理周文重召见美国驻华大使普理赫,就美国军事侦察飞机撞毁中国军用飞机事向美方表明中方严正立场,对美方发表的指责中方的谈话表示强烈不满,要求美方正视事实,承担责任,向中方道歉。4月3日,江泽民在会见卡塔尔国首相阿卜杜拉时,就美侦察机撞毁我军用飞机事件发表谈话,强调飞机碰撞事件责任完全在美方,是美国的飞机违反飞行规则,做出危险的动作,撞毁我飞机,致使我飞行员下落不明。4月4日,中国外交部部长唐家璇召见美国驻华大使普理赫,再次就美国军用侦察机撞毁中国军用飞机一事向美方提出严正交涉,指出,撞机事件发生后,中方一直采取冷静、克制和负责任的态度处理这一事件。但美方不仅不面对事实,承担责任,反而摆出霸道架势,强词夺理,混淆是非,一再对中方进行无理指责,错上加错。

面对中方的严正交涉,美国国务卿鲍威尔、美国总统布什先后就撞机导致中国飞行员失踪一事表示"遗憾"。4月9日,鲍威尔承认美军侦察机侵犯了中国领空,并对此表示"抱歉"。同日,美驻华大使普理赫说,美国将以积极的态度与中方一起尽快妥善解决中美飞机相撞事件。4月11日,美国政府处理美国军用侦察机撞毁中国军用飞机事件的全权代表、美国驻华大使普理赫向中国外交部部长唐家璇递交了关于美国军用侦察机撞毁中国军用飞机的致歉信,同时对其飞机"未经口头许可而进入中国领空并降落深表歉意"。中方围绕中美撞机事件开展的斗争,表明了中国政府和中国人民坚决维护国家尊严和主权的决心和意志。

从1990年到2001年,中国在历次联合国人权大会上,还与以美国为首的西方反华势力进行了激烈较量,挫败了美国利用人权问题干涉中国内政的多次图谋,书写了当代中国外交史上的精彩一页。

（三）确立面向 21 世纪的全方位外交新格局

"与邻为善，以邻为伴"，巩固周边战略依托。在东面，致力于发展和日本以及朝鲜、韩国的友好合作关系。1997 年中日邦交正常化 25 周年之际，日本首相桥本龙太郎和中国总理李鹏实现互访，取得成功。双方共同确认，要在严格遵循《中日联合声明》和《中日和平友好条约》的原则基础上，面向21 世纪建立长期稳定的睦邻友好关系，实现两国世世代代友好的目标。1998 年《中日和平友好条约》20 周年之际，江泽民作为中国国家元首首次访日。访问期间，中日双方发表了联合宣言，宣布"面向 21 世纪，建立致力于和平与发展的友好合作伙伴关系"，从而为两国建立起了朝着共同目标迈进的联合行动框架。冷战结束后，中朝传统友好关系进入新的阶段。2001 年 9 月，江泽民访问朝鲜，双方确定本着"继往开来，面向未来，睦邻友好，加强合作"的精神，在新世纪把两党、两国和两国人民之间的友好合作关系推向更高的发展水平。1992 年 8 月中韩建交使两国关系翻开了新的一页。1998 年 11 月，金大中总统访华，两国元首商定以《联合国宪章》原则和中韩建交公报的精神及两国睦邻友好合作为基础，着眼未来，建立面向21 世纪的中韩合作伙伴关系。为了推进朝鲜半岛的和平与稳定，中国积极参加由朝韩中美四方就朝鲜半岛问题举行的"四方会谈"。1997 年 12 月，"四方会谈"第一次会议在日内瓦国际会议中心举行，建立半岛和平机制的进程正式启动。第六次会议于 1999 年 8 月举行，中方作为轮值主席国主持了会议，各方探讨了朝鲜半岛和平机制的轮廓。中方建议，在半岛建立一种切实有效的信任措施机制。该机制可分为两个部分：第一，有关方面建立自我约束机制，即每一方针对各自的实际情况，制定应对突发事件时保持冷静、克制的行为规则并严格遵守；第二，各方之间就共同遵守的规则或制度达成共识，并认真履行。中方还就建立半岛和平机制的轮廓提出了自己的设想和方案。

在南面，中国与东盟各国的关系全面发展。冷战结束后，东盟从六国扩大到十国,包括整个东南亚。① 中国十分重视加强与东盟的友好睦邻关系。1991 年 7 月,中国外长钱其琛作为特邀贵宾出席了在吉隆坡举行的第 24 届东盟外长会议开幕式。这是我国首次同东盟组织正式接触。1996 年 7 月,在第 29 届东盟常设委员会第六次会议上,东盟一致同意将中国由过去的东盟磋商伙伴国升格为东盟全面对话伙伴国,双方关系由此进入了一个新的阶段。从 1997 年开始,中国与东盟的对话从部长级提高到国家领导人层次,双方高层领导人频繁互访,增进了相互了解和友谊。1997 年 12 月,江泽民出席"东盟—中日韩"(10+3)首脑非正式会议,并参加了首次"东盟—中国"领导人非正式会议。2000 年 11 月,在第四次中国与东盟领导人会议上,朱镕基总理提出了建立"中国—东盟自由贸易区"的设想。2002 年 11 月,第六次中国和东盟领导人会议在柬埔寨举行,会上,中国与东盟 10 国领导人签署了《中国与东盟全面经济合作框架协议》,决定到 2010 年建成"中国—东盟自由贸易区",标志着"中国—东盟"建立自由贸易区进程正式启动。在这次会议上,中国还与东盟签署了《南海各方行为宣言》,确认通过友好协商和谈判,以和平方式解决南海有关争议。

在西面,中印关系明显改善,中巴传统友谊进一步巩固发展。从 20 世纪 50 年代末起,中印两国由于边界冲突等原因导致关系不正常。1988 年 12 月和 1991 年 12 月,两国总理实现互访,双方同意通过和平友好的方式解决边界问题,恢复了政府间的高级对话,从而实现了关系正常化。1996 年 11 月 28 日至 12 月 1 日,江泽民访问印度,这是中国国家元首第一次访问印度,为中印友好关系揭开新的一页。经过会谈,两国领导人一致同意在和平共处五项原则基础上,建立"面向未来的建设性合作伙伴关系"。2000

---

① 东盟的前身是马来西亚、菲律宾和泰国于 1961 年 7 月在曼谷成立的东南亚联盟。1967 年 8 月,印度尼西亚、泰国、新加坡、菲律宾 4 国外长及马来西亚副总理在曼谷举行会议,发表了《曼谷宣言》,正式宣告成立东南亚国家联盟。同月,马、泰、菲三国在吉隆坡举行部长级会议,决定由东南亚国家联盟代替东南亚联盟。东盟成立时仅有 5 个成员国,此后,文莱于 1984 年加入东盟;越南于 1995 年加入东盟;缅甸、老挝于 1997 年加入东盟;柬埔寨于 1999 年成为该组织的新成员。目前东盟共有 10 个成员国,涵盖了整个东南亚地区。

年 5 月,印度总统纳拉亚南对中国进行国事访问。2001 年 1 月,全国人大常委会委员长李鹏对印度进行正式友好访问。2002 年 1 月,国务院总理朱镕基访问印度。中国和巴基斯坦有着传统的友好合作关系,是亲密的邻邦和全天候的朋友。"9·11"事件后,中国坚定支持巴基斯坦从国家和民族利益出发调整对外关系,帮助其改善对外环境,中巴友好进一步加强。阿富汗是中国的邻国。2002 年初,阿富汗新政权建立后,中国政府立即给予承认和支持,积极参与阿富汗和平进程和战后重建,恢复了中阿传统友谊。

在北面,在巩固中俄协作伙伴关系的同时,不断深化与蒙古国的关系。1989 年中蒙关系实现正常化后,两国关系进展顺利。1994 年 4 月,李鹏总理访问蒙古国时,两国签订了中蒙友好合作关系条约,这个条约对 1960 年缔结的中蒙友好互助条约进行了修改和补充,是两国关系史上一个极其重要的政治文件。1998 年 12 月 10 日,蒙古国总统那楚克·巴嘎班迪访问中国。1999 年 7 月,中国国家主席江泽民访问蒙古国。2002 年初,蒙古国总理恩赫巴亚尔访华。

在实施稳定周边战略的同时,我国也加强了同其他地区发展中国家在各个领域的友好合作关系。中国同非洲以及西亚地区国家的关系继续朝着全面、稳定的方向发展,高层往来频繁,对话与合作显著加强。1996 年 5 月,江泽民主席访问了肯尼亚、埃塞俄比亚、埃及、马里、纳米比亚、津巴布韦六国。在亚的斯亚贝巴非洲统一组织总部发表演讲时,江泽民主席提出了发展面向 21 世纪长期稳定、全面合作中非关系的五点建议。1999 年 4 月,江泽民主席同埃及总统穆巴拉克在北京签署了两国建立面向 21 世纪战略合作关系的联合公报。同年 10 月底至 11 月初,江泽民主席在访问阿尔及利亚、沙特阿拉伯、摩洛哥时,阐述了中国对中东和平进程和伊拉克等地区热点问题的立场和和主张,强调提倡和平而不是武力、合作而不是对抗、兼容而不是排斥的原则,指出只要遵循这些主张和原则,各国就能消解分歧,友好相处,求得共同发展。2000 年 10 月,"中非合作论坛——北京 2000 年部长级会议"举行,有 4 位国家元首,以及来自 45 个非洲国家的近 80 名外交和主管对外合作或经济事务的部长及有关国际和地区组织的负责人出席。江泽民主席在会上提议中非双方要继续共同作出努力:加强团结,积极推动南南合作;促进对话,努力改善南北关系;积极进取,平等参与国际事务;面向未来,建立中非长期稳定、平等互利的新型伙伴关系。会议通过了《中非合作论坛北京宣言》和《中非经济和社会发展合作纲领》。在《合作纲领》中,中方宣布在今后两年内,减免非洲重债贫穷国和最不发达国家所欠的 100 亿元人民币债务,以帮助推动非洲债务问题的解决。中国同拉丁美洲各国的友谊也不断发展,相互了解日益加深,经贸关系稳步扩大。中国现已同大多数拉丁美洲国家建交,同一些未建交国也发展了经贸关系和民间往来。2001 年 4 月,中国国家主席江泽民访问了智利、阿根廷、乌拉圭、古巴、委内瑞拉和巴西六国。在同各国元首会谈时,江泽民表示,中国愿同拉美各国共同努力,推动中拉在新世纪建立和发展长期稳定、平等互利的全面合作关系。中国和拉美国家在许多重大国际问题上有着相同或相似的看法,在联合国等国际组织中相互支持、密切配合。中国还同拉美地区多边组织及机构加强了政治磋商和对话。中拉经济合作蓬勃发展。

(四) 推动对话与合作,在多边外交中展示中国独特影响力

"多边外交"是通过国际组织、国际条约、国际会议所开展的有多个行为主体参加的外交活动和国际合作。20 世纪 90 年代以来,中国的多边外交则迎来活跃期,取得了一系列重大成果。

一是主动加入有关人权、环保、军控方面的一系列国际条约。如在环境保护方面,中国加入了《气候变化框架公约》《保护生物多样性公约》《国际防治沙漠化公约》等;在军控方面,中国加入了《不扩散核武器公约》《全面禁止核试验条约》及《关于禁止发展、生产、储存和使用化学武器及销毁此种武器的公约》等。1997 年、1998 年中国还相继签署了《经济、社会及文化权利国际公约》《公民权利和政治权利国际公约》等。"9·11"事件后,中国加入了《制止恐怖主义爆炸的国际公约》及《制止向恐怖主义提供资助

的国际公约》等。

二是推动并积极参加联合国主导的多边外交活动。如在参加联合国维和行动方面,中国自 1989 年首次派人参加联合国的维和行动以来,先后向联合国伊拉克和科威特观察团、联合国柬埔寨过渡时期权力机构、联合国西撒哈拉公民投票特派团、联合国莫桑比克观察团、联合国驻利比里亚观察团、联合国驻塞拉利昂观察团、联合国东帝汶特派团等 10 项联合国维和行动派遣了 585 人次的军事观察员和 800 人次的工程兵部队。中国的民事警察及其他文职人员参加了联合国在纳米比亚、南非、柬埔寨、莫桑比克和利比里亚等地进行的大选监督工作。

三是倡导并发起创建第一个以中国城市的名字命名的国际组织——"上海合作组织"。1996 年 4 月,中、俄、哈、吉、塔五国元首首次在上海会晤,隆重签署了《关于在边境地区加强军事领域信任的协定》,这个协定是亚太地区第一个多国双边军事政治文件。1997 年 4 月,中、俄、哈、吉、塔五国元首在莫斯科会晤,签署了《关于在边境地区相互裁减军事力量的协定》,协定规定五国将边境地区军事力量裁减到与睦邻友好相适应的水平,使其只具有防御性;互不使用武力或以武力相威胁;不谋求单方面军事优势。以上两个协定的签署为中、俄、哈、吉、塔五国边界问题的最终解决奠定了法律基础。1998 年 7 月 3 日,五国领导人在哈萨克斯坦首都阿拉木图再次会晤,决定将这种首脑定期会晤作为惯例固定下来,并将"双方"谈判转为"多边"合作,合作的领域也由安全领域扩展到政治和经贸等领域。由于五国元首首次会晤是在上海,因此被称为"上海五国机制"。从 1999 年开始,中、俄、哈、吉、塔五国元首先后举行了比什凯克、莫斯科、杜尚别会晤,将多边合作的领域进一步扩大到安全、经济、文化等多个领域,多边合作的层次也由国家首脑、政府首脑会晤扩展到"包括外长、国防部长、经济和文化部门负责人会晤在内的各个级别的经常接触和磋商"。2001 年 1 月,乌兹别克斯坦向"上海五国"的轮值主席国中国提出了加入此机制的要求。同年 6 月,中、俄、哈、吉、塔、乌六国元首会议在上海举行。会后,六国元首共同签署了《"上海合作组织"成立宣言》,正式宣告"上海合作组织"成立——这是中国多边外交由被动迈向主动的标志性一步,是新中国外交史上一项具有里程碑意义的重大成果。

四是参加亚太经合组织非领导人历次会议,加强对亚太经合组织的参与力度。亚太经济合作组织(简称亚太经合组织,英文 APEC)是一个区域性经济论坛和磋商机构。1989 年 11 月,亚太经合组织第一届部长级会议在澳大利亚首都堪培拉举行,标志着亚太经合组织的正式成立。1991 年 11 月,中国以主权国家身份正式加入亚太经合组织。1993 年 11 月,首次亚太经合组织领导人非正式会议在美国西雅图举行,江泽民出席了会议。此后,中国参加了亚太经合组织历次会议和领导人非正式会议,并主动为区域合作献计献策。

五是支持创办专门讨论亚洲事务的论坛组织——"博鳌亚洲论坛"。1998 年 9 月,澳大利亚前总理霍克、日本前首相细川护熙和菲律宾前总统拉莫斯倡议成立一个类似达沃斯"世界经济论坛"的"亚洲论坛",并很快得到中国政府的支持和合作。经过充分准备,2001 年 2 月,"博鳌亚洲论坛"成立大会在中国海南博鳌举行,大会通过了《博鳌亚洲论坛宣言》、《博鳌亚洲论坛章程指导原则》等纲领性文件。2002 年 4 月,博鳌亚洲论坛首届年会在博鳌万泉河畔开幕,首届年会的主题是"新世纪、新挑战、新亚洲——亚洲经济合作与发展"。博鳌亚洲论坛的创立,为专门讨论亚洲事务,增进亚洲各国之间、亚洲各国与世界其他地区之间多层次、多渠道、多形式的交流与合作提供了重要平台。

六、"三个代表"重要思想的酝酿和提出

(一)"三个代表"重要思想的酝酿

　"三个代表"重要思想经历了一个长时间的酝酿过程。江泽民说:"我

提出这个问题，是经过了长时期思考的。在实行改革开放和发展社会主义市场经济的条件下，'建设一个什么样的党，怎样建设党'，是一个重大的现实问题，直接关系到我们党和国家的前途命运。"①对执政党的建设问题给予高度重视，是在江泽民担任中共中央总书记、主持党和国家的全面工作后就开始了的。

1989 年我国发生了一场严重政治风波。发生风波的一个重要原因，是党的自身建设出了问题。鉴于这方面的严重教训，邓小平在同几位中央负责同志谈话时，就明确提出"常委会的同志要聚精会神地抓党的建设"，要坚决惩治党内的各种消极腐败现象，强调"这个党该抓了，不抓不行了"②。1989 年 6 月，党的十三届四中全会选举产生了以江泽民为核心的新的中央领导集体。党的十三届四中全会后，遵照邓小平"聚精会神地抓党的建设"的要求，以江泽民为核心的党中央，从坚决惩治腐败，切实做几件人民群众普遍关心的事情抓起，着力解决当时党的建设中面临的迫切问题。1989 年 7 月 28 日，党中央、国务院发布《关于近期做几件群众关心的事的决定》，就人民群众普遍关心的清理整顿公司、坚决制止高干子女经商、严格禁止进口小轿车、严格禁止请客送礼、严格控制领导干部出国等问题作了规定，集中力量抓紧查处严重违法乱纪案件。接着，中央又连续召开全国宣传部长和全国组织部长会议，研究党的思想宣传工作和自身建设问题。1989 年 8 月 21 日，在全国组织部长会议上的讲话中，江泽民深刻总结了党的建设的经验教训，明确提出："与群众的血肉联系是我们党的力量所在。只要我们始终代表人民群众的利益，全心全意服务于人民，就能经得起任何风浪的考验，永远立于不败之地。"③8 月 28 日，中共中央发出《关于加强党的建设的通知》，提出了从八个方面加强党的建设的具体要求。1989 年底，中央宣传

---

① 江泽民:《论"三个代表"》,中央文献出版社 2001 年版,第 32 页。

② 《邓小平文选》第三卷,人民出版社 1993 年版,第 314 页。

③ 中共中央文献研究室编:《十三大以来重要文献选编》(中),人民出版社 1991 年版,第 580 页。

部等四部门联合在中央党校举办党建理论研究班,江泽民在与研究班学员座谈时发表讲话指出:中国共产党之所以要坚持工人阶级先锋队的性质不变,是因为工人阶级是与现代大工业紧密联系在一起的,能够"代表先进生产力和生产关系,代表全体人民的根本利益"①。1991 年 7 月 1 日,江泽民在建党 70 周年纪念大会上的讲话中提出:"面对复杂的国际形势和繁重的国内任务,党必须在理论上更加成熟起来",要"紧密联系实际,加强调查研究,深入认识和把握中国国情,认真探讨和解决当代重大的政治、经济、思想文化等问题",并"做出新的理论概括"。② 在这一认识下,讲话系统阐述了"进一步加强中国共产党的建设"的问题,提出了加强和改进党的建设的四项重大任务。

1992 年春,邓小平视察南方发表重要讲话。10 月,党的十四大召开。以此为标志,我国改革开放和现代化建设进入了新的发展阶段。为了落实党的十四大提出的党建任务,1994 年 9 月,党的十四届四中全会专门研究了新形势下党的建设问题,通过了《关于加强党的建设几个重大问题的决定》,向全党提出了继续推进党的建设"新的伟大的工程"的任务。1997 年 9 月,党的十五大在阐述"面向新世纪的中国共产党"这个具有鲜明时代特征的党建命题时,第一次郑重提出了在改革开放和发展社会主义市场经济条件下"建设一个什么样的党、怎样建设党"的问题,并以最新的科学表述,进一步明确了党的建设新的伟大工程的总目标,同时提出了按照这个总目标,从思想上、组织上、作风上全面加强党的建设,不断提高领导水平和执政水平,不断提高拒腐防变能力的历史任务。

(二)"三个代表"重要思想的提出

党的十五大以后,以江泽民为核心的党中央面向新世纪,对"建设一个

---

① 中共中央文献研究室编:《十三大以来重要文献选编》(中),人民出版社 1991 年版,第 805 页。

② 中共中央文献研究室编:《十三大以来重要文献选编》(下),人民出版社 1993 年版,第 1653 页。

什么样的党、怎样建设党"这一党的建设的根本问题继续进行不懈探索。

根据党的十五大的部署,1998年底,中央决定:在全国县级以上党政领导班子、领导干部中集中时间,分期分批开展以"讲学习、讲政治、讲正气"为主要内容的党性党风教育活动。在指导"三讲"教育活动的过程中,江泽民对如何加强新形势下的党的建设问题进行了深刻思考,指出:"在对外开放和发展社会主义市场经济的条件下,我们党如何始终保持工人阶级先锋队的性质,更好地代表最广大人民的利益;在社会经济成分、组织形式、物质利益和就业方式多样化的趋势进一步发展的条件下,如何始终保持全党同志按照党的奋斗目标,按照国家和人民的最高利益来行动,维护和加强党的坚强团结与高度统一,这是我们在新的历史条件下加强党的建设的重大理论问题,也是重大现实问题。只有正确回答了这些问题,党的建设才能更好地向前推进。"①

2000年,党建工作的重中之重是搞好县(市)级领导干部的"三讲"教育活动。对此,中央政治局给予高度重视。中央政治局常委会决定,每一位常委都到一个县去对县级党政领导干部开展"三讲"教育作一次讲话,直接抓县级领导干部的"三讲"教育。2000年2月,江泽民来到广东高州市指导"三讲"教育活动。2月20日,在高州市领导干部"三讲"教育动员大会上,江泽民发表讲话,着重讲了关于开展"三讲"教育的意义、关于搞好县(市)"三讲"教育的要求、关于对做好县(市)领导工作的几点希望等问题,提出我们党要始终保持工人阶级先锋队性质;始终代表最广大人民群众的利益;始终成为社会先进生产力的代表;始终领导全国各族人民促进社会生产力的发展;始终强有力地发挥好领导核心作用。讲话中,江泽民明确提出了中国共产党要成为"两个代表"的思想。

在出席了高州市领导干部"三讲"教育会议之后,江泽民在广东考察工作,重点就如何加强新时期党的建设和推进高新技术产业发展这两个题目

---

① 江泽民:《论"三个代表"》,中央文献出版社2001年版,第2—3页。

进行调研。在深入调研的基础上,并经过长时间思考,2 月 25 日,在听取了广东省委的工作汇报后,江泽民就如何在改革开放和发展社会主义市场经济条件下加强党的建设问题发表了重要讲话,指出:"要把中国的事情办好,关键取决于我们党";"总结我们党七十多年的历史,可以得出一个重要的结论,这就是:我们党所以赢得人民的拥护,是因为我们党在革命、建设、改革的各个历史时期,总是代表着中国先进生产力的发展要求,代表着中国先进文化的前进方向,代表着中国最广大人民的根本利益,并通过制定正确的路线方针政策,为实现国家和人民的根本利益而不懈奋斗。人类又来到一个新的世纪之交和新的千年之交。在新的历史条件下,我们党如何更好地做到这'三个代表',是一个需要全党同志特别是党的高级干部深刻思考的重大课题。"这是江泽民第一次正式、完整地提出"三个代表"重要思想。江泽民强调,思考如何更好地做到"三个代表"的问题,必须做到"四个紧密结合",即:"要紧密结合国内外形势的变化,紧密结合我国生产力的最新发展和经济体制的深刻变革的实际,紧密结合人民群众对物质文化生活提出的新的发展要求,紧密结合我们党员干部队伍发生的重大变化。"①

2000 年 5 月,江泽民来到改革开放的另一前沿地带江苏、浙江、上海考察,再次就如何加强新时期党的建设问题进行调研,继续阐发"三个代表"重要思想。5 月 14 日,江泽民在上海主持召开党建工作座谈会,专门就按照"三个代表"要求切实加强党的建设问题发表重要讲话。江泽民指出:"始终做到'三个代表',是我们党的立党之本、执政之基、力量之源。按照'三个代表'的要求抓党的建设,同新时期党的建设新的伟大工程的总目标总要求是一致的。推进党的思想建设、政治建设、组织建设和作风建设,都应贯穿'三个代表'的要求。"②

江泽民在上海等地再次对"三个代表"思想进行深刻阐述,这个消息经《人民日报》报道后,立即引起全党的高度关注和强烈反响,并迅速在全党

---

① 江泽民:《论"三个代表"》,中央文献出版社 2001 年版,第 1—2 页。
② 江泽民:《论"三个代表"》,中央文献出版社 2001 年版,第 7 页。

范围兴起了一股声势浩大的学习、研究、宣传"三个代表"思想的热潮。5月18日,《人民日报》发表题为《"三个代表"重要论述与面向21世纪的中国共产党》的长篇文章,全面介绍和阐述了"三个代表"思想的科学内涵和重大意义。同日,《光明日报》发表评论员文章:《深入学习"三个代表",全面落实"三个代表"》;5月19日,《经济日报》发表评论员文章:《深入学习"三个代表"重要思想》;5月22日,《人民日报》发表社论:《全面加强党的建设的伟大纲领》,强调"三个代表"重要论述"具有极为重大的现实意义和长远的指导意义";同日,《解放军报》发表社论:《立党之本,执政之基,力量之源》。与此同时,新华社、《求是》杂志以及全国其他主要报刊也先后发表社论或有关文章,阐述"三个代表"思想的重大意义。从中央到地方,不少单位和部门还举办了各种类型的学习"三个代表"的研讨会、座谈会等。

学习、宣传"三个代表",成为2000年后中国共产党理论工作的主旋律。

（三）"三个代表"重要思想的深化

"三个代表"重要思想提出后,全党全社会展开了热烈讨论,人们在对"三个代表"思想重大理论意义和现实意义的认识上,也逐步取得共识。江泽民则继续对党的建设问题进行探索和思考,并在多种场合、多次讲话中从不同角度和不同方面进一步阐发"三个代表"思想,使"三个代表"重要思想的科学内涵不断丰富、完善和深化。

2000年6月9日,在全国党校工作会议上,江泽民指出:"我们要坚持毛泽东同志、邓小平同志关于党的建设的理论和一系列重要思想,集中起来最重要的,就是要在思想上和行动上坚持这'三个代表'。这是我们党的立党之本、执政之基、力量之源。"[1]他希望全党同志特别是党的高级干部要结合"三个代表"的要求,认真思考我们党在长期实践中取得的正反两方面的

---

[1]　江泽民:《论"三个代表"》,中央文献出版社2001年版,第32页。

历史经验,特别是要认真思考改革开放以来我们党经受住国内外各种风险考验的基本经验,思考怎样解决我们党内存在的问题、更好地带领人民完成跨世纪发展的任务。把这些问题想好了,加强新时期党的建设,培养造就一大批中青年领导干部的工作,就可以做得更好。在这次讲话中,江泽民联系我们党干部队伍建设面临的挑战,着重从培养适应新世纪要求的中青年领导干部的角度阐述了"三个代表"重要思想。

同年6月20日,在西北五省区党建工作和西部开发工作座谈会上,江泽民发表了《不断根据实践的要求进行创新》的重要讲话,指出:"创新是一个民族的灵魂,是一个国家兴旺发达的不竭动力,也是一个政党永葆生机的源泉。"①创新,包括理论创新、体制创新、科技创新及其他创新。江泽民指出:"二十多年来,我们党领导人民进行改革开放和现代化建设取得的伟大成就,都是与我们不断进行的理论创新、体制创新、科技创新等分不开的。邓小平理论的形成和发展,就是我们党在新时期坚持理论创新的最集中体现和取得的最伟大成果。其他的一切创新都是在这种理论创新的指导下和推动、影响下进行的。"从"三个代表"重要思想后来发展的过程看,正是沿着这次讲话中提出的"创新"和"永葆生机"的思路,江泽民在此后的多次讲话中提出了一系列创新的思想、创新的观点。《不断根据实践的要求进行创新》是江泽民"三个代表"重要思想形成过程中一篇极为重要的文献,它抓住了"三个代表"的实质——永葆党的先进性,同时提出了新形势下如何永葆党的先进性的方法论原则——不断根据实践的要求进行创新。

6月28日,江泽民在中央思想政治工作会议上的讲话中强调,新形势新任务以及思想政治工作的现实状况,要求我们必须大力加强和改进党的思想政治工作。这是保证我们党始终做到代表中国先进生产力的发展要求、中国先进文化的前进方向、中国最广大人民的根本利益的必然要求。加强和改进党的思想政治工作必须全面贯彻落实"三个代表"的要求,这是党

---

　　① 江泽民:《论"三个代表"》,中央文献出版社2001年版,第46页。

团结和带领人民建设有中国特色社会主义的长期战略方针。这就从党的思想政治建设角度阐述了"三个代表"重要思想。在讲话中,江泽民还提出了如何认识社会主义发展的历史进程、如何认识资本主义发展的历史进程、如何认识我国社会主义改革实践过程对人们思想的影响以及如何认识当今的国际环境和国际政治斗争带来的影响这"四个如何认识"的问题,要求全党给予深入研究并作出有说服力的正确回答。

10 月 11 日,在党的十五届五中全会上,江泽民分析了"三个代表"重要思想提出的基本依据,指出:"'三个代表'的要求,是根据我们党的性质、宗旨和历史经验、现实需要提出来的,也是为了在新的时期新的实践中更好地全面落实毛泽东思想、邓小平理论关于党的建设的要求提出来的,是我们党的立党之本、执政之基、力量之源,是我们加强新时期党的建设的基本方针","我们开展的各项工作,都要贯彻落实'三个代表'的要求,看看我们所采取的措施、所做的工作,是不是符合'三个代表'的要求,符合的就毫不动摇地坚持,不符合的就勇于实事求是地纠正"。① 这就从党的建设的角度,提出了衡量各项工作的标准,从而发展了邓小平关于"三个有利于"标准的思想。在这次讲话中,江泽民还着重阐述了按照"三个代表"要求努力改进思想作风、学风和工作作风建设的问题。这是从党的作风建设的角度对"三个代表"重要思想的集中阐发。

11 月 28 日,江泽民在中央经济工作会议上发表讲话,指出:"不断改善人民生活,是我们党全心全意为人民服务宗旨和'三个代表'要求的最终体现,是处理好改革发展稳定关系的结合点。人民群众的生活水平不断提高,推进改革就会得到更加广泛的支持,我们党的执政基础就会更加巩固。""各级领导干部必须从政治的高度和稳定的大局出发,始终把解决好人民生活问题作为党和政府的根本任务"。② 在这次讲话中,江泽民不仅把提高人民生活水平提到关系经济发展全局的高度来认识,而且提到关系巩固党

---

① 江泽民:《论"三个代表"》,中央文献出版社 2001 年版,第 72 页。
② 江泽民:《论"三个代表"》,中央文献出版社 2001 年版,第 90 页。

的执政基础的战略高度来看待,这是从发展经济和改善人民生活的角度对"三个代表"重要思想的阐发。

2001年1月,在全国宣传部长会议上,江泽民强调:在全党深入开展"三个代表"的宣传教育,是新世纪开局之年全党工作的大事,也是宣传思想战线的一项重要工作,强调"要用宽广的眼光去观察和把握当代世界经济、政治、文化的发展趋势,观察和把握当代中国的伟大实践,努力把'三个代表'的要求研究好、宣传好、贯彻好,以利不断提高党的领导水平和执政水平,不断增强党的拒腐防变和抵御风险的能力,使广大党员和干部自觉地以'三个代表'要求指导自己的思想和行动,使我们党更加朝气蓬勃、更加团结一致、更加富有战斗力"①。

2001年7月1日,在庆祝中国共产党成立80周年大会上,江泽民发表重要讲话。讲话以"三个代表"重要思想统领全篇,回顾并充分肯定了我们党80年的光辉历程和奋斗业绩,深刻总结了我们党领导革命、建设和改革的基本经验。讲话专门论述了"三个代表"重要思想,把一年多前提出的重要论断进一步展开,把一年多来的研究成果加以升华,更加系统、更加全面、更加深入地揭示了"三个代表"的深刻内涵和精神实质。江泽民指出:"我们党要始终代表中国先进生产力的发展要来,就是党的理论、路线、纲领、方针、政策和各项工作,必须努力符合生产力发展的规律,体现不断推动社会生产力的解放和发展的要求,尤其要体现推动先进生产力发展的要求,通过发展生产力不断提高人民群众的生活水平";"我们党要始终代表中国先进文化的前进方向,就是党的理论、路线、纲领、方针、政策和各项工作,必须努力体现发展面向现代化、面向世界、面向未来的,民族的科学的大众的社会主义文化的要求,促进全民族思想道德素质和科学文化素质的不断提高,为我国经济发展和社会进步提供精神动力和智力支持";"我们党始终代表中国最广大人民的根本利益,就是党的理论、路线、纲领、方针、政策和各项工

---

　　① 江泽民:《论"三个代表"》,中央文献出版社2001年版,第129页。

作,必须坚持把人民的根本利益作为出发点和归宿,充分发挥人民群众的积极性主动性创造性,在社会不断发展进步的基础上,使人民群众不断获得切实的经济、政治、文化利益。"①"三个代表"是相互联系的统一整体,江泽民指出:"发展先进的生产力,是发展先进文化,实现最广大人民根本利益的基础条件。人民群众是先进生产力和先进文化的创造主体,也是实现自身利益的根本力量。不断发展先进生产力和先进文化,归根到底都是为了满足人民群众日益增长的物质文化生活需要,不断实现最广大人民的根本利益。"②

对按照"三个代表"要求加强和改进党的建设问题,江泽民也进行了深刻阐述,强调:全党要坚持党的解放思想、实事求是的思想路线,大力发扬求真务实、勇于创新的精神,创造性地推进党和国家的各项工作,在实践中不断丰富和发展马克思主义。"社会实践是不断发展的,我们的思想认识也应不断前进,应勇于和善于根据实践的要求进行创新。要坚持实践是检验真理的唯一标准,在党的基本理论指导下,一切从实际出发,自觉地把思想认识从那些不合时宜的观念、做法和体制中解放出来,从对马克思主义的错误的和教条式的理解中解放出来,从主观主义和形而上学的桎梏中解放出来。"③在阐述按照"三个代表"要求不断增强党的阶级基础和扩大党的群众基础、不断提高党的社会影响力这个问题时,江泽民指出:看一个政党是否先进,是不是工人阶级先锋队,主要应看它的理论和纲领是不是马克思主义的,是不是代表社会发展的正确方向,是不是代表最广大人民的根本利益。改革开放以来,我国的社会阶层构成发生了新的变化,出现了民营科技企业的创业人员和技术人员、受聘于外资企业的管理技术人员、个体户、私营企业主、中介组织的从业人员、自由职业人员等社会阶层。他们与工人、农民、知识分子、干部和解放军指战员团结在一起,也是有中国特色社会主

---

① 江泽民:《论"三个代表"》,中央文献出版社2001年版,第153、157、160页。
② 江泽民:《论"三个代表"》,中央文献出版社2001年版,第163页。
③ 江泽民:《论"三个代表"》,中央文献出版社2001年版,第166页。

义事业的建设者。伟大而艰巨的建设有中国特色社会主义事业,需要全社会各个方面忠诚于祖国和社会主义的优秀分子,以自己的实际行动带领群众共同加以推进。能否自觉地为实现党的路线和纲领而奋斗,是否符合党员条件,是吸收新党员的主要标准。来自工人、农民、知识分子、军人、干部的党员是党的队伍最基本的组成部分和骨干力量,同时也应该把承认党的纲领和章程、自觉为党的路线和纲领而奋斗、经过长期考验、符合党员条件的社会其他方面的优秀分子吸收到党内来,并通过党这个大熔炉不断提高广大党员的思想政治觉悟,从而不断增强我们党在全社会的影响力和凝聚力。不能简单地把有没有财产、有多少财产当作判断人们政治上先进与落后的标准,而主要应该看他们的思想政治状况和现实表现,看他们的财产是怎么得来的以及对财产怎么支配和使用,看他们以自己的劳动对建设有中国特色社会主义事业所做的贡献。江泽民"七一"讲话是"三个代表"重要思想进一步深化并初步形成理论体系的重要标志。

2002 年 5 月 31 日,党的十六大召开前夕,江泽民来到中央党校,在省部级干部进修班毕业典礼上发表讲话,对党的十六大的主题和贯彻"三个代表"要求等问题作出进一步系统阐述,指出:"开创建设有中国特色社会主义事业新局面,必须高举邓小平理论伟大旗帜,全面贯彻'三个代表'要求。'三个代表'同马克思列宁主义、毛泽东思想和邓小平理论一脉相承,反映了当代世界和中国的发展变化对党和国家工作的新要求";"联系党成立以来的全部历史经验,总结我们党带领人民建设有中国特色社会主义事业必须坚持的基本经验,归结起来就是,我们党必须始终代表中国先进生产力的发展要求,代表中国先进文化的前进方向,代表中国最广大人民的根本利益。"在讲话中,江泽民对"三个代表"重要思想的科学要义进行了新的阐发,指出:"贯彻'三个代表'要求,关键在坚持与时俱进,核心在保持党的先进性,本质在坚持执政为民。"他要求全党牢牢把握这个根本要求,不断增强贯彻"三个代表"要求的自觉性和坚定性,提出"贯彻好'三个代表'要求,必须使全党始终保持与时俱进的精神状态,不断开拓马克思主义理论发展的新境界；必须把发展作为执政兴国的第一要务，不断开创现代化建设的新局面；必须最广泛最充分地调动一切积极因素，不断为中华民族伟大复兴增添新力量；必须以改革的精神推进党的建设，不断为党的肌体注入新活力"。"5·31"讲话把迎接党的十六大召开的政治、思想和理论准备推向了高潮。

第 八 章

发展观的变革与改革开放的推进

进入21世纪,中国进入了全面建设小康社会的新阶段。党的十六大提出了21世纪头20年全面建设小康社会的奋斗目标,并围绕这个目标对我国经济建设和经济体制改革、政治建设和政治体制改革、文化建设和文化体制改革以及党的建设等重大问题作出全面部署。党的十六大以后,我们党带领人民战胜突如其来的"非典"灾害,提出并深入阐述了科学发展观;在社会主义市场经济体制初步建立的情况下提出了进一步完善社会主义市场经济体制的努力方向和思路;着眼和谐社会构建,加快推进以改善民生为重点的社会建设;统筹城乡发展,建设社会主义新农村,实施区域协同发展总体战略,把改革开放不断引向深入。

一、全面建设小康社会的宏伟目标与科学发展观

(一) 党的十六大与全面建设小康社会的宏伟目标

2002年11月8日至14日,中国共产党第十六次全国代表大会在北京

召开,这是党在 21 世纪召开的第一次全国代表大会。大会的主题是:高举邓小平理论伟大旗帜,全面贯彻"三个代表"重要思想,继往开来,与时俱进,全面建设小康社会,加快推进社会主义现代化,为开创中国特色社会主义事业新局面而奋斗。江泽民代表第十五届中央委员会向大会作了题为《全面建设小康社会,开创中国特色社会主义事业新局面》的报告。报告开宗明义地指出:"当人类社会跨入 21 世纪的时候,我国进入全面建设小康社会、加快推进社会主义现代化的新的发展阶段。国际局势正在发生深刻变化。世界多极化和经济全球化的趋势在曲折中发展,科技进步日新月异,综合国力竞争日趋激烈。形势逼人,不进则退。我们党必须坚定地站在时代潮流的前头,团结和带领全国各族人民,实现推进现代化建设、完成祖国统一、维护世界和平与促进共同发展这三大历史任务,在中国特色社会主义道路上实现中华民族的伟大复兴。"①从这一清醒的历史自觉和肩负的重大历史使命出发,党的十六大报告立足党和国家事业发展全局,旗帜鲜明地回答了中国共产党在新世纪新阶段举什么旗、走什么路、实现什么目标等重大问题。

党的十六大向世人昭示:在新世纪新阶段,我们党高举的旗帜,就是马克思列宁主义、毛泽东思想、邓小平理论的旗帜,就是"三个代表"重要思想的旗帜;中国共产党要走的道路,就是以邓小平为核心的党的第二代中央领导集体开辟、以江泽民为核心的党的第三代中央领导集体坚持并进一步发展了的中国特色社会主义道路;中国共产党人带领人民在 21 世纪前 50 年所要实现的奋斗目标,就是全面建设小康社会并进而实现现代化的目标。

党的十六大报告全面总结了十五大以来党领导全国人民在改革发展稳定、内政外交国防、治党治国治军各方面取得的巨大成就,特别是着重回顾了 1989 年党的十三届四中全会以来 13 年党团结带领全国各族人民推进改革开放和现代化的历史进程和基本经验。报告指出:1989 年以来的 13 年,

---

① 江泽民:《全面建设小康社会,开创中国特色社会主义事业新局面》,《十六大以来重要文献选编》(上),中央文献出版社 2005 年版,第 1—2 页。

是我国综合国力大幅度跃升、人民得到实惠最多的时期,是我国社会长期保持安定团结、政通人和的时期,是我国国际影响显著扩大、民族凝聚力极大增强的时期。13 年来的实践,加深了我们对什么是社会主义、怎样建设社会主义,建设什么样的党、怎样建设党的认识,积累了十分宝贵的经验,这些经验,联系党成立以来的历史经验,归结起来就是,我们党必须始终代表中国先进生产力的发展要求,代表中国先进文化的前进方向,代表中国最广大人民的根本利益。

党的十六大报告进一步阐述了"三个代表"重要思想的时代背景、历史地位、精神实质和指导意义,指出:"三个代表"重要思想是对马克思列宁主义、毛泽东思想和邓小平理论的继承和发展,反映了当代世界和中国的发展变化对党和国家工作的新要求,是加强和改进党的建设、推进我国社会主义自我完善和发展的强大理论武器,是全党集体智慧的结晶,是党必须长期坚持的指导思想。始终做到"三个代表",是我们党的立党之本、执政之基、力量之源。我们党历经革命、建设和改革,已经从领导人民为夺取全国政权而奋斗的党,成为领导人民掌握全国政权并长期执政的党;已经从受到外部封锁和实行计划经济条件下领导国家建设的党,成为对外开放和发展社会主义市场经济条件下领导国家建设的党。"三个代表"重要思想,就是在科学判断党的历史方位的基础上提出来的。我们党领导的事业是不断发展前进的,因而党的指导思想也必然是与时俱进。党的七大确立毛泽东思想为党的指导思想、党的十五大确立邓小平理论为党的指导思想,党的十六大顺应党的事业发展和党的指导思想与时俱进的要求,把"三个代表"重要思想写入党章,确立为党的指导思想和各项工作的指针,对全面开创中国特色社会主义事业新局面一定会起到极其重要的推动和指导作用。

党的十六大根据全面开创中国特色社会主义事业新局面的要求,在深刻分析党和国家面临的新形势新任务的基础上,明确提出了全面建设小康社会的奋斗目标,大会报告提出:"综观全局,21 世纪头 20 年,对我国来说,是一个必须紧紧抓住并且可以大有作为的重要战略机遇期。根据十五大提出的到 2010 年、建党一百年和新中国成立 100 年的发展目标,我们要在本世纪头 20 年,集中力量,全面建设惠及十几亿人口的更高水平的小康社会,使经济更加发展、民主更加健全、科教更加进步、文化更加繁荣、社会更加和谐、人民生活更加殷实。"①大会认为,全面建设小康社会的 20 年,是我国实现现代化建设第三步战略目标必经的承上启下的发展阶段,也是完善社会主义市场经济体制和扩大对外开放的关键阶段。经过了这个阶段的建设,再继续奋斗几十年,到 21 世纪中叶基本实现现代化,把我国建成富强民主文明的社会主义国家。

依据上述总体战略规划,大会确定了全面建设小康社会的具体目标:(一)在优化结构和提高效益的基础上,国内生产总值到 2020 年力争比 2000 年翻两番,综合国力和国际竞争力明显增强。基本实现工业化,建成完善的社会主义市场经济体制和更具活力、更加开放的经济体系。城镇人口的比重较大幅度提高,工农差别、城乡差别和地区差别扩大的趋势逐步扭转。社会保障体系比较健全,社会就业比较充分,家庭财产普遍增加,人民过上更加富足的生活。(二)社会主义民主更加完善,社会主义法制更加完备,依法治国基本方略得到全面落实,人民的政治、经济和文化权益得到切实尊重和保障。基层民主更加健全,社会秩序良好,人民安居乐业。(三)全民族的思想道德素质、科学文化素质和健康素质明显提高,形成比较完善的现代国民教育体系、科技和文化创新体系、全民健身和医疗卫生体系。人民享有接受良好教育的机会,基本普及高中阶段教育,消除文盲。形成全民学习、终身学习的学习型社会,促进人的全面发展。(四)可持续发展能力不断增强,生态环境得到改善,资源利用效率显著提高,促进人与自然的和谐,推动整个社会走上生产发展、生活富裕、生态良好的文明发展道路。

党的十六大确立的全面建设小康社会的目标,是中国特色社会主义经济、政治、文化全面发展的目标,是与加快推进中国现代化进程和中华民族

---

① 江泽民:《全面建设小康社会,开创中国特色社会主义事业新局面》,《十六大以来重要文献选编》(上),中央文献出版社 2005 年版,第 15 页。

伟大复兴相统一的目标,符合我国国情,符合亿万人民的期待,意义重大。

围绕全面建设小康社会的奋斗目标,党的十六大深刻回答了关系党和国家长远发展的一系列重大理论和实践问题,对中国特色社会主义经济建设、政治建设、文化建设、党的建设以及其他各项工作作出了全面规划和部署。在经济建设和经济体制改革问题上,强调21世纪头20年我国经济建设和改革的主要任务是,完善社会主义市场经济体制,推动经济结构战略性调整,基本实现工业化,大力推进信息化,加快建设现代化,保持国民经济持续快速健康发展,不断提高人民生活水平。前十年要全面完成"十五"计划和2010年的奋斗目标,使经济总量、综合国力和人民生活水平再上一个大台阶,为后十年的更大发展打好基础。在政治建设和政治体制改革问题上,强调必须在坚持四项基本原则的前提下,继续积极稳妥地推进政治体制改革,扩大社会主义民主,建设社会主义法治国家,巩固和发展民主团结、生动活泼、安定和谐的政治局面。在文化建设和文化体制改革问题上,强调全面建设小康社会,必须大力发展社会主义文化,建设社会主义精神文明。在加强和改进党的建设问题上,强调要通过锲而不舍的努力,保证中国共产党始终是中国工人阶级的先锋队,同时是中国人民和中华民族的先锋队,始终是中国特色社会主义事业的领导核心,始终代表中国先进生产力的发展要求,代表中国先进文化的前进方向,代表中国最广大人民的根本利益。

党的十六大对中国特色社会主义经济建设、政治建设、文化建设、党的建设以及国防和军队建设、祖国统一大业、新世纪外交工作等所作的规划和部署,为最终实现全面建设小康社会的奋斗目标提供了重要保障。

党的十六大选举产生了由198名中央委员、158名候补中央委员组成的新一届中央委员会和由121人组成的中央纪律检查委员会。大会闭幕第二天,2002年11月15日,党的十六届一中全会召开。全会选举中央政治局委员24名,候补委员1名;选举胡锦涛、吴邦国、温家宝、贾庆林、曾庆红、黄菊、吴官正、李长春、罗干为中央政治局常务委员会委员;胡锦涛当选中央委员会总书记;根据中央政治局常务委员会的提名,通过了中央书记处成员;决定了中央军事委员会组成人员;批准了中央纪律检查委员会第一次全体会议选举产生的书记、副书记和常务委员会委员人选。曾庆红等为中央书记处书记;江泽民为中央军事委员会主席;吴官正为中央纪律检查委员会书记。

在广泛征求党内外意见、反复酝酿协商的基础上,并经党的十六届二中全会审议和推荐,2003 年 3 月召开的十届全国人大一次会议又选举和决定任命了新一届国家机构领导人员:胡锦涛当选中华人民共和国主席;江泽民当选中华人民共和国中央军委主席;吴邦国当选全国人大常委会委员长;经过投票表决,决定温家宝为中华人民共和国国务院总理,决定胡锦涛等为中华人民共和国中央军事委员会副主席。在全国政协十届一次会议上,贾庆林当选全国政协主席。

(二) 众志成城战胜突如其来的"非典"灾害

党的十六大以后,正当全党全国人民按照十六大的战略部署,认真实践"三个代表"重要思想,意气风发地为实现全面建设小康社会的宏伟目标而奋斗的时候,2003 年上半年我国遭遇了一场突如其来的"非典"疫病灾害。

2003 年 1 月 2 日,广东省河源市向省卫生厅报告了第一个非典型性肺炎病例("非典型性肺炎"以下简称"非典")。2003 年 1 月至 2 月间,广西、湖南、四川三省分别发现少数输入性"非典"病例报告。到 2 月 9 日,广东省已发生"非典"病例 305 例,死亡 5 例。2 月下旬,山西省发生 1 例输入性病例,并引发当地传播。2003 年 3 月初,北京市发现来自山西省、香港特别行政区的输入性病例,并迅速传播蔓延。3 月 27 日,世界卫生组织宣布北京为"非典"疫区。此后,全国内地除海南、贵州、云南、西藏、青海、黑龙江、新疆外,其余省份均有"非典"临床诊断病例报告,共波及 266 个县市区。截至 2003 年 5 月 31 日,全国内地累计报告"非典"临床诊断病例 5328 例,其中死亡 332 例。

突如其来的"非典"疫情使经济社会发展和人民生命健康受到极大威

胁,能否迅速制止"非典"疫情的蔓延,有效救治患病群众,直接关系广大群众的身体健康和生命安全,关系到改革发展稳定的大局。面对严峻考验和严重疫情,以胡锦涛为总书记的新一届党中央高度重视、果断决策,把防治"非典"作为各项工作的重中之重,作出了一系列重大决策和部署。

2003 年 4 月 14 日,在广东考察工作的胡锦涛来到广东省疾病预防控制中心,深入了解防治"非典"情况。4 月 17 日,胡锦涛主持召开中央政治局常委会会议,专门听取有关部门关于"非典"防治工作的汇报,提出了"沉着应对、措施果断,依靠科学、有效防治,加强合作、完善机制"的"非典"防治工作总体要求,强调要切实加强对防治工作的领导,建立严格的责任制;要准确掌握疫情,如实报告并定期对社会公布,不得缓报、瞒报。① 与此同时,国务院先后召开 3 次常务会议专门研究和部署"非典"防治工作,决定将"非典"列入我国法定的传染病进行依法管理,每天向世界卫生组织通报情况,并向社会公布疫情,同时决定建立国家应对突发公共卫生事件应急处理机制。4 月 20 日,针对"非典"防治工作中存在的处置不力和瞒报问题,中央宣布对卫生部和北京市政府主要负责人的职务进行调整,并向有关地方派出督察组。4 月 23 日,温家宝主持召开国务院常务会议,决定成立全国防治"非典"指挥部,统一指挥、协调全国"非典"的防治工作。防治"非典"指挥部由党中央、国务院、军队系统和北京市的三十多个部门和单位的人员组成,国务院副总理吴仪任总指挥,下设 10 个工作组和办公室。这次会议还决定,中央财政设立总额 20 亿元的"非典"防治基金,主要用于:农民和城镇困难群众中"非典"患者的救治工作;中西部困难地区县级医院的应急改造和购置治疗"非典"的医疗设备;支持"非典"防治的科技攻关等。

"非典"的肆虐,给我国经济社会发展造成了困难。4 月 28 日,胡锦涛主持召开中央政治局会议,要求各地区、各部门要站在全局的高度,处理好"非典"防治工作和经济工作的关系,坚持一手抓防治非典型肺炎这件大事

---

① 《中共中央政治局常务委员会召开会议研究进一步加强非典型肺炎防治工作》,《人民日报》2003 年 4 月 18 日。

不放松,一手抓经济建设这个中心不动摇,用发展的办法解决经济生活中出现的突出矛盾和问题,把各方面加快发展的积极性引导好、保护好、发挥好,坚定不移地完成经济和社会发展的预期目标。5月1日,在天津检查"非典"防治工作时,胡锦涛进一步提出,要"在深入开展防治非典型肺炎斗争的同时,坚定不移地抓好发展这个第一要务,努力保持经济的稳定发展,把损失减少到最低限度,夺取防治非典型肺炎斗争和促进经济社会发展的双胜利"①。5月7日,温家宝主持召开国务院常务会议,提出了应对"非典"影响、做好当前经济工作的8项措施:一是抓好春耕夏收,稳定农业生产;二是加大投资力度,调整投资结构;三是培育新的消费热点和经济增长点;四是努力促进外贸出口和利用外资;五是对民航、旅游、餐饮、商贸、出租车等受影响较大的行业,采取减免行政事业性收费和适当财税优惠政策等措施给予必要的扶持;六是大力增收节支,合理调整财政支出结构;七是进一步做好就业和社会保障工作;八是维护正常的生产和生活秩序,确保重点物资和生活必需品的运输畅通,电信、电力、交通枢纽、城市煤气、自来水,以及银行清算、证券交易等重要部门或企业要确保正常运转。党和政府坚持防治"非典"和促进发展两手抓,都是着眼于维护和实现最广大人民的根本利益。只有下大气力抓好"非典"防治工作,切实保护人民群众的身体健康和生命安全,才能保证广大群众生产生活的正常进行,才能为经济发展提供良好的社会环境;只有坚定不移地抓好发展这个第一要务,保持经济的稳定增长,才能有足够的财力物力投入到防治斗争中去,才能把"非典"带来的不利影响减少到最低限度。

在抗击"非典"灾害的过程中,党和政府实行全民动员、群防群控,紧紧依靠广大人民群众,充分发挥了人民群众的无穷力量。从城市到乡村,从企业到机关,从社区到校园,从军队到地方,全党、全军和全国人民群策群力、守望相助,构筑起一道防治疫病的钢铁长城。广大医务工作者和防疫人员

---

① 《广泛动员狠抓落实群防群控,打一场防治疫病的人民战争》,《人民日报》2003年5月2日。

临危不惧、舍生忘死,恪尽职守、敬业奉献,为救治患病群众、控制疫情扩散做出了突出贡献。面对"非典"疫情,社会各方面团结一致、齐心协力,各地区、各部门、各单位,党政军群和社会各界,服从大局、听从指挥,统一步调、密切配合,哪里有疫情,那里就有真情奉献;哪里有困难,那里就有无私援助。大批医务人员特别是军队医务人员紧急奔赴救治工作第一线,大量防治"非典"物资源源不断地运往疫区,众多企业为保障市场供应千方百计地扩大生产,社会各界纷纷捐款捐物。

在党中央、国务院的强有力领导下,经过全党全国人民的艰苦奋战,到2003年6月底,我国取得了防治"非典"工作的阶段性重大胜利:6月8日,北京首次迎来新增"非典"病例零记录;6月24日,世界卫生组织宣布对北京"双解除",即:解除旅行警告和从"非典"疫区名单中除名。

抗击"非典"的胜利,极大地彰显了中国特色社会主义制度的优越性,极大地提高了我国人民战胜困难的勇气和能力,全国各族人民万众一心、众志成城,团结互助、和衷共济,迎难而上、敢于胜利,使中华民族生生不息的强大民族生命力和凝聚力再一次得到彰显和弘扬。

(三) 在反思"非典"灾害中提出科学发展观

还在"非典"疫情严重肆虐的2003年5月,美国学者蒂芬·罗奇在《中国的警醒》报告中就提出:"'非典'疫症可能成为新中国发展史上的一个分水岭。中国可从这场或会演变成大灾难的疫症中汲取经验,崛起成为一个更强大的国家","中国长远来说一定会变得更加富强"。[1] 这个分析是富有远见的。在与"非典"病毒对抗的特殊战斗中,中国共产党和中国人民吸取了宝贵教训。反思这场灾难,全党全国深切地感到:要全面建设小康社会,应当更加重视经济社会的全面、协调和可持续发展——"非典"疫情催生并加速了科学发展观的提出。

---

[1] 单羽青:《罗奇:"非典"——新中国发展史上又一个分水岭》,《中国经济时报》2003年5月8日。

2003年4月15日,胡锦涛在广东指导抗击"非典"工作时即提出,在新世纪新阶段,"我们要认清形势,进一步增强加快发展、率先发展、协调发展的历史责任感和使命感。要积极探索加快发展的新路子,通过完善发展思路不断增创新优势;着力深化改革,通过制度创新不断增创新优势;进一步发展外向型经济,通过扩大对外开放不断增创新优势;大力实施科教兴国战略和人才战略,通过科技创新和发挥人才效应不断增创新优势;坚持全面的发展观,通过促进三个文明协调发展不断增创新优势。"①这段话使用了"协调发展"、"全面的发展观"等概念,提出了"积极探索加快发展的新路子"、"完善发展思路"等明确要求,标志着科学发展观理念的初步萌芽。7月1日,在中央有关部门联合召开的"三个代表"重要思想理论研讨会上,胡锦涛结合抗击"非典"的实践发表讲话,进一步指出:"发展是我们党执政兴国的第一要务。发展是以经济建设为中心、经济政治文化相协调的发展,是促进人与自然相和谐的可持续发展。中国共产党人要坚持以兴国为己任、以富民为目标,走适合中国国情的社会主义发展道路,经过长时期的努力,不断使经济更加发展、民主更加健全、科教更加进步、文化更加繁荣、社会更加和谐、人民生活更加殷实,不断促进人的全面发展,不断向党的最终目标前进。"②这段话集中讲到了"经济政治文化协调发展"、"人与自然相和谐"、"可持续发展"、"人的全面发展"等概念,科学发展观的思想越发丰富。

2003年7月28日,全国防治"非典"工作会议在北京召开。胡锦涛在会上就防治"非典"工作的主要做法和经验、需要汲取的教训等九个重大问题发表意见。他在讲话一开始就指出:"反思我国非典疫情的发生和我们防治非典的过程,既有成功的经验,也有深刻的教训。""通过抗击非典斗争,我们比过去更加深刻地认识到,我国的经济发展和社会发展、城市发展和农村发展

---

① 《抓住新机遇,增创新优势,开拓新局面,努力实现加快发展率先发展协调发展》,《人民日报》2003年4月16日。

② 胡锦涛:《在"三个代表"重要思想理论研讨会上的讲话》,《人民日报》2003年7月2日。

还不够协调;公共卫生事业发展滞后,公共卫生体系存在缺陷;突发事件应急机制不健全,处理和管理危机能力不强;一些地方和部门缺乏应对突发事件的准备和能力,极少数党员干部作风不实,在紧急情况下工作不力、举措失当。我们要高度重视存在的问题,采取切实措施加以解决,真正使这次防治非典斗争成为我们改进工作、更好地推动事业发展的一个重要契机。"讲话深刻阐明了发展与增长的不同,并首次使用了"全面发展、协调发展、可持续发展的发展观"的表述,指出:"我们讲发展是党执政兴国的第一要务,这里的发展绝不只是指经济增长,而是要坚持以经济建设为中心,在经济发展的基础上实现社会全面发展。我们要更好地坚持全面发展、协调发展、可持续发展的发展观,更加自觉地坚持推动社会主义物质文明、政治文明和精神文明协调发展,坚持在经济社会发展的基础上促进人的全面发展,坚持促进人与自然的和谐。在促进发展的进程中,我们不仅要关注经济指标,而且要关注人文指标、资源指标和环境指标;不仅要增加促进经济增长的投入,而且要增加促进社会发展的投入,增加保护资源和环境的投入。"①

"科学发展观"的概念,是 2003 年 8 月底 9 月初胡锦涛在江西考察工作时明确提出来的。考察期间,在听取江西省委、省政府工作汇报时,胡锦涛发表讲话提出:"各级领导干部一定要深刻认识发展是党执政兴国的第一要务这个重大命题……牢固树立协调发展、全面发展、可持续发展的科学发展观,积极探索符合实际的发展新路子,进一步完善社会主义市场经济体制,把加大结构调整力度同培育新的经济增长点结合起来,把推进城市发展和推进农村发展结合起来,把发挥科学技术的作用和发挥人力资源的优势结合起来,把发展经济和保护资源环境结合起来,把对外开放和对内开放结合起来,努力走出一条生产发展、生活富裕、生态良好的文明发展道路。"②9

---

① 胡锦涛:《在全国防治"非典"工作会议上的讲话》,《十六大以来重要文献选编》(上),中央文献出版社 2005 年版,第 395—397 页。

② 《继承发扬党的优良革命传统,加快全面建设小康社会步伐》,《人民日报》2003 年 9 月 3 日。

月 30 日,在庆祝新中国成立 54 周年招待会上的讲话中,温家宝把坚持"全面、协调、可持续发展"的发展观与"非典"教训联系起来考察,指出:2003 年"我国遭遇了一场突如其来的非典型肺炎疫情灾害","这段不平凡的经历,我们付出了代价,也学到了比平时多得多的东西。抗击非典斗争给我们最重要的启示,就是在全面建设小康社会和整个现代化进程中,必须坚持统筹兼顾,保持经济社会协调发展,城乡协调发展,区域协调发展;必须坚持以人为本,提高人民物质文化生活水平和健康水平;必须坚持人与自然和谐相处,实现可持续发展;必须坚持改革创新,推动社会主义物质文明、政治文明和精神文明共同进步。全面、协调、可持续发展应该成为我们长期坚持的重大指导方针"①。同年 11 月 21 日,在中南海接受《华盛顿邮报》总编唐尼采访时,温家宝再次讲到"非典"对中国认识和转变发展思路的启示,他说:"我们新一届领导通过抗击 SARS 这场疾病,得到一个重要的启示,就是要注意协调发展。城乡发展不平衡,经济和社会发展不平衡,就如同一个人一条腿长一条腿短一样,一定会跌跤的。一个国家一条腿长一条腿短,也会跌跤的。"②

2003 年 10 月,党的十六届三中全会召开。在全会第二次全体会议上的讲话中,胡锦涛从战略和全局的高度强调了树立和落实科学发展观的重大意义,指出:"树立和落实全面发展、协调发展和可持续发展的科学发展观,对于我们更好地坚持发展才是硬道理的战略思想具有重大意义。树立和落实科学发展观,这是 20 多年改革开放实践的经验总结,是战胜非典疫情给我们的重要启示,也是推进全面建设小康社会的迫切要求。"他还进一步深入阐述了发展与增长的区别,强调:"树立和落实科学发展观,十分重要的一环就是要正确处理增长的数量和质量、速度和效益的关系。增长是发展的基础,没有经济的数量增长,没有物质财富的积累,就谈不上发展。

---

① 温家宝:《在庆祝中华人民共和国成立五十四周年招待会上的讲话》,《人民日报》2003 年 10 月 1 日。

② 《温家宝总理接受〈华盛顿邮报〉总编唐尼采访》,《人民日报》2003 年 11 月 24 日。

但增长并不简单地等同于发展，如果单纯扩大数量，单纯追求速度，而不重视质量和效益，不重视经济、政治和文化的协调发展，不重视人与自然的和谐，就会出现增长失调、从而最终制约发展的局面。"①这次全会审议通过了《中共中央关于完善社会主义市场经济体制若干问题的决定》。《决定》的一个突出亮点，是在党的正式文献中第一次把"以人为本"与科学发展观紧密联结起来，明确提出要"坚持以人为本，树立全面、协调、可持续的发展观，促进经济社会和人的全面发展"，并首次表述了"五个统筹"思想，即"统筹城乡发展、统筹区域发展、统筹经济社会发展、统筹人与自然和谐发展、统筹国内发展和对外开放"。《决定》把"以人为本"与"全面协调可持续发展"统一起来，作为我国经济社会发展的一个长远指导方针和各项工作必须坚持的重要原则，使科学发展的理念得到了极大充实和提升，从而也将新的发展思路与我们党的性质和宗旨、党的执政理念和要求等更加紧密地联系在一起，在对发展问题的探索中鲜明地体现了马克思主义的基本立场观点。至此，构成科学发展观理论框架的一些核心概念——"以人为本"、"全面协调可持续发展"、"五个统筹"等——都已完整提出，标志着科学发展观作为一个重大战略思想已初步形成。

科学发展观提出后，从 2004 年起，以胡锦涛为总书记的党中央对科学发展观的时代背景、科学内涵、精神实质、基本要求等不断作出新的概括和阐发，科学发展观的内容日渐丰富、充实，树立和落实科学发展观的重大意义也逐步为全党所认知并达成共识，直至党的十七大最终确立了其在全党的指导地位。

2004 年 2 月，为了推动全党树立和落实科学发展观，中共中央在中央党校举办了省部级主要领导干部树立和落实科学发展观专题研究班。2004 年 3 月 5 日，在十届全国人大第二次会议上作的《政府工作报告》中，温家宝提出：2004 年"政府工作的基本思路和主要任务是，以邓小平理论和'三个代表'重

---

① 胡锦涛：《树立和落实科学发展观》，《十六大以来重要文献选编》（上），中央文献出版社 2005 年版，第 484 页。

要思想为指导,全面贯彻党的十六大和十六届三中全会精神,抓住重要战略机遇期,抓好发展这个第一要务,坚持科学发展观,按照'五个统筹'的要求,更加注重搞好宏观调控,更加注重统筹兼顾,更加注重以人为本,更加注重改革创新,着力解决经济社会发展中的突出矛盾,着力解决关系人民群众切身利益的突出问题,正确处理改革发展稳定的关系,推动经济社会全面、协调、可持续发展,实现社会主义物质文明、政治文明和精神文明共同进步"①。3月10日,在中央人口资源环境工作座谈会上,胡锦涛深刻阐述了科学发展观的理论地位和对党和国家工作的重大指导意义。他说:"经验表明,一个国家坚持什么样的发展观,对这个国家的发展会产生重大影响,不同的发展观往往会导致不同的发展结果。坚持以人为本,全面、协调、可持续的发展观,是我们以邓小平理论和'三个代表'重要思想为指导,从新世纪新阶段党和国家事业发展全局出发提出的重大战略思想。科学发展观总结了20多年来我国改革开放和现代化建设的成功经验,吸取了世界上其他国家在发展进程中的经验教训,概括了战胜非典疫情给我们的重要启示,揭示了经济社会发展的客观规律,反映了我们党对发展问题的新认识。"②5月5日,在江苏考察工作时,胡锦涛要求全党"一定要增强贯彻落实科学发展观的自觉性和坚定性","把科学发展观贯穿于发展的整个过程和各个方面"。③

2004年,我国经济发展中的一些不健康不稳定因素加剧,为此党和政府进一步加大了宏观调控力度。在指导宏观调控的实践中,胡锦涛强调:"这次加强和改善宏观调控是贯彻落实以人为本、全面协调可持续的科学发展观的重大实践"④。9月,在党的十六届四中全会上,胡锦涛讲话指出:

① 温家宝:《政府工作报告》,《十六大以来重要文献选编》(上),中央文献出版社2005年版,第829页。

② 胡锦涛:《在中央人口资源环境工作座谈会上的讲话》,《十六大以来重要文献选编》(上),中央文献出版社2005年版,第850页。

③ 胡锦涛:《把科学发展观贯穿于发展的整个过程》,《十六大以来重要文献选编》(中),中央文献出版社2006年版,第61—62页。

④ 胡锦涛:《加强和改善宏观调控》,《十六大以来重要文献选编》(中),中央文献出版社2006年版,第453页。

"加强和改善宏观调控,是当前贯彻落实科学发展观的重大举措,其实质就是要优化经济结构,加快转变经济增长方式,逐步消除可能导致经济大起大落的体制性、机制性障碍。"①加强和改善宏观调控的过程,实际上也是实践科学发展观并在实践检验中不断丰富和发展科学发展观的过程。到2004年底,宏观调控取得了初步成效。加强和改善宏观调控不仅保持了经济平稳较快发展,更重要的是使全党进一步深化了对科学发展观的认识。在2004年底召开的中央经济工作会议上,胡锦涛指出:"实践充分证明,科学发展观是符合我国实际的,是全面建设小康社会和推进现代化建设始终要坚持的重要指导思想。"他要求全党"在深化改革、促进发展、保持稳定的各项工作中,凡是符合科学发展观的事情我们就应当全力以赴地去做,凡是不符合的就应当毫不迟疑地去改"②。

2005年10月,在党的十六届五中全会上的讲话中,胡锦涛科学分析了"十一五"时期我国发展面临的国内外环境和我国发展的阶段性特征,更加明确地指出:"要抓住发展机遇、破解发展难题,把全面建设小康社会和社会主义现代化事业推向前进,关键是要坚持以科学发展观统领经济社会发展全局"③,强调要增强贯彻落实科学发展观的自觉性和坚定性,全面把握贯彻落实科学发展观的目标要求,建立健全贯彻落实科学发展观的制度、体制和机制,切实把科学发展观贯穿于经济社会发展的全过程、落实到经济社会发展的各个环节。党的十六届五中全会通过的《中共中央关于制定国民经济和社会发展第十一个五年规划的建议》以科学发展观为指导,科学规划了"十一五"时期我国经济社会发展的蓝图,从而在党和国家全局工作的部署上全面体现和贯彻了科学发展观这一重要指导思想。

---

① 胡锦涛:《做好当前党和国家的各项工作》,《十六大以来重要文献选编》(中),中央文献出版社2006年版,第309页。

② 胡锦涛:《加强和改善宏观调控》,《十六大以来重要文献选编》(中),中央文献出版社2006年版,第454页。

③ 胡锦涛:《努力实现"十一五"时期发展目标,推动经济社会又快又好发展》,《十六大以来重要文献选编》(中),中央文献出版社2006年版,第1090页。

2006 年 3 月全国人大和全国政协会议期间,胡锦涛强调,要坚持用科学发展观武装头脑、指导工作、研究问题,把思想统一到科学发展观上来,努力把科学发展观的要求转化为谋划发展的正确思路,转化为促进发展的政策措施,转化为领导发展的实际能力。同年 10 月党的十六届六中全会提出构建社会主义和谐社会的重大任务,充分体现了科学发展观的要求,丰富了科学发展观的内涵。

科学发展观的提出,是对当今世界经济社会发展趋势的自觉回应;是对中国社会主义现代化建设伟大实践的科学总结和升华;是适应我国经济社会发展阶段性特征的必然选择。2007 年 6 月 25 日,胡锦涛在中央党校发表的重要讲话,对科学发展观作了全面概括和阐发。在此基础上,党的十七大报告进一步深刻阐述了科学发展观的时代背景、科学内涵、精神实质和根本要求,并把它作为我国经济社会的重要指导方针和发展中国特色社会主义的重大战略思想写入了党章。

二、完善社会主义市场经济体制与 加强党的执政能力建设

(一) 十六届三中全会对完善社会主义市场经济体制的部署

从 1992 年党的十四大确立社会主义市场经济体制改革目标到 2002 年党的十六大召开,经过 10 年努力和创造,我国经济体制改革取得重大进展,基本实现了从传统计划经济向社会主义市场经济的转变,初步建立了具有中国特色的社会主义市场经济体制,主要表现在:

第一,市场在资源配置中明显地发挥基础性作用。一是工农业生产主要由市场决定;农产品生产的指令性计划已全部取消,工业品生产的指令性计划只局限于木材、黄金、卷烟、食盐和天然气等几种。二是商品和服务价格基本由市场形成,国家大范围取消了价格管制,农产品和部分工业品价格

大幅度放开,人们逐步告别实行了几十年的农副产品凭证、凭票定量配给制;大部分生产资料价格由"双轨制"并轨为单一的市场价格。三是要素市场粗具规模,股票市场迅速发展;建立起了全国统一的银行间拆借市场,初步形成票据贴现市场和国债回购市场;劳动力市场不断完善,技术市场、土地市场的交易量不断增加。四是市场环境不断改善,一大批现代化商品交易市场成为沟通产销、衔接城乡的主渠道;市场法规逐步健全,市场监督机构和认证机构逐步完善,地区封锁和行业垄断逐渐消除,基本上形成公开、公平的市场竞争秩序。

第二,以公有制为主体、多种所有制经济共同发展的格局基本形成。一是国有经济进一步发展,控制力明显增强。到 2001 年底,国有资产总量达近 11 万亿元,比 1995 年增长 90% 以上。在关系国计民生的关键领域,国有经济占主导地位。按照建立现代企业制度的改革方向,国有企业改革步伐明显加快,国有经济的质量和效益显著提高。二是非公有制经济蓬勃发展,成为支撑国民经济的重要力量。在工业增加值中,1990 年,个体、私营等非公有制经济所占比重只有 10% 左右;到 2002 年已超过 1/3。

第三,宏观调控体系初步建立。基本上实现了从计划指令向主要运用经济手段、法律手段和必要的行政手段的转变,从直接调控向间接调控的转变,综合运用税收、利率、价格和投资政策等调节经济运行。

第四,社会保障体系初步形成。以社会统筹和个人账户相结合为特征的城镇职工基本养老保险制度基本建立,城镇职工基本医疗保险制度改革全面启动,失业保险制度进一步完善。

在社会主义市场经济体制初步建立的情况下,2002 年党的十六大提出,21 世纪头 20 年我国"经济建设和改革的主要任务"之一是"完善社会主义市场经济体制"①。根据这一要求,2003 年 10 月,党的十六届三中全会审议通过了《中共中央关于完善社会主义市场经济体制若干问题的决定》。

---

① 江泽民:《全面建设小康社会,开创中国特色社会主义事业新局面——在中国共产党第十六次全国代表大会上的报告》,《人民日报》2002 年 11 月 17 日。

《决定》从我国经济发展新阶段的新特点出发,就完善社会主义市场经济体制的若干重大问题作出部署,引领我国经济体制改革深入发展,《决定》在理论上的突破和创新表现在:

一是第一次提出"要适应经济市场化不断发展的趋势,进一步增强公有制经济的活力,大力发展国有资本、集体资本和非公有资本等参股的混合所有制经济,实现投资主体多元化,使股份制成为公有制的主要实现形式"。这是继党的十五大后在公有制问题上的又一次思想大解放,也是党的十六届三中全会最大的思想解放。从党的十四届三中全会提出,"随着产权的流动和重组,财产混合所有的经济单位越来越多,将会形成新的财产所有结构",到党的十五大提出,"股份制是现代企业的一种资本组织形式……资本主义可以用,社会主义也可以用";从党的十五届四中全会提出,"国有大中型企业尤其是优势企业,宜于实行股份制的,要通过规范上市、中外合资和企业互相参股等形式,改为股份制企业,发展混合所有制经济",到党的十六大提出,"除极少数必须由国家独资经营的企业外,积极推行股份制,发展混合所有制经济",10年来,我们党对公有制实现形式的认识在不断深化。《决定》关于"使股份制成为公有制的主要实现形式"的新论述,是对以往改革经验的总结,是探索公有制和市场经济相结合有效形式的成果,也是在继承基础上的重大理论突破。这一变化意味着国有企业多元化的速度会大大加快。公有制经济和非公有制经济相互融合、平等竞争将成为未来改革和发展的主旋律。

二是第一次提出要"建立归属清晰、权责明确、保护严格、流转顺畅的现代产权制度"。改革实践证明,现代企业制度的根本要求,就是产权清晰。这个问题解决得好,国有企业改革才能取得显著成效。建立健全现代产权制度,是完善基本经济制度的内在要求,是构建现代企业制度的重要基础,有利于维护公有财产权,巩固公有制经济的主体地位;有利于保护私有财产权,促进非公有制经济发展;还有利于各类资本的流动和重组,推动混合所有制经济发展。《决定》还明确提出要"大力发展和积极引导非公有制经济","放宽市场准入,允许非公有资本进入法律法规未禁入的基础设施、公用事业及其他行业和领域。非公有制企业在投融资、税收、土地使用和对外贸易等方面,与其他企业享受同等待遇。"①这种对非公有资本"非禁即入"的态度,写在党的文件里面是第一次。

三是第一次提出要"建立有利于逐步改变城乡二元经济结构的体制"。这是《决定》贯彻党的十六大提出的统筹城乡经济社会发展、全面繁荣农村经济的一项带有根本性的重大措施。传统的计划经济体制造成的城乡二元结构制约和束缚了农村生产力的解放,这个问题随着改革开放的深化越来越突出,所以,党的十六大明确提出要解决城乡二元经济结构问题。党的十六届三中全会则在提出要通过完善农村土地制度,健全农业社会化服务、农产品市场和对农业的支持保护体系,深化农村税费改革来进一步解决农业发展问题的同时,特别提出要改善农村富余劳动力转移就业的环境,形成城乡劳动者平等就业的制度,通过城镇化以及相应的户籍制度改革来解决二元结构的问题,为解决我国"三农"问题展示了一个前景。

四是依据科学发展理念,第一次明确提出了"五个统筹"与"五个坚持"相统一的新的统筹兼顾理论。统筹兼顾是我们党执政后毛泽东提出的处理我国社会主义建设全局问题的一条基本方针。党的十六届三中全会进一步提出,完善社会主义市场经济体制要贯彻"五个统筹"、做到"五个坚持",即要按照统筹城乡发展、统筹区域发展、统筹经济社会发展、统筹人与自然和谐发展、统筹国内发展和对外开放的要求,更大程度地发挥市场在资源配置中的基础性作用;要坚持社会主义市场经济的改革方向,坚持尊重群众的首创精神,坚持正确处理改革发展稳定的关系,坚持统筹兼顾,坚持以人为本。按照"五个统筹"的要求提出改革目标,体现了经济、社会和人的全面发展,反映了我们党对社会主义市场经济规律的认识不断深化。"五个坚持"体现了"三个代表"重要思想的要求,对确保改革顺利进行,具有重大意义。

---

① 《中共中央关于完善社会主义市场经济体制若干问题的决定》,《人民日报》2003年10月22日。

遵循"五个统筹"和"五个坚持",党的十六届三中全会对完善社会主义市场经济体制的各个方面作出了全面规划和部署。

此外,《决定》在农村改革方面,提出要"完善农村土地制度";在市场体系建设方面,指出要"加快建设全国统一市场";在宏观调控和转变政府职能方面,提出要"切实把政府经济管理职能转到主要为市场主体服务和创造良好发展环境上来";在对外开放方面,提出要"加快内外贸一体化进程。形成稳定、透明的涉外经济管理体制";在发展科技教育文化卫生事业等方面也有很多新的提法。

党的十六届三中全会《决定》关于完善社会主义市场经济体制的部署和一系列重大举措,既是对实践经验的概括,也是理论创新的成果,为进一步消除束缚我国经济发展的体制机制障碍,解决经济社会发展中的深层次问题,提供了新的动力,是推动社会主义市场经济体制改革进一步深化的新起点。

根据党的十六大、十六届三中全会的部署,围绕贯彻落实科学发展观,我国各项改革不断深入,社会主义市场经济体制更趋完善。

实行对外开放,是建设中国特色社会主义的一项基本国策。2001年12月,中国正式加入世界贸易组织,我国对外开放事业进入到一个崭新的阶段。2002年11月,党的十六大报告提出:"坚持'引进来'和'走出去'相结合,全面提高对外开放水平。适应经济全球化和加入世贸组织的新形势,在更大范围、更广领域和更高层次上参与国际经济技术合作和竞争,充分利用国际国内两个市场,优化资源配置,拓宽发展空间,以开放促改革促发展。"[1]2003年党的十六届三中全会提出"五个统筹",其中之一是"统筹国内发展和对外开放"。2003年11月,中央经济工作会议提出,要在国际生产要素重组和产业转移加快的新形势下,从更大范围和更宽视野想问题、办事情,提高应变能力,增强风险意识,统筹国内发展和对外开放;要进一步扩

---

[1] 江泽民:《全面建设小康社会,开创中国特色社会主义事业新局面——在中国共产党第十六次全国代表大会上的报告》,《人民日报》2002年11月17日。

大开放,坚持利用国际有利条件和充分发挥我国优势相结合,坚持扩大引进技术和全面增强自主创新能力相结合,坚持利用外资和大力促进国内产业结构优化升级相结合,增强我国经济的整体竞争力,开创对外开放的新局面。2005年10月,党的十六届五中全会第一次正式提出"实施互利共赢的开放战略","不断提高对外开放水平,增强在扩大开放条件下促进发展的能力"。2007年党的十七大强调:"拓展对外开放广度和深度,提高开放型经济水平",要"把'引进来'和'走出去'更好结合起来,扩大开放领域,优化开放结构,提高开放质量,完善内外联动、互利共赢、安全高效的开放型经济体系,形成经济全球化条件下参与国际经济合作和竞争新优势"。① 在党中央、国务院的决策部署下,党的十六大以后,我国对外开放不断深入,与世界经济的联系越来越紧密,特别是"十一五"期间,面对复杂多变的国内外形势,我国坚持扩大内需与稳定外需相结合,充分利用两个市场、两种资源,克服国际金融危机的巨大冲击,对外经济合作步伐明显加快,开放环境日趋优化,对外开放再上新台阶。

(二) 加强党的执政能力建设

执政能力建设是党执政后的一项根本建设,也是党的十六大提出的一项重大战略任务。党的执政能力,就是党提出和运用正确的理论、路线、方针、政策和策略,领导制定和实施宪法和法律,采取科学的领导制度和领导方式,动员和组织人民依法管理国家和社会事务、经济和文化事业,有效治党治国治军,建设社会主义现代化国家的本领。党取得执政地位后,中共三代中央领导集体高度重视党的执政能力建设,领导全党紧紧围绕提高领导水平和执政水平、提高拒腐防变和抵御风险的能力这两大历史性课题,着重从思想和作风、体制和机制、方式和方法、素质和本领等方面加强和改进,有力地推动了党和国家事业的发展。

---

① 胡锦涛:《高举中国特色社会主义伟大旗帜,为夺取全面建设小康社会新胜利而奋斗——在中国共产党第十七次全国代表大会上的报告》,《人民日报》2007年10月25日。

进入新世纪新阶段,国际局势发生新的深刻变化,世界多极化和经济全球化的趋势继续在曲折中发展,科技进步日新月异,综合国力竞争日趋激烈,各种思想文化相互激荡,各种矛盾错综复杂,敌对势力对我国实施"西化"、"分化"的战略图谋没有改变,我们仍面临发达国家在经济、科技等方面占优势的压力。我国改革发展处在关键时期,社会利益关系更为复杂,新情况新问题层出不穷。在机遇和挑战并存的国内外条件下,我们党要带领全国各族人民全面建设小康社会,必须大力加强执政能力建设。这是关系中国社会主义事业兴衰成败、关系中华民族前途命运、关系党的生死存亡和国家长治久安的重大战略课题。

2004年9月,在中共执政即将满55年的重要时刻,党的十六届四中全会就加强党的执政能力建设作出全面部署,审议并通过了《中共中央关于加强党的执政能力建设的决定》。《决定》在深刻阐述加强党的执政能力建设的重要性和紧迫性、全面总结半个多世纪以来党执政的主要经验的基础上,明确提出了新形势下加强党的执政能力建设的指导思想、总体目标和主要任务。

《决定》指出:无产阶级政党夺取政权不容易,执掌好政权尤其是长期执掌好政权更不容易;党的执政地位不是与生俱来的,也不是一劳永逸的,必须深刻汲取世界上一些执政党兴衰成败的经验教训,更加自觉地加强执政能力建设,始终为人民执好政、掌好权。《决定》从认识和把握执政规律的角度,总结和阐明了五十多年来党执政的主要经验,即:必须坚持党在指导思想上的与时俱进,用发展着的马克思主义指导新的实践;必须坚持推进社会主义的自我完善,增强社会主义的生机和活力;必须坚持抓好发展这个党执政兴国的第一要务,把发展作为解决中国一切问题的关键;必须坚持立党为公、执政为民,始终保持党同人民群众的血肉联系;必须坚持科学执政、民主执政、依法执政,不断完善党的领导方式和执政方式;必须坚持以改革的精神加强党的建设,不断增强党的创造力、凝聚力、战斗力。这六个"必须",突出了把握执政规律、提高执政能力、完善执政方略、改进执政方式、巩固执政基础、完成执政使命等重大问题，是党执政经验的深刻总结，也是加强党的执政能力建设的重要指导原则。加强党的执政能力建设必须有正确的指导思想。《决定》提出，加强党的执政能力建设，必须坚持以马克思列宁主义、毛泽东思想、邓小平理论和"三个代表"重要思想为指导，全面贯彻党的基本路线、基本纲领、基本经验，以保持党同人民群众的血肉联系为核心，以建设高素质干部队伍为关键，以改革和完善党的领导体制和工作机制为重点，以加强党的基层组织和党员队伍建设为基础，努力体现时代性、把握规律性、富于创造性。这一指导思想，是我们党加强执政能力建设实践的理论概括，体现了继承性和时代性的要求。《决定》提出加强党的执政能力建设的总体目标是：通过全党共同努力，使党始终成为立党为公、执政为民的执政党，成为科学执政、民主执政、依法执政的执政党，成为求真务实、开拓创新、勤政高效、清正廉洁的执政党，归根到底成为始终做到"三个代表"、永远保持先进性、经得住各种风浪考验的马克思主义执政党，带领全国各族人民实现国家富强、民族振兴、社会和谐、人民幸福。这一总体目标明确了我们党为谁执政、怎样执政、靠什么执政的重大问题，指明了加强党的执政能力建设的方向。

《决定》提出当前和今后一个时期加强党的执政能力建设的主要任务是："按照推动社会主义物质文明、政治文明、精神文明协调发展的要求，不断提高驾驭社会主义市场经济的能力、发展社会主义民主政治的能力、建设社会主义先进文化的能力、构建社会主义和谐社会的能力、应对国际局势和处理国际事务的能力。"①这五个方面的能力建设，涉及经济、政治、文化、社会、外交以及国家主权、安全和领土完整，关系改革发展稳定、内政外交国防、治党治国治军各个方面，是对党的总体执政能力的要求。加强党的执政能力建设，是一项深谋远虑的历史决策，是一项重大紧迫的战略任务。紧紧围绕上述任务，立足现实、着眼长远，抓住重点、整体推进，就一定能使党的

---

　　　① 《中共中央关于加强党的执政能力建设的决定》，《人民日报》2004 年 9 月 27 日。

执政方略更加完善、执政体制更加健全、执政方式更加科学、执政基础更加巩固。

（三）以科学发展观为统领制定"十一五"规划

"十五"时期(2001—2005年)是我国改革发展史上很不平凡的5年。"十五"前期,亚洲金融危机的阴霾尚未完全消除,美国又发生了"9·11"事件,美日欧经济同时减速,世界经济和贸易增长陷入低迷。对此,党中央、国务院坚持扩大内需的方针,继续实施积极的财政政策和稳健的货币政策,促使投资、消费、出口"三驾马车"逐步加速,引导我国经济进入新一轮增长周期上升期。"十五"中期,发生了突如其来的"非典"疫情,面对"非典"带来的不确定挑战,党中央、国务院提出了一手抓疫情防治不放松、一手抓经济建设不动摇的应对方针,全国人民上下一心,众志成城,夺取了抗"非典"、促发展的双胜利。"十五"后期,面对经济快速增长中出现的一些不稳定不健康因素,党中央、国务院适时调整宏观经济政策取向,实施稳健的财政政策和稳健的货币政策,避免了局部性问题演变成全局性问题,避免了经济出现大的波动,实现了经济持续快速发展。

在全党全国人民的共同努力下,"十五"时期我国经济社会发展取得了新的巨大成绩。一是综合国力明显增强。"十五"期间,我国国内生产总值年均增长9.5%,2005年国内生产总值达到18.23万亿元,人均GDP超过1万元,均高于"十五"计划提出的12.5万亿元和9400元的预期目标。财政收入由"九五"末的1.34万亿元增加到2005年的3.16万亿元,年均增收3646.6亿元。外汇储备2005年末达到8189亿美元,比"九五"末增长了近5倍。一系列重大基础设施建设项目相继竣工。交通基础设施建设取得历史性突破,公路通车里程达到192万公里,其中高速公路由1.63万公里增加到4万公里,解决了六万七千两百多个行政村、六千多万群众的行路难问题;铁路营业里程由6.87万公里增加到7.5万公里,比"九五"末增加近7000公里,中西部地区又有一百五十多个市县结束了不通铁路的历史;能源建设跨上新台阶,电力装机容量 2000 年 4 月突破 3 亿千瓦,2005 年末突破 5 亿千瓦。二是国际地位明显提高。从经济总量看,国内生产总值的世界排位继续前移。从外贸进出口看,"十五"末外贸进出口总额达到 14221 亿美元,比"九五"末增长 2 倍,位居世界第三位,是同期世界主要国家中增幅最高的国家。从主要工农业产品产量看,原煤、粗钢、彩电、冰箱等家用电器,移动电话、程控交换机等新兴电子产品,以及粮食、棉花、肉类等产量均居世界第一位。三是人民生活明显改善。"十五"时期,城镇居民人均可支配收入和农村居民人均纯收入年均分别实际增长 9% 和 5%;城镇、农村居民家庭恩格尔系数分别下降 1.4 个和 2.5 个百分点;城镇人均住宅建筑面积由 20.3 平方米增加到 27.75 平方米;城乡居民储蓄存款余额 2005 年末超过 14 万亿元,比 2000 年翻了一番多;2005 年末电话用户数达到 7.4 亿户,是 2001 年的 2.3 倍,居世界第一位;互联网上网人数超过 1.11 亿人,居世界第二位。"十五"时期更重要的成就,还在于我们党指导发展的理念实现了新飞跃,提出了科学发展观等一系列重大战略思想,这不仅对完成"十五"计划发挥了重要指导作用,而且对我国的长远发展将产生深远影响。总之,"十五"时期经济社会发展和党的理论建设取得的显著成就,标志着党和国家各项事业的发展又站在了一个新的历史起点上。

还在"十五"计划实施期间,为了及早筹划部署"十一五"时期(2006—2010 年)我国经济社会发展的大政方针,国家发展改革委就于 2003 年首次以课题"招标"的形式,组织国家和各地区各部门的重要研究机构以及世界银行、联合国驻华机构等,对涉及"十一五"时期的重大发展课题进行研究,提出了几百万字的研究成果。2004 年底,根据胡锦涛的指示,中央又直接部署了 22 个重大课题,组织有关方面专家进行深入研究。这些课题包括"三农"、能源资源、区域协调发展、收入分配、人口、就业和社会保障、环境保护、体制改革和扩大开放等,几乎涵盖了"十一五"时期我国将要面对的所有重大问题。2005 年 7 月 25 日,中央政治局会议决定:将于当年 10 月举行的中共十六届五中全会的主要议程是研究关于制定国民经济和社会发展第十一个五年规划的建议。在此前的 2005 年 2 月 16 日，由各地区各部门五十多位领导干部和专家学者组成的《建议》起草组就已正式成立。中共中央政治局常委、国务院总理温家宝任起草组组长，中共中央政治局委员、国务院副总理曾培炎任副组长。在《建议》历时 8 个多月的起草过程中，胡锦涛先后主持 5 次中央政治局常委会、两次中央政治局会议，听取起草工作汇报和进行讨论，还多次听取有关部门关于"十一五"规划的专题汇报，并作出重要指示。2005 年 7 月底，《建议》征求意见稿在全国一百多个单位、部分党内老同志和党的十六大代表中，广泛征求意见。经多次征求意见、反复讨论修改、集中全党智慧的《中共中央关于制定国民经济和社会发展第十一个五年规划的建议》最终由 2005 年 10 月召开的中共十六届五中全会审议通过。《建议》明确指出，21 世纪头 20 年是我国发展的重要战略机遇期，"十一五"时期尤为关键，是承前启后的重要时期；党和国家必须紧紧抓住机遇，应对各种挑战，认真解决长期积累的突出矛盾和问题，突破发展的瓶颈制约和体制障碍，开创社会主义经济建设、政治建设、文化建设、社会建设的新局面，为后十年顺利发展打下坚实基础。《建议》在充分肯定"十五"时期经济社会发展成就的基础上，根据党的十六大作出的战略部署和我国经济社会发展的客观要求，提出制定"十一五"规划的指导思想是：以邓小平理论和"三个代表"重要思想为指导，全面落实科学发展观；坚持发展是硬道理，坚持抓好发展这个党执政兴国的第一要务，坚持以经济建设为中心，坚持用发展和改革的办法解决前进中的问题；发展必须是科学发展，要坚持以人为本，转变发展观念，创新发展模式，提高发展质量，落实"五个统筹"，切实把经济社会发展转入全面协调可持续发展的轨道。坚持以科学发展观统领经济社会发展全局，是"十一五"规划《建议》最鲜明的特点。《建议》提出，"十一五"时期要坚持"六个必须"的原则，即：必须保持经济平稳较快发展；必须加快转变经济增长方式；必须提高自主创新能力；必须促进城乡区域协调发展；必须加强和谐社会建设；必须不断深化改革开放。这"六个必须"，相互联系和相互促进，体现了全面贯彻落实科学发展观的基本要求。《建议》综合分析各方面因素,提出"十一五"时期我国经济社会发展的主要目标是:在优化结构、提高效益和降低消耗的基础上,实现 2010 年人均国内生产总值比2000 年翻一番;资源利用效率显著提高,单位国内生产总值能源消耗比"十五"期末降低 20% 左右,生态环境恶化趋势基本遏制,耕地减少过多状况得到有效控制;形成一批拥有自主知识产权和知名品牌、国际竞争力较强的优势企业;社会主义市场经济体制比较完善,开放型经济达到新水平,国际收支基本平衡;普及和巩固九年义务教育,城镇就业岗位持续增加,社会保障体系比较健全,贫困人口继续减少;城乡居民收入水平和生活质量普遍提高,价格总水平基本稳定,居住、交通、教育、文化、卫生和环境等方面的条件有较大改善;民主法制建设和精神文明建设取得新进展,社会治安和安全生产状况进一步好转,构建和谐社会取得新进步。以上目标涉及经济增长、资源环境、自主创新、社会发展、改革开放、人民生活和民主法制等方面。《建议》提出"十一五"时期我国经济社会发展和改革开放的主要任务是:建设社会主义新农村;推进产业结构优化升级;促进区域协调发展;建设资源节约型、环境友好型社会;深化体制改革和提高对外开放水平;深入实施科教兴国战略和人才强国战略;推进社会主义和谐社会建设。①

　　根据党的十六届五中全会《建议》编制的《中华人民共和国国民经济和社会发展第十一个五年规划纲要》于 2006 年 3 月经十届全国人大四次会议批准后实施。《规划纲要》重申了《建议》提出的"十一五"时期经济社会发展的指导思想和基本原则,并根据这一指导思想和原则,从全面贯彻落实科学发展观的要求出发,确定了"十一五"时期经济社会发展的政策导向:一是立足扩大国内需求推动发展,把扩大国内需求特别是消费需求作为基本立足点,促使经济增长由主要依靠投资和出口拉动向消费与投资、内需与外需协调拉动转变;二是立足优化产业结构推动发展,把调整经济结构作为主线,促使经济增长由主要依靠工业带动和数量扩张带动向三次产业协同带

---

① 《中共中央关于制定国民经济和社会发展第十一个五年规划的建议》,《求是》2005年第 20 期。

动和结构优化升级带动转变;三是立足节约资源保护环境推动发展,把促进经济增长方式根本转变作为着力点,促使经济增长由主要依靠增加资源投入带动向主要依靠提高资源利用效率带动转变;四是立足增强自主创新能力推动发展,把增强自主创新能力作为国家战略,促使经济增长由主要依靠资金和物质要素投入带动向主要依靠科技进步和人力资本带动转变;五是立足深化改革开放推动发展,把改革开放作为动力,促使经济增长由某些领域相当程度上依靠行政干预推动向在国家宏观调控下更大程度发挥市场配置资源基础性作用转变;六是立足以人为本推动发展,把提高人民生活水平作为根本出发点和落脚点,促使发展由偏重于增加物质财富向更加注重促进人的全面发展和经济社会的协调发展转变。"十一五"规划纲要是以科学发展观为指导编制的第一个五年规划,也是首次用国民经济和社会发展"规划"取代沿用了五十多年的"计划"表述,这一改变,标志着我国在宏观经济运行方面开始了由政府主导向市场主导的重大转变,政府工作重点由制订指令性计划,转向提供战略性、前瞻性的指导性规划,由直接参与经济发展,转向提供公共物品、调控宏观经济。这一点体现在"十一五"规划的目标构成上,就是人民生活、资源环境、节能环保等方面的指标更加突出,社会发展类指标占据了全部规划指标的75%以上。

三、加快推进以改善民生为重点的社会建设

(一)努力构建社会主义和谐社会

实现社会和谐,建设美好社会,是包括中国共产党在内的马克思主义政党不懈追求的社会理想。新中国成立后,"我们党为促进社会和谐进行了艰辛探索,积累了正反两方面经验,取得了重要进展。"①党的十六大报告对

---

① 《中共中央关于构建社会主义和谐社会若干重大问题的决定》,《人民日报》2006年10月19日。

和谐社会作了新的拓展论述。报告在论述"三个代表"重要思想的科学内涵时,针对改革开放以来我国社会阶层结构变动的新情况,提出要形成"全体人民各尽所能、各得其所而又和谐相处的局面";在阐述全面建设小康社会的奋斗目标时,把"社会更加和谐"作为一个重要目标鲜明地提到全党全社会面前;在论述政治建设和政治体制改革的任务时,提出要"巩固和发展民主团结、生动活泼、安定和谐的政治局面"①。对"和谐"问题作如此集中论述在党的历次代表大会报告中是第一次。

党的十六大提出了"社会更加和谐"的要求,但十六大报告并没有就此问题展开具体探讨。党的十六大以后,以胡锦涛为总书记的中央领导集体在推进中国特色社会主义实践中,强调要坚持立党为公、执政为民,做到权为民所用、情为民所系、利为民所谋;牢固树立和落实科学发展观,按照"五个统筹"的要求,推进经济社会全面协调可持续发展;发展党内民主和人民民主,充分调动一切积极因素;坚持以人为本,始终把最广大人民的根本利益作为党和国家工作的根本出发点和落脚点,切实做好关心群众生产生活的工作;等等,对社会主义和谐社会建设重要性和紧迫性的认识更加深化,并不断从理论和实践上作出概括和部署。

"构建社会主义和谐社会"重大命题的首次完整提出,是在 2004 年 9 月召开的党的十六届四中全会上。这次全会通过的《中共中央关于加强党的执政能力建设的决定》在对加强党的执政能力建设作出部署时,明确地把"构建社会主义和谐社会的能力"列为党必须大力加强的六大执政能力之一。《决定》还初步阐述了构建社会主义和谐社会的主要内容,强调"形成全体人民各尽其能、各得其所而又和谐相处的社会,是巩固党执政的社会基础、实现党执政的历史任务的必然要求。要适应我国社会的深刻变化,把和谐社会建设摆在重要位置,注重激发社会活力,促进社会公平和正义……

---

① 江泽民:《全面建设小康社会,开创中国特色社会主义事业新局面——在中国共产党第十六次全国代表大会上的报告》,《人民日报》2002 年 11 月 17 日。

维护社会安定团结"①。为了集中研讨提高构建社会主义和谐社会能力问题,2005 年 2 月 19 日至 25 日,中共中央在中央党校举办了"省部级主要领导干部提高构建社会主义和谐社会能力专题研讨班"。专题研讨班期间,2 月 21 日,中央政治局进行了以努力构建社会主义和谐社会为主要内容的集体学习。10 月,党的十六届五中全会通过的"十一五"规划《建议》,也对和谐社会建设作出了相应的规划和安排。按照中央的要求,全国性的调查研究开展起来,一些省区市先后出台了一批构建和谐社会的重要举措,形成了构建社会主义和谐社会的舆论氛围,促进了相关政策的制定和落实。

2006 年 10 月,党的十六届六中全会召开。全会在更高层次、更广领域全面研究构建社会主义和谐社会问题,作出了《中共中央关于构建社会主义和谐社会若干重大问题的决定》。《决定》把构建社会主义和谐社会提到确保党的事业兴旺发达和国家长治久安的战略高度来思考,放到中国特色社会主义事业总体布局中来谋划,作为全面建设小康社会的重大现实课题来审视,深刻阐述了构建社会主义和谐社会的重大意义,明确提出了构建社会主义和谐社会的指导思想、目标任务和工作原则,并就如何构建社会主义和谐社会作出了一系列重大决策部署。

《决定》指出,社会和谐是中国特色社会主义的本质属性,是国家富强、民族振兴、人民幸福的重要保证。新世纪新阶段,我们面临的发展机遇前所未有,面对的挑战也前所未有。我国已进入改革发展的关键时期,经济体制深刻变革,社会结构深刻变动,利益格局深刻调整,思想观念深刻变化。这种空前的社会变革,给我国发展进步带来巨大活力,也必然带来这样那样的矛盾和问题。我国社会总体上是和谐的,但也存在不少影响社会和谐的因素,主要是:城乡、区域、经济社会发展很不平衡,人口资源环境压力加大;就业、社会保障、收入分配、教育、医疗、住房、安全生产、社会治安等关系群众切身利益的问题突出;体制机制尚不完善,民主法制还不健全;一些社会成

---

① 《中共中央关于加强党的执政能力建设的决定》,《人民日报》2004 年 9 月 27 日。

员诚信缺失、道德失范，一些领导干部的素质、能力和作风与新形势新任务的要求还不适应；一些领域的腐败现象仍然严重；敌对势力的渗透破坏活动危及国家安全和社会稳定。这都要求必须坚持以经济建设为中心，把构建社会主义和谐社会摆在更加突出的地位。

《决定》指出，我们要构建的社会主义和谐社会，是在中国特色社会主义道路上，中国共产党领导全体人民共同建设、共同享有的和谐社会。构建社会主义和谐社会的指导思想是：坚持以马克思列宁主义、毛泽东思想、邓小平理论和"三个代表"重要思想为指导，坚持党的基本路线、基本纲领、基本经验，坚持以科学发展观统领经济社会发展全局，按照民主法治、公平正义、诚信友爱、充满活力、安定有序、人与自然和谐相处的总要求，以解决人民群众最关心、最直接、最现实的利益问题为重点，着力发展社会事业、促进社会公平正义、建设和谐文化、完善社会管理、增强社会创造活力，走共同富裕道路，推动社会建设与经济建设、政治建设、文化建设协调发展。到2020年，构建社会主义和谐社会的目标和主要任务是：社会主义民主法制更加完善，依法治国基本方略得到全面落实，人民的权益得到切实尊重和保障；城乡、区域发展差距扩大的趋势逐步扭转，合理有序的收入分配格局基本形成，家庭财产普遍增加，人民过上更加富足的生活；社会就业比较充分，覆盖城乡居民的社会保障体系基本建立；基本公共服务体系更加完备，政府管理和服务水平有较大提高；全民族的思想道德素质、科学文化素质和健康素质明显提高，良好道德风尚、和谐人际关系进一步形成；全社会创造活力显著增强，创新型国家基本建成；社会管理体系更加完善，社会秩序良好；资源利用效率显著提高，生态环境明显好转；实现全面建设惠及十几亿人口的更高水平的小康社会的目标，努力形成全体人民各尽其能、各得其所而又和谐相处的局面。《决定》从六个方面对如何推进社会主义和谐社会建设作出安排：坚持协调发展，加强社会事业建设；加强制度建设，保障社会公平正义；建设和谐文化，巩固社会和谐的思想道德基础；完善社会管理，保持社会安定有序；激发社会活力，增进社会团结和睦；加强党对构建社会主义和谐社会的领导等。

党的十六届六中全会关于构建社会主义和谐社会的战略部署，反映了党对共产党执政规律、社会主义建设规律、人类社会发展规律认识的深化，反映了建设富强民主文明和谐的社会主义现代化国家的内在要求，体现了十几亿中国人民创造幸福生活和美好未来的共同愿望，开辟了中国特色社会主义事业的新境界。

（二）加快推进以改善民生为重点的社会建设

社会建设与人民幸福安康息息相关。党的十六大以来，以胡锦涛为总书记的党中央贯彻落实科学发展观，在经济发展的基础上，高度重视推进以改善民生为重点的社会建设，着力保障和改善民生，推进社会体制改革，扩大公共服务，完善社会管理，促进社会公平正义，努力使全体人民学有所教、劳有所得、病有所医、老有所养、住有所居，极大地推动了社会主义和谐社会建设进程。

优先发展教育，建设人力资源强国。教育是国家发展的基石，事关民族兴旺、人民福祉和国家未来。党的十六大以来，党和国家始终坚持把教育摆在优先发展的位置，采取有力措施加快教育发展。第一，全面普及九年义务教育。为了扶持西部地区基本普及九年义务教育、基本扫除青壮年文盲，国务院实施《国家西部地区"两基"攻坚计划（2004—2007 年）》，中央投入专项资金用于加快农村义务教育阶段寄宿制学校建设，发展农村中小学现代远程教育，使农村和边远地区的孩子也可以共享优质教育资源。从 2005 年开始，推行全面免费九年义务教育，同时建立国家财政对九年义务教育的经费保障机制，当年在国家重点扶贫县实施免学杂费、免费提供教科书、为家庭困难的寄宿生提供生活补助的"两免一补"政策。2008 年这项政策扩大到全国城乡，九年义务教育全面纳入国家财政保障范围。这是我国教育体制的一个历史性变革。第二，适应经济社会发展对技能人才的需要和提高青年就业能力的要求，以发展中等职业教育为重点，大力调整教育结构。2009 年中等职业教育年招生规模达到 860 万人。高中和大学阶段，职业教育年招生规模和在校生数量都已占全部招生和在校生的一半。从 2009 年开始,中等职业教育对农村家庭经济困难学生和涉农专业学生逐步实行免费。第三,在发展高等教育方面,坚持稳步发展和提高质量相结合,重点放在提高质量上。高等教育毛入学率达到25%左右。推进世界一流大学和高水平大学建设,高等教育适应经济社会发展要求的能力进一步提高。第四,在非义务教育阶段建立健全国家助学制度,开展师范生免费教育试点,中等职业学校学生受助面达到90%,高校学生受助面达到20%。通过实行免费义务教育和建立国家助学制度,基本解决了人民群众反映强烈、矛盾突出的"上不起学"的问题。

实施扩大就业的发展战略,把促进就业放在经济社会发展的优先位置。就业是民生之本。一个社会如果失业率过高,就很难保持和谐稳定,经济也不可能持续健康发展。我国是人口大国,劳动力总量供过于求,就业形势一直相当严峻。每年城镇新增就业人口约1000万人,其中,高等学校毕业生就有650万人左右,加上失业人员、退役军人等,需要就业的城镇劳动力每年超过2000万人。农村有超过1.5亿富余劳动力需要向城镇和非农产业转移。在正常增长条件下,每年新增就业岗位只有1000万个左右,劳动力供大于求的矛盾相当突出。党的十六大以来,党和政府始终把就业作为事关民生、事关全局的大事紧抓不放,不断深化就业体制改革,坚持劳动者自主择业、市场调节就业和政府促进就业相结合;不断强化政府促进就业的责任,实施积极的就业政策,持续加大就业公共投入,大力开展职业技能培训,完善就业服务体系;建设城乡统一的就业市场,促进平等就业;不断加强就业援助,帮助就业困难人员和零就业家庭实现就业。2008年底我国城镇就业人员为3.02亿。国际金融危机爆发后,党中央、国务院强化政府促进就业的责任,实施了更加积极的就业政策,采取了一系列有针对性的政策措施:2009年至2010年对经营困难的中小企业实施"五缓四减三补贴"政策;①2009年中央财政安

---

① "五缓"即允许困难企业阶段性缓缴养老、失业、医疗、工伤、生育五项社会保险费;"四减"即适当降低城镇职工基本医疗保险、失业保险、工伤保险、生育保险的费率;"三补贴"即对困难企业实行社会保险补贴、岗位补贴和在岗培训资金支持。

排就业专项资金 426 亿元,比上年增长 59%;①开展系列就业服务活动,多渠道开辟公益性就业岗位,促进高校毕业生到基层就业、应征入伍和到企事业单位就业见习,2009 年共组织 2100 万城乡劳动者参加职业培训。这些措施促进了就业的基本稳定。"十一五"时期,我国就业总量一直稳步增长,5 年累计实现城镇新增就业 5771 万人,年均达到 1140 万人,城镇登记失业率控制在 4.3% 以下。2011 年我国城镇新增就业创历史新高,达到 1221 万人;城镇失业人员再就业 553 万人,城镇登记失业率为 4.1%。②2012 年 1 月 24 日,国务院批转人力资源和社会保障部等 7 部门制定的《促进就业规划（2011—2015 年）》,就促进"十二五"时期就业工作的指导思想、基本原则和发展目标作出部署,这是新中国成立以来第一部由国务院批转的促进就业的国家级专项规划。2012 年 2 月 20 日,中央政治局就实施更加积极的就业政策进行第三十二次集体学习。胡锦涛在主持学习时强调,促进就业是保障和改善民生的头等大事,实施更加积极的就业政策,把促进就业放在经济社会发展的优先位置,努力实现社会就业更加充分,关系亿万人民群众切身利益,关系改革发展稳定大局,对推动科学发展、促进社会和谐具有十分重要的意义。要更加注重选择有利于扩大就业的经济社会发展战略,把扩大就业作为经济社会发展和经济结构调整的重要目标,把转变经济发展方式的过程转变为就业拉动力不断提高的过程,把促进城乡发展一体化的过程转变为统筹城乡就业的过程;要切实支持劳动者多渠道就业,完善支持自主创业、自谋职业政策体系,鼓励和支持更多劳动者成为创业者,建立失业预警制度,防范和缓解失业风险;要切实做好重点人群就业工作,强化高校毕业生就业服务,强化就业困难人员就业援助,解决好就业困难人员、零就业家庭以及下岗失业人员就业问题,做好农民工就业工作,做好复员转业军人安置就业工作,加强妇女、少数民族群众、残疾人等就业工作。

---

① 温家宝:《政府工作报告——2010 年 3 月 5 日在第十一届全国人民代表大会第三次会议上》,《人民日报》2010 年 3 月 16 日。

② 《2011 年城镇新增就业 1221 万人》,《人民日报》2012 年 1 月 23 日。

深化收入分配制度改革,增加城乡居民收入。合理的收入分配制度是社会公平正义的重要体现。改革开放以来,我国收入分配制度发生了深刻变化,打破"大锅饭"和平均主义,形成了按劳分配为主体、多种分配方式并存的分配制度。党的十六大以来,党和政府采取一系列积极措施,努力提高城乡居民特别是低收入群众的收入,积极调节收入分配,人民生活得到显著改善。一是城乡居民收入普遍提高。在城市,不断提高最低工资标准并严格执行,引导企业职工工资合理增长,促进城市居民财产性收入较快增加。在农村,全面取消农业税,对种粮农民实行直补,实行良种补贴、农机具购置补贴和农业生产资料综合补贴等,积极引导农村富余劳动力外出务工增加收入。2002 年到 2009 年,城镇居民人均可支配收入从 7703 元增加到17175 元,年均实际增长 9.6%;农村居民人均纯收入从 2476 元增加到 5153元,年均实际增长 7.2%。这是改革开放以来城乡居民收入增长最快的时期。二是低收入群体和困难群众生活得到改善。从 2005 年起,城市连续 5年提高企业退休人员基本养老金。农村五保户由集体供养改为国家供养;顺应经济社会发展和扶贫开发的阶段性变化,不断完善扶贫开发政策,制定《中国农村扶贫开发纲要(2011—2020 年)》,2011 年 11 月,中央召开扶贫开发工作会议,决定将国家扶贫标准大幅提高到农民人均纯收入的 2300元,比 2009 年的 1196 元提高了 92%,扶贫规模从 2010 年底的 2688 万人扩大到 2011 年底的 1.28 亿人,占现有农村户籍人口的 13.4%,直接使 1 亿多贫困农民受惠。全面建立城乡居民最低生活保障制度,并稳步提高保障标准。三是收入分配制度改革不断深入。健全公共财政体制,推进基本公共服务均等化,中央财政转移支付规模不断扩大。深化个人所得税改革,调高个人所得税起征点,十一届全国人大常委会第二十一次会议表决通过了新修改的《中华人民共和国个人所得税法》,决定将个人所得税起征点由每月2000 元提高至 3500 元。①

---

　　① 《中华人民共和国个人所得税法》,《人民日报》2011 年 12 月 10 日。

加快建立覆盖城乡居民的社会保障体系,保障人民基本生活。社会保障作为一项基本制度,是社会的"安全网",也是经济的调节器。从世界范围看,社会保障已有一百多年的发展历史,历经多次世界经济大萧条而日益完善,显示出其在调节收入分配、纾解社会矛盾、推动经济发展、促进国家长治久安方面的强大功能。尤其是在发生经济危机情况下,社会保障不仅是消除民众恐惧、安定人心的重要保证,而且对于拉动消费、刺激经济复苏也具有特殊重要的作用。中国的社会保障制度自新中国成立后从零起步。经过多年努力,初步建立了具有中国特色社会保障框架体系:基本养老、基本医疗、失业、工伤、生育五项社会保险制度基本建立并逐步完善,以最低生活保障为重点的城乡社会救助体系基本形成,各项社会保障覆盖范围不断扩大,保障水平稳步提高。党的十六大以来,党和政府提出并落实"广覆盖、保基本、多层次、可持续"的建立社会保障体系的基本方针,进一步加快了社会保障制度建设步伐:2003 年开始建立新型农村合作医疗制度,同年国务院颁布《工伤保险条例》;财政性社会保障投入重点向农民、农民工、被征地农民、城市无业人员和城乡残疾人等特殊困难人群倾斜;继续完善城镇基本养老保险制度,扩大做实个人账户试点,截至 2009 年底,全国已坐实基本养老保险个人账户 1100 亿元,全国普遍实现了养老保险省级统筹;2010 年 1 月 1 日起施行《城镇企业职工基本养老保险关系转移接续暂行办法》,包括农民工在内的参加城镇企业职工基本养老保险的所有人员,其基本养老保险关系可在跨省就业时随同转移;2007 年开始建立农村居民最低生活保障制度和城镇居民基本医疗保险制度。2009 年 8 月国务院部署在全国开展新型农村社会养老保险制度试点。到 2011 年 5 月底,全国 27 个省、自治区 838 个县(市、区、旗)和 4 个直辖市的大部分区县纳入试点范围,其中 9 个省区市实现了制度全覆盖,全国有 1.9 亿人参保,领取基础养老金的 60 岁以上老年人达到了 5170 万人。① 在此基础上国务院决定:加快"新农保"

---

① 温家宝:《在全国城镇居民社会养老保险试点工作部署暨新型农村社会养老保险试点经验交流会议上的讲话》,《人民日报》2011 年 6 月 22 日。

试点进度,并决定从 2011 年 7 月 1 日起在全国范围内启动城镇居民养老保险试点,要求这两项制度两年内基本实现全覆盖。这是党和政府促进社会公平正义、逐步实现基本公共服务均等化的一个重大步骤。不断健全各类保障性住房制度,加快解决城市低收入家庭住房困难。"十一五"期间,我国以廉租住房、经济适用住房等为主要形式的住房保障制度初步形成。通过各类保障性住房建设,5 年间,全国有 1140 万户城镇低收入家庭和 360 万户中等偏下收入家庭住房困难问题得到解决。到 2010 年底,我国城镇保障性住房覆盖率已达 7% 到 8%,城镇居民人均住房面积超过 30 平方米;农村居民人均住房面积超过 33 平方米。① "居者有其屋"逐渐成为现实。

(三) 加强和创新社会管理,最大限度激发社会活力

党的十六大提出,要完善政府经济调节、市场监管、社会管理、公共服务职能,保持良好社会秩序。② 党的十六大以后,党中央把加强社会管理放在更加重要的战略位置。党的十六届四中全会提出要"推进社会管理体制创新","深入研究社会管理规律,完善社会管理体系和政策法规,整合社会管理资源,建立健全党委领导、政府负责、社会协同、公众参与的社会管理格局。"③党的十六届六中全会提出:"加强社会管理,维护社会稳定,是构建社会主义和谐社会的必然要求。必须创新社会管理体制,整合社会管理资源,提高社会管理水平",全会从"建设服务型政府,强化社会管理和公共服务职能"、"推进社区建设,完善基层服务和管理网络"、"健全社会组织,增强服务社会功能"、"统筹协调各方面利益关系,妥善处理社会矛盾"、"完善应急管理体制机制,有效应对各种风险"、"加强社会治安综合治理,增强人民群众安全感"、"加强国家安全工作和国防建设,保障国家稳定安全"七个方面对如何做好社会管理工作作了深入阐述。党的十七大强调,要"完善社

---

① 《让低收入者"居者有其屋"》,《人民日报》2012 年 2 月 1 日。
② 《十六大以来重要文献选编》(上),中央文献出版社 2005 年版,第 21、29 页。
③ 《中共中央关于加强党的执政能力建设的决定》,《人民日报》2004 年 9 月 27 日。

会管理,维护社会安定团结……健全党委领导、政府负责、社会协同、公众参与的社会管理格局,健全基层社会管理体制。最大限度激发社会创造活力,最大限度增加和谐因素,最大限度减少不和谐因素","努力形成社会和谐人人有责、和谐社会人人共享的生动局面"。① 2010 年 10 月党的十七届五中全会在部署"十二五"规划时,进一步提出要"加强社会管理能力建设,创新社会管理机制,切实维护社会和谐稳定"②。2010 年 10 月,中央政法委、中央社会治安综合治理委员会还选定全国 35 个市和县(市、区)作为全国社会管理创新综合试点地区,旨在通过试点在全国率先建立起与社会主义市场经济体制相适应的社会管理体系,对全国起到示范引领作用。

党中央之所以如此高度重视加强和创新社会管理问题,是由新世纪新阶段我国社会管理领域存在的一系列突出问题决定的。党的十六大以来,伴随我经济社会的持续快速发展,社会管理领域问题相当突出:一是人民内部矛盾多样多发。矛盾主要集中在农村土地征用、城镇房屋拆迁、国有企业改制、劳资冲突、涉法涉诉等领域,干群矛盾尖锐;矛盾涉及农民、城镇居民、库区移民、离退休人员、个体工商业者、出租车司机、学生、军队退役人员、原民办教师、退休教师等多阶层;矛盾触点多、燃点低;矛盾关联性增强,历史遗留问题和改革发展中的问题,经济领域问题和社会领域问题,合理诉求和不合理诉求,多数人合理诉求和少数人无理要求,群众自发行为和敌对势力插手利用相互交织,由此导致的上访、集会、请愿、游行、示威、罢工等各类群体性事件数量多、人数多、规模大。二是流动人口和特殊人群问题增多。2010 年,我国人户分离的流动人口为 2.21 亿人,比 2000 年增加了 1 亿人。③ 流动人口中 80% 以上是从农村外出进城务工的农民工。农村劳动力大范围流动,不仅造成数以千万计的农村留守儿童、留守妇女、留守老人,而

---

① 胡锦涛:《高举中国特色社会主义伟大旗帜,为夺取全面建设小康社会新胜利而奋斗——在中国共产党第十七次全国代表大会上的报告》,《人民日报》2007 年 10 月 25 日。

② 《中共中央关于制定国民经济和社会发展第十二个五年规划的建议》,《人民日报》2010 年 10 月 28 日。

③ 《我国经济社会出现四大变化》,《人民日报》2011 年 4 月 29 日。

且导致城市的违法犯罪行为增多,给社会管理带来巨大压力。三是公共安全事故频繁发生。2010年全国发生安全生产事故36.3万起,造成7.95万人死亡,其中重特大安全生产事故74起,特别重大安全生产事故11起,给人民群众生命财产造成重大损失;①食品药品安全问题突出,毒大米、假酒、假药等事件时有出现,严重影响人民群众的健康安全;自然灾害频发,地震、泥石流、台风、洪涝、干旱等自然灾害严重危害人民生命财产安全。四是非公有制经济组织和社会组织的管理和服务问题突出,境外非政府组织非法活动加剧等。②

加强和创新社会管理,也是在总结一些国家和地区发展的经验教训基础上提出来的。国外发展实践表明,国民收入从中等收入国家向高收入提升的时期,往往是经济关系容易失调、社会秩序容易失常、人们心理容易失衡的时期。拉美等国之所以陷入所谓"中等收入陷阱",除了经济发展模式转型迟滞,一个重要原因是大批农民进入城市以后基本享受不到社会保障和公共服务,在农村又失去土地,成为城市的边缘人群,从而形成影响社会稳定的贫民窟问题;由于收入两极分化、贫富悬殊,不能为经济社会发展提供持续的动力,从而使经济社会停滞不前甚至倒退,进而导致社会矛盾加剧、政局持续动荡。我国现在正从中等收入国家向高收入国家迈进,如何防止落入"中等收入陷阱",同样面临重大挑战。2010年以来,西亚、北非一些国家相继发生骚乱,社会持续动荡,有的甚至导致政权更迭,就是现实的重要教训。这些国家之所以会爆发严重社会问题并愈演愈烈,有多方面的原因,但未能实施切实有效的社会管理无疑是其中的重要原因之一。我国要继续保持改革发展稳定的良好势头,必须充分汲取国外的经验教训,切实加强和创新社会管理,谨防一切难以逆料的社会风险。

基于以上背景和原因,进入2011年以来,党和国家把加强和创新社会管理工作作为一项重大而紧迫的课题给予了更多更大的关注,频繁摆到中

---

① 《全国事故死亡人数连续三年大幅下降》,《人民日报》2011年1月14日。
② 魏礼群:《加强和创新社会管理的几个问题》,《宏观经济管理》2011年第7期。

央重要议事日程研究部署。2011年2月,为了集中研讨加强和创新社会管理、做好新形势下群众工作的思路和举措,中共中央举办了"省部级主要领导干部社会管理及其创新专题研讨班"。胡锦涛在开班式上就加强和创新社会管理着重讲了8点意见。第一,进一步加强和完善社会管理格局,切实加强党的领导,强化政府社会管理职能,强化各类企事业单位社会管理和服务职责,引导各类社会组织加强自身建设、增强服务社会能力,支持人民团体参与社会管理和公共服务,发挥群众参与社会管理的基础作用。第二,进一步加强和完善党和政府主导的维护群众权益机制,形成科学有效的利益协调机制、诉求表达机制、矛盾调处机制、权益保障机制,统筹协调各方面利益关系,加强社会矛盾源头治理,妥善处理人民内部矛盾,坚决纠正损害群众利益的不正之风,切实维护群众合法权益。第三,进一步加强和完善流动人口和特殊人群管理和服务,建立覆盖全国人口的国家人口基础信息库,建立健全实有人口动态管理机制,完善特殊人群管理和服务政策。第四,进一步加强和完善基层社会管理和服务体系,把人力、财力、物力更多投到基层,努力夯实基层组织、壮大基层力量、整合基层资源、强化基础工作,强化城乡社区自治和服务功能,健全新型社区管理和服务体制。第五,进一步加强和完善公共安全体系,健全食品药品安全监管机制,建立健全安全生产监管体制,完善社会治安防控体系,完善应急管理体制。第六,进一步加强和完善非公有制经济组织、社会组织管理,明确非公有制经济组织管理和服务员工的社会责任,推动社会组织健康有序发展。第七,进一步加强和完善信息网络管理,提高对虚拟社会的管理水平,健全网上舆论引导机制。第八,进一步加强和完善思想道德建设,持之以恒加强社会主义精神文明建设,加强社会主义核心价值体系建设,增强全社会的法制意识,深入开展精神文明创建活动,增强社会诚信。①

2011年5月30日,中共中央政治局召开会议,专题研究加强和创新社会

---

① 《扎扎实实提高社会管理科学化水平,建设中国特色社会主义社会管理体系》,《人民日报》2011年2月20日。

管理问题。会议指出,加强和创新社会管理,事关巩固党的执政地位,事关国家长治久安,事关人民安居乐业。要紧紧围绕全面建设小康社会的总目标,牢牢把握最大限度激发社会活力、最大限度增加和谐因素、最大限度减少不和谐因素的总要求,积极推进社会管理理念、体制、机制、制度、方法创新,完善党委领导、政府负责、社会协同、公众参与的社会管理格局,加强社会管理法律、能力建设,完善基层社会管理服务,建设中国特色社会主义社会管理体系。要以解决影响社会和谐稳定突出问题为突破口,通过协调社会关系、规范社会行为、化解社会矛盾和深入细致的群众工作,维护人民群众权益,促进社会公平正义,保持社会良好秩序,有效应对社会风险,为党和国家事业发展营造更加良好的社会环境。会议指出,加强和创新社会管理,要坚持以人为本、服务为先,多方参与、共同治理,关口前移、源头治理,统筹兼顾、协商协调,依法管理、综合施策,科学管理、提高效能的原则,立足基本国情,坚持正确方向,推进改革创新。要加强和完善社会管理格局,加强社会管理制度建设,加强基层社会管理和服务,完善党和政府主导的维护群众权益机制,加强流动人口和特殊人群服务管理,加强非公有制经济组织、社会组织服务管理,加强公共安全体系建设,完善信息网络服务管理,营造良好社会环境。

为了进一步充实加强和创新社会管理的领导力量,协调和指导社会管理工作,根据中共中央、国务院的决定,2011 年 9 月,成立于 1992 年的中央社会治安综合治理委员会更名为中央社会管理综合治理委员会(简称"中央综治委")。更名之后,中央社会管理综合治理委员会在原中央社会治安综合治理委员会 40 个成员单位基础上,增加 11 个部门为成员单位,下设办公室和若干专项组。

加强和创新社会管理是一个庞大的系统工程,建设中国特色社会主义社会管理体系是艰巨的、长期的任务,既要有所遵循,也要开拓创新,不断提高社会管理科学化水平。按照党中央、国务院的决策部署,为了不断提高社会管理科学化水平,各地各部门因地制宜,综合施策,大力加强和创新社会管理,新做法、新措施、新经验层出不穷。比如,在完善民意表达机制协调利益关系方面,湖南省长沙市通过"对话长沙"、"网络问政"、"信访联调"等形式,畅通政府与公众互动沟通渠道,形成了公众参与重大问题决策和管理的"长沙模式"。在改革流动人口管理方式方面,四川省成都市提出彻底破除城乡居民身份差异,推进户籍、居住一元化管理,充分保障城乡居民平等享受各项基本公共服务和参与社会管理的权利;浙江省慈溪市以社会融合为目标,通过建设"和谐促进会",发挥社会组织在基层社会管理中的作用,广泛吸收外来人口参加社会管理,大大增进了新老市民之间的利益协调和认同建构,促进了社会协同管理和自主治理。在探索城乡社区治理模式方面,北京市东城区提出了"管理网格化、服务零距离"理念,大胆探索、全力推进网格化社会服务管理试点,激活了基层社会管理与服务的微观主体,激发了基层政府、社会组织、社会团体、居民群众参与社会管理与服务的热情,并实现了政府与社会组织、政府与居民群众的良性互动。在完善社会管理格局方面,广东省珠海市建立起市一级主要抓规划统筹和政策引导,区一级主要抓经济社会发展和城市管理,镇街一级主要抓社会管理和公共服务的政府职能分层管理新体系,以镇街为枢纽,镇街以社区建设为中心,以促进社会和谐、优化发展环境为目的,以责权利相统一、人财物相匹配和基层组织建设为保障,全力推动镇街职能转型,不断提高社会管理科学化水平。在完善社会风险评估机制提升应急管理能力方面,安徽省合肥市扎实推进社会稳定风险评估工作,在全市所有乡镇街道建立了社会管理综合治理工作中心,实现了社会稳定风险早知道、早防控、早化解;四川省遂宁市建立和实施重大事项社会稳定风险评估化解制度,在事关广大群众切身利益的重大决策、涉及较多群众切身利益并被国家或省市区县拟订为重点工程的重大项目以及牵涉相当数量群众切身利益的重大改革出台之前,都须进行分析预测,对可能出现的各种风险作出评估,从源头上预防和减少影响社会稳定的隐患,实现改革、发展、稳定三者的有机统一。①

---

① 丁元竹:《当前我国社会管理创新的主要领域和基本做法》,《马克思主义与现实》2011 年第 5 期。

四、统筹城乡发展,建设社会主义新农村

(一) 把解决"三农"问题列为全党工作"重中之重"

中国共产党历来高度重视农业、农村、农民问题。党的十一届三中全会后,中国从农村开始启动了改革开放进程,经过 20 多年的改革发展,到 2002 年党的十六大召开时,我国农业发展和农村面貌发生了历史性重大变化:

一是农业综合生产能力显著提高,农产品供给实现了由长期短缺到供求基本平衡、丰年有余的历史性转变,大多数主要农产品产量跃居世界首位,人均占有量达到或超过世界平均水平,中国成功解决了 13 亿人口的吃饭问题,多少代仁人志士梦寐以求、为之不懈奋斗的"但愿苍生温饱"的目标得以实现。二是农业科技取得历史性进步,农业装备水平明显提高,农业科技水平与世界先进水平的差距进一步缩小。农业基础研究和高新技术研究发展迅速,航天育种、杂交水稻的研究与利用都达到或接近国际先进水平。三是农业和农村经济结构不断优化,综合素质和竞争实力明显增强,特别是乡镇企业和小城镇的发展,开创了一条有中国特色的农村现代化道路。四是农业和农村经济体制发生重大变革,农业和农村经济市场化进程不断加快。农村合作制、股份合作制、个体私营经济从无到有,从小到大,迅速发展,农民专业合作经济组织、农村专业大户、农村经纪人队伍不断壮大,农村市场主体日益多元化,逐步形成了以城乡农贸市场为基础、以批发市场为中心、以直销配送和超市经营为补充的农产品市场体系。五是农民收入不断增加,长期贫困落后的农村面貌发生实质性变化,农村总体进入小康阶段。

由以上变化决定并伴随这些变化而来的,是我国农村劳动力就业格局和转移动因发生重大变化,加快由种植业向养殖业转移,由农业向非农业流动,由农村向城镇集聚,全国有超过 1/3 的农村劳动力转移到非农产业,大

批农村劳动力跨地区流动并进入城镇经商务工；农民收入增长的主要来源发生重大变化，农民收入由主要来自农业转向农业和非农产业并举，农业收入由主要来自种植业转向种植业和养殖业并举，农民增收由主要靠增加产量、提高价格转向主要靠提高效益、扩大就业，来自非农产业和进城务工的收入成为农民收入增长的主要来源；农村发展对城镇和国民经济的依赖程度发生重大变化，城乡发展的互动性、互补性增强，各种生产要素加速流动，城乡二元经济结构开始有所改变；我国农业与世界农业的关联程度发生重大变化，加入世界贸易组织使我国农业发展更加直接地面临来自国际市场、国外产品和技术的严峻挑战，农产品国际竞争日趋激烈，国际农产品生产的丰歉、价格的高低、品种的多少、质量的优劣，直接影响和冲击着国内的生产和市场；农业和农村发展的内涵发生重大变化，不仅要保持数量增长，而且要注重改善结构、提高质量；不仅要开发利用资源，而且要重视保护资源和生态环境；不仅要繁荣经济，而且要加快社会事业发展。

党的十六大以后，适应我国农业和农村经济发展进入新阶段的新情况，以胡锦涛为总书记的党中央继续高度重视"三农"问题，在大力推进农业和农村经济结构的战略性调整、千方百计增加农民收入的同时，进一步明确提出要把解决好"三农"问题作为全党工作的"重中之重"，努力开创"三农"工作新局面。

党的十六大闭幕后不到两个月，2003年1月7日至8日，中共中央召开农村工作会议。会议在全面分析国际政治经济环境和我国改革发展稳定形势的基础上，研究部署了今后一个时期的农业、农村和农民工作。胡锦涛在会议上发表讲话，郑重强调："为了实现十六大提出的全面建设小康社会的宏伟目标，必须统筹城乡经济社会发展，更多地关注农村，关心农民，支持农业，把解决好农业、农村和农民问题作为全党工作的重中之重，放在更加突出的位置，努力开创农业和农村工作的新局面。"①2004年3月，十届全国

人大二次会议通过的《政府工作报告》又提出,解决农业、农村和农民问题,是政府全部工作的"重中之重",强调要"采取更直接、更有力的政策措施,加强农业,支持农业,保护农业,努力增加农民收入"①。从此,"重中之重"成为党指导"三农"工作的最重要的关键词,成为推进"三农"实现跨越性发展的重大战略思想。

按照"重中之重"的基本要求,从 2003 年起,党中央、国务院从政策和制度的创新上就做好"三农"工作提出了一系列大政方针,进一步加大对"三农"的支持和保护力度,从而逐步确立了党在农业农村发展新阶段关于解决"三农"问题新的政策框架。2003 年 1 月 16 日,中共中央、国务院发布《关于做好农业和农村工作的意见》。《意见》针对我国农村实际,就做好当前农业和农村工作提出了十九项具体要求,包括:加快农业区域布局调整,建设优势农产品产业带;建立健全统一、权威的农产品质量标准体系和检验检测体系,全面实施"无公害食品行动计划";扶持龙头企业,推进农业产业化经营;改革农业科技推广体制,加快农业科技成果转化;加强农村市场建设,发展现代流通方式;扩大优势农产品出口;加强对农民进城务工就业的服务和管理,维护农民工的合法权益;加快调整和改革,提高乡镇企业发展水平;突出重点,完善功能,加快小城镇发展;扩大退耕还林规模,加强草原生态治理;调整农业投资结构,加大农村中小型基础设施建设力度;切实做好扶贫工作,提高扶贫开发成效;落实农村土地政策,维护农民合法权益;继续推进农村税费改革,切实减轻农民负担;深化粮食购销体制改革,保护主产区和种粮农民利益;加快农村金融体制改革,加强对农业和农村经济的信贷支持;积极发展农产品行业协会和农民专业合作组织,建立健全农业社会化服务体系;加强农村社会事业建设,促进农村全面发展;加强和改善党对农村工作的领导等。

"重中之重"是路标,指引着"三农"的前进方向;"重中之重"是动力,

---

① 温家宝:《政府工作报告——2004 年 3 月 5 日在第十届全国人民代表大会第二次会议上》,《人民日报》2004 年 3 月 17 日。

驱动着"三农"的永续发展。从 2004 年到 2012 年,党中央、国务院连续发出了 9 个关于"三农"问题的一号文件,把农村改革发展推上快车道。

(二) 科学把握"两个趋向",实行"多予、少取、放活"方针

2004 年 9 月 19 日,胡锦涛在中共十六届四中全会上发表讲话指出:"纵观一些工业化国家发展的历程,在工业化初始阶段,农业支持工业、为工业提供积累是带有普遍性的趋向;但在工业化达到相当程度以后,工业反哺农业、城市支持农村,实现工业与农业、城市与农村协调发展,也是带有普遍性的趋向。"我们"要在国家总体实力不断增强的基础上,在深入挖掘农业和农村发展潜力的同时,不断加大对农业发展的支持力度,发挥城市对农村的辐射和带动作用,发挥工业对农业的支持和反哺作用,走城乡互动、工农互促的协调发展道路"。① 这个讲话第一次明确提出并阐述了"两个趋向"的论断。

2004 年底召开的中央经济工作会议再次强调:"我国现在总体上已到了以工促农、以城带乡的发展阶段。我们应当顺应这一趋势,更加自觉地调整国民收入分配格局,更加积极地支持'三农'发展。"②

从"两个趋向"的认识和要求出发,党的十六大以后,以胡锦涛为总书记的党中央进一步贯彻落实"多予、少取、放活"的基本方针,大力推进农村税费改革,使"两个趋向"论断和"工业反哺农业、城市支持农村"要求得到切实体现。

"多予、少取、放活"方针,最早是在 1998 年 10 月中共十五届三中全会通过的《中共中央关于农业和农村工作若干重大问题的决定》中提出的。《决定》指出:"坚持多予少取,让农民得到更多的实惠。"2002 年 1 月召开的中央农村工作会议进一步提出,新阶段增加农民收入"总的指导思想是

① 胡锦涛:《做好当前党和国家的各项工作》,《十六大以来重要文献选编》(中),中央文献出版社 2006 年版,第 311 页。

② 《中央经济工作会议在北京召开》,《人民日报》2004 年 12 月 6 日。

'多予,少取,放活'。多予,就是要增加对农业和农村的投入,加快农村基础设施建设,扩大退耕还林规模,直接增加农民收入。少取,就是要推进农村税费改革,切实减轻农民负担,让农民休养生息。放活,就是要认真落实党在农村的各项政策,把农民群众的积极性、主动性、创造性充分发挥出来,进一步活跃农村经济,拓宽农民增收渠道"。① 2002 年 9 月,中共中央办公厅、国务院办公厅召开的全国减轻农民负担工作电视电话会议,再次强调"多予、少取、放活"的方针。

实行"多予、少取、放活"的方针,是解决新阶段我国农业和农村经济发展中出现的新情况新问题的必然之举。作为坚持"多予、少取、放活"方针的具体实践,党的十六大以后,农村税费改革深入推进,各项支农惠农政策密集出台,有力地促进了农民增收、农业发展和农村繁荣。在农村税费改革扩大试点取得显著成效的基础上,2003 年 3 月 27 日,国务院发布《关于全面推进农村税费改革试点工作的意见》,提出 2003 年农村税费改革试点工作的总体要求是:总结经验,完善政策;全面推进,分类指导;巩固改革成果,防止负担反弹。同年 4 月 4 日召开的全国农村税费改革试点工作电视电话会议强调:进一步减轻粮食主产区和种地农民的负担,是农村税费改革的一个基本政策取向;取消农业特产税,是推进农村税费改革的一项重要措施;深化农村税费改革,目的是为了减轻农民负担,促进农民增收,两者相辅相成。2004 年初,中共中央印发党的十六大后第一个关于"三农"问题的中央一号文件《关于促进农民增加收入若干政策的意见》。《意见》提出当前和今后一个时期做好农民增收工作的总体要求是:"坚持'多予、少取、放活'的方针,调整农业结构,扩大农民就业,加快科技进步,深化农村改革,增加农业投入,强化对农业支持保护,力争实现农民收入较快增长,尽快扭转城乡居民收入差距不断扩大的趋势。"②围绕促进农民增收这个主题,《意见》提出了 9 个方面 22 条促进农民增收的政策措施。《意见》还提出了对种粮

---

① 《中央农村工作会议在京召开》,《人民日报》2002 年 1 月 8 日。
② 《十六大以来重要文献选编》(上),中央文献出版社 2005 年版,第 672 页。

农民实行直接补贴、良种补贴和大型农机具购置补贴三项政策（"三补贴"）；推行坚决保护耕地、加大农业投入、严格控制农资价格和实行粮食最低收购价等有利于"三农"发展的四项保障措施（"四保障"）。2004 年 3 月，温家宝在十届全人大第二次会议上作的《政府工作报告》中宣布"五年内取消农业税"①，并率先在黑龙江、吉林两省进行免征农业税试点，其他省份进行了降低农业税税率试点，其中北京、天津、上海、浙江、福建、西藏 6 个省份自主决定免征了农业税。

2005 年 1 月，中共中央印发一号文件《关于进一步加强农村工作提高农业综合生产能力若干政策的意见》，重申了"多予、少取、放活"方针，强调要"稳定、完善和强化各项支农政策"，"两减免、三补贴"等"行之有效的政策不能改变，给农民的实惠不能减少"。② 2005 年 3 月十届全国人大三次会议通过的《政府工作报告》进一步提出：加快减免农业税步伐，"原定 5 年取消农业税的目标，3 年就可以实现"，2006 年"在全国全部免征农业税"③。2005 年 12 月 29 日，十届全国人大常委会第十九次会议决定，自 2006 年 1 月 1 日起废止 1958 年 6 月 3 日通过的《中华人民共和国农业税条例》。同日，国家主席胡锦涛发布第四十六号主席令，公布了这一决定。至此，在中国具有二千六百多年历史的农业税正式退出历史舞台，农村税费改革完成了阶段性任务。

在全国范围推开、历时 6 年（2000 年到 2005 年）的农村税费改革取得了显著成效。据统计，2006 年全面取消农业税后，与改革前的 1999 年相比，全国农民一年减轻负担约 1250 亿元，人均减负 140 元。通过农村税费改革，实现了对农民的"少取"甚至不取。全面取消农业税以后，党中央、国务院进一步提出，对"三农"工作将继续坚持"多予、少取、放活"的方针，"特

---

① 温家宝：《政府工作报告——2004 年 3 月 5 日在第十届全国人民代表大会第二次会议上》，《人民日报》2004 年 3 月 17 日。

② 《十六大以来重要文献选编》（中），中央文献出版社 2006 年版，第 518 页。

③ 温家宝：《政府工作报告——2005 年 3 月 5 日在第十届全国人民代表大会第三次会议上》，《人民日报》2005 年 3 月 15 日。

别要在'多予'上采取更多措施,增加农民收入"①。"十一五"时期(2006—2010年),中央财政"三农"投入累计近3万亿元,年均增幅超过23%。②

(三) 统筹城乡发展,建设社会主义新农村

党的十六大报告指出:"统筹城乡经济社会发展,建设现代农业,发展农村经济,增加农民收入,是全面建设小康社会的重大任务。"这是关于"统筹城乡发展"的最早论述。党的十六届三中全会提出了"坚持以人为本,树立全面协调可持续发展的科学发展观"和"五个统筹"的要求,"统筹城乡发展"成为科学发展观的重要组成部分并摆在"五个统筹"之首的位置。2005年中央一号文件进一步提出"坚持统筹城乡发展的方略"。2005年10月,党的十六届五中全会提出:"积极推进城乡统筹发展。建设社会主义新农村是我国现代化进程中的重大历史任务。要按照生产发展、生活宽裕、乡风文明、村容整洁、管理民主的要求,坚持从各地实际出发,尊重农民意愿,扎实稳步推进新农村建设。"这是关于"建设社会主义新农村"的最早论述。统筹城乡经济社会发展,建设社会主义新农村,是以胡锦涛为总书记的党中央在新世纪新阶段为进一步解决"三农"问题,加快国家现代化而提出的一项基本方略和重大历史任务,是新时期"三农"工作任务的集成和拓展,是党和政府支农惠农政策的延续和强化。

2005年12月29日,中央农村工作会议召开。会议重点研究部署了"十一五"期间推进社会主义新农村建设和2006年的农业农村工作。会议指出,建设社会主义新农村,必须认真贯彻党在农村的一系列方针政策,坚持农村的基本经济制度,坚持"多予、少取、放活",特别是要在"多予"上下功夫,真正实行"工业反哺农业、城市支持农村"的方针,全面推进农村的发

---

① 温家宝:《政府工作报告——2006年3月5日在第十届全国人民代表大会第四次会议上》,《人民日报》2006年3月16日。

② 谢旭人:《功在当代,利在千秋——纪念农村税费改革十周年》,《求是》2011年第4期。

展,使农业生产力水平有一个较大的提高,使广大农民的生活有比较明显的改善,使农村基础设施建设得到切实加强,使农村各项社会事业全面发展,使农村基层民主建设继续推进。会议根据我国农业和农村工作的实际,强调"十一五"时期推进社会主义新农村建设应重点抓好六项工作:一是把国家建设资金的投入更多地转向农村,切实加强农村基础设施建设;二是围绕巩固农村税费改革成果,推进农村综合改革;三是稳步发展粮食生产,保障国家粮食安全;四是坚持农村土地基本经营制度和严格控制建设占地,确保农业发展和农村稳定;五是引导农民有序进城务工,公平对待农民工及发展县域经济、促进农村劳动力就近转移;六是增加对农村教育、卫生等社会事业投入,从多方面加强农村公共服务。

为了从党和国家工作全局上部署和推进社会主义新农村建设,2006年1月,中共中央发布了题为《关于推进社会主义新农村建设的若干意见》的中央一号文件。《意见》依据我国总体上进入"以工促农、以城带乡"发展阶段的新情况,明确提出了"十一五"时期推进社会主义新农村建设的总体要求和重大方针政策。《意见》提出:扎实推进社会主义新农村建设,必须高举邓小平理论和"三个代表"重要思想伟大旗帜,全面贯彻落实科学发展观,统筹城乡经济社会发展,实行工业反哺农业、城市支持农村和"多予、少取、放活"的方针,按照生产发展、生活宽裕、乡风文明、村容整洁、管理民主的要求,协调推进农村经济建设、政治建设、文化建设、社会建设和党的建设。《意见》强调:"推进新农村建设是一项长期而繁重的历史任务,必须坚持以发展农村经济为中心,进一步解放和发展农村生产力,促进粮食稳定发展、农民持续增收;必须坚持农村基本经营制度,尊重农民的主体地位,不断创新农村体制机制;必须坚持以人为本,着力解决农民生产生活中最迫切的实际问题,切实让农民得到实惠;必须坚持科学规划,实行因地制宜、分类指导,有计划有步骤有重点地逐步推进;必须坚持发挥各方面积极性,依靠农民辛勤劳动、国家扶持和社会力量的广泛参与,使新农村建设成为全党全社会的共同行动。在推进新农村建设工作中,要注重实效,不搞形式主义;要量力而行,不盲目攀比;要民主商议,不强迫命令;要突出特色,不强求一律;要引导扶持,不包办代替。"①《意见》是新阶段加强"三农"工作、指导社会主义新农村建设的纲领性文件。

建设社会主义新农村,根本动力是进一步深化农村改革。从 1978 年到 2006 年,我国农村改革总体上迈出了两大步:第一步,实行以家庭承包经营为核心的农村经营体制改革。主要是实行以土地家庭承包经营为基础、统分结合的双层经营体制,使农民获得了生产经营自主权;开展土地二轮承包、承包期延长 30 年不变和颁布施行土地承包法,使农民获得了长期而有保障的土地承包和依法流转权;推进农产品流通体制改革,废除统派购制度,放开包括粮食在内的农产品市场和价格,使农民获得了产品处置权;发展乡镇企业和小城镇,清理取消对农民外出务工的歧视性规定和不合理限制,使农民获得了自由择业权;建立村民自治制度,实行村务公开,使农民获得了村级公共事务的民主决策权。这一步改革,主要是按照建立社会主义市场经济体制的改革方向,再造农村市场经济的微观基础,使农户成为独立的市场主体。第二步,实行以农村税费改革为核心的国民收入分配关系改革。主要是减免直至最终取消农业税,使农民负担大为减轻;与此同时,实行对种粮农民直接补贴、良种补贴、农机具购置补贴、农资综合补贴以及退耕还林补贴,使农民得到了国家财政的直接支持。这两项重大措施,贯彻了国家对农民"多予"、"少取"的方针,体现了统筹城乡发展和工业反哺农业、城市支持农村的方向。这步改革不仅减轻了农民负担,而且改善了农村基层干部同农民群众的关系。以上两步改革极大地解放了农村生产力,使我国农业农村发展取得了举世瞩目的成就。但是,也要看到,在近 30 年的农村改革中,农村上层建筑方面的改革一直相对滞后,与经济基础不相适应的矛盾越来越突出,主要有两个问题:一是基层行政管理体制不适应农村生产力发展的要求;二是农村公共产品供给体制不适应保障公共服务的要求。

---

① 《中共中央国务院关于推进社会主义新农村建设的若干意见》,《人民日报》2006 年 2 月 22 日。

为了巩固发展农村税费改革的成果,摆脱农村税费"加重—减轻—再加重"的恶性循环,必须在中国农村不失时机地实施第三步改革——即以促进农村上层建筑变革为核心,以推进乡镇机构改革、农村义务教育改革和县乡财政管理体制改革为主要内容的农村综合改革,通过完善乡村治理机制,使农村上层建筑更加适应生产力发展的需要,以从根本上消除农民负担反弹的隐患,为社会主义新农村建设提供体制保障。

对于农村综合改革的探索,最早始于20世纪90年代初。1990年11月,国务院批准湖南省怀化地区为全国农村综合改革试验区。1991年初,河南省委、省政府批准创办商丘地区农村综合改革试验区。1992年11月,国务院批准福建宁德地区为开放促开发全国农村综合改革试验区。这些"农村综合改革试验区"试验的内容各不相同,收效也不一样。以促进农村上层建筑变革为核心的农村综合改革,是2005年明确提出来的。2005年6月,全国农村税费改革试点工作会议首次提出:要积极稳妥地推进以乡镇机构、农村义务教育和县乡财政体制为主要内容的农村综合改革试点。随后,安徽省于同年8月在芜湖召开农村综合改革试点工作会议,决定在全省18个县开展农村综合改革试点,主要内容是:转变乡镇政府职能,建立农村基层管理新机制,建立农村公共产品供给新机制,建立"三农"社会化服务体系,改进农村工作考核评价办法。这次农村综合改革试点是继农村税费改革后,安徽在全国又一次率先进行的深层次改革。2005年12月,中央经济工作会议进一步提出:"要全面推进农村综合改革,全面取消农业税,着力推进乡镇机构、农村义务教育和县乡财政体制改革,巩固农村税费改革成果。"①

为了推动和统一部署农村综合改革,2006年9月1日至2日,国务院在北京召开全国农村综合改革工作会议。会议强调,农村综合改革不仅涉及经济领域的改革,而且涉及政治、社会、文化等领域的改革,是一次重大的

---

① 《中央经济工作会议在北京召开》,《人民日报》2005年12月2日。

制度创新和社会变革。农村综合改革的目标是,按照巩固农村税费改革成果和完善社会主义市场经济体制的要求,推进乡镇机构、农村义务教育和县乡财政管理体制改革,建立精干高效的农村行政管理体制和运行机制、覆盖城乡的公共财政制度、政府保障的农村义务教育体制,促进农民减负增收和农村公益事业发展,全面推进社会主义新农村建设。农村综合改革要在试点基础上全面推进,有条件的地方要在全省范围内开展试点,暂不具备条件的省份要进一步扩大市、县试点范围,力争 5 年或更长一点的时间基本完成乡镇机构、农村义务教育和县乡财政管理体制这三项改革任务。会议提出,推进乡镇机构改革,要以转变政府职能为重点,坚持政企分开,精简机构人员,提高行政效率,建立行为规范、运转协调、公正透明、廉洁高效的基层行政体制和运行机制;推进农村义务教育改革,要以落实教育经费保障机制为重点,通过改革保障办学经费,提高教育质量,促进教育公平,加快农村义务教育发展,实现让每一个农村孩子都有学上、都能上得起学的目标;推进县乡财政管理体制改革,要以增强基层财政保障能力为重点,在城乡之间逐步实现公平分配财政支出,解决县乡财政困难、保证基层运转,财政新增教育、卫生、文化等事业经费主要用于农村,国家基本建设资金增量主要用于农村,政府征用土地收益用于农村的比例要有明显增加。① 按照以上要求实施的农村综合改革,促进了农村行政管理体制和县乡财政管理体制的不断完善,也推进了农村义务教育改革、集体林权制度改革以及农村公益事业建设新机制的健全。

建设社会主义新农村,必须把发展现代农业作为首要任务。2007 年初中共中央发布的一号文件《关于积极发展现代农业扎实推进社会主义新农村建设的若干意见》重点就发展现代农业作出部署,强调"发展现代农业是社会主义新农村建设的首要任务","要用现代物质条件装备农业,用现代科学技术改造农业,用现代产业体系提升农业,用现代经营形式推进农业,

---

① 温家宝:《不失时机推进农村综合改革,为社会主义新农村建设提供体制保障》,《求是》2006 年第 18 期。

用现代发展理念引领农业,用培养新型农民发展农业,提高农业水利化、机械化和信息化水平,提高土地产出率、资源利用率和农业劳动生产率,提高农业素质、效益和竞争力。"①党的十七大报告进一步提出:"要加强农业基础地位,走中国特色农业现代化道路,建立以工促农、以城带乡长效机制,形成城乡经济社会发展一体化新格局。坚持把发展现代农业、繁荣农村经济作为首要任务"。② 2007 年 6 月 7 日,经国务院同意,国家发展改革委员会下发了《关于批准重庆市和成都市设立全国统筹城乡综合配套改革试验区的通知》。《通知》要求重庆市和成都市从实际出发,根据统筹城乡综合配套改革试验的要求,全面推进各个领域的体制改革,并在重点领域和关键环节率先突破,尽快形成统筹城乡发展的体制机制,促进两市城乡经济社会协调发展,为推动全国深化改革,实现科学发展与和谐发展,发挥示范和带动作用。实施综合配套改革以来,成都市大刀阔斧破除城乡二元体制,通过推进城乡规划一体化、城乡产业发展一体化、城乡市场体制一体化、城乡基础设施一体化、城乡公共服务一体化、城乡管理体制一体化等"六个一体化",全方位构建城乡同发展共繁荣的新型城乡关系,促进城乡经济社会协调发展。重庆市在统筹城乡发展过程中,着力构建产业联动、就业转移、卫生共享、扶贫开发等有利于城乡协调发展的新机制,促进城市优质服务资源下乡,引导城市产业链向欠发达区域延伸;为确保公共财政向农村倾斜,重庆市规定,市级财政新增教育、卫生、文化等事业经费和固定资产投资增量的70%以上用于农村,并采取多项措施推进农村富余劳动力向城市转移,包括放宽城乡户口迁移限制,鼓励有条件的农民工转入城镇定居;为加快城乡统筹,重庆市还在农村土地流转等重点领域和关键环节进行了尝试,在确保农地性质不改变、耕地面积和粮食产量不减少的前提下,实行土地所有权、承

---

　　① 《中共中央国务院关于积极发展现代农业,扎实推进社会主义新农村建设的若干意见》,《人民日报》2007 年 1 月 30 日。

　　② 胡锦涛:《高举中国特色社会主义伟大旗帜,为夺取全面建设小康社会新胜利而奋斗》,《人民日报》2007 年 10 月 25 日。

包权和土地使用权分离,鼓励农民在承包土地时,采取转包、转让、出租、互换、入股等多种形式进行土地流转,放活土地使用权,提升土地规模经营水平,促进粮食增产、农业增效和农民增收。

2008 年是中国实行改革开放 30 周年。2008 年初发布的中央一号文件《关于切实加强农业基础建设进一步促进农业发展农民增收的若干意见》重点就加强农业基础建设作出安排,强调"在经济社会发展新阶段,农业的多种功能日益凸现,农业的基础作用日益彰显",要"按照形成城乡经济社会发展一体化新格局的要求,突出加强农业基础建设,积极促进农业稳定发展、农民持续增收,努力保障主要农产品基本供给,切实解决农村民生问题,扎实推进社会主义新农村建设"。① 同年 10 月党的十七届三中全会召开,全会审议通过的《中共中央关于推进农村改革发展若干重大问题的决定》,在深刻总结 30 年农村改革发展的伟大实践和基本经验的基础上,深入分析了农村改革发展面临的现实矛盾和问题,明确提出了新形势下推进农村改革发展的指导思想、目标任务、重大原则,并从加强农村制度建设、积极发展现代农业、加快发展农村公共事业三个方面部署了推进农村改革发展的主要任务,为下一步农村改革发展和新农村建设指明了前进方向。

围绕"三农"发展和社会主义新农村建设这个主题,从 2009 年到 2012 年,中共中央又先后发布了 4 个一号文件:2009 年一号文件的主题是"促进农业稳定发展农民持续增收";2010 年一号文件的主题是"加大统筹城乡发展力度,进一步夯实农业农村发展基础";2011 年一号文件的主题是"加快水利改革发展,努力走出一条中国特色水利现代化道路",2011 年 2 月 26 日国务院办公厅还下发了关于积极稳妥推进户籍管理制度改革的通知,对城乡户籍管理制度作出调整,同时明确提出要"依法保障农民土地权益"、"着力解决农民工实际问题",农民的宅基地使用权和土地承包经营权受法律保护,要下大力气解决农民工在劳动报酬、子女上学、技能培训、公共卫

---

① 《中共中央国务院关于切实加强农业基础建设进一步促进农业发展农民增收的若干意见》,《人民日报》2008 年 1 月 31 日。

生、住房租购、社会保障、职业安全卫生等方面的突出问题,逐步实现城乡基本公共服务均等化,"今后出台有关就业、义务教育、技能培训等政策措施,不要与户口性质挂钩"①。2012年一号文件的主题是"加快推进农业科技创新持续增强农产品供给保障能力"。

在党中央、国务院强农惠农各项大政方针的持续推动下,党的十六大以来的10年,我国"三农"发展取得了历史性成就,社会主义新农村建设扎实推进,城乡经济社会发展一体化新格局加快形成。2011年,全国粮食总产量达到11424亿斤,实现了自2004年以来粮食8年连续增产。棉花、油料、糖料生产稳定发展。肉蛋奶、水产品、蔬菜等"菜篮子"产品供应充足,品种丰富。农民人均收入连续迈上3000元、4000元、5000元三个台阶,"十一五"时期年均增长8%以上。

五、东西联动:实施区域协同发展总体战略

(一)把深入推进西部大开发放在区域发展总战略优先位置

促进区域协调发展,是我国国民经济和社会发展整体战略的重要组成部分。针对改革开放以来区域发展出现的新情况新问题,党的十六大以来,以胡锦涛为总书记的党中央,以科学发展观为指导,坚持深入推进西部大开发、振兴东北地区等老工业基地、促进中部地区崛起、支持东部地区率先发展的区域发展总体战略,推动我国国民经济和社会发展形成东中西互动、优势互补、相互促进、共同发展的战略新格局,有力地促进了区域协调和平衡发展。

实施西部大开发战略,是以江泽民为核心的党中央根据邓小平"两个大局"设想于1999年作出的重大战略决策。到2002年,西部大开发取得重

---

① 《国务院办公厅关于积极稳妥推进户籍管理制度改革的通知》,《人民日报》2012年2月24日。

要进展。但是,由于自然、历史、社会等原因,西部地区经济发展仍相对落后,特别是交通、水利、能源、通信等基础设施薄弱,生态环境总体恶化,水资源短缺矛盾尖锐,教育、卫生、文化等社会事业滞后,人才不足和流失现象严重,外资和社会资金进入西部地区增长缓慢,经济发展的体制性障碍突出,自我发展能力不足等,都严重阻碍西部地区的发展进步。从统筹区域协调发展的战略要求出发,西部大开发亟须进一步加大力度,开创新的局面。

2002 年党的十六大报告提出:"实施西部大开发战略,关系全国发展的大局,关系民族团结和边疆稳定。要打好基础,扎实推进,重点抓好基础设施和生态环境建设,争取 10 年内取得突破性进展。"①党的十六大以后,以胡锦涛为总书记的党中央把深入推进西部大开发放在区域发展总体战略的优先位置,给予高度重视。2003 年 5 月,胡锦涛到青海省的西宁、海北、海南、格尔木等地考察,实地了解西部大开发战略的实施情况。2003 年 10 月,党的十六届三中全会要求:"加强对区域发展的协调和指导,积极推进西部大开发"②。2003 年 12 月 29 日,温家宝主持召开国务院西部地区开发领导小组第二次全体会议,提出要坚定不移地贯彻落实党中央、国务院关于实施西部大开发的战略部署、方针政策和重点任务,坚持不懈地把西部大开发扎实推向前进。2004 年 3 月十届全国人大二次会议通过的《政府工作报告》强调:"继续实施西部大开发战略,认总结经验,完善政策,落实各项措施,积极有序地推进。"③2004 年 4 月,胡锦涛在陕西考察时,进一步明确表示:"中央将继续坚定不移地推动西部大开发战略的实施,国家对西部大开发的扶持政策不会改变,支持力度不会减弱"④。

---

① 江泽民:《全面建设小康社会,开创中国特色社会主义事业新局面——在中国共产党第十六次全国代表大会上的报告》,《人民日报》2002 年 11 月 17 日。

② 《十六大以来重要文献选编》(上),中央文献出版社 2005 年版,第 471 页。

③ 温家宝:《政府工作报告——2004 年 3 月 5 日在第十届全国人民代表大会第二次会议上》,《人民日报》2004 年 3 月 17 日。

④ 《把政策交给群众把措施落到实处,扎扎实实促进粮食增产农民增收》,《人民日报》2004 年 4 月 14 日。

2004 年 3 月,国务院发布《关于进一步推进西部大开发的若干意见》。《意见》在深入阐述实施西部大开发战略重大战略意义的基础上,明确了进一步推进西部大开发应抓好的 10 项重点工作:扎实推进生态建设和环境保护,以统筹实现生态改善、农民增收和地区经济发展为目标,认真搞好退耕还林、退牧还草、天然林保护、京津风沙源治理和已垦草原退耕还草等生态建设工程;继续加快交通运输、综合能源、信息网络等基础设施重点工程建设,为西部地区加快发展打好基础;进一步加强农业和农村基础设施建设,加快改善农民生产生活条件;大力调整产业结构,积极发展有特色的优势产业;积极推进重点地带开发,加快培育区域经济增长极;大力加强科技教育卫生文化等社会事业,促进经济和社会协调发展;深化经济体制改革,为西部地区发展创造良好环境;拓宽资金渠道,为西部大开发提供资金保障;加强西部地区人才队伍建设,为西部大开发提供有力的人才保障;加快法制建设步伐,加强对西部开发工作的组织领导。为了落实《意见》关于退耕还林要与基本农田建设、农村能源建设、生态移民、后续产业发展、封山禁牧舍饲 5 个方面的配套保障措施结合起来的要求,2005 年 4 月,国务院办公厅下发《关于切实搞好“五个结合”,进一步巩固退耕还林成果的通知》,确定了巩固退耕还林成果的 6 项重点任务和政策措施。

党的十六届五中全会关于制定“十一五”规划的建议以及十届全国人大四次会议批准的“十一五”规划,都对“推进西部大开发”作出部署。2006 年底,在《“十五”西部开发总体规划》基本完成之际,国务院常务会议审议并原则通过了《西部大开发“十一五”规划》,确定“十一五”西部大开发的重点工作是:扎实推进社会主义新农村建设,提高农业综合能力,改善农村生产生活条件,加大扶贫开发力度,千方百计增加农牧民收入;继续加强基础设施建设,完善综合交通运输网络,加强水利设施建设,改善重点区域基础设施;大力发展特色优势产业,促进资源优势转化为产业优势和经济优势;引导重点区域加快发展,加快培育和形成区域经济增长极,带动周边地区发展;坚持抓好生态保护和建设、环境保护和资源节约,巩固发展退耕还林、退牧还草成果,强化资源节约和综合利用,加大环境保护力度,推进主体功能区建设;着力改善基本公共服务,加强教育、卫生、科技、文化体育事业,健全就业服务体系和社会保障体系,解决好关系人民群众切身利益的实际问题;切实加强人才队伍建设,完善和创新人才开发机制,大力培养实用技能人才,进一步缓解西部人才流失趋势;积极扩大对内对外开放,加强与毗邻国家的经济技术交流与合作,大力发展与周边国家的贸易和边境贸易;建立健全西部大开发的保障机制,增加支持西部大开发的投入。

实施西部大开发是一项长期艰巨的历史任务,需要因地制宜,进行持续不懈的努力。广西北部湾经济区是国家《西部大开发"十一五"规划》中确定的西部大开发三大重点经济区之一。2006年3月,广西北部湾经济区成立。2008年1月,国务院批准实施《广西北部湾经济区发展规划》。宁夏是我国西部少数民族自治区之一,也是革命老区和集中连片贫困地区。为了促进宁夏实现又好又快发展,2008年9月,国务院发布《关于进一步促进宁夏经济社会发展的若干意见》。《意见》要求宁夏"以更加开放的思想观念,更加执著的奋斗精神,更加扎实的工作作风,着力转变经济发展方式和开发优势资源,着力加强基础设施建设和保护生态环境,着力改善民生和提高公共服务水平,着力深化改革和发展内陆开放型经济,着力促进民族团结和社会和谐,走出一条符合宁夏实际、有特色的兴区富民发展道路"①。重庆市是中西部地区唯一的直辖市,是全国统筹城乡综合配套改革试验区,在促进区域协调发展和推进改革开放大局中具有战略地位。为了把重庆市改革发展推向新阶段,2009年1月,国务院发布《关于推进重庆市统筹城乡改革和发展的若干意见》,确定了重庆市统筹城乡改革发展的主要任务。以陕西省西安市为中心的关中—天水经济区是国家《西部大开发"十一五"规划》确定的西部大开发又一重点经济区。2009年6月,国务院发布《关中—天水经济区发展规划》,确定其发展定位是:全国内陆型经济开发开放战略高

---

① 《国务院关于进一步促进宁夏经济社会发展的若干意见》,《宁夏回族自治区人民政府公报》2008年第28期。

地;统筹科技资源改革示范基地;全国先进制造业重要基地;全国现代农业高技术产业基地;彰显华夏文明的历史文化基地。2010 年,关中—天水经济区 GDP 总值达到 6831 亿元,完成城镇固定资产投资 5590 亿元;城镇居民人均可支配收入和农民人均纯收入分别达到 19161 元和 4882 元[①]。

2010 年 5 月 28 日,中央政治局召开会议,会议总结了 10 年来西部大开发取得的巨大成就和存在问题,明确了进一步深入实施西部大开发战略的总体思路和政策措施,提出要"把西部大开发放在区域协调发展总体战略的优先位置","以更大的决心、更强的力度、更有效的举措,从财政、税收、投资、金融、产业、土地、价格、生态建设、人才、帮扶等方面进一步完善扶持政策,进一步加大资金投入,进一步体现项目倾斜"[②]。这是"把实施西部大开发战略放在区域发展总体战略的优先位置"重大政策导向的第一次公开宣示。

2011 年 3 月,十一届全国人大四次会议上通过的国家"十二五"规划纲要进一步规定:"坚持把深入实施西部大开发战略放在区域发展总体战略优先位置,给予特殊政策支持"[③]。"十二五"规划纲要全面部署了"推进新一轮西部大开发"的政策措施:加强基础设施建设,扩大铁路、公路、民航、水运网络,建设一批骨干水利工程和重点水利枢纽,加快推进油气管道和主要输电通道及联网工程;加强生态环境保护,强化地质灾害防治,推进重点生态功能区建设,继续实施重点生态工程,构筑国家生态安全屏障;发挥资源优势,实施以市场为导向的优势资源转化战略,在资源富集地区布局一批资源开发及深加工项目,建设国家重要能源、战略资源接续地和产业集聚区,发展特色农业、旅游等优势产业;大力发展科技教育,增强自我发展能力;支持汶川等灾区发展;坚持以线串点、以点带面,推进重庆、成都、西安区

---

① 《西咸新区总体规划发布,提升为国家战略》,《西安晚报》2011 年 6 月 14 日。

② 《研究深入实施西部大开发战略》,《人民日报》2010 年 5 月 29 日。

③ 《中华人民共和国国民经济和社会发展第十二个五年规划纲要——2011 年 3 月 14 日第十一届全国人民代表大会第四次会议批准》,《人民日报》2011 年 3 月 17 日。

域战略合作,推动呼包鄂榆、广西北部湾、成渝、黔中、滇中、藏中南、关中—天水、兰州—西宁、宁夏沿黄、天山北坡等经济区加快发展,培育新的经济增长极。2012 年 1 月,国务院召开西部地区开发领导小组会议,讨论通过了《西部大开发"十二五"规划》。随着《西部大开发"十二五"规划》的实施,我国西部地区迎来了新一轮开发热潮。

(二) 全面振兴东北等老工业基地,大力促进"中部崛起"

全面振兴东北地区等老工业基地,大力促进中部地区崛起,是以胡锦涛为总书记的党中央继党和国家实施沿海发展战略和西部大开发战略之后,在全面建设小康社会的新形势下,为推动我国区域协调发展而作出的又一重大战略决策。

地处东北地区的辽宁、吉林、黑龙江 3 省曾是新中国工业的摇篮。"一五"期间,全国新建 156 个重点项目,其中 58 个建在东北地区。作为国家重工业和商品粮的基地,东北地区为奠定新中国的工业化基础,形成独立、完整的工业体系和国民经济体系,为改革开放和社会主义现代化建设,做出过历史性重大贡献。但是,随着改革开放的不断深入,特别是自 20 世纪 90 年代以来,东北老工业基地的体制性、结构性矛盾日益显现:国有经济比重偏高,经济发展活力不足,企业设备和技术老化,社会保障和就业压力大,进一步发展面临许多困难和问题,与沿海发达地区的发展差距不断扩大。东北老工业基地拥有丰富的自然资源和较为雄厚的产业基础,是极富后发优势的地区。就国家层面而言,支持东北地区等老工业基地加快调整改造,重振昔日雄风,有利于促进地区经济社会协调发展,有利于推进国有经济结构的战略性调整,有利于维护社会稳定和保障国防安全。为此,党的十六大明确提出要"支持东北地区等老工业基地加快调整和改造"[①]。根据这一决策,党的十六大以后,以胡锦涛为总书记的党中央把加快东北等老工业基地调

---

　　① 《中国共产党第十六次全国代表大会文件汇编》,人民出版社 2002 年版,第 24 页。

整、改造和振兴列入党和国家工作的重要议程,积极谋划东北振兴战略。

2003 年 3 月,十届全国人大一次会议通过的《政府工作报告》强调,要"采取有力措施,支持东北地区等老工业基地加快调整和改造,支持以资源开采为主的城市和地区发展接续产业"①。在深入调研的基础上,2003 年 10 月,中共中央、国务院发布《关于实施东北地区等老工业基地振兴战略的若干意见》。《意见》全面阐述了加快东北地区等老工业基地振兴的重大战略意义、指导思想和基本原则,提出:"经过一段时间坚持不懈的努力,要将老工业基地调整改造、发展成为技术先进、结构合理、功能完善、特色明显、机制灵活、竞争力强的新型产业基地,使之逐步成为我国经济新的重要增长区域。"2003 年 12 月 2 日,国务院成立振兴东北地区等老工业基地领导小组。在党中央、国务院的统一部署和指导下,东北三省经济体制改革创新明显加快,对外开放不断扩大,经济出现了持续快速增长势头。2004—2006 年,东北三省地区生产总值分别达到 1.51 万亿、1.71 万亿和 1.97 万亿元, 3 年 GDP 年平均增速为 12.6%,比实施振兴战略前 3 年(2001—2003 年)的增速提高了 2.6 个百分点。固定资产投资高速增长,2003 年,东北三省固定资产投资增速低于全国平均水平 6.9 个百分点。2004 年、2005 年和 2006 年,3 省固定资产投资分别完成 4959 亿、6904 亿和 9383 亿元,同比增长 33.5%、39.3% 和 37.4%,高出全国当年增速 5.9 个、12.1 个和 12.9 个百分点;3 省固定资产投资占全国的比重由 2003 年的 7.6% 提高到 2006 年的 10%,每年递增 0.8 个百分点。2006 年 3 月,"振兴东北地区等老工业基地"被写进了十届全国人大四次会议批准的"十一五"规划纲要。2007 年 8 月,经国务院同意,由国家发展和改革委员会、国务院振兴东北地区等老工业基地领导小组办公室编制的《东北地区振兴规划》公布,《规划》分析了东北地区振兴面临的形势,提出了促进东北地区振兴的一系列重大举措和要达到的基本目标。整个"十一五"期间,东北三省地区生产总值年均增长

---

① 朱镕基:《政府工作报告——2003 年 3 月 5 日在第十届全国人民代表大会第一次会议上》,《人民日报》2003 年 3 月 20 日。

13.4%,全社会固定资产投资增长 32%,社会消费品零售额增长 18.1%,进出口总额增长 16.6%,地方财政一般预算收入增长 22.9%,主要经济指标增速均高于全国和东部地区平均水平,东北地区正在崛起成为全国重要经济增长极,振兴东北战略取得了重要的阶段性成果。2011 年上半年,东北三省经济继续快速发展,3 省实现地区生产总值 18905 亿元,同比增长 13.1%;完成城镇固定资产投资 11131 亿元,同比增长 30.5%。

为了进一步从战略上推进振兴东北地区等老工业基地工作,2012 年 1 月,国务院振兴东北地区等老工业基地领导小组会议讨论通过了《东北振兴"十二五"规划》。《规划》坚持以科学发展为主题,以加快转变经济发展方式为主线,明确了"十二五"时期东北振兴的发展目标和重点任务。《规划》特别强调,在加快东北老工业基地调整改造和推动经济转型过程中,要坚持把科技创新作为有力支撑,提高发展质量和效益;要坚持把保障和改善民生作为根本目的,提高基本公共服务水平;要坚持把改革开放作为强大动力,加快沿海沿边开放。《规划》是"十二五"时期推动东北地区实现全面振兴的重要指导文件。

在扎实推进东北振兴战略的同时,党中央、国务院还作出并实施了促进中部地区崛起的重大决策。中部地区(包括华中地区的河南、湖北、湖南 3 省,华东地区的江西、安徽两省以及华北地区的山西省,共 6 个省)在我国经济社会发展中具有重要地位。2004 年 3 月和 9 月,"促进中部地区崛起"分别写进了十届全国人大二次会议通过的政府工作报告和党的十六届四中全会决定中,成为党和国家的一项重大决策。在此同时,国务院有关部门和相关地方做了大量调查研究和准备工作,研究提出了促进中部崛起的一些政策建议。2005 年 3 月,温家宝在十届全国人大三次会议上作的《政府工作报告》中进一步提出,要"抓紧研究制定促进中部地区崛起的规划和措施"①。这次会议后不久,围绕"促进中部地区崛起"这个重大课题,一系列调研活动再次展开。

---

① 温家宝:《政府工作报告——2005 年 3 月 5 日在第十届全国人民代表大会第三次会议上》,《人民日报》2005 年 3 月 15 日。

在深入调研和充分准备的基础上,2006年4月15日,中共中央、国务院发布《关于促进中部地区崛起的若干意见》,全面阐述了促进中部地区崛起的总体要求、基本原则、工作重点和政策措施。促进中部地区崛起的总体要求是:以邓小平理论和"三个代表"重要思想为指导,全面贯彻落实科学发展观,坚持把改革开放和科技进步作为动力,着力增强自主创新能力、提升产业结构、转变增长方式、保护生态环境、促进社会和谐,建设全国重要的粮食生产基地、能源原材料基地、现代装备制造及高技术产业基地和综合交通运输枢纽,在发挥承东启西和产业发展优势中崛起,实现中部地区经济社会全面协调可持续发展,为全面建设小康社会做出新贡献。促进中部地区崛起的基本原则是:坚持深化改革和扩大对内对外开放,推进体制机构创新,发挥市场配置资源的基础性作用;坚持依靠科技进步和自主创新,走新型工业化道路;坚持突出重点,充分发挥比较优势,巩固提高粮食、能源原材料、制造业等优势产业,稳步推进城市群的发展,增强对全国发展的支撑能力,坚持以人为本,统筹兼顾,努力扩大就业,逐步减少贫困人口,提高城乡经济与社会、人与自然和谐发展,坚持立足现有基础,自力更生,国家给予必要的支持,着力增强自我发展能力。2006年5月19日,国务院办公厅下发关于落实中共中央国务院关于促进中部地区崛起若干意见有关政策措施的通知。2007年1月,国务院确定:中部地区26个地级以上城市比照执行振兴东北地区等老工业基地有关政策,243个县(市、区)比照执行西部大开发有关政策。2007年4月10日,国家促进中部地区崛起工作办公室在国家发展和改革委员会挂牌,标志着促进中部地区崛起战略进入了更具操作性的实施阶段。

促进中部地区崛起,要着眼长远,统筹安排。2009年9月,国务院通过由国家发展和改革委员会制定的《促进中部地区崛起规划》。《规划》从解决中部地区经济社会发展中的突出矛盾和实现全面建设小康社会目标入手,对2009—2015年实施促进中部地区崛起战略作出了全面部署,描绘了发展蓝图,明确了重点任务,制定了政策措施。这是继《西部大开发"十一五"规划》和《东北地区振兴规划》之后,国家制定的又一个促进区域协调发展的重大战略规划。

　　鄱阳湖位于长江中下游南岸、江西省北部,是我国最大的淡水湖,也是具有世界影响的重要湿地。2009 年 12 月,为积极探索经济与生态协调发展的新模式,促进江西省鄱阳湖周边地区的发展,国务院批复同意《鄱阳湖生态经济区规划》,这是新中国成立以来江西省第一个上升为国家战略的区域性发展规划。2010 年 1 月,为适应国际国内产业转移新趋势,探索中西部地区大规模承接产业转移的新途径和新模式,国务院正式批复了《皖江城市带承接产业转移示范区规划》,这是全国唯一以产业转移为主题的区域发展规划,为推进安徽省参与泛长三角区域发展分工和加速中部地区崛起点燃了助推器。为引导和支持中部地区以武汉城市圈、中原城市群、长株潭城市群、皖江城市带、环鄱阳湖城市群、太原城市圈六大城市群的发展,2010 年 8 月,国家发展和改革委员会印发《关于促进中部地区城市群发展的指导意见》,对促进中部地区城市群发展的指导思想和基本原则作出规定。为支持河南省加快建设中原经济区,2011 年 9 月,国务院出台《关于支持河南省加快建设中原经济区的指导意见》,明确了中原经济区的战略定位,确定了到 2015 年和 2020 年中原经济区的主要发展目标。上述重大规划的实施,把中部地区崛起战略不断推向深入。

(三) 积极支持东部率先发展,在改革开放中先行先试

　　根据党的十六大以来党和国家对我国区域发展布局的新认识,我国东部地区由北京、天津、河北、山东、江苏、上海、浙江、福建、广东、海南 10 个省市组成。东部地区地处中国大陆东部,地理位置优越,自然条件好。改革开放以来,东部地区依靠自身区位优势、先发优势和国家一系列优惠政策的支持,抓住机遇加速发展,取得了举世瞩目的成就。进入 21 世纪,世界多极化、经济全球化加速推进,综合国力竞争日趋激烈;中国进入了全面建设小康社会的新阶段,发展机遇与挑战并存。在新的形势下,作为中国经济最具活力和发展最快的地区,东部地区责无旁贷地继续承担着对全国经济社会

发展的重要引领和支撑作用,承担着进一步提升我国经济竞争力、率先基本实现现代化的重大使命。

对于东部地区的进一步发展方向,党的十六大以来,党和国家从贯彻落实科学发展观,推进区域协调发展的战略高度,不断作出部署和规划。2002年10月,党的十六大提出:"东部地区要加快产业结构升级,发展现代农业,发展高新技术产业和高附加值加工制造业,进一步发展外向型经济。"①2003年10月,党的十六届三中全会提出要"鼓励东部有条件地区率先基本实现现代化"②。2004年12月,中央经济工作会议提出,促进区域经济协调发展是结构调整的重大任务,"实施西部大开发,振兴东北等老工业基地,促进中部地区崛起,鼓励东部地区率先发展,实现相互促进、共同发展。"③这里,第一次使用了"东部地区率先发展"的表述,并在此后党和国家一系列重要文献中沿用下来。2005年10月,中共十六届五中全会在关于制定"十一五"规划的建议中提出:"鼓励东部地区率先发展","东部地区要努力提高自主创新能力,加快实现结构优化升级和增长方式转变,提高外向型经济水平,增强国际竞争力和可持续发展能力","继续发挥经济特区、上海浦东新区的作用,推进天津滨海新区等条件较好地区的开发开放,带动区域经济发展。"④2006年3月,十届全国人大四次会议审议通过的《政府工作报告》提出:"鼓励东部地区率先发展。着力增强自主创新能力,推进产业结构优化升级,增强国际竞争力和可持续发展能力,更加注重节约利用土地、水、能源等资源和环境保护,实现既快又好发展,在科学发展道路上走在全国前面。"⑤2007年10月,党的十七大提出:"积极支持东部地区率先发

① 《十六大以来重要文献选编》(上),中央文献出版社2005年版,第19页。
② 《十六大以来重要文献选编》(中),中央文献出版社2006年版,第471页。
③ 《中央经济工作会议在北京召开》,《人民日报》2004年12月6日。
④ 《中共中央关于制定国民经济和社会发展第十一个五年规划的建议》,《人民日报》2005年10月19日。
⑤ 温家宝:《政府工作报告——2006年3月5日在第十届全国人民代表大会第四次会议上》,《人民日报》2006年3月16日。

展","更好发挥经济特区、上海浦东新区、天津滨海新区在改革开放和自主创新中的重要作用"①。2010 年 10 月,中共十七届五中全会在关于制定"十二五"规划的建议中提出:"积极支持东部地区率先发展,发挥对全国经济发展的支撑作用,在更高层次参与国际经济合作和竞争,在转变经济发展方式、调整经济结构和自主创新中走在全国前列。""更好发挥经济特区、上海浦东新区、天津滨海新区在改革开放中先行先试的重要作用。"②2011 年 3 月,十一届全国人大四次会议批准的《中华人民共和国国民经济和社会发展第十二个五年规划纲要》对"十二五"时期"支持东部地区率先发展"作出全面规划和部署,并第一次对整个东部地区提出了"在改革开放中先行先试"的明确要求:"发挥东部地区对全国经济发展的重要引领和支撑作用,在更高层次参与国际合作和竞争,在改革开放中先行先试,在转变经济发展方式、调整经济结构和自主创新中走在全国前列。着力提高科技创新能力,加快国家创新型城市和区域创新平台建设。着力培育产业竞争新优势,加快发展战略性新兴产业、现代服务业和先进制造业。着力推进体制机制创新,率先完善社会主义市场经济体制。着力增强可持续发展能力,进一步提高能源、土地、海域等资源利用效率,加大环境污染治理力度,化解资源环境瓶颈制约。推进京津冀、长江三角洲、珠江三角洲地区区域经济一体化发展,打造首都经济圈,重点推进河北沿海地区、江苏沿海地区、浙江舟山群岛新区、海峡西岸经济区、山东半岛蓝色经济区等区域发展,建设海南国际旅游岛。"③

在党中央、国务院的筹划和统一部署下,党的十六大以来,以长江三角洲、珠江三角洲、环渤海京津冀地区等为代表的我国东部地区立足自身优

---

① 胡锦涛:《高举中国特色社会主义伟大旗帜,为夺取全面建设小康社会新胜利而奋斗——在中国共产党第十七次全国代表大会上的报告》,《人民日报》2007 年 10 月 25 日。

② 《中共中央关于制定国民经济和社会发展第十二个五年规划的建议》,《人民日报》2010 年 10 月 28 日。

③ 《中华人民共和国国民经济和社会发展第十二个五年规划纲要》,《人民日报》2011 年 3 月 17 日。

势,不断优化区域发展布局,勇于改革创新,掀起了新一轮率先发展浪潮。

长江三角洲是长江中下游平原的重要组成部分,历史上就是中国农业、手工业和商业较为发达的地区。据 2004 年统计,长江三角洲地区以占全国 1% 的土地面积和 5.8% 的人口,创造了全国 18.7% 的国内生产总值、贡献了全国 22% 的财政收入和 28.4% 出口总额。① 为了促进长江三角洲地区在高起点上进一步加快发展,国家有关部门结合"十一五"规划的制定,自 2004 年起即着手启动长江三角洲地区区域规划的编制工作。2010 年 5 月,历时 6 年的《长江三角洲地区区域规划》最终编制完成并经国务院批准实施。《规划》确定了长江三角洲地区发展的战略定位、发展目标,提出了城镇发展与城乡统筹、产业发展与布局、自主创新与创新型区域建设、基础设施建设与布局、资源利用与生态环境保护、社会事业与公共服务、体制改革与制度创新、对外开放与合作 8 个方面的发展方向和重点任务,并明确了保障规划实施的政策措施。与此同时,2009 年 4 月,国务院发布《关于推进上海加快发展现代服务业和先进制造业建设国际金融中心和国际航运中心的意见》,从国家层面第一次明确了上海"两个中心"建设的总体目标:到 2020 年,基本建成与我国经济实力以及人民币国际地位相适应的国际金融中心;基本建成航运资源高度集聚、航运服务功能健全、航运市场环境优良、现代物流服务高效,具有全球航运资源配置能力的国际航运中心。2009 年 6 月,国务院常务会议原则通过《江苏沿海地区发展规划》,对江苏沿海地区发展的战略定位是:"立足沿海,依托长三角,服务中西部,面向东北亚,建设我国重要的综合交通枢纽,沿海新型的工业基地,重要的后备土地资源开发区,生态环境优美、人民生活富足的宜居区,成为我国东部地区重要的经济增长极和辐射带动能力强的新亚欧大陆桥东方桥头堡。"为了促进浙江海洋经济的发展,2011 年 2 月,国务院正式批复《浙江海洋经济发展示范区规划》,确立了浙江海洋经济发展示范区建设"一个中心、四个示范区"的战

---

① 《2005—2006 年:中国区域经济发展报告》,社会科学文献出版社 2006 年版,第 43 页。

略定位:"一个中心"即我国大宗商品国际物流中心;"四个示范区"即我国海洋海岛开发开放改革示范区、我国现代海洋产业发展示范区、我国海陆协调发展示范区、我国海洋生态文明和清洁能源示范区。2011年6月,国务院正式批准设立浙江舟山群岛新区,舟山成为我国继上海浦东、天津滨海、重庆两江新区后又一个国家级新区。

珠江三角洲位于广东省中南部,从1978年到2008年,珠江三角洲地区发挥"试验田"作用,为探索改革开放和中国特色社会主义发展新路做出了重大贡献。2008年12月,在改革开放30周年之际,为促进珠江三角洲地区增强创新优势,更上一层楼,进一步发挥对全国的辐射带动作用和先行示范作用,国务院批复实施《珠江三角洲地区改革发展规划纲要(2008—2020年)》,要求广东省进一步解放思想、深化改革、扩大开放,继续在改革开放上先行先试,率先实现科学发展、和谐发展,率先基本实现现代化,在促进环珠三角和泛珠三角区域的经济发展、推进粤港澳三地更加紧密合作、保持港澳地区长期繁荣稳定、参与亚太地区区域合作和全球经济竞争等方面进一步发挥辐射带动作用和先进示范作用。深圳是中国最早设立的经济特区之一。为了进一步促进深圳的改革发展,2009年5月,《深圳市综合配套改革总体方案》经国务院批准实施。《总体方案》提出,深圳在综合配套改革中要做到"四个先行先试":一是对国家深化改革、扩大开放的重大举措先行先试;二是对符合国际惯例和通行规则,符合我国未来发展方向,需要试点探索的制度设计先行先试;三是对深圳经济社会发展有重要影响,对全国具有重大示范带动作用的体制创新先行先试;四是对国家加强内地与香港经济合作的重要事项先行先试。通过"先行先试",力争在深化行政管理体制改革、深化经济体制改革、推进社会领域改革、完善自主创新体制机制、创新对外开放和区域合作体制机制、建立资源节约环境友好的体制机制六个重要领域和关键环节取得突破。为了推动珠海经济特区的发展,2009年6月,国务院常务会议原则通过《横琴总体发展规划》,决定将珠海市的横琴岛纳入珠海经济特区范围,把横琴建设成为"一国两制"方针下探索粤港澳合作新模式的示范区、深化改革开放和科技创新的先行区、促进珠江口西岸地区产业升级的新平台。

福建省是泛珠江三角洲区域的一部分。在探索福建发展之路的过程中,福建省委省政府于 2004 年初提出了"建设对外开放、协调发展、全面繁荣的海峡西岸经济区"的战略构想。2006 年 3 月,这一构想写进了十届全国人大四次会议通过的《政府工作报告》和"十一五"规划纲要中。海峡西岸经济区包括福建省全境以及浙江省、广东省和江西省的部分县市,陆域面积约 27 万平方公里,东与台湾地区一水相隔,北承长江三角洲,南接珠江三角洲,在全国区域经济发展布局中处于重要位置,具有对台交往的独特优势。2009 年 5 月,国务院发布《关于支持福建省加快建设海峡西岸经济区的若干意见》。2009 年 7 月,福建省决定建立平潭综合实验区,作为探索两岸交流合作先行先试的示范区和海峡西岸经济区科学发展的先行区。平潭是全国首个面向台湾的两岸交流综合实验区,平潭综合实验区的开放开发,实行两岸同胞"共同规划、共同开发、共同管理、共同经营、共同受益"的两岸合作新模式:按市场化运作方式,划定特定区域由台湾投资者进行开发建设、自主管理;允许台湾规划、工程咨询等企业和执业人员在平潭从事相关业务;赋予更加优惠的海关特殊监管政策,力争实现贸易、投资、人员往来、交通、金融服务、旅游购物、就业生活等便利化。

海南是我国最大的经济特区和唯一的热带岛屿省份。自 1988 年建省办经济特区以来,海南经济社会发展取得显著成就。但由于发展起步晚,基础差,海南经济社会发展整体水平仍然较低,保护生态环境、调整经济结构、推动科学发展的任务十分艰巨。为了充分发挥海南的区位和资源优势,加快海南现代服务业的发展,2009 年 12 月,国务院发布了《关于推进海南国际旅游岛建设发展的若干意见》,决定将建成我国旅游业改革创新的试验区、世界一流的海岛休闲度假旅游目的地、全国生态文明建设示范区、国际经济合作和文化交流的重要平台、南海资源开发和服务基地以及国家热带现代农业基地。2011 年,海南省 GDP 总量 2515. 29 亿元;地方财政收入 340. 09 亿元;固定资产投资 1611. 41 亿元;城镇居民人均可支配收入 18369 元,农村居民人均纯收入 6446 元。①

环渤海京津冀地区是继长江三角洲和珠江三角洲之后中国经济增长的第三大引擎,是我国北方现代化程度较高的城市群和工业密集区,主要包括北京、天津以及河北的石家庄、唐山、承德、张家口、保定、廊坊、秦皇岛、沧州、邯郸、邢台、衡水等城市。其中天津滨海新区和河北曹妃甸工业区的开发建设,是带动区域发展的新的增长极。天津滨海新区包括塘沽区、汉沽区、大港区三个行政区和天津经济技术开发区、天津港保税、天津港区以及东丽区、津南区的部分乡镇,区内有中国北方第一大综合性港口、第一大保税区,有背靠京津两大直辖市和中西部广阔腹地的区位优势。经过十多年的开发建设,天津滨海新区具备了进一步加快发展的条件和基础。2005 年,党中央、国务院从我国经济社会发展全局出发,作出了加快天津滨海新区开发开放的战略决策。此后,党的十六届五中全会、党的十六届六中全会、党的十七大和十届全国人大四次会议、十一届全国人大一次会议都对加快滨海新区开发开放提出了明确要求和期望。2006 年 5 月,《国务院推进天津滨海新区开发开放有关问题的意见》发布,全面阐述了推进天津滨海新区开发开放的重大意义、指导思想、功能定位和主要任务,同时批准天津滨海新区为全国综合配套改革试验区。2008 年 3 月 13 日,国务院批复原则同意《天津滨海新区综合配套改革试验总体方案》,要求用 5 年至 10 年时间,在滨海新区率先基本建成完善的社会主义市场经济体制,推动新区不断提高综合实力、创新能力、服务能力和国际竞争力,使新区在带动天津发展、推进京津冀和环渤海区域经济振兴、促进东中西互动和全国经济协调发展中发挥更大的作用。在滨海新区开发开放的带动下,"十一五"时期,天津经济发展保持强劲势头,2011 年天津市 GDP 总量首次突破 1 万亿元,达

---

① 《政府工作报告》(摘要),《海南日报》2012 年 2 月 10 日。

到 1.1 万亿元；地方财政收入 1455 亿元；外贸进出口总额突破 1000 亿美元；实际利用外资 130 亿美元。①

开发建设河北曹妃甸工业区，是党中央、国务院着眼于调整优化北方地区重化工业生产力布局和产业结构、加快推进环渤海地区经济一体化发展、引领现代工业走循环经济之路作出的又一重大战略决策。曹妃甸位于唐山市南部 70 公里，原系滦南县南部海域一带状小岛，地处渤海湾中心地带。曹妃甸水深岸陡，不淤不冻，是渤海沿岸唯一不需开挖航道和港池即可建设 30 万吨级大型泊位的天然港址。2005 年 10 月，曹妃甸工业区被列为国家首批发展循环经济试点产业园区。2006 年 3 月，曹妃甸被列入国家"十一五"规划全国重点建设工程。2008 年 1 月，《曹妃甸循环经济示范区产业发展总体规划》经国务院批准实施。2009 年 3 月，曹妃甸新区在河北省唐山市成立，下辖曹妃甸工业区、南堡经济开发区、唐海县和曹妃甸国际生态城。2010 年 3 月，总投资 626.7 亿元的 30 个产业项目在曹妃甸工业区集中开工，项目涉及码头建设、钢铁深加工、修造船、机械设备制造、新能源、新材料、光电子等产业和领域，标志着曹妃甸大规模产业聚集时代的到来。到 2010 年 5 月底，通过吹沙造地等办法，曹妃甸已由原来涨潮时不足 4 平方公里的带状小岛扩展成 170 多平方公里的陆地，曹妃甸工业区已累计完成投资 1600 亿元，其中产业项目投资 800 亿元，形成了现代港口物流、钢铁、化工、装备制造、高新技术五大主导产业竞相发展，新能源、新材料、节能环保、光电、电动汽车等新兴产业加快集聚的新格局。② 2011 年 11 月，国务院批复同意《河北沿海地区发展规划》，明确了河北沿海地区发展的战略定位和近远期目标。这是在实施"十二五"规划开局之年，国家进一步贯彻落实区域发展总体战略、支持东部地区率先发展、促进全国区域协调发展的又一重大举措。

---

① 黄兴国：《政府工作报告——2012 年 1 月 9 日在天津市第十五届人民代表大会第五次会议上》，《天津日报》2012 年 1 月 15 日。
② 《"黄金宝地"千帆竞技——推进曹妃甸工业区又好又快发展之产业聚集篇》，《唐山劳动日报》2010 年 6 月 18 日。

第 九 章

改革开放在战胜困难和风险中前行

在中国改革开放即将步入第三十个年头之际,中国共产党召开了第十七次全国代表大会。大会总结了改革开放的伟大历史进程和宝贵经验,深入阐述了科学发展观,对继续推进改革开放和社会主义现代化建设、夺取全面建设小康社会新胜利作出全面部署。党的十七大以后,党带领全国各族人民成功应对来自国际国内、政治经济领域的各种困难和风险考验,大胆推进各领域改革开放,以改革创新精神谋划执政党的自身建设,把中国特色社会主义伟大事业继续推向前进。

一、党的十七大与全面建设小康社会新要求

2007 年 10 月 15 日至 21 日,中国共产党第十七次全国代表大会在北京举行。大会的主题是:高举中国特色社会主义伟大旗帜,以邓小平理论和"三个代表"重要思想为指导,深入贯彻落实科学发展观,继续解放思想,坚持改革开放,推动科学发展,促进社会和谐,为夺取全面建设小康社会新胜利而奋斗。大会审议批准了胡锦涛代表第十六届中央委员会作的题为《高

举中国特色社会主义伟大旗帜　为夺取全面建设小康社会新胜利而奋斗》的报告,选举产生了新一届中央委员会和中央纪律检查委员会,审议通过了《中国共产党章程(修正案)》。

党的十七大在回顾党的十六大以来5年工作的基础上,高屋建瓴地回顾了中国改革开放的伟大历史进程,系统总结了改革开放的巨大成就和宝贵经验。报告指出:改革开放是党在新的时代条件下带领人民进行的新的伟大革命,目的就是要解放和发展社会生产力,实现国家现代化,让中国人民富裕起来,振兴伟大的中华民族;就是要推动我国社会主义制度自我完善和发展,赋予社会主义新的生机活力,建设和发展中国特色社会主义;就是要在引领当代中国发展进步中加强和改进党的建设,保持和发展党的先进性,确保党始终走在时代前列。报告高度评价了改革开放的历史成就和重大意义,指出:1978年以来,中国历史上从未有过的大改革大开放,极大地调动了亿万人民的积极性,使我国成功实现了从高度集中的计划经济体制到充满活力的社会主义市场经济体制、从封闭半封闭到全方位开放的伟大历史转折;我国经济也从一度濒于崩溃边缘发展到总量跃至世界第四、进出口总额位居世界第三,人民生活从温饱不足发展到总体小康,农村贫困人口从两亿五千多万减少到两千多万,政治建设、文化建设、社会建设取得举世瞩目的成就,一个面向现代化、面向世界、面向未来的社会主义中国巍然屹立在世界东方。报告指出:改革开放以来我们取得一切成绩和进步的根本原因,归结起来就是"开辟了中国特色社会主义道路,形成了中国特色社会主义理论体系"[①];在当代中国,坚持中国特色社会主义道路,就是真正坚持社会主义;坚持中国特色社会主义理论体系,就是真正坚持马克思主义。

党的十七大报告的一个突出贡献,是对科学发展观的时代背景、科学内涵、精神实质等作了进一步的深刻阐述,对深入贯彻落实科学发展观提出了明确要求。报告指出:科学发展观,是立足社会主义初级阶段基本国情,总

---

① 胡锦涛:《高举中国特色社会主义伟大旗帜,为夺取全面建设小康社会新胜利而奋斗——在中国共产党第十七次全国代表大会上的报告》,《人民日报》2007年10月25日。

结我国发展实践,借鉴国外发展经验,适应新的发展要求提出来的,它是对党的三代中央领导集体关于发展的重要思想的继承和发展,是马克思主义关于发展的世界观和方法论的集中体现,是同马克思列宁主义、毛泽东思想、邓小平理论和"三个代表"重要思想既一脉相承又与时俱进的科学理论,是我国经济社会发展的重要指导方针,是发展中国特色社会主义必须坚持和贯彻的重大战略思想。科学发展观的第一要义是发展,核心是以人为本,基本要求是全面协调可持续,根本方法是统筹兼顾。深入贯彻落实科学发展观,必须始终坚持党的"一个中心、两个基本点"的基本路线;必须积极构建社会主义和谐社会;必须继续深化改革开放;必须切实加强和改进党的建设。报告要求全党要全面把握科学发展观的科学内涵和精神实质,增强贯彻落实科学发展观的自觉性和坚定性,着力转变不适应不符合科学发展观的思想观念,着力解决影响和制约科学发展的突出问题,把全社会的发展积极性引导到科学发展上来,把科学发展观贯彻落实到经济社会发展各个方面。

党的十七大报告顺应国内外形势的新变化和全国人民过上更好生活的新期待,在党的十六大确立的目标的基础上,提出了实现全面建设小康社会奋斗目标的新要求:一是增强发展的协调性,努力实现经济又好又快发展,在优化结构、提高效益、降低消耗、保护环境的基础上,实现人均国内生产总值到2020年比2000年翻两番;社会主义市场经济体制更加完善;自主创新能力显著提高,科技进步对经济增长的贡献率大幅上升,进入创新型国家行列;居民消费率稳步提高,形成消费、投资、出口协调拉动的增长格局;城乡、区域协调互动发展机制和主体功能区布局基本形成;社会主义新农村建设取得重大进展;城镇人口比重明显增加。二是扩大社会主义民主,更好保障人民权益和社会公平正义。公民政治参与有序扩大;依法治国基本方略深入落实,全社会法制观念进一步增强,法治政府建设取得新成效;基层民主制度更加完善;政府提供基本公共服务能力显著增强。三是加强文化建设,明显提高全民族文明素质。社会主义核心价值体系深入人心,良好思想道德风尚进一步弘扬;覆盖全社会的公共文化服务体系基本建立,文化产业占国民经济比重明显提高、国际竞争力显著增强,适应人民需要的文化产品更加丰富。四是加快发展社会事业,全面改善人民生活。现代国民教育体系更加完善,终身教育体系基本形成,全民受教育程度和创新人才培养水平明显提高;社会就业更加充分;覆盖城乡居民的社会保障体系基本建立,人人享有基本生活保障;合理有序的收入分配格局基本形成,中等收入者占多数,绝对贫困现象基本消除;人人享有基本医疗卫生服务;社会管理体系更加健全。五是建设生态文明,基本形成节约能源资源和保护生态环境的产业结构、增长方式、消费模式。循环经济形成较大规模,可再生能源比重显著上升;主要污染物排放得到有效控制,生态环境质量明显改善;生态文明观念在全社会牢固树立。

从中国特色社会主义总体布局和实现全面建设小康社会奋斗目标的新要求出发,党的十七大对进一步深化改革开放,进一步推进我国经济建设、政治建设、文化建设和社会建设等重大问题作出全面部署。

——促进国民经济又好又快发展。要提高自主创新能力,建设创新型国家,坚持走中国特色自主创新道路,把增强自主创新能力贯彻到现代化建设各个方面,加快建立以企业为主体、市场为导向、产学研相结合的技术创新体系,引导和支持创新要素向企业集聚,促进科技成果向现实生产力转化;要大力推动产业结构优化升级,走中国特色新型工业化道路,坚持扩大国内需求特别是消费需求的方针,促进经济增长由主要依靠投资、出口拉动向依靠消费、投资、出口协调拉动转变,由主要依靠第二产业带动向依靠第一、第二、第三产业协同带动转变,由主要依靠增加物质资源消耗向主要依靠科技进步、劳动者素质提高、管理创新转变;要统筹城乡发展,推进社会主义新农村建设,加强农业基础地位,走中国特色农业现代化道路,建立以工促农、以城带乡长效机制,形成城乡经济社会发展一体化新格局,加大支农惠农政策力度,严格保护耕地,增加农业投入,促进农业科技进步,增强农业综合生产能力,确保国家粮食安全;要加强能源资源节约和生态环境保护,增强可持续发展能力,把建设资源节约型、环境友好型社会放在工业化、现代化发展战略的突出位置;要推动区域协调发展,优化国土开发格局,实施区域发展总体战略,深入推进西部大开发,全面振兴东北地区等老工业基地,大力促进中部地区崛起,积极支持东部地区率先发展;要完善基本经济制度,健全现代市场体系,坚持和完善公有制为主体、多种所有制经济共同发展的基本经济制度,毫不动摇地巩固和发展公有制经济,毫不动摇地鼓励、支持、引导非公有制经济发展,坚持平等保护物权,形成各种所有制经济平等竞争、相互促进新格局;要深化财税、金融等体制改革,完善宏观调控体系,围绕推进基本公共服务均等化和主体功能区建设,完善公共财政体系,健全中央和地方财力与事权相匹配的体制,加快形成统一规范透明的财政转移支付制度;要拓展对外开放广度和深度,提高开放型经济水平,扩大开放领域,优化开放结构,提高开放质量,完善内外联动、互利共赢、安全高效的开放型经济体系,形成经济全球化条件下参与国际经济合作和竞争新优势。

——坚定不移发展社会主义民主政治。人民民主是社会主义的生命。要坚持中国特色社会主义政治发展道路,坚持党的领导、人民当家作主、依法治国有机统一,坚持和完善人民代表大会制度、中国共产党领导的多党合作和政治协商制度、民族区域自治制度以及基层群众自治制度,不断推进社会主义政治制度自我完善和发展。深化政治体制改革,必须坚持正确政治方向,以保证人民当家作主为根本,以增强党和国家活力、调动人民积极性为目标,扩大社会主义民主,建设社会主义法治国家,发展社会主义政治文明。坚持依法治国基本方略,树立社会主义法治理念,实现国家各项工作法治化,保障公民合法权益;坚持社会主义政治制度的特点和优势,推进社会主义民主政治制度化、规范化、程序化,为党和国家长治久安提供政治和法律制度保障。人民当家作主是社会主义民主政治的本质和核心,要健全民主制度,丰富民主形式,拓宽民主渠道,依法实行民主选举、民主决策、民主管理、民主监督,保障人民的知情权、参与权、表达权、监督权。支持人民代表大会依法履行职能,善于使党的主张通过法定程序成为国家意志,逐步实行城乡按相同人口比例选举人大代表。要健全基层党组织领导的充满活力的基层群众自治机制,扩大基层群众自治范围。要坚持科学立法、民主立法,完善中国特色社会主义法律体系,推进依法行政。要贯彻长期共存、互相监督、肝胆相照、荣辱与共的方针,加强同民主党派合作共事,支持民主党派和无党派人士更好履行参政议政、民主监督职能。要抓紧制定行政管理体制改革总体方案,着力转变职能、理顺关系、优化结构、提高效能,形成权责一致、分工合理、决策科学、执行顺畅、监督有力的行政管理体制。要坚持用制度管权、管事、管人,建立健全决策权、执行权、监督权既相互制约又相互协调的权力结构和运行机制。完善各类公开办事制度,提高政府工作透明度和公信力。重点加强对领导干部特别是主要领导干部、人财物管理使用、关键岗位的监督,健全质询、问责、经济责任审计、引咎辞职、罢免等制度。

——推动社会主义文化大发展大繁荣。当今时代,文化越来越成为民族凝聚力和创造力的重要源泉、越来越成为综合国力竞争的重要因素。要坚持社会主义先进文化前进方向,兴起社会主义文化建设新高潮,激发全民族文化创造活力,提高国家文化软实力。社会主义核心价值体系是社会主义意识形态的本质体现,要巩固马克思主义指导地位,坚持不懈地用马克思主义中国化最新成果武装全党、教育人民,用中国特色社会主义共同理想凝聚力量,用以爱国主义为核心的民族精神和以改革创新为核心的时代精神鼓舞斗志,用社会主义荣辱观引领风尚,巩固全党全国各族人民团结奋斗的共同思想基础。和谐文化是全体人民团结进步的重要精神支撑,要积极发展新闻出版、广播影视、文学艺术事业,坚持正确导向,大力弘扬爱国主义、集体主义、社会主义思想,以增强诚信意识为重点,加强社会公德、职业道德、家庭美德、个人品德建设。中华文化是中华民族生生不息、团结奋进的不竭动力,要全面认识祖国传统文化,取其精华,去其糟粕,使之与当代社会相适应、与现代文明相协调,保持民族性,体现时代性。要推进文化创新,增

651

强文化发展活力,坚持为人民服务、为社会主义服务的方向和百花齐放、百家争鸣的方针,贴近实际、贴近生活、贴近群众,始终把社会效益放在首位,做到经济效益与社会效益相统一。深化文化体制改革,坚持把发展公益性文化事业作为保障人民基本文化权益的主要途径,加大投入力度,加强社区和乡村文化设施建设;大力发展文化产业,实施重大文化产业项目带动战略,加快文化产业基地和区域性特色文化产业群建设,培育文化产业骨干企业和战略投资者,繁荣文化市场,增强国际竞争力。

——加快推进以改善民生为重点的社会建设。必须在经济发展的基础上,更加注重社会建设。要优先发展教育,建设人力资源强国。全面贯彻党的教育方针,坚持育人为本、德育为先,实施素质教育,提高教育现代化水平;坚持教育公益性质,加大财政对教育投入,建设全民学习、终身学习的学习型社会。坚持实施积极的就业政策,加强政府引导,完善市场就业机制,扩大就业规模,改善就业结构。坚持和完善按劳分配为主体、多种分配方式并存的分配制度,健全劳动、资本、技术、管理等生产要素按贡献参与分配的制度,初次分配和再分配都要处理好效率和公平的关系,再分配更加注重公平;逐步提高居民收入在国民收入分配中的比重,提高劳动报酬在初次分配中的比重;着力提高低收入者收入,逐步提高扶贫标准和最低工资标准,建立企业职工工资正常增长机制和支付保障机制;创造条件让更多群众拥有财产性收入,逐步扭转收入分配差距扩大趋势。要以社会保险、社会救助、社会福利为基础,以基本养老、基本医疗、最低生活保障制度为重点,以慈善事业、商业保险为补充,加快完善社会保障体系;促进企业、机关、事业单位基本养老保险制度改革,探索建立农村养老保险制度;全面推进城镇职工基本医疗保险、城镇居民基本医疗保险、新型农村合作医疗制度建设;完善城乡居民最低生活保障制度,制定全国统一的社会保险关系转续办法。坚持公共医疗卫生的公益性质,坚持预防为主、以农村为重点、中西医并重,实行政事分开、管办分开、医药分开、营利性和非营利性分开,强化政府责任和投入,完善国民健康政策,鼓励社会参与,建设覆盖城乡居民的公共卫生服务体系、医疗服务体系、医疗保障体系、药品供应保障体系；加强农村三级卫生服务网络和城市社区卫生服务体系建设，深化公立医院改革，建立国家基本药物制度，保证群众基本用药。健全党委领导、政府负责、社会协同、公众参与的社会管理格局，健全基层社会管理体制，最大限度激发社会创造活力，最大限度增加和谐因素，最大限度减少不和谐因素。

党的十七大报告还对开创国防和军队现代化建设新局面、推进"一国两制"实践和祖国和平统一大业、始终不渝走和平发展道路、以改革创新精神全面推进党的建设新的伟大工程等一系列关系党和国家发展全局的重大问题作出了规划和部署。这个报告，在我国改革发展的关键阶段，进一步向党内外、国内外宣示了我们党举什么旗、走什么路、以什么样的精神状态、朝着什么样的发展目标继续前进等重大问题，是在新的历史起点上开创中国特色社会主义新局面、引领全党全国人民夺取全面建设小康社会新胜利的政治宣言和行动纲领。

党章是党的根本大法，是立党、治党、管党的总章程。党的十七大立足于新世纪新阶段的世情、国情和党情的变化，以及这种变化对我们党的建设提出的新要求，着眼于完成改革发展关键时期党和国家面临的新任务，对党章作了重要修改。一是把科学发展观写入党章。新党章增写："十六大以来，党中央坚持以邓小平理论和'三个代表'重要思想为指导，根据新的发展要求，集中全党智慧，提出了以人为本、全面协调可持续发展的科学发展观。科学发展观，是同马克思列宁主义、毛泽东思想、邓小平理论和'三个代表'重要思想既一脉相承又与时俱进的科学理论，是我国经济社会发展的重要指导方针，是发展中国特色社会主义必须坚持和贯彻的重大战略思想。"二是把中国特色社会主义道路和理论体系的论断写入党章。新党章增写："改革开放以来我们取得一切成绩和进步的根本原因，归结起来就是：开辟了中国特色社会主义道路，形成了中国特色社会主义理论体系。"把这个重大论断写入党章，对于动员全党更好地把握和坚持中国特色社会主义道路和中国特色社会主义理论体系，不断发展中国特色社会主义，具有十分重大的意义。三是把党的奋斗目标的新表述写入党章,新党章把党的基本路线中的奋斗目标表述为"把我国建设成为富强民主文明和谐的社会主义现代化国家","和谐"这个词第一次出现在中国共产党的奋斗目标里。四是把"四位一体"的社会主义事业总体布局写入党章,新党章增写:"必须按照中国特色社会主义事业总体布局,全面推进经济建设、政治建设、文化建设、社会建设。"五是把十六大以来党的建设实践中取得的重大认识和新成果写入新党章,比如:大力加强党的执政能力建设和先进性建设,以改革创新精神全面推进党的建设新的伟大工程,坚持立党为公、执政为民,做到科学执政、民主执政、依法执政,坚持权为民所用、情为民所系、利为民所谋;保障党员民主权利,坚持标本兼治、综合治理、惩防并举、注重预防的方针,建立健全惩治和预防腐败体系等。还比如,新党章规定,党的各级组织要按规定实行党务公开,党的各级代表大会代表实行任期制,党的中央和省、自治区、直辖市委员会实行巡视制度,中央政治局向中央委员会全体会议报告工作、接受监督,党的地方各级委员会的常务委员会定期向委员会全体会议报告工作、接受监督等。

2007 年 10 月 22 日,中共十七届一中全会举行。全会选举中央政治局委员 25 名;选举胡锦涛、吴邦国、温家宝、贾庆林、李长春、习近平、李克强、贺国强等 9 人为中央政治局常委;胡锦涛当选中央委员会总书记。根据中央政治局常务委员会的提名,通过了中央书记处成员;决定了中央军事委员会组成人员;批准了中央纪律检查委员会第一次全体会议选举产生的书记、副书记和常务委员会委员人选。习近平、刘云山、李源潮、何勇、王沪宁等为中央书记处书记;胡锦涛为中央军事委员会主席;贺国强为中央纪律检查委员会书记。

在 2008 年 3 月召开的十一届全国人大一次会议上,又选举和决定任命了新一届国家机构领导人员:胡锦涛当选中华人民共和国主席和中华人民共和国中央军委主席;习近平当选中华人民共和国副主席;吴邦国当选全国人大常委会委员长;经大会投票表决,决定温家宝为中华人民共和国国务院总理。在同时召开的全国政协十一届一次会议上,贾庆林当选全国政协主席。

以改革开放取得的巨大成就为后盾,2003 年至 2008 年,我国相继成功实施了三次载人航天飞行;2008 年 8 月,北京成功举办了第二十九届奥林匹克运动会;2010 年 5 月至 10 月,上海成功举办了第四十一届世界博览会。这些都极大地激发了全国人民的自信心和自豪感,极大地增强了中华民族的向心力和凝聚力,是中华民族实现伟大复兴征途中的重大标志和历史见证。

二、应对国际金融危机冲击和重大自然灾害考验

(一) 积极应对国际金融危机冲击

进入 2008 年,世界经济形势风云变幻,险象环生,由美国次贷危机引发的金融危机愈演愈烈[①],迅速从局部发展到全球,从发达国家传导到新兴市场国家和发展中国家,从金融领域扩散到实体经济领域,酿成了一场历史罕见、冲击力极强、波及范围很广的国际金融危机,实体经济增速大幅下滑,主要发达经济体深陷衰退,美欧金融体系陷入融资功能严重失效和流动性短缺的困境,全球范围保护主义抬头,贸易、资金、技术等领域的国际竞争和摩擦加剧。受国际金融危机快速蔓延和世界经济增长明显减速的影响,加上我国经济生活中尚未解决的一系列深层次矛盾和问题,我国经济运行面临严重困难和挑战:外部需求明显收缩,部分行业产能过剩,企业订单减少、销售不畅、利润缩减,亏损企业和亏损行业显著增多,一批出口型企业破产倒闭;城镇失业人员增加,农民工返乡现象突出,整个经济增长下行的压力明

---

① 次贷危机又称次级房贷危机,是指 2007 年以来在美国发生的因次级抵押贷款机构破产、投资基金被迫关闭、股市剧烈震荡引起的风暴。引起美国次级抵押贷款市场风暴的直接原因是美国的利率上升和住房市场持续降温。次级抵押贷款则是指一些贷款机构向信用程度较差和收入不高的借款人提供的贷款。

显加大,中国经济发展形势异常严峻。

面对百年不遇的国际金融危机冲击和新世纪以来最严重的经济困难,以胡锦涛为总书记的党中央总揽全局,运筹帷幄,团结带领全党全国各族人民坚定信心、沉着应对、迎难而上、共克时艰,化挑战为机遇,采取一系列促进经济平稳较快发展的政策措施并取得显著成效,经受住了国际金融危机冲击的重大考验。

早在 2007 年 12 月召开的中央经济工作会议上,党中央就提出:推动经济社会又好又快发展,必须更加注重统筹国内国际两个大局,准确把握世界经济走势,增强做好经济工作的系统性、预见性、主动性;要妥善应对来自各方面的挑战,增强忧患意识,始终居安思危,高度重视并及时化解前进道路上的各种困难和问题。2008 年初,胡锦涛在主持中央政治局集体学习、党的十七届二中全会等多种场合再次强调,要"准确把握全球经济增速放缓趋势及其对我国的影响","提高我国经济国际竞争力和抗风险能力"①。为此,2008 年 3 月,十一届全国人大一次会议在部署 2008 年经济工作时提出,次贷危机影响蔓延、美元持续贬值、石油价格居高不下等,都可能对我国经济发展带来不利影响,必须"密切关注国际经济的走势,根据形势的变化,灵活、及时采取相应的对策"②。在国际金融危机对我国实体经济的冲击尚未显现的情况下,党中央、国务院一再强调树立忧患意识、做好应对危机的预案,为我国应对危机的严重冲击赢得了时间,争取了主动。

2008 年年中,国际金融危机对我国的不利影响初现端倪,主要表现为:由于国外需求的萎缩,我国沿海地区经济增速下滑,纺织、钢铁等传统制造业产品出口下降;加上石油、粮食等初级产品价格居高不下,使得国内经济运行中存在的一些深层次矛盾和问题更加凸显:物价出现大幅攀升,通货膨胀加剧。在此背景下,2008 年 6 月,中共中央、国务院召开省区市和中央部

① 《抓紧做好转变经济发展方式各项工作,不断赢得发展新优势开创发展新局面》,《人民日报》2008 年 4 月 30 日。
② 《温家宝总理回答中外记者提问》,《人民日报》2008 年 3 月 19 日。

门主要负责人会议,分析国际国内新出现的复杂形势特别是美国次贷危机不断加剧带来的风险,提出"既要正确估计我国经济社会发展的有利条件和积极因素,坚定做好各项工作的信心;又要充分认识面临的问题和挑战,增强风险意识和忧患意识,积极做好应对各种困难局面的充分准备"①。这次会议后,2008年7月8日至11日,国务院连续召开三次经济形势座谈会,分别听取广东、安徽、陕西、辽宁、山东、湖北、广西七省区地方负责人、经济专家和企业界人士的意见和建议。从2008年7月初开始,中央政治局常委以及国务院主要负责人分赴长江三角洲、珠江三角洲、东北、华北等地考察,实际了解各地经济运行情况及国际金融危机对我国的影响。7月20日,胡锦涛在山东青岛考察时指出:当前世界经济增长总体趋缓,不确定不稳定因素增多,这不可能不对我国经济发展带来不利影响,我们要化压力为动力,变挑战为机遇,加快转变经济发展方式,以推进自主创新来提高产品的市场竞争力和企业的国际竞争力,努力保持企业生产经营的好势头。

在深入调研的基础上,2008年7月25日,中央政治局召开会议,确定了做好2008年下半年经济工作的总体思路,这就是:深入贯彻落实科学发展观,把保持经济平稳较快发展、控制物价过快上涨作为宏观调控的首要任务,把抑制通货膨胀放在突出位置;继续加强和改善宏观调控,保持宏观经济政策的连续性和稳定性,着力解决经济运行中的突出矛盾和问题,增强宏观调控的预见性、针对性、灵活性,把握好调控重点、节奏、力度;深化改革开放,着力推进经济结构调整和发展方式转变,提高经济发展质量和效益,切实加强节能减排和生态环境保护;更加注重改善民生,促进经济社会又好又快发展。通过这次会议,我国宏观经济政策目标由2008年初确定的"双防"②调整为"一保一控"。这一调整,为有效应对国际金融危机的严重冲

---

① 《中共中央国务院在京召开省区市和中央部门主要负责同志会议》,《人民日报》2008年6月14日。

② "双防",即"防止经济增长由偏快转为过热、防止价格由结构性上涨演变为明显通货膨胀作为当前宏观调控的首要任务",在2007年12月中央经济工作会议提出。

击打下了政策基础。7月26日,中共中央召开党外人士座谈会,胡锦涛在向各民主党派中央、全国工商联领导人和无党派人士通报我国经济运行情况以及中共中央的决策部署时指出:必须深入分析当前我国经济发展面临的国际国内挑战和风险,加强研判,妥善应对;我们的战略判断仍然是:机遇前所未有,挑战也前所未有,机遇大于挑战。①

2008年9月15日,具有158年历史的美国第四大投资银行雷曼兄弟公司宣布破产,次贷危机发展为国际金融危机,世界经济形势急转直下,多国实体经济出现严重衰退。国际金融危机对中国经济造成严重冲击,经济下行压力成为我国经济发展中面临的最突出问题,主要表现在:第一,工业生产显著放缓,2008年10—12月,全国规模以上工业增加值增幅同比分别回落9.7个、11.9个和11.7个百分点;能源、原材料和运输需求缩减,钢材、电解铝等产品市场价格下降,产能过剩问题明显暴露;第二,对外贸易急剧下滑,2008年11、12月份的出口额分别下降2.2%和2.8%,是近十年来首次出现出口负增长;第三,部分企业经营困难,企业订单减少、销售不畅、利润缩减的状况从沿海向内地、从中小企业向大型企业、从外向型行业向其他行业蔓延,亏损企业大幅增加。②

面对日趋严峻的形势,2008年10月7日,胡锦涛主持召开中央政治局常委会议,分析国际金融危机形势,研究应对措施。会议决定,召开经济情况通报会,向各省区市、中央各部门和军队各大单位主要负责人通报国际金融危机和有关工作情况,并成立应对国际金融危机小组。随后召开的党的十七届三中全会对国内经济形势作了进一步全面分析,认为国际经济环境中不确定不稳定因素明显增多,国内经济运行中也存在一些突出矛盾和问题,但我国总体形势是好的,经济发展的基本态势没有改变;强调最重要的

---

① 《就当前经济形势和经济工作听取意见中共中央召开党外人士座谈会》,《人民日报》2008年7月26日。

② 《关于2008年国民经济和社会发展计划执行情况与2009年国民经济和社会发展计划草案的报告》,《人民日报》2009年3月16日。

是要把我国自己的事情办好,要坚定信心、冷静观察,多管齐下、有效应对,采取灵活审慎的宏观经济政策,着力扩大国内需求特别是消费需求,保持经济稳定、金融稳定、资本市场稳定,保持社会大局稳定,做好保障和改善民生工作,继续推动经济社会又好又快发展。根据中央的决策,2008 年 10 月 17 日,国务院常务会议决定,采取灵活审慎的宏观经济政策,尽快出台有针对性的财税、信贷、外贸等政策措施。10 月下旬,十一届全国人大常委会第五次会议听取和审议了国务院关于加强金融宏观调控情况的报告,并就加强宏观调控和促进结构调整、保障金融安全和资本市场稳定、扩大内需和增强经济活力等提出了一些意见和建议,强调要把思想和行动统一到党的十七届三中全会精神和中央的决策部署上来,审时度势、沉着应对。

2008 年 11 月 5 日召开的国务院常务会议提出,为抵御国际经济环境对我国的不利影响,必须出台更加有力的扩大国内需求措施,加快民生工程、基础设施、生态环境建设和灾后重建,提高城乡居民特别是低收入群体的收入水平。会议确定了进一步扩大内需、促进经济增长的十项措施:一是加快建设保障性安居工程。加大对廉租住房建设支持力度,加快棚户区改造,实施游牧民定居工程,扩大农村危房改造试点。二是加快农村基础设施建设。加大农村沼气、饮水安全工程和农村公路建设力度,完善农村电网,加快南水北调等重大水利工程建设和病险水库除险加固,加强大型灌区节水改造。加大扶贫开发力度。三是加快铁路、公路和机场等重大基础设施建设。重点建设一批客运专线、煤运通道项目和西部干线铁路,完善高速公路网,安排中西部干线机场和支线机场建设,加快城市电网改造。四是加快医疗卫生、文化教育事业发展。加强基层医疗卫生服务体系建设,加快中西部农村初中校舍改造,推进中西部地区特殊教育学校和乡镇综合文化站建设。五是加强生态环境建设。加快城镇污水、垃圾处理设施建设和重点流域水污染防治,加强重点防护林和天然林资源保护工程建设,支持重点节能减排工程建设。六是加快自主创新和结构调整。支持高技术产业化建设和产业技术进步,支持服务业发展。七是加快四川等地震灾区灾后重建各项工作。八是提高城乡居民收入。提高明年粮食最低收购价格,提高农资综合直补、良种补贴、农机具补贴等标准,增加农民收入。提高低收入群体等社保对象待遇水平,增加城市和农村低保补助,继续提高企业退休人员基本养老金水平和优抚对象生活补助标准。九是在全国所有地区、所有行业全面实施增值税转型改革,鼓励企业技术改造,减轻企业负担。十是加大金融对经济增长的支持力度。取消对商业银行的信贷规模限制,合理扩大信贷规模,加大对重点工程、"三农"、中小企业和技术改造、兼并重组的信贷支持,有针对性地培育和巩固消费信贷增长点。初步匡算,实施上述十项措施,从 2008 年第四季度到 2010 年底,包括中央投资和带动的社会投资在内,约需投资 4 万亿元,其中中央拟投资 1.18 万亿元。为加快建设进度,会议决定,2008 年第四季度先增加安排中央投资 1000 亿元,2009 年地震灾区灾后重建基金提前安排 200 亿元,带动地方和社会投资总规模达到 4000 亿元。以上十项措施从酝酿到出台,是在很短的时间内完成的,它发出了"保增长"的强力信号。11 月 8 日,中共中央、国务院正式批转国家发展改革委《关于当前进一步扩大内需促进经济增长的十项措施》。11 月 10 日,国务院召开省区市人民政府和国务院部门主要负责人会议,就落实十项措施进行部署,强调:"总的要求是,出手要快、出拳要重、措施要准、工作要实。"①据此,从 2008 年底至 2009 年初,我国三次提高了出口退税率,五次下调金融机构存贷款基准利率,四次下调存款准备金率,暂免储蓄存款利息个人所得税,下调证券交易印花税,降低住房交易税费,进一步加大对中小企业的信贷支持。这些政策措施,对缓解经济运行中的突出矛盾、增强信心、保持经济平稳较快发展,发挥了重要作用。

2008 年 12 月召开的中央经济工作会议,进一步全面分析了国际国内形势,明确提出了 2009 年经济工作的总体要求和重点任务。胡锦涛总书记在会上发表讲话,就世界经济发展的最新动向和中长期趋势作出了"四个

---

① 《十七大以来重要文献选编》(上),中央文献出版社 2009 年版,第 719 页。

变与不变"的总体判断,指出:这场危机发生后,"世界经济增长格局会有所变化,但经济全球化深入发展的大趋势不会改变;政府维护市场正常运行的职责会有所强化,但市场在资源配置中的基础性作用不会改变;国际货币多元化会有所推进,但美元作为主要国际货币的地位没有发生根本改变;发展中国家整体实力会有所上升,但发达国家综合国力和核心竞争力领先的格局没有改变。"①实践表明,这些判断是正确的。这个总体判断,为我国形成应对国际金融危机冲击的明确思路和谋划我国经济社会的长远发展奠定了战略基础。这次中央经济工作会议提出,2009 年的经济工作必须把保持经济平稳较快发展作为首要任务,要着力在保增长上下功夫,把扩大内需作为保增长的根本途径,把加快发展方式转变和结构调整作为保增长的主攻方向,把深化重点领域和关键环节改革、提高对外开放水平作为保增长的强大动力,把改善民生作为保增长的出发点和落脚点。这表明,我国宏观经济政策的主要目标开始由"一保一控"进一步向"保增长、扩内需、调结构"转变。② 会议确定 2009 年经济增长的预期目标为 8% 左右,经济工作的重点任务是:加强和改善宏观调控,实施积极的财政政策和适度宽松的货币政策;巩固和发展农业农村经济好形势,保障农产品有效供给、促进农民持续增收;加快发展方式转变,推进经济结构战略性调整;深化改革开放,完善有利于科学发展的体制机制;着力解决涉及群众利益的难点热点问题,切实维护社会稳定。

2009 年是 21 世纪以来我国经济社会发展较为困难的一年。虽然应对国际金融危机的一系列政策举措迅速实施,我国经济运行开始出现某些积极迹象,但总体而言,国际金融危机仍在深化和蔓延,我国实体经济受危机的冲击仍很严重。2009 年 1 月,我国工业品出厂价格(PPI)同比下降3.3%;对外贸易进出口总值同比下降29%,进出口跌幅创十多年来的纪录。由于经济不景气和部分企业裁员,全国新增就业难度加大,农民工就业形势

---

① 《十七大以来重要文献选编》(中),中央文献出版社 2011 年版,第 448 页。
② 《中央经济工作会议在北京召开》,《人民日报》2008 年 12 月 11 日。

尤其严峻。截至 2009 年 3 月底,在春节后返城的 5600 万农民工中,只有 4500 万人找到了工作,其他 1100 万人工作仍无着落。[①] 2009 年第一季度, 我国国内生产总值增速降至 6.1%。

面对更加严峻的经济形势,进入 2009 年,以胡锦涛为总书记的党中央 立足"保增长、扩内需、调结构"这一总体目标,坚持积极的财政政策和适度 宽松的货币政策,全面实施并不断完善应对国际金融危机一揽子计划:一是 加强和改善宏观调控,全面促进经济平稳较快增长,大规模增加政府投资, 继续实施总额 4 万亿元的两年投资计划,实行结构性减税,扩大国内需求。 在扩大居民消费方面,鼓励消费的政策领域之宽、力度之大、受惠面之广前 所未有。2009 年,中央财政投入资金 450 亿元,补贴家电汽车摩托车下乡、 汽车家电以旧换新和农机具购置;减半征收小排量汽车购置税,减免住房交 易相关税收,支持自住性住房消费。在促进投资方面,发挥政府投资"四两 拨千斤"的作用,引导带动社会投资,在实施两年新增 4 万亿元投资计划 中,2009 年中央政府公共投资 9243 亿元,比上年预算增加 5038 亿元,其 中,保障性住房、农村民生工程、社会事业投资占 44%,自主创新、结构调 整、节能减排和生态建设占 16%,重大基础设施建设占 23%,灾后恢复重建 占 14%。全社会固定资产投资 224846 亿元,比上年增长 30.1%,投资结构 进一步优化。在优化税制、实行结构性减税方面,2009 年在全国范围内实 施消费型增值税,调整增值税小规模纳税人的划分标准并降低征收率,促进 企业增加自主创新和技术改造投入;实施成品油税费改革,公平税费负担; 对 1.6 升及以下排量乘用车暂减按 5% 征收车辆购置税;4 次提高纺织、服 装、石化、电子信息等产品的出口退税率,多次调整部分商品进出口关税政 策;取消和停征 100 项行政事业性收费。以上各项税费减免政策减轻企业 和居民负担约 5000 亿元,促进了企业扩大投资,拉动了居民消费。二是大 力调整经济结构,大范围实施重点产业调整振兴规划,提高国民经济整体竞

---

　　① 《1100 万外出农民工工作仍无着落》,《人民日报》2009 年 4 月 1 日。

争力。2009 年,中央财政用于"三农"的支出 7253 亿元,增长 21.8%,其中,中央基建投资 1890 亿元,增长 1.5 倍;大幅度提高粮食最低收购价;启动实施《全国新增 1000 亿斤粮食生产能力规划(2009—2020 年)》。2009 年 1 月至 2 月,国务院连续召开 6 次常务会议,相继审议通过了汽车、钢铁、纺织、装备制造、造船、电子信息、轻工、石化、有色金属、物流等十项重点产业调整振兴规划。这十项规划涉及范围之广、政策力度之大、决策效率之高,前所未有。统计显示,除物流业之外,其他九大产业工业增加值占我国工业增加值近 80%,占国内生产总值约 1/3。基础设施和基础产业不断加强;服务业稳定发展。三是大力推进自主创新,加强科技支撑,增强发展后劲。2009 年中央财政用于科技的支出 1512 亿元,比上年增长 30%。极大规模集成电路制造装备及成套工艺、高档数控机床与基础制造装备等 16 个重大科技专项全面实施;积极支持自主创新产品推广应用,清洁能源、第三代移动通信等一批新兴产业快速发展;新建 25 个国家工程实验室、63 个国家重点实验室,支持了 58 个国家工程(技术)研究中心提高持续创新能力,实施了 85 个国家重大产业技术开发项目,积极推动企业完善研发试验条件。2009 年 10 月,创业板正式推出,为自主创新及其他成长型创业企业开辟了新的融资渠道。四是着力改善民生,大幅度提高社会保障水平,加快社会事业发展。应对国际金融危机的一揽子计划是既保增长又惠民生的计划。在扩大就业方面,2009 年,中央财政安排就业专项资金 426 亿元,比上年增长 59%,实施困难企业缓缴社会保险费或降低部分费率、再就业税收减免及提供相关补贴等政策,鼓励企业稳定和增加就业。在加快完善社会保障体系方面,普遍建立养老保险省级统筹制度,出台包括农民工在内的城镇企业职工养老保险关系转移接续办法,在 320 个县开展新型农村社会养老保险试点。2009 年,中央财政安排社会保障资金 2906 亿元,比上年增长 16.6%。企业退休人员基本养老金、农村五保户供养水平、优抚对象抚恤补助标准、城乡低保对象保障水平都有新的提高。中央财政安排保障性安居工程补助资金 551 亿元,比上年增长 2 倍。在促进教育公平和医药卫生事业发展方面,2009 年,中央财政教育支出 1981 亿元,比上年增长 23.6%;中央财政医疗卫生支出 1277 亿元,比上年增长 49.5%,城镇职工和城镇居民基本医疗保险参保 4.01 亿人,新型农村合作医疗制度覆盖 8.3 亿人。

在党中央、国务院的坚强领导下,经过全党全国各族人民的共同努力,到 2009 年底,我国应对国际金融危机冲击取得阶段性重大成果,在世界各国中率先实现经济回升向好:2009 年我国经济增速逐季加快,四个季度的当季同比增幅分别为 6.1%、7.9%、9.1% 和 10.7%,全年国内生产总值 33.5 万亿元,比上年增长 8.7%,超过计划 0.7 个百分点。其中,消费、投资为经济增长分别贡献了 4.6 个和 8 个百分点,弥补了净出口下拉 3.9 个百分点的缺口。全年国家财政收入 6.85 万亿元,增长 11.7%;粮食产量 53082 万吨,再创历史新高;城镇新增就业 1102 万人;城镇居民人均可支配收入 17175 元,农村居民人均纯收入 5153 元,实际增长 9.8% 和 8.5%。我国在全面建设小康社会道路上又迈出坚实的一步。在此基础上,我国经济总体上继续平稳运行,质量效益进一步改善,2010 年和 2011 年,国内生产总值分别达到 39.8 万亿元和 47.2 万亿元,同比增长 10.3% 和 9.2%。上述成就的取得,极大激发了全国人民的自信心和自豪感,极大地增强了中华民族的向心力和凝聚力,极大地提升了我国的国际地位和影响力。

(二) 夺取抗击汶川特大地震等严重自然灾害胜利

我国是世界上自然灾害最为严重的国家之一,灾害种类多、分布地域广、发生频率高、造成损失重。仅 1992—2007 年的 15 年间,我国因各类自然灾害就累计造成约 45 亿人次受灾,直接经济损失近 3 万亿元。① 2008 年以来,我国各类重特大自然灾害更是突发多发,特别是南方地区低温雨雪冰冻灾害、汶川特大地震、玉树强烈地震、舟曲特大山洪泥石流等,给人民生命财产造成了重大损失。面对严重灾害,党中央科学决策,周密部署,全党全

---

① 《国家综合减灾"十一五"规划》,《人民日报》2007 年 8 月 15 日。

军全国人民万众一心、迎难而上，奋勇夺取了抗击严重自然灾害的重大胜利。

发生于 2008 年 5 月 12 日四川汶川特大地震，震级达里氏 8 级，最大烈度 11 度，余震 3 万多次，涉及四川、甘肃、陕西、重庆等 10 个省区市 417 个县市、区 4667 个乡镇 48810 个村庄，灾区总面积约 50 万平方公里，受灾群众 4625 万多人，其中极重灾区、重灾区面积 13 万平方公里，共造成 69227 人遇难、17923 人失踪，需要紧急转移安置的受灾群众 1510 万人，房屋大量倒塌损坏，基础设施大面积损毁，生态环境遭到严重破坏，直接经济损失 8451 亿多元，引发的崩塌、滑坡、泥石流、堰塞湖等次生灾害举世罕见。① 汶川特大地震是新中国成立以来破坏性最强、波及范围最广、救援难度最大的严重地震灾害。

汶川地震发生后，党中央高度重视，迅速决策，把抗震救灾确定为全党全国最重要最紧迫的首要任务，组织开展了我国历史上救援速度最快、动员范围最广、投入力量最大的抗震救灾斗争。胡锦涛连续主持中央政治局常委会议和政治局会议，全面部署抗震救灾工作，并亲赴灾区指导抗震救灾。国务院成立了由温家宝任总指挥的抗震救灾总指挥部和四川前方指挥部，形成了上下贯通、军地协调、全民动员、区域协作的工作机制。按照党中央、国务院和中央军委的部署，全国迅速动用超过 15 万人 20 余个专业兵种的解放军、武警部队，公安民警、消防民警和特警，以及 7.5 万名民兵预备役人员；组织了专业救援队员 5257 人，医疗卫生人员 9.13 万人；②中央财政及时安排了 384 亿元救灾资金，迅速出台一系列支援灾区的政策措施，国家地震局和民政、卫生、公安、水利、教育、交通运输等职能部门纷纷启动应急预案，作出应急响应行动，第一时间展开了救援和处置工作。十几万人民解放军，从高级将领到普通士兵，发扬英勇顽强、不怕牺牲、连续作战的作风，承

---

① 胡锦涛：《在全国抗震救灾总结表彰大会上的讲话》，《人民日报》2008 年 10 月 9 日。
② 四川省灾后恢复重建委员会：《抗击汶川地震灾害的"四川实践"与启示》，《四川行政学院学报》2010 年第 3 期。

担起抗震救灾最紧急、最艰难、最危险的任务,发挥了主力军和突击队作用。在抗震救灾过程中,党和政府坚持把抢救人的生命摆在第一位,只要有一线希望就尽百倍努力,经过坚持不懈的救援,共有84017名群众从废墟中被抢救出来,149万名被困群众得到解救,四百三十多万名伤病员得到及时救治,其中1万多名重伤员被快速转送全国20个省区市375家医院。全国各族人民心系灾区、情系灾区,上千万公民在前方后方充当志愿者,各界群众自发前往遍布全国的献血点无偿献血,广大民众踊跃捐款捐物。

在全力以赴抢险救灾的同时,对受灾地区的大规模恢复重建工作也随即展开。2008年6月4日,国务院第11次常务会议通过《汶川地震灾后恢复重建条例》,这是我国首个地震灾后恢复重建专门条例。《条例》明确了灾区恢复重建的方针、原则和相关政策措施,把灾后恢复重建纳入法制轨道。党中央、国务院对灾区恢复重建给予了大力支持,在经受国际金融危机严重冲击的困难条件下,震后3年里共投入恢复重建资金10205亿元,其中,中央财政安排灾后恢复重建基金3026亿元。为举全国之力,加快地震灾区灾后恢复重建步伐,2008年6月5日,胡锦涛主持召开中央政治局常委会议,研究部署汶川地震灾后恢复重建对口支援工作。6月11日,国务院办公厅印发《汶川地震灾后恢复重建对口支援方案》。《方案》按照"一省帮一重灾县"的原则,安排东部和中部地区的18个省市(海南省除外)加上西部地区的重庆市,共19个省市,以不低于本省市上年地方财政收入1%的财力对口支援四川省的18个县市以及甘肃省、陕西省受灾严重地区,对口支援期限为3年。2008年至2011年,19个省市3年共投入援建资金825亿元。在党中央、国务院的领导和全国人民的大力支持下,经过灾区人民的艰苦奋斗和广大建设者的顽强拼搏,到2011年5月,即震后三年间,汶川恢复重建取得重大进展:一是灾后恢复重建主要任务完成;二是城乡居民住房条件显著改善;三是公共服务设施水平大幅度提升;四是基础设施保障能力明显提高;五是产业发展实现再生性跨越;六是通过实施心理康复工程,灾区干部群众逐渐走出灾难阴影,重新拾起生活信心。以上情况表明,地震灾区的恢复重建工作取得了决定性胜利,《汶川地震灾后恢复重建总体规划》提出的"家家有房住、户户有就业、人人有保障、设施有提高、经济有发展、生态有改善"的重建目标基本实现。

多难兴邦。在抗击汶川特大地震等严重自然灾害的过程中,中华民族坚忍不拔、和衷共济、团结奋斗、自强不息、敢于胜利的伟大民族精神得到了进一步展现。抗震救灾的胜利和灾后恢复重建迅速展开及取得的巨大成就也再次证明,社会主义制度具有集中力量办大事的强大优势,社会主义中国具有强大的发展活力,中国共产党是中国特色社会主义事业的坚强领导核心。

(三) 果断处置西藏、新疆严重暴力犯罪事件

西藏位于我国西南边陲,新疆地处我国西北地区。西藏、新疆南北相连,都是中国不可分割的一部分。但由于历史和地理等原因,西藏、新疆经济社会发展长期相对滞后,民族宗教问题十分突出,分裂与反分裂斗争异常尖锐激烈,是西方反华势力和各种敌对势力对我国实施渗透、破坏、颠覆活动的重点地区。

2008 年 3 月 14 日,就在全国人民翘首以待北京奥运会日益临近之时,一群不法分子在西藏自治区首府拉萨市区的八廓街、北京中路、朵森格路等主要路段疯狂实施打砸抢烧,呼喊分裂国家的口号,用棍棒、石块、匕首等暴力手段攻击执勤民警,追打过往群众,有 18 名无辜群众被烧死或砍死,重伤58 人;242 名公安民警、武警官兵在值勤中伤亡,其中 1 人牺牲、23 人重伤;20 处建筑物被烧成废墟,84 辆汽车被毁,拉萨市直接财产损失超过 2.8 亿元。"3·14"严重暴力犯罪事件是由境内外"藏独"分裂势力蓄意制造的,是达赖集团有组织、有预谋、精心策划和煽动的,其目的是借北京奥运会即将举办之际搞乱人心、搞乱社会,破坏我国安定团结的社会政治局面,妄图把西藏从祖国分裂出去。

面对不法分子的打砸抢烧和分裂破坏活动,在党中央、国务院的坚强领

导下,西藏自治区党委、政府立即启动应急预案,采取了一系列坚决果断的措施。3月14日晚,拉萨全市主要街道实施交通管制,抓捕不法分子的行动随即展开。3月15日,西藏自治区高级人民法院、西藏自治区人民检察院、西藏自治区公安厅发出通告,敦促组织、策划、参与这次打、砸、抢、烧、杀的犯罪分子停止一切犯罪活动,投案自首,鼓励广大人民群众积极检举揭发犯罪分子。在处置这一事件时,西藏公安、武警始终保持了极大克制,坚决依法执法、文明执法,没有携带和使用任何杀伤性武器。与此同时,西藏自治区还迅速组织公安、武警和其他有关力量,在拉萨全城查扑着火点,救治受伤人员,并加强了对学校、医院、银行和政府机关的安全保卫。拉萨各有关部门也积极展开救助行动,很多医院开设绿色就医通道,及时救治受伤群众三百八十余人。被毁的电力、通信、市政公共设施迅速得到修复。参与打砸抢烧的不法分子纷纷落网,一些不法分子在强大的法律震慑和政策宣传攻势下投案自首。从3月17日起,西藏自治区和拉萨市的主要党政机关、企事业单位正常上班,高校、中小学校正常开课。截至4月9日,西藏公安机关刑事拘留涉嫌打砸抢烧犯罪嫌疑人953人,依法对参与打砸抢烧暴力活动的93名犯罪嫌疑人进行了通缉。西藏公安机关还查获了一批枪支和弹药。西藏自治区人民政府依法采取坚决措施,依法严厉打击违法犯罪分子,使"3·14"事件基本平息,从而有力地维护了社会稳定和西藏各族群众的根本利益。

2009年是西藏民主改革50周年。为了进一步推进西藏的跨越式发展和长治久安,2009年,党中央组织开展了西藏民主改革以来调动力量最大、参与部门最多、涵盖领域最全、工作分工最细、谋划发展最周密的深入调研。在此基础上,中共中央、国务院继1980年、1984年、1994年、2001年4次召开西藏工作座谈会之后,于2010年1月18日至20日召开了改革开放以来第五次西藏工作座谈会。会议全面总结了西藏发展稳定取得的成绩和经验,深刻分析了西藏工作面临的形势和任务,明确了当前和今后一个时期做好西藏工作的指导思想、主要任务、工作要求,对推进西藏实现跨越式发展和长治久安作出部署。第五次西藏工作座谈会的召开,吹响了西藏全面建设小康社会、实现跨越式发展的新号角。

新疆是我国面积最大、陆地边境线最长、毗邻国家最多的省区。改革开放后,新疆的发展进入新时代。但多年来,境内外"东突"势力不顾新疆各族人民福祉,鼓吹民族分裂主义,在新疆策划组织实施了一系列暴力恐怖活动,危害国家统一、社会稳定和民族团结,严重干扰和破坏了新疆的发展与进步。

2009年7月5日晚,在新疆乌鲁木齐发生了一起由境内外恐怖主义、分裂主义、极端主义"三股势力"相互勾结并精心策划实施的严重打砸抢烧杀暴力犯罪事件。暴徒使用事先准备的石块、木棒、铁棒、刀具等工具,针对行人、公交车、私家车和商店、居民住所、政府机关、公安武警、宣传机构等进行暴力袭击,截至7月12日,共造成184人死亡(其中绝大多数为无辜群众)、1680人受伤;受损房屋633户,总面积21353平方米,其中受损店面291家,被烧毁的房屋29户,不少店铺的货物被砸抢,众多市政公共设施被损毁。乌鲁木齐"7·5"事件是新中国成立以来在新疆发生的造成人员伤亡最多、财产损失最重、社会影响最大的一次严重暴力犯罪事件。

"7·5"事件发生后,党中央、国务院高度重视。正在意大利进行国事访问的胡锦涛立即作出指示,要求依法坚决制止犯罪,迅速平息事态,并防止事态蔓延。中央成立了由中央政法委、中宣部、外宣办和总参、武警总部等单位领导组成的工作组于7月6日凌晨到乌鲁木齐协助工作。7月8日,胡锦涛提前结束在国外的访问回国,连夜主持召开中央政治局常委会议,听取有关部门关于处置乌鲁木齐打砸抢烧严重暴力犯罪事件情况的汇报,研究部署维护新疆稳定工作,对切实做好当前新疆稳定工作作出十条重要指示。新疆自治区党委、政府和中央各有关部门、军队、武警坚决贯彻落实中央的部署,紧急应对,全力以赴处置"7·5"事件,控制乌鲁木齐局势,保障新疆其他地州市社会大局稳定。

新疆工作在党和国家工作全局中具有特殊重要的战略地位。新疆发展和稳定,关系全国改革发展稳定大局。为了进一步从全局上谋划和推动新疆工作,乌鲁木齐"7·5"事件后,党中央、国务院实施了一系列决策部署:2009年8月22日至25日,胡锦涛到新疆考察工作,提出做好新疆工作,要始终坚持一手抓改革发展,一手抓团结稳定,做到坚持以经济建设为中心不动摇,坚持维护社会大局稳定不动摇,坚持各民族共同团结奋斗、共同繁荣发展不动摇。11月4日至17日,中央和国家机关64个部门的五百多名干部,分成宣传思想文化教育、经济社会发展、民族宗教、社会稳定、组织和政权建设5个调研组,分三批深入新疆的乡村农户、城镇社区、边防哨所、学校企业、机关团体以及新疆生产建设兵团的团场连队,就经济发展、对外开放、改善民生、对口支援、教育文化、民族宗教、党的建设、生产建设兵团发展、维护稳定、涉疆外交10个涉及新疆经济社会发展中带有根本性、全局性的重大问题广泛调研,掌握了大量第一手资料。2010年3月29日至30日,全国对口支援新疆工作会议在北京召开,确定19个省市对口支援新疆。4月23日,中共中央政治局召开会议,研究推进新疆维吾尔自治区跨越式发展和长治久安工作。5月17日至19日,中共中央、国务院召开了新中国成立以来首次新疆工作座谈会。会议深刻分析了新疆工作面临的形势任务,进一步明确了当前和今后一个时期做好新疆工作的指导思想、主要任务、工作要求,对推进新疆跨越式发展和长治久安作出了战略部署。2011年5月27日至29日,第二次全国对口支援新疆工作会议在北京召开。9月30日,国务院发布《关于支持喀什霍尔果斯经济开发区建设的若干意见》,确定"把喀什、霍尔果斯经济开发区建设成为我国向西开放的重要窗口","将喀什、霍尔果斯经济开发区建设成为推动新疆跨越式发展新的经济增长点"。

在党中央、国务院的统筹部署和新疆各族群众的共同努力下,2010年以来,新疆实现跨越式发展和长治久安呈现良好势头:2011年,新疆GDP总值达到6600亿元,比上年增长12%;全社会固定资产投资完成4700亿元,比上年增长33%;外贸进出口总额217亿美元,比上年增长26.6%;地方财政收入720.9亿元,比上年增长44%;城镇居民人均可支配收入15500

元、农民人均纯收入5432元,分别比上年增长13.6%和17%,新疆经济社会发展掀开新一页。

三、着眼"又好又快",推动经济发展方式转变

如何处理好经济发展中"好"与"快"的关系,一直是我国社会主义建设中的一个重大理论和实践课题。"好"是对经济发展质量和效益的要求,"快"是对经济发展速度的强调。在我国国民经济总量规模很小、综合实力不强、技术水平不高以及资源环境意识不足、人们的基本温饱问题尚未根本解决的特定阶段和条件下,强调经济发展以"快"为主,有其历史合理性和必然性。但是,党的十六大以来,随着我国整体经济规模的迅速扩张,随着我国步入工业化、城市化、市场化和国际化的快速发展期,随着民营经济、外资经济等非公经济的长足发展,随着国内居民收入的快速提高和消费结构的快速升级等,支撑我国国民经济自主性增长的基本条件和微观基础已初步形成,片面强调经济增速已不合时宜。尤其值得注意的是,多年来以"快"为主、以能源资源的高消耗为支撑的"粗放型"经济增长方式造成了严重的环境污染和生态破坏,严重制约了我国经济社会的可持续发展,暴露出来的问题越来越多、越来越尖锐。在兼顾"快"的同时,突出以"好"为主,在"又好又快"中实现经济发展成为必由之路和必然选择。

关于经济发展要"又好又快"的提法,早在1992年党的十四大以后,在党和国家一些重要文献和重要领导人的讲话中就时有出现。1992年12月18日,在全国计划会议闭幕会上,江泽民提出,要"防止发生经济过热现象,保证国民经济又好又快地向前发展,力争隔几年上一个新台阶,不断增强我国的经济实力和综合国力,这样才是真正积极地、正确地贯彻执行党的十四大和小平同志重要谈话的精神"①。1992年12月24日,在全国经济工作会

---

① 《全国计划会议在北京举行,落实十四大精神,部署明年经济工作》,《人民日报》1992年12月20日。

议上的讲话中,国务院总理李鹏重申了"又好又快"的要求①。1995年9月,党的十四届五中全会通过的《中共中央关于制定国民经济和社会发展"九五"计划和2010年远景目标的建议》在讲到全国区域经济布局时,第一次把实现经济"又好又快"发展与"转变经济增长方式"联结了起来,提出东部地区要"大力发展外向型经济,靠高新技术、集约经营,重点发展资源消耗少、附加价值高、技术含量高的产业和产品","在深化改革、转变经济增长方式、提高经济素质和效益方面迈出更大的步伐,促进经济又好又快地发展,为全国提供新的经验"。② 但此后一段时间"又好又快"的提法又鲜有使用。直到2003年,随着科学发展观的提出,作为体现这一重大战略思想要求的"又好又快"才重新开始较多使用。从2006年下半年起,"又好又快"作为党和国家指导经济发展的一个重大方针,更是逐步取代多年来沿用的"又快又好"。2006年10月23日,中央政治局会议在研究干部教育培训工作问题时提出,广大干部要着力提高"推进经济社会又好又快发展的本领";11月,在中共中央召开的征求对经济工作意见建议的党外人士座谈会上,胡锦涛提出:"要坚持以科学发展观统领经济社会发展全局","促进经济社会又好又快发展"。11月30日,中央政治局会议重申了"又好又快"的表述。2006年12月召开的中央经济工作会议进一步提出:"又好又快发展是全面落实科学发展观的本质要求",2007年经济工作的总体要求是"坚持以科学发展观统领经济社会发展全局,切实把科学发展观落到实处,努力实现速度、质量、效益相协调,消费、投资、出口相协调,人口、资源、环境相协调,真正做到又好又快发展"③。2007年3月,十届全国人大五次会议通过的《政府工作报告》从坚持加强和改善宏观调控、发展现代农业和推进社会

---

① 李鹏:《在优化结构和提高效益的基础上促进经济持续发展——在全国经济工作会议上的讲话》,《人民日报》1993年1月30日。

② 《中共中央关于制定国民经济和社会发展"九五"计划和2010年远景目标的建议——1995年9月28日中国共产党第十四届中央委员会第五次全体会议通过》,《人民日报》1995年10月5日。

③ 《中央经济工作会议在北京召开》,《人民日报》2006年12月8日。

主义新农村建设、大力抓好节能降耗、保护环境和节约集约用地、加快推进产业结构升级和自主创新、进一步推动区域协调发展五个方面对"促进经济又好又快发展"作出部署和安排。在此基础上,2007 年 10 月,中共十七大报告设专章阐述了"促进国民经济又好又快发展"问题。

　　实现经济"又好又快"发展的根本途径,是转变经济发展方式。还在 20 世纪 80 年代,在编制"六五"计划时,我们党就提出了"以提高经济效益为中心"的发展国民经济的指导方针。党的十二大提出,"把全部经济工作转到以提高经济效益为中心的轨道上来"①。1985 年 9 月党的十二届四中全会通过的《中共中央关于制定国民经济和社会发展第七个五年计划的建议》提出了"七五"时期经济社会发展的"四个坚持"的基本原则,其中之一是"坚持把提高经济效益特别是提高产品质量放到十分突出的位置上来,正确处理好质量和数量、效益和速度的关系"。党的十三大提出,实现"三步走"战略目标的第二步目标,"归根到底,就是要从粗放经营为主逐步转上集约经营为主的轨道②。1991 年 4 月七届全国人大四次会议通过的"八五"计划纲要确定:"始终把提高经济效益作为全部经济工作的中心。要坚持经济总量的基本平衡,努力优化经济结构,加速科技进步,改善经济管理,千方百计提高经济整体素质和效益。"③党的十四大提出,要"努力提高科技进步在经济增长中所占的含量,促进整个经济由粗放经营向集约经营转变"④。1995 年 9 月,党的十四届五中全会通过的《中共中央关于制定国民经济和社会发展"九五"计划和 2010 年远景目标的建议》,第一次明确提出要"积极推进经济增长方式转变",并把"经济增长方式从粗放型向集

---

　　① 胡耀邦:《全面开创社会主义现代化建设的新局面——在中国共产党第十二次全国代表大会上的报告》,《人民日报》1982 年 9 月 8 日。

　　② 赵紫阳:《沿着有中国特色的社会主义道路前进——在中国共产党第十三次全国代表大会上的报告》,《人民日报》1987 年 11 月 4 日。

　　③ 《中华人民共和国国民经济和社会发展十年规划和第八个五年计划纲要》(第七届全国人民代表大会第四次会议 1991 年 4 月 9 日批准),《人民日报》1991 年 4 月 16 日。

　　④ 江泽民:《加快改革开放和现代化建设步伐,夺取有中国特色社会主义事业的更大胜利——在中国共产党第十四次全国代表大会上的报告》,《人民日报》1992 年 10 月 21 日。

约型转变"与"经济体制从传统的计划经济体制向社会主义市场经济体制转变"这两大根本性转变,作为实现"九五"计划和2010年奋斗目标的具有全局意义的关键和前提。党的十五大提出"要积极推进经济体制和经济增长方式的根本转变","改变高投入、低产出,高消耗、低效益的状况。"①党的十六大提出"注重依靠科技进步和提高劳动者素质,改善经济增长质量和效益"②。2005年10月,党的十六届五中全会提出,"十一五"时期"必须加快转变经济增长方式"。到了2007年10月,党的十七大进一步提出,促进国民经济又好又快发展,"实现未来经济发展目标,关键要在加快转变经济发展方式、完善社会主义市场经济体制方面取得重大进展。"③从而第一次用转变"经济发展方式"代替了多年袭用的转变"经济增长方式"的表述。经济增长方式与经济发展方式,既相联系又有区别,虽然只有两字之差,却体现了我们党对实践经验的总结和理论认识的深化。经济增长方式一般是指通过要素结构变化包括生产要素数量增加和质量改善来实现经济增长的方法和模式,通常把主要依靠增加生产要素投入、追求产品数量扩张的增长方式,称为粗放型增长方式,而把注重依靠科技进步和提高劳动者素质、加强管理、改善效益的增长方式,称为集约型增长方式。经济发展方式的内涵则更加丰富,既涵盖要素结构的变化,又包括产业结构、需求结构、城乡结构、区域结构的变化,也包括资源和生态环境的状况,转变经济发展方式,既要求从粗放型增长转变为集约型增长,又要求从通常的经济增长转变为全面协调可持续的经济发展。换句话说,经济增长方式主要是就增长过程中的资源、劳动、资本等投入的效率而言的;发展方式则不仅包括了经济效益的提高、资源消耗的降低,也包含了经济结构的优化、生态环境的改善、发展

---

① 江泽民:《高举邓小平理论伟大旗帜,把建设有中国特色社会主义事业全面推向二十一世纪——在中国共产党第十五次全国代表大会上的报告》,《人民日报》1997年9月22日。

② 江泽民:《全面建设小康社会,开创中国特色社会主义事业新局面——在中国共产党第十六次全国代表大会上的报告》,《人民日报》2002年11月17日。

③ 胡锦涛:《高举中国特色社会主义伟大旗帜,为夺取全面建设小康社会新胜利而奋斗——在中国共产党第十七次全国代表大会上的报告》,《人民日报》2007年10月25日。

成果的合理分配等内容。

依据党中央、国务院关于加快经济发展方式转变的决策部署,2008 年以来,我国在积极应对国际金融危机冲击的同时,坚持在发展中促转变、在转变中谋发展,在加快推进经济发展方式转变上取得了重要进展。

坚持实施扩大内需方针,内外需拉动经济增长的协调性显著增强。国内需求一直是拉动我国经济增长的主动力。1979—2005 年,我国 GDP 年均增长 9.6%,其中,国内需求的贡献率高达 92.6%,货物和服务净出口的贡献率只有 7.4%。作为世界上人口最多的发展中国家,中国拥有比其他任何国家都更充分的立足扩大国内需求推动经济发展的有利条件:城乡居民消费结构不断升级,为经济增长创造了庞大的消费需求;工业化进程加速,为经济增长提供了巨大投资需求;城镇化加速发展,为经济发展开辟了更广阔的内需空间。国内需求包括投资需求和消费需求两个方面。就我国面临的问题而言,进一步扩大国内需求,主要是扩大居民消费需求。一段时间以来,我国资本形成对经济增长的贡献率不断提高,消费率特别是居民消费率的贡献率持续降低。资本形成对经济增长的贡献率,由 2000 年的 21.7%增加到 2006 年的 40.7%;而最终消费对经济增长的贡献率则由 2000 年的 63.8%下降到 2006 年的 38.9%。虽然从国际比较看,我国的消费增长并不慢;但因为我国的投资增长更快,因此使投资与消费出现了不协调,经济增长过多依靠资本形成。从消费领域自身来看,消费结构性不足的问题也比较突出,主要是农民和城市低收入者收入水平低、消费能力不强,这些问题都制约了经济的健康发展。因此,要保持持久稳定的增长而不是短期的繁荣,必须立足于扩大国内需求,把经济发展植根于国内需求特别是居民消费需求上,形成消费与投资、出口协调拉动经济增长的格局,这也是加快转变经济发展方式的内在需要。2009 年以来,为了扩大居民消费需求,党和国家在增加城乡居民收入,加快社会保障制度建设方面做了大量工作,居民消费能力和消费预期进一步改善;通过实施家电、汽车下乡等鼓励消费政策,扎实推进"万村千乡"市场工程①,农村消费潜力得到释放,消费结构不断升级。2009年、2010年,我国社会消费品零售总额分别增长了15.5%和18.3%。2011年,市场销售继续保持较快增长,前11个月增幅为17%。在投资方面,以进一步优化政府资金投向、鼓励民间投资和抑制"两高"行业盲目扩张为重点,国家出台了一系列政策措施,推动投资在结构优化的同时保持了平稳较快增长。固定资产投资增速从2009年的30%平稳回落至2011年前11个月的24.5%,其中"两高"(高污染、高耗能)行业投资增速从21.7%回落到18.6%,民间投资所占比重从48.1%提高到58.9%。通过不断扩大国内需求,增强了经济的内生动力和抵御外部危机冲击的能力。2011年,内需对经济增长的贡献率由2010年的92.1%上升到105.8%,净出口对经济增长的贡献率由7.9%下降至-5.8%。在内需贡献率的构成方面,最终消费的贡献率由2010年的37.3%提高到2011年的51.6%,资本形成的贡献率则由54.8%下降到54.2%②。

积极推动产业结构优化升级,第一、第二、第三产业趋向协同发展。产业结构不合理、产业竞争力不强是我国国民经济发展中长期存在的一个问题。具体地说,农业基础薄弱,很大程度上依然是"靠天吃饭";工业大而不强,制造业规模虽已位居世界第三,但缺乏自主知识产权、核心技术和世界知名品牌,消耗高、污染多的行业和企业所占比重过高;服务业发展滞后,其增加值占国内生产总值的比重比中低收入国家平均水平还低十几个百分点,特别是现代服务业的数量和质量远不能满足需求。针对一、二、三产业发展中存在的问题,2009年以来,党中央、国务院采取了一系列重大政策措

① "万村千乡"市场工程:由商务部2005年2月开始启动,工程的主要内容是,通过安排财政资金,以补助或贴息的方式,引导城市连锁店和超市等流通企业向农村延伸发展"农家店",力争用3年时间,孕育出25万家连锁经营的农家店,构建以城区店为龙头、乡镇店为骨干、村级店为基础的农村现代流通网络,使标准化农家店覆盖全国50%的行政村和70%的乡镇,满足农民消费需求,改善农村消费环境,促进农业产业化发展。
② 《中华人民共和国2011年国民经济和社会发展统计公报》,《人民日报》2012年2月23日。

施。在发展第一产业方面,围绕巩固农业基础地位,中央财政对"三农"的投入在 2009 年、2010 年两次大幅增加的基础上,2011 年首次超过了 1 万亿元。各项政策措施促进了农业生产持续稳定发展,粮食产量实现连续 8 年增产,2011 年再创历史新高;肉禽蛋奶、水产品和蔬菜等市场供应充足;大宗农产品生产继续向优势产区集中,13 个粮食主产省对粮食增产的贡献达到 90%以上,农产品优质化率进一步提高。在发展第二产业方面,以调整改造传统产业和培育发展战略性新兴产业为突破口,加快工业转型升级。2009 年初,国家从缓解企业困难和增强发展后劲入手,相继制定出台了汽车、钢铁、电子信息、物流、纺织、装备制造、有色金属、轻工、石化、船舶等十大重点产业调整和振兴规划,分别提出了上百项政策措施,使一大批企业生产工艺技术水平得以提高。煤炭、钢铁等行业兼并重组稳步推进,产业集中度明显上升。培育和发展战略性新兴产业的政策陆续出台,一批重大产业创新发展工程启动实施,新能源发展步伐加快。在发展第三产业方面,国家先后发布了支持现代物流业、高技术服务业、节能服务业、家庭服务业、文化产业、体育产业发展的一系列政策措施,也从市场准入、人才服务、数据服务等方面改善服务业发展环境。2010 年以来服务业综合改革工作在试点区域全面推开,部分地区和行业营业税改征增值税改革试点从 2012 年 1 月 1 日开始实行。生活性服务业持续增长,服务内容不断拓展、服务质量不断改进。文化、旅游等产业在经济社会发展中的地位更加突出。金融保险、现代物流、工程咨询等生产性服务业发展势头良好,竞争力不断增强。"十一五"期间,服务业增加值占国内生产总值的比重稳步提高,2010 年达到43.1%,比 2008 年提高了 1.3 个百分点。

着力提高自主创新能力,建设创新型国家,科技对经济社会发展的支撑作用进一步显现。多年来,由于自主创新能力不强,缺乏核心技术,缺少自主知识产权,缺少世界知名品牌,我国更多的是依靠廉价劳动力的比较优势参与国际经济分工和竞争,成为低端产品的"世界工厂"。据统计,我国出口商品中 90%是贴牌产品。我国纺织服装出口占全球纺织服装贸易总额的24%,但自主品牌不足1%,且没有一个世界名牌。我国彩电、手机、台式计算机、DVD播放机等产品的产量虽居世界第一,但关键芯片依赖进口。我国企业不得不将每部手机售价的20%、计算机售价的30%、数控机床售价的20%—40%支付给国外专利持有者。面对世界科技革命日新月异的迅猛发展,深入实施科教兴国战略、加快科技进步,已成为我国发展战略的核心和提高综合国力的关键。为此,党中央、国务院提出,要坚持走原始创新、集成创新、引进消化吸收再创新的中国特色自主创新道路,"把增强自主创新能力作为科学技术发展的战略基点和调整产业结构、转变增长方式的中心环节"①,贯彻到现代化建设各个方面。2003年12月,中共中央首次召开中央人才工作会议,下发了《中共中央、国务院关于进一步加强人才工作的决定》,强调实施人才强国战略是党和国家一项重大而紧迫的任务。2006年1月,在全国科技大会上,胡锦涛宣布了中国到2020年建成创新型国家的目标。2007年10月,科教兴国战略、人才强国战略、可持续发展战略作为发展中国特色社会主义的三大基本战略,写进了党的十七大报告。国务院还于2006年2月、2010年6月、2010年7月分别印发了《国家中长期科学和技术发展规划纲要(2006—2020年)》、《国家中长期人才发展规划纲要(2010—2020年)》、《国家中长期教育改革和发展规划纲要(2010—2020年)》。根据党中央、国务院的部署,我国大力加强自主创新能力建设,科技研发投入持续增加,2010年全社会研究与试验发展经费达到7063亿元,是2008年的1.53倍,占国内生产总值比重达到1.76%,其中,企业投入5186亿元,占全部研发经费的73.4%;2011年,全社会研究与试验发展经费支出8610亿元,比上年增长21.9%,占国内生产总值的比重达到1.83%。上海光源、北京正负电子对撞机等一批国家重大科技基础设施新建或改造完成,"十一五"期间累计建成国家重点实验室327家、国家工程实验室91家。大型飞机、重大新药创制等重大科技专项加快推进。2008年,我国在深圳

　　① 《十六大以来重要文献选编》(中),中央文献出版社2006年版,第1064页。

启动了全国首个国家创新型城市试点工作,2010 年初,国家发展改革委再次部署大连、青岛、厦门、沈阳、西安、广州、成都、南京、杭州、济南、合肥、郑州、长沙、苏州、无锡、烟台 16 个城市开展创建国家创新型城市试点。以企业为主体、市场为导向、产学研相结合的技术创新体系进一步完善,截至 2011 年底,依托重点骨干企业建立的国家工程技术研究中心达到一百四十多个,国家工程实验室 119 个,国家认定企业技术中心达到 793 家,汽车、钢铁等 56 个产业技术创新联盟试点深入推进。科技人才队伍不断壮大,2010 年,我国科技人力资源总量达到 5700 万人,研发人员全时当量达到 225 万人年,居世界第一位,国际科技论文数量居世界第二位,发明专利授权量居世界第三位,高技术制造业产值居世界第二位。科技创新在一些领域取得重大突破,具有世界影响的重大科技成果不断涌现,深海载人潜水器最大下潜深度达到 5057 米,水稻基因育种技术再获突破性进展,“天宫一号”与“神舟”八号成功实现交会对接。一批重大装备、核心关键技术和产品研制成功,大型水电机组急需的抗撕裂厚钢板、特高压输电所需的关键零部件等产品投入生产和使用。中国总体科技实力稳步提升,科技成果向生产领域转化步伐明显加快,对经济社会发展的支撑作用进一步增强,2010 年全国签订技术转让合同成交金额 3907 亿元,是 2008 年的 1.47 倍。

大力推进节能减排,建设资源节约型、环境友好型社会,可持续发展能力进一步提高。改革开放以来,我国用能源消费翻一番支撑了 GDP 翻两番;若要实现人均 GDP 再翻两番,同时也按能源再翻一番考虑,据测算,2020 年我国一次能源消费量将超过 30 亿吨标准煤。从资源条件看,我国能源资源总量比较丰富,但油、气、煤炭等化石资源剩余可采储量有限,仅从能源供给考虑,再翻两番的难度很大。与此同时,经济快速发展特别是工业增长偏快造成的高排放、高污染给人民安居带来了严重影响。我国二氧化硫和二氧化碳排放量已分别位居世界第一和第二,二氧化硫排放量已经超过环境容量,全国 10% 的城市受到酸雨的严重影响。由于大气污染,我国有 1 亿以上的人口每天呼吸不到新鲜空气,因空气污染导致每年约有 1500

万人患上支气管炎,环境污染正成为影响经济发展和社会和谐的重要制约因素。有鉴于此,还在 2005 年 10 月,中共十六届五中全会就提出,"要把节约资源作为基本国策,发展循环经济,保护生态环境,加快建设资源节约型、环境友好型社会,促进经济发展与人口、资源、环境相协调。"①2006 年 3 月,十届全国人大四次会议批准的"十一五"规划纲要首次以国家规划的形式,将建设"资源节约型、环境友好型社会"确定为我国国民经济和社会发展的一项重要内容和战略目标。2007 年 6 月,国务院常务会议审议并原则通过《可再生能源中长期发展规划》,对加快开发利用水电、太阳能、风能、生物质发电、沼气等可再生能源作出部署。党的十七大以来,党和政府坚持把节能减排作为推进结构调整的重要抓手,充分运用经济、法律和必要的行政手段,推动能源资源节约和环境保护。一是继续运用价格等手段抑制"两高"行业生产过快增长,及时提高能耗和环保等准入门槛,暂停审批、核准、备案一批不符合标准的项目,2009 年以来,化学原料及化学制品制造业、非金属矿物制品业、黑色金属冶炼及压延加工业等六大高耗能行业增速始终低于全部工业增速。二是淘汰落后产能工作力度加大,2009—2010 年,累计关停小火电 3827 万千瓦,淘汰落后炼铁、水泥产能 6113 万吨和 1.92 亿吨。三是循环经济试点深入开展,资源综合利用加快推进,全国黑色金属和有色金属共伴生矿约 70% 得到了综合利用,煤炭资源的综合利用率达到 60%。四是污染防治和生态建设力度不断加大,2009—2010 年新增城镇污水日处理能力 3230 万吨,新投用燃煤电厂脱硫机组 2.09 亿千瓦;重点流域污染防治、重金属污染治理和危险废物规范化管理工作得到加强,天然林保护二期工程、京津风沙源治理、退牧还草和荒漠化、石漠化综合治理进展顺利。经过努力,全国节能减排取得明显成效,"十一五"期间全国单位国内生产总值能耗下降 19.1%,化学需氧量排放量下降 12.45%,二氧化硫排放量下降 14.29%,我国以能源消费年均 6.6% 的增速,支撑了国民经济年均 11.2% 的

---

① 《中共中央关于制定国民经济和社会发展第十一个五年规划的建议》,《人民日报》2005 年 10 月 19 日。

增长,能源消费弹性系数由"十五"时期的 1.04 降到"十一五"时期的 0.59。

此外,在完善区域发展政策,优化国土开发格局;统筹城乡发展,加速推进城镇化进程等方面,加快转变经济发展方式也取得了扎实进展。①

2010 年是我国"十一五"规划的收官之年。"十一五"时期,我国国内生产总值从 2005 年的 18.2 万亿元增长到 2010 年的 39.8 万亿元,从世界第四位上升到第二位;人均国内生产总值超过 4000 美元,从中等偏下收入国家进入中等偏上收入国家行列;财政收入从 2005 年的 3.16 万亿元增加到 2010 年的 8.31 万亿元。各项社会事业加快发展,人民生活明显改善,教育、科技、文化、卫生、体育事业全面进步;城镇居民人均可支配收入和农村居民人均纯收入年均分别实际增长 9.7% 和 8.9%,是改革开放以来增长最快的时期之一;覆盖城乡的社会保障体系逐步健全。改革开放取得重大进展,农村综合改革、医药卫生、财税金融、文化体制等改革取得新突破,社会主义市场经济体制更加完善;对外开放迈上新台阶,进出口总额位居世界第二位,利用外资水平提升,境外投资明显加快。我国国际地位和影响力显著提高,在国际事务中发挥重要的建设性作用,有力地维护国家主权、安全和发展利益,全方位外交取得重大进展。

随着"十一五"规划主要目标和各项任务的完成,编制"十二五"规划提到了党和国家议事日程。2010 年 10 月,中共十七届五中全会审议通过《中共中央关于制定国民经济和社会发展第十二个五年规划的建议》。《建议》集中全党智慧,站在历史的新高度,全面阐述了"十二五"规划的指导思想、基本要求、奋斗目标、主要任务和重大举措,描绘了我国在 21 世纪第三个 5 年经济社会发展的宏伟蓝图。《建议》明确提出:"十二五"规划的编制,要"以科学发展为主题,以加快转变经济发展方式为主线",强调"十二五"加快转变经济发展方式必须坚持把经济结构战略性调整作为加快转变经济发展方式的主攻方向;把科技进步和创新作为加快转变经济发展方式的重要

---

① 张平:《国务院关于加快转变经济发展方式工作进展情况的报告》,2011 年 12 月 28 日在第十一届全国人民代表大会常务委员会第二十四次会议上。

支撑;把保障和改善民生作为加快转变经济发展方式的根本出发点和落脚点;把建设资源节约型、环境友好型社会作为加快转变经济发展方式的重要着力点;把改革开放作为加快转变经济发展方式的强大动力。《建议》围绕"科学发展"这个主题和"加快转变经济发展方式"这条主线,确定"十二五"时期经济社会发展的主要任务是:坚持扩大内需战略,保持经济平稳较快发展;推进农业现代化,加快社会主义新农村建设;发展现代产业体系,提高产业核心竞争力;促进区域协调发展,积极稳妥推进城镇化;加快建设资源节约型、环境友好型社会,提高生态文明水平;深入实施科教兴国战略和人才强国战略,加快建设创新型国家;加强社会建设,建立健全基本公共服务体系;推动文化大发展大繁荣,提升国家文化软实力;加快改革攻坚步伐,完善社会主义市场经济体制;实施互利共赢的开放战略,进一步提高对外开放水平。

根据党的十七届五中全会确定的指导方针和总体部署,国务院有关部门在深入调研、集思广益的基础上编制完成《中华人民共和国国民经济和社会发展第十二个五年规划纲要》并经 2011 年 3 月 14 日十一届全国人大四次会议批准实施。国家"十二五"规划纲要阐明了"十二五"时期我国经济社会发展的战略意图和工作重点,是引领 2011—2015 年全党全国各族人民共同奋斗的行动纲领。

四、深化文化体制改革与其他各领域改革

(一) 深化文化体制改革,推动文化大发展大繁荣

文化体制改革是中国全面改革的重要组成部分,文化建设是中国特色社会主义事业总体布局的一项重要内容。进入 21 世纪,国际局势深刻变化,文化与经济和政治相互交融,在综合国力竞争中的地位和作用越来越突出。2002 年 11 月,党的十六大在科学把握世界文化发展趋向和中国文化

改革发展面临的机遇和挑战的基础上,郑重提出:"全面建设小康社会,必须大力发展社会主义文化","要深刻认识文化建设的战略意义,推动社会主义文化的发展繁荣。"党的十六大对推进新形势下文化建设和文化体制改革作出总体部署,明确提出要"适应社会主义市场经济发展的要求,推进文化体制改革","抓紧制定文化体制改革的总体方案"。① 此后,文化体制改革开始驶入加速发展的快车道。

2003 年 8 月,中央政治局把"世界文化产业发展状况和我国文化产业发展战略"作为第七次集体学习的主要内容。2003 年 10 月,党的十六届三中全会进一步确定了深化文化体制改革的总体思路和目标,提出要"逐步建立党委领导、政府管理、行业自律、企事业单位依法运营的文化管理体制","公益性文化事业单位要深化劳动人事、收入分配和社会保障制度改革,加大国家投入,增强活力,改善服务。经营性文化产业单位要创新体制,转换机制,面向市场,壮大实力。"同时提出要"完善文化产业政策,鼓励多渠道资金投入,促进各类文化产业共同发展,形成一批大型文化企业集团,增强文化产业的整体实力和国际竞争力。依法规范文化市场秩序"②。2004 年 9 月,党的十六届四中全会把"不断提高建设社会主义先进文化的能力"作为加强党的执政能力建设的一项重要内容,并第一次提出了"深化文化体制改革,解放和发展文化生产力"这一命题,要求"进一步革除制约文化发展的体制性障碍","增强我国文化的总体实力"③。党的十六大以来党中央对于文化改革发展问题的谋划和部署,表明全面推进文化体制改革已成为我们党"继经济体制改革、政治体制改革、教育体制改革、科技体制改革、卫生体制改革之后作出的又一项关系全局的重大决策"④。

---

① 江泽民:《全面建设小康社会,开创中国特色社会主义事业新局面——在中国共产党第十六次全国代表大会上的报告》,《人民日报》2002 年 11 月 17 日。

② 《中共中央关于完善社会主义市场经济体制若干问题的决定》,《人民日报》2003 年 10 月 22 日。

③ 《中共中央关于加强党的执政能力建设的决定》,《人民日报》2004 年 9 月 27 日。

④ 李长春:《全面落实科学发展观,深入推进文化体制改革》,《求是》2006 年第 10 期。

根据党的十六大关于"抓紧制定文化体制改革的总体方案"的要求，2003年初，中宣部会同文化部、国家广电总局、新闻出版总署等有关部门，在深入调查研究的基础上，拟定了《文化体制改革试点工作方案》。2003年6月，全国文化体制改革试点工作会议在北京召开，会议正式确定北京、上海、重庆、广东、浙江、深圳、沈阳、西安、丽江9个省市为文化体制改革综合性试点地区，山东大众报业集团、国家图书馆、中国电影集团公司等35家单位具体承担试点任务。试点行业遍及新闻媒体，出版单位，图书馆，博物馆，文化馆，文艺院团，影视制作企业，印刷、发行、放映公司等。这次会议标志着文化体制改革试点工作的正式启动。2003年7月，中央办公厅、国务院办公厅转发《中共中央宣传部、文化部、国家广电总局、新闻出版总署关于文化体制改革试点工作的意见》，进一步明确了开展文化体制改革试点的重要意义、总体要求和主要任务。2003年12月31日，国务院办公厅又印发了《文化体制改革试点中支持文化产业发展的规定（试行）》和《文化体制改革试点中经营性文化事业单位转制为企业的规定（试行）》。这两个文件对各地在文化体制改革试点工作中面临并急需解决的财政税收、投融资、资产处置、工商管理、价格、授权经营、收入分配、社会保障、人员分流安置、法人登记10个方面的问题作出了明确规定，提出了相关政策，对保障文化体制改革试点的有序展开起到重要的指导作用。

从2004年起，我国文化体制改革试点工作全面铺开。2004年1月16日，作为北京市文化体制改革的第一个突破口，北京儿童艺术剧院股份有限公司正式挂牌成立。2004年4月，中国出版集团经国务院批准更名为中国出版集团公司，成为中国第一家具有企业身份的出版单位。2004年12月下旬，《北京青年报》的北青传媒股份有限公司在香港联交所挂牌上市，成为内地传媒企业海外首发上市"第一股"。与此同时，上海、辽宁、广东、浙江等地的文化体制改革试点也扎实推进。体制机制的变革，激发了各地文化单位的内在活力，文化产业的市场竞争力大大提升。上海电影集团公司2004年底完成整体转制后，利润由2003年的209万元跃升到2005年的

8548万元,增长了四十多倍。其所属的上海联合院线公司,2005年观众达到2028万人次,实现票房2.46亿元,在全国院线排名第一。2004年,北京市文化产业实现增加值290亿元,占全年GDP的6.8%;上海市实现445.7亿元,占6%;浙江省实现669.7亿元,占6%①。

在试点改革的推动和示范下,2003年到2005年,我国文化领域的改革发展在一系列领域实现了重要突破:第一,国有文化事业单位稳步"转企改制"。在改革试点中,各地探索并成功找到了国有文化事业单位"转企改制"的三种基本模式:一是分离改制,即将广告、印刷、发行、电视剧等一般节目制作部分从国有文化事业单位分离出来,转制为企业,面向市场经营发展。如浙江日报报业集团以印务中心为试点单位,建立多元产权的现代企业制度;杭州日报报业集团以股份制改造广告中心,集团控股的同时,让经营骨干持股等。二是整体改制为企业,如广东省出版集团由过去事业性质整体转制为企业,上海解放日报报业集团的《上海学生英文报》、文汇新民联合报业集团的《上海星期三》等报刊也都改制为企业。三是直接进行股份制改造,如2004年8月北京歌剧舞剧院转企改制一步到位,新成立了由首都旅游集团控股,歌华集团、北京电视台、北京三奇广告有限公司联合投资的北京歌剧舞剧有限责任公司。与此同时,国有公益性文化事业单位改革也取得了积极进展。第二,非公有资本成为文化建设投资的主体力量。2004年10月10日,国家广电总局、商务部联合发布《电影企业经营资格准入暂行规定》和《中外合资、合作广播电视节目制作经营企业管理规定》,第一次提出社会资本可以成立电影制片公司和电影技术公司,第一次提出外资可以通过合资、合作成立电影制片、电影技术和广播影视节目制作公司。2005年4月国务院发布的《关于非公有资本进入文化产业的若干决定》以及7月文化部等五部委联合制定的《关于文化领域引进外资的若干意见》,进一步规定了非公有资本和外资进入文化领域的范围和原则,引导非公有

①《春潮涌动——我国文化体制改革不断推进成效显著》,《人民日报》2006年3月28日。

资本进入文化产业。在国家有关政策的支持下,非公有资本投资文化领域发展迅速。据统计,2005年全国社会资金、民营资金和外资参与拍摄的影片数量已占75%,参与拍摄电影的民营影视公司达一百四十余家。① 至2005年底,在上海市的186家广播电视节目制作机构中,民营机构占159家;85家营业性文艺表演团体中,民间剧团为43家。在娱乐场所经营、网吧服务、网络在线服务等领域,民营经济已占据主要市场份额。② 第三,大力发展文化产业成为各地参与新一轮区域竞争的制高点。广东省在2002年底作出了《关于加快建设文化大省的决定》;2003年9月,广东召开全省文化大省建设工作会议,对深化文化体制改革、建设文化大省作出全面部署。随后,《广东省建设文化大省规划纲要(2003—2010年)》正式出台。2002年,浙江省制定了《关于深化文化体制改革 加快文化产业发展的若干意见》,2005年7月,浙江省委十一届八次全会审议并通过《中共浙江省委关于加快建设文化大省的决定》,提出了加快建设教育强省、科技强省、卫生强省、体育强省等"四个强省"的目标。山西省2003年出台了《山西省建设文化强省发展规划纲要(2003年—2010年)》;湖北省2004年5月发布了《湖北省文化事业和文化产业发展规划(2004—2010)》;上海市2004年9月召开全市文化工作会议,制定了《上海文化发展规划纲要》和《上海市文化设施建设总体规划》;北京市2005年初编制完成了《2004—2008年北京市文化产业发展规划》;深圳市在2004年召开"文化立市"战略工作会议后,2005年初正式出台了《深圳市文化发展规划纲要(2005—2010)》;等等。③ 各地区先后出台的这些重大决策和举措,全面推进文化事业和文化产业向纵深发展。第四,文化市场流通体系的改革和建设取得重要成果。以新闻出版业为例,到2005年底,全国各省、市、自治区的新华书店已基本

---

① 《中国电影好戏刚开场》,《人民日报》2006年3月31日。
② 《上海文化产业发展情况公布:文化产业量长质升》,《人民日报》(华东新闻)2006年9月21日。
③ 连玉明、武建忠主编:《中国国情报告》,中国时代经济出版社2006年版,第38—39页。

完成组建企业集团和转企改制的工作。全国性的连锁经营企业已达近 30 家,二十多个省级新华书店实现了省内或跨省市连锁经营。与此同时,文化部、国家新闻出版总署、国家广电总局等国务院主管部门还与地方政府合作,先后创办了国家级的中国(深圳)国际文化产业交易博览会、北京国际文化创意产业交易博览会以及东北、中部、西部三个区域性的文化产业博览会,形成了集文化产品交易博览、论坛、版权交易和投融资于一体的大型文化产品流通和要素配置的平台。第五,文化产业格局出现大范围重组,与信息产业密切关联的新兴产业异军突起。2003 年以来,我国以"三网合一"①为名的产业融合趋势日益明显,广电、通信、信息产业从不同的角度突进,不断推动产业格局整合重组。2003 年,我国有线数字电视经过两年试验后开始全面推广。到 2005 年底,全国有线数字电视用户达到 439.3 万。以手机内容产业、网络游戏产业为主体的网络文化产业发展迅猛。据统计,自从 2000 年 5 月 17 日我国第一条短信发送成功,在短短五年时间里,手机短信发送量增长了两百多倍。2005 年全国手机短信发送量达 3046.5 亿条,平均每天 8.34 亿条。② 在网络游戏产业方面,2005 年中国网络游戏用户达到 2634 万,市场规模达到 37.7 亿元。③ 第六,政府文化行政管理和市场监管体制改革迈出实质性步伐。伴随着文化体制改革的不断深入,文化管理部门也在进行自身改革,并在管理方式上初步实现了从"办"向"管",从管微观向管宏观,从以行政管理为主向综合运用法律、经济、行政、技术等手段管理为主的转变。2004 年 7 月 23 日,中央宣传部、中央编办、财政部、文化部、国家广电总局、新闻出版总署、国务院法制办 7 部门联合下发了《关于在文化体制改革综合试点地区建立文化市场综合执法机构的意见》。《意见》针对文化市场管理"职能交叉、多层执法、多头执法和管理缺位"的弊

---

　　① 所谓"三网合一",即计算机网、电信网和有线电视网在技术应用上趋向一致,网络层上实现互联互通,业务层上互相渗透和交叉,IP 交换平台成为统一的应用平台。

　　② 冯晓芳:《手机短信发送量增长近四成》,《北京青年报》2006 年 1 月 23 日。

　　③ 汪元元:《国产网游初具规模,仍存在问题》,《经济日报》2006 年 8 月 9 日。

病,明确提出将原文化、广播影视、新闻出版部门各自设立的执法机构和"扫黄打非"队伍调整归并,组建新的按属地管理的文化市场综合执法机构和队伍。

经过两年多的探索,文化体制改革试点工作取得明显成效,为推进全面改革创造了条件。在总结 2003 年 6 月以来文化体制改革试点经验的基础上,2005 年 12 月,《中共中央 国务院关于深化文化体制改革的若干意见》发布。《意见》回顾了改革开放特别是党的十三届四中全会以来文化体制改革的发展进程,对进一步推进文化体制改革的重大意义、指导思想、原则要求和目标任务进行了全面阐述。《意见》强调:深化文化体制改革,加快文化事业和文化产业发展,是加快社会主义现代化建设的内在要求,是提升我国综合国力的迫切需要,是实现经济、政治、文化和社会协调发展,构建社会主义和谐社会的重要内容。文化体制改革的原则要求是:坚持社会主义先进文化的前进方向;坚持马克思主义在意识形态领域的指导地位,确保国家文化安全;坚持勇于实践、大胆创新,树立新的文化发展观;坚持把社会效益放在首位,努力实现社会效益和经济效益的统一;坚持文化事业和文化产业协调发展;坚持区别对待、分类指导,循序渐进、逐步推开。文化体制改革的目标任务是:以发展为主题,以改革为动力,以体制机制创新为重点,形成科学有效的宏观文化管理体制;形成富有效率的文化生产和服务的微观运行机制;形成以公有制为主体、多种所有制共同发展的文化产业格局;形成统一、开放、竞争、有序的现代文化市场体系;形成完善的文化创新体系;形成以民族文化为主体、吸收外来有益文化,推动中华文化走向世界的文化开放格局。《意见》还就推进文化事业单位改革、深化文化企业改革、加快文化领域结构调整、培育现代文化市场体系、健全宏观管理体制、加强对文化体制改革工作的领导等具体问题提出了一系列指导改革的政策措施。

为了推动《意见》的贯彻落实,2006 年 3 月 28 日至 30 日,全国文化体制改革工作会议在北京召开,会议新确定了全国 89 个地区和 170 个单位作为文化体制改革试点。此后,我国文化体制改革分三个层次全面推开:一是北京、上海等 9 个先行试点地区,由点到面全面推进;二是其余大部分地区先试点,后推开;三是西藏等个别地区先进行调研,待条件成熟时再开始进行试点和推开。从 2006 年起,文化体制改革在试点探索的基础上,终于走上了全面推开的新里程。

2006 年是"十一五"时期的开局之年。根据十届全国人大四次会议批准的国家"十一五"规划纲要关于"加强社会主义文化建设"的要求,2006 年 9 月,新中国第一个专门部署文化建设的五年发展规划——《国家"十一五"时期文化发展规划纲要》颁布实施。《纲要》提出:到 2010 年,我国文化发展的总体目标是:完成"十一五"时期全面建设小康社会赋予文化建设的任务,文化为人民服务、为社会主义服务的能力显著增强,为经济发展、政治稳定和社会进步提供强有力的思想保证、精神动力和智力支持;文化的创新能力和整体实力明显提高,文化产品更加丰富,更好地保障和满足人民群众的基本文化需求,促进城乡和区域之间文化的共同发展;中华文化在世界上的影响力不断扩大,文化在综合国力竞争中的地位和作用日益突出,文化发展的水平与我国的经济实力、国际地位相适应。《纲要》确定了"十一五"时期我国文化发展的六大重点:一是抓好基层文化建设,加大力度改善农村及中西部地区公共文化基础设施条件,完善公共文化服务体系,保障农民和城市低收入群体的基本文化权益;二是抓好塑造国家文化形象的重大项目和工程建设,推出一批体现民族特色、反映时代精神、具有国际一流水准的文化艺术精品,创作生产更多更好适应人民群众需求的优秀文化产品;三是抓好文化产业体系建设,重塑市场主体,优化产业结构,确定重点发展的产业门类,培育文化产品市场和要素市场,发展现代流通组织和流通形式,形成以公有制为主体、多种所有制共同发展的文化产业格局;四是抓好文化创新能力建设,以内容创新为核心,着力培育创新主体,加速科技与文化的融合,提高我国文化自主创新能力,取得一批具有重大影响的文化创新成果;五是抓好文化"走出去"重大工程、项目的实施,充分利用国际国内两个市场、两种资源,主动参与国际合作和竞争,加强对外文化交流,扩大对外文化贸易,拓展文化发展空间,初步改变我国文化产品贸易逆差较大的被动局面,形成以民族文化为主体、吸收外来有益文化、推动中华文化走向世界的文化开放格局;六是抓好人才培养,营造有利于优秀人才脱颖而出的体制机制和社会环境,建设一支规模宏大、素质较高的文化工作者队伍,为文化发展提供坚实的人才保障。《纲要》是规划"十一五"时期我国文化发展和促进各项文化工作落实的总章程。

2007年11月,党的十七大从中国特色社会主义事业"四位一体"总体布局的战略高度,提出兴起社会主义文化建设新高潮、推动社会主义文化大发展大繁荣的战略任务。2009年7月22日,我国第一部文化产业专项规划——《文化产业振兴规划》由国务院常务会议审议通过。这是继钢铁、汽车、纺织等十大产业振兴规划后出台的又一个重要的产业振兴规划,标志着文化产业已经上升为国家的战略性产业。《规划》明确了文化产业振兴的指导思想和八项重点工作。为确保各项任务落到实处,《规划》提出,必须深化文化体制改革,激发全社会的文化创造活力;要降低准入门槛,积极吸收社会资本和外资进入政策允许的文化产业领域,参与国有文化企业的股份制改造;要加大政府投入和税收、金融等政策支持,大力培养文化产业人才,完善法律体系,规范市场秩序,为规划实施和文化产业发展提供强有力的保障。2010年3月,中国人民银行会同中宣部、财政部等九部委联合发布《关于金融支持文化产业振兴和发展繁荣的指导意见》。2010年7月23日,中央政治局就深化我国文化体制改革研究问题进行第二十二次集体学习,胡锦涛在主持学习时,对推进文化改革发展提出了"三加快一加强"的明确要求,即"加快文化体制机制改革创新"、"加快构建公共文化服务体系"、"加快发展文化产业"、"加强对文化产品创作生产的引导"。

在党中央、国务院的高度重视和统一部署下,"十一五"时期我国文化体制改革深入开展,文化产业异军突起,文化的整体实力和竞争力明显加强,文化建设全面快速发展,取得了明显成效:第一,文化体制改革迈出关键步伐,文化生产力进一步解放和发展。国有经营性事业单位转企改制取得决定性进展。"十一五"时期,全国出版单位的 90%、发行单位的 97%、电影制片厂的 93%、电视剧制作机构的 93% 完成了转企改制;全国共注销文化事业单位四千多个,核销文化事业编制人员 17.2 万人。改革有力地解放和发展了文化生产力,涌现出一批总资产和总收入超过或接近百亿元的大型文化企业和企业集团,成为我国文化领域的领军力量。公益性文化单位内部改革不断深化,文化馆、博物馆、图书馆等公益性文化事业单位人事、收入分配、社会保障制度改革取得重要进展,责任明确、行为规范、富有效率、服务优良的运行机制进一步形成。文化宏观管理体制改革成效显著,政府职能进一步转换,政策调节、市场监管、社会管理和公共服务的能力显著增强。全国有 10 个省市全面完成文化市场综合执法改革任务,84% 的副省级城市和地级市组建了综合执法机构。第二,覆盖城乡的公共文化服务体系框架基本建立,人民群众共享发展成果。政府投入显著增加。"十一五"期间,各级财政对文化的投入大幅度增加,2006 年全国文化支出 685 亿元,2010 年达到 1528 亿元,年均增长 22.2%。国家发展改革委累计安排公共文化设施建设资金超过 200 亿元,其中用于基层文化设施建设的资金是"十五"时期的 8 倍。重点文化惠民工程提前完成"十一五"目标。2009 年,全国共有县级公共图书馆 2491 个,覆盖率达到 87.6%;县级文化馆 2862 个,覆盖率达到 100%;乡镇(街道)文化站 38736 个,覆盖率达到 94.8%,基本实现了"乡乡有综合文化站"的建设目标;广播电视"村村通"工程提前完成覆盖全部已通电行政村和 20 户以上自然村;全国文化信息资源共享工程"十一五"时期建成各级服务点 83 万个,覆盖 90% 的行政村;农村电影放映工程"十一五"期间实现了数字化,年放映达 800 万场;农家书屋工程"十一五"期间从无到有,建成 39 万家,覆盖 50% 的行政村。全国各级宣传文化部门管理的公共博物馆、纪念馆、爱国主义教育示范基地共有 1743 家向社会免费开放,文化辐射力得到空前提高。第三,文化产业整体规模和实力快速提升,成为我国经济新的增长点。"十一五"期间,我国文化产业增加值平均增速高于同期国内生产总值的平均增速。2010 年全国文化产业增加值达到 1.1 万亿元,占国内生产总值的 2.75%。文化市场空前繁荣,2010 年,全国电影产量达到 526 部,成为世界第三大电影生产国和第一大电视剧生产国,电影票房超过 100 亿元,增速连续 6 年保持 30% 以上;影视动画产量从 2005 年的 4.2 万分钟增加到 2010 年的 22 万分钟,增长了 4 倍以上,扭转了进口片占主导的局面。2009 年,全国共有文化市场经营单位 239571 个,从业人员 1294912 人,固定资产原值约 1088 亿元,利润 350 亿元。新闻出版业总资产、总产出、总销售比"十五"时期翻了一番,印刷业翻了两番。国际文化贸易逆差局面明显改观,2010 年我国核心文化产业进出口总额达到 143.9 亿美元。"十一五"时期文化体制改革和文化建设取得的具有突破意义的重要进展,为进一步推动我国文化大发展大繁荣奠定了坚实基础。2010 年 10 月党的十七届五中全会通过的"十二五"规划建议以及 2011 年 3 月十一届全国人大四次会议批准的国家"十二五"规划纲要,对"十二五"时期我国文化发展的目标任务都作了总体安排和规划。

为了从文化建设上全面贯彻落实党的十七大精神,实现"十二五"规划纲要关于文化改革发展的要求,提高国家文化软实力,进一步兴起社会主义文化建设新高潮,2011 年 10 月,党的十七届六中全会专题研究文化体制改革和文化发展问题,审议通过了《中共中央关于深化文化体制改革、推动社会主义文化大发展大繁荣若干重大问题的决定》。《决定》在总结我们党领导文化建设取得的成就和经验的基础上,对坚持中国特色社会主义文化发展道路、努力建设社会主义文化强国作出了全面部署。《决定》按照党的十七大提出的实现全面建设小康社会奋斗目标新要求,确定到 2020 年,我国文化改革发展奋斗目标是:社会主义核心价值体系建设深入推进,良好思想道德风尚进一步弘扬,公民素质明显提高;适应人民需要的文化产品更加丰富,精品力作不断涌现;文化事业全面繁荣,覆盖全社会的公共文化服务体系基本建立,努力实现基本公共文化服务均等化;文化产业成为国民经济支柱性产业,整体实力和国际竞争力显著增强,公有制为主体、多种所有制共同发展的文化产业格局全面形成;文化管理体制和文化产品生产经营机制充满活力、富有效率，以民族文化为主体、吸收外来有益文化、推动中华文化走向世界的文化开放格局进一步完善；高素质文化人才队伍发展壮大，文化繁荣发展的人才保障更加有力。为了实现这一目标，《决定》提出，要高举中国特色社会主义伟大旗帜，坚持以马克思列宁主义、毛泽东思想、邓小平理论和"三个代表"重要思想为指导，深入贯彻落实科学发展观，坚持社会主义先进文化前进方向，以科学发展为主题，以改革创新为动力，以建设社会主义核心价值体系为根本任务，以满足人民精神文化需求为出发点和落脚点，坚持以人为本，坚持把社会效益放在首位，坚持改革开放。这些方针原则，是对过去改革发展经验的高度总结和进一步深化，为推动文化建设提供了基本遵循。从建设社会主义文化强国和实现 2020 年文化改革发展奋斗目标出发，《决定》从建设社会主义核心价值体系、推动文化创作繁荣发展、发展公益性文化事业和文化产业、深化改革开放、建设宏大文化人才队伍、加强和改进党对文化工作的领导 6 个方面，对深化文化体制改革、促进文化大发展大繁荣作出了重大部署。《决定》是指导我国奋力开创中国特色社会主义文化发展新局面的纲领性文件。

"十二五"时期是全面建设小康社会的关键时期，也是促进文化又好又快发展的关键阶段。2012 年 2 月，根据党的十七届六中全会精神和国家"十二五"规划纲要编制的《国家"十二五"时期文化改革发展规划纲要》印发实施。《规划纲要》将党的十七届六中全会《决定》提出的奋斗目标、大政方针、政策措施数量化、项目化、具体化，研究提出了到 2015 年我国文化改革发展的 10 项主要目标，并进一步明确了完成这些目标的具体要求，成为推动文化改革发展的抓手。

（二）深化医药卫生体制改革，不断提高全民健康水平

健康是人全面发展的基础，关系千家万户幸福。实行改革开放政策后，我国经济快速发展，人民生活水平不断提高。但是，人民群众对"看病难"、"看病贵"的反映一直比较强烈。党的十六大以来，党和政府针对医药卫生

领域存在的问题,积极稳妥推进医药卫生体制改革,努力提高人民的健康水平。

2003 年"非典"之后,我国进行了新中国成立以来规模最大的公共卫生体系建设,基本建成了覆盖城乡、功能比较完善的疾病预防控制体系和应急医疗救治体系。2006 年 6 月,国务院第 141 次常务会议决定成立由国家发展改革委和卫生部牵头,财政部、原人事部等部门参加的深化医药卫生体制改革部际协调工作小组,研究制定新的深化医药卫生体制改革的总体思路和政策措施。经过近 3 年准备,2009 年 3 月,《中共中央国务院关于深化医药卫生体制改革的意见》和国务院《医药卫生体制改革近期重点实施方案(2009—2011 年)》发布。新的医改方案把基本医疗卫生制度作为公共产品向全民提供,这是我国医疗卫生事业从理念到体制的重大创新。新方案实施两年多来,我国医药卫生体制改革进展迅速,在缓解"看病难、看病贵"方面取得初步成效:

一是加快推进基本医疗保障制度建设。截至 2011 年 9 月底,新型农村合作医疗、城镇居民基本医疗保险、城镇职工基本医疗保险三项基本医疗保险制度覆盖了全国 95% 以上的城乡居民,参保人数增加到 12.95 亿人。其中,新型农村合作医疗参保人数 8.32 亿人,城镇居民基本医疗保险参保人数 2.16 亿人,城镇职工基本医疗保险参保人数 2.47 亿人。[①] 新型农村合作医疗和城镇居民基本医疗保险政府补助标准从 2010 年的每人每年 120 元提高到 2011 年的 200 元,政策范围内报销比例由 60% 提高到 70%。从全国范围看,由于政府不断加大卫生投入以及基本医疗保障制度的不断健全,政府和社会卫生支出占卫生总费用比重已经从 2001 年的 40% 提高到 2010 年的 61.8%,个人支出比例从 60% 降到了 38.2%。二是国家基本药物制度在基层稳步推进。2009 年 8 月,我国正式启动国家基本药物制度,307 种药物实行零差率销售,平均降价幅度达 30%。截至 2010 年底,基本药物制度

① 《全民基本医保体系初步形成》,《人民日报》2011 年 12 月 17 日。

已经在全国 57.2% 由政府举办的基层医疗卫生机构全面实施。同时稳步推进定编定岗、绩效考核、多渠道补偿、人事分配等体制机制改革,基层医疗卫生机构出现了门诊和住院费用下降、门诊人次和住院人数上升的现象。三是加强基层医疗卫生服务体系建设。2009—2010 年,中央累计安排资金400 亿元支持 1877 所县级医院、5169 所中心乡镇卫生院、2382 所城市社区卫生服务中心和 1.1 万所边远地区村卫生室建设,财政部安排了一百三十多亿元用于县乡村三级医疗卫生机构的设备购置。2010 年 4 月国家发展改革委、卫生部等六部门联合印发了《以全科医生为重点的基层医疗卫生队伍建设规划》,从 2010 年开始 3 年内培养 6 万名全科医生,到 2020 年,通过多种途径培养 30 万名全科医生,逐步形成一支数量适宜、质量较高、结构合理、适应基本医疗卫生制度需要的基层医疗卫生队伍。四是促进基本公共卫生服务逐步均等化。2009 年 7 月,卫生部、财政部、国家人口和计划生育委员会联合发布了《关于促进基本公共卫生服务逐步均等化的意见》,就促进基本公共卫生服务逐步均等化的工作目标、主要任务、保障措施、组织领导等工作提出明确要求。从 2009 年开始,国家面向城乡居民免费提供包括健康档案管理在内的 9 类基本公共卫生服务,2011 年全国人均基本公共卫生服务经费标准提高至 25 元。在实施重大公共卫生服务方面,截至2010 年 12 月底,更加先后为 6001 万 15 岁以下的儿童免费注射乙肝疫苗,分别有 489.2 万、80.4 万、862 万农村适龄妇女得到免费宫颈癌、乳腺癌检查和免费增补叶酸,对农村孕产妇进行住院分娩补助 1455 万人。在农村建设 783.7 万户无害化厕所,燃煤型氟中毒改灶 143.9 万户,对检出感染艾滋病毒孕产妇的 73% 实施了艾滋病母婴传播阻断。五是加快推进公立医院改革试点,从根本上缓解“看病难、看病贵”。2010 年 2 月,经国务院批准,由卫生部等部门制定的《关于公立医院改革试点的指导意见》公布,全国 16个城市作为国家联系指导的公立医院改革试点城市,各省(区、市)分别选择 1—2 个城市(城区)作为公立医院改革试点城市。改革的重点是,加强公立医院的规划和调控,推动公立医院结构布局的优化调整,优先发展县医院,建立城市医院与基层医疗卫生机构上下联动的分工协作机制,采取全科医生培养等政策使优质医疗资源下沉到基层,发展老年护理、康复等延续服务,鼓励、支持和引导社会资本发展医疗卫生事业,鼓励公立医院加强内部管理,扩大服务能力,缓解"看病难"问题。建立分级医疗制度,采取一系列精细化、科学化、专业化的管理措施,提高服务协调性,完善医院内部控制费用的激励约束机制,完善公立医院外部的监督制约机制,充分调动医务人员积极性,缓解"看病贵"问题。①"十一五"时期,也是政府投入卫生事业力度最大的时期,2006—2009 年,中央财政合计安排卫生事业资金 1852.9 亿元。2009 年与 2005 年相比,在卫生总费用中,政府卫生支出所占比重从17.93%增加到 27.23%,社会卫生支出比重从 29.87%增加到 34.57%,个人卫生支出比重从 52.21%下降到 38.19%。医药卫生体制改革促进了城乡居民健康水平提高。"十一五"期间,我国人均期望寿命提高了 1 岁,从 72岁提至 73 岁。孕产妇死亡率从 2005 年的 47.7/10 万降至 2011 年的26.1/10 万,婴儿死亡率从 2005 年的 19‰降至 2011 年的 12.1‰,总体处于发展中国家前列。②

2012 年 2 月 22 日,国务院常务会议研究部署"十二五"期间深化医药卫生体制改革工作,提出以建设符合我国国情的基本医疗卫生制度为核心,"十二五"期间医药卫生体制改革要实现三项突破:一是加快健全全民医保体系。巩固扩大基本医保覆盖面,重点做好农民工、非公有制经济组织从业人员、灵活就业人员,以及关闭破产企业退休人员和困难企业职工参保工作。提高基本医疗保障水平,到 2015 年,城镇居民医保和新农合政府补助标准提高到每人每年 360 元以上,三项基本医保政策范围内住院费用支付比例均达到 75%左右;改革完善医保支付和医疗救助制度;积极发展商业健康保险。二是巩固完善基本药物制度和基层医疗卫生机构运行新机制。

---

① 《深化医药卫生体制改革,逐步缓解群众看病就医问题》,《人民日报》2011 年 2 月19 日。

② 《人均期望寿命增加 1 岁》,《人民日报》2012 年 2 月 9 日。

基本药物制度实施范围逐步扩大到村卫生室和非政府办基层医疗卫生机构;继续支持村卫生室、乡镇卫生院、社区卫生服务机构标准化建设,为基层医疗卫生机构培养 15 万名以上全科医生。三是积极推进公立医院改革。深化补偿机制改革,破除"以药养医"机制,推进医药分开、管办分开;2015年要实现县级公立医院阶段性改革目标,全面推开城市公立医院改革。在重点突破以上三项改革的同时,还要统筹推进相关领域配套改革,继续推进基本公共卫生服务均等化,逐步提高人均基本公共卫生服务经费标准,2015年达到 40 元以上;加快推进药品生产流通领域改革,积极发展医疗服务业;制定完善相关法律法规,健全行业、人员、技术、设备的准入和退出机制;放宽社会资本举办医疗机构的准入,鼓励有实力的企业、慈善机构、基金会、商业保险机构等社会力量以及境外投资者举办医疗机构,鼓励具有资质的人员依法开办私人诊所。

(三) 深化行政管理体制改革,加快建设服务型政府

行政管理体制是国家政治体制的重要组成部分。党的十六大以后,按照十六大提出的"深化行政管理体制改革"、"形成行为规范、运转协调、公正透明、廉洁高效的行政管理体制"①的要求,党中央、国务院大力推进行政管理体制改革,在转变政府职能和加强政府自身建设方面等,取得了一系列新进展。

在党的十六大以来行政管理体制改革不断深化的基础上,党的十七大对"加快行政管理体制改革,建设服务型政府"作出新的部署,提出"要抓紧制定行政管理体制改革总体方案……健全政府职责体系,完善公共服务体系,推行电子政务,强化社会管理和公共服务。加快推进政企分开、政资分开、政事分开、政府与市场中介组织分开,规范行政行为,加强行政执法部门建设,减少和规范行政审批,减少政府对微观经济运行的干预。规范垂直管

---

① 江泽民:《全面建设小康社会,开创中国特色社会主义事业新局面——在中国共产党第十六次全国代表大会上的报告》,《人民日报》2002 年 11 月 17 日。

理部门和地方政府的关系。加大机构整合力度,探索实行职能有机统一的大部门体制,健全部门间协调配合机制。精简和规范各类议事协调机构及其办事机构,减少行政层次,降低行政成本,着力解决机构重叠、职责交叉、政出多门问题。统筹党委、政府和人大、政协机构设置,减少领导职数,严格控制编制。加快推进事业单位分类改革"①。

根据党的十七大的部署,2008 年 2 月,党的十七届二中全会审议通过了在广泛征求意见基础上形成的《关于深化行政管理体制改革的意见》和《国务院机构改革方案》,同意把《国务院机构改革方案》提请十一届全国人大一次会议审议。《意见》确立了深化行政体制改革的指导思想、基本原则、总体目标和重点任务。指导思想是:高举中国特色社会主义伟大旗帜,以邓小平理论和"三个代表"重要思想为指导,深入贯彻落实科学发展观,按照建设服务政府、责任政府、法治政府和廉洁政府的要求,着力转变职能、理顺关系、优化结构、提高效能,做到权责一致、分工合理、决策科学、执行顺畅、监督有力,为全面建设小康社会提供体制保障。总体目标是:通过改革,实现政府职能向创造良好发展环境、提供优质公共服务、维护社会公平正义的根本转变,实现政府组织机构及人员编制向科学化、规范化、法制化的根本转变,实现行政运行机制和政府管理方式向规范有序、公开透明、便民高效的根本转变,到 2020 年建立起比较完善的中国特色社会主义行政管理体制,建设人民满意的政府。重点任务是:以政府职能转变为核心,加快推进政企分开、政资分开、政事分开、政府与市场中介组织分开,把不该由政府管理的事项转移出去,把该由政府管理的事项切实管好,从制度上更好地发挥市场在资源配置中的基础性作用,更好地发挥公民和社会组织在社会公共事务管理中的作用,更加有效地提供公共产品;按照精简统一效能的原则和决策权、执行权、监督权既相互制约又相互协调的要求,紧紧围绕职能转变和理顺职责关系,进一步优化政府组织结构,规范机构设置,探索实行职能

---

① 胡锦涛:《高举中国特色社会主义伟大旗帜,为夺取全面建设小康社会新胜利而奋斗——在中国共产党第十七次全国代表大会上的报告》,《人民日报》2007 年 10 月 25 日。

有机统一的大部门体制,完善行政运行机制;加强依法行政和制度建设,加快建设法治政府,推行政府绩效管理和行政问责制度,健全对行政权力的监督制度,完善公务员管理配套制度和措施,建立能进能出、能上能下的用人机制。《意见》是党的历史上第一份系统阐述行政管理体制改革的中央全会文件,也是今后较长一个时期深化行政管理体制改革的纲领性文献。

2010年10月党的十七届五中全会通过的《中共中央关于制定国民经济和社会发展第十二个五年规划的建议》对"推进行政体制改革"再次作出明确规定,提出要"进一步转变政府职能,深化行政审批制度改革,加快推进政企分开,减少政府对微观经济活动的干预,加快建设法治政府和服务型政府。继续优化政府结构、行政层级、职能责任,降低行政成本,坚定推进大部门制改革,在有条件的地方探索省直接管理县(市)的体制。健全科学决策、民主决策、依法决策机制,推进政务公开,增强公共政策制定透明度和公众参与度,加强行政问责制,改进行政复议和行政诉讼,完善政府绩效评估制度,提高政府公信力"①。

按照党的十七大和十七届二中全会、五中全会的部署和要求,我国深化行政管理体制改革的各项工作有序推进,取得了新的显著成效。

第一,中央和地方政府机构改革力度加大。在国务院机构改革方面,围绕转变政府职能和理顺部门职责关系,探索实行职能有机统一的大部门体制,主要内容包括:合理配置国家发展改革委、财政部、中国人民银行等宏观调控部门职能,建立健全协调配合机制,形成科学权威高效的宏观调控体系;设立高层次的议事协调机构国家能源委员会,负责研究拟订国家能源发展战略,审议能源安全和能源发展中的重大问题;组建工业和信息化部,负责拟订并组织实施工业行业规划、产业政策和标准,监测工业行业日常运行,推动重大技术装备发展和自主创新,管理通信业,指导推进信息化建设,协调维护国家信息安全等;组建交通运输部,承担涉及综合运输体系的规划

---

① 《中共中央关于制定国民经济和社会发展第十二个五年规划的建议》,《人民日报》2010年10月28日。

协调工作,促进各种运输方式相互衔接等;组建人力资源和社会保障部,将人事部、劳动和社会保障部的职责整合划入该部;组建环境保护部,负责拟订并组织实施环境保护规划、政策和标准,协调解决重大环境问题;组建住房和城乡建设部,加快建立住房保障体系,加强城乡建设统筹;国家食品药品监督管理局改由卫生部管理,明确卫生部承担食品安全综合协调、组织查处食品安全重大事故的责任。经过改革,国务院正部级机构减少了6个。按照一件事情原则上由一个部门负责的要求,这次改革还进一步明确了部门职责分工,集中解决了宏观调控、环境资源、涉外经贸、市场监管、文化卫生等领域七十多项职责交叉和关系不顺问题。在国务院机构改革完成阶段性任务后,2008年8月,中共中央、国务院又下发了《关于地方政府机构改革的意见》,提出地方政府机构改革的主要任务是转变政府职能,理顺职责关系,明确和强化责任,调整优化组织结构,规范机构设置,完善管理体制等。在地方政府机构改革中,机构编制得到严格控制:省、自治区政府机构限额控制在40个左右,规模比较小的省份控制在30个左右,直辖市控制在45个左右;大城市政府机构限额控制在40个左右,中等城市控制在30个左右,小城市控制在22个左右;县政府机构限额由各地根据经济社会发展情况和不同县情,按14—22个左右掌握。在人员编制管理方面,实行严格的总量控制。"强县扩权"是这次地方政府机构改革的最突出亮点之一,强县扩权主要涉及两个层面的改革:一是在财政体制上实行省直接管理县;二是依法探索省直接管理县的体制,进一步扩大县级政府社会管理和经济管理权限。截至2008年9月,全国共有24个省份对818个县进行了省直接管理县财政体制的试点,有8个省份对219个县进行了强县扩权等省直接管理县的试点。强县扩权不仅有利于发挥县级政府积极性和促进县域经济社会发展,而且对深化行政管理体制改革,减少行政层次,提高行政效率,促进城乡协调发展也具有重要意义。2009年6月,财政部发布《关于推进省直接管理县财政改革的意见》,提出到2012年底前,力争全国除民族自治地区外全面推进省直接管理县财政改革。在中央和地方政府机构改革的同时,事业单位改革开始启动。2008年2月,国务院常务会议讨论并原则通过《事业单位工作人员养老保险制度改革试点方案》,确定在山西、上海、浙江、广东、重庆5省市先期开展试点,与事业单位分类改革配套推进。试点的主要内容包括:养老保险费用由单位和个人共同负担,退休待遇与缴费相联系,基金逐步实行省级统筹,建立职业年金制度,实行社会化管理服务等。2009年9月,国务院常务会议决定在公共卫生与基层医疗卫生事业单位和其他事业单位分三步实施绩效工资:第一步,从2009年1月1日起先在义务教育学校实施;第二步,配合医药卫生体制改革特别是实行基本药物制度,从2009年10月1日起,在疾病预防控制、健康教育、妇幼保健、精神卫生、应急救治、采供血、卫生监督等专业公共卫生机构和乡镇卫生院、城市社区卫生服务机构等基层医疗卫生事业单位实施;第三步,从2010年1月1日起,在其他事业单位实施。[①] 全国事业单位人事制度改革有序展开:到2010年4月,全国已有29个省区市以及新疆生产建设兵团正式启动事业单位岗位设置方案的备案、核准工作,其中7个地方已基本完成;国务院和中央党群系统需要核准或备案的157个部门和单位中,已有108个正式核准、备案。

第二,政府职能加快转变,政府对微观经济运行的干预逐步减少,市场在资源配置中的基础性作用得到较好发挥,政府公共服务职能不断强化,以科技、教育、卫生、文化、就业和社会保障体系建设为重点的服务型政府建设初见成效。2008年3月,十一届全国人大一次会议审议通过《国务院机构改革方案》后,按照政企分开、政资分开、政事分开、政府与市场中介组织分开的要求,国务院完成了首批46个部门的"三定"(定职责、定机构、定编制)方案,共取消、下放、转移职能六十余项;批准成立了由监察部牵头、中央编办和国家发展改革委等12个部门组成的行政审批制度改革工作部际联席会议以及《行政审批制度改革工作部际联席会议工作规则》、《关于深

---

① 《公共卫生与基层医疗卫生事业单位和其他事业单位实施绩效工资》,《人民日报》2009年9月3日。

入推进行政审批制度改革工作的意见》等文件,明确了行政审批制度改革的工作思路和主要任务。2009年1月,国务院公布了《关于修改〈国务院对确需保留的行政审批项目设定行政许可的决定〉的决定》。2010年6月,国务院常务会议决定,在2001年以来先后四批取消和调整行政审批项目的基础上,再取消和下放184项行政审批项目,其中取消行政审批项目113项,下放行政审批项目71项。行政审批制度改革是打破多年来经济高速增长过程中形成的既得利益格局、推进深层次行政管理体制改革的一个突破口。2011年11月,国务院召开深入推进行政审批制度改革工作电视电话会议,要求进一步清理、减少和调整行政审批事项,坚持市场优先和社会自治原则,凡市场机制能够有效调节的,公民、法人及其他组织能够自主决定的,行业组织能够自律管理的,政府就不要设定行政审批;凡可以采用事后监管和间接管理方式的,就不要再搞前置审批,重点推进三个领域的改革:一是投资领域,真正确立企业和公民个人的投资主体地位;二是社会事业领域,加大审批事项的清理、精减和调整力度,放宽限制,打破垄断,扩大开放,公平准入,鼓励竞争;三是非行政许可审批领域,进一步清理一些部门和地方利用"红头文件"等对公民、企业和其他社会组织提出的限制性规定,没有法律法规依据、不按法定程序设定的登记、年检、监制、认定、审定以及准销证、准运证等,要一律取消。

第三,法治政府建设取得重要进展。一是建立和完善工作规则。2008年修订的《国务院工作规则》在2003年提出"实行科学民主决策、坚持依法行政、加强行政监督"三项准则的基础上增加了"推进政务公开、加强廉政建设"两项准则。各级政府也都建立健全了政府工作规则。二是加快推进法制建设。自2004年3月国务院发布《全面推进依法行政实施纲要》到2010年8月,国务院共向全国人大及其常委会提出法律议案47件,制定行政法规167件,各部门和地方政府制定规章5208件。各级政府特别加强了政府自身建设的立法,提交全国人大常委会审议通过了行政许可法、公务员法,制定了政府信息公开条例、行政机关公务员处分条例等。这些法律法规对规范政府行为、推进依法行政发挥了重要作用。三是加强科学民主决策。各级政府不断完善重大事项调查研究和集体决策制度，重大决策专家咨询制度、公示制度、公开征求意见和社情民意反映制度，决策跟踪反馈和责任追究制度，进一步健全科学民主决策程序。党的十七大以来，国务院的重大决策特别是涉及人民群众切身利益的重要事项，都以适当方式听取人民群众、民主党派、专家学者和社会各界的意见。四是切实规范行政行为，不断加强对行政执法行为的监督管理，改进执法方式，推行综合执法，有效遏制了乱处罚、乱收费、乱摊派和多头执法、重复执法等问题。五是进一步加强行政监督。国务院除一年一度向全国人民代表大会报告政府工作外，还选择若干事关改革发展稳定大局、群众切身利益和社会普遍关心的热点问题，向全国人大常委会专题报告，每年将上年度财政预算执行情况和其他财政收支情况的审计报告提请全国人大常委会审议，接受询问和监督。从中央到地方，各级政府还加大了行政问责实施力度，加强对滥用职权、失职渎职、决策失误、行政违法等的责任追究。加强对制定法规、规章和规范性文件等抽象行政行为的监督。2008 年 1 月，国务院发布《关于废止部分行政法规的决定》，对截至 2006 年底现行行政法规共 655 件进行了全面清理，对主要内容被新的法律或者行政法规所代替的 49 件行政法规予以废止；对适用期已过或者调整对象已经消失，实际上已经失效的 43 件行政法规，宣布失效。2007 年 5 月，国务院还通过了《行政复议法实施条例》，积极探索行政复议体制改革，加强各级行政复议工作人员能力建设。

第四，大力推进政务公开，服务型政府建设扎实推进。早在 2003 年 2 月，江苏省南京市人民政府就出台了《关于推进服务型政府建设的实施意见》。《意见》提出要建立民主、科学的公共决策机制，推行行政法治化，提高公共服务效能，完善公共财政体系，加快建设公平、规范、有序的市场环境，加快建立精干、廉洁、高效的公务员队伍等任务及措施。2005 年，吉林省人民政府出台了《关于加强服务型政府机关建设的意见》，提出要按照以市场和企业为社会主体的要求，切实把服务作为政府机关履行职责、行使职能的起点,通过更新行政理念,改革行政体制,转变政府职能,创新管理方式。2007 年 1 月,国务院公布《中华人民共和国政府信息公开条例》,要求所有政府信息,除受法律保护的国家秘密、商业秘密和个人隐私外,都要向社会和人民群众公开,这是加快推进服务型政府建设的一个重大举措。随后,各级地方政府进一步加快了探索建设服务型政府的步伐。2008 年 4 月,湖北省武汉市委、市政府出台《关于加快服务型政府建设的若干意见》,要求打造与群众"零距离"的服务型亲民政府;2010 年 5 月,广东深圳市制定并实施了《深圳市行政服务管理规定》,要求设定和提供行政服务应当贯彻以民为本的宗旨,遵循便民、优质、高效原则;2011 年 4 月,湖南省公布了《湖南省政府服务规定》,对行政机关提供政府服务应遵循的原则和服务内容作了明确规定,这是全国第一部专门规范政府服务行为的省级规章。2011 年 7 月,中共中央办公厅、国务院办公厅在 2005 年出台的《关于进一步推行政务公开的意见》的基础上,又印发了《关于深化政务公开加强政务服务的意见》。《意见》阐述了深化政务公开、加强政务服务的重要性和总体要求,提出要以改革创新精神深化政务公开工作、统筹推进政务服务体系建设、强化监督保障措施。《意见》对促进服务政府、责任政府建设,提高政务服务水平将起到积极推动作用。

第五,政府管理方式不断创新。中共中央、国务院在《关于深化行政管理体制改革的意见》中明确提出要"推行政府绩效管理和行政问责制度"。2010 年 7 月,中央纪委、监察部组建绩效管理监察室,组织开展政府绩效管理情况调研和监督检查;2011 年 3 月,由监察部、中组部、中编办、国家发展改革委等 9 个部门组成的政府绩效管理工作部际联席会议成立;2011 年 6 月 10 日,经国务院同意,监察部印发了《关于开展政府绩效管理试点工作的意见》。2011 年 6 月 28 日,政府绩效管理工作部际联席会议召开政府绩效管理试点工作动员会,选择北京、吉林、福建、广西、四川、新疆以及杭州、深圳 8 个地区开展地方政府及其部门绩效管理试点;国土资源部、农业部、质检总局等 4 个部门开展国务院机构绩效管理试点;国家发展改革委、环境保护部、财政部 3 个部门开展专项工作绩效管理试点，为全面推行政府绩效管理制度探索积累经验。① 截至 2011 年 9 月，全国已有 21 个省（区、市）和新疆生产建设兵团设立了绩效管理或绩效评估领导机构和办事机构，不同程度地探索开展政府绩效评估工作，初步形成了与目标责任制相结合、与经济社会发展指标相结合、以督察验收重点工作为主、以加强机关效能建设为目标、以公众评议为主要方式的绩效评估模式。在应对各种突发事件和危机的过程中，政府应急管理体系不断完善。自 2008 年以来，国务院对应急管理工作作出了一系列决策部署，每年都明确提出了年度重点工作和目标任务。依照"以人为本，减少危害；居安思危，预防为主；统一领导，分级负责；依法规范，加强管理；快速反应，协同应对；依靠科技，提高素质"的应急管理原则，国务院重点加强了"一案三制"建设；全国 31 个省区市和 5 个计划单列市相继成立了应急管理领导机构，组建或明确了办事机构。2007 年 11 月 1 日正式实施《突发事件应对法》；2009 年 10 月，国务院办公厅下发《关于加强基层应急队伍建设的意见》，提出通过 3 年左右的努力，县级综合性应急救援队伍基本建成，重点领域专业应急救援队伍得到全面加强；乡镇、街道、企业等基层组织和单位应急救援队伍普遍建立，应急志愿服务进一步规范，基本形成统一领导、协调有序、专兼并存、优势互补、保障有力的基层应急队伍体系，应急救援能力基本满足本区域和重点领域突发事件应对工作需要，为最大限度地减少突发事件及其造成的人员财产损失、维护国家安全和社会稳定提供有力保障。电子政务全面推行。中央政府各政府机构（除个别部门外）全部开设了互联网网站，全国 31 个省、自治区、直辖市政府也全部开设了门户网站，各省区市政府绝大部分政府机构、地级市州和相当一部分区县都已开通了门户网站，并提供了程度不同的信息发布、网上办事等服务。

党的十七大以来，我国政府职能加快转变，政府机构改革初见成效，法治政府和服务政府建设进程加快，政府管理方式不断创新，为到 2020 年实

① 《从自行探索到开展试点，政府绩效管理制度建设提速》，《人民日报》2011 年 9 月 6 日。

现深化行政管理体制改革的总体目标打下了坚实基础。

五、加快中国特色军事变革，积极开展全方位外交

（一）在全面建设小康社会进程中实现富国和强军的统一

一个国家若没有强大的国防和军队，就难以保障自身安全和长期繁荣发展。在协调推进中国特色社会主义经济、政治、文化、社会建设的同时，必须高度重视并大力加强国防和军队建设，实现富国和强军的统一。党的十六大以来，以胡锦涛为总书记的党中央适应世界军事发展新趋势，以科学发展观为指导，统筹经济建设和国防建设，加快推进中国特色军事变革，军队革命化、现代化、正规化建设全面加强，履行新世纪新阶段历史使命能力显著提高，为维护国家安全和促进党领导的中国特色社会主义各项事业的发展提供了有力保障。

立足中国特色社会主义事业总布局谋划国防和军队建设。改革开放以来，我们党在领导中国特色社会主义建设和改革的过程中，总是站在国家安全和发展全局的战略高度来谋划国防和军队建设。党的十六大报告强调："建立巩固的国防是我国现代化建设的战略任务，是维护国家安全统一和全面建设小康社会的重要保障"，要"坚持国防建设与经济建设协调发展的方针，在经济发展的基础上推进国防和军队现代化"[①]。2004 年 12 月 24 日，在中央军委扩大会议上，胡锦涛对新世纪新阶段人民解放军的历史使命提出新要求："军队要为党巩固执政地位提供重要的力量保证，为维护国家发展的重要战略机遇期提供坚强的安全保障，为维护国家利益提供有力的战略支撑，为维护世界和平与促进共同发展发挥重要作用。"这"三个提供、一个发挥"要求的提出，把巩固党的执政地位、维护国家发展重要战略机遇

[①] 江泽民：《全面建设小康社会，开创中国特色社会主义事业新局面——在中国共产党第十六次全国代表大会上的报告》，《人民日报》2002 年 11 月 17 日。

期、维护国家利益和维护世界和平促进共同发展,与军队的职能使命紧密联系在了一起,在全局意义上抓住了军队建设带根本性的重大问题,进一步明确了军队在新世纪新阶段的基本任务,拓展了军队职能,规定了军队建设的发展方向和指导原则,是人民军队历史使命的又一次与时俱进。推进国防和军队现代化建设,一个基本着眼点是使国防和军队现代化建设与国家发展战略相适应,合理确定国防和军队建设布局,使国防和军队现代化进程与国家现代化进程相一致。2006 年 3 月十届全国人大第四次会议通过的《政府工作报告》明确提出:"加强国防和军队建设,是社会主义现代化建设的重要战略任务"①。2007 年 9 月,十七大报告在论述国防和军队建设时进一步指出:"国防和军队建设,在中国特色社会主义事业总体布局中占有重要地位。必须站在国家安全和发展战略全局的高度,统筹经济建设和国防建设,在全面建设小康社会进程中实现富国和强军的统一。"②这个论断,深刻揭示了"富国"和"强军"不可偏废、辩证统一的关系。按照"富国"和"强军"相统一的原则,随着国家总体经济实力的提高,用于支持国防和军队现代化建设、改善部队训练生活条件、提高完成多样化军事任务能力的国防支出也不断增加,2005 年达到 2446.56 亿元,比上年增长 12.6%;2012 年达到 6503.11 亿元,比上年增长 11.4%。③ 在国内改革发展日益深入、国际经济科技和军事竞争日趋复杂的新形势下,把国防和军队现代化建设放在中国特色社会主义事业总体布局中来运筹和设计,要求人民军队在履行"三个提供、一个发挥"历史使命时,必须不断提高军队应对多种安全威胁、完成多样化军事任务的能力。党的十六大以来,在各级政府和人民群众的支持下,我军统筹推进各个战略方向的军事斗争准备,信息化条件下防卫作战能

---

① 温家宝:《政府工作报告——2006 年 3 月 5 日在第十届全国人民代表大会第四次会议上》,《人民日报》2006 年 3 月 16 日。

② 胡锦涛:《高举中国特色社会主义伟大旗帜,为夺取全面建设小康社会新胜利而奋斗——在中国共产党第十七次全国代表大会上的报告》,《人民日报》2007 年 10 月 25 日。

③ 《关于 2011 年中央和地方预算执行情况与 2012 年中央和地方预算草案的报告》,《光明日报》2012 年 3 月 17 日。

力明显增强;我军先后完成汶川抗震救灾、支援北京奥运会和残奥会、国庆 60 周年首都阅兵、玉树抗震救灾、舟曲抢险救援、上海世博会和广州亚运会安保等急难险重任务,执行任务种类之多、用兵规模之大、出动频率之高,是多年来少有的。我军还积极参加联合国维和行动、海上护航、国际反恐合作和救灾行动。从 2008 年 12 月到 2011 年 12 月,我国海军在亚丁湾、索马里海域护航 3 年来,共派出 10 批 25 艘舰船、八千四百余名官兵执行护航任务,对 403 批 4383 艘中外船舶实施了护航。

从严治军,全面提升军队革命化现代化正规化建设水平。坚持党对军队绝对领导的根本原则和人民军队服务人民的根本宗旨,军队革命化建设取得新进展。党的十六大以来,面对国际国内形势的新变化,以胡锦涛为总书记的党中央着眼永葆我军政治本色、实现科学发展和有效履行使命,高度重视培育当代革命军人核心价值观。2004 年 9 月,在中央军委扩大会议上,胡锦涛指出,我军的光荣传统和优良作风包含着我军建设的一系列基本原则和根本制度,包含着我军特有的革命精神和革命作风,是我军七十多年发展积累起来的宝贵精神财富,也是我军的传家法宝,无论时代如何发展、社会环境如何变化,我军的光荣传统和优良作风永远不能丢。2008 年 12 月,胡锦涛将当代军人核心价值观概括为 5 方面 20 字:"忠诚于党、热爱人民、报效国家、献身使命、崇尚荣誉"。坚持质量建军,科技强军,切实转变战斗力生成模式,军队现代化建设取得新进展。信息化是军队战斗力生成的倍增器。党的十六大以来,党中央、中央军委根据建设信息化军队、打赢信息化战争的战略目标,加快机械化和信息化复合发展,充分发挥信息能力在战斗力生成中的主导作用,着力推动部队信息化建设取得长足进步。2006 年 6 月,在全军军事训练会议上,胡锦涛明确提出:"要立足机械化信息化复合发展的实际,更加自觉地主动地推进机械化条件下军事训练向信息化条件下军事训练的转变"[1]。据此,2006 年 7 月,中央军委发布《关于

---

[1] 《深刻认识加强新世纪新阶段军事训练的战略意义和时代要求,推进机械化条件下军事训练向信息化条件下军事训练转变》,《人民日报》2006 年 6 月 28 日。

加强新世纪新阶段军事训练的决定》,就推动新世纪新阶段我军军事训练转变之际,中央军委又发布《关于深入推进军事训练转变的意见》,对当前和今后一个时期我军军事训练改革发展作出安排。坚持依法治军、从严治军,完善军事法规,加强科学管理,军队正规化建设取得新进展。党的十六大以后,依法治军的力度进一步加大。仅 2009—2010 年两年中,全国人大常委会就审议通过了《中华人民共和国人民武装警察法》、《中华人民共和国国防动员法》和新修订的《中华人民共和国预备役军官法》;中央军委发布施行了新修订的《中国人民解放军内务条令》、《中国人民解放军纪律条令》、《中国人民解放军队列条令》和新一代司令部工作条例;经中央军委批准,总参谋部、总政治部、总后勤部、总装备部发布施行了新修订的《军队基层建设纲要》;国务院、中央军委联合公布施行了《军服管理条例》、《武器装备质量管理条例》及新修订的《中国人民解放军现役士兵服役条例》,各总部、军兵种、军区和武警部队也发布了施行一批军事规章。截至 2010 年 12月,全国人大及其常务委员会制定的国防和军事方面的法律及有关法律问题的决定 17 件,国务院、中央军委联合制定的军事行政法规 97 件,中央军委制定的军事法规 224 件,各总部、军兵种、军区和武警部队制定的军事规章三千多件。①

适应世界军事发展新趋势,加快推进中国特色军事变革。2002 年 12月,中央军委扩大会议首次提出从战略高度推进"中国特色军事变革"的重大命题②。2003 年 5 月,中央政治局进行第五次集体学习,专门研究世界新军事变革的发展态势。2003 年 9 月,江泽民在出席国防科学技术大学 50周年庆典活动时宣告:党中央、中央军委决定,我军将在"九五"期间裁减员额 50 万的基础上,2005 年前再裁减员额 20 万。2007 年党的十七大报告提出,要"适应世界军事发展新趋势和我国发展新要求,推进军事理论、军事

---

①　中华人民共和国国务院新闻办公室:《2010 年中国的国防》,《人民日报》2011 年 4 月1 日。

②　《江泽民文选》第三卷,人民出版社 2006 年版,第 576 页。

技术、军事组织、军事管理创新";要"调整改革军队体制编制和政策制度，逐步形成一整套既有中国特色又符合现代军队建设规律的科学的组织模式、制度安排和运作方式"；要"调整改革国防科技工业体制和武器装备采购体制，提高武器装备研制的自主创新能力和质量效益"；要"建立和完善军民结合、寓军于民的武器装备科研生产体系、军队人才培养体系和军队保障体系，坚持勤俭建军，走出一条中国特色军民融合式发展路子"。按照党中央、中央军委的部署，"十一五"时期，中国特色军事变革加快推进：部队编成结构更加合理；联合作战体系构建不断完善；国防科技工业体制和武器装备采购体制改革进一步深入；后勤保障水平明显提高；军民结合、寓军于民的武器装备科研生产体系、军队人才培养体系和军队保障体系进一步完善，走出了一条中国特色军民融合式发展路子。

（二）坚定不移走和平发展道路，积极开展全方位外交

党的十六大以来，以胡锦涛为总书记的党中央在对内提出并致力于构建社会主义和谐社会的同时，在对外战略上，恪守维护世界和平、促进共同发展的外交政策宗旨，始终不渝坚持走和平发展道路，推动建设持久和平、共同繁荣的和谐世界，坚持在和平共处五项原则基础上开展全方位外交，推动新世纪新阶段我国对外战略和外交工作取得重大进展和新的成就。

走和平发展道路，推动建设和谐世界。2003 年 1 月 30 日，胡锦涛在中共中央党校提交的一份报告上批示："就中国的和平崛起道路问题开展研究。"2003 年 12 月，温家宝在访问美国发表的演讲中指出："中国的崛起，是和平的崛起，是依靠自己的力量来发展自己。"①中国的发展道路是"和平崛起发展道路"②。2003 年 12 月，胡锦涛在纪念毛泽东诞辰 110 周年座谈会上发表讲话再次指出：坚持中国特色社会主义道路，"就要坚持走和平崛起

---

① 《共同谱写中美关系新篇章》，《人民日报》2003 年 12 月 11 日。
② 《广泛开展文明对话和文化交流》，《人民日报》2003 年 12 月 11 日。

的发展道路"①。2004 年 9 月,党的十六届四中全会宣示:中国"高举和平、发展、合作的旗帜,坚持独立自主的和平外交政策,走和平发展的道路,永远不称霸"②。外交是内政的延续。党的十六大以来,以胡锦涛为总书记的党中央贯彻落实科学发展观,在国内倡导构建和谐社会的同时,将"和谐"理念拓展到国际事务领域,提出并逐步形成了"推动建设持久和平、共同繁荣的和谐世界"的重要主张。2005 年 4 月,胡锦涛在出席于印度尼西亚首都雅加达举行的亚非峰会时,首次提出"推动不同文明友好相处、平等对话、发展繁荣,共同构建一个和谐世界"的主张③。2006 年 8 月,中央外事工作会议把推动建设和谐世界作为新世纪新阶段中国外事工作的重要目标,并就贯彻落实作出具体规划。2006 年 10 月,党的十六届六中全会提出:"按照和平共处五项原则和其他公认的国际关系准则同世界各国发展友好关系,推动建设持久和平、共同繁荣的和谐世界。"④党的十七大在阐述中国外交政策时宣告:"我们主张,各国人民携手努力,推动建设持久和平、共同繁荣的和谐世界。"⑤推动建设持久和平、共同繁荣的和谐世界的主张,向国际社会展示了中国愿与世界各国共同维护和平、致力繁荣发展的坚定决心。

奉行互利共赢开放战略,促进地区和世界共同发展。在国际上奉行什么样的发展战略,同主张建立什么样的世界秩序、走什么样的发展道路息息相关。2005 年 10 月,党的十六届五中全会明确提出,在国内市场和国际市场联系日益紧密的情况下,我们要有宽广的世界眼光,"实施互利共赢的开

---

① 胡锦涛:《在纪念毛泽东同志诞辰 110 周年座谈会上的讲话》,《人民日报》2003 年 12 月 27 日。

② 《中共中央关于加强党的执政能力建设的决定》,《人民日报》2004 年 9 月 27 日。

③ 胡锦涛:《与时俱进,继往开来,构筑亚非新型战略伙伴关系——在亚非峰会上的讲话》,《人民日报》2005 年 4 月 23 日。

④ 《中共中央关于构建社会主义和谐社会若干重大问题的决定》,《人民日报》2006 年 10 月 19 日。

⑤ 胡锦涛:《高举中国特色社会主义伟大旗帜,为夺取全面建设小康社会新胜利而奋斗——在中国共产党第十七次全国代表大会上的报告》,《人民日报》2007 年 10 月 25 日。

放战略"①。2006 年 7 月,胡锦涛在出席于俄罗斯圣彼得堡举行的八国集团同发展中国家领导人对话会议时发表书面讲话指出:"中国将坚定不移地走和平发展道路,实施互利共赢的开放战略,同各国人民携手并进,为增进世界各国人民的福祉,为建设持久和平、共同繁荣的和谐世界而不懈努力"②。党的十六大以来,我国实施互利共赢的开放战略取得重大进展,有力地促进了中国经济和世界经济的共同发展。在与欧盟、美国、日本等发达国家和地区发展经贸关系方面,实现了优势互补和互惠互利。在实施互利共赢开放战略的过程中,中国十分重视双边和区域经贸合作的机制化建设。到 2011 年底,与中国签订双边贸易协定或经济合作协定的国家和地区超过150 个,全球有包括俄罗斯、巴西、新西兰、瑞士、澳大利亚在内的 81 个国家承认中国市场经济地位。中国与美、欧、日、英、俄等主要经济体均建立和保持着经济高层对话机制。中国积极参与亚太经济合作组织、东盟与中日韩(10+3)领导人会议、东亚峰会、中非合作论坛、大湄公河次区域经济合作、中亚区域经济合作、"大图们倡议"等区域和次区域经济合作机制。通过积极实施互利共赢的开放战略,中国每年以超过 20% 的贡献率拉动全球经济增长,既促进了中国自身经济的发展,也使地区和世界经济发展从中获得巨大益处。

坚持在和平共处五项原则基础上开展全方位外交。中国与美、欧、俄、日等世界主要大国关系继续稳定发展。在中美关系方面,2006 年 4 月和2011 年 1 月,胡锦涛先后两次对美国进行国事访问。2005 年 11 月,美国总统布什访问中国。2009 年 11 月,美国总统奥巴马对中国进行国事访问,胡锦涛与奥巴马就中美关系及共同关心的重大国际和地区问题深入交换了意见,一致同意共同努力建设 21 世纪积极合作全面的中美关系。在中欧关系

---

① 《中共中央关于制定国民经济和社会发展第十一个五年规划的建议》,《人民日报》2005 年 10 月 19 日。

② 胡锦涛:《在八国集团同发展中国家领导人对话会议上的书面讲话》(2006 年 7 月 17 日),《人民日报》2006 年 7 月 18 日。

方面,双方建立了涵盖政治、经贸、科技、能源、环境等领域的五十多个各级别磋商与对话机制,先后发表或签署了《中欧气候变化联合宣言》、《中欧清洁能源中心联合声明》、《中欧科技合作协定》、《中欧环境治理项目》等多个合作文件。在中俄关系方面,两国战略协作伙伴关系全面深入快速发展,进入历史最好时期。中俄双方本着互谅互让、平等协商原则,彻底解决了历史遗留的边界问题;双方在涉及对方主权、安全、发展利益特别是核心利益问题上相互坚定支持。在中日关系方面,2008年5月,胡锦涛主席成功访问日本,开创了中日战略互惠关系的新局面。中国坚持"与邻为善、以邻为伴"的周边外交方针,积极开展区域合作,共同营造和平稳定、平等互信、合作共赢的地区环境,与周边国家睦邻友好合作关系进一步扩大和深化。2008年,中日韩领导人首次在10+3框架外举行会议,三方合作迈入新阶段。到2012年5月,在10+3框架下中日韩三国领导人已举行了11次会晤。中印关系是中国最重要的双边关系之一,2005年4月,中印宣布建立面向和平与繁荣的战略合作伙伴关系。2006年11月,胡锦涛主席对印度进行国事访问,双方签署了包括《中印关于促进和保护投资的协定》等在内的13项协议。2007年8月,在中国推动下,《上海合作组织成员国长期睦邻友好合作条约》缔结,上海合作组织长期稳定发展的基础更加牢固。2012年6月6日至7日,由胡锦涛主席主持的上海合作组织北京峰会召开,成员国元首批准签署了《上海合作组织中期发展战略规划》、《上海合作组织成员国关于打击恐怖主义、分裂主义和极端主义2013—2015年合作纲要》等文件。在与东盟关系方面,2003年10月,第七次中国—东盟领导人会议期间,双方签署了《面向和平与繁荣的战略伙伴关系联合宣言》。在这次会议上,中国正式加入《东南亚友好合作条约》,双方政治互信进一步增强。中国同发展中国家的团结合作取得重要进展。2006年1月,中国政府发布《中国对非洲政策文件》,确定了中国对非政策的总体原则和目标。2006年11月,中国成功主办"中非合作论坛"北京峰会,会议确立了中非政治上平等互信、经济上合作共赢、文化上交流互鉴的新型战略伙伴关系,中非关系由此进入了全面、快速发展的新时期,展现出蓬勃生机和活力。阿拉伯国家联盟(简称"阿拉伯联盟"或"阿盟")是为了加强阿拉伯国家联合与合作而建立的地区性国际组织,共有 22 个成员国。2004 年 1 月,中国国家主席胡锦涛访问了设在埃及开罗的阿拉伯国家联盟总部,会见了阿盟秘书长和 22 个阿盟成员国代表,双方宣布成立"中国—阿拉伯国家合作论坛"。在国际事务中,中国大力加强了同巴西、南非、墨西哥等发展中大国的协调与合作,中俄印三国合作机制、中俄印巴(西)南(非)"金砖国家"合作机制等日益充实、完善。中国开展多边外交更加积极活跃。在联合国、八国集团同发展中国家领导人对话会、二十国集团峰会等多边舞台上,胡锦涛等党和国家领导人积极开展高层外交,宣示我重大理念及主张,拓展与各方关系,维护中国利益和形象。中国还积极推动形成了朝鲜半岛核问题六方会谈机制,为推动朝核问题和平解决发挥了重要独特作用。

政党外交是新时期中国总体外交战略的重要组成部分。党的十六大以来,面对国际格局和世界政党政治形势的新变化和党际关系的新特点,中国共产党坚定奉行"独立自主、完全平等、互相尊重、互不干涉内部事务"四项原则,积极充实和努力完善中国特色的政党外交,先后与世界上一百六十多个国家和地区的六百多个政党、政治组织保持着不同形式的交往和联系,形成了以各国执政党、参政党、合法在野党和政党国际组织为主要交往对象的全方位、多渠道、宽领域、深层次的政党交往新格局,开拓出既符合我国总体外交发展需要,又顺应当今世界政党政治发展大势的中国特色政党外交新局面。仅中共十六大至十七大期间,就有约 1200 个外国政党代表团来华访问;中国共产党则每年派出一百多个代表团走出国门,开展涉及政治、经济、文化、教育、司法等各领域的对外交流与合作。中国共产党与世界近 100 个重要政党建立了稳定的交流机制,与日本、俄罗斯、印度、澳大利亚等一些大国大党建立了定期交流机制,并与南太平洋、中东、中美洲加勒比地区三十多个国家的近 100 个政党新建立了党际关系,拓展了与政党国际组织的联系和交往。政党外交为促进中国的改革开放和社会主义现代化建设,树立中国共产党的良好国际形象做出了积极贡献。

（三）反对和遏制"台独"，开创两岸关系和平发展新局面

按照"一国两制"实现祖国完全统一，是海内外中华儿女的共同愿望。党的十六大以来，以胡锦涛为总书记的党中央定不移地贯彻"一国两制"、"港人治港"、"澳人治澳"、高度自治的方针，严格按照特别行政区基本法办事，保持并进一步促进了回归后香港、澳门经济的持续快速发展和社会繁荣稳定；在对台工作方面，牢牢把握两岸关系和平发展的主题，坚决反对、遏制和打击"台独"分裂活动；坚持在"九二共识"基础上增强政治互信，不断扩大两岸经济文化交流，推动台海局势发生重大积极变化，开创了两岸关系和平发展新局面。

2000年，台湾地区首次出现自1949年以来的政权更迭，国民党失去执政地位，坚持"台独"路线的民进党上台执政，台湾岛内局势发生重大、复杂的变化。以陈水扁为代表的"台独"分裂势力利用其掌握的行政资源，通过"公投"、"宪改"、"正名"等途径，以蚕食渐进的方式在政治、经济、"外交"、文教、军事等领域竭力推行"去中国化"的"渐进式台独"路线，蓄意挑起两岸对立，破坏大陆和台湾同属一个中国的现状，严重威胁台海和平稳定。2004年3月陈水扁连任"总统"后，推动"台独"的冒险性进一步上升，发生"台独"重大事变的可能性明显增大，威胁我国家主权和领土完整的现实危险日益严重。

面对"台独"加剧的新情况，党中央明确提出，必须把反对和遏制"台独"作为当前对台工作的首要任务，重点是全力阻止"台独"分裂势力通过推动"宪改"、"公投"谋求"台湾法理独立"；要综合运用各种力量，坚决挫败"台独"分裂图谋，维护国家主权和领土完整、维护两岸关系基本稳定、维护重要战略机遇期，为早日解决台湾问题、实现祖国完全统一创造条件。2004年5月17日，中共中央台湾工作办公室、国务院台湾事务办公室受权就两岸关系发表声明，强调："我们将以最大的诚意、尽最大的努力争取祖

国和平统一的前景。但是,如果台湾当权者铤而走险,胆敢制造'台独'重大事变,中国人民将不惜一切代价,坚决彻底地粉碎'台独'分裂图谋。"①2005 年 3 月,全国政协十届三次会议期间,胡锦涛发表讲话,就新形势下发展两岸关系问题提出四点意见:第一,坚持一个中国原则决不动摇;第二,争取和平统一的努力决不放弃;第三,贯彻寄希望于台湾人民的方针决不改变;第四,反对"台独"分裂活动决不妥协。这四点意见,丰富了对台工作指导原则的内涵,提出了对台工作的战略基点,是新形势下开展对台工作的重要指导方针。针对 2000 年以来"台独"势力日渐猖獗的严峻形势,2005 年 3 月 14 日,十届全国人大三次会议审议通过《反分裂国家法》,将党和国家关于解决台湾问题的大政方针以法律形式固定下来,严正表明了全中国人民维护国家主权和领土完整、绝不允许"台独"分裂势力以任何名义任何方式把台湾从中国分裂出去的共同意志和坚定决心。

在反对陈水扁当局"台独"冒险的同时,2005 年成功开启的两岸政党交流,对推动两岸关系朝着和平稳定方向发展发挥了重要作用。2005 年 4 月 26 日至 5 月 3 日,应中共中央和胡锦涛总书记的邀请,中国国民党主席连战率国民党大陆访问团访问大陆。4 月 29 日,胡锦涛与连战在北京举行会谈。双方就促进两岸关系改善和发展的重大问题及两党交往事宜,广泛而深入地交换了意见。这是 1945 年后 60 年来国共两党主要领导人首次举行会谈,是一次历史性会谈,具有重要的历史意义和现实意义。会谈结束后,两党发布了"两岸和平发展共同愿景"。2005 年 5 月 5 日至 13 日,应中共中央和胡锦涛总书记的邀请,亲民党主席宋楚瑜率亲民党大陆访问团正式访问大陆,开展两党间的首次交流对话。2005 年 7 月,新党主席郁慕明率领新党纪念抗日战争胜利 60 周年大陆访问团也访问了大陆。两岸政党交流开启后,截至 2007 年底,中共中央台湾工作办公室与国民党、亲民党有关方面相继成功地举办了一系列论坛,就两岸经贸交流、农业合作、直接"三

---

① 《中共中央台湾工作办公室、国务院台湾事务办公室受权就当前两岸关系问题发表声明》,《人民日报》2004 年 5 月 17 日。

通"、大陆居民赴台旅游、教育交流等重要问题进行深入研讨,达成广泛共识。大陆 16 个城市的党委还与国民党的 15 个县市党部相继开展了近 40 项交流活动;大陆有关方面累计出台了 54 项有利于扩大两岸交流、惠及广大台湾同胞的政策措施。这些政策措施,包括便利台湾同胞来往大陆及在大陆居留、就业、就学、就医,提供台湾农渔民向大陆销售部分水果、蔬菜、水产品的优惠,扩大两岸农业交流,缓解台资企业投融资困难以及宣布开放大陆居民赴台旅游、大陆同胞向台湾同胞赠送大熊猫等,受到台湾同胞的普遍欢迎。

在涉台外交方面,大陆反对陈水扁当局在国际上进行分裂祖国活动的斗争取得重要成果,连年挫败了陈水扁当局挤入联合国和世界卫生组织的图谋;国际社会普遍反对或不支持"台独",反对台湾当局通过"宪改"、"入联公投"、"申请入联"改变台湾地位,支持了大陆反对"台独"的正义斗争。

2007 年,党的十七大在对台湾问题总体形势和解决台湾问题的发展前景作出战略性、全局性科学判断的基础上,进一步全面阐述了中国共产党关于解决台湾问题、实现祖国完全统一的政策主张。党的十七大以后,大陆把握台湾岛内政局发生的重大积极变化,抓住机遇,主动作为,开创了两岸关系和平发展新局面。

2008 年 3 月,在台湾地区领导人选举中,认同"九二共识"、主张发展两岸关系的中国国民党籍候选人马英九当选台湾地区领导人;与此同时,陈水扁当局不顾海内外强烈反对而执意推动的所谓"入联公投"则因投票人数未达总投票权人数的一半而未获通过,"台独"分裂势力企图通过"入联公投"进而谋求"台湾法理独立"的图谋遭到严重挫败。上述情况表明,台湾岛内政局发生了重大而积极的变化,两岸关系发展出现了新机遇。

2008 年 4 月,胡锦涛在博鳌会见萧万长率领的台湾两岸共同市场基金会代表团时强调,当前,两岸经济交流合作面临着重要的历史性机遇,实现两岸关系和平发展,是两岸同胞的共同愿望所系、共同利益所在。5 月 28 日,胡锦涛在北京会见国民党主席吴伯雄以及由他率领的中国国民党大陆访问团全体成员,这是新形势下两党领导人首次会谈。6月11日至14日,应大陆海峡两岸关系协会邀请,台湾海峡交流基金会协商代表团访问北京,海协会会长陈云林与海基会董事长江丙坤举行了会谈,中断9年的两会制度化协商正式恢复。6月14日,两会签署《海峡两岸包机会谈纪要》《海峡两岸关于大陆居民赴台湾旅游协议》。同年11月,两会领导人又首次实现在台湾举行会谈,开启了两会制度化协商的新里程,签署了《海峡两岸空运协议》《海峡两岸海运协议》《海峡两岸邮政协议》以及《海峡两岸食品安全协议》四项协议,实现了两岸同胞期盼30年之久的直接通邮、通航,便利了两岸同胞往来和两岸经济合作,揭开了两岸关系发展新的一页。此后,两会又先后在台北、台中、重庆、天津等地举行了5次会谈,分别签署了《海峡两岸金融合作协议》《海峡两岸空运补充协议》《海峡两岸共同打击犯罪及司法互助协议》(2009年4月);《海峡两岸渔船船员劳务合作协议》《海峡两岸农产品检疫检验合作协议》《海峡两岸标准计量检验认证合作协议》(2009年12月);《海峡两岸经济合作框架协议》《海峡两岸知识产权保护合作协议》(2010年6月);《海峡两岸医药卫生合作协议》(2010年12月);《海峡两岸核电安全合作协议》以及《海协会与海基会关于推进两岸投保协议协商的共同意见》《海协会与海基会关于加强两岸产业合作的共同意见》(2011年10月)等。在两会签署的上述各项协议中,以《海峡两岸经济合作框架协议》(英文简称ECFA)最引人注目。ECFA确立了两岸加强和增进双方之间经济、贸易和投资合作的目标措施、合作范围和推进步骤,建立了具有两岸特色的经济合作机制,其签署和实施,标志着两岸经济关系步入了正常化、制度化、自由化的轨道,开创了两岸经济关系互利双赢、合作发展的新时代。ECFA不仅对增强台湾经济竞争力、促进岛内就业、造福岛内基层民众发挥了积极作用,而且对密切两岸经贸联系,促进两岸经济发展也起到了推动作用。2011年,大陆与台湾的贸易额达1600.3亿美元,同比上升10.1%。其中,大陆对台湾出口为351.1亿美元,同比增长18.3%;自台湾进口1249.2亿美元,同比增长7.9%;2011年大陆共批准台商投资项目 2639 个,实际使用台资金额 21.8 亿美元。截至 2011 年 12 月底,大陆累计批准台资项目 85772 个,实际利用台资 542 亿美元。2012 年 3 月 22 日,胡锦涛在北京会见中国国民党荣誉主席吴伯雄,高度评价两岸关系的发展,指出:过去 4 年,两岸关系实现历史性转折,展现出和平发展新局面,取得了一系列重大成果;实践证明,在反对"台独"、认同"九二共识"的基础上推动两岸关系和平发展,符合两岸同胞的共同愿望,符合中华民族的整体利益,符合时代发展进步的潮流;当前,两岸关系迎来新的发展机遇,面临着继往开来的新形势,我们应该沿着这条正确道路继续向前迈进,不断巩固成果、深化合作,努力再创新局,为台海地区谋和平,为两岸同胞谋福祉,为中华民族谋复兴。①

在开创两岸关系和平发展新局面的同时,党的十六大以来,以胡锦涛为总书记的党中央坚定不移地贯彻"一国两制"、"港人治港"、"澳人治澳"、高度自治的方针,全力支持香港、澳门特别行政区政府依法施政,"一国两制"实践日益丰富。香港回归不久,就遇到了亚洲金融危机的冲击,2003 年又遭遇"非典"和禽流感疫情等的严重影响,香港经济发展持续低迷。为了纾解香港的困难,促进内地与香港经济共同繁荣与发展,2003 年 6 月,中国中央政府与香港特别行政区政府签署了《内地与香港关于建立更紧密经贸关系的安排》(英文简称 CEPA)②。CEPA 是以胡锦涛为总书记的党中央和新一届中央政府支持香港经济复苏和繁荣发展的重要举措,是在"一国两制"原则下和世界贸易组织框架内作出的特殊安排。2008 年以来,国际金融危机肆虐,香港经济发展面临新的严峻挑战。为了帮助香港克服和抵御国际金融危机冲击,进一步加强内地与香港经贸联系和共同发展,2008—2011 年,经双方协商,内地与香港又先后签署了 4 个 CEPA 补充协议。在中央政府的支持和香港特别行政区政府努力下,香港克服各方面困难,实现了经济快速发展、社会总体稳定、民生显著改善。特别是 2003 年下半年实

---

① 《胡锦涛会见吴伯雄》,《人民日报》2012 年 3 月 23 日。
② CEPA 中的"内地"指中华人民共和国的全部关税领土。

现经济复苏后,香港一直保持着较好发展势头。澳门 1999 年回归祖国后,以行政长官何厚铧为首的特别行政区政府,依法对澳门进行有序治理,澳门各项事业不断发展。为了促进澳门经济繁荣发展,在内地与香港签署 CEPA 后,中央政府与澳门特别行政区政府于 2003 年 10 月签署了《内地与澳门关于建立更紧密经贸关系的安排》。从 2004 年 10 月到 2011 年 12 月,内地与澳门又先后签署了 8 个 CEPA 补充协议。这些补充协议,有力地促进了澳门与内地经济的进一步融合,为澳门的经济发展创造了更好的条件,带来了更多的机遇。

六、以改革创新精神谋划执政党的自身建设

(一) 确立党的建设总布局,提高党的建设科学化水平

办好中国的事情,关键在中国共产党。围绕"建设一个什么样的党,怎样建设党"这个重大理论和实践问题,以胡锦涛为总书记的党中央在前人探索的基础上,着眼于新世纪新阶段党的建设面临的新课题,进行新的不懈探索,不断完善并进一步明确了在全面建设小康社会、开创中国特色社会主义事业新局面的历史进程中加强和改进党的建设的总体布局和总要求。

2003 年 2 月 26 日,胡锦涛在党的十六届二中全会上发表讲话,通报了新一届中央政治局成立以来所做的主要工作。关于加强党的建设,胡锦涛指出:我们对加强和改进党的建设提出了总的要求,这就是:"解放思想、实事求是,与时俱进、开拓创新,以加强党的执政能力建设为重点,从思想上、组织上、作风上和制度上全面推进党的建设新的伟大工程,努力提高党的领导水平、执政水平和拒腐防变、抵御风险的能力,努力增强党组织的创造力、凝聚力和战斗力,为改革开放和现代化建设提供坚强保证。"①这段话已初

---

① 《十六大以来重要文献选编》(上),中央文献出版社 2005 年版,第 152 页。

步勾画了党建总体布局的雏形。

在全党开展以实践"三个代表"重要思想为主要内容的保持共产党员先进性教育活动,是党的十六大作出的决策。2000 年,中央组织部按照江泽民和胡锦涛的批示,在全国组织开展了 30 万名党员思想状况调查。针对调查中发现的部分党员存在的理想信念动摇、宗旨观念淡薄、组织纪律涣散等突出问题,提出了在党内开展一次以学习实践"三个代表"重要思想为主要内容的保持共产党员先进性教育活动的建议。2000 年底,中央政治局常委会议和政治局会议在听取汇报后,表示原则同意。党的十六大后不久,中央政治局常委会议和中央党建工作领导小组会议研究通过了开展保持共产党员先进性教育活动试点工作方案,并成立了以贺国强为组长、有关部门负责人参加的中央试点工作领导小组。试点工作分党政机关、农村、城市基层、垂直管理部门、综合试点 5 种类型,在 19 个单位进行,涉及 12 个省市、7个中央和国家机关部门,共有 5.2 万个基层党组织、103.5 万名党员参加。在试点基础上,2004 年 11 月 7 日,中共中央正式下发了《关于在全党开展以实践"三个代表"重要思想为主要内容的保持共产党员先进性教育活动的意见》,决定从 2005 年 1 月开始,用一年半左右的时间,在全党开展以实践"三个代表"重要思想为主要内容的保持共产党员先进性教育活动。2005 年 1 月 5 日至 6 日,中共中央召开保持共产党员先进性教育活动工作会议,对这项工作进行了部署。2005 年 1 月 14 日,在中共中央举行的有全体中央政治局常委参加的新时期保持共产党员先进性专题报告会上,胡锦涛发表讲话,第一次提出并深入阐述了"党的先进性建设"这一重大命题,强调"党的先进性建设是马克思主义政党自身建设的根本任务","抓住了先进性建设,就抓住了党的建设的根本,就抓住了加强党的执政能力建设、巩固党的执政地位的关键。"①历时一年半的保持共产党员先进性教育活动,是我们党自建立以来参加人数最多、规模最大的一次马克思主义集中教

---

① 《十六大以来重要文献选编》(中),中央文献出版社 2006 年版,第 610、616 页。

育活动,是在贯彻落实科学发展观过程中实施的加强党的执政能力建设和先进性建设的一项基础工程和重要实践。

在开展党的执政能力建设和先进性建设的过程中,以胡锦涛为总书记的党中央对全面推进党的建设新的伟大工程的总体布局和总要求的认识更加明确。2005年10月8日,在中共十六届五中全会上作的工作报告中,胡锦涛指出,党的十六大以来,"我们以加强党的执政能力建设和先进性建设为重点,全面推进党的思想建设、组织建设、作风建设和制度建设。"①2006年6月30日,在庆祝中国共产党成立85周年暨总结保持共产党员先进性教育活动大会上的讲话中,胡锦涛指出:"加强党的执政能力建设和先进性建设是紧密相关、相辅相成的,要贯穿于党的思想建设、组织建设、作风建设和制度建设之中,统一于党的建设新的伟大工程。"要"更加突出地把党的先进性建设作为党的各方面建设的主线,从而使党的建设的努力方向和检验标准更加鲜明"②。在此基础上,2007年10月,党的十七大对以改革创新精神全面推进党的建设新的伟大工程作出全面部署,科学概括并正式确立了新时期党的建设总体布局和总要求,这就是:"必须把党的执政能力建设和先进性建设作为主线,坚持党要管党、从严治党,贯彻为民、务实、清廉的要求,以坚定理想信念为重点,加强思想建设,以造就高素质党员、干部队伍为重点,加强组织建设,以保持党同人民群众的血肉联系为重点加强作风建设,以健全民主集中制为重点加强制度建设,以完善惩治和预防腐败体系为重点,加强反腐倡廉建设,使党始终成为立党为公、执政为民、求真务实、改革创新、艰苦奋斗、清正廉洁,富有活力、团结和谐的马克思主义执政党。"③围绕这个总体布局和总要求,党的十七大进一步提出了"深入学习贯彻中国特色社会主义理论体系,着力用马克思主义中国化最新成果武装全党"、

---

① 《十六大以来重要文献选编》(中),中央文献出版社2006年版,第1039页。
② 胡锦涛:《在庆祝中国共产党成立85周年暨总结保持共产党员先进性教育活动大会上的讲话》,《人民日报》2006年7月1日。
③ 胡锦涛:《高举中国特色社会主义伟大旗帜,为夺取全面建设小康社会新胜利而奋斗——在中国共产党第十七次全国代表大会上的报告》,《人民日报》2007年10月25日。

"继续加强党的执政能力建设,着力建设高素质领导班子"、"积极推进党内民主建设,着力增强党的团结统一"、"不断深化干部人事制度改革,着力造就高素质干部队伍和人才队伍"、"全面巩固和发展先进性教育活动成果,着力加强基层党的建设"、"切实改进党的作风,着力加强反腐倡廉建设"这"六个着力"的加强党的建设的主要任务。

实现党的十七大描绘的宏伟蓝图,必须进一步从战略上研究加强和改进党的建设问题。2009 年 9 月 15 日至 18 日,在新中国成立 60 周年、中共执政 60 周年之际,中共中央召开十七届四中全会,专门研究党的建设问题。全会听取和讨论了胡锦涛受中央政治局委托作的工作报告,审议并通过了《中共中央关于加强和改进新形势下党的建设若干重大问题的决定》。

党的十七届四中全会《决定》深入分析了加强和改进新形势下党的建设面临的国际国内形势以及党的自身建设中存在的诸多问题,强调指出:党的先进性和党的执政地位都不是一劳永逸、一成不变的,过去先进不等于现在先进,现在先进不等于永远先进;过去拥有不等于现在拥有,现在拥有不等于永远拥有;世情、国情、党情的深刻变化对党的建设提出了新的要求,党面临执政考验、改革开放考验、市场经济考验、外部环境考验,全党必须居安思危,增强忧患意识,常怀忧党之心,恪尽兴党之责,勇于变革、勇于创新,永不僵化、永不停滞,确保党在世界形势深刻变化的历史进程中始终走在时代前列,在应对国内外各种风险和考验的历史进程中始终成为全国人民的主心骨,在发展中国特色社会主义的历史进程中始终成为坚强的领导核心。《决定》立足现实,着眼长远,提出了加强和改进新形势下党的建设的总要求,这就是:"必须全面贯彻党的十七大关于党的建设总体部署,按照党章要求,着眼于继续解放思想、坚持改革开放、推动科学发展、促进社会和谐,着眼于提高党的执政能力、保持和发展党的先进性,着眼于增强全党为党和人民事业不懈奋斗的使命感和责任感,着眼于保持党同人民群众的血肉联系,突出重点,突破难点,全面推进思想建设、组织建设、作风建设、制度建设和反腐倡廉建设,提高党的建设科学化水平,进一步把党建设成为立党为公、执政为民,求真务实、改革创新,艰苦奋斗、清正廉洁,富有活力、团结和谐的马克思主义执政党,确保党始终是中国工人阶级的先锋队、同时是中国人民和中华民族的先锋队。"①这个总要求,强调了"四个着眼于"的党建着力点,重申了包括"思想建设、组织建设、作风建设、制度建设和反腐倡廉建设"在内的"五位一体"的党的建设总布局,明确了"把党建设成为立党为公、执政为民,求真务实、改革创新,艰苦奋斗、清正廉洁,富有活力、团结和谐的马克思主义执政党,确保党始终是中国工人阶级的先锋队、同时是中国人民和中华民族的先锋队"的党的建设总目标,特别是第一次鲜明地提出了"提高党的建设科学化水平"这个加强执政党建设的重大历史新课题。"提高党的建设科学化水平"的新要求与加强党的执政能力建设和先进性建设的要求具有同等重要的意义,表明我们党在复杂多变的新形势新挑战面前对进一步提高管党治党水平的新认识新觉醒。《决定》提出的加强和改进党的建设的总要求,高屋建瓴,全面系统,覆盖了党的建设各方面工作,从根本上为加强和改进新形势下党的建设指明了方向。

(二) 积极发展和扩大党内民主

党内民主是党的生命。中国共产党九十多年的发展史一再证明:什么时候党内民主得到较好发扬,党的事业就兴旺发达,即使出现问题,也能及时得到纠正;什么时候党内民主受到削弱破坏,党就会走弯路,党的事业就遭受挫折和失败。发展党内民主,是加强和改进党的建设、提高党的战斗力的根本环节。党的十六大以来的 10 年,是党内民主理论和实践不断深入、在质和量上都有明显提高的 10 年,党内民主建设在多方面取得重要进展。

党员主体地位进一步明确,党员民主权利得到保障。2004 年 9 月,经

---

① 《中共中央关于加强和改进新形势下党的建设若干重大问题的决定》,《人民日报》2009 年 9 月 28 日。

中央批准,修订后的《中国共产党党员权利保障条例》正式颁布实施。新颁布的《党员权利保障条例》共 5 章 38 条,其中第二章"党员权利"在党章确立的党员八项权利的基础上,规定了党员享有的包括知情权、参与权、选择权和监督权等在内的各项权利的具体内容;第三章"保障措施"用较大篇幅详细规定了保障党员正常行使权利和保障党员权利不受侵犯的一系列措施;第四章"责任追究"明确了党的组织和领导干部等四种主体在保障党员权利方面的责任。《党员权利保障条例》的颁布实施,使党员主体地位有了制度保障,是新形势下加强和改进党员权利保障工作的一项重大举措,对于坚持和健全民主集中制原则,进一步发展党内民主,增强党的生机活力,提高党的执政能力,推进党的建设新的伟大工程,具有十分重要的意义。2007年党的十七大强调,"尊重党员主体地位,保障党员民主权利"。2009 年党的十七届四中全会在阐述"保障党员主体地位和民主权利"时,进一步提出要"以落实党员知情权、参与权、选举权、监督权为重点,进一步提高党员对党内事务的参与度,充分发挥党员在党内生活中的主体作用"①。

党务公开积极推进,党内民主讨论的环境逐步形成。党务公开是党内民主的前提。2004 年 9 月,党的十六届四中全会在总结各地经验的基础上,提出"逐步推进党务公开,增强党组织工作的透明度,使党员更好地了解和参与党内事务"②。这是首次将党务公开写入党的正式文件中。2006年 10 月,党的十六届六中全会提出"扩大党内民主,推进党务公开"③。2007 年 10 月,党的十七大修订并通过的新党章在"党的组织制度"一章中明确规定:"党的各级组织要按规定实行党务公开,使党员对党内事务有更多的了解和参与"。2009 年 9 月,党的十七届四中全会进一步提出了"健全党内情况通报制度,及时公布党内信息"、"建立党委新闻发言人制度"、"办

---

① 《中共中央关于加强和改进新形势下党的建设若干重大问题的决定》,《人民日报》2009 年 9 月 28 日。

② 《中共中央关于加强党的执政能力建设的决定》,《人民日报》2004 年 9 月 27 日。

③ 《中共中央关于构建社会主义和谐社会若干重大问题的决定》,《人民日报》2006 年 10 月 19 日。

好党报党刊和党建网站"等"推进党务公开"的一系列办法措施①。截至2011年底,全国31个省(区、市)党的基层组织已全面实行党务公开。各级领导机关以及基层党组织工作中的重大问题,也组织广大党员讨论或充分听取党员意见,实现党员和基层组织对党的事务的广泛参与和有效监督。

党的代表大会制度和地方委员会工作机制日益完善。党的代表大会制度是中国共产党一项带根本性的组织制度,是党内民主最基本的实现形式。党的十六大提出:"扩大在市、县进行党的代表大会常任制的试点。积极探索党的代表大会闭会期间发挥代表作用的途径和形式。"②党的十六届四中全会也对试行党代会常任制作出了部署。按照中央的要求和部署,党的十六大以后5年间,中央有关部门在县(市、区)一级组织开展扩大试点工作,全国共有21个省(区、市)的97个县(市、区)进行了试点。实践证明,实行党代会代表任期制,是在党代会闭会期间发挥代表作用的重要途径,有利于调动代表参与党内事务的积极性和主动性;有利于扩大党内民主,提高党委决策的民主化、科学化水平,促进决策的贯彻落实;有利于建立并实行有效的监督制约机制,推进党委机关、党委领导班子的自身建设。经过各试点单位的积极探索,实行党代表任期制的经验趋于成熟,又易于操作,具备了在全国各级党组织普遍实行的条件。鉴于此种情况,2007年党的十七大报告明确规定:"实行党的代表大会代表任期制",同时"选择一些县(市、区)试行党代表大会常任制"。③ 2008年5月,中共中央印发《中国共产党全国代表大会和地方各级代表大会代表任期制暂行条例》,对实行党代表任期制作出具体规定。2009年党的十七届四中全会进一步要求:"落实和完善党代表大会代表任期制,建立健全代表参与重大决策、参加重要干部推荐和民

---

① 《中共中央关于加强和改进新形势下党的建设若干重大问题的决定》,《人民日报》2009年9月28日。
② 江泽民:《全面建设小康社会,开创中国特色社会主义事业新局面——在中国共产党第十六次全国代表大会上的报告》,《人民日报》2002年11月17日。
③ 胡锦涛:《高举中国特色社会主义伟大旗帜,为夺取全面建设小康社会新胜利而奋斗——在中国共产党第十七次全国代表大会上的报告》,《人民日报》2007年10月25日。

主评议、列席党委有关会议、联系党员群众等制度和办法,做好代表联络工作,保障代表充分行使各项权利,充分反映党员意见和建议。继续选择一些县(市、区)试行党代表大会常任制。"①在党代表选举方面,四川、湖北、浙江、广东等地试行"公推直选"产生基层党代表。2010年4月,深圳市首次在国内同级城市中进行了党代表"公推直选"试点。在改革党的代表大会制度的同时,党的十七大还提出,要"完善党的地方各级全委会、常委会工作机制,发挥全委会对重大问题的决策作用"。党的十七届四中全会提出,"发挥全委会对重大问题的决策作用,完善常委会议事规则和决策程序"。这对从机制上理顺和规范全委会和常委会的关系,充分发挥全委会的作用提出了新的要求。

中央政治局向中央委员会、地方党委常委会向全委会定期报告工作并接受监督制度认真落实。党的十六大以后,中央政治局和中央政治局常委会作出决定,今后每次召开中央全会,中央政治局都要向全会报告工作,以接受监督。2003年2月,胡锦涛在中共十六届二中全会上通报了十六届一中全会以来3个多月中央政治局的工作。2003年10月,在党的十六届三中全会上,胡锦涛首次代表中央政治局向中央全会作了工作报告。党的十六届四中全会正式提出,"建立健全常委会向全委会负责、报告工作和接受监督的制度"②。党的十七大进一步把"建立健全中央政治局向中央委员会全体会议、地方各级党委常委会向委员会全体会议定期报告工作并接受监督的制度"作为发展党内民主的一项重要制度,第一次在党的全国代表大会报告中作了明确规定。党的十七届四中全会也提出,要"健全和规范党委常委会向全委会定期报告工作并接受监督制度"。按照上述要求,党的十七大以来,中央政治局向中央全会、地方各级党委常委会向全委会定期报告工作并接受监督得到了切实贯彻执行,这对理顺党内权力关系、加强党内

---

①　《中共中央关于加强和改进新形势下党的建设若干重大问题的决定》,《人民日报》2009年9月28日。

②　《中共中央关于加强党的执政能力建设的决定》,《人民日报》2004年9月27日。

监督、保证权力得到正确行使,起到了有力的促进作用。

地方党委讨论决定重大问题和任用重要干部票决制全面推行。早在党的十一届三中全会前后,邓小平就多次严肃批评了党的领导中存在的"许多重大问题往往是一两个人说了算,别人只能奉命行事"的问题,强调:"重大问题一定要由集体讨论和决定。决定时,要严格实行少数服从多数,一人一票,每个书记只有一票的权利,不能由第一书记说了算。"①1987 年 9 月党的十三大提出,党的地方各级组织要"建立和完善有关的议事规则、表决制度和生活会制度"②,相应地,党的十三大修订并通过的党章作出规定:党组织"决定重要问题,要进行表决"③。1989 年 4 月,浙江台州椒江市在党代表大会常任制改革试点中,第一次对市管干部的任免在市党代会选出的全委会中进行了无记名投票表决,开了全国干部任用票决制的先河。鉴于一些地方党委不同程度地存在着常委会代替全委会,全委会形同虚设,在重大决策上由少数人说了算以及权力腐败的现象,2000 年 12 月,中央纪委第五次全体会议提出:"地(市)、县(市)党委、政府领导班子正职的拟任人选,逐步做到分别由省、市党委常委会提名,党的委员会全体会议审议,进行无记名投票表决。"④2002 年 7 月,中共中央印发的《党政领导干部选拔任用工作条例》则明确规定,"市(地)、县(市)党委、政府领导班子正职的拟任人选和推荐人选,由上级党委常委会提名,党的委员会全体会议审议,进行无记名投票表决"⑤。随着地方党委任免干部票决制的不断完善,在全国范围内加以制度化的条件基本成熟。党的十六大以后,干部任免票决制全面推进。2004 年 4 月,中共中央颁发的《党的地方委员会全体会议对下一级党委、政府领导班子正职拟任人选和推荐人选表决办法》明确规定:市(地、

---

① 《邓小平文选》第二卷,人民出版社 1994 年版,第 142、341 页。
② 《十三大以来重要文献选编》(上),人民出版社 1991 年版,第 51 页。
③ 《十三大以来重要文献选编》(上),人民出版社 1991 年版,第 62 页。
④ 《中国共产党中央纪律检查委员会第五次全体会议公报》,《人民日报》2000 年 12 月 28 日。
⑤ 《党政领导干部选拔任用工作条例》,《人民日报》2002 年 7 月 24 日。

州、盟）、县（市、区、旗）党委、政府领导班子正职的拟任人选和推荐人选，一般应当由上一级党委常委会提名并提交全委会无记名投票表决。党的十七大报告正式规定："推行地方党委讨论决定重大问题和任用重要干部票决制"。党的十七届四中全会进一步提出"推行和完善地方党委讨论决定重大问题和任用重要干部票决制"。地方党委讨论决定重大问题和任用重要干部实行票决制有效地避免了过去由少数人和"一把手"个人决定重大问题的弊端，为科学决策、民主决策、集体决策提供了制度保证。

党内选举制度改革不断深化。选举权和被选举权是党员享有的基本民主权利。以此为基础形成的选举制度，是党内民主的一项根本制度。早在1987 年，党的十三大提出"要改革和完善党内选举制度"，并提出改革的重点是"明确规定党内选举的提名程序和差额选举办法"①。1990 年 6 月和1994 年 1 月，中共中央相继印发《中国共产党基层组织选举工作暂行条例》《中国共产党地方组织选举工作条例》，两个条例明确规定了从基层到地方的党代会代表、委员会委员、常务委员会委员选举的提名程序和差额比例。党的十六大以来，在经过多年探索并总结各地创新性实践的基础上，党的十六届四中全会进一步提出"完善党内选举制度，改进候选人提名方式，适当扩大差额推荐和差额选举的范围和比例"②。党的十七大把改革党内选举制度作为党内民主建设的重要内容进一步加以强调，要求从"改进候选人提名制度和选举方式"等方面推进。党的十七大本身就是改革党内选举制度、发展党内民主的一次重要实践。党的十七大代表的选举，差额比例一般都超过了 15%，比十六大时增加了 5 个百分点。③ 按照大会选举办法的规定，党的十七大对中央委员、中央纪委委员和候补中央委员进行了预选，预选采用差额选举办法，差额比例在 8% 以上。党的十七届四中全会进

---

① 《十三大以来重要文献选编》（上），人民出版社 1991 年版，第 51 页。
② 《中共中央关于加强党的执政能力建设的决定》，《人民日报》2004 年 9 月 27 日。
③ 《中组部就党的十七大代表选举工作情况答人民日报记者问》，《人民日报》2007 年 8月 4 日。

一步提出:"完善党内选举办法,改进和规范选举程序和投票方式,改进候选人介绍办法。"①这一要求这为今后一个时期深化党内选举制度改革指明了方向。2012年党的十八大代表实行差额选举产生,经历了推荐提名、组织考察、确定代表候选人初步人选名单并公示、确定代表候选人预备人选、选举代表等环节,差额比例超过了15%。②

扩大党内基层民主多种实现形式的探索深入推进。党的十六大以来,江苏、四川等地借鉴村党组织换届选举采取"两票制"③、"两推一选"④等成功经验,在乡镇党委换届选举中进行了公推直选乡镇党委书记或乡镇党委领导班子成员的试点。2003年4月,江苏省宿迁市宿豫县面向全县公推竞选曹集乡党委书记。2003年12月,四川省成都市新都区木兰镇进行了公推直选镇党委书记试点。在各地探索的基础上,2004年9月,党的十六届四中全会明确提出"逐步扩大基层党组织领导班子成员直接选举的范围"。此后,公推直选试点进一步扩大。到2007年10月,全国已有三百多个乡镇开展了公推直选领导班子试点。⑤ 党的十七大充分肯定了党内基层民主的创造性实践,进一步提出要"推广基层党组织领导班子成员由党员和群众公开推荐与上级党组织推荐相结合的办法,逐步扩大基层党组织领导班子直接选举范围,探索扩大党内基层民主多种实现形式"。党的十七大修订并通过的党章还将原第30条中"基层委员会、总支部委员会、支部委员会选出的书记、副书记,应报上级党组织批准"修改为"基层委员会、总支部委员会、支部委员会的书记、副书记选举产生后,应报上级党组织批准",这就

---

① 《中共中央关于加强党的执政能力建设的决定》,《人民日报》2004年9月27日。
② 《十八大代表应具备5项条件》,《人民日报》2011年11月3日。
③ 选举村党支部书记的"两票制":第一票,即首先让全村各户代表从全村党员中推荐村党支部书记候选人,得票最多者为正式候选人;第二票,召开全村党员大会从候选人中投票选举产生村党支部书记。
④ 农村党组织换届选举中的"两推一选":"两推"即首先由党员推荐、群众推荐党组织班子成员候选人,在此基础上,由乡镇党委进行考察确定正式候选人,然后,由村党员大会选举产生村党支部委员会委员。
⑤ 《党的建设新的伟大工程扎实推进》,《人民日报》2007年10月18日。

为公推直选这一竞争性的党内选举提供了法理上的依据。党的十七届四中全会明确规定要"严格控制选任制领导干部任期内职务变动,维护选举结果严肃性"①。

党内民主是党的生命,党的团结统一也是党的生命。党的十七大在强调发展党内民主的同时,明确要求"全党同志要坚决维护党的集中统一,自觉遵守党的政治纪律,始终同党中央保持一致,坚决维护中央权威,切实保证政令畅通"②。党的十七届四中全会再次强调,全党必须"始终同党中央在思想上政治上行动上保持高度一致,坚持把发挥地方积极性同维护中央权威结合起来,把局部利益同全局利益统一起来,严守党的纪律特别是政治纪律,保证中央政令畅通"③。

（三）大力加强党的基层组织建设

党的基层组织是党全部工作和战斗力的基础,是落实党的路线方针政策和各项工作任务的战斗堡垒。党的十六大以来,党的基层组织建设工作在改进中加强、在创新中发展,取得明显成效。

大力开展农村党的建设"三级联创"活动④。2003 年 9 月,中共中央办公厅下发《关于深入开展农村党的建设"三级联创"活动的意见》,对新时期深化"三级联创"活动,建立农村基层组织建设常抓不懈的工作机制,提高农村基层组织建设整体水平作出了安排部署,提出了明确要求。通过开展"三级联创",农村基层党的建设不断加强,整体水平不断提升,有力地推动

---

① 《中共中央关于加强和改进新形势下党的建设若干重大问题的决定》,《人民日报》2009 年 9 月 28 日。

② 胡锦涛:《高举中国特色社会主义伟大旗帜,为夺取全面建设小康社会新胜利而奋斗——在中国共产党第十七次全国代表大会上的报告》,《人民日报》2007 年 10 月 25 日。

③ 《中共中央关于加强和改进新形势下党的建设若干重大问题的决定》,《人民日报》2009 年 9 月 28 日。

④ 农村党建"三级联创"是指:创建"五个好"村党组织、"五个好"乡镇党委和农村基层组织建设先进县(市)。"五个好"是指:领导班子好、党员干部队伍好、工作机制好、小康建设业绩好、农民群众反映好。

了农村经济发展和社会进步。在加强国有企业党的建设方面,党的十六大以来,党中央对加强和改进国有企业党建工作作出了一系列重大战略部署,要求国有企业党组织适应建立现代企业制度的要求,完善工作机制,充分发挥政治核心作用。2004年10月,中共中央办公厅转发《中央组织部、国务院国资委党委关于加强和改进中央企业党建工作的意见》,比较系统地提出了加强和改进中央企业党建工作的指导思想、目标任务和措施方法。从2004年起,通过深入开展创建政治素质好、经营业绩好、团结协作好、作风形象好的"四好"领导班子活动,国有企业领导班子和领导人员的思想作风、工作作风发生了明显的转变,战略决策、经营管理、市场竞争、创新创业和应对复杂局面的能力明显提高。在先进性教育活动中,国有企业党组织结合实际,在党员中开展"保持先进性,增强凝聚力"、"创党员先锋岗,建党员责任区"等主题实践活动,发挥了党员的先锋模范作用。非公企业党组织和党的工作覆盖面不断扩大。党的十六大第一次把非公有制企业党组织的职责任务写入了党章,为非公有制企业党组织开展活动、发挥作用提供了依据。据统计,从2002年至2006年,全国非公有制企业党组织数量由9.9万个增长到17.8万个,增长79.8%,全国有3名以上正式党员的非公有制企业建立党组织的比例达到94.2%。① 以服务群众为重点,城市社区党建工作新格局逐步形成。2004年10月,中央办公厅转发《中共中央组织部关于进一步加强和改进街道社区党的建设工作的意见》,就加强和改进街道、社区党的建设工作提出要求。到2006年底,全国城市和建制镇的"一社区一支部(总支、党委)"率达到99%以上。许多地方组织社区中的党员开展党员承诺制、党员志愿者、党员义工、结对帮扶、无职党员设岗定责等特色鲜明的活动服务群众,党的工作在城市社区的覆盖面不断扩大。与此同时,机关、学校、科研院所、文化团体等事业单位党建工作,也得到了全面加强。

2007年10月,党的十七大对加强党的基层组织建设作出新部署,要求

---

① 《基层组织建设开创新局面》,《人民日报》2007年7月13日。

"落实党建工作责任制,全面推进农村、企业、城市社区和机关、学校、新社会组织等的基层党组织建设,优化组织设置,扩大组织覆盖,创新活动方式,充分发挥基层党组织推动发展、服务群众、凝聚人心、促进和谐的作用"①。2009年9月,党的十七届四中全会进一步提出:"必须坚持围绕中心、服务大局、拓宽领域、强化功能,进一步巩固和加强党的基层组织,着力扩大覆盖面、增强生机活力,使党的基层组织充分发挥推动发展、服务群众、凝聚人心、促进和谐的作用,使广大党员牢记宗旨、心系群众。"②并提出了"扩大基层党组织覆盖面"、"推进基层党组织工作创新"、"增强党员队伍生机活力"、"建设高素质基层党组织带头人队伍"、"构建城乡统筹的基层党建新格局"等加强党的基层组织建设的具体任务。2012年5月,中共中央办公厅印发《关于加强和改进非公有制企业党的建设工作的意见(试行)》,对非公有制企业党组织的功能定位、领导体制和工作机制以及推进党的组织和工作覆盖等提出明确要求。截至2010年底,全国非公企业中党员总数约350万名,党组织近30万个。

2010年3月19日,中央政治局召开会议,提出要在党的基层组织和党员中深入开展以学习实践科学发展观为主题的创先争优活动,以不断巩固和拓展学习实践活动成果。4月5日,中共中央办公厅转发《中央组织部、中央宣传部关于在党的基层组织和党员中深入开展创先争优活动的意见》,对开展创先争优活动作出部署。4月6日,在全党深入学习实践科学发展观活动总结大会上的讲话中,胡锦涛全面总结学习实践科学发展观活动的特点和成果,再次要求"广泛开展创建先进基层党组织、争做优秀共产党员的创先争优活动"③。创先争优活动,以创建先进基层党组织、争当优

---

① 胡锦涛:《高举中国特色社会主义伟大旗帜,为夺取全面建设小康社会新胜利而奋斗——在中国共产党第十七次全国代表大会上的报告》,《人民日报》2007年10月25日。

② 《中共中央关于加强和改进新形势下党的建设若干重大问题的决定》,《人民日报》2009年9月28日。

③ 胡锦涛:《在全党深入学习实践科学发展观活动总结大会上的讲话》,《人民日报》2010年4月7日。

秀共产党员为主要内容。先进基层党组织的基本要求是:学习型党组织建设成效明显,出色完成党章规定的基本任务,努力做到"五个好",即领导班子好,党员队伍好,工作机制好,工作业绩好,群众反映好。优秀共产党员的基本要求是:模范履行党章规定的义务,努力做到"五带头",即带头学习提高,带头争创佳绩,带头服务群众,带头遵纪守法,带头弘扬正气。从 2010 年 4 月开始,创先争优活动着重围绕迎接中国共产党成立 90 周年开展。2012 年 6 月,中共中央组织部对 2010—2012 年创先争优活动中的先进基层党组织、优秀共产党员以及开展创先争优活动成绩显著的先进县(市、区、旗)党委进行了专项表彰。创先争优活动是新形势下保持党的先进性和纯洁性的一次有益探索。通过创先争优,提高了基层党组织的战斗力和党员队伍的素质,密切了党群、干群关系,增强了各级党委聚精会神抓党建和重视基层、加强基层、服务基层的自觉性,为加强党的先进性和纯洁性建设提供了新经验。

(四) 深入推进党风廉政建设和反腐败斗争

坚决惩治和有效预防腐败,关系人心向背和党的生死存亡。党的十六大以来的 10 年,以胡锦涛为总书记的党中央以保持党同人民群众的血肉联系为重点加强党的作风建设,以完善惩治和预防腐败体系为重点加强反腐倡廉建设,科学部署、大力推进党风廉政建设和反腐败斗争,取得显著成效。

确立并实施"标本兼治、综合治理、惩防并举、注重预防"的反腐败战略方针。党的十六大提出,反对和防止腐败,要"坚持标本兼治、综合治理","把反腐败寓于各项重要政策措施之中,从源头上预防和解决腐败问题"①。2004 年 9 月,党的十六届四中全会第一次明确提出"标本兼治、综合治理,惩防并举、注重预防"的反腐败十六字战略方针,并要求"抓紧建立健全与

---

① 江泽民:《全面建设小康社会,开创中国特色社会主义事业新局面——在中国共产党第十六次全国代表大会上的报告》,《人民日报》2002 年 11 月 17 日。

社会主义市场经济体制相适应的教育、制度、监督并重的惩治和预防腐败体系"①。2007 年 9 月,国家预防腐败局正式成立。党的十七大进一步提出"在坚决惩治腐败的同时,更加注重治本,更加注重预防,更加注重制度建设,拓展从源头上防治腐败工作领域"的要求,并首次把"反腐倡廉建设"同党的思想建设、组织建设、作风建设、制度建设并列提出,将其纳入党的建设总体布局,从而更加突出了反腐倡廉在党的建设全局中的重要地位。为了统筹协调预防腐败工作的各项政策措施,形成合力,2008 年 4 月,由中央纪委、中央组织部、全国人大常委会法工委、最高人民法院、最高人民检察院等13 个部门和单位组成的预防腐败工作联席会议制度正式建立。截至 2011年 11 月,联席会议已召开了五次会议,涉及议题包括加强现金管理,防止利用现金进行违法犯罪行为;共同构建防范腐败分子外逃的协调和应对机制;进一步发挥行贿犯罪档案查询系统的作用;加快推进公务卡制度改革等。

加强反腐倡廉制度建设,反腐倡廉法规制度体系的基本框架初步建立。反腐倡廉制度建设是惩防体系建设的重要内容,也是从源头上防治腐败的根本途径。2003 年底,中共中央颁布实施《中国共产党党内监督条例(试行)》和《中国共产党纪律处分条例》。《中国共产党党内监督条例》规定了加强党内监督工作的 10 项制度,标志着党内监督工作进入规范化、制度化的新阶段;《中国共产党纪律处分条例》及其配套规定,具体规定了党员违反廉洁自律规定行为、贪污贿赂行为、违反财经纪律行为等违犯党纪行为及其量纪标准。2004 年 9 月,国务院颁布实施《中华人民共和国行政监察法实施条例》。2004 年 12 月,中央纪委、中央组织部、监察部、国务院国资委联合发布《国有企业领导人员廉洁从业若干规定(试行)》,这是我国第一部专门针对国有企业领导人员的比较系统的廉洁从业的规定。2005 年 1 月,中共中央印发《建立健全教育、制度、监督并重的惩治和预防腐败体系实施纲要》。《实施纲要》根据社会主义市场经济条件下反腐倡廉工作的特点和

---

① 《十六大以来重要文献选编》(中),中央文献出版社 2006 年版,第 295 页。

规律,明确了惩治和预防腐败体系建设的指导思想、主要目标和工作原则,提出了有效反对和防止腐败的一系列措施和办法。针对权钱交易案件中出现的新情况新问题,2007年5月,中央纪委颁布《关于严格禁止利用职务上的便利谋取不正当利益的若干规定》,明确了对党员干部在经济和社会交往中可能出现以权谋私等8种行为的处理办法。党的十七大以后,反腐倡廉法规制度建设的步伐进一步加快,内容科学、程序严密、配套完备、有效管用的反腐倡廉制度体系更加健全。2008年5月,中共中央印发《建立健全惩治和预防腐败体系2008—2012年工作规划》。《规划》以党的十七大精神为指导,按照建立健全惩治和预防腐败体系实施纲要的基本精神,进一步明确了2008—2012年5年间惩治和预防腐败体系建设的指导思想、基本要求和工作目标,作出了教育、制度、监督、改革、纠风、惩处六项工作整体推进的工作部署并提出了相关措施。2010年1月,《中国共产党党员领导干部廉洁从政若干准则》正式颁布。为规范领导干部廉洁从政行为,2010年,中共中央办公厅、国务院办公厅相继颁布了《关于领导干部报告个人有关事项的规定》和《关于对配偶子女均已移居国(境)外的国家工作人员加强管理的暂行规定》。经过党的十六大以来10年努力,我国支撑反腐倡廉教育、监督、预防、惩治以及领导体制和工作机制等方面的法规制度基本齐全,内容科学、程序严密、配套完备、有效管用的反腐倡廉法规制度体系已基本形成,反腐倡廉工作基本实现有法可依,为深入推进党风廉政建设和反腐败斗争提供了制度保障。

坚决查办违纪违法案件,保持惩治腐败的强劲势头。查办违纪违法案件是反腐败最重要最直接最有效的手段。党的十六大提出,"对任何腐败分子都必须彻底查处、严惩不贷"①。从2002年12月至2007年6月,全国纪律检查机关共立案677924件,结案679846件,给予党纪处分518484人,查处了陈良宇、田凤山、韩桂芝、杜世成、郑筱萸等严重违纪案件。2007年,

---

① 《十六大以来重要文献选编》(上),中央文献出版社2004年版,第43页。

党的十七大强调，要"坚决查处违纪违法案件，对任何腐败分子，都必须依法严惩，决不姑息"①。党的十七大以后，惩治腐败力度进一步加大。从2008年至2011年，全国纪检监察机关共立案540500件，结案536918件，给予党纪政纪处分562069人，其中涉嫌犯罪被移送司法机关处理20591人。严肃查处了陈绍基、王华元、黄松有、王益、康日新、黄瑶、宋勇、许宗衡、刘志军、张家盟、刘卓志、宋晨光等一批大案要案。2012年4月，鉴于薄熙来涉嫌严重违纪，中共中央决定，停止其担任的中央政治局委员、中央委员职务，由中共中央纪律检查委员会对其立案调查。通过严肃查办大案要案，彰显了我们党反对和惩治腐败的鲜明态度和坚强决心，维护了党纪国法的严肃性，有力地惩处和震慑了违纪违法者。

不断加强和健全权力运行监督制约机制，推进权力运行程序化。不受监督的权力必然导致腐败。党的十六大以来，党中央始终高度重视加强对权力运行的制约和监督。2003年，根据党的十六大关于"改革和完善党的纪律检查体制，建立和完善巡视制度"的重大决策，中央纪委、中央组织部正式组建了专门的巡视工作机构。党的十七大把巡视制度正式写进党章，以党内根本大法的形式确定下来。2009年7月，中共中央颁布《中国共产党巡视工作条例（试行）》，为实现巡视工作的经常化、制度化、规范化提供了制度保障。从2007年11月至2010年底，中央巡视组共完成了对30个省（区、市）、12家中央金融单位和13户国有重要骨干企业的巡视。党的十七届四中全会进一步提出，要以加强领导干部特别是主要领导干部监督为重点，建立健全决策权、执行权、监督权既相互制约又相互协调的权力结构和运行机制，推进权力运行程序化和公开透明。县一级在我们党的组织结构和国家政权结构中处于承上启下的关键环节，2010年11月，中央纪委、中组部印发《关于开展县委权力公开透明运行试点工作的意见》，对在各省（区、市）开展县委权力公开透明运行试点工作作出部署，全国共有11个市

---

①　胡锦涛:《高举中国特色社会主义伟大旗帜，为夺取全面建设小康社会新胜利而奋斗——在中国共产党第十七次全国代表大会上的报告》，《人民日报》2007年10月25日。

（县级）、15 个区、40 个县和 3 个旗参加了试点。

深化干部人事制度改革，提高选人用人公信度，从源头上防治用人腐败。党的十六大提出，要"以建立健全选拔任用和管理监督机制为重点，以科学化、民主化和制度化为目标，改革和完善干部人事制度"①。根据党的十六大的总体部署，2004 年 4 月，中共中央办公厅印发了《公开选拔党政领导干部工作暂行规定》、《党政机关竞争上岗工作暂行规定》、《党的地方委员会全体会议对下一级党委、政府领导班子正职拟任人选和推荐人选表决办法》、《党政领导干部辞职暂行规定》和《关于党政领导干部辞职从事经营活动有关问题的意见》5 个干部人事制度改革文件。此前，经中央同意，中央纪委和中央组织部曾于 2004 年 1 月联合下发了《关于对党政领导干部在企业兼职进行清理的通知》。这"5+1"法规文件的颁布，是中央从整体上不断推进干部人事制度改革的重要举措。此后，中共中央办公厅又于 2005 年 12 月、2006 年 6 月相继印发了《关于对党员领导干部进行诫勉谈话和函询的暂行办法》、《关于党员领导干部述职述廉的暂行规定》2 个法规文件以及《党政领导干部职务任期暂行规定》、《党政领导干部交流工作规定》和《党政领导干部任职回避暂行规定》3 个法规文件。这 5 个法规文件与 2004 年集中出台的"5+1"法规文件以及其他相关法律法规一起，初步构成了较为完备的干部人事工作法规体系，为加强干部队伍建设提供了有力的制度保证。党的十七大提出，要"坚持党管干部原则，坚持民主、公开、竞争、择优，形成干部选拔任用科学机制。规范干部任用提名制度，完善体现科学发展观和正确政绩观要求的干部考核评价体系，完善公开选拔、竞争上岗、差额选举办法。扩大干部工作民主，增强民主推荐、民主测评的科学性和真实性。加强干部选拔任用工作全过程监督"②。党的十七届四中全会进一步提出，要"扩大选人用人民主，建立健全主体清晰、程序科学、责任明

---

① 《十六大以来重要文献选编》（上），中央文献出版社 2004 年版，第 27 页。
② 胡锦涛：《高举中国特色社会主义伟大旗帜，为夺取全面建设小康社会新胜利而奋斗——在中国共产党第十七次全国代表大会上的报告》，《人民日报》2007 年 10 月 25 日。

确的干部选拔任用提名制度";"鼓励多种渠道推荐干部,广开举贤荐能之路,拓宽党政干部选拔来源";"健全干部考察制度,完善考察标准,落实领导干部任用延伸考察办法,增强考察准确性";"扩大干部工作信息公开,健全干部选拔任用监督机制和干部选拔任用责任追究制度";"匡正选人用人风气,坚决整治跑官要官、买官卖官、拉票贿选等问题"等①。根据中共十七大和十七届四中全会精神,2009 年 12 月,中共中央办公厅印发《2010—2020 年深化干部人事制度改革规划纲要》。《规划纲要》提出了今后 10 年深化干部人事制度改革的指导思想、基本目标、重点突破项目和整体推进任务,并对统筹推进国有企事业单位人事制度改革、加强对干部人事制度改革中长期问题的研究探索、加强对干部人事制度改革的领导提出了明确要求。2010 年 4 月,中共中央办公厅印发《党政领导干部选拔任用工作责任追究办法(试行)》;中央组织部同步出台了《党政领导干部选拔任用工作有关事项报告办法(试行)》、《地方党委常委会向全委会报告干部选拔任用工作并接受民主评议办法(试行)》、《市县党委书记履行干部选拔任用工作职责离任检查办法(试行)》。这 4 个法规文件的出台,是匡正选人用人风气、提高选人用人公信度的重要举措。干部人事制度改革的不断深化,选人用人公信度的提高,有效克服了长期以来选人用人上存在的腐败现象。据中央组织部统计,党的十七大以后 4 年中,全国通过公开选拔、竞争上岗方式选拔厅局级以下干部 23.4 万名,公开选拔、竞争上岗则被干部群众评为最有成效的干部人事制度改革举措②。

切实加强党的作风建设,进一步密切党同人民群众的血肉联系。党的十六届四中全会提出,各级领导干部都要"大兴求真务实之风","牢固树立马克思主义的世界观、人生观、价值观,坚持正确的权力观、地位观、利益观,始终与人民群众同呼吸、共命运、心连心,坚决反对脱离群众、以权谋私;坚

---

①　《中共中央关于加强和改进新形势下党的建设若干重大问题的决定》,《人民日报》2009 年 9 月 28 日。

②　《最有成效的干部人事制度改革举措》,《人民日报》2011 年 9 月 6 日。

持科学发展观和正确政绩观,重实际、说实话、办实事、求实效,坚决反对形式主义、官僚主义和弄虚作假;坚持谦虚谨慎、艰苦奋斗,坚决反对骄傲自满、铺张浪费。"①2007 年 1 月,胡锦涛在中央纪委第七次全体会议上讲话,要求在各级领导干部中大力倡导"勤奋好学、学以致用","心系群众、服务人民","真抓实干、务求实效","艰苦奋斗、勤俭节约","顾全大局、令行禁止","发扬民主、团结共事","秉公用权、廉洁从政","生活正派、情趣健康"八个方面的良好风气。党的十七大提出,要以求真务实作风推进各项工作,加强调查研究,改进学风和文风,继承优良传统,弘扬新风正气,以优良的党风促政风带民风。党的十七届四中全会进一步强调,"执政党的党风,关系党的形象,关系党和人民事业成败",要在全党大兴密切联系群众之风、大兴求真务实之风、大兴艰苦奋斗之风、大兴批评和自我批评之风,"以坚强党性保证党的作风建设"②。为了大力开展廉政文化建设,弘扬以廉为荣、以贪为耻的社会风尚,2009 年 12 月,中央纪委、中央宣传部、监察部等六部门联合下发了《关于加强廉政文化建设的意见》,推动廉政文化进机关、社区、家庭、学校、企业和农村。加强党的作风建设的根本目的,是使广大党员永葆蓬勃朝气、昂扬锐气、浩然正气,永葆全心全意为人民的政治本色。

---

① 《中共中央关于加强党的执政能力建设的决定》,《人民日报》2004 年 9 月 27 日。
② 《中共中央关于加强和改进新形势下党的建设若干重大问题的决定》,《人民日报》2009 年 9 月 28 日。

第 十 章

全面建成小康社会与全面
深化改革开放

党的十八大提出了夺取中国特色社会主义新胜利的基本要求,吹响了全面建成小康社会的号角,对我国社会主义经济建设、政治建设、文化建设、社会建设、生态文明建设以及党的建设等作出全面部署。党的十八大后,以习近平同志为核心的中央领导集体团结带领全党全国各族人民开拓进取,统筹国内国际两个大局,牢牢把握稳中求进工作总基调,保持战略定力,聚焦全面建成小康社会这个奋斗目标,以全面深化改革推动各项工作,以全面推进依法治国保障国家长治久安,以全面从严治党推进党的建设新的伟大工程,提出一系列新理念新思想新战略,出台一系列重大方针政策,推出一系列重大举措,推进一系列重大工作,解决了许多长期想解决而没有解决的难题,办成了许多过去想办而没有办成的大事,推动党和国家事业发生历史性变革,中国特色社会主义进入新时代。党的十九大高举中国特色社会主义伟大旗帜,确立了习近平新时代中国特色社会主义思想的指导地位,就决胜全面建成小康社会、夺取新时代中国特色社会主义伟大胜利作出新的战略部署,开启了全面建设社会主义现代化国家的新征程。

一、全面建成小康社会新要求与全面深化改革

2012 年 11 月 8 日至 14 日,中国共产党第十八次全国代表大会在北京召开。大会的主题是:高举中国特色社会主义伟大旗帜,以邓小平理论、"三个代表"重要思想、科学发展观为指导,解放思想,改革开放,凝聚力量,攻坚克难,坚定不移沿着中国特色社会主义道路前进,为全面建成小康社会而奋斗。大会批准了胡锦涛代表十七届中央委员会作的《坚定不移沿着中国特色社会主义道路前进　为全面建成小康社会而奋斗》的报告,审议通过了《中国共产党章程(修正案)》。

党的十八大是在我国进入全面建成小康社会决定性阶段召开的一次十分重要的大会。大会在回顾总结十六大以来党的奋斗历程的基础上,确立了科学发展观的历史地位,提出了夺取中国特色社会主义新胜利必须牢牢把握的基本要求,确定了全面建成小康社会和全面深化改革开放的目标,对我国社会主义经济、政治、文化、社会、生态文明以及党的建设等作出全面部署,描绘了在新的历史条件下全面建成小康社会、加快推进社会主义现代化、夺取中国特色社会主义新胜利的宏伟蓝图,为党和国家事业的进一步发展指明了方向。大会的主要贡献是:

确立科学发展观的历史地位,进一步深入阐述"中国特色社会主义"。大会指出:科学发展观是马克思主义同当代中国实际和时代特征相结合的产物,是马克思主义关于发展的世界观和方法论的集中体现,对新形势下实现什么样的发展、怎样发展等重大问题作出了新的科学回答,把我们对中国特色社会主义规律的认识提高到新的水平,开辟了当代中国马克思主义发展新境界;科学发展观是中国特色社会主义理论体系最新成果,是中国共产党集体智慧的结晶,是指导党和国家全部工作的强大思想武器。大会通过的《党章》修正案明确规定:中国共产党以马克思列宁主义、毛泽东思想、邓小平理论、"三个代表"重要思想和科学发展观作为自己的行动指南。大会

回首历史,立足现实,着眼未来,深入阐述了"中国特色社会主义"的历史由来和对党和国家发展的重大意义。强调中国特色社会主义道路,中国特色社会主义理论体系,中国特色社会主义制度,是党和人民九十多年奋斗、创造、积累的根本成就,必须倍加珍惜、始终坚持、不断发展。中国特色社会主义道路,就是在中国共产党领导下,立足基本国情,以经济建设为中心,坚持四项基本原则,坚持改革开放,解放和发展社会生产力,建设社会主义市场经济、社会主义民主政治、社会主义先进文化、社会主义和谐社会、社会主义生态文明,促进人的全面发展,逐步实现全体人民共同富裕,建设富强民主文明和谐的社会主义现代化国家。中国特色社会主义理论体系,就是包括邓小平理论、"三个代表"重要思想、科学发展观在内的科学理论体系,是对马克思列宁主义、毛泽东思想的坚持和发展。中国特色社会主义制度,就是人民代表大会制度的根本政治制度,中国共产党领导的多党合作和政治协商制度、民族区域自治制度以及基层群众自治制度等基本政治制度,中国特色社会主义法律体系,公有制为主体、多种所有制经济共同发展的基本经济制度,以及建立在这些制度基础上的经济体制、政治体制、文化体制、社会体制等各项具体制度。建设中国特色社会主义,总依据是社会主义初级阶段,总布局是"五位一体",总任务是实现社会主义现代化和中华民族伟大复兴。实践已经证明并将进一步证明:中国特色社会主义是当代中国发展进步的根本方向,只有中国特色社会主义才能发展中国。

提出全面建成小康社会新要求及全面深化改革开放的目标和路径。大会在十六大、十七大确立的全面建设小康社会目标的基础上,依据我国经济社会发展的实际,提出了全面建成小康社会5个方面的新要求。一是经济持续健康发展:转变经济发展方式取得重大进展,国内生产总值和城乡居民人均收入比2010年翻一番;科技进步对经济增长的贡献率大幅上升,进入创新型国家行列;工业化基本实现,信息化水平大幅提升,城镇化质量明显提高,农业现代化和社会主义新农村建设成效显著,区域协调发展机制基本形成;对外开放水平进一步提高,国际竞争力明显增强。二是人民民主不断扩大;民主制度更加完善,民主形式更加丰富,人民积极性、主动性、创造性进一步发挥;依法治国基本方略全面落实,法治政府基本建成,人权得到切实尊重和保障。三是文化软实力显著增强:社会主义核心价值体系深入人心,公民文明素质和社会文明程度明显提高;文化产品更加丰富,公共文化服务体系基本建成,文化产业成为国民经济支柱性产业,中华文化走出去迈出更大步伐,社会主义文化强国建设基础更加坚实。四是人民生活水平全面提高:基本公共服务均等化总体实现;全民受教育程度和创新人才培养水平明显提高,进入人才强国和人力资源强国行列,教育现代化基本实现;就业更加充分;收入分配差距缩小,中等收入群体持续扩大,扶贫对象大幅减少;社会保障全民覆盖。五是资源节约型、环境友好型社会建设取得重大进展。大会提出,全面建成小康社会,根本动力在于深化改革开放,必须以更大的政治勇气和智慧,不失时机深化重要领域改革,通过改革开放,坚决破除一切妨碍科学发展的思想观念和体制机制弊端,构建系统完备、科学规范、运行有效的制度体系,使各方面制度更加成熟更加定型。要加快完善社会主义市场经济体制,完善公有制为主体、多种所有制经济共同发展的基本经济制度,完善按劳分配为主体、多种分配方式并存的分配制度,更大程度更广范围发挥市场在资源配置中的基础性作用。要加快推进社会主义民主政治制度化、规范化、程序化,从各层次各领域扩大公民有序政治参与,实现国家各项工作法治化。要加快完善文化管理体制和文化生产经营机制,基本建立现代文化市场体系,健全国有文化资产管理体制,形成有利于创新创造的文化发展环境。要加快形成科学有效的社会管理体制,完善社会保障体系,健全基层公共服务和社会管理网络,建立确保社会既充满活力又和谐有序的体制机制。要加快建立生态文明制度,健全国土空间开发、资源节约、生态环境保护的体制机制,推动形成人与自然和谐发展的现代化建设新格局。

围绕全面建成小康社会新要求和中国特色社会主义"五位一体"总布局,对推进党和国家改革发展的一系列重大问题作出全面规划和部署。大会提出,以经济建设为中心是兴国之要,坚持发展是硬道理的本质要求,坚持科学发展,以科学发展为主题,以加快转变经济发展方式为主线,是关系我国发展全局的战略抉择;要把推动发展的立足点转到提高质量和效益上来,使经济发展更多依靠内需特别是消费需求拉动,更多依靠现代服务业和战略性新兴产业带动,更多依靠科技进步、劳动者素质提高、管理创新驱动,更多依靠节约资源和循环经济推动,更多依靠城乡区域发展协调互动,不断增强长期发展后劲。大会强调,推进政治体制改革,必须坚持党的领导、人民当家作主、依法治国有机统一,以保证人民当家作主为根本,以增强党和国家活力、调动人民积极性为目标,扩大社会主义民主,加快建设社会主义法治国家,发展社会主义政治文明。全面建成小康社会,实现中华民族伟大复兴,必须推动社会主义文化大发展大繁荣。大会指出,要树立高度的文化自觉和文化自信,提高国家文化软实力,建设社会主义文化强国。社会主义核心价值体系是兴国之魂,要积极培育和践行以富强、民主、文明、和谐;自由、平等、公正、法治;爱国、敬业、诚信、友善为主要内容的社会主义核心价值观。为保证社会和谐稳定,要在改善民生和创新管理中加强社会建设,大会要求加快形成党委领导、政府负责、社会协同、公众参与、法治保障的社会管理体制和政府主导、覆盖城乡、可持续的基本公共服务体系。面对资源约束趋紧、环境污染严重、生态系统退化的严峻形势,大会强调要把生态文明建设放在突出地位,融入经济建设、政治建设、文化建设、社会建设各方面和全过程,建设美丽中国,实现中华民族永续发展。

大会强调,新形势下党面临的执政考验、改革开放考验、市场经济考验、外部环境考验是长期的、复杂的、严峻的,精神懈怠危险、能力不足危险、脱离群众危险、消极腐败危险更加尖锐地摆在全党面前。大会为此提出了全面提高党的建设科学化水平的任务,要求牢牢把握加强党的执政能力建设、先进性和纯洁性建设这条主线,坚持解放思想、改革创新,坚持党要管党、从严治党,全面加强党的思想建设、组织建设、作风建设、反腐倡廉建设、制度建设,增强自我净化、自我完善、自我革新、自我提高能力,建设学习型、服务型、创新型的马克思主义执政党,确保党始终成为中国特色社会主义事业的坚强领导核心。

党的十八大选举产生了由 205 名中央委员、171 名候补中央委员组成的新一届中央委员会。2012 年 11 月 15 日召开的十八届一中全会选举产生了新一届中央领导机构,选举习近平、李克强、张德江、俞正声、刘云山、王岐山、张高丽为中央政治局常委,选举习近平为中央委员会总书记;根据中央政治局常委会的提名,全会通过了中央书记处成员,决定了中央军事委员会组成人员,习近平为中央军委主席;批准王岐山为中央纪律检查委员会书记。

2013 年 3 月举行的十二届全国人大一次会议产生了新一届中华人民共和国国家领导人:选举张德江为全国人大常委会委员长;选举习近平为中华人民共和国主席、中华人民共和国中央军事委员会主席;决定李克强为国务院总理;同时召开的全国政协十二届一次会议选举俞正声为全国政协主席。

新一届中央领导集体建立后,开拓创新,锐意进取,很快在治国理政上展现出一系列新气象。2012 年 11 月 29 日,党的十八大闭幕刚刚半个月,习近平总书记率中央政治局常委和中央书记处成员在参观《复兴之路》展览时,第一次正式提出了"中国梦"的命题,强调"实现中华民族伟大复兴,就是中华民族近代以来最伟大的梦想"。12 月 4 日,习近平主持召开中共中央政治局会议,审议并一致同意中央政治局《关于改进工作作风、密切联系群众的八项规定》,彰显了新一届中央领导集体改进工作作风、密切联系群众的坚定决心和鲜明态度。12 月 7 日至 11 日,习近平总书记首次离京考察就来到我国改革开放的前沿阵地——深圳、珠海、佛山、广州等地,深入农村、企业、社区、部队和科研院所进行调研,强调"改革开放是当代中国发展进步的活力之源,是我们党和人民大踏步赶上时代前进步伐的重要法宝,是坚持和发展中国特色社会主义的必由之路",表明了新一届中央领导集体承前启后"改革不停顿,开放不止步"的坚强决心和坚定意志。12 月 6

日,四川省委副书记李春城涉嫌严重违纪接受组织调查,拉开了党的十八大以来党中央密集"打虎"的序幕。2013 年 1 月 22 日,习近平总书记在十八届中纪委第二次全体会议上发表讲话,强调纪律严明是党的光荣传统和独特优势,工作作风上的问题绝对不是小事,要坚持"老虎""苍蝇"一起打,既坚决查处领导干部违纪违法案件,又切实解决发生在群众身边的不正之风和腐败问题。4 月 8 日,在同出席博鳌亚洲论坛 2013 年年会的中外企业家代表座谈时,习近平强调,"中国开放的大门不会关上……中国将在更大范围、更宽领域、更深层次上提高开放型经济水平"。8 月,国务院正式批准设立中国(上海)自由贸易试验区,这是中国大陆境内第一个自由贸易区,是先行先试、深化改革、实行更加积极主动开放战略的重大举措。8 月 19 日,习近平在全国宣传思想工作会议上发表重要讲话,强调宣传思想工作一定要把围绕中心、服务大局作为基本职责,要巩固马克思主义在意识形态领域的指导地位,巩固全党全国人民团结奋斗的共同思想基础,把全国各族人民团结和凝聚在中国特色社会主义伟大旗帜之下;所有宣传思想部门和宣传思想战线上的党员干部都要旗帜鲜明坚持党性原则,必须坚持团结稳定鼓劲、正面宣传为主的方针,要创新对外宣传方式,着力打造融通中外的新概念新范畴新表述,讲好中国故事,传播好中国声音;等等。

改革由问题倒逼而产生,又在不断解决问题中深化。为了从战略和全局上着力解决我国改革发展中面临的一系列突出矛盾和问题,把党的十八大关于改革开放的决策部署切实落到实处,2013 年 11 月 9 日至 12 日,党的十八届三中全会专题审议并通过《中共中央关于全面深化改革若干重大问题的决定》(以下简称《决定》),提出了全面深化改革的指导思想、总目标、路线图和时间表。《决定》提出,全面深化改革的总目标是:完善和发展中国特色社会主义制度,推进国家治理体系和治理能力现代化。《决定》要求"紧紧围绕使市场在资源配置中起决定性作用深化经济体制改革""紧紧围绕坚持党的领导、人民当家作主、依法治国有机统一深化政治体制改革""紧紧围绕建设社会主义核心价值体系、社会主义文化强国深化文化体制改革""紧紧围绕更好保障和改善民生、促进社会公平正义深化社会体制改革""紧紧围绕建设美丽中国深化生态文明体制改革""紧紧围绕提高科学执政、民主执政、依法执政水平深化党的建设制度改革",提出到2020年,在重要领域和关键环节改革上取得决定性成果,完成本决定提出的改革任务,形成系统完备、科学规范、运行有效的制度体系,使各方面制度更加成熟更加定型。

依据以上要求,《决定》提出了全面深化改革的一系列新思想、新论断、新举措,在重大理论和政策问题上有一系列新的突破。经济体制改革方面,提出"使市场在资源配置中起决定性作用和更好发挥政府作用",毫不动摇巩固和发展公有制经济,坚持公有制主体地位,毫不动摇鼓励、支持、引导非公有制经济发展,激发非公有制经济活力和创造力。政治体制改革方面,提出"协商民主是我国社会主义民主政治的特有形式和独特优势",要推进协商民主广泛多层制度化发展,以经济社会发展重大问题和涉及群众切身利益的实际问题为内容,在全社会开展广泛协商,坚持协商于决策之前和决策实施之中;要求深化司法体制改革,推动省以下地方法院、检察院人财物统一管理,探索建立与行政区划适当分离的司法管辖制度;健全反腐败领导体制和工作机制,规定查办腐败案件以上级纪委领导为主,腐败案件线索处置和查办在向同级党委报告的同时必须向上级纪委报告,全面落实中央纪委向中央一级党和国家机关派驻纪检机构,改进中央和省区市巡视制度,做到对地方、部门、企事业单位全覆盖。文化体制、社会事业和管理、生态文明制度改革方面:提出"完善文化管理体制",推动政府部门由办文化向管文化转变,建立党委和政府监管国有文化资产的管理机构,实行管人管事管资产管导向相统一;提出"推进社会事业改革创新",改革考试招生制度,探索全国统考减少科目、不分文理科、外语等科目社会化考试一年多考,消除城乡、行业、身份、性别等一切影响平等就业的制度障碍和就业歧视,形成合理有序的收入分配格局,建立更加公平可持续的社会保障制度,深化医药卫生体制改革,启动实施一方是独生子女的夫妇可生育两个孩子的政策。提出

"建立系统完整的生态文明制度体系,实行最严格的源头保护制度、损害赔偿制度、责任追究制度,完善环境治理和生态修复制度,用制度保护生态环境"。《决定》对深化国防和军队改革也作出了部署。全面深化改革必须加强和改善党的领导。《决定》提出要深化干部人事制度改革,构建有效管用、简便易行的选人用人机制,完善和落实领导干部问责制。全面深化改革是一个复杂的系统工程,为了更好发挥党总揽全局、协调各方的领导核心作用,《决定》提出:中央成立全面深化改革领导小组,负责改革的总体设计、统筹协调、整体推进、督促落实。

党的十八届三中全会通过的《决定》,紧紧抓住我国全面深化改革中的重大理论问题和紧迫现实问题,科学规划了全面深化改革的战略重点、优先顺序、主攻方向、工作机制、推进方式和路线图、时间表,提出了全面深化改革的一系列新思想新论断新举措,回应了社会期盼,是全面深化改革的一次再部署。

党的十八届三中全会后,由习近平任组长的中央全面深化改革领导小组成立,并紧锣密鼓地开展各项工作。2014 年 1 月 22 日,中央全面深化改革领导小组召开第一次会议,审议通过《中央全面深化改革领导小组工作规则》《中央全面深化改革领导小组专项小组工作规则》《中央全面深化改革领导小组办公室工作细则》;审议通过中央全面深化改革领导小组下设经济体制和生态文明体制改革、民主法制领域改革、文化体制改革、社会体制改革、党的建设制度改革、纪律检查体制改革 6 个专项小组名单;审议通过《中央有关部门贯彻落实党的十八届三中全会〈决定〉重要举措分工方案》。

2014 年是全面深化改革的开局之年。在党中央的坚强领导下,各地区各部门把落实党的十八届三中全会提出的各项改革举措作为中心任务,凝心聚力,统筹谋划,在经济体制改革、民主法制领域改革、文化体制改革、社会治理体制改革、社会事业领域改革、生态文明体制改革、党的纪律检查体制改革、党的建设制度改革等重要领域和关键环节取得重大进展。中央全面深化改革领导小组确定的 80 个重点改革任务基本完成,中央有关部门还完成了 108 个改革任务,共出台 370 条改革成果。这些改革,有的是具有顶层设计性质的专项改革总体方案,带有统领和指导作用;有的是涉及多部门、跨不同领域,牵一发动全身的突破口;有的是议论多年、改革阻力较大、多年都啃不动的硬骨头;还有的是具有积极探路性质的改革试点。改革取得的积极成效为进一步全面深化改革奠定了坚实基础。

随着各领域改革的不断深化,以习近平同志为核心的党中央对我国经济发展阶段性特征的认识和判断更加明确。2013 年下半年,党中央、国务院作出了我国经济正处于增长速度换挡期、结构调整阵痛期、前期刺激政策消化期"三期叠加"阶段的重要判断。2014 年 5 月 10 日,在河南考察工作时,习近平进一步把"三期叠加"的特征用经济"新常态"加以概括,指出:"我国发展仍处于重要战略机遇期,我们要增强信心,从当前我国经济发展的阶段性特征出发,适应新常态,保持战略上的平常心态。"①在年中召开的中央政治局会议上,习近平对"三期叠加"又作了分析,强调"经济工作要适应经济发展新常态"。②同年 7 月 29 日,在党外人士座谈会上,习近平再次提出,要"正确认识我国经济发展的阶段性特征,进一步增强信心,适应新常态,共同推动经济持续健康发展。"③2014 年 11 月,在亚太经合组织工商领导人峰会开幕式上发表的主旨演讲中,习近平首次概要分析了中国经济发展新常态下呈现的速度变化、结构优化、动力转换三大特点:"一是从高速增长转为中高速增长。二是经济结构不断优化升级,第三产业、消费需求逐步成为主体,城乡区域差距逐步缩小,居民收入占比上升,发展成果惠及

---

① 《深化改革发挥优势创新思路统筹兼顾,确保经济持续健康发展社会和谐稳定》,《人民日报》2014 年 5 月 11 日。

② 中共中央文献研究室编:《十八大以来重要文献选编》(中),中央文献出版社 2016 年版,第 241 页。

③ 《就当前经济形势和下半年经济工作中共中央召开党外人士座谈会》,《人民日报》2014 年 7 月 30 日。

更广大民众。三是从要素驱动、投资驱动转向创新驱动。"①同年 12 月，中央经济工作会议进一步阐述了新常态的九大特征，强调认识新常态，适应新常态，引领新常态，是当前和今后一个时期我国经济发展的大逻辑。

二、全面推进依法治国与"四个全面"战略布局

随着改革进入攻坚期和深水区，党和国家面对的改革发展稳定任务之重前所未有、矛盾风险挑战之多前所未有，要全面建成小康社会，实现全面深化改革总目标，必须以强有力的法治作引领和保障，全面推进社会主义法治国家建设。

2014 年 10 月 20 日至 23 日，党的十八届四中全会在北京召开，专题研究依法治国问题，审议并通过了《中共中央关于全面推进依法治国若干重大问题的决定》（以下简称决定）。《决定》明确了全面推进依法治国的总目标、重大任务，作出了关于全面推进依法治国的一系列新论断、新部署，回答了在当今中国建设什么样的法治国家、怎样建设社会主义法治国家等重大理论和实践问题，为坚持走中国特色社会主义法治道路提供了根本遵循，指明了前进方向。

《决定》提出，全面推进依法治国，总目标是建设中国特色社会主义法治体系，建设社会主义法治国家。这就是，在中国共产党领导下，坚持中国特色社会主义制度，贯彻中国特色社会主义法治理论，形成完备的法律规范体系、高效的法治实施体系、严密的法治监督体系、有力的法治保障体系，形成完善的党内法规体系，坚持依法治国、依法执政、依法行政共同推进，坚持法治国家、法治政府、法治社会一体建设，实现科学立法、严格执法、公正司法、全民守法，促进国家治理体系和治理能力现代化。《决定》就如何认识

---

① 习近平：《谋求持久发展，共筑亚太梦想——在亚太经合组织工商领导人峰会开幕式上的演讲》，《人民日报》2014 年 11 月 10 日。

和全面推进依法治国提出了一系列新观点新论断新举措。第一,关于党的领导和依法治国的关系。《决定》明确提出,坚持党的领导,是社会主义法治的根本要求,是党和国家的根本所在、命脉所在,是全国各族人民的利益所系、幸福所系,是全面推进依法治国的题中应有之义。党的领导和社会主义法治是一致的,社会主义法治必须坚持党的领导,党的领导必须依靠社会主义法治。第二,关于健全宪法实施和监督制度。《决定》提出,要完善全国人大及其常委会宪法监督制度,健全宪法解释程序机制;加强备案审查制度和能力建设,依法撤销和纠正违宪违法的规范性文件;将每年12月4日定为国家宪法日;建立宪法宣誓制度。第三,关于完善立法体制。《决定》提出,要明确立法权力边界,从体制机制和工作程序上有效防止部门利益和地方保护主义法律化。要发挥人大及其常委会在立法工作中的主导作用,建立由全国人大相关专门委员会、全国人大常委会法制工作委员会组织有关部门参与起草综合性、全局性、基础性等重要法律草案制度;要加强和改进政府立法制度建设,完善行政法规、规章制定程序,完善公众参与政府立法机制;要明确地方立法权限和范围,禁止地方制发带有立法性质的文件。第四,关于加快建设法治政府。《决定》提出,各级政府必须坚持在党的领导下、在法治轨道上开展工作,加快建设职能科学、权责法定、执法严明、公开公正、廉洁高效、守法诚信的法治政府。第五,关于保证公正司法,提高司法公信力。《决定》提出要建立领导干部干预司法活动、插手具体案件处理的记录、通报和责任追究制度,要推动实行审判权和执行权相分离的体制改革试点,探索实行法院、检察院司法行政事务管理权和审判权、检察权相分离,变立案审查制为立案登记制等。第六,关于优化司法职权配置。《决定》提出,要健全公安机关、检察机关、审判机关、司法行政机关各司其职,侦查权、检察权、审判权、执行权相互配合、相互制约的体制机制,为此要推动实行审判权和执行权相分离的体制改革试点,最高人民法院设立巡回法庭,审理跨行政区域重大行政和民商事案件,要探索设立跨行政区划的人民法院和人民检察院,办理跨地区案件等。《决定》对加强法治工作队伍建设、加强和改进党对全面推进依法治国的领导等问题也作出了部署。

全面推进依法治国是一个系统工程，是国家治理领域一场广泛而深刻的革命。党的十八届四中全会通过的《决定》描绘了全面推进依法治国、坚定不移走中国特色社会主义法治道路的宏伟蓝图，是新形势下全面推进依法治国的纲领性文件，对构建中国特色社会主义法治体系、建设社会主义法治国家、推进国家治理体系和治理能力现代化将产生重大而深远的影响。

党的十八大以来，我国全面推进依法治国，在中国特色法治体系、法治政府、司法改革和公正司法、全民守法和法治社会建设等方面迈出历史性步伐。

推进科学立法，以宪法为统帅的中国特色社会主义法律体系建设实现新跨越。2014 年 11 月 1 日，根据党的十八届四中全会要求，十二届全国人大常委会第十一次会议表决通过《关于设立国家宪法日的决定》，以立法形式将 12 月 4 日设立为国家宪法日，规定通过多种形式开展宪法宣传教育活动。2015 年 7 月 1 日，十二届全国人大常委会第十五次会议通过《关于实行宪法宣誓制度的决定》，规定各级人民代表大会及县级以上各级人民代表大会常务委员会选举或者决定任命的国家工作人员，以及各级人民政府、人民法院、人民检察院任命的国家工作人员，在就职时应当公开进行宪法宣誓。以宪法为核心的法律规范体系、法治实施体系、法治监督体系、法治保障体系、党内法规体系不断完善，相互促进，共同发展。党的十八大以后 5 年间，共制定《国家安全法》或修改《行政诉讼法》等法律 48 部、行政法规 42 部、地方性法规 2926 部、规章 3162 部；通过"一揽子"方式先后修订法律 57 部、行政法规 130 部，启动了《民法典》编纂、颁布了《民法总则》，中国特色社会主义法律体系日益完备。

严格依法行政，加快法治政府建设步入新阶段。2015 年 12 月中共中央、国务院印发《法治政府建设实施纲要（2015—2020 年）》，提出了到 2020 年基本建成"职能科学、权责法定、执法严明、公开公正、廉洁高效、守法诚信"的法治政府的总体目标和行动纲领。推行地方各级政府工作部门权力清单制度,是党的十八届三中、四中全会部署的重要改革任务,是国家治理体系和治理能力现代化建设的重要举措。2015年3月,中共中央办公厅、国务院办公厅印发《关于推行地方各级政府工作部门权力清单制度的指导意见》,要求"省级政府2015年年底前、市县两级政府2016年年底前要基本完成政府工作部门、依法承担行政职能的事业单位权力清单的公布工作。"意见发布后,各地按照"清权、减权、制权、晒权"四个主要环节,对政府部门权力进行全面梳理、调整、审核确认并对外公布。到2017年5月,全国31个省份全部公布了省级政府部门权力清单,其中29个省公布了责任清单,17个省公布了市县两级政府部门的权力清单和责任清单。

行政执法体制改革深入推进。2015年11月,中共中央全面深化改革领导小组第18次会议审议通过《关于深入推进城市执法体制改革,改进城市管理工作的指导意见》,要求理顺城管执法体制,加强城市管理综合执法机构建设,提高执法和服务水平。行政执法程序是约束行政权力、保护公民权利的重要方式。2015年10月,河北省出台《行政执法全过程记录实施办法》,率先在全国试点推行行政执法全过程记录制度。2016年6月,公安部印发《公安机关现场执法视音频记录工作规定》,要求公安机关应当对接受群众报警、当场盘问检查、处置重大突发事件和群体性事件等6种现场执法活动进行视频、音频记录,且至少保存6个月。2017年2月,国务院办公厅《推行行政执法公示制度执法全过程记录制度重大执法决定法制审核制度试点工作方案》,确定在天津市、河北省、安徽省、甘肃省、国土资源部以及呼和浩特市等32个地方和部门开展试点,试点地方和部门在行政许可、行政处罚、行政强制、行政征收、行政收费、行政检查等6类行政执法行为中推行行政执法公示制度、执法全过程记录制度和重大执法决定法制审核制度。这些制度对于促进行政机关严格规范公正文明执法、保障和监督行政机关有效履行职责、维护群众合法权益发挥了重要作用。

对行政权力的制约和监督进一步加强。严格实行行政执法人员持证上岗和资格管理制度,未经执法资格考试合格,不得授予执法资格,不得从事执法活动。甘肃、山东、陕西、吉林、西藏等地出台各种条例和管理办法,加大行政执法人员资格审查和考核力度,全面落实行政执法责任制。各级政府认真执行向本级人大及其常委会报告工作制度,接受询问和质询;加强和改进行政应诉,积极配合人民法院的行政审判活动;高度重视审计工作,全力支持审计机关依法对公共资金、国有资产、国有资源和领导干部履行经济责任情况的审计。政务公开是制约和监督行政权力运行的有效途径。2016年2月,中共中央办公厅、国务院办公厅印发《关于全面推进政务公开工作的意见》,提出"坚持以公开为常态、不公开为例外,推进行政决策公开、执行公开、管理公开、服务公开和结果公开,推动简政放权、放管结合、优化服务改革,激发市场活力和社会创造力,打造法治政府、创新政府、廉洁政府和服务型政府。"作为推进政务公开的具体举措,国务院及地方各级政府每年都出台政务公开工作要点。2017年3月,国务院办公厅印发《2017年政务公开工作要点》,具体部署落实2017年全国政务公开工作。

坚持公正司法,新一轮司法体制改革揭开新篇章。一是司法管理体制改革有序展开。2014年12月,中共中央全面深化改革领导小组第7次会议审议通过《最高人民法院设立巡回法庭试点方案》和《设立跨行政区划人民法院、人民检察院试点方案》。根据试点方案,2014年12月,上海市第三中级人民法院、北京市第四中级人民法院、上海市人民检察院第三分院、北京市人民检察院第四分院正式成立,成为全国首批成立的跨行政区划的人民法院和首个跨行政区划的人民检察院;2015年1月,最高人民法院第一巡回法庭在广东省深圳市挂牌成立,巡回区为广东、广西、海南三省区;最高人民法院第二巡回法庭在辽宁省沈阳市挂牌成立,巡回区为辽宁、吉林、黑龙江三省。截至2015年12月31日,第一巡回法庭共受理案件898件,结案843件;第二巡回法庭共受理案件876件,结案810件。知识产权保护制度是市场经济最重要的制度之一,司法保护是对知识产权最有效的保护。2014年6月,中共中央全面深化改革领导小组第3次会议审议通过《关于设立知识产权法院的方案》,同年8月,十二届全国人大常委会第10次会议作出决定:在北京、上海、广州设立知识产权法院。2015 年 1 月,最高人民法院公布《关于北京、上海、广州知识产权法院案件管辖的规定》,明确了新的管辖体制。截至 2017 年 6 月,三个知识产权法院共受理案件 46071 件,审结 33135 件。推进以审判为中心的刑事诉讼制度改革,明确刑事诉讼各阶段的基本证据标准,规范侦查、起诉、审判活动,确保无罪的人不受刑事追究、有罪的人受到公正惩罚。二是司法公开和司法责任制改革逐步深入。2013 年 11 月,最高人民法院公布《关于人民法院在互联网公布裁判文书的规定》,要求各级人民法院"遵循依法、及时、规范、真实的原则"在由最高人民法院设立的"中国裁判文书网"上统一公布生效的各种裁判文书法,接受公众监督。2013 年 7 月,中央政法委出台《关于切实防止冤假错案的指导意见》,就严格遵守法律程序,加强防止和纠正错案机制建设作出明确规定。三是人权司法保障机制建设取得重要成果。2015 年 12 月,最高人民检察院印发《关于对检察机关办案部门和办案人员违法行使职权行为纠正、记录、通报及责任追究的规定》,明确了办案部门及时纠正违法行使职权行为的主体责任。依法保障律师执业权利。中共中央全面深化改革领导小组第 16 次会议审议通过《关于深化律师制度改革的意见》;会后,最高人民法院、最高人民检察院、公安部、国家安全部、司法部联合出台《关于依法保障律师执业权利的规定》,分别就保障律师的知情权、申请权、申诉权,以及会见、阅卷、收集证据和发问、质证、辩论辩护等方面的权利作出规定。

中国特色社会主义民主政治是坚持党的领导、人民当家作主、依法治国有机统一的民主政治。党的十八大以来,我们党更加注重健全民主制度、丰富民主形式,保证人民依法实行民主选举、民主决策、民主管理、民主监督,保证人民依法享有广泛权利和自由,社会主义民主政治制度的优越性得到充分发挥。

人民代表大会制度是保证人民当家作主的根本政治制度。党的十八大以来,我们党坚定不移走中国特色社会主义政治发展道路,推动人民代表大会制度始终与改革同步,与发展相融,全国人大常委会通过依法履职,在立法、监督、代表等方面,不断创新人大工作体制机制,形成了很多制度性成果。截至 2017 年 8 月底,十二届全国人大及其常委会共制定法律 20 件,修改法律 101 件次,通过有关法律问题和重大问题的决议决定 35 件,作出法律解释 9 个,经济、政治、文化、社会、生态文明领域一批重大立法相继出台。在监督工作方面,十二届全国人大常委会开展了 24 次执法检查,听取审议"一府两院"70 个工作报告,开展 13 次专题询问,进行 17 项专题调研,推动解决人民群众普遍关心的热点难点问题,推动"一府两院"依法执政、公正司法。

深化国家监察体制改革是事关全局的一项重大政治体制改革,对人民代表大会制度完善和发展具有重要意义。根据党中央的决策部署,2016 年 12 月 25 日,十二届全国人大常委会第 25 次会议通过《关于在北京市、山西省、浙江省开展国家监察体制改革试点工作的决定》,授权在北京市、山西省、浙江省及所辖县、市、市辖区设立监察委员会,行使监察职权;试点地区监察委员会由本级人民代表大会产生,监察委员会主任由本级人民代表大会选举产生;监察委员会副主任、委员,由监察委员会主任提请本级人民代表大会常务委员会任免。授权试点地区监察委员会对本地区所有行使公权力的公职人员依法实施监察;履行监督、调查、处置职责,监督检查公职人员依法履职、秉公用权、廉洁从政以及道德操守情况,调查涉嫌贪污贿赂、滥用职权、玩忽职守、权力寻租、利益输送、徇私舞弊以及浪费国家资财等职务违法和职务犯罪行为并作出处置决定;为履行上述职权,监察委员会可以采取谈话、讯问、询问、查询、冻结、调取、查封、扣押、搜查、勘验检查、鉴定、留置等措施。在试点取得成功经验的基础上,党的十九大提出"深化国家监察体制改革,将试点工作在全国推开"。根据这一要求,中共中央办公厅于 2017 年 10 月 29 日印发《关于在全国各地推开国家监察体制改革试点方案》,决定北京市、山西省、浙江省继续深化改革试点,其他 28 个省(自治区、直辖市)在 2017 年底 2018 年初召开的省、市、县人民代表大会上产生三级监察委员会,整合反腐败资源力量,完成相关机构、职能、人员转隶,明确监察委员会职能职责,赋予惩治腐败、调查职务违法犯罪行为的权限手段,建立与执法机关、司法机关的协调衔接机制,实现对所有行使公权力的公职人员监察全覆盖。

发挥中国特色政党制度优势,不断完善中国共产党领导的多党合作和政治协商制度。2015 年 5 月,中共中央颁布《中国共产党统一战线工作条例(试行)》。《条例(试行)》规定了民主党派在政治协商中提出意见和建议、在党委主要负责人召开的专门会议上对党委领导班子及其成员提出意见和建议、对党委党风廉政建设和反腐败工作提出意见和建议、向党委及其职能部门提出书面意见和建议等 10 种民主监督形式。协商民主是中国共产党和中国人民的伟大创造。2015 年 2 月,中共中央印发《关于加强社会主义协商民主建设的意见》,深刻阐述了社会主义协商民主的本质属性、基本内涵以及加强社会主义协商民主建设的重要意义、指导思想、基本原则和渠道程序等,从顶层设计的高度,系统谋划了协商民主的发展路径。社会主义协商民主主要包括政党协商、人大协商、政府协商、政协协商、人民团体协商、基层协商、社会组织协商 7 种协商形式。政党协商在 7 种协商形式中居于首位。2015 年 12 月,中共中央办公厅印发《关于加强政党协商的实施意见》,明确政党协商的主要内容包括:中共全国代表大会、中共中央委员会的有关重要文件;宪法的修改建议,有关重要法律的制定、修改建议;国家领导人建议人选;国民经济和社会发展的中长期规划以及年度经济社会发展情况;关系改革发展稳定等重要问题;统一战线和多党合作的重大问题;其他需要协商的重要问题。党的十八大以来,到 2017 年 8 月底,党中央、国务院或委托中央统战部召开的政党协商会议(包括协商会、座谈会、情况通报会)共计 112 场。① 人大协商主要是在重大决策之前根据需要进行充分协商,更好地汇聚民智、听取民意,支持和保证人民通过人民代表大会行使国家权力。政协协商是指在中国共产党领导下,参加人民政协的各党派团体、

---

① 《坚定不移走中国特色社会主义政治发展道路——访中央统战部常务副部长张裔炯》,《人民日报》2017 年 9 月 11 日。

各族各界人士履行政治协商、民主监督、参政议政职能,围绕改革发展稳定重大问题和涉及群众切身利益的实际问题,在决策之前和决策实施之中广泛协商、凝聚共识的重要民主形式。

健全和完善基层群众自治制度,中国特色基层民主不断发展。党的领导在基层民主建设中充分体现。截至 2016 年底,全国村民委员会中党员人数约占成员人数的 57.78%;村党组织书记和村民委员会主任"一肩挑"约占村民委员会主任人数的 34.23%。居民委员会中党员人数约占成员人数的 53.92%;社区党组织书记和居民委员会主任"一肩挑"约占居民委员会主任人数的 41.05%。形成村(居)民委员会、村(居)民小组、村落、楼院、门栋上下贯通、左右联动的基层群众性自治组织体系,一大批党组织推荐的人选通过法定程序进入村(居)民委员会班子,成为村、社区带头人,为党的路线方针政策在基层落地见效提供了有力保证。十二届全国人大第五次会议审议通过的《民法总则》明确村民委员会、居民委员会具有基层群众性自治组织特别法人资格,可以从事为履行职能所需要的民事活动。到 2016 年底,全国已有 25 个省、自治区、直辖市制定或者修订村民委员会组织法实施办法,有 27 个省、自治区、直辖市制定或修订了村民委员会选举办法。民主选举有序推进,截至 2016 年底,全国 27 个省、自治区、直辖市实现了村民委员会和居民委员会换届选举统一届期、统一部署、统一指导、统一实施,村民参选率达到 90%以上,优化了村(居)民委员会班子结构。

随着全面建成小康社会、全面深化改革、全面推进依法治国战略部署的展开和贯彻落实,我们党对在坚持中国特色社会主义"五位一体"总布局下治国理政规律的认识也越来越深刻。2014 年 12 月,习近平总书记在江苏调研时提出,要"协调推进全面建成小康社会、全面深化改革、全面推进依法治国、全面从严治党,推动改革开放和社会主义现代化建设迈上新台阶。"①从而第一次完整表述了"四个全面"。2015 年 2 月,在省部级主要领

---

① 《主动把握和积极适应经济发展新常态,推动改革开放和现代化建设迈上新台阶》,《人民日报》2014 年 12 月 15 日。

导干部学习贯彻十八届四中全会精神全面推进依法治国专题研讨班开班式上，习近平总书记第一次从"战略布局"的视角对"四个全面"及其相互关系进行系统论述，指出："党中央从坚持和发展中国特色社会主义全局出发，提出并形成了全面建成小康社会、全面深化改革、全面依法治国、全面从严治党的战略布局。这个战略布局，既有战略目标，也有战略举措，每一个'全面'都具有重大战略意义。全面建成小康社会是我们的战略目标，全面深化改革、全面依法治国、全面从严治党是三大战略举措。要把全面依法治国放在'四个全面'的战略布局中来把握，深刻认识全面依法治国同其他3个'全面'的关系，努力做到'四个全面'相辅相成、相互促进、相得益彰。"①同年3月，在海南会见博鳌亚洲论坛第四届理事会成员时，习近平指出：两年多来，我们立足中国发展实际，坚持问题导向，逐步形成并积极推进全面建成小康社会、全面深化改革、全面依法治国、全面从严治党的战略布局。这是中国在新的历史条件下治国理政方略，也是实现中华民族伟大复兴中国梦的重要保障。7月，在出席金砖国家领导人第七次会晤发表的讲话中，习近平对"四个全面"战略布局的各自内容作了进一步阐发："全面建成小康社会是我们现阶段战略目标，也是实现中华民族伟大复兴中国梦关键一步。我们将继续坚持以经济建设为中心，致力于建设改革发展成果真正惠及人民，经济、政治、文化、社会、生态文明全面发展的小康社会。我们将坚定不移深化改革，推进国家治理体系和治理能力现代化，推动经济社会持续健康发展。我们将坚持依法治国、依法执政、依法行政共同推进，坚持法治国家、法治政府、法治社会一体建设，实现科学立法、严格执法、公正司法、全民守法。我们将全面推进中国共产党自身建设，提高党的自我完善、自我革新、自我提高能力，保持对腐败零容忍的高压态势，完善体制机制建设，不断增强执政能力。"②2016年7月，在庆祝中国共产党成立95周年大会上的讲

---

① 习近平：《领导干部要做尊法学法守法用法的模范，带动全党全国共同全面推进依法治国》，《人民日报》2015年2月3日。

② 习近平：《共建伙伴关系，共创美好未来》，《人民日报》2015年7月10日。

话中,习近平指出:"现阶段,建设中国特色社会主义的主要任务,就是到 2020 年中国共产党成立 100 年时实现第一个百年奋斗目标、全面建成小康社会,为进而到本世纪中叶中华人民共和国成立 100 年时实现第二个百年奋斗目标、建成富强民主文明和谐的社会主义现代化国家打下坚实基础。……为实现这一目标,党的十八大以来,我们党形成并积极推进经济建设、政治建设、文化建设、社会建设、生态文明建设'五位一体'的总体布局,形成并积极推进全面建成小康社会、全面深化改革、全面依法治国、全面从严治党的战略布局。""要统筹推进'五位一体'总体布局,协调推进'四个全面'战略布局,全力推进全面建成小康社会进程,不断把实现'两个一百年'奋斗目标推向前进。"①

"五位一体"总体布局和"四个全面"战略布局,是总体长远战略与既有总体性又体现阶段性要求和特点的具体战略的关系。"五位一体"总体布局是在建设中国特色社会主义的整个历史进程中都必须坚持的战略布局——鉴于这个历史进程的长期性,必然要分阶段推进,也就必然要提出阶段性目标和阶段性任务以及实现这些阶段性目标任务的阶段性战略;"四个全面"战略布局,首先是为了实现全面建成小康社会这个阶段性目标任务而提出的战略布局,同时又是体现中国特色社会主义"五位一体"总体布局要求、将"五位一体"各项要求具体贯彻落实于全面建成小康社会阶段性任务的战略布局。随着中国特色社会主义事业的不断推进,随着全面小康社会的建成,"四个全面"战略布局也将进一步发展。

提出并协调推进"四个全面"战略布局,具有重大的理论意义和实践指导作用,它是党的十八大以来以习近平同志为核心的党中央治国理政的总方略、总部署、总抓手,是中国特色社会主义"五位一体"总体布局在新的历史条件下的实践展开和具体化,是关于新时期新阶段中国改革开放和中国特色社会主义发展的顶层设计和行动纲领,将贯穿于全面建成小康社会的

①　习近平:《在庆祝中国共产党成立 95 周年大会上的讲话》,《人民日报》2016 年 7 月 2 日。

整个过程。

三、以新发展理念规划"十三五",打造发展升级版

2015 年是"十二五"规划收官之年。在"十二五"即将完成之际,2015 年 10 月 26 日至 29 日,党中央召开十八届五中全会,审议通过了《中共中央关于制定国民经济和社会发展第十三个五年规划的建议》(以下简称《建议》)。

《建议》总结了"十二五"时期我国发展取得的重大成就,分析了"十三五"时期我国发展环境的基本特征,提出了"十三五"时期我国发展的指导思想、基本原则,明确了"十三五"时期我国经济社会发展的主要目标和基本理念。《建议》提出,"十三五"时期,要在党的十六大确定的全面建成小康社会目标要求的基础上,努力实现以下新的目标要求:一是经济保持中高速增长,在提高发展平衡性、包容性、可持续性的前提下,到 2020 年国内生产总值和城乡居民人均收入比 2010 年翻一番;二是人民生活水平和质量普遍提高,就业比较充分,基本公共服务均等化水平稳步提高,收入差距缩小,我国现行标准下农村贫困人口实现脱贫,贫困县全部摘帽,解决区域性整体贫困;三是国民素质和社会文明程度显著提高;四是生态环境质量总体改善;五是各方面制度更加成熟更加定型,国家治理体系和治理能力现代化取得重大进展,各领域基础性制度体系基本形成,党的建设制度化水平显著提高。为了实现这一新的目标要求,进一步破解发展难题,厚植发展优势,《建议》强调,必须牢固树立创新、协调、绿色、开放、共享的发展理念。创新是引领发展的第一动力,必须把创新摆在国家发展全局的核心位置,让创新贯穿党和国家一切工作,让创新在全社会蔚然成风;协调是持续健康发展的内在要求,必须牢牢把握中国特色社会主义事业总体布局,正确处理发展中的重大关系,重点促进城乡区域协调发展、经济社会协调发展、新型工业化信息化城镇化农业现代化同步发展;绿色是永续发展的必要条件,必须坚持

节约资源和保护环境的基本国策,坚持可持续发展,坚定走生产发展、生活富裕、生态良好的文明发展道路,加快建设资源节约型、环境友好型社会;开放是国家繁荣发展的必由之路,必须顺应我国经济深度融入世界经济的趋势,奉行互利共赢的开放战略,坚持内外需协调、进出口平衡、引进来和走出去并重、引资和引技引智并举,发展更高层次的开放型经济;共享是中国特色社会主义的本质要求,必须坚持发展为了人民、发展依靠人民、发展成果由人民共享,作出更有效的制度安排,使全体人民在共建共享发展中有更多获得感。《建议》强调,坚持创新发展、协调发展、绿色发展、开放发展、共享发展新发展理念,是关系我国发展全局的一场深刻变革,全党要充分认识这场变革的重大现实意义和深远历史意义,统一思想,协调行动,深化改革,开拓前进,推动我国发展迈上新台阶。

《建议》根据新发展理念,重点就"十三五"时期如何坚持创新发展、协调发展、绿色发展、开放发展、共享发展进行了系统阐述和部署。《建议》提出,坚持创新发展、着力提高发展质量和效益,就是要培育发展新动力、拓展发展新空间、深入实施创新驱动发展战略、大力推进农业现代化、构建产业新体系、构建发展新体制、创新和完善宏观调控方式;坚持协调发展、着力形成平衡发展结构,就是要推动区域协调发展、推动城乡协调发展、推动物质文明和精神文明协调发展、推动经济建设和国防建设融合发展;坚持绿色发展、着力改善生态环境,就是要促进人与自然和谐共生、加快建设主体功能区、推动低碳循环发展、全面节约和高效利用资源、加大环境治理力度、筑牢生态安全屏障;坚持开放发展、着力实现合作共赢,就是要完善对外开放战略布局、形成对外开放新体制、推进"一带一路"建设、深化内地和港澳以及大陆和台湾地区合作发展、积极参与全球经济治理、积极承担国际责任和义务;坚持共享发展、着力增进人民福祉,就是要增加公共服务供给、实施脱贫攻坚工程、提高教育质量、促进就业创业、缩小收入差距、建立更加公平更可持续的社会保障制度、推进健康中国建设、促进人口均衡发展等。《建议》还就加强和改善党的领导、为实现"十三五"规划提供坚强保证,加快建设人才强国、运用法治思维和法治方式推动发展、加强和创新社会治理、确保"十三五"规划建议的目标任务落到实处等工作提出明确要求。

党的十八届五中全会提出的新发展理念和工作部署,凝聚全党全社会共识,发出了开拓中国发展新境界、推动中国发展迈上更高台阶的动员令。

供给和需求是市场经济内在关系的两个基本方面,供给侧和需求侧是管理和调控宏观经济的两个基本手段。需求侧管理,重在解决总量性问题,注重短期调控,主要是通过调节税收、财政支出、货币信贷等来刺激或抑制需求,进而推动经济增长;供给侧管理,重在解决结构性问题,注重激发经济增长动力,主要通过优化要素配置和调整生产结构来提高供给体系质量和效率,进而推动经济增长。依据经济发展新常态和实施"十三五"规划的要求,2015 年 11 月 10 日,习近平总书记在中央财经领导小组第十一次会议上的讲话中,明确提出要"加强供给侧结构性改革"。在2015 年 12 月 18 日至 21 日召开的中央经济工作会议上,习近平对推进供给侧结构性改革的意义和相关政策作了进一步阐述,强调引领经济发展新常态,要努力实现多方面工作重点转变,要更加注重供给侧结构性改革,推进供给侧结构性改革,是适应和引领经济发展新常态的重大创新,是适应国际金融危机发生后综合国力竞争新形势的主动选择,是适应我国经济发展新常态的必然要求。这次经济工作会议提出,2016 年是全面建成小康社会决胜阶段的开局之年,也是推进结构性改革的攻坚之年,经济工作要牢固树立和贯彻落实新发展理念,适应经济发展新常态,坚持改革开放,坚持稳中求进工作总基调,坚持稳增长、调结构、惠民生、防风险,着力加强结构性改革,在适度扩大总需求的同时,去产能、去库存、去杠杆、降成本、补短板(简称"三去一降一补"),提高供给体系质量和效率,提高投资有效性,加快培育新的发展动能,增强持续增长动力,推动我国社会生产力水平整体改善。

　　2016 年以来,在党中央坚强领导下,各地区各部门全力落实"去产能、去库存、去杠杆、降成本、补短板"五大任务并取得了实质性进展。在"去产能"方面,2016 年,钢铁、煤炭产能分别退出 6500 万吨以上和 2.9 亿吨以上,超额完成目标任务。在"去库存"方面,重点是降低房地产高库存,抑制房地产泡沫,到 2016 年 12 月末,全国商品房待售面积同比下降 3.2%,其中住宅待售面积同比下降 11.0%。2017 年上半年,房地产库存继续减少。在"去杠杆"方面,积极推动市场化兼并重组,依法依规实施企业破产,进一步完善多层次资本市场,发展股权融资,实施市场化债转股试点,强化企业负债自我约束,企业杠杆率持续降低。2016 年末,规模以上工业企业资产负债率为 55.8%,比上年下降 0.4 个百分点。在"降成本"方面,坚持多措并举,综合施策,积极降低企业成本。2016 年仅营改增试点全面推开,就降低企业税负 5700 多亿元。

　　推进供给侧结构性改革,根本途径是深化改革,通过深化行政管理体制、价格机制、金融财税体制、国有企业等各领域改革,为推进供给侧结构性改革创造条件、提供助力,完善市场在资源配置中发挥决定性作用的体制机制。"放管服"改革向纵深推进。① 2013 年 3 月以后 4 年间,国务院分 9 批取消和下放国务院部门行政审批事项 618 项;分 3 批取消中央指定地方实施行政审批事项 283 项;分 3 批取消国务院部门行政审批中介服务事项 323 项;取消和下放行政审批事项的比例超过 40%,一些地方超过 70%;非行政许可审批彻底终结;国务院各部门设置的职业资格削减 70% 以上;中央层面核准的投资项目数量累计减少 90%;外商投资项目 95% 以上已由核准改为备案管理。价格机制改革不断深化。2015 年 10 月,中共中央、国务院发布《关于推进价格机制改革的若干意见》,明确了价格改革的主要目标和工作重点。2015 年 10 月,国家发改委公布重新修订的《中央定价目录》,定价种类由原来的 13 种(类)减少为天然气、水利工程供水、电力、重要邮政业务等 7 个种(类),约减少 46%;具体定价项目由 100 项左右减少到 20

―――――――――――

① "放管服",即"简政放权、放管结合、优化服务"。

项,约减少80%。农产品价格形成机制进一步完善。能源价格改革不断深化。2015年3月,中共中央、国务院发布《关于进一步深化电力体制改革的若干意见》,确定按照"准许成本加合理收益"原则核定输配电价,到2017年6月底,此一改革实现了对省级电网的全覆盖。推进医疗服务和药品价格改革。2014年,国家发改委、国家卫计委和人社部下发《关于非公立医疗机构医疗服务实行市场调节价有关问题的通知》,放开非公立医疗机构医疗服务价格。总之,党的十八大以来,政府定价大幅减少,市场在资源配置中的决定性作用充分体现,电信业务资费、非公立医院医疗服务和绝大部分药品价格、绝大部分专业服务价格已全部放开,由市场决定价格的商品和服务占到整个国民经济的97%左右。①

投融资体制改革继续深化。2015年10月,国务院印发《关于实行市场准入负面清单制度的意见》,明确了实行市场准入负面清单制度的总体要求、主要任务和配套措施。2016年7月,中共中央、国务院印发《关于深化投融资体制改革的意见》,就深化投融资体制改革,建立完善企业自主决策、融资渠道畅通、职能转变到位、政府行为规范、宏观调控有效、法治保障健全的新型投融资体制等提出要求。根据党中央的部署,2013年至2016年,我国3次修订发布政府核准的投资项目目录,目录范围之外的投资项目,一律实行备案制,由中央政府核准的企业投资项目数量大幅减少90%以上。国有企业改革完成一揽子政策设计,企业质量效益和核心竞争力持续提升。2015年8月,中共中央、国务院印发《关于深化国有企业改革的指导意见》,明确了深化国有企业改革的主要任务和措施。金融改革有序推进。财税体制改革在制度创新和系统性重构中不断深入。2014年6月,中央全面深化改革领导小组第三次会议审议《深化财税体制改革总体方案》。2016年,我国财税体制改革取得重要进展。自当年5月1日起,营业税改增值税试点在全国范围推开,全年降低企业税负超过5000亿元。

---

① 许光建等:《深入推进价格改革,着力提升"放管服"水平——十八大以来价格改革的回顾与展望》,《价格理论与实践》2017年第5期。

　　党的十八大以来,我国对外开放不断向纵深推进,对外开放的质量、深度、领域、层次都跃上了一个大台阶。

　　2013 年 9 月和 10 月,习近平在访问哈萨克斯坦和印度尼西亚期间,先后提出共建"丝绸之路经济带"和"21 世纪海上丝绸之路"(简称"一带一路")的重大倡议,得到国际社会高度关注。"一带一路"建设是推进我国新一轮对外开放的重要抓手,"是我国今后相当长时期对外开放和对外合作的管总规划,也是我国推动全球治理体系变革的主动作为。"① "一带一路"以政策沟通、设施联通、贸易畅通、资金融通、民心相通为主要内容,促进优势互补、互利共赢。2017 年 5 月,中国在北京主办"一带一路"国际合作高峰论坛,习近平在论坛开幕式上发表《携手推进"一带一路"建设》的主旨演讲,强调坚持以和平合作、开放包容、互学互鉴、互利共赢为核心的丝路精神,携手推动"一带一路"建设行稳致远,将"一带一路"建成和平之路、繁荣之路、开放之路、创新之路、文明之路。"一带一路"倡议提出 4 年多来,得到全球 100 多个国家和国际组织的积极支持和参与,中国同 40 多个国家和国际组织签署了合作协议,同 30 多个国家开展机制化产能合作;以中巴、中蒙俄、新亚欧大陆桥等经济走廊为引领,以陆海空通道和信息高速路为骨架,以铁路、港口、管网等重大工程为依托,一个复合型的基础设施网络正在形成。2014 年至 2016 年,中国同"一带一路"沿线国家贸易总额超过 3 万亿美元,中国对"一带一路"沿线国家投资累计超过 500 亿美元。

　　加快实施自由贸易区战略,是我国推进新一轮对外开放的又一重要内容。2014 年 12 月 5 日,中央政治局就加快自由贸易区建设进行第十九次集体学习,专题分析研讨我国加快实施自由贸易区战略的国内外环境和政策思路。2015 年 12 月,国务院发布《关于加快实施自由贸易区战略的若干意见》,这是我国启动自贸区建设进程以来首个国家级的战略性、综合性指导文件。2016 年 9 月,在中国杭州二十国集团领导人第十一次峰会上,习

---

　　① 中共中央文献研究室编:《习近平关于社会主义经济建设论述摘编》,中央文献出版社 2017 年版,第 276 页。

近平宣示:"我们将继续深入参与经济全球化进程,支持多边贸易体制。我们将加大放宽外商投资准入,提高便利化程度,促进公平开放竞争,全力营造优良营商环境。同时,我们将加快同有关国家商签自由贸易协定和投资协定,推进国内高标准自由贸易试验区建设。"①中国坚定支持在世界贸易组织框架下推动贸易自由化,到2016年底,我国与东盟、韩国、澳大利亚、新加坡、巴基斯坦、冰岛、瑞士、智利、秘鲁、哥斯达黎加、新西兰等22个国家和地区签署并实施了14个自由贸易协定。

在国内推进高标准的自由贸易试验区建设,是我国实施自由贸易的一项重要举措。2013年8月,国务院正式批准设立中国(上海)自由贸易试验区。到2016年9月,上海自由贸易试验区运行3年间,在加快推进以简政放权为核心的政府职能转变、与扩大开放相适应的投资管理体制改革、以便利化为重点的贸易监管模式创新及贸易发展方式转变、深化金融和服务业开放、完善事中事后监管和风险防范体系、服务区域协同发展等方面,大胆开展了一系列先行先试,取得了一系列可复制推广的重要成果。此外,2015年4月,国务院还批复成立了中国(广东)自由贸易试验区、中国(天津)自由贸易试验区、中国(福建)自由贸易试验区3个自由贸易试验区。2017年3月,国务院又批复成立中国(辽宁)自由贸易试验区、中国(浙江)自由贸易试验区、中国(河南)自由贸易试验区、中国(湖北)自由贸易试验区、中国(重庆)自由贸易试验区、中国(四川)自由贸易试验区、中国(陕西)自由贸易试验区7个自由贸易试验区,由此在中国形成了"1+3+7"共计11个自由贸易试验区格局。

我国坚持引进来与走出去相结合,对外贸易、利用外资、对外投资水平不断提高。2013年至2015年,我国连续三年保持世界第一货物贸易大国地位。2013年至2016年,我国累计新增外商投资企业10.1万家,实际引进外资5217亿美元。2016年,我国对外投资流量跃居世界第二位,成为净

---

① 习近平:《中国发展新起点,全球增长新蓝图——在二十国集团工商峰会开幕式上的主旨演讲》,《人民日报》2016年9月4日。

资本输出国。截至 2016 年底,我国对外直接投资存量超过 1.3 万亿美元,境外资产近 5 万亿美元。

推进"一带一路"建设、京津冀协同发展和长江经济带发展,是党的十八大以来以习近平同志为核心的党中央重点实施的关系我国发展全局的三大战略。2014 年 2 月 26 日,习近平在北京主持召开座谈会,专题听取京津冀协同发展工作汇报并作重要讲话,全面阐述了京津冀协同发展战略的重大意义、推进思路和重点任务。2015 年 2 月 10 日,习近平主持中央财经领导小组第九次会议,审议研究京津冀协同发展规划纲要。习近平指出,疏解北京非首都功能、推进京津冀协同发展,是一个巨大的系统工程,要走出一条内涵集约发展的新路子,探索出一种人口经济密集地区优化开发的模式,促进区域协调发展,形成新增长极。① 同年 4 月 30 日,中央政治局会议审议通过《京津冀协同发展规划纲要》。规划纲要提出京津冀协同发展的目标是:近期到 2017 年,有序疏解北京非首都功能取得明显进展,在符合协同发展目标且现实急需、具备条件、取得共识的交通一体化、生态环境保护、产业升级转移等重点领域率先取得突破,深化改革、创新驱动、试点示范有序推进,协同发展取得显著成效。中期到 2020 年,北京市常住人口控制在 2300 万人以内,北京"大城市病"等突出问题得到缓解;区域一体化交通网络基本形成,生态环境质量得到有效改善,产业联动发展取得重大进展。公共服务共建共享取得积极成效,协同发展机制有效运转,区域内发展差距趋于缩小,初步形成京津冀协同发展、互利共赢新局面。远期到 2030 年,首都核心功能更加优化,京津冀区域一体化格局基本形成,区域经济结构更加合理,生态环境质量总体良好,公共服务水平趋于均衡,成为具有较强国际竞争力和影响力的重要区域,在引领和支撑全国经济社会发展中发挥更大作用。②

① 《真抓实干主动作为形成合力,确保中央重大经济决策落地见效》,《人民日报》2015 年 2 月 11 日。
② 《京津冀协同发展领导小组办公室负责人就京津冀协同发展有关问题答记者问》,《人民日报》2015 年 8 月 24 日。

　　有序疏解北京非首都功能是京津冀协同发展战略的核心,是重中之重。2016 年 3 月 24 日,习近平主持召开中央政治局常委会会议,审议并原则同意《关于北京市行政副中心和疏解北京非首都功能集中承载地有关情况的汇报》,确定北京市通州区为北京市行政副中心,承担疏解北京非首都功能。同年 5 月 27 日,中央政治局会议又听取和审议了《关于规划建设北京城市副中心和研究设立河北雄安新区的有关情况的汇报》,明确在河北省设立雄安新区作为疏解北京非首都功能集中承载地,重点承接北京疏解出的行政事业单位、总部企业、金融机构、高等院校、科研院所等。2017 年 2 月 23 日,习近平专程到河北省安新县进行实地考察,主持召开河北雄安新区规划建设工作座谈会。2017 年 4 月 1 日,中共中央、国务院印发通知,正式对外宣布设立河北雄安新区。设立雄安新区,是以习近平同志为核心的党中央深入推进京津冀协同发展作出的一项重大决策部署,继深圳经济特区和上海浦东新区之后又一具有全国意义的新区,对于集中疏解北京非首都功能,探索人口经济密集地区优化开发新模式,调整优化京津冀城市布局和空间结构,具有重大现实意义和深远历史意义。

　　长江是我国第一大河,是货运量位居全球内河第一的黄金水道。2013 年 7 月 21 日,习近平在武汉调研时指出,"长江流域要加强合作,充分发挥内河航运作用,发展江海联运,把全流域打造成黄金水道。"[1]2014 年 9 月,国务院印发《关于依托黄金水道推动长江经济带发展的指导意见》,提出要以改革激发活力、以创新增强动力、以开放提升竞争力,依托长江黄金水道,高起点高水平建设综合交通运输体系,推动上中下游地区协调发展、沿海沿江沿边全面开放,构建横贯东西、辐射南北、通江达海、经济高效、生态良好的长江经济带。2015 年 10 月,党的十八届五中全会通过的《关于制定国民经济和社会发展第十三个五年规划的建议》明确提出:要"推进长江经济带建设,改善长江流域生态环境,高起点建设综合立体交通走廊,引导产业优

---

　　① 《习近平在湖北考察改革发展工作时强调坚定不移全面深化改革开放脚踏实地推动经济社会发展》,《人民日报》2013 年 7 月 24 日。

化布局和分工协作。"①2016年1月5日,习近平在重庆召开推动长江经济带发展座谈会并发表重要讲话,明确指出,当前和今后相当长一个时期,要把修复长江生态环境摆在压倒性位置,共抓大保护,不搞大开发;要把实施重大生态修复工程作为推动长江经济带发展项目的优先选项,实施好长江防护林体系建设、水土流失及岩溶地区石漠化治理、退耕还林还草、水土保持、河湖和湿地生态保护修复等工程,增强水源涵养、水土保持等生态功能;要用改革创新的办法抓长江生态保护,要在生态环境容量上过紧日子的前提下,依托长江水道,统筹岸上水上,正确处理防洪、通航、发电的矛盾,自觉推动绿色循环低碳发展,有条件的地区率先形成节约能源资源和保护生态环境的产业结构、增长方式、消费模式,真正使黄金水道产生黄金效益。2016年3月,中共中央政治局会议审议通过《长江经济带发展规划纲要》。根据党中央的决策部署,2016年以来一年半时间里,"生态优先、绿色发展"的理念已为长江经济带广大干部群众理解和接受,生态环境保护的积极性、主动性和创造性不断提高,长江经济带"共抓大保护"的格局基本确立,沿江省市经济社会发展质量和效益显著提升,2016年长江经济带11省市国内生产总值增速总体高于全国增速。

四、着力改善民生,推进文化强国、美丽中国建设

提高人民物质文化生活水平,是改革开放和社会主义现代化建设的根本目的。必须让改革发展成果更多更公平惠及全体人民,解决人民最关心最直接最现实的利益问题,朝着实现全体人民共同富裕不断迈进。

党的十八大以来,党中央以高度的历史责任感和使命感,把农村扶贫开发摆到治国理政重要位置,作为最大的民生工程来抓,加大扶贫投入,创新

---

① 《中共中央关于制定国民经济和社会发展第十三个五年规划的建议》,《人民日报》2015年11月4日。

扶贫方式,实施精准扶贫、精准脱贫,打响脱贫攻坚战并取得重要成果。2012年12月底,党的十八大后第二次离京习近平就来到河北保定市阜平县就扶贫攻坚工作进行考察调研,到了贫困村,访问了贫困户,并主持会议听取河北省、保定市、阜平县扶贫开发工作汇报。根据习近平总书记的指示,在党中央、国务院的科学决策和部署下,党的十八大后5年来,我国精准扶贫、精准脱贫、脱贫攻坚取得显著成绩。在精准识贫方面,2014年4月至10月,全国组织80多万人进村入户,共识别12.8万个贫困村,2948万贫困户、8962万贫困人口,基本摸清了我国贫困人口分布、致贫原因、脱贫需求等信息,建立起了全国统一的扶贫开发信息系统。在精准帮扶方面,"五个一批"工程有力推进:"发展生产脱贫一批",到2017年8月,国家已在428个贫困县开展了电商扶贫试点,光伏扶贫批复电站建设计划700万千瓦,旅游扶贫覆盖2.26万个贫困村;"易地搬迁脱贫一批",2016年全国249万人"挪穷窝",与此同时"换穷业""拔穷根"工作及时跟进,截至2016年10月底,易地搬迁的贫困人口本地落实就业岗位45.18万个,产业扶持126.19万人;"发展教育脱贫一批",贫困地区农村义务教育学生营养改善计划全覆盖,贫困家庭子女免费接受职业教育、高中教育基本实现,寒门子弟基本告别因贫辍学;"生态补偿脱贫一批",2016年林业部门为扶贫对象安排护林员岗位28万个,西藏50万贫困人口实现生态保护就业;"社会保障兜底一批",农村低保和扶贫开发两项制度密切衔接,贫困人口逐步实现应扶尽扶,应保尽保。在精准管理方面,为确保各项扶贫资金使用好、管理好,2017年3月,财政部等6部门印发《中央财政专项扶贫资金管理办法》,加快推进县级扶贫开发资金项目整合管理平台建设,完善项目资金公告公示制度,提高资金使用透明度;大力加强对扶贫资金的检查审计,2015年在全国开展涉农资金专项整治,2016年开展财政专项扶贫资金集中自查,2017年实现了对全国重点贫困县审计与专项检查的全覆盖。2013年至2016年4年间,我国现行标准下的农村贫困人口由9899万人减少至4335万人,年均减少1391万人,累计脱贫5564万人,相当于一个中等国家的人口总量;农村贫困发生率从 2012 年底的 10.2% 下降至 2016 年底的 4.5%。

　　农村改革不断深化，"三农"工作取得新成就。党的十八大以来，以习近平同志为核心的党中央继续把解决农业、农村、农民问题作为全党工作的重中之重，推动"三农"工作不断改革发展创新，取得新的重大成就。党的十八大以后 5 年来，重要农产品价格形成机制和收储制度改革迈出重大步伐；农村承包地"三权分置"改革稳步推进，农村土地确权登记颁证进展顺利；农民合作社、家庭农场等新型经营主体蓬勃发展；农村土地征收、集体经营性建设用地入市、宅基地制度改革试点有序实施，农村承包土地经营权、农民住房财产权抵押贷款试点进展顺利，农村集体产权制度改革稳步推进；供销合作社综合改革、集体林权制度改革、农业水价综合改革、农垦改革成效明显；乡村治理机制进一步完善，村民自治有效形式得到拓展；以农民工市民化为重点的社会管理和公共服务制度改革深入推进，户籍制度改革取得实质进展，城镇基本公共服务常住人口全覆盖持续推进。改革促进"三农"工作在高起点上迈出新步伐。一是农业综合生产能力迈上新台阶，粮食产量连续 5 年稳定在 1.2 万亿斤以上，国家粮食安全和重要农产品供给得到有效保障；农业物质技术装备水平显著提高，农业发展正加快转向更多依靠科技进步和提质增效的轨道。二是农民收入增速连年快于城镇居民。城乡居民收入差距由 2012 年的 2.88∶1 缩小到 2016 年的 2.72∶1，农村居民人均可支配收入年均增长 8.58%。三是脱贫攻坚取得举世公认的巨大成就。四是农村新产业新业态迅速发展，休闲农业和乡村旅游快速发展，2016 年乡村旅游实际完成投资 3857 亿元；农村电商蓬勃兴起，2017 年前 8 个月农村网络零售额达到 7290 亿元，呈现持续快速增长势头；农民返乡创业热度上升，全国返乡创业人数增幅连续 5 年保持在两位数左右，农业农村正成为投资热土。新农村建设取得新的巨大成就。2012 年到 2016 年，全国农村自来水普及率从 65% 提高到 79%，建制村通硬化路的比例从 86.46% 增长到 96.69%。2013 年至 2016 年完成 1277.6 万贫困户危房改造。以垃圾处理、污水治理为重点的农村人居环境整治全面提速，全国

65%的行政村对生活垃圾进行处理。农村社会事业取得重大进展,农村义务教育办学条件进一步改善,各级财政对新型农村合作医疗的人均补助标准从2012年的每人每年240元提高到420元,截至2016年底,全国农村低保覆盖4576.5万人,平均农村低保标准达到每人每年3744元,比2012年名义上增长了81.1%。农村文化体育事业进一步繁荣,公共文化服务体系建设得到进一步加强。

人民更多更公平地共享改革发展成果。教育领域改革发展迈上新台阶。国家财政性教育经费占国内生产总值的比例始终保持在4%以上,教育普及程度进一步提高,2016年学前三年毛入园率77.4%,比2012年提高12.9个百分点;小学净入学率99.9%,初中阶段毛入学率104.0%,九年义务教育巩固率93.4%,比2012年提高1.6个百分点;高中阶段毛入学率87.5%,比2012年提高2.5个百分点;高等教育毛入学率42.7%,比2012年提高12.7个百分点。扩大就业取得显著成效,城镇就业人员从2012年末的3.71亿人增加到2016年末的4.14亿人,年均增加1082万人;全国农民工总量从2012年末的2.63亿人增加到2016年末的2.82亿人,增加1910万人。党的十八大后5年间,城镇新增就业人数年均在1300万人以上,累计达6500多万人,城镇登记失业率保持在4.1%以下的较低水平。建立城乡统一的户口登记制度,取消农业户口与非农业户口性质区分和由此衍生的户口类型。人民生活水平持续快速提高。2016年全国居民人均可支配收入23821元,比2012年增长44.3%,年均实际增长7.4%。城乡收入差距持续缩小。2016年,城镇居民人均可支配收入33616元,比2012年增长39.3%,实际增长28.6%;农村居民人均可支配收入12363元,比2012年增长47.4%,实际增长36.3%。基尼系数有所下降。2016年全国居民人均可支配收入基尼系数为0.465,比2012年的0.474下降0.009,居民收入差距总体有所缩小。城乡居民主要耐用消费品拥有量不断增多,农村居民消费品升级换代趋势尤其明显。2016年,在平均每百户农村居民中,汽车拥有量17辆,比2012年增加11辆,增长164.1%;空调拥有量48台,比2012

年增加 22 台,增长 87.6%;计算机拥有量 28 台,比 2012 年增加 6.6 台,增长 30.8%;移动电话拥有量 241 部,比 2012 年增加 43 部,增长 21.7%。生活环境明显改善,公共服务不断完善。① 社会保障制度改革取得突破性进展,截至 2016 年底,基本养老、失业、工伤、生育保险参保人数分别达到 8.88 亿人、1.81 亿人、2.19 亿人、1.85 亿人,分别比 2012 年末增加 9980 万人、2864 万人、2879 万人、3022 万人。基本医疗保险覆盖人数超过 13 亿人,全民医保基本实现。社会保障水平稳步提高。全国企业退休人员基本养老金自 2005 年起连续上调了 12 年,月均养老金从 2012 年的 1686 元增加到 2016 年的 2362 元;城乡居民基础养老金最低标准从每人每月 55 元提高至 70 元。2016 年职工医疗保险和居民医疗保险基金最高支付限额分别为当地职工年平均工资和当地居民年人均可支配收入的 6 倍,政策范围内住院费用基金支付比例分别达到 80% 和 70% 左右。城乡居民基本医疗保险补助标准从 2012 年的 240 元提高到 2016 年的 420 元。大病保险覆盖城乡居民超过 10 亿人,各地方大病保险政策规定的支付比例不低于 50%。全国月平均失业保险金水平由 2012 年的 686 元提高到 2016 年的 1051 元,年均增长 11.3%。国家异地就医结算系统于 2016 年底正式上线试运行,社会保障卡持卡发行量突破 10 亿张,全国 102 项社会保障卡应用目录平均开通率超过 80%,人民群众享受到了更加方便、快捷、高效的社保服务。②

全面建成小康社会,实现中华民族伟大复兴,必须深化文化体制改革、坚定文化自信,推动社会主义文化大发展大繁荣。根据党的十八大和十八届三中全会对深化文化体制改革作出的部署,2014 年 3 月,经中央全面深化改革领导小组第二次会议审议通过的《深化文化体制改革实施方案》正式下发。《实施方案》明确了文化体制改革的指导思想、目标思路、主要任

---

① 国家统计局网站:《居民收入持续较快增长,人民生活质量不断提高——党的十八大以来经济社会发展成就系列之七》,2017 年 7 月 6 日。

② 中共人力资源和社会保障部党组:《让广大人民群众更多更好地共享发展成果——党的十八大以来劳动就业和社会保障事业发展的主要成就》,《求是》2017 年第 14 期。

务和政策保障,为下一阶段继续推进文化体制改革发展规划了路线图、确立了时间表、下达了任务书。总的思路和布局是,深化文化体制改革,必须紧紧围绕一个核心目标,即培育和弘扬社会主义核心价值观、建设社会主义文化强国;必须着力抓住两个关键环节,即完善文化管理体制和深化国有文化单位改革;必须加快构建五个体系,即现代公共文化服务体系、现代文化市场体系、优秀传统文化传承体系、对外文化传播和对外话语体系、文化政策法规体系。2017 年 5 月,中共中央办公厅、国务院办公厅印发并实施的《国家“十三五”时期文化发展改革规划纲要》,进一步明确了“十三五”时期文化发展改革的指导思想、方针原则、目标任务,并对 11 个方面的工作进行了部署,对各地各部门抓好规划落实提出了要求。

中国特色社会主义文化是“魂”“体”兼有的文化,社会主义核心价值观是文化之魂,文化事业文化产业是文化之体,“魂”是核心,“体”为表现,两者互为表里,相辅相成,统一于文化改革发展之中。加快中国特色社会主义文化改革发展,必须大力培育和弘扬社会主义核心价值观。2013 年 12 月,中共中央办公厅印发《关于培育和践行社会主义核心价值观的意见》,就培育和践行社会主义核心价值观的重要意义、指导思想、原则举措、组织领导等作出总体部署。2014 年 2 月 24 日,中央政治局第十三次集体学习专门将培育和弘扬社会主义核心价值观、弘扬中华传统美德确定为学习主题。习近平在主持学习时强调,要把培育和弘扬社会主义核心价值观作为凝魂聚气、强基固本的基础工程,继承和发扬中华优秀传统文化和传统美德,积极引导人们讲道德、尊道德、守道德,追求高尚的道德理想,不断夯实中国特色社会主义的思想道德基础。2015 年 4 月,中央宣传部、中央文明办印发《培育和践行社会主义核心价值观行动方案》,要求紧密联系群众生产生活实际,结合各行各业特点,广泛深入开展培育和践行社会主义核心价值观主题实践活动,努力在全社会形成共同的价值追求。《行动方案》提出了 15 项重点活动项目,主要有:爱国主义教育活动、群众性精神文明创建活动、学雷锋志愿服务活动、诚信建设制度化、节俭养德全民节约行动、公正文明执法司法活动、平安中国建设活动、民族团结进步创建活动、文明旅游活动、全民科学素质行动、扶贫济困活动、爱国卫生运动、文明办网文明上网活动、公众人物"重品行树形象做榜样"活动、"三严三实"教育等。2016 年 12 月，中共中央办公厅、国务院办公厅印发《关于进一步把社会主义核心价值观融入法治建设的指导意见》，提出把社会主义核心价值观的要求转化为刚性约束的法律规定，融入法治国家、法治政府、法治社会建设全过程，融入科学立法、严格执法、公正司法、全民守法各环节，以法治体现道德理念、强化法律对道德建设的促进作用，推动社会主义核心价值观更加深入人心。党的十八大以来，党中央大力推进、持续深化社会主义核心价值观的培育和弘扬，在理论和实践上迈出新步伐、达到新高度，核心价值观日益成为全民族奋发向上、团结和睦的精神纽带。

中国共产党作为以马克思主义为指导的无产阶级政党，能否做好意识形态工作，事关党的前途命运，事关国家长治久安，事关民族凝聚力和向心力。党的十八大以来，面对意识形态领域日益错综复杂的形势，我们党大力加强对意识形态工作的领导，弘扬主旋律，传播正能量，巩固了全党全社会思想上的团结统一。2013 年 8 月 19 日，在全国宣传思想工作会议上，习近平发表重要讲话，深刻阐述了事关宣传思想工作长远发展的一系列重大理论和现实问题，提出了一系列新思想、新观点、新要求，进一步明确了做好新形势下宣传思想工作的方向目标、重点任务和基本遵循。为了加强对文艺工作的指导和领导，2014 年 10 月 15 日，习近平总书记主持召开文艺工作座谈会并发表讲话，强调一个民族的复兴需要强大的物质力量，也需要强大的精神力量，实现"两个一百年"奋斗目标、实现中华民族伟大复兴的中国梦，文艺的作用不可替代，文艺工作者大有可为，要求文艺不能在市场经济大潮中迷失方向，不能在为什么人的问题上发生偏差，必须把创作生产优秀作品作为文艺工作的中心环节，文艺工作者要在发展社会主义市场经济条件下，正确处理好义利关系，认真严肃地考虑作品的社会效果。以习近平同志为核心的党中央高度重视党的新闻舆论工作，多次研究有关问题，作出重要部署。2016年2月19日,习近平主持召开党的新闻舆论工作座谈会,提出党的新闻舆论工作的职责和使命是:高举旗帜、引领导向,围绕中心、服务大局,团结人民、鼓舞士气,成风化人、凝心聚力,澄清谬误、明辨是非,联接中外、沟通世界。为了研究和推动我国哲学社会科学工作创新发展问题,2016年5月17日,习近平主持召开哲学社会科学工作座谈会并发表讲话指出,我国哲学社会科学必须坚持以人民为中心的研究导向,必须把坚持马克思主义和发展马克思主义统一起来,按照立足中国、借鉴国外,挖掘历史、把握当代,关怀人类、面向未来的思路,着力构建中国特色哲学社会科学,在指导思想、学科体系、学术体系、话语体系等方面充分体现中国特色、中国风格、中国气派。党的十八大以来,面对思想文化大激荡、网络媒体大发展的新时代,以习近平同志为核心的党中央坚持问题导向,敢于发声亮剑,大力加强党对意识形态工作的领导,从思想认识、方法手段、体制机制上牢牢掌握意识形态工作的领导权、管理权、话语权,极大地扭转了一段时间里意识形态领域的消极被动局面,开创了党的意识形态工作的新局面。

我们要建设的现代化是人与自然和谐共生的现代化,既要创造更多物质财富和精神财富以满足人民日益增长的美好生活需要,也要提供更多优质生态产品以满足人民日益增长的优美生态环境需要。党的十八大以来,以习近平同志为核心的党中央围绕环境保护和生态文明建设谋划开展了一系列根本性、长远性、开创性的工作,推动我国生态环境保护从认识到实践发生了历史性、转折性、全局性的变化,生态文明建设取得显著成效。

2012年12月7日至11日,习近平在广东考察工作时指出:"我们在生态环境方面欠账太多了,如果不从现在起就把这项工作紧紧抓起来,将来付出的代价会更大。""要实现永续发展,必须抓好生态文明建设。我们建设现代化国家,走欧美老路是走不通的,再有几个地球也不够中国人消耗。……现在全世界发达国家人口总额不到十三亿,十三亿人口的中国实现了现代化,就会把这个人口数量提升一倍以上。走老路,去消耗资源,去污染环境,难以为继!"①2013 年 4 月 10 日,在海南考察工作结束时的讲话中,习近平说:"纵观世界发展史,保护生态环境就是保护生产力,改善生态环境就是发展生产力。良好生态环境是最公平的公共产品,是最普惠的民生福祉。对人的生存来说,金山银山固然重要,但绿水青山是人民幸福生活的重要内容,是金钱不能代替的。"②同月,在十八届中央政治局常委会会议上关于第一季度经济形势的讲话中,习近平说:"今年以来,我国雾霾天气、一些地区饮水安全和土壤重金属含量过高等严重污染问题集中暴露,社会反映强烈。经过三十多年快速发展积累下来的环境问题进入了高强度频发阶段。这既是重大经济问题,也是重大社会和政治问题。"③生态环境保护功在当代、利在千秋,"全党同志都要清醒认识保护生态环境、治理环境污染的紧迫性和艰巨性,清醒认识加强生态文明建设的重要性和必要性,真正下决心把环境污染治理好、把生态环境建设好,为人民创造良好生产生活环境。"④2015 年 1 月,在云南考察工作时,习近平提出:"要把生态环境保护放在更加突出位置,像保护眼睛一样保护生态环境,像对待生命一样对待生态环境。"⑤

习近平总书记关于保护生态环境的论述,为高度重视和大力推进生态文明建设提供了重要指导和根本遵循。2015 年 4 月,中共中央、国务院印发《关于加快推进生态文明建设的意见》,就推进生态文明建设的重大意义、指导思想、基本原则、目标愿景和重点任务等作了进一步阐述。意见提

---

① 中共中央文献研究室编:《习近平关于社会主义生态文明建设论述摘编》,中央文献出版社 2017 年版,第 3—4 页。

② 中共中央文献研究室编:《习近平关于社会主义生态文明建设论述摘编》,中央文献出版社 2017 年版,第 4 页。

③ 中共中央文献研究室编:《习近平关于社会主义生态文明建设论述摘编》,中央文献出版社 2017 年版,第 4—5 页。

④ 中共中央文献研究室编:《习近平关于社会主义生态文明建设论述摘编》,中央文献出版社 2017 年版,第 7 页。

⑤ 《坚决打好扶贫开发攻坚战,加快民族地区经济社会发展》,《人民日报》2015 年 1 月 22 日。

出,要坚持节约资源和保护环境的基本国策,把生态文明建设放在突出的战略位置,融入经济建设、政治建设、文化建设、社会建设各方面和全过程,协同推进新型工业化、信息化、城镇化、农业现代化和绿色化,以健全生态文明制度体系为重点,优化国土空间开发格局,全面促进资源节约利用,加大自然生态系统和环境保护力度,大力推进绿色发展、循环发展、低碳发展,弘扬生态文化,倡导绿色生活,加快建设美丽中国,使蓝天常在、青山常在、绿水常在,实现中华民族永续发展。7月,中央全面深化改革领导小组第十四次会议审议通过《环境保护督察方案(试行)》《生态环境监测网络建设方案》《关于开展领导干部自然资源资产离任审计的试点方案》《党政领导干部生态环境损害责任追究办法(试行)》等,重点对加强环境保护督察、落实领导干部环保主体责任等作出部署。9月,中共中央、国务院发布《生态文明体制改革总体方案》,确定到2020年,我国生态文明体制改革的主要目标是:构建起由自然资源资产产权制度、国土空间开发保护制度、空间规划体系、资源总量管理和全面节约制度、资源有偿使用和生态补偿制度、环境治理体系、环境治理和生态保护市场体系、生态文明绩效评价考核和责任追究制度等八项制度构成的产权清晰、多元参与、激励约束并重、系统完整的生态文明制度体系,推进生态文明领域国家治理体系和治理能力现代化,努力走向社会主义生态文明新时代。党的十八届五中全会审议通过的"十三五"规划建议,对坚持绿色富国、绿色惠民,推动形成绿色发展方式和生活方式,着力改善生态环境,建设中国美丽,提出了更加明确具体的要求。

为了加强生态文明规划和法制建设,2013年9月至2016年5月,国务院先后印发《大气污染防治行动计划》《水污染防治行动计划》《土壤污染防治行动计划》三大行动计划。2014年4月十二届全国人大常委会第八次会议修订通过新的《中华人民共和国环境保护法》,自2015年1月1日起施行。新修订的《环境保护法》首次将生态保护红线写入法律,明确了政府在环境保护中的重要职责,进一步加大了监管和处罚力度,充分展现了党和政府向环境污染宣战的决心意志。2014年12月,国家环境保护部陆续发布

《环境保护主管部门实施按日连续处罚办法》《环境保护主管部门实施查封、扣押办法》《环境保护主管部门实施限制生产、停产整治办法》《企业事业单位环境信息公开办法》和《行政主管部门移送适用行政拘留环境违法案件暂行办法》等5个配套办法，也自2015年1月1日起一并实施。2015年8月，十二届全国人大常委会第十六次会议审议通过新修订的《大气污染防治法》，自2016年1月1日起施行。2016年7月，十二届全国人大常委会第二十一次会议修订实施《中华人民共和国环境影响评价法》。2016年9月，中共中央办公厅、国务院办公厅印发《关于省以下环保机构监测监察执法垂直管理制度改革试点工作的指导意见》，进一步明确地方政府各部门的环保职责，推动构建生态环保齐抓共管工作格局。2016年11月、12月《控制污染物排放许可制实施方案》《"十三五"生态环境保护规划》《中华人民共和国环境保护税法》等接连发布。2016年12月，中共中央办公厅、国务院办公厅印发《生态文明建设目标评价考核办法》，确定对各省区市实行年度评价、五年考核机制，以考核结果作为党政领导综合考核评价、干部奖惩任免的重要依据。

根据《环境保护督察方案（试行）》的要求，各级党委、政府对环境保护要落实"党政同责""一岗双责"主体责任，中央专门成立了环保部牵头，有中纪委、中组部相关领导参加的高层次的中央环保督察组，代表党中央、国务院对地方党委和政府及其部门的环境保护工作进行督察。2016年7月中旬至2017年9月中旬，中央先后派出四批督察组分赴全国各省区市进行环保督察。2016年7月中旬至8月中旬，第一批中央环保督察组进驻内蒙古、黑龙江、江苏、江西、河南、广西、云南、宁夏8省（区）进行督察；2016年11月下旬至12月底，第二批中央环保督察组对北京、上海、湖北、广东、重庆、陕西、甘肃7省（市）进行督察；2017年4月下旬至5月下旬，第三批中央环保督察组进驻天津、山西、辽宁、安徽、福建、湖南、贵州7省市进行督察。前两批督察，共计受理群众举报3.3万余件，立案处罚8500余件，罚款4.4亿多元，立案侦查800余件、拘留720人，约谈6307人，问责6454人；第三批督察,共立案处罚 8687 件,拘留 405 人,约谈 6657 人,问责 4660 人,罚款 3.7 亿元。2017 年 8 月中旬至 9 月中旬,第四批中央环保督察组对吉林、浙江、山东、海南、四川、西藏、青海、新疆 8 省(区)进行了督察。中央环保督察在两年内实现了对全国 31 个省(区、市)的全覆盖。2016 年,全国各级环保部门共下达行政处罚决定 12.4 万余份,罚款 66.3 亿元;全国实施按日连续处罚、查封扣押、限产停产、移送行政拘留、移送涉嫌环境污染犯罪案件 22730 件。

在党中央坚强领导下,党的十八大以来,我国生态环境保护标本兼治、生态文明建设扎实推进,美丽中国建设迈出重要步伐。我国已成为全世界污水处理、垃圾处理能力最大的国家,完成超低排放改造的电厂煤耗达世界先进水平。全面实施第五阶段机动车排放标准和清洁油品标准,累计关停能耗高、污染重的落后煤电机组约 1500 万千瓦,5.7 亿千瓦煤电机组完成节能和超低排放改造。2014—2017 年累计淘汰黄标车和老旧车 1800 多万辆,新车污染物排放强度大幅下降。① 建成重点污染源监控体系,对重点企业主要排污行为实行 24 小时在线监控。2016 年,单位国内生产总值能耗、用水量分别比 2012 年下降 17.9% 和 23.9%。2017 年一季度单位国内生产总值能耗继续同比下降 3.8%。能源消费结构不断优化。2016 年,水电、风电、核电和天然气等清洁能源消费所占比重为 19.7%,比 2012 年提高 5.2 个百分点。主要污染物减排效果显著。2015 年,我国化学需氧量排放量比 2012 年下降 8.3%,氨氮排放量下降 9.3%,二氧化硫排放量下降 12.2%,氮氧化物排放量下降 20.8%。全国酸雨区面积占国土面积的比例由历史高点的 30% 左右下降到了 2016 年的 7.2%。建成国家环境空气质量监测网,覆盖全国 338 个地级及以上城市。推进实施生物多样性保护重大工程,稳步实施天然林资源保护等重大生态保护与修复工程,启动首批山水林田湖生态保护工程试点。从 2012 年到 2017 年,我国治理沙化土地 1.26 亿亩,

---

① 李干杰:《深入贯彻习近平总书记生态文明建设重要战略思想坚决打好生态环境保护攻坚战》,《中共中央党校报告选》2017 年第 10 期。

年均缩减沙化土地面积 1980 平方公里;累计造林 4.5 亿亩,年均新增造林超过 9000 万亩,恢复退化湿地 30 万亩,退耕还湿 20 万亩,森林面积和蓄积分别增加到了 31.2 亿亩和 151 亿立方米;118 个城市成为"国家森林城市";国家森林覆盖率提升至 21.7%。2016 年,重要江河湖泊水功能区水质达标率从 2012 年的 63.5% 提高至 73.4%,全国地表水国控断面劣五类水体比例下降到 8.6%,大江大河干流水质整体稳步改善。全面开展城市黑臭水体整治,2016 年底,城市污水处理厂日处理能力比 2012 年底增长 26.3%,城市污水处理率达到 92.4%;城市生活垃圾无害化处理率为 95%,比 2012 年提高 10.2 个百分点。全国 338 个地级及以上城市细颗粒物(PM2.5)平均浓度同比下降 6.0%,优良天数比例同比提高 2.1 个百分点;与 2013 年相比,2016 年京津冀地区 PM2.5 平均浓度下降了 33%、长三角区域下降了 31.3%、珠三角区域下降了 31.9%。全国共建成 2750 处自然保护区,总面积约占陆地国土面积的 14.9%。16 个省(区、市)开展生态省建设,成为践行绿色发展、建设生态文明的重要示范。11 万多个村庄开展农村环境综合整治,生活污水、垃圾和畜禽养殖污染得到有效治理,1.9 亿农村人口直接受益,农村环境保护迈上新台阶。

城乡厕所状况如何,既是重要的民生问题,也是生态文明建设的重要方面。2014 年 10 月,全国爱国卫生运动委员会在河北省正定县召开全国农村改厕工作现场推进会并印发《关于进一步推进农村改厕工作的通知》,提出到 2020 年,全国农村卫生厕所普及率达到 85%,北京、天津、上海、江苏、浙江 5 省(市)农村卫生厕所普及率力争达到 100%。2015 年 1 月全国旅游工作会议提出,从当年开始,用 3 年时间,通过政策引导、资金补助、标准规范等手段持续推进旅游"厕所革命",到 2017 年最终实现旅游景区、旅游线路沿线、交通集散点、旅游餐馆、旅游娱乐场所、休闲步行区等公共场所的厕所全部达到三星级标准,并实现"数量充足、卫生文明、实用免费、有效管理"的要求。2015 年 4 月,习近平就旅游系统开展"厕所革命"作出指示,提出"要像反对'四风'一样,下决心整治旅游不文明的各种顽疾陋习。要发扬钉钉子精神,采取有针对性的举措,一件接着一件抓,抓一件成一件,积小胜为大胜,推动我国旅游业发展迈上新台阶"。同年 7 月,在吉林延边考察调研时,习近平进一步指出,新农村建设也要不断推进,要来个"厕所革命",让农村群众用上卫生的厕所。① 在习近平总书记的大力倡导下,经过近 3 年努力,"厕所革命"自 2015 年初实施以来全面完成各项任务。到 2017 年 11 月,国家旅游发展基金累计安排资金 10.4 亿元,各地安排配套资金逾 200 亿元,新建改扩建旅游厕所共 6.8 万座,超过原定目标 5.7 万座的 19.3%。农村"厕所革命"取得重要进展。截至 2016 年底,全国农村卫生厕所普及率达到 80.3%,东部一些省份普及率达到 90%以上。"厕所革命"由旅游景区深入到全国城乡,逐步实现全域布局,成为美丽中国、美丽乡村建设的重要内容。在此基础上,国家旅游局又发布《全国旅游厕所建设管理新三年行动计划(2018—2020)》,提出从 2018 年至 2020 年,全国计划新建、改扩建旅游厕所 6.4 万座,其中新建 4.7 万座以上,改扩建 1.7 万座以上;并将在全国重点开展涉及厕所革命建设、厕所革命管理服务、厕所革命科技、厕所革命文明的四大提升行动。②

塞罕坝林场是河北省涌现出来的生态文明建设范例。自 1962 年林场建立以来,几代塞罕坝人在极其恶劣的自然条件和生存环境下建成了世界上面积最大的人工林,创造了沙漠变绿洲、荒原变林海的绿色奇迹。经过 50 多年不懈努力,林场内林地面积已达 112 万亩,林木蓄积量达到 1012 万立方米,每年涵养水源、净化水质 1.37 亿立方米,吸收二氧化碳 74.7 万吨,释放氧气 54.5 万吨,可供 199.2 万人呼吸一年之用。从经济效益上看,林场每年提供临时社会用工超过 15 万人次,创造劳务收入 2000 多万元,带动周边农民发展乡村游、农家乐、养殖业、绿色苗木、山野特产采集和销售、手工艺品等产业,每年接待游客近 50 万人,实现社会总收入 6 亿多元。塞罕

---

① 《民生小事大情怀——记习近平总书记倡导推进"厕所革命"》,《人民日报》2017 年 11 月 29 日。

② 《未来三年新改扩建旅游厕所六万多座》,《人民日报》2017 年 11 月 20 日。

坝林场的实践充分证明,对于生态脆弱、生态退化地区,只要科学定位,久久为功,自然生态系统完全可以得到修复重建,让沙漠荒山变成绿水青山;只要坚持绿色发展,科学利用森林资源,完全可以将资源和生态优势转化为经济优势,让绿水青山变成金山银山。

我国在解决国内环境问题的同时,也积极参与全球环境治理,到2017年底,我国已批准加入30多项与生态环境有关的多边公约或议定书,引导应对气候变化国际合作,成为全球生态文明建设的重要参与者、贡献者、引领者。2015年12月,在气候变化巴黎大会上,《联合国气候变化框架公约》196个缔约方通过《巴黎协定》,为2020年后全球应对气候变化作出安排,中国是推动达成这一协定的关键性力量。2016年4月22日,中国在联合国总部正式签署了《巴黎协定》,向国际社会发出了中国愿与各国共同抵御全球变暖积极而有力的信号。中国在环境治理方面展现的非凡勇气和定力,对全球环境治理起到了巨大推动作用。

五、为改革开放提供强有力国防和外部环境保障

建设与我国国际地位相称、与国家安全和发展利益相适应的巩固国防和强大军队,是我国改革开放和现代化建设的战略任务。没有一个强大的国防和一支强大的人民军队,中国的改革开放和现代化建设就没有保障。

新中国成立后的各个历史时期,我们党都根据形势任务的变化,及时提出明确的建军目标要求,引领我军建设不断向前发展。2012年12月上旬,习近平在广州战区考察时发表重要讲话:"实现中华民族伟大复兴是中华民族近代以来最伟大的梦想。这个伟大的梦想,就是强国梦,对军队来讲,也是强军梦。"当年底,在一次重要会议上,习近平对强军梦作了进一步阐述:"我们要牢记听党指挥这个强军之魂,能打仗、打胜仗这个强军之要,依法治军、从严治军这个强军之基,走中国特色强军之路,推动军队现代化建设跨越式发展,努力建设与我国国际地位相称、与国家安全和发展利益相适

应的巩固国防和强大军队。"2013 年 3 月,在十二届全国人大一次会议解放军代表团全体会议上,习近平提出:"建设一支听党指挥、能打胜仗、作风优良的人民军队,是党在新形势下的强军目标。"①听党指挥、能打胜仗、作风优良的强军目标,体现了鲜明的问题导向,抓住了人民军队建设面临的突出矛盾,明确了加强军队建设、改革和军事斗争准备的聚焦点和着力点,是党在新形势下建军治军的总方略和总要求。

保证党对军队的绝对领导,关系我军性质和宗旨、关系社会主义前途命运、关系党和国家长治久安。任何时候任何情况下,都必须铸牢听党指挥这个凝心聚力的强军之魂,坚持党对军队绝对领导的根本原则和人民军队的根本宗旨不动摇。

我军有开展思想政治工作的优良传统。习近平提出,坚持党对军队的绝对领导,必须"始终把思想政治建设摆在军队各项建设首位,使坚持党对军队的绝对领导在官兵思想中深深扎根,确保全军在任何时候任何情况下都坚决听从党中央、中央军委指挥。要加强军队党的建设,确保党从思想上、政治上、组织上牢牢掌握部队。要坚持从政治上考察和使用干部,使枪杆子始终掌握在忠于党的可靠的人手中。"②古田是我们党思想建党、政治建军的地方,是我军政治工作的重要发源地。2014 年 10 月 30 日,在习近平主席的亲自决策下,新世纪第一次全军政治工作会议在福建古田召开。习近平在会上发表的重要讲话中,紧紧围绕实现中华民族伟大复兴的中国梦,为实现党在新形势下的强军目标提供坚强政治保证这个军队政治工作的时代主题,深刻剖析了部队中特别是领导干部在思想政治和作风上存在的 10 个方面的突出问题,强调面对国内外形势的深刻变化和深化国防和军队改革这场考试,我军政治工作只能加强不能削弱,只能前进不能停滞,只能积极作为不能被动应对,当前最紧要的是把 4 个带根本性的东西立起来:一是把理想信念在全军牢固立起来,适应强军目标要求,把坚定官兵理想信

---

① 《习近平谈治国理政》,外文出版社 2014 年版,第 220 页。
② 《习近平谈治国理政》,外文出版社 2014 年版,第 216 页。

念作为固本培元、凝魂聚气的战略工程,把握新形势下铸魂育人的特点和规律,着力培养有灵魂、有本事、有血性、有品德的新一代革命军人;二是把党性原则在全军牢固立起来,坚持党性原则是政治工作的根本要求,必须坚持党的原则第一、党的事业第一、人民利益第一,在党言党、在党忧党、在党为党,把爱党、忧党、兴党、护党落实到工作各个环节;三是把战斗力标准在全军牢固立起来,把战斗力标准作为军队建设唯一的根本的标准,聚焦能打仗、打胜仗,健全完善党委工作和领导干部考核评价体系,探索政治工作服务保证战斗力建设的作用机理,形成有利于提高战斗力的舆论导向、工作导向、用人导向、政策导向,把政治工作贯穿到战斗力建设各个环节;四是把政治工作威信在全军牢固立起来,从模范带头抓起,从领导带头抓起,引导各级干部特别是政治干部把真理力量和人格力量统一起来,坚持求真务实,坚持公道正派。2014 年 12 月,中共中央向全党全军转发《关于新形势下军队政治工作若干问题的决定》。这份由习近平主席亲自领导和主持起草的重要文件,深刻阐释了加强和改进军队政治工作的极端重要性、必要性和紧迫性,着力回答和解决了在新的历史条件下党从思想上政治上建设军队的一系列重大问题,汇聚了在古田召开的全军政治工作会议的重要成果,凝结着习近平建军治军的雄韬伟略。中央军委还制定了《贯彻落实全军政治工作会议精神总体部署方案》,向全军下达了落实习近平政治建军方略的总规划、任务书。

军队是拿枪杆子的,军中绝不能有腐败分子藏身之地。党的十八大以来,党中央、中央军委铁腕反腐,5 年来全军共立案审查 4000 多起,给予纪律处分 1.3 万余人,①严肃查处郭伯雄、徐才厚、谷俊山等大案要案,陆续公布受到查处的几十名违纪违法军以上干部,有效遏制腐败滋生蔓延势头。中央军委分别召开民主生活会和专题会议,全面深入剖析郭伯雄、徐才厚案件的性质危害,研究肃清流毒影响的办法措施,对肃清工作作出具体部署。

---

① 《在新起点上把军队党风廉政建设和反腐败斗争不断引向深入》,《解放军报》2017 年 9 月 20 日。

2013年10月,经习近平主席批准,中央军委决定在军队建立巡视制度、设置巡视机构、开展巡视工作。至2015年底,完成了对全军各大单位巡视的全覆盖。通过严肃查处一批违纪违法案件,军队党风廉政建设和反腐败斗争压倒性态势已经形成,不敢腐的震慑作用充分发挥,不能腐、不想腐的效应初步显现,军队在人民群众中的良好形象重新树立。

战斗力标准是检验人民军队建设和改革成效的唯一的根本的标准。2014年3月,中央军委颁发《关于提高军事训练实战化水平的意见》,系统提出了提高军事训练实战化水平的指导思想、总体思路、主要任务和措施要求。随后,一场"战斗力标准大讨论"在全军部队深入展开,并推动军队训练方式发生重大变革:建立联合训练运行机制,成立全军联合训练领导小组,试验形成军以下部队联合训练组织实施暂行规定、联合实兵演习协同规则,颁发全军联合战役训练暂行规定;推行军事训练监察制度,总部和各军区、各军兵种、武警部队分别建立监察组织机构,开展军事训练职责、法规、质量和作风监察;颁发《关于努力建设听党指挥、善谋打仗的新型司令机关的意见》,构建基于信息系统的联合作战指挥模式;创设实战化练兵环境条件,统筹推进大型训练基地和专业化模拟蓝军建设,面向全军开放共享训练场地资源,推动训练基地职能作用向诸军兵种联合训练、复杂条件下对抗训练、新型力量新型领域训练、设计战争引领训练拓展;组织全军信息化条件下战法创新集训观摩和战法研讨,进一步廓清现代战争制胜机理、深化克敌制胜战法研究,细化作战相关程序标准,推动战法创新成果进入条令大纲①;先后举行了"跨越""火力""联合行动""红剑""机动""砺剑""卫士"等数百场旅团规模以上的实兵演习,实战的力度之大、标准之高、要求之严前所未有。

要实现强军目标,提高军队战斗力,必须进一步深化国防和军队改革。2013年11月,党的十八届三中全会提出要"紧紧围绕建设一支听党指挥、

---

① 《演兵场上响惊雷——党的十八大以来全军部队贯彻落实习主席重要指示大抓实战化训练综述之一》,《解放军报》2015年12月15日。

能打胜仗、作风优良的人民军队这一党在新形势下的强军目标,着力解决制约国防和军队建设发展的突出矛盾和问题,创新发展军事理论,加强军事战略指导,完善新时期军事战略方针,构建中国特色现代军事力量体系。"①并具体指出了国防和军队改革三大方向——深化军队体制编制调整改革,推进军队政策制度调整改革,推动军民融合深度发展。党中央、习近平主席为改革把关定向。十八届中央政治局先后6次围绕军事相关问题组织集体学习,议题涵盖建设海洋强国、世界军事发展新趋势和推进我军军事创新、深化国防和军队改革等。2014年3月,中央军委深化国防和军队改革领导小组召开第一次会议,习近平在会上发表讲话,要求坚持用强军目标审视改革、以强军目标引领改革、围绕强军目标推进改革,该改的就要抓紧改、大胆改、坚决改。2015年7月22日、29日,习近平分别主持召开中央军委常务会议和中央政治局常委会会议,审议和审定《深化国防和军队改革总体方案》。9月3日,在纪念中国人民抗日战争暨世界反法西斯战争胜利70周年大会上,习近平宣布:中国将裁减军队员额30万。10月,习近平再次主持中央军委常务会议,审议通过《领导指挥体制改革实施方案》。2015年11月,中央军委改革工作会议在北京举行,习近平在会上发表重要讲话,发出打赢深化国防和军队改革攻坚战的动员令:全面实施改革强军战略,坚定不移走中国特色强军之路。随后,中央军委印发了《关于深化国防和军队改革的意见》。

进入2016年,在中央军委和习近平主席的坚强领导下,一场整体性、革命性的国防和军队改革拉开帷幕,全方位启动:相继成立了陆军领导机构、火箭军、战略支援部队;中央军委机关由原来的总参谋部、总政治部、总后勤部、总装备部4个总部改为军委办公厅、军委联合参谋部、军委政治工作部、军委后勤保障部、军委装备发展、军委训练管理部、军委国防动员部、军委纪律检查委员会、军委政法委员会、军委科学技术委员会、军委战略规划办

---

① 《中共中央关于全面深化改革若干重大问题的决定》,《人民日报》2013年11月16日。

公室、军委改革和编制办公室、军委国际军事合作办公室、军委审计署、军委机关事务管理总局共 15 个职能部门;原来的 7 大军区被调整划设为东部、南部、西部、北部、中部 5 大战区;完成海军、空军、火箭军、武警部队机关整编工作;完成军事科学院、国防大学、国防科技大学的调整组建等。随着一系列重大改革的实施,我军领导指挥体制发生历史性变革,突破了长期实行的总部体制、大军区体制、大陆军体制,建立了军委管总、战区主战、军种主建的新格局,啃下了许多难啃的硬骨头,解决了许多长期存在但一直未能解决的突出问题,办成了许多多年想办却未能办成的大事,人民军队组织架构和力量体系实现革命性重塑。

2017 年 7 月 30 日,庆祝中国人民解放军建军 90 周年阅兵在朱日和联合训练基地隆重举行。习近平检阅部队并发表重要讲话。接受检阅的 1 万 2 千名官兵、600 多台车辆装备集结列阵,犹如钢铁长城巍然屹立。100 多架战机在 6 个机场整装编队。这次阅兵,是中国人民解放军首次以庆祝建军节为主题的盛大阅兵,是野战化、实战化的沙场点兵,是人民军队整体性、革命性变革后的全新亮相,集中展现了我国国防和军队现代化建设的最新成就。

实现祖国完全统一是中华民族伟大复兴的题中应有之义。"一国两制"是解决历史遗留的香港、澳门问题的最佳方案,也是解决台湾问题、实现祖国最终统一的唯一正确选择。党的十八大以来,面对"一国两制"在香港、澳门实践中出现的新问题新挑战,以习近平同志为核心的党中央就"一国两制"实践的方向和原则问题,特别是如何正确认识和把握好"一国"与"两制"的关系、香港特别行政区与中央的关系等,进行了一系列正本清源的精辟论述,积极稳妥应对和处理港澳工作遇到的新情况新挑战,坚定维护国家主权、安全和发展利益,保持港澳繁荣稳定,引领"一国两制"实践在乘风破浪中取得新进展、新成就。

2012 年 12 月 20 日,在听取来北京述职的香港特别行政区行政长官梁振英汇报时,习近平就对中央香港、澳门的政策重申了"三个不变",即:"中央贯彻落实'一国两制'、严格按照基本法办事的方针不会变;支持行政长官和特别行政区政府依法施政、履行职责的决心不会变；支持香港、澳门两个特别行政区发展经济、改善民生、推进民主、促进和谐的政策也不会变。"同时强调："关键是要全面准确理解和贯彻'一国两制'方针，切实尊重和维护基本法权威。"①2014 年 9 月 22 日，在会见以董建华为团长的香港工商界专业界访京团时，习近平有针对性地指出："办好香港的事情，关键是要全面准确理解和贯彻'一国两制'方针，维护基本法权威。中央对香港的基本方针政策没有变，也不会变。中央政府将坚定不移贯彻'一国两制'方针和基本法，坚定不移支持香港依法推进民主发展，坚定不移维护香港长期繁荣稳定。"②2015 年 12 月 23 日，在听取香港特别行政区行政长官梁振英述职汇报时，习近平又指出："中央贯彻'一国两制'方针坚持两点。一是坚定不移，不会变、不动摇。二是全面准确，确保'一国两制'在香港的实践不走样、不变形，始终沿着正确方向前进。"③面对"一国两制"在香港实践中发生的问题和一度复杂严峻的政治局势，以习近平同志为核心的党中央全面准确贯彻"一国两制"方针不动摇，坚守原则底线不退让，果断作出有关重大决策，统筹协调有关各方，全力支持香港特别行政区政府依法推进政改，处置"占领中环"事件以及"旺角暴乱"事件，将可能产生的负面影响降至最低，并着力发展经济、改善民生，保持大局稳定。2017 年 7 月 1 日，在庆祝香港回归祖国 20 周年大会暨香港特别行政区第五届政府就职典礼上，习近平结合一段时间以来"一国两制"在香港的实践中遇到的新问题，就今后如何更好地认识和落实"一国两制"深入阐述了 4 点重要意见：一是必须"始终准确把握'一国'和'两制'的关系"；二是必须"始终依照宪法和基本法办事"；三是必须"始终聚焦发展这个第一要务"；四是必须"始终维护和谐稳定的社会环境"。④ 这些重要论述针对性强，为正确实践"一国两制"指

① 《习近平会见梁振英》，《人民日报》2012 年 12 月 21 日。
② 《习近平会见香港工商界专业界访京团》，《人民日报》2014 年 9 月 23 日。
③ 《习近平会见来京述职的梁振英》，《人民日报》2015 年 12 月 24 日。
④ 习近平：《在庆祝香港回归祖国二十周年大会暨香港特别行政区第五届政府就职典礼上的讲话》，《人民日报》2017 年 7 月 2 日。

明了方向。

在中央政府关心支持和各方共同努力下,党的十八大以来香港、澳门各项事业取得长足进步。香港继续被众多国际机构评选为全球最自由经济体和最具竞争力的地区之一。2012 年至 2016 年,香港本地生产总值年均实际增长 2.6%,高于发达经济体同期平均增速。香港国际金融、航运、贸易中心地位不断巩固,全球离岸人民币业务枢纽地位和国际资产管理中心功能不断强化。澳门经济在深度调整后止跌回升,人均本地生产总值居全球前列,社会事业迈上新台阶。

根据"和平统一、一国两制"方针解决台湾问题,实现祖国完全统一,是不可阻挡的历史进程,是中华民族根本利益所在。党的十八大以来,面对两岸关系和平发展进入深水区、台湾局势发生复杂变化等挑战,以习近平同志为核心的党中央高瞻远瞩,统揽全局,提出了一系列内涵丰富、思想深邃的对台工作论述和政策主张,牢牢掌握两岸关系主导权和主动权,保持台海局势总体稳定,推动两岸关系取得新的重大进展。习近平总书记深刻分析了台湾问题产生的历史背景及其对台湾社会心态的影响,精辟论述了解决台湾问题、实现国家统一与中华民族伟大复兴的辩证关系和发展大势,系统阐发了实现国家统一的目标内涵、基本方针、路径模式、动力基础,处理台湾问题的原则立场和必守底线,现阶段对台工作的基本思路和重点任务。习近平指出:中国梦是两岸同胞共同的梦,推进祖国和平统一进程、完成祖国统一大业,是实现中华民族伟大复兴的必然要求;"和平统一、一国两制"是我们解决台湾问题的基本方针,也是实现国家统一的最佳方式,我们所追求的国家统一不仅是形式上的统一,更重要的是两岸同胞的心灵契合;坚持两岸关系和平发展正确道路,关键在于坚持"九二共识"、反对"台独"的共同政治基础,"九二共识"体现了一个中国原则,明确界定了两岸关系的性质,是两岸关系之锚;坚决遏制任何形式的"台独"分裂行径;绝不让国家分裂的历史悲剧重演,是我们对历史和人民的庄严承诺;决定两岸关系走向的关键因素是祖国大陆发展进步;两岸一家亲,家和万事兴,我们愿意首先同台湾同胞分享发展机遇,深化两岸经济社会融合发展,增进同胞亲情和福祉,拉近同胞心灵距离,增强对命运共同体的认知。2015 年 11 月 7 日,习近平在新加坡同台湾地区领导人马英九会面,双方围绕推进和平发展、致力民族复兴的主题,就两岸关系坦诚交换意见,并就坚持"九二共识"、进一步推进两岸关系和平发展达成积极共识。这是 1949 年以来两岸领导人首次会面,开创了两岸领导人直接对话、沟通的先河,翻开了两岸关系历史性的一页,将两岸关系和平发展和政治互动推到了新高度,得到海内外中华儿女和国际社会的高度关注和肯定。

2016 年 5 月,台湾地区民进党再度上台执政,两岸关系和平发展面临复杂严峻形势。以习近平同志为核心的党中央审时度势,为应对变局采取了一系列有力政策措施,维护了一个中国原则,保持了台海局势总体稳定。两岸双方在坚持一个中国原则的前提下,曾通过务实协商,就台湾以适当名义参与世界卫生大会、国际民航组织大会作出合情合理安排。2016 年 5 月 20 日以来,因民进党当局拒不承认体现一个中国原则的"九二共识",使得相关安排难以为继,台湾方面参与相关国际组织活动接连碰壁。越来越多的所谓台湾"邦交国"对一个中国原则也有了清醒认识,冈比亚、圣多美和普林西比先后与我复交,巴拿马与我建交。

党的十八大以来,根据一个中国原则和"九二共识",大力加强两岸经济文化交流合作,取得可喜成果。在推动两岸经济融合方面,2013 年至 2017 年上半年,两岸贸易额累计达到 8512.3 亿美元,其中 2014 年达到 1983 亿美元,创历史新高;新批准台资项目累计 12502 个,实际利用台资 87.97 亿美元;大陆核准赴台投资项目 327 个,总金额 20.72 亿美元。建立两岸货币清算机制,台湾银行人民币业务快速发展,人民币存款达到 3000 多亿元。成立两岸企业家峰会,促进两岸产业深度融合,吸引台湾半导体、面板、石化、精密机械等一批优势产业相继落户各地,两岸共同发布 45 项共通产业标准。2016 年 9 月十二届全国人大常委会第二十二次会议修改通过《台湾同胞投资保护法》,为台湾同胞投资兴业创造更加便利、公平的法治环境。各地各部门积极支持台资企业转型升级、参与"一带一路"建设、开拓市场,坚定了台商台企在大陆扎根发展的信心。在促进两岸社会联系方面,2013年至2017年上半年,两岸人员往来达到4096.7万人次,其中2015年达到985.6万人次,创历史新高,比2012年增长188.8万人次。两岸基层民众交往频繁,仅参加海峡论坛的台湾基层民众5年累计就近5万人次。设立两岸青年就业创业基地和示范点53家,吸引1000多家台资企业和团队入驻。两岸教育交流合作取得新进展,文化交流合作形式更加丰富,增强了两岸同胞中华文化情感纽带。两岸工会、青年、妇女、体育、卫生、宗教、宗亲和民间信仰等各领域、各界别交流持续推进。2015年6月国务院修改《中国公民往来台湾地区管理办法》,对台湾居民往来大陆免签注手续并实行卡式台胞证。有关部门出台20多项政策措施,为台湾同胞在大陆学习、工作、生活提供更多便利,创造更好条件。两岸经济社会融合发展的不断深化,使两岸同胞越来越深切地感受到,两岸同胞是割舍不断的命运共同体,两岸同胞只有携起手来共同致力于中华民族复兴伟业,才能开创更加美好的未来。①

2018年2月28日,国务院台湾事务办公室、国家发展和改革委员会经商中央组织部等29个部门发布实施《关于促进两岸经济文化交流合作的若干措施》。《若干措施》涵盖产业、财税、用地、金融、就业、教育、文化、医疗等多个领域,共包括31条具体措施。其中,涉及加快给予台资企业与大陆企业同等待遇的措施12条,包括台资企业参与"中国制造2025"行动计划适用与大陆企业同等政策;台湾有关机构可与大陆开展合作,为台湾同胞提供小额支付服务、征信服务等。涉及逐步为台湾同胞在大陆学习、创业、就业、生活提供与大陆同胞同等待遇的措施19条,包括台湾同胞可报名参加53项专业技术人员职业资格考试和81项技能人员职业资格考试;台湾人士参与大陆影视制作以及大陆有关机构引进台湾影视剧不受数量限制等。《若干措施》的出台,有助于台资企业降低生产经营成本,助推台资企

---

① 中共中央台湾工作办公室:《砥砺奋进,克难前行——党的十八大以来对台工作的不平凡历程》,《求是》2017年第20期。

业在大陆扎根发展,并为台湾同胞在大陆学习、创业、就业、生活提供更多便利,创造更好条件,体现了大陆率先同台湾同胞分享发展机遇的真诚意愿,彰显了"两岸一家亲"的重要理念。

中国的改革开放和现代化建设必须有和平稳定的外部环境保障。党的十八大以来,以习近平同志为核心的党中央大力推进外交理论创新,倡导构建人类命运共同体,促进全球治理体系变革;全面推进中国特色大国外交,形成全方位、多层次、立体化的外交布局,为我国发展营造了良好外部条件,我国国际影响力、感召力、塑造力进一步提高,为世界和平与发展作出新的重大贡献。

党的十八大后不久,针对国际社会对新一届中央领导集体内政外交大政方针走向的关注,习近平的首次外事活动专门会见了在华工作的外国专家代表,阐述中国对外开放战略和外交政策,强调中国坚持走和平发展道路。2013 年 3 月,在十二届全国人大第一次会议上的讲话中,习近平说:我们将高举和平、发展、合作、共赢的旗帜,始终不渝走和平发展道路,始终不渝奉行互利共赢的开放战略,致力于同世界各国发展友好合作,履行应尽的国际责任和义务,继续同各国人民一道推进人类和平与发展的崇高事业。2014 年 3 月,在德国科尔伯基金会的演讲中,习近平对中国坚持和平发展道路和实行独立自主的外交政策作了进一步阐述,强调"中国走和平发展道路,不是权宜之计,更不是外交辞令,而是从历史、现实、未来的客观判断中得出的结论,是思想自信和实践自觉的有机统一。"①2015 年 10 月,习近平在伦敦金融城发表演讲时强调,"和为贵、和而不同、协和万邦等理念在中国代代相传,和平的基因深植于中华民族的血脉之中","中国坚持走和平发展道路,不接受'国强必霸'的逻辑。任何人、任何事、任何理由都不能动摇中国走和平发展道路的决心和意志。"②这些论述阐述了中国和平发展

---

① 《习近平谈治国理政》,外文出版社 2014 年版,第 267 页。

② 习近平:《共倡开放包容,共促和平发展——在伦敦金融城市长晚宴上的演讲》,《人民日报》2015 年 10 月 23 日。

的路径、原则和方向,进一步表明了中国坚持走和平发展道路的决心和意志。

推动建立以合作共赢为核心的新型国际关系,推动构建人类命运共同体。在2014年11月中央外事工作会议上,习近平指出,我们要坚持合作共赢,推动建立以合作共赢为核心的新型国际关系,把合作共赢理念体现到政治、经济、安全、文化等对外合作的方方面面。推动构建人类命运共同体。2012年11月,党的十八大报告首次提出"要倡导人类命运共同体意识,在追求本国利益时兼顾他国合理关切,在谋求本国发展中促进各国共同发展,建立更加平等均衡的新型全球发展伙伴关系。"[1]2013年3月,习近平在莫斯科国际关系学院发表演讲,指出:"这个世界,各国相互联系、相互依存的程度空前加深,人类生活在同一个地球村里,生活在历史和现实交汇的同一个时空里,越来越成为你中有我、我中有你的命运共同体。"[2]2015年9月,参加第七十届联合国大会一般性辩论时,习近平从"建立平等相待、互商互谅的伙伴关系""营造公道正义、共建共享的安全格局""谋求开放创新、包容互惠的发展前景""促进和而不同、兼收并蓄的文明交流""构筑尊崇自然、绿色发展的生态体系"等5个方面,就如何携手打造人类命运共同体进行了系统阐述。2017年1月,习近平在日内瓦万国宫出席"共商共筑人类命运共同体"高级别会议,并发表题为《共同构建人类命运共同体》的主旨演讲,深刻、全面、系统阐述人类命运共同体理念,主张通过对话协商、共建共享、合作共赢、交流互鉴、绿色低碳,建设一个持久和平、普遍安全、共同繁荣、开放包容、清洁美丽的世界,清晰勾勒了关于世界向何处去的中国方案和行动路径。基于构建人类命运共同体理念,中国提出了"真实亲诚"对非工作方针和"亲诚惠容"的周边外交理念;倡导共同、综合、合作、可持续的

---

[1] 胡锦涛:《坚定不移沿着中国特色社会主义道路前进,为全面建成小康社会而奋斗——在中国共产党第十八次全国代表大会上的报告》,《人民日报》2012年11月18日。

[2] 习近平:《顺应时代前进潮流,促进世界和平发展——在莫斯科国际关系学院的演讲》,《人民日报》2013年3月24日。

亚洲安全观和义利兼顾的正确义利观。

　　积极运筹与主要大国关系。在中美关系方面,2013 年 6 月 7 日,习近平与美国总统奥巴马在加利福尼亚州安纳伯格庄园举行中美元首会晤,双方就构建新型大国关系达成重要共识。2014 年 11 月,在参加北京 APEC 会议后,美国总统奥巴马任内第二次对华进行国事访问,习近平与奥巴马在 2013 年安纳伯格庄园会谈确定的共建中美新型大国关系目标基础上,就进一步推进这一目标的重点方向进行了探讨,并在推动两国各领域务实合作方面达成一系列新的共识。2016 年 9 月,习近平在杭州会见前来出席二十国集团领导人杭州峰会的美国总统奥巴马,双方开展了又一次增信释疑的深度战略沟通,同意继续扩大共同利益,建设性管控分歧,确保中美关系沿着正确轨道发展。同年 11 月,美国大选后,习近平同当选总统特朗普通电话,双方表示愿意推进中美关系取得更好发展。2017 年 4 月,习近平在美国佛罗里达州海湖庄园同特朗普举行中美元首正式会晤,就中美双边重要领域务实合作和共同关心的国际及地区问题广泛深入交换意见,双方同意共同努力,扩大互利合作领域,并在相互尊重的基础上管控分歧。同年 7 月,习近平在二十国集团领导人汉堡峰会闭幕后与特朗普再次会晤,双方同意保持高层密切交往,增进双方战略互信。在中俄关系方面,党的十八大后 5 年间,习近平 6 次到访俄罗斯,中俄元首在不同场合会晤 20 多次。习近平担任中国国家主席后,2013 年 3 月首次出访第一站即选择俄罗斯,同普京总统就加强中俄全方位战略协作达成广泛共识。2013 年 9 月,在参加二十国集团领导人圣彼得堡峰会期间,习近平与普京再次会晤,双方确定在 16 个领域开展 50 项合作,推进中俄战略互补的协作伙伴关系向更高水平发展。2015 年 5 月,习近平来到莫斯科参加红场大阅兵。2016 年,中俄元首 5 次会晤,双方就加强全球战略稳定发表联合声明,双边务实合作和国际战略协作深入推进。通过这一系列密集的高层交往,中俄全面战略协作伙伴关系保持高水平运行,战略互信不断深化,经贸合作稳步提升,两国在天然气管道、高铁、航空航天等重大项目合作上取得突破性进展。在中欧关系方面,2013 年 11 月第十六次中欧领导人会晤在北京举行,双方发表了《中欧合作 2020 战略规划》,宣布启动中欧投资协作谈判。2014 年 3 月 22 日至 4 月 1 日,习近平出席在荷兰海牙举行的第三届核安全峰会,对荷兰、法国、德国、比利时四国进行国事访问,并访问联合国教科文组织总部、欧盟总部。2015 年 10 月,习近平访问英国,得到英方超高规格礼遇,双方就经贸、人文交流等达成 59 项协议和共识,并决定共同构建面向 21 世纪全球全面战略伙伴关系。欧盟是中国最大贸易伙伴、最大进口来源地;中国是欧盟第二大贸易伙伴、第一大进口来源地。2016 年中欧贸易额达到 5469 亿美元。

巩固发展与周边国家关系。在推进与东北亚国家合作方面,2014 年 7 月,习近平对韩国进行国事访问,提升了中韩双边合作水平。2014 年 11 月中韩自由贸易协定结束实质性谈判。2014 年 8 月,习近平对蒙古国进行专访,双方就加强外交、经贸、过境运输、矿产、基础设施建设等各领域合作达成一系列重要共识,一致决定将中蒙关系提升为全面战略伙伴关系。中日关系因钓鱼岛、历史问题一度面临严重困难。2014 年 11 月,双方本着"正视历史、面向未来"的精神,就克服影响两国关系政治障碍问题达成 4 点原则共识,迈出中日关系改善的重要一步。在朝鲜半岛问题上,中国坚持朝鲜半岛无核化,坚持维护半岛和平稳定,坚持通过对话谈判解决有关问题。中国坚定不移反对在朝鲜半岛部署"萨德"反导系统。在深化与东南亚国家关系方面,2013 年 10 月,习近平对印度尼西亚、马来西亚进行国事访问并出席在印度尼西亚巴厘岛举行的亚太经济合作组织第二十一次领导人非正式会议。2014 年 8 月,第十三次中国—东盟经贸部长会议宣布同意开始中国—东盟自贸区升级版谈判。2016 年 5 月,杜特尔特当选菲律宾总统后,改变了前任政府与中国对抗的做法。同年 10 月,杜特尔特访问中国,双方同意从两国根本和共同利益出发,推动中菲关系实现全面改善并取得更大发展。2015 年 11 月,习近平访问越南和新加坡,会晤两国高层,发表重要政策宣示,达成广泛合作共识,推动中国与两国关系取得新成果。在发展与中亚和南亚国家关系方面,2013 年 9 月,习近平对土库曼斯坦、哈萨克斯坦、乌兹别克斯坦、吉尔吉斯斯坦等中亚四国进行国事访问并出席上海合作组织比什凯克峰会。2014 年 9 月,习近平出席在塔吉克斯坦杜尚别举行的上海合作组织成员国元首理事会第十四次会议,并对塔吉克斯坦、马尔代夫、斯里兰卡、印度 4 国进行国事访问。2015 年中国与多方一道,促成了阿富汗政府与塔利班开启和谈,推动阿富汗和解进程进入新阶段。2016 年 8月,缅甸国务资政昂山素季访问中国。

努力发展与非洲、拉美、南太平洋等国家关系。在对非关系方面,继2013 年习近平首访非洲提出"真实亲诚"对非工作方针后,2014 年 5 月,国务院总理李克强再次前往非洲,访问了埃塞俄比亚、尼日利亚、安哥拉、肯尼亚四国,并对非盟总部进行正式访问,出席了在尼日利亚首都举行的第二十四届世界经济论坛非洲峰会全会。2015 年 12 月,习近平出席在南非约翰内斯堡举行的中非合作论坛峰会,系统阐述中国发展对非关系的新理念、新政策、新主张。2013 年 5 月 31 日至 6 月 6 日,习近平应邀对特立尼达和多巴哥、哥斯达黎加、墨西哥进行国事访问,同三国领导人就加强中加合作深入交换意见,并与加勒比地区 8 国领导人举行双边会谈,提升了我国同拉美和加勒比国家的整体合作水平。2014 年 7 月,习近平出席在巴西举行的金砖国家领导人第六次会晤,应邀对巴西、阿根廷、委内瑞拉、古巴进行国事访问并出席中国—拉美和加勒比国家领导人首次会晤。在发展与南太平洋国家关系方面,2014 年 11 月,习近平出席在澳大利亚布里斯班举行的二十国集团领导人第九次峰会,对澳大利亚、新西兰、斐济进行国事访问并同太平洋建交岛国领导人举行集体会晤。访问期间,中澳、中新关系提升为全面战略伙伴关系,中澳宣布实质性结束双边自由贸易协定谈判,中国同澳、新两国共签署 50 多项合作协议,涉及政治、经济、投资、金融、能源矿产、基础设施建设、文化、教育、旅游、气候变化等广泛领域。在斐济同 8 个太平洋建交岛国领导人会晤时,共同决定建立相互尊重、共同发展的战略伙伴关系。

积极参与多边事务,促进世界共同发展。2013 年 10 月,国家主席习近平在雅加达同印度尼西亚总统苏西洛会谈时,倡议筹建亚洲基础设施投资银行,以促进本地区互联互通建设和经济一体化进程。同月,国务院总理李克强在出访东南亚时,再次提出筹建亚投行的倡议。2014 年 10 月 24 日,包括中国、印度、新加坡等在内 21 个首批意向创始成员国的财长和授权代表在北京正式签署《筹建亚投行备忘录》,共同决定成立亚洲基础设施投资银行。截至 2017 年 5 月 13 日,亚投行有正式成员国 77 个。2014 年 11 月,习近平在北京举行的"加强互联互通伙伴关系"东道主伙伴对话会上宣布,中国将出资 400 亿美元成立丝路基金,为"一带一路"沿线国家基础设施、资源开发、产业合作和金融合作等与互联互通有关的项目提供投融资支持。为解决全球热点问题发挥中国作用。2014 年 10 月,中国成功主办阿富汗问题伊斯坦布尔进程第四次外长会,14 个地区成员国、16 个域外支持国、12 个国际和地区组织的外长或高级代表出席。中国积极参与伊朗核问题谈判进程,为弥合分歧、打破僵局发挥了建设性作用。2014 年 8 月以后,中国向几内亚、利比里亚、塞拉利等非洲埃博拉疫情重灾区国家无私提供各方面援助,赢得国际社会广泛赞誉。在解决乌克兰问题、朝鲜半岛核问题、巴以紧张局势、叙利亚问题、南苏丹冲突等问题上,中国也都积极作为,坚持做主和派、促和派、维和派,为推动国际争端和平解决发挥实质性作用。在处理与周边一些国家领土主权和海洋权益争端时,中国同样坚持对话协商和平解决问题的原则。在南海问题上,中国倡导"双轨思路",即有关争议由直接当事国通过友好协商谈判寻求和平解决,而南海的和平稳定则由中国与东盟国家共同维护,两者相辅相成、相互促进,有效管控和妥善处理具体争议。倡导亚太自贸区建设,为引导亚太区域合作方向作出努力。2014 年 11 月,中国成功举办了以"共建面向未来的亚太伙伴关系"为主题的亚太经合组织第二十二次领导人非正式会议(APEC)。在中国的主持和推动下,这次会议明确了未来亚太合作的方向与目标,作出了启动亚太自贸区进程的重大决定。2016 年 9 月 4 日,二十国集团领导人第十一次峰会在杭州国际博览中心举行。峰会发表了《二十国集团领导人杭州峰会公报》和 28 份具体成果文件,在二十国集团历史上树立了一座中国丰碑。

党的十八大以来,中国的对外工作和外交战略开始具备鲜明的中国特色、中国风格、中国气派,中国特色大国外交初现端倪,一个开放、从容、自信、负责任的发展中大国形象在国际社会进一步确立。

六、全面从严治党,管党治党
宽松软根本改变

毫不动摇坚持党的全面领导,坚定不移加强党的自身建设。

"中国特色社会主义最本质的特征是中国共产党领导,中国特色社会主义制度的最大优势是中国共产党领导。"①党的十八大以来,习近平总书记对坚持党总揽全局、协调各方的领导核心作用,坚持和加强党的全面领导作出了一系列重要论述。2014年1月14日,在十八届中纪委第三次全体会议上,习近平发表讲话指出:"党是我们各项事业的领导核心,……中央委员会,中央政治局,中央政治局常委会,这是党的领导决策核心。党中央作出的决策部署,党的组织、宣传、统战、政法等部门要贯彻落实,人大、政府、政协、法院、检察院的党组织要贯彻落实,事业单位、人民团体等的党组织也要贯彻落实"②。2014年5月9日,在参加河南省兰考县委常委班子专题民主生活会时的讲话中,习近平深刻指出:"要回到我们的本源上去认识,一定要认清,中国最大的国情就是中国共产党的领导。什么是中国特色? 这就是中国特色。"③2015年2月2日,在省部级主要领导干部学习贯彻党的十八届四中全会精神全面推进依法治国专题研讨班上,习近平发表讲话强调,"在当今中国,没有大于中国共产党的政治力量或其他什么力

---

① 习近平:《在庆祝中国共产党成立95周年大会上的讲话》,《人民日报》2016年7月2日。

② 中共中央文献研究室编:《十八大以来重要文献选编》(上),中央文献出版社2014年版,第772页。

③ 中共中央文献研究室编:《习近平关于社会主义政治建设论述摘编》,中央文献出版社2017年版,第28页。

量。党政军民学,东西南北中,党是领导一切的,是最高的政治领导力量。""我国社会主义政治制度优越性的一个突出特点是党总揽全局、协调各方的领导核心作用,形象地说是'众星捧月',这个'月'就是中国共产党。在国家治理体系的大棋局中,党中央是坐镇中军帐的'帅',车马炮各展其长,一盘棋大局分明。如果中国出现了各自为政、一盘散沙的局面,不仅我们确定的目标不能实现,而且必定会产生灾难性后果。""党的领导是中国特色社会主义法治之魂,是我们的法治同西方资本主义国家的法治最大的区别。"①在 2016 年 12 月 26 日、27 日召开的中央政治局民主生活会上,习近平强调,"党的历史、新中国发展的历史都告诉我们:要治理好我们这个大党、治理好我们这个大国,保证党的团结和集中统一至关重要,维护党中央权威至关重要。"②2017 年 2 月 13 日,在省部级主要领导干部学习贯彻党的十八届六中全会精神专题研讨班上的讲话中,习近平进一步指出:"只有党中央有权威,才能把全党牢固凝聚起来,进而把全国各族人民紧密团结起来,形成万众一心、无坚不摧的磅礴力量。如果党中央没有权威,党的理论和路线方针政策可以随意不执行,大家各自为政、各行其是,想干什么就干什么,想不干什么就不干什么,党就会变成一盘散沙,就会成为自行其是的'私人俱乐部',党的领导就会成为一句空话。"③

坚持党的全面领导,必须切实加强党的自身建设,全面从严治党。2012 年 11 月 17 日,在主持十八届中央政治局第一次集体学习时,习近平指出:"这些年来,我们全面推进党的建设新的伟大工程,党的执政能力得到新的提高,党的先进性和纯洁性得到保持和发展,党的领导得到加强和改善。同时,与国内外形势发展变化相比,与党所承担的历史任务相比,党的领导水

---

① 中共中央文献研究室编:《习近平关于社会主义政治建设论述摘编》,中央文献出版社 2017 年版,第 30、31 页。

② 《中共中央政治局召开民主生活会 中共中央总书记习近平主持会议并发表重要讲话》,《人民日报》2016 年 12 月 28 日。

③ 中共中央文献研究室编:《习近平关于社会主义政治建设论述摘编》,中央文献出版社 2017 年版,第 36 页。

平和执政水平,党组织建设状况和党员干部素质、能力、作风都还有不小差距。特别是新形势下加强和改进党的建设面临'四大考验'、'四种危险',落实党要管党、从严治党的任务比以往任何时候都更为繁重更为紧迫。"①2013 年 6 月 28 日,在全国组织工作会议上的讲话中,习近平指出:"党要管党,才能管好党;从严治党,才能治好党。对我们这样一个拥有八千五百多万党员、在一个十三亿人口大国长期执政的党,管党治党一刻不能松懈。如果管党不力、治党不严,人民群众反映强烈的党内突出问题得不到解决,那我们党迟早会失去执政资格,不可避免被历史淘汰。这决不是危言耸听。"②2014 年 11 月 2 日,在福建调研时,习近平强调,"从严治党不能只当口号喊,必须体现到党组织和党员、干部一切工作和活动中。""我们党取得了举世瞩目的成就,现在更需要'愈大愈惧,愈强愈恐'的态度,切不可在管党治党上有丝毫松懈。"③2016 年 1 月 12 日,在十八届中央纪委第六次全体会议上的讲话中,习近平强调,"全面从严治党,核心是加强党的领导,基础在全面,关键在严,要害在治,……我们必须坚持不懈抓下去,使管党治党真正从宽松软走向严紧硬。"④全面从严治党,必须增强管党治党意识、落实管党治党责任。2013 年 6 月 28 日,在全国组织工作会议上的讲话中,习近平说,"党要管党,首先是党委要管、党委书记要管。党委书记要在其位、谋其政,履行好第一责任人职责。"⑤在党的群众路线教育实践活动总结大会上的讲话中,习近平提出各级党委要"坚持党建工作和中心工作一起谋划、一

①　习近平:《紧紧围绕坚持和发展中国特色社会主义　学习宣传贯彻党的十八大精神》(2012 年 11 月 17 日),《十八大以来重要文献选编》(上),中央文献出版社 2014 年版,第 80 页。

②　习近平:《在全国组织工作会议上的讲话》(2013 年 6 月 28 日),《十八大以来重要文献选编》(上),中央文献出版社 2014 年版,第 349—350 页。

③　中共中央纪律检查委员会、中共中央文献研究室编:《习近平关于严明党的纪律和规矩论述摘编》,中央文献出版社 2016 年版,第 8 页。

④　习近平:《在第十八届中央纪律检查委员会第六次全体会议上的讲话》(2016 年 1 月 12 日),人民出版社单行本,第 16—17 页。

⑤　习近平:《在全国组织工作会议上的讲话》(2013 年 6 月 28 日),《十八大以来重要文献选编》(上),中央文献出版社 2014 年版,第 354 页。

起部署、一起考核,把每条战线、每个领域、每个环节的党建工作抓具体、抓深入,坚决防止'一手硬、一手软'。对各级各部门党组织负责人特别是党委(党组)书记的考核,首先要看抓党建的实效,考核其他党员领导干部工作也要加大这方面的权重。"①2015 年 1 月 13 日,在十八届中央纪委第五次全体会议上,习近平指出:"各级党委(党组)不能当'甩手掌柜',要切实把党风廉政建设当作分内之事、应尽之责,真正把担子担起来,种好自己的'责任田'。"②习近平总书记的重要论述,为从思想上、管党上、执纪上、治吏上、作风上、反腐上深入推进全面从严治党,深入推进管党治党主体责任、监督责任的贯彻落实,提供了根本遵循。

加强思想理论建设,坚定理想信念补足精神之"钙"。2012 年 11 月 17日,在主持十八届中央政治局第一次集体学习时,习近平就明确指出:"对马克思主义的信仰,对社会主义和共产主义的信念,是共产党人的政治灵魂,是共产党人经受住任何考验的精神支柱。形象地说,理想信念就是共产党人精神上的'钙',没有理想信念,理想信念不坚定,精神上就会'缺钙',就会得'软骨病'。"③2013 年 1 月 5 日,在新进中央委员会的委员、候补委员学习贯彻党的十八大精神研讨班开班式上的讲话中,习近平说:"革命理想高于天。没有远大理想,不是合格的共产党员;离开现实工作而空谈远大理想,也不是合格的共产党员。"④同年 6 月 28 日,在全国组织工作会议上的讲话中,习近平警示全党:"事实一再表明,理想信念动摇是最危险的动摇,理想信念滑坡是最危险的滑坡。我一直在想,如果哪天在我们眼前发生'颜色革命'那样的复杂局面,我们的干部是不是都能毅然决然站出来捍卫

---

① 习近平:《在党的群众路线教育实践活动总结大会上的讲话》(2014 年 10 月 8 日),《十八大以来重要文献选编》(中),中央文献出版社 2016 年版,第 94 页。
② 中共中央文献研究室编:《习近平关于全面从严治党论述摘编》,中央文献出版社 2016 年版,第 229 页。
③ 中共中央文献研究室编:《十八大以来重要文献选编》(上),中央文献出版社 2014 年版,第 80—81 页。
④ 中共中央文献研究室编:《十八大以来重要文献选编》(上),中央文献出版社 2014 年版,第 116 页。

党的领导、捍卫社会主义制度?"①2014 年 10 月 8 日,在党的群众路线教育实践活动总结大会上的讲话中,习近平说:"思想上的滑坡是最严重的病变,'总开关'没拧紧,不能正确处理公私关系,缺乏正确的是非观、义利观、权力观、事业观,各种出轨越界、跑冒滴漏就在所难免了。思想上松一寸,行动上就会散一尺。"②在庆祝中国共产党成立 95 周年大会上的讲话中,习近平进一步指出:"马克思主义是我们立党立国的根本指导思想。背离或放弃马克思主义,我们党就会失去灵魂、迷失方向。在坚持马克思主义指导地位这一根本问题上,我们必须坚定不移,任何时候任何情况下都不能有丝毫动摇。"③

理想信念,源自坚守,成于磨砺。2013 年 10 月,中央组织部印发《关于在干部教育培训中进一步加强和改进党性教育的意见》,对加强党员干部党性教育,保持和发展党的先进性、纯洁性提出明确要求。2014 年 7 月,中共中央办公厅印发《2014—2018 年全国党员教育培训工作规划》,拉开新一轮全国党员教育培训大幕,《规划》明确提出"坚持以理想信念为重点,开展主题教育培训","使广大党员理想信念进一步坚定,党性观念进一步增强"④;到 2017 年 6 月,全国共培训党员 7.6 亿人次,广大党员每年普遍受到 1 次以上严肃认真的思想政治教育。2014 年中央组织部印发《关于在干部教育培训中加强理想信念和道德品行教育的通知》,要求各地区各部门加强理想信念和道德品行教育,引导和帮助干部始终坚定共产主义理想和中国特色社会主义信念,始终坚守共产党人的精神家园。2015 年全年共培

---

① 中共中央文献研究室编:《十八大以来重要文献选编》(上),中央文献出版社 2014 年版,第 339—340 页。

② 中共中央文献研究室编:《十八大以来重要文献选编》(中),中央文献出版社 2016 年版,第 94—95 页。

③ 习近平:《在庆祝中国共产党成立九十五周年大会上的讲话》,人民出版社单行本,第 9 页。

④ 中共中央办公厅印发《2014—2018 年全国党员教育培训工作规划》,《人民日报》2014 年 7 月 3 日。

训党员干部 2100 多万人次。① 2015 年 12 月发布的《中共中央关于加强和改进新形势下党校工作的意见》进一步规定："马克思主义理论教育和党性教育是党校的主课，是党校教学最重要的任务，是必须重点抓好的教学内容。这两类课在中央党校、省（自治区、直辖市）委党校、市（地）委党校教学安排中不低于总课时的 70%。"其中，"党性教育课不低于总课时的 20%。"②为深入学习贯彻习近平总书记系列重要讲话精神，经中央批准，对县处级以上领导干部进行集中轮训。从 2013 年 11 月到 2014 年上半年，中央组织部和中央党校举办了 7 期省部级干部学习贯彻习近平总书记系列重要讲话精神研讨班。为了推动全党理论学习，中央有关部门先后编写出版了《习近平关于实现中华民族伟大复兴的中国梦论述摘编》《习近平关于党的群众路线教育实践活动论述摘编》《习近平关于全面深化改革论述摘编》《习近平关于党风廉政建设和反腐败斗争论述摘编》等系列"论述摘编"；中央宣传部从 2014 年开始组织编写《习近平总书记系列重要讲话读本》，分专题全面准确阐述习近平总书记系列重要讲话的重大意义、科学内涵、精神实质和实践要求，国务院新闻办公室会同中央文献研究室、中国外文局编辑出版了两卷本《习近平谈治国理政》。党的十八大以来，党中央先后在全党自上而下开展的群众路线教育实践活动、在县处级以上领导干部中开展的以"严以修身、严以用权、严以律己，谋事要实、创业要实、做人要实"为主要内容的"三严三实"专题教育、在全体党员中开展的以"学党章党规、学系列讲话，做合格党员"为主要内容的"两学一做"学习教育和常态化制度化要求，也都把加强党的思想政治建设，着力解决领导干部"理想信念动摇，宗旨意识淡薄，精神懈怠"等问题作为重要内容纳入整体安排之中。"两学一做"学习教育更明确提出"把思想建设放在首位"。通过大力加强思想建设，全党特别是党的各级领导干部党性更加坚强，对马克思主义、共产主义

---

① 《十八大以来思想政治建设不断加强》，《人民日报》2016 年 7 月 1 日。
② 《中共中央关于加强和改进新形势下党校工作的意见》，《人民日报》2015 年 12 月 14 日。

的信仰更加执着,中国特色社会主义道路自信、理论自信、制度自信、文化自信更加坚定。

突出和强化政治建设,营造风清气正良好政治生态。党的十八大以来,全面从严治党的一个鲜明特点,是突出和强化党的政治建设。习近平指出:"我们党作为马克思主义政党,讲政治是突出的特点和优势。……共产党不讲政治还叫共产党吗?干部在政治上出问题,对党的危害不亚于腐败问题,有的甚至比腐败问题更严重。"①为了把加强党的政治建设、规范党内政治生活的要求落到实处,2016 年 10 月 24 日至 27 日,党的十八届六中全会专题审议并通过了《关于新形势下党内政治生活的若干准则》和《中国共产党党内监督条例》。《关于新形势下党内政治生活的若干准则》深刻阐述了党内政治生活的重大作用和历史经验、存在的突出问题、面临的形势任务以及新形势下加强和规范党内政治生活的重要性紧迫性,提出了加强和规范党内政治生活的目标要求,并重点围绕坚定理想信念、坚持党的基本路线、坚决维护党中央权威、严明党的政治纪律、保持党同人民群众的血肉联系、坚持民主集中制原则、发扬党内民主和保障党员权利、坚持正确选人用人导向、严格党的组织生活制度、开展批评和自我批评、加强对权力运行的制约和监督、保持清正廉洁的政治本色等 12 个方面对新形势下加强和规范党内政治生活分别提出明确要求、作出具体规定。《中国共产党党内监督条例》主要阐述了党内监督的指导思想、基本原则、监督内容、监督对象、监督方式以及强化自我监督、构建党内监督体系等,并分别就党的中央组织、党委(党组)、党的纪律检查委员会、基层党组织和党员这四类监督主体的监督职责以及相应监督制度作出规定。加强党的政治建设、加强和规范党内政治生活、加强党内监督,是全党的共同任务,但党员领导干部特别是高级干部因为身份地位不同,是重点,抓好中央委员会、中央政治局、中央政治局常委会的组成人员是关键。党的十八届六中全会通过的两个文件,一个极为

---

①　中共中央文献研究室编:《习近平关于全面从严治党论述摘编》,中央文献出版社 2016 年版,第 80 页。

重要的特点,是着重把党的高级干部突出出来。比如,《准则》第一部分就强调,新形势下加强和规范党内政治生活,重点是各级领导机关和领导干部,关键是高级干部特别是中央委员会、中央政治局、中央政治局常务委员会的组成人员,高级干部特别是中央领导层组成人员必须以身作则,模范遵守党章党规,严守党的政治纪律和政治规矩,为全党全社会作出示范。《准则》结尾时进一步强调,加强和规范党内政治生活,要从中央委员会、中央政治局、中央政治局常务委员会做起。高级干部要清醒认识自己岗位对党和国家的特殊重要性,职位越高越要自觉按照党提出的标准严格要求自己,越要做到党性坚强、党纪严明,做到对党始终忠诚、永不叛党。《条例》也对中央层面提出了专门要求。比如,专门就党的中央组织的监督单设一章,强调中央委员会成员必须严格遵守党的政治纪律和政治规矩,发现其他成员有违反党章、破坏党的纪律、危害党的团结统一的行为应当坚决抵制,并及时向党中央报告;中央政治局每年召开民主生活会,进行对照检查和党性分析,研究加强自身建设措施;中央政治局委员应当严格执行中央八项规定,自觉参加双重组织生活会,如实向党中央报告个人重要事项,带头树立良好家风,等等。一个国家、一个政党,领导核心至关重要。党的十八大以来,习近平总书记以非凡的政治智慧、顽强的意志品质、强烈的历史担当,以马克思主义政治家、理论家的深刻洞察力、敏锐判断力和战略定力,团结带领全党全国各族人民进行具有许多新的历史特点的伟大斗争,推动党和国家事业全面开创新局面、发生历史性变革,赢得全党全军全国各族人民高度评价和衷心爱戴,成为党中央的核心、全党的核心。党的十八届六中全会的一个重大贡献,是顺应全党意愿,明确习近平总书记的核心地位,正式提出"以习近平同志为核心的党中央"的表述,这个重大决定,是维护党的团结和党中央集中统一领导、提高党的创造力凝聚力战斗力的迫切需要,是战胜前进道路上各种风险和挑战、夺取中国特色社会主义新胜利的根本保证。

开好民主生活会是严肃党内政治生活、加强党的政治建设的重要抓手。党的十八大后,中央政治局结合落实中央八项规定、深入改进作风以及开展

"三严三实"专题教育、深入学习领会党的十八届六中全会精神等主题,率先垂范,分别召开民主生活会。2017年1月,中共中央印发新修订的《县以上党和国家机关党员领导干部民主生活会若干规定》,对召开民主生活会应遵循的方针、主题的确定、对照检查及开展批评和自我批评的基本内容、会议频次和时间安排、准备工作和会议程序等作出具体规定。民主生活会连同"三会一课"等制度成为加强党的政治建设、规范和严肃党内政治生活的重要载体。

贯彻新时期好干部标准,从严从实选人用人。2013年6月28日,在全国组织工作会议上发表的重要讲话中,习近平指出:"进行具有许多新的历史特点的伟大斗争,实现党的十八大确定的各项目标任务,关键在党,关键在人。关键在党,就要确保党在发展中国特色社会主义历史进程中始终成为坚强领导核心。关键在人,就要建设一支宏大的高素质干部队伍。"①习近平在会上提出了好干部"五条标准"即:信念坚定、为民服务、勤政务实、敢于担当、清正廉洁。习近平强调,信念坚定,就是党的干部必须坚定共产主义远大理想,真诚信仰马克思主义,矢志不渝为中国特色社会主义而奋斗,坚持党的基本理论、基本路线、基本纲领、基本经验、基本要求不动摇;为民服务,就是党的干部必须做人民公仆,忠诚于人民,以人民忧乐为忧乐,以人民甘苦为甘苦,全心全意为人民服务;勤政务实,就是党的干部必须勤勉敬业、求真务实、真抓实干、精益求精,创造出经得起实践、人民、历史检验的实绩;敢于担当,就是党的干部必须坚持原则、认真负责,面对大是大非敢于亮剑,面对矛盾敢于迎难而上,面对危机敢于挺身而出,面对失误敢于承担责任,面对歪风邪气敢于坚决斗争;清正廉洁,就是党的干部必须敬畏权力、管好权力、慎用权力,守住自己的政治生命,保持拒腐蚀、永不沾的政治本色。此后,习近平总书记就培养选拔党和人民需要的好干部又提出明确要求。2014年3月9日在参加十二届全国人大二次会议安徽代表团讨论时

---

① 习近平:《在全国组织工作会议上的讲话》(2013年6月28日),《十八大以来重要文献选编》(上),中央文献出版社2014年版,第336页。

提出了"各级领导干部都要既严以修身、严以用权、严以律己,又谋事要实、创业要实、做人要实"的"三严三实"要求。2014 年 10 月在对云南工作的重要指示中,对党员领导干部提出了"对党忠诚、个人干净、敢于担当"的要求。2015 年 1 月 12 日在与中央党校第一期县委书记研修班学员座谈时,对县委书记提出了做焦裕禄式的县委书记、始终做到"心中有党、心中有民、心中有责、心中有戒"的"四有"要求。2016 年 10 月 10 日在全国国有企业党建工作会议上,对国有企业领导人员提出了"对党忠诚、勇于创新、治企有方、兴企有为、清正廉洁"的"二十字"要求。2018 年 1 月 5 日,在新进中央委员会的委员、候补委员和省部级主要领导干部学习贯彻习近平新时代中国特色社会主义思想和党的十九大精神研讨班上的讲话中,对中央委员会成员和省部级主要领导干部提出了必须做到"信念过硬、政治过硬、责任过硬、能力过硬、作风过硬"的"五个过硬"要求等。这一系列要求和好干部"五条标准",与我们党历来坚持的好干部标准既一脉相承又与时俱进,具有体现新时代特点的重大创新,是"打铁还需自身硬"的核心要素,是干部加强自我修养的对照标杆,是组织选人用人的衡量尺度,是培养选拔党和人民需要的好干部、建设高素质干部队伍的根本遵循。

根据习近平总书记确定的好干部标准,党的十八大以来,各级党组织坚持党管干部原则,坚持德才兼备、以德为先,坚持五湖四海、任人唯贤,坚持事业为上、公道正派,不拘一格选人用人,深化干部人事制度改革,强化干部管理监督,在推动建立政治坚定、能力过硬、作风优良、奋发有为干部队伍上取得显著成绩。一是有效破除"四唯"(即"唯票""唯分""唯 GDP""唯年龄"),不拘一格选用干部。在破除"唯票"方面,釜底抽薪改进民主推荐方式,重新定位民主推荐的功能作用,把推荐结果由原来作为选拔任用的"重要依据"改为"重要参考",完善参加民主推荐人员范围,强化党组织的领导和把关作用,提高民意表达真实性和民主推荐质量。在破除"唯分"方面,2013 年 10 月中央组织部下发《关于完善竞争性选拔干部方式的指导意见》,对如何合理确定竞争性选拔的职位、数量和范围等作了规定,合理确定竞争性选拔范围,明确不能将竞争性选拔作为选拔干部的主要方式甚至唯一方式,不能硬性规定竞争性选拔的频次和比例,改进测试测评方法,突出岗位特点,树立实干导向,选拔干部既要看分数更要看实践能力和一贯表现。在破除"唯 GDP"方面,2013 年 12 月 6 日,中央组织部下发《关于改进地方党政领导班子和领导干部政绩考核工作的通知》,要求选人用人不能简单以地区生产总值及增长率论英雄。在破除"唯年龄"方面,2014 年 6 月中共中央办公厅下发《关于加强和改进优秀年轻干部培养选拔工作的意见》,坚持从事业发展需要出发选拔干部,注重在基层一线和艰苦地区培养和考验干部,实行必要台阶和递进式的培养锻炼,注重关键岗位的扎实历练;既积极培养选拔优秀年轻干部,又注重使用其他年龄段的干部,促进了干部资源的优化配置。2014 年 1 月,中共中央印发新修订的《党政领导干部选拔任用工作条例》,对干部选拔任用的基本原则、标准条件、程序方法和纪律要求等作了全面修订完善,成为做好党政领导干部选拔任用工作的基本遵循和培养造就高素质党政领导干部队伍的总章程。同年 1 月 21 日,中央组织部印发《关于加强干部选拔任用工作监督的意见》,要求各级党委(党组)和组织人事部门要不折不扣执行《干部任用条例》,严格按制度规定选人用人,严格把好人选廉政关,严厉查处违规用人行为;建立倒查机制,凡出现"带病提拔"、突击提拔、违规破格提拔等问题,都要对选拔任用过程进行倒查,强化责任追究,大力营造风清气正用人环境。

党的十八大以来,党中央坚持抓细抓小,全面从严治吏,持续开展专项整治,打出了整饬吏治的"组合拳",进一步净化了干部队伍风气和从政环境。针对一些领导干部以兼职为名,利用个人影响谋取私利甚至领取较高兼职薪酬等问题,2013 年 10 月 19 日,中共中央组织部印发《关于进一步规范党政领导干部在企业兼职(任职)问题的意见》,明确规定"现职和不担任现职但未办理退(离)休手续的党政领导干部不得在企业兼职(任职)","对辞去公职或者退(离)休的党政领导干部到企业兼职(任职)必须从严掌握、从严把关,确因工作需要到企业兼职(任职)的,应当按照干部管理权限严格审批";针对干部人事档案管理中存在的篡改、伪造等各种造假问题,2014 年 10 月至 2016 年 6 月,中央有关部门在全国部署开展了干部人事档案专项审核工作,对公务员和参照公务员法管理的机关(单位)工作人员、中央企事业单位中层以上管理人员和地方各级国有企事业单位领导班子成员的档案进行全面审核。针对人大代表、政协委员产生和管理工作中存在的拉票贿选、人选把关不严、身份失真失实甚至弄虚作假,部分人大代表、政协委员能力素质不高、品行不端,管理监督和退出机制不健全,一些地方弱化甚至放弃党的领导等突出问题,2016 年 1 月 11 日,中共中央下发《关于加强和改进人大代表、政协委员有关工作的通知》,明确提出要旗帜鲜明、理直气壮地加强党对人大代表、政协委员工作的领导,把握正确方向,把好政治关、素质关和结构关;要严格人选标准和条件,突出政治标准,坚持道德品行要求,注重能力素质,统筹考虑人大代表、政协委员人选结构和数量规模,控制领导干部人选比例,对于那些政治上有问题的,严重损害国家和人民利益的,与敌对势力相勾结或接受国(境)外组织、个人参与资助或培训的,品行不端、道德败坏的,有行贿受贿、权钱交易行为的,因严重违纪违法被给予组织处理、纪律处分或被判刑以及涉嫌违纪违法正在接受调查处理的,有拉票贿选或其他不正当竞争行为的,在身份上弄虚作假或身份与代表性不一致的,没有履职能力或当选后不尽责、履职意愿不强的,一律不得推荐提名或继续提名为人大代表人选;针对领导干部个人有关事项只报告不核实问题,2017 年 4 月中共中央办公厅、国务院办公厅印发新修订的《领导干部报告个人有关事项规定》和新制定的《领导干部个人有关事项报告核结果处理办法》,要求从严核查处理。截至 2017 年 10 月,全国共查核副处级以上干部 120 多万人次,因不如实报告等问题,被暂缓任用或取消提拔重用资格、后备干部人选资格 1.1 万人,批评教育、责令作出检查 10.38 万人,诚勉 1.98 万人,组织处理 651 人,移交纪检监察机关处理 609 人。①

---

① 《从严管理监督干部,促进忠诚干净担当》,《人民日报》2017 年 9 月 19 日。

党的基层组织是团结带领群众贯彻党的理论和路线方针政策、落实党的任务的战斗堡垒。党的十八大以来，习近平总书记多次主持召开中央政治局会议、中央政治局常委会会议、中央全面深化改革领导小组会议，审议基层党建重要文件；从党政机关到农村、社区，从国有企业、高校到非公有制企业和社会组织，从科研院所到基层连队，习近平总书记在考察调研中总要过问基层党建情况，对加强基层党建提出一系列重要论述，强调治国安邦重在基层，党的工作最坚实的力量支撑在基层，最突出的矛盾和问题也在基层，必须把抓基层、打基础作为长远之计和固本之举；强调党的基层组织制度建设改革，着力点是使每个基层党组织都成为坚强战斗堡垒，其政治功能要充分发挥；强调要牢固树立大抓基层的鲜明导向，推动基层建设全面进步、全面过硬，让党的旗帜在每一个基层阵地上都高高飘扬起来；强调必须从最基本的东西抓起，从基本组织、基本队伍、基本制度严起，在打牢基础、补齐短板上下功夫，推进党建工作理念创新、机制创新、手段创新，让支部在基层工作中唱主角；强调各级都要重视基层、关心基层、支持基层，加大投入力度，加强带头人队伍建设，确保基层党组织有资源、有能力为群众服务；强调以党组织功能是否增强、党员干部素质是否提高、党的建设各项部署是否落实、党的建设对经济社会发展的保证作用是否明显、人民是否满意为尺度，全面检验党的建设各项工作，等等。习近平总书记关于基层党建的一系列重要论述，为新形势下加强基层党建指明了方向、提供了根本遵循。

党的十八大以来，基层党组织和党的工作覆盖面进一步扩大，服务型基层党组织建设进一步加强，党员队伍教育管理和发展工作进一步改进，基层党组织推动发展、服务群众、凝聚人心、促进和谐的作用和党员的先锋模范作用进一步发挥。截至 2014 年底，全国有农村基层党组织 128 万个，占全国基层党组织总数的 30%；农村党员 3500 万名，占全国党员总数的 40%。为了做好农村基层党建工作，党的十八大以来，历年中央一号文件始终强调要充分发挥农村基层党组织的战斗堡垒作用和党员的先锋模范作用，不断强化党在农村基层各项建设事业中的领导核心地位。为了强化党员和党组织在农村自治、经济、社团等各类组织中的领导力，各地针对一些新的经济社会服务组织中党组织"空白点"、一些村改社区党组织运行不畅、一些跨村跨乡跨县的经济联合体党组织隶属关系不明等问题，在全面覆盖、有效覆盖上下功夫，加大在农民合作社、农业企业、农业社会化服务组织等建立党组织的力度，加大在农民工聚居地建立党组织的力度，合理调整党组织设置，理顺隶属关系，使党建工作全面深入到基层角角落落。截至 2016 年底，全国村民委员会中党员人数约占成员人数的 57.78%；村党组织书记和村民委员会主任"一肩挑"约占村民委员会主任人数的 34.23%。在城市基层党建方面，2017 年 7 月 18 日至 19 日在上海召开全国城市基层党建工作经验交流座谈会，提出城市基层党建工作要与时俱进、改革创新，更加注重全面统筹，更加注重系统推进，更加注重开放融合，更加注重整体效应；要引导街道社区党组织聚焦教育管理监督党员和组织宣传凝聚服务群众的职责任务，充分发挥领导核心作用；要把加强基层党的建设、巩固党的执政基础作为贯穿社会治理和基层建设的一条红线，积极探索党建引领基层治理的有效路径。在国有企业党建方面，2015 年 7 月，中共中央办公厅印发《关于在深化国有企业改革中坚持党的领导加强党的建设的若干意见》，强调必须毫不动摇坚持党对国有企业的领导，毫不动摇加强国有企业党的建设。2016 年 10 月，全国国有企业党的建设工作会议召开，习近平总书记在会上发表讲话强调，坚持党对国有企业的领导是重大政治原则，必须一以贯之；建立现代企业制度是国有企业改革的方向，也必须一以贯之。党对国有企业的领导是政治领导、思想领导、组织领导的有机统一。国有企业党组织发挥领导核心和政治核心作用，归结到一点，就是把方向、管大局、保落实。要明确党组织在决策、执行、监督各环节的权责和工作方式，使党组织发挥作用组织化、制度化、具体化。要处理好党组织和其他治理主体的关系，明确权责边界，做到无缝衔接，形成各司其职、各负其责、协调运转、有效制衡的公司治理机制。这个讲话深刻回答了我国国有企业党的建设面临的一系列重大问题,为做好新形势下的国企党建工作和深化国有企业改革指明了方向。党的十八大以来,国有企业党的建设不断深入。截至2015年底,国有企业在岗职工4162万名,其中党员1014.3万名,建立党组织79.5万个。在深化改革中,国有企业认真落实中央"四同步""四对接"等要求①,力求党的建设同步推进、同步加强;企业重大决策必须先由党委(党组)研究提出意见建议,涉及国家宏观调控、国家战略、国家安全等重大经营管理事项,必须经党委(党组)研究讨论后,再由董事会、经理班子作出决定;坚持和完善"双向进入、交叉任职"的领导体制,坚持把党管干部原则与董事会依法产生、董事会依法选择经营管理者以及经营管理者依法行使用人权相结合,不断创新有效实现形式,国有企业党的领导、党的建设弱化淡化虚化边缘化问题得到有效解决。高等院校、党政机关、科研院所、社会组织、中小学校、民办学校以及非公有制企业等基层党建工作也适应新的形势要求,在不断探索和创新中全面加强、整体提升。

　　党的作风是党的形象,是观察党群干群关系、人心向背的风向标和晴雨表。以习近平同志为核心的党中央以身作则,率先垂范,带头改进工作作风。2012年12月4日,在研究通过中央八项规定的中央政治局会议上,习近平指出:"党风廉政建设,要从领导干部做起,领导干部首先要从中央领导做起。"②党的十八大后5年间,习近平总书记先后主持36次中央政治局常委会会议、21次中央政治局会议,对贯彻执行中央八项规定、加强作风建设进行专门研究部署。从党的十八大到党的十九大5年里,习近平总书记深入农村、社区、学校、工厂车间、港口码头、边关哨所考察调

---

　　① "四同步""四对接",即党的建设和国有企业改革同步谋划、党的组织及工作机构同步设置、党组织负责人及党务工作人员同步配备、党的工作同步开展,实现体制对接、机制对接、制度对接和工作对接。这一要求在2015年中共中央办公厅印发的《关于在深化国有企业改革中坚持党的领导加强党的建设的若干意见》中首次提出。2016年10月,习近平总书记在全国国有企业党的建设工作会议上再次强调。

　　② 中共中央文献研究室编:《习近平关于全面从严治党论述摘编》,中央文献出版社2016年版,第147页。

研 50 次、151 天,足迹遍及全国各地,在广东考察工作时吃自助餐,在河北调研时吃大盆菜;在河北阜平住 16 平方米的房间,在四川芦山地震灾区住临时板房;在湘西同村民一起摘柚子,在北京庆丰包子铺排队点餐;在陕北梁家河用自己的钱为乡亲购买年货,在长白山下的田间地头关心农业生产,每次考察调研都轻车简从,察实情、重实效。在此期间,他出国访问 28 次、191 天,到访五大洲 52 个国家,每次出访都切实精简随行人员,日程安排紧凑合理,活动开展务实高效,带头执行中央八项规定中关于外事活动的要求,严禁随行人员收受驻外使领馆任何馈赠。中央政治局其他成员也严于律己、以实际行动模范践行中央八项规定。党的十八大以后 5 年间,在改进调查研究方面,中央政治局成员深入地方和基层开展调研共 1587 次、3212 天,平均每人每年调研 17 次、34 天,考察调研坚持轻车简从,减少陪同,简化接待,务求实效。在精简会议活动方面,严格控制以中央名义召开的全国性会议,精简一般性事务性会议活动,持续简化中央领导同志节日活动,不再举办首都春节联欢文艺晚会和元宵晚会,中央全会、全国"两会"等重要会议会风不断改善,坚持开短会、讲短话,不讲空话套话。在精简文件简报方面,科学编制中央年度发文计划,从严把好发文关,严格实施简报备案制度,地方和部门报送党中央、国务院的简报数量分别从原来的 500 多种、300 多种减少到 130 多种、200 多种。在规范出访活动方面,紧紧围绕党和国家中心工作和外交战略需要,统筹安排外事活动,科学制定出访计划,严格控制访问次数、天数、国家数、随访人数,按规定乘坐交通工具。在改进警卫工作方面,严格落实不封路不腾道、不清场不闭馆要求,坚持内紧外松、防范在先,使安全措施扎实严密、形式缓和宽松,努力实现政治效果、安全效果和社会效果的有机统一。在改进新闻报道方面,严控一般性会议活动新闻报道,认真执行字数、时长等规定,创新新闻宣传方式,充分发挥全媒体优势。在严格文稿发表方面,除党中央统一安排外,中央政治局成员没有公开出版著作、讲话单行本,没有发贺信贺电,没有题词题字。在规范工作和生活待遇方面,按照

"保障工作需要、待遇适当从低"原则,制定出台党和国家领导人有关待遇的系列文件,对办公用房、住房、用车、交通、工作人员配备、休假休息等待遇进一步作出规定,拓展和深化了中央八项规定精神,这些规定从十八届中央政治局率先做起,等等。以习近平同志为核心的党中央不打折扣贯彻执行中央八项规定,为全党全社会树立了标杆,形成了巨大的示范效应。①

党的作风问题,归根结底是党性问题。抓作风建设,就要返璞归真、固本培元,重点突出坚定理想信念、践行根本宗旨、加强道德修养,努力实现作风建设和思想建设双促进。党的十八大后5年间,在党中央统一部署下相继开展了以为民务实清廉为主要内容的党的群众路线教育实践活动、在县处级以上领导干部中开展"三严三实"专题教育、在全体党员中开展"学党章党规、学系列讲话,做合格党员"(简称"两学一做")学习教育。这些党内教育活动和不断深入的思想政治建设,既为从根子上强党性、转作风、深入贯彻中央八项规定精神打下了坚实思想基础,也是加强党的作风建设的重要抓手。历时一年多的党的群众路线教育实践活动,对作风之弊、行为之垢进行了一次大排查、大检修、大扫除,解决了一些多年来群众反映强烈、想解决而未能解决的问题,刹住了许多人认为"不可能刹住"的歪风邪气,党风政风为之一新。在群众路线教育实践活动整个过程中,党中央先后确定了21项专项整治任务,狠刹了"四风"蔓延的势头,带动党风政风和社会风气整体好转。到2014年10月教育实践活动收尾之时,相比活动开展前,全国压缩会议58.6万多个,下降24.6%;压缩文件190.8万多个,下降26.7%;压缩评比达标表彰活动19.2万多个;13.7万多项行政审批事项被取消、下放,减少13.7%,查处"吃拿卡要""庸懒散拖"问题5万多起、6万多人;查处在公务活动和节日期间赠送、接受礼品、礼金和各种有价证券、支付凭证的问题1.3万多起、4024人,查处公款吃喝、参与高消费的问题3083起、

---

① 《八项规定,激浊扬清之剑——党的十八大以来以习近平同志为核心的党中央贯彻执行八项规定、推动作风建设综述》,《人民日报》2017年9月29日。

4144 人等。① 截至 2017 年 10 月 31 日,全国累计查处违反八项规定精神问题 193168 起,处理 262594 人,给予党政纪处分 145059 人。其中,省部级被处理的 24 人,受到党政纪处分的 22 人;地厅级被处理的 2329 人,受到党政纪处分的 1555 人;县处级被处理的 19619 人,受到党政纪处分的 11882 人;乡科级被处理的 240622 人,受到党政纪处分的 131600 人。② 从 2015 年 4 月至 2016 年 2 月,在历时近一年的"三严三实"专题教育中,全国有 1.8 万名县级以上党委(党组)书记带头讲党课,两月一专题、一月一研讨,各级党委(党组)采取中心组学习、集中研学、个人自学等方式,认真学习习近平总书记系列重要讲话精神,认真对照正反典型深刻剖析,在思想、作风、党性上又一次集中"补钙""加油"。258 个省部级单位党委(党组)及其内设机构和市、县单位领导召开专题民主生活会,基层党组织召开专题组织生活会。③ 伴随着各项党内教育活动的深入开展,党中央直面人民群众反映强烈的突出问题,出实招、动真格,从细小处着眼,推动作风建设取得显著成效。从群众反映最强烈的公款吃喝、公款送礼、公款旅游三类问题看,截至 2016 年 12 月,全国查处这三类问题共 3.18 万起,违纪行为发生在 2013 年、2014 年的占到 76.1%,发生在 2015 年的占 16.7%,发生在 2016 年的仅为 7.2%,逐年大幅下降。党中央还部署开展了一系列专项整治任务,精准发力,攻克了一些曾被认为司空见惯的作风方面的顽瘴痼疾。全国共整顿各类会所 512 家、处置 456 家;关停高尔夫球场 187 个;核查清理 625 家驻京办事机构,做到应撤尽撤;停止新建楼堂馆所,全面完成办公用房清理,全国共调整清理办公用房 2227.6 万平方米。④

---

① 《一份实实在在的作风建设成绩单——写在党的群众路线教育实践活动收官之际》,《大众日报》2014 年 10 月 8 日。

② 《五年来全国查处违反中央八项规定精神问题数据》,《光明日报》2017 年 12 月 4 日。

③ 《从"关键少数"向全体党员拓展》,《人民日报》2017 年 6 月 20 日。

④ 《八项规定,激浊扬清之剑——党的十八大以来以习近平同志为核心的党中央贯彻执行八项规定、推动作风建设综述》,《人民日报》2017 年 9 月 29 日。

党的建设制度改革是全面深化改革的一项重要内容,是建立全面从严治党长效机制的根本之举。党的十八大以来,党的建设制度改革紧紧围绕坚持党的全面领导、加强党的建设、全面从严治党,一手抓改革文件出台,一手抓改革举措落实,突出重点、突破难点、深化试点,既有战略上的顶层设计,也有操作性强的细节谋划,制定出台了一大批力度大、措施实、接地气的改革举措,初步形成了比较完善的党内法规制度体系、高效的党内法规制度实施体系、有力的党内法规制度建设保障体系,党依据党内法规管党治党的能力水平显著提高。

腐败与党的性质、宗旨格格不入,我们党内决不允许腐败分子有藏身之地。党的十八大以来,以习近平同志为核心的党中央坚持反腐败无禁区、全覆盖、零容忍,以刮骨疗毒、重典治乱的决心勇气,坚持"老虎""苍蝇"一起打,推动反腐败斗争形成压倒性态势,党心民心为之大振,党风政风为之一新。

2013年1月22日,在十八届中央纪委第二次全体会议上发表的重要讲话中,习近平指出:"腐败是社会毒瘤。如果任凭腐败问题愈演愈烈,最终必然亡党亡国","中国历史上因为统治集团严重腐败导致人亡政息的例子比比皆是,当今世界上由于执政党腐化堕落、严重脱离群众导致失去政权的例子也不胜枚举啊!"2015年1月13日,在十八届中央纪委第五次全体会议上,习近平指出,"人民把权力交给我们,我们就必须以身许党许国、报党报国,该做的事就要做,该得罪的人就得得罪。不得罪腐败分子,就必然会辜负党、得罪人民。是怕得罪成百上千的腐败分子,还是怕得罪十三亿人民?不得罪成百上千的腐败分子,就要得罪十三亿人民。这是一笔再明白不过的政治账、人心向背的账!""开弓没有回头箭,党风廉政建设和反腐败斗争是一场输不起的斗争,必须决战决胜","必须坚持零容忍的态度不变、猛药去疴的决心不减、刮骨疗毒的勇气不泄、严厉惩处的尺度不松,发现一起查处一起,发现多少查处多少,不定指标、上不封顶,让那些想搞腐败的人断了念头、搞了腐败的人付出代价","无论皇亲国戚还是高官小吏,谁敢以身试法,都毫不留情。"①2016 年 1 月 12 日,在十八届中央纪委第六次全体会议上,习近平指出,"民心是最大的政治,正义是最强的力量","党中央坚定不移反对腐败的决心没有变,坚决遏制腐败现象蔓延势头的目标没有变。""只要我们管党治党不放松、正风肃纪不停步、反腐惩恶不手软,就一定能赢得这场输不起也决不能输的斗争!"②

党的十八大后 5 年间,巡视作为全面从严治党、反腐败的"利剑"作用得到充分彰显。中央政治局会议、中央政治局常委会会议 23 次研究巡视工作,中央巡视工作领导小组召开 115 次会议,组织开展 12 轮巡视,共巡视 277 个党组织,完成对省区市、中央和国家机关、中管企事业单位和金融机构、中管高校等的巡视,在党的历史上首次实现一届任期内巡视全覆盖;对 16 个省区市开展"回头看",对 4 个中央单位进行"机动式"巡视。中央纪委审查的案件中,超过 60%的线索来自巡视。中央巡视组受理信访 159 万件,与干部群众谈话 5.3 万人次。中央巡视组加强对省区市、中央单位巡视工作的领导,各省区市党委完成巡视全覆盖,全部开展市县巡察,67 家中央单位探索开展巡视工作,形成巡视巡察上下联动的格局。严明政治纪律和政治规矩,把违反政治纪律问题作为巡视和派驻监督重点,执纪审查首先检查对党是否忠诚。5 年间,共立案审查违反政治纪律案件 1.5 万件,处分 1.5 万人,其中中管干部 112 人。党的十八大后 5 年间,经党中央批准立案审查的省军级以上党员干部及其他中管干部 440 人。其中,十八届中央委员、候补委员 43 人,中央纪委委员 9 人。全国纪检监察机关共接受信访举报 1218.6 万件(次),处置问题线索 267.4 万件,立案 154.5 万件,处分 153.7 万人,其中厅局级干部 8900 余人,县处级干部 6.3 万人,涉嫌犯罪被移送司法机关处理 5.8 万人。党中央及时察觉、果断处置周永康、孙政才、

---

① 中共中央文献研究室编:《习近平关于全面从严治党论述摘编》,中央文献出版社 2016 年版,第 185—187 页。

② 习近平:《在第十八届中央纪律检查委员会第六次全体会议上的讲话》(2016 年 1 月 12 日),人民出版社 2016 年版,第 6—7 页。

令计划等人严重违反党的政治纪律和政治规矩问题,坚决铲除这些野心家、阴谋家,消除重大政治隐患;中央纪委严肃准确查明其重大政治腐败和经济腐败问题,深刻剖析周永康、薄熙来、郭伯雄、徐才厚、孙政才、令计划等严重违纪案件的教训,全面肃清流毒影响。加强纪检监察系统自身建设,党的十八大以来,中央纪委机关立案查处 22 人,组织调整 24 人;全国纪检系统处分 1 万余人,组织处理 7600 余人,谈话函询 1.1 万人。惩治群众身边的腐败,中央纪委开展专题调研,召开扶贫领域监督执纪问责工作电视电话会议,部署专项整治,重点对 25 个省区市 263 个问题督查督办,通报曝光 42 起典型案例;加大对"小官大贪"惩处力度,严肃查处贪污挪用、截留私分、优亲厚友、虚报冒领,"雁过拔毛"、强占掠夺问题。2014 年至 2017 年 10 月,对乱作为、不作为的 3.2 万名基层党员干部严肃追责。5 年间,全国纪检监察机关共处分村党支部书记、村委会主任 27.8 万人。把反腐败追逃追赃提升到国家政治和外交层面,纳入反腐败工作总体部署,公布百名外逃人员红色通缉令,连续组织开展"天网行动"。2014 年至 2017 年 10 月,共从 90 多个国家和地区追回外逃人员 3453 名、追赃 95.1 亿元。①

在以习近平同志为核心的党中央坚强领导下,党的十八大后 5 年中,全面从严治党取得重大成效,党内政治生态明显好转,领导干部忠诚干净担当的价值导向牢固树立,纪律建设全面加强,党的作风发生根本性转变,腐败蔓延势头得到有力遏制,反腐败斗争压倒性态势已经形成并巩固发展,我们党在革命性锻造中浴火重生,焕发出新的强大生机活力。全面从严治党,维护了党中央集中统一领导,使党的面貌焕然一新,党心民心更加凝聚,党执政的政治基础更加牢固,中国特色社会主义道路自信、理论自信、制度自信、文化自信更加坚定。

---

① 《十八届中央纪律检查委员会向中国共产党第十九次全国代表大会的工作报告》(2017 年 10 月 24 日中国共产党第十九次全国代表大会通过),《人民日报》2017 年 10 月 30 日。

七、奋力夺取新时代中国特色社会主义伟大胜利

2017年10月18日至24日,中国共产党第十九次全国代表大会在北京召开。这次大会是在全面建成小康社会决胜阶段、中国特色社会主义进入新时代的关键时期召开的一次十分重要的大会。习近平代表第十八届中央委员会作了题为《决胜全面建成小康社会,夺取新时代中国特色社会主义伟大胜利》的报告。大会选举产生了新一届中央委员会和中央纪律检查委员会,通过了关于十八届中央委员会报告的决议、关于中央纪律检查委员会工作报告的决议、关于《中国共产党章程(修正案)》的决议。

习近平在报告中开宗明义点出了大会主题:不忘初心,牢记使命,高举中国特色社会主义伟大旗帜,决胜全面建成小康社会,夺取新时代中国特色社会主义伟大胜利,为实现中华民族伟大复兴的中国梦不懈奋斗。习近平强调,"中国共产党人的初心和使命,就是为中国人民谋幸福,为中华民族谋复兴。这个初心和使命是激励中国共产党人不断前进的根本动力。"习近平在报告中高度评价了十八大以来党的工作,指出:五年来,我们党以巨大的政治勇气和强烈的责任担当,提出一系列新理念新思想新战略,出台一系列重大方针政策,推出一系列重大举措,推进一系列重大工作,解决了许多长期想解决而没有解决的难题,办成了许多过去想办而没有办成的大事,推动党和国家事业发生历史性变革。经过改革开放以来特别是党的十八大以来的不懈努力、加速发展,中国特色社会主义进入了新时代,这是我国发展新的历史方位。这个新时代,是承前启后、继往开来、在新的历史条件下继续夺取中国特色社会主义伟大胜利的时代,是决胜全面建成小康社会、进而全面建设社会主义现代化强国的时代,是全国各族人民团结奋斗、不断创造美好生活、逐步实现全体人民共同富裕的时代,是全体中华儿女勠力同心、奋力实现中华民族伟大复兴中国梦的时代,是我国日益走近世界舞台中央、不断为人类作出更大贡献的时代。中国特色社会主义进入新时代,我国

社会主要矛盾也转化为人民日益增长的美好生活需要和不平衡不充分的发展之间的矛盾。

关于新时代中国共产党的历史使命，习近平指出，实现中华民族伟大复兴是近代以来中华民族最伟大的梦想。实现伟大梦想，必须进行具有许多新的历史特点的伟大斗争，要更加自觉地坚持党的领导和我国社会主义制度，坚决反对一切削弱、歪曲、否定党的领导和我国社会主义制度的言行；更加自觉地维护人民利益，坚决反对一切损害人民利益、脱离群众的行为；更加自觉地投身改革创新时代潮流，坚决破除一切顽瘴痼疾；更加自觉地维护我国主权、安全、发展利益，坚决反对一切分裂祖国、破坏民族团结和社会和谐稳定的行为；更加自觉地防范各种风险，坚决战胜一切在政治、经济、文化、社会等领域和自然界出现的困难和挑战。实现伟大梦想，必须深入推进党的建设新的伟大工程，要更加自觉地坚定党性原则，勇于直面问题，敢于刮骨疗毒，消除一切损害党的先进性和纯洁性的因素，清除一切侵蚀党的健康肌体的病毒，不断增强党的政治领导力、思想引领力、群众组织力、社会号召力，确保我们党永葆旺盛生命力和强大战斗力。实现伟大梦想，必须推进中国特色社会主义伟大事业，要更加自觉地增强道路自信、理论自信、制度自信、文化自信，既不走封闭僵化的老路，也不走改旗易帜的邪路，保持政治定力，坚持实干兴邦，始终坚持和发展中国特色社会主义。伟大斗争，伟大工程，伟大事业，伟大梦想，紧密联系、相互作用，其中起决定性作用的是党的建设新的伟大工程，要确保党在世界形势深刻变化的历史进程中始终走在时代前列，在应对国内外各种风险考验的历史进程中始终成为全国人民的主心骨，在坚持和发展中国特色社会主义的历史进程中始终成为坚强领导核心。

习近平在报告中指出，十八大以来，围绕回答"新时代坚持和发展什么样的中国特色社会主义、怎样坚持和发展中国特色社会主义"这个重大时代课题，我们党进行艰辛理论探索，形成了新时代中国特色社会主义思想。新时代中国特色社会主义思想，明确坚持和发展中国特色社会主义，总任务是实现社会主义现代化和中华民族伟大复兴，在全面建成小康社会的基础上,分两步走在本世纪中叶建成富强民主文明和谐美丽的社会主义现代化强国;明确新时代我国社会主要矛盾是人民日益增长的美好生活需要和不平衡不充分的发展之间的矛盾,必须坚持以人民为中心的发展思想,不断促进人的全面发展、全体人民共同富裕;明确中国特色社会主义事业总体布局是"五位一体"、战略布局是"四个全面",强调坚定道路自信、理论自信、制度自信、文化自信;明确全面深化改革总目标是完善和发展中国特色社会主义制度、推进国家治理体系和治理能力现代化;明确全面推进依法治国总目标是建设中国特色社会主义法治体系、建设社会主义法治国家;明确党在新时代的强军目标是建设一支听党指挥、能打胜仗、作风优良的人民军队,把人民军队建设成为世界一流军队;明确中国特色大国外交要推动构建新型国际关系,推动构建人类命运共同体;明确中国特色社会主义最本质的特征是中国共产党领导,中国特色社会主义制度的最大优势是中国共产党领导,党是最高政治领导力量,提出新时代党的建设总要求,突出政治建设在党的建设中的重要地位。党的十九大修订通过的《中国共产党章程》明确规定:"习近平新时代中国特色社会主义思想是对马克思列宁主义、毛泽东思想、邓小平理论、'三个代表'重要思想、科学发展观的继承和发展,是马克思主义中国化最新成果,是党和人民实践经验和集体智慧的结晶,是中国特色社会主义理论体系的重要组成部分,是全党全国人民为实现中华民族伟大复兴而奋斗的行动指南,必须长期坚持并不断发展。"[①]报告还强调,深入贯彻落实新时代中国特色社会主义思想必须做到"十四个坚持",即:坚持党对一切工作的领导;坚持以人民为中心;坚持全面深化改革;坚持新发展理念;坚持人民当家作主;坚持全面依法治国;坚持社会主义核心价值体系;坚持在发展中保障和改善民生;坚持人与自然和谐共生;坚持总体国家安全观;坚持党对人民军队的绝对领导;坚持"一国两制"和推进祖国统一;坚持推动构建人类命运共同体;坚持全面从严治党。

---

　　① 《中国共产党章程》,《人民日报》2017 年 10 月 29 日。

习近平在报告中结合我们党确定的"两个一百年"奋斗目标,对决胜全面建成小康社会,开启全面建设社会主义现代化国家新征程作出战略部署,指出:从十九大到二十大,是"两个一百年"奋斗目标的历史交汇期。我们既要全面建成小康社会、实现第一个百年奋斗目标,又要乘势而上开启全面建设社会主义现代化国家新征程,向第二个百年奋斗目标进军。从2020年到本世纪中叶可以分两个阶段来安排。第一个阶段,从2020年到2035年,在全面建成小康社会的基础上,再奋斗15年,基本实现社会主义现代化。第二个阶段,从2035年到本世纪中叶,在基本实现现代化的基础上,再奋斗15年,把我国建成富强民主文明和谐美丽的社会主义现代化强国。

围绕决胜全面建成小康社会和新时代中国特色社会主义发展的战略安排,习近平在报告中就中国特色社会主义经济、政治、文化、社会、生态文明、国防和军队、"一国两制"和祖国统一、外交等各方面工作作出全面部署。经济建设上,要求"贯彻新发展理念,建设现代化经济体系";政治建设上,要求"健全人民当家作主制度体系,发展社会主义民主政治";文化建设上,要求"坚定文化自信,推动社会主义文化繁荣兴盛";社会建设上,要求"提高保障和改善民生水平,加强和创新社会治理";生态文明建设上,要求"加快生态文明体制改革,建设美丽中国";国防和军队建设上,要求"坚持走中国特色强军之路,全面推进国防和军队现代化";祖国统一问题上,要求"坚持'一国两制',推进祖国统一";对外战略上,要求"坚持和平发展道路,推动构建人类命运共同体"。

中国特色社会主义进入新时代,我们党一定要有新气象新作为。打铁必须自身硬。在讲到报告的最后一个部分"坚定不移全面从严治党,不断提高党的执政能力和领导水平"问题时,习近平指出,全面从严治党永远在路上。要深刻认识党面临的执政考验、改革开放考验、市场经济考验、外部环境考验的长期性和复杂性,深刻认识党面临的精神懈怠危险、能力不足危险、脱离群众危险、消极腐败危险的尖锐性和严峻性,坚持问题导向,保持战略定力,推动全面从严治党向纵深发展。报告提出新时代党的建设总要求是:坚持和加强党的全面领导,坚持党要管党、全面从严治党,以加强党的长期执政能力建设、先进性和纯洁性建设为主线,以党的政治建设为统领,以坚定理想信念宗旨为根基,以调动全党积极性、主动性、创造性为着力点,全面推进党的政治建设、思想建设、组织建设、作风建设、纪律建设,把制度建设贯穿其中,深入推进反腐败斗争,不断提高党的建设质量,把党建设成为始终走在时代前列、人民衷心拥护、勇于自我革命、经得起各种风浪考验、朝气蓬勃的马克思主义执政党。围绕这个总要求,习近平在报告中就如何推进全面从严治党、提高党的执政能力和领导水平提出了8个方面重要任务:一是把党的政治建设摆在首位,保证全党服从中央,坚持党中央权威和集中统一领导;二是用新时代中国特色社会主义思想武装全党,以县处级以上领导干部为重点,在全党开展"不忘初心、牢记使命"主题教育;三是建设高素质专业化干部队伍,突出政治标准,提拔重用牢固树立"四个意识"和"四个自信"、坚决维护党中央权威、全面贯彻执行党的理论和路线方针政策、忠诚干净担当的干部;四是加强基层组织建设,以提升组织力为重点,突出政治功能,把企业、农村、机关、学校、科研院所、街道社区、社会组织等基层党组织建设成为宣传党的主张、贯彻党的决定、领导基层治理、团结动员群众、推动改革发展的坚强战斗堡垒;五是持之以恒正风肃纪,坚持以上率下,巩固拓展落实中央八项规定精神成果,继续整治"四风"问题,坚决反对特权思想和特权现象;六是夺取反腐败斗争压倒性胜利,坚持无禁区、全覆盖、零容忍,坚持重遏制、强高压、长震慑,坚持受贿行贿一起查,坚决防止党内形成利益集团,在市县党委建立巡察制度;七是健全党和国家监督体系,深化政治巡视,深化国家监察体制改革,组建国家、省、市、县监察委员会;八是全面增强执政本领,包括增强学习本领、增强政治领导本领、增强改革创新本领、增强科学发展本领、增强依法执政本领、增强群众工作本领、增强狠抓落实本领、增强驾驭风险本领等等。

习近平在大会上作的报告,描绘了决胜全面建成小康社会、夺取新时代中国特色社会主义伟大胜利的宏伟蓝图,进一步指明了党和国家事业的前进方向,是我们党团结带领全国各族人民在新时代坚持和发展中国特色社会主义、开启全面建设社会主义现代化国家新征程的政治宣言和行动纲领。

10月24日，大会选举出由204名委员、172名候补委员组成的十九届中央委员会，选举出十九届中央纪律检查委员会委员133名。在10月25日召开的党的十九届一中全会上，选举产生了新一届中央领导机构，选举习近平、李克强、栗战书、汪洋、王沪宁、赵乐际、韩正为中央政治局常务委员会委员；选举习近平为中央委员会总书记；根据中央政治局常务委员会的提名，通过了中央书记处成员，决定了中央军事委员会组成人员，习近平为中央军事委员会主席。这次全会还批准了十九届中央纪律检查委员会第一次全体会议选举产生的书记、副书记和常务委员会委员人选。

在2018年3月召开的十三届全国人大一次会议上，选举习近平为中华人民共和国主席、中华人民共和国中央军事委员会主席；选举栗战书为全国人大常委会委员长；决定李克强为中华人民共和国国务院总理。同时召开的十三届全国政协一次会议，选举汪洋为全国政协主席。

2017年10月27日，十九届中共中央政治局召开会议，研究部署学习宣传贯彻党的十九大精神，审议《中共中央政治局关于加强和维护党中央集中统一领导的若干规定》和《中共中央政治局贯彻落实中央八项规定的实施细则》。会议强调，党中央集中统一领导是党的领导的最高原则，从根本上关乎党和国家前途命运、关乎人民根本利益。加强和维护党中央集中统一领导是全党共同的政治责任，首先是中央领导层的政治责任。中央政治局全体同志要牢固树立"四个意识"，坚定"四个自信"，主动将重大问题报请党中央研究，认真落实党中央决策部署并及时报告落实的重要进展；要带头执行党的干部政策，结合分管工作负责任地向党中央推荐干部；要对党忠诚老实，自觉同违反党章、破坏党的纪律、危害党中央集中领导和团结统一的言行作斗争，认真履行所分管部门、领域或所在地区的全面从严治党责任；要坚持每年向党中央和总书记书面述职；要严格遵守有关宣传报道的规定。中央书记处和中央纪律检查委员会、全国人大常委会党组、国务院党组、全国政协党组、最高人民法院党组、最高人民检察院党组每年向中央政治局常委会、中央政治局报告工作。修订后的中央八项规定实施细则，坚持以习近平新时代中国特色社会主义思想为指导，贯彻落实党的十九大对党的作风建设的新部署新要求，坚持问题导向，根据党的十八大以来中央八项规定实施过程中遇到的新情况新问题，着重对改进调查研究、精简会议活动、精简文件简报、规范出访活动、改进新闻报道、厉行勤俭节约等方面内容作了进一步规范、细化和完善，更加切合工作实际，增强了指导性和操作性。会议要求，中央政治局要带头弘扬党的优良作风，严格执行中央八项规定，为全党作出表率。12月25日至26日，中央政治局召开民主生活会，重点对照《中共中央政治局关于加强和维护党中央集中统一领导的若干规定》《中共中央政治局贯彻落实中央八项规定实施细则》，联系中央政治局工作，联系带头执行中央八项规定的实际，联系狠抓党的十九大决策部署的实际，进行自我检查、党性分析，开展批评和自我批评。习近平在主持会议时对中央政治局各位同志的对照检查发言进行了总结，强调坚持和加强党的全面领导，首先要维护党中央权威和集中统一领导，中央政治局的同志要把维护党中央权威和集中统一领导作为明确的政治准则和根本的政治要求，在思想上高度认同，政治上坚决维护，组织上自觉服从，行动上紧紧跟随，在政治立场、政治方向、政治原则、政治道路上同党中央保持高度一致，自觉维护党中央权威；中央政治局的同志不仅要带头不搞形式主义、官僚主义，而且要同形式主义、官僚主义的种种表现进行坚决斗争，要聚焦突出问题，围绕全面从严治党问题，围绕贯彻落实党的十九大精神需要解决的问题，围绕坚决打好防范化解重大风险、精准脱贫、污染防治的攻坚战，围绕人民群众生产生活问题，围绕改革稳定发展问题，开展深入细致的调查研究，抓住老百姓最急最忧最怨的问题，解决好群众最关心最直接最现实的利益问题。

宪法是国家的根本法，是治国安邦的总章程。宪法必须随着党和国家事业的发展而不断发展，由宪法及时确认党和人民创造的成就和经验，以更好发挥宪法的规范、引领、推动、保障作用，是实践发展的必然要求。从

1954 年我国第一部宪法诞生至今,我国宪法一直处在探索实践和不断完善过程中。1982 年宪法公布施行后,根据我国改革开放和社会主义现代化建设的实践和发展,分别于 1988 年、1993 年、1999 年、2004 年进行了 4 次修改。自 2004 年修改宪法以来,党和国家事业又有了许多重要发展。特别是党的十八大以来,以习近平同志为核心的党中央团结带领全国各族人民毫不动摇坚持和发展中国特色社会主义,统筹推进"五位一体"总体布局、协调推进"四个全面"战略布局,推进党的建设新的伟大工程,形成一系列治国理政新理念新思想新战略,推动党和国家事业取得历史性成就、发生历史性变革,中国特色社会主义进入了新时代。党的十九大在新的历史起点上对新时代坚持和发展中国特色社会主义作出重大战略部署,提出了一系列重大政治论断,确立了习近平新时代中国特色社会主义思想在全党的指导地位,确定了治国理政新的奋斗目标。为了更好地发挥宪法在新时代坚持和发展中国特色社会主义中的重大作用,有必要对宪法作出适当修改,以把党和人民在实践中取得的重大理论创新、实践创新、制度创新成果上升为宪法规定。

在前期准备的基础上,2018 年 1 月 18 日至 19 日,中共中央召开十九届二中全会,审议通过《中共中央关于修改宪法部分内容的建议》,提出对宪法部分内容作出如下修改:一是确立科学发展观、习近平新时代中国特色社会主义思想在国家政治和社会生活中的指导地位,将宪法序言第七自然段中"在马克思列宁主义、毛泽东思想、邓小平理论和'三个代表'重要思想指引下"修改为"在马克思列宁主义、毛泽东思想、邓小平理论、'三个代表'重要思想、科学发展观、习近平新时代中国特色社会主义思想指引下";二是调整充实中国特色社会主义事业总体布局和第二个百年奋斗目标的内容,将宪法序言第七自然段中"推动物质文明、政治文明和精神文明协调发展,把我国建设成为富强、民主、文明的社会主义国家"修改为"推动物质文明、政治文明、精神文明、社会文明、生态文明协调发展,把我国建设成为富强民主文明和谐美丽的社会主义现代化强国,实现中华民族伟大复兴";三是完善依法治国和宪法实施举措,将宪法序言第七自然段中"健全社会主义法制"修改为"健全社会主义法治";四是充实和平外交政策方面的内容,在宪法序言第十二自然段中"中国坚持独立自主的对外政策,坚持互相尊重主权和领土完整、互不侵犯、互不干涉内政、平等互利、和平共处的五项原则"后增加"坚持和平发展道路,坚持互利共赢开放战略";将"发展同各国的外交关系和经济、文化的交流"修改为"发展同各国的外交关系和经济、文化交流,推动构建人类命运共同体";五是充实坚持和加强中国共产党全面领导的内容,在宪法第一章《总纲》第一条第二款"社会主义制度是中华人民共和国的根本制度。"后增写一句,内容为"中国共产党领导是中国特色社会主义最本质的特征";六是增加倡导社会主义核心价值观的内容,将宪法第一章《总纲》第二十四条第二款中"国家提倡爱祖国、爱人民、爱劳动、爱科学、爱社会主义的公德"修改为"国家倡导社会主义核心价值观,提倡爱祖国、爱人民、爱劳动、爱科学、爱社会主义的公德";七是修改国家主席任职规定,将宪法第三章《国家机构》第七十九条第三款修改为"中华人民共和国主席、副主席每届任期同全国人民代表大会每届任期相同";八是增加设区的市制定地方性法规的规定;九是赋予监察委员会宪法地位,在宪法第三章《国家机构》中专门增加"监察委员会"一节,并对国家监察委员会和地方各级监察委员会的性质、地位、名称、人员组成、任期任届作出规定等。

2018年1月26日,中共中央将以上修宪建议向全国人大常委会提出。1月29日至30日,十二届全国人大常委会召开第三十二次会议,讨论并同意中央修宪建议,受委员长会议委托,全国人大常委会法制工作委员会以中央修宪建议为基础,拟订了《中华人民共和国宪法修正案(草案)》和《全国人民代表大会常务委员会关于提请审议〈中华人民共和国宪法修正案(草案)〉的议案》;经会议审议和表决,决定将宪法修正案(草案)提请十三届全国人大一次会议审议。

为了给十三届全国人大一次会议作相关准备,2018年2月26日至28

日,党的十九届三中全会在北京举行。全会审议通过了中央政治局在广泛征求党内外意见、反复酝酿协商基础上提出的拟向十三届全国人大一次会议推荐的国家机构领导人员人选建议名单和拟向全国政协十三届一次会议推荐的全国政协领导人员人选建议名单,并审议通过了《中共中央关于深化党和国家机构改革的决定》和《深化党和国家机构改革方案》,同意把《深化党和国家机构改革方案》的部分内容按照法定程序提交十三届全国人大一次会议审议。

党和国家机构职能体系是中国特色社会主义制度的重要组成部分,是我们党治国理政的重要保障。作为上层建筑,党政机构必须适应经济基础变化的要求不断进行改革。改革开放以来,党中央部门于 1982 年、1988 年、1993 年、1999 年集中进行了 4 次改革,国务院机构于 1982 年、1988 年、1993 年、1998 年、2003 年、2008 年、2013 年集中进行了 7 次改革。通过改革,实现了从计划经济条件下的机构职能体系向社会主义市场经济条件下的机构职能体系的重大转变,为坚持和发展中国特色社会主义提供了重要体制机制保障。随着全面深化改革不断向纵深推进,对党和国家机构转职能、转方式、转作风、提高效率效能,提出了新的更高要求。还在 2013 年 11 月党的十八届三中全会通过的《中共中央关于全面深化改革若干重大问题的决定》中就明确提出,统筹党政群机构改革,理顺部门职责关系。随着全面深化改革不断推进,深化机构改革提上议事日程。2015 年,习近平总书记就要求中央全面深化改革领导小组对深化机构改革进行调研。2017 年 7 月,习近平总书记就深化机构改革作出批示,提出要"坚持问题导向,把各地区各部门各方面对机构改革的意见摸清楚,把机构设置存在的问题弄清楚。"①党的十九大就机构改革问题作出进一步部署,要求统筹考虑各类机构设置,科学配置党政部门及内设机构权力、明确职责。

党的十九届三中全会通过的《中共中央关于深化党和国家机构改革的决

---

① 引自《又踏层峰望眼开——〈中共中央关于深化党和国家机构改革的决定〉和〈深化党和国家机构改革方案〉诞生记》,《人民日报》2018 年 3 月 23 日。

定》深入阐述了深化党和国家机构改革的指导思想、目标原则、重点任务、实施要求,明确了深化党和国家机构改革的重点和方向。全会通过的《深化党和国家机构改革方案》(以下简称《方案》)对改革党和国家机构作了具体部署。《方案》决定:组建国家监察委员会;组建中央全面依法治国委员会;组建中央审计委员会;中央全面深化改革领导小组、中央网络安全和信息化领导小组、中央财经领导小组、中央外事工作领导小组改为委员会;组建中央教育工作领导小组;组建中央和国家机关工作委员会;组建新的中央党校(国家行政学院);组建中央党史和文献研究院;中央组织部统一管理中央机构编制委员会办公室和公务员工作;中央宣传部统一管理新闻出版、电影工作;中央统战部统一领导国家民族事务委员会,统一管理宗教、侨务工作等。深化全国人大机构改革,要适应新时代我国社会主要矛盾变化,完善全国人大专门委员会设置,更好发挥职能作用。《方案》决定组建全国人大社会建设委员会;全国人大内务司法委员会更名为全国人大监察和司法委员会;全国人大法律委员会更名为全国人大宪法和法律委员会。深化国务院机构改革,要着眼于转变政府职能,坚决破除制约使市场在资源配置中起决定性作用、更好发挥政府作用的体制机制弊端,围绕推动高质量发展,建设现代化经济体系,加强和完善政府经济调节、市场监管、社会管理、公共服务、生态环境保护职能,结合新的时代条件和实践要求,着力推进重点领域、关键环节的机构职能优化和调整,构建起职责明确、依法行政的政府治理体系,增强政府公信力和执行力,加快建设人民满意的服务型政府。《方案》决定组建自然资源部;组建生态环境部;组建农业农村部;组建文化和旅游部;组建国家卫生健康委员会;组建退役军人事务部;组建应急管理部;重新组建科学技术部;重新组建司法部;优化审计署职责;组建国家市场监督管理总局;组建国家广播电视总局;组建中央广播电视总台;组建中国银行保险监督管理委员会;组建国家国际发展合作署;组建国家医疗保障局;组建国家粮食和物资储备局;组建国家移民管理局;组建国家林业和草原局;重新组建国家知识产权局;改革国税地税征管体制等。深化全国政协机构改革,要加强人民政协民主监督,增强人民政协界别的代表性,加强委员队伍建设,优化政协专门委员会设置。《方案》决定组建全国政协农业和农村委员会;全国政协文史和学习委员会更名为全国政协文化文史和学习委员会;全国政协教科文卫体委员会更名为全国政协教科卫体委员会。深化行政执法体制改革,要根据不同层级政府的事权和职能,按照减少层次、整合队伍、提高效率的原则,大幅减少执法队伍种类,合理配置执法力量。《方案》决定整合组建市场监管综合执法队伍;整合组建生态环境保护综合执法队伍;整合组建文化市场综合执法队伍;整合组建交通运输综合执法队伍;整合组建农业综合执法队伍。深化跨军地改革,要按照军是军、警是警、民是民原则,将列武警部队序列、国务院部门领导管理的现役力量全部退出武警,将国家海洋局领导管理的海警队伍转隶武警部队,将武警部队担负民事属性任务的黄金、森林、水电部队整体移交国家相关职能部门并改编为非现役专业队伍,同时撤收武警部队海关执勤兵力,彻底理顺武警部队领导管理和指挥使用关系。深化群团组织改革,要紧紧围绕保持和增强政治性、先进性、群众性这条主线,强化问题意识,着力解决"机关化、行政化、贵族化、娱乐化"等问题,把群团组织建设得更加充满活力、更加坚强有力。深化地方机构改革,要着力完善维护党中央权威和集中统一领导的体制机制,省市县各级涉及党中央集中统一领导和国家法制统一、政令统一、市场统一的机构职能要基本对应。赋予省级及以下机构更多自主权,突出不同层级职责特点,允许地方根据本地区经济社会发展实际,在规定限额内因地制宜设置机构和配置职能。统筹设置党政群机构,在省市县对职能相近的党政机关探索合并设立或合署办公,市县要加大党政机关合并设立或合署办公力度。《方案》要求,中央和国家机关机构改革要在 2018 年年底前落实到位;省级党政机构改革方案要在 2018 年 9 月底前报党中央审批,在 2018 年年底前机构调整基本到位;省以下党政机构改革,由省级党委统一领导,在 2018 年年底前报党中央备案;所有地方机构改革任务在 2019 年 3 月底前基本完成。

党的十九届三中全会作出的决定和相关决策在 2018 年 3 月召开的十三届全国人大一次会议和十三届全国政协一次会议上经过法定程序得到体现和贯彻落实。十三届全国人大一次会议审议批准了《政府工作报告》和其他重要报告,审议通过了《中华人民共和国宪法修正案》、《国务院机构改革方案》、《中华人民共和国监察法》等。十三届全国政协一次会议审议通过了《中国人民政治协商会议章程(修正案)》等。十三届全国人大一次会议议程和内容充分体现党的十九大精神,贯彻党中央决策部署,通过的宪法修正案把习近平新时代中国特色社会主义思想载入国家根本法,体现了党和国家事业发展的新成就新经验新要求,审议批准的国务院机构改革方案,着力推进重点领域和关键环节的机构职能优化和调整,使国务院机构设置更加符合实际、科学合理、更有效率,必将为全面贯彻落实党的十九大部署的各项任务提供有力组织保障。大会选举和决定的新一届国家机构领导人员,结构更加优化、活力更为增强,为新时代坚持和发展中国特色社会主义提供了重要组织保证。大会审议通过的监察法,为构建集中统一、权威高效的中国特色国家监察体制提供了有力法治保障。十三届全国人大一次会议闭幕时,习近平主席发表重要讲话,要求国家机关工作人员始终把人民放在心中最高的位置,始终全心全意为人民服务,始终为人民利益和幸福而努力工作,让全体中国人民和中华儿女在实现中华民族伟大复兴的历史进程中共享幸福和荣光。党的十九大的胜利召开、十三届全国人大一次会议作出的一系列决策,极大鼓舞了亿万人民走中国特色社会主义道路、奋力实现中华民族伟大复兴的信心信念。

谱写改革开放历史新篇章

改革开放是决定当代中国命运的关键抉择,是 20 世纪 70 年代末以来中国共产党带领全国各族人民进行的一场新的伟大革命。这场伟大革命,从党的十一届三中全会召开至今,已经走过了 40 年波澜壮阔的不平凡历程。事实有力地证明,40 年的改革开放不但重塑了当代中国的面貌、中国人民的面貌、中华民族的面貌,开创了中华民族实现伟大复兴的光明前景,而且赋予中国特色社会主义以蓬勃生命力,其成就之卓著、经验之丰富、影响之深广,前所未有,彪炳史册。

一、改革开放使中华民族伟大复兴
迎来前所未有光明前景

"实现中华民族伟大复兴,是近代以来中国人民最伟大的梦想"①,其基

本内涵"就是要实现国家富强、民族振兴、人民幸福"①。在党领导取得反帝反封建的新民主主义革命胜利,实现民族独立、人民解放的前提下,在新中国建立后社会主义革命和建设于艰难曲折中探索前行取得巨大成就的基础上,是1978年党的十一届三中全会以来40年的改革开放真正"把贫穷落后的旧中国变成日益走向繁荣富强的新中国,中华民族伟大复兴展现出前所未有的光明前景"②。

——改革开放推动中国经济发展实现历史性跨越,经济总量连上新台阶,成功实现从低收入国家向上中等收入国家跨越。改革开放"40年来,按照可比价格计算,中国国内生产总值年均增长约9.5%"③。党的十八大以来的5年,我国国内生产总值年均增长7.1%。国内生产总值由1978年的3645亿元跃升至2017年的827122亿元。其中,从1978年的3645亿元上升到1986年的1万亿元用了8年时间,上升到1991年的2万亿元用了5年时间,此后10年平均每年上升近1万亿元,2001年超过10万亿元大关;2002—2006年平均每年上升2万亿元,2006年超过20万亿元,之后每两年上升10万亿元,2012年达到近52万亿元。国家财政收入1978年仅1132亿元,1985年翻了近一番,达到2005亿元,1993年再翻一番,达到4349亿元,1999年跨上1万亿台阶,2007年超过5万亿元,2011年超过10万亿元;2012年达到11.7万亿元,2017年达到17.3万亿元,比1978年增长150多倍。人均国内生产总值不断提高,1978年人均国内生产总值仅有381元,2012年达到38420元,扣除价格因素,比1978年增长16.2倍,年均增长8.7%。2017年我国人均国内生产总值59660元,按照世界银行的数据和标准,2017年我国人均国民总收入达到8836美元,已跃升至上中等收入国家行

---

① 习近平:《在第十二届全国人民代表大会第一次会议上的讲话》,《人民日报》2013年3月18日。

② 习近平:《在十八届中央政治局常委同中外记者见面时的讲话》,《人民日报》2012年11月16日。

③ 习近平:《开放共创繁荣,创新引领未来——在博鳌亚洲论坛2018年年会开幕式上的主旨演讲》,《人民日报》2018年4月11日。

列。无论高速增长期持续的时间还是增长速度，我国都超过了经济腾飞时期的日本和亚洲"四小龙"，创造了人类经济发展史上的新奇迹。

——改革开放促进中国经济结构深刻变化，主要工农业产品产量跃居世界前列，基础设施和基础产业发展取得质的飞跃。经济结构在经济持续较快增长中不断调整，农业基础地位不断强化，工业实现持续快速发展，服务业迅速发展壮大。1979 至 2012 年，第一、二、三产业增加值年均实际分别增长 4.6%、11.3%和 10.8%。2017 年第一产业增加值 65468 亿元，增长 3.9%；第二产业增加值 334623 亿元，增长 6.1%；第三产业增加值 427032 亿元，增长 8.0%。需求结构明显改善，区域发展协调性增强，城镇化步伐明显加快。城镇化水平由 1978 年的 17.9%上升到 2017 年的 58.52%，城镇就业人员占全国的比重从 1978 年的 23.7%上升到 2017 年的 54.7%。门类齐全、布局合理的产业体系逐步建立，主要工农业产品产量跃升到世界前列。农业方面，2017 年，我国粮食总产量 61791 万吨，谷物、肉类、籽棉、花生、茶叶、水果产量稳居世界第一位，农产品供给成功解决了占世界五分之一人口的温饱问题。工业方面，2017 年，我国原煤产量 35.2 亿吨、粗钢 8.3 亿吨、汽车 2901 万辆，分别比 1978 年增长了几倍、几十倍、几百倍；家用电冰箱和彩色电视机分别由 1978 年的 2.8 万台、0.4 万台增加到 2017 年的 8548 万台、1.59 亿台。2013 年，我国第三产业占 GDP 的比重达到 46.1%，首次超过第二产业所占比重，这标志着我国第一、二、三次产业结构调整取得了历史性重要进展。能源、交通、通信等基础设施和基础产业大发展，经济发展的支撑条件显著改善。2017 年，我国能源生产总量达到 44.9 亿吨标准煤，比 1978 年增长 5.5 倍；水电、核电、风电等清洁能源和可再生能源的比重由 1978 年的 3.1%提高到 2017 年的 20.8%。一些现代化交通运输设施从无到有，增长迅猛。改革开放之初我国尚无高速公路和高速铁路，2017 年，我国高速公路通车里程 13.1 万公里，居世界第一位；到 2017 年底，我国铁路营业里程 12.7 万公里，其中高铁 2.5 万公里，占世界高铁总量的 66.3%，铁路电气化率、复线率分别居世界第一和第二位。邮电通信业突飞猛进,2017 年末全国电话用户总数 161125 万户,其中移动电话用户 141749 万户;移动电话普及率上升至 102.5 部/百人;固定互联网宽带接入用户 34854 万户,其中固定互联网光纤宽带接入用户 29392 万户;移动宽带用户 113152 万户;互联网上网人数 7.72 亿人,其中手机上网人数 7.53 亿人,互联网普及率由 2002 年的 4.6% 迅速提高到 2017 年的 55.8%。

——改革开放带来人民生活巨大改善,城乡居民生活实现由长期温饱不足到总体小康并向全面小康迈进,社会事业显著进步。党和国家始终坚持把提高全国人民生活水平和质量作为改革开放的出发点和落脚点,改革开放的 40 年,是我国历史上人民群众得到实惠最多、生活水平提高最快的时期。就业是民生之本。1978 至 2017 年,我国就业人员从 40152 万人增加到 77640 万人,其中城镇就业人员 42462 万人,大量农村富余劳动力向非农产业有序转移。城乡居民收入大幅增加、生活质量改善。2012 年,城镇居民人均可支配收入 24565 元,比 1978 年增长 71 倍,扣除价格因素,年均增长 7.4%,2017 年城镇居民人均可支配收入 36396 元;2012 年农村居民人均纯收入 7917 元,比 1978 年增长 58 倍,扣除价格因素,年均增长 7.5%,2017 年农村居民人均可支配收入 13432 元。2017 年城镇居民恩格尔系数为 28.6%,比 1978 年下降 28.9 个百分点;农村居民恩格尔系数为 39.3%,下降 36.5 个百分点。2016 年,城镇居民人均住宅建筑面积 36.6 平方米,比 1978 年增加 29.9 平方米;农村居民人均住房面积 45.8 平方米,比 1978 年增加 36.7 平方米。消费领域不断拓展,彩电、电冰箱、空调、电话等耐用消费品逐步普及,汽车、电脑等高档耐用消费品拥有量大幅提高,改革开放前长期困扰我们的短缺经济状况已从根本上得到改变。2017 年末全国民用轿车保有量 12185 万辆,其中私人轿车 11416 万辆。城乡居民拥有的财富显著增加,2017 年末,城乡居民人民币储蓄存款余额 164.1 万亿。社会保障事业全面推进,覆盖城乡的社会保障体系基本建成,2017 年末全国参加城镇职工基本养老保险人数 40199 万人;参加城乡居民基本养老保险人数 51255 万人;参加基本医疗保险人数 117664 万人;参加失业保险人数

18784万人；全国共有1264万人享受城市居民最低生活保障，4047万人享受农村居民最低生活保障，467万人享受农村特困人员救助供养。科教文卫等各项社会事业取得长足进展。以科技事业为例，2017年，研究与试验发展（R&D）经费支出达到17500亿元，与国内生产总值之比为2.12%。我国在载人航天、载人深潜、基因工程、高性能计算机、新材料、量子信息、3D打印等领域取得重大突破，为向创新型国家转型奠定了良好基础。

——改革开放极大拓展和扩张了中国在世界经济版图中的地位作用，相当程度上影响着世界经济发展的走向。经济总量居世界位次稳步提升，对世界经济增长的贡献不断提高。1978年，我国经济总量仅位居世界第十位；2008年超过德国，居世界第三位；2010年超过日本，居世界第二位，成为仅次于美国的世界第二大经济体。经济总量占世界的份额由1978年的1.8%提高到2017年的15%。2008年下半年国际金融危机爆发以来，我国成为带动世界经济复苏的重要引擎，2008至2017年对世界经济增长的年均贡献率超过30%。外汇储备大幅增长，1978年，我国外汇储备仅1.67亿美元，位居世界第38位，人均只有0.17美元，折合成人民币不足1块钱。1990年，我国外汇储备首次超过百亿美元，达到111亿美元，1996年超过千亿美元，2006年超过1万亿美元，2011年超过3万亿美元，至2013年连续八年位居世界第一；2017年末外汇储备31399亿美元，我国已从外汇短缺国转为世界第一外汇储备大国。工业品生产方面，依据国际标准工业分类，在22个大类中，我国在7个大类中名列第一、钢铁、水泥、汽车等220多种工业品产量居世界第一位；2010年，我国制造业总产值超越美国，成为世界制造业第一大国。改革开放初期，我国对外经济交流活动十分有限。1978年货物进出口总额只有206亿美元，世界排名第29位；2017年达到41162亿美元，居世界第一位。中国是世界上120多个国家第一大贸易伙伴。我国充分发挥资源、劳动力等要素优势和巨大的潜在市场优势，1979至2012年，实际使用外商直接投资12761亿美元，连续多年成为吸收外商直接投资最多的发展中国家。

2017 年实际使用外资 1310 亿美元。我国企业"走出去"的步伐不断加大,对外直接投资净额由 2007 年的 265 亿美元提高到 2017 年的 1201 亿美元;2016 年末对外直接投资存量达到 13573.9 亿美元。

总之,由党的十一届三中全会启动、发生于广袤中国大地上的这场历史上从未有过的大改革大开放,推动中国的经济实力、科技实力、国防实力、综合国力大幅度跃升,推动中国经济社会面貌、人民生活发生翻天覆地的变化,推动中国成功实现从传统计划经济到充满活力的社会主义市场经济体制、从封闭半封闭到全方位开放的伟大转变。正是经由这样的推动和转变,一度停滞落后、步履蹒跚的中国今日巍然屹立于世界东方,中国特色社会主义进入新时代,中国的发展进步犹日之东升,充盈无限希望和蓬勃生气。

1956 年 11 月,毛泽东在为纪念孙中山诞辰九十周年而写的文章中说:"事物总是发展的。1911 年的革命,即辛亥革命,到今年,不过 45 年,中国的面目完全变了。再过 45 年,就是 2001 年,也就是进到 21 世纪的时候,中国的面目更要大变。中国将变为一个强大的社会主义工业国。中国应当这样。因为中国是一个具有 960 万平方公里土地和六万万人口的国家,中国应当对于人类有较大的贡献。"① 这是一个充满民族自豪感、自信心、气势磅礴的战略家的预言,这个预言的绝大部分已经得到验证了——今天的中国,正"前所未有地靠近世界舞台中心,前所未有地接近实现中华民族伟大复兴的目标,前所未有地具有实现这个目标的能力和信心"。② 从 2001 年起,再过 45 年,也就是接近新中国成立 100 周年的时候,中国的面貌、中国人民的面貌、中华民族的面貌,一定会有新的更大改变,建成富强民主文明和谐美丽的社会主义现代化强国的既定目标一定会取得决定性进展,中华民族伟大复兴一定会迎来更加光明灿烂的前景。这也是可以预计的。

---

① 毛泽东:《纪念孙中山先生》,《人民日报》1956 年 11 月 12 日。
② 引自《解放军报》编辑部编:《从古田再出发》,长征出版社 2014 年版,第 61 页。

二、改革开放成功开创和发展了
中国特色社会主义

改革开放取得的巨大成就,不但体现在经济社会发展等物质成果上,也体现在党的思想理论创新发展等精神成果上。就后者而言,"改革开放最主要的成果是开创和发展了中国特色社会主义"。中国特色社会主义的创立,为党和国家的兴旺发达、长治久安找到了根本之策。

对有中国特点的、符合中国情况的社会主义建设道路的探索,从 1956年中国社会主义基本制度建立之日起就现实地提出来了。最初,我们提出了"以苏联为榜样"的口号①。但是,党和毛泽东很快发现,简单照抄照搬苏联模式,此路不通。毛泽东在批评苏联社会主义体制弊端时说:"搞社会主义建设不一定完全按照苏联那一套公式,可以根据本国的具体情况,提出适合本国国情的方针、政策"②。他为此向全党提出了把马克思列宁主义与中国实际进行"第二次结合","努力找出在中国这块大地上建设社会主义的具体道路"的重大任务③。为了推动"第二次结合",从 1956 年到 1976 年,就在中国搞一个什么样的社会主义、如何建设社会主义这个根本问题,毛泽东带领全党进行了 20 年披荆斩棘的开创性探索,走过了一条成功与失误交织互现的曲折之路,既取得了一系列富有创新精神的重大理论和实践成果——这为改革开放后的继续探索提供了宝贵经验、理论准备、物质基础;也发生了重大挫折,特别是历时 10 年的"文化大革命"这样的重大挫折——这为后来的探索交了高昂的"学费",提供了严重教训。"世界上的

---

① 《感谢苏联,学习苏联——庆祝十月革命三十五周年和"中苏友好月"》,《人民日报》1952 年 11 月 7 日。

② 吴冷西:《十年论战:1956—1966 中苏关系回忆录》(上),中央文献出版社 1999 年版,第 15 页。

③ 吴冷西:《十年论战:1956—1966 中苏关系回忆录》(上),中央文献出版社 1999 年版,第 24 页。

事情就是这样,要走弯路,就是 S 形。"①1970 年 12 月 18 日毛泽东会见斯诺时讲的这句话,极为形象地道出了他带领全党探索中国自己的社会主义建设道路 20 年历程的主要特点。举目四顾,迄今还没有一个社会主义国家完全避免了走"S 形"弯路,区别只在于弯曲的性质、形式各异,弯曲的程度和纠错方法不同罢了。要奋斗就会有曲折,而曲折和"碰壁"往往会加速一个政党的成熟和成长。应该说,正是在这 20 年"磕磕绊绊"又大开大阖的开创性探索中,我们党积累了在中国认识和建设社会主义的正反两方面经验教训,又正是在总结这些经验教训并获得新的认识后,中国共产党人变得更加聪明起来,并以此为基础逐步告别在社会主义建设问题上"懵懵懂懂"②、"不甚了了"的状态③,开创和发展了中国特色社会主义,开辟了马克思主义在中国发展的新境界。

新时期中国共产党人——是在"文化大革命"结束后,痛定思痛,在对中国社会主义建设正反经验教训的深刻反思中;——是面对 20 世纪 80 年代末 90 年代初国内风波国际变局严峻考验,在对东欧剧变、苏联解体,世界社会主义运动遭遇重大曲折的深刻总结中;——是基于经济全球化深入发展、综合国力竞争日趋激烈的新态势,在对人类社会一切文明成果特别是发达资本主义国家创造的先进文明成果的大胆吸收借鉴中,重新思考、深入思考、创造性地回答和解决"什么是社会主义,在中国如何建设社会主义"这个重大理论和实践问题的。

经过改革开放 40 年的再思考、再创造、再探索,我们党对于"什么是社会主义,如何建设社会主义"以及"建设什么样的党,怎样建设党","实现什么样的发展,怎样发展",党的十八大以来对于"新时代坚持和发展什么样的中国特色社会主义、怎样坚持和发展中国特色社会主义"这一重大理论

---

① 《建国以来毛泽东文稿》第 13 册,中央文献出版社 1998 年版,第 181 页。
② 《毛泽东文集》第 8 卷,人民出版社 1999 年版,第 117 页。
③ 毛泽东在中央常委和大区负责人会议上讲话的传达记录,1961 年 8 月 23 日。引自逄先知、金冲及主编:《毛泽东传(1949—1976)》(下),中央文献出版社 2003 年版,第 1169 页。

和实践问题的认识,形成了一整套逻辑严密、相互联系的理论新成果、取得了新的理论突破。主要表现在:第一,在发展道路选择上,我们更加清醒、更加坚定地认识到:"封闭僵化"是"死路一条","改旗易帜"也是"死路一条",在中国建设社会主义,必须从中国实际出发,坚定不移"走自己的路,建设有中国特色的社会主义";第二,在发展阶段问题上,我们更加清醒、更加坚定地认识到:"跑步进入共产主义"只是不切实际的臆想,急于求成则"欲速不达",超越阶段只能带来祸害,中国社会主义"事实上不够格"①,中国处于并将长期处于社会主义初级阶段,必须正确把握社会主义初级阶段我国社会主要矛盾的变化;第三,在对社会主义本质的把握上,我们更加清醒、更加坚定地认识到:"贫穷不是社会主义,更不是共产主义"②,"搞社会主义,中心任务是发展社会生产力"③,发展是解决我国一切问题的基础和关键,发展必须是科学发展,必须坚持人与自然和谐共生,坚定不移贯彻创新协调绿色开放共享发展理念,必须保障改革发展成果由全体人民共享,促进共同富裕;第四,在发展动力问题上,我们更加清醒、更加坚定地认识到:依靠阶级斗争发展生产力难以"一抓就灵",改革是中共领导的第二次革命,是中国实现现代化的必由之路,计划和市场不是区别社会主义和资本主义的根本标志,实行社会主义市场经济体制更有利于发展生产力,全面深化改革的总目标是坚持和完善中国特色社会主义制度,不断推进国家治理体系和治理能力现代化;第五,在价值引领问题上,我们更加清醒、更加坚定地认识到:文化自信是一个国家、一个民族发展中更基本、更深沉、更持久的力量,必须坚持马克思主义,牢固树立共产主义远大理想和中国特色社会主义共同理想,培育和践行社会主义核心价值观,不断增强意识形态领域主导权和话语权,不忘本来、吸收外来、面向未来,更好构筑中国精神、中国价值、中国力量,为人民提供精神指引;第六,在与资本主义关系的看法上,我们更加

---

① 《邓小平文选》第 3 卷,人民出版社 1993 年版,第 225 页。
② 《邓小平文选》第 3 卷,人民出版社 1993 年版,第 63 页。
③ 《邓小平文选》第 3 卷,人民出版社 1993 年版,第 130 页。

清醒、更加坚定地认识到:现在的世界是开放的世界,中国的发展离不开世界,应充分吸收利用世界各国主要是发达资本主义国家所创造的一切先进文明成果来发展社会主义,闭关锁国就是画地为牢,自甘落后,必须坚持对外开放的基本国策,坚持打开国门搞建设,统筹国内国际两个大局,推动构建人类命运共同体;第七,在战略布局问题上,我们更加清醒、更加坚定地认识到:中国特色社会主义是全面发展的社会主义,必须统筹推进经济建设、政治建设、文化建设、社会建设、生态文明建设"五位一体"总体布局,协调推进"四个全面"战略布局,不能顾此失彼;第八,在政治保证问题上,我们更加清醒、更加坚定地认识到:四项基本原则是立国之本,是改革开放和现代化建设健康发展的保证,中国共产党领导是中国特色社会主义最本质的特征;必须认真汲取世界上一些大党老党垮台失败的前车之鉴,坚决维护党中央权威和集中统一领导,勇于自我革命,以政治建设为统领从严管党治党,零容忍惩治腐败,等等。把以上成果综括起来,就是开创了一条道路——即由中国共产党担任领路人、以初级阶段社会主义的基本国情为出发点、沿着"一个中心,两个基本点"路线行进、开展"五位一体"总布局的各项工作、奔向富强民主文明和谐美丽现代化强国目标的中国特色社会主义道路;形成了一个理论体系——即包括邓小平理论这个创始理论、本源理论、奠基理论以及作为其继承和发展形态的包括"三个代表"重要思想、科学发展观、习近平新时代中国特色社会主义思想在内的中国特色社会主义理论体系;确立了一套制度——即由根本政治制度、基本政治制度、基本经济制度以及建立在这些制度基础之上的经济、政治、文化、社会、生态文明等体制机制组成的中国特色社会主义制度,构建了一个文化——一个既传承弘扬中华民族优秀传统文化又体现新时代要求和社会主义特质的中国特色社会主义文化。中国特色社会主义道路是实现社会主义现代化、创造人民美好生活的必由之路,中国特色社会主义理论体系是指导党和人民实现中华民族伟大复兴的正确理论,中国特色社会主义制度是当代中国发展进步的根本制度保障,中国特色社会主义文化是激励全党全国各族人民奋勇前进的强大精神力量,四者统一于中国特色社会主义伟大实践,书写于中国特色社会主义伟大旗帜之上,是当代中国共产党人在 40 年改革开放中最根本的理论创造。

有了这个最根本的理论创造,表明今日之中国共产党人对于什么是社会主义,在中国如何建设和发展社会主义这个带根本性课题的理解,比起毛泽东时代所达到的认识,要丰富得多、深刻得多、成熟得多了。中国特色社会主义既坚持了科学社会主义的基本原则,又根据时代条件赋予其鲜明的中国特色,从理论和实践的结合上系统回答了在中国这样的国情复杂、历史悠久的东方大国建设什么样的社会主义、怎样建设社会主义的根本问题。40 年来,正是因为我们选择、坚持了中国特色社会主义,社会主义在中国才真正活跃、生动、丰富多彩起来,才呈现了它本应呈现的巨大优越性、生命力和吸引力;才让我们在走出了"文化大革命"造成的自身危机后又走出了苏联东欧亡党亡国带来的外部危机,并在应对和战胜危机中"凤凰涅槃","浴火重生";才在最近几年应对世界政治经济局势急遽变化带来的冲击和新挑战中,赢得了与资本主义相比较的制度优势。

中国在改革开放中推进社会主义实践的成功经验充分证明:"科学社会主义基本原则不能丢,丢了就不是社会主义。同时,科学社会主义也绝不是一成不变的教条。""社会主义并没有定于一尊、一成不变的套路,只有把科学社会主义基本原则同本国具体实际、历史文化传统、时代要求紧密结合起来,在实践中不断探索总结,才能把蓝图变为美好现实。"①必须不断开辟社会主义发展的新境界。

在中国特色社会主义伟大旗帜的指引下,中华民族正迎头赶上时代前进的潮流;也正因为有了中国特色社会主义,我们比历史上任何时期都更有信心、更有能力实现中华民族伟大复兴的目标。

---

① 习近平:《在纪念马克思诞辰 200 周年大会上的讲话》,《人民日报》2018 年 5 月 5 日。

三、进一步深化改革开放必须坚持的最重要经验

40 年改革开放不但取得了巨大的理论成果和实践成果,也为进一步全面深化改革提供了可资借鉴的宝贵经验,概而言之,最重要的是:

第一,必须牢牢确保改革开放的正确方向。我们的改革开放是有方向、有立场、有原则的。"方向决定道路,道路决定命运"①。改革开放是一场深刻革命,必须始终坚持正确方向,沿着正确道路推进。改革开放必须坚持的正确方向就是社会主义方向,改革开放必须坚持的正确道路就是中国特色社会主义道路。社会主义是历史的选择,人民的选择。还在 20 世纪 90 年代初,面对风云激荡的世界社会主义形势和"何去何从"的中国命运抉择,邓小平就坚定指出:"不坚持社会主义,不改革开放,不发展经济,不改善人民生活,只能是死路一条。""社会主义经历一个长过程发展后必然代替资本主义。这是社会历史发展不可逆转的总趋势","我们要在建设有中国特色的社会主义道路上继续前进"。② 回顾中国改革开放 40 年辉煌又充满挑战的不平凡历程,可以清楚看到:中国的改革开放之所以能够健康稳定地发展,就在于是坚持社会主义方向的改革开放,无论怎么改革、怎么开放,都必须有利于巩固和发展社会主义事业;中国特色社会主义之所以具有蓬勃的生命力,就在于它是实行改革开放的社会主义,是通过改革开放自觉地实现社会主义制度的自我完善和发展。中国特色社会主义是我们党把马克思主义基本原理同中国实际和时代特征结合起来,历经 90 多年艰苦卓绝奋斗,历经千辛万苦,付出各种代价开创和发展而来的。历史和实践充分证明,只有这条"道路"、只有这个"主义"代表了当代中国发展进步的根本方向;只有这条"道路"、只有这个"主义"才能引领和发展中国。改革开放的旗帜必

---

① 习近平:《在庆祝中华人民共和国成立 65 周年招待会上的讲话》,《人民日报》2014 年 10 月 1 日。

② 《邓小平文选》第三卷,人民出版社 1993 年版,第 370、382 页。

须继续高高举起,中国特色社会主义的正确方向必须始终牢牢坚持。在事关改革方向和中国前途命运的问题上,我们必须排除各种干扰,保持头脑清醒,保持政治定力和战略定力,"有些不能改的,再过多长时间也是不改",①始终坚定中国特色社会主义道路自信、理论自信、制度自信、文化自信,推动中国特色社会主义道路越走越宽广。

　　第二,必须勇于推进理论创新和实践创新。改革开放是前无古人的伟大事业,"没有一点闯的精神,没有一点'冒'的精神,没有一股气呀、劲呀,就走不出一条好路,走不出一条新路,就干不出新的事业。"要"敢于试验,不能像小脚女人一样。看准了的,就大胆地试,大胆地闯。""就是要有创造性"②。改革开放40年来,我们党坚持一切从实际出发,坚持解放思想、实事求是、与时俱进;坚持理论联系实际,在实践中检验真理和发展真理;坚持运用辩证唯物主义和历史唯物主义立场观点方法来观察世界、指导实践,推动广大党员干部"自觉地把思想认识从那些不合时宜的观念、做法和体制的束缚中解放出来,从对马克思主义的错误的和教条式的理解中解放出来,从主观主义和形而上学的桎梏中解放出来"③,始终保持勇于变革、勇于创新、永不停滞、永不僵化的精神状态,全党的马克思主义理论水平极大提高,这是我们党能够从改革实践中和人民群众的创造中总结经验、汲取营养,成功实现从计划经济体制到社会主义市场经济体制、从封闭半封闭到全方位对外开放的历史性转变,推动党和国家事业取得巨大成就的根本原因。"人类社会总是在不断创新创造中前进的"④。我们党带领人民正在进行具有许多新的历史特点的伟大斗争,面临的挑战和困难前所未有。要破解发展中面临的难题、要化解来自各方面的风险挑战,除了推动和进一步深化改

---

① 《习近平关于全面深化改革论述摘编》,中央文献出版社2014年版,第20页。

② 《邓小平文选》第三卷,人民出版社1993年版,第372页。

③ 江泽民:《全面建设小康社会,开创中国特色社会主义事业新局面——在中国共产党第十六次全国代表大会上的报告》,《人民日报》2002年11月18日。

④ 习近平:《在庆祝中华人民共和国成立65周年招待会上的讲话》,《人民日报》2014年10月1日。

革开放,别无他途。而经过了 40 年改革开放的今日中国,发展进入新阶段,改革进入攻坚期和深水区。我们所面临的新一轮改革,是包括经济、政治、文化、社会、生态文明以及国防和军队、党的建设制度等在内的多方面改革,其程度之复杂、攻坚之困难,都超过以往。面对全面深化改革的艰巨任务,只有以更强烈的历史使命感,以更大决心冲破思想观念的束缚、突破利益固化的藩篱,更大胆地推进理论创新和实践创新,才能啃下"硬骨头",破除改革路上的"路障"、"险滩"和各种"思维定势",取得改革开放新成就。凡是"对党和人民事业有利的,对最广大人民有利的,对实现党和国家兴旺发达、长治久安有利的,该改的就要坚定不移改"①。

第三,必须紧紧扭住经济建设这个中心工作。经济是一个社会生存、发展的基础,生产力是推动人类社会前进的最根本力量。要把人口多,底子薄,资源相对有限的中国建设成为强大的社会主义国家,要实现"两个一百年"奋斗目标、实现中华民族的伟大复兴,必须毫不动摇坚持"发展是硬道理",必须紧紧围绕"以经济建设为中心"这个兴国之要来谋划和推进改革开放。我国正处于并将长期处于社会主义初级阶段,这是我国最基本的国情,也是我国"最大的实际"。社会主义初级阶段就是生产力不发达的阶段,在这个阶段,社会主义制度还不完善,社会主义市场经济体制还不成熟,社会主义民主法制还不够健全,祖国统一大业还没有最终完成,西方敌对势力还在加紧对我实施西化、分化图谋,等等。所有这一切的最终解决,都有赖于我国经济实力和综合国力的提高,都要求我们全力以赴抓好发展这个党执政兴国的第一要务,一心一意谋发展,聚精会神搞建设,始终"坚持发展是解决我国所有问题的关键这个重大战略判断",始终"坚持以经济建设为中心、以科学发展为主题"②,"发挥经济体

---

① 习近平:《完善和发展中国特色社会主义制度,推进国家治理体系和治理能力现代化》,《人民日报》2014 年 2 月 18 日。

② 习近平:《在庆祝中华人民共和国成立 65 周年招待会上的讲话》,《人民日报》2014 年 10 月 1 日。

制改革牵引作用,推动生产关系同生产力、上层建筑同经济基础相适应,推动经济社会持续健康发展。"①中国的改革是以经济体制改革为重点的改革,中国的开放是以经济领域开放为重点的开放,始终把改革开放的重心聚焦在"经济建设"、"经济发展"上,坚持创新、协调、绿色、共享、开放新发展理念,以经济改革发展带动和凝聚其他方面的改革发展,统筹推进"五位一体",协调推进"四个全面",是40年来中国改革开放的主线索和成功之道,必须毫不动摇地继续坚持。

第四,必须充分发挥人民主体作用和首创精神。改革开放是人民的要求和党的主张的内在统一,是人民自己的事业,因此必须紧紧依靠人民,坚持"以百姓心为心"②,要倾听人民心声,汲取人民智慧,尊重人民的首创精神,把人民拥护不拥护、赞成不赞成、高兴不高兴、答应不答应作为制定好实施各项改革政策的出发点和落脚点,让改革发展成果更多更公平惠及全体人民。改革开放40年来,我们党始终坚持一切为了人民、一切依靠人民,从群众中来、到群众中去的群众路线,把是否有利于发展社会主义社会生产力、是否有利于增强社会主义国家综合国力、是否有利于提高人民生活水平这"三个有利于"作为判断改革得失成败的根本标准,既通过提出和贯彻正确的理论和路线方针政策带领人民前进,又从人民的实践创造和发展要求中获得推进改革开放的动力。改革开放在认识和实践上的每一次突破和发展,改革中每一个新生事物的成长和壮大,改革开放每一个方面经验的创造和积累,无不来自人民群众的实践和智慧。没有人民的支持和参与,任何改革都不可能成功。中国让市场发挥决定性作用的新一轮改革大潮初起。在新时代全面深化改革,必须深入贯彻以人民为中心的发展思想,充分发挥人民群众的"主人翁"作用,要尽最大努力最大程度地吸纳人民群众参与改

---

①　《中共中央关于全面深化改革若干重大问题的决定》,《人民日报》2013年11月18日。

②　习近平:《在庆祝中华人民共和国成立65周年招待会上的讲话》,《人民日报》2014年10月1日。

革,保证改革始终有众志成城的民意支撑,始终有破浪前行的民众动力。唯有站在人民的立场上把握和处理好改革涉及的重大问题,充分尊重人民意愿和首创精神,不断增强人民群众的获得感、幸福感,人民才会积极支持并踊跃投身改革,全面深化改革开放才能获得最广泛的群众基础和最深厚的力量源泉。

第五,必须正确处理好改革发展稳定的关系。实现改革发展稳定的统一,是关乎我国现代化建设全局的重大问题。改革是经济社会发展的强大动力,发展是解决一切经济社会问题的关键,稳定是改革发展的前提。改革开放40年来,我国经济社会发生巨大而深刻的变化却又保持了总体稳定,最根本的是我们注重处理好改革发展稳定的关系,坚持胆子要大、步子要稳,加强顶层设计和摸着石头过河相结合,整体推进和重点突破相促进,把改革的力度、发展的速度和社会可承受的程度统一起来,提高改革决策科学性,在保持社会稳定中推进改革发展,通过改革发展促进社会稳定。胆子要大、步子要稳,是深化改革开放必须遵循的重要原则。面对纷繁复杂的改革难题,一定要解放思想,大胆探索,要有开拓进取的胆量和一往无前的勇气,看准了的就坚定不移地做下去;与此同时,正因为改革极为艰难,又要稳妥审慎,重大改革举措牵一发而动全身,要三思而后行,"改革是循序渐进的工作,既要敢于突破,又要一步一个脚印、稳扎稳打向前走",积小胜为大胜,"确保实现改革的目标任务"①。"摸着石头过河"是基于上述原则推进改革健康有序发展的一种重要方法。摸着石头过河,就是摸规律,从实践中获得真知。对必须取得突破但一时又没有足够把握的改革,要先易后难、先行试点探索、投石问路,取得经验后再推开。从农村改革到城市改革,从经济改革到教育、科技、文化、医疗等领域的改革,从局部开放到全方位开放,中国40年的改革开放就是这样一步步走过来的。在中国这样一个13亿多人口的社会主义发展中大国搞改革开放,决不能在根本性问题上出现颠覆

---

① 习近平:《完善和发展中国特色社会主义制度,推进国家治理体系和治理能力现代化》,《人民日报》2014年2月18日。

性失误。"摸着石头过河"的方法,不仅在改革初期行之有效,在整个改革进程中都必须切实贯彻。实践证明,如果不是坚持"摸着石头过河",我国就不可能摆脱传统计划经济体制的束缚,就不可能建立社会主义市场经济体制,就不可能形成中国特色社会主义道路。"摸着石头过河"和加强对改革的"顶层设计"是辩证统一的。"顶层设计"作为一种战略思维和宏观设计,是把深化改革作为一项系统工程,注重经济、政治、文化、社会、生态文明建设的协同推进;是着眼全局,从整体上把握改革开放进程,推进各领域、各方面改革;是坚持自上而下与自下而上相结合,实现中央与地方、顶层与底层的良性互动;是着眼长远,从中国现代化发展的要求和世界发展大势的战略高度思考和决策我国改革开放的走向。在世情、国情、党情深刻变化的情况下,改革开放愈向前推进,需要攻克的难题就愈多,就事论事、零敲碎打、头痛医头脚痛医脚的方法,已经难以适应全面深化改革的要求。因此要在继续坚持"摸着石头过河"的同时,"加强改革的顶层设计和总体规划,协调推进经济、政治、文化、社会、生态等各方面体制改革,坚决破除一切妨碍科学发展的体制机制弊端。"①

---

① 习近平:《坚定不移走和平发展道路,坚定不移促进世界和平与发展》,《人民日报》2013 年 3 月 20 日。

责任编辑:吴继平

装帧设计:周方亚

责任校对:吕　飞

图书在版编目(CIP)数据

当代中国改革开放史:全2册/曹普 著. —北京:人民出版社,2016.6
　(2021.7 重印)
ISBN 978－7－01－016083－2

Ⅰ.①当⋯　Ⅱ.①曹⋯　Ⅲ.①改革开放-历史-研究-中国　Ⅳ.①D61

中国版本图书馆 CIP 数据核字(2016)第 074705 号

当代中国改革开放史

DANGDAI ZHONGGUO GAIGE KAIFANG SHI

(上、下卷)

曹普 著

人民出版社 出版发行

(100706　北京市东城区隆福寺街 99 号)

环球东方(北京)印务有限公司印刷　新华书店经销

2016 年 6 月第 1 版　2021 年 7 月北京第 16 次印刷
开本:710 毫米×1000 毫米 1/16　印张:53.5
字数:750 千字　印数:115,001-120,000 册

ISBN 978－7－01－016083－2　定价:118.00 元(上、下卷)

邮购地址　100706　北京市东城区隆福寺街 99 号
人民东方图书销售中心　电话 (010)65250042　65289539